Die Hymnen Des Rigveda: Mandala 7-10. Nebst Beigaben

Theodor Aufrecht

Gidas

Die

Hymnen des Ṛigveda.

Herausgegeben

von

Theodor Aufrecht.

Zweiter Theil.

Maṇḍala VII—X.

Nebst Beigaben.

Zweite Auflage.

Bonn,

bei Adolph Marcus.

1877.

Das Bestreben des Herausgebers war bei dieser Ausgabe den Text genau so wiederzugeben, wie er in zuverlässigen Handschriften sich findet. Obwohl in England eine Anzahl von guten Manuscripten vorhanden ist, waren sie zur Zeit des Druckes der ersten Ausgabe dem grösseren Theile nach unter Schloss und Riegel, und die Entfernung des Druckortes führte manche Misslichkeiten herbei. Bei dieser Ausgabe bin ich Herrn Geheimrath Lepsius dafür zu Danke verpflichtet, dass die Benutzung der Berliner Handschriften für die ganze Dauer des Druckes des Textes mir gestattet war. Diese sind:

Saṃhitā Text.

Chambers 44[a]. Ashṭaka I. II. Das erste Ashṭaka ist Saṃvat 1533 datirt.

Chambers 44[b]. Ashṭaka III. IV.

Chambers 44[c]. Ashṭaka V. VI.

Ausserdem verdanke ich der stets bereitwilligen Freundlichkeit von Dr. Reinhold Rost in London die Benutzung von Colebrooke 129—132 von Saṃvat 1802.

Pada Text.

Chambers 60. Ashṭaka I—IV Saṃvat 1718

Chambers 61[a]. Ashṭaka V. Saṃvat 1710. Ashṭaka VI. Saṃvat 1712.

Chambers 61ᵇ. Ashṭaka VII. — Ashṭaka VIII. Saṃvat 1649.

Chambers 41ᵃ. Ashṭaka I—IV.

Chambers 41ᵇ. Ashṭaka V—VIII. Nach VI findet sich das Datum Saṃvat 1695. Diese fünf Handschriften zeichnen sich dadurch aus, dass sie fast jede Veränderung, die in dem gebundenen Texte nach den Angaben des Prātiṣākhya stattfinden muss, durch Röthel oder doppelte Striche über der Linie bezeichnen.

Chambers 73—76, von denen jeder einzelne Band je zwei Ashṭaka enthält.

Mit Hülfe dieser Handschriften sind die Druckfehler, die in die erste Ausgabe sich eingeschlichen hatten, hoffentlich insgesammt beseitigt worden. Um den Herren, die diese Druckfehler in majorem gloriam suam mit so grosser Schonung hervorgehoben haben, einen Gegendienst zu erweisen, bemerke ich einige derselben.

In I, 161, 2 hat Herr M. Müller dreimal caturas kriṇotana gedruckt. Keine Handschrift liest so und es fehlt darüber jede Angabe im Prātiṣākhya.

I, 181, 5. mathnā Sāyaṇa, Colebrooke 129, Chambers 73 und Herr Müller. mathrā lesen Chambers 41ᵃ (pr. m. mathā), 44. 60. 67. 69. 113. 400ᵃ. 408. Das Wort findet sich VIII, 46, 23. wieder.

II, 11, 10 liest Herr Müller zweimal nijūrvit. Alle Handschriften und der Scholiast haben nijūrvāt.

III, 9, 4. apsu, Herr Müller zweimal. Diese Lesart ist unzulässig.

III, 25, 2. vaha. Herr Müller zweimal gegen die Handschriften und das Prātiṣākhya.

IV, 19, 4. driḷhā ni aubhnāt. Herr Müller zweimal gegen alle Handschriften.

VII, 33, 2. avṛiṇītā. Herr Müller zweimal gegen die Handschriften und das Prātiṣākhya.

VII, 35, 13. devagopāḥ. Herr Müller zweimal gegen die Handschriften und die Grammatik.

VII, 42, 2. yuūkshvā. Herr Müller zweimal gegen die Handschriften.

VIII, 2, 30. Die Handschriften lesen dadhiré, nicht dadhire.

VIII, 51, 3. arishyantam, nicht avishyantam, lesen alle Handschriften.

VIII, 55, 5. carkiran | na | anūnasya | Herr Müller zweimal. Die Handschriften lesen carkiran | ā | anūnasya |

IX, 108, 7 lesen alle Handschriften vanakraksham. Herr Müller hat aus eigener Machtvollkommenheit eine Lesart vanaṛiksham eingeführt.

X, 28, 11. Das Pada hat godhāḥ, nicht godhā. Anderen Falles würde das Wort vom Prātiṣākhya mit ähnlichen erwähnt worden sein[1]).

In unbekannten Wörtern bereitet zuweilen die grosse Aehnlichkeit zwischen p und y in der Nāgarī Schrift Schwierigkeiten. In VIII, 22, 2 habe ich mit dem Scholiasten und mehreren Handschriften pūrvāpusham geschrieben. Andere Hss. lesen pūrvāyusham. Der Sinn des Wortes ist noch zu finden; wer abenteuerliche Erklärungen liebt, wird mit der einen oder anderen Lesart leicht fertig werden. Nicht viel leichter ist spandane in

---

1) In II, 29 zählt das Prātiṣākhya eine Reihe von Wörtern auf, bei denen Hiatus stattfindet. Von sprachlichem Standpunkte aus glaube ich, dass Wörter wie jyā, nidrā, prapā, ṣraddhā, svadhā, die die reine Wurzel darstellen, allerdings im Nominativ ein s annahmen. Bei anderen Femininen auf ā für die Urzeit ein s vorauszusetzen, gehört zu den Träumen der Sprachvergleicher.

III, 53, 19. So lesen alle Handschriften, die ich eingesehen habe. Das ist um so befremdlicher, weil den Abschreibern das Wort syandana in der Bedeutung von Wagen gang und gäbe war. Wer diese Bedeutung in der Stelle finden will, wird zu erwägen haben, dass selbst in der Sūtra-Periode dieses Wort noch nicht vorkommt. Herr Benfey springt über die Schwierigkeiten mit gewohnter Behändigkeit hinüber. Ich meinerseits sehe keinen Grund, weshalb man bei dem spandana genanten Baume nicht verharren solle.

In der Orthographie habe ich mich in dieser Ausgabe strenger an die Vorschriften des Prātiṣākhya gehalten, jedoch ohne das in der Schrift wiederzugeben, was nur für die Aussprache bestimmt war, wie z. B. die yama. Die Einschiebung eines t zwischen n und s in einem folgenden Worte, habe ich gänzlich aufgegeben, weil Ṣaunaka IV, 6 (P. VIII, 3, 30) diese nicht als seine eigene Regel aufstellt, weil sie sprachlich unbegründet ist und lautlich oft harte Verbindungen hervorruft. Es erfordert eigenen Geschmack an Ungethümen wie nṛīnt stotṛīnt striyaṣ ca Gefallen zu finden. Ueber die Verdoppelung von ch stellt daṣ Prātiṣākhya VI, 1 eine feste Regel auf, und giebt VI, 3 zum Theil sehr eigenthümliche Ausnahmen. Die indischen Grammatiker haben nicht erkannt, dass ch, gerade so wie das griechische ζ, die Natur eines Doppelconsonanten habe, weil es durchweg aus sk hervorgegangen ist. Da nun nach kurzem Vokale das ch Position bildet, so gebieten sie Verdoppelung (cch). In vedischen und nichtvedischen Schriften ist mir die Schreibung gaṣchati, aṣchinat vorgekommen, und diese kommt der Wahrheit viel näher als gacchati, acchinat.

Die Vālakhilya Hymnen, die, wie Triṣanku zwischen

Himmel und Erde, zwischen dem sechsten und siebenten Anuvāka im achten Maṇḍala schweben, ohne zu einem der beiden hinzugezählt zu werden [1]), habe ich in dieser Ausgabe an der Stelle gelassen, wo sie in den Handschriften sich vorfinden. Nicht als sei ich jetzt minder von ihrer verhältnissmässig späteren Abfassung überzeugt, sondern weil ich weiss, dass man mit demselben Rechte etwa ein Fünftel der vorhandenen Hymnen aus dem Texte verweisen müsste. Vor allem müsste dann der Plunder, der schon in das erste Ashṭaka als Hymnen 65—70 eingeschoben worden ist, beseitigt werden. Gleiches Schicksal würden manche Hymnen des achten Maṇḍala zu theilen haben, die lediglich zur Erlangung von bakhshīsh von Bänkelsängern aus Brocken von ältern Liedern zusammengefügt sind. Ueber die Vālakhilya Hymnen will ich noch bemerken, dass in 49. 50 und in 51. 52 zwei Recensionen desselben Stoffes vorliegen. Sie nehmen sich wie zwei Schüleraufsätze aus:

Hymnen 49. 50.

49. abhí prá vaḥ surā́dhasam índram arca yáthā vidé |
50. pra sú ṣrutáṃ surā́dhasam árcā ṣakrám abhíshṭaye |
49. yó jaritṛíbhyo maghávā purūvásuḥ sahásreṇeva ṣíkshati || 1 ||
50. yáḥ sunvaté stuvaté kā́myaṃ vasu sahásreṇeva máṅhate || 1 ||
49. ṣatā́nīkeva prá jigāti dhṛishṇuyā́ hánti vṛitrā́ṇi dāṣúshe |
50. ṣatā́nīkā hetáyo asya dushṭárā índrasya samísho mahī́ḥ |
49. girér iva prá rásā asya pinvire dátrāṇi purubhójasaḥ ||3||
50. girír ná bhujmā́ maghávatsu pinvate yád īṃ sutā́ ámandishuḥ || 2 ||

---

1) Herr Müller, obgleich er selbst gedruckt hat, dass der sechste Anuvāka nur sechs Hymnen enthalte, dehnt trotzdem diesen auf siebzehn aus.

49. á tvā sutása índavo mádā yá indra girvaṇaḥ |
50. yád īṃ sutása índavo 'bhí priyám ámandishuḥ |
49. ápo ná vajrinn ánv okyàṃ sáraḥ pṛiṇánti ṣūra rá-
dhase || 3 ||
50. ápo ná dhāyi sávanam ma á vaso dúghā ivópa dā-
ṣúshe || 3 ||
49. anehásam pratáranaṃ vivákshaṇam mádhvaḥ svádi-
shṭham īm piba |
50. anehásaṃ vo hávamānaṃ ūtáye mádhvaḥ ksharanti
dhītáyaḥ |
49. á yáthā mandasānáḥ kìrási naḥ prá kshudréva tmánā
dhṛishát || 4 ||
50. á tvā vaso hávamānāsa índava úpa stotréshu dadhire || 4 ||
49. á na stómam úpa dravád dhiyānó áṣvo ná sótṛibhiḥ |
50. á naḥ sóme svadhvará iyānó átyo ná toṣate |
49. yáṃ te svadhāvan svadáyanti dhenáva índra káṇveshu
rātáyaḥ || 5 ||
50. yáṃ te svadāvan svádanti gūrtáyaḥ pauré chandayase
hávam || 5 ||
49. ugráṃ ná vīráṃ námasópa sedima víbhūtiṃ ákshitā-
vasum |
50. prá vīrám ugráṃ vívicíṃ dhanaspṛítaṃ víbhūtiṃ rá-
dhaso maháḥ |
49. udríva vajrinn avató ná siñcaté ksháranṭīndra dhī-
táyaḥ || 6 ||
50. udríva vajrinn avató vasutvaná sádā pīpetha dāṣúshe || 6 ||
49. yád dha nūnáṃ yád vā yajñé yád vā pṛithivyám ádhi |
50. yád dha nūnám parāváti yád vā pṛithivyám diví |
49. áto no yajñám āṣúbhir mahemata ugrá ugrébhir á
gahi || 7 ||
50. yujāná indra háribhir mahemata ṛishvá ṛishvébhir á
gahi || 7 ||

49. ajiráso hárayo yé ta āṣávo vátā iva prasakshíṇaḥ |
50. rathiráso hárayo yé te asrídha ójo vátasya píprati |
49. yébhir ápatyam mánushaḥ paríyase yébhir víṣvaṃ svàr dṛiṣé || 8 ||
50. yébhir ní dásyum mánusho nighóshayo yébhiḥ svàḥ paríyase || 8 ||
49. etávatas ta īmaha índra sumnásya gómataḥ |
50. etávatas te vaso vidyáma ṣūra návyasaḥ |
49. yáthā právo maghavan médhyātithiṃ yáthā nípātithiṃ dháne || 9 ||
50. yáthā práva étaṣaṃ kṛ́tvye dháne yáthā váṣaṃ dáṣavraje || 9 ||
49. yáthā káṇve maghavan trasádasyavi yáthā pakthé dáṣavraje |
50. yáthā káṇve maghavan médhe adhvaré dīrghánīthe dámūnasi |
49. yáthā góṣarye ásanor ṛijíṣvaníndra gómad dhíraṇyavat || 10 ||
50. yáthā góṣarye ásishāso adrivo máyi gotráṃ hariṣríyam || 10 ||

Hymnen 51. 52.

51. Yáthā mánau sáṃvaraṇau sómam indrápibaḥ sutám |
52. Yáthā mánau vívasvati sómaṃ ṣakrápibaḥ sutám |
51. nípātithau maghavan médhyāṭithau púshṭigau ṣrúshṭigau sácā || 1 ||
52. yáthā trité chánda indra jújoshasy āyaú mādayase sácā || 1 ||
51. pārshadvāṇáḥ práskaṇvaṃ sám asādayac cháyānaṃ jívrim úddhitam |
52. pṛ́shadhre médhye mātaríṣvaníndra suvāné ámandathāḥ |

51. sahásrāṇy asishāsad gávām ṛíshis tvóto dásyave vṛ́kaḥ || 2 ||
52. yáthā sómam dáśaśipre dáśoṇye syū́maraśmāv ṛ́jūnasi || 2 ||
51. yá ukthébhir ná vindháte cikíd yá ṛishicódanaḥ |
52. yá ukthá kévalā dadhé yáḥ sómaṃ dhṛishitápibat |
51. índraṃ tám áchā vada návyasyā maty árishyantaṃ ná bhójase || 3 ||
52. yásmai víshṇus tríṇi padá vicakramá úpa mitrásya dhármabhiḥ || 3 ||
51. yásmā arkáṃ saptáśīrshāṇam ānṛicús tridhátum uttamé padé |
52. yásya tvám indra stómeshu cākáno váje vājiñ chatakrato |
51. sá tv ìmá víśvā bhúvanāni cikradad ád íj janishṭa paúṅsyam || 4 ||
52. táṃ tvā vayáṃ sudúghām iva godúho juhūmási śravasyávaḥ || 4 ||
51. yó no dātá vásūnām índraṃ táṃ hūmahe vayám |
52. yó no dātá sá naḥ pitā maháñ ugrá īśānakṛ́t |
51. vidmá hy àsya sumatíṃ návīyasīṃ gaméma gómati vrajé || 5 ||
52. áyāmann ugró maghávā purūvásur gór áśvasya prá dātu naḥ || 5 ||
51. yásmai tváṃ vaso dāṇáya śíkshasi sá rāyás pósham aśnute |
52. yásmai tváṃ vaso dānáya máṅhase sá rāyás pósham invati |
51. táṃ tvā vayám maghavann indra girvaṇaḥ sutávanto havāmahe || 6 ||
52. vasūyávo vásupatiṃ śatákratuṃ stómair índraṃ havāmahe || 6 ||

51. kadā́ caná starī́r asi néndra saṣcasi dāṣúshe |
52. kadā́ caná prá yuchasy ubhé ní pāsi jánmanī |
51. úpopén nú maghavan bhū́ya ín nú te dánaṃ devásya pṛicyate || 7 ||
52. túrīyāditya hávanaṃ ta indriyám ā́ tasthāv amṛítaṃ diví || 7 ||
51. prá yó nanakshé abhy ójasā krívim vadhaíḥ ṣúshṇaṃ nighosháyan | Vgl. 50, 8
52. yásmai tvám maghavann indra girvaṇaḥ ṣíksho ṣíkshasi dāṣúshe |
51. yadéd ástambhīt pratháyann amū́m dívam ád ij janishṭa pá́rthivaḥ || 8 ||
52. asmákaṃ gíra utá sushṭutíṃ vaso kaṇvavác chṛiṇudhī hávam || 8 ||
51. yásyāyáṃ víṣva ā́ryo dásaḥ ṣevadhipā́ aríḥ |
52. ástāvi mánma pūrvyám bráhméndrāya vocata |
51. tirás cid aryé rúṣame párīravi túbhyét só ajyate rayíḥ || 9 ||
52. pūrvír ṛitásya bṛihatír anūshata stotúr medhá́ asṛikshata || 9 ||
51. turaṇyávo mádhumantaṃ ghṛitaṣcútaṃ víprāso arkám ānṛicuḥ |
52. sám índro rā́yo bṛihatír adhūnuta sáṃ kshoṇí sám u sū́ryam |
51. asmé rayíḥ paprathe vṛíshṇyaṃ ṣávo 'smé suvānā́sa índavaḥ || 10 ||
52. sáṃ ṣukrā́saḥ ṣúcayaḥ sáṃ gávāṣiraḥ sómā índram amandishuḥ || 10 ||

Dasselbe Verhältniss scheint ursprünglich zwischen Hymnen 53. 54 und 55. 56 vorgewaltet zu haben. Es wirft dieses ein scharfes Licht auf die Entstehung anderer Lieder, die dieselben Gedanken mit etwas verändertem Style darstellen.

Der Atharvaveda fabelt von einem ältesten oder ursprünglichen Veda (jyeshṭhám bráhma), von dem die bestehenden Vedas nur Abfälle seien [1]). Es unterliegt keinem Bedenken, dass nur wenige Hymnen in der Gestalt uns vorliegen, in der sie ursprünglich gedichtet waren. Alle die Gebrechen, welche die gegenwärtige Sammlung verunzieren, weisen auf eine Gestalt zurück, die den auf uns gekommenen Brāhmaṇa und Sūtra vorausgieng. Auch das lässt sich mit Bestimmtheit erklären, dass nur ein Ueberbleibsel der alten Lieder Indiens bewahrt ist, gerade so wie in den vorhandenen die Verehrung der ältesten Götter Savitṛi, Varuṇa, Dyo, Vishṇu gegen die eines jüngeren Geschlechtes zurücktritt. Wenn in verschiedenen Theilen des Ṛigveda ganze Redensarten sich wiederholen oder leichthin variirt werden, so glaube ich, dass dieses minder direkter Nachahmung oder unbewussten Reminiscenzen des wirklich bestehenden, sondern des ehemals vorhandenen zuzuschreiben ist. Im Folgenden stelle ich einige dieser Wiederholungen zusammen, ohne Vollständigkeit anzustreben. Uebergangen ist die Aufnahme ganzer Verse von einem Maṇḍala in das andere, obgleich auch diese für die Geschichte des Textes ihre Bedeutung hat. Man vergleiche X, 9 und die āprīsūkta. In der dritten Beigabe sind diese Verse vollständig verzeichnet.

1.

1, 64, 4: citrair añjibhir vapushe vy añjate vakshassu rukmāñ adhi yetíre ṣubhe |
aṅseshv eshāṃ ní mimṛikshur ṛishṭayaḥ — Vgl. 1, 166, 9. 10.

5, 54, 11: aṅseshu va ṛishṭayaḥ patsú khādayo vakshassu rukmā maruto rathe ṣubhaḥ |

1) Vgl. Muir, Sanskrit Texts V, 378.

agnibhrājaso vidyuto gabhastyoḥ ṣiprāḥ ṣīrṣhasu
vitatā hiraṇyayīḥ ||

7, 56, 13: aṅseshv ā marutaḥ khādayo vo vakshassu rukmā
upaṣiṣriyāṇāḥ |
vi vidyuto na vṛishṭibhī [1]) rucānā anu svadhām
āyudhair yachamānāḥ ||

2.

1, 40, 4. 8, 92, 5: sa dhatte akshiti ṣravaḥ |
9, 66, 7: dadhāno akshiti ṣravaḥ |

3.

1, 93, 4: agnīshomā ceti tad vīryaṃ vām —
3, 12, 9: tad vāṃ ceti pra vīryam |

4.

3, 1, 22. 10, 80, 7: agne mahi draviṇam ā yajasva ||

5.

1, 92, 6: atārishma tamasas pāram asya —
1, 183, 6: atārishma tamasas pāram asya prati vāṃ stomo
aṣvināv adhāyi |
7, 73, 1: atārishma tamasas pāram asya prati stomaṃ deva-
yanto dadhānāḥ |

6.

1, 24, 10. 3, 54, 18: adabdhāni varuṇasya vratāni

7.

6, 44, 5: tam in nv asya rodasī devī ṣushmaṃ saparyataḥ ||
8, 93, 12: adhā te apratishkutaṃ dévī ṣushmaṃ saparyataḥ |
ubhe suṣipra rodasī ||

8.

5, 55, 9: adhi stotrasya sakhyasya gātana —
10, 78, 8: adhi stotrasya sakhyasya gāta —
9, 72, 9: adhi stotrasya pavamāna no gahi ||

---

1) Das ist ṛishṭibhī.

9.

1, 152, 5: anaṣvo jāto anabhīṣur arvā —

4, 36, 1: anaṣvo jāto anabhīṣur ukthyo rathas — Vgl. 6, 66, 7.

10.

7, 6, 4. 10, 74, 5: anānataṃ damayantam pṛitanyūn

11.

3, 55, 9: antar mahāṅṣ carati rocanena |

10, 4, 2: antar mahāṅṣ carasi rocanena ||

12.

3, 55, 13. 10, 27, 14: anyasyā vatsaṃ rihatī mimāya kayā bhuvā ni dadhe dhenur ūdhaḥ |

13.

6, 68, 8. 7, 65, 3: apo na nāvā duritā tarema ||

8, 83, 3: ati no vishpitā puru naubhir apo na parshātha |

8, 97, 15: apo na vajrin duritāti parshi bhūri |

14.

6, 8, 7: adabdhebhis tava gopābhir ishṭe 'smākam pāhi trishadhastha sūrīn |

Dieser Gedanke ist breitgetreten in 1, 143, 8: aprayuchann aprayuchadbhir agne ṣivebhir naḥ pāyubhiḥ pāhi ṣagmaiḥ | adabdhebhir adṛipitebhir ishṭe 'nimishadbhiḥ pari pāhi no jāḥ ||

15.

1, 71, 10. VII, 18, 2: abhi vidush kaviḥ san |

16.

1, 144, 2. IX, 75, 3: abhīm ṛitasya dohanā anūshata —

17.

1, 32, 15: arān na nemiḥ pari tā babhūva ||

5, 13, 6: agne nemir arāṅ iva devāṅs tvam paribhūr asi |

1, 141, 9: yat sīm anu kratunā viṣvathā vibhur arān na nemiḥ paribhūr ajāyathāḥ ||

18.

2, 12, 3: yo hatvāhim ariṇāt sapta sindhūn —

4, 28, 1. 10, 67, 12: ahann ahim ariṇāt sapta sindhūn —

4, 19, 5. 42, 7: tvaṃ vṛitāñ ariṇā indra sindhūn ||

19.

6, 15, 3. 10, 115, 5: aryaḥ parasyāntarasya tarushaḥ |

20.

1, 47, 8: arvāñcā vāṃ saptayo 'dhvaraṣriyo vahantu savaned upa |

8, 4, 14: arvāncaṃ tvā saptayo 'dhvaraṣriyo vahantu savaned upa ||

21.

3, 37, 11: arvāvato na ā gahy atho ṣakra parāvataḥ |

3, 40, 8: arvāvato na ā gahi parāvataṣ ca vṛitrahan |

8, 82, 1: ā pra drava parāvato 'rvāvataṣ ca vṛitrahan |

8, 13, 15. 86, 4: yac chakrāsi parāvati yad arvāvati vṛitrahan |

22.

2, 20, 5. 6, 4, 3: aṣnasya cic chiṣnathat pūrvyāṇi ||

23.

2, 21, 2. 7, 46, 1: ashāḷhāya sahamānāya vedhase |

24.

8, 100, 2: dadhāmi te madhuno bhaksham agre hitas te bhāgaḥ suto astu somaḥ |
asaṣ ca tvaṃ dakshiṇato sakhā mé 'dhā vṛitrāṇi jaṅghanāva bhūri ||

10, 83, 7: abhi prehi dakshiṇato bhavā me 'dhā vṛitrāṇi jaṅghanāva bhūri |
juhomi te dharuṇam madhvo agram ubhā upāṅṣu prathamā pibāva ||

25.

3, 30, 21: asmabhyaṃ su maghavan bodhi godāḥ ||

4, 22, 10: asmākaṃ su maghavan bodhi godāḥ ||
8, 45, 19: godā id indra bodhi naḥ ||

26.

1, 102, 4: asmabhyam indra varivaḥ sugaṃ kṛidhi —
6, 44, 18: asmabhyam mahi varivaḥ sugaṃ kaḥ |
Die beiden Verse stimmen auch sonst zusammen.

27.

5, 55, 9: mṛiḷata no maruto mā vadhishṭanāsmabhyaṃ ṣarma bahulaṃ vi yantana |
Benutzt in 6, 51, 5:
dyaush pitaḥ pṛithivi mātar adhrug (= mā vadhishṭana) agne bhrātar vasavo mṛiḷatā naḥ |
viṣve ādityā adite sajoshā asmabhyaṃ ṣarma bahulaṃ vi yanta ||

28.

6, 45, 30: asmākam indra bhūtu te stomo vāhishṭho antamaḥ |
8, 5, 18: asmākam adya vām ayaṃ stomo vāhishṭho antamaḥ |
Dazu der klägliche Schluss: yuvābhyām bhūtv Aṣvinā ||

29.

3, 32, 11. 4, 19, 2. 6, 30, 4: ahann ahim pariṣayānam arṇaḥ —

30.

4, 38, 10: ā dadhikrāḥ ṣavasā pañca kṛishṭīḥ sūrya iva jyotishāpas tatāna |
10, 178, 3: sadyaṣ cid yaḥ ṣavasā pañca kṛishṭīḥ sūrya iva jyotishāpas tatāna |

31.

1, 107, 2. 4, 54, 6: ādityair no aditiḥ ṣarma yaṅsat ||

32.

1, 92, 17. 157, 4: ā na ūrjaṃ vahatam aṣvinā yuvam

33.

8, 5, 7. Vāl. 1, 5: ā na stomam upa dravat —

34.

6, 60, 14: ā no gavyebhir aṣvyair vasavyair upa gachatam |

8, 73, 14: ā no gavyebhir aṣvyaiḥ sahasrair upa gachatam |

Die Entlehnung hätte sich der Beobachtung entzogen, wenn blos der folgende schwache Vers stehen geblieben wäre.

35.

7, 92, 5: ā no niyudbhiḥ ṣatinībhir adhvaraṃ sahasriṇībhir upa yāhi yajñam |

1, 135, 3: ā no niyudbhiḥ ṣatinībhir adhvaraṃ sahasriṇībhir upa yāhi vītaye

36.

1, 81, 5: ā paprau pārthivaṃ rajo —

6, 61, 11: āpaprushī pārthivāny uru rajo —

37.

„O sage mir, wie geht es zu, gibt weisse Milch die rothe Kuh", heisst es in einem deutschen Kinderliede. Auch einen indischen Weisen hat es mit Wunder geschlagen, dass die rohe rothe Kuh gare weisse Milch gebe. Dieses Mirakel wurde dann aber und aber verkündet.

1, 62, 9: āmāsu cid dadhishe pakvam antaḥ payaḥ kṛishṇāsu ruṣad rohiṇīshu |

1, 180, 3: yuvam paya usriyāyām adhattam pakvam āmāyām —

2, 40, 2: ābhyām indraḥ pakvam āmāsv antaḥ somāpūshabhyāṃ janad usriyāsu ||

4, 3, 9: āmā sacā madhumat pakvam agne |
kṛishṇā satī ruṣatā dhāsinaishā jāmaryeṇa payasā pīpāya ||

6, 72, 4: indrāsomā pakvam āmāsv antar ni gavām id dadhathur vakshaṇāsu |

jagribhathur anapinaddham āsu ruṣac citrāsu jagatīshv antaḥ ||

6, 17, 6: āmāsu pakvaṃ ṣacyā ni dīdhaḥ |
6, 44, 24: ayaṃ goshu pakvam antaḥ somo dādhāra —
8, 89, 7: āmāsu pakvam airayaḥ —
8, 32, 25: yo goshu pakvam dhārayat ||

38.

5, 73, 5: ā yad vāṃ sūryā rathaṃ tishṭhad raghushyadaṃ sadā |
8, 8, 5: ā yad vāṃ yoshaṇā ratham atishṭhad vājinīvasū |

39.

7, 67, 6: ā vāṃ toke tanaye tūtujānāḥ suratnāso devavītiṃ gamema ||
7, 84, 5: prāvat toke tanaye tūtujānā |
suratnāso devavītiṃ gamema —

40.

1, 95, 5: āvishṭyo vardhate cārur āsu jihmānām ūrdhvaḥ svayaṣā upasthe |
2, 35, 9: apāṃ napād ā hy asthād upasthaṃ jihmānām ūrdhvo vidyutaṃ vasānaḥ |

41.

5, 45, 10. 7, 60, 4: ā sūryo aruhac chukram arṇaḥ —

42.

8, 38, 3: idaṃ vām madiram madhv adhukshann adribhir naraḥ |
8, 65, 8: idaṃ te somyam madhv adhukshann adribhir naraḥ |

43.

1, 10, 7. 3, 40, 6: indra tvādātam id yaṣaḥ |

44.

3, 32, 7: yajāma in namasā vṛiddham indram bṛihantam ṛishvam ajaraṃ yuvānam |

6, 19, 2: indram eva dhishaṇā sātaye dhād bṛihantam
ṛishvam ajaraṃ yuvānam |
sadyaṣ cid yo vāvṛidhe asāmi ||

45.

4, 47, 2: indraṣ ca vāyav eshāṃ somānām pītim arhathaḥ |
5, 51, 6: indraṣ ca vāyav eshāṃ sutānām pītim arhathaḥ |
1, 134, 6: tvaṃ no vāyav eshām apūrvyaḥ somānām prathamaḥ pītim arhasi sutānām pītim arhasi |[1])
2, 14, 2: esha indro arhati pītim asya ||

46.

5, 34, 6: indro viṣvasya damitā vibhīshaṇo yathāvaṣaṃ nayati dāsam āryaḥ |
2, 23, 11: asi satya ṛiṇayā brahmaṇas pata ugrasya cid damitā vīḷuharshiṇaḥ ||
6, 47, 16: ṣṛiṇve vīra ugraṁ-ugraṃ damāyan anyam-anyam atineniyamānaḥ |

47.

1, 91, 10. 10, 150, 2: imaṃ yajñam idaṃ vaco jujushāṇa upāgahi |

48.

2, 4, 2: imáṃ vidhanto apāṃ sadhasthe dvitā dadhur bhṛigavo vikshv āyoḥ |
10, 46, 2: imaṃ vidhanto apāṃ sadhasthe paṣuṃ na nashṭam padair anu gman |
guhā catantam uṣijo namobhir ichanto dhīrā bhṛigavo 'vindan ||

49.

2, 42, 1. 9, 95, 2: iyarti vācam ariteva nāvam |

---

1) Was hat der gute Parucchepa dabei gedacht, als er die beiden adjectiva setzte? Der Vers musste ausgefüllt werden.

50.

1, 142, 4. 5, 5, 3: iḷito agna ā vahendraṃ citram iha pri-
yam |

51.

1, 25, 15: uta yo mānusheshv ā yaṣaṣ cakre asāmy ā |
10, 22, 2: mitro na yo janeshv ā yaṣaṣ cakre asāmy ā |

52.

1, 32, 5: ahiḥ ṣayata upapṛik pṛithivyāḥ ||
10, 89, 14: mitrakruvo yac chasane na gāvaḥ pṛithivyā
āpṛig amuyā ṣayante ||

53.

1, 39, 6: upo ratheshu pṛishatīr ayugdhvam prashṭir vahati
rohitaḥ |
8, 7, 28: yad eshām pṛishatī rathe prashṭir vahati rohitaḥ |

54.

1, 114, 9: upa te stomān paṣupā ivākaram —
10, 127, 8: upa te gā ivākaraṃ vṛiṇīshva duhitar divaḥ |
rātri stomaṃ na jigyushe ||

55.

1, 36, 8: ghnanto vṛitram ataran rodasī apa uru kshayāya
cakrire |
7, 60, 11: sikshanta manyum maghavāno arya uru ksha-
yāya cakrire sudhātu ||
8, 68, 12: uru kshayāya nas kṛidhi |
6, 50, 3: mahas karatho varivo yathā no asme kshayāya —

56.

1, 117, 21: uru jyotiṣ cakrathur āryāya ||
7, 5, 6: uru jyotir janayann āryāya ||
6, 3, 1: uru jyotir naṣate devayush ṭe |

57.

1, 93, 6. 7, 99, 4: uruṃ yajñāya cakrathur u lokam

58.

6, 19, 1: uruḥ pṛithuḥ sukṛitaḥ kartṛibhir bhūt ||

7, 62, 1: kratvā kṛitaḥ sukṛitaḥ kartṛibhir bhūt ||

59.

4, 42, 3. 56, 3: urvī gabhīre rajasī sumeke

60.

7, 77, 4: antivāmā dūre amitram uchorvīṃ gavyūtim abha-
yaṃ kṛidhī naḥ |

9, 78, 5: jahi ṣatrum antike dūrake ca ya urvīṃ gavyūtim
abhayaṃ ca nas kṛidhi ||

61.

3, 62, 16: ā no mitrāvaruṇā ghṛitair gavyūtim ukshatam |

7, 62, 5: ā no gavyūtim ukshatam ghṛitena |

7, 65, 4: ā no mitrāvaruṇā havyajushtiṃ ghṛitair gavyūtim
ukshatam ilābhiḥ |

8, 5, 6: tā sudevāya dāṣushe — ghṛitair gavyūtim ukshatam |

62.

4, 1, 17. 6, 51, 2. 7, 60, 2: ṛiju marteshu vṛijinā ca paṣyan |

63.

10, 5, 2. 177, 2: ṛitasya pade kavayo ni pānti

64.

1, 12, 6. 7, 15, 2. 8, 102, 1: kavir gṛihapatir yuvā |

8, 44, 26: yuvānaṃ viṣpatiṃ kaviṃ —

65.

10, 81, 4. 31, 7: kiṃ svid vanam ka u sa vṛiksha āsa yato
dyāvāpṛithivī nishṭatakshuḥ |

66.

1, 36, 14: kṛidhī na ūrdhvāñ carathāya jīvase —

1, 172, 3: ūrdhvān naḥ karta jīvase ||

67.

3, 54, 5. 10, 129, 6: ko addhā veda ka ·iha pra vocat —

68.

10, 64, 15. 100, 8: grāvā yatra madhushud ucyate bṛihat —

69.

8, 77, 1. 2: jajñāno nu ṣatakratur vi pṛichad iti mātaram |
ka ugrāḥ ke ha ṣṛiṇvire || 1 ||
ād īm ṣavasy abravīd —

8, 45, 4. 5: ā bundaṃ vṛitrahā dade jātaḥ pṛichad vi mātaram |
ka ugrāḥ ke ha ṣṛiṇvire || 4 ||
prati tvā ṣavasī vadad —

Aus einer und derselben Sage über die Thaten des jugendlichen Indra.

70.

1, 124, 7. 4, 3, 2. 10, 71, 4. 91, 13: jāyeva patya uṣatī suvāsāḥ |

71.

7, 66, 16: jīvema ṣaradaḥ ṣatam |
10, 18, 4: ṣataṃ jīvantu ṣaradaḥ purūcīr —
10, 85, 39: dīrghāyur asyā yaḥ patir jīvāti ṣaradaḥ ṣatam ||

Sind schon die beiden letzten Stellen pleonastisch, so breitet ein Schwätzer den einfachen Gedanken zum Ueberdrusse aus in 10, 161, 4:
ṣataṃ jīva ṣarado vardhamānaḥ ṣataṃ hemantāñ chatam u vasantān |

72.

1, 23, 21. 10, 57, 4: jyok ca sūryaṃ dṛiṣe ||
4, 25, 4: jyok paṣyāt sūryam uccarantam |
9, 4, 6: jyok paṣyema sūryam |
10, 59, 4: paṣyema nu sūryam uccarantam |
10, 59, 6: jyok paṣyema sūryam uccārantam ||
9, 91, 6: jyoñ naḥ sūryaṃ dṛiṣaye rirīhi ||

10, 37, 7: udyantaṃ tvā mitramaho dive-dive jyog jīvāḥ
prati paṣyema sūrya ||

73.

1, 180, 10. 4, 44, 1: taṃ vāṃ rathaṃ vayam adyā huvema —

74.

1, 106, 2. 10, 35, 11: ta ādityā ā gatā sarvatātaye —

75.

1, 36, 7. 8, 69, 17: taṃ ghem itthā namasvina upa svarājam āsate |

76.

1, 155, 4. 10, 23, 5: tad-tad id asya pauṅsyaṃ gṛiṇīmasi —

77.

1, 17, 1. 6, 60, 5: tā no mṛiḷāta īdṛiṣe ||
4, 57, 1: sa no mṛiḷātīdṛiṣe ||

78.

1, 53, 8: tvaṃ karañjam uta parṇayaṃ vadhīs —
10, 48, 8: yat parṇayaghna uta vā karañjahe prāham mahe vṛitrahatye aṣuṣravi ||

Diese beiden Baumdämonen erscheinen nicht wieder.

79.

1, 51, 3: tvaṃ gotram aṅgirobhyo 'vṛinor apa —
1, 132, 4: yad aṅgirobhyo 'vṛinor apa vrajam —
9, 86, 23: soma gotram aṅgirobhyo 'vṛinor apa ||

80.

1, 53, 11. 10, 115, 8: tvāṃ stoshāma tvayā suvīrā drāghīya āyuḥ prataraṃ dadhānāḥ ||

81.

5, 35, 6: tvām id vṛitrahantama janāso vṛiktabarhishaḥ |
ugram pūrvīshu pūrvyaṃ havante vājasātaye ||

8, 6, 37: tvām id vṛitrahantama janāso vṛiktabarhishaḥ |
havante vājasātaye ||

82.

7, 11, 2: tvām īḷáte ajiraṃ dūtyāya havishmantaḥ sadam in mānushāsaḥ |
10, 70, 3: ṣaṣvattamam īḷate dūtyāya havishmanto manushyāso agnim |

83.

1, 94, 3. 2, 1, 13: tve devā havir adanty āhutam |

Ein Epigone begnügt sich damit nicht, sondern legt sich dieses in 2, 1, 14 so zurecht:

tve agne viṣve amṛitāso adruha āsā devā havir adanty āhutam |

84.

1, 155, 3: dadhāti putro 'varam param pitur nāma tṛitīyam adhi rocane divaḥ ||
9, 75, 2: dadhāti putraḥ pitror apīcyaṃ nāma tṛitīyam adhi rocane divaḥ ||

85.

7, 104, 7: dushkṛite mā sugam bhūd —
10, 86, 5: na sugaṃ dushkṛite bhuvam —

86.

4, 1, 15: dṛiḷhaṃ naro vacasā daivyena vrajaṃ gomantam uṣijo vi vavruḥ ||
4, 16, 6: aṣmānaṃ cid ye bibhidur vacobhir vrajaṃ gomantam uṣijo vi vavruḥ ||
10, 45, 11: tvayā saha draviṇam ichamānā vrajaṃ gomantam uṣijo vi vavruḥ ||

87.

1, 37, 4: pra vaḥ ṣardhāya ghṛishvaye tveshadyumnāya ṣushmiṇe |
devattam brahma gāyata ||

8, 32, 27: pra va ugrāya nishṭure 'shāḷhāya prasakshiṇe |
devattam brahma gāyata ||

Das gottgegebene Lied hat der Nachahmer geraubt.

88.

1, 106, 7. 4, 55, 7: devair no devy aditir ni pātu devas
trātā trāyatām aprayuchan |

89.

1, 73, 3: devo na yaḥ prithivīṃ viṣvadhāyā upaksheti hitamitro na rājā |
puraḥsadaḥ ṣarmasado na vīrāḥ —

3, 55, 21: imāṃ ca naḥ prithivīṃ viṣvadhāyā upa ksheti hitamitro na rājā |
puraḥsadaḥ ṣarmasado na vīrāḥ —

90.

1, 53, 11. 10, 18, 2. 3. 115, 8: drāghīya āyuḥ prataraṃ
dadhānāḥ |

91.

3, 52, 1. 8, 91, 2: dhānāvantaṃ karambhiṇam apūpavantam
ukthinam |

92.

8, 32, 22: dhenā indrāvacākaṣat ||

10, 43, 6: janānāṃ dhenā avacākaṣad vrishā |

93.

1, 174, 8. 2, 19, 7: nanamo vadhar adevasya pīyoḥ ||

94.

1, 154, 5. 7, 97, 1: naro yatra devayavo madanti |

95.

1, 117, 9: ni pedava ūhathur āṣum aṣvam |

1, 117, 13: yuvaṃ cyavānam aṣvinā jarantam punar yuvānaṃ cakrathuḥ ṣacībhiḥ |

7, 71, 5: yuvaṃ cyavānaṃ jaraso 'mumuktaṃ ni pedava
ūhathur āṣum aṣvam |

96.

4, 47, 2. 8, 32, 23: nimnam āpo na sadhryak ||

97.

1, 56, 5. 85, 9. 2, 23, 18: nir apām aubjo arṇavam ||

98.

1, 25, 10: ni shasāda dhṛitavrato varuṇaḥ pastyāsv ā |
sāmrājyāya sukratuḥ ||

Der Nachkömmling nimmt den Mund zu voll, 8, 25, 8:

ṛitāvānā ni shedatuḥ sāmrājyāya sukratū |
dhṛitavratā kshatriyā kshatram āṣatuḥ ||

Ueberdies hatte er bereits in 7 das Götterpaar ṛitāvānā samrājā genannt. Aber wenig Wunder, denn dort kommt selbst die Phrase: adhi yā bṛihato divo 'bhi yūtheva paṣyataḥ | überein mit

4, 2, 18: ā yūtheva kshumati paṣvo akhyad devānāṃ yaj janimānti

7, 60, 3: saṃ yo yūtheva janimāni cashṭe ||

99.

2, 33, 14: pari ṇo hetī rudrasya vṛijyāḥ —
6, 28, 7: pari vo hetī rudrasya vṛijyāḥ ||
7, 84, 2: pari ṇo heḷo varuṇasya vṛijyāḥ —

100.

7, 72, 5: ā paṣcātān nāsatyā purastād āṣvinā yātam adha rād udaktāt |

7, 104, 19: prāktād apāktād adharād udaktād abhi jahi rakshasaḥ —

10, 87, 21: paṣcāt purastād adharād udaktāt kaviḥ kāvyena pari pāhi rājan |

10, 87, 20: tvaṃ no agne adharād udaktāt tvam paṣcād uta rakshā purastāt |

101.

1, 36, 15: pāhi no agne rakshasaḥ pāhi dhūrter arāvṇaḥ |
pāhi rīshata uta vā jighāṅsato —

7, 1, 13: pāhi no agne rakshaso ajushṭāt pāhi dhūrter ararusho aghāyoḥ |

8, 60, 10: pāhi viṣvasmād rakshaso arāvṇaḥ —

102.

1, 94, 7: yo viṣvataḥ supratīkaḥ sadṛiṅṅ asi —

8, 11, 8. 43, 21: purutrā hi sadṛiṅṅ asi viṣo viṣvā anu prabhuḥ |

103.

9, 57, 1: pra te dhārā asaṣcato divo na yanti vṛishṭayaḥ |

9, 62, 28: pra te divo na vṛishṭayo dhārā yanty asaṣcataḥ |

104.

6, 47, 7: pra no naya prataraṃ vasyo acha |

10, 45, 9: pra taṃ naya prataraṃ vasyo acha —

105.

1, 41, 2: arishṭaḥ sarva edhate ||

6, 70, 3: sa sādhati |
pra prajābhir jāyate dharmaṇas pari —

8, 27, 16: pra prajābhir jāyate dharmaṇas pary arishṭaḥ sarva edhate ||

10, 63, 3: arishṭaḥ sa marto viṣva edhate pra prajābhir jāyate dharmaṇas pari |

106.

1, 118, 3: pravadyāmanā suvṛitā rathena dasrāv imaṃ ṣriṇutaṃ ṣlokam adreḥ |
kim aṅga vām praty avartiṃ gamishṭhāhur viprāso aṣvinā purājāḥ ||

3, 58, 3: suyugbhir aṣvaiḥ suvṛitā rathena, etc.

107.

7, 59, 2. 8, 27, 16: pra sa kshayaṃ tirate vi mahīr isho
yo vo varāya dāṣati |

Siehe oben 105.

108.

1, 174, 5. 4, 16, 12: pra sūraṣ cakraṃ vṛihatād abhīke
Vgl. 11 und 12 durchweg mit 5, und 1, 33, 14.

109.

4, 12, 6: pra tāry agne prataraṃ na āyuḥ ||
10, 59, 1: pra tāry āyuḥ prataraṃ navīyaḥ —
1, 44, 6: praskaṇvasya pratirann āyur jīvase —
1, 89, 2: devā na āyuḥ pra tirantu jīvase.
8, 18, 22: pra sū na āyur jīvase tiretana ||
8, 48, 4: pra ṇa āyur jīvase soma tārīḥ ||
10, 59, 5: jīvātave su pra tira na āyuḥ |
10, 144, 5: enā vayo vi tāry āyur jīvase —
8, 18, 18: tuce tanāya tat su no drāghīya āyur jīvase |
kṛiṇotana
10, 18, 6: iha tvashṭā — dīrgham āyuḥ karati jīvase vaḥ ||
10, 14, 14: sa no deveshv ā yamad dīrgham āyuḥ pra jī-
vase ||
1, 34, 11. 157, 4: prāyus tārishṭaṃ nī rapāṅsi mṛikshataṃ
sedhataṃ dvesho bhavataṃ sacābhuvā ||

110.

1, 118, 4: prācīnam barhir ojasā sahasravīram astṛiṇan |
9, 5, 4: barhiḥ prācīnam ojasā pavamāna stṛiṇan hariḥ |

111.

1, 24, 9: bādhasva dūre nirṛitim parācaiḥ
6, 74, 2: āre bādhethāṃ nirṛitim parācaiḥ

112.

1, 62, 3. 10, 68, 11: bṛihaspatir bhinad adriṃ vidad gāḥ

113.

3, 30, 17. 6, 52, 3: brahmadvishe tapushiṃ hetim asya ||

114.

4, 50, 3: tubhyaṃ khātā avatā adridugdhā madhva ṣcotanty abhito virapṣam ||

7, 101, 4: trayaḥ koṣāsa upaseccanāso madhva ṣcotanty abhito virapṣam ||

115.

7, 4, 4: ayaṃ kavir akavishu pracetā marteshv agnir amṛito ni dhāyi |

10, 45, 7: uṣik pāvako aratiḥ sumedhā marteshv agnir amṛito ni dhāyi |

116.

1, 114, 6: rāsvā ca no amṛita martabhojanam

7, 38, 2: vy urvīm pṛithvīm amatiṃ sṛijāna ā nṛibhyo martabhojanaṃ suvānaḥ ||

7, 45, 3: viṣrayamāṇo amatim urūcīm martabhojanam adha rāsate naḥ || Vgl. 7, 16, 4. 81, 5.

117.

1, 18, 3: mā naḥ ṣaṅso ararusho dhūrtiḥ praṇaṅ martyasya |

7, 94, 8: mā kasya no ararusho dhūrtiḥ praṇaṅ martyasya ||

118.

2, 42, 3: mā na stena īṣata māghaṣaṅsaḥ

6, 28, 7: mā va stena īṣata māghaṣaṅsaḥ

119.

1, 104, 8: mā no vadhīr indra mā parā dāḥ

7, 46, 4: mā no vadhī rudra mā parā dāḥ

120.

6, 50, 7: mā va eno anyakṛitam bhujema mā tat karma vasavo yac cayadhve |

7, 52, 2: mā vo bhujemānyajātam eno mā tat karma vasavo yac cayadhve |

121.

4, 44, 5. 7, 69, 6: mā vām anye ni yaman devayantaḥ —

Derselbe Wunsch den Gott für eigensten Bedarf zu behalten, einfach mit „asmākam astu kevalaḥ“ ausgedrückt (vgl. die römische evocatio, besonders bei Macrobius Sat. III, 9), findet sich auch

2, 18, 3: mo shu tvām atra bahavo hi viprā ni rīraman yajamānāso anye ||

3, 35, 5: mā te harī vṛishaṇā vītapṛishṭhā ni rīraman yajamānāso anye |

atyāyāhi ṣaṣvato —

10, 160, 1: indra mā tvā yajamānāso anye ni rīraman —

122.

3, 59, 1: mitro janān yātayati bruvāṇaḥ —

7, 36, 2: janaṃ ca mitro yatati bruvāṇaḥ ||

123.

1, 154, 2. 10, 180, 2: mṛigo na bhīmaḥ kucaro girishṭhāḥ

In der zweiten Stelle scheint das Gleichniss mir schlecht zu passen.

124.

4, 25, 4. 5, 37, 1: ya indrāya sunavāmety āha

125.

1, 114, 2: yac chaṃ ca yoṣ ca manur āyeje pitā tad aṣyāma tava rudra praṇītishu ||

2, 33, 13. yāni manur avṛiṇītā pitā nas tā ṣaṃ ca yoṣ ca rudrasya vaṣmi ||

126.

1, 142, 8: hotārā daivyā kavī |

yajñaṃ no yakshatām imaṃ sidhram adya divispṛiṣam ||

2, 41, 20: dyāvā naḥ pṛithivī imaṃ sidhram adya divisprịṣam |
yajñaṃ deveshu yachatām ||
5, 13, 2: agne stomam manāmahe sidhram adya divispṛiṣaḥ |

127.

8, 4, 1. 65, 1: yad indra prāg apāg udañ nyag vā hūyase nṛibhiḥ |

128.

7, 57, 4. 10, 15, 6: yad va āgaḥ purushatā karāma |
4, 12, 4: yac cid dhi te purushatā [1]) yavishṭhācittibhiṣ cakṛimā kac cid āgaḥ |

129.

1, 22, 3: yā vāṃ kaṣā madhumaty aṣvinā sūnṛitāvatī |
tayā yajñam mimikshatam ||
1, 157, 4: madhumatyā naḥ kaṣayā mimikshatam |

130.

1, 59, 5. 7, 98, 3: yudhā devebhyo varivaṣ cakartha ||
3, 34, 7: yudhendro mahnā varivaṣ cakāra devebhyaḥ

131.

1, 116, 7: yuvaṃ narā stuvate pajriyāya kakshīvate aradatam puraṃdhim |
kārotarāc chaphād aṣvasya vṛishṇaḥ ṣataṃ kumbhāñ asiñcataṃ surāyāḥ ||
1, 117, 6: tad vāṃ narā ṣañsyam pajriyeṇa kakshīvatā nāsatyā parijman |
ṣaphād aṣvasya vājino janāya ṣataṃ kumbhāñ asiñcatam madhūnām ||

---

1) Text: purushatrā.

132.

8, 93, 6. 9, 65, 22: ye somāsaḥ parāvati ye arvāvati sunvire |

Vāl. 5, 3: ye parāvati sunvire janeshv ā ye arvāvatīndavaḥ ||

133.

1, 4, 10: yo rāyo 'vanir mahān supāraḥ sunvataḥ sakhā |
tasmā indrāya gāyata ||

8, 32, 13: yo rāyo 'vānir mahān supāraḥ sunvataḥ sakhā |
tam indram abhi gāyata ||

134.

1, 77, 1: yo martyeshv amṛita ṛitāvā hotā yajishṭha it kṛiṇoti devān ||

4, 2, 1: yo martyeshv amṛita ṛitāvā devo deveshv aratir nidhāyi |
hotā yajishṭho —

135.

1, 18, 2: yo revān yo amīvahā vasuvit pushṭivardhanaḥ |

1, 91, 12: gayasphāno amīvahā vasuvit pushṭivardhanaḥ |

136.

1, 117, 2: yo vām aṣvinā manasā javīyān rathaḥ svaṣvo viṣa ājigāti |
yena gachathaḥ sukṛito duroṇam —

1, 183, 1: taṃ yuñjāthām manaso yo javīyān trivandhuro vṛishaṇā yas tricakraḥ |
yenopayāthaḥ sukṛito duroṇam —

4, 13, 1: yātam aṣvinā sukṛito duroṇam —

137.

3, 62, 9: yo viṣvābhi vipaṣyati bhuvanā saṃ ca paṣyati |
sa naḥ pūshāvitā bhuvat ||

10, 187, 4: yo viṣvābhi vipaṣyati bhuvanā saṃ ca paṣyati |
sa naḥ parshad ati dvishaḥ ||

138.

10, 4, 7: rakshota nas tanvo aprayuchan ||
10, 7, 7: trāsvota nas tanvo aprayuchan ||

139.

1, 91, 13: soma rārandhi no hṛidi gāvo na yavaseshv ā |
5, 53, 16. 10, 25, 1: raṇan gāvo na yavase

140.

1, 144, 7. 10, 64, 11: raṇvaḥ saṃdṛishṭau pitumāñ iva kshayaḥ |

141.

4, 46, 4: rathaṃ hiraṇyavandhuram indravāyū svadhvaram |
ā hi sthātho divispṛiṣam ||
8, 5, 28: rathaṃ hiraṇyavandhuraṃ hiraṇyābhīṣum aṣvinā |
ā hi sthātho divispṛiṣam ||

142.

1, 177, 1. 4, 17, 5: rājā kṛishṭīnām puruhūta indraḥ |

143.

1, 96, 6. 10, 139, 3: rāyo budhnaḥ saṃgamano vasūnām —

144.

1, 1, 2. 4, 8, 2: sa devāñ eha vakshati ||

145.

4, 17, 3: vadhīd vṛitraṃ vajreṇa mandasānaḥ —
10, 28, 7: vadhīṃ vṛitraṃ vajreṇa mandasānaḥ —

146.

1, 63, 7: aṅho rājan varivaḥ pūrave kaḥ ||
4, 21, 10: hantā vṛitraṃ varivaḥ pūrave kaḥ |

147.

7, 39, 7. 62, 3: varuṇo mitro agniḥ | yachantu candrā upamaṃ no arkam —

148.

8, 50, 10: Vāl. 4, 6: vasūyavo vasupatiṃ ṣatakratuṃ stomair indraṃ havāmahe ||

149.

1, 134, 3: vāyur yuñkte rohitā vāyur aruṇā vāyū rathe ajirā dhuri voḷhave vahishṭhā dhuri voḷhave |

5, 56, 6: yuñgdhvaṃ hy arushā rathe yuñgdhvaṃ ratheshu rohitaḥ |
yuñgdhvaṃ harī ajirā dhuri voḷhave vahishṭhā dhuri voḷhave ||

150.

10, 45, 2: vidmā tam utsaṃ yata ājagantha ||

10, 84, 5: vidmā tam utsaṃ yata ābabhūtha ||

151.

1, 13, 6: vi ṣrayantām ṛitāvṛidho dvāro devīr asaṣcataḥ |
adyā nūnaṃ ca yashṭave ||

1, 142, 6: vi ṣrayantām ṛitāvṛidhaḥ prayai devebhyo mahīḥ |
pāvakāsaḥ puruspṛiho dvāro devīr asaṣcataḥ ||

152.

7, 55, 1. 8, 15, 13. 9, 25, 4: viṣvā rūpāṇy āviṣan

153.

9, 16, 6: punāno rūpe avyaye viṣvā arshann abhi ṣriyaḥ |
ṣūro na goshu tishṭhati ||

9, 62, 19: āviṣan kalaṣaṃ suto viṣvā arshann abhi ṣriyaḥ |
ṣūro na goshu tishṭhati ||

154.

3, 60, 3: saudhanvanāso amṛitatvam erire vishṭvī ṣamībhiḥ sukṛitaḥ sukṛityayā ||

7, 35, 12: ṣaṃ na ṛibhavaḥ sukṛitaḥ suhastāḥ —

10, 94, 2: vishṭvī grāvāṇaḥ sukṛitaḥ sukṛityayā —

155.

5, 40, 2. 8, 13, 32: vṛishā grāvā vṛishā mado vṛishā somo ayaṃ sutaḥ |

5, 40, 3. 8, 13, 33: vṛishā tvā vṛishaṇaṃ huve vajriñ citrābhir ūtibhiḥ |

156.

4, 7, 8: ver adhvarasya dūtyāni vidvān ubhe antā rodasī saṃcikitvān |
dūta īyase pradiva urāṇo vidushṭaro diva ārodhanāni ||

4, 8, 4: sa hotā sed u dūtyaṃ cikitvāñ antar īyate |
vidvāñ ārodhanaṃ divaḥ ||

8, 39, 1: ubhe hi vidathe kavir (= cikitvān) antaṣ carati dūtyam —

157.

9, 58, 5: vy avyayaṃ samayā vāram arshasi |
9, 97, 56: vi vāram avyaṃ samayāti yāti ||

158.

7, 20, 3: vy āsa indraḥ pṛitanāḥ svojāḥ —
10, 29, 8: vy ānaḷ indraḥ pṛitanāḥ svojāḥ —

159.

1, 124, 5. 10, 110, 4: vy u prathate vitaraṃ varīyaḥ —

160.

5, 30, 8. 6, 20, 6: ṣiro dāsasya namucer mathāyan |
Dieser Brocken passt an keiner der beiden Stellen.

161.

1, 142, 3. 9, 24, 6: ṣuciḥ pāvako adbhutaḥ
8, 13, 19: ṣuciḥ pāvaka ucyate so adbhutaḥ ||

Wer? der stotṛi oder Indra? In dem Kopfe der Uebersetzer steigt keine Ahnung von einer Schwierigkeit auf. Die Attribute passen nur auf Agni oder Soma.

162.

1, 127, 9. 175, 5: ṣushmintamo hi te mado dyumnintama uta kratuḥ |

163.

4, 18, 11. 8, 100, 12: sakhe vishṇo vitaraṃ vi kramasva —

164.

1, 103, 2. 2, 15, 2: sa dhārayat pṛithivīm paprathac ca —

165.

1, 58, 7. 3, 54, 3: saparyāmi prayasā yāmi ratnam ||

166.

1, 174, 2. 6, 20, 10: sapta yat puraḥ ṣarma ṣāradīr dart
Vgl. 1, 131, 4: puro yad indra ṣāradīr avātiraḥ —

167.

1, 105; 8. 10, 33, 2: sam mā tapanty abhitaḥ sapatnīr iva parṣavaḥ |
1, 105, 8. 10, 33, 3: mūsho na ṣiṣnā vy adanty mādhya stotāraṃ te ṣatakrato |

168.

9, 36, 5: sa viṣvā dāṣushe vasu somo divyāni pārthivā | pavatām āntarikshyā ||
9, 64, 6: te viṣvā dāṣushe vasu somā divyāni pārthivā | pavantām āntarikshyā ||

169.

4, 41, 5. 10, 101, 9: sā no duhīyad yavaseva gatvī sahasradhārā payasā mahī gauḥ ||

170.

1, 4, 1: surūpakṛitnum ūtaye sudughām iva goduhe | juhūmasi dyavi-dyavi ||
Vāl. 4, 4: taṃ tvā vayaṃ sudughām iva goduho juhūmasi ṣravasyavaḥ ||
8, 1, 10: ā tv adya sabardughāṃ huve gāyatravepasam | indraṃ dhenuṃ sudughām —

171.

6, 48, 15: suvedā no vasū karat ||

7, 32, 25: suvedā no vasū kṛidhi |
Vgl. 8, 4, 16: tve tan naḥ suvedam usriyaṃ vasu —

172.

4, 41, 6. 10, 92, 7: sūro dṛiṣīke vṛishaṇaṣ ca pauṅsye |

173.

4, 17, 1. 10, 111, 9: sṛijaḥ sindhūṅr ahinā jagrasānān

174.

1, 72, 1. 7, 45, 1: haste dadhāno naryā purūṇi

175.

4, 6, 11: hotāram agnim manusho ṅi shedur namasyanta uṣijaḥ ṣaṅsam āyoḥ ||
5, 3, 4: hotāram agnim manusho ni shedur daṣasyanta uṣijaḥ ṣaṅsam āyoḥ ||

176.

1, 36, 7: hotrābhir agnim manushaḥ sam indhate —
2, 2, 8: sa idhāna ushaso rāmyā anu —
hotrābhir agnir manushaḥ svadhvaraḥ —
10, 11, 5: sadāsi raṇvo yavaseva pushyate hotrābhir agne manushaḥ svadhvaraḥ |

Die hebräischen Psalme, wiewohl in dichterischer und sittlicher Eigenschaft erhabener, lassen sich in mancher Beziehung mit den vedischen Hymnen vergleichen. Hier wie da begegnet uns die Erscheinung, dass Lieder in weit aus einander liegenden Zeiträumen gedichtet zuletzt in eine abgegränzte Sammlung vereinigt und gewissen vorragenden Persönlichkeiten zugeschrieben wurden. In beiden finden wir, dass aus ganz bestimmten privaten Verhältnissen entsprungene Hymnen theologischen Zwecken angepasst, oder in dieselben gewaltsam eingezwängt werden. Auch das ist nachweislich, dass in beiden ein jüngeres Geschlecht sich der alten Stoffe bemächtigte und sie seinem Geschmacke nach verarbeitete. Endlich kam eine Generation geistesarm genug sich zu der wörtlichen Wiederholung ganzer Stellen älterer Dichter herabzulassen. In letzter Beziehung ist bekannt, dass Psalm LIII mit XIV, Ps. LXX mit XL, 14—18, Ps. CVIII mit LVII, 8—12. LX, 7—14 übereinstimmt, und dass II. Sam. XXII von Ps. XVIII sich nur in Lesarten unterscheidet.

In dem Āpastambīya Dharmasūtra I, 3, 10, 17 heisst es: „Der Lärm von Hunden und Eseln, das Geschrei von Sālāvṛikī, Ekasṛika und Eulen, alle Töne von musikalischen Instrumenten, der Schall von Geweine, Gesang und Sāman verursachen die Unterbrechung des Hersagens der heiligen Schrift". Noch entschiedener im Mānavīya Dharmaṣāstra IV, 123. 124: „Hört man den Klang des Sāman, dann unterbreche man die Recitation des Ṛigveda und Yajurveda — —. Der Ṛigveda hat die Götter zur Gottheit, der Yajurveda ist für den Bedarf der Menschen bestimmt; der Sāmaveda ist den Manen geweiht, deshalb ist sein Klang unrein" [1]). Woher rührt diese Vorstellung von der Unreinheit des Sāmaveda? Sie beruht, nach meiner Ansicht, auf der Kenntniss von der Willkür und der zum Theil unwürdigen Weise, in welcher der alte Text des Ṛigveda in diesem Gesangbuche behandelt ist. Denn das Sāma Ārcika besteht aus einer Auswahl von Ṛigversen zum Behufe musikalischen Vortrages beim Soma-opfer [2]). Bei Gesangbüchern jedoch walten in Bezug auf die Gestaltung des Urtextes eine Anzahl von Rücksichten vor, rhythmische, ästhetische, rituelle, sprachliche, gefolgt von vorsätzlicher oder zufäl-

1) Vgl. Muir, Sanskrit Texts III, 26.

2) Das Ārcika enthält nur 75 (nicht 78) eigene Verse, und diese finden sich zum Theil in anderen Sammlungen. Mehrere dieser Verse enthalten sachlichen und mithin auch sprachlichen Blödsinn.

liger Nachlässigkeit, und diese wirken zur Verderbniss der ursprünglichen Beschaffenheit zusammen. Der Sâmaveda unterscheidet sich hierin nicht von unseren eigenen Gesangbüchern. Zum Vergleiche gebe ich ein wohlbekanntes Lied von Paulus Gerhardt 1) in der ursprünglichen Fassung (Gedichte von Paulus Gerhardt. Herausgegeben von Karl Goedeke. Leipzig 1877), 2) in der Bearbeitung in der: Sammlung alter und neuer auserlesener geistlicher Gesänge. Mit Chur-Fürstl. Sächs. gnädigsten Privilegio. Budiszin 1775:

Gerhardt.	Gesangbuch.
Nun ruhen alle Wälder, Vieh, Menschen, Stadt und Felder, Es schläft die ganze Welt; Ihr aber, meine Sinnen, Auf, auf, ihr sollt beginnen, Was eurem Schöpfer wolgefällt!	Nun ruht schon in den Wäldern, in Städten, auf den Feldern, ein Theil [1]) der müden Welt. Ihr aber meine Sinnen! sollt noch vorher beginnen, was eurem Schöpfer wohlgefällt.
Wo bist du, Sonne, blieben? Die Nacht hat dich vertrieben, Die Nacht des Tages Feind; Fahr hin! ein ander Sonne, Mein JEsus, meine Wonne, Gar hell in meinem Herzen scheint.	Der Sonnen Licht und Glänzen entweicht von unsern Gränzen, und Dunkelheit tritt ein. Geh immer unter, Sonne! wenn Jesus, mir zur Wonne, mich nur erfreut mit seinem Schein.
Der Tag ist nun vergangen, Die güldnen Sterne prangen Am blauen Himmelsaal; Also werd ich auch stehen, Wenn mich wird heißen gehen Mein Gott aus diesem Jammerthal.	Der Tag ist nun vergangen, die hellen Sterne prangen am blauen Himmelssaal: also werd ich auch stehen, wenn du mich heissest gehen, mein Gott! aus diesem Jammerthal.
Der Leib eilt nun zur Ruhe, Legt ab das Kleid und Schuhe, Das Bild der Sterblichkeit,	Was jetzt der Leib noch träget, wird nunmehr abgeleget, das Bild der Sterblichkeit:

1) So richtig, denn die Antipoden wachen! Ein rationalistischer Küster soll aus gleicher Erwägung „es schläft die halbe Welt" gedruckt haben.

Die ich zieh aus. Dagegen
Wird Christus mir anlegen
Den Rock der Ehr und Herrlichkeit.

Das Häupt, die Füß und Hände
Sind froh, daß nu zum Ende
Die Arbeit kommen sei;
Herz, freu dich, du sollt werden
Vom Elend dieser Erden
Und von der Sünden Arbeit frei.

Nun geht, ihr matten Glieder,
Geht hin und legt euch nieder,
Der Betten ihr begehrt;
Es kommen Stund und Zeiten,
Da man euch wird bereiten
Zur Ruh ein Bettlein in der Erd.

Mein Augen stehn verdrossen,
Im Hui sind sie geschlossen,
Wo bleibt denn Leib und Seel?
Nimm sie zu deinen Gnaden,
Sei gut für allem Schaden,
Du Aug und Wächter Israel.

Breit aus die Flügel beide,
O JEsu, meine Freude,
Und nimm dein Küchlein ein!
Will Satan mich verschlingen,
So laß die Englein singen:
Dies Kind soll unverletzet sein.

Auch euch, ihr meine Lieben,
Soll heinte nicht betrüben
Ein Unfall noch Gefahr.
GOtt laß euch selig schlafen,
Stell euch die güldne Waffen
Ums Bett und seiner Engel Schaar.

Doch Christus wird dagegen
ein beßres mir anlegen
das Kleid der Ehr und Herrlichkeit.

Das Haupt, die Füß' und Hände
sind froh, daß nun zum Ende
die Arbeit kommen sey.
Wohl mir! denn ich selbst werde
vom Elend dieser Erde,
und von der Sündenarbeit frey.

Nun geht, ihr müden Glieder!
geht hin und legt euch nieder,
da ihr die Ruh begehrt.
Nach diesen Prüfungszeiten
wird man euch zubereiten
die Ruhekammer in der Erd.

In deine treuen Hände,
befehl ich bis ans Ende
mich ganz mit Leib und Seel.
Ach! nimm mich auf zu Gnaden,
bewahre mich vor Schaden,
in dieser Nacht, Immanuel!

Herr Jesu! meine Freude,
schleuß mich vor allem Leide
in deine Vorsicht ein:
so ruh ich ohne Kummer,
und kann im sanften Schlummer
selbst vor dem Satan sicher sein.

Laß auch, Herr! meine Lieben
nichts diese Nacht betrüben,
kein Unfall noch Gefahr.
Laß keine Noth, kein Schrecken
uns aus dem Schlafe wecken:
so preisen wir dich immerdar.

Nach dem gesagten kann ich Weber durchaus nicht beistimmen, wenn er sich [1]) über den Sāmaveda folgendermassen äussert: „Ueber das Alterthümliche der Lesarten der Sāmasaṃhitā im Verhältniss zu denen der Ṛiksaṃhitā habe ich bereits früher (p. 10) [2]) gesprochen. Es ergiebt sich daraus jedenfalls wohl, dass die Ṛic, welche die erstere bilden, ihren Liedern in einer ältern Zeit entlehnt worden sind, wo deren Zusammenstellung als Ṛiksaṃhitā noch nicht stattgefunden hatte, so dass bis zu der letzteren hin dieselben im Munde des Volkes noch manche Abschleifungen erhielten, welche den als Sāman verwendeten und so durch den Cultus geschützten Ṛic erspart wurde“. Weder von den alterthümlicheren grammatischen Formen, noch den variantes doctiores, die der Göttinger Herausgeber gefunden hat, ist mir bei genauer Prüfung des ersten Ārcika eine Spur aufgestossen. Dagegen sind mir viele Lesarten dieses Ārcika allerdings „dunkler und unverständlicher“, sogar zum Theil entweder so unverständig oder so seicht erschienen, dass ich die auf die Vergleichung verwendete Zeit für verloren erachte. Vielfach ist die dem gemeinen Sinn entsprechende Form und Construction gegeben, ohne Rücksicht auf die Umgebung, die Bedeutung und den Zusammenhang zu nehmen.

Es würde eine besondere Abhandlung erfordern das gesagte im einzelnen zu erhärten. Hier muss ich mich auf einige Beispiele beschränken.

---

1) Akademische Vorlesungen über Indische Literaturgeschichte, 2te Auflage, p. 70.

2) Dort heisst es: „Die in der Sāmasaṃhitā vorkommenden Ṛic erweisen im Allgemeinen durch ihre alterthümlicheren grammatischen Formen sich als die älteren und ursprünglicheren“.

8, 62, 16.

ṣrutaṃ vo vṛitrahantamam pra-ṣardhaṃ carshaṇīnām |
ā ṣushe rādhase mahe ||

B. (Sv.) erkannte eben so wenig wie der Rv. Scholiast, dass ṣushe eine Form von ṣvas sei, und corrigirte deshalb āṣíshe (zu Segen), wodurch der Satz ohne Prädicat bleibt und āṣis eine Bedeutung erhält, die im Rv. noch nicht entwickelt ist.

8, 32, 21.

atīhi manyushāviṇaṃ sushuvāṅsam upāraṇe |
imaṃ rātaṃ sutam piba ||

„Wenn jemand aus Bosheit an einem anstossenden (evocandi causa) Orte Soma spendet, so geh' an ihm vorüber“ [1]). B. verstand das seltene upāraṇa nicht und conjicirte uperaya in dem Sinne von preraya, obwohl upa nie mit īr verbunden wird. Nachdem er einmal sushuvāṅsam von manyushāviṇam abgetrennt hatte, so folgte das den gottesfürchtigen Opferer hervorhebende asya rātau von selbst.

8, 93, 25.

tubhyaṃ somāḥ sutā ime, stīrṇam barhir vibhāvaso |
stotṛibhya indram ā vaha ||

Es lag nicht auf der Oberfläche, dass Indra nur in dem ersten pāda angeredet, in den beiden letzten Agni aufgefordert werde Indra auf den geweihten Rasen zu bringen. B. bezog den ganzen Vers auf Indra, und da dieser nicht

---

1) Ein ähnlicher Gedanke findet sich 5, 75, 2: atyāyātam aṣvinā tiro viṣvā ahaṃ sanā | Für ahám sánā ist ahaṃsanāḥ zu lesen und die Stelle lautet: „Geht, o Aṣvin, über alle selbstsüchtigen Schaaren hinweg“, nicht wie Herr Grassmann tiefsinnig aber gründlich falsch übersetzt: „Hindurch zu uns, o Ritter, dringt, und ich durch alle stets zu euch“. ahaṃsana besteht aus der zusammengedrängten Redensart: ahaṃ sa na. So ist naghārishá aus na ghā rishat, naghamārá aus na gha mārayāt, vimṛidhá aus vi mṛidho jahi entstanden.

füglich sich selbst herbeiführen konnte, so wurde der Schluss aus Vers 28 genommen.

8, 1, 5.

mahe cana tvām adrivaḥ parā ṣulkāya deyāṃ |

Der Vers ist in seinem Maasse bedenklich. Denn statt ‒ ‒ ⏑ ‒ in tvām adrivaḥ war ⏑ ‒ ⏑ ‒ oder ‒ ⏑ ⏑ ‒ zu erwarten, und die Auflösung des sprachwidrigen deyām zu deīām ist hart. deyām für deyāsam wird daher von B. einfach in das regelrechte dīyase verändert. Dass statt tvām sodann nicht tvam gesetzt wurde, geschah bloss um der staunenden Nachwelt eine alterthümlichere grammatische Form aufzubewahren.

10, 10, 1.

Yamī fordert ihren Bruder zu Incest auf und beginnt:
o cit sakhāyaṃ sakhyā vavṛityāṃ tiraḥ purū cid arṇavam jaganvān |
pitur napātam ā dadhīta vedhā adhi kshami prataraṃ dīdhyānaḥ ||

Dieser Vers wird in vollem Ernste von B. zu einer Anrufung an Indra angepasst. Beispiele von ähnlichen Verstandverrückungen liegen uns Europäern so nahe, dass wir uns über B. nicht wundern wollen.

7, 32, 14.

kas tam indra tvāvasum ā martyo dadharshati |

B. nimmt an dem sonderbaren ἅ. λ. tvāvasu (gebildet wie tvādūta) Anstoss, und gestachelt von der prurigo divinandi setzt er das leichtere tvā vaso, unbekümmert um das sonstige Schicksal des Verses.

5, 39, 1.

yad indra citra mehanāsti tvādātam adrivaḥ |
rādhas tan na vidadvaso ubhayāhasty ā bhara ||

Verse wie diese konnte kein Ṛishi geschrieben haben.

Denn zählen wir die Sylben ab, so muss hinter mehanā eine Pause eintreten. Liest man mehanā asti, so entsteht ein unleidlicher Hiatus. Auch der Sinn fügt sich schlecht. „Die Güter, die von dir in Fülle gegeben sind, bringe uns mit beiden Händen“ ist mild gesprochen unlogisch. Lesen wir ma iha nāsti, so sind alle Schwierigkeiten glücklich gehoben. „Was, Indra, mir noch nicht von dir geschenkt ist, die Güter all bring mit beiden Händen uns herbei“, q. e. d.

1, 84, 16.

ko adya yuñkte dhuri gā ṛitasya ṣimīvato bhāmino durhṛiṇāyūn |
āsannishūn hṛitsvaso mayobhūn —

Rinder, die Pfeile im Munde führen und mit diesen die Herzen treffen, finden sich in keiner Naturgeschichte. Auch die Frage, wer denn eigentlich mit den Rindern gemeint sei, hat grössere Geister als B. tribulirt. Was nicht verstanden wird, wird am besten eliminirt. Man hielt sich so weit als möglich an dem Wortlaut und aus āsannishūn hṛitsvaso entsteht āsann eshām (aus dem letzten Viertel) apsuvāho, was dieses immer heisse. Die sonderbare Construktion: ko yuñkte dhuri gā āsann eshām apsuvāhaḥ, für welche Bhagavān Pāṇinis seine Quartaner gepeitscht hätte, stört einen B. nicht. Weder Herr Benfey (Orient und Occident II, 246), noch Herr Ludwig haben die Stelle richtig aufgefasst. Die Stiere sind die das Opfer besorgenden Priester, der wer irgend ein Gottesfürchtiger. Doch genug!

So viel ist zuzugeben, dass eine Anzahl von Ārcikaversen aus einer von der vorliegenden Ṣākala-Recension abweichenden Saṃhitā herrühren, sei es aus der unbekannten Bāshkala Ṣākhā, oder wahrscheinlicher der Āṣvalāyana Ṣākhā. Aber die Behauptung, dass der Sāmaveda zu einer

Zeit zusammengestellt worden sei, wo die Ṛiksaṃhitā als solche noch keinen Bestand hatte, gehört zu jenen wildschiessenden Unkräutern, von denen der wenig bebaute Boden der Sanskrit-Literatur starrt und überwuchert. Weber scheint für die Alterthümlichkeit des Ārcika auch den Umstand geltend zu machen, „dass wir aus den, als die spätesten zu erkennenden, Liedern der Ṛiksaṃhitā z. B. aus dem Purushasūkta, keine Verse in die Sāmasaṃhitā aufgenommen finden“ [1]). Das Purushasūkta können wir wohl aus dem Spiel lassen, denn dieses trägt einen didaktischen Character, der sich für das lyrische Ārcika wenig eignete. Aber es zeigt sich bei genauer Zählung der eigenthümliche Umstand, dass aus den 354 Hymnen der vier ersten Maṇḍala Sāma-verse nur aus 86 Hymnen ausgehoben sind, ein Verhältniss, dass bis zum achten Maṇḍala sich durchaus nicht ändern dürfte. Von den letzten 49 Hymnen des zehnten Maṇḍala sind dagegen 15 in Contribution genommen. Bei der Auswahl hat eher die Jugend als das Alter der Hymnen zum Bestimmungsgrunde gedient.

Als Beschluss folgt ein Verzeichnis der dem Ārcika eigenthümlichen Verse.

agniḥ priyeshu dhāmasu 2, 1060. Av. 6, 36, 3. Vs. 12, 117. Āṣv. Ṣr. 8, 10, 3
agnir indrāya pavate 2, 1175
agnir jyotir jyotir 2, 1181. Vs. 3, 9
agne vivasvad ā bharā 1, 10
5 agne viṣvebhir agnibhir 1, 853. Aus Ṛv. 3, 24, 4. 8, 43, 16. 2, 37, 6 zusammengesetzt.
andhā amitrā 2, 1221. Khila 18
apsu retaḥ ṣiṣriye 2, 1194
abhi tyaṃ devaṃ savitāram 1, 464. Av. 7, 14, 1. 2. Ts. 1, 2, 6, 1. Vs. 4, 25. Āṣv. Ṣr. 4, 6, 3
abhi vājī viṣvarūpo 2, 1193
10 amitrasenām maghavann 2, 1215. Av. 3, 1, 3

1) „Dass die Sammlung sehr alt ist, erhellt daraus, dass von den späteren Liedern des Rik (im zehnten Mandala) keine im Sāma sich finden“. So nach Weber ein Herr Wurm.

ayaṃ sahasramānavo 1, 458. Av. 7, 22, 1. 2
ayaṃ sahasrā pari yuktā 2, 1195
araṃ ta indra ṣravase 1, 209
arcanty arkam marutaḥ 1, 445. 2, 464
15 asau yā senā 2, 1210. Av. 3, 2, 6. Vs. 17, 47. Khila 18
ā juhotā havishā 1, 63
ā no vayovayaḥṣayām 1, 553. Sinnlos.
āvir maryā ā vājaṃ 1, 485. Lose zusammengesetzte Brocken.
ita eta udāruhan 1, 92. Av. 18, 1, 61
20 indra ukthebhir mandishṭho 1, 226
indra jaṭharaṃ navyaṃ 2, 303. Āṣv. Ṣr. 6, 3, 1
indra jushasva pra vahā 2, 302. Āṣv. Ṣr. 6, 3, 1
indras turāshāṇ 2, 304. Āṣv. Ṣr. 6, 3, 1
indrasya bāhū sthavirau 2, 1219. Av. 19, 13, 1. Die letztere Fassung älter.
25 indro viṣvasya rājati || 1, 456. Vs. 36, 8
ima indra madāya te 1, 294. rāsva stotrāya ist aus missverstandenem rāsva stotre entstanden.
ime ta indra somāḥ 1, 212. Aus 10, 160, 2 und 7, 22, 2 geschmiedet.
upa prakshe madhumati 1, 444. 2, 465 [1])
ūrjā mitro varuṇaḥ 1, 455
30 ṛicaṃ sāma yajāmahe 1, 369. Av. 7, 54, 1
ṛitāvānaṃ vaiṣvānaram 2, 1058. Av. 6, 36, 1. Ts. 1, 5, 11, 1. Vs. 26, 6. Āṣv. Ṣr. 8, 10, 3
endra pṛikshu (lies pṛitsu) kāsu cin 1, 231
esha brahmā ya 1, 438. 2, 1118. Tb. 2, 4, 3, 10. 3, 7, 9, 5. Āṣv. Ṣr. 6, 2, 6
ka imaṃ nāhushīshv ā 1, 190
35 kaṅkāḥ suparṇā 2, 1214
kad u pracetase mahe 1, 224
kaṣyapasya svarvido 1, 361
ku shṭhaḥ ko vām 1, 305. Unsinnig.
gāyatraṃ traishṭubhaṃ 2, 1180. Der schliessende pāda in 1178. 1179 bildet den Anfangs-pāda des folgenden Verses.
40 jātaḥ pareṇa dharmaṇā 1, 90
tvashṭā no daivyaṃ vacaḥ 1, 299. Av. 6, 4, 1
tvām ic chavasas pate 2, 1119. Āṣv. Ṣr. 6, 2, 6
dosho āgād bṛihad gāya 1, 177. Av. 6, 1, 1. Āṣv. Ṣr. 8, 1, 18
namaḥ sakhibhyaḥ 2, 1178
45 nīva ṣīrshāṇi 2, 1006
pāvamānīḥ svastyayanīḥ sudughā 2, 650. Tb. 1, 4, 8, 5. Khila 13
pāvamānīḥ svastyayanīs tābhir 2, 653
pāvamānīr dadhantu na 2, 651. Tb. 1, 4, 8, 5. Khila 13
punar ūrjā ni vartasvā 2, 1182. Ts. 1, 5, 3, 3. 4, 2, 1, 3. Vs. 12, 9. 40

1) Der Vers lautet: Im Schatten des honigreichen Plaksha weilend, mögen wir unseren Wohlstand mehren, und den von dir verliehenen bewahren, Indra. Anders Benfey S. 284.

50 pra va indrāya vṛitrahantamāya 1, 446. 2, 463. Vgl. 8, 62, 1
pra sa viṣvebhir agnibhir 2, 854. Unsinn.
brahma jajñānam 1, 321. Av. 4. 1, 1. 5, 6, 1. Vs. 13, 3. Ts. 4, 2, 8, 2. Tb. 2, 8, 8, 8. Ait. Br. 1, 19. Āṣv. Ṣr. 4, 6, 3
bhago na citro 1, 449
meḍiṃ na tvā vajriṇam 1, 327
55 ya idam pratipaprathe 2, 1059 Av. 6, 36, 2. Āṣv. Ṣr. 8, 9, 7 (stimmt mehr mit Av.)
yaṃ vṛitreshu kshitaya 1, 337. Ist ein verdorbener Khila-Vers zu Rv. 2, 12, wie in Av. 20, 34, 16. 17 zwei andere vorliegen.
yadā kadā ca mīḍhushe 1, 288
yadi vīro anu shyād 1, 82
yad indra ṣāso 1, 298 (áṅṣam zu lesen)
60 yadī vahanty āṣavo 1, 356
yuñje vācaṃ ṣatapadīṃ 2, 1179
ye te panthā adho divo 1, 172
yena devāḥ pavitreṇā 2, 652. Tb. 1, 4, 8, 6. Khila 13. Nir. 5, 6
yo no vanushyann abhidāti 1, 336. Wimmelt von Fehlern. Lies abhidāsad āryān ugro (i. e. ugaro), jahī für kshidhī.
65 rāye agne mahe 1, 93
viṣvatodāvan viṣvato 1, 437
viṣvasya pra stobha 1, 450
vi srutayo yathā pathā 1, 453. 2, 1120. Āṣv. Ṣr. 6, 2, 6
ṣam padam maghaṃ 1, 441
70 sadā gāvaḥ ṣucayo 1, 442
sameta viṣvā ojasā 1, 372. Unsinn.
sarūpa vṛishann ā gahī 2, 1005
saha rayyā ni vartasvā 2, 1183. Ts. 1, 5, 3, 3. 4, 2, 1, 3. Vs. 12, 10. 41
sumanmā vasvī 2, 1004
75 somaḥ pūshā ca cetatuḥ 1, 154

Aus dem Pada ist so viel herausgehoben, als zum klaren Verständnisse des gebundenen Textes erforderlich war. Zu befürchten ist, dass in dieser Beziehung eher zu viel als zu wenig geschehen sei. Namentlich sind alle Composita ohne Ausnahme, soweit das Pada sie abtrennt, angegeben worden. Veränderungen von Vokalen vor anderen, Dualformen auf ī ū e, Wechsel von Accent in Folge eines Zusammentreffens von betonten mit unbetonten Sylben, und anderes Bemerkenswerthe, sind durchweg bemerkt worden. Der Hiatus, der durch Verlust eines s nach a vor ā und ungleichartigen Vokalen entsteht, und der analoge von ā für ās vor allen Vokalen, konnte unbezeichnet bleiben, weil einem Missverständnisse durchgängig vorgebeugt ist.

Die Auflösung von i zu y und u zu v vor unähnlichen Vokalen ist nicht besonders bemerkt worden, hingegen regelmässig, wenn y und v für ī und ū eingetreten waren.

Schrifttabelle.

Vokale	a	ā	i	ī	u	ū	ṛi	ṛī	ḷi	e	ai	o	au
Gutturale	k	kh	g	gh	ṅ								
Palatale	c	ch	j	jh	ñ								
Linguale	ṭ	ṭh	ḍ	ḍh	ṇ	(ḷ, ḷh)							
Dentale	t	th	d	dh	n								
Labiale	p	ph	b	bh	m								
Halbvokale	y	r	l	v									
Zischlaute	ṣ	sh	s.	Spirans h.									

Anusvāra im Inlaute eines einfachen Wortes vor ṣ sh s h ist durch ṅ bezeichnet, in allen anderen Fällen durch ṃ, der Anunāsika durch ṅ̊, Visarga durch ḥ. Die beiden Accente sind Udātta ⊥́, Svarita ⊥̀.

Berichtigungen.

Band I.

I, 75, 5 Text lies dámam. 95, 1 lies virūpe, 162, 13 lies māñspacanyā. S. 239 Ueberschrift lies 29.

Band II.

VIII, 46, 5 lies áṣvavat. 49, 1 lies jaritṛ́bhyo. X, 32, 3 lies chantsad. S. 165 Ueberschrift lies 61, ebenso S. 169 lies 66.

S. 252[b] lies apasyuva. S. 560[a] lies nāke asthād. S. 622[a] lies sṛibindam. S. 624[a] lies yathā viprasya. S. 679 L. 2. 3 von unten lies 8, 5 statt 8, 6, und in L. 2 streiche X. Khila 21, 4 lies piṅgāksha.

In dem pratika: imā u tvā sute-sute ist Sv. 1, 201, und in sacāyor indraṣ Sv. 1, 196 zuzufügen.

Entire Book-
Velankar.

S 1.

Agním náro dī́dhitibhir aráṇyor hástacyutī janayanta praṣastám | dūredṛ́ṣam gṛihápatim atharyúm || 1 || tám agním áste vásavo ny ṛìṇvan supraticáksham ávase kútaṣ cit | daksháyyo yó dáma ā́sa nítyaḥ || 2 || préddho agne dīdihi puró nó 'jasrayā sūrmyā̀ yavishṭha | tvā́m ṣáṣvanta úpa yanti vā́jāḥ || 3 || prá te agnáyo 'gníbhyo váram níḥ suvī́rāsaḥ ṣoṣucanta dyumántaḥ | yátrā náraḥ samā́sate sujātā́ḥ || 4 || dā́ no agne dhiyā́ rayím suvī́ram svapatyám sahasya praṣastám | ná yám yā́vā tárati yātumā́vān || 5 || 23 ||

úpa yám éti yuvatíḥ sudáksham doshā́ vástor havíshmatī ghṛitā́cī | úpa svaínam arámatir vasūyúḥ || 6 || víṣvā agné 'pa dahā́rātīr yébhis tápobhir ádaho járūtham | prá nisvarám cātayasvámīvām || 7 || ā́ yás te agna idhaté ánīkam vásishṭha ṣúkra dī́divaḥ pā́vaka | utó na ebhí stavā́thair ihá syāḥ || 8 || ví yé te agne bhejiré ánīkam mártā náraḥ pítryāsaḥ purutrā́ | utó na ebhíḥ sumánā ihá syāḥ || 9 || imé náro vṛitrahátyeshu ṣū́rā víṣvā ádevīr abhí santu māyā́ḥ | yé me dhíyam panáyanta praṣastám || 10 || 24 ||

1, 1 hásta-cyutī. pra-ṣastám dūre-dṛ́ṣam gṛihá-patim. 2 ní ṛi° su-praticáksham. dáme. 3 prá-iddhaḥ. naḥ ā́°. 4 su-vī́rāsaḥ. yátra. sam-ā́sate su-jātā́ḥ. 5 dā́ḥ. su-vī́ram su-apatyám. pra-ṣastám. yātu-mā́vān. 6 su-dáksham. svā́ e°. vasu-yúḥ. 7 agne ápa daha ā́°. ni-svarám cātayasva ā́°. 8 agne. utó *iti*. ebhíḥ. 9 mártāḥ. su-mánāḥ. 10 vṛitra-hátyeshu ṣū́rāḥ. pra-ṣastā́m.

má ṣúne agne ní shadāma nṛiṇám máṣéshaso 'vîratā pári tvā | prajávatīshu dúryāsu durya || 11 || yám aṣví nítyam upayáti yajñám prajávantaṃ svapatyáṃ ksháyaṃ naḥ | svájanmanā ṣéshasā vāvṛidhānám || 12 || pāhí no agne rakshâso ájushṭāt pāhí dhūrtér ârarusho aghāyóḥ | tvá yujá pṛitanāyūñr abhí shyām || 13 || séd agnír agníñr áty astv anyán yátra vājí tánayo vīlúpāṇiḥ | sahásrapāthā aksharā saméti || 14 || séd agnír yó vanushyató nipáti sameddhāram áñhasa urushyát | sujātásaḥ pári caranti vīrāḥ || 15 || 25 ||

ayáṃ só agnír áhutaḥ purutrá yám íṣānaḥ sám íd indhé havíshmān | pári yám éty adhvaréshu hótā || 16 || tvé agna āhávanāni bhúrīṣānása á juhuyāma nítyā | ubhá kṛiṇvánto vahatú miyédhe || 17 || imó agne vītátamāni havyá-jasro vakshi devátātim ácha | práti na īṃ surabhíṇi vyantu || 18 || má no agne 'vírate párā dā durvásasé 'mataye má no asyaí | má naḥ kshudhé má rakshása ṛitāvo má no dáme má vána á juhūrthāḥ || 19 || nú me bráhmāṇy agna úc chaṣādhi tváṃ deva maghávadbhyaḥ sushūdaḥ | rātaú syāmobháyāsa á te yūyám pāta svastíbhiḥ sádā naḥ || 20 || 26 ||

tvám agne suhávo raṇvásaṃdṛik sudītí sūno sahaso didīhi | má tvé sácā tánaye nítya á dhañ má vīró asmán náryo ví dāsīt || 21 || má no agne durbhṛitáye sácaishú devéddheshv agníshu prá vocaḥ | má te asmán durmatáyo bhṛimác cid devásya sūno sahaso naṣanta || 22 || sá márto agne svanīka reván ámartye yá ājuhóti havyám | sá devátā vasuvánim dadhāti yáṃ sūrír arthí pṛichámāna éti || 23 ||

1, 11 sadāma. má a°. 12 upa-yáti. su-apatyám. svá-janmanā. vavṛidhānám. 13 agha-yóḥ. syām. 14 sáḥ ít (15). vīlú-pāṇiḥ sahásra-pāthāḥ. sam-éti. 15 ni-páti sam-eddhāram. su-jātásaḥ. 16 á-hutaḥ. 17 tvé *iti* agne ā-hávanāni bhúri 1°. vahatú *iti*. 18 imó *iti*. havyá á°. 19 dāḥ duḥ-vásase á°. rakshase ṛita-vaḥ. váne. 20 nú. agne út s°. susūdaḥ. syāma u°. 21 su-hávaḥ raṇvá-saṃdṛik su-dītí sūno *iti*. tvé *iti*. nítye. dhak. asmát. 22 duḥ-bhṛitáye sácā e° devá-iddheshu. duḥ-matáyaḥ bhṛimát. sūno *iti*. 23 su-anīka. ā-juhóti. vasu-vánim.

mahó no agne suvitásya vidvā́n rayím sūríbhya ā́ vahā bṛihántam | yéna vayáṃ sahasāvan mádemávikshitāsa ā́yushā suvī́rāḥ || 24 || nū́ me bráhmāṇy agna — || 25 || 27 ||

Prathamo 'dhyāyaḥ.

2.

Jushásva naḥ samídham agne adyá ṣócā bṛihád yajatáṃ dhūmám ṛiṇván | úpa spṛiṣa divyáṃ sā́nu stū́paiḥ sáṃ raṣmíbhis tatanaḥ sū́ryasya || 1 || nárāṣáṅsasya mahimā́nam eshām úpa stoshāma yajatásya yajñaíḥ | yé sukrátavaḥ ṣúcayo dhiyaṃdhā́ḥ svádanti devā́ ubháyāni havyā́ || 2 || īḷényaṃ vo ásuraṃ sudáksham antár dūtáṃ ródasī satyavā́cam | manushvád agním mánunā sámiddhaṃ sám adhvarā́ya sádam ín mahema || 3 || saparyávo bháramāṇā abhijñú prá vṛiñjate námasā barhír agnaú | ājúhvānā ghṛitápṛishṭham príshadvad ádhvaryavo havíshā marjayadhvam || 4 || svādhyò ví dúro devayántó 'ṣiṣrayū rathayúr devátātā | pūrví ṣíṣuṃ ná mātárā rihāṇé sám agrúvo ná sámaneshv añjan || 5 || 1 ||

utá yóshaṇe divyé mahī́ na ushásānáktā sudúgheva dhenúḥ | barhishádā puruhūté maghónī ā́ yajñíye suvitā́ya ṣrayetām || 6 || víprā yajñéshu mā́nusheshu kārū́ mánye vāṃ jātávedasā yájadhyai | ūrdhváṃ no adhvaráṃ kṛitaṃ háveshu tā́ devéshu vanatho vā́ryāṇi || 7 || ā́ bhāratī bhā́ratībhiḥ — || 8 || tán nas turī́pam — || 9 || vánaspaté 'va — || 10 || ā́ yāhy agne — || 11 || 2 ||

1, 24 vaha. mádema ávi-kshitāsaḥ. su-vī́rāḥ. 25 = 20. — 2, 1 sam-ídham. ṣóca. 2 su-krátavaḥ. dhiyam-dhā́ḥ. 3 su-dáksham. ródasī *iti* satya-vā́cam. sám-iddham. ít. 4 abhi-jñú. ā-júhvānāḥ ghṛitá-pṛishṭham. 5 su-ādhyàḥ. deva-yántaḥ áṣiṣrayuḥ. pūrvī́ *iti* rihāṇé *iti*. 6 yóshaṇe *iti* divyé *iti* mahī́ *iti*. ushásā-náktā sudúghā-iva. barhi-sádā puruhūté *iti* puru-hūté maghónī *iti*. yajñíye *iti*. 7 kārū́ *iti*. jātá-vedasā. 8—11 = III, 4, 8—11.

3.

Agníṃ vo devám agníbhiḥ sajóshā yájishṭhaṃ dūtám adhvaré kṛiṇudhvam | yó mártyeshu nídhruvir ṛitávā tápurmūrdhā ghṛitánnaḥ pāvakáḥ || 1 || próthad áṣvo ná yávase 'vishyán yadā́ maháḥ saṃváraṇād vy ásthāt | ā́d asya vā́to ánu vāti ṣocír ádha sma te vrájanaṃ kṛishṇám asti || 2 || úd yásya te návajātasya vṛíshṇó 'gne cáranty ajárā idhānā́ḥ | áchā dyā́m arushó dhūmá eti sáṃ dūtó agna íyase hí devā́n || 3 || ví yásya te pṛithivyā́m pā́jo áṣret tṛishú yád ánnā samávṛikta jámbhaiḥ | séneva sṛishṭā́ prásitish ṭa eti yávaṃ ná dasma juhvā̀ vivekshi || 4 || tám íd doshā́ tám ushási yávishṭham agním átyaṃ ná marjayanta náraḥ | niṣíṣānā átithim asya yónau dīdā́ya ṣocír ā́hutasya vṛíshṇaḥ || 5 || 3 ||

susaṃdṛík te svanīka prátīkaṃ ví yád rukmó ná rócasa upāké | divó ná te tanyatúr eti ṣúshmaṣ citró ná sū́raḥ práti cakshi bhānúm || 6 || yáthā vaḥ sváhāgnáye dā́ṣema párīḷābhir ghṛitávadbhiṣ ca havyaíḥ | tébhir no agne ámitair máhobhiḥ ṣatám pūrbhír ā́yasībhir ní pāhi || 7 || yā́ vā te sánti dāṣúshe ádhṛishṭā gíro vā yā́bhir nṛivátīr urushyā́ḥ | tā́bhir naḥ sūno sahaso ní pāhi smát sūrī́ñ jaritṝ́ñ jātavedaḥ || 8 || nír yát pūtéva svádhitiḥ ṣúcir gā́t sváyā kṛipā́ tanvā̀ rócamānaḥ | ā́ yó mātrór uṣényo jánishṭa devayā́jyāya sukrátuḥ pāvakáḥ || 9 || etā́ no agne saúbhagā didīhy ápi krátuṃ sucétasaṃ vatema | víṣvā stotṛíbhyo gṛiṇaté ca santu yūyám pāta — || 10 || 4 ||

3, 1 sa-jóshāḥ. ní-dhruviḥ ṛitá-vā tápuḥ-mūrdhā ghṛitá-annaḥ. 2 sam-váraṇāt ví. ā́d — ṣocír 148, 4. 3 náva-jātasya vṛíshṇaḥ á°. ácha. agne. 4 sam-ávṛikta. sénā-iva. prá-sitiḥ te. 5 ni-ṣíṣānāḥ. ā́-hutasya. 6 su-saṃdṛík. su-anīka. rócase. 7 sváhā a°. pári í°. 8 yā́ḥ. ádhṛishṭāḥ. sūno *iti*. jāta-vedaḥ. 9 pūtā́-iva svá-dhitiḥ. deva-yájyāya su-krátuḥ. 10 su-cétasam.

4.

Prá vaḥ ṣukrā́ya bhānáve bharadhvaṃ havyám matíṃ cāgnáye súpūtam | yó daívyāni mā́nushā janū́ṅshy antár víṣvāni vidmánā jígāti || 1 || sá gṛ́tso agnís táruṇaṣ cid astu yáto yávishṭho ájanishṭa mātúḥ | sáṃ yó vánā yuváte ṣúcidan bhū́ri cid ánnā sám íd atti sadyáḥ || 2 || asyá devásya saṃsády ánīke yám mártāsaḥ ṣyetáṃ jagṛibhré | ní yó gṛ́bham paúrusheyīm uvóca durókam agnír āyáve ṣuṣoca || 3 || ayáṃ kavír ákavishu prácetā mártesbv agnír amṛ́to ní dhāyi | sá mā́ no átra juhuraḥ sahasvaḥ sádā tvé sumánasaḥ syāma || 4 || ā́ yó yóniṃ devákṛitaṃ sasā́da krátvā hy àgnír amṛ́tāň átārīt | tám óshadhīṣ ca vanínaṣ ca gárbham bhū́miṣ ca viṣvádhāyasam bibharti || 5 || 5 ||

íṣe hy àgnír amṛ́tasya bhū́rer íṣe rāyáḥ suvī́ryasya dā́toḥ | mā́ tvā vayáṃ sahasāvann avī́rā mā́psavaḥ pári shadāma mā́duvaḥ || 6 || parishádyaṃ hy áraṇasya rékṇo nítyasya rāyáḥ pátayaḥ syāma | ná ṣésho agne anyájātam asty ácetānasya mā́ pathó ví dukshaḥ || 7 || nahí grábhāyā́raṇaḥ suṣévo 'nyódaryo mánasā mántavā́ u | ádhā cid ókaḥ púnar ít sá ety ā́ no vājy àbhīshā́ḷ etu návyaḥ || 8 || tvám agne vanushyató — || 9 || etā́ no agne saúbhagā — || 10 || 6 ||

5.

Prágnáye taváse bharadhvaṃ gíraṃ divó aratáye pṛithivyā́ḥ | yó víṣveshām amṛ́tānām upásthe vaiṣvānaró vāvṛidhé jāgṛivádbhiḥ || 1 || pṛishṭó diví dhā́yy agníḥ pṛithivyā́ṃ netā́ síndhūnāṃ vṛishabhá stíyānām | sá mā́nushīr

---

4, 1 ca a° sú-pūtam. 2 ṣúci-dan. 3 sam-sádi. duḥ-ókam. 4 prá-cetāḥ. tvé *iti* su-mánasaḥ. 5 devá-kṛitam. hí a°. viṣvá-dhāyasam. 6 hí a°. su-vī́ryasya. avī́rāḥ mā́ á°. sadāma mā́ á°. 7 pari-sádyam hí. anyá-jātam. 8 grábhāya á° su-ṣévaḥ anyá-udaryaḥ. mántavai. ádha. vājī́ a°. 9 = VI, 15, 12. — 5, 1 prá a°. upá-sthe. vavṛidhé. 2 vṛishabháḥ.

abhí víso ví bhāti vaiṣvānaró vāvṛidhānó váreṇa || 2 || tvád bhiyā́ víṣa āyann ásiknīr asamaná jáhatīr bhójanāni | vaíṣvānara pūráve ṣóṣucānaḥ púro yád agne daráyann ádīdeḥ || 3 || táva tridhátu pṛithiví utá dyaúr vaíṣvānara vratám agne sacanta | tvám bhāsā́ ródasī ā́ tatanthájasreṇa ṣocíshā ṣóṣucānaḥ || 4 || tvám agne haríto vāvaṣānā́ gíraḥ sacante dhúnayo ghṛitácīḥ | pátiṃ kṛishṭīnā́ṃ rathyàṃ rayīṇā́ṃ vaiṣvānarám ushásāṃ ketúm áhnām || 5 || 7 ||

tvé asuryàṃ vásavo ny ṛiṇvan krátuṃ hí te mitramaho jushánta | tváṃ dásyūn̐r ókaso agna āja urú jyótir janáyann ā́ryāya || 6 || sá jáyamānaḥ paramé vyòman vāyúr ná pā́thaḥ pári pāsi sadyáḥ | tvám bhúvanā janáyann abhí krann ápatyāya jātavedo daṣasyán || 7 || tā́m agne asmé ísham érayasva vaíṣvānara dyumátīṃ jātavedaḥ | yáyā rā́dhaḥ pínvasi viṣvavāra pṛithú ṣrávo dāṣúshe mártyāya || 8 || táṃ no agne maghávadbhyaḥ purukshúṃ rayíṃ ní vā́jaṃ ṣrútyaṃ yuvasva | vaíṣvānara máhi naḥ ṣárma yacha rudrébhir agne vásubhiḥ sajóshāḥ || 9 || 8 ||

6.

Prá samrájo ásurasya práṣastim puṅsáḥ kṛishṭīnám anumádyasya | índrasyeva prá tavásas kṛitáni vánde dārúṃ vándamāno vivakmi || 1 || kavíṃ ketúṃ dhāsím bhānúm ádrer hinvánti ṣáṃ rājyáṃ ródasyoḥ | puraṃdarásya gīrbhír ā́ vivāse 'gnér vratā́ni pūrvyá mahā́ni || 2 || ny àkratū́n grathíno mṛidhrávācaḥ paṇín̐r aṣraddhā́n̐ avṛidhā́n̐ ayajñā́n | prá-pra tā́n dásyūn̐r agnír vivāya pū́rvaṣ cakārā́parān̐

5, 2 vavṛidhānáḥ. 3 asamanā́ḥ. 4 tri-dhā́tu pṛithiví. ródasī *iti*. tatantha á°. 5 vāvaṣānā́ḥ. 6 tvé *iti*. ní ṛi°. mitra-mahaḥ agne. 7 ví-oman. jāta-vedaḥ (8). 8 asmé *iti*. ā́ ī°. viṣva-vāra. 9 puru-kshúm. sa-jóshāḥ. — 6, 1 sam-rā́jaḥ. prá-ṣastim. anu-mā́dyasya índrasya-iva. 2 puram-darásya. 3 ní a°. mṛidhrá-vācaḥ. cakāra á°.

áyajyūn ‖ 3 ‖ yó apācīne támasi mádantīḥ prácīḥ cakára nṛ́tamaḥ śácībhiḥ | tám íśānaṃ vásvo agníṃ gṛiṇīshé 'nānataṃ damáyantam pṛitanyū́n ‖ 4 ‖ yó dehyò ánamayad vadhasnaír yó aryápatnīr ushásaś cakára | sá nirúdhyā náhusho yahvó agnír víśaś cakre balihṛ́taḥ sáhobhiḥ ‖ 5 ‖ yásya śármann úpa víśve jánāsa évais tasthúḥ sumatím bhíkshamāṇāḥ | vaiśvānaró váram á ródasyor ágníḥ sasāda pitrór upástham ‖ 6 ‖ á devó dade budhnyà vásūni vaiśvānará úditā sū́ryasya | á samudrád ávarād á párasmād ágnír dade divá á pṛithivyáḥ ‖ 7 ‖ ९ ‖

7.

Prá vo deváṃ cit sahasānám agním áśvaṃ ná vājínaṃ hishe námobhiḥ | bhávā no dūtó adhvarásya vidvā́n tmánā devéshu vivide mitádruḥ ‖ 1 ‖ á yāhy agne pathyà ánu svá mandró devā́nāṃ sakhyáṃ jushāṇáḥ | á sā́nu śúshmair nadáyan pṛithivyá jámbhebhir víśvam uśádhag vánāni ‖ 2 ‖ prācíno yajñáḥ súdhitaṃ hí barhíḥ prīṇīté agnír īḷitó ná hótā | á mātárā viśvávāre huvānó yáto yavishṭha jajñishé suśévaḥ ‖ 3 ‖ sadyó adhvaré rathiráṃ jananta mā́nushāso vícetaso yá eshām | viśám adhāyi viśpátir duroṇè 'gnír mandró mádhuvacā ṛitávā ‖ 4 ‖ ásādi vṛitó váhnir ājaganvā́n agnír brahmá nṛishádane vidhartá | dyaúś ca yám pṛithiví vāvṛidháte á yáṃ hótā yájati viśvávāram ‖ 5 ‖ eté dyumnébhir víśvam átiranta mántraṃ yé vā́raṃ náryā átakshan | prá yé víśas tiránta śróshamāṇā á yé me asyá dídhayann ṛitásya ‖ 6 ‖ nū́ tvā́m agna īmahe vásishṭhā īśā-

6, 4 gṛiṇīshe á⁰. 5 aryá-patnīḥ. ni-rúdhya. bali-hṛ́itaḥ. 6 su-matím. á a⁰. upá-stham. 7 út-itā. á a⁰. — 7, 1 bháva. mitá-druḥ. 2 sváḥ. pṛithivyáḥ. 3 sú-dhitam. viśvávāre *iti* viśvá-vāre. su-śévaḥ. 4 ví-cetasaḥ. duroṇé a⁰. mádhu-vacāḥ ṛitá-vā. 5 ā-jaganvā́n. nṛi-sádane vi-dhartá. vavṛidháte *iti*. viśvá-vāram. 6 á a⁰. va á⁰. 7 nú. agne.

náṃ sūno sahaso vásūnām | íshaṃ stotṛíbhyo maghávadbhya ānaḍ yūyám pāta svastíbhiḥ sádā naḥ || 7 || 10 ||

8.

Indhé rā́jā sám aryó námobhir yásya prátīkam ā́hutaṃ ghṛiténa | náro havyébhir īḷate sabā́dha ā́gnír ágra ushásām aṣoci || 1 || ayám u shyá súmahāñ avedi hótā mandró mánusho yahvó agníḥ | ví bhā́ akaḥ sasṛijānáḥ pṛithivyā́ṃ kṛishṇápavir óshadhībhir vavakshe || 2 || káyā no agne ví vasaḥ suvṛiktíṃ kā́m u svadhā́m ṛiṇavaḥ ṣasyámānaḥ | kadā́ bhavema pátayaḥ sudatra rāyó vantā́ro dushṭárasya sādhóḥ || 3 || prá-prāyám agnír bharatásya ṣṛiṇve ví yát sū́ryo ná rócate bṛihád bhā́ḥ | abhí yáḥ pūrúm pṛítanāsu tasthaú dyutānó daívyo átithiḥ ṣuṣoca || 4 || ásann ít tvé āhávanāni bhū́ri bhúvo víṣvebhiḥ sumánā ánīkaiḥ | stutáṣ cid agne ṣṛiṇvishe gṛiṇānáḥ svayáṃ vardhasva tanvàṃ sujāta || 5 || idáṃ vácaḥ ṣatasā́ḥ sáṃsahasram úd agnáye janishīshṭa dvibárhāḥ | ṣáṃ yát stotṛíbhya āpáye bhávāti dyumád amīvacā́tanaṃ rakshohā́ || 6 || nú tvā́m agna īmahe — || 7 || 11 ||

9.

Ábodhi jārá ushásām upásthād dhótā mandráḥ kavítamaḥ pāvakáḥ | dádhāti ketúm ubháyasya jantór havyā́ devéshu dráviṇaṃ sukṛítsu || 1 || sá sukrátur yó ví dúraḥ paṇīnā́m punānó arkám purubhójasaṃ naḥ | hótā mandró viṣā́ṃ dámūnās tirás támo dadṛiṣe rāmyā́ṇām || 2 || ámūraḥ kavír áditir vivásvān susaṃsán mitró átithiḥ ṣivó naḥ | citrábhānur ushásām bhāty ágre 'pā́ṃ gárbhaḥ prasvà ā́

7, 7 sūno *iti*. — 8, 1 ā́-hutam. sa-bā́dhaḥ ā́ a⁰ ágre. 2 syáḥ sú-mahān. akar *ity* akaḥ. kṛishṇá-paviḥ. 3 su-vṛiktím. su-datra. dustárasya. 4 prá-pra a⁰. 5 tvé *iti* ā-hávanāni. su-mánāḥ. su-jāta. 6 ṣata-sā́ḥ sám-sahasram. dvi-bárhāḥ. ṣám — bhávāti II, 38, 11. amīva-cā́tanam rakshaḥ-hā́. — 9, 1 upá-sthāt hótā. sukṛít-su. 2 su-krátuḥ. puru-bhójasam. 3 su-saṃsát. citrá-bhānuḥ. pra-svàḥ.

viveṣa || 3 || īḷényo vo mánusho yugéshu samanagā́ aṣucaj jātávedāḥ | susaṃdṛ́ṣā bhānúnā yó vibhā́ti práti gā́vaḥ samidhānám budhanta || 4 || ágne yāhí dūtyàm mā́ rishaṇyo devā́ñ áchā brahmakṛ́tā gaṇéna | sárasvatīm marúto aṣvínāpó yákshi devā́n ratnadhéyāya víṣvān || 5 || tvā́m agne samidhānó vásishṭho járūthaṃ han yákshi rāyé púraṃdhim | puruṇīthā́ jātavedo jarasva yūyám pāta — || 6 || 12 ||

10.

Ushó ná jāráḥ pṛthú pā́jo aṣred dávidyutad dī́dyac chóṣucānaḥ | vṛ́shā háriḥ ṣúcir ā́ bhāti bhāsā́ dhíyo hinvāná uṣatī́r ajīgaḥ || 1 || svàr ṇá vástor ushásām aroci yajñáṃ tanvānā́ uṣíjo ná mánma | agnír jánmāni devá ā́ ví vidvā́n dravád dūtó devayā́vā vánishṭhaḥ || 2 || áchā gíro matáyo devayántīr agníṃ yanti dráviṇam bhíkshamāṇāḥ | susaṃdṛ́ṣaṃ suprátīkaṃ sváñcaṃ havyavā́ham aratím mā́nushāṇām || 3 || índraṃ no agne vásubhiḥ sajóshā rudráṃ rudrébhir ā́ vahā bṛhántam | ādityébhir áditiṃ viṣvájanyām bṛ́haspátim ṛ́kvabhir viṣvávāram || 4 || mandráṃ hótāraṃ uṣíjo yávishṭham agníṃ víṣa īḷate adhvaréshu | sá hí kshápāvāñ ábhavad rayīṇā́m átandro dūtó yajáthāya devā́n || 5 || 13 ||

11.

Mahā́ñ asy adhvarásya praketó ná ṛté tvád amṛ́tā mādayante | ā́ víṣvebhiḥ saráthaṃ yāhi devaír ny àgne hótā prathamáḥ sadehá || 1 || tvā́m īḷate ajiráṃ dūtyàya ha-

9, 4 samana-gā́ḥ aṣucat jātá-vedāḥ su-saṃdṛ́ṣā. vi-bhā́ti. sam-idhānám. 5 ácha brahma-kṛ́tā. aṣvínā a°. ratna-dhéyāya. 6 sam-idhānáḥ. púram-dhim puru-nīthā́ jāta-vedaḥ. — 10, 1 dī́dyat ṣ°. ajīgar *iti*. 2 ná. deva-yā́vā. 3 ácha. su-saṃdṛ́ṣam su-prátīkam su-áñcam havya-vā́ham. 4 sa-jóshāḥ. vaha. viṣvá-janyām. viṣvá-vāram. — 11, 1 pra-ketáḥ ná. amṛ́tāḥ. sa-rátham. ní a°. sada ihá.

víshmantaḥ sádam ín mánushāsaḥ | yásya devaír ásado barhír agné 'hāny asmai sudínā bhavanti || 2 || trís cid aktóḥ prá cikitur vásūni tvé antár dāṣúshe mártyāya | manushvád agna ihá yakshi devān bhávā no dūtó abhiṣastipávā || 3 || agnír īṣe briható adhvarásyāgnír víṣvasya havíshaḥ kritásya | krátum hy àsya vásavo jusháṇtáthā devá dadhire havyaváham || 4 || ágne vaha havirádyāya devān índrajyeshṭhāsa ihá mādayantām | imám yajñám diví devéshu dhehi yūyám pāta — || 5 || 14 ||

12.

Ágauma mahá námasā yávishṭhaṃ yó dīdáya sámiddhaḥ své duroṇé | citrábhānuṃ ródasī antár urví svàhutaṃ viṣvátaḥ pratyáñcam || 1 || sá mahná víṣvā duritáni sāhván agní shṭave dáma á jātávedāḥ | sá no rakshishad duritád avadyád asmán griṇatá utá no maghónaḥ || 2 || tváṃ váruṇa utá mitró agne tvám vardhanti matíbhir vásishṭhāḥ | tvé vásu sushaṇanáni santu yūyám pāta — || 3 || 15 ||

13.

Prágnáye viṣvaṣúce dhiyaṃdhé 'suraghné mánma dhītím bharadhvam | bháre havír ná barhíshi prīṇānó vaiṣvānaráya yátaye matīnám || 1 || tvám agne ṣocíshā ṣóṣucāna á ródasī apriṇā jáyamānaḥ | tvám deváñ abhíṣaster amuñco vaíṣvānara jātavedo mahitvá || 2 || jātó yád agne bhúvanā

11, 2 ít. á á°. agne á°. su-dínā. 3 tvé *iti*. agne. bháva. abhiṣasti-pávā. 4 a. 1. b. IV, 12, 3. adhvarásya a°. hí a°. jusháṇta átha deváḥ. havya-vāham. 5 á a°. haviḥ-ádyāya. índra -jyeshṭhāsaḥ. — 12, 1 sám-iddhaḥ. citrá-bhānum ródasī *iti*. urví *iti* sú-āhutam. 2 duḥ-itáni sahván agníḥ stave dáme. jātá-vedāḥ. duḥ-itát. 3 tvé *iti*. su-sananáni. — 13, 1 prá a° viṣva-ṣúce dhiyam -dhé asura-ghné. 2 ródasī *iti* apriṇāḥ. abhí-ṣasteḥ. jāta-vedaḥ.

vy ákhyaḥ paśū́n ná gopā́ íryaḥ párijmā | vaiśvānara bráhmaṇe vinda gātúm yūyám pāta — || 3 || 16 ||

14.

Samídhā jātávedase deváya deváhūtibhiḥ | havírbhiḥ śukráśocishe namasvíno vayám dāśemāgnáye || 1 || vayám te agne samídhā vidhema vayám dāśema sushṭutī́ yajatra | vayám ghṛiténādhvarasya hotar vayám deva havíshā bhadraśoce || 2 || ā́ no devébhir úpa deváhūtim ágne yāhí váshaṭkṛitiṃ jushāṇáḥ | túbhyaṃ deváya dā́śataḥ syāma yūyám pāta — || 3 || 17 ||

15.

Upasádyāya mīḷhúsha āsyè juhutā havíḥ | yó no nédishṭham ā́pyam || 1 || yáḥ páñca carshaṇī́r abhí nishasā́da dáme-dame | kavír gṛihápatir yúvā || 2 || sá no védo amā́tyam agní rakshatu viśvátaḥ | utā́smā́n pātv áṅhasaḥ || 3 || návaṃ nú stómam agnáye diváḥ śyenā́ya jījanam | vásvaḥ kuvíd vanā́ti naḥ || 4 || spārhā́ yásya śríyo dṛiśé rayír vīrávato yathā | ágre yajñásya śócataḥ || 5 || 18 ||

sémā́ṃ vetu váshaṭkṛitim agnír jushata no gíraḥ | yájishṭho havyaváhanaḥ || 6 || ní tvā nakshya viśpate dyumántaṃ deva dhīmahi | suvī́ram agna āhuta || 7 || kshápa usrā́ś ca dīdihi svagnáyas tváyā vayám | suvī́ras tvám asmayúḥ || 8 || úpa tvā sātáye náro víprāso yanti dhītíbhiḥ | úpā́ksharā sahasríṇī || 9 || agní rákshāṅsi sedhati śukráśocir ámartyaḥ | śúciḥ pāvaká ī́ḍyaḥ || 10 || 19 ||

13, 3 ví. pári-jmā. — 14, 1 sam-ídhā jātá-vedase. deváhūti-bhiḥ. śukrá-śocishe. dāśema a°. 2 sam-ídhā. su-stutī́. ghṛiténa a°. bhadra-śoce. 3 devá-hūtim. váshaṭ-kṛitim. — 15, 1 upa-sádyāya mīḷhúshe. juhuta. 2 ni-sasā́da. k. g. y. 12, 6. 3 agníḥ. utá a°. 5 spārhā́ḥ. 6 sáḥ i°. váshaṭ-kṛitim. havya-vā́hanaḥ. 7 su-vī́ram agne ā́-huta. 8 su-agnáyaḥ. su-vī́raḥ. 9 úpa á°. 10 agníḥ. śukrá-śociḥ.

sá no rā́dhāṅsy ā bharéṣānaḥ sahaso yaho | bhágaṣ ca dātu vā́ryam || 11 || tvám agne vīrávad yáṣo deváṣ ca savitā́ bhágaḥ | dítiṣ ca dāti vā́ryam || 12 || ágne rákshā ṇo áṅhasaḥ práti shma deva ríshataḥ | tápishṭhair ajáro daha || 13 || ádhā mahí na ā́yasy ánādhṛishṭo nṛ́pītaye | pū́r bhavā ṣatábhujiḥ || 14 || tvám naḥ pāhy áṅhaso dóshāvastar aghāyatáḥ | dívā náktam adābhya || 15 || 20 ||

16.

Enā́ vo agním námasorjó nápātam ā́ huve | priyám cétishṭham aratím svadhvarám víṣvasya dūtám amṛ́tam || 1 || sá yojate arushā́ viṣvábhojasā sá dudravat svā̀hutaḥ | subráhmā yajñáḥ suṣámī vásūnām devám rā́dho jánānām || 2 || úd asya ṣocír asthād ājúhvānasya mīḷhúshaḥ | úd dhūmā́so arushā́so divispṛ́ṣaḥ sám agním indhate náraḥ || 3 || tám tvā dūtám kṛiṇmahe yaṣástamam devā́ṅ ā́ vītáye vaha | víṣvā sūno sahaso martabhójanā rā́sva tád yát tvémahe || 4 || tvám agne gṛihápatis tvám hótā no adhvaré | tvám pótā viṣvavāra prácetā yákshi véshi ca vā́ryam || 5 || kṛidhí rátnam yájamānāya sukrato tvám hí ratnadhā́ ási | ā́ na ṛité ṣiṣīhi víṣvam ṛitvíjam suṣáṅso yáṣ ca dákshate || 6 || 21 ||

tvé agne svāhuta priyā́saḥ santu sūráyaḥ | yantā́ro yé maghávāno jánānām ūrvā́n dáyanta gónām || 7 || yéshām íḷā ghṛitáhastā duroṇá ā́ṅ ápi prātā́ nishī́dati | tā́ṅs trāyasva sahasya druhó nidó yáchā naḥ ṣárma dīrghaṣrút || 8 || sá mandráyā ca jihváyā váhnir āsā́ vidúshṭaraḥ | ágne rayím maghávadbhyo na ā́ vaha havyádātim ca sūdaya || 9 ||

15, 11 bhara i°. yaho *iti*. 13 ráksha naḥ. sma. ríshataḥ. 14 ádha. ā́yasi. nṛí-pītaye. bhava ṣatá-bhujiḥ. 15 t. n. p. ā. VI, 16, 30. dósha-vastaḥ agha-yatáḥ. — 16, 1 námasā ū°. su-adhvarám. 2 viṣvá-bhojasā. sú-āhutaḥ su-bráhmā. su-ṣámī. 3 ā-júhvānasya. divi-spṛ́ṣaḥ. 4 sūno *iti*. marta-bhójana. tvā i°. 5 gṛihá-patiḥ. viṣva-vāra prá-cetāḥ. 6 sukrato *iti* su-krato. tvám — ási 15, 3. su-ṣáṅsaḥ. 7 tvé *iti*. su-āhuta. 8 ghṛitá-hastā duroṇé ā́. ni -sī́dati. yácha. dīrgha-ṣrút. 9 havyá-dātim.

yé rā́dhāṅsi dádaty áṣvyā maghā́ kā́mena ṣrávaso maháḥ | tā́ñ áṅhasaḥ piprihi partṛ́bhish ṭvám ṣatám pūrbhír yavishṭhya || 10 || devó vo draviṇodā́ḥ pūrṇā́m vivashṭy āsícam | úd vā siñcádhvam úpa vā pṛiṇadhvam ā́d íd vo devá ohate || 11 || táṃ hótāram adhvarásya prácetasaṃ váhniṃ devā́ akṛiṇvata | dádhāti rátnaṃ vidhaté suvī́ryam agnír jánāya dāṣúshe || 12 || 22 ||

17.

Ágne bháva sushamídhā sámiddha utá barhír urviyā́ ví stṛiṇītām || 1 || utá dvā́ra uṣatī́r ví ṣrayantām utá devā́ñ uṣatá ā́ vahehá || 2 || ágne vīhí havíshā yákshi devā́n svadhvarā́ kṛiṇuhi jātavedaḥ || 3 || svadhvarā́ karati jātávedā yákshad devā́ñ amṛ́tān pipráyac ca || 4 || vánsva víṣvā vā́ryāṇi pracetaḥ satyā́ bhavantv āṣísho no adyá || 5 || tvā́m u té dadhire havyaváham deváso agna ūrjá ā́ nápātam || 6 || té te devā́ya dā́ṣataḥ syāma mahó no rátnā ví dadha iyānáḥ || 7 || 23 ||

Prathamo 'nuvākaḥ.

18.

Tvé ha yát pitáraṣ cin na indra víṣvā vāmā́ jaritā́ro ásanvan | tvé gā́vaḥ sudúghās tvé hy áṣvās tváṃ vásu devayaté vánishṭhaḥ || 1 || rā́jeva hí jánibhiḥ kshéshy evā́va dyúbhir abhí vidúsh kavíḥ sán | piṣā́ gíro maghavan góbhir áṣvais tvāyatáḥ ṣiṣīhi rāyé asmā́n || 2 || imā́ u tvā paspṛidhānā́so átra mandrā́ gíro devayántīr úpa sthuḥ | arvā́cī

16, 10 partṛí-bhiḥ tvám. 11 draviṇaḥ-dā́ḥ. ā́-sicam. 12 prá -cetasam. su-vī́ryam. — 17, 1 su-samídhā sám-iddhaḥ. 2 vaha ihá. 3 su-adhvarā́ (4). jāta-vedaḥ. 4 jātá-vedāḥ. pipráyat. 5 praceta *iti* pra-cetaḥ satyā́ḥ. ā-ṣíshaḥ. 6 havya-vā́ham. agne. — 18, 1 tvé *iti* (3). cit. su-dúghāḥ. hí. 2 rā́jā-iva. evá áva. vidúḥ. 3 mandrā́ḥ.

te pathyà rāyá etu syáma te sumatáv indra ṣárman || 3 || dhenúṃ ná tvā sūyávase dúdukshann úpa bráhmāṇi sasṛije vásishṭhaḥ | tvám ín me gópatiṃ víṣva āhá na índraḥ sumatíṃ gantv ácha || 4 || árṇāṅsi cit paprathāná sudása índro gādháṅy akṛiṇot supārá | ṣárdhantaṃ ṣimyúm ucáthasya návyaḥ ṣápaṃ síndhūnām akṛiṇod áṣastīḥ || 5 || 24 ||

puroḷá ít turváṣo yákshur āsīd rāyé mátsyāso níṣitā ápīva | ṣrushṭíṃ cakrur bhṛígavo druhyávaṣ ca sákhā sákhāyam atarad víshūcoḥ || 6 || á pakthāso bhalānáso bhanantálināso vishāṇínaḥ ṣivásaḥ | á yó 'nayat sadhamá áryasya gavyá tṛítsubhyo ajagan yudhá nṛín || 7 || durādhyò áditiṃ sreváyanto 'cetáso ví jagṛibhre párushṇīm | mahnávivyak pṛithivím pátyamānaḥ paṣúsh kavír aṣayac cáyamānaḥ || 8 || īyúr ártham ná nyarthám párushṇīm āṣúṣ canéd abhipitváṃ jagāma | sudása índraḥ sutúkāṅ amítrān árandhayan mánushe vádhrivācaḥ || 9 || īyúr gávo ná yávasād ágopā yathākṛitám abhí mitráṃ citásaḥ | pṛíṣnigāvaḥ pṛíṣninipreshitāsaḥ ṣrushṭíṃ cakrur niyúto rántayaṣ ca || 10 || 25 ||

ékaṃ ca yó viṅṣatíṃ ca ṣravasyá vaikarṇáyor jánān rájā ny ástaḥ | dasmó ná sádman ní ṣiṣāti barhíḥ ṣúraḥ sárgam akṛiṇod índra eshām || 11 || ádha ṣrutáṃ kaváshaṃ vṛiddhám apsv ánu druhyúṃ ní vṛiṇag vájrabāhuḥ | vṛiṇāná átra sakhyáya sakhyáṃ tvāyánto yé ámadann ánu tvā || 12 || ví sadyó víṣvā dṛiṅhitány eshām índraḥ púraḥ sáhasā saptá dardaḥ | vy ánavasya tṛítsave gáyam bhāg jéshma pūrúṃ vidáthe mṛidhrávācam || 13 || ní gavyávó 'navo

---

18, 3 su-mataú. 4 su-yávase dúdhukshan. ít. gó-patim. āha á. su-matím. 5 su-dáse. su-pārá. 6 ní-ṣitāḥ ápi-iva. 7 bhánanta á á°. ánayat sadha-máḥ. 8 duḥ-ādhyàḥ. mahná a°. paṣúḥ. aṣayat. 9 ni-arthám. caná ít abhi-pitvám. su-dáse. su-túkān. árandhayat. vádhri-vācaḥ. 10 agopáḥ yathā-kṛitám. pṛíṣni-gāvaḥ pṛíṣni-nipreshitāsaḥ. ni-yútaḥ. 11 ní ástar *ity* ástaḥ. 12 ap-sú. vájra-bāhuḥ. 13 dardar *iti* dardaḥ ví. mṛidhrá-vācam. 14 gavyávaḥ á°.

druhyávaṣ ca shashṭíḥ ṣatá sushupuḥ sháṭ sahásrā | shashṭír vīráso ádhi sháḍ duvoyú víṣvéd índrasya vīryà kṛitáni || 14 || índreṇaité tṛ́tsavo vévishāṇā ápo ná ṣṛishṭā́ adhavanta nícīḥ | durmitrā́saḥ prakalavín mímānā jahúr víṣvāni bhójanā sudā́se || 15 || 26 ||

ardháṃ vīrásya ṣṛitapā́m anindrám párā ṣárdhantaṃ nunude abhí kshā́m | índro manyúm manyumyò mimāya bhejé pathó vartaním pátyamānaḥ || 16 || ādhréṇa cit tád v ékaṃ cakāra siṅhyàṃ cit pétvenā jaghāna | áva sraktír veṣyā̀vṛiṣcad índraḥ prā́yachad víṣvā bhójanā sudā́se || 17 || ṣáṣvanto hí ṣátravo rāradhúsh ṭe bhedásya cic chárdhato vinda rándhim | mártāñ éna stuvató yáḥ kṛiṇóti tigmáṃ tásmin ní jahi vájram indra || 18 || ávad índraṃ yamúnā tṛ́tsavaṣ ca prā́tra bhedáṃ sarvátātā mushāyat | ajā́saṣ ca ṣígravo yákshavaṣ ca balíṃ ṣīrshā́ṇi jabhrur áṣvyāni || 19 || ná ta indra sumatáyo ná rā́yaḥ saṃcákshe pū́rvā usháso ná nū́tnāḥ | dévakaṃ cin mānyamānáṃ jaghanthā́va tmánā bṛihatáḥ ṣámbaram bhet || 20 || 27 ||

prá yé gṛihā́d ámamadus tvāyā́ parāṣaráḥ ṣatáyātur vásishṭhaḥ | ná te bhojásya sakhyám mṛishantā́dhā sūríbhyaḥ sudínā vy ùchān || 21 || dvé náptur devā́vataḥ ṣaté gór dvā́ ráthā vadhū́mantā sudā́saḥ | árhann agne paijavanásya dā́naṃ hóteva sádma páry emi rébhan || 22 || catvā́ro mā paijavanásya dā́nāḥ smáddishṭayaḥ kṛiṣaníno nireké | ṛijráso mā pṛithivishṭhā́ḥ sudā́sas tokáṃ tokā́ya ṣrávase vahanti || 23 || yásya ṣrávo ródasī antár urví ṣīrshṇé-ṣīrshṇe vi-

---

18, 14 susupuḥ. víṣvā ít. 15 índreṇa eté. duḥ-mitrā́saḥ prakala-vít mímānāḥ. su-dā́se (17). 16 ṣṛita-pā́m. manyu-myàḥ. 17 pétvena. veṣyā̀ a°. prá a°. 18 raradhúḥ te. cit ṣ°. énaḥ. 19 prá á°. 20 te. su-matáyaḥ. sam-cákshe. cit. jaghantha áva. 21 parā-ṣaráḥ ṣatá-yātuḥ. mṛishanta ádha. su-dínā ví u°. 22 dvé *iti*. ṣaté *iti*. su-dā́saḥ (23). hótā-iva. 23 smát-dishṭayaḥ. pṛithivi-sthā́ḥ. 24 ródasī *iti*. urvī *iti*.

babhā́jā vibhaktā́ | saptéd índram ná sraváto griṇanti ní yudhyāmadhím aṣiṣād abhīke || 24 || imā́ṃ naro marutaḥ saṣcatā́nu dívodāsaṃ ná pitáraṃ sudā́saḥ | avishṭánā paijavanásya kétaṃ dūṇā́ṣaṃ kshatrám ajáraṃ duvoyú || 25 || 28 ||

19.

Yás tigmáṣriṅgo vrishabhó ná bhīmá ékaḥ krishṭī́ṣ cyāváyati prá víṣvāḥ | yáḥ ṣáṣvato ádāṣusho gáyasya prayantā́si súshvitarāya védaḥ || 1 || tvā́ṃ ha tyád indra kútsam āvaḥ ṣúṣrūshamāṇas tanvā̀ samaryé | dā́saṃ yác chúshṇaṃ kúyavaṃ ny àsmā árandhaya ārjuneyā́ya ṣíkshan || 2 || tvā́ṃ dhrishṇo dhrishatā́ vītáhavyam prā́vo víṣvābhir ūtíbhiḥ sudā́sam | prá paúrukutsiṃ trasádasyum āvaḥ kshétrasātā vritrahátyeshu pūrúm || 3 || tvā́ṃ nríbhir nrimaṇo devávītau bhū́rīṇi vritrá haryaṣva haṅsi | tvā́ṃ ní dásyuṃ cúmuriṃ dhúniṃ cā́svāpayo dabhītaye suhántu || 4 || táva cyautnā́ni vajrahasta tā́ni náva yát púro navatíṃ ca sadyáḥ | nivéṣane ṣatatamā́viveshīr áhañ ca vritrā́ṃ námucim utā́han || 5 || 29 ||

sánā tā́ ta indra bhójanāni rātáhavyāya dāṣúshe sudā́se | vríshṇe te hárī vríshaṇā yunajmi vyántu bráhmāṇi puruṣāka vā́jam || 6 || mā́ te asyā́ṃ sahasāvan párishṭāv aghā́ya bhūma harivaḥ parādaí | trā́yasva no 'vrikébhir várūthais táva priyā́saḥ sūríshu syāma || 7 || priyā́sa ít te maghavann abhíshṭau náro madema ṣaraṇé sákhāyaḥ | ní turvā́ṣaṃ ní yā́dvaṃ ṣiṣīhy atithigvā́ya ṣáṅsyaṃ karishyán || 8 || sadyā́ṣ cin nú té maghavann abhíshṭau náraḥ ṣaṅ-

18, 24 vi-babhāja vi-bhaktā saptá ít. 25 saṣcata ánu dívaḥ-dāsam. su-dā́saḥ avishṭána. duḥ-náṣam. — 19, 1 tigmá-ṣriṅgaḥ. cyaváyati. pra-yantā́ asi súsvi-tarāya. 2 tvám — indra 63, 4. sa-maryé. yát ṣ⁰. ní asmai. 3 dhrishṇo *iti*. vītá-havyam prá ā⁰. su-dāsam. kshétra-sātā vritra-hátyeshu. 4 nri-manaḥ devá-vītau. hari-aṣva. ca á⁰. su-hántu. 5 vajra-hasta. ni-véṣane ṣata-tamā a⁰. utá a⁰. 6 sánā — indra 174, 8. rātá-havyāya. su-dā́se. hárī *iti*. puru-ṣāka. 7 parā-daí. 8 atithi-gvāya. 9 cit.

santv ukthaṣā́sa ukthā́ | yé te hávebhir ví paṇī́ṅr ádāṣann asmā́n vṛiṇīshva yújyāya tásmai || 9 || eté stómā narā́ṃ nṛitama túbhyam asmadryàñco dádato maghā́ni | téshām indra vṛitrahátye ṣivó bhūḥ sákhā ca ṣū́ro 'vitā́ ca nṛiṇā́m || 10 || nū́ indra ṣūra stávamāna ūtí bráhmajūtas tanvā̀ vāvṛidhasva | úpa no vā́jān mimīhy úpa stī́n yūyám pāta — || 11 || 30 ||

Dvitīyo 'dhyāyaḥ.

20.

Ugró jajñe vīryā̀ya svadhā́vāñ cákrir ápo nár-yo yát karishyán | jágmir yúvā nṛishádanam ávobhis trātā́ na índra énaso mahā́ṣ cit || 1 || hántā vṛitrám índraḥ ṣū́ṣuvānaḥ prā́vīn nú vīró jaritā́ram ūtí | kártā sudā́se áha vā́ u lokáṃ dā́tā vásu múhur ā́ dāṣúshe bhūt || 2 || yudhmó anarvā́ khajakṛít samádvā ṣū́raḥ satrāshā́ḍ janúshem áshāḷhaḥ | vy ā̀sa índraḥ pṛítanāḥ svójā ádhā víṣvaṃ ṣatrūyántaṃ jaghāna || 3 || ubhé cid indra ródasī mahitvā́ paprātha távishībhis tuvishmaḥ | ní vájram índro hárivān mímikshan sám ándhasā mádeshu vā́ uvoca || 4 || vṛíshā jajāna vṛíshaṇaṃ ráṇāya tám u cin nā́rī náryaṃ sasūva | prá yáḥ senānī́r ádha nṛíbhyo ástīnáḥ sátvā gavéshaṇaḥ sá dhṛishṇúḥ || 5 || 1 ||

nū́ cit sá bhreshate jáno ná reshan máno yó asya ghorám āvívāsāt | yajñaír yá índre dádhate dúvāṅsi ksháyat sá rāyá ṛitapā́ ṛitejā́ḥ || 6 || yád indra pū́rvo áparāya ṣíkshann áyaj jyā́yān kánīyaso deshṇám | amṛíta ít páry

19, 9 uktha-ṣásaḥ. 10 stómāḥ. vṛitra-hátye. 11 nú. bráhma-jūtaḥ. vavṛidhasva. — 20, 1 nṛi-sádanam. 2 prá āvīt. su-dā́se. vaí. 3 khaja-kṛít. janúshā īm. ví āse. su-ójāḥ ádha. ṣatru-yántam. 4 ubhé *iti*. ródasī *iti* mahi-tvā́ ā́. vaí. 5 cit. senā-nī́ḥ. ásti i°. go-éshaṇaḥ. 6 nú. reshat. ā-vívāsāt. rāyé ṛita-pā́ḥ ṛite-jā́ḥ. 7 áyat.

āsīta dūrám á́ citra cítryam bharā rayím̐ naḥ || 7 || yás ta indra priyó jáno dádāṣad ásan nireké adrivaḥ sákhā te | vayám̐ te asyám̐ sumataú cánishṭhāḥ syáma várūthe águnato nṛípītau || 8 || eshá stómo acikradad vṛíshā ta utá stāmúr maghavann akrapishṭa | rāyás kā́mo jaritā́ram̐ ta ā́gan tvám aṅgá ṣakra vásva á́ ṣako naḥ || 9 || sá na indra tváyatāyā ishé dhās tmánā ca yé maghávāno junánti | vásvī shú te jaritré astu ṣaktír yūyám pāta — || 10 || 2 ||

21.

Ásāvi devám̐ góṛijīkam ándho ny àsminn índro janúshem uvoca | bódhāmasi tvā haryaṣva yajñaír bódhā na stómam ándhaso mádeshu || 1 || prá yanti yajñám̐ vipáyanti barhíḥ somamádo vidáthe dudhrávācaḥ | ny ù bhriyante yaṣáso gṛibhā́d á́ dūrā́üpabdo vṛíshaṇo nṛishā́caḥ || 2 || tvám indra srávitavá apás kaḥ párishṭhitā áhinā ṣūra pūrvī́ḥ | tvád vāvakre rathyò ná dhénā réjante víṣvā kṛitrímāṇi bhīshá́ || 3 || bhīmó viveshā́yudhebhir eshām ápāṅsi víṣvā nā́ryāṇi vidvā́n | índraḥ púro jā́rhṛishāṇo ví dūdhod ví vájrahasto mahinā́ jaghāna || 4 || ná yātáva indra jūjuvur no ná vándanā ṣavishṭha vedyā́bhiḥ | sá ṣardhad aryó víshuṇasya jantór mā́ ṣiṣnádevā ápi gur ṛitám̐ naḥ || 5 || 3 ||

abhí krátvendra bhūr ádha jmán ná te vivyaṅ mahimā́nam̐ rájāṅsi | svénā hí vṛitrám̐ ṣávasā jaghántha ná ṣátrur ántam̐ vividad yudhā́ te || 6 || devā́ṣ cit te asuryā̀ya pū́rvé 'nu kshatrā́ya mamire sáhāṅsi | índro magháni dayate vi-

20, 7 bhara. 8 te. ásat. su-mataú. nṛí-pītau. 9 te. te á́ a⁰. 10 tvá-yatāyai. sú. — 21, 1 gó-ṛijīkam. ní a⁰. janúshā īm. hari-aṣva. bódhá naḥ. 2 soma-mā́daḥ. dudhrá-vācaḥ ní ūm̐ *iti*. duré-upabdaḥ. nṛi-sā́caḥ. 3 srávitavaí. kar *iti* kaḥ pári-sthitāḥ. dhénāḥ. 4 vivesha á́⁰. vájra-hastaḥ. 5 ṣiṣná-devāḥ. 6 krátvā i⁰. vivyak. svéna. 7 pū́rve ánu.

sháhyéndram vájasya johuvanta sātaú || 7 || kīrís cid dhí tvám ávase juhávéṣānam indra saúbhagasya bhū́reḥ | ávo babhūtha ṣatamūte asmé abhikshattús tvávato varūtá || 8 || sákhāyas ta indra viṣváha syāma namovṛidháso mahiná tarutra | vanvántu smā té 'vasā samīkè 'bhītim aryó vanúshām ṣávāṅsi || 9 || sá na indra tváyatāyā — || 10 || 4 ||

22.

Píbā sómam indra mándatu tvā yám te susháva haryaṣvádriḥ | sotúr bāhúbhyām súyato nárvā || 1 || yás te mádo yújyaṣ cárur ásti yéna vṛitráṇi haryaṣva háṅsi | sá tvám indra prabhūvaso mamattu || 2 || bódhā sú me maghavan vácam émám yám te vásishṭho árcati práṣastim | imá bráhma sadhamáde jushasva || 3 || ṣrudhí hávam vipipānásyádrer bódhā víprasyárcato manīshám | kṛishvá dúvāṅsy ántamā sácemá || 4 || ná te gíro ápi mṛishye turásya ná sushṭutím asuryàsya vidván | sádā te náma svayaṣo vivakmi || 5 || 5 ||

bhū́ri hí te sávanā mánusheshu bhū́ri manīshí havate tvám ít | máré asmán maghavañ jyók kaḥ || 6 || túbhyéd imá sávanā ṣūra víṣvā túbhyam bráhmāṇi várdhanā kṛiṇomi | tvám nṛíbhir hávyo viṣvádhāsi || 7 || nū́ cin nú te mányamānasya dasmód aṣnuvanti mahimánam ugra | ná vīryàm indra te ná rádhaḥ || 8 || yé ca pū́rva ṛíshayo yé ca nū́tnā índra bráhmāṇi janáyanta víprāḥ | asmé te santu sakhyá ṣiváni yūyám pāta — || 9 || 6 ||

21, 7 vi-sáhya í⁰. 8 hí. juhāva í⁰. ṣatam-ūte asmé *iti* abhi-kshattúḥ. 9 te. namaḥ-vṛidhásaḥ. sma te á⁰ sam-īké abhí-itim. — 22, 1 píba. susáva hari-aṣva á⁰. sú-yataḥ ná á⁰. 2 hari-aṣva. prabhuvaso *iti* prabhu-vaso. 3 bódha. á i⁰. prá-ṣastim. sadha-máde. 4 ṣrudhí. vi-pipānásya á⁰ bódha víprasya á⁰. kṛishvá. sácā imá. 5 su-stutím. sva-yaṣaḥ. 6 mā āré asmát. kar *iti* kaḥ. 7 túbhya ít. viṣvádhā asi. 8 nú cit. dasma út. 9 pū́rve. asmé *iti*.

23.

Úd u bráhmāṇy airata ṣravasyéndraṃ samaryé mahayā vasishṭha | ā́ yó víṣvāni ṣávasā tatā́nopaṣrotā́ ma ívato vácāṅsi || 1 || áyāmi ghósha indra devájāmir irajyánta yác churúdho vívāci | nahí svám ā́yuṣ cikité jáneshu tā́níd áṅhāṅsy áti·parshy asmā́n || 2 || yujé ráthaṃ gavéshaṇaṃ háribhyām úpa bráhmāṇi jujushāṇám asthuḥ | ví bādhishṭa syá ródasī mahitvéndro vṛitrā́ṇy apratí jaghanvā́n || 3 || ā́paṣ cit pipyu staryò ná gā́vo nákshann ṛitáṃ jaritā́ras ta indra | yāhí vāyúr ná niyúto no áchā tváṃ hí dhībhír dáyase ví vā́jān || 4 || té tvā mádā indra mādayantu ṣushmíṇaṃ tuvirā́dhasaṃ jaritré | éko devatrā́ dáyase hí mártān asmíñ chūra sávane mādayasva || 5 || evéd índraṃ vṛíshaṇaṃ vájrabāhuṃ vásishṭhāso abhy àrcanty arkaíḥ | sá na stutó vīrávat dhātu gómad yūyám pāta — || 6 || 7 ||

24.

Yónish ṭa indra sádane akāri tám ā́ nṛíbhiḥ puruhūta prá yāhi | áso yáthā no 'vitā́ vṛidhé ca dádo vásūni mamádaṣ ca sómaiḥ || 1 || gṛibhītáṃ te mána indra dvibárhāḥ sutáḥ sómaḥ párishiktā mádhūni | vísṛishṭadhenā bharate suvṛiktír iyám índraṃ jóhuvatī manīshā́ || 2 || ā́ no divá ā́ pṛithivyā́ ṛijīshinn idám barhíḥ somapéyāya yāhi | váhantu tvā hárayo madryàñcam āṅgūshám áchā tavásam mádāya || 3 || ā́ no víṣvābhir ūtíbhiḥ sajóshā bráhma jushāṇó haryaṣva yāhi | várīvṛijat sthávirebhiḥ suṣiprāsmé dádhad

23, 1 ṣravasyā́ í° sa-maryé mahaya. tatā́na upa-ṣrotā́ me. 2 devá-jāmiḥ. yát ṣ° ví-vācī. tā́ni ít. 3 go-éshaṇam. ródasī *iti* mahi-tvā́ í°. aprati. 4 pipyuḥ. te. ni-yútaḥ. ácha. 5 tuvi-rā́dhasam. ṣūra. 6 evá ít. vájra-bāhum. abhí a°. sá — gómad 190, 8. — 24, 1 y. ṭ. i. 104, 1. a. t. ā́ 104, 1. puru-hūta. 2 dvi-bárhāḥ. pári-siktā. 'vísṛishṭa-dhenā. su-vṛiktíḥ. 3 soma-péyāya. ácha. 4 sa-jóshāḥ. hari-aṣva. su-ṣipra asmé *iti*.

vṛíshaṇam ṣúshmam indra || 4 || eshá stómo mahá ugráya váhe dhurívátyo ná vājáyann adhāyi | índra tvāyám arká īṭṭe vásūnāṃ divíva dyám ádhi naḥ ṣrómataṃ dhāḥ || 5 || evá na indra váryasya pūrdhi prá te mahím sumatíṃ vevidāma | ísham pinva maghávadbhyaḥ suvírāṃ yūyám pāta — || 6 || 8 ||

25.

Á te mahá indrōty ùgra sámanyavo yát samáranta sénāḥ | pátāti didyún náryasya bāhvór má te máno vishvadryàg ví cārīt || 1 || ní durgá indra ṣnathihy amítrān abhí yé no mártāso amánti | āré táṃ ṣáṅsaṃ kṛiṇuhi ninitsór á no bhara sambháraṇaṃ vásūnām || 2 || ṣatáṃ te ṣiprinn ūtáyaḥ sudáse sahásraṃ ṣáṅsā utá rātír astu | jahí vádhar vanúsho mártyasyāsmé dyumnám ádhi rátnaṃ ca dhehi || 3 || tvávato hìndra krátve ásmi tvávato 'vitúḥ ṣūra rātaú | víṣvéd áhāni tavishīva ugraṅ ókaḥ kṛiṇushva harivo ná mardhīḥ || 4 || kútsā eté háryaṣvāya ṣūshám índre sáho devájūtam iyānáḥ | satrá kṛidhi suhánā ṣūra vṛitrá vayáṃ tárutrāḥ sanuyāma vájam || 5 || evá na indra váryasya — || 6 || 9 ||

26.

Ná sóma índram ásuto mamāda nábrahmāṇo maghávānaṃ sutásaḥ | tásmā ukthám janaye yáj jújoshan nṛiván návīyaḥ ṣṛiṇávad yáthā naḥ || 1 || ukthá-ukthe sóma índram mamāda nīthé-nīthe maghávānaṃ sutásaḥ | yád īṃ sabá-

---

24, 5 mahé. dhurí-iva á°. tvā a°. divi-iva. 6 evá. su-matím. su-vírām. — 25, 1 indra ūtí u° sá-manyavaḥ. sam-áranta. didyút. 2 duḥ-gé. sam-bháraṇam. 3 su-dáse. vádhaḥ. mártyasya asmé *iti*. 4 hí i°. víṣvā ít. ugra. 5 hári-aṣvāya. devá-jūtam. su-hánā. — 26, 1 ná á°. tásmai. yát jújoshat nṛi-vát. 2 ukthé-ukthe. sa-bádhaḥ.

dhaḥ pitáram ná putráḥ samānádakshā ávase hávante || 2 || cakára tā́ kriṇávan nūnám anyā́ yā́ni bruvánti vedhásaḥ sutéshu | jánīr iva pátir ékaḥ samānó ní māmṛije púra índraḥ sú sárvāḥ || 3 || evā́ tám āhur utá ṣriṇva índra éko vibhaktā́ taráṇir maghā́nām | mithastúra ūtáyo yásya pūrvī́r asmé bhadrā́ṇi saṣcata priyā́ṇi || 4 || evā́ vásishṭha índram ūtáye nṛī́n krishṭīnā́m vrishabhám suté gṛiṇāti | sahasríṇa úpa no māhi vā́jān yūyám pāta — || 5 || 10 ||

27.

Índram náro nemádhitā havante yát pā́ryā yunájate dhíyas tā́ḥ | ṣū́ro nṛíshātā ṣávasaṣ cakāná ā́ gómati vrajé bhajā tvám naḥ || 1 || yá indra ṣúshmo maghavan te ásti ṣíkshā sákhibhyaḥ puruhūta nṛíbhyaḥ | tvám hí dṛilhá maghavan vícetā ápā vṛidhi párivṛitam ná rā́dhaḥ || 2 || índro rā́jā jágataṣ carshaṇīnā́m ádhi kshámi víshurūpam yád ásti | táto dadāti dāṣúshe vásūni códad rā́dha úpastutaṣ cid arvā́k || 3 || nū́ cin na índro maghávā sáhūtī dānó vā́jam ní yamate na ūtí | ánūnā yásya dákshiṇā pīpā́ya vāmám nṛíbhyo abhívītā sákhibhyaḥ || 4 || nū́ indra rāyé várivas kṛidhī na ā́ te máno vavṛityāma magháya | gómad áṣvāvad ráthavad vyánto yūyám pāta — || 5 || 11 ||

28.

Bráhmā ṇa indrópa yāhi vidvā́n arvā́ñcas te hárayaḥ santu yuktā́ḥ | víṣve cid dhí tvā vihávanta mártā asmā́kam

---

26, 2 samāná-dakshāḥ. 3 kriṇávat. mamṛije. 4 evá (5). ṣriṇve. vi-bhaktā́. mithaḥ-túraḥ. asmé *iti*. — 27, 1 nemá-dhitā. pā́ryāḥ. nṛí-sātā. bhaja. 2 ṣíksha. puru-hūta. ví-cetāḥ ápa. pári-vṛitam. 3 víshu-rūpam. úpa-stutaḥ. 4 nú cit. sá-hūtī. abhí-vītā. 5 nú. kṛidhi. áṣva-vat. — 28, 1 bráhma naḥ indra úpa. hí. vi-hávanta.

íc chriṇuhi viṣvaminva || 1 || hávam ta indra mahimá vy ànaḍ bráhma yát pási ṣavasinn ṛíshīṇām | á yád vájram dadhishé hásta ugra ghoráḥ sán krátvā janishṭhā áshāḷhaḥ || 2 || táva práṇītīndra jóhuvānān sáṃ yán nṛín ná ródasī ninétha | mahé kshatráya ṣávase hí jajñé 'tūtujiṃ cit tū́tujir aṣiṣnat || 3 || ebhír na indráhabhir daṣasya durmitráso hí kshitáyaḥ pávante | práti yác cáshṭe ánṛitam anená áva dvitá váruṇo māyí naḥ sāt || 4 || vocéméd índram maghávānam enam mahó rāyó rádhaso yád dádan naḥ | yó árcato bráhmakṛitim ávishṭho yūyám pāta — || 5 || 12 ||

29.

Ayám sóma indra túbhyaṃ sunva á tú prá yāhi harivas tádokāḥ | píbā tv àsyá súshutasya cáror dádo maghā́ni maghavann iyāṇáḥ || 1 || bráhman vīra bráhmakṛitiṃ jushāṇò 'rvācīnó háribhir yāhi tū́yam | asmínn ū shú sávane mādayasvópa bráhmāṇi ṣṛiṇava imá naḥ || 2 || ká te asty áraṃkṛitiḥ sūktaíḥ kadá nūnáṃ te maghavan dāṣema | víṣvā matír á tatane tvāyádhā ma indra ṣṛiṇavo hávemá || 3 || utó ghā té purushyà íd āsan yéshām pū́rveshām áṣṛiṇor ṛíshīṇām | ádhāháṃ tvā maghavañ johavīmi tváṃ na indrāsi prámatiḥ pitéva || 4 || vocéméd índram — || 5 || 13 ||

30.

Á no deva ṣávasā yāhi ṣushmin bhávā vṛidhá indra rāyó asyá | mahé nṛimṇáya nṛipate suvajra máhi kshatráya

---

28, 1 ít ṣ° viṣvam-inva. 2 te. ví a°. háste. 3 prá-nītī i°. yát. ródasī *iti*. átutujim. 4 indra á°. duḥ-mitrāsaḥ. yát. 5 vócema ít. dádat. bráhma-kṛitim. — 29, 1 sunve. tát-okāḥ píba tú a° sú-sutasya. 2 bráhma-kṛitim jushāṇáḥ a°. uṁ *iti* sú. mādayasva úpa. 3 áram-kṛitiḥ su-uktaíḥ. víṣvāḥ. tvā-yā́ ádha me. hávā imā́. 4 utó *iti* gha. ádha a°. indra asi prá-matiḥ pitā́-iva. — 30, 1 bháva. nṛi-pate su-vajra.

paúṅsyāya ṣūra || 1 || hávanta u tvā hávyam̐ vívāci tanúshu ṣū́rāḥ sū́ryasya sātaú | tvám̐ víṣveshu sényo jáneshu tvám̐ vṛitrā́ṇi randhayā suhántu || 2 || áhā yád indra sudínā vyuchā́n dádho yát ketúm upamám̐ samátsu | ny àgníḥ sīdad ásuro ná hótā huvānó átra subhágāya devā́n || 3 || vayám̐ té ta indra yé ca deva stávanta ṣūra dádato maghā́ni | yáchā sūríbhya upamám̐ várūtham̐ svābhúvo jaraṇā́m aṣnavanta || 4 || vocéméd índram — || 5 || 14 ||

31.

Prá va índrāya mā́danam̐ háryaṣvāya gāyata | sákhāyaḥ somapā́vne || 1 || ṣáṅséd ukthám̐ sudā́nava utá dyukshám̐ yáthā náraḥ | cakṛimā́ satyárādhase || 2 || tvám̐ na indra vājayús tvám̐ gavyúḥ ṣatakrato | tvám̐ hiraṇyayúr vaso || 3 || vayám indra tvāyávo 'bhí prá ṇonumo vṛishan | viddhí tv àsyá no vaso || 4 || mā́ no nidé ca váktave 'ryó randhīr árāvṇe | tvé ápi krátur máma || 5 || tvám̐ vármāsi sapráthaḥ puroyodháṣ ca vṛitrahan | tváyā práti bruve yujā́ || 6 || 15 ||

mahā́ṅ utāsi yásya té 'nu svadhā́varī sáhaḥ | mamnā́te indra ródasī || 7 || tám̐ tvā marútvatī pári bhúvad vā́ṇī sayā́varī | nákshamāṇā sahá dyúbhiḥ || 8 || ūrdhvā́sas tvā́nv índavo bhúvan dasmám úpa dyā́vi | sám̐ te namanta kṛishṭáyaḥ || 9 || prá vo mahé mahivṛ́dhe bharadhvam prácetase

30, 2 hávante. ví-vāci. randhaya su-hántu. 3 su-dínā vi-uchā́n. upa-mám (5). samát-su ní a°. su-bhágāya. 4 te. yácha. su-ābhúvaḥ. — 31, 1 hári-aṣvāya. soma-pā́vne. 2 ṣáṅsa ít. su-dā́nave. cakṛimá satyá-rādhase. 3 ṣatakrato iti ṣata-krato. vaso iti (4). 4 v. i. t. III, 41, 7. nonumaḥ. viddhí tú a°. 5 tvé iti. 6 várma asi sa-práthaḥ puraḥ-yodhā́ḥ. vṛitra-han. 7 utá asi. te ánu svadhā́varī iti svadhā́-varī. mamnā́te iti. ródasī iti. 8 sa-yā́varī. 9 tvā ánu. 10 p. v. m. 62, 2. mahi-vṛ́dhe. prá-cetase.

prá sumatím kriṇudhvam | víṣaḥ pūrvíḥ prá carā carshaṇipráḥ || 10 || uruvyácase mahíne suvriktím índrāya bráhma janayanta vípráḥ | tásya vratáni ná minanti dhíráḥ || 11 || índram váṇīr ánuttamanyum evá satrá rájānam dadhire sáhadhyai | háryaṣvāya barhayā sám āpín || 12 || 16 ||

32.

Mó shú tvā vāghátaṣ canáré asmán ní rīraman | āráttāc cit sadhamádam na á gahīhá vā sánn úpa ṣrudhi || 1 || imé hí te brahmakrítaḥ suté sácā mádhau ná máksha ásate | índre kámam jaritáro vasūyávo ráthe ná pádam á dadhuḥ || 2 || rāyáskāmo vájrahastam sudákshiṇam putró ná pitáram huve || 3 || imá índrāya sunvire sómāso dádhyāṣiraḥ | táñ á mádāya vajrahasta pītáye háribhyām yāhy óka á || 4 || ṣrávac chrútkarṇa īyate vásūnām nú cin no mardhishad gíraḥ | sadyáṣ cid yáḥ sahásrāṇi ṣatá dádan nákir dítsantam á minat || 5 || 17 ||

sá vīró ápratishkuta índreṇa ṣūṣuve nríbhiḥ | yás te gabhīrá sávanāni vritrahan sunóty á ca dhávati || 6 || bhávā várūtham maghavan maghónām yát samájāsi ṣárdhataḥ | ví tváhatasya védanam bhajemahy á dūṇáṣo bharā gáyam || 7 || sunótā somapávne sómam índrāya vajríṇe | pácatā paktír ávase kriṇudhvám ít priṇánn ít priṇaté máyaḥ || 8 || má sredhata somino dákshatā mahé kriṇudhvám rāyá ātúje | taráṇir íj jayati kshéti púshyati ná deváṣaḥ kavatnáve || 9 ||

31, 10 su-matím. cara carshaṇi-práḥ. 11 uru-vyácase. su-vriktím. 12 ánutta-manyum. hári-aṣvāya barhaya. — 32, 1 mó *iti* sú. caná āré asmát. āráttāt. sadha-mádam. gahi ihá. 2 brahma-kritaḥ. vasu-yávaḥ. 3 rāyáḥ-kāmaḥ vájra-hastam su-dákshiṇam. 4 imé. dádhi-āṣiraḥ. vajra-hasta. 5 ṣrávat ṣrút-karṇaḥ. nú cit. dádat. 6 áprati-skutaḥ. vritra-han. 7 bháva. sam-ájāsi. tvá-hatasya. duḥ-náṣaḥ bhara. 8 sunóta soma-pávne. pácata. 9 dákshata. rāyé ā-túje. ít.

nákiḥ sudā́so rátham páry āsa ná rīramat | índro yásyāvitā́ yásya marúto gámat sá gómati vrajé || 10 || 18 ||

gámad vā́jaṃ vājáyann indra mártyo yásya tvám avitā́ bhúvaḥ | asmā́kam bodhy avitā́ ráthānām asmā́kaṃ ṣūra nriṇā́m || 11 || úd ín nv àsya ricyaté 'ṅṣo dhánaṃ ná jigyúshaḥ | yá índro hárivān ná dabhanti táṃ rípo dákshaṃ dadhāti somíni || 12 || mántram ákharvaṃ súdhitaṃ supéṣasaṃ dádhāta yajñíyeshv ā́ | pūrvíṣ caná prásitayas taranti táṃ yá índre kármaṇā bhúvat || 13 || kás tám indra tvā́vasum ā́ mártyo dadharshati | ṣraddhā́ ít te maghavan pā́rye diví vājī́ vā́jaṃ sishāsati || 14 || maghónaḥ sma vṛitrahátyeshu codaya yé dádati priyā́ vásu | táva práṇītī haryaṣva sūríbhir víṣvā tarema duritā́ || 15 || 19 ||

távéd indrāvamáṃ vásu tváṃ pushyasi madhyamám | satrā́ víṣvasya paramásya rājasi nákish tvā góshu vṛiṇvate || 16 || tváṃ víṣvasya dhanadā́ asi ṣrutó yá īṃ bhávanty ājáyaḥ | távāyáṃ víṣvaḥ puruhūta pā́rthivo 'vasyúr nā́ma bhikshate || 17 || yád indra yā́vatas tvám etā́vad ahám íṣīya | stotā́ram íd didhisheya radāvaso ná pāpatvā́ya rāsīya || 18 || ṣíksheyam ín mahayaté divé-dive rāyá ā́ kuhacidvíde | nahí tvád anyán maghavan na ā́pyaṃ vásyo ásti pitā́ caná || 19 || taráṇir ít sishāsati vā́jam púraṃdhyā yujā́ | ā́ va índram puruhūtáṃ name girā́ nemíṃ táshṭeva sudrvàm || 20 || 20 ||

ná dushṭutí mártyo vindate vásu ná srédhantaṃ rayír naṣat | suṣáktir ín maghavan túbhyam mā́vate deshṇáṃ yát pā́rye diví || 21 || abhí tvā ṣūra nonumó 'dugdhā iva

32, 10 su-dā́sah. yásya a°. 11 a. b. a. V, 4, 9. 12 ít nú a° ricyate á°. 13 sú-dhitam su-péṣasam. prá-sitayaḥ. 14 tvā́-vasum. ṣraddhā́. sisāsati (20). 15 vṛitra-hátyeshu. prá-nīti hari-aṣva. duḥ-itā́. 16 táva ít indra a°. nákiḥ tvā. 17 dhana-dā́ḥ. yé. táva a°. puru-hūta. 18 radavaso *iti* rada-vaso. 19 ít. kuhacit-víde. anyát. 20 púram-dhyā. puru-hūtám. táshṭā-iva su-drvàm. 21 duḥ-stutí. su-ṣáktiḥ ít. 22 nonumaḥ á°.

dhenávaḥ | íṣānam asyá jágataḥ svardṛíṣam íṣānam indra tasthúshaḥ || 22 || ná tvávāñ anyó divyó ná párthivo ná jātó ná janishyate | aṣvāyánto maghavann indra vājíno gavyántas tvā havāmahe || 23 || abhí shatás tád á bharéndra jyáyaḥ kánīyasaḥ | purūvásur hí maghavan sanád ási bháre -bhare ca hávyaḥ || 24 || párā ṇudasva maghavann amítrān suvédā no vásū kṛidhi | asmákam bodhy avitá mahādhané bhávā vṛidháḥ sákhīnām || 25 || índra krátuṃ na á bhara pitá putrébhyo yáthā | ṣíkshā ṇo asmín puruhūta yámani jīvá jyótir aṣīmahi || 26 || má no ájñātā vṛijánā durādhyò máṣivāso áva kramuḥ | tváyā vayám pravátaḥ ṣáṣvatīr apó 'ti ṣūra tarāmasi || 27 || 21 ||

33.

Ṣvityáñco mā dakshiṇatáskapardā dhiyaṃjinváso abhí hí pramandúḥ | uttíshṭhan voce pári barhísho nṛín ná me dūrád ávitave vásishṭhāḥ || 1 || dūrád índram anayann á suténa tiró vaiṣantám áti pántam ugrám | páṣadyumnasya vāyatásya sómāt sutád índro 'vṛiṇītā vásishṭhān || 2 || evén nú kaṃ síndhum ebhis tatārevén nú kam bhedám ebhir jaghāna | evén nú kaṃ dāṣarājñé sudásam právad índro bráhmaṇā vo vasishṭhāḥ || 3 || júshṭī naro bráhmaṇā vaḥ pitṛīṇám áksham avyayaṃ ná kílā rishātha | yác chákvarīshu bṛihatá ráveṇéndre ṣúshmam ádadhātā vasishṭhāḥ || 4 || úd dyám ivét tṛishṇájo nāthitásó 'dīdhayur dāṣarājñé vṛitásaḥ | vásishṭhasya stuvatá índro aṣrod urúṃ tṛítsubhyo akṛiṇod u lokám || 5 || 22 ||

32, 22 svaḥ-dṛiṣam. 23 aṣva-yántaḥ. 24 abhi satáḥ. bhara í°. puru-vásuḥ. 25 nudasva. su-védā. vásu a. b. a. m. VI, 46, 4. bháva. 26 síksha naḥ. puru-hūta. jīváḥ 27 ájñātāḥ vṛijánāḥ. duḥ-ādhyàḥ má á°. áti. — 33, 1 dakshiṇatáḥ-kapardāḥ dhiyam -jinvásaḥ. pra-mandúḥ ut-tíshṭhan. 2 páṣa-dyumnasya. avṛiṇīta. 3 evá ít (3). tatāra. su-dásam prá á°. 4 kíla. yát ṣ°. ráveṇa i°. ádadhāta. 5 dyám-iva ít tṛishṇá-jaḥ nāthitásaḥ á°.

daṇḍā́ ivéd goájanāsa āsan páricbinnā bharatā́ arbhakā́saḥ | ábhavac ca puraetā́ vásishṭha ā́d ít tṛ́tsūnāṃ víṣo aprathanta || 6 || tráyaḥ kṛiṇvanti bhúvaneshu rétas tisráḥ prajā́ ā́ryā jyótiragrāḥ | tráyo gharmā́sa ushásaṃ sacante sárvāñ ít tā́ñ ánu vidur vásishṭhāḥ || 7 || sū́ryasyeva vakshátho jyótir eshāṃ samudrásyeva mahimā́ gabhīráḥ | vā́tasyeva prajavó nā́nyéna stómo vasishṭhā ánvetave vaḥ || 8 || tá ín niṇyáṃ hṛ́dayasya praketaíḥ sahásravalṣam abhí sáṃ caranti | yaména tatám paridhíṃ váyanto 'psarása úpa sedur vásishṭhāḥ || 9 || vidyúto jyótiḥ pári saṃjíhānam mitrā́váruṇā yád ápaṣyatāṃ tvā | tát te jánmotaíkaṃ vasishṭhāgástyo yát tvā viṣá ājabhā́ra || 10 || 23 ||

utā́si maitrāvaruṇó vasishṭhorváṣyā brahman mánasó 'dhi jātáḥ | drapsáṃ skannám bráhmaṇā daívyena víṣve devā́ḥ púshkare tvādadanta || 11 || sá praketá ubháyasya pravidvā́n sahásradāna utá vā sádānaḥ | yaména tatám paridhíṃ vayishyánn apsarásaḥ pári jajñe vásishṭhaḥ || 12 || satré ha jātā́v ishitā́ námobhiḥ kumbhé rétaḥ sishicatuḥ samānám | táto ha mā́na úd iyāya mádhyāt táto jātám ṛ́shim āhur vásishṭham || 13 || ukthabhṛ́taṃ sāmabhṛ́tam bibharti grā́vāṇam bíbhrat prá vadāty ágre | úpainam ādhvaṃ sumanasyámānā ā́ vo gachāti pratṛido vásishṭhaḥ || 14 || 24 ||

Dvitīyo 'nuvākaḥ.

§ 34.

Prá ṣukraítu deví manīshā́ asmát sútashṭo rátho ná

33, 6 daṇḍā́ḥ-iva ít go-ájanāsaḥ. pári-chinnāḥ. ábhavat. puraḥ-etā́. 7 pra-jā́ḥ ā́ryāḥ jyótiḥ-agrāḥ. 8 sū́ryasya-iva. samudrásya-iva. vā́tasya-iva pra-javáḥ ná a°. ánu-etave. 9 té ít. pra-ketaíḥ. sahásra-valṣam. pari-dhím. 10 vi-dyútaḥ. sam-jíhānam. jánma utá e° vasishṭha a°. ā-jabhā́ra. 11 utá asi. vasishṭha urváṣyāḥ. mánasaḥ á°. tvā a°. 12 pra-ketáḥ. pra-vidvā́n sahásra-dānaḥ. sá-dānaḥ. y. t. p 9. 13 sisicatuḥ. 14 uktha-bhṛ́tam sāma-bhṛ́tam. úpa e°. su-manasyámānāḥ. pra-tṛidaḥ. — 34, 1 ṣukrā́ e°. manīshā́. sú-tashṭaḥ.

vājí || 1 || vidúḥ pṛithivyā́ divó janítram ṣṛiṇvánty ā́po ádha kshárantīḥ || 2 || ā́paṣ cid asmai pínvanta pṛithvír vṛitréshu ṣū́rā máṅsanta ugrā́ḥ || 3 || ā́ dhūrshv àsmai dádhātā́ṣvān índro ná vajrī́ híraṇyabāhuḥ || 4 || abhí prá sthātā́heva yajñám yā́teva pátman tmánā hinota || 5 || tmánā samátsu hinóta yajñám dádhāta ketúm jánāya vīrám || 6 || úd asya ṣúshmād bhānúr nā́rta bíbharti bhārám pṛithiví ná bhū́ma || 7 || hváyāmi devā́ñ áyātur agne sā́dhann ṛiténa dhíyam dadhāmi || 8 || abhí vo devím dhíyam dadhidhvam prá vo devatrā́ vā́cam kṛiṇudhvam || 9 || ā́ cashṭa āsām pā́tho nadī́nām váruṇa ugrā́ḥ sahásracakshāḥ || 10 || 25 ||

rā́jā rāshṭrā́nām péṣo nadī́nām ánuttam asmai kshatrám viṣvā́yu || 11 || ávishṭo asmā́n víṣvāsu vikshv ádyum kṛiṇota ṣáṅsam ninitsóḥ || 12 || vy ètu didyúd dvishā́m áṣevā yuyóta víshvag rápas tanū́nām || 13 || ávīn no agnír havyā́n námobhiḥ préshṭho asmā adhāyi stómaḥ || 14 || sajū́r devébhir apā́m nápātam sákhāyam kṛidhvam ṣivó no astu || 15 || abjā́m ukthaír áhim gṛiṇīshe budhné nadī́nām rájassu shī́dan || 16 || mā́ nó 'hir budhnyò rishé dhān mā́ yajñó asya sridhad ṛitāyóḥ || 17 || utá na eshú nṛíshu ṣrávo dhuḥ prá rāyé yantu ṣárdhanto aryáḥ || 18 || tápanti ṣátrum svàr ṇá bhū́mā mahā́senāso ámebhir eshām || 19 || ā́ yán naḥ pátnīr gámanty áchā tváshṭā supāṇír dádhātu vīrā́n || 20 || 26 ||

práti na stómam tváshṭā jusheta syā́d asmé arámatir vasūyúḥ || 21 || tā́ no rāsan rātisháco vásūny ā́ ródasī varuṇānī́ ṣṛiṇotu | várūtrībhiḥ susaraṇó no astu tváshṭā su-

---

34, 2 pṛithivyā́ḥ. 3 ṣū́rāḥ máṅsante. 4 dhuḥ-sú a° dádhāta á°. híraṇya-bāhuḥ. 5 sthāta ába-iva. yā́tā-iva. 6 samát-su. 7 ná ā°. 10 cashṭe. sahásra-cakshāḥ. 11 viṣvá-āyu. 12 ávishṭo *iti*. vikshú. 13 ví etu. 14 ávīt. havya-át. asmai. 15 sa-jū́ḥ. 16 ap-jā́m. sī́dan. 17 mā́-dhāt V, 41, 16. ṛita-yóḥ. 19 ná bhū́ma mahā́-senāsaḥ. 20 yát. ácha. su-pāṇíḥ. 21 naḥ. asmé *iti*. vasu-yúḥ. 22 rāti-sā́caḥ (23). ā́ — ṣṛiṇotu V, 46, 8. su-ṣaraṇáḥ.

dátro ví dadhātu rā́yaḥ || 22 || tán no rā́yaḥ párvatās tán na ā́pas tád rātisháca óshadhīr utá dyaúḥ | vánaspátibhiḥ prithiví sajóshā ubhé ródasī pári pāsato naḥ || 23 || ánu tád urví ródasī jihātām ánu dyukshó váruṇa índrasakhā | ánu víṣve marúto yé saháso rāyáḥ syāma dharúṇaṃ dhiyádhyai || 24 || tán na índro váruṇo mitró agnír ā́pa óshadhīr͜ vaníno jushanta | ṣárman syāma marútām upásthe yūyám pāta — || 25 || 27 ||

35.

Ṣáṃ na indrāgní bhavatām ávobhiḥ ṣáṃ na índrāvárunā rātáhavyā | ṣám índrāsómā suvitā́ya ṣáṃ yóḥ ṣáṃ na índrāpūsháṇā vā́jasātau || 1 || ṣáṃ no bhágaḥ ṣám u naḥ ṣáṅso astu ṣáṃ naḥ púraṃdhiḥ ṣám u santu rā́yaḥ | ṣáṃ naḥ satyásya suyámasya ṣáṅsaḥ ṣáṃ no aryamā́ purujātó astu || 2 || ṣáṃ no dhātā́ ṣám u dhartā́ no astu ṣáṃ na urūcí bhavatu svadhā́bhiḥ | ṣáṃ ródasī brihatí ṣáṃ no ádriḥ ṣáṃ no devā́nāṃ suhávāni santu || 3 || ṣáṃ no agnír jyótiranīko astu ṣáṃ no mitrā́váruṇāv aṣvínā ṣám | ṣáṃ naḥ sukrítāṃ sukritā́ni santu ṣáṃ na ishiró abhí vātu vā́taḥ || 4 || ṣáṃ no dyā́vāprithiví pūrváhūtau ṣám antárikshaṃ driṣáye no astu | ṣáṃ na óshadhīr vaníno bhavantu ṣáṃ no rájasas pátir astu jishṇúḥ || 5 || 28 ||

ṣáṃ na índro vásubhir devó astu ṣám ādityébhir váruṇaḥ susáṅsaḥ | ṣáṃ no rudró rudrébhir jálāshaḥ ṣáṃ nas tváshṭā gnā́bhir ihá ṣriṇotu || 6 || ṣáṃ naḥ sómo bhavatu bráhma ṣáṃ naḥ ṣáṃ no grā́vāṇaḥ ṣám u santu yajñā́ḥ | ṣáṃ naḥ svárūṇām mitáyo bhavantu ṣáṃ naḥ prasvàḥ ṣám

34, 22 su-dátraḥ. 23 tát (2). sa-jóshāḥ ubhé *iti* ródasī *iti*. 24 urví *iti* ródasī *iti*. índra-sakhā. 25 tát. upá-sthe. — 35, 1 indrāgní *iti*. rātá-havyā. vā́ja-sātau. 2 púram-dhiḥ. su-yámasya. puru-jātáḥ. 3 ródasī *iti* brihatí *iti*. su-hávāni. 4 jyótiḥ-anīkaḥ. su-kṛítām su-kṛitā́ni. 5 dyā́vāprithiví *iti* pūrvá-hūtau. 6 su-ṣáṅsaḥ. 7 pra-svàḥ.

v astu védiḥ || 7 || ṣáṃ naḥ sū́rya urucákshā úd etu ṣáṃ nas cátasraḥ pradíṣo bhavantu | ṣáṃ naḥ párvatā dhruváyo bhavantu ṣáṃ naḥ síndhavaḥ ṣám u santv ā́paḥ || 8 || ṣáṃ no áditir bhavatu vratébhiḥ ṣáṃ no bhavantu marútaḥ svarkā́ḥ | ṣáṃ no víshṇuḥ ṣáṃ u pūshā́ no astu ṣáṃ no bhavítram ṣám v astu vāyúḥ || 9 || ṣáṃ no devā́ḥ savitā́ trā́yamāṇaḥ ṣáṃ no bhavantūsháso vibhātī́ḥ | ṣáṃ naḥ parjányo bhavatu prajā́bhyaḥ ṣáṃ naḥ kshétrasya pátir astu ṣambhū́ḥ || 10 || 29 ||

ṣáṃ no devā́ viṣvádevā bhavantu ṣáṃ sárasvatī sahá dhībhír astu | ṣám abhishā́caḥ ṣám u rātishā́caḥ ṣáṃ no divyā́ḥ pā́rthivāḥ ṣáṃ no ápyāḥ || 11 || ṣáṃ naḥ satyásya pátayo bhavantu ṣáṃ no árvantaḥ ṣám u santu gā́vaḥ | ṣáṃ na ṛibhávaḥ sukṛítaḥ suhástāḥ ṣáṃ no bhavantu pitáro háveshu || 12 || ṣáṃ no ajá ékapād devó astu ṣáṃ nó 'hir budhnyàḥ ṣáṃ samudráḥ | ṣáṃ no apā́ṃ nápāt perúr astu ṣáṃ naḥ pṛ́ṣnir bhavatu devágopā || 13 || ādityā́ rudrā́ vásavo jushantedáṃ bráhma kriyámāṇaṃ návīyaḥ | ṣṛiṇvántu no divyā́ḥ pā́rthivāso gójātā utá yé yajñíyāsaḥ || 14 || yé devā́nāṃ yajñíyā yajñíyānām mánor yájatrā amṛ́tā ṛitajñā́ḥ | té no rāsantām urugāyám adyá yūyám pāta — || 15 || 30 ||

Tṛitīyo 'dhyāyaḥ.

36.

Prá bráhmaitu sádanād ṛitásya ví raṣmíbhiḥ sasṛije sū́ryo gā́ḥ | ví sā́nunā pṛithiví sasra urví pṛithú prátīkam

35, 8 uru-cákshāḥ. pra-díṣaḥ. párvatāḥ. 9 su-arkā́ḥ. 10 bhavantu u° vi-bhātī́ḥ. pra-jā́bhyaḥ. ṣam-bhū́ḥ. 11 devā́ḥ viṣvá-devāḥ. abhi-sā́caḥ. rāti-sā́caḥ. 12 s. n. s. 2. su-kṛ́taḥ su-hástāḥ. 13 éka-pāt. naḥ á°. devá-gopā. 14 ā. r. v. III, 8, 8. jushanta i°. gó-jātāḥ. 15 yajñíyāḥ. ṛita-jñā́ḥ. uru-gāyám. — 36, 1 bráhma etu. sasre.

ádhy édhe agníḥ ‖ 1 ‖ imā́m vām mitrāvaruṇā suvṛiktím ísham ná kriṇve asurā návīyaḥ | inó vām anyáḥ padavír ádabdho jánam ca mitró yatati bruvāṇáḥ ‖ 2 ‖ ā́ vátasya dhrájato ranta ityā́ ápīpayanta dhenávo ná sū́dāḥ | mahó diváḥ sádane jā́yamānó 'cikradad vṛishabháḥ sásminn ū́dhan ‖ 3 ‖ girā́ yá etā́ yunájad dhárī ta índra priyā́ surā́thā sūra dhāyū́ | prá yó manyúm rírikshato minā́ty ā́ sukrátum aryamáṇam vavṛityām ‖ 4 ‖ yájante asya sakhyám váyaś ca namasvínaḥ svá ṛitásya dhā́man | ví príksho bābadhe nṛíbhi stávāna idám námo rudrā́ya préshṭham ‖ 5 ‖ 1 ‖

ā́ yát sākám yaśáso vāvaśānā́ḥ sárasvatī saptáthī síndhumātā | yā́ḥ sushváyanta sudúghāḥ sudhārā́ abhí svéna páyasā pípyānāḥ ‖ 6 ‖ utá tyé no marúto mandasānā́ dhíyam tokám ca vājíno 'vantu | mā́ naḥ pári khyad áksharā cáranty ávīvṛidhan yújyam té rayím naḥ ‖ 7 ‖ prá vo mahím arámatim kṛiṇudhvam prá pūsháṇam vidathyàm ná vīrám | bhágam dhiyò 'vitā́ram no asyā́ḥ sātaú vā́jam rātishā́cam púramdhim ‖ 8 ‖ áchāyám vo marutaḥ ślóka etv áchā víshṇum nishiktapā́m ávobhiḥ | utá prajā́yai gṛiṇaté váyo dhur yūyám pāta — ‖ 9 ‖ 2 ‖

37.

Ā́ vo váhishṭho vahatu stavádhyai rátho vājā ṛibhukshaṇo ámṛiktaḥ | abhí tripṛishṭhaíḥ sávaneshu sómair máde suśiprā mahábhiḥ pṛiṇadhvam ‖ 1 ‖ yūyám ha rátnam maghávatsu dhattha svardṛíśa ṛibhukshaṇo ámṛiktam | sám

36, 2 ā́ ī°. su-vṛiktím. pada-vī́ḥ. 3 rante. jā́yamānaḥ á°. 4 hárī *iti* te. su-ráthā. dhāyū́ *iti*. su-krátum. 5 své. nṛí-bhiḥ. 6 síndhu-mātā. susváyanta su-dúghāḥ su-dhārā́ḥ. 7 mandasānā́ḥ. cáranti. 8 dhiyáḥ a°. rāti-sā́cam púram-dhim. 9 ácha a°. ácha. nisikta-pā́m. pra-jā́yai. — 37, 1 tri-pṛishṭhaíḥ. su-śiprāḥ. 2 svaḥ-dṛíśaḥ.

yajñéshu svadhāvantaḥ pibadhvaṃ ví no rā́dhāṅsi matíbhir dayadhvam || 2 || uvócitha hí maghavan deshṇám mahó árbhasya vásuno vibhāgé | ubhā́ te pūrṇā́ vásunā gábhastī ná sūnṛ́tā ní yamate vasavyā̀ || 3 || tvám indra sváyaṣā ṛibhukshā́ vā́jo ná sādhúr ástam eshy ṛ́kvā | vayáṃ nú te dāṣvā́ṅsaḥ syāma bráhma kṛiṇvánto harivo vásishṭhāḥ || 4 || sánitāsi praváto dāṣúshe cid yā́bhir vívesho haryaṣva dhībhíḥ | vavanmá nú te yújyābhir ūtī́ kadā́ na indra rāyá ā́ daṣasyeḥ || 5 || 3 ||

vāsáyasīva vedhásas tváṃ naḥ kadā́ na indra vácaso bubodhaḥ | ástaṃ tātyā́ dhiyā́ rayíṃ suvíram pṛikshó no árvā ny ùhīta vājī́ || 6 || abhí yáṃ deví nírṛitiṣ cid íṣe nákshanta índraṃ ṣarádaḥ supṛ́kshaḥ | úpa tribandhúr jarádashṭim ety ásvavesaṃ yáṃ kṛiṇávanta mártāḥ || 7 || ā́ no rā́dhāṅsi savita stavádhyā ā́ rā́yo yantu párvatasya rātaú | sádā no divyáḥ pāyúḥ sishaktu yūyám pāta — || 8 || 4 ||

S 38.

Úd u shyá deváḥ savitā́ yayāma hiraṇyáyīm amátiṃ yā́m áṣiṣret | nūnám bhágo hávyo mā́nushebhir ví yó rátnā purūvásur dádhāti || 1 || úd u tishṭha savitaḥ ṣrudhy àsyá híraṇyapāṇe prábhṛitāv ṛitásya | vy ùrvím pṛithvím amátiṃ sṛijāná ā́ nṛ́bhyo martabhójanaṃ suvānáḥ || 2 || ápi shṭutáḥ savitā́ devó astu yám ā́ cid víṣve vásavo gṛiṇánti | sá na stómān namasyàṣ cáno dhād víṣvebhiḥ pātu pāyúbhir ní sūrín || 3 || abhí yáṃ devy áditir gṛiṇā́ti saváṃ devásya sa-

37, 3 vi-bhāgé. gábhastī *iti*. 4 svá-yaṣāḥ ṛibhukshā́ḥ. 5 sánitā asi. hari-aṣva. vavanmá. 6 vāsáyasi-iva. su-vī́ram. ní u°. 7 níḥ-ṛitiḥ. nákshante. su-pṛ́kshaḥ. tri-bandhúḥ jarát-ashṭim. ásva-veṣam. 8 savitar *iti* stavádhyai. sisaktu. — 38, 1 úd — savitā́ II, 38, 1. hiraṇyáyīm — áṣiṣret III, 38, 8. puru-vásuḥ. 2 savitar *iti* ṣrudhí a° híraṇya-pāṇe prá-bhṛitau. ví u°. marta-bhójanam. 3 stutáḥ. naḥ. 4 a. y. d. VII, 37, 7.

vitúr jushāṇá | abhí samrájo váruṇo gṛiṇanty abhí mitráso aryamá sajóshāḥ || 4 || abhí yé mithó vanúshaḥ sápante rātím divó rātisháćaḥ pṛithivyáḥ | áhir budhnyà utá naḥ ṣriṇotu várūtry ékadhenubhir ní pātu || 5 || ánu tán no jáspátir maṅsīshṭa rátnam devásya savitúr iyānáḥ | bhágam ugró 'vase jóhavīti bhágam ánugro ádha yāti rátnam || 6 || ṣám no bhavantu vājíno háveshu devátātā mitádravaḥ svarkáḥ | jambháyantó 'him vṛíkam rákshāṅsi sánemy asmád yuyavann ámīvāḥ || 7 || vā́je-vāje 'vata vājino no dháneshu viprā amṛitā ṛitajñāḥ | asyá mádhvaḥ pibata mādáyadhvam tṛiptá yāta pathíbhir devayánaiḥ || 8 || 5 ||

39.

Ūrdhvó agníḥ sumatím vásvo aṣret pratīćí jūrṇír devátātim eti | bhejáte ádrī rathyèva pánthām ṛitám hótā na ishitó yajāti || 1 || prá vāvṛije suprayá barhír eshām á viṣpátīva bíriṭa iyāte | viṣám aktór ushásaḥ pūrváhūtau vāyúḥ pūshá svastáye niyútvān || 2 || jmayá átra vásavo ranta devá uráv antárikshe marjayanta ṣubhráḥ | arvák pathá urujrayaḥ kṛiṇudhvam ṣrótā dūtásya jagmúsho no asyá || 3 || té hí yajñéshu yajñíyāsa úmāḥ sadhástham víṣve abhí sánti deváḥ | táñ adhvará uṣató yakshy agne ṣrushṭí bhágam násatyā púraṃdhim || 4 || ágne gíro divá á pṛithivyá mitrám vaha váruṇam índram agním | áryamáṇam áditim víshṇum eshām sárasvatī marúto mādayantām || 5 || raré havyám matíbhir yajñíyānām nákshat kámam mártyānām ásinvan | dhátā rayím avidasyám sadāsám sakshīmáhi yújyebhir nú

38, 4 sam-rájaḥ. sa-jóshāḥ. 5 rāti-sáćaḥ. várūtrī ékadhenu-bhiḥ. 6 tát. jáḥpátiḥ. ávase. 7 mitá-dravaḥ su-arkáḥ jambháyantaḥ á⁰. 8 ṛita-jñāḥ. tṛiptáḥ. deva-yánaiḥ. — 39, 1 su-matím. bhejáte *iti* ádrī *iti* rathyá-iva. 2 vavṛije su-prayáḥ. viṣpátīveti viṣpátī-iva bíriṭe iyāte *iti*. pūrvá-hūtau. 3 uru-jrayaḥ. ṣróta. 4 sadhá-stham. adhvaré. púram-dhim. 5 á a⁰. pṛithivyáḥ. á a⁰. 6 dhāta. avi-dasyám sadā-sám.

devaíḥ || 6 || nū́ ródasī abhíshṭute vásishṭhair ṛitā́vāno váruṇo mitró agníḥ | yáchantu candrā́ upamáṃ no arkáṃ yūyám pāta — || 7 || 6 ||

40.

Ó ṣrushṭír vidathyā̀ sám etu práti stómaṃ dadhīmahi turā́ṇām | yád adyá deváḥ savitā́ suvā́ti syā́māsya ratníno vibhāgé || 1 || mitrás tán no váruṇo ródasī ca dyúbhaktam índro aryamā́ dadātu | dídeshṭu devy áditī rékṇo vāyúṣ ca yán niyuvaíte bhágaṣ ca || 2 || séd ugró astu marutaḥ sá ṣushmí yám mártyam pṛishadaṣvā ávātha | utém agníḥ sárasvatī junánti ná tásya rāyáḥ paryetā́sti || 3 || ayáṃ hí netā́ váruṇa ṛitásya mitró rā́jāno aryamā́po dhúḥ | suhávā devy áditir anarvā́ té no áṅho áti parshann árishṭān || 4 || asyá devásya mīḷhúsho vayā́ víshṇor eshásya prabhṛithé havírbhiḥ | vidé hí rudró rudríyam mahitváṃ yāsishṭáṃ vartír aṣvināv írāvat || 5 || mā́tra pūshann āghṛiṇa irasyo várūtrī yád rātishā́caṣ ca rā́san | mayobhúvo no árvanto ní pāntu vṛishṭím párijmā vā́to dadātu || 6 || nū́ ródasī — || 7 || 7 ||

41.

Prātár agním prātár índraṃ havāmahe prātár mitrā́váruṇā prātár aṣvínā | prātár bhágam pūshánam bráhmaṇas pátim prātáḥ sómam utá rudráṃ huvema || 1 || prātarjítam bhágam ugráṃ huvema vayám putrám áditer yó vidhartā́ | ādhráṣ cid yám mányamānas turáṣ cid rā́jā cid yám bhá-

39, 7 nú ródasī *iti* abhístute *ity* abhí-stute. ṛitá-vānaḥ. upa-mám. — 40, 1 ó *iti*. syāma a°. vi-bhāgé. 2 tát. ródasī *iti*. dyú-bhaktam. deví áditiḥ. yát niyuvaíte *iti* ni-yuvaíte. 3 sáḥ ít. pṛishat-aṣvāḥ. utá īm. pari-etā́ a°. 4 aryamā́ á° dhúr *iti* dhúḥ su-hávā deví. 5 vayā́ḥ. pra-bhṛithé. 6 mā́ á°. āghṛiṇe. rāti-sā́caḥ. mayaḥ-bhúvaḥ. pári-jmā. — 41, 1 prātár *iti* s°. 2 prātaḥ-jítam. vi-dhartā́.

gam bhakshíty áha || 2 || bhága práṇetar bhága sátyarādho bhágemáṃ dhíyam úd avā dádan naḥ | bhága prá ṇo janaya góbhir áṣvair bhága prá nṛíbhir nṛivántaḥ syāma || 3 || utédánīm bhágavantaḥ syāmotá prapitvá utá mádhye áhnām | utóditā maghavan sū́ryasya vayáṃ devánāṃ sumataú syāma || 4 || bhága evá bhágavāñ astu devās téna vayám bhágavantaḥ syāma | táṃ tvā bhaga sárva íj johavīti sá no bhaga puraetá bhavehá || 5 || sám adhvaráyoshāso namanta dadhikráveva ṣúcaye padáya | arvācīnáṃ vasuvídam bhágaṃ no rátham iváṣvā vājína á vahantu || 6 || áṣvāvatīr gómatīr na usháso vīrávatīḥ sádam uchantu bhadráḥ | ghṛitáṃ dúhānā viṣvátaḥ prápītā yūyám pāta — || 7 || 8 ||

42.

Prá brahmáṇo áñgiraso nakshanta prá krandanúr nabhanyàsya vetu | prá dhenáva udaprúto navanta yujyátām ádrī adhvarásya péṣaḥ || 1 || sugás te agne sánavitto ádhvā yukshvá suté haríto rohítaṣ ca | yé vā sádmann arushá vīraváho huvé devánāṃ jánimāni sattáḥ || 2 || sám u vo yajñám mahayan námobhiḥ prá hótā mandró ririca upāké | yájasva sú purvaṇīka devánn á yajñíyām arámatiṃ vavṛityāḥ || 3 || yadá vīrásya reváto duroṇé syonaṣír átithir ācíketat | súprīto agníḥ súdhito dáma á sá viṣé dāti váryam íyatyai || 4 || imáṃ no agne adhvaráṃ jushasva marútsv índre yaṣásaṃ kṛidhī naḥ | á náktā barhíḥ sadatām usháso-

41, 2 bhakshi iti. 3 pránetar *iti* prá-netaḥ. sátya-rādhaḥ bhága i⁰. ava dádat. naḥ. 4 utá i⁰. syāma utá pra-pitvé. utá út-itā. su-mataú. 5 ít. puraḥ-etá bhava ihá. 6 adhvaráya u⁰. dadhikrávā-iva. vasu-vídam. rátham-iva áṣvāḥ. 7 áṣva-vatīḥ. ushásaḥ. dúhānaḥ prá-pītāḥ. — 42, 1 uda-prútaḥ. ádrī *iti*. 2 su-gáḥ. sána-vittaḥ. yukshvá. arusháḥ vīra-váhaḥ. 3 ririce. puru-anīka. 4 syona-ṣíḥ. ā-cíketat sú-prītaḥ. sú-dhitaḥ dáme. 5 kṛidhi. ushásā.

ṣántā mitrā́váruṇā yajehá || 5 || evā́gníṃ sahasyàṃ vásishṭho rāyáskāmo viṣvápsnyasya staut | íshaṃ rayím paprathad vā́jam asmé yūyám pāta — || 6 || 9 ||

43.

Prá vo yajñéshu devayánto arcan dyā́vā námobhiḥ prithiví ishádhyai | yéshām bráhmāṇy ásamāni víprā víshvag viyánti vaníno ná ṣā́khāḥ || 1 || prá yajñá etu hétvo ná sáptir úd yachadhvaṃ sámanaso ghṛitā́cīḥ | stṛiṇītá barhír adhvarā́ya sādhū́rdhvā́ ṣocī́nshi devayū́ny asthuḥ || 2 || ā́ putrā́so ná mātáraṃ víbhṛitrāḥ sā́nau devā́so barhíshaḥ sadantu | ā́ viṣvā́cī vidathyā̀m anaktv ágne mā́ no devátātā mṛídhas kaḥ || 3 || té sīshapanta jósham ā́ yájatrā ṛitásya dhā́rāḥ sudúghā dúhānāḥ | jyéshṭhaṃ vo adyá máha ā́ vásūnām ā́ gantana sámanaso yáti shṭhá || 4 || evá no agne vikshv ā́ daṣasya tváyā vayáṃ sahasāvann ā́skrāḥ | rāyā́ yujā́ sadhamā́do árishṭā yūyám pāta — || 5 || 10 ||

44.

Dadhikrā́ṃ vaḥ prathamám aṣvínoshásam agníṃ sámiddham bhágam ūtáye huve | índraṃ víshṇum pūsháṇam bráhmaṇas pátim ādityā́n dyā́vāpṛithiví apáḥ svàḥ || 1 || dadhikrā́m u námasā bodháyanta udī́rāṇā yajñám upaprayántaḥ | ílāṃ devím barhíshi sādáyanto 'ṣvínā víprā suhávā huvema || 2 || dadhikrā́vāṇam bubudhānó agním úpa bruva ushásaṃ sū́ryaṃ gā́m | bradhnám māñṣcatór váruṇasya ba-

42, 5 uṣántā. yaja ihá. 6 evá a°. rāyáḥ-kāmaḥ viṣvá-psnyasya. asmé *iti*. — 43, 1 pṛithivī *iti*. vi-yánti. 2 sá-manasaḥ (4). sādhú u°. 3 ví-bhṛitrāḥ. kar *iti* kaḥ. 4 su-dúghāḥ. sthá. 5 evá. vikshú. sadha-mā́daḥ árishṭāḥ. — 44, 1 dadhi-krā́m (2). aṣvínā u°. sám-iddham. dyā́vāpṛithivī́ *iti*. svàr *iti* svàḥ. 2 ut-ī́rāṇāḥ. upa-prayántaḥ. su-hávā. 3 dadhi-krā́vāṇam. bruve. mañccatóḥ.

bhrúṃ té víṣvāsmád duritā́ yāvayantu || 3 || dadhikrā́vā prathamó vājy árvā́gre ráthānām bhavati prajānán | saṃvidānā́ ushásā sū́ryeṇādityébhir vásubhir ā́ñgirobhiḥ || 4 || ā́ no dadhikrā́ḥ pathyā̀m anaktv ṛitásya pánthām ánvetavā́ u | ṣriṇótu no daívyaṃ ṣárdho agníḥ ṣriṇvántu víṣve mahishā́ ámūrāḥ || 5 || 11 ||

45.

Ā́ devó yātu savitā́ surátno 'ntarikshaprā́ váhamāno áṣvaiḥ | háste dádhāno náryā purū́ṇi niveṣáyañ ca prasuváñ ca bhū́ma || 1 || úd asya bāhū́ ṣithirā́ bṛihántā hiraṇyáyā divó ántāñ anashṭām | nūnáṃ só asya mahimā́ panishṭa sū́raṣ cid asmā ánu dād apasyám || 2 || sá ghā no deváḥ savitā́ sahā́vā́ sāvishad vásupatir vásūni | viṣráyamāṇo amátim urūcím martabhójanam ádha rāsate naḥ || 3 || imā́ gíraḥ savitā́raṃ sujihvám pūrṇágabhastim īḷate supāṇím | citráṃ váyo bṛihád asmé dadhātu yūyám pāta — || 4 || 12 ||

46.

Imā́ rudrā́ya sthirádhanvane gíraḥ kshipréshave devā́ya svadhā́vne | áshāḷhāya sáhamānāya vedháse tigmā́yudhāya bharatā ṣriṇótu naḥ || 1 || sá hí ksháyeṇa kshámyasya jánmanaḥ sā́mrājyena divyásya cétati | ávann ávantīr úpa no dúraṣ carānamīvó rudra jā́su no bhava || 2 || yā́ te didyúd ávasṛishṭā divás pári kshmayā́ cárati pári sā́ vṛiṇaktu naḥ | sahásraṃ te svapivāta bheshajā́ mā́ nas tokéshu tánayeshu

---

44, 3 víṣvā a° duḥ-itā́ ya°. 4 dadhi-krā́vā. vājí árvā á°. pra-jānán sam-vidānáḥ sū́ryeṇa ā°. 5 dadhi-krā́ḥ. ánu-etavaí. — 45, 1 su-rátnaḥ antariksha-prā́ḥ. ni-veṣáyan. pra-suván. 2 bāhū́ *iti*. asmai. 3 gha. sahá-vā ā́. vásu-patiḥ. vi-ṣráyamāṇaḥ. marta-bhójanam. 4 imā́ḥ. su-jihvám pūrṇá-gabhastim. su-pāṇím. asmé *iti*. — 46, 1 imā́ḥ. sthirá-dhanvane. kshiprá-ishave. tigmá-āyudhāya bharata. 2 cara a°. 3 áva-sṛishtā. su-apivāta.

rīrishaḥ || 3 || mā́ no vadhī rudra mā́ párā dā mā́ te bhūma prásitau hīḷitásya | ā́ no bhaja barhíshi jīvaṣaṅsé yūyám pāta — || 4 || 13 ||

47.

Ā́po yáṃ vaḥ prathamáṃ devayánta indrapā́nam ūrmím ákṛiṇvateḷáḥ | táṃ vo vayáṃ ṣúcim ariprám adyá ghṛitaprúsham mádhumantaṃ vanema || 1 || tám ūrmím āpo mádhumattamaṃ vo 'pā́ṃ nápād avatv āṣuhémā | yásminn índro vásubhir mādáyāte tám aṣyāma devayánto vo adyá || 2 || ṣatápavitrāḥ svadháyā mádantīr devī́r devā́nām ápi yanti páthaḥ | tā́ índrasya ná minanti vratā́ni síndhubhyo havyáṃ ghṛitávaj juhota || 3 || yā́ḥ sū́ryo raṣmíbhir ātatā́na yā́bhya índro áradad gātúm ūrmím | té sindhavo várivo dhātanā no yūyám pāta — || 4 || 14 ||

48.

Ṛ́bhukshaṇo vājā mādáyadhvam asmé naro maghavānaḥ sutásya | ā́ vo 'rvā́caḥ krátavo ná yātā́ṃ víbhvo ráthaṃ náryaṃ vartayantu || 1 || ṛibhúr ṛibhúbhir abhí vaḥ syāma víbhvo vibhúbhiḥ ṣávasā ṣávāṅsi | vā́jo asmā́ñ avatu vā́jasātāv índreṇa yujā́ tarushema vṛitrám || 2 || té cid dhí pūrvī́r abhí sánti ṣāsā́ víṣvāñ aryá uparátāti vanvan | índro víbhvāñ ṛibhukshā́ vā́jo aryáḥ ṣátror mithatyā́ kṛiṇavan ví nṛimṇám || 3 || nū́ devāso várivaḥ kartanā no bhūtá no víṣvé 'vase sajóshāḥ | sám asmé íshaṃ vásavo dadīran yūyám pāta — || 4 || 15 ||

46, 3 ririshaḥ. 4 vadhīḥ. dāḥ. prá-sitau. jīva-ṣaṅsé. — 47, 1 indra-pā́nam. ákṛiṇvata i°. ghṛita-prúsham. 2 āṣu-hémā. 3 ṣatá-pavitrāḥ. ghṛitá-vat. 4 ā-tatā́na. dhātana. — 48, 1 vājāḥ. asmé *iti*. ví-bhvaḥ. 2 ví-bhvaḥ vibhú-bhiḥ. vā́ja-sātau. 3 hí. ví-bhvā ṛibhukshā́ḥ. 4 nú. kartana. víṣve ā́° sa-jóshāḥ. asmé *iti*.

49.

Samudrájyeshṭhāḥ salilásya mádhyāt punānā́ yanty ánivişamānāḥ | índro yā́ vajrī́ vṛishabhó rarā́da tā́ ā́po devī́r ihá mā́m avantu || 1 || yā́ ā́po divyā́ utá vā srávanti khanítrimā utá vā yā́ḥ svayamjā́ḥ | samudrā́rthā yā́ḥ şúcayaḥ pāvakā́s tā́ ā́po — || 2 || yā́sām rā́jā váruṇo yā́ti mádhye satyānṛité avapáşyañ jánānām | madhuşcútaḥ şúcayo yā́ḥ pāvakā́s tā́ ā́po — || 3 || yā́su rā́jā váruṇo yā́su sómo víşve devā́ yā́sū́rjam mádanti | vaişvānaró yā́sv agníḥ právishṭas tā́ ā́po — || 4 || 16 ||

50.

Ā́ mā́m mitrāvaruṇehá rakshatam kulāyáyad vişvā́yan mā́ na ā́ gan | ajakāvám durdṛíşīkam tiró dadhe mā́ mā́m pā́dyena rápasā vidat tsáruḥ || 1 || yád vijā́man párushi vándanam bhúvad ashṭhīvántau pári kulphaú ca déhat | agnísh ṭác chócann ápa bādhatām itó mā́ mā́m pā́dyena — || 2 || yác chalmalaú bhávati yán nadī́shu yád óshadhībhyaḥ pári jā́yate vishám | víşve devā́ nír itás tát suvantu mā́ mā́m pā́dyena — || 3 || yā́ḥ praváto niváta udváta udanvátīr anudakā́ş ca yā́ḥ | tā́ asmábhyam páyasā pínvamānāḥ şivā́ devī́r aşipadā́ bhavantu sárvā nadyò aşimidā́ bhavantu || 4 || 17 ||

51.

Ādityā́nām ávasā nū́tanena sakshīmáhi şármaṇā şámtamena | anāgāstvé adititvé turā́sa imám yajñám dadhatu şróshamāṇāḥ || 1 || ādityā́so áditir mādayantām mitró aryamā́

49, 1 samudrá-jyeshṭhāḥ. punānā́ḥ. áni-vişamānāḥ. yā́ḥ. 2 svayam-jā́ḥ samudrá-arthāḥ. 3 satyānṛité *iti* ava-páşyan. madhu-şcútaḥ. 4 devā́ḥ yā́su ū°. prá-vishṭaḥ. — 50, 1 mitrāvaruṇā ihá. vi-şvā́yat. duḥ-dṛíşīkam. 2 vi-jā́man. agníḥ tát s°. 3 yát s°. yát. devā́ḥ. 4 şivā́ḥ. aşipadā́ḥ. sárvāḥ. aşimidā́ḥ.

váruṇo rájishṭhāḥ | asmā́kaṃ santu bhúvanasya gopā́ḥ píbantu sómam ávase no adyá || 2 || ādityā́ víṣve marútaṣ ca víṣve devā́ṣ ca víṣva ṛibhávaṣ ca víṣve | índro agnír aṣvínā tushṭuvānā́ yūyám pāta — || 3 || 18 ||

52.

Ādityā́so áditayaḥ syāma pū́r devatrā́ vasavo martyatrā́ | sánema mitrāvaruṇā sánanto bhávema dyāvāpṛithivī bhávantaḥ || 1 || mitrás tán no váruṇo māmahanta ṣárma tokā́ya tánayāya gopā́ḥ | mā́ vo bhujemānyájātam éno mā́ tát karma vasavo yác cáyadhve || 2 || turaṇyávó 'ṅgiraso nakshanta rátnaṃ devásya savitúr iyānā́ḥ | pitā́ ca tán no mahā́n yájatro víṣve devā́ḥ sámanaso jushanta || 3 || 19 ||

53.

Prá dyā́vā yajñaíḥ pṛithiví námobhiḥ sabā́dha īḷe bṛihatí yájatre | té cid dhí pū́rve kaváyo gṛiṇántaḥ puró mahí dadhiré devápatre || 1 || prá pūrvajé pitárā návyasībhir gīrbhíḥ kṛiṇudhvaṃ sádane ṛitásya | ā́ no dyāvāpṛithivī daívyena jánena yātam máhi vāṃ várūtham || 2 || utó hí vāṃ ratnadhéyāni sánti purū́ṇi dyāvāpṛithivī sudā́se | asmé dhattaṃ yád ásad áskṛidhoyu yūyám pāta — || 3 || 20 ||

54.

Vā́stosh pate práti jānīhy asmā́n svāveṣó anamīvó bhavā naḥ | yát tvémahe práti tán no jushasva ṣáṃ no bhava

51, 3 ādityā́ḥ. víṣve. tustuvānā́ḥ. — 52, 1 dyāvāpṛithivī *iti*. 2 m. t. n. v. VII, 40, 2. mamahanta. bhujema anyá-jātam. yát. 3 turaṇyávaḥ á°. tát. sá-manasaḥ. — 53, 1 p. d. y. p. 159, 1. sa-bā́dhaḥ. bṛihatī́ *iti* yájatre *iti* té *iti*. hí. mahí *iti*. deváputre *iti* devá-putre. 2 pūrvajé *iti* pūrva-jé. sádane *iti*. dyāvāpṛithivī *iti* (3). 3 uto *iti*. ratna-dhéyāni. su-dā́se asmé *iti*. — 54, 1 vā́stoḥ (2. 3). su-āveṣáḥ. bhava. tvā́ í°. tát.

dvipáde ṣám cátushpade || 1 || vástosh pate pratárano na edhi gayaspháno góbhir áṣvebhir indo | ajárāsas te sakhyé syāma pitéva putrán práti no jushasva || 2 || vástosh pate ṣagmáyā saṃsádā te sakshīmáhi raṇváyā gātumátyā | pāhí kshéma utá yóge váram no yūyám pāta — || 3 || 21 ||

55.

Amīvahá vāstosh pate víṣvā rūpáṇy āviṣán | sákhā suṣéva edhi naḥ || 1 || yád arjuna sārameya datáḥ piṣaṅga yáchase | vìva bhrājanta ṛishṭáya úpa srákveshu bápsato ní shú svapa || 2 || stenáṃ rāya sārameya táskaram vā punaḥsara | stotṝ́n índrasya rāyasi kím asmán duchunāyase ní shú svapa || 3 || tváṃ sūkarásya dardṛihi táva dardartu sūkaráḥ | stotṝ́n índrasya — || 4 || sástu mātá sástu pitá sástu ṣvá sástu viṣpátiḥ | sasántu sárve jñātáyaḥ sástv ayám abhíto jánaḥ || 5 || yá áste yáṣ ca cárati yáṣ ca páṣyati no jánaḥ | téshāṃ sáṃ hanmo akshāṇi yáthedáṃ harmyáṃ táthā || 6 || sahásraṣṛiṅgo vṛishabhó yáḥ samudrád udácarat | ténā sahasyènā vayáṃ ní jánān svāpayāmasi || 7 || proshṭheṣayá vahyeṣayá nárīr yás talpaṣívarīḥ | stríyo yáḥ púṇyagandhās táḥ sárvāḥ svāpayāmasi || 8 || 22 ||

Tritīyo 'nuvākaḥ.

56.

Ká īṃ vyàktā náraḥ sánīḷā rudrásya máryā ádhā sváṣvāḥ || 1 || nákir hy èshāṃ janū́ṃshi véda té aṅgá vidre mi-

---

54, 1 dvi-páde. cátuḥ-pade. 2 pra-táraṇaḥ. gaya-sphánaḥ. indo *iti*. pitá-iva. 3 sam-sádā. kshéme. — 55, 1 amīva-hā́ vāstoḥ. ā-viṣán. su-ṣévaḥ. 2 ví-iva bhrājante. sú. 3 punaḥ-sara. duchuna-yase. 6 yáthā i⁰. 7 sahásra-ṣṛiṅgaḥ. ut-ā́carat téna sahasyèna. 8 proshṭhe-ṣayā́ḥ vahye-ṣayā́ḥ. talpa-ṣī́varīḥ. púṇya-gandhāḥ. — 56, 1 ké. ví-aktāḥ. sá-nīḷāḥ. ádha su-áṣvāḥ. 2 hí e⁰.

thó janítram || 2 || abhí svapū́bhir mithó vapanta vā́tasvanasaḥ ṣyenā́ aspṛidhran || 3 || etā́ni dhī́ro niṇyā́ ciketa pṛíṣnir yád ū́dho mahī́ jabhā́ra || 4 || sā́ víṭ suvī́rā marúdbhir astu sanā́t sáhantī púshyantī nṛimṇā́m || 5 || yā́mam yéshṭhāḥ ṣubhā́ ṣóbhishṭhāḥ ṣriyā́ sámmiṣlā ójobhir ugrā́ḥ || 6 || ugrám va ója sthirā́ ṣávāṅsy ádhā marúdbhir gaṇás túvishmān || 7 || ṣubhró vaḥ ṣúshmaḥ krúdhmī mánāṅsi dhúnir múnir iva ṣárdhasya dhṛishṇóḥ || 8 || sánemy asmád yuyóta didyúm mā́ vo durmatír ihá práṇaṅ naḥ || 9 || priyā́ vo nā́ma huve turā́ṇām ā́ yát tṛipán maruto vāvaṣānā́ḥ || 10 || 23 ||

svāyudhā́sa ishmíṇaḥ sunishkā́ utá svayám tanvàḥ ṣúmbhamānāḥ || 11 || ṣúcī vo havyā́ marutaḥ ṣúcīnām ṣúcim hinomy adhvarám ṣúcibhyaḥ | ṛiténa satyám ṛitasā́pa āyañ chúcijanmānaḥ ṣúcayaḥ pāvakā́ḥ || 12 || áṅseshv ā́ marutaḥ khādáyo vo vákshassu rukmā́ upaṣiṣriyāṇā́ḥ | ví vidyúto ná vṛishṭíbhī rucānā́ ánu svadhā́m ā́yudhair yáchamānāḥ || 13 || prá budhnyā̀ va īrate máhāṅsi prá nā́māni prayajyavas tiradhvam | sahasríyam dámyam bhāgám etám gṛihamedhī́yam maruto jushadhvam || 14 || yádi stutásya maruto adhīthétthā́ víprasya vājíno hávīman | makshū́ rāyáḥ suvíryasya dāta nū́ cid yám anyá ādábhad árāvā || 15 || 24 ||

átyāso ná yé marútaḥ sváñco yakshadṛíṣo ná ṣubháyanta máryāḥ | té harmyeshṭhā́ḥ ṣíṣavo ná ṣubhrā́ vatsā́so ná prakrīḷínaḥ payodhā́ḥ || 16 || daṣasyánto no marúto mṛiḷantu varivasyánto ródasī suméke | āré gohā́ nṛihā́ vadhó vo astu sumnébhir asmé vasavo namadhvam || 17 || ā́ vo

---

56, 3 sva-pū́bhiḥ. vā́ta-svanasaḥ. 5 su-vī́rā. 6 sám-miṣlāḥ. 7 ójaḥ. ádha. 9 duḥ-matíḥ. práṇak. 10 tṛipát. 11 su-āyudhā́saḥ. su-nishkā́ḥ. 12 ṛita-sā́paḥ. ṣúci-janmānaḥ. 13 upa-ṣiṣriyāṇā́ḥ. vi-dyútaḥ. vṛishṭí-bhiḥ. 14 pra-yajyavaḥ. gṛiha-medhī́yam. 15 adhi-ithá iº. makshú. su-víryasya. nú. ā-dábhat. 16 su-áñcaḥ. yaksha-dṛíṣaḥ. harmye-sthā́ḥ. ṣubhrā́ḥ. pra-krīḷínaḥ payaḥ-dhā́ḥ. 17 ródasī *iti* suméke *iti* su-méke. go-hā́ nṛi-hā́. asmé *iti*.

hótā johavīti sattáḥ satrā́cīm rātím maruto gṛiṇānáḥ | yá ívato vṛishaṇo ásti gopā́ḥ só ádvayāvī havate va ukthaíḥ || 18 || imé turám marúto rāmayantīmé sáhaḥ sáhasa ā́ namanti | imé ṣáṅsam vanushyató ní pānti gurú dvésho ráruṣhe dadhanti || 19 || imé radhrám cin marúto junanti bhṛ́mim cid yáthā vásavo jushánta | ápa bādhadhvam vṛishaṇas támāṅsi dhattá víṣvam tánayam tokám asmé || 20 || 25 ||

mā́ vo dātrā́n maruto nír arāma mā́ paṣcā́d daghma rathyo vibhāgé | ā́ na spārhé bhajatanā vasavyè yád īm sujātám vṛishaṇo vo ásti || 21 || sám yád dhánanta manyúbhir jánāsaḥ ṣū́rā yahvíshv óshadhīshu vikshú | ádha smā no maruto rudriyāsas trātā́ro bhūta pṛ́tanāsv aryáḥ || 22 || bhū́ri cakra marutaḥ pítryāṇy ukthā́ni yā́ vaḥ ṣasyánte purā́ cit | marúdbhir ugráḥ pṛ́tanāsu sā́ḷhā marúdbhir ít sánitā vā́jam árvā || 23 || asmé vīró marutaḥ ṣushmy àstu jánānām yó ásuro vidhartā́ | apó yéna sukshitáye táremā́dha svám óko abhí vaḥ syāma || 24 || tán na índro váruṇo mitró agnír — || 25 || 26 ||

57.

Mádhvo vo nā́ma mā́rutam yajatrāḥ prá yajñéshu ṣávasā madanti | yé rejáyanti ródasī cid urvī́ pínvanty útsam yád áyāsur ugrā́ḥ || 1 || nicetā́ro hí marúto gṛiṇántam praṇetā́ro yájamānasya mánma | asmā́kam adyá vidátheshu barhír ā́ vītáye sadata pipriyāṇā́ḥ || 2 || naítā́vad anyé marúto yáthemé bhrā́jante rukmaír ā́yudhais tanū́bhiḥ | ā́ ródasī viṣvapíṣaḥ piṣānā́ḥ samānám añjy àñjate ṣubhé kám || 3 || ṛ́dhak sā́ vo maruto didyúd astu yád va ā́gaḥ puru-

56, 19 ramayanti imé. 20 cit. asmé *iti*. 21 dātrā́t. vi-bhāgé. naḥ. bhajatana. su-jātám. 22 hánanta. ṣū́rāḥ. sma. 24 asmé *iti*. ṣushmī́ a°. vi-dhartā́. su-kshitáye tárema á°. 25 = VII, 34, 25. — 57, 1 ródasī *iti*. urvī́ *iti*. 2 ni-cetā́raḥ. pra-netā́raḥ. 3 ná e°. yáthā imé. ródasī *iti* viṣva-píṣaḥ. añjí a°.

shátā kárāma | mā́ vas tásyām ápi bhūmā yajatrā asmé vo astu sumatís cánishṭhā || 4 || kṛité cid átra marúto raṇantānavadyā́saḥ súcayaḥ pāvakā́ḥ | prá ṇo 'vata sumatíbhir yajatrāḥ prá vā́jebhis tirata pushyáse naḥ || 5 || utá stutā́so marúto vyantu vísvebhir nā́mabhir náro havíṅshi | dádāta no amṛ́tasya prajā́yai jigṛitá rāyáḥ sūnṛ́tā magháni || 6 || ā́ stutā́so maruto vísva ūtí áchā sūrín sarvátātā jigāta | yé nas tmánā satíno vardháyanti yūyám pāta — || 7 || 27 ||

58.

Prá sākamúkshe arcatā gaṇā́ya yó daívyasya dhā́mnas túvishmān | utá kshodanti ródasī mahitvā́ nákshante nā́kaṃ nírṛiter avaṅsā́t || 1 || janū́s cid vo marutas tveshyèṇa bhímāsas túvimanyavó 'yāsaḥ | prá yé máhobhir ójasotá sánti vísvo vo yā́man bhayate svardṛ́k || 2 || bṛihád váyo maghávadbhyo dadhāta jújoshann ín marútaḥ sushṭutíṃ naḥ | gató nā́dhvā ví tirāti jantúm prá ṇa spārhā́bhir ūtíbhis tireta || 3 || yushmóto vípro marutaḥ satasví yushmóto árvā sáhuriḥ sahasrí | yushmótaḥ samrā́ḷ utá hanti vṛitrám prá tád vo astu dhūtayo deshṇám || 4 || tā́ñ ā́ rudrásya mīḷhúsho vivāse kuvín náṅsante marútaḥ púnar naḥ | yát sasvártā jihīḷiré yád āvír áva tád éna īmahe turā́ṇām || 5 || prá sā́ vāci sushṭutír maghónām idáṃ sūktám marúto jushanta | ārā́c cid dvésho vṛishaṇo yuyota yūyám pāta — || 6 || 28 ||

59.

Yáṃ trā́yadhva idám-idaṃ dévāso yáṃ ca náyatha |

57, 4 bhūma. asmé *iti*. su-matíḥ. 5 raṇanta a°. naḥ. sumatí-bhiḥ. 6 pra-jā́yai. 7 vísve ūtí ácha. — 58, 1 sākam-úkshe arcata. ródasī *iti*. níḥ-ṛiteḥ. 2 túvi-manyavaḥ á°. ójasā utá. svaḥ-dṛ́k. 3 ít. su-stutím. ná ádhvā. naḥ. 4 yushmā́-ūtaḥ (3). sam-rā́ṭ. 5 kuvít. 6 su-stutíḥ. su-uktám. ārā́t. — 59, 1 trā́yadhve.

tásmā agne váruṇa mítrâryaman márutaḥ śárma yachata || 1 || yushmákam devā ávasâhani priyá ījānás tarati dvíshaḥ | prá sá ksháyam tirate ví mahír ísho yó vo várāya dáśati || 2 || nahí vaś caramám caná vásishṭhaḥ parimáṅsate | asmákam adyá marutaḥ suté sácā víśve pibata kāmínaḥ || 3 || nahí va ūtíḥ prítanāsu márdhati yásmā árādhvam naraḥ | abhí va ávart sumatír návīyasī tûyam yāta pipīshavaḥ || 4 || ó shú ghṛishvirādhaso yātánándhāṅsi pītáye | imá vó havyá maruto raré hí kam mó shv ànyátra gantana || 5 || á ca no barhíḥ sádatāvitá ca na spārháṇi dátave vásu | ásredhanto marutaḥ somyé mádhau sváhehá mādayādhvai || 6 || 29 ||

sasváś cid dhí tanvàḥ śúmbhamānā á haṅsáso nílapṛishṭhā apaptan | víśvam śárdho abhíto mā ní sheda náro ná raṇváḥ sávane mádantaḥ || 7 || yó no maruto abhí durhṛiṇāyús tiráś cittáni vasavo jíghāṅsati | druháḥ páśān práti sá mucīshṭa tápishṭhena hánmanā hantanā tám || 8 || sámtapanā idám havír márutas táj jujushṭana | yushmákotí riśādasaḥ || 9 || gṛíhamedhāsa á gata máruto mápa bhūtana | yushmákotí sudānavaḥ || 10 || ihéha vaḥ svatavasaḥ kávayaḥ sûryatvacaḥ | yajñám maruta á vṛiṇe || 11 || tryàmbakam yajāmahe sugándhim pushṭivárdhanam | urvārukám iva bándhanān mṛityór mukshīya mámṛítāt || 12 || 30 ||

Caturtho 'dhyāyaḥ.

60.

Yád adyá sūrya brávó 'nāgā udyán mitráya váruṇāya

59, 1 tásmai. mítra á°. 2 y. d. á. p. 110, 7. 3 pari-máṅsate. 4 yásmai. á a° su-matíḥ. 5 ó *iti* sú ghṛishvi-rādhasaḥ yātána á°. mó *iti* sú a°. 6 sádata avitá. naḥ. sváhā ihá. 7 sasvár *iti*. hí. níla-pṛishṭhāḥ. seda. 8 duḥ-hṛiṇāyúḥ. hantana. 9 tát. yushmáka ūtí (10). 10 gṛíha-medhāsaḥ. má ápa. su-dānavaḥ. 11 ihá-iha. sva-tavasaḥ. sûrya-tvacaḥ. 12 *Im pada nicht abgetrennt.* — 60, 1 brávaḥ á°. ut-yán.

satyám | vayáṃ devatrā́dite syāma táva priyā́so aryaman griṇántaḥ || 1 || eshá syá mitrāvaruṇā nṛicákshā ubhé úd eti sū́ryo abhí jmán | víṣvasya sthātúr jágataṣ ca gopā́ ṛijú márteshu vṛijiná ca páṣyan || 2 || áyukta saptá harítaḥ sadhásthād yā́ īṃ váhanti sū́ryaṃ ghṛitā́cīḥ | dhā́māni mitrāvaruṇā yuvā́kuḥ sáṃ yó yūthéva jánimāni cáshṭe || 3 || úd vām pṛikshā́so mádhumanto asthur ā́ sū́ryo aruhac chukrám árṇaḥ | yásmā ādityā́ ádhvano rádanti mitró aryamā́ váruṇaḥ sajóshāḥ || 4 || imé cetā́ro ánṛitasya bhū́rer mitró aryamā́ váruṇo hí sánti | imá ṛitásya vāvṛidhur duroṇé ṣagmā́saḥ putrā́ áditer ádabdhāḥ || 5 || imé mitró váruṇo dūḷábhāso 'cetásaṃ cic citayanti dákshaiḥ | ápi krátuṃ sucétasaṃ vátantas tiráṣ cid áṅhaḥ supáthā nayanti || 6 || 1 ||

imé divó ánimishā pṛithivyā́ṣ cikitvā́ṅso acetásaṃ nayanti | pravrājé cin nadyò gādhám asti pārám no asyá vishpitásya parshan || 7 || yád gopā́vad áditiḥ ṣárma bhadrám mitró yáchanti váruṇaḥ sudā́se | tásminn ā́ tokáṃ tánayaṃ dádhānā mā́ karma devahéḷanaṃ turāsaḥ || 8 || áva védiṃ hótrābhir yajeta rípaḥ kā́ṣ cid varuṇadhrútaḥ sáḥ | pári dvéshobhir aryamā́ vṛiṇaktūrúṃ sudā́se vṛishaṇā u lokám || 9 || sasváṣ cid dhí sámṛitis tveshy èshām apīcyèna sáhasā sáhante | yushmád bhiyā́ vṛishaṇo réjamānā dákshasya cin mahinā́ mṛiḷátā naḥ || 10 || yó bráhmaṇe sumatím āyájāte vā́jasya sātaú paramásya rāyáḥ | sī́kshanta manyúm maghávāno aryá urú ksh※āyāya cakrire sudhā́tu || 11 || iyáṃ deva puróhitir yuvábhyāṃ yajñéshu mitrāvaruṇāv akāri | víṣvāni durgā́ pipṛitaṃ tiró no yūyám pāta — || 12 || 2 ||

60, 1 deva-trā́ a°. 2 nṛi-cákshāḥ ubhé *iti*. 3 sadhá-sthāt. yūthā́-iva. 4 aruhat ṣ°. yásmai. sa-jóshāḥ. 5 imé. vavṛidhuḥ. 6 duḥ-dábhāsaḥ. cit. su-cétasam. su-páthā. 7 áni-mishā. pra-vrājé cit. 8 su-dā́se. dádhānāḥ. deva-héḷanam. 9 varuṇa-dhrútaḥ. vṛiṇaktu u° su-dā́se vṛishaṇau. 10 s. c. dh. VII, 59, 7. sám-ṛitiḥ tveshí e°. réjamānāḥ. cit. mṛiḷáta. 11 su-matím ā-yájāte. su-dhā́tu. 12 devā puráḥ-hitiḥ. duḥ-gā́.

61.

Úd vāṃ cákshur varuṇa suprátīkaṃ deváyor eti sū́ryas tatanvā́n | abhí yó víṣvā bhúvanāni cáshṭe sá manyúm mártyeshv ā́ ciketa || 1 || prá vāṃ sá mitrāvaruṇāv ṛitā́vā vípro mánmāni dīrghaṣrúd iyarti | yásya bráhmāṇi sukratū ávātha ā́ yát krátvā ná ṣarádaḥ pṛiṇaíthe || 2 || prórór mitrāvaruṇā pṛithivyā́ḥ prá divá ṛishvā́d bṛihatáḥ sudānū | spáṣo dadhāthe óshadhīshu vikshv ṛ́dhag yató ánimishaṃ rákshamāṇā || 3 || ṣáṅsā mitrásya váruṇasya dhā́ma ṣúshmo ródasī badbadhe mahitvā́ | áyan mā́sā áyajvanām avīrā́ḥ prá yajñámanmā vṛijánaṃ tirāte || 4 || ámūrā víṣvā vṛishaṇāv imā́ vāṃ ná yā́su citráṃ dádṛiṣe ná yakshám | drúhaḥ sacante ánṛitā jánānāṃ ná vāṃ niṇyā́ny acíte abhūvan || 5 || sám u vāṃ yajñám mahayaṃ námobhir huvé vām mitrāvaruṇā sabā́dhaḥ | prá vām mánmāny ṛicáse návāni kṛitā́ni bráhma jujushann imā́ni || 6 || iyáṃ deva puróhitir — || 7 || 3 ||

62.

Út sū́ryo bṛihád arcī́ṅshy aṣret purú víṣvā jánima mā́nushāṇām | samó divā́ dadṛiṣe rócamānaḥ krátvā kṛitáḥ súkṛitaḥ kartṛ́bhir bhūt || 1 || sá sūrya práti puró na úd gā ebhí stómebhir etaṣébhir évaiḥ | prá no mitrā́ya váruṇāya vocó 'nāgaso aryamṇé agnáye ca || 2 || ví naḥ sahásraṃ ṣurúdho radantv ṛitā́vāno váruṇo mitró agníḥ | yáchantu candrā́ upamáṃ no arkám ā́ naḥ kā́mam pūpurantu stávānāḥ || 3 || dyā́vābhūmī adite trā́sīthāṃ no yé vāṃ ja-

---

61, 1 varuṇā su-prátīkam. 2 ṛitá-vā. dīrgha-ṣrút. sukratū *iti* su-kratū. pṛiṇaíthe *iti*. 3 prá u⁰. sudānū *iti* su-dānū dadhāthe *iti*. vikshú. áni-misham. 4 ṣáṅsa. ródasī *iti*. yajñá-manmā. 5 imā́ḥ. 6 sa-bā́dhaḥ. — 62, 1 sú-kṛitaḥ. 2 ebhíḥ. vocaḥ á⁰. 3 ṛitá-vānaḥ. yáchantu — arkám VII, 39, 7. 4 dyā́vābhūmī *iti*.

jñúḥ sujánimāna ṛishve | mā́ héḷe bhūma váruṇasya vāyór mā́ mitrásya priyátamasya nṛiṇā́m || 4 || prá bāhávā sisṛitam jīváse na ā́ no gávyūtim ukshatam ghṛiténa | ā́ no jáne ṣravayatam yuvānā ṣrutám me mitrāvaruṇā hávemā́ || 5 || nū́ mitró váruṇo aryamā́ nas tmáne tokā́ya várivo dadhantu | sugā́ no víṣvā supáthāni santu yūyám pāta — || 6 || 4 ||

63.

Úd v eti subhágo viṣvácakshāḥ sā́dhāraṇaḥ sū́ryo mā́nushāṇām | cákshur mitrásya váruṇasya deváṣ cármeva yáḥ samávivyak támāṅsi || 1 || úd v eti prasavītā́ jánānām mahā́n ketúr arṇaváḥ sū́ryasya | samānā́m cakrám paryāvívṛitsan yád etaṣó váhati dhūrshú yuktáḥ || 2 || vibhrā́jamāna ushásām upásthād rebhaír úd ety anumadyámānaḥ | eshá me deváḥ savitā́ cachanda yáḥ samānám ná pramināti dhā́ma || 3 || divó rukmá urucákshā úd eti dūréarthas taráṇir bhrā́jamānaḥ | nūnám jánāḥ sū́ryeṇa prásūtā áyann árthāni kriṇávann ápāṅsi || 4 || yátrā cakrúr amṛítā gātúm asmai ṣyenó ná díyann ánv eti páthaḥ | práti vām sū́ra údite vidhema námobhir mitrāvaruṇotá havyaíḥ || 5 || nū́ mitró váruṇo aryamā́ — || 6 || 5 ||

64.

Diví ksháyantā rájasaḥ pṛithivyā́m prá vām ghṛitásya nirṇíjo dadīran | havyám no mitró aryamā́ sújāto rā́jā sukshatró váruṇo jushanta || 1 || ā́ rājānā maha ṛitasya gopā

62, 4 su-jánimānaḥ ṛishve *iti*. 5 hávā imā́. 6 nú. su-gā́. su-páthāni. — 63, 1 su-bhágaḥ viṣvá-cakshāḥ. cárma-iva. sam-ávivyak. 2 pra-savitā́. pari-āvívṛitsan. 3 vi-bhrā́jamānaḥ. upá-sthāt. anu-madyámānaḥ. pra-mināti. 4 uru-cákshāḥ. dūré-arthaḥ. prá-sūtāḥ. 5 yátra. amṛítāḥ. sū́re út-ite. mitrāvaruṇā utá. — 64, 1 niḥ-níjaḥ. sú-jātaḥ. su-kshatráḥ.

síndhupatī kshatriyā yātam arvák | ṣḷā́ṃ no mitrāvaruṇotá
vṛishṭím áva divá invatam jīradānū || 2 || mitrás tán no vá-
ruṇo devó aryáḥ prá sádhishṭhebhiḥ pathíbhir nayantu |
brávad yáthā na ād aríḥ sudása ishá madema sahá devá-
gopāḥ || 3 || yó vāṃ gártam mánasā tákshad etám ūrdhvám
dhītím kṛiṇávad dhāráyac ca | ukshéthām mitrāvaruṇā ghṛi-
téna tā́ rājānā sukshitíṣ tarpayethām || 4 || eshá stómo va-
ruṇa mitra túbhyaṃ sómaḥ ṣukró ná vāyáve 'yāmi | avi-
shṭáṃ dhíyo jigṛitám púramdhīr yūyám pāta || 5 || 6 ||

65.

Práti vāṃ sū́ra údite sūktaír mitráṃ huve váruṇam pū-
tádaksham | yáyor asuryám ákshitaṃ jyéshṭham víṣvasya
yámann ācítā jigatnú || 1 || tā́ hí devā́nām ásurā tā́v aryá
tā́ naḥ kshitī́ḥ karatam ūrjáyantīḥ | aṣyāma mitrāvaruṇā
vayám vāṃ dyā́vā ca yátra pīpáyann áhā ca || 2 || tā́ bhū́-
ripāṣāv ánṛitasya sétū duratyétū ripáve mártyāya | ṛitásya
mitrāvaruṇā pathā́ vām apó ná nāvā́ duritā́ tarema || 3 || ā́
no mitrāvaruṇā havyájushṭiṃ ghṛitaír gávyūtim ukshatam
ṣḷā́bhiḥ | práti vām átra váram ā́ jánāya pṛiṇītám udnó div-
yásya cároḥ || 4 || eshá stómo varuṇa mitra — || 5 || 7 ||

66.

Prá mitráyor váruṇayo stómo na etu sū́shyàḥ | ná-
masvān tuvijātáyoḥ || 1 || yā́ dhāráyanta devā́ḥ sudáksha
dákshapitarā | asuryā̀ya prámahasā || 2 || tā́ na stipā́ ta-

64, 2 síndhupatī iti síndhu-patī. mitrāvaruṇā utá. jīradānū iti
jīra-dānū. 3 m. t. n. v. VII, 40, 2. su-dā́se. devá-gopāḥ. 4 dhā-
ráyat. su-kshitíḥ. 5 avishṭám — púraṃdhīr IV, 50, 11. — 65, 1 p.
v. s. ú. VII, 63, 5. su-uktaíḥ. pūtá-daksham. ā-cítā. 3 bhū́ri
-pāṣau. sétū iti duratyétū iti duḥ-atyétū. duḥ-itā́. 4 havyá-jushṭim.
— 66, 1 váruṇayoḥ. tuvi-jātáyoḥ. 2 su-dákshā dáksha-pitarā.
prá-mahasā. 3 naḥ sti-pā́.

nūpā́ váruṇa jaritṝṇā́m | mítra sādháyataṃ dhíyaḥ || 3 || yád adyá sū́ra údité 'nāgā mitró aryamā́ | suvā́ti savitā́ bhágaḥ || 4 || suprāvī́r astu sá ksháyaḥ prá nú yā́man sudānavaḥ | yé no áṅho 'tipíprati || 5 || 8 ||

utá svarā́jo áditir ádabdhasya vratásya yé | mahó rā́jāna īṣate || 6 || práti vāṃ sū́ra údite mitráṃ gṛiṇīshe váruṇam | aryamáṇaṃ riṣā́dasam || 7 || rāyā́ hiraṇyayā́ matír iyám avṛikā́ya ṣávase | iyáṃ víprā medhásātaye || 8 || té syāma deva varuṇa té mitra sūríbhiḥ sahá | ísham svàṣ ca dhīmahi || 9 || bahávaḥ sū́racakshaso 'gnijihvā́ ṛitāvṛídhaḥ | trī́ṇi yé yemúr vidáthāni dhītíbhir víṣvāni páribhūtibhiḥ || 10 || 9 ||

ví yé dadhúḥ ṣarádam mā́sam ā́d áhar yajñám aktúṃ cā́d ṛícam | anāpyáṃ váruṇo mitró aryamā́ kshatráṃ rā́jāna āṣata || 11 || tád vo adyá manāmahe sūktaíḥ sū́ra údite | yád óhate váruṇo mitró aryamā́ yūyám ṛitásya rathyaḥ || 12 || ṛitā́vāna ṛitájātā ṛitāvṛídho ghorā́so anṛitadvíshaḥ | téshāṃ vaḥ sumné suchardíshṭame naraḥ syā́ma yé ca sūráyaḥ || 13 || úd u tyád darṣatáṃ vápur divá eti pratihvaré | yád īm āṣúr váhati devá étaṣo víṣvasmai cákshase áram || 14 || ṣīrshṇáḥ-ṣīrshṇo jágatas tasthúshas pátiṃ samáyā víṣvam ā́ rájaḥ | saptá svásāraḥ suvitā́ya sū́ryaṃ váhanti haríto ráthe || 15 || 10 ||

tác cákshur deváhitaṃ ṣukrám uccárat | páṣyema ṣarádaḥ ṣatáṃ jívema ṣarádaḥ ṣatám || 16 || kā́vyebhir adābhyā́ yātaṃ varuṇa dyumát | mitráṣ ca sómapītaye || 17 || divó

66, 3 tanū-pā́. 4 sū́re út-ite ánāgāḥ. 5 supra-avī́ḥ. su-dānavaḥ. ati-píprati. 6 sva-rā́jaḥ. 7 p. v. s. ú. VII, 63, 5. 8 medhá-sātaye. 9 svàr *iti* svàḥ. 10 sū́ra-cakshasaḥ agni-jihvā́ḥ ṛita-vṛídhaḥ. páribhūti-bhiḥ. 11 áhaḥ. ca ā́t. 12 su-uktaíḥ sū́re út-ite. 13 ṛitá-vānaḥ ṛitá-jātāḥ ṛita-vṛídhaḥ. anṛita-dvíshaḥ. suchardíḥ-tame. 14 prati-hvaré. 16 tát. devá-hitam. ut-cárat. 17 adābhyā ā́. sóma-pītaye.

dhámabhir varuṇa mitrás cá yātam adrúhā | píbatam só-
mam ātují || 18 || á yātam mitrāvaruṇā jushāṇáv áhutim
narā | pātám sómam ṛitāvṛidhā || 19 || 11 ||

67.

Práti vām rátham nṛipatī jarádhyai havíshmatā mánasā
yajñíyena | yó vām dūtó ná dhishṇyāv ájīgar áchā sūnúr
ná pitárā vivakmi || 1 || áṣocy agníḥ samidhānó asmé úpo
adṛiṣran támasaṣ cid ántāḥ | áceti ketúr ushásaḥ purástāc
chriyé divó duhitúr jáyamānaḥ || 2 || abhí vām nūnám aṣvinā
súhotā stómaiḥ sishakti nāsatyā vivakván | pūrvíbhir yā-
tam pathyàbhir arvák svarvídā vásumatā ráthena || 3 || avór
vām nūnám aṣvinā yuvákur huvé yád vām suté mādhvī
vasūyúḥ | á vām vahantu sthávirāso áṣvāḥ píbātho asmé
súshutā mádhūni || 4 || prácīm u devāṣvinā dhíyam mé 'mṛi-
dhrām sātáye kṛitam vasūyúm | víṣvā avishṭam vája á pú-
ramdhīs tá naḥ ṣaktam ṣacīpatī ṣácībhiḥ || 5 || 12 ||

avishṭám dhīshv àṣvinā na āsú prajávad réto áhrayam
no astu | á vām toké tánaye tūtujānāḥ surátnāso devávītim
gamema || 6 || eshá syá vām pūrvagátveva sákhye nidhír
hitó mādhvī rātó asmé | áheḷatā mánasá yātam arvág aṣ-
nántā havyám mánushīshu vikshú || 7 || ékasmin yóge bhu-
raṇā samāné pári vām saptá' sraváto rátho gāt | ná vāyanti
subhvò deváyukṭā yé vām dhūrshú taráṇayo váhanti || 8 ||
asaṣcátā maghávadbhyo hí bhūtám yé rāyá maghadéyam
junánti | prá yé bándhum sūnṛítābhis tiránte gávyā priñ-

66, 18 ca á. ātují *ity* ā-tují.   19 á-hutim. p. s. ṛi. 47, 3.
— 67, 1 nṛipatī *iti* nṛi-patī. ácha.   2 sam-idhānáḥ asmé *iti* úpo
iti. purástāt ṣ°. 3 sú-hotā. sisakti. svaḥ-vídā.   4 mādhvī *iti*
vasu-yúḥ. asmé *iti* sú-sutā.   5 devā a°. me á°. vasu-yúm. váje.
púram-dhīḥ. ṣacīpatī *iti* ṣacī-patī. 6 dhīshú a°. su-rátnāsaḥ devá
-vītim.   7 pūrvagátvā-iva. ni-dhíḥ. mādhvī *iti*. asmé *iti*. mánasā
á.   8 su-bhvàḥ devá-yuktāḥ.   9 magha-déyam.

cánto áṣvyā maghā́ni || 9 || nū́ me hávam ā́ ṣriṇutaṃ yuvānā yāsishṭáṃ vartír aṣvināv írāvat | dhattáṃ rátnāni járataṃ ca sūrín yūyám pāta — || 10 || 13 ||

68.

Ā́ ṣubhrā yātam aṣvinā sváṣvā gíro dasrā jujushāṇā́ yuvā́koḥ | havyā́ni ca prátibhṛitā vītáṃ naḥ || 1 || prá vām ándhāṅsi mádyāny asthur áraṃ gantaṃ havísho vītáye me | tiró aryó hávanāni ṣrutáṃ naḥ || 2 || prá vāṃ rátho mánojavā iyarti tiró rájāṅsy aṣvinā ṣatótiḥ | asmábhyaṃ sūryāvasū iyānáḥ || 3 || ayáṃ ha yád vāṃ devayā́ u ádrir ūrdhvó vívakti somasúd yuvábhyām | ā́ valgū́ vípro vavṛitīta havyaíḥ || 4 || citráṃ ha yád vām bhójanaṃ nv ásti ny átraye máhishvantaṃ yuyotam | yó vām ománaṃ dádhate priyáḥ sán || 5 || 14 ||

utá tyád vāṃ juraté aṣvinā bhūc cyávānāya pratítyaṃ havirdé | ádhi yád várpa itáūti dhattháḥ || 6 || utá tyám bhujyúm àṣvinā sákhāyo mádhye jahur durévāsaḥ samudré | nír īm parshad árāvā yó yuvā́kuḥ || 7 || vṛíkāya cij jásamānāya ṣaktam utá ṣrutaṃ ṣayáve hūyámānā | yā́v aghnyā́m ápinvatam apó ná staryàṃ cic chakty àṣvinā ṣácībhiḥ || 8 || eshá syá kārúr jarate sūktaír ágre budhāná ushā́sāṃ sumánmā | ishā́ táṃ vardhad aghnyā́ páyobhir yūyám pāta — || 9 || 15 ||

69.

Ā́ vāṃ rátho ródasī badbadhānó hiraṇyáyo vṛíshabhir

67, 10 nú. — 68, 1 su-áṣvā. práti-bhṛitā. 3 mánaḥ-javāḥ. ṣatá-ūtiḥ. sūryāvasū *iti*. 4 deva-yā́ḥ ūṁ *iti*. soma-sút. valgū́ *iti*. 5 nú. ní. 6 bhūt. haviḥ-dé. itáḥ-ūti. 7 duḥ-évāsaḥ. 8 cit. cit ṣaktí a°. 9 su-uktaíḥ. su-mánmā. — 69, 1 ródasī *iti*.

yātv áṣvaiḥ | ghṛitávartaniḥ pavíbhī rucāná isháṃ voḷhā́ nṛipátir vājínīvān || 1 || sá paprathānó abhí páñca bhū́mā trivandhuró mánasā́ yātu yuktáḥ | víṣo yéan gáchatho devayántīḥ kútrā cid yā́mam aṣvinā dádhānā || 2 || svā́ṣvā yaṣásā́ yātam arvā́g dásrā nidhím mádhumantam pibāthaḥ | ví vāṃ rátho vadhvā̀ yā́damānó 'ntān divó bādhate vartaníbhyām || 3 || yuvóḥ ṣríyam pári yóshāvṛiṇīta sū́ro duhitā́ páritakmyāyām | yád devayántam ávathaḥ ṣácībhiḥ pári ghraṅsám ománā vāṃ váyo gāt || 4 || yó ha syá vāṃ rathirā vásta usrā́ rátho yujānáḥ pariyā́ti vartíḥ | téna naḥ ṣáṃ yór usháso vyùshṭau ny àṣvinā vahataṃ yajñé asmín || 5 || nárā gauréva vidyútaṃ tṛishāṇā́smā́kam adyá sávanópa yātam | purutrā́ hí vām matíbhir hávante mā́ vām anyé ní yaman devayántaḥ || 6 || yuvám bhujyúm ávaviddhaṃ samudrá úd ūhathur árṇaso ásridhānaiḥ | patatríbhir aṣramaír avyathíbhir daṅsánābhir aṣvinā pāráyantā || 7 || nū́ me hávam ā́ ṣṛiṇutaṃ yuvānā — || 8 || 16 ||

70.

Ā́ viṣvavārāṣvinā gataṃ naḥ prá tát sthā́nam avāci vām pṛithivyā́m | áṣvo ná vājí ṣunápṛishṭho asthād ā́ yát sedáthur dhruváse ná yónim || 1 || síshakti sā́ vāṃ sumatíṣ cánishṭhā́tāpi gharmó mánusho duroṇé | yó vāṃ samudrā́n sarítaḥ píparty étagvā cin ná suyújā yujānáḥ || 2 || yā́ni sthā́nāny aṣvinā dadhā́the divó yahvíshv óshadhīshu vikshú | ní párvatasya mūrdháni sádantésham jánāya dāṣúshe

69, 1 ghṛitá-vartaniḥ paví-bhiḥ. nṛi-pátiḥ. 2 bhū́ma tri-vandhuráḥ mánasā ā́. kútra. 3 su-áṣvā yaṣásā ā́. ni-dhím. yā́damānaḥ ā́°. 4 yóshā a°. pári-takmyāyām. 5 váste usrā́ḥ. pari-yā́ti. ví-ushṭau ní a°. 6 gaurā́-iva vi-dyútam tṛishāṇā́ a°. sávanā úpa. 7 áva-viddham samudré. — 70, 1 viṣva-vārā a°. ṣuná-pṛishṭhaḥ. 2 sísakti. su-matíḥ cánishṭhā á°. éta-gvā cit. su-yújā. 3 dadhā́the *iti*. sádantā í°.

váhantā || 3 || canishṭám devā́ óshadhīshv apsú yád yogyā́ aṣnávaithe ríshīṇām | purū́ṇi rátnā dádhatau ny àsmé ánu pū́rvāṇi cakhyathur yugā́ni || 4 || ṣuṣruvā́ṅsā cid aṣvinā purū́ṇy abhí bráhmāṇi cakshāthe ríshīṇām | práti prá yātam váram ā́ jánāyāsmé vām astu sumatíṣ cánishṭhā || 5 || yó vām yajñó nāsatyā havíshmān kṛitábrahmā samaryò bhávāti | úpa prá yātam váram ā́ vásishṭham imā́ bráhmāṇy ṛicyante yuvā́bhyām || 6 || iyám manīshā́ iyám aṣvinā gī́r imā́m suvṛiktím vṛishaṇā jushethām | imā́ bráhmāṇi yuvayū́ny agman yūyám pāta — || 7 || 17 ||

Caturtho 'nuvākaḥ.

71.

Ápa svásur usháso nág jihīte riṇákti kṛishṇī́r arusháya pánthām | áṣvāmaghā gómaghā vām huvema dívā náktam ṣárum asmád yuyotam || 1 || upā́yātam dāṣúshe mártyāya ráthena vāmám aṣvinā váhantā | yuyutám asmád ánirām ámīvām dívā náktam mādhvī trā́sīthām naḥ || 2 || ā́ vām rátham avamásyām vyùshṭau sumnāyávo vṛíshaṇo vartayantu | syū́magabhastim ṛitayúgbhir áṣvair ā́ṣvinā vásumantam vahethām || 3 || yó vām rátho nṛipatī ásti volhā́ trivandhuró vásumā̃ñ usráyāmā | ā́ na enā́ nāsatyópa yātam abhí yád vām viṣvápsnyo jígāti || 4 || yuvám cyávānam jaráso 'mumuktam ní pedáva ūhathur āṣúm áṣvam | nír áṅhasas támasa spartam átrim ní jāhushám ṣithiré dhātam antáḥ || 5 || iyám manīshā́ iyám aṣvinā gī́r — || 6 || 18 ||

70, 4 devau. aṣnávaithe *iti*. ní asmé *iti*. 5 cakshāthe *iti*. jánāya asmé *iti*. su-matíḥ. 6 kṛitá-brahmā sa-maryàḥ. p. y. v. ā́ 5. 7 manīshā́. su-vṛiktím. — 71, 1 áṣva-maghā gó-maghā. 2 upa-ā́yātam. mādhvī *iti*. 3 ví-ushṭau sumna-yávaḥ. syūma-gabhastim ṛitayúk-bhiḥ ā́ a⁰. 4 nṛipatī *iti* nṛi-patī. tri-vandhuráḥ. usrá-yāmā. nāsatyā úpa. viṣvá-psnyaḥ. 5 ní — áṣvam 117, 9. támasaḥ. antár *iti*.

72.

Ā́ gómatā nāsatyā ráthenāṣvāvatā puruṣcandréṇa yātam | abhí vām̐ víṣvā niyútaḥ sacante spārháyā ṣriyā́ tanvā̀ ṣubhānā́ || 1 || ā́ no devébhir úpa yātam arvā́k sajóshasā nāsatyā ráthena | yuvór hí naḥ sakhyā́ pítryāṇi samānó bándhur utá tásya vittam || 2 || úd u stómāso aṣvínor abudhrañ jāmí bráhmāṇy ushásaṣ ca devíḥ | āvívāsan ródasī dhíshṇyemé áchā vípro nā́satyā vivakti || 3 || ví céd uchánty aṣvinā ushā́saḥ prá vām bráhmāṇi kārávo bharante | ūrdhvám bhānúm̐ savitā́ devó aṣred bṛihád agnáyaḥ samídhā jarante || 4 || ā́ paṣcā́tān nāsatyā́ purástād ā́ṣvinā yātam adharā́d údaktāt | ā́ viṣvátaḥ pā́ñcajanyena rāyā́ yūyám pāta — || 5 || 19 ||

73.

Átārishma támasas pārám asyá práti stómam̐ devayánto dádhānāḥ | purudáṅsā purutámā purājā́martyā havate aṣvínā gíḥ || 1 || ny ù priyó mánushaḥ sādi hótā nā́satyā yó yájate vándate ca | aṣnītám mádhvo aṣvinā upāká ā́ vām̐ voce vidátheshu práyasvān || 2 || áhema yajñám pathā́m urāṇā́ imā́m̐ suvṛiktím̐ vṛishaṇā jushethām | ṣrushṭīvéva préshito vām abodhi práti stómair járamāṇo vásishṭhaḥ || 3 || úpa tyā́ váhnī gamato víṣam̐ no rakshohánā sámbhṛitā vīḷúpāṇī | sám ándhāṅsy agmata matsarā́ṇi mā́ no mardhishṭam ā́ gatam̐ ṣivéna || 4 || ā́ paṣcā́tān nāsatyā́ purástād — || 5 || 20 ||

72, 1 ráthena áṣva-vatā puru-candréṇa. víṣvāḥ ni-yútaḥ. 2 sa-jóshasā. 3 ā-vívāsan ródasī *iti* dhíshṇye *iti* imé *iti* ácha. 4 ca ít. ushásaḥ. ūrdhvám — aṣret IV, 13, 2 sam-ídhā. 5 paṣcā́tāt nāsatyā ā́. ā́ a°. — 73, 1 átārishma — práti 183, 6. puru-dáṅsā. purā-jā́ á°. 2 ní ūm̐ *iti*. upāké. 3 su-vṛiktím. ṣrushṭīvā́-iva prá-ishitaḥ. 4 váhnī *iti*. rakshaḥ-hánā sám-bhṛitā vīḷúpāṇī *iti* vīḷú-pāṇī.

74.

Imā́ u vām díviṣhṭaya usrā́ havante aṣvinā | ayám vām ahvé 'vase ṣacīvasū víṣam-viṣam hí gáchathaḥ || 1 || yuvám citrám dadathur bhójanam narā códethām sūnṛ́tāvate | arvā́g ráthaṃ sámanasā ní yachatam pībatam somyám mádhu || 2 || ā́ yātam úpa bhūshatam mádhvaḥ pibatam aṣvinā | dugdhám páyo vṛishaṇā jenyāvasū mā́ no mardhishṭam ā́ gatam || 3 || áṣvāso yé vām úpa dāṣúsho gṛihám yuvám díyanti bíbhrataḥ | makshūyúbhir narā háyebhir aṣvinā́ devā yātam asmayū́ || 4 || ádhā ha yánto aṣvínā pṛ́kshaḥ sacanta sūráyaḥ | tā́ yaṅsato maghávadbhyo dhruvám yáṣaṣ chardír asmábhyam nā́satyā || 5 || prá yé yayúr avṛikā́so ráthā iva nṛipātā́ro jánānām | utá svéna ṣávasā ṣūṣuvur nára utá kshiyanti sukshitím || 6 || 21 ||

75.

Vy ùshā́ āvo divijā́ ṛiténāvishkṛiṇvānā́ mahimā́nam ā́gāt | ápa drúhas táma āvar ájushṭam áṅgirastamā pathyā̀ ajīgaḥ || 1 || mahé no adyá suvitā́ya bodhy úsho mahé saúbhagāya prá yandhi | citrám rayíṃ yaṣásaṃ dhehy asmé dévi márteshu mānushi ṣravasyúm || 2 || eté tyé bhānávo darṣatā́yāṣ citrā́ usháso amṛ́tāsa ā́guḥ | janáyanto daívyāni vratā́ny āpṛiṇánto antárikshā vy àsthuḥ || 3 || eshā́ syā́ yujānā́ parākā́t páñca kshitī́ḥ pári sadyó jigāti | abhipáṣyantī vayúnā jánānāṃ divó duhitā́ bhúvanasya pátnī || 4 || vājínīvatī sū́ryasya yóshā cítrā́maghā rāyá īṣe vásūnām | ṛíshishṭutā jaráyantī maghóny ushā́ uchati váhnibhir gṛiṇānā́ || 5 ||

74, 1 i. u. v. III. 62, 1. ahve ā́° ṣacīvasū *iti* ṣacī-vasū. 2 sá-manasā. p. s. m. VI, 60, 15. 3 jenyāvasū *iti*. mā́ — gatam VII, 73, 4. 4 makshuyú-bhiḥ. aṣvinā ā́. asmayū́ *ity* asma-yū́. 5 ádha. 6 nṛi-pātā́raḥ. su-kshitím. — 75, 1 ví u°. divi-jā́ḥ ṛiténa āviḥ-kṛiṇvānā́. ā́ a°. āvaḥ. ajīgar *iti*. 2 asmé *iti*. 3 ā́ a°. ā-pṛiṇántaḥ. ví a°. 4 abhi-páṣyantī. 5 citrá-maghā. ṛíshi-stutā. maghónī.

práti dyutānā́m arushā́so ā́ṣvāṣ citrā́ adṛiṣrann ushā́saṃ vā́hantaḥ | yā́ti ṣubhrā́ viṣvapíṣā ráthena dádhāti rátnaṃ vidhaté jánāya || 6 || satyā́ satyébhir mahatí mahádbhir deví devébhir yajatā́ yájatraiḥ | rujád dṛiḷhā́ni dádad usríyāṇām práti gā́va ushā́saṃ vāvaṣanta || 7 || nū́ no gómad vīrávad dhehi rátnam úsho áṣvāvad purubhójo asmé | mā́ no barhíḥ purushátā nidé kar yūyám pāta — || 8 || 22 ||

76.

Úd u jyótir amṛítaṃ viṣvájanyaṃ viṣvā́naraḥ savitā́ devó aṣret | krátvā devā́nām ajanishṭa cákshur āvír akar bhúvanaṃ víṣvam ushā́ḥ || 1 || prá me pánthā devayā́nā adṛiṣrann ámardhanto vásubhir íshkṛitāsaḥ | ábhūd u ketúr ushásaḥ purástāt pratīcy ā́gād ádhi harmyébhyaḥ || 2 || tā́ níd áhāni bahulā́ny āsan yā́ prācínam úditā sū́ryasya | yátaḥ pári jārá ivācáranty úsho dadṛikshé ná púnar yatíva || 3 || tá íd devā́nāṃ sadhamā́da āsann ṛitā́vānaḥ kaváyaḥ pūrvyā́saḥ | gūḷhā́ṃ jyótiḥ pitáro ánv avindan satyámantrā ajanayann ushā́sam || 4 || samāná ūrvé ádhi sáṃgatāsaḥ sáṃ jānate ná yatante mithás té | té devā́nāṃ ná minanti vratā́ny ámardhanto vásubhir yā́damānāḥ || 5 || práti tvā stómair īḷate vásishṭhā usharbúdhaḥ subhage tushṭuvā́ṅsaḥ | gávāṃ netrí vā́japatnī na uchósbaḥ sujāte prathamā́ jarasva || 6 || eshā́ netrí rā́dhasaḥ sūnṛítānām ushā́ uchántī ribhyate vásishṭhaiḥ | dīrghaṣrútaṃ rayím asmé dádhānā yūyám pāta — || 7 || 23 ||

75, 6 viṣva-píṣā. 8 nú. áṣva-vat puru-bhójaḥ asmé *iti*. — 76, 1 viṣvá-janyam. 2 pánthāḥ deva-yā́nāḥ. pratīcī́ ā́ a°. 3 tā́ni ít. út-itā. jāráḥ-iva ā-cárantī. yatī́-iva. 4 té. sadha-mā́daḥ. ṛitá-vānaḥ. satyá-mantrāḥ. ushásam. 5 samāné. sám-gatāsaḥ. 6 ushaḥ-búdhaḥ su-bhage tustu-vā́ṅsaḥ. vā́ja-patnī. ucha ú° su-jāte. 7 dīrgha-ṣrútam. asmé *iti*.

77.

Úpo ruruce yuvatír ná yóshā víṣvam jīvám prasuvántī carā́yai | ábhūd agníḥ samídhe mā́nushāṇām ákar jyótir bā́dhamānā támāṅsi || 1 || víṣvam pratīcī́ sapráthā úd asthād rúṣad vā́so bíbhratī ṣukrám aṣvait | híraṇyavarṇā sudṛíṣīkasaṃdṛig gávām mātā́ netry áhnām aroci || 2 || devā́nāṃ cákshuḥ subhágā váhantī ṣvetáṃ náyantī sudṛíṣīkam áṣvam | ushā́ adarṣi raṣmíbhir vyàktā citrā́maghā víṣvam ánu prábhūtā || 3 || ántivāmā dūré amítram uchorvíṃ gávyūtim ábhayaṃ kṛidhī naḥ | yāváya dvésha ā́ bharā vásūni codáya rā́dho gṛiṇaté maghoni || 4 || asmé ṣréshṭhebhir bhānúbhir ví bhāhy úsho devi pratirántī na ā́yuḥ | ísham ca no dádhatī viṣvavāre gómad áṣvāvad ráthavac ca rā́dhaḥ || 5 || yáṃ tvā divo duhitar vardháyanty úshaḥ sujāte matíbhir vásishṭhāḥ | sā́smā́su dhā rayím ṛishvám bṛihántaṃ yūyám pāta — || 6 || 24 ||

78.

Práti ketávaḥ prathamā́ adṛiṣrann ūrdhvā́ asyā añjáyo ví ṣrayante | úsho arvā́cā bṛihatā́ ráthena jyótishmatā vāmám asmábhyaṃ vakshi || 1 || práti shīm agnír jarate sámiddhaḥ práti víprāso matíbhir gṛiṇántaḥ | ushā́ yāti jyótishā bā́dhamānā víṣvā támāṅsi duritā́pa deví || 2 || etā́ u tyā́ḥ práty adṛiṣran purástāj jyótir yáchantīr usháso vibhātī́ḥ | ájījanan sū́ryaṃ yajñám agním apācī́naṃ támo agād ájushṭam || 3 || áceti divó duhitā́ maghónī víṣve paṣyanty ushásaṃ vibhātī́m | ásthād ráthaṃ svadháyā yujyámānam ā́

77, 1 úpo *iti*. pra-suvántī. sam-ídhe. 2 sa-práthāḥ. híraṇya-varṇā sudṛíṣīka-saṃdṛik. netrī́. 3 su-bhágā. su-dṛíṣīkam. ví-aktā citrá-maghā. prá-bhūtā. 4 ánti-vāmā. ucha u°. kṛidhi. yaváya. bhara. 5 asmé *iti*. pra-tirántī. viṣva-vāre. áṣva-vat rátha-vat. 6 su-jāte. sā́ a° dhāḥ. — 78, 2 sīm. sám-iddhaḥ. ushā́ḥ. duḥ-itā́ ápa. 3 e. u. t. 92, 1. purástāt. vi-bhātī́ḥ. 4 vi-bhātī́m. ā́. r. 35, 4.

yám áṣvāsaḥ suyújo váhanti || 4 || práti tvādyá sumánaso budhantāsmákāso maghávāno vayáṃ ca | tilvilāyádhvam ushaso vibhātír yūyám pāta — || 5 || 25 ||

79.

Vy ùshá āvaḥ pathyà jánānām páñca kshitír mánushīr bodháyantī | susaṃdṛ́gbhir ukshábhir bhānúm aṣred ví sū́ryo ródasī cákshasāvaḥ || 1 || vy àñjate divó ántesbv aktū́n víṣo ná yuktá usháso yatante | sáṃ te gávas táma á vartayanti jyótir yachanti savitéva bāhū́ || 2 || ábhūd ushá índratamā maghóny ájījanat suvitáya ṣrávāṅsi | ví divó deví duhitá dadhāty áñgirastamā sukṛ́te vásūni || 3 || távad usho rádho asmábhyaṃ rāsva yávat stotṛ́bhyo árado gṛiṇāná | yáṃ tvā jajñúr vṛishabhásyā rávena ví dṛiḷhásya dúro ádrer aurṇoḥ || 4 || devám-devaṃ rádhase codáyanty asmadryàk sūnṛ́tā īráyantī | vyuchántī naḥ sanáye dhíyo dhā yūyám pāta — || 5 || 26 ||

80.

Práti stómebhir ushásaṃ vásishṭhā gīrbhír víprāsaḥ prathamá abudhran | vivartáyantīṃ rájasī sámante āvishkṛiṇvatím bhúvanāni víṣvā || 1 || eshá syá návyam áyur dádhānā gūḍhví támo jyótishoshá abodhi | ágra eti yuvatír áhrayāṇā prácikitat sū́ryaṃ yajñám agním || 2 || áṣvāvatīr gómatīr na usháso — || 3 || 27 ||

Pañcamo 'dhyāyaḥ.

78, 4 su-yújaḥ. 5 tvā a° su-mánasaḥ budhanta a°. vi-bhātī́ḥ. — 79, 1 v. ù. ā. VII, 75, 1. susaṃdṛík-bhiḥ. ródasī *iti* cákshasā āvar *ity* āvaḥ. 2 ví a°. savitá-iva bāhū́ *iti*. 3 maghónī. su-kṛite. 4 vṛishabhásya. 5 codáyantī. vi-uchántī. dhāḥ — 80. 1 vásishṭhāḥ. vi-vartáyantīm rájasī *iti* sámante *iti* sám-ante āviḥ-kṛiṇvatím. 2 jyótishā u°. ágre. prá a°. 3 = VII, 41, 7.

81.

Práty u adarṣy āyaty ùchántī duhitá diváḥ | ápo máhi vyayati cákshase támo jyótish kriṇoti sūnárī || 1 || úd usríyāḥ sṛijate sū́ryaḥ sácāñ udyán nákshatram arcivát | távéd usho vyúshi sū́ryasya ca sám bhakténa gamemahi || 2 || práti tvā duhitar diva úsho jīrā́ abhutsmahi | yā́ váhasi purú spārhám vananvati rátnam ná dāṣúshe máyaḥ || 3 || uchántī yā́ kriṇóshi maṅhánā mahi prakhyaí devi svàr dṛiṣé | tásyās te ratnabhā́ja īmahe vayám syā́ma mātúr ná sūnávaḥ || 4 || tác citrám rā́dha ā́ bharósho yád dīrghaṣrúttamam | yát te divo duhitar martabhójanam tád rāsva bhunájāmahai || 5 || ṣrávaḥ sūríbhyo amṛ́tam vasutvanám vā́jāñ asmábhyam gómataḥ | codayitrí maghónaḥ sūnṛ́tāvaty ushā́ uchad ápa srídhaḥ || 6 || 1 ||

82.

Índrāvaruṇā yuvám adhvarā́ya no viṣé jánāya máhi ṣárma yachatam | dīrghápráyajyum áti yó vanushyáti vayám jayema pṛ́tanāsu dū́ḍhyàḥ || 1 || samrā́ḷ anyáḥ svarā́ḷ anyá ucyate vām mahā́ntāv índrāváruṇā mahā́vasū | víṣve devā́saḥ paramé vyòmani sám vām ójo vṛishaṇā sám bálam dadhuḥ || 2 || ánv apā́m kháṅy atṛintam ójasā́ sū́ryam airayatam diví prabhúm | índrāvaruṇā máde asya māyínó 'pinvatam apítaḥ pínvatam dhíyaḥ || 3 || yuvā́m íd yutsú pṛ́tanāsu váhnayo yuvā́m kshémasya prasavé mitájñavaḥ | īṣānā́ vásva ubháyasya kārávа índrāvaruṇā suhávā havāmahe || 4 || índrāvaruṇā yád imā́ni cakráthur víṣvā jātā́ni

81, 1 ūm̐ *iti*. ā-yatī u°. ápo *iti*. jyótiḥ. 2 sácā ut-yát. táva ít. vi-úshi. 4 pra-khyaí. ratna-bhā́jaḥ. 5 tát. bhara u°. dīrghaṣrút-tamam. marta-bhójanam. 6 sūnṛ́tā-vatī. — 82, 1 dīrghá-prayajyum. duḥ-dhyàḥ. 2 sam-rā́ṭ. sva-rā́ṭ. mahā́-vasū *iti* mahā́-vasū. ví-omani. 3 ójasā ā́. pra-bhúm. māyínaḥ á°. 4 pra-savé mitá-jñavaḥ. su-hávā.

bhúvanasya majmánā | kshémeṇa mitró váruṇaṃ duvasyáti marúdbhir ugráḥ ṣúbham anyá īyate || 5 || 2 ||

mahé ṣulkā́ya váruṇasya nú tvishá ójo mimāte dhruvám asya yát svám | ájāmim anyáḥ ṣnatháyantam ā́tirad dabhrébhir anyáḥ prá vṛiṇoti bhū́yasaḥ || 6 || ná tám áṅho ná duritā́ni mártyam índrāvaruṇā ná tápaḥ kútaṣ caná | yásya devā gáchatho vīthó adhvaráṃ ná tám mártasya naṣate párihvṛitiḥ || 7 || arvā́ñ narā daívyenā́vasā́ gataṃ ṣriṇutáṃ hávaṃ yádi me jújoshathaḥ | yuvór hí sakhyám utá vā yád ā́pyam mārḍīkám indrāvaruṇā ní yachatam || 8 || asmā́kam indrāvaruṇā bháre-bhare puroyodhā́ bhavataṃ kṛishṭyojasā | yád vāṃ hávanta ubháye ádha spṛidhí náras tokásya tánayasya sātíshu || 9 || asmé índro váruṇo mitró aryamā́ dyumnáṃ yachantu máhi ṣárma sapráthaḥ | avadhráṃ jyótir áditer ṛitāvṛídho devásya ṣlókaṃ savitúr manāmahe || 10 || 3 ||

83.

Yuvā́ṃ narā páṣyamānāsa ā́pyam prācā́ gavyántaḥ pṛithupárṣavo yayuḥ | dā́sā ca vṛitrā́ hatám ā́ryāṇi ca sudā́sam indrāvaruṇā́vasāvatam || 1 || yátrā náraḥ samáyante kṛitádhvajo yásminn ājā́ bhávati kíṃ caná priyám | yátrā bháyante bhúvanā svardṛíṣas tátrā na indrāvaruṇā́dhi vocatam || 2 || sám bhū́myā ántā dhvasirā́ adṛikshaténdrāvaruṇā diví ghósha ā́ruhat | ásthur jánānām úpa mā́m árātayo 'rvā́g ávasā havanaṣrutā́ gatam || 3 || índrāvaruṇā vadhánābhir aprati bhedáṃ vanvántā prá sudā́sam āvatam |

82, 6 tvishé. mimāte *iti.* ā́ á°. 7 ná — ná II, 23, 5. duḥ -itā́ni. pári-hvṛitiḥ. 8 arvā́k. daívyena ávasā ā́. 9 puraḥ -yodhā́. kṛishṭi-ojasā. hávante. 10 asmé *iti.* sa-práthaḥ. ṛita -vṛídhaḥ. — 83, 1 pṛithu-párṣavaḥ. su-dā́sam indrāvaruṇā ávasā a°. 2 yátra (2). sam-áyante kṛitá-dhvajaḥ. svaḥ-dṛíṣaḥ tátra. indrāvaruṇā á°. 3 ántāḥ. adṛikshata í°. ā́ a°. havana-ṣrutā ā́. 4 su -dā́sam.

bráhmāṇy eshāṃ ṣriṇutaṃ hávīmani satyā́ trítsūnām abhavat puróhitiḥ || 4 || índrāvaruṇāv abhy ā́ tapanti māghā́ny aryó vanúshām árātayaḥ | yuváṃ hí vásva ubháyasya rā́jathó 'dha smā no 'vatam pā́rye diví || 5 || 4 ||

yuvā́ṃ havanta ubháyāsa ājíshv índraṃ ca vásvo váruṇaṃ ca sātáye | yátra rā́jabhir daṣábhir níbādhitam prá sudā́sam ā́vataṃ trítsubhiḥ sahá || 6 || dáṣa rā́jānaḥ sámitā áyajyavaḥ sudā́sam indrāvaruṇā ná yuyudhuḥ | satyā́ nṛiṇā́m admasádām úpastutir devā́ eshām abhavan deváhūtishu || 7 || dāṣarājñé páriyattāya viṣvátaḥ sudā́sa indrāvaruṇāv aṣikshatam | ṣvityáñco yátra námasā kapardíno dhiyā́ dhívanto ásapanta trítsavaḥ || 8 || vṛitrā́ṇy anyáḥ samithéshu jíghnate vratā́ny anyó abhí rakshate sádā | hávāmahe vāṃ vṛishaṇā suvṛiktíbhir asmé indrāvaruṇā ṣárma yachatam || 9 || asmé índro váruṇo mitró — || 10 || 5 ||

84.

Ā́ vāṃ rājānāv adhvaré vavṛityāṃ havyébhir indrāvaruṇā námobhiḥ | prá vāṃ ghṛitā́cī bāhvór dádhānā pári tmánā víshurūpā jigāti || 1 || yuvó rāshṭrám bṛihád invati dyaúr yaú setṛíbhir arajjúbhiḥ sinīthā́ḥ | pári no hélo váruṇasya vṛijyā urúṃ na índraḥ kṛiṇavad u lokám || 2 || kṛitáṃ no yajñáṃ vidátheshu cā́ruṃ kṛitám bráhmāṇi sūríshu praṣastā́ | úpo rayír devā́jūto na etu prá ṇa spārhā́bhir ūtíbhis tiretam || 3 || asmé indrāvaruṇā viṣvávāraṃ rayíṃ dhattaṃ vásumantam purukshúm | prá yá ādityó ánṛitā mináty ámitā ṣū́ro dayate vásūni || 4 || iyám índraṃ váru-

---

83, 4 puráḥ-hitiḥ. 5 abhí. mā a°. rā́jathaḥ á° sma. 6 havante. ní-bādhitam. su-dā́sam. 7 sám-itāḥ. su-dā́sam. adma-sádām úpa-stutiḥ. devá-hūtishu. 8 pári-yattāya. su-dā́se. 9 sam-ithéshu. suvṛiktí-bhiḥ asmé *iti*. — 84, 1 víshu-rūpā. 2 yuvóḥ. 3 pra-ṣastā́ úpo *iti*. devá-jūtaḥ. naḥ. 4 asmé *iti*. viṣvá-vāram. puru-kshúm.

ṇam ashṭa me gîḥ prấvat toké tánaye tū́tujānā | surátnāso devávītiṃ gamema yūyám pāta — || 5 || 6 ||

85.

Punīshé vām arakshásam manīshā́ṃ sómam índrāya váruṇāya júhvat | ghṛitápratīkām ushásaṃ ná devīṃ tā́ no yā́mann urushyatām abhī́ke || 1 || spárdhante vā́ u devahū́ye átra yéshu dhvajéshu didyávaḥ pátanti | yuvám tā́ñ indrāvaruṇāv amítrān hatám párācaḥ ṣárvā víshūcaḥ || 2 || ā́paṣ cid dhí sváyaṣasaḥ sádassu devī́r índraṃ váruṇaṃ devátā dhúḥ | kṛishṭī́r anyó dhāráyati práviktā vṛitrā́ṇy anyó apratī́ni hanti || 3 || sá sukrátur ṛitacíd astu hótā yá āditya ṣávaṣā vāṃ námasvān | āvavártad ávase vāṃ havíshmān ásad ít sá suvitā́ya práyasvān || 4 || iyám índraṃ váruṇam ashṭa me gîḥ — || 5 || 7 ||

86.

Dhī́rā tv àsya mahinā́ janū́ṅshi ví yás tastámbha ródasī cid urvī́ | prá nā́kam ṛishváṃ nunude bṛihántaṃ dvitā́ nákshatram papráthac ca bhū́ma || 1 || utá sváyā tanvā̀ sáṃ vade tát kadā́ nv àntár váruṇe bhuvāni | kím me havyám áhṛiṇāno jusheta kadā́ mṛiḷīkáṃ sumánā abhí khyam || 2 || pṛiché tád éno varuṇa didṛíkshū́po emi cikitúsho vipṛ́cham | samānám ín me kaváyaṣ cid āhur ayám ha túbhyaṃ váruṇo hṛiṇīte || 3 || kím ā́ga āsa varuṇa jyéshṭhaṃ yát stotā́raṃ jíghāṅsasi sákhāyam | prá tán me voco dūḷabha svadhāvó 'va tvānenā́ námasā turá iyām || 4 || áva drugdhā́ni

---

84, 5 prá ā°. su-rátnāsaḥ devá-vītim. — 85, 1 ghṛitá-pratīkām. 2 vaí. deva-hū́ye. 3 hí svá-yaṣasaḥ. dhúr *iti* dhúḥ. prá-viktāḥ. 4 ādityā. su-krátuḥ ṛita-cít. ā-vavártat. — 86, 1 tú ā°. ródasī *iti*. urvī́ *iti*. papráthat. 2 nú ā°. su-mánāḥ. 3 didṛíkshu úpo *iti*. vi-pṛ́cham. ít. 4 tát. duḥ-dabha svadhā-vaḥ áva tvā anenā́ḥ.

pítryā sṛijā nó 'va yā́ vayáṃ cakṛimā́ tanū́bhiḥ | áva rājan paṣutṛípaṃ ná tāyúṃ sṛijā́ vatsáṃ ná dā́mno vásishṭham || 5 || ná sá svó dáksho varuṇa dhrútiḥ sā́ súrā manyúr vibhídako ácittiḥ | ásti jyā́yān kánīyasa upāré svápnaṣ canéd ánṛitasya prayotā́ || 6 || áraṃ dāsó ná mīḷhúshe karāṇy aháṃ devā́ya bhū́rṇayé 'nāgāḥ | ácetayad acíto devó aryó gṛ́tsaṃ rāyé kavítaro junāti || 7 || ayáṃ sú túbhyaṃ varuṇa svadhāvo hṛidí stóma úpaṣritaṣ cid astu | ṣáṃ naḥ kshéme ṣám u yóge no astu yūyám pāta — || 8 || 8 ||

87.

Rádat pathó váruṇaḥ sū́ryāya prā́rṇāṅsi samudríyā nadī́nām | sárgo ná sṛishṭó árvatīr ṛitāyáñ cakā́ra mahī́r avánīr áhabhyaḥ || 1 || ātmā́ te vā́to rája ā́ navīnot paṣúr ná bhū́rṇir yávase sasavā́n | antár mahī́ bṛihatí ródasīmé víṣvā te dhā́ma varuṇa priyā́ṇi || 2 || pári spáṣo váruṇasya smádishṭā ubhé paṣyanti ródasī suméke | ṛitā́vānaḥ kaváyo yajñádhīrāḥ prácetaso yá isháyanta mánma || 3 || uvā́ca me váruṇo médhirāya tríḥ saptá nā́mā́ghnyā bibharti | vidvā́n padásya gúhyā ná vocad yugā́ya vípra úparāya ṣíkshan || 4 || tisró dyā́vo níhitā antár asmin tisró bhū́mīr úparāḥ shā́ḍvidhānāḥ | gṛ́tso rā́jā váruṇaṣ cakra etáṃ diví preñkháṃ hiraṇyáyaṃ ṣubhé kám || 5 || áva síndhuṃ váruṇo dyaúr iva sthād drapsó ná ṣvetó mṛigás túvishmān | gambhīrásaṅso rájaso vimā́naḥ supārákshatraḥ sató asyá rā́jā || 6 || yó mṛiḷáyāti cakrúshe cid ā́go vayáṃ syāma váruṇe

86, 5 sṛija naḥ áva. cakṛimá. paṣu-tṛípam. sṛijá. 6 ví-bhídakaḥ. upa-aré. caná ít. pra-yotā́. 7 bhū́rṇaye á°. 8 úpa-ṣritaḥ. — 87, 1 prá á°. ṛita-yán. 2 mahī́ *iti* bṛihatī́ *iti* ródasī *iti* imé *iti*. 3 smád-ishṭāḥ ubhé *iti*. ródasī *iti* suméke *iti* su-méke ṛitá-vānaḥ. yajñá-dhīrāḥ prá-cetasaḥ yé. 4 nā́ma á°. 5 ní-hitāḥ. shá́ṭ-vidhānaḥ. cakre. pra-ïñkhám. 6 gambhīrá-ṣaṅsaḥ. vi-mā́naḥ supārá-kshatraḥ.

ánāgāḥ | ánu vratány áditer ṛidhánto yūyám pāta — || 7 || 9 ||

88.

Prá ṣundhyúvaṃ váruṇāya préshṭhām matíṃ vasishṭha mīḷhúshe bharasva | yá īm arvā́ñcaṃ kárate yájatraṃ sahásrāmaghaṃ vṛ́ishaṇam bṛihántam || 1 || ádhā nv àsya saṃdṛ́iṣaṃ jaganvā́n agnér ánīkaṃ váruṇasya maṅsi | svàr yád áṣmann adhipā́ u ándho 'bhí mā vápur dṛiṣáye ninīyāt || 2 || ā́ yád ruhā́va váruṇaṣ ca nā́vam prá yát samudrám īráyāva mádhyam | ádhi yád apā́ṃ snúbhiṣ cárāva prá preñkhá īñkhayāvahai ṣubhé kám || 3 || vásishṭhaṃ ha váruṇo nāvy ádhād ṛ́ishiṃ cakāra svápā máhobhiḥ | stotáraṃ vípraḥ sudinatvé áhnāṃ yā́n nú dyā́vas tatánan yā́d ushā́saḥ || 4 || kvà tyā́ni nau sakhyā́ babhūvuḥ sácāvahe yád avṛikám purā́ cit | bṛihántam mā́naṃ varuṇa svadhāvaḥ sahásradvāraṃ jagamā gṛiháṃ te || 5 || yá āpír nítyo varuṇa priyáḥ sán tvā́m ā́gāṅsi kṛiṇávat sákhā te | mā́ ta énasvanto yakshin bhujema yandhí shmā vípra stuvaté várūtham || 6 || dhruvā́su tvāsú kshitíshu kshiyánto vy àsmát pā́ṣaṃ váruṇo mumocat | ávo vanvānā́ áditer upásthād yūyám pāta || 7 || 10 ||

89.

Mó shú varuṇa mṛinmáyaṃ gṛiháṃ rājann aháṃ gamam | mṛiḷā́ sukshatra mṛiḷáya || 1 || yád émi prasphuránn iva dṛ́itir ná dhmātó adrivaḥ | mṛiḷā́ s. m. || 2 || krátvaḥ samaha dīnátā pratīpáṃ jagamā ṣuce | mṛiḷā́ s. m. || 3 || apā́m

88, 1 sahásra-magham. 2 ádha nú a⁰ sam-dṛ́iṣam. adhi-pā́ḥ ūm̐ *iti*. 3 pra-īñkhé. 4 nāví ā́ a⁰. su-ápāḥ. yā́t. ushásaḥ. 5 sácāvahe *iti*. sahásra-dvāram jagama. 6 te. sma vípraḥ. 7 tvā́ āsú. ví a⁰. upá-sthāt. — 89, 1 mó *iti* sú. mṛit-máyam. mṛiḷá su-kshatra. 2 prasphurán-iva. 3 prati-īpám jagama.

mádhye tasthiváṅsaṃ tríshṇāvidaj jaritáram | mṛiḷá s. m. || 4 || yát kíṃ cedáṃ varuṇa daívye jáne 'bhidrohám manushyā̀ṣ cárāmasi | ácittī yát táva dhármā yuyopimá mā́ nas tásmād énaso deva rīrishaḥ || 5 || 11 ||

Pañcamo 'nuvākaḥ.

90.

Prá vīrayā́ ṣúcayo dadrire vām adhvaryúbhir mádhumantaḥ sutásaḥ | váha vāyo niyúto yāhy áchā píbā sutásyándhaso mádāya || 1 || īṣānā́ya práhutiṃ yás ta ā́naṭ chúciṃ sómaṃ ṣucipās túbhyaṃ vāyo | kriṇóshi tám mártyeshu praṣastáṃ jātó-jāto jāyate vājy àsya || 2 || rāyé nú yáṃ jajñátū ródasīmé rāyé deví dhishánā dhāti devám | ádha vāyúṃ niyútaḥ saṣcata svā́ utá ṣvetáṃ vásudhitiṃ nireké || 3 || ucháṇn ushásaḥ sudínā ariprā́ urú jyótir vividur dídhyānāḥ | gávyaṃ cid ūrvám uṣíjo ví vavrus téshām ánu pradívaḥ sasrur ā́paḥ || 4 || té satyéna mánasā dídhyānāḥ svéna yuktásaḥ krátunā vahanti | índravāyū vīravā́haṃ rátham vām īṣānáyor abhí pṛ́kshaḥ sacante || 5 || īṣānā́so yé dádhate svàr ṇo góbhir áṣvebhir vásubhir híraṇyaiḥ | índravāyū sūráyo víṣvam ā́yur árvadbhir vīraíḥ pṛ́tanāsu sahyuḥ || 6 || árvanto ná ṣrávaso bhíkshamāṇā indravāyū́ sushṭutíbhir vásishṭhāḥ | vājayántaḥ sv ávase huvema yūyám pāta — || 7 || 12 ||

91.

Kuvíd aṅgá námasā yé vṛidhásaḥ purā́ devā́ anavadyā́sa

89, 4 tṛíshṇā avidat. 5 ca i°. abhi-drohám. dhárma. ririshaḥ. — 90, 1 vāyo *iti* ni-yútaḥ. ácha píba sutásya á°. 2 prá-hutim. te. ṣúcim. ṣuci-pāḥ. vāyo *iti*. pra-ṣastám. vājí a°. 3 jajñátuḥ ródasī *iti* imé *iti*. ni-yútaḥ. vásu-dhitim. 4 su-dínāḥ. pra-divaḥ. 5 índravāyū *iti* (6) vīra-vā́ham. 6 naḥ. 7 indravāyū́ *iti* sustutí-bhiḥ. sú.

ásan | té vāyáve mánave bādhitáyávāsayann ushásam̧ sū́ryeṇa || 1 || uṣántā dūtā́ ná dábhāya gopā́ māsáṣ ca pātháḥ ṣarádaṣ ca pūrvī́ḥ | índravāyū sushṭutír vām iyānā́ mārḍīkám īṭṭe suvitám̧ ca návyam || 2 || pívoannāñ rayivṛ́dhaḥ sumedhā́ḥ ṣvetáḥ sishakti niyútām abhiṣrī́ḥ | té vāyáve sámanaso ví tasthur víṣvén náraḥ svapatyā́ni cakruḥ || 3 || yā́vat táras tanvò yā́vad ójo yā́van náraṣ cákshasā dī́dhyānāḥ | ṣúcim̧ sómam̧ ṣucipā pātam asmé índravāyū sádatam barhír édám || 4 || niyuvānā́ niyúta spārhávīrā índravāyū saráthaṃ yātam arvā́k | idám̧ hí vām prábhṛitam mádhvo ágram ádha prīṇānā́ ví mumuktam asmé || 5 || yā́ vām̧ ṣatám̧ niyúto yā́ḥ sahásram índravāyū viṣvávārāḥ sácante | ā́bhir yātam̧ suvidátrābhir arvā́k pātám̧ narā prátibhṛitasya mádhvaḥ || 6 || árvanto ná ṣrávaso — || 7 || 13 ||

6, 92.

Ā́ vāyo bhūsha ṣucipā úpa naḥ sahásram̧ te niyúto viṣvavāra | úpo te ándho mádyam ayāmi yásya deva dadhishé pūrvapéyam || 1 || prá sótā jīró adhvaréshv asthāt sómam índrāya vāyáve píbadhyai | prá yád vām mádhvo agriyám bháranty adhvaryávo devayántaḥ ṣácībhiḥ || 2 || prá yábhir yā́si dāṣvā́ñsam áchā niyúdbhir vāyav ishṭáye duroṇé | ní no rayím̧ subhójasam̧ yuvasva ní vīrám̧ gávyam ā́ṣvyam̧ ca rā́dhaḥ || 3 || yé vāyáva indramádanāsa ā́devāso nitóṣanāso aryáḥ | ghnánto vṛitrā́ṇi sūríbhiḥ shyāma

91, 1 bādhitā́ya ā́⁰. 2 índravāyū *iti* su-stutíḥ. 3 pívaḥ -annān rayi-vṛídhaḥ su-medhā́ḥ. sisakti ni-yútām abhi-ṣrī́ḥ sá -manasaḥ. víṣvā ít. su-apatyā́ni. 4 yā́vat n⁰. ṣuci-pā. asmé *iti* índravāyū *iti*. ā́ i⁰. 5 ni-yuvānā́ ni-yútaḥ spārhá-vīrāḥ índravāyū *iti* sa-rátham. prá-bhṛitam. asmé *iti*. 6 yā́ḥ. ni-yútaḥ. índravāyū *iti* viṣvá-vārāḥ ā́ ā⁰. su-vidátrābhiḥ. práti-bhṛitasya. — 92, 1 vāyo *iti*. ṣuci-pāḥ. ni-yútaḥ viṣva-vāra úpo *iti*. pūrva-péyam. 3 ácha niyút-bhiḥ vāyo *iti*. su-bhójasam. 4 vāyáve indra-mádanāsaḥ ā́-devāsaḥ ni-tóṣanāsaḥ. syāma sa⁰.

sāsahváṅso yudhā́ nṛíbhir amítrān || 4 || ā́ no niyúdbhiḥ ṣatínībhir adhvarám̐ sahasríṇībhir úpa yāhi yajñám | vā́yo asmín sávane mādayasva yūyám pāta — || 5 || 14 ||

93.

Ṣúcim̐ nú stómam̐ návajātam adyéndrāgnī vṛitrahaṇā jushéthām | ubhā́ hí vām̐ suhávā jóhavīmi tā́ vā́jam̐ sadyá uṣaté dhéshṭhā || 1 || tā́ sānasí ṣavasānā hí bhūtám̐ sākam̐vṛídhā ṣávasā ṣūṣuváṅsā | ksháyantau rāyó yávasasya bhū́reḥ priñktám̐ vā́jasya sthávirasya ghṛíshveḥ || 2 || úpo ha yád vidátham̐ vājíno gúr dhībhír víprāḥ prámatim ichámānāḥ | árvanto ná kā́shṭhām̐ nákshamāṇā indrāgní jóhuvato náras té || 3 || gīrbhír vípraḥ prámatim ichámāna íṭṭe rayím̐ yaṣásam pūrvabhā́jam | índrāgnī vṛitrahaṇā suvajrā prá no návyebhis tiratam̐ deshṇaíḥ || 4 || sám̐ yán mahí mithatí spárdhamāne tanūrúcā ṣū́rasātā yátaite | ádevayum̐ vidáthe devayúbhiḥ satrā́ hatam̐ somasútā jánena || 5 || 15 ||

imám u shú sómasutim úpa na éndrāgnī saumanasā́ya yātam | nū́ cid dhí parimamnáthe asmā́n ā́ vām̐ ṣáṣvadbhir vavṛitīya vā́jaiḥ || 6 || só agna enā́ námasā sámiddhó 'chā mitrám̐ váruṇam índram̐ voceḥ | yát sīm ā́gaṣ cakṛimā́ tát sú mṛiḷa tád aryamā́ditiḥ ṣiṣrathantu || 7 || etā́ agna āṣushāṇā́sa ishṭír yuvóḥ sácābhy àṣyāma vā́jān | méndro no víshṇur marútaḥ pári khyan yūyám pāta — || 8 || 16 ||

94.

Iyám̐ vām asyá mánmana índrāgnī pūrvyástutiḥ | abhrā́d

92, 5 ā́ — sahasríṇībhiḥ 135, 3. ú. y. y. VI, 41, 1. vā́yo *iti*. — 93, 1 náva-jātam adyá índrāgnī *iti* vṛitra-hanā. su-hávā. 2 sānasī́ *iti*. sākam-vṛídhā. 3 úpo *iti*. prá-matim (4). indrāgnī́ *iti*. 4 pūrva-bhā́jam índrāgnī *iti* vṛitra-hanā su-vajrā. 5 yát mahī́ *iti* mithatī́ *iti* spárdhamāne *iti* tanū-rúcā ṣū́ra-sātā yátaite *iti*. soma-sútā. 6 sú sóma-sutim. ā́ indrāgnī *iti*. nú. hí parimamnā́the *iti* pari·mamnāthe. 7 agne (8). sám-iddhaḥ ácha yát-sú 179, 5. aryamā́ á°. 8 sácā abhí a°. mā́ í°. — 94, 1 índrāgnī *iti* (2. 7—9). pūrvyá-stutiḥ.

vṛishṭír ivājani || 1 || ṣriṇutáṃ jaritúr hávam índrāgnī vánataṃ gíraḥ | īṣānā́ pipyataṃ dhíyaḥ || 2 || mā́ pāpatvā́ya no naréndrāgnī mā́bhíṣastaye | mā́ no rīradhataṃ nidé || 3 || índre agnā́ námo bṛihát suvṛiktím érayāmahe | dhiyā́ dhénā avasyávaḥ || 4 || tā́ hí ṣáṣvanta ī́ḷata itthā́ víprāsa ūtáye | sabádho vā́jasātaye || 5 || tā́ vāṃ gīrbhír vipanyávaḥ práyasvanto havāmahe | medhásātā sanishyávaḥ || 6 || 17 ||

índrāgnī ávasā́ gatam asmábhyaṃ carshaṇīsahā | mā́ no duḥṣáṅsa īṣata || 7 || mā́ kásya no árarusho dhūrtíḥ práṇañ mártyasya | índrāgnī ṣárma yachatam || 8 || gómad dhíraṇyavad vásu yád vām áṣvāvad ímahe | índrāgnī tád vanemahi || 9 || yát sóma ā́ suté nára indrāgnī́ ā́johavuḥ | sáptīvantā saparyávaḥ || 10 || ukthébhir vṛitrahántamā yā́ mandānā́ cid ā́ girā́ | āñgūshaír āvívāsataḥ || 11 || tā́v íd duḥṣáṅsam mártyaṃ dúrvidvāṅsaṃ rakshasvínam | ābhogáṃ hánmanā hatam udadhíṃ hánmanā hatam || 12 || 18 ||

95.

Prá kshódasā dhā́yasā sasra eshā́ sárasvatī dharúṇam ā́yasī pū́ḥ | prabā́badhānā rathyèva yāti víṣvā apó mahinā́ síndhur anyā́ḥ || 1 || ékācetat sárasvatī nadī́nāṃ ṣúcir yatí giríbhya ā́ samudrā́t | rāyā́ṣ cétantī bhúvanasya bhū́rer ghṛitám páyo duduhe nā́hushāya || 2 || sá vāvṛidhe náryo yóshaṇāsu vṛíshā ṣíṣur vṛishabhó yajñíyāsu | sá vājínam maghávadbhyo dadhāti ví sātáye tanvàm māmṛijīta || 3 || utá syā́ naḥ sárasvatī jushāṇópa ṣravat subhágā yajñé asmín |

94, 1 vṛishṭíḥ-iva a°. 3 narā índrāgnī *iti* mā́ abhí-ṣastaye. 4 su-vṛiktím ā́ ī°. 5 ī́ḷate. sa-bā́dhaḥ vā́ja-sātaye. 6 medhá-sātā. 7 ávasā ā́. carshaṇi-sahā. m. n. d. I. 23, 9. 8 árarusho — mártyasya 18, 3. í. ṣ. y. 21, 6. 9 híraṇya-vat. áṣva-vat. 10 somé. indrāgnī́ *iti*. sápti-vantā. 11 vṛitrahán-tamā. ā-vívāsataḥ. 12 duḥ-ṣáṅsam. dúḥ-vidvāṅsam. ā-bhogám. uda-dhím. — 95, 1 sasre. pra-bā́badhānā rathyā́-iva. 2 ékā a°. 3 vavṛidhe. mamṛijīta. 4 jushāṇā́ úpa. su-bhágā.

mitájñubhir namasyaìr iyānā́ rāyā́ yujā́ cid úttarā sákhibhyaḥ || 4 || imā́ júhvānā yushmád ā́ námobhiḥ práti stómaṃ sarasvati jushasva | táva ṣárman priyátame dádhānā úpa stheyāma ṣaraṇáṃ ná vṛikshám || 5 || ayám u te sarasvati vásishṭho dvā́rāv ṛitásya subhage vy ā̀vaḥ | várdha ṣubhre stuvaté rāsi vā́jān yūyám pāta — || 6 || 19 ||

96.

Bṛihád u gāyishe váco 'suryā̀ nadī́nām | sárasvatīm ín mahayā suvṛiktíbhi stómair vasishṭha ródasī || 1 || ubhé yát te mahinā́ ṣubhre ándhasī adhikshiyánti pūrávaḥ | sā́ no bodhy avitrī́ marútsakhā códa rā́dho maghónām || 2 || bhadrám íd bhadrā́ kṛiṇavat sárasvaty ákavārī cetati vājínīvatī | gṛiṇānā́ jamadagnivát stuvānā́ ca vasishṭhavát || 3 || janīyánto nv ágravaḥ putrīyántaḥ sudā́navaḥ | sárasvantaṃ havāmahe || 4 || yé te sarasva ūrmáyo mádhumanto ghṛitaṣcútaḥ | tébhir no 'vitā́ bhava || 5 || pīpivā́ṅsaṃ sárasvatasta stánaṃ yó viṣvádarṣataḥ | bhakshīmáhi prajā́m ísham || 6 || 20 ||

97.

Yajñé divó nṛishádane pṛithivyā́ ncareso yátra devayávo mádanti | índrāya yátra sávanāni sunvé gáman mádāya prathamáṃ váyaṣ ca || 1 || ā́ daívyā vṛiṇīmahé 'vāṅsi bṛíhaspátir no maha ā́ sakhāyaḥ | yáthā bhávema mīḷhúshe ánāgā yó no dātā́ parāvátaḥ pitéva || 2 || tám u jyéshṭhaṃ

95, 4 mitájñu-bhiḥ. 5 júhvānāḥ. 6 su-bhage ví āvar *ity* āvaḥ. — 96, 1 ít mahaya suvṛiktí-bhiḥ. ródasī *iti*. 2 ubhé *iti*. ándhasī *iti* adhi-kshiyánti. marút-sakhā. 3 sárasvatī ákava-arī. 4 jani-yántaḥ nú. putri-yántaḥ su-dā́navaḥ. 5 ghṛita-ṣcútaḥ. 6 sárasvataḥ. viṣvá-darṣataḥ. pra-jā́m. — 97, 1 nṛi-sádane pṛithivyā́ḥ. gámat. 2 vṛiṇīmahe ā́°. mahe. ánāgāḥ. pitā́-iva.

námasā havírbhiḥ susévam bráhmaṇas pátiṃ griṇīshe | índraṃ slóko máhi daívyaḥ sishaktu yó bráhmaṇo devákṛitasya rā́jā || 3 || sá ā́ no yóniṃ sadatu préshṭho bṛíhaspátir visvávāro yó ásti | kā́mo rāyáḥ suvíryasya táṃ dāt párshan no áti sascáto árishṭān || 4 || tám ā́ no arkám amṛítāya júshṭam imé dhāsur amṛítāsaḥ purājā́ḥ | súcikrandaṃ yajatám pastyā̀nām bṛíhaspátim anarvā́ṇaṃ huvema || 5 || 21 ||

táṃ sagmā́so arushā́so ásvā bṛíhaspátiṃ sahavā́ho vahanti | sáhas cid yásya nílavat sadhásthaṃ nábho ná rūpám arusháṃ vásānāḥ || 6 || sá hí súciḥ satápatraḥ sá sundhyúr híraṇyavāsīr ishiráḥ svarshā́ḥ | bṛíhaspátiḥ sá svāvesá ṛishváḥ purū́ sákhibhya āsutíṃ kárishṭhaḥ || 7 || deví devásya ródasī jánitrī bṛíhaspátiṃ vāvṛidhatur mahitvā́ | dakshā́yyāya dakshatā sakhāyaḥ kárad bráhmaṇe sutárā sugādhā́ || 8 || iyáṃ vām brahmaṇas pate suvṛiktír bráhméndrāya vajríṇe akāri | avishṭáṃ dhíyo jigṛitám púraṃdhīr jajastám aryó vanúshām árātīḥ || 9 || bṛíhaspate yuvám índras ca vásvo divyásyesāthe utá pā́rthivasya | dhattáṃ rayíṃ stuvaté kīráye cid yūyám pāta — || 10 || 22 ||

98.

Ádhvaryavo 'ruṇáṃ dugdhám aṅsúṃ juhótana vṛishabhā́ya kshitīnā́m | gaurā́d védīyāṅ avapā́nam índro visvā́héd yāti sutásomam ichán || 1 || yád dadhishé pradívi cā́rv ánnaṃ divé-dive pītím íd asya vakshi | utá hṛidótá mánasā jushāṇá usánn indra prásthitān pāhi sómān || 2 || jajñānáḥ

97, 3 su-sévam. sisaktu. devá-kṛitasya. 4 visvá-vāraḥ. su-vīryasya. párshat. 5 purā-jā́ḥ súci-krandam. 6 ásvāḥ. saha-vā́haḥ. sadhá-stham. 7 satá-patraḥ. híraṇya-vāsīḥ. svaḥ-sā́ḥ. su-āvesáḥ. purú. ā-sutím. 8 devī́ *iti*. ródasī *iti* jánitrī *iti*. vavṛidhatuḥ. dakshata. su-tárā su-gādhā́. 9 su-vṛiktíḥ bráhma í°. 9b = IV, 50, 11. 10 divyásya īsāthe *iti*. — 98, 1 ava-pā́nam. visvā́hā ít. sutá-somam. 2 pra-dívi. hṛidā́ utá. prá-sthitān.

sómaṃ sáhase papātha prá te mātā́ mahimā́nam uvāca | éndra paprāthorv àntárikshaṃ yudhā́ devébhyo várivaṣ cakartha || 3 || yád yodháyā maható mányamānān sā́kshāma tā́n bāhúbhiḥ ṣā́ṣadānān | yád vā nṛíbhir vṛíta indrābhiyúdhyās táṃ tváyājíṃ sauṣravasáṃ jayema || 4 || préndrasya vocam prathamā́ kṛitā́ni prá nū́tanā maghávā yā́ cakā́ra | yadéd ádevīr ásahishṭa māyā́ áthābhavat kévalaḥ sómo asya || 5 || távedáṃ víṣvam abhítaḥ paṣavyàṃ yát páṣyasi cákshasā sū́ryasya | gávām asi gópatir éka indra bhakshīmáhi te práyatasya vásvaḥ || 6 || bṛíhaspate yuvám índraṣ ca vásvo — || 7 || 23 ||

99.

Paró mā́trayā tanvā̀ vṛidhāna ná te mahitvám ánv aṣnuvanti | ubhé te vidma rájasī pṛithivyā́ víshṇo deva tvám paramásya vitse || 1 || ná te vishṇo jā́yamāno ná jātó déva mahimnáḥ páram ántam āpa | úd astabhnā nā́kam ṛishvám bṛihántaṃ dādhártha prā́cīṃ kakúbham pṛithivyā́ḥ || 2 || írāvatī dhenumátī hí bhūtáṃ sūyavasínī mánushe daṣasyā́ | vy àstabhnā ródasī vishṇav eté dādhártha pṛithivím abhíto mayū́khaiḥ || 3 || urúṃ yajñā́ya cakrathur u lokáṃ janáyantā sū́ryam ushā́sam agním | dā́sasya cid vṛishaṣiprásya māyā́ jaghnáthur narā pṛitanā́jyeshu || 4 || índrāvishṇū dṛiṅhitā́ḥ ṣámbarasya náva púro navatíṃ ca ṣnathishṭam | ṣatáṃ varcínaḥ sahásraṃ ca sākáṃ hathó apraty ásurasya vīrā́n || 5 || iyám manīshā́ bṛihatí bṛihántorukramā́ tavásā vardháyantī |

98, 3 ā́ i⁰ paprātha urú a⁰. 4 yodháyāḥ. indra abhi-yúdhyāḥ. tváyā ājím. 5 prá í⁰. yadā́ ít. átha a⁰. 6 táva i⁰. gó-patiḥ. prá-yatasya. — 99, 1 ubhé *iti*. rájasī *iti* pṛithivyā́ḥ víshṇo *iti*. 2 vishṇo *iti* (3) astabhnāḥ. 3 írāvatī itírā-vatī dhenumátī *iti* dhenu-mátī. suyavasínī *iti* su-yávasinī. ví astabhnāḥ ródasī *iti*. eté *iti*. 4 ushásam. vṛisha-ṣiprásya māyā́ḥ. 5 índrāvishṇū *iti*. aprati. 6 bṛihántā uru-kramā́.

raré vām̃ stómam̃ vidátheshu vishṇo pínvatam ísho vṛijáneshv indra || 6 || váshaṭ te vishṇav āsá á kṛiṇomi tán me jushasva ṣipivishṭa havyám | várdhantu tvā sushṭutáyo gíro me yūyám pāta — || 7 || 24 ||

100.

Nú márto dayate sanishyán yó víshṇava urugāyáya dáṣat | prá yáḥ satrácā mánasā yájāta etávantam̃ náryam āvívāsāt || 1 || tvám̃ vishṇo sumatím̃ viṣvájanyām áprayutām evayávo matím̃ dāḥ | párco yáthā naḥ suvitásya bhúrer áṣvāvataḥ puruṣcandrásya rāyáḥ || 2 || trír deváḥ pṛithivím eshá etám̃ ví cakrame ṣatárcasam mahitvá | prá víshṇur astu tavásas távīyān tveshám̃ hy àsya sthávirasya nắma || 3 || ví cakrame pṛithivím eshá etám̃ kshétrāya víshṇur mánushe daṣasyán | dhruváso asya kīráyo jánāsa urukshitím̃ sujánimā cakāra || 4 || prá tát te adyá ṣipivishṭa námāryáḥ ṣaṅsāmi vayúnāni vidván | tám̃ tvā gṛiṇāmi tavásam átavyān ksháyantam asyá rájasaḥ parāké || 5 || kím ít te vishṇo paricákshyam bhūt prá yád vavakshé ṣipivishṭó asmi | má várpo asmád ápa gūha etád yád anyárūpaḥ samithé babhútha || 6 || váshaṭ te vishṇav — || 7 || 25 ||

Shashṭho 'dhyāyaḥ.

101.

Tisró vácaḥ prá vada jyótiragrā yá etád duhré madhudoghám údhaḥ | sá vatsám̃ kṛiṇván gárbham óshadhīnām̃

99, 6 vishṇo *iti* (7). 7 tát. ṣipi-vishṭa. su-stutáyaḥ. — 100, 1 nú. víshṇave uru-gāyáya. yájāte. ā-vívāsāt. 2 vishṇo *iti* (6). su-matím viṣvá-janyām ápra-yutām eva-yāvaḥ. áṣva-vataḥ puru-candrásya. 3 ṣatá-arcasam. hí a°. 4 uru-kshitím su-jánimā. 5 ṣipi-vishṭa nắma a°. 6 pari-cákshyam. ṣipi-vishṭáḥ. anyá-rūpaḥ sam-ithé. — 101, 1 jyótiḥ-agrāḥ. madhu-doghám.

sadyó jātó vṛishabhó roravīti || 1 || yó várdhana óshadhīnāṃ yó apā́ṃ yó víṣvasya jágato devá íṣe | sá tridhā́tu ṣaraṇáṃ ṣárma yaṅsat trivártu jyótiḥ svabhishṭy àsmé || 2 || starír u tvad bhávati sū́ta u tvad yathāvaṣáṃ tanvàṃ cakra eshá́ḥ | pitúḥ páyaḥ práti gṛibhṇāti mātā́ téna pitā́ vardhate téna putráḥ || 3 || yásmin víṣvāni bhúvanāni tasthús tisró dyā́vas tredhā́ sasrúr ā́paḥ | tráyaḥ kóṣāsa upasécanāso mádhva ṣcotanty abhíto virapṣám || 4 || idáṃ vácaḥ parjányāya svarā́je hṛidó astv ántaraṃ táj jujoshat | mayobhúvo vṛishṭáyaḥ santv asmé supippalā́ óshadhīr devágopāḥ || 5 || sá retodhā́ vṛishabháḥ ṣáṣvatīnāṃ tásminn ātmā́ jágatas tasthúshaṣ ca | tán ma ṛitám pātu ṣatáṣāradāya yūyám pāta — || 6 || 1 ||

102.

Parjányāya prá gāyata divás putrā́ya mīḷhúshe | sá no yávasam ichatu || 1 || yó gárbham óshadhīnāṃ gávāṃ kṛiṇóty árvatām | parjányaḥ purushī́ṇām || 2 || tásmā íd āsyè havír juhótā mádhumattamam | íḷāṃ naḥ saṃyátaṃ karat || 3 || 2 ||

103.

Saṃvatsaráṃ ṣaṣayānā́ brāhmaṇā́ vratacāríṇaḥ | vā́cam parjányajinvitām prá maṇḍū́kā avādishuḥ || 1 || divyā́ ā́po abhí yád enam ā́yan dṛitiṃ ná ṣúshkaṃ sarasī́ ṣáyānam | gávām áha ná māyúr vatsínīnām maṇḍū́kānāṃ vagnúr átrā sám eti || 2 || yád īm enāñ uṣató abhy ávarshīt tṛishyā́vataḥ

101, 2 tri-dhā́tu. tri-vártu. su-abhishṭí asmé *iti*. 3 sū́te. yathā-vaṣám. cakre. 4 upa-sécanāsaḥ mádhvaḥ. vi-rapṣám. 5 sva-rā́je. tát. mayaḥ-bhúvaḥ. asmé *iti* su-pippalā́ḥ. devá-gopāḥ. 6 retaḥ-dhā́ḥ. tát mā. ṣatá-ṣāradāya. — 102, 3 tásmai. juhóta. sam-yátam. — 103, 1 ṣaṣayānā́ḥ brāhmaṇā́ḥ vrata-cāríṇaḥ. parjánya-jinvitām. 2 sarasī́ *iti*. átra. 3 abhí.

prāvṛíshy ā́gatāyām | akhkhalīkṛ́tyā pitáram ná putró anyó anyám úpa vádantam eti || 3 || anyó anyám ánu gṛibhṇāty enor apā́m (prasargé yád ámandishātām) | maṇḍū́ko yád abhívṛishṭaḥ kánishkan pṛ́íṣniḥ sampṛiṅkté háritena vā́cam || 4 || yád eshām anyó anyásya vā́cam ṣāktásyeva vádati síkshamāṇaḥ | sárvam tád eshām samṛ́dheva párva yát suvā́co vádathanā́dhy apsú || 5 || 3 ||

gómāyur éko ajámāyur ékaḥ pṛ́íṣnir éko hárita éka eshām | samānám nā́ma bíbhrato vírūpāḥ purutrā́ vā́cam pipiṣur vádantaḥ || 6 || brāhmaṇā́so atirātré ná sóme sáro ná pūrṇám abhíto vádantaḥ | saṃvatsarásya tád áhaḥ pári shṭha yán maṇḍūkāḥ prāvṛishíṇam babhū́va || 7 || brāhmaṇā́saḥ somíno vā́cam akrata bráhma kṛiṇvántaḥ parivatsaríṇam | adhvaryávo gharmíṇaḥ sishvidānā́ āvír bhavanti gúhyā ná ké cit || 8 || deváhitim jugupur dvādaṣásya ṛitúm náro ná prá minanty eté | saṃvatsaré prāvṛíshy ā́gatāyām taptā́ gharmā́ aṣnuvate visargám || 9 || gómāyur adād ajámāyur adāt pṛ́íṣnir adād dhárito no vásūni | gávām maṇḍū́kā dádataḥ ṣatā́ni sahasrasāvé prá tiranta ā́yuḥ || 10 || 4 ||

104.

Índrāsomā tápatam rákshá ubjátam ny àrpayatam vṛishaṇā tamovṛ́dhaḥ | párā ṣṛiṇītam acíto ny òshatam hatám nudéthām ní ṣiṣītam atríṇaḥ || 1 || índrāsomā sám aghásaṅsam abhy àghám tápur yayastu carúr agnivā́ṅ iva | brahmadvíshe kravyā́de ghorácakshase dvésho dhattam anavā-

103, 3 ā́-gatāyām akhkhalīkṛ́tya. 4 pra-sargé. abhí-vṛishṭaḥ kániskan. sam-pṛiṅkté. 5 ṣāktásya-iva. samṛ́dhā-iva. su-vā́caḥ vádathana á°. 6 gó-māyuḥ (10). ajá-māyuḥ (10). ví-rupāḥ. 7 ati-rātré. áhar *iti*. stha yát. 8 sisvidānā́ḥ. gúhyāḥ. 9 devá-hitim. dvādaṣásya. ā́-gatāyām taptā́ḥ. vi-sargám. 10 háritaḥ. maṇḍū́kāḥ. sahasra-sāvé. tirante. — 104, 1 ní a°. tamaḥ-vṛ́dhaḥ. ní o°. 2 aghá-ṣaṅsam abhí a°. brahma-dvíshe kravya-áde ghorá-cakshase.

yáṃ kimīdíne || 2 || índrāsomā dushkríto vavré antár anārambhaṇé támasi prá vidhyatam | yáthā nā́taḥ púnar ékaṣ canódáyat tád vām astu sáhase manyumác chávaḥ || 3 || índrāsomā vartáyataṃ divó vadháṃ sám prithivyā́ aghášaṅsāya tárhaṇam | út takshataṃ svaryàm párvatebhyo yéna ráksho vāvṛidhānáṃ nijū́rvathaḥ || 4 || índrāsomā vartáyataṃ divás páry agnitaptébhir yuvám áṣmahanmabhiḥ | tápurvadhebhir ajárebhir atríṇo ní párṣāne vidhyataṃ yántu nisvarám || 5 || 5 ||

índrāsomā pári vām bhūtu viṣváta iyám matíḥ kakshyā́ṣveva vājínā | yáṃ vāṃ hótrām parihinómi medháyemā́ bráhmāṇi nṛipátīva jinvatam || 6 || práti smarethāṃ tujáyadbhir évair hatáṃ drubó raksháso bhaṅgurā́vataḥ | índrāsomā dushkṛíte mā́ sugám bhūd yó naḥ kadā́ cid abhidā́sati druhā́ || 7 || yó mā pā́kena mánasā cárantam abhicáshṭe ánṛitebhir vácobhiḥ | ā́pa iva kāṣínā sáṃgṛibhītā ásann astv ásata indra vaktā́ || 8 || yé pākaṣaṅsáṃ vihá-ranta évair yé vā bhadráṃ dūsháyanti svadhā́bhiḥ | áhaye vā tā́n pradádātu sóma ā́ vā dadhātu nírṛiter upásthe || 9 || yó no rásaṃ dípsati pitvó agne yó áṣvānāṃ yó gávāṃ yás tanū́nām | ripú stená steyakṛíd dabhrám etu ní shá hīyatāṃ tanvā̀ tánā ca || 10 || 6 ||

paráḥ só astu tanvā̀ tánā ca tisráḥ pṛithivír adhó astu víṣvāḥ | práti ṣushyatu yáṣo asya devā yó no dívā dípsati yáṣ ca náktam || 11 || suvijñānáṃ cikitúshe jánāya sác cā́sac ca vácasī paspṛidhāte | táyor yát satyáṃ yatarád ṛíjīyas

---

104, 3 duḥ-kṛítaḥ. ná á°. caná ut-áyat. manyu-mát ṣ°. 4 aghá-ṣaṅsāya. vavṛidhānám ni-jū́rvathaḥ. 5 agni-taptébhiḥ. áṣmahanma-bhiḥ tápuḥ-vadhebhiḥ. ni-svarám. 6 kakshyā̀ áṣvā-iva. pari-hinómi medháyā imā́. nṛipátīveti nṛipátī-iva. 7 bhaṅgurá-vataḥ. duḥ-kṛíte. su-gám. abhi-dā́sati. 8 abhi-cáshṭe. sám-gṛibhītāḥ. ásataḥ. 9 pāka-ṣaṅsám vi-hárante. pra-dádātu. níḥ-ṛiteḥ upá-sthe. 10 ripúḥ stenáḥ steya-kṛít. sáḥ. 11 devāḥ. 12 su-vijñānám. sát ca ásat. vácasī *iti* paspṛidhāte *iti*.

tád ít sómo 'vati hánty ásat || 12 || ná vá u sómo vṛijinám̐ hinoti ná kshatríyam mithuyá dhāráyantam | hánti ráksho hánty ásad vádantam ubhā́v índrasya prásitau ṣayāte || 13 || yádi vāhám ánṛitadeva ā́sa mógham̐ vā devā́ñ apyūhé agne | kím asmábhyam̐ jātavedo hṛiṇīshe droghavā́cas te nirṛithám̐ sacantām || 14 || adyá murīya yádi yātudhā́no ásmi yádi vā́yus tatápa pū́rushasya | ádhā sá vīraír daṣá-bhir ví yūyā yó mā mógham̐ yā́tudhānéty ā́ha || 15 || 7 ||

yó mā́yātum̐ yā́tudhānéty ā́ha yó vā rakshā́ḥ ṣúcir asmī́ty ā́ha | índras tám̐ hantu mahatā́ vadhéna víṣvasya jantór adhamás padīshṭa || 16 || prá yā́ jígāti khargáleva náktam ápa druhā́ tanvàm̐ gū́hamānā | vavrā́ñ anantā́ñ áva sā́ padīshṭa grā́vāṇo ghnantu rakshása upabdaíḥ || 17 || ví tishṭhadhvam maruto vikshv ìcháta gribhāyáta rakshásaḥ sám pinashṭana | váyo yé bhūtvī́ patáyanti naktábhir yé vā rípo dadhiré devé adhvaré || 18 || prá vartaya divó áṣmā-nam indra sómaṣitam maghavan sám̐ ṣiṣādhi | prā́ktād ápāktād adharā́d údaktād abhí jahi rakshásaḥ párvatena || 19 || etá u tyé patayanti ṣváyātava índram̐ dipsanti dip-sávó 'dābhyam | ṣíṣīte ṣakráḥ píṣunebhyo vadhám̐ nūnám̐ sṛijad aṣánim̐ yātumádbhyaḥ || 20 || 8 ||

índro yātūnā́m abhavat parāṣaró havirmáthīnām abhy ā̀vívāsatām | abhíd u ṣakráḥ paraṣúr yáthā vánam pā́treva bhindán satá eti rakshásaḥ || 21 || úlūkayātum̐ ṣuṣulū́kayā-tum̐ jahí ṣváyātum utá kókayātum | suparṇáyātum utá gṛídhrayātum̐ dṛishádeva prá mṛiṇa ráksha indra || 22 || má

104, 12 ásat (13). 13 vaí. prá-sitau ṣayāte *iti*. 14 vā a° ánṛita-devaḥ. api-ūhé. jāta-vedaḥ. drogha-vā́caḥ. niḥ-ṛithám. 15 adyá. yā́tu-dhānaḥ. vā ā́°. púrushasya ádha. yūyāḥ. yā́tu-dhāna íti (16). 16 mā́ á°. asmi íti. 17 khargálā-iva. 18 vikshú i°. 19 sóma-ṣitam. 20 eté. ṣvá-yātavaḥ. dipsávaḥ á°. 21 parā-ṣaráḥ haviḥ-máthīnām abhí ā-vívāsatām abhí ít. pā́trā-iva. 22 úlūka-yātum ṣuṣulū́ka-yātum. ṣvá-yātum. kóka-yātum suparṇá-yātum. gṛídhra-yātum dṛishádā-iva.

no ráksho abhí naḍ yātumávatām ápochatu mithuná yá kimīdínā | pṛithiví naḥ párthivāt pātv áṅhaso 'ntárikshaṃ divyát pātv asmán || 23 || índra jahí púmāṅsaṃ yātudhánam utá stríyam māyáyā ṣáṣadānām | vígrīvāso múradevā ṛidantu má té dṛiṣan sūryam uccárantam || 24 || práti cakshva ví cakshvéndraṣ ca soma jāgṛitam | rákshobhyo vadhám asyatam aṣániṃ yātumádbhyaḥ || 25 || 9 ||

Shashṭho 'nuvākaḥ.

SAPTAMAM MAṆḌALAM.

104, 23 yātu-mávatām ápa u°. 24 yātu-dhánam. ví-grīvāsaḥ múra-devāḥ. ut-cárantam. 25 cakshva í°.

1.

Má cid anyád ví ṣaṅsata sákhāyo má rishaṇyata | índram ít stotā vṛ́shaṇaṃ sácā suté múhur ukthá ca ṣaṅsata || 1 || avakrakshíṇaṃ vṛishabháṃ yathājúraṃ gā́ṃ ná carshaṇīsáham | vidvéshaṇaṃ saṃvánanobhayaṃkarám máṅhishṭham ubhayāvínam || 2 || yác cid dhí tvā jánā imé nā́nā hávanta ūtáye | asmā́kam bráhmedám indra bhūtu té 'hā víṣvā ca várdhanam || 3 || ví tartūryante maghavan vipaṣcíto 'ryó vípo jánānām | úpa kramasva pururūpam ā́ bhara vā́jaṃ nédishṭham ūtáye || 4 || mahé caná tvā́m adrivaḥ párā ṣulkā́ya deyām | ná sahásrāya nā́yútāya vajrivo ná ṣatā́ya ṣatāmagha || 5 || 10 ||

vásyāṅ indrāsi me pitúr utá bhrā́tur ábhuñjataḥ | mātā́ ca me chadayathaḥ samā́ vaso vasutvanā́ya rā́dhase || 6 || kvèyatha kvéd asi purutrā́ cid dhí te mánaḥ | álarshi yudhma khajakṛit puraṃdara prá gāyatrā́ agāsishuḥ || 7 || prā́smai gāyatrám arcata vāvā́tur yáḥ puraṃdaráḥ | yā́bhiḥ kāṇvásyópa barhír āsádaṃ yā́sad vajrí bhinát púraḥ || 8 || yé te sánti daṣagvínaḥ ṣatíno yé sahasríṇaḥ | áṣvāso yé te vṛ́shaṇo raghudrúvas tébhir nas tū́yam ā́ gahi || 9 || ā́ tv

---

1, 1 stota. 2 ava-krakshíṇam. yathā a°. carshaṇi-sáham vi-dvéshaṇam sam-vánanā ubhayam-karám. 3 yát. hí. hávante. bráhma i°. te áhā. 4 vipaḥ-cítaḥ. puru-rūpam. 5 ná a°. ṣata-magha. 6 indra asi. vaso *iti*. 7 kvà i° kvà ít. hí. khaja-kṛit puram-dara. 8 prá a°. vavā́tuḥ. puram-daráḥ. kāṇvásya úpa. ā-sádam. 9 daṣa-gvínaḥ. raghu-drúvaḥ.

àdyá sabardúghām huvé gāyatrávepasam | índram dhenúm sudúghām ányām ísham urúdhārām aramkrítam || 10 || 11 ||

yát tudát sū́ra étaṣam vaṅkū́ vā́tasya parṇínā | váhat kútsam ārjuneyám ṣatákratuḥ tsárad gandharvám ástritam || 11 || yá rité cid abhiṣríshaḥ purá jatrúbhya ātrídaḥ | sámdhātā samdhím maghávā purūvásur íshkartā víhrutam púnaḥ || 12 || má bhūma níshṭyā ivéndra tvád áraṇā iva | vánāni ná prajahitány adrivo duróshāso amanmahi || 13 || ámanmahíd anāṣávo 'nugrā́sas ca vṛitrahan | sakṛ́t sú te mahatá ṣūra rā́dhasā́nu stómam mudīmahi || 14 || yádi stómam máma ṣrávad asmā́kam índram índavaḥ | tiráḥ pavítram sasṛivā́ṅsa āṣávo mándantu tugryāvṛ́dhaḥ || 15 || 12 ||

á tv àdyá sadhástutim vāvā́tuḥ sákhyur á gahi | úpastutir maghónām prá tvāvatv ádhā te vaṣmi sushṭutím || 16 || sótā hí sómam ádribhir ém enam apsú dhāvata | gavyá vástreva vāsáyanta ín náro nír dhukshan vakshánābhyaḥ || 17 || ádha jmó ádha vā divó bṛiható rocanā́d ádhi | ayá vardhasva tanvā̀ girá mámā jātá sukrato pṛiṇa || 18 || índrāya sú madíntamam sómam sotā váreṇyam | ṣakrá eṇam pīpayad víṣvayā dhiyá hinvānám ná vājayúm || 19 || má tvā sómasya gáldayā sádā yā́cann ahám girá | bhū́rṇim mṛigám ná sávaneshu cukrudham ká íṣānam ná yācishat || 20 || 13 ||

mádeneshitám mádam ugrám ugréṇa ṣávasā | víṣveshām tarutā́ram madacyútam máde hí shmā dádāti naḥ || 21 || ṣévāre vā́ryā purú devó mártāya dāṣúshe | sá sunvaté ca

1, 10 tú a⁰ sabaḥ-dúghām. gāyatrá-vepasam. su-dúghām. urú-dhārām aram-kṛitam. 11 vaṅkū́ *iti*. ṣatá-kratuḥ. 12 abhi-ṣríshaḥ. ā-trídaḥ sám-dhātā sam-dhím. puru-vásuḥ. ví-hrutam púnar *iti*. 13 níshṭyāḥ-iva í⁰. pra-jahitā́ni. 14 ámanmahi ít. vṛitra-han. rā́dhasā ánu. 15 tugrya-vṛídhaḥ. 16 á. t. à. 10. sadhá-stutim vavā́tuḥ. úpa-stutiḥ. tvā a⁰ ádha. su-stutím. 17 sóta. á īm. vástrā-iva. ít. 18 máma á. sukrato *iti* su-krato. 19 sota. enam. 21 mádena i⁰. mada-cyútam. sma.

stuvaté ca rāsate viṣvágūrto arishṭutáḥ || 22 || éndra yāhi mátsva citréṇa deva rā́dhasā | sáro ná prāsy udáram sápītibhir ā́ sómebhir urú sphirám || 23 || ā́ tvā sahásram ā́ ṣatám yuktā́ ráthe hiraṇyáye | brahmayújo háraya indra keṣíno váhantu sómapītaye || 24 || ā́ tvā ráthe hiraṇyáye hárī mayū́raṣepyā | ṣitipṛishṭhā́ vahatām mádhvo ándhaso vivákshaṇasya pītáye || 25 || 14 ||

píbā tv àsyá girvaṇaḥ sutásya pūrvapā́ iva | párishkṛitasya rasína iyám āsutíṣ cā́rur mádāya patyate || 26 || yá éko ásti daṅsánā mahā́ṅ ugró abhí vrataíḥ | gámat sá ṣiprī́ ná sá yoshad ā́ gamad dhávam ná pári varjati || 27 || tvám púram carishṇvàm vadhaíḥ ṣúshṇasya sám piṇak | tvám bhā́ ánu caro ádha dvitā́ yád indra hávyo bhúvaḥ || 28 || máma tvā sū́ra údite máma madhyáṃdine diváḥ | máma prapitvé apiṣarvaré vasav ā́ stómāso avṛitsata || 29 || stuhí stuhī́d eté ghā te máṅhishṭhāso maghónām | ninditā́ṣvaḥ prapathī́ paramajyā́ maghásya medhyātithe || 30 || 15 ||

ā́ yád áṣvān vánanvataḥ ṣraddháyāhám ráthe ruhám | utá vāmásya vásunaṣ ciketati yó ásti yā́dvaḥ paṣúḥ || 31 || yá ṛijrā́ máhyam māmahé sahá tvacā́ hiraṇyáyā | eshá víṣvāny abhy àstu saúbhagāsaṅgásya svanádrathaḥ || 32 || ádha plā́yogir áti dāsad anyā́n āsaṅgó agne daṣábhiḥ sahásraiḥ | ádhokshāṇo dáṣa máhyam rúṣanto naḷā́ iva sáraso nír atishṭhan || 33 || ánv asya sthūrám dadṛiṣe purástād anasthá ūrúr avarámbamāṇaḥ | ṣáṣvatī nā́ry abhicákshyāha súbhadram arya bhójanam bibharshi || 34 || 16 ||

1, 22 viṣvá-gūrtaḥ ari-stutáḥ. 23 ā́ iº. sápīti-bhiḥ. 24 yuktā́ḥ. brahma-yújaḥ. sóma-pītaye. 25 hárī *iti* mayū́ra-ṣepyā ṣiti-pṛishṭhā̀. 26 píba tú aº. pūrvapā́ḥ-iva pári-kṛitasya. ā-sutíḥ. 27 hávam. 29 sū́re út-ite. pra-pitvé api-ṣarvaré vaso *iti*. 30 stuhí ít. gha. ninditá-aṣvaḥ pra-pathī́ parama-jyā́ḥ. medhya-atithe. 31 ṣraddháyā aº. 32 mamahé. abhí aº saúbhagā ā-saṅgásya svanát-rathaḥ. 33 ā-saṅgáḥ. ádha uº. 34 ava-rámbamāṇaḥ. nā́rī abhi-cákshya āha sú-bhadram.

2.

Idám vaso sutám ándhaḥ píbā súpūrṇam udáram | ánābhayin rarimā́ te || 1 || nṛíbhir dhūtáḥ sutó ásṇair ávyo vā́raiḥ páripūtaḥ | áṣvo ná niktó nadíshu || 2 || táṃ te yávaṃ yáthā góbhiḥ svādúm akarma ṣrīṇántaḥ | índra tvāsmín sadhamā́de || 3 || índra ít somapā́ éka índraḥ sutapā́ viṣvā́yuḥ | antár devā́n mártyāṅṣ ca || 4 || ná yáṃ ṣukró ná dúrāṣīr ná tṛiprā́ uruvyácasam | apaspṛiṇvaté suhā́rdam || 5 || 17 ||

góbhir yád īm anyé asmán mṛigáṃ ná vrā́ mṛigáyante | abhitsáranti dhenúbhiḥ || 6 || tráya índrasya sómāḥ sutā́saḥ santu devásya | své kssháye sutapā́vnaḥ || 7 || tráyaḥ kóṣāsa ṣcotanti tisráṣ camvàḥ súpūrṇāḥ | samāné ádhi bhā́rman || 8 || ṣúcir asi purunishṭhā́ḥ kshīraír madhyatá ā́ṣīrtaḥ | dadhnā́ mándishṭhaḥ ṣū́rasya || 9 || imé ta indra sómās tīvrā́ asmé sutā́saḥ | ṣukrā́ āṣíraṃ yācante || 10 || 18 ||

tā́ñ āṣíram puroḷā́ṣam índremáṃ sómaṃ ṣrīṇīhi | revántaṃ hí tvā ṣriṇómi || 11 || hṛitsú pītáso yudhyante durmádāso ná súrāyām | ū́dhar ná nagnā́ jarante || 12 || revā́ñ íd revátа stotā́ syā́t tvā́vato maghónaḥ | préd u harivaḥ ṣrutásya || 13 || ukthám caná ṣasyámānam ágor arír ā́ ciketa | ná gāyatráṃ gīyámānam || 14 || mā́ na indra pīyatnáve mā́ ṣárdhate párā dāḥ | ṣíkshā ṣacīvaḥ ṣácībhiḥ || 15 || 19 ||

vayám u tvā tadídarthā índra tvāyántaḥ sákhāyaḥ | káṇvā ukthébhir jarante || 16 || ná ghem anyád ā́ papana vájrinn apáso návishṭau | távéd u stómaṃ ciketa || 17 ||

2, 1 vaso *iti*. píba sú-pūrṇam. rarimá. 2 pári-pūtaḥ. 3 tvā a° sadha-mā́de. 4 soma-pā́ḥ. suta-pā́ḥ viṣvá-āyuḥ. 5 dúḥ-āṣīḥ. uru-vyácasam apa-spṛiṇvaté su-hā́rdam. 6 asmát. vrā́ḥ. abhi-tsáranti. 7 suta-pā́vnaḥ. 8 kóṣāsaḥ. sú-pūrṇāḥ. 9 puruniḥ-sthā́ḥ. ā́-ṣīrtaḥ. 10 te. asmé *iti*. ā-ṣíram (11). 11 índra i°. 12 duḥ-mádāsaḥ. ū́dhaḥ. nagnā́ḥ. 13 revátaḥ. prá ít. 15 ṣíksha. 16 v. u. t. VI, 15, 19. tadít-arthāḥ. 17 gha īm. táva ít.

ichánti deváḥ sunvántaṃ ná svápnāya spṛihayanti | yánti pramádam átandrāḥ || 18 || ó shú prá yāhi vājebhir má hṛiṇīthā abhy àsmán | maháñ iva yúvajāniḥ || 19 || mó shv àdyá durháṇāvān sāyáṃ karad āré asmát | aṣrīrá iva jámātā || 20 || 20 ||

vidmá hy àsya vīrásya bhūridávarīṃ sumatím | trishú jātásya mánāṅsi || 21 || á tū́ shiñca káṇvamantaṃ ná ghā vidma ṣavasānát | yaṣástaraṃ ṣatámūteḥ || 22 || jyéshṭhena sotar índrāya sómaṃ vīrāya ṣakrāya | bhárā píban náryāya || 23 || yó védishṭho avyathíshv áṣvāvantaṃ jaritṛíbhyaḥ | vājaṃ stotṛíbhyo gómantam || 24 || pányam-panyam ít sotāra á dhāvata mádyāya | sómaṃ vīrāya ṣūrāya || 25 || 21 ||

pátā vṛitrahá sutám á ghā gaman nāré asmát | ní yamate ṣatámūtiḥ || 26 || éhá hárī brahmayújā ṣagmá vakshataḥ sákhāyam | gīrbhíḥ ṣrutáṃ gírvaṇasam || 27 || svādávaḥ sómā á yāhi ṣrītáḥ sómā á yāhi | ṣíprinn ṛíshīvaḥ ṣácīvo náyám áchā sadhamádam || 28 || stútaṣ ca yās tvā várdhanti mahé rádhase nṛimṇáya | índra kāríṇaṃ vṛidhántaḥ || 29 || gíraṣ ca yás te girvāha ukthá ca túbhyaṃ táni | satrá dadhiré ṣávāṅsi || 30 || 22 ||

evéd eshá tuvikūrmír vājāñ éko vájrahastaḥ | sanád ámṛikto dayate || 31 || hántā vṛitráṃ dákshiṇenéndraḥ purú puruhūtáḥ | mahán mahíbhiḥ ṣácībhiḥ || 32 || yásmin víṣvāṣ carshaṇáya utá cyautná jráyāṅsi ca | ánu ghén mandí maghónaḥ || 33 || eshá etáni cakāréndro víṣvā yó 'ti ṣṛiṇvé | vājadávā maghónām || 34 || prábhartā ráthaṃ gavyántam apākác cid yám ávati | inó vásu sá hí vóḷhā || 35 || 23 ||

2, 18 pra-mádam. 19 ó *iti* sú. abhí a°. yúva-jāniḥ. 20 mó *iti* sú a° duḥ-hánāvān. 21 vidmá hí a°. bhūri-dávarīm su-matím. 22 tú siñca. gha. ṣatám-ūteḥ. 23 bhára píbat. 24 áṣva-vantam. 26 vṛitra-há. gha gamat ná a°. ṣatám-ūtiḥ. 27 á ihá hárī *iti* brahma-yújā. 28 ṛíshi-vaḥ. ná a° ácha sadha-mádam. 31 evá ít. tuvi-kūrmíḥ. vájra-hastaḥ. 32 dákshiṇena í° purú puru-hūtáḥ. 33 ghá ít. 34 cakāra í°. áti. vāja-dávā. 35 prá-bhartā. apākát.

sánitā vípro árvadbhir hántā vṛitrám nṛíbhiḥ ṣū́raḥ | satyò 'vitá vidhántam || 36 || yájadhvainam priyamedhā índram satrā́cā mánasā | yó bhū́t sómaiḥ satyámadvā || 37 || gāthá-ṣravasam sátpatim ṣrávaskāmam purutmánam | káṇvāso gātá vājínam || 38 || yá ṛité cid gā́s padébhyo dā́t sákhā nṛíbhyaḥ ṣácīvān | yé asmin kā́mam áṣriyan || 39 || itthā́ dhívantam adrivaḥ kāṇvám médhyātithim | meshó bhūtò 'bhí yánn áyaḥ || 40 || ṣíkshā vibhindo asmai catvā́ry ayútā dádat | ashṭá paráḥ sahásrā || 41 || utá sú tyé payovṛídhā mākí ráṇasya naptyā̀ | janitvanā́ya māmahe || 42 || 24 ||

3.

Píbā sutásya rasíno mátsvā na indra gómataḥ | āpír no bodhi sadhamádyo vṛidhè 'smā́ñ avantu te dhíyaḥ || 1 || bhūyā́ma te sumataú vājíno vayám mā́ na star abhímātaye | asmā́ñ citrā́bhir avatād abhíshṭibhir ā́ naḥ sumnéshu yāmaya || 2 || imā́ u tvā purūvaso gíro vardhantu yā́ máma | pāvakávarṇāḥ ṣúcayo vipaṣcíto 'bhí stómair anūshata || 3 || ayám sahásram ṛíshibhiḥ sáhaskṛitaḥ samudrá iva paprathe | satyáḥ só asya mahimā́ gṛiṇe ṣávo yajñéshu viprarā́jye || 4 || índram íd devátātaya índram prayaty àdhvaré | índram samīké vaníno havāmaha índram dhánasya sātáye || 5 || 25 ||

índro mahnā́ ródasī paprathac cháva índraḥ sū́ryam arocayat | índre ha víṣvā bhúvanāni yèmira índre suvānā́sa

---

2, 36 satyáḥ a⁰. 37 yájadhva e⁰ priya-medhāḥ. satyá-madvā. 38 gāthá-ṣravasam sát-patim ṣrávaḥ-kāmam puru-tmā́nam. 40 médhya-atithim. bhūtáḥ a⁰. 41 ṣíksha vibhindo *iti* vi-bhindo. ashṭá. 42 tyé *iti* payaḥ-vṛídhā mākí *iti*. mamahe. — 3, 1 píba. mátsva. sadha-mā́dyaḥ vṛidhé a⁰. 2 su-mataú. naḥ. abhí-mātaye. yamaya. 3 purúvaso *iti* puru-vaso. yā́ḥ. pāvaká-varṇāḥ. vipaḥ-cítaḥ. 4 sáhaḥ-kṛitaḥ. vipra-rā́jye. 5 devá-tātayo. pra-yatí a⁰. sam-īké. havāmahe. 6 ródasī *iti* paprathat ṣ⁰. yemire.

índavaḥ || 6 || abhí tvā pūrvápītaya índra stómebhir āyávaḥ | samīcīnā́sa ṛibhávaḥ sám asvaran rudrā́ gṛiṇanta pū́rvyam || 7 || asyéd índro vāvṛidhe vṛ́ishṇyaṃ ṡávo máde sutásya víshṇavi | adyā́ tám asya mahimā́nam āyávó 'nu shṭuvanti pūrváthā || 8 || tát tvā yāmi suvī́ryaṃ tád bráhma pūrvácittaye | yénā yátibhyo bhṛ́igave dháne hité yéna práskaṇvam ā́vitha || 9 || yénā samudrám ásṛijo mahī́r apás tád indra vṛ́ishṇi te ṡávaḥ | sadyáḥ só asya mahimā́ ná saṃnáṡe yáṃ kshoṇī́r anucakradé || 10 || 26 ||

ṡagdhí na indra yát tvā rayíṃ yā́mi suvī́ryam | ṡagdhí vā́jāya prathamáṃ síshāsate ṡagdhí stómāya pūrvya || 11 || ṡagdhí no asyá yád dha paurám ā́vitha dhíya indra síshāsataḥ | ṡagdhí yáthā rúṡamaṃ ṡyā́vakaṃ kṛ́ipam índra prā́vaḥ svàrṇaram || 12 || kán návyo atasī́nāṃ turó gṛiṇīta mártyaḥ | nahī́ nv àsya mahimā́nam indriyáṃ svàr gṛiṇánta ānaṡúḥ || 13 || kád u stuvánta ṛitayanta deváta ṛ́ishiḥ kó vípra ohate | kadā́ hávam maghavann indra sunvatáḥ kád u stuvatá ā́ gamaḥ || 14 || úd u tyé mádhumattamā gíra stómāsa īrate | satrājíto dhanasā́ ákshitotayo vājayánto ráthā iva || 15 || 27 ||

kā́ṇvā iva bhṛ́igavaḥ sū́ryā iva víṡvam íd dhītám ānaṡuḥ | índraṃ stómebhir mahávanta āyávaḥ priyámedhāso asvaran || 16 || yukshvā́ hí vṛitrahantama hárī indra parāvátaḥ | arvācīnó maghavan sómapītaya ugrá ṛishvébhir ā́ gahi || 17 || imé hí te kārávo vāvaṡúr dhiyā́ víprāso medhásātaye | sá tvám no maghavann indra girvaṇo venó ná

3, 7 a. t. p. 19, 9. sam-īcīnā́saḥ. rudrā́ḥ. 8 asyá ít. vavṛidhe. adyá. āyávaḥ ánu stuvanti. 9 su-vī́ryam (11). pūrvá-cittaye yéna. 10 yéna. sam-náṡe. anu-cakradé. 11 ṡagdhí. sísāsate. 12 ṡagdhí. ha. sísāsataḥ. prá ā́° svàḥ-naram. 13 kát. nahí nú a°. 14 devátā. 15 mádhumat-tamāḥ gíraḥ. satrā-jítaḥ dhana-sā́ḥ ákshita-ūtayaḥ. 16 priyá-medhāsaḥ. 17 yukshvá. vṛitrahan-tama hárī *iti*. sóma-pītaye. 18 medhá-sātaye.

sriṇudhī hávam || 18 || nír indra bṛihatī́bhyo vṛitrám̐ dhánubhyo asphuraḥ | nír árbudasya mṛígayasya māyíno níḥ párvatasya gā́ ājaḥ || 19 || nír agnáyo rurucur nír u sū́ryo níḥ sóma indriyó rásaḥ | nír antárikshād adhamo mahā́m áhim̐ krishé tád indra paúṅsyam || 20 || 28 ||

yám me dúr índro marútaḥ pā́kasthāmā kaúrayāṇaḥ | víṣveshām̐ tmánā ṣóbhishṭham úpeva diví dhā́vamānam || 21 || róhitam me pā́kasthāmā sudhúram̐ kakshyaprā́m | ádād rāyó vibódhanam || 22 || yásmā anyé dáṣa práti dhúram̐ váhanti váhnayaḥ | ástam̐ váyo ná túgryam || 23 || ātmā́ pitús tanū́r vā́sa ojodā́ abhyáñjanam | turíyam íd róhitasya pā́kasthāmānam bhojám̐ dātā́ram abravam || 24 || 29 ||

4.

Yád indra prā́g ápāg údaṅ nyàg vā hūyáse nṛíbhiḥ | símā purū́ nṛíshūto asy ā́navé 'si praṣardha turváṣe || 1 || yád vā rúme rúṣame ṣyā́vake kṛípa índra mādáyase sácā | káṇvāsas tvā bráhmabhi stómavāhasa índrā́ yachanty ā́ gahi || 2 || yáthā gauró apā́ kṛitám̐ tṛíshyann éty ávériṇam | āpitvé naḥ prapitvé tū́yam ā́ gahi káṇveshu sú sácā píba || 3 || mándantu tvā maghavann indréndavo rādhodéyāya sunvaté | āmúshyā sómam apibaṣ camū́ sutám̐ jyéshṭham̐ tád dadhishe sáhaḥ || 4 || prá cakre sáhasā sáho babháñja manyúm ójasā | víṣve ta indra pṛitanāyávo yaho ní vṛikshā́ iva yemire || 5 || 30 ||

sahásreṇeva sacate yavīyúdhā yás ta ā́naḷ úpastutim

3, 18 ṣriṇudhi. 21 pāka-sthāmā (22). úpa-iva. 22 su-dhúram kakshya-prām. vi-bódhanam. 23 yásmai. 24 ojaḥ-dā́ḥ abhi-áñjanam. pā́ka-sthāmānam. — 4, 1 údak. síma purú nṛí-sutaḥ ā́nave ási pra-ṣardha. 2 kṛípe. bráhma-bhiḥ stóma-vāhasaḥ índra ā́. 3 áva í° ā-pitvé. pra-pitvé. 4 índra í° rādhaḥ-déyāya. ā-múshya. camū́ *iti*. 5 te. yaho *iti*. 6 sahásreṇa-iva. yavi-yúdhā. te. úpa-stutim.

putrám prāvargám̱ kriṇute suvī́rye dāṣnóti námaüktibhiḥ || 6 || mā́ bhema mā́ ṣramishmográsya sakhyé táva | mahát te vrí̱shṇo abhicákshyam̱ kritám páṣyema turvásam̱ yádum || 7 || savyā́m ánu sphigyàm̱ vāvase vrí̱shā ná dānó asya roshati | mádhvā sámpriktāḥ sāraghéṇa dhenávas tū́yam éhi drávā píba || 8 || aṣvī́ rathī́ surūpá íd gómāñ íd indra te sákhā | ṣvātrabhā́jā váyasā sacate sádā candró yāti sabhā́m úpa || 9 || rí̱ṣyo ná tríshyann avapā́nam ā́ gahi píbā sómam̱ váṣāñ ánu | niméghamāno maghavan divé-diva ójishṭham̱ dadhishe sáhaḥ || 10 || 31 ||

ádhvaryo drāváyā tvám̱ sómam índraḥ pipāsati | úpa nūnám̱ yuyuje vrí̱shaṇā hárī ā́ ca jagāma vritrahā́ || 11 || svayám̱ cit sá manyate dā́ṣurir jáno yátrā sómasya trimpási | idám̱ te ánnam̱ yújyam̱ sámukshitam̱ tásyéhi prá dravā píba || 12 || ratheshṭhā́yādhvaryavaḥ sómam índrāya sotana | ádhi bradhnásyádrayo ví cakshate sunvánto dāṣvàdhvaram || 13 || úpa bradhnám̱ vāvā́tā vrí̱shaṇā hárī índram apásu vakshataḥ | arvā́ñcam̱ tvā sáptayo 'dhvaraṣríyo váhantu sávanéd úpa || 14 || prá pūsháṇam̱ vriṇīmahe yújyāya purūvásum | sá ṣakra ṣiksha puruhūta no dhiyā́ túje rāyé vimocana || 15 || 32 ||

sám̱ naḥ ṣiṣīhi bhuríjor iva kshurám̱ rā́sva rāyó vimocana | tvé tán naḥ suvédam usríyam̱ vásu yám̱ tvám̱ hinóshi mártyam || 16 || vémi tvā pūshann riñjáse vémi stótava āghriṇe | ná tásya vemy áraṇam̱ hí tád vaso stushé pajrā́ya sā́mne || 17 || párā gā́vo yávasam̱ kác cid āghriṇe

---

4, 6 su-vī́rye. námaükti-bhiḥ. 7 ṣramishma u⁰. abhi-cákshyam. 8 vavase. sám-priktāḥ. ā́ ihi dráva. 9 su-rupáḥ. ṣvātra-bhā́jā. 10 ava-pā́nam. píba. ni-méghamānaḥ. divé-dive. 11 adhvaryo *iti* draváya. hárī *iti* (14). vritra-hā́. 12 yátra. sám-ukshitam tásya ā́ ihi. drava. 13 rathe-sthā́ya a⁰. bradhnásya á⁰. dāṣú -adhvaram. 14 vavā́tā. apá-su. sáptayo — úpa 47, 8. 15 puru -vásum. puru-hūta. vi-mocana (16). 16 tvé *iti* tát. su-védam. 17 stótave. vaso *iti*. 18 kát.

nítyaṃ rékṇo amartya | ásmākam pūshann avitā́ ṣivó bhava máṅhishṭho vā́jasātaye || 18 || sthūrā́ṃ rā́dhaḥ ṣatā́ṣvaṃ kuruṅgásya dívishṭishu | rā́jñas tveshásya subhágasya rātíshu turvā́ṣeshv amanmahi || 19 || dhībhíḥ sātā́ni kāṇvásya vājínaḥ priyámedhair abhídyubhiḥ | shashṭíṃ sahásrā́nu nírmajām aje nír yūthā́ni gávām ṛíshiḥ || 20 || vṛikshā́ṣ cin me abhipitvé arāraṇuḥ | gā́m bhajanta mehánā́ṣvam bhajanta mehánā || 21 || 35 ||

Saptamo 'dhyāyaḥ.

5.

Dūrā́d ihéva yát saty àruṇápsur ā́ṣiṣvitat | ví bhānúṃ viṣvā́dhātanat || 1 || nṛivā́d dasrā manoyújā ráthena pṛithupā́jasā | sácethe aṣvinoshā́sam || 2 || yuvā́bhyāṃ vājinīvasū práti stómā adṛikshata | vā́caṃ dūtó yáthohishe || 3 || purupriyā́ ṇa ūtáye purumandrā́ purūvásū | stushé kā́ṇvāso aṣvínā || 4 || máṅhishṭhā vājasā́tameshā́yantā ṣubhás pátī | gántārā dāṣúsho gṛihám || 5 || 1 ||

tā́ sudevā́ya dāṣúshe sumedhā́m ávitāriṇīm | ghṛitaír gávyūtim ukshatam || 6 || ā́ na stómam úpa dravā́t tū́yaṃ ṣyenébhir āṣúbhiḥ | yātám ā́ṣvebhir aṣvinā || 7 || yébhis tisráḥ parāváto divó víṣvāni rocanā́ | trī́ṅr aktū́n paridī́yathaḥ || 8 || utá no gómatīr ísha utá sātír aharvidā | ví patháḥ sātáye sitam || 9 || ā́ no gómantam aṣvinā suvíraṃ suráthaṃ rayím | voḷhám ā́ṣvāvatīr íshaḥ || 10 || 2 ||

vāvṛidhānā́ ṣubhas patī dásrā híraṇyavartanī | píbataṃ

4, 18 vā́ja-sātaye. 19 ṣatá-aṣvam. su-bhágasya. 20 priyá-medhaiḥ abhídyu-bhiḥ. sahásrā ánu níḥ-majām. 21 cit. abhi-pitvé araraṇuḥ. mehánā á°. — 5, 1 ihá-iva. satí aruṇá-psuḥ. viṣvádhā a°. 2 manaḥ-yújā. pṛithu-pājasā sácethe *iti* aṣvinā u°. 3 vājinīvasū *iti* vājinī-vasū. yáthā ohishe. 4 puru-priyā́ naḥ. puru-mandrā́ puruvásū *iti* puru-vásū. 5 vāja-sā́tamā i°. pátī *iti*. 6 su-devā́ya. su-medhā́m ávi-tāriṇīm. 7 naḥ. 8 pari-dī́yathaḥ. 9 ahaḥ-vidā. 10 su-víram su-rátham. ā́ṣva-vatīḥ. 11 vavṛidhānā́. patī *iti*. híraṇyavartanī *iti* híraṇya-vartanī.

somyám mádhu || 11 || asmábhyaṃ vājinīvasū maghávadbhyaṣ ca sapráthaḥ | chardír yantam ádābhyam || 12 || ní shú bráhma jánānāṃ yávishṭaṃ túyam á gatam | mó shv ànyáñ úpāratam || 13 || asyá pibatam aṣvinā yuvám mádasya cáruṇaḥ | mádhvo rātásya dhishṇyā || 14 || asmé á vahataṃ rayíṃ ṣatávantaṃ sahasríṇam | purukshúṃ viṣvádhāyasam || 15 || 3 ||

purutrá cid dhí vāṃ narā vihváyante manīshíṇaḥ | vāghádbhir aṣviná gatam || 16 || jánāso vṛiktábarhisho havíshmanto araṃkṛítaḥ | yuváṃ havante aṣvinā || 17 || asmákam adyá vām ayáṃ stómo váhishṭho ántamaḥ | yuvábhyām bhūtv aṣvinā || 18 || yó ha vām mádhuno dṛítir áhito rathacárshaṇe | tátaḥ pibatam aṣvinā || 19 || téna no vājinīvasū páṣve tokáya ṣáṃ gáve | váhatam pívarīr íshaḥ || 20 || 4 ||

utá no divyá ísha utá síndhūñr aharvidā | ápa dváreva varshathaḥ || 21 || kadá vāṃ taugryó vidhat samudré jahitó narā | yád vāṃ rátho víbhish pátāt || 22 || yuváṃ káṇvāya nāsatyápiriptāya harmyé | ṣáṣvad ūtír daṣasyathaḥ || 23 || tábhir á yātam ūtíbhir návyasībhiḥ suṣastíbhiḥ | yád vāṃ vṛishaṇvasū huvé || 24 || yáthā cit káṇvam ávatam priyámedham upastutám | átriṃ ṣiñjáram aṣvinā || 25 || 5 ||

yáthotá kṛítvye dháne 'ṅṣúṃ góshv agástyam | yáthā vájeshu sóbharim || 26 || etávad vāṃ vṛishaṇvasū áto vā bhúyo aṣvinā | gṛiṇántaḥ sumnám īmahe || 27 || rátham híraṇyavandhuraṃ híraṇyābhīṣum aṣvinā | á hí sthátho diviṣpṛíṣam || 28 || hiraṇyáyī vāṃ rábhir īshá áksho hiraṇyá-

---

5, 12 vājinīvasū *iti* vājinī-vasū (20). sa-práthaḥ. 13 sú yá á°. mó *iti* sú a° úpa a°. 15 asmé *iti*. puru-kshúm viṣvá-dhāyasam. 16 hí. vi-hváyante. aṣvinā á. 17 vṛiktá-barhishaḥ. aram-kṛítaḥ. 19 á-hitaḥ ratha-cárshaṇe. 21 ahaḥ-vidā. dvárā-iva. yád — pátāt 46, 3. 23 nāsatyā ápi-riptāya. 24 suṣastí-bhiḥ. vṛishaṇvasū *iti* vṛishaṇ-vasū (27. 36). 25 priyá-medham upa-stutám. 26 yáthā utá. 28 híraṇya-vandhuram híraṇya-abhīṣum. divi-spṛíṣam. 29 īshá.

yaḥ | ubhā́ cakrā́ hiraṇyáyā || 29 || téna no vājinīvasū parāvátaṣ cid ā́ gatam | úpemā́ṃ sushṭutím máma || 30 || 6 ||

ā́ vahethe parākā́t pūrvír aṣnántāv aṣvinā | ísho dā́sīr amartyā || 31 || ā́ no dyumnaír ā́ ṣrávobhir ā́ rāyā́ yātam aṣvinā | púruṣcandrā nā́satyā || 32 || éhá vām prushitápsavo váyo vahantu parṇínaḥ | ácha svadhvarā́ṃ jánam || 33 || ráthaṃ vām ánugāyasaṃ yá ishā́ vártate sahá | ná cakrám abhí bādhate || 34 || hiraṇyáyena ráthena dravátpāṇibhir áṣvaiḥ | dhī́javanā nā́satyā || 35 || 7 ||

yuvám mṛigā́ṃ jāgṛivā́ṅsaṃ svádatho vā vṛishaṇvasū | tā́ naḥ pṛiñktam ishā́ rayím || 36 || tā́ me aṣvinā sanīnā́ṃ vidyā́taṃ návānām | yáthā cic caidyáḥ kaṣúḥ ṣatám úshṭrāṇāṃ dádat sahásrā dáṣa gónām || 37 || yó me híraṇyasaṃdṛiṣo dáṣa rā́jño ámaṅhata | adhaspadā́ íc caidyásya kṛishṭáyaṣ carmamnā́ abhíto jánāḥ || 38 || mā́kir enā́ pathā́ gād yénemé yánti cedáyaḥ | anyó nét sūrír óhate bhūridā́vattaro jánaḥ || 39 || 8 ||

Prathamo 'nuvākaḥ.

6.

Mahā́ṅ índro yá ójasā parjányo vṛishṭimā́ṅ iva | stómair vatsásya vāvṛidhe || 1 || prajā́m ṛitásya pípratah prá yád bháranta váhnayaḥ | víprā ṛitásya vā́hasā || 2 || káṇvā índraṃ yád ákrata stómair yajñásya sā́dhanam | jāmí bruvata ā́yudham || 3 || sám asya manyáve víṣo víṣvā namanta kṛishṭáyaḥ | samudrā́yeva síndhavaḥ || 4 || ójas tád asya titvisha ubhé yád samávartayat | índraṣ cármeva ródasī || 5 || 9 ||

ví cid vṛitrásya dódhato vájreṇa ṣatáparvaṇā | ṣíro bi-

5, 30 t. n. v. 20. upá i° su-stutím. 31 vahethe *iti*. 32 púru-candrā. 33 ā́ ihá. prushitá-psavaḥ. ácha su-adhvarám. 34 ánu-gāyasam. 35 dravátpāṇi-bhiḥ. dhī́-javanā. 37 cit. 38 híraṇya-saṃdṛiṣaḥ. adhaḥ-padā́ḥ ít. carma-mnā́ḥ. 39 yéna imé. ná ít. bhūridā́vat-taraḥ. — 6, 1 vavṛidhe. 2 pra-jā́m. 3 bruvate. 4 víṣvāḥ. samudrā́ya-iva. 5 titvishe ubhé *iti*. sam-ávartayat. cárma-iva ródasī *iti*. 6 ṣatá-parvaṇā.

bheda vṛishṇínā || 6 || imā́ abhí prá ṇonumo vipā́m ágreshu dhītáyaḥ | agnéḥ ṣocír ná didyútaḥ || 7 || gúhā satír úpa tmánā prá yác chócanta dhītáyaḥ | káṇvā ṛitásya dhárayā || 8 || prá tám indra naṣīmahi rayím gómantam aṣvínam | prá bráhma pūrvácittaye || 9 || ahám íd dhí pitúsh pári medhā́m ṛitásya jagrábha | ahám sū́rya ivājani || 10 || 10 ||

ahám pratnéna mánmanā gíraḥ ṣumbhāmi kaṇvavát | yénéndraḥ ṣúshmam íd dadhé || 11 || yé tvā́m indra ná tushṭuvúr ṛíshayo yé ca tushṭuvúḥ | māméd vardhasva súshṭutaḥ || 12 || yád asya manyúr ádhvanīd ví vṛitrám parvaṣó ruján | apáḥ samudrám aírayat || 13 || ní ṣúshṇa indra dharṇasím vájram jaghantha dásyavi | vṛíshā hy ùgra ṣriṇvishé || 14 || ná dyā́va índram ójasā nā́ntárikshāṇi vajríṇam | ná vivyacanta bhū́mayaḥ || 15 || 11 ||

yás ta indra mahír apá stabhūyámāna ā́ṣayat | ní tám pádyāsu ṣiṣnathaḥ || 16 || yá imé ródasī mahí samīcí samájagrabhīt | támobhir indra tám guhaḥ || 17 || yá indra yátayas tvā bhṛígavo yé ca tushṭuvúḥ | māméd ugra ṣrudhī hávam || 18 || imā́s ta indra pṛíṣnayo ghṛitám duhata āṣíram | enā́m ṛitásya pipyúshīḥ || 19 || yā́ indra prasvàs tvāsā́ gárbham ácakriran | pári dhármeva sū́ryam || 20 || 12 ||

tvā́m íc chavasas pate káṇvā ukthéna vāvṛidhuḥ | tvā́m sutā́sa índavaḥ || 21 || távéd indra práṇītishūtá práṣastir adrivaḥ | yajñó vitantasā́yyaḥ || 22 || ā́ na indra mahím ísham púram ná darshi gómatīm || utá prajā́m suvíryam || 23 || utá tyád āṣváṣvyam yád indra náhushīshv ā́ | ágre

---

6, 7 nonumaḥ. 8 yát ṣ°. 9 purvá-cittaye. 10 hí pitúḥ. sū́ryaḥ-iva a°. 11 yéna i°. 12 tustuvúḥ (2). máma ít. sú-stutaḥ. 14 ṣúshṇe. hí u°. 15 ná a°. 16 te. apáḥ stabhu-yámānaḥ ā́ á°. 17 imé *iti* ródasī *iti* mahí *iti* samīcí *iti* sam-īcí sam-ájagrabhīt. 18 yé. tustuvúḥ máma ít. ṣrudhi. 19 te. duhate ā-ṣíram. 20 pra-svàḥ tvā āsā́. dhárma-iva. 21 ít ṣ°. vavṛidhuḥ. 22 táva ít. prá-nītishu utá prá-ṣastiḥ. 23 pra-jā́m su-víryam. 24 āṣu-áṣvyam.

vikshú pradídayat || 24 || abhí vrajáṃ ná tatnishe sū́ra upākácakshasam | yád indra mṛiḷáyāsi naḥ || 25 || 13 ||

yád aṅgá tavishīyása índra prarā́jasi kshitíḥ | mahā́ñ apārá ójasā || 26 || táṃ tvā havíshmatīr víṣa úpa bruvata ūtáye | urujráyasam índubhiḥ || 27 || upahvaré girīṇā́ṃ saṃgathé ca nadī́nām | dhiyā́ vípro ajāyata || 28 || átaḥ samudrám udvátaṣ cikitvā́ñ áva paṣyati | yáto vipāná éjati || 29 || ā́d ít pratnásya rétaso jyótish paṣyanti vāsarám | paró yád idhyáte divā́ || 30 || 14 ||

káṇvāsa indra te matíṃ víṣve vardhanti paúṅsyam | utó ṣavishṭha vṛíshṇyam || 31 || imā́m ma indra sushṭutíṃ jushásva prá sú mā́m ava | utá prá vardhayā matím || 32 || utá brahmaṇyā́ vayáṃ túbhyam pravṛiddha vajrivaḥ | víprā atakshma jīváse || 33 || abhí káṇvā anūshatā́po ná pravátā yatī́ḥ | índraṃ vánanvatī matíḥ || 34 || índram ukthā́ni vāvṛidhuḥ samudrám iva síndhavaḥ | ánuttamanyum ajáram || 35 || 15 ||

ā́ no yāhi parāváto háribhyāṃ haryatā́bhyām | imám indra sutám piba || 36 || tvā́m íd vṛitrahantama jánāso vṛiktábarhishaḥ | hávante vā́jasātaye || 37 || ánu tvā ródasī ubhé cakráṃ ná varty étaṣam | ánu suvānā́sa índavaḥ || 38 || mándasvā sú svàrṇara uténdra ṣaryaṇā́vati | mátsvā vívasvato matī́ || 39 || vāvṛidhāná úpa dyávi vṛíshā vajry àroravīt | vṛitrahā́ somapā́tamaḥ || 40 || 16 ||

ṛíshir hí pūrvajā́ ásy éka ī́ṣāna ójasā | índra coshkūyáse vásu || 41 || asmā́kaṃ tvā sutā́ñ úpa vītápṛishṭhā abhí práyaḥ | ṣatáṃ vahantu hárayaḥ || 42 || imā́ṃ sú pūrvyā́ṃ

6, 24 pra-dī́dayat. 25 upākā́-cakshasam. 26 tavishī-yáse. pra-rā́jasi. 27 bruvate. uru-jráyasam. 28 upa-hvaré. sam-gathé. 30 jyótiḥ. 31 utó *iti*. 32 me. su-stutím. vardhaya. 33 pra-vṛiddha. 34 anūshata ā́°. 35 vavṛidhuḥ. ánutta-manyum. 37 vṛitrahan-tama. vṛiktá-barhishaḥ. vā́ja-sātaye. 38 ródasī *iti* ubhé *iti*. 39 mándasva. svàḥ-nare utá i°. mátsva. 40 vavṛidhānáḥ. vajrí a° vṛitra-hā́ soma-pā́tamaḥ. 41 pūrva-jā́ḥ. 42 vītá-pṛishṭhāḥ.

dhíyam mádhor ghṛitásya pipyúshīm | káṇvā ukthéna vāvṛidhuḥ || 43 || índram íd vímahīnāṁ médhe vṛiṇīta mártyaḥ | índram sanishyúr ūtáye || 44 || arvā́ñcam tvā purushṭuta priyámedhastutā hárī | somapéyāya vakshataḥ || 45 || ṣatám ahám tiríndire sahásram párṣāv ā́ dade | rā́dhāṅsi yā́dvānām || 46 || tríṇi ṣatány árvatām sahásrā dáṣa gónām | dadúsh pajrā́ya sā́mne || 47 || úd ānaṭ kakuhó dívam úshṭrāñ caturyújo dádat | ṣrávasā yā́dvam jánam || 48 || 17 ||

7.

Prá yád vas trishṭúbham ísham máruto vípro áksharat | ví párvateshu rājatha || 1 || yád aṅgá tavishīyavo yā́mam ṣubhrā ácidhvam | ní párvatā ahāsata || 2 || úd īrayanta vāyúbhir vāṣrā́saḥ pṛíṣnimātaraḥ | dhukshánta pipyúshīm ísham || 3 || vápanti marúto míham prá vepayanti párvatān | yád yā́mam yā́nti vāyúbhiḥ || 4 || ní yád yā́māya vo girír ní síndhavo vídharmaṇe | mahé ṣúshmāya yemiré || 5 || 18 ||

yushmā́ṅ u náktam ūtáye yushmā́n dívā havāmahe | yushmā́n prayaty àdhvaré || 6 || úd u tyé aruṇápsavaṣ citrā́ yā́mebhir īrate | vāṣrā́ ádhi shṇúnā diváḥ || 7 || sṛijánti raṣmím ójasā pánthām sū́ryāya yā́tave | té bhānúbhir ví tasthire || 8 || imā́m me maruto gíram imā́m stómam ṛibhukshaṇaḥ | imā́m me vanatā hávam || 9 || tríṇi sárāṅsi pṛíṣnayo duduhré vajríṇe mádhu | útsam kávandham udríṇam || 10 || 19 ||

máruto yád dha vo diváḥ sumnāyánto hávāmahe | ā́ tū́ na úpa gantana || 11 || yūyám hí shṭhā́ sudānavo rúdrā ṛibhukshaṇo dáme | utá prácetaso máde || 12 || ā́ no rayím

6, 43 vavṛidhuḥ. 44 ví-mahīnām. 45 puru-stuta priyámedha-stutā hárī iti soma-péyāya. 47 dadúḥ. 48 catuḥ-yújaḥ. — 7, 1 tri-stúbham. 3 pṛíṣni-mātaraḥ. 5 ví-dharmaṇe. 6 pra-yatí a°. 7 aruṇá-psavaḥ citrā́ḥ. snúnā. 9 vanata. 11 ha. sumna-yántaḥ. tú. 12 y. h. sh. s. 15, 2. prá-cetasaḥ.

madacyútam purukshúṃ viṣvádhāyasam | íyartā maruto diváḥ || 13 || ádhīva yád giríṇāṃ yā́maṃ ṣubhrā ácidhvam | suvānaír mandadhva índubhiḥ || 14 || etā́vataṣ cid eshāṃ sumnám bhiksheta mártyaḥ | ádābhyasya mánmabhiḥ || 15 || 20 ||

yé drapsā́ iva ródasī dhámanty ánu vṛishṭíbhiḥ | útsaṃ duhánto ákshitam || 16 || úd u svānébhir īrata úd ráthair úd u vāyúbhiḥ | út stómaiḥ pṛíṣnimātaraḥ || 17 || yénāvá turváṣaṃ yáduṃ yéna káṇvaṃ dhanaspṛítam | rāyé sú tásya dhīmahi || 18 || imā́ u vaḥ sudānavo ghṛitáṃ ná pipyúshīr íshaḥ | várdhān kāṇvásya mánmabhiḥ || 19 || kvà nūnáṃ sudānavo mádathā vṛiktabarhishaḥ | brahmā́ kó vaḥ saparyati || 20 || 21 ||

nahí shma yád dha vaḥ purā́ stómebhir vṛiktabarhishaḥ | ṣárdhāñ ṛitásya jínvatha || 21 || sám u tyé mahatír apáḥ sáṃ kshoṇí sám u sū́ryam | sáṃ vájram parvaṣó dadhuḥ || 22 || ví vṛitrám parvaṣó yayur ví párvatāñ arājínaḥ | cakrāṇā́ vṛíshṇi paúṅsyam || 23 || ánu tritásya yúdhyataḥ ṣúshmam āvann utá krátum | ánv índraṃ vṛitratū́rye || 24 || vidyúddhastā abhídyavaḥ ṣíprāḥ ṣīrshán hiraṇyáyīḥ | ṣubhrā́ vy àñjata ṣriyé || 25 || 22 ||

uṣánā yát parāváta ukshṇó rándhram áyātana | dyaúr ná cakradad bhiyā́ || 26 || ā́ no makhásya dāváné 'ṣvair híraṇyapāṇibhiḥ | dévāsa úpa gantana || 27 || yád eshām pṛíshatī ráthe práshṭir váhati róhitaḥ | yā́nti ṣubhrā́ riṇánn apáḥ || 28 || sushóme ṣaryaṇā́vaty ārjīké pastyàvati | yayúr

---

7, 13 mada-cyútam puru-kshúm viṣvá-dhāyasam íyarta. 14 ádhi -iva. mandadhve. 16 ródasī *iti*. 17 īrate. pṛíṣni-mātaraḥ. 18 yéna āvá. dhana-spṛítam. 19 su-dānavaḥ (20). 20 mádatha vṛikta-barhishaḥ (21). 21 sma. ha. 22 kshoṇí *iti*. 23 cakrāṇā́ḥ. 24 vṛitra-tū́rye. 25 vidyút-hastāḥ abhí-dyavaḥ. subhrā́ḥ ví a°. 27 dāváne á° hiraṇyapāṇi-bhiḥ. 28 pṛíshatīḥ. ṣubhrā́ḥ. 29 su-sóme. pastyà-vati.

nícakrayā nárah || 29 || kadā́ gachātha maruta itthā́ vípram hávamānam | mārḍīkébhir nā́dhamānam || 30 || 23 ||

kád dha nūnám kadhapriyo yád índram ájahātana | kó vaḥ sakhitvá ohate || 31 || sahó shú ṇo vájrahastaiḥ káṇvāso agním marúdbhiḥ | stushé híraṇyavāṣībhiḥ || 32 || ó shú vṛ́shṇaḥ práyajyūn ā́ návyase suvitā́ya | vavṛityā́m citrávājān || 33 || giráyaṣ cin ní jihate párṣānāso mányamānāḥ | párvatāṣ cin ní yemire || 34 || ā́kshṇayā́vāno vahanty antárikshena pátataḥ | dhā́tāra stuvaté vā́yaḥ || 35 || agnír hí jā́ni pūrvyā́ṣ chándo ná sū́ro arcíshā | té bhānúbhir ví tasthire || 36 || 24 ||

8.

Ā́ no víṣvābhir ūtíbhir áṣvinā gáchatam yuvám | dásrā híraṇyavartanī píbatam somyám mádhu || 1 || ā́ nūnám yātam aṣvinā ráthena sū́ryatvacā | bhújī híraṇyapeṣasā kávī gámbhīracetasā || 2 || ā́ yātam náhushas páry ā́ntárikshāt suvṛiktíbhiḥ | píbātho aṣvinā mádhu káṇvānām sávane sutám || 3 || ā́ no yātam divás páry ā́ntárikshād adhapriyā | putráḥ káṇvasya vām ihá sushā́va somyám mádhu || 4 || ā́ no yātam úpaṣruty áṣvinā sómapītaye | sváhā stómasya vardhanā prá kavī dhītíbhir narā || 5 || 25 ||

yác cid dhí vām purā́ ṛíshayo juhūré 'vase narā | ā́ yātam aṣvinā́ gatam úpemā́m sushṭutím máma || 6 || divás cid rocanā́d ádhy ā́ no gantam svarvidā | dhībhír vatsapracetasā stómebhir havanaṣrutā || 7 || kím anyé páry āsate

7, 29 ní-cakrayā. 31 k. dh. n. k. 38, 1. sakhi-tvé. 32 sahó *iti* sú naḥ vájra-hastaiḥ. híraṇya-vāṣībhiḥ. 33 ó *iti* sú. prá-yajyun. citrá-vājān. 34 cit (2). 35 ā́ akshṇa-yā́vānaḥ. dhā́tāraḥ. 36 jā́ni. te *etc.* 8. — 8, 1 híraṇyavartanī *iti* híraṇya-vartanī́. 2 sū́rya-tvacā bhújī *iti* híraṇya-peṣasā kávī *iti* gámbhīra-cetasā. 3 ā́ a° suvṛiktí-bhiḥ. 4 ā́ a° adha-priyā. susā́va. 5 úpa-ṣruti. sóma-pītaye. kavī *iti*. 6 yát. hí. purā́. ávase. aṣvinā ā́. úpa i° su-stutím. 7 svaḥ-vidā. vatsa-pracetasā. havana-ṣrutā.

'smát stómebhir aśvínā | putráḥ káṇvasya vām ṛíshir gīrbhír vatsó avīvṛidhat || 8 || ấ vām vípra ihávasé 'hvat stómebhir aśvinā | áriprā vṛítrahantamā tấ no bhūtam mayobhúvā || 9 || ấ yád vām yóshaṇā rátham átishṭhad vājinīvasū | víśvāny aśvinā yuvám prá dhītány agachatam || 10 || 26 ||

átaḥ sahásranirṇijā ráthenấ yātam aśvinā | vatsó vām mádhumad vácó 'śaṅsīt kāvyáḥ kavíḥ || 11 || purumandrấ purūvásū manotárā rayīṇám | stómam me aśvínāv imám abhí váhnī anūshātām || 12 || ấ no víśvāny aśvinā dhattám rấdhāṅsy áhrayā | kṛitám na ṛitvíyāvato mấ no rīradhatam nidé || 13 || yán nāsatyā parāváti yád vā sthó ádhy ámbare | átaḥ sahásranirṇijā ráthenấ yātam aśvinā || 14 || yó vām nāsatyāv ṛíshir gīrbhír vatsó ávīvṛidhat | tásmai sahásranirṇijam ísham dhattam ghṛitaścútam || 15 || 27 ||

prấsmā úrjam ghṛitaścútam áśvinā yáchatam yuvám | yó vām sumnáya tushṭávad vasūyád dānunas patī || 16 || ấ no gantam riśādasemám stómam purubhujā | kṛitám naḥ suśríyo naremấ dātam abhíshṭaye || 17 || ấ vām víśvābhir ūtíbhiḥ priyámedhā ahūshata | rấjantāv adhvarấṇām áśvinā yámahūtishu || 18 || ấ no gantam mayobhúvāśvinā śambhúvā yuvám | yó vām vipanyū dhītíbhir gīrbhír vatsó ávīvṛidhat || 19 || yấbhiḥ káṇvam médhātithim yấbhir váśam dáśavrajam | yấbhir góśaryam ấvatam tấbhir no 'vatam narā || 20 || 28 ||

yấbhir narā trasádasyum ấvatam kṛítvye dháne | tấbhiḥ

8, 9 ihá ávase ấ°. vṛitrahan-tamā. mayaḥ-bhúvā. 10 vājinī-vasū *iti* vājinī-vasū. 11 sahásra-nirnijā ráthena ấ. vácaḥ ấ°. 12 puru-mandrā puruvásū *iti* puru-vásū. váhnī *iti*. 13 ṛitvíya-vataḥ. 14 yát — ádhy 47, 7. átaḥ — aśvinā 11. 15 sahásra-nirnijam. ghṛita-ścútam (16). 16 prá asmai. tustávat vasu-yát. patī *iti*. 17 riśādasā i°. puru-bhujā. su-śríyaḥ narā i°. 18 priyá-medhāḥ. yấma-hūtishu. 19 ấ n. gantam 17. mayaḥ-bhúvā ấ° śam-bhúvā. vipanyū *iti*. 20 médha-atithim. dáśa-vrajam. gó-śaryam.

shv àsmā́ñ aṣvinā prā́vataṃ vā́jasātaye || 21 || prá vāṃ stómāḥ suvṛiktáyo gíro vardhantv aṣvinā | púrutrā vṛítrahantamā tā́ no bhūtam puruspṛíhā || 22 || tríṇi padā́ny aṣvínor āvíḥ sánti gúhā paráḥ | kaví ṛitásya pátmabhir arvā́g jīvébhyas pári || 23 || 29 ||

9.

Ā́ nūnám aṣvinā yuvā́ṃ vatsásya gantam ávase | prā́smai yachatam avṛikám pṛithú chardír yuyutā́ṃ yā́ ārātayaḥ || 1 || yád antárikshe yád diví yát páñca mā́nushāñ ánu | nṛimṇā́ṃ tád dhattam aṣvinā || 2 || yé vāṃ dáṅsāṅsy aṣvinā víprāsaḥ parimāmṛiṣúḥ | evét kāṇvásya bodhatam || 3 || ayā́ṃ vāṃ gharmó aṣvinā stómena pári shicyate | ayā́ṃ sómo mádhumān vājinīvasū yéna vṛitrā́ṃ cíketathaḥ || 4 || yád apsú yád vánaspátau yád óshadhīshu purudaṅsasā kṛitám | téna māvishṭam aṣvinā || 5 || 30 ||

yā́n nāsatyā bhuraṇyátho yád vā deva bhishajyáthaḥ | ayā́ṃ vāṃ vatsó matíbhir ná vindhate havíshmantaṃ hí gáchathaḥ || 6 || ā́ nūnám aṣvínor ṛíshi stómaṃ ciketa vāmáyā | ā́ sómam mádhumattamaṃ gharmā́ṃ siñcād átharvaṇi || 7 || ā́ nūnā́ṃ raghúvartaniṃ ráthaṃ tishṭhātho aṣvinā | ā́ vāṃ stómā imé máma nábho ná cucyavīrata || 8 || yád adyá vāṃ nāsatyokthaír ācucyuvīmáhi | yád vā vā́ṇībhir aṣvinevét kāṇvásya bodhatam || 9 || yád vāṃ kakshī́vāñ utá yád vyàṣva ṛíshir yád vāṃ dīrghátamā juhā́va | pṛíthī yád vāṃ vainyáḥ sádaneshv evéd áto aṣvinā cetayethām || 10 || 31 ||

8, 21 sú a°. prá a° vā́ja-sātaye. 22 su-vṛiktáyaḥ. púru-trā. v. t. n. bh. 9. puru-spṛíhā. 23 sánti. kaví *iti*. — 9, 1 prá a°. 3 pari-mamṛiṣúḥ evá ít. 4 sicyate. vājinīvasū *iti* vājinī-vasū. 5 puru-daṅsasā. mā a°. 6 yát. devā. 7 ṛíshiḥ. 8 raghú-vartanim. 9 nāsatyā u° ā-cucyuvīmáhi. aṣvinā. e. k. b. 3. 10 ví-aṣvaḥ. dīrghá-tamāḥ. sádaneshu evá ít.

yātáṃ chardishpá utá naḥ paraspá bhūtáṃ jagatpá utá nas tanūpá | vartís tokáya tánayāya yātam || 11 || yád índrena saráthaṃ yāthó aṣvinā yád vā vāyúnā bhávathaḥ sámokasā | yád ādityébhir ṛibhúbhiḥ sajóshasā yád vā víshṇor vikrámaṇeshu tíshṭhathaḥ || 12 || yád adyáṣvínāv aháṃ huvéya vájasātaye | yát pṛitsú turváṇe sáhas tác chréshṭham aṣvínor ávaḥ || 13 || á nūnáṃ yātam aṣvinemá havyáni vāṃ hitá | imé sómāso ádhi turváṣe yádāv imé káṇveshu vām átha || 14 || yán nāsatyā parāké arvāké ásti bheshajám | téna nūnáṃ vimadáya pracetasā chardír vatsáya yachatam || 15 || 32 ||

ábhutsy u prá devyá sākáṃ vācáhám aṣvínoḥ | vy àvar devy á matíṃ ví rātím mártyebhyaḥ || 16 || prá bodhayosho aṣvínā prá devi sūnṛite mahi | prá yajñahotar ānushák prá mádāya ṣrávo bṛihát || 17 || yád usho yási bhānúnā sáṃ sűryeṇa rocase | á hāyám aṣvíno rátho vartír yāti nṛipáyyam || 18 || yád ápītāso aṅṣávo gávo ná duhrá údhabhiḥ | yád vā váṇīr ánūshata prá devayánto aṣvínā || 19 || prá dyumnáya prá ṣávase prá nṛisháhyāya ṣármaṇe | prá dákshāya pracetasā || 20 || yán nūnáṃ dhībhír aṣvinā pitúr yónā nishídathaḥ | yád vā sumnébhir ukthyā || 21 || 33 ||

10.

Yát sthó dīrgháprasadmani yád vādó rocané diváḥ | yád vā samudré ádhy ákṛite gṛihé 'ta á yātam aṣvinā || 1 ||

9, 11 chardiḥ-paú. paraḥ-pá. jagat-paú. tanū-pá. 12 sa-rátham. sám-okasā. sa-jóshasā. vi-krámaṇeshu. 13 adyá a°. vája-sātaye. tát ṣ°. 14 aṣvinā i°. 15 yát. vi-madáya pra-cetasā. 16 vācá a°. ví āvaḥ. 17 bodhaya u°. yajña-hotaḥ. 18 ha a° aṣvínoḥ. nṛi-páyyam. 19 á-pītāsaḥ. duhré. 20 nṛi-sáhyāya. pra-cetasā. 21 yát. ni-sídathaḥ. — 10, 1 dīrghá-prasadmani. vā a°. á-kṛite. átaḥ.

yád vā yajñám mánave sammimiksháthur evét kāṇvásya bodhatam | bṛíhaspátim víṣvān deváñ ahám huva índrāvíshṇū aṣvínāv āṣuhéshasā || 2 || tyá́ nv àṣvínā huve sudáṅsasā gṛibhé kṛitá | yáyor ásti prá ṇaḥ sakhyám devéshv ádhy ápyam || 3 || yáyor ádhi prá yajñá asūré sánti sūráyaḥ | tá́ yajñásyādhvarásya prácetasā svadhábhir yá́ píbataḥ somyám mádhu || 4 || yád adyáṣvināv ápāg yát prá́k sthó vājinīvasū | yád druhyávy ánavi turváṣe yádau huvé vām átha má́ gatam || 5 || yád antárikshe pátathaḥ purubhujā yád vemé ródasī ánu | yád vā svadhábhir adhitíshṭhatho rátham áta á́ yātam aṣvinā || 6 || 34 ||

11.

Tvám agne vratapá́ asi devá á́ mártyeshv á́ | tvám yajñéshv íḍyaḥ || 1 || tvám asi praṣásyo vidátheshu sahantya | ágne rathír adhvaráṇām || 2 || sá tvám asmád ápa dvísho yuyodhí jātavedaḥ | ádevīr agne árātīḥ || 3 || ánti cit sántam áha yajñám mártasya ripóḥ | nópa veshi jātavedaḥ || 4 || mártā ámartyasya te bhū́ri náma manāmahe | víprāso jātávedasaḥ || 5 || 35 ||

vípram víprāsó 'vase devám mártāsa ūtáye | agním gīrbhír havāmahe || 6 || á́ te vatsó máno yamat paramác cit sadhásthāt | ágne tvá́mkāmayā girá́ || 7 || purutrá́ hí sadṛíññ ási víṣo víṣvā ánu prabhúḥ | samátsu tvā havāmahe || 8 || samátsv agním ávase vājayánto havāmahe | vájeshu citrárādhasam || 9 || pratnó hí kam íḍyo adhvaréshu sanác ca

10, 2 sam-mimiksháthuḥ. e. k. b. VIII, 9, 3. huve índrāvíshṇū *iti*. āṣu-héshasā. 3 nú a°. su-dáṅsasā. naḥ. 4 yajñásya a° prá-cetasā. 5 adyá a°. vājinīvasu *iti* vājinī-vasū. mā á́. 6 puru -bhujā. vā imé *iti* ródasī *iti*. adhi-tíshṭhathaḥ. á. á́ y. a. 1. — 11, 1 vrata-pá́ḥ. 2 pra-ṣásyaḥ. 3 jāta-vedaḥ (4). 4 ná úpa. 5 jātá-vedasaḥ. 6 víprāsaḥ á°. 7 paramá́t. sadhá-sthāt. tvá́m -kāmayā. 8 sa-dṛíñ. prabhúḥ samát-su. 9 samát-su. citrá -rādhasam. 10 sanát.

hótā návyaṣ ca sátsi | svā́ṃ cāgne tanvàm pipráyasvāsmábhyaṃ ca saúbhagam á yajasva || 10 || 36 ||

Ashṭamo 'dhyāyaḥ.

PAÑCAMO 'SHṬAKAḤ.

12.

Yá indra somapátamo mádaḥ ṣavishṭha cétati | yénā háṅsi ny àtríṇaṃ tám īmahe || 1 || yénā dáṣagvam ádhriguṃ vepáyantaṃ svàrṇaram | yénā samudrám ávithā tám īmahe || 2 || yéna síndhum mahír apó ráthāñ iva pracodáyaḥ | pánthām ṛitásya yátave tám īmahe || 3 || imáṃ stómam abhíshṭaye ghṛitáṃ ná pūtám adrivaḥ | yénā nú sadyá ójasā vavákshitha || 4 || imáṃ jushasva girvaṇaḥ samudrá iva pinvate | índra víṣvābhir ūtíbhir vavákshitha || 5 || 1 ||

yó no deváḥ parāvátaḥ sakhitvanáya māmahé | divó ná vṛishṭíṃ pratháyan vavákshitha || 6 || vavakshúr asya ketávo utá vájro gábhastyoḥ | yát sū́ryo ná ródasī ávardhayat || 7 || yádi pravṛiddha satpate sahásram mahisháñ ághaḥ | ád ít ta indriyám máhi prá vāvṛidhe || 8 || índraḥ sū́ryasya raṣmíbhir ny àrṣasānám oshati | agnír váneva sāsahíḥ prá vāvṛidhe || 9 || iyáṃ ta ṛitvíyāvatī dhītír eti návīyasī | saparyántī purupriyá mímīta ít || 10 || 2 ||

gárbho yajñásya devayúḥ krátum punīta ānushák | stó'mair índrasya vāvṛidhe mímīta ít || 11 | sanír mitrásya

10, 10 ca a°. pipráyasva a°. — 12, 1 soma-pātamaḥ. yéna. ní a°. 2 yéna (2). dáṣa-gvam ádhri-gum. svàḥ-naram. ávitha. 3 pra-codáyaḥ. 4 yéna. 6 mamahé. 7 ródasī íti. 8 pra -vṛiddha sat-pate. te. vavṛidhe (9. 11). 9 ní a°. vánā-iva sa°. 10 te ṛitvíya-vatī. puru-priyá mímīte (11. 12). 11 .punīte.

papratha índraḥ sómasya pītáye | prā́cī vā́ṣīva sunvaté mímīta ít || 12 || yā́ṃ víprā ukthávāhaso 'bhipramandúr āyávaḥ | ghṛitā́ṃ ná pipya āsány ṛitásya yát || 13 || utá svarā́je áditi stómam índrāya jījanat | puruprasastā́m ūtáya ṛitásya yát || 14 || abhí váhnaya ūtáyé 'nūshata prá́ṣastaye | ná deva vívratā hárī ṛitásya yát || 15 || 3 ||

yát sómam indra víshṇavi yád vā gha tritá āptyé | yád vā marútsu mándase sám índubhiḥ || 16 || yád vā ṣakra parāváti samudré ádhi mándase | asmā́kam ít suté raṇā sám índubhiḥ || 17 || yád vā́si sunvató vṛidhó yájamānasya satpate | ukthé vā yásya ráṇyasi sám índubhiḥ || 18 || devā́ṃ-devaṃ vó 'vasa índram-indraṃ gṛiṇīsháṇi | ádhā yajñā́ya turváṇe vy ā̀naṣuḥ || 19 || yajñébhir yajñávāhasaṃ sómebhiḥ somapā́tamam | hótrābhir índraṃ vāvṛidhur vy ā̀naṣuḥ || 20 || 4 ||

mahī́r asya práṇītayaḥ pūrvī́r utá prá́ṣastayaḥ | víṣvā vásūni dāṣúshe vy ā̀naṣuḥ || 21 || índraṃ vṛitrā́ya hántave devā́so dadhire puráḥ | índraṃ vā́ṇīr anūshatā sám ójase || 22 || mahā́ntam mahinā́ vayā́ṃ stómebhir havanaṣrútam | arkaír abhí prá ṇonumaḥ sám ójase || 23 || ná yāṃ viviktó ródasī nā́ntárikshāṇi vajríṇam | ámād íd asya titvishe sám ójasaḥ || 24 || yád indra pṛitanā́jye devā́s tvā dadhiré puráḥ | ā́d ít te haryatā́ hárī vavakshatuḥ || 25 || 5 ||

yadā́ vṛitrā́ṃ nadīvṛ́itaṃ ṣávasā vajrinn ávadhīḥ | ā́d ít te — || 26 || yadā́ te víshṇur ójasā tríṇi padā́ vicakramé | ā́d ít te — || 27 || yadā́ te haryatā́ hárī vāvṛidháte divé

12, 12 paprathe. vā́ṣī-iva. 13 ukthá-vāhasaḥ abhi-pramandúḥ. pipye. 14 sva-rā́je áditiḥ. puru-praṣastám utáye. 15 ūtáye ā́° prá́-ṣastaye. ví-vratā hárī *iti*. 16 tritá. 17 raṇa. 18 vā ási. sat-pate. 19 vaḥ ávase. ádha. ví ā° (20. 21). 20 yajñá-vāhasam. soma-pā́tamam. vavṛidhuḥ. 21ᵃ = VI, 45, 3. 22 anūshata. 23 havana-ṣrútam. nonumaḥ. 24 ródasī *iti* ná ā°. 25 hárī *iti* (28). 26 nadī-vṛítam. 27 vi-cakramé. 28 vavṛidháte *iti*.

-dive | ā́d ít te víṣvā bhúvanāni yemire || 28 || yadā́ te mā́rutīr víṣas túbhyam indra niyemiré | ā́d ít te v. — || 29 || yadā́ sū́ryam amúṃ diví ṣukráṃ jyótir ádhārayaḥ | ā́d ít te v. — || 30 || imā́ṃ ta indra sushṭutíṃ vípra iyarti dhītíbhiḥ | jāmím padéva pípratīm prā́dhvaré || 31 || yád asya dhā́mani priyé samīcīnā́so ásvaran | nā́bhā yajñásya dohánā prā́dhvaré || 32 || suvī́ryaṃ svā́ṣvyaṃ sugávyaṃ indra daddhi naḥ | hóteva pūrvácittaye prā́dhvaré || 33 || 6 ||

Dvitīyo 'nuvākaḥ.

18.

Índraḥ sutéshu sómeshu krátum punīta ukthyàm | vidé vṛidhásya dákshaso mahā́n hí sháḥ || 1 || sá prathamé vyòmani devā́nāṃ sádane vṛidháḥ | supāráḥ suṣrávastamaḥ sám apsujít || 2 || tám ahve vā́jasātaya índram bhárāya ṣushmíṇam | bhávā naḥ sumné ántamaḥ sákhā vṛidhé || 3 || iyáṃ ta indra girvaṇo rātíḥ ksharati sunvatáḥ | mandānó asyá barhísho ví rājasi || 4 || nūnáṃ tád indra daddhi no yát tvā sunvánta ímahe | rayíṃ naṣ citrám ā́ bharā svarvídam || 5 || 7 ||

stotā́ yát te vícarshaṇir atipraṣardháyad gíraḥ | vayā́ ivā́nu rohate jushánta yát || 6 || pratnaváj janayā gíraḥ ṣṛiṇudhí jaritúr hávam | máde-made vavakshithā sukṛ́itvane || 7 || krīḷanty asya sūnṛ́itā ā́po ná pravátā yatíḥ | ayā́ dhiyā́ yá ucyáte pátir diváḥ || 8 || utó pátir yá ucyáte kṛishṭīnā́m éka íd vaṣī́ | namovṛidhaír avasyúbhiḥ suté raṇa || 9 || stuhí ṣrutáṃ vipaṣcítaṃ hárī yásya prasakshíṇā | gántārā dāṣúsho gṛiháṃ namasvínaḥ || 10 || 8 ||

12, 29 ni-yemiré. 31 te. su-stutím. padā́-iva. prá a° (32. 33). 32 sam-īcīnā́saḥ. 33 su-vī́ryam su-áṣvyam su-gávyam. hótā-iva pūrvá-cittaye. — 13, 1 punīte. saḥ. 2 ví-omani. su-pāráḥ suṣrávaḥ-tamaḥ. apsu-jít. 3 vā́ja-sātaye. bháva. 4 te. 5 bhara svaḥ-vídam. 6 ví-carshaṇiḥ ati-praṣardháyat. vayā́ḥ-iva ánu. 7 pratna-vát janaya. ṣṛiṇudhí. vavakshitha su-kṛitvane. 9 utó *iti*. namaḥ-vṛidhaíḥ. 10 vipaḥ-cítam hárī *iti*. pra-sakshíṇā.

tūtujānó mahematé 'ṣvebhiḥ prushitápsubhiḥ | á yāhi yajñám āṣúbhiḥ ṣám íd dhí te || 11 || índra ṣavishṭha satpate rayím gṛiṇátsu dhāraya | ṣrávaḥ sūríbhyo amṛítaṃ vasutvanám || 12 || háve tvā sū́ra údite háve madhyáṃdine diváḥ | jushāṇá indra sáptibhir na á gahi || 13 || á tū́ gahi prá tú drava mátsvā sutásya gómataḥ | tántuṃ tanushva pūrvyáṃ yáthā vidé || 14 || yác chakrási parāváti yád arvāváti vṛitrahan | yád vā samudré ándhaso 'vitéd asi || 15 || 9 ||

índraṃ vardhantu no gíra índraṃ sutā́sa índavaḥ | índre havíshmatīr víṣo arāṇishuḥ || 16 || tám íd víprā avasyávaḥ pravátvatībhir ūtíbhiḥ | índraṃ kshoṇír avardhayan vayā́ iva || 17 || tríkadrukeshu cétanaṃ devā́so yajñám atnata | tám íd vardhantu no gíraḥ sadā́vṛidham || 18 || stotā́ yát te ánuvrata ukthā́ny ṛituthā́ dadhé | ṣúciḥ pāvaká ucyate só ádbhutaḥ || 19 || tád íd rudrásya cetati yahvám pratnéshu dhā́masu | máno yátrā ví tád dadhúr vícetasaḥ || 20 || 10 ||

yádi me sakhyám āvára imásya pāhy ándhasaḥ | yéna víṣvā áti dvísho átārima || 21 || kadā́ ta indra girvaṇa stotā́ bhavāti ṣáṃtamaḥ | kadā́ no gávye áṣvye vásau dadhaḥ || 22 || utá te súshṭutā hárī vṛíshaṇā vahato rátham | ajuryásya madíntamaṃ yám īmahe || 23 || tám īmahe purushṭutáṃ yahvám pratnā́bhir ūtíbhiḥ | ní barhíshi priyé sadad ádha dvitā́ || 24 || várdhasvā sú purushṭuta ṛíshishṭutābhir ūtíbhiḥ | dhukshásva pipyúshīm ísham ávā ca naḥ || 25 || 11 ||

índra tvám avitéd asītthā́ stuvató adrivaḥ | ṛitā́d iyarmi

13, 11 mahe-mate á° prushitápsu-bhiḥ. hí. 12 sat-pate. 13 sū́re út-ite. 14 tú. mátsva. 15 yát ṣakra ási. vṛitra-han. avitā́ ít. 18 trí-kadrukeshu. sadā́-vṛidham. 19 s. y. t. 6. ánu-vrataḥ. 20 yátra. ví-cetasaḥ. 21 ā-váraḥ. 22 te. girvaṇaḥ. 23 sú -stutā hárī *iti*. 24 puru-stutám. 25 várdhasva. puru-stuta ṛíshi-stutābhiḥ. áva. 26 avitā́ ít asi i°.

te dhíyam manoyújam || 26 || ihá tyā́ sadhamā́dyā yujānā́ḥ sómapītaye | hárī indra pratā́dvasū abhí svara || 27 || abhí svarantu yé táva rudrā́saḥ sakshata ṣríyam | utó marútvatīr víṣo abhí práyaḥ || 28 || imā́ asya prā́tūrtayaḥ padáṃ jushanta yád diví | nā́bhā yajñásya sáṃ dadhur yáthā vidé || 29 || ayáṃ dīrghā́ya cákshase prā́ci prayaty àdhvaré | mímīte yajñám ānushág vicákshya || 30 || 12 ||

vṛíshāyám indra te rátha utó te vṛíshaṇā hárī | vṛíshā tváṃ ṣatakrato vṛíshā hávaḥ || 31 || vṛíshā grā́vā vṛíshā mádo vṛíshā sómo ayáṃ sutáḥ | vṛíshā yajñó yám ínvasi vṛíshā hávaḥ || 32 || vṛíshā tvā vṛíshaṇaṃ huve vájriñ citrā́bhir ūtíbhiḥ | vāvántha hí prátishṭutiṃ vṛíshā hávaḥ || 33 || 13 ||

14.

Yád indrāháṃ yáthā tvám íṣīya vásva éka ít | stotā́ me góshakhā syāt || 1 || ṣíksheyam asmai dítseyaṃ ṣácīpate manīshíṇe | yád aháṃ gópatiḥ syā́m || 2 || dhenúsh ṭa indra sūnṛítā yájamānāya sunvaté | gā́m áṣvam pipyúshī duhe || 3 || ná te vartā́sti rā́dhasa índra devó ná mártyaḥ | yád dítsasi stutó maghám || 4 || yajñá índram avardhayad yád bhū́miṃ vy ávartayat | cakrāṇá opaṣáṃ diví || 5 || 14 ||

vāvṛidhānásya te vayáṃ víṣvā dhánāni jigyúshaḥ | ūtím indrā́ vṛiṇīmahe || 6 || vy àntáriksham atiran máde sómasya rocanā́ | índro yád ábhinad valám || 7 || úd gā́ ājad áṅgirobhya āvísh kṛiṇván gúhā satī́ḥ | arvā́ñcaṃ nunude valám || 8 || índreṇa rocanā́ divó dṛiḷhā́ni dṛiṅhitā́ni ca | sthirā́ṇi

---

13, 26 manaḥ-yújam. 27 sadha-mā́dyā. sóma-pītaye hárī *iti*. pratā́dvasū *iti* pratā́t-vasū. 28 utó *iti*. 29 prá-tūrtayaḥ. 30 pra-yatí a°. vi-cákshya. 31 vṛíshā a°. utó *iti*. hárī *iti*. ṣatakrato *iti* ṣata-krato. 32ª = V, 40, 2. 33ª = V, 40, 3. vavántha. práti-stutim. — 14, 1 indra a°. gó-sakhā. 2 ṣácī-pate. gó-patiḥ. 3 dhenúḥ te. 4 vartā́ a°. 5 ví. 6 vavṛidhānásya. indra ā́. 7 ví a° atirat. 8 āvíḥ.

ná parāṇúde || 9 || apā́m ūrmír mádann iva stóma indrājirāyate | ví te mádā arājishuḥ || 10 || 15 ||

tvā́ṃ hí stomavárdhana índrásy ukthavárdhanaḥ | stotṝṇā́m utá bhadrakṛ́t || 11 || índram ít keśínā hárī somapéyāya vakshataḥ | úpa yajñā́ṃ surā́dhasam || 12 || apā́m phénena námuceḥ śíra indród avartayaḥ | víśvā yád ájaya spṛ́dhaḥ || 13 || māyā́bhir utsíṣṛipsata índra dyā́m ārúrukshataḥ | áva dásyūn̐r adhūnuthāḥ || 14 || asunvā́m indra saṃsádaṃ víshūcīṃ vy ànāśayaḥ | somapā́ úttaro bhávan || 15 || 16 ||

15.

Tám v abhí prá gāyata puruhūtám purushṭutám | índraṃ gīrbhís tavishám ā́ vivāsata || 1 || yásya dvibárhaso bṛhát sáho dādhā́ra ródasī | girī́n̐r ájrān̐ apáḥ svàr vṛshatvanā́ || 2 || sá rājasi purushṭutan̐ éko vṛtrā́ṇi jighnase | índra jaítrā śravasyā̀ ca yántave || 3 || tā́ṃ te mádaṃ gṛṇīmasi vṛ́shaṇam pṛtsú sāsahím | u lokakṛtnúm adrivo hariśríyam || 4 || yéna jyótīn̐shy āyáve mánave ca vivéditha | mandānó asyá barhísho ví rājasi || 5 || 17 ||

tád adyā́ cit ta ukthínó 'nu shṭuvanti pūrváthā | vṛ́shapatnīr apó jayā divé-dive || 6 || táva tyád indriyám bṛhát táva śúshmam utá krátum | vájraṃ śiśāti dhishá̄ṇā váreṇyaṃ || 7 || táva dyaúr indra paúṅsyam pṛthiví vardhati śrávaḥ | tvā́m ā́paḥ párvatāsaś ca hinvire || 8 || tvā́ṃ víshṇur bṛhán ksháyo mitró gṛṇāti váruṇaḥ | tvā́ṃ śárdho madaty

---

14, 9 parā-núde. 10 indra ajira-yate. 11 stoma-várdhanaḥ índra asi uktha-várdhanaḥ. bhadra-kṛ́t. 12 hárī *iti* soma-péyāya. su-rā́dhasam. 13 indra út. víśvāḥ. ájayaḥ. 14 ut-síśṛipsataḥ. ā-rúrukshataḥ. 15 sam-sádam. ví a⁰ soma-pā́ḥ. — 15, 1 puru-hūtám puru-stutám. 2 dvi-bárhasaḥ. ródasī *iti*. 3 puru-stuta. 4 sasahím. loka-kṛtnúm. hari-śríyam. 6 adyá. te ukthínaḥ ánu stuvanti. vṛ́sha-patnīḥ. jaya.

ánu márutam || 9 || tvám̐ vṛíshā jánānām máñhishṭha indra jajñishe | satrā́ víṣvā svapatyā́ni dadhishe || 10 || 18 ||

satrā́ tvám purushṭutañ éko vṛitrā́ṇi toṣase | nā́nyá índrāt káraṇam bhū́ya invati || 11 || yád indra manmaṣás tvā nā́nā hávanta ūtáye | asmā́kebhir nṛíbhir átrā svàr jaya || 12 || áram̐ ksháyāya no mahé víṣvā rūpā́ṇy āviṣán | índram̐ jaítrāya harshayā ṣácīpátim || 13 || 19 ||

16.

Prá samrā́jam̐ carshaṇīnā́m índram̐ stotā návyam̐ gīrbhíḥ | náram̐ nṛisháham máñhishṭham || 1 || yásminn ukthā́ni ráṇyanti víṣvāni ca ṣravasyā́ | apā́m ávo ná samudré || 2 || tám̐ sushṭutyā́ vivāse jyeshṭharā́jam bháre kṛitnúm | mahó vājínam̐ saníbhyaḥ || 3 || yásyā́nūnā gabhīrā́ mádā urávas tárutrāḥ | harshumántaḥ ṣū́rasātau || 4 || tám íd dháneshu hitéshv adhivākā́ya havante | yéshām índras té jayanti || 5 || tám íc cyautnaír ā́ryanti tám̐ kṛitébhiṣ carhaṇáyaḥ | eshá índro varivaskṛít || 6 || 20 ||

índro brahméndra ṛíshir índraḥ purū́ puruhūtáḥ | mahā́n mahíbhiḥ ṣácībhiḥ || 7 || sá stómyaḥ sá hávyaḥ satyáḥ sátvā tuvikūrmíḥ | ékaṣ cit sánn abhíbhūtiḥ || 8 || tám arkébhis tám̐ sā́mabhis tám̐ gāyatraíṣ carshaṇáyaḥ | índram̐ vardhanti kshitáyaḥ || 9 || praṇetā́ram̐ vásyo áchā kártāram̐ jyótiḥ samátsu | sāsahvā́ñsam̐ yudhā́mítrān || 10 || sá naḥ pápriḥ pārayāti svastí nāvā́ puruhūtáḥ | índro víṣvā áti dvíshaḥ || 11 || sá tvám̐ na indra vā́jebhir daṣasyā́ ca gātuyā́ ca | áchā ca naḥ sumnám̐ neshi || 12 || 21 ||

15, 10 su-apatyā́ni. 11 puru-stuta. ná a°. 12 hávante. átra. 13 ā́-viṣán. harshaya ṣácī-pátim. — 16, 1 sam-rā́jam. stota. nṛi-sáham. 3 su-stutyā́ ā́. jyeshṭha-rā́jam. 4 yásya ánūnāḥ gabhīrā́ḥ. ṣū́ra-sātau. 5 adhi-vākā́ya. 6 ít. varivaḥ-kṛít. 7 brahmā́ ṛ°. purú puru-hūtáḥ. 8 tuvi-kūrmíḥ. abhí-bhūtiḥ. 10 pra-netā́ram. ácha. samát-su sa° yudhā́ a°. 11 puru-hūtáḥ. 12 daṣasyá. gātu-yá. ácha.

17.

Á yāhi sushumā́ hí ta índra sómam píbā imám | édám barhíḥ sado máma || 1 || ā́ tvā brahmayújā hárī váhatām indra keṣínā | úpa bráhmāṇi naḥ ṣriṇu || 2 || brahmáṇas tvā vayáṃ yujā́ somapā́m indra somínaḥ | sutā́vanto havāmahe || 3 || ā́ no yāhi sutā́vato 'smā́kaṃ sushṭutír úpa | píbā sú ṣiprinn ándhasaḥ || 4 || ā́ te siñcāmi kukshyór ánu gā́trā ví dhāvatu | gṛibhāyá jihváyā mádhu || 5 || 22 ||

svādúsh ṭe astu saṃsúde mádhumān tanvè táva | sómaḥ ṣám astu te hṛidé || 6 || ayám u tvā vicarshaṇe jánīr ivābhí sáṃvṛitaḥ | prá sóma indra sarpatu || 7 || tuvigrívo vapódaraḥ subāhúr ándhaso máde | índro vṛitrā́ṇi jighnate || 8 || índra préhi purás tvám víṣvasyéṣāna ójasā | vṛitrā́ṇi vṛitrahañ jahi || 9 || dīrghás te astv añkuṣó yénā vásu prayáchasi | yájamānāya sunvaté || 10 || 23 ||

ayáṃ ta indra sómo nípūto ádhi barhíshi | éhīm asyá drávā píba || 11 || ṣácigo ṣácipūjanāyáṃ ráṇāya te sutáḥ | ā́khaṇḍala prá hūyase || 12 || yás te ṣṛiñgavṛisho napāt prá-ṇapāt kuṇḍapā́yyaḥ | ny àsmin dadhra ā́ mánaḥ || 13 || vā́stosh pate dhruvā́ sthū́ṇā́ñsatraṃ somyā́nām | drapsó bhettā́ purā́ṃ ṣā́ṣvatīnām índro múnīnāṃ sákhā || 14 || pṛídākusānur yajató gavéshaṇa ékaḥ sánn abhí bhū́yasaḥ | bhū́rṇim ā́ṣvaṃ nayat tujā́ puró gṛibhéndraṃ sómasya pītáye || 15 || 24 ||

18.

Idáṃ ha nūnám eshāṃ sumnám bhiksheta mártyaḥ |

17, 1 susumá. te. píba. ā́ i°. 2 brahma-yújā hárī *iti*. 3 soma-pā́m. sutá-vantaḥ. 4 sutá-vataḥ. su-stutíḥ. píba. 6 svādúḥ te. sam-súde. 7 vi-carshaṇe jánīḥ-iva a° sám-vṛitaḥ. 8 tuvi-grívaḥ vapā́-udaraḥ su-bāhúḥ. 9 prá ihi. víṣvasya ī°. vṛitra-han. 10 yéna. pra-yáchasi. 11 te. ní-pūtaḥ. ā́ ihi īm. dráva. 12 ṣā́cigo *iti* ṣā́ci-go ṣā́ci-pujana a°. 13 ṣṛiñga-vṛishaḥ. prā́napād *iti* prá-napāt kuṇḍa-pā́yyaḥ ní a° dadhre. 14 vā́stoḥ. sthū́ṇā á°. 15 pṛídāku-sānuḥ. go-éshaṇaḥ. gṛibhā́ í°.

ādityā́nām ápūrvyaṃ sávīmani || 1 || anarvā́ṇo hy èshām pánthā ādityā́nām | ádabdhāḥ sánti pāyávaḥ sugevṛídhaḥ || 2 || tát sú naḥ savitá bhágo váruṇo mitró aryamā́ | ṣárma yachantu saprátho yád ímahe || 3 || devébhir devy adité 'rishṭabharmann ā́ gahi | smát sūríbhiḥ purupriye suṣármabhiḥ || 4 || té hí putrā́so áditer vidúr dvéshāṅsi yótave | aṅhóṣ cid urucákrayo 'nehásaḥ || 5 || [25] ||

áditir no dívā paṣúm áditir náktam ádvayāḥ | áditiḥ pātv áṅhasaḥ sadā́vṛidhā || 6 || utá syá no dívā matír áditir ūtyā́ gamat | sā́ ṣáṃtāti máyas karad ápa srídhaḥ || 7 || utá tyā́ daívyā bhishájā ṣáṃ naḥ karato aṣvínā | yuyuyā́tām itó rápo ápa srídhaḥ || 8 || ṣám agnír agníbhiḥ karac cháṃ nas tapatu sū́ryaḥ | ṣáṃ vā́to vātv arapā́ ápa srídhaḥ || 9 || ápā́mīvām ápa srídham ápa sedhata durmatím | ā́dityāso yuyótanā no áṅhasaḥ || 10 || [26] ||

yuyótā ṣárum asmád ā́ṅ ā́dityāsa utā́matim | ṛídhag dvéshaḥ kṛiṇuta viṣvavedasaḥ || 11 || tát sú naḥ ṣárma yachatā́dityā yán múmocati | énasvantaṃ cid énasaḥ sudānavaḥ || 12 || yó naḥ káṣ cid rírikshati rakshastvéna mártyaḥ | svaíḥ shá évai ririshīshṭa yúr jánaḥ || 13 || sám ít tám aghám aṣṇavad duḥṣáṅsam mártyaṃ ripúm | yó asmatrā́ durháṇāvāṅ úpa dvayúḥ || 14 || pākatrā́ sthana devā hṛitsú jānītha mártyam | úpa dvayúṃ cā́dvayuṃ ca vasavaḥ || 15 || [27] ||

ā́ ṣárma párvatānām ótā́pā́ṃ vṛiṇīmahe | dyā́vākshāmā́ré asmád rápas kṛitam || 16 || té no bhadréṇa ṣármaṇā yushmā́kaṃ nāvā́ vasavaḥ | áti víṣvāni duritā́ pipartana || 17 ||

18, 2 hí e°. suge-vṛidhaḥ. 3a = IV, 55, 10. sa-práthaḥ. 4 adite árishṭa-bharman. puru-priye suṣárma-bhiḥ. 5 uru-cákrayaḥ. 6 sadā́-vṛidhā. 7 ūtyā́ ā́. 9 karat ṣ°. 10 ápa á°. duḥ-matím. yuyótana. 11 yuyóta. ā́. utá á°. viṣva-vedasaḥ. 12 yachata ā́dityāḥ yát. su-dānavaḥ. 13 sáḥ évaiḥ. 14 duḥ-ṣáṅsam. duḥ-háṇāvān. 15 devāḥ. ca á°. 16 ā́ utá a°. dyā́vākshāmā ā°. 17 duḥ-itā́.

tucé tánāya tát sú no drā́ghīya ā́yur jīváse | ā́dityāsaḥ sumahasaḥ kriṇótana || 18 || yajñó hīḷó vo ántara ā́dityā ásti mṛiḷáta | yushmé íd vo ápi shmasi sajātyè || 19 || bṛihád várūtham marútāṃ deváṃ trātā́ram aṣvínā | mitrám īmahe váruṇaṃ svastáye || 20 || anehó mitrāryaman nṛivád varuṇa ṣáṅsyam | trivárūtham maruto yanta naṣ chardíḥ || 21 || yé cid dhí mṛityúbandhava ā́dityā mánavaḥ smási | prá sū́ na ā́yur jīváse tiretana || 22 || 28 ||

19.

Táṃ gūrdhayā svàrṇaraṃ deváso devám aratíṃ dadhanvire | devatrā́ havyám óhire || 1 || víbhūtarātiṃ vipra citráṣocisham agním īḷishva yantúram | asyá médhasya somyásya sobhare prém' adhvarā́ya pū́rvyam || 2 || yájishṭhaṃ tvā vavṛimahe deváṃ devatrā́ hótāram ámartyam | asyá yajñásya sukrátum || 3 || ūrjó nápātaṃ subhágaṃ sudíditim agníṃ ṣréshṭhaṣocisham | sá no mitrásya váruṇasya só apā́m ā́ sumnáṃ yakshate diví || 4 || yáḥ samídhā yá ā́hutī yó védena dadā́ṣa márto agnáye | yó námasā svadhvaráḥ || 5 || 29 ||

tásyéd árvanto raṅhayanta āṣávas tásya dyumnítamaṃ yáṣaḥ | ná tám áṅho devákṛitaṃ kútaṣ caná ná mártyakṛitaṃ naṣat || 6 || svagnáyo vo agníbhiḥ syā́ma sūno sahasa ūrjām pate | suvíras tvám asmayúḥ || 7 || praṣáṅsamāno átithir ná mitríyo 'gní rátho ná védyaḥ | tvé kshémāso ápi santi sādhávas tváṃ rā́jā rayīṇā́m || 8 || só addhā́ dāṣvà-

---

18, 18 su-mahasaḥ. 19 yushmé *iti*. smasi sa-jātyè. 21 mitra a°. tri-várūtham. 22 hí mṛityú-bandhavaḥ ā́dityāḥ. sú. — 19, 1 gūrdhaya svàḥ-naram. ā́ ū°. 2 víbhūta-rātim. citrá-ṣocisham. prá īm. 3 su-krátum. 4 su-bhágam su-díditim. ṣréshṭha-ṣocisham. 5 sam-ídhā. ā́-hutī. su-adhvaráḥ. 6 tásya ít. raṅhayante. devá-kṛitam. mártya-kṛitam. 7 su-agnáyaḥ. sūno *iti*. su-víraḥ. 8 pra-ṣáṅsamānaḥ. agníḥ. tvé *iti*.

dhvaró 'gne mártaḥ subhaga sá praṣáṅsyaḥ | sá dhībhír astu sánitā || 9 || yásya tvám ūrdhvó adhvaráya tíshṭhasi kshayádvīraḥ sá sādhate | só árvadbhiḥ sánitā sá vipanyúbhiḥ sá ṣū́raiḥ sánitā kṛitám || 10 || 30 ||

yásyāgnír vápur gṛihé stómaṃ cáno dádhīta viṣvávāryaḥ | havyá vā vévishad víshaḥ || 11 || víprasya vā stuvatáḥ sahaso yaho makshū́tamasya rātíshu | avódevam upárimartyaṃ kṛidhi váso vividúsho vácaḥ || 12 || yó agníṃ havyádātibhir námobhir vā sudáksham āvívāsati | girá vājiráṣocisham || 13 || samídhā yó níṣitī dáṣad áditiṃ dhámabhir asya mártyaḥ | víṣvét sá dhībhíḥ subhágo jánāñ áti dyumnaír udná iva tārishat || 14 || tád agne dyumnám á bhara yát sāsáhat sádane káṃ cid atríṇam | manyúṃ jánasya dūḍhyàḥ || 15 || 31 ||

yéna cáshṭe váruṇo mitró aryamá yéna násatyā bhágaḥ | vayáṃ tát te ṣávasā gātuvíttamā índratvotā vidhemahi || 16 || té ghéd agne svādhyò yé tvā vipra nidadhiré nṛicákshasam | víprāso deva sukrátum || 17 || tá íd védiṃ subhaga tá áhutiṃ té sótuṃ cakrire diví | tá íd vájebhir jigyur mahád dhánaṃ yé tvé kámaṃ nyeriré || 18 || bhadró no agnír áhuto bhadrá rātíḥ subhaga bhadró adhvaráḥ | bhadrá utá práṣastayaḥ || 19 || bhadrám mánaḥ kṛiṇushva vṛitratū́rye yénā samátsu sāsáhaḥ | áva sthirá tanuhi bhū́ri ṣárdhatāṃ vanémā te abhíshṭibhiḥ || 20 || 32 ||

íḷe girá mánurhitaṃ yáṃ devá dūtám aratíṃ nyeriré |

19. 9 daṣú-adhvaraḥ á°. su-bhaga. pra-ṣáṅsyaḥ. 10 kshayát-vīraḥ. 11 yásya a°. viṣvá-vāryaḥ. 12 yaho *iti* makshú-tamasya. aváḥ-devam upári-martyam. váso *iti*. 13 havyádāti-bhiḥ. su-dáksham ā-vívāsati. vā ajirá-ṣocisham. 14 sam-ídhā. ní-ṣitī. víṣvā ít. su-bhágaḥ. 15 sasáhat. duḥ-dhyàḥ. 16 v. m. a. 26, 4. gātuvít-tamāḥ índratvā-ūtāḥ. 17 gha ít. su-ādhyàḥ. ni-dadhiré nṛi-cákshasam. su-krátum. 18 té (3). su-bhaga (19). á-hutim. tvé *iti*. ni-eriré (21). 19 á-hutaḥ. prá-ṣastayaḥ. 20 vṛitra-tū́rye yéna samát-su sa°. á. s. t. IV, 4, 5. vanéma. 21 mánuḥ-hitam. deváḥ.

yájishṭhaṃ havyaváhanam || 21 || tigmájambhāya táruṇāya rájate práyo gāyasy agnáye | yáḥ piṅsáte sūnṛítābhiḥ suvíryam agnír ghṛitébhir áhutaḥ || 22 || yádī ghṛitébhir áhuto vā́śīm agnír bhárata úc cā́va ca | ásura iva nirṇíjam || 23 || yó havyā́ny aírayatā mánurhito devá āsā́ sugandhínā | vívāsate vā́ryāṇi svadhvaró hótā devó ámartyaḥ || 24 || yád agne mártyas tvám syā́m ahám mitramaho ámartyaḥ | sáhasaḥ sūnav āhuta || 25 || 33 ||

ná tvā rāsīyābhíśastaye vaso ná pāpatvā́ya santya | ná me stotā́matīvā́ ná dúrhitaḥ syā́d agne ná pāpáyā || 26 || pitúr ná putráḥ súbhṛito duroṇá ā́ devā́ñ etu prá ṇo havíḥ || 27 || távāhám agna ūtíbhir nédishṭhābhiḥ saceya jóshaṃ ā́ vaso | sádā devásya mártyaḥ || 28 || táva krátvā saneyaṃ táva rātíbhir ágne táva práśastibhiḥ | tvā́m íd āhuḥ prámatiṃ vaso mámā́gne hárshasva dā́tave || 29 || prá só agne távotíbhiḥ suvírābhis tirate vā́jabharmabhiḥ | yásya tvā́ṃ sakhyám āváraḥ || 30 || 34 ||

táva drapsó nílavān vāśá ṛitvíya índhānaḥ sishṇav ā́ dade | tvám mahīnā́m ushásām asi priyáḥ kshapó vástushu rājasi || 31 || tám ā́ganma sóbharayaḥ sahásramushkaṃ svabhishṭím ávase | samrā́jaṃ trā́sadasyavam || 32 || yásya te agne anyé agnáya upakshíto vayā́ iva | vípo ná dyumnā́ ní yuve jánānāṃ táva kshatrā́ṇi vardháyan || 33 || yám ādityāso adruhaḥ pārám náyatha mártyam | maghónāṃ víśveshāṃ sudānavaḥ || 34 || yūyáṃ rājānaḥ káṃ cic carshaṇīsahaḥ

19, 21 havya-vā́hanam. 22 tigmá-jambhāya. su-víryam. ā́-hutaḥ (23). 23 yádi. bhárate út ca áva. niḥ-níjam. 24 aírayata mánuḥ-hitaḥ. su-gandhínā. su-adhvaráḥ. 25 mitra-mahaḥ. sūno *iti* ā-huta. 26 rāsīya abhí-śastaye vaso *iti*. stotā́ amati-vā́. dúḥ-hitaḥ. 27 sú-bhṛitaḥ duroṇé. naḥ. 28 táva ahám agne. vaso *iti* (29). 29 práśasti-bhiḥ. prá-matim. máma ā́°. 30 táva ū° su-vírābhiḥ. vā́jabharma-bhiḥ. ā-váraḥ. 31 sishṇo *iti*. 32 ā́ a°. sahásra-mushkam su-abhishṭím. sam-rā́jam. 33 upa-kshítaḥ. 34 su-dānavaḥ. 35 cit carshaṇi-sahaḥ.

kshávantam mánushāñ ánu | vayám té vo váruṇa mítrárya-
man syáméd ṛitásya rathyàḥ || 35 || ádān me paurukutsyáḥ
pañcāṣátam trasádasyur vadhū́nām | máṅhishṭho aryáḥ sát-
patiḥ || 36 || utá me prayíyor vayíyoḥ suvā́stvā ádhi túgvani |
tisṛīṇā́m saptatīnā́m ṣyāváḥ praṇetā́ bhuvad vásur díyānām
pátiḥ || 37 || 35 ||

20.

Á gantā má rishaṇyata prásthāvāno mā́pa sthātā sa-
manyavaḥ | sthirā́ cin namayishṇavaḥ || 1 || vīlupavíbhir
maruta ṛibhukshaṇa á rudrāsaḥ sudītíbhiḥ | ishá no adyá
gatā puruspṛiho yajñám á sobharīyávaḥ || 2 || vidmā́ hí rud-
ríyāṇām ṣúshmam ugrám marútām ṣímīvatām | víshṇor
eshásya mīḷhúshām || 3 || ví dvīpā́ni pā́patan tíshṭhad duchú-
nobhé yujanta ródasī | prá dhánvāny airata ṣubhrakhādayo
yád éjatha svabhānavaḥ || 4 || ácyutā cid vo ájmann á ná-
nadati párvatāso vánaspátiḥ | bhū́mir yā́meshu rejate
|| 5 || 36 ||

ámāya vo maruto yā́tave dyaúr jíhīta úttarā bṛihát |
yátrā náro dédiṣate tanū́shv á tvákshāṅsi bāhvòjasaḥ || 6 ||
svadhā́m ánu ṣríyam náro máhi tveshá ámavanto vṛ́isha-
psavaḥ | váhante áhrutapsavaḥ || 7 || góbhir vāṇó ajyate só-
bharīṇām ráthe kóṣe hiraṇyáye | góbandhavaḥ sujātā́sa ishé
bhujé mahánto na spárase nú || 8 || práti vo vṛishadañjayo
vṛ́ishṇe ṣárdhāya mā́rutāya bharadhvam | havyā́ vṛ́ishapra-
yāvṇe || 9 || vṛishaṇaṣvéna maruto vṛ́ishapsunā ráthena vṛ́-

19, 35 mítra á° syā́ma ít. 36 ádāt. sát-patiḥ. 37 su-vā́stvāḥ. pra-netā́. — 20, 1 ganta. prá-sthāvānaḥ mā́ ápa sthāta sa-manyavaḥ. cit. 2 vīḷupaví-bhiḥ. sudītí-bhiḥ. adyá ā́ gata puru-spṛihaḥ. sobharī-yavaḥ. 3 vidmá. 4 duchúnā ubhé *iti*. ródasī *iti*. ṣubhra-khādayaḥ. sva-bhānavaḥ. 6 jíhīte. yátra. bāhú-ojasaḥ. 7 vṛ́isha-psavaḥ. áhruta-psavaḥ. 8 gó-bandhavaḥ. su-jātā́saḥ. naḥ. 9 vṛishat-añjayaḥ. vṛ́isha-prayāvne. 10 vṛ́isha-psunā.

shanābhinā | á ṣyenā́so ná pakshíṇo vṛíthā naro havyā́ no vītáye gata || 10 || 37 ||

samānám añjy èshāṃ ví bhrājante rukmā́so ádhi bāhúshu | dávidyutaty ṛishṭáyaḥ || 11 || tá ugrā́so vṛíshaṇa ugrábāhavo nákish ṭanū́shu yetire | sthirā́ dhánvāny ā́yudhā rátheshu vó 'nīkeshv ádhi ṣríyaḥ || 12 || yéshām árṇo ná saprátho nā́ma tveshā́ṃ ṣáṣvatām ékam íd bhujé | vā́yo ná pítryaṃ sáhaḥ || 13 || tā́n vandasva marútas tā́ñ úpa stuhi téshāṃ hí dhúnīnām | arā́ṇāṃ ná caramás tád eshāṃ dānā́ mahnā́ tád eshām || 14 || subhágaḥ sá va ūtíshv ā́sa pū́rvāsu maruto vyùshṭishu | yó vā nūnám utā́sati || 15 || 38 ||

yásya vā yūyám práti vājíno nara ā́ havyā́ vītáye gathá | abhí shá dyumnaír utá vā́jasātibhiḥ sumnā́ vo dhūtayo naṣat || 16 || yáthā rudrásya sūnávo divó váṣanty ásurasya vedhásaḥ | yúvānas táthéd asat || 17 || yé cárhanti marútaḥ sudā́navaḥ smán mīḷhúshaṣ cáranti yé | átaṣ cid ā́ na úpa vásyasā hṛidā́ yúvāna ā́ vavṛidhvam || 18 || yū́na ū shú návishṭhayā vṛíshṇaḥ pāvakā́ñ abhí sobhare girā́ | gā́ya gā́ iva cárkṛishat || 19 || sāhā́ yé sánti mushṭihéva hávyo víṣvāsu pṛitsú hótṛishu | vṛíshṇaṣ candrā́n ná suṣrávastamān girā́ vándasva marúto áha || 20 || 39 ||

gā́vaṣ cid ghā samanyavaḥ sajātyèna marutaḥ sábandhavaḥ | rihaté kakúbho mitháḥ || 21 || mártaṣ cid vo nṛitavo rukmavakshasa úpa bhrātṛitvám ā́yati | ádhi no gāta marutaḥ sádā hí va āpitvám ásti nídhruvi || 22 || máruto mā́rutasya na ā́ bheshajásya vahatā sudānavaḥ | yūyáṃ sakhāyaḥ saptayaḥ || 23 || yā́bhiḥ síndhum ávatha yā́bhis

---

20, 10 vṛisha-nābhinā. 11 añjí e°. 12 té. ugrá-bāhavaḥ nákiḥ t°. vaḥ ā́°. 13 sa-práthaḥ. 15 su-bhágaḥ. ví-ushṭishu. utá ā́°. 16 sáḥ. vā́jasāti-bhiḥ. 17 táthā ít. 18 ca ā́°. su-dā́navaḥ smát. 19 ūṁ iti sú. 20 sahā́ḥ. mushṭihā́-iva. suṣrávaḥ-tamān. 21 gha sa-manyavaḥ sa-jātyèna. sá-bandhavaḥ. 22 rukma-vakshasaḥ. ā́ a°. ní-dhruvi. 23 vahata su-dānavaḥ.

tū́rvatha yā́bhir daṣasyáthā krívim | máyo no bhūtotíbhir mayobhuvaḥ ṣivā́bhir asacadvishaḥ || 24 || yát síndhau yád ásiknyām yát samudréshu marutaḥ subarhishaḥ | yát párvateshu bheshajám || 25 || víṣvam páṣyanto bibhṛithā tanū́shv ā́ ténā no ádhi vocata | kshamā́ rápo maruta ā́turasya na íshkartā víhrutam púnaḥ || 26 || 40 ||

Prathamo 'dhyāyaḥ.

Tṛitīyo 'nuvākaḥ.

21.

Vayám u tvā́m apūrvya sthūrám ná kác cid bháranto 'vasyávaḥ | vā́je citrám havāmahe || 1 || úpa tvā kármann ūtáye sá no yúvográṣ cakrāma yó dhṛishát | tvā́m íd dhy àvitā́ram vavṛimáhe sákhāya indra sānasím || 2 || ā́ yāhīmá índavó 'ṣvapate gópata úrvarāpate | sómam somapate piba || 3 || vayám hí tvā bándhumantam abandhávo víprāsa indra yemimá | yā́ te dhā́māni vṛishabha tébhir ā́ gahi víṣvebhiḥ sómapītaye || 4 || sídantas te vā́yo yathā góṣrīte mádhau madiré vivákshaṇe | abhí tvā́m indra nonumaḥ || 5 || 1 ||

áchā ca tvainā́ námasā vádāmasi kím múhuṣ cid ví dīdhayaḥ | sánti kā́māso harivo dadísh ṭvám smó vayám sánti no dhíyaḥ || 6 || nū́tnā íd indra te vayám ūtī́ abhūma nahí nū́ te adrivaḥ | vidmā́ purā́ párīṇasaḥ || 7 || vidmā́ sakhitvám utá ṣūra bhojyàm ā́ te tā́ vajrinn īmahe | utó samasminn ā́ ṣiṣīhi no vaso vā́je suṣipra gómati || 8 || yó na idám-idam purā́ prá vásya āninā́ya tám u va stushe | sákhāya índram ūtáye || 9 || háryaṣvam sátpatim carshaṇīsá-

20, 24 daṣasyátha. bhūta ū°. mayaḥ-bhuvaḥ. asaca-dvishaḥ. 25 su-barhishaḥ. 26 bibhṛitha. téna. íshkarta ví-hrutam púnar *iti*. — 21, 1 kát. 2 yúvā u°. hí a°. 3 yāhi imé índavaḥ áṣva-pate gó-pate úrvarā-pate. soma-pate. 4 sóma-pītaye. 5 gó-ṣrīte. 6 ácha. tvā enā́. dadíḥ tvám. 7 ūtí. nú. vidmá (8). 8 utó *iti*. vaso *iti*. su-ṣipra. 9 ā-ninā́ya. vaḥ. 10 hári-aṣvam sát-patim carshaṇi-sáham.

haṃ sá hí shmā yó ámandata | ā́ tú naḥ sá vayati gávyam áṣvyaṃ stotṛ́bhyo maghávā ṣatám || 10 || 2 ||

tváyā ha svid yujā́ vayám práti ṣvasántaṃ vṛishabha bruvīmahi | saṃsthé jánasya gómataḥ || 11 || jáyema kāré puruhūta kāríṇo 'bhí tishṭhema dūḍhyàḥ | nṛ́bhir vṛitráṃ hanyā́ma ṣūṣuyā́ma cáver indra prá ṇo dhíyaḥ || 12 || abhrātṛivyó anā́ tvám ánāpir indra janúshā sanā́d asi | yudhéd āpitvám ichase || 13 || nákī revántaṃ sakhyā́ya vindase píyanti te surāṣvàḥ | yadā́ kṛiṇóshi nadanúṃ sám ūhasy ā́d ít pitéva hūyase || 14 || mā́ te amājúro yathā. mūrása indra sakhyé tvā́vataḥ | ní shadāma sácā suté || 15 || 3 ||

mā́ te godatra nír arāma rā́dhasa índra mā́ te gṛihāmahi | dṛiḷhā́ cid aryáḥ prá mṛiṣābhy ā́ bhara ná te dāmā́na ādábhe || 16 || índro vā ghéd íyan maghám sárasvatī vā subhágā dadír vásu | tvám vā citra dāṣúshe || 17 || cítra íd rā́jā rājaká íd anyaké yaké sárasvatīm ánu | parjánya iva tatánad dhí vṛishṭyā́ sahásram ayútā dádat || 18 || 4 ||

22.

Ó tyám ahva ā́ rátham adyā́ dáṅsishṭham ūtáye | yám aṣvinā suhavā rudravartanī ā́ sūryā́yai tasthátuḥ || 1 || pūrvāpúshaṃ suhávam puruspṛ́ham bhujyúṃ vā́jeshu pū́rvyam | sacanā́vantaṃ sumatíbhiḥ sobhare vídveshasam anehásam || 2 || ihá tyā́ purubhū́tamā devā́ námobhir aṣvínā | arvācīnā́ sv ávase karāmahe gántārā daṣúsho gṛihám || 3 || yuvó ráthasya pári cakrám īyata īrmā́nyád vām ishaṇyati | asmā́ñ áchā sumatír vāṃ ṣubhas patī ā́ dhenúr iva dhā-

21, 10 sma. 11 sam-sthé. 12 puru-hūta. duḥ-dhyàḥ. ca á⁰. naḥ. 13 yudhā́ ít. 14 nákiḥ. pitā́-iva. 15 amā-júraḥ. sadāma. 16 go-datra. mṛiṣa abhí. ā-dábhe. 17 gha ít íyat. su-bhágā. 18 hí. — 22, 1 ó *iti*. ahve. adyá su-havā rudravartanī *iti* rudra-vartanī. 2 pūrva-āpúsham su-hávam puru-spṛ́ham. sacanā́-vantam sumatí-bhiḥ. ví-dveshasam. 3 i. t. p. V, 73, 2. sú. 4 yuvóḥ. īyate īrmā́ a⁰. ácha su-matíḥ. patī *iti*.

vatu || 4 || rátho yó vāṃ trivandhuró híraṇyābhīṣur aṣvinā |
pári dyā́vāpṛithiví bhū́shati ṣrutás téna nāsatyā́ gatam
|| 5 || 5 ||

daṣasyántā mánave pūrvyáṃ diví yávaṃ vṛíkeṇa karsha-
thaḥ | tā́ vām adyá sumatíbhiḥ ṣubhas patī áṣvinā prá stu-
vīmahi || 6 || úpa no vājinīvasū yātám ṛitásya pathíbhiḥ | yé-
bhis tṛikshíṃ vṛishaṇā trāsadasyavám mahé kshatrā́ya jín-
vathaḥ || 7 || ayáṃ vām ádribhiḥ sutáḥ sómo narā vṛishaṇ-
vasū | ā́ yātaṃ sómapītaye píbataṃ dāṣúsho gṛihé || 8 || ā́
hí ruhátam aṣvinā ráthe kóṣe hiraṇyáye vṛishaṇvasū | yuñ-
játhām pívarīr íshaḥ || 9 || yā́bhiḥ pakthám ávatho yā́bhir
ádhriguṃ yā́bhir babhrúṃ víjoshasam | tā́bhir no makshū́
tū́yam aṣvinā́ gatam bhishajyátaṃ yád ā́turam || 10 || 6 ||

yád ádhrigāvo ádhrigū idā́ cid áhno aṣvínā hávāmahe |
vayáṃ gīrbhír vipanyávaḥ || 11 || tā́bhir ā́ yātaṃ vṛishaṇópa
me hávaṃ viṣvápsuṃ viṣvávāryam | ishā́ máṅhishṭhā puru-
bhū́tamā narā yā́bhiḥ krívim vāvṛidhús tā́bhir ā́ gatam || 12 ||
tā́v idā́ cid áhānāṃ tā́v aṣvínā vándamāna úpa bruve | tā́
ū námobhir īmahe || 13 || tā́v íd doshā́ tā́ ushási ṣubhás
pátī tā́ yā́man rudrávartanī | mā́ no mártāya ripáve vājinī-
vasū paró rudrāv áti khyatam || 14 || ā́ súgmyāya súgmyam
prātā́ ráthenāṣvínā vā sakshánī | huvé pitéva sóbharī
|| 15 || 7 ||

mánojavasā vṛishaṇā madacyutā makshuṃgamā́bhir ūtí-
bhiḥ | ārā́ttāc cid bhūtam asmé ávase pūrvíbhiḥ purubho-
jasā || 16 || ā́ no áṣvāvad aṣvinā vartír yāsishṭam madhu-

22, 5 tri-vandhuráḥ híraṇya-abhīṣuḥ. dyā́vāpṛithivī́ *iti*. nāsatyā ā́. 6 sumatí-bhiḥ. patī *iti*. 7 vājinīvasū *iti* vājinī-vasū (14. 18). 8 vṛishaṇvasū *iti* vṛishaṇ-vasū (9). sóma-pītaye. 10 ádhri-gum. ví-joshasam. makshú. aṣvinā ā́. 11 ádhri-gāvaḥ ádhrigū *ity* ádhri-gū. 12 vṛishaṇā úpa. viṣvá-psum viṣvá-vāryam. puru-bhū́tamā. vavṛidhúḥ. 13 taú ūṁ *iti*. 14 taú u°. pátī *iti*. rudrávartanī *iti* rudrá-vartanī. 15 prātár *iti* ráthena a°. sakshánī *iti*. pitā́-iva. 16 mánaḥ-javasā. mada-cyutā makshum-gamā́bhiḥ. ārā́ttāt. asmé *iti*. puru-bhojasā. 17 áṣva-vat. madhu-pātamā.

pātamā narā | gómad dasrā híraṇyavat || 17 || suprāvargám suvíryaṃ sushṭhú váryam ánādhṛishṭaṃ rakshasvínā | asmínn á vām āyáne vājinīvasū víṣvā vāmáni dhīmahi || 18 || 8 ||

23.

Íḷishvā hí pratīvyàṃ yájasva jātávedasam | carishṇúdhūmam ágṛibhītaṣocisham || 1 || dāmánaṃ viṣvacarshaṇe 'gníṃ viṣvamano girá | utá stushe víshpardhaso ráthānām || 2 || yéshām ābādhá ṛigmíya isháḥ pṛikshás ca nigrábhe | upavídā váhnir vindate vásu || 3 || úd asya ṣocír asthād dīdiyúsho vy àjáram | tápurjambhasya sudyúto gaṇaṣríyaḥ || 4 || úd u tishṭha svadhvara stávāno devyá kṛipá | abhikhyá bhāsá bṛihatá ṣuṣukvániḥ || 5 || 9 ||

ágne yāhí suṣastíbhir havyá júhvāna ānushák | yáthā dūtó babhū́tha havyaváhanaḥ || 6 || agníṃ vaḥ pūrvyáṃ huve hótāraṃ carshaṇīnám | tám ayá vācá gṛiṇe tám u va stushe || 7 || yajñébhir ádbhutakratuṃ yáṃ kṛipá sūdáyanta ít | mitráṃ ná jáne súdhitam ṛitávani || 8 || ṛitávānam ṛitāyavo yajñásya sádhanaṃ girá | úpo enaṃ jujushur námasas padé || 9 || áchā no áñgirastamaṃ yajñáso yantu saṃyátaḥ | hótā yó ásti vikshv á yaṣástamaḥ || 10 || 10 ||

ágne táva tyé ajaréndhānāso bṛihád bháḥ | áṣvā iva vṛíshaṇas tavishīyávaḥ || 11 || sá tváṃ na ūrjām pate rayíṃ rāsva suvíryam | práva nas toké tánaye samátsv á || 12 || yád vá u viṣpátiḥ ṣitáḥ súprīto mánusho viṣí | víṣvéd agníḥ práti rákshāṅsi sedhati || 13 || ṣrushṭy àgne návasya

22, 18 su-prāvargám su-víryam. ā-yāne. — 23, 1 íḷishva. jātá-vedasam carishṇú-dhūmam ágṛibhīta-ṣocisham. 2 viṣva-carshaṇe. viṣva-manaḥ. ví-spardhasaḥ. 3 ā-bādháḥ. ni-grábhe upa-vídā. 4 ú. a. ṣ. a. VII, 16, 3. ví aº tápuḥ-jambhasya su-dyútaḥ gaṇa-ṣríyaḥ. 5 su-adhvara. abhi-khyá. 6 suṣastí-bhiḥ. havya-váhanaḥ. 7 vaḥ. 8 ádbhuta-kratum. sūdáyante. sú-dhitam ṛitá-vani. 9 ṛitá-vānam ṛita-yavaḥ. úpo *iti*. 10 ácha. sam-yátaḥ. vikshú. 11 ajara íº. 12 su-víryam prá ava. samát-su. 13 vaí. sú-prītaḥ. víṣvā ít. 14 ṣrushṭí aº.

me stómasya vīra viṣpate | ní māyínas tápushā raksháso daha || 14 || ná tásya māyáyā caná ripúr īṣīta mártyaḥ | yó agnáye dadā́ṣa havyádātibhiḥ || 15 || 11 ||

vyàṣvas tvā vasuvídam ukshaṇyúr aprīṇād ṛíshiḥ | mahó rāyé tám u tvā sám idhīmahi || 16 || uṣánā kāvyás tvā ní hótāram asādayat | āyajím tvā mánave jātávedasam || 17 || víṣve hí tvā sajóshaso devā́so dūtám ákrata | ṣrushṭī́ deva prathamó yajñíyo bhuvaḥ || 18 || imáṃ ghā vīró amṛ́taṃ dūtáṃ kṛiṇvīta mártyaḥ | pāvakáṃ kṛishṇávartaniṃ víhāyasam || 19 || táṃ huvema yatásrucaḥ subhā́saṃ ṣukráṣocisham | viṣā́m agním ajáram pratnám ī́ḍyam || 20 || 12 ||

yó asmai havyádātibhir ā́hutim mártó 'vidhat | bhū́ri pósham sá dhatte vīrávad yáṣaḥ || 21 || prathamáṃ jātávedasam agníṃ yajñéshu pūrvyám | práti srúg eti námasā havíshmatī || 22 || ā́bhir vidhemāgnáye jyéshṭhābhir vyaṣvavát | máṅhishṭhābhir matíbhiḥ ṣukráṣocishe || 23 || nūnám arca víhāyase stómebhi sthūrayūpavát | ṛíshe vaiyaṣva dámyāyāgnáye || 24 || átithim mā́nushāṇāṃ sūnúṃ vánaspátīnām | víprā agním ávase pratnám īḷate || 25 || 13 ||

mahó víṣvāñ abhí shatò 'bhí havyā́ni mā́nushā | ágne ní shatsi námasā́dhi barhíshi || 26 || váṅsvā no vā́ryā purú váṅsva rāyáḥ puruspṛíhaḥ | suvī́ryasya prajā́vato yáṣasvataḥ || 27 || tvám varo sushā́mṇé 'gne jánāya codaya | sádā vaso rātíṃ yavishṭha ṣáṣvate || 28 || tváṃ hí supratū́r ási tváṃ no gómatīr íshaḥ | mahó rāyáḥ sātím agne ápā vṛidhi || 29 || ágne tváṃ yaṣā́ asy ā́ mitrā́váruṇā vaha | ṛitā́vānā samrā́jā pūtádakshasā || 30 || 14 ||

23, 15 havyádāti-bhiḥ. 16 ví-aṣvaḥ. vasu-vidam. 17 ā-yajím. jātá-vedasam (22). 18 sa-jóshasaḥ. 19 gha. kṛishṇá-vartanim ví-hāyasam. 20 yatá-srucaḥ su-bhā́sam ṣukrá-ṣocisham. 21 havyádāti-bhiḥ ā́-hutim mártaḥ á°. 23 vidhema a°. ṣukrá-ṣocishe. 24 ví-hāyase stómebhiḥ. dámyāya a°. 26 satáḥ a°. satsi námasā á°. 27 váṅsva. puru-spṛíhaḥ su-vī́ryasya. 28 varo *iti* su-sā́mne á°. vaso *iti*. 29 su-pratū́ḥ. ápa. 30 ṛitá-vānā sam-rā́jā pūtá-dakshasā.

24.

Sákhāya á ṣishāmahi bráhméndrāya vajríṇe | stushá ū shú vo nṛítamāya dhṛishṇáve || 1 || ṣávasā hy ási ṣrutó vṛitrahátyena vṛitrahā́ | maghaír maghóno áti ṣūra dāṣasi || 2 || sá na stávāna ā́ bhara rayíṃ citráṣravastamam | nireké cid yó harivo vásur dadíḥ || 3 || ā́ nirekám utá priyám índra dárshi jánānām | dhṛishatā́ dhṛishṇo stávamāna ā́ bhara || 4 || ná te savyáṃ ná dákshiṇaṃ hástaṃ varanta āmúraḥ | ná paribā́dho harivo gávishṭishu || 5 || 15 ||

ā́ tvā góbhir iva vrajáṃ gīrbhír ṛiṇomy adrivaḥ | ā́ smā kāmaṃ jaritúr ā́ mánaḥ pṛiṇa || 6 || víṣvāni viṣvámanaso dhiyā́ no vṛitrahantama | úgra praṇetar ádhi shū́ vaso gahi || 7 || vayáṃ te asyá vṛitrahan vidyā́ma ṣūra návyasaḥ | váso spārhásya puruhūta rā́dhasaḥ || 8 || índra yáthā hy ásti té 'parītaṃ nṛito ṣávaḥ | ámṛiktā rātíḥ puruhūta dāṣúshe || 9 || ā́ vṛishasva mahāmaha mahé nṛitama rā́dhase | dṛiḷhā́ṣ cid dṛihya maghavan maghā́ttaye || 10 || 16 ||

nū́ anyátrā cid adrivas tvā́n no jagmur āṣā́saḥ | mághavañ chagdhí táva tán na ūtíbhiḥ || 11 || nahy àṅgá nṛito tvád anyáṃ vindā́mi rā́dhase | rāyé dyumnā́ya ṣávase ca girvaṇaḥ || 12 || éndum índrāya siñcata píbāti somyám mádhu | prá rā́dhasā codayāte mahitvanā́ || 13 || úpo hárīṇām pátiṃ dáksham pṛiñcántam abravam | nūnáṃ ṣrudhi stuvató aṣvyásya || 14 || nahy àṅgá purā́ caná jajñé vīrátaras tvát | nákī rāyā́ naívāthā ná bhandánā || 15 || 17 ||

éd u mádhvo madíntaraṃ siñcá vādhvaryo ándhasaḥ |

24, 1 bráhma í°. stushé uṁ *iti* sú. 2 hí. vṛitra-hátyena vṛitra-hā́. 3 sá — bhara 12, 11. citráṣravaḥ-tamam. 4 dhṛishṇo *iti*. 5 varante ā-múraḥ. pari-bā́dhaḥ. gó-ishṭishu. 6 sma. 7 viṣvá-manasaḥ. vṛitrahan-tama. pranetar *iti* pra-netaḥ. sú vaso *iti*. 8 vṛitra-han. vásoḥ. puru-hūta (9). 9 hí. te ápari-itam nṛito *iti*. 10 mahā-maha. 11 nú anyátra. tvā́t. ā-ṣā́saḥ. ṣagdhí. tā́t. 12 nahí a° nṛito *iti*. 13 ā́ í°. 14 úpo *iti*. 15 nahí a°. nákiḥ. ná evá-thā. 16 ā́ ít. vā adhvaryo *iti*.

evā́ hí vīrá stávate sadā́vṛidhaḥ || 16 || índra sthātar harīṇāṃ nákish ṭe pūrvyástutim | úd ānaṅsa sávasā ná bhandánā || 17 || táṃ vo vā́jānām pátim áhūmahi ṣravasyávaḥ | áprāyubhir yajñébhir vāvṛidhényam || 18 || éto nv índraṃ stávāma sákhāya stómyaṃ náram | kṛishṭír yó víṣvā abhy ásty éka ít || 19 || ágorudhāya gavíshe dyukshā́ya dásmyaṃ vácaḥ | ghṛitā́t svā́dīyo mádhunaṣ ca vocata || 20 || 18 ||

yásyā́mitāni vīryà ná rā́dhaḥ páryetave | jyótir ná víṣvam abhy ásti dákshiṇā || 21 || stuhíndraṃ vyaṣvavád ánūrmiṃ vājínaṃ yámam | aryó gáyam máṅhamānaṃ ví dāṣúshe || 22 || evā́ nūnám úpa stuhi vaíyaṣva daṣamáṃ návam | súvidvāṅsaṃ carkṛ́tyaṃ caráṇīnām || 23 || véttha hí nírṛitīnāṃ vájrahasta parivṛ́jam | áhar-ahaḥ ṣundhyúḥ paripádām iva || 24 || tád indráva ā́ bhara yénā daṅsishṭha kṛ́tvane | dvitā́ kútsāya ṣiṣnatho ní codaya || 25 || 19 ||

tám u tvā nūnám īmahe návyaṃ daṅsishṭha sányase | sá tváṃ no víṣvā abhímātīḥ sakshā́ṇiḥ || 26 || yá ṛ́kshād áṅhaso mucád yó vā́ryāt saptá síndhushu | vádhar dāsásya tuvinṛimṇa nīnamaḥ || 27 || yáthā varo sushā́mṇe saníbhya ā́vaho rayím | vyàṣvebhyaḥ subhage vājinīvati || 28 || ā́ nāryásya dákshiṇā vyàṣvāṅ etu somínaḥ | sthūráṃ ca rā́dhaḥ ṣatávat sahásravat || 29 || yát tvā pṛichā́d ījānáḥ kuhayā́ kuhayākṛite | eshó ápaṣrito való gomatím áva tishṭhati || 30 || 20 ||

25.

Tā́ vāṃ víṣvasya gopā́ devā́ devéshu yajñíyā | ṛitā́vānā

24, 16 evá. vīráḥ. sadā́-vṛidhaḥ. 17 nákiḥ te pūrvyá-stutim. 18 áprāyu-bhiḥ. vavṛidhényam. 19 éto *iti* nú. sákhāyaḥ. abhí. 20 ágo-rudhāya go-íshe. 21 yásya á°. pári-etave. abhí. 22 stuhí í°. 23 evá. sú-vidvāṅsam. 24 véttha. níḥ-ṛitīnām vájra-hasta pari-vṛijam áhaḥ-ahaḥ. paripádām-iva. 25 indra á°. yéna. 26 abhí-mātīḥ. 27 vā ā́°. vádhaḥ. tuvi-nṛimṇa. 28 varo *iti* su-sā́mne. ā́ á°. ví-aṣvebhyaḥ su-bhage. 29 ví-aṣvān. 30 kuhayā -kṛite. ápa-ṣritaḥ. — 25, 1 ṛitá-vānā.

yajase pūtádakshasā || 1 || mitrá tánā ná rathyà váruṇo yáṣ ca sukrátuḥ | sanát sujātá tánayā dhṛitávratā || 2 || tá mātá viṣvávedasāsuryầya prámahasā | mahí jajānáditir ṛitávarī || 3 || mahántā mitrávárunā samrájā deváv ásurā | ṛitávānāv ṛitám á ghoshato bṛihát || 4 || nápātā ṣávaso maháḥ sūnú dákshasya sukrátū | sṛiprádānū ishó vástv ádhi kshitaḥ || 5 || 21 ||

sáṃ yá dánūni yemáthur divyáḥ párthivīr íshaḥ | nábhasvatīr á vāṃ carantu vṛishṭáyaḥ || 6 || ádhi yá bṛiható divò 'bhí yūthéva páṣyataḥ | ṛitávānā samrájā námase hitá || 7 || ṛitávānā ní shedatuḥ sámrājyāya sukrátū | dhṛitávratā kshatríyā kshatrám āṣatuḥ || 8 || akshṇáṣ cid gātuvíttarānulbaṇéna cákshasā | ní cin mishántā nicirá ní cikyatuḥ || 9 || utá no devy áditir urushyátāṃ násatyā | urushyántu marúto vṛiddháṣavasaḥ || 10 || 22 ||

té no nāvám urushyata dívā náktaṃ sudānavaḥ | árishyanto ní pāyúbhiḥ sacemahi || 11 || ághnate víshṇave vayám árishyantaḥ sudánave | ṣrudhí svayāvan sindho pūrvácittaye || 12 || tád váryaṃ vṛiṇīmahe várishṭhaṃ gopayátyam | mitró yát pánti váruṇo yád aryamá || 13 || utá naḥ síndhur apáṃ tán marútas tád aṣvínā | índro víshṇur mīḍhváṅsaḥ sajóshasaḥ || 14 || té hí shmā vanúsho náro 'bhímātiṃ káyasya cit | tigmáṃ ná kshódaḥ pratighnánti bhúrṇayaḥ || 15 || 23 ||

ayám éka itthá purúrú cashṭe ví viṣpátiḥ | tásya vratány ánu vaṣ carāmasi || 16 || ánu púrvāṇy okyà sāmrājyá-

---

25, 1 pūtá-dakshasā. 2 su-krátuḥ. su-jātá. dhṛitá-vratā (8). 3 viṣvá-vedasā a° prá-mahasā. jajāna á° ṛitá-varī. 4 sam-rájā (7). ṛitá-vānāu. 5 sūnú *iti*. sukrátū *iti* su-krátū sṛiprádānū *iti* sṛiprá-dānū. 7 diváḥ a° yūthá-iva. ṛitá-vānā (8). 8 sedatuḥ. sukrátu *iti* su-krátū. 9 gātuvít-tarā a°. cit. ni-cirá. 10 deví. vṛiddhá-ṣavasaḥ. 11 su-dānavaḥ. 12 su-dánave. sva-yāvan sindho *iti* pūrvá-cittaye. 14 tát. sa-jóshasaḥ. 15 sma. abhí-mātim. prati-ghnánti. 16 purú urú.

sya saṣcima | mitrásya vratā́ váruṇasya dīrghaṣrút || 17 || pári yó raṣmínā divó 'ntān mamé pṛithivyā́ḥ | ubhé ā paprau ródasī mahitvā́ || 18 || úd u shyá ṣaraṇé divó jyótir ayaṅsta sū́ryaḥ | agnír ná ṣukrā́ḥ samidhānā́ áhutaḥ || 19 || váco dīrghápraṣadmanī́ṣe vā́jasya gómataḥ | ī́ṣe hí pitvò 'visháṣya dāvā́ne || 20 || [24] ||

tát sū́ryaṃ ródasī ubhé doshā́ vástor úpa bruve | bhojéshv asmā́ñ abhy úc carā sádā || 21 || ṛijrám ukshaṇyā́yane rajatáṃ hárayāṇe | ráthaṃ yuktám asanāma sushā́maṇi || 22 || tā́ me áṣvyānāṃ hárīṇāṃ nitóṣanā | utó nú kṛítvyānāṃ nṛivā́hasā || 23 || smádabhīṣū káṣāvantā víprā návishṭhayā matí | mahó vājínāv árvantā sácāsanam || 24 || [25] ||

26.

Yuvór u shū́ ráthaṃ huve sadhástutyāya sūríshu | ātū́rtadakshā vṛishaṇā vṛishaṇvasū || 1 || yuvā́ṃ varo sushā́mṇe mahé táne nāsatyā | ávobhir yātho vṛishaṇā vṛishaṇvasū || 2 || tā́ vām adyá havāmahe havyébhir vājinīvasū | pūrvī́r ishá isháyantāv áti kshapáḥ || 3 || ā́ vāṃ váhishṭho aṣvinā rátho yātu ṣrutó narā | úpa stómān turásya darṣathaḥ ṣriyé || 4 || juhurāṇā́ cid aṣvinā́ manyethāṃ vṛishaṇvasū | yuvā́ṃ hí rudrā párshatho áti dvíshaḥ || 5 || [26] ||

dasrā́ hí víṣvam ānushā́ñ makshū́bhiḥ paridī́yathaḥ | dhiyaṃjinvā́ mádhuvarṇā ṣubhás pátī || 6 || úpa no yātam aṣvinā rāyá viṣvapúshā sahá | maghávānā suvī́rāv ánapacyutā || 7 || ā́ me asyá pratī́vyàm índranāsatyā gatam |

25, 17 dīrgha-ṣrút. 18 ántān. ubhé *iti*. ródasī *iti*. 19 syáḥ. sam-idhānáḥ ā́-hutaḥ. 20 dīrghá-prasadmani ī́ṣe. pitváḥ a°. 21 ródasī *iti* ubhé *iti*. ˇabhí út cara. 22 su-sā́mani. 23 ni-tóṣanā utó *iti*. nṛi-vā́hasā. 24 smádabhīṣū *iti* smát-abhīṣū. sácā a°. — 26, 1 sú. sadhá-stutyāya. ā́tūrta-dakshā. vṛishaṇvasū *iti* vṛishan-vasū (2. 5). 2 varo *iti* su-sā́mne. 3 vājinīvasū *iti* vājinī-vasū. 5 aṣvinā ā́°. 6 ānushák makshú-bhiḥ pari-dī́yathaḥ dhiyam-jinvā́ mádhu-varṇā. pátī *iti*. 7 viṣva-púshā. su-vī́rau ánapa-cyutā.

devá devébhir adyá sacánastamā || 8 || vayáṃ hí vāṃ hávāmaha ukshaṇyánto vyaṣvavát | sumatíbhir úpa viprāv ihá gatam || 9 || aṣvínā sv ṛìshe stuhi kuvít te ṣrávato hávam | nédīyasaḥ kūḷayātaḥ paṇíṅr utá || 10 || 27 ||

vaiyaṣvásya ṣrutaṃ narotó me asyá vedathaḥ | sajóshasā váruṇo mitró aryamā́ || 11 || yuvā́dattasya dhishṇyā yuvā́nītasya sūríbhiḥ | áhar-ahar vṛishaṇā máhyaṃ ṣikshatam || 12 || yó vāṃ yajñébhir ā́vṛitó 'dhivastrā vadhū́r iva | saparyántā ṣubhé cakrāte aṣvínā || 13 || yó vām uruvyácastamaṃ cíketati nṛipā́yyam | vartír aṣvinā pári yātam asmayū́ || 14 || asmábhyaṃ sú vṛishaṇvasū yātáṃ vartír nṛipā́yyam | vishudrúheva yajñám ūhathur girā́ || 15 || 28 ||

váhishṭho vāṃ hávānāṃ stómo dūtó huvan narā | yuvā́bhyām bhūtv aṣvinā || 16 || yád adó divó arṇavá ishó vā mádatho gṛihé | ṣrutám ín me amartyā || 17 || utá syā́ ṣvetayā́varī vā́hishṭhā vāṃ nadínām | síndhur híraṇyavartaniḥ || 18 || smád etáyā sukīrtyā́ṣvinā ṣvetáyā dhiyā́ | váhethe ṣubhrayāvānā || 19 || yukshvā́ hí tváṃ rathāsáhā yuvásva póshyā vaso | ā́n no vāyo mádhu pibāsmā́kaṃ sávanā́ gahi || 20 || 29 ||

táva vāyav ṛitaspate tváshṭur jāmātar adbhuta | ávāṅsy ā́ vṛiṇīmahe || 21 || tváshṭur jā́mātaraṃ vayám ī́ṣānaṃ rāyá īmahe | sutā́vanto vāyúṃ dyumnā́ jánāsaḥ || 22 || vā́yo yāhí ṣivā́ divó váhasvā sú svā́ṣvyam | váhasva mahā́ḥ pṛithupákshasā ráthe || 23 || tvā́ṃ hí supsárastamaṃ nṛishádaneshu

26, 8 sacánaḥ-tamā. 9 hávāmahe. sumatí-bhiḥ. ihá á. 10 sú ṛi°. 11 narā utó *iti*. sa-jóshasā. 12 yuvā́-dattasya. yuvā́-nītasya. áhaḥ-ahaḥ. 13 ā́-vṛitaḥ ádhi-vastrā. cakrāte *iti*. 14 uruvyácaḥ-tamam. nṛi-pā́yyam (15). asmayū́ *ity* asma-yū́. 15 vṛishaṇvasū *iti* vṛishaṇ-vasu. vishudrúhā-iva. 16 huvat. 17 arṇavé. ít. 18 ṣveta-yā́varī. híraṇya-vartaniḥ. 19 su-kīrtyā́ á°. váhethe *iti* ṣubhra-yāvānā. 20 yukshvá. ratha-sáhā. vaso *iti* ā́t. vāyo *iti*. piba a° sávanā ā́. 21 vāyo *iti* ṛitaḥpate. 22 sutá-vantaḥ. 23 vā́yo *iti* (25). ṣiva ā́. váhasva. su-áṣvyam. pṛithu-pákshasā. 24 supsáraḥ-tamam nṛi-sádaneshu.

hūmáhe | grávāṇaṃ náṣvapṛishṭham maṅhánā || 24 || sá tváṃ no deva mánasā váyo mandānó agriyáḥ | kṛidhí vájāñ apó dhíyaḥ || 25 || 30 ||

27.

Agnír ukthé puróhito grávāṇo barhír adhvaré | ṛicá yāmi marúto bráhmaṇas pátiṃ deváñ ávo vareṇyam || 1 || á paṣúṃ gāsi pṛithivíṃ vánaspátīn ushásā náktam óshadhīḥ | víṣve ca no vasavo viṣvavedaso dhīnám bhūta prāvitáraḥ || 2 || prá sú na etv adhvarò 'gná devéshu pūrvyáḥ | ādityéshu prá váruṇe dhṛitávrate marútsu viṣvábhānushu || 3 || víṣve hí shmā mánave viṣvávedaso bhúvan vṛidhé riṣádasaḥ | árishṭebhiḥ pāyúbhir viṣvavedaso yántā no 'vṛikáṃ chardíḥ || 4 || á no adyá sámanaso gántā víṣve sajóshasaḥ | ṛicá girá máruto dévy ádite sádane pástye mahi || 5 || 31 ||

abhí priyá maruto yá vo áṣvyā havyá mitra prayāthána | á barhír índro váruṇas turá nára ādityáso sadantu naḥ || 6 || vayáṃ vo vṛiktábarhisho hitáprayasa ānushák | sutásomāso varuṇa havāmahe manushvád iddhágnayaḥ || 7 || á prá yāta máruto víshṇo áṣvinā púshan mákīnayā dhiyá | índra á yātu prathamáḥ sanishyúbhir vṛíshā yó vṛitrahá gṛiṇé || 8 || ví no devāso adruhó 'chidraṃ ṣárma yachata | ná yád dūrád vasavo nú cid ántito várūtham ādadhárshati || 9 || ásti hí vaḥ sajātyàṃ riṣādaso dévāso ásty ápyam | prá naḥ pūrvasmai suvitáya vocata makshú sumnáya návyase || 10 || 32 ||

26, 24 ná áṣva-pṛishṭham. — 27, 1 puráḥ-hitaḥ. 2 ushásā. viṣva-vedasaḥ (4. 11). pra-avitāraḥ. 3 sú. adhvaráḥ a°. dhṛitá-vrate. viṣvá-bhānushu. 4 sma. viṣvá-vedasaḥ. yánta. 5 sá-manasaḥ gánta. sa-jóshasaḥ. 6 pra-yāthána. turāḥ. 7 vṛiktá-barhishaḥ hitá-prayasaḥ. sutá-somāsaḥ. iddhá-agnayaḥ. 8 víshṇo *iti*. vṛitra-hā. 9 adruhaḥ á°. nú. ā-dadhárshati. 10 sa-jātyàm. naḥ. makshú.

idā́ hí va úpastutim idā́ vāmásya bhaktáye | úpa vo viṣvavedaso namasyúr ā́ñ ásṛikshy ányām iva || 11 || úd u shyá vaḥ savitā́ supraṇītayó 'sthād ūrdhvó váreṇyaḥ | ní dvipā́daṣ cátushpādo arthínó 'viṣran patayishṇávaḥ || 12 || devám-devaṃ vó 'vase devám-devam abhíshṭaye | devám-devaṃ huvema vā́jasātaye gṛiṇánto devyā́ dhiyā́ || 13 || devā́so hí shmā mánave sámanyavo víṣve sākáṃ sárātayaḥ | té no adyá té aparáṃ tucé tú no bhávantu varivovídaḥ || 14 || prá vaḥ ṣaṅsāmy adruhaḥ saṃsthá úpastutīnām | ná táṃ dhūrtír varuṇa mitra mártyaṃ yó vo dhā́mabhyó 'vidhat || 15 || prá sá ksháyaṃ tirate ví mahī́r ísho yó vo várāya dā́ṣati | prá prajā́bhir jāyate dhármaṇas pá́ry árishṭaḥ sárva edhate || 16 || 33 ||

ṛité sá vindate yudháḥ sugébhir yāty ádhvanaḥ | aryamā́ mitró váruṇaḥ sárātayo yáṃ tráyante sajóshasaḥ || 17 || ájre cid asmai kṛiṇuthā nyáñcanaṃ durgé cid ā́ susaraṇám | eshā́ cid asmād aṣániḥ paró nú sā́sredhantī ví naṣyatu || 18 || yád adyá sū́rya udyatí príyakshatrā ṛitáṃ dadhá | yán nimrúci prabúdhi viṣvavedaso yád vā madhyáṃdine diváḥ || 19 || yád vābhipitvé asurā ṛitáṃ yaté chardír yemá ví dāṣúshe | vayáṃ tád vo vasavo viṣvavedasa úpa stheyāma mádhya ā́ || 20 || yád adyá sū́ra údite yán madhyáṃdina ātúci | vāmáṃ dhatthá mánave viṣvavedaso júhvānāya prácetase || 21 || vayáṃ tád vaḥ samrāja ā́ vṛiṇīmahe putró ná bahupā́yyam | aṣyā́ma tád ādityā júhvato havír yéna vásyo 'náṣāmahai || 22 || 34 ||

27, 11 úpa-stutim. ā́. 12 syáḥ. su-praṇītayaḥ á°. dvi-pādaḥ cátuḥ-pādaḥ arthínaḥ á°. 13 d. vo 'v. VIII, 12, 19. vā́ja-sātaye. 14 sma. sá-manyavaḥ. sá-rātayaḥ (17). varivaḥ-vídaḥ. 15 sam-sthé úpa-stutīnām. dhā́ma-bhyaḥ á°. 16ᵃ = VII, 59, 2. prá-pári VI, 70, 3. árishṭaḥ s. e. 41, 2. 17 su-gébhiḥ. sa-jóshasaḥ. 18 kṛiṇutha ni-áñcanam duḥ-gé. su-saraṇám. sā́ á°. 19 sū́rye ut-yatí príya-kshatrāḥ. yát ni-mrúci pra-búdhi viṣva-vedasaḥ (20. 21). 20 vā abhi-pitvé. mádhye. 21 sū́re út-ite yát madhyáṃdine ā-túci. prá-cetase. 22 v. t. v. 20. sam-rājaḥ. bahu-pā́yyam. ādityāḥ.

28.

Yé triṅśáti tráyas paró deváso barhír ā́sadan | vidánn áha dvitā́sanan || 1 || váruṇo mitró aryamā́ smádrātishāco agnáyaḥ | pátnīvanto váshaṭkṛitāḥ || 2 || té no gopā́ apācyā́s tá údak tá itthā́ nyàk | purástāt sárvayā viṣā́ || 3 || yáthā vā́ṣanti devā́s táthéd asat tád eshāṃ nákir ā́ minat | árāvā caná mártyaḥ || 4 || saptānā́ṃ saptá ṛishṭáyaḥ saptá dyumnāny eshām | saptó ádhi ṣríyo dhire || 5 || 35 ||

29.

Babhrúr éko víshuṇaḥ sūnáro yúvāñjy àṅkte hiraṇyáyam || 1 || yónim éka ā́ sasāda dyótano 'ntár devéshu médhiraḥ || 2 || vā́ṣīm éko bibharti hásta āyasím antár devéshu nídhruviḥ || 3 || vájram éko bibharti hásta ā́hitaṃ téna vṛitrā́ṇi jighnate || 4 || tigmám éko bibharti hásta ā́yudhaṃ ṣúcir ugró jálāshabheshajaḥ || 5 || pathá ékaḥ pīpāya táskaro yathāñ eshá veda nidhīnā́m || 6 || tríṇy éka urugāyó ví cakrame yátra deváso mádanti || 7 || víbhir dvā́ carata ékayā sahá prá pravāséva vasataḥ || 8 || sádo dvā́ cakrāte upamā́ diví samrā́jā sarpírāsutī || 9 || árcanta éke máhi sā́ma manvata téna sū́ryam arocayan || 10 || 36 ||

30.

Nahí vo ásty arbhakó dévāso ná kumārakáḥ | víṣve satómahānta ít || 1 || íti stutā́so asathā riṣādaso yé sthá tráyaṣ ca triṅṣác ca | mánor devā yajñiyāsaḥ || 2 || té nas trādhvaṃ tè 'vata tá u no ádhi vocata | mā́ naḥ patháḥ pítryān mā-

28, 1 ā́ á°. dvitā́ a°. 2 v. m. a. 26, 4. smádrāti-sācaḥ. váshaṭ-kṛitāḥ. 3 té (2). 4 táthā ít. 5 saptá ṛi°. saptó *iti*. — 29, 1 yúvā añjí a°. 3 háste (4. 5). ní-dhruviḥ. 4 ā́-hitam. 5 jálāsha-bheshajaḥ. 6 yathā. ni-dhīnā́m. 7 uru-gāyáḥ. 8 pravāsā́-iva. 9 cakrāte *iti* upa-mā́. sam-rā́jā sarpírāsutī *iti* sarpíḥ-āsutī. — 30, 1 satáḥ-mahāntaḥ. 2 asatha. triṅṣát. devāḥ. 3 té a° té. pítryāt.

navā́d ádhi dūrám̃ naishṭa parāvátaḥ || 3 || yé devāsa ihá sthána víçve vaiçvānarā́ utá | asmábhyam̃ çárma saprátho gávé 'çvāya yachata || 4 || 37 ||

Caturtho 'nuvākaḥ.

31.

Yó yájāti yájāta ít sunávac ca pácāti ca | brahméd índrasya cākanat || 1 || puroḷā́çam̃ yó asmai sómam̃ rárata āçíram | pā́d ít tám̃ çakró áñhasaḥ || 2 || tásya dyumā́ñ asad rátho devájūtaḥ sá çūçuvat | víçvā vanvánn amitríyā || 3 || ásya prajā́vatī grihé 'saçcantī divé-dive | íḷā dhenumátī duhe || 4 || yā́ dámpatī sámanasā sunutá ā́ ca dhā́vataḥ | dévāso nítyayāçírā || 5 || 38 ||

práti prāçavyā̀ñ itaḥ samyáñcā barhír āçāte | ná tā́ vā́jeshu vāyataḥ || 6 || ná devā́nām ápi hnutaḥ sumatím̃ ná jugukshataḥ | çrávo bṛihád vivāsataḥ || 7 || putríṇā tā́ kumāríṇā víçvam ā́yur vy àçnutaḥ | ubhā́ híraṇyapeçasā || 8 || vītíhotrā kṛitádvasu daçasyántāmṛítāya kám | sám ū́dho romaçám̃ hato devéshū kṛiṇuto dúvaḥ || 9 || ā́ çárma párvatānām̃ vṛiṇīmáhe nadī́nām | ā́ víshṇoḥ sacābhúvaḥ || 10 || 39 ||

áitu pūshā́ rayír bhágaḥ svastí sarvadhā́tamaḥ | urúr ádhvā svastáye || 11 || arámatir anarváṇo víçvo devásya mánasā | ādityā́nām anehá ít || 12 || yáthā no mitró aryamā́ váruṇaḥ sánti gopā́ḥ | sugā́ ṛitásya pánthāḥ || 13 || agním̃ vaḥ pūrvyám̃ girā́ devám īḷe vásūnām | saparyántaḥ purupriyám mitrám̃ ná kshetrasā́dhasam || 14 || makshū́ devávato ráthaḥ çū́ro vā pṛitsú kā́su cit | devā́nām̃ yá ín máno yá-

---

30, 4 sa-práthaḥ gáve á°. — 31, 1 yájāte. sunávat. brahmā́ ít. 2 rárate ā-çíram. 3 devá-jūtaḥ. 4 ásaçcantī. 5 dámpatī *iti* dám-patī sá-manasā. nítyayā ā-çírā. 6 āçāte *iti*. 7 su-matím. jughukshataḥ. 8 ví a°. híraṇya-peçasā. 9 vītí-hotrā kṛitád-vasū *iti* kṛitát-vasū daçasyántā a°. 10 ā́ s. p. VIII, 18, 16. sacā-bhúvaḥ. 11 ā́ etu. sarva-dhā́tamaḥ. 13 su-gā́ḥ. 14 s. v. p. VIII, 23, 7. puru-priyám. kshetra-sā́dhasam. 15 makshú. ít.

jamāna íyakshaty abhíd áyajvano bhuvat || 15 || ṇá yajamāna rishyasi ná sunvāna ná devayo | devā́nāṃ yá ín máno — || 16 || nákish ṭáṃ kármaṇā naṣan ná prá yoshan ná yoshati | devā́nāṃ yá ín máno — || 17 || ásad átra suvī́ryam utá tyád āṣvā́ṣvyam | devā́nāṃ yá ín máno — || 18 || 40 ||

Dvitīyo 'dhyāyaḥ.

32.

Prá kṛitā́ny ṛijīshíṇaḥ káṇvā índrasya gā́thayā | máde sómasya vocata || 1 || yáḥ sṛíbindam ánarṣanim píprum dāsám ahīṣúvam | vádhī́d ugró riṇánn apáḥ || 2 || ny árbudasya vishṭápaṃ varshmáṇam bṛihatás tira | kṛishé tád indra paúṅsyam || 3 || práti ṣrutā́ya vo dhṛishát tū́rṇāṣaṃ ná girér ádhi | huvé suṣiprám ūtáye || 4 || sá gór áṣvasya ví vrajám mandānáḥ somyébhyaḥ | púraṃ ná ṣūra darshasi || 5 || 1 ||

yádi me rarāṇaḥ sutá ukthé vā dádhase cánaḥ | ārā́d úpa svadhā́ gahi || 6 || vayáṃ ghā te ápi shmasi stotā́ra indra girvaṇaḥ | tváṃ no jinva somapāḥ || 7 || utá naḥ pitúm ā́ bhara saṃrarāṇó ávikshitam | mághavan bhū́ri te vásu || 8 || utá no gómatas kṛidhi híraṇyavato aṣvínaḥ | íḷābhiḥ sáṃ rabhemahi || 9 || bṛibádukthaṃ havāmahe sṛiprákarasnam ūtáye | sā́dhu kṛiṇvántam ávase || 10 || 2 ||

yáḥ saṃsthé cic chatákratur ā́d īṃ kṛiṇóti vṛitrahā́ | jaritṛíbhyaḥ purūvásuḥ || 11 || sá naḥ ṣakrás cid ā́ ṣakad dā́navāñ antarābharáḥ | índro víṣvābhir ūtíbhiḥ || 12 || yó rāyò 'vánir mahā́n supāráḥ sunvatáḥ sákhā | tám índram

31, 15 abhí ít. 16 devayo *iti* deva-yo. 17 nákiḥ tám. naṣat. yoshat. 18 su vī́ryam. āṣu-áṣvyam. — 32, 3 ní. 4 su -ṣiprám. 6 raráṇaḥ suté. svadhā́ ā́. 7 gha. smasi. soma-pāḥ. 8 sam-rarāṇáḥ ávi-kshitam. 10 bṛibát-uktham. sṛiprá-karasnam. 11 sam-sthé cit ṣatá-kratuḥ. vṛitra-hā́. puru-vásuḥ. 12 antara -ābharáḥ. 13ª = 4, 10.

abhí gāyata || 13 || āyantáram máhi sthirám prítanāsu sravojítam | bhū́rer íṣānam ójasā || 14 || nákir asya ṣácīnāṃ niyantā́ sūnrítānām | nákir vaktā́ ná dād íti || 15 || 3 ||

ná nūnám brahmáṇām riṇám prāṣūnā́m asti sunvatā́m | ná sómo apratā́ pape || 16 || pánya íd úpa gāyata pánya ukthā́ni ṣaṅsata | bráhmā kriṇota pánya ít || 17 || pánya ā́ dardirac chatā́ sahásrā vājy ávritaḥ | índro yó yájvano vridháḥ || 18 || ví shū́ cara svadhā́ ánu krishṭīnā́m ánv āhúvaḥ | índra píba sutā́nām || 19 || píba svádhainavānām utá yás túgrye sácā | utā́yám indra yás táva || 20 || 4 ||

átīhi manyushāvíṇaṃ sushuvā́ṅsam upáraṇe | imā́ṃ rātáṃ sutám piba || 21 || ihí tisráḥ parāváta ihí páñca jánāñ áti | dhénā indrāvacā́kaṣat || 22 || sū́ryo raṣmíṃ yáthā srijā́ tvā yachantu me gíraḥ | nimnám ā́po ná sadhryàk || 23 || ádhvaryav ā́ tú hí shiñcá sómaṃ vīrā́ya ṣipríṇe | bhárā sutásya pītáye || 24 || yá udnáḥ phaligám bhinán nyàk síndhūṅr avásrijat | yó góshu pakváṃ dhāráyat || 25 || 5 ||

áhan vritrám ṛcīshama aurṇavābhám ahīṣúvam | himénāvidhyad árbudam || 26 || prá va ugrā́ya nishṭúré 'shāḷhāya prasakshíṇe | deváttam bráhma gāyata || 27 || yó víṣvāny abhí vratā́ sómasya máde ándhasaḥ | índro devéshu cétati || 28 || ihá tyā́ sadhamā́dyā hárī híraṇyakeṣyā | voḷhā́m abhí práyo hitám || 29 || arvā́ñcaṃ tvā purushṭuta priyámedhastutā hárī | somapéyāya vakshataḥ || 30 || 6 ||

33.

Vayáṃ gha tvā sutā́vanta ā́po ná vriktábarhishaḥ | pa-

32, 14 ā-yantā́ram. ṣravaḥ-jítam. 15 ni-yantā́. 17 pányе (3). bráhma. 18 dardirat ṣ°. vājī́. 19 sú. ā-húvaḥ. 20 svá-dhainavānām. utá a°. 21 áti ihi manyu-sāvínam susu-vā́ṅsam upa-áraṇe. 22 indra ava-cā́kaṣat. 23 sṛija ā́. 24 adhvaryo *iti*. siñcá. bhára. 25 phali-gám bhinát. ava-ásrijat. 26 hiména a°. 27 niḥ-túre á° pra-sakshíṇe. d. b. g. 37, 4. 29 i. t. s. VIII, 13, 27. hárī *iti* híraṇya-keṣyā. 30 = VIII, 6, 45. — 33, 1 sutá-vantaḥ. vriktá-barhishaḥ.

vítrasya prasrávaṇeshu vṛitrahan pári stotára āsate || 1 || sváranti tvā suté náro váso nireká ukthínaḥ | kadā́ sutáṃ tṛishāṇá óka ā́ gama índra svabdíva vánsagaḥ || 2 || káṇvebhir dhṛishṇav ā́ dhṛishád vā́jaṃ darshi sahasríṇam | piṣáñgarūpam maghavan vicarshaṇe makshū́ gómantam īmahe || 3 || pāhí gā́yā́ndhaso máda índrāya medhyātithe | yáḥ sámmiṣlo háryor yáḥ suté sácā vajrī́ rátho hiraṇyáyaḥ || 4 || yáḥ sushavyáḥ sudákshiṇa inó yáḥ sukrátur gṛiṇé | yá ākaráḥ sahásrā yáḥ ṣatā́magha índro yáḥ pūrbhíd āritáḥ || 5 || 7 ||

yó dhṛishitó yó 'vṛito yó ásti ṣmáṣrushu ṣritáḥ | víbhūtadyumnaṣ cyávanaḥ purushṭutáḥ krátvā gaúr iva ṣākináḥ || 6 || ká īṃ veda suté sácā píbantaṃ kád váyo dadhe | ayáṃ yáḥ púro vibhinátty ójasā mandānáḥ ṣipry ándhasaḥ || 7 || dānā́ mṛigó ná vāraṇáḥ purutrā́ carátham dadhe | nákish ṭvā ní yamad ā́ suté gamo mahā́nṣ carasy ójasā || 8 || yá ugráḥ sánn ánishṭṛita sthiró ráṇāya sáṃskṛitaḥ | yádi stotúr maghávā ṣṛiṇávad dhávaṃ néndro yoshaty ā́ gamat || 9 || satyám itthā́ vṛíshéd asi vṛíshajūtir nó 'vṛitaḥ | vṛíshā hy ùgra ṣṛiṇvishé parāváti vṛísho arvāváti ṣrutáḥ || 10 || 8 ||

vṛíshaṇas te abhíṣavo vṛíshā káṣā hiraṇyáyī | vṛíshā rátho maghavan vṛíshaṇā hárī vṛíshā tváṃ ṣatakrato || 11 || vṛíshā sótā sunotu te vṛíshann ṛijīpinn ā́ bhara | vṛíshā dadhanve vṛíshaṇaṃ nadíshv ā́ túbhyaṃ sthātar harīṇām || 12 || éndra yāhi pītáye mádhu ṣavishṭha somyám | nā́yám áchā maghávā ṣṛiṇávad gíro bráhmokthā́ ca sukrátuḥ || 13 ||

33, 1 pra-srávaṇeshu vṛitra-han. 2 váso *iti* nireké. svabdí-iva. 3 dhṛishṇo *iti*. piṣáñga-rūpam. vi-carshaṇe makshú. 4 gā́ya á° máde. medhya-atithe. sám-miṣlaḥ. 5 su-savyáḥ su-dákshiṇaḥ. su-krátuḥ (13). ā-karáḥ. ṣatá-maghaḥ. pūḥ-bhít. 6 ávṛitaḥ. víbhūta-dyumnaḥ. puru-stutáḥ. 7 vi-bhinátti. ṣiprī́. 8 nákiḥ tvā. 9 ániḥ-stṛitaḥ. hávam ná í°. 10 vṛíshā ít. vṛísha-jūtiḥ naḥ á°. hí u°. vṛísho *iti*. 11 hárī *iti*. ṣatakrato *iti* ṣata-krato (14). 13 ā́ i°. ná a° ácha. bráhma u°.

váhantu tvā ratheshṭhā́m ā́ hárayo rathayújaḥ | tirā́ç cid aryā́ṃ sávanāni vṛitrahann anyéshāṃ yā́ çatakrato || 14 || asmā́kam adyā́ntamaṃ stómaṃ dhishva mahāmaha | asmā́kaṃ te sávanā santu çáṃtamā mádāya dyuksha somapāḥ || 15 || 9 ||

nahí shás táva nó máma çāstré anyásya ráṇyati | yó asmā́n vīrá ā́nayat || 16 || índraç cid ghā tád abravīt striyā́ açāsyám mánaḥ | utó áha krátuṃ raghúm || 17 || sáptī cid ghā madacyútā mithunā́ vahato rátham | evéd dhū́r vṛíshṇa úttarā || 18 || adháḥ paçyasva mópári saṃtarā́m pādakaú hara | mā́ te kaçaplakaú dṛiçan strī́ hí brahmā́ babhū́vitha || 19 || 10 ||

34.

Éndra yāhi háribhir úpa káṇvasya sushṭutím | divó amúshya çā́sato divā́ṃ yayá divāvaso || 1 || ā́ tvā grā́vā vádann ihá somí ghósheṇa yachatu | divó amúshya — || 2 || ā́trā ví nemír eshām úrāṃ ná dhūnute vṛíkaḥ | divó amúshya — || 3 || ā́ tvā káṇvā ihā́vase hávante vā́jasātaye | divó amúshya — || 4 || dádhāmi te sutā́nāṃ vṛíshṇe ná pūrvapā́yyam | divó amúshya — || 5 || 11 ||

smátpuraṃdhir na ā́ gahi viçvátodhīr na ūtáye | divó amúshya — || 6 || ā́ no yāhi mahemate sáhasrote çátāmagha | divó amúshya — || 7 || ā́ tvā hótā mánurhito devatrā́ vakshad ī́dyaḥ | divó amúshya — || 8 || ā́ tvā madacyútā hárī çyenā́m paksheva vakshataḥ | divó amúshya —

33, 14 rathe-sthā́m. ratha-yújaḥ. vṛitra-han. 15 adyá á°. mahā-maha. soma-pāḥ. 16 sáḥ. nó *iti*. ā́ á°. 17 gha. utó *iti*. 18 sáptī *iti*. gha mada-cyútā. evá ít. 19 mā́ u°. kaça-plakaú. — 34, 1 é. y. 130, 1. su-stutím. divāvaso *iti* divā-vaso. 3 átra. 4 ihá á°. vā́ja-sātaye. 5 purva-pā́yyam. 6 smát-puraṃdhiḥ. viçvátaḥ-dhīḥ. 7 mahe-mate sáhasra-ūte çáta-magha. 8 mánuḥ-hitaḥ. 9 mada-cyútā hárī *iti*. pakshā́-iva.

|| 9 || á yāhy aryá á pári sváhā sómasya pītáye | divó amúshya — || 10 || 12 ||

á no yāhy úpaṣruty ukthéshu raṇayā ihá | divó amúshya — || 11 || sárūpair á sú no gahi sámbhṛitaiḥ sámbhṛitāṣvaḥ | divó amúshya — || 12 || á yāhi párvatebhyaḥ samudrásyádhi vishṭápaḥ | divó amúshya — || 13 || á no gávyāny áṣvyā sahásrā ṣūra dardṛihi | divó amúshya — || 14 || á naḥ sahasraṣó bharāyútāni ṣatáni ca | divó amúshya — || 15 || á yád índraṣ ca dádvahe sahásram vásurocishaḥ | ójishṭham áṣvyam paṣúm || 16 || yá ṛijrá vátaraṅhaso 'rusháso raghushyádaḥ | bhrájante sūryā iva || 17 || párāvatasya rātíshu draváccakreshv āṣúshu | tíshṭhaṃ vánasya mádhya á || 18 || 13 ||

35.

Agnínéndreṇa váruṇena víshṇunādityaí rudraír vásubhiḥ sacābhúvā | sajóshasā ushásā sūryeṇa ca sómam pibatam aṣvinā || 1 || víṣvābhir dhībhír bhúvanena vājinā divá pṛithivyádribhiḥ sacābhúvā | sajóshasā ushásā — || 2 || víṣvair devaís tribhír ekādaṣaír ihádbhír marúdbhir bhṛígubhiḥ sacābhúvā | sajóshasā ushásā — || 3 || jushéthāṃ yajñám bódhataṃ hávasya me víṣvehá devau sávanáva gachatam | sajóshasā ushásā sūryeṇa césham no volham aṣvinā || 4 || stómaṃ jushethāṃ yuvaṣéva kanyánāṃ víṣvehá devau sávanáva gachatam | sajóshasā ushásā sūryena cémaṃ — || 5 || gíro jushethām adhvaráṃ jushethāṃ víṣvehá devau

---

34, 11 úpa-ṣruti. raṇaya. 12 sá-rūpaiḥ. sám-bhṛitaiḥ sámbhṛita-aṣvaḥ. 13 samudrásya á°. 15 bhara á°. 16 dádvahe *iti*. vásu-rocishaḥ. 17 yé ṛijráḥ váta-raṅhasaḥ. raghu-syádaḥ. 18 dravát-cakreshu. mádhye. — 35, 1 agnínā í°. víshṇunā ādityaíḥ. sacā-bhúvā. sa-jóshasau. 2 pṛithivyá á°. 3 ihá a°. 4 víṣvā ihá. sávanā áva. ca á ísham. 5 yuvaṣá-iva.

sávanā́va gachatam | sajóshasā ushásā sū́ryeṇa césham — || 6 || 14 ||

hāridravéva patatho vánéd úpa sómaṃ sutám mahishévā́va gachathaḥ | sajóshasā ushásā sū́ryeṇa ca trír vartír yātam aṣvinā || 7 || haṅsā́v iva patatho adhvagā́v iva sómaṃ sutám mahishévā́va gachathaḥ | sajóshasā ushásā sū́ryeṇa ca trír — || 8 || ṣyenā́v iva patatho havyádātaye sómaṃ sutám mahishévā́va gachathaḥ | sajóshasā ushásā sū́ryeṇa ca trír — || 9 || píbataṃ ca tṛipṇutā́ṃ cā́ ca gachatam prajā́ṃ ca dhattā́ṃ dráviṇaṃ ca dhattam | sajóshasā ushásā sū́ryeṇa córjaṃ no dhattam aṣvinā || 10 || jáyataṃ ca prá stutaṃ ca prá cāvatam prajā́ṃ ca dhattā́ṃ dráviṇaṃ ca dhattam | sajóshasā ushásā sū́ryeṇa córjaṃ — || 11 || hatā́ṃ ca ṣátrūn yátataṃ ca mitríṇaḥ prajā́ṃ ca dhattā́ṃ dráviṇaṃ ca dhattam | sajóshasā ushásā sū́ryeṇa córjaṃ — || 12 || 15 ||

mitrā́váruṇavantā utá dhármavantā marútvantā jaritúr gachatho hávam | sajóshasā ushásā sū́ryeṇa cādityaír yātam aṣvinā || 13 || ā́ṅgirasvantā utá víshṇuvantā marútvantā jaritúr gachatho hávam | sajóshasā ushásā sū́ryeṇa cādityaír — || 14 || ṛibhumántā vṛishaṇā vā́javantā marútvantā jaritúr gachatho hávam | sajóshasā ushásā sū́ryeṇa cādityaír — || 15 || bráhma jinvatam utá jinvataṃ dhíyo hatā́ṃ rákshāṅsi sédhatam ámīvāḥ | sajóshasā ushásā sū́ryeṇa ca sómaṃ sunvató aṣvinā || 16 || kshatrā́ṃ jinvatam utá jinvataṃ nṝín hatā́ṃ rákshāṅsi sédhatam ámīvāḥ | sajóshasā ushásā sū́ryeṇa ca sómaṃ — || 17 || dhenū́r jinvatam utá jinvataṃ víṣo hatā́ṃ rákshāṅsi sédhatam ámīvāḥ | sajóshasā ushásā sū́ryeṇa ca sómaṃ — || 18 || 16 ||

35, 7 hāridravā́-iva. vánā ít. mahishā́-iva áva. 8 adhvagaú -iva. 9 havyá-dātaye. 10 ca ā́. pra-jā́m. ca ū°. 11 ca a°. 13 mitrā́váruṇa-vantau. ca ā°. 14 ā́ṅgirasvantau.

átrer iva ṣriṇutam pūrvyástutiṃ ṣyāváṣvasya sunvató madacyutā | sajóshasā ushásā sū́ryeṇa cā́ṣvinā tiróahnyam || 19 || sárgāñ iva sṛijatam sushṭutī́r úpa ṣyāváṣvasya sunvató madacyutā | sajóshasā ushásā sū́ryeṇa cā́ṣvinā || 20 || raṣmī́ñr iva yachatam adhvarā́ñ úpa ṣyāváṣvasya sunvató madacyutā | sajóshasā ushásā sū́ryeṇa cā́ṣvinā — || 21 || arvā́g rátham ní yachatam píbatam somyám mádhu | ā́ yātam aṣvinā́ gatam avasyúr vām ahám huve dhattám rátnāni dāṣúshe || 22 || namovāké prásthite adhvaré narā vivákshaṇasya pītáye | ā́ yātam — || 23 || sváhākṛitasya tṛimpatam sutásya devāv ándhasaḥ | ā́ yātam — || 24 || 17 ||

36.

Avitási sunvató vṛiktábarhishaḥ píbā sómam mádāya kám ṣatakrato | yám te bhāgám ádhārayan víṣvāḥ sehānáḥ pṛítanā urú jráyaḥ sám apsujín marútvāñ indra satpate || 1 || práva stotā́ram maghavann áva tvā́m píbā sómam mádāya kám ṣatakrato | yám te bhāgám — || 2 || ūrjā́ devā́ñ ávasy ójasā tvā́m píbā sómam mádāya kám ṣatakrato | yám te bhāgám — || 3 || janitā́ divó janitā́ pṛithivyā́ḥ píbā sómam mádāya kám ṣatakrato | yám te bhāgám — || 4 || janitā́ṣvānām janitā́ gávām asi píbā sómam mádāya kám ṣatakrato | yám te bhāgám — || 5 || átrīṇām stómam adrivo mahás kṛidhi píbā sómam mádāya kám ṣatakrato | yám te bhāgám — || 6 || ṣyāváṣvasya sunvatás táthā ṣriṇu yáthā́ṣriṇor átreḥ kármāṇi kṛiṇvatáḥ | prá trasádasyum āvitha tvā́m éka ín nṛisháhya índra bráhmāṇi vardháyan || 7 || 18 ||

35, 19 pūrvyá-stutim ṣyāvá-aṣvasya. mada-cyutā. ca á° tiráḥ -ahnyam. 20 su-stutī́ḥ. 22 p. s. m. VI, 60, 15. ā́ — gatam VIII, 8, 6. 23 namaḥ-vāké prá-sthite. 24 svāhā-kṛitasya. — 36, 1 avitā́ asi. vṛiktá-barhishaḥ píba. ṣatakrato *iti* ṣata-krato. apsu -jít. sat-pate. 2 prá ava. 5 janitā́ á°. 7 ṣyāvá-aṣvasya. yáthā á°. ít nṛi-sáhye.

37.

Prédám bráhma vṛitratū́ryeshv āvitha prá sunvatáḥ ṣacīpata índra víṣvābhir ūtíbhiḥ | mádhyaṃdinasya sávanasya vṛitrahann anedya píbā sómasya vajrivaḥ || 1 || sehāná ugra pṛítanā abhí drúhaḥ ṣacīpata índra víṣvābhir ūtíbhiḥ | mádhyaṃdinasya — || 2 || ekarā́ḷ asyá bhúvanasya rājasi ṣacīpata índra víṣvābhir ūtíbhiḥ | mádhyaṃdinasya — || 3 || sasthā́vānā yavayasi tvám éka íc chacīpata índra víṣvābhir ūtíbhiḥ | mádhyaṃdinasya — || 4 || kshémasya ca prayújaṣ ca tvám īṣishe ṣacīpata índra víṣvābhir ūtíbhiḥ | mádhyaṃdinasya — || 5 || kshatrā́ya tvam ávasi ná tvam āvitha ṣacīpata índra víṣvābhir ūtíbhiḥ | mádhyaṃdinasya — || 6 || ṣyāvā́ṣvasya rébhatas táthā ṣṛiṇu yáthā́ṣṛiṇor átreḥ kármāṇi kṛiṇvatáḥ | prá trasádasyum āvitha tvám éka ín nṛishā́hya índra kshatrā́ṇi vardháyan || 7 || 19 ||

38.

Yajñásya hí sthá ṛitvíjā sásnī vā́jeshu kármasu | índrāgnī tásya bodhatam || 1 || toṣā́sā rathayā́vānā vṛitrahánā́parājitā | índrāgnī tásya bodhatam || 2 || idáṃ vām madirám mádhv ádhukshann ádribhir náraḥ | índrāgnī tásya bodhatam || 3 || jushéthāṃ yajñám ishṭáye sutáṃ sómaṃ sadhastutī | índrāgnī ā́ gataṃ narā || 4 || imā́ jushethāṃ sávanā yébhir havyā́ny ūhā́thuḥ | índrāgnī ā́ gataṃ narā || 5 || imāṃ gāyatrávartaniṃ jushéthāṃ sushṭutím máma | índrāgnī ā́ gataṃ narā || 6 || 20 ||

37, 1 prá í°. vṛitra-tū́ryeshu. ṣacī-pate. vṛitra-han. píba. 3 eka-rā́ṭ. 4 sa-sthā́vānā. ít ṣ°. 5 pra-yújaḥ. 7 ṣyāvá-aṣvasya. táthā-índra VIII, 36, 7. — 38, 1 sásnī *iti*. índrāgnī *iti*. 2 ratha-yā́vānā vṛitra-hánā ápara-jitā. 4 sadhastutī *iti* sadha-stutī. 6 gāyatrá-vartanim. su-stutím.

prātaryā́vabhir ā́ gatam devébhir jenyāvasū | índrāgnī sómapītaye || 7 || şyāvā́şvasya sunvató 'triṇām şriṇutam hávam | índrāgnī sómapītaye || 8 || evā́ vām ahva ūtáye yáthā́huvanta médhirāḥ | índragnī sómapītaye || 9 || ā́hám sárasvatīvator indrāgnyór ávo vriṇe | yā́bhyām gāyatrám ṛicyáte || 10 || 21 ||

39.

Agním astoshy ṛigmíyam agním īḷā́ yajádhyai | agnír devā́ñ anaktu na ubhé hí vidáthe kavír antáş cárati dūtyàm nábhantām anyaké same || 1 || ny àgne návyasā vácas tanū́shu şáṅsam eshām | ny árātī rárāvṇām víşvā aryó árātīr itó yuchantv āmúro nábhantām anyaké same || 2 || ágne mánmāni túbhyam kám ghṛitám ná juhva āsáni | sá devéshu prá cikiddhi tvám hy ási pūrvyáḥ şivó dūtó vivásvato nábhantām anyaké same || 3 || tád-tad agnír váyo dadhe yáthā-yathā kṛipaṇyáti | ūrjā́hutir vásūnām şám ca yóş ca máyo dadhe víşvasyai deváhūtyai nábhantām anyaké same || 4 || sá ciketa sáhīyasāgníş citréṇa kármaṇā | sá hótā şáşvatīnām dákshiṇābhir abhívṛita inóti ca pratīvyàm nábhantām anyaké same || 5 || 22 ||

agnír jātā́ devā́nām agnír veda mártānām apīcyàm | agníḥ sá draviṇodā́ agnír dvā́rā vy ū̀rṇute svā̀huto návīyasā nábhantām anyaké same || 6 || agnír devéshu sámvasuḥ sá vikshú yajñíyāsv ā́ | sá mudā́ kā́vyā purú víşvam bhū́meva pushyati devó devéshu yajñíyo nábhantām anyaké

38, 7 prātaryā́va-bhiḥ. jenyāvasū *iti*. sóma-pītaye. 8 şyāvá-aşvasya. átriṇām. 9 evá. ahve. yáthā á°. 10 ā́ a°. — 39, 1 ubhé *iti*. vidáthe *iti*. antár *iti*. 2 ní a°. ní árātiḥ. ā-múraḥ. 3 juhve. hí. 4 ūrjā́-āhutiḥ. devá-hūtyai. 5 sáhīyasā a°. abhí-vṛitaḥ. 6 draviṇaḥ-dā́ḥ. ví ū° sú-āhutaḥ. 7 sám-vasuḥ. bhū́ma-iva.

same ‖ 7 ‖ yó agníḥ saptámānushaḥ ṣritó víṣveshu síndhushu | tám ā́ganma tripastyám mandhātúr dasyuhántamam agním yajñéshu pūrvyám nábhantām anyaké same ‖ 8 ‖ agnís tríṇi tridhā́tūny ā́ ksheti vidáthā kavíḥ | sá trī́ṅr ekādaṣā́ñ ihá yákshac ca pipráyac ca no vípro dūtáḥ párishkṛito nábhantām anyaké same ‖ 9 ‖ tvám no agna āyúshu tvám devéshu pūrvya vásva éka irajyasi | tvám ā́paḥ parisrútaḥ pári yanti svásetavo nábhantām anyaké same ‖ 10 ‖ 23 ‖

40.

Índrāgnī yuvám sú naḥ sáhantā dā́satho rayím | yéna dṛiḷhā́ samátsv ā́ vīḷú cit sāhishīmáhy agnír váneva vā́ta ín nábhantām anyaké same ‖ 1 ‖ nahí vām vavrā́yāmahé 'théndram íd yajāmahe ṣávishṭham nṛiṇā́m náram | sá naḥ kadā́ cid árvatā gámad ā́ vā́jasātaye gámad ā́ medhásātaye nábhantām anyaké same ‖ 2 ‖ tā́ hí mádhyam bhárāṇām indrāgní adhikshitáḥ | tā́ u kavitvanā́ kaví pṛichyámānā sakhīyaté sám dhītám aṣnutam narā nábhantām anyaké same ‖ 3 ‖ abhy àrca nabhākavád indrāgní yajásā girā́ | yáyor víṣvam idám jágad iyám dyaúḥ pṛithivī́ mahy ùpásthe bibhṛitó vásu nábhantām anyaké same ‖ 4 ‖ prá bráhmāṇi nabhākavád indrāgníbhyām irajyata | yā́ saptábudhnam arṇavám jihmábāram aporṇutá índra ī́ṣāna ójasā nábhantām anyaké same ‖ 5 ‖ ápi vṛiṣca purāṇavád vratáter iva gushpitám ójo dāsásya dambhaya | vayám tád asya

---

39, 8 saptá-mānushaḥ. ā́ a° tri-pastyám. dasyuhán-tamam. 9 tri-dhā́tūni. yákshat. pipráyat. pári-kṛitaḥ. 10 agne. pari-srútaḥ. svá-setavaḥ. — 40, 1 índrāgnī *iti*. samát-su. sahishīmáhi. vánā-iva vā́te ít. 2 vavrā́yāmahe átha í°. vā́ja-sātaye. medhá-sātaye. 3 indrāgnī́ *iti* (4. 7) adhi-kshitáḥ taú. kaví *iti*. sakhi-yaté. 4 abhí a°. mahī́ upá-sthe. 5 saptá-budhnam. jihmá-bāram apa-ūrṇutáḥ.

sámbhṛitaṃ vásv índreṇa ví bhajemahi nábhantām anyaké same || 6 || 24 ||

yád indrāgnī́ jánā imé vihváyante tánā girā́ | asmā́kebhir nṛ́bhir vayā́ṃ sāsahyā́ma pṛitanyató vanuyā́ma vanushyató nábhantām anyaké same || 7 || yā́ nú ṣvetā́v avó divá uccárāta úpa dyúbhiḥ | indrāgnyór ánu vratám úhānā yanti síndhavo yā́n sīm bandhā́d ámuñcatāṃ nábhantām anyaké same || 8 || pūrvī́sh ṭa indrópamātayaḥ pūrvī́r utá práṣastayaḥ sū́no hinvásya harivaḥ | vásvo vīrásyāpṛíco yā́ nú sā́dhanta no dhíyo nábhantām anyaké same || 9 || tám ṣiṣītā suvṛiktíbhis tveshám sátvānam ṛigmíyam | utó nú cid yá ójasā ṣúshṇasyāṇḍā́ni bhédati jéshat svàrvatīr apó nábhantām anyaké same || 10 || tám ṣiṣītā svadhvarám satyám sátvānam ṛitvíyam | utó nú cid yá óhata āṇḍā́ ṣúshṇasya bhédaty ájaiḥ svàrvatīr apó nábhantām anyaké same || 11 || evéndrāgníbhyām pitṛiván návīyo mandhātṛivád aṅgirasvád avāci | tridhā́tunā ṣármaṇā pātam asmā́n vayám syāma pátayo rayīṇā́m || 12 || 25 ||

41.

Asmā́ ū shú prábhūtaye váruṇāya marúdbhyó 'rcā vidúshṭarebhyaḥ | yó dhītā́ mā́nushāṇām paṣvó gā́ iva rákshati nábhantām anyaké same || 1 || tám ū shú samanā́ girā́ pitṝṇā́ṃ ca mánmabhiḥ | nābhākásya práṣastibhir yáḥ síndhūnām úpodayé saptásvasā sá madhyamó nábhantām anyaké same || 2 || sá kshápaḥ pári shasvaje ny ùsró māyáyā dadhe sá víṣvam pári darṣatáḥ | tásya vénīr ánu vra-

40, 6 sám-bhṛitam. 7 vi-hváyante. sasahyā́ma. 8 ut-cárātaḥ. úhānāḥ. 9 pūrvī́ḥ te indra úpa-mātayaḥ. prá-ṣastayaḥ sū́no *iti*. vīrásya ā-pṛícaḥ yā́ḥ. 10 ṣiṣīta suvṛiktí-bhiḥ. utó *iti*. ṣúshṇasya ā°. 11 ṣiṣīta su-adhvarám. u. n. c. 10. óhate. 12 evá i° pitṛi-vát. tri-dhā́tunā. vayám *etc.* IV, 50, 6. — 41, 1 asmaí ūm̐ *iti* sú prá-bhūtaye. marút-bhyaḥ árca. 2 ūm̐ *iti* sú. práṣasti-bhiḥ. úpa ut-ayé saptá-svasā. 3 sasvaje ní u°.

tám ushás tisró avardhayan nábhantām anyaké same ‖ 3 ‖
yáḥ kakúbho nidhārayáḥ pṛithivyáṁ ádhi darṣatáḥ | sá
mátā pūrvyám padáṁ tád váruṇasya sáptyaṁ sá hí gopá
ivéryo nábhantām anyaké same ‖ 4 ‖ yó dhartá bhúvanā-
nāṁ yá usráṇām apícyà véda námāni gúhyā | sá kavíḥ ká-
vyā purú rūpáṁ dyaúr iva pùshyati nábhantāṁ anyaké
same ‖ 5 ‖ 26 ‖

yásmin víṣvāni kávyā cakré nábhir iva ṣritá | tritáṁ
jūtí saparyata vrajé gávo ná samyúje yujé áṣvāǹ ayukshata
nábhantām anyaké same ‖ 6 ‖ yá āsv átka āṣáye víṣvā jā-
tány eshām | pári dhámāni mármṛishad váruṇasya puró gáye
víṣve devá ánu vratáṁ nábhantām anyaké same ‖ 7 ‖ sá
samudró apícyàs turó dyáṁ iva rohati ní yád āsu yájur
dadhé | sá māyá arcínā padástṛiṇān nákam áruhan nábhan-
tām anyaké same ‖ 8 ‖ yásya ṣvetá vicakshaṇá tisró bhú-
mīr adhikshitáḥ | tríṛ úttarāṇi paprátur váruṇasya dhruvám
sádaḥ sá saptānáṁ irajyati nábhantām anyaké same ‖ 9 ‖
yáḥ ṣvetáǹ ádhinirṇijaṣ cakré kṛishṇáǹ ánu vratá | sá dháma
pūrvyám mame yá skambhéna ví ródasī ajó ná dyáṁ
ádhārayan nábhantām anyaké same ‖ 10 ‖ 27 ‖

42.

Ástabhnād dyáṁ ásuro viṣvávedā ámimīta varimáṇam
pṛithivyáḥ | ásīdad víṣvā bhúvanāni samráḍ víṣvét táni vá-
ruṇasya vratáni ‖ 1 ‖ evá vandasva váruṇam bṛihántam· na-
masyá dhíram amṛítasya gopám | sá naḥ ṣárma trivárū-
thaṁ ví yaṅsat pātáṁ no dyāvāpṛithivī upásthe ‖ 2 ‖ imáṁ

41, 4 ni-dhārayáḥ. gopáḥ-iva íryaḥ.   6 sam-yúje.   7 ā
-sáye.   8 padá ástṛiṇāt. á aruhat.   9 vi-cakshaṇá. adhi-kshitáḥ.
10 ádhi-nirṇijaḥ. yáḥ. ródasī íti. ádhārayat. — 42, 1 viṣvá-vedāḥ.
á aᵒ. sam-ráṭ víṣvá ít.   2 evá. namasyá. tri-várūtham. dyāvā-
pṛithivī íti úpa-sthe.

dhíyaṃ ṣíkshamāṇasya deva krátuṃ dákshaṃ varuṇa sáṃ ṣiṣādhi | yáyáti víṣvā duritá tárema sutármāṇam ádhi návaṃ ruhema || 3 || á vāṃ, grávāṇo aṣvinā dhībhír víprā acucyavuḥ | násatyā sómapītaye nábhantām anyaké same || 4 || yáthā vām átrir aṣvinā gīrbhír vípro ájohavīt | násatyā sómapītaye nábhantām anyaké same || 5 || evá vām ahva ūtáye yáthāhuvanta médhirāḥ | násatyā sómapītaye nábhantām anyaké same || 6 || 28 ||

Pañcamo 'nuvākaḥ.

43.

Imé víprasya vedháso 'gnér ástṛitayajvanaḥ | gíra stómāsa īrate || 1 || ásmai te pratiháryate játavedo vícarshaṇe | ágne jánāmi sushṭutím || 2 || ārokā́ iva ghéd áha tigmá agne táva tvíshaḥ | dadbhír vánāni bapsati || 3 || hárayo dhūmáketavo vátajūtā úpa dyávi | yátante vṛíthag agnáyaḥ || 4 || eté tyé vṛíthag agnáya iddhásaḥ sám adṛikshata | ushásām iva ketávaḥ || 5 || 29 ||

kṛishṇá rájāṅsi patsutáḥ prayáṇe jātávedasaḥ | agnír yád ródhati kshámi || 6 || dhāsíṃ kṛiṇvāná óshadhīr bápsad agnír ná vāyati | púnar yán táruṇīr ápi || 7 || jihvábhir áha nánnamad arcíshā jañjaṇābhávan | agnír váneshu rocate || 8 || apsv àgne sádhish ṭáva saúshadhīr ánu rudhyase | gárbhe sáñ jāyase púnaḥ || 9 || úd agne táva tád ghṛitád arcí rocata áhutam | níṅsānaṃ juhvò múkhe || 10 || 30 ||

ukshánnāya vaṣánnāya sómapṛishṭhāya vedháse | stó-

42, 3 yáyā áti. duḥ-itá. su-tármāṇam. 4 sóma-pītaye. 6a = VIII, 38, 9. — 43, 1 ástṛita-yajvanaḥ gíraḥ. 2 prati-háryate játa-vedaḥ vi-carshaṇe. su-stutím. 3 ārokáḥ-iva gha ít. 4 dhūmá-ketavaḥ váta-jūtāḥ. 6 pra-yáne jātá-vedasaḥ. 8 jañjaṇā-bhávan. 9 ap-sú a° sádhiḥ táva sáḥ ó°. púnar *iti*. 10 arcíḥ rocate á-hutam. 11 ukshá-annāya vaṣá-annāya sóma-pṛishṭhāya.

mair vidhemāgnáye || 11 || utá tvā námasā vayám̐ hótar váreṇyakrato | ágne samídbhir īmahe || 12 || utá tvā bhṛiguvác chuce manushvád agna āhuta | aṅgirasvád dhavāmahe || 13 || tvám̐ hy àgne agnínā vípro víprena sán satá | sákhā sákhyā samidhyáse || 14 || sá tvám̐ víprāya dāśúshe rayím̐ dehi sahasríṇam | ágne vīrávatīm ísham || 15 || 31 ||

ágne bhrátaḥ sáhaskṛita róhidaśva śúcivrata | imám̐ stómam̐ jushasva me || 16 || utá tvāgne máma stúto vāśráya pratiháryate | goshṭhám̐ gáva ivāśata || 17 || túbhyam̐ tá aṅgirastama víśvāḥ sukshitáyaḥ príthak | ágne kámāya yemire || 18 || agním̐ dhībhír manīshíṇo médhirāso vipaścítaḥ | admasádyāya hinvire || 19 || tám̐ tvám ájmeshu vājínam̐ tanvāná agne adhvarám | váhnim̐ hótāram īḷate || 20 || 32 ||

purutrá hí sadṛíññ ási víśo víśvā ánu prabhúḥ | samátsu tvā havāmahe || 21 || tám īḷishva yá áhuto 'gnír vibhrájate ghṛitaíḥ | imám̐ naḥ śṛiṇavad dhávam || 22 || tám̐ tvā vayám̐ havāmahe śṛiṇvántam̐ jātávedasam | ágne ghnántam ápa dvíshaḥ || 23 || viśám̐ rájānam ádbhutam ádhyaksham̐ dhármaṇām imám | agním īḷe sá u śravat || 24 || agním̐ viśváyuvepasam máryam̐ ná vājínam̐ hitám | sáptim̐ ná vājayāmasi || 25 || 33 ||

ghnán mṛidhrány ápa dvísho dáhan rákshāṅsi viśváhā | ágne tigména dīdihi || 26 || yám̐ tvā jánāsa indhaté manushvád aṅgirastama | ágne sá bodhi me vácaḥ || 27 || yád agne divijá ásy apsujá vā sahaskṛita | tám̐ tvā gīrbhír ha-

---

43, 11 vidhema a°. 12 várenyakrato *iti* várenya-krato. samít -bhiḥ. 13 bhṛigu-vát ś°. agne ā-huta. havāmahe. 14 hí a°. sam-idhyáse. 16 bhrātar *iti* sáhaḥ-kṛita róhit-aśva śúci-vrata. 17 tvā a°. prati-háryate go-sthám gávaḥ-iva ā°. 18 su-kshitáyaḥ (29). 19 vipaḥ-cítaḥ adma-sádyāya. 21 = VIII, 11, 8. 22 t. l. y. VI, 60, 10. á-hutaḥ. vi-bhrājate. hávam. 23 jātá-vedasam. 24 ádhi-aksham. 25 viśváyu-vepasam. 28 divi-jáḥ. apsu-jáḥ. sahaḥ-kṛita.

vāmahe || 28 || túbhyam ghét té jánā imé víṣvāḥ sukshitáyaḥ príthak | dhāsím hinvanty áttave || 29 || té ghéd agne svādhyó 'hā víṣvā nṛicákshasaḥ | tárantaḥ syāma durgáhā || 30 || 34 ||

agním mandrám purupriyám ṣīrám pāvakáṣocisham | hṛidbhír mandrébhir īmahe || 31 || sá tvám agne vibhávasuḥ sṛiján sū́ryo ná raṣmíbhiḥ | ṣárdhan támāṅsi jighnase || 32 || tát te sahasva īmahe dātrám yán nópadásyati | tvád agne vā́ryam vásu || 33 || 35 ||

44.

Samídhāgním duvasyata ghṛitaír bodhayatā́tithim | ā́smin havyā́ juhotana || 1 || ágne stómam jushasva me várdhasvānéna mánmanā | práti sūktā́ni harya naḥ || 2 || agním dūtám puró dadhe havyavā́ham úpa bruve | devā́ñ ā́ sādayād ihá || 3 || út te bṛihánto arcáyaḥ samidhānásya dīdivaḥ | ágne ṣukrā́sa īrate || 4 || úpa tvā juhvò máma ghṛitā́cīr yantu haryata | ágne havyā́ jushasva naḥ || 5 || 36 ||

mandrám hótāram ṛitvíjam citrábhānum vibhā́vasum | agním īḷe sá u ṣravat || 6 || pratnám hótāram ī́ḍyam júshṭam agním kavíkratum | adhvarā́ṇām abhiṣríyam || 7 || jushānó aṅgirastamemā́ havyā́ny ānushák | ágne yajñám naya ṛituthā́ || 8 || samidhāná u santya ṣúkraṣoca ihā́ vaha | cikitvā́n daívyam jánam || 9 || vípram hótāram adrúham dhūmáketum vibhā́vasum | yajñā́nām ketúm īmahe || 10 || 37 ||

ágne ní pāhi nas tvám práti shma deva ríshataḥ | bhin-

43, 29 gha ít. 30 t. gh. a. svādhyàḥ VIII, 19, 17. áhā. nṛi-cákshasaḥ. duḥ-gáhā. 31 puru-priyám. pāvaká-ṣocisham. 32 vibhā́-vasuḥ. 33 yát ná upa-dásyati. — 44, 1 sam-ídhā a°. bodhayata á° ā́ a°. 2 várdhasva a°. su-uktā́ni. 3 havya-vā́ham. 4 sam-idhānásya. 6 citrá-bhānum vibhā́-vasum. agním *etc.* VIII, 43, 24. 7 kaví-kratum. abhi-ṣríyam. 8 aṅgiraḥ-tama imā́. naya. 9 sam-idhānáḥ. ṣúkra-ṣoce ihá ā́. 10 dhūmá-ketum vibhā́-vasum. 11 sma. ríshataḥ.

dhí dvéshaḥ sahaskṛita || 11 || agníḥ pratnéna mánmanā ṣúmbhānas tanvàm svấm | kavír víprena vāvṛidhe || 12 || ūrjó nápātam ấ huve 'gním pāvakáṣocisham | asmín yajñé svadhvaré || 13 || sá no mitramahas tvám ágne ṣukréṇa ṣocíshā | devaír ấ satsi barhíshi || 14 || yó agníṃ tanvò dáme devám mártaḥ saparyáti | tásmā íd dīdayad vásu || 15 || 38 ||

agnír mūrdhấ diváḥ kakút pátiḥ pṛithivyấ ayám | apấṃ rétāṅsi jinvati || 16 || úd agne ṣúcayas táva ṣukrấ bhrấjanta īrate | táva jyótīṅshy arcáyaḥ || 17 || íṣishe vấryasya hí dātrásyāgne svàrpatiḥ | stotấ syāṃ táva ṣármaṇi || 18 || tvấm agne manīshíṇas tvấṃ hinvanti cíttibhiḥ | tvấṃ vardhantu no gíraḥ || 19 || ádabdhasya svadhấvato dūtásya rébhataḥ sádā | agnéḥ sakhyáṃ vṛiṇīmahe || 20 || 39 ||

agníḥ ṣúcivratatamaḥ ṣúcir vípraḥ ṣúciḥ kavíḥ | ṣúcī rocata ấhutaḥ || 21 || utá tvā dhītáyo máma gíro vardhantu viṣváhā | ágne sakhyásya bodhi naḥ || 22 || yád agne syấm ahám tvám tvấṃ vā ghā syấ ahám | syúsh ṭe satyấ ihấṣíshaḥ || 23 || vásur vásupatir hí kam ásy agne vibhấvasuḥ | syấma te sumatấv ápi || 24 || ágne dhṛitávratāya te samudrấyeva síndhavaḥ | gíro vāṣrấsa īrate || 25 || 40 ||

yúvānaṃ viṣpátiṃ kavíṃ viṣvádam puruvépasam | agníṃ ṣumbhāmi mánmabhiḥ || 26 || yajñấnāṃ rathyè vayáṃ tigmájambhāya vīḷáve | stómair ishemāgnáye || 27 || ayám agne tvé ápi jaritấ bhūtu santya | tásmai pāvaka mṛiḷaya || 28 || dhíro hy ásy admasád vípro ná jấgṛiviḥ sádā | ágne dīdáyasi dyávi || 29 || purấgne duritébhyaḥ purấ mṛidhrébhyaḥ kave | prá ṇa ấyur vaso tira || 30 || 41 ||

44, 11 sahaḥ-kṛita. 12 vavṛidhe. 13 pāvaká-ṣocisham. su-adhvaré. 14 mitra-mahaḥ. d. ấ s. b. 12, 4. 15 tásmai. 17 ṣukrấḥ. 18 dātrásya a° svàḥ-patiḥ. 21 ṣúcivrata-tamaḥ. ṣúciḥ rocate ấ-hutaḥ. 23 gha. syúḥ te. ihá ā-ṣíshaḥ. 24 vásu-patiḥ. vibhấ-vasuḥ. su-mataú. 25 dhṛitá-vratāya. samudrấya-iva. 26 viṣva-ádam puru-vépasam. 27 tigmá-jambhāya. ishema a°. 28 tvé *iti*. t. p. m. 12, 9. 29 hí. adma-sát. 30 purấ a° duḥ-itébhyaḥ. naḥ. vaso *iti*.

45.

Á ghā yé agním indhaté stṛiṇánti barhír ānushák | yéshām índro yúvā sákhā || 1 || bṛihánn íd idhmá eshām bhū́ri ṣastám pṛithúḥ sváruḥ | yéshām índro yúvā sákhā || 2 || áyuddha íd yudhā́ vṛ́itaṃ ṣū́ra ā́jati sátvabhiḥ | yéshām índro yúvā sákhā || 3 || ā́ bundáṃ vṛitrahā́ dade jātáḥ pṛichad ví mātáram | ká ugrā́ḥ ké ha ṣṛiṇvire || 4 || práti tvā ṣavasī́ vadad girā́v ápso ná yodhishat | yás te ṣatrutvám ācaké || 5 || 42 ||

utá tvám maghavañ chṛiṇu yás te váshṭi vavákshi tát | yád vīḷáyāsi vīḷú tát || 6 || yád ājíṃ yā́ty ājikṛ́d índraḥ svaṣvayúr úpa | rathī́tamo rathī́nām || 7 || ví shú víṣvā abhiyújo vájrin víshvag yáthā vṛiha | bhávā naḥ suṣrávastamaḥ || 8 || asmā́kaṃ sú rátham purá índraḥ kṛiṇotu sātáye | ná yáṃ dhū́rvanti dhūrtáyaḥ || 9 || vṛijyā́ma te pári dvíshó 'raṃ te ṣakra dāváne | gaméméd indra gómataḥ || 10 || 43 ||

ṣánaiṣ cid yánto adrivó 'ṣvāvantaḥ ṣatagvínaḥ | vivákshaṇā anehásaḥ || 11 || ūrdhvā́ hí te divé-dive sahásrā sūnṛ́tā ṣatā́ | jaritṛ́bhyo vimáṅhate || 12 || vidmā́ hí tvā dhanaṃjayám índra dṛiḷhā́ cid ārujám | ādāríṇaṃ yáthā gáyam || 13 || kakuháṃ cit tvā kave mándantu dhṛishṇav índavaḥ | ā́ tvā paṇíṃ yád ímahe || 14 || yás te revā́ñ ádāṣuriḥ pramamársha magháttaye | tásya no véda ā́ bhara || 15 || 44 ||

imá u tvā ví cakshate sákhāya indra somínaḥ | pushṭā́vanto yáthā paṣúm || 16 || utá tvā́badhiraṃ vayáṃ ṣrútkar-

---

45, 1 gha. 3 ā́ a°. 4 vṛitra-hā́. ké. 5 ā-caké. 6 ṣṛiṇu 7 āji-kṛ́t. svaṣva-yúḥ. rathī́-tamaḥ rathī́nām. 8 sú. abhi-yújaḥ. bháva. suṣrávaḥ-tamaḥ. 10 dvíshaḥ á°. gaméma ít. 11 adri-vaḥ áṣva-vantaḥ ṣata-gvínaḥ. 12 vi-máṅhate. 13 vidmá. dhanam-jayám. ā-rujám ā-dāríṇam. 14 dhṛishṇo *iti*. 15 pra-mamársha. 16 imé. pushṭá-vantaḥ. 17 tvā á°. ṣrút-karṇam.

ṇaṃ sántam ūtáye | dūrā́d ihá havāmahe || 17 || yác chusrūyā́ imáṃ hávaṃ durmárshaṃ cakriyā utá | bháver āpír no ántamaḥ || 18 || yác cid dhí te ápi vyáthir jaganvā́ṅso ámanmahi | godā́ íd indra bodhi naḥ || 19 || ā́ tvā rambháṃ ná jívrayo rarabhmā́ ṣavasas pate | uṣmási tvā sadhástha ā́ || 20 || 45 ||

stotrám índrāya gāyata puruṇṛimṇā́ya sátvane | nákir yáṃ vriṇvaté yudhí || 21 || abhí tvā vṛishabhā suté sutáṃ sṛijāmi pītáye | tṛimpā́ vy àṣnuhī mádam || 22 || mā́ tvā mūrā́ avishyávo mópahásvāna ā́ dabhan | mā́kīm brahmadvísho vanaḥ || 23 || ihá tvā góparīṇasā mahé mandantu rā́dhase | sáro gauró yáthā piba || 24 || yā́ vṛitrahā́ parāváti sánā návā ca cucyuvé | tā́ saṃsátsu prá vocata || 25 || 46 ||

ápibat kadrúvaḥ sutám índraḥ sahásrabāhve | átrādedishṭa paúṅsyam || 26 || satyáṃ tát turváṣe yádau vídāno ahnavāyyám | vy ā̀naṭ turváṇe ṣámi || 27 || taráṇiṃ vo jánānāṃ tradáṃ vā́jasya gómataḥ | samānám u prá ṣaṅsisham || 28 || ṛibhukshá́ṇaṃ ná vártava ukthéshu tugryāvṛídham | índraṃ sóme sácā suté || 29 || yáḥ kṛintád íd ví yonyáṃ triṣókāya girím pṛithúm | góbhyo gātúṃ níretave || 30 || 47 ||

yád dadhishé manasyási mandānáḥ préd íyakshasi | mā́ tát kar indra mṛiḷáya || 31 || dabhráṃ cid dhí tvā́vataḥ kṛitáṃ ṣriṇvé ádhi kshámi | jígātv indra te mánaḥ || 32 || távéd u tā́ḥ sukīrtáyó 'sann utá práṣastayaḥ | yád indra mṛiḷáyāsi naḥ || 33 || mā́ na ékasminn ā́gasi mā́ dváyor utá trishú | vádhīr mā́ ṣūra bhū́rishu || 34 || bibháyā hí tvā́-

---

45, 18 yát ṣuṣruyā́ḥ. duḥ-mársham. 19 yát. hí. go-dā́ḥ. 20 rarabhmá. sadhá-sthe. 21 puru-nṛimṇā́ya. 22 vṛishabha. tṛimpá ví aṣnuhi. 23 mā́ upa-hásvānaḥ. brahma-dvíshaḥ. 24 gó-parīṇasā. 25 vṛitra-hā́. saṃsát-su. 26 sahásra-bāhve átra a°. 27 ví ā°. 29 vártave. tugrya-vṛídham. i. s. s. s. 5, 2. 30 tri-ṣókāya. níḥ-etave. 31 prá ít. 32 hí. 33 táva ít. su-kīrtáyaḥ á°. prá-ṣastayaḥ. yád — naḥ VIII, 6, 25. 35 bibháya.

vata ugrád abhiprabhaṅgíṇaḥ | dasmád ahám ṛitīsháhaḥ || 35 || 48 ||

má sákhyuḥ ṣū́nam á vide má putrásya prabhūvaso | āvṛítvad bhūtu te mánaḥ || 36 || kó nú maryā ámithitaḥ sákhā sákhāyam abravīt | jahá kó asmád īshate || 37 || eváre vṛishabhā suté 'sinvan bhū́ry āvayaḥ | ṣvaghníva nivátā cáran || 38 || á ta etá vacoyújā hárī gṛibhṇe sumádrathā | yád īm brahmábhya íd dádaḥ || 39 || bhindhí víṣvā ápa dvíshaḥ pári bádho jahí mṛídhaḥ | vásu spārhám tád á bhara || 40 || yád vīḷáv indra yát sthiré yát párṣāne párābhṛitam | vásu spārhám tád á bhara || 41 || yásya te viṣvámānusho bhū́rer dattásya védati | vásu spārhám tád á bhara || 42 || 49 ||

Tṛitīyo 'dhyāyaḥ.

46.

Tvávataḥ purūvaso vayám indra praṇetaḥ | smási sthātar harīṇām || 1 || tvám hí satyám adrivo vidmá dātáram ishám | vidmá dātáram rayīṇám || 2 || á yásya te mahimánam ṣátamūte ṣátakrato | gīrbhír gṛiṇánti kārávaḥ || 3 || sunīthó ghā sá mártyo yám marúto yám aryamá | mitráḥ pánty adrúhaḥ || 4 || dádhāno gómad áṣvavad suvíryam ādityájūta edhate | sádā rāyá puruspṛíhā || 5 || 1 ||

tám índram dánam īmahe ṣavasānám ábhīrvam | íṣānam rāyá īmahe || 6 || tásmin hí sánty ūtáyo víṣvā ábhīravaḥ sácā | tám á vahantu sáptayaḥ purūvásum mádāya hárayaḥ sutám || 7 || yás te mádo váreṇyo yá indra vṛitra-

---

45, 35 abhi-prabhaṅgínaḥ. ṛiti-sáhaḥ. 36 prabhuvaso *iti* prabhu-vaso ā-vṛitvat. 38 vṛishabhā. ásinvan. ṣvaghní-iva. 39 te. vacaḥ-yújā hárī *iti*. sumát-rathā. 40 jahí. 41 párā-bhṛitam. 42 viṣvá-mānushaḥ. — 46, 1 puruvaso *iti* puru-vaso. praṇetar *iti* pra-netaḥ. 3 ṣátam-ūte ṣátakrato *iti* ṣáta-krato. 4 su-nītháḥ gha. 5 su-víryam. ādityá-jūtaḥ. puru-spṛíhā. 7 puru-vásum. 8 vṛitrahán-tamaḥ.

hántamaḥ | yá ādadíḥ svàr nṛíbhir yáḥ pṛítanāsu dushṭáraḥ || 8 || yó dushṭáro viṣvavāra ṣraváyyo vájeshv ásti tarutá | sá naḥ ṣavishṭha sávaná vaso gahi gaméma gómati vrajé || 9 || gavyó shú ṇo yáthā purásvayótá rathayá | varivasyá mahāmaha || 10 || 2 ||

nahí te ṣūra rádhasó 'ntaṃ vindámi satrá | daṣasyá no maghavan nú cid adrivo dhíyo vájebhir āvitha || 11 || yá ṛishváḥ ṣrāvayátsakhā víṣvét sá veda jánimā purushṭutáḥ | táṃ víṣve mánushā yugéndraṃ havante tavisháṃ yatásrucaḥ || 12 || sá no vájeshv avitá purūvásuḥ purasthātá maghávā vṛitrahá bhuvat || 13 || abhí vo vīrám ándhaso mádeshu gāya girá mahá vícetasam | índraṃ náma ṣrútyaṃ ṣākínaṃ váco yáthā || 14 || dadí réknas tanvè dadír vásu dadír vájeshu puruhūta vājínam | nūnám átha || 15 || 3 ||

víṣveshām irajyántaṃ vásūnāṃ sāsahváṅsaṃ cid asyá várpasaḥ | kṛipayató nūnám áty átha || 16 || maháḥ sú vo áram ishe stávāmahe mīḷhúshe araṃgamáya jágmaye | yajñébhir gīrbhír viṣvámanushām marútām iyakshasi gáye tvā námasā girá || 17 || yé pātáyante ájmabhir girīṇáṃ snúbhir eshām | yajñám mahishváṇīnāṃ sumnáṃ tuvishváṇīnām prádhvare || 18 || prabhaṅgáṃ durmatīnám índra ṣavishṭhá bhara | rayím asmábhyaṃ yújyaṃ codayanmate jyéshṭhaṃ codayanmate || 19 || sánitaḥ súsanitar úgra cítra cétishṭha sūnṛita | prāsáhā samrāṭ sáhuriṃ sáhantam bhujyúṃ vájeshu pūrvyam || 20 || 4 ||

46, 8 ā-dadíḥ. dustáraḥ (9). 9 viṣva-vāra. sávanā á vaso *iti*. 10 gavyó *iti* sú naḥ. purá aṣva-yá utá. mahā-maha. 11 rádhasaḥ á⁰. daṣasyá. nú. 12 ṣravayát-sakhā víṣvā ít. jánima puru-stutáḥ. yugá í⁰. yatá-srucaḥ. 13 puru-vásuḥ puraḥ-sthātá. vṛitra-há. 14 ví-cetasam. 15 dadíḥ r⁰. puru-hūta. 16 sasahváṅsam. 17 aram-gamáya. viṣvá-manushām. 18 mahi-sváṇīnām. tuvi-sváṇīnam prá a⁰. 19 pra-bhaṅgám duḥ-matīnám. ṣavishṭha á. codayat-mate (2). 20 sánitar *iti* sú-sanitaḥ. pra-sáhā sam-rāṭ.

ā́ sá etu yá ívad ā́ñ ádevaḥ pūrtám ādadé | yáthā cid váṣo aṣvyáḥ prithuṣrávasi kānītè 'syā́ vyúshy ādadé || 21 || shashṭím sahásrā́ṣvyasyāyútāsanam úshṭrāṇām viṅṣatím ṣatā́ | dáṣa ṣyā́vīnām ṣatā́ dáṣa tryàrushīṇām dáṣa gávām sahásrā || 22 || dáṣa ṣyāvā́ ṛidhádrayo vītávārāsa āṣávaḥ | mathrā́ nemím ní vāvṛituḥ || 23 || dā́nāsaḥ prithuṣrávasaḥ kānītásya surā́dhasaḥ | rátham hiraṇyáyam dádan máṅhishṭhaḥ sūrír abhūd várshishṭham akṛita ṣrávaḥ || 24 || ā́ no vāyo mahé táne yāhí makhā́ya pā́jase | vayám hí te cakṛimā́ bhū́ri dāváne sadyáṣ cin máhi dāváne || 25 || 5 ||

yó áṣvebhir váhate vásta usrā́s tríḥ saptá saptatīnā́m | ebhíḥ sómebhiḥ somasúdbhiḥ somapā dānā́ya ṣukrapūtapāḥ || 26 || yó ma imám cid u tmánā́mandac citrám dāváne | araṭvé ákshe náhushe sukṛítvani sukṛíttarāya sukrátuḥ || 27 || ucathyè vápushi yáḥ svarā́ḷ utá vāyo ghṛitasnā́ḥ | áṣveshitam rájeshitam ṣúneshitam prā́jma tád idám nú tát || 28 || ádha priyám ishirā́ya shashṭím sahásrāsanam | áṣvānām ín ná vṛíshṇām || 29 || gā́vo ná yūthám úpa yanti vádhraya úpa mā́ yanti vádhrayaḥ || 30 || ádha yác cárathe gaṇé ṣatám úshṭrāñ ácikradat | ádha ṣvítneshu viṅṣatím ṣatā́ || 31 || ṣatám dāsé balbūthé vípras táruksha ā́ dade | té te vāyav imé jánā mádantíndragopā mádanti devágopāḥ || 32 || ádha syā́ yóshaṇā mahī́ pratīcī́ váṣam aṣvyám | ádhirukmā ví nīyate || 33 || 6 ||

46, 21 ā́. ā-dadé (2). pṛithu-ṣrávasi kānīté asyā́ḥ vi-úshi. 22 sahásrā áṣvyasya ayútā a°. trí-arushīṇām. 23 ṛidhát-rayaḥ vītá-vārāsaḥ. mathrā́ḥ. vavṛituḥ. 24 pṛithu-ṣrávasaḥ. su-rā́dhasaḥ. dádat. 25 vāyo *iti* (28. 32). cakṛimá. cit. 26 váste. sómasút-bhiḥ soma-pāḥ. ṣukrapūta-pāḥ. 27 me. tmánā ámandat. su-kṛítvani sukṛít-tarāya su-krátuḥ. 28 sva-rā́ṭ. ghṛita-snā́ḥ áṣva-ishitam rájaḥ-ishitam ṣúnā-ishitam prá ā́°. 29 sahásrā a°. ít. 30 mā ā́. 31 yát. 32 tárukshe. jánāḥ mádanti índra-gopāḥ. devá-gopāḥ. 33 ádhi-rukmā.

47.

Máhi vo mahatā́m ávo váruṇa mítra dāṣúshe | yám ādityā abhí druhó rákshathā ném aghám naṣad anehāso va ūtáyaḥ suūtáyo va ūtáyaḥ || 1 || vidā́ devā aghā́nām ā́dityāso apā́kṛitim | pakshā́ váyo yáthopári vy àsmé ṣárma yachatāneháso va ūtáyaḥ suūtáyo va ūtáyaḥ || 2 || vy àsmé ádhi ṣárma tát pakshā́ váyo ná yantana | víṣvāni viṣvavedaso varūthyà manāmahe 'neháso va ūtáyaḥ suūtáyo va ūtáyaḥ || 3 || yásmā árāsata ksháyaṃ jīvátuṃ ca prácetasaḥ | mánor víṣvasya ghéd imá ādityā́ rāyá īṣate 'neháso va ūtáyaḥ suūtáyo va ūtáyaḥ || 4 || pári ṇo vṛiṇajann aghā́ durgā́ṇi rathyò yathā | syā́méd índrasya ṣármaṇy ādityā́nām utā́vasy aneháso va ūtáyaḥ suūtáyo va ūtáyaḥ || 5 || 7 ||

parihvṛitéd anā́ jáno yushmā́dattasya vāyati | dévā ádabhram āṣa vo yám ādityā áhetanāneháso va ūtáyaḥ suūtáyo va ūtáyaḥ || 6 || ná táṃ tigmáṃ caná tyájo ná drāsad abhí táṃ gurú | yásmā u ṣárma saprátha ā́dityāso árādhvam aneháso va ūtáyaḥ suūtáyo va ūtáyaḥ || 7 || yushmé devā ápi shmasi yúdhyanta iva vármasu | yūyám mahó na énaso yūyám árbhād urushyatāneháso va ūtáyaḥ suūtáyo va ūtáyaḥ || 8 || áditir na urushyatv áditiḥ ṣárma yachatu | mātā́ mitrásya reváto 'ryamṇó váruṇasya cāneháso va ūtáyaḥ suūtáyo va ūtáyaḥ || 9 || yád devāḥ ṣárma ṣaraṇáṃ yád bhadráṃ yád anāturám | tridhā́tu yád varūthyàṃ tád asmā́su ví yantanāneháso va utáyaḥ suūtáyo va ūtáyaḥ || 10 || 8 ||

47, 1 rákshatha ná īm. su-ūtáyaḥ. 2 vidá. apa-ā́kṛitim. yáthā u° ví asmé *iti*. yachata. 3 ví asmé *iti*. viṣva-vedasaḥ. 4 yásmai. prá-cetasaḥ. gha ít imé ādityā́ḥ. 5 naḥ. duḥ-gā́ni. s. i. ṣ. 4, 6. utá á°. 6 pari-hvṛitā́ ít. yushmā́-dattasya. áhetana. 7 yásmai. sa-prâthaḥ. 8 yushmé *iti*. smasi. urushyata. 9 ca. 10 tri-dhā́tu. yantana.

ádityā áva hí khyátádhi kū́lād iva spáṣaḥ | sutīrthám árvato yathā́nu no neshathā sugám anehā́so va ūtáyaḥ suūtáyo va ūtáyaḥ || 11 || néhá bhadrám rakshasvíne nā́vayaí nópayá utá | gáve ca bhadrám dhenáve vīrā́ya ca ṣravasyatè 'nehā́so va ūtáyaḥ suūtáyo va ūtáyaḥ || 12 || yád āvír yád apīcyàm dévāso ásti dushkṛitám | trité tád víṣvam āptyá āré asmád dadhātanānehā́so va ūtáyaḥ suūtáyo va ūtáyaḥ || 13 || yác ca góshu dushvápnyam yác cāsmé duhitar divaḥ | tritā́ya tád vibhāvary āptyā́ya párā vahānehā́so va ūtáyaḥ suūtáyo va ūtáyaḥ || 14 || nishkám vā ghā kṛiṇávate srájam vā duhitar divaḥ | trité dushvápnyam sárvam āptyé pári dadmasy anehā́so va ūtáyaḥ suūtáyo va ūtáyaḥ || 15 || 9 ||

tádannāya tádapase tám bhāgám upasedúshe | tritā́ya ca dvitā́ya cósho dushvápnyam vahānehā́so va ūtáyaḥ suūtáyo va ūtáyaḥ || 16 || yáthā kalā́m yáthā ṣaphám yátha ṛiṇám samnáyāmasi | evá dushvápnyam sárvam āptyé sám nayāmasy anehā́so va ūtáyaḥ suūtáyo va ūtáyaḥ || 17 || ájaishmādyā́sanāma cā́bhūmā́nāgaso vayám | úsho yásmād dushvápnyād ábhaishmā́pa tád uchatv anehā́so va ūtáyaḥ suūtáyo 'va ūtáyaḥ || 18 || 10 ||

48.

Svādór abhakshi váyasaḥ sumedhā́ḥ svādhyò varivovíttarasya | víṣve yám devā́ utá mártyāso mádhu bruvánto abhí samcáranti || 1 || antáṣ ca prā́gā áditir bhavāsy ava-

47, 11 khyáta á°. su-tīrthám. yathā ánu. neshatha su-gám. 12 ná ihá. ná ava-yaí ná upa-yaí. ṣravasyaté. 13 duḥ-kṛitám. āptyé. dadhātana. 14 yát. duḥ-svápnyam (15—17) yát ca asmé *iti*. vaha. 15 gha. 16 tát-annāya tát-apase. upa-sedúshe. ca ú°. vaha. 17 yáthā ṛi° sam-náyāmasi evá. 18 ájaishma adyá á° ca ábhūma á°. duḥ-svápnyāt ábhaishma ápa. — 48, 1 su-medhā́ḥ su-ādhyàḥ varivovít-tarasya. sam-cáranti. 2 antár *iti*. prá a°. ava-yātā́.

yātā́ háraso daívyasya | índav índrasya sakhyám̐ jushāṇáḥ sraúshṭīva dhúram ánu rāyá ṛidhyāḥ || 2 || ápāma sómam amṛ́tā abhūmā́ganma jyótir ávidāma devā́n | kím̐ nūnám asmā́n kṛiṇavad árātiḥ kím u dhūrtír amṛita mártyasya || 3 || śám̐ no bhava hṛidá ā́ pītá indo pitéva soma sūnáve suśévaḥ | sákheva sákhya uruśaṅsa dhī́raḥ prá ṇa ā́yur jīváse soma tārīḥ || 4 || imé mā pītā́ yaśása urushyávo rátham̐ ná gā́vaḥ sám anāha párvasu | té mā rakshantu visrásaś carítrād utá mā srā́mād yavayantv índavaḥ || 5 || 11 ||

agním̐ ná mā mathitám̐ sám̐ didīpaḥ prá cakshaya kṛiṇuhí vásyaso naḥ | áthā hí te máda ā́ soma mánye revā́n̐ iva prá carā pushṭím ácha || 6 || ishiréṇa te mánasā sutásya bhakshīmáhi pítryasyeva rāyáḥ | sóma rājan prá ṇa ā́yūn̐shi tārīr áhānīva sū́ryo vāsarā́ṇi || 7 || sóma rājan mṛiḷáyā naḥ svastí táva smasi vratyā̀s tásya viddhi | álarti dáksha utá manyúr indo mā́ no aryó anukāmám párā dāḥ || 8 || tvám̐ hí nas tanvàḥ soma gopā́ gā́tre-gātre nishasáttthā nṛicákshāḥ | yát te vayám pramināma vratā́ni sá no mṛiḷa sushakhā́ deva vásyaḥ || 9 || ṛidūdáreṇa sákhyā saceya yó mā ná ríshyed dharyaśva pītáḥ | ayám̐ yáḥ sómo ny ádhāyy asmé tásmā índram pratíram emy ā́yuḥ || 10 || 12 ||

ápa tyā́ asthur ánirā ámīvā nír atrasan támishīcīr ábhaishuḥ | ā́ sómo asmā́n̐ aruhad víhāyā áganma yátra pratiránta ā́yuḥ || 11 || yó na índuḥ pitaro hṛitsú pītó 'martyo mártyān̐ āvivéśa | tásmai sómāya havíshā vidhema mṛiḷīké asya sumataú syāma || 12 || tvám̐ soma pitṛíbhiḥ sam̐vidānó

48, 2 índo *iti*. śraúshṭī-iva. rāyé. 3 abhūma ā́°. 4 hṛidé. indo *iti* pitā́-iva. su-śévaḥ sákhā-iva sákhye uru-śaṅsa. naḥ. 5 pītā́ḥ. vi-srásaḥ. 6 átha. máde. cara. 7 pítryasya-iva. naḥ. áhāni-iva. 8 mṛiḷáya. indo *iti* (13). anu-kāmám. 9 gopā́ḥ. ni-sasáttha nṛi-cákshāḥ. pra-mināma. su-sakhā́. 10 hari-aśva. ní. asmé *iti* tásmai. pra-tíram. 11 ámīvāḥ. ví-hāyāḥ. pra-tiránte. 12 ámartyaḥ. ā-vivéśa. su-mataú. 13 sam-vidānáḥ.

'nu dyā́vāpṛithiví ā́ tatantha | tásmai ta indo havíshā vidhema vayáṃ syāma pátayo rayīṇā́m || 13 || trā́tāro devā ádhi vocatā no mā́ no nidrā́ īṣata mótá jálpiḥ | vayáṃ sómasya viṣváha priyā́saḥ suvī́rāso vidátham ā́ vadema || 14 || tvám naḥ soma viṣváto vayodhā́s tváṃ svarvíd ā́ viṣā nṛicákshāḥ | tváṃ na inda ūtíbhiḥ sajóshāḥ pāhí paṣcā́tād utá vā purástāt || 15 || 13 ||

Shashṭho 'nuvākaḥ.

48, 13 ánu dyā́vāpṛithivī́ *iti*. te. v. s. p. r. IV, 50, 6. 14 vocata. ni-drā́. mā́ utá. su-vī́rāsaḥ. 15 vayaḥ-dhā́ḥ. svaḥ-vít. viṣa nṛi-cákshāḥ. indo *iti*. sa-jóshāḥ

Atha Vālakhilyam.

49.

Abhí prá vaḥ surā́dhasam índram arca yáthā vidé | yó jaritṛíbhyo maghávā purūvásuḥ sahásreṇeva śíkshati || 1 || śatánīkeva prá jigāti dhṛishṇuyā́ hánti vṛitrā́ṇi dāśúshe | girér iva prá rásā asya pinvire dátrāṇi purubhójasaḥ || 2 || ā́ tvā sutā́sa índavo mádā yá indra girvaṇaḥ | ā́po ná vajrinn ánv okyàṃ sáraḥ pṛiṇánti śūra rā́dhase || 3 || anehásam pratáraṇam vivákshaṇam mádhvaḥ svā́dishṭham īm piba | ā́ yáthā mandasānā́ḥ kirā́si naḥ prá kshudréva tmánā dhṛisháṭ || 4 || ā́ na stómam úpa dravád dhiyānó ā́śvo ná sótṛibhiḥ | yáṃ te svadhāvan svadáyanti dhenáva índra káṇveshu rātáyaḥ || 5 || 14 ||

ugrám ná vīrám námasópa sedima víbhūtim ákshitāvasum | udrīva vajrinn avató ná siñcaté kshárantīndra dhītáyaḥ || 6 || yád dha nūnáṃ yád vā yajñé yád vā pṛithivyā́m ádhi | áto no yajñám āśúbhir mahemata ugrá ugrébhir ā́ gahi || 7 || ajirā́so hárayo yé ta āśávo vā́tā iva prasakshíṇaḥ | yébhir ápatyam mánushaḥ parī́yase yébhir víś-

49, 1 su-rā́dhasam. puru-vásuḥ sahásreṇa-iva. 2 śatánīkā-iva. puru-bhójasaḥ. 3 mádāḥ yé. 4 pra-táraṇam. kshudrā́-iva. 5 naḥ hiyānā́ḥ. 6 námasā úpa. ví-bhūtim ákshita-vasum udrī-iva. ksháranti i°. 7 ha. mahe-mate. 8 te. pra-sakshíṇaḥ. pari-íyase.

vaṃ svàr drishé || 8 || etā́vatas ta īmaha índra sumnásya gómataḥ | yáthā prā́vo maghavan médhyātithiṃ yáthā nípātithiṃ dháne || 9 || yáthā káṇve maghavan trasádasyavi yáthā pakthé dáṣavraje | yáthā góṣarye ásanor ṛijíṣvaníndra gómad dhíraṇyavat || 10 || 15 ||

50.

Prá sú ṣrutáṃ surā́dhasam árcā ṣakrám abhíshṭaye | yáḥ sunvaté stuvaté kā́myaṃ vásu sahásreṇeva máṅhate || 1 || ṣatā́nīkā hetáyo asya dushṭárā índrasya samísho mahíḥ | girír ná bhujmá maghávatsu pinvate yád īṃ sutā́ ámandishuḥ || 2 || yád īṃ sutā́sa índavo 'bhí priyám ámandishuḥ | ā́po ná dhāyi sávanam ma ā́ vaso dúghā ivópa dāṣúshe || 3 || anehásaṃ vo hávamānam ūtáye mádhvaḥ ksharanti dhītáyaḥ | ā́ tvā vaso hávamānāsa índava úpa stotréshu dadhire || 4 || ā́ naḥ sóme svadhvará iyānó átyo ná toṣate | yáṃ te svadāvan svádanti gūrtáyaḥ pauré chandayase hávam || 5 || 16 ||

prá vīrám ugráṃ víviciṃ dhanaspṛítaṃ víbhūtiṃ rā́dhaso maháḥ | udríva vajrinn avató vasutvanā́ sádā pīpetha dāṣúshe || 6 || yád dha nūnám parāváti yád vā pṛithivyā́ṃ diví | yujāná indra háribhir mahemata ṛishvá ṛishvébhir ā́ gahi || 7 || rathirā́so hárayo yé te asrídha ójo vā́tasya píprati | yébhir ní dásyum mánusho nighóshayo yébhiḥ svàḥ paríyase || 8 || etā́vatas te vaso vidyā́ma ṣūra návyasaḥ | yáthā prā́va étaṣaṃ kṛ́tvye dháne yáthā vā́ṣaṃ dā́ṣavraje || 9 || yáthā káṇve maghavan médhe adhvaré dīrghánīthe

---

49, 9 te īmahe. prá ā́°. médhya-atithim. nípa-atithim. 10 dáṣa-vraje. gó-ṣarye. ṛijíṣvani í°. híraṇya-vat. — 50, 1 su-rā́dhasam árca. sahásreṇa-iva. 2 ṣatá-anīkāḥ. dustárāḥ. sam-íshaḥ. 3 me. vaso *iti* (4. 9). dúghāḥ-iva úpa. 5 su-adhvaré. svadā-van. 6 dhana-spṛítam ví-bhūtim. u. v. a. VIII, 49, 6. 7 y. dh. n. — y. v. p. VIII, 49, 7. mahe-mate. 8 h. y. t. VIII, 49, 8. ni-ghóshayaḥ. svàr *iti* svàḥ pari-íyase. 9 y. p. VIII, 49, 9. dáṣa-vraje. 10 y. k. m. VIII, 49, 10. dīrghá-nīthe.

dámūnasi | yáthā góṣarye ásishāso adrivo máyi gotráṃ harisríyam || 10 || 17 ||

51.

Yáthā mánau sáṃvaraṇau sómam indrápibaḥ sutám | nípātithau maghavan médhyātithau púshṭigau ṣrúshṭigau sácā || 1 || pārshadvāṇáḥ práskaṇvaṃ sám asādayac cháyānaṃ jívrim úddhitam | sahásrāṇy asishāsad gávām ríshis tvóto dásyave vríkaḥ || 2 || yá ukthébhir ná vindháte cikíd yá ṛishicódanaḥ | índraṃ tám áchā vada návyasyā maty árishyantaṃ ná bhójase || 3 || yásmā arkáṃ saptáṣīrshāṇam ānṛicús tridhátum uttamé padé | sá tv ìmá víṣvā bhúvanāni cikradad ád íj janishṭa paúṅsyam || 4 || yó no dātá vásūnām índraṃ táṃ hūmahe vayám | vidmá hy àsya sumatíṃ návīyasīṃ gaméma gómati vrajé || 5 || 18 ||

yásmai tváṃ vaso dānáya ṣíkshasi sá rāyás pósham aṣnute | táṃ tvā vayám maghavann indra girvaṇaḥ sutávanto havāmáhe || 6 || kadá caná starír asi néndra saṣcasi dāṣúshe | úpopén nú maghavan bhúya ín nú te dánaṃ devásya pṛicyate || 7 || prá yó nanakshé abhy ójasā krívim vadhaíḥ ṣúshṇaṃ nighosháyan | yadéd ástambhīt pratháyann amúṃ dívam ád íj janishṭa párthivaḥ || 8 || yásyāyáṃ víṣva áryo dásaḥ ṣevadhipá aríḥ | tiráṣ cid aryé rúṣame párīravi túbhyét só ajyate rayíḥ || 9 || turaṇyávo mádhumantaṃ ghṛitaṣcútaṃ víprāso arkám ānṛicuḥ | asmé rayíḥ paprathe vṛíshṇyaṃ ṣávo 'smé suvānása índavaḥ || 10 || 19 ||

50, 10 gó-ṣarye ásisāsaḥ. hari-ṣríyam. — 51, 1 indra á°. nípa-atithau. mé-dhya-atithau púshṭi-gau ṣrúshṭi-gau. 2 asādayat ṣ°. asisāsat. tvá-ūtaḥ. 3 ṛishi-códanaḥ. ácha. matí. 4 yásmai. saptá-ṣīrshāṇam. tri-dhátum. tú i°. ít. 5 vidmá hí a° su-matím. 6 vaso *iti*. sutá-vantaḥ. 7 ná i°. úpa-upa ít. ít. 8 abhí. ni-ghosháyan yadá ít. ít. 9 yásya a°. ṣevadhi-páḥ. túbhya ít. 10 ghṛita-ṣcútam. asmé *iti* (2).

52.

Yáthā mánau vívasvati sómaṃ ṣakrāpibaḥ sutám | yáthā trité chánda indra jújoshasy āyaú mādayase sácā || 1 || príshadhre médhye mātaríṣvanīndra suvāné ámandathāḥ | yáthā sómaṃ dáṣaṣipre dáṣoṇye syū́maraṣmāv ṛíjūnasi || 2 || yá ukthā́ kévalā dadhé yáḥ sómaṃ dhṛishitā́pibat | yásmai víshṇus tríṇi padā́ vicakramá úpa mitrásya dhármabhiḥ || 3 || yásya tvám indra stómeshu cākáno vā́je vājiñ chatakrato | táṃ tvā vayáṃ sudúghām iva godúho juhūmási ṣravasyávaḥ || 4 || yó no dātā́ sá naḥ pitā́ mahā́ñ ugrá īṣānakṛít | áyāmann ugró maghávā purūvásur gór áṣvasya prá dātu naḥ || 5 || 20 ||

yásmai tváṃ vaso dānā́ya máñhase sá rāyás pósham invati | vasūyávo vásupatiṃ ṣatákratuṃ stómair índraṃ havāmahe || 6 || kadā́ caná prá yuchasy ubhé ní pāsi jánmanī | túrīyāditya hávanaṃ ta indriyám ā́ tasthāv amṛítaṃ diví || 7 || yásmai tvám maghavann indra girvaṇaḥ ṣíksho ṣíkshasi dāṣúshe | asmā́kaṃ gíra utá sushṭutíṃ vaso kaṇvavác chṛiṇudhī́ hávam || 8 || ástāvi mánma pūrvyám bráhméndrāya vocata | pūrvír ṛitásya bṛihatír anūshata stotúr medhā́ asṛikshata || 9 || sám índro ráyo bṛihatír adhūnuta sáṃ kshoṇí sám u sū́ryam | sáṃ ṣukrā́saḥ ṣúcayaḥ sáṃ gávāṣiraḥ sómā índram amandishuḥ || 10 || 21 ||

53.

Upamáṃ tvā maghónāṃ jyéshṭhaṃ ca vṛishabhā́ṇām |

52, 1 ṣakra ā́°. 2 mātaríṣvani í°. dáṣa-ṣipre dáṣa-oṇye syū́ma-raṣmau. 3 dhṛishitā́ ā́°. vi-cakramé. 4 ṣatakrato *iti* ṣata-krato. t. tv. v. 30, 10. sudúghām-iva go-dúhaḥ. 5 y. n. d. VIII, 51, 5. īṣāna-kṛít. puru-vásuḥ. 6 y. t. v. d. VIII, 51, 6. s. r. p. VIII, 51, 6. vasu-yávaḥ vásu-patim ṣatá-kratum. 7 ubhé *iti*. jánmanī *iti* túrīya ā°. te. 8 ṣíksho *iti*. su-stutím vaso *iti* kaṇva-vát ṣṛiṇudhi. 9 bráhma í°. 10 kshoṇí *iti*. gó-āṣiraḥ. — 53, 1 upa-mám.

pūrbhíttamam maghavann indra govídam íṣānam rāyá īmahe || 1 || yá āyúṃ kútsam atithigvám árdayo vāvṛidhānó divédive | táṃ tvā vayáṃ háryaṣvaṃ ṣatákratuṃ vājayánto havāmahe || 2 || á no víṣveshāṃ rásam mádhvaḥ siñcantv ádrayaḥ | yé parāváti sunviré jáneshv á yé arvāvátíndavaḥ || 3 || víṣvā dvéshāṅsi jahí cáva cá kṛidhi víṣve sanvantv á vásu | ṣíshṭeshu cit te madiráso aṅṣávo yátrā sómasya tṛimpási || 4 || 22 ||

índra nédīya éd ihi mitámedhābhir ūtíbhiḥ | á ṣaṃtama ṣáṃtamābhir abhíshṭibhir á svāpe svāpíbhiḥ || 5 || ājitúraṃ sátpatiṃ viṣvácarshaṇiṃ kṛidhí prajásv ábhagam | prá sú tirā ṣácībhir yé ta ukthínaḥ krátum punatá ānushák || 6 || yás te sádhishṭhó 'vase té syāma bháreshu te | vayáṃ hótrābhir utá deváhūtibhiḥ sasaváṅso manāmahe || 7 || aháṃ hí te harivo bráhma vājayúr ājíṃ yámi sádotíbhiḥ | tvám íd evá tám áme sám aṣvayúr gavyúr ágre mathīnám || 8 || 23 ||

54.

Etát ta indra vīryàṃ gīrbhír gṛiṇánti kārávaḥ | té stóbhanta úrjam āvan ghṛitaṣcútam pauráso nakshan dhītíbhiḥ || 1 || nákshanta índram ávase sukṛityáyā yéshāṃ sutéshu mándase | yáthā saṃvarté ámado yáthā kṛiṣá evásmé indra matsva || 2 || á no víṣve sajóshaso dévāso gántanópa naḥ | vásavo rudrá ávase na á gamañ chṛiṇvántu marúto hávam || 3 || pūshá víshṇur hávanam me sárasvaty ávantu saptá

53, 1 pūrbhít-tamam. go-vídam. 2 atithi-gvám. vavṛidhānáḥ. t. tv. v. 30, 10. hári-aṣvam ṣatá-kratum. 3 arvā-váti í⁰. 4 ca áva ca á. yátra. 5 á ít. mitá-medhābhiḥ. su-āpe svāpí-bhiḥ. 6 āji-túram sát-patim viṣvá-carshaṇim. pra-jásu á-bhagam. sú tira. te. punaté. 7 sádhishṭhaḥ á⁰. deváhūti-bhiḥ. 8 sádā ū⁰. — 54, 1 te. ghṛita-ṣcútam. 2 nákshante. su-kṛityáyā. sam-varté. kṛiṣé evá asmé *iti*. 3 sa-jóshasaḥ. gántana úpa. ṣṛiṇvántu. 4 sárasvatī.

síndhavaḥ | ā́po vā́taḥ párvatāso vánaspátiḥ sriṇótu pṛithivī́ hávam || 4 || 24 ||

yád indra rā́dho ásti te mā́ghonam maghavattama | téna no bodhi sadhamā́dyo vṛidhé bhágo dānā́ya vṛitrahan || 5 || ā́jipate nṛipate tvám íd dhí no vā́ja ā́ vakshi sukrato | vītī́ hótrābhir utá devávītibhiḥ sasavā́ṅso ví sriṇvire || 6 || sánti hy àryá āṣísha índra ā́yur jánānām | asmā́n nakshasva maghavann úpā́vase dhukshásva pipyúshīm ísham || 7 || vayám ta indra stómebhir vidhema tvám asmā́kam ṣatakrato | máhi sthūrám ṣaṣayám rā́dho áhrayam práskaṇvāya ní toṣaya || 8 || 25 ||

55.

Bhū́rī́d índrasya vīryàm vy ákhyam abhy ā́yati | rā́dhas te dasyave vṛika || 1 || ṣatám ṣvetā́sa ukshā́ṇo diví tā́ro ná rocante | mahnā́ dívam ná tastabhuḥ || 2 || ṣatám veṇū́ñ chatám ṣúnaḥ ṣatám cármāṇi mlātā́ni | ṣatám me balbajastukā́ árushīṇām cátuḥṣatam || 3 || sudevā́ stha kāṇvāyanā váyo-vayo vicarántaḥ | áṣvāso ná caṅkramata || 4 || ā́d ít sāptásya carkirann ā́nūnasya máhi ṣrávaḥ | ṣyā́vīr atidhvasā́n patháṣ cákshushā caná saṃnáṣe || 5 || 26 ||

56.

Práti te dasyave vṛika rā́dho adarṣy áhrayam | dyaúr ná prathinā́ ṣávaḥ || 1 || dáṣa máhyam pautakratáḥ sahásrā dásyave vṛ́kaḥ | nítyād rāyó amaṅhata || 2 || ṣatám me gardabhā́nām ṣatám ū́rṇāvatīnām | ṣatám dāsā́ñ áti srájaḥ || 3 || tátro ápi prā́ṇīyata pūtákratāyai vyàktā | áṣvānām ín ná

54. 5 sadha-mā́dyaḥ. vṛitra-han. 6 ā́ji-pate nṛi-pate. hí. vā́je. sukrato *iti* su-krato. devávīti-bhiḥ. 7 hí aryé ā-ṣishaḥ índre. úpa ā́°. 8 te. ṣatakrato *iti* ṣata-krato. — 55, 1 bhū́ri ít. ví. abhí ā́ ayati. 3 ṣatám ṣ°. balbaja-stukā́ḥ. cátuḥ-ṣatam. 4 su-devā́ḥ. kāṇvāyanāḥ. vi-carántaḥ. 5 ā́ á°. ati-dhvasā́n. sam-náṣe. — 56, 4 tátro *iti* prá anīyata pūtá-kratāyai ví-aktā. ít.

yūthyằm || 4 || ácety agníṣ cikitúr havyavắṭ sá sumádrathaḥ | agníḥ ṣukréṇa ṣocíshā bṛihát sū́ro arocata diví sū́ryo arocata || 5 || 27 ||

57.

Yuváṃ devā krátunā pūrvyéṇa yuktā́ ráthena tavisháṃ yajatrā | ā́gachataṃ nāsatyā ṣácībhir idáṃ tṛitíyaṃ sávanam pibāthaḥ || 1 || yuváṃ devā́s tráya ekādaṣā́saḥ satyā́ḥ satyásya dadṛiṣe purástāt | asmā́kaṃ yajñáṃ sávanaṃ jushāṇā́ pātáṃ sómam aṣvinā dī́dyagnī || 2 || panā́yyaṃ tád aṣvinā kṛitáṃ vāṃ vṛishabhó divó rájasaḥ pṛithivyā́ḥ | sahásraṃ ṣáṅsā utá yé gávishṭau sárvāñ ít tā́ñ úpa yātā píbadhyai || 3 || ayáṃ vām bhāgó níhito yajatremā́ gíro nāsatyópa yātam | píbataṃ sómam mádhumantam asmé prá dāṣvā́ṅsam avataṃ ṣácībhiḥ || 4 || 28 ||

58.

Yám ṛitvíjo bahudhā́ kalpáyantaḥ sácetaso yajñám imáṃ váhanti | yó anūcānó brāhmaṇó yuktá āsīt kā́ svit tátra yájamānasya saṃvít || 1 || éka evā́gnír bahudhā́ sámiddha ékaḥ sū́ryo víṣvam ánu prábhūtaḥ | ékaivóshā́ḥ sárvam idáṃ ví bhāty ékaṃ vā́ idáṃ ví babhūva sárvam || 2 || jyótishmantaṃ ketumántaṃ tricakráṃ sukháṃ ráthaṃ sushádam bhū́rivāram | citrā́maghā yásya yóge 'dhijajñe táṃ vāṃ huvé áti riktam píbadhyai || 3 || 29 ||

59.

Imā́ni vām bhāgadhéyāni sisrata índrāvaruṇā prá mahé sutéshu vām | yajñé-yajñe ha sávanā bhuraṇyátho yát su-

56, 5 havya-vā́ṭ. sumát-rathaḥ. — 57, 1 ā́ a°. 2 dī́dyagnī *iti* dī́di-agnī. 3 gó-ishṭau. yāta. 4 ní-hitaḥ yajatrā imā́ḥ. nāsatyā úpa. asmé *iti*. — 58, 1 sá-cetasaḥ. sam-vít. 2 evá a°. sám-iddhaḥ. prá-bhūtaḥ ékā evá u°. vaí. 3 tri-cakrám su-khám. su-sádam bhū́ri-vāram citrá-maghā. adhi-jajñe. — *Dieser Hymnus fehlt in mehreren Handschriften.* — 59, 1 bhāga-dhéyāni sisrate.

nvaté yájamānāya ṣíkshathaḥ || 1 || nishshídhvarīr óshadhīr ā́pa āstām índrāvaruṇā mahimā́nam ā́ṣata | yā́ sísratū rā́jasaḥ pāré ádhvano yáyoḥ ṣátrur nákir ā́deva óhate || 2 || satyám tád indrāvaruṇā kriṣásya vām mádhva ūrmím duhate saptá vā́ṇīḥ | tā́bhir dāṣvā́ṅsam avataṃ ṣubhas patī yó vām ádabdho abhí pā́ti cíttibhiḥ || 3 || ghṛitaprúshaḥ saúmyā jīrádānavaḥ saptá svásāraḥ sádana ṛitásya | yā́ ha vām indrāvaruṇā ghṛitaṣcútas tā́bhir dhattaṃ yájamānāya ṣikshatam || 4 || 30 ||

ávocāma mahaté saúbhagāya satyám tveshā́bhyām mahimā́nam indriyám | asmā́n sv ìndrāvaruṇā ghṛitaṣcútas tríbhiḥ sāptébhir avataṃ ṣubhas patī || 5 || índrāvaruṇā yád ṛishíbhyo manīshā́ṃ vācó matíṃ ṣrutám adattam ágre | yā́ni sthā́nāny asṛijanta dhírā yajñám tanvānā́s tápasābhy àpaṣyam || 6 || índrāvaruṇā saumanasám ádṛiptaṃ rāyás pósham yájamāneshu dhattam | prajā́m pushṭím bhūtim asmā́su dhattaṃ dīrghāyutvā́ya prá tirataṃ na ā́yuḥ || 7 || 31 ||

VĀLAKHILYAṂ SAMĀPTAM.

59, 2 niḥ-sídhvarīḥ. sísratuḥ. ádevaḥ. 3 patī iti (5). 4 ghṛita-prúshaḥ saúmyāḥ jīrá-dānavaḥ. sádane. yā́ḥ. ghṛita-ṣcútaḥ (5). 6 sú i°. dhírāḥ. tápasā abhí a°. 7 pra-jā́m.

60.

Agna á yāhy agníbhir hótāram tvā vriṇīmahe | á tvám anaktu práyatā havíshmatī yájishṭham barhír āsáde || 1 || áchā hí tvā sahasaḥ sūno añgiraḥ srúcaṣ cáranty adhvaré | ūrjó nápātam ghṛitákeṣam īmahe 'gním yajñéshu pūrvyám || 2 || ágne kavír vedhá asi hótā pāvaka yákshyaḥ | mandró yájishṭho adhvaréshv íḍyo víprebhiḥ ṣukra mánmabiḥ || 3 || ádrogham á vahoṣató yavishṭhya deváñ ajasra vītáye | abhí práyāñsi súdhitá vaso gahi mándasva dhītíbhir hitáḥ || 4 || tvám ít saprátha asy ágne trātar ṛitás kavíḥ | tvám víprāsaḥ samidhāna dīdiva á vivāsanti vedhásaḥ || 5 || 32 ||

ṣócā ṣocishṭha dīdihí viṣé máyo rásva stotré maháñ asi | devánām ṣárman máma santu sūráyaḥ ṣatrūsháhaḥ svagnáyaḥ || 6 || yáthā cid vṛiddhám atasám ágne saṃjúrvasi kshámi | evá daha mitramaho yó asmadhrúg durmánmā káṣ ca vénati || 7 || má no mártāya ripáve rakshasvíne mághásaṅsāya rīradhaḥ | ásredhadbhis taráṇibhir yavishṭhya ṣivébhiḥ pāhi pāyúbhiḥ || 8 || pāhí no agna ékayā pāhy ùtá dvitíyayā | pāhí gīrbhís tisṛíbhir ūrjām pate pāhí catasṛíbhir vaso | 9 || pāhí víṣvasmād raksháso árāvṇaḥ prá sma vájeshu no 'va | tvám íd dhí nédishṭham devátātaya āpím nákshāmahe vṛidhé || 10 || 33 ||

á no agne vayovṛídham rayím pāvaka ṣáñsyam | rásvā

60, 1 ágne. prá-yatā. ā-sáde. 2 ácha. sūno *iti*. ghṛitá-keṣam. 4 vaha u°. sú-dhitā á vaso *iti*. 5 sa-práthāḥ. sam-idhāna. 6 ṣóca. ṣatru-sáhaḥ su-agnáyaḥ. 7 sam-jūrvasi. evá. mitra-mahaḥ. asma-dhrúk duḥ-mánmā. 8 má aghá-ṣaṅsāya. 9 agne. pāhí utá. vaso *iti*. 10 hí. devá-tataye. 11 vayaḥ-vṛidham. rásva.

ca na upamāte puruspṛíham sú́nītī sváyaṣastaram ‖ 11 ‖
yéna váṅsāma pṛítanāsu ṣárdhatas táranto aryá ādíṣaḥ |
sá tvám̐ no vardha práyasā ṣacīvaso jínvā dhíyo vasuvídaḥ
‖ 12 ‖ ṣíṣāno vṛishabhó yathāgníḥ ṣṛíñge dávidhvat | tigmā́
asya hánavo ná pratidhṛíshe sujámbhaḥ sáhaso yahúḥ ‖ 13 ‖
nahí te agne vṛishabha pratidhṛíshe jámbhāso yád vití-
shṭhase | sá tvám̐ no hotaḥ súhutam havísh kṛidhi váṅsvā no
vā́ryā purú ‖ 14 ‖ ṣéshe váneshu mātróḥ sám̐ tvā mártāsa
indhate | átandro havyā́ vahasi havishkṛíta ā́d íd devéshu
rājasi ‖ 15 ‖ [34] ‖

saptá hótāras tám íd īḷate tvā́gne sutyájam áhrayam |
bhinátsy ádrim̐ tápasā ví ṣocíshā prā́gne tishṭha jánāñ áti
‖ 16 ‖ agním-agnim̐ vo ádhrigum̐ huvéma vṛiktábarhishaḥ |
agním̐ hitáprayasaḥ ṣaṣvatíshv ā́ hótāram̐ carshaṇīnā́m ‖ 17 ‖
kétena ṣárman sacate sushāmáṇy ágne túbhyam̐ cikitvánā |
ishaṇyáyā naḥ pururū́pam ā́ bhara vā́jam̐ nédishṭham ūtáye
‖ 18 ‖ ágne járitar viṣpátis tepānó deva rakshásaḥ | ápro-
shivān gṛihápatir mahā́ñ asi divás pāyúr duroṇayúḥ ‖ 19 ‖
mā́ no ráksha ā́ veṣīd āghṛiṇīvaso mā́ yātúr yātumā́vatām |
parogavyūty ánirām ápa kshúdham ágne sédha rakshasví-
naḥ ‖ 20 ‖ [35] ‖

61.

Ubháyam̐ ṣṛiṇávac ca na índro arvā́g idám̐ vácaḥ | sa-
trā́cyā maghávā sómapītaye dhiyā́ ṣávishṭha ā́ gamat ‖ 1 ‖
tám̐ hí svarā́jam̐ vṛishabhám̐ tám ójase dhisháṇe nishṭata-

60, 10 upa-māte puru-spṛíham sú-nītī sváyaṣaḥ-taram. 12 ā -díṣaḥ. ṣacīvaso *iti* ṣacī-vaso jínva. vasu-vídaḥ. 13 yathā a° ṣṛíñge *iti*. prā́ti-dhṛíshe (14) su-jámbhaḥ. 14 vi-tíshṭhase. s. tv. n. 12. hotar *iti* sú-hutam havíḥ. váṅsva. 15 haviḥ-kṛítaḥ. 16 tvā a° su-tyájam. prá a°. 17 ádhri-gum. vṛiktá-barhishaḥ. hitá -prayasaḥ. 18 su-sāmáni. puru-rū́pam. 19 gṛihá-patiḥ. 20 āghṛiṇivaso *ity* āghṛiṇi-vaso. yātu-mā́vatām paraḥ-gavyūtí. — 61, 1 ṣṛiṇávat. sóma-pītaye. 2 sva-rā́jam. dhisháṇe *iti* niḥ -tatakshátuḥ.

kshátuḥ | utópamánām prathamó ní shīdasi sómakāmaṃ hí te mánaḥ || 2 || á vṛishasva purūvaso sutásyendrándhasaḥ | vidmá hí tvā harivaḥ pṛitsú sāsahím ádhṛishṭaṃ cid dadhṛishváṇim || 3 || áprāmisatya maghavan táthéd asad índra krátvā yáthā váṣaḥ | sanéma vájaṃ táva ṣiprinn ávasā makshú cid yánto adrivaḥ || 4 || ṣagdhy ū shú ṣacīpata índra víṣvābhir ūtíbhiḥ | bhágaṃ ná hí tvā yaṣásaṃ vasuvídam ánu ṣūra cárāmasi || 5 || 36 ||

pauró áṣvasya purukṛíd gávām asy útso deva hiraṇyáyaḥ | nákir hí dánam parimárdhishat tvé yád-yad yámi tád á bhara || 6 || tváṃ hy éhi cérave vidá bhágaṃ vásuttaye | úd vāvṛishasva maghavan gávishṭaya úd indráṣvamishṭaye || 7 || tvám purú sahásrāṇi ṣatáni ca yūthá dānáya maṅhase | á puraṃdaráṃ cakṛima vípravacasa índraṃ gáyantó 'vase || 8 || avipró vā yád ávidhad vípro vendra te vácaḥ | sá prá mamandat tvāyá ṣatakrato prácāmanyo áhaṃsana || 9 || ugrábāhur mrakshakṛítvā puraṃdaró yádi me ṣṛiṇávad dhávam | vasūyávo vásupatiṃ ṣatákratuṃ stómair índraṃ havāmahe || 10 || 37 ||

ná pāpáso manāmahe nárāyāso ná jálhavaḥ | yád ín nv índraṃ vṛíshaṇaṃ sácā suté sákhāyaṃ kṛiṇávāmahai || 11 || ugráṃ yuyujma pṛítanāsu sāsahím ṛiṇákātim ádābhyam | védā bhṛimáṃ cit sánitā rathítamo vājínaṃ yám íd ū náṣat || 12 || yáta indra bháyāmahe táto no ábhayaṃ kṛidhi |

61, 2 ᵒutá upa-mánām. sīdasi sóma-kāmam. 3 puruvaso *iti* puru-vaso sutásya indra áᵒ vidmá. sasahim. 4 áprāmi-satya. táthā ít. makshú. 5 ṣagdhí ūṃ̐ *iti* sú ṣacī-pate. vasu-vídam. 6 puru-kṛít. pari-márdhishat tvé *iti*. 7 hí á ihi. vidáḥ. vavṛishasva. gó-ishṭaye. indra áṣvam-ishṭaye. 8 purú. puram-darám. vípra-vacasaḥ. gáyantaḥ áᵒ. 9 vā iᵒ. ṣatakrato *iti* ṣata-krato prácāmanyo *iti* prácā-manyo áham-sana. 10 ugrá-bāhuḥ mraksha-kṛítvā puram-daráḥ. hávam vasu-yávaḥ vásu-patim ṣatá-kratum. 11 ná áᵒ. ít nú. 12 sasahim ṛiṇá-kātim. véda. rathí-tamaḥ. ūṃ̐ *iti*.

mághavañ chagdhí táva tán na ūtíbhir ví dvísho ví mṛídho jahi || 13 || tvám̐ hí rādhaspate rádhaso maháḥ ksháyasyási vidhatáḥ | tám̐ tvā vayám maghavann indra girvaṇaḥ sutávanto havāmahe || 14 || índra spáḷ utá vṛitrahá paraspá no váreṇyaḥ | sá no rakshishac caramám̐ sá madhyamám̐ sá paṣcát pātu naḥ puráḥ || 15 || 38 ||

tvám̐ naḥ paṣcád adharád uttarát purá índra ní pāhi viṣvátaḥ | āré asmát kṛiṇuhi daívyam bhayám āré hetír ádevīḥ || 16 || adyádyā ṣváḥ-ṣva índra trásva paré ca naḥ | víṣvā ca no jaritṝn satpate áhā dívā náktam̐ ca rakshishaḥ || 17 || prabhañgí ṣúro maghávā tuvímaghaḥ sámmiṣlo vīryàya kám | ubhá te bāhú vṛíshaṇā ṣatakrato ní yá vájram mimikshátuḥ || 18 || 39 ||

62.

Pró asmā úpastutim bháratā yáj jújoshati | ukthaír índrasya máhinam̐ váyo vardhanti somíno bhadrá índrasya rātáyaḥ || 1 || ayujó ásamo nṛíbhir ékaḥ kṛishṭír ayásyaḥ | pūrvír áti prá vāvṛidhe víṣvā jātány ójasā bhadrá índrasya rātáyaḥ || 2 || áhitena cid árvatā jīrádānuḥ sishāsati | pravácyam indra tát táva vīryàṇi karishyató bhadrá índrasya rātáyaḥ || 3 || á yāhi kṛiṇávāma ta índra bráhmāṇi várdhanā | yébhiḥ ṣavishṭha cākáno bhadrám ihá ṣravasyaté bhadrá índrasya rātáyaḥ || 4 || dhṛishatáṣ cid dhṛishán mánaḥ kṛiṇóshīndra yát tvám | tīvraíḥ sómaiḥ saparyató námobhiḥ pratibhúshato bhadrá índrasya rātáyaḥ || 5 || áva

61, 13 ṣagdhí. tát. 14 rādhaḥ-pate. ksháyasya ási. sutá-vantaḥ. 15 índraḥ. vṛitra-há paraḥ-páḥ. rakshishat. 17 adyá-adya. sat-pate. 18 pra-bhañgí. tuví-maghaḥ sám-miṣlaḥ. bāhú *iti*. ṣatakrato *iti* ṣata-krato. — 62, 1 pró *iti* asmai úpa-stutim bhárata yát. 2 vavṛidhe. 3 jīrá-dānuḥ sisāsati pra-vácyam. 4 te. 5 dhṛishát. kṛiṇóshi i°. prati-bhúshataḥ.

cashṭa ṛícīshamo 'vatáñ iva mánushaḥ | jushṭví dákshasya somínaḥ sákhāyaṃ kriṇute yújam bhadrá índrasya rātáyaḥ || 6 || 40 ||

víṣve ta indra vīryàṃ devá ánu krátuṃ daduḥ | bhúvo víṣvasya gópatiḥ purushṭuta bhadrá índrasya rātáyaḥ || 7 || griṇé tád indra te ṣáva upamáṃ devátātaye | yád dháṅsi vritrám ójasā ṣacīpate bhadrá índrasya rātáyaḥ || 8 || sámaneva vapushyatáḥ kriṇávan mánushā yugá | vidé tád índraṣ cétanam ádha ṣrutó bhadrá índrasya rātáyaḥ || 9 || új jātám indra te ṣáva út tvám út táva krátum | bhúrigo bhúri vāvṛidhur mághavan táva ṣármaṇi bhadrá índrasya rātáyaḥ || 10 || aháṃ ca tváṃ ca vṛitrahan sáṃ yujyāva saníbhya á | arātīvá cid adrivó 'nu nau ṣūra maṅsate bhadrá índrasya rātáyaḥ || 11 || satyám íd vá u táṃ vayám índraṃ stavāma nánṛitam | maháñ ásunvato vadhó bhúri jyótīṅshi sunvató bhadrá índrasya rātáyaḥ || 12 || 41 ||

63.

Sá pūrvyó mahánāṃ venáḥ krátubhir ānaje | yásya dvárā mánush pitá devéshu dhíya ānajé || 1 || divó mánaṃ nót sadan sómapṛishṭhāso ádrayaḥ | ukthá bráhma ca ṣáṅsyā || 2 || sá vidváñ áṅgirobhya índro gá avṛiṇod ápa | stushé tád asya paúṅsyam || 3 || sá pratnáthā kavivṛidhá índro vākásya vakshániḥ | ṣivó arkásya hómany asmatrá gantv ávase || 4 || ád ū nú te ánu krátuṃ sváhā várasya yájyavaḥ | ṣvātrám arká anūshaténdra gotrásya dāváne || 5 || ín-

---

62, 6 cashṭe. 7 te. gó-patiḥ puru-stuta. 8 upa-mám. háṅsi. ṣacī-pate. 9 sámanā-iva. kriṇávat. 10 út. bhúrigo *iti* bhúri-go. vavṛidhuḥ. 11 vṛitra-han. arāti-vá. adrivaḥ ánu. 12 vaí. ná á°. — 63, 1 mánuḥ. 2 ná út. sóma-pṛishṭhāsaḥ. 4 kavi-vṛidháḥ. 5 um̐ *iti*. anūshata í°.

dre víṣvāni vīryà kṛitáni kártvāni ca | yám arká adhvarám vidúḥ || 6 || 42 ||

yát páñcajanyayā viṣéndre ghóshā ásṛikshata | ástṛiṇād barháṇā vipò 'ryó mánasya sá ksh//ayaḥ || 7 || iyám u te ánushṭutiṣ cakṛishé táni paúṅsyā | právaṣ cakrásya vartaním || 8 || asyá vríshṇo vyódana urú kramishṭa jīváse | yávaṃ ná paṣvá á dade || 9 || tád dádhānā avasyávo yushmábhir dákshapitaraḥ | syáma marútvato vṛidhé || 10 || báḷ ṛitvíyāya dhámna ṛíkvabhiḥ ṣūra nonumaḥ | jéshāmendra tváyā yujá || 11 || asmé rudrá mehánā párvatāso vṛitrahátye bhárahūtau sajóshāḥ | yáḥ ṣáṅsate stuvaté dháyi pajrá índrajyeshṭhā asmáñ avantu deváḥ || 12 || 43 ||

64.

Út tvā mandantu stómāḥ kṛiṇushvá rádho adrivaḥ | áva brahmadvísho jahi || 1 || padá paṇíñr arādháso ní bādhasva maháñ asi | nahí tvā káṣ caná práti || 2 || tvám īṣishe sutánām índra tvám ásutānām | tvám rájā jánānām || 3 || éhi préhi ksh//áyo divy àghóshañ carshaṇīnám | óbhé pṛiṇāsi ródasī || 4 || tyám cit párvatam girím ṣatávantam sahasríṇam | ví stotṛíbhyo rurojitha || 5 || vayám u tvā dívā suté vayám náktam havāmahe | asmákam kámam á pṛiṇa || 6 || 44 ||

kvà syá vṛishabhó yúvā tuvigrívo ánānataḥ | brahmá kás tám saparyati || 7 || kásya svit sávanam vṛíshā jujushváñ áva gachati | índram ká u svid á cake || 8 || kám te dāná asakshata vṛítrahan kám suvíryā | ukthé ká u svid ánta-

---

63, 7 viṣá í°. vipáḥ a°. 8 ánu-stutiḥ. prá á°. 9 vi-ódane. 10 dáksha-pitaraḥ. 11 dhámne. jéshāma i°. 12 asmé *iti* rudráḥ. vṛitra-hátye bhára-hūtau sa-jóshāḥ. y. s. s. V, 42, 7. índra-jyeshṭhāḥ. — 64, 1 brahma-dvíshaḥ. 4 á ihi prá ihi. diví ā-ghóshan. á ubhé *iti*. ródasī *iti*. 7 tuvi-grívaḥ. 9 vṛitra-han. su-víryā.

maḥ || 9 || ayám te mánushe jáne sómaḥ pūrúshu sūyate | tásyéhi prá dravā píba || 10 || ayám te ṣaryaṇávati sushómāyām ádhi priyáḥ | ārjīkíye madíntamaḥ || 11 || tám adyá rā́dhase mahé cā́rum mádāya ghṛíshvaye | éhīm indra drávā píba || 12 || 45 ||

65.

Yád indra prā́g ápāg údañ nyàg vā hūyáse nṛíbhiḥ | ā́ yāhi tū́yam āṣúbhiḥ || 1 || yád vā prasrávaṇe divó mādáyāse svàrṇare | yád vā samudré ándhasaḥ || 2 || ā́ tvā gīrbhír mahā́m urúm huvé gā́m iva bhójase | índra sómasya pītáye || 3 || ā́ ta indra mahimā́nam hárayo deva te máhaḥ | ráthe vahantu bíbhrataḥ || 4 || índra gṛiṇīshá u stushé mahā́ñ ugrá īṣānakṛít | éhi naḥ sutám píba || 5 || sutā́vantas tvā vayám práyasvanto havāmahe | idám no barhír āsáde || 6 || 46 ||

yác cid dhí ṣáṣvatām ásíndra sádhāraṇas tvám | tám tvā vayám havāmahe || 7 || idám te somyám mádhv ádhukshann ádribhir náraḥ | jushāṇá indra tát piba || 8 || víṣvāñ aryó vipaṣcító 'ti khyas tū́yam ā́ gahi | asmé dhehi ṣrávo bṛihát || 9 || dātā́ me pṛíshatīnām rā́jā hiraṇyavínām | mā́ devā maghávā rishat || 10 || sahásre pṛíshatīnām ádhi ṣcandrám bṛihát pṛithú | ṣukrám híraṇyam ā́ dade || 11 || nápāto durgáhasya me sahásreṇa surā́dhasaḥ | ṣrávo devéshv akrata || 12 || 47 ||

66.

Tárobhir vo vidádvasum índram sabā́dha ūtáye | bṛihád

64, 10 tásya ā́ ihi. drava. 11 su-sómāyām. 12 ā́ ihi īm. dráva. — 65, 1 yát — nṛíbhiḥ VIII, 4, 1. 2 pra-srávaṇe. svàḥ-nare. 4 te. 5 gṛiṇīshé. īṣāna-kṛít ā́ ihi. 6 sutá-vantaḥ. i. n. b. a. 13, 7. 7 = IV, 32, 13. 9 vipaḥ-cítaḥ áti. a. dh. s. b. 9, 8. 10 hiraṇya-vínām. devāḥ. 11 candrám. 12 duḥ-gáhasya. su-rā́dhasaḥ. — 66, 1 vidát-vasum. sa-bā́dhaḥ.

gáyantaḥ sutásome adhvaré huvé bháraṃ ná kāríṇam ‖ 1 ‖ ná yáṃ dudhrā́ várante ná sthirā́ múro máde suṣiprám ándhasaḥ | yá ādrítyā ṣaṣamānā́ya sunvaté dā́tā jaritrá ukthyàm ‖ 2 ‖ yáḥ ṣakró mṛikshó áṣvyo yó vā kíjo hiraṇyáyaḥ | sá ūrvásya rejayaty ápāvṛitim índro gávyasya vṛitrahā́ ‖ 3 ‖ níkhātaṃ cid yáḥ purusambhṛitáṃ vásūd íd vápati dāṣúshe | vajrī́ suṣipró háryaṣva ít karad índraḥ krátvā yáthā váṣat ‖ 4 ‖ yád vāvántha purushṭuta purā́ cic chūra nṛiṇā́m | vayáṃ tát ta indra sám bharāmasi yajñám ukthám turáṃ vácaḥ ‖ 5 ‖ 48 ‖

sácā sómeshu puruhūta vajrivo mádāya dyuksha somapāḥ | tvám íd dhí brahmakríte kā́myaṃ vásu déshṭhaḥ sunvaté bhúvaḥ ‖ 6 ‖ vayám enam idā́ hyó ’pīpemehá vajríṇam | tásmā u adyá samanā́ sutám bharā́ nūnám bhūshata ṣruté ‖ 7 ‖ vṛíkaṣ cid asya vāraṇá urāmáthir ā́ vayúneshu bhūshati | sémáṃ na stómaṃ jujushāṇá ā́ gahíndra prá citráyā dhiyā́ ‖ 8 ‖ kád ū nv àsyā́kṛitam índrasyāsti paúṃsyam | kéno nú kaṃ ṣrómatena ná ṣuṣruve janúshaḥ pári vṛitrahā́ ‖ 9 ‖ kád ū mahī́r ádhṛishṭā asya távishīḥ kád u vṛitraghnó ástṛitam | índro víṣvān bekanā́tām̐ ahardṛíṣa utá krátvā paṇī́m̐r abhí ‖ 10 ‖ 49 ‖

vayáṃ ghā te ápūrvyéndra bráhmāṇi vṛitrahan | purūtámāsaḥ puruhūta vajrivo bhṛitíṃ ná prá bharāmasi ‖ 11 ‖ pūrvíṣ cid dhí tvé tuvikūrminn āṣáso hávanta índrotáyaḥ | tiráṣ cid aryáḥ sávanā vaso gahi ṣávishṭha ṣrudhí me há-

---

66, 1 sutá-some. 2 dudhrā́ḥ. sthirā́ḥ. su-ṣiprám. ā-dṛítya. jaritré. 3 ápa-vṛitim. vṛitra-hā́. 4 ní-khātam. puru-sambhṛitám vásu út. su-ṣipráḥ hári-aṣvaḥ. 5 vavántha puru-stuta. cit ṣ⁰. te. 6 puru-hūta. soma-pāḥ. hí brahma-kṛíte. 7 ápīpema ihá. tásmai. bhara ā́. 8 urā-máthiḥ. sáḥ imám naḥ. gahi í⁰. 9 ūm̐ *iti* nú asya á⁰ indrasya a⁰. kéno *iti*. vṛitra-hā́. 10 ūm̐ *iti*. vṛitra-ghnáḥ. beka-nāṭān ahaḥ-dṛíṣaḥ. 11 gha. ápūrvya í⁰. vṛitra-han puru-támāsaḥ puru-hūta. 12 hí tvé *iti* tuvi-kūrmin ā-ṣásaḥ hávante indra ū⁰. sávanā ā́ vaso *iti*.

vam || 12 || vayáṃ ghā te tvé íd v índra víprā ápi shmasi | nahí tvád anyáḥ puruhūta káṣ caná má́ghavann ásti marḍitá́ || 13 || tváṃ no asyá́ ámater utá kshudhò 'bhíṣaster áva spṛidhi | tváṃ na ūtí táva citráyā dhiyá́ ṣíkshā ṣacishṭha gātuvít || 14 || sóma íd vaḥ sutó astu kálayo má́ bibhītana | ápéd eshá dhvasmá́yati svayáṃ ghaishó ápāyati || 15 || 50 ||

67.

Tyá́n nú kshatríyāñ áva ādityá́n yācishāmahe | sumṛiḷīká́ñ abhíshṭaye || 1 || mitró no áty aṅhatíṃ váruṇaḥ parshad aryamá́ | ādityáso yáthā vidúḥ || 2 || téshāṃ hí citrám ukthyàṃ várūtham ásti dāṣúshe | ādityá́nām araṃkṛíte || 3 || máhi vo mahatám ávo váruṇa mítrá́ryaman | ávāṅsy á́ vṛiṇīmahe || 4 || jīvá́n no abhí dhetaná́dityāsaḥ purá́ háthāt | kád dha stha havanaṣrutaḥ || 5 || 51 ||

yád vaḥ ṣrāntá́ya sunvaté várūtham ásti yác chardíḥ | ténā no ádhi vocata || 6 || ásti devā aṅhór urv ásti rátnam ánāgasaḥ | á́dityā ádbhutainasaḥ || 7 || má́ naḥ sétuḥ sished ayám mahé vṛiṇaktu nas pári | índra íd dhí ṣrutó vaṣí || 8 || má́ no mṛicá́ ripūṇá́ṃ vṛijinā́nām avishyavaḥ | dévā abhí prá mṛikshata || 9 || utá tvá́m adite mahy aháṃ devy úpa bruve | sumṛiḷīká́m abhíshṭaye || 10 || 52 ||

párshi dīné gabhīrá́ á́ñ úgraputre jíghāṅsataḥ | má́kis tokásya no rishat || 11 || anehó na uruvraja úrūci ví prásartave | kṛidhí tokáya jīváse || 12 || yé mūrdhá́naḥ kshitīná́m ádabdhāsaḥ sváyaṣasaḥ | vratá́ rákshante adrúhaḥ || 13 ||

66, 13 v. gh. t. 11. tvé *iti*. smasi. puru-hūta. 14 kshudháḥ abhí-ṣasteḥ. ṣiksha. gātu-vít. 15 ápa ít. dhvasmá́ a⁰. gha eshá́ḥ ápa a⁰. — 67, 1 su-mṛiḷīká́n. 3 aram-kṛíte. 4 máhi — ávo VIII, 47, 1. v. m. V, 67, 1. á́. á́ v. VIII, 27, 21. 5 dhetana á́⁰. ha. havana-ṣrutaḥ. 6 yát. téna. 7 urú. ádbhuta-enasaḥ. 8 sisset. hí. 10 su-mṛiḷīká́m. 11 gabhīré á́ úgra-putre. 12 uru -vraje. prá-sartave. 13 svá-yaṣasaḥ.

té na āsnó vṛ́kāṇām ā́dityāso mumócata | stenám baddhám ivādite || 14 || ápo shú ṇa iyáṃ śárur ā́dityā ápa durmatíḥ | asmád etv ájaghnushī || 15 || 53 ||

śáśvad dhí vaḥ sudānava ā́dityā ūtíbhir vayám | purā́ nūnám bubhujmáhe || 16 || śáśvantaṃ hí pracetasaḥ pratiyántaṃ cid énasaḥ | dévāḥ kṛiṇuthá jīváse || 17 || tát sú no návyaṃ sányasa ā́dityā yán múmocati | bandhā́d baddhám ivādite || 18 || nā́smā́kam asti tát tára ā́dityāso atishkáde | yūyám asmábhyam mṛiḷata || 19 || mā́ no hetír vivásvata ā́dityāḥ kṛitrímā śáruḥ | purā́ nú jaráso vadhīt || 20 || ví shú dvésho vy àṅhatím ā́dityāso ví sáṃhitam | víshvag ví vṛihatā rápaḥ || 21 || 54 ||

Caturtho 'dhyāyaḥ.

68.

Ā́ tvā ráthaṃ yáthotáye sumnā́ya vartayāmasi | tuvikūrmím ṛitīshā́ham índra śávishṭha sátpate || 1 || túviśushma túvikrato śácīvo víśvayā mate | ā́ paprātha mahitvanā́ || 2 || yásya te mahinā́ maháḥ pári jmāyántam īyátuḥ | hástā vájraṃ hiraṇyáyam || 3 || viśvā́narasya vas pátim ánānatasya śávasaḥ | évaiś ca carshaṇīnā́m ūtí huve ráthānām || 4 || abhíshṭaye sadā́vṛidhaṃ svàrmīḷheshu yáṃ náraḥ | nā́nā hávanta ūtáye || 5 || 1 ||

parómātram ṛícīshamam índram ugráṃ surā́dhasam | íśānaṃ cid vásūnām || 6 || táṃ-tam íd rā́dhase mahá índraṃ codāmi pītáye | yáḥ pūrvyā́m ánushṭutim íśe kṛishṭīnā́ṃ nṛitúḥ || 7 || ná yásya te śavasāna sakhyám ānáṅśa már-

67, 14 baddhám-ivadite (18). 15 ápo *iti* sú naḥ. duḥ-matíḥ 16 hí. su-dānavaḥ. 17 pra-cetasaḥ prati-yántam. 18 t. s. n. IV, 55, 10. sányase. ā́. y. m. VIII, 18, 12. 19 ná a°. ati-skáde 21 sú. ví a°. sám-hitam. vṛihata. — 68, 1 yáthā ū°. tuvi-kūrmím ṛiti-sáham. sát-pate. 2 túvi-śushma túvikrato *iti* túvi-krato. sadā́-vṛidham svàḥ-mīḷheshu. hávante. 6 paráḥ-mātram. su -rā́dhasam. 7 mahé. ánu-stutim.

tyaḥ | nákiḥ ṣávāṅsi te naṣat || 8 || tvótāsas tvá yujápsú sū́rye mahád dhánam | jáyema pṛitsú vajrivaḥ || 9 || táṃ tvā yajñébhir īmahe táṃ gīrbhír girvaṇastama | índra yáthā cid ā́vitha vā́jeshu purumā́yyam || 10 || 2 ||

yásya te svādú sakhyáṃ svādví práṇītir adrivaḥ | yajñó vitantasā́yyaḥ || 11 || urú ṇas tanvè tána urú ksháyāya nas kṛidhi | urú ṇo yandhi jīváse || 12 || urúṃ nṛíbhya urúṃ gáva urúṃ ráthāya pánthām | devávītim manāmahe || 13 || úpa mā shád dvā́-dvā náraḥ sómasya hárshyā | tíshṭhanti svādurātáyaḥ || 14 || ṛijrā́v indrotá ā́ dade hárī ṛíkshasya sūnávi | āṣvamedhásya róhitā || 15 || 3 ||

suráthāñ ātithigvé svabhīṣū́ñr ārkshé | āṣvamedhé supéṣasaḥ || 16 || shál áṣvāñ ātithigvá indroté vadhū́mataḥ | sácā pūtákratau sanam || 17 || aíshu cetad vṛíshaṇvaty antár ṛijréshv árushī | svabhīṣúḥ káṣāvatī || 18 || ná yushmé vāja-bandhavo ninitsúṣ caná mártyaḥ | avadyám ádhi dīdharat || 19 || 4 ||

69.

Prá-pra vas trishṭúbham ísham mandádvīrāyéndave | dhiyā́ vo medhásātaye púraṃdhyā́ vivāsati || 1 || nadáṃ va ódatīnāṃ nadáṃ yóyuvatīnām | pátiṃ vo ághnyānāṃ dhenū́nām ishudhyasi || 2 || tā́ asya sū́dadohasaḥ sómaṃ ṣrīṇanti pṛíṣnayaḥ | jánman devā́nāṃ víṣas trishv ā́ rocané diváḥ || 3 || abhí prá gópatiṃ girendram arca yáthā vidé | sūnúṃ satyásya sátpatim || 4 || ā́ hárayaḥ sasṛijriré 'rushīr ádhi barhíshi | yátrābhí saṃnávāmahe || 5 || 5 ||

68, 9 tvā́-ūtāsaḥ. yujā́ a°. 10 puru-mā́yyam. 11 prá-nītiḥ. 12 naḥ (2). táne. 13 gáve. devá-vītim. 14 svādu-rātáyaḥ. 15 indroté. hárī *iti*. 16 su-ráthān. su-abhīṣū́n. su-péṣasaḥ. 17 ātithi-gvé. pūtá-kratau. 18 ā́ e°. vṛíshaṇ-vatī. su-abhīṣúḥ. 19 yushmé *iti* vāja-bandhavaḥ. — 69, 1 v. t. i. VIII, 7, 1. mandát-vīrāya í°. medhá-sātaye púram-dhyā ā́. 3 sū́da-dohasaḥ. trishú. gó-patim girā́ í°. sát-patim. 5 sasṛijrire á°. yátra a° sam-nā́vāmahe.

índrāya gā́va āṣíraṃ duduhré vajríṇe mádhu | yát sīm upahvaré vidát || 6 || úd yád bradhnásya vishṭápaṃ gṛihám índraṣ ca gánvahi | mádhvaḥ pītvā́ sacevahi tríḥ saptá sákhyuḥ padé || 7 || árcata prárcata príyamedhāso árcata | árcantu putrakā́ utá púraṃ ná dhṛishṇv àrcata || 8 || áva svarāti gárgaro godhā́ pári sanishvaṇat | píṅgā pári canishkadad índrāya bráhmódyatam || 9 || ā́ yát pátanty enyàḥ sudúghā ánapasphuraḥ | apasphúraṃ gṛibhāyata sómam índrāya pā́tave || 10 || 6 ||

ápād índro ápād agnír víṣve devā́ amatsata | váruṇa íd ihá kshayat tám ā́po abhy ànūshata vatsáṃ saṃṣíṣvarīr iva || 11 || sudevó asi varuṇa yásya te saptá síndhavaḥ | anukshárанti kākúdaṃ sūrmyàṃ sushirā́m iva || 12 || yó vyā́tīñr áphāṇayat súyuktāñ úpa dāṣúshe | takvó netā́ tád íd vápur upamā́ yó ámucyata || 13 || átíd u ṣakrá ohata índro víṣvā áti dvíshaḥ | bhinát kanína odanám pacyámānam paró girā́ || 14 || arbhakó ná kumārakó 'dhi tishṭhan návaṃ rátham | sá pakshan mahishám mṛigám pitré mātré vibhukrátum || 15 || ā́ tū́ suṣipra dampate ráthaṃ tishṭhā hiraṇyáyam | ádha dyukshám sacevahi sahásrapādam arushá̄ṃ svastigā́m anehásam || 16 || táṃ ghem itthā́ namasvína úpa svarā́jam āsate | árthaṃ cid asya súdhitaṃ yád étava āvartáyanti dāváne || 17 || ánu pratnásyaúkasaḥ priyámedhāsa eshām | pū́rvām ánu práyatiṃ vṛiktábarhisho hitáprayasa āṣata || 18 || 7 ||

Saptamo 'nuvākaḥ.

69, 6 ā́-ṣíram. upa-hvaré. 8 prá a° príya-medhāsaḥ. dhṛishṇú a°. 9 sanisvanat. caniskadat. bráhma út-yatam. 10 su-dúghāḥ ánapa-sphuraḥ apa-sphúram. 11 abhí a°. saṃṣíṣvarīḥ-iva. 12 su-deváḥ. anu-ksháranti. sushirā́m-iva. 13 sú-yuktān. upa-mā́. 14 áti ít. ohate. 15 ádhi tishṭhat. pakshat. vibhu-krátum. 16 tú su-ṣipra dam-pate. tishṭha. sahásra-pādam. svasti-gā́m. tam — āsate 36, 7. sú-dhitam. étave ā-vartáyanti. 18 á. p. 30, 9. priyá-medhāsaḥ. p. á. p. 126, 5. vṛiktá-barhishaḥ. hitá-prayasaḥ.

70.

Yó rā́jā carshaṇīnā́ṃ yā́tā ráthebhir ádhriguḥ | víṣvāsāṃ tarutā́ pṛ́tanānāṃ jyéshṭho yó vṛitrahā́ gṛiṇé || 1 || índraṃ táṃ ṣumbha puruhanmann ávase yásya dvitā́ vidhartári | hástāya vájraḥ práti dhāyi darṣató mahó divé ná sū́ryaḥ || 2 || nákish ṭáṃ kármaṇā naṣad yáṣ cakā́ra sadā́vṛidham | índraṃ ná yajñaír viṣvágūrtam ṛ́bhvasam ádhṛishṭaṃ dhṛishṇvòjasam || 3 || áshāḻham ugrám pṛ́tanāsu sāsahíṃ yásmin mahī́r urujráyaḥ | sáṃ dhenávo jā́yamāne anonavur dyā́vaḥ kshā́mo anonavuḥ || 4 || yád dyā́va indra te ṣatáṃ ṣatám bhū́mīr utá syúḥ | ná tvā vajrin sahásraṃ sū́ryā ánu ná jātám ashṭa ródasī || 5 || 8 ||

ā́ paprātha mahinā́ vṛ́shṇyā vṛishan víṣvā ṣavishṭha ṣávasā | asmā́ñ ava maghavan gómati vrajé vájriñ citrā́bhir ūtíbhiḥ || 6 || ná sīm ádeva āpad ísham dīrghāyo mártyaḥ | étagvā cid yá étaṣā yuyójate hárī índro yuyójate || 7 || táṃ vo mahó mahā́yyam índraṃ dānā́ya saksháṇim | yó gādhéshu yá ā́raṇeshu hávyo vā́jeshv ásti hávyaḥ || 8 || úd ū shú ṇo vaso mahé mṛiṣásva ṣūra rā́dhase | úd ū shú mahyaí maghavan maghā́ttaya úd indra ṣrávase mahé || 9 || tváṃ na indra ṛitayús tvānído ní tṛimpasi | mádhye vasishva tuvinṛimṇorvór ní dāsáṃ ṣiṣnatho háthaiḥ || 10 || 9 ||

anyávratam ámānusham áyajvānam ádevayum | áva sváḥ sákhā dudhuvīta párvataḥ sughnā́ya dásyum párvataḥ || 11 || tváṃ na indrāsāṃ háste ṣavishṭha dāváne | dhānā́nāṃ ná

70, 1 ádhri-guḥ. vṛitra-hā́. 2 puru-hanman. vi-dhartári. 3 n. ṭ. k. n. VIII, 31, 17. sadā́-vṛidham. viṣvá-gūrtam. dhṛishṇú -ojasam. 4 sasahím. uru-jráyaḥ. 5 syúr *iti* syúḥ. ródasī *iti*. 7 dīrghāyo *iti* dīrgha-āyo. éta-gvā. hárī *iti*. 8 ā-áraṇeshu. 9 ūm̐ *iti* sú (2) naḥ vaso *iti*. maghā́ttaye. 10 indra. tvā-nídaḥ. tuvi-nṛimṇa u°. 11 anyá-vratam. su-ghnā́ya. 12 t. n. i. 9. āsā́m.

sáṃ gṛibhāyāsmayúr dvíḥ sáṃ gṛibhāyāsmayúḥ || 12 || sákhāyaḥ krátum ichata kathā́ rādhāma ṣarásya | úpastutim bhojáḥ sūrír yó áhrayaḥ || 13 || bhū́ribhiḥ samaha ṛíshibhir barhíshmadbhi stavishyase | yád itthám ékam-ekam íc chára vatsā́n parādádaḥ || 14 || karṇagṛíhyā maghávā ṣauradevyó vatsáṃ nas tribhyá ā́nayat | ajáṃ sūrír ná dhā́tave || 15 || 10 ||

71.

Tváṃ no agne máhobhiḥ pāhí víṣvasyā árāteḥ | utá dvishó mártyasya || 1 || nahí manyúḥ paúrusheya íṣe hí vaḥ priyajāta | tvám íd asi kshápāvān || 2 || sá no víṣvebhir devébhir ū́rjo napād bhádraṣoce | rayíṃ dehi viṣvávāram || 3 || ná tám agne árātayo mártaṃ yuvanta rāyáḥ | yáṃ trā́yase dāṣváṅsam || 4 || yáṃ tváṃ vipra medhásātāv ágne hinóshi dhánāya | sá távotí góshu gántā || 5 || 11 ||

tváṃ rayím puruvíram ágne dāṣúshe mártāya | prá ṇo naya vásyo ácha || 6 || urushyā́ ṇo mā́ párā dā aghāyaté jātavedaḥ | durādhyè mártāya || 7 || ágne mā́kish ṭe devásya rātím ádevo yuyota | tvám īṣishe vásūnām || 8 || sá no vásva úpa māsy ū́rjo napān mā́hinasya | sákhe vaso jaritṛíbhyaḥ || 9 || ácha naḥ ṣīráṣocishaṃ gíro yantu darṣatám | ácha yajñā́so námasā purūvásum purupraṣastám ūtáye || 10 || 12 ||

agníṃ sūnúṃ sáhaso jātávedasaṃ dānā́ya vā́ryāṇām | dvitā́ yó bhū́d amṛíto mártyeshv ā́ hótā mandrátamo viṣí || 11 || agníṃ vo devayajyáyāgním prayaty àdhvaré | agníṃ

70, 12 gṛibhāya a° (2). 13 úpa-stutim. 14 samaha. barhíshmat-bhiḥ. ít s°. parā-dádaḥ. 15 karṇa-gṛíhya. ā́ a°. — 71, 1 tv. n. a. 31, 9. 2 priya-jāta. 3 bhádra-ṣoce. viṣvá-vāram. 5 medhá-sātau. táva ūtí. 6 puru-víram. naḥ. 7 urushyá naḥ. agha-yaté jāta-vedaḥ duḥ-ādhyè. 8 mā́kiḥ te. 9 napāt. vaso iti. 10 ácha (2). sīrá-ṣocisham (14). puru-vásum puru-praṣastám. 11 jātá-vedasam. 12 deva-yajyáyā a° pra-yatí a°.

dhīshú prathamám agním árvaty agním kshaítrāya sádhase || 12 || agnír ishám sakhyé dadātu na íṣe yó váryāṇām | agním toké tánaya ṣáṣvad īmahe vásum sántam tanūpám || 13 || agním īḷishvávase gáthābhiḥ ṣīráṣocisham | agním rāyé purumīḷha ṣrutám náro 'gním sudītáye chardíḥ || 14 || agním dvésho yótavaí no gṛiṇīmasy agním ṣám yóṣ ca dátave | víṣvāsu vikshv àvitéva hávyo bhúvad vástur ṛishūṇám || 15 || 13 ||

72.

Havísh kṛiṇudhvam á gamad adhvaryúr vanate púnaḥ | vidvāñ asya praṣásanam || 1 || ní tigmám abhy àṅṣúm sídad dhótā manáv ádhi | jushāṇó asya sakhyám || 2 || antár ichanti tám jáne rudrám paró manīsháyā | gṛibhṇánti jihváyā sasám || 3 || jāmy àtītape dhánur vayodhá aruhad vánam | dṛishádam jihváyávadhīt || 4 || cáran vatsó rúṣann ihá nidātáram ná vindate | véti stótava ambyàm || 5 || 14 ||

utó nv àsya yán mahád áṣvāvad yójanam bṛihád | dāmá ráthasya dádṛiṣe || 6 || duhánti saptaíkām úpa dvá páñca sṛijataḥ | tīrthé síndhor ádhi svaré || 7 || á daṣábhir vivásvata índraḥ kóṣam acucyavīt | khédayā trivṛítā diváḥ || 8 || pári tridhátur adhvarám jūrṇír eti návīyasī | mádhvā hótāro añjate || 9 || siñcánti námasāvatám uccácakram párijmānam | nīcínabāram ákshitam || 10 || 15 ||

abhyáram íd ádrayo níshiktam púshkare mádhu | avatásya visárjane || 11 || gáva úpāvatāvatám mahí yajñásya

---

71, 13 tanū-pám. 14 īḷishva á°: puru-mīḷha. su-dītáye. 15 vikshú avitá-iva. — 72, 1 havíḥ. púnar *iti*. pra-ṣásanam. 2 abhí a°. hótā. 4 jāmí a°. vayaḥ-dháḥ. jihváyā á a°. 5 ni-dātáram. stótave. 6 utó *iti* nú a° yát. áṣva-vat. 7 saptá é°. 8 tri-vṛítā. 9 tri-dhátuḥ. 10 námasā a° uccá-cakram pári-jmānam nīcína-bāram. 11 abhi-áram. ní-siktam. vi-sárjane. 12 úpa avata a° mahí *iti*.

rapsúdā | ubhá kárṇā hiraṇyáyā || 12 || á suté siñcata ṣríyaṃ ródasyor abhiṣríyam | rasá dadhīta vṛishabhám || 13 || té jānata svám okyàṃ sáṃ vatsáso ná mātṛíbhiḥ | mithó nasanta jāmíbhiḥ || 14 || úpa srákveshu bápsataḥ kṛiṇvaté dharúṇaṃ diví | índre agná námaḥ svàḥ || 15 || 16 ||

ádhukshat pipyúshīm ísham úrjaṃ saptápadīm aríḥ | súryasya saptá raṣmíbhiḥ || 16 || sómasya mitrāvaruṇóditā súra á dade | tád áturasya bheshajám || 17 || utó nv àsya yát padáṃ haryatásya nidhānyàm | pári dyáṃ jihváyātanat || 18 || 17 ||

73.

Úd īrāthām ṛitāyaté yuñjáthām aṣvinā rátham | ánti shád bhūtu vām ávaḥ || 1 || nimíshaṣ cij jávīyasā ráthená yātam aṣvinā | ánti shád — || 2 || úpa stṛiṇītam átraye hiména gharmám aṣvinā | ánti shád — || 3 || kúha sthaḥ kúha jagmathuḥ kúha ṣyenéva petathuḥ | ánti shád — || 4 || yád adyá kárhi kárhi cic chuṣrūyátam imáṃ hávam | ánti shád — || 5 || 18 ||

aṣvínā yāmahútamā nédishṭhaṃ yāmy ápyaṃ | ánti shád — || 6 || ávantam átraye gṛiháṃ kṛiṇutáṃ yuvám aṣvinā | ánti shád — || 7 || várethe agním ātápo vádate valgv átraye | ánti shád — || 8 || prá saptávadhrir āṣásā dhárām agnér aṣāyata | ánti shád — || 9 || ihá gataṃ vṛishaṇvasū ṣṛiṇutám ma imáṃ hávam | ánti shád — || 10 || 19 ||

kím idáṃ vām purāṇaváj járator iva ṣasyate | ánti shád

72, 13 abhi-ṣríyam. 15 svàr *iti* svàḥ. 16 saptá-padīm. 17 mitrāvaruṇā út-itā súre. 18 utó — yát 6. ni-dhānyàm. jihváyā a⁰. — 73, 1 ṛita-yaté. sát. 2 ni-míshaḥ cit. ráthena á. 4 ṣyená-iva. 5 cit ṣuṣruyátam. 6 yāma-hútamā. 8 várethe *iti*. ā-tápaḥ. valgú. 9 saptá-vadhriḥ ā-ṣásā. 10 ihá á. vṛishaṇvasū *iti* vṛishaṇ-vasū. me. 11 purāṇa-vát.

— ‖ 11 ‖ samānáṃ vāṃ sajātyàṃ samānó bándhur aṣvinā ‖ ánti shád — ‖ 12 ‖ yó vāṃ rájāṅsy aṣvinā rátho viyáti ródasī ‖ ánti shád — ‖ 13 ‖ á no gávyebhir áṣvyaiḥ sahásrair úpa gachatam ‖ ánti shád — ‖ 14 ‖ mā́ no gávyebhir áṣvyaiḥ sahásrebhir áti khyatam ‖ ánti shád — ‖ 15 ‖ aruṇápsur ushā́ abhūd ákar jyótir ṛitā́varī ‖ ánti shád — ‖ 16 ‖ aṣvínā sú vicā́kaṣad vṛikshám paraṣumā́ṅ iva ‖ ánti shád — ‖ 17 ‖ púraṃ ná dhṛishṇav á ruja kṛishṇáyā bā́dhitó viṣá ‖ ánti shád ‖ 18 ‖ 20 ‖

74.

Viṣó-viṣo vo átithiṃ vājayántaḥ purupriyám ‖ agním vo dúryaṃ váca stushé ṣūshásya mánmabhiḥ ‖ 1 ‖ yáṃ jánāso havíshmanto mitráṃ ná sarpírāsutim ‖ praṣáṅsanti práṣastibhiḥ ‖ 2 ‖ pányāṅsaṃ jātávedasaṃ yó devátāty údyatā ‖ havyā́ny aírayat diví ‖ 3 ‖ áganma vṛitrahántamaṃ jyéshṭham agním ā́navam ‖ yásya ṣrutárvā bṛihánn ā́rksho ánīka édhate ‖ 4 ‖ amṛítaṃ jātávedasaṃ tirás támāṅsi darṣatám ‖ ghṛitā́havanam ídyam ‖ 5 ‖ 21 ‖

sabā́dho. yáṃ jánā imè 'gním havyébhir ī́late ‖ júhvānāso yatā́srucaḥ ‖ 6 ‖ iyáṃ te návyasī matír ágne ádhāyy asmád á ‖ mándra sújāta súkrató 'mūra dásmātithe ‖ 7 ‖ sá te agne sáṃtamā cánishṭhā bhavatu priyā́ ‖ táyā vardhasva súshṭutaḥ ‖ 8 ‖ sá dyumnaír dyumnínī bṛihád úpopa ṣrávasi ṣrávaḥ ‖ dádhīta vṛitratū́rye ‖ 9 ‖ áṣvam íd gáṃ rathaprā́ṃ

73, 12 sa-jātyàm. 13 vi-yáti ródasī íti. 16 aruṇá-psuḥ. ṛitá-varī. 17 vi-cā́kaṣat. 18 dhṛishṇo íti. — 74, 1 puru -priyám. vácaḥ. 2 sarpíḥ-asutim pra-ṣáṅsanti práṣasti-bhiḥ. jātá-vedasam (5). 3 út-yatā. 4 á a⁰ vṛitrahán-tamam. ánīke. 5 ghṛitá-āhavanam. 6 sa-bā́dhaḥ (12). imé a⁰. yatā́-srucaḥ. 7 sú-jāta súkrato íti sú-krato á⁰ dásma á⁰. 8 sú-stutaḥ. 9 úpa -upa. vṛitra-tū́rye (12). 10 ratha-prā́m.

tveshám índram ná sátpatim | yásya ṣrávāṅsi tū́rvatha pányam-panyam ca krishṭáyaḥ || 10 || 22 ||

yám tvā gopávano girā́ cánishṭhad agne aṅgiraḥ | sá pāvaka ṣrudhī hávam || 11 || yám tvā jánāsa ī́ḷate sabā́dho vā́jasātaye | sá bodhi vṛitratū́rye || 12 || ahám huvāná ārkshé ṣrutárvaṇi madacyúti | ṣárdhāṅsīva stukāvínām mṛikshā́ ṣīrshā́ caturṇā́m || 13 || mā́m catvā́ra āṣávaḥ ṣávishṭhasya dravitnávaḥ | surátháso abhí práyo vákshan váyo ná túgryam || 14 || satyám ít tvā mahenadi párushṇy áva dediṣam | ném āpo aṣvadā́taraḥ ṣávishṭhād asti mártyaḥ || 15 || 23 ||

75.

Yukshvā́ hí devahū́tamāṅ áṣvāṅ agne rathír iva | ní hótā pūrvyáḥ sadaḥ || 1 || utá no deva devā́ṅ áchā voco vidúshṭaraḥ | ṣrád víṣvā vā́ryā kṛidhi || 2 || tvám ha yád yavishṭhya sáhasaḥ sūnav āhuta | ṛitā́vā yajñíyo bhúvaḥ || 3 || ayám agníḥ sahasríṇo vā́jasya ṣatínas pátiḥ | mūrdhā́ kaví rayīṇā́m || 4 || tám nemím ṛibhávo yathā́ namasva sáhūtibhiḥ | nédīyo yajñám aṅgiraḥ || 5 || 24 ||

tásmai nūnám abhídyave vācā́ virūpa nítyayā | vṛíshṇe codasva sushṭutím || 6 || kám u shvid asya sénayāgnér ápākacakshasaḥ | paṇím góshu starāmahe || 7 || mā́ no devā́nām víṣaḥ prasnātír ivosrā́ḥ | kriṣám ná hāsur ághnyāḥ || 8 || mā́ naḥ samasya dūḍhyàḥ páridveshaso aṅhatíḥ | ūrmír ná nā́vam ā́ vadhīt || 9 || námas te agna ójase gṛiṇánti deva krishṭáyaḥ | ámair amítram ardaya || 10 || 25 ||

74, 10 sát-patim. 11 ṣrudhi. 12 vā́ja-sātaye. 13 mada-cyúti ṣárdhāṅsi-iva. 14 su-ráthāsaḥ. 15 mahe-nadi. ná īm. aṣva-dātaraḥ. — 75, 1 yukshvá. deva-hūtamān. 2 ácha. 3 sūno iti ā-huta ṛitá-vā. 4 kavíḥ. 5 yathā ā́. sáhūti-bhiḥ. 6 abhí-dyave. vi-rūpa. su-stutím. 7 svịt. sénayā a⁰ ápāka-cakshasaḥ. 8 prasnātíḥ-iva u⁰. 9 duḥ-dhyàḥ pári-dveshasaḥ. 10 agne.

kuvít sú no gávishṭayé 'gne saṃvéshisho rayím | úrukṛid urú ṇas kṛidhi || 11 || mā́ no asmín mahādhané párā varg bhārabhṛíd yathā | saṃvárgaṃ sáṃ rayíṃ jaya || 12 || anyám asmád bhiyā́ iyám ágne síshaktu duchúnā | várdhā no ámavac chávaḥ || 13 || yásyā́jushan namasvínaḥ ṣámīm ádurmakhasya vā | táṃ ghéd agnír vṛidhā́vati || 14 || párasyā ádhi saṃvátó 'varā́ñ abhy ā́ tara | yátrāhám ásmi tā́ñ ava || 15 || vidmā́ hí te purā́ vayám ágne pitúr yáthā́vasaḥ | ádhā te sumnám īmahe || 16 || 26 ||

76.

Imáṃ nú māyínaṃ huva índram ī́ṣānam ójasā | marútvantaṃ ná vṛiñjáse || 1 || ayám índro marútsakhā ví vṛitrásyābhinac chíraḥ | vájreṇa ṣatáparvaṇā || 2 || vāvṛidhānó marútsakhéndro ví vṛitrám airayat | sṛiján samudríyā apáḥ || 3 || ayáṃ ha yéna vā́ idáṃ svàr marútvatā jitám | índreṇa sómapītaye || 4 || marútvantam ṛijīshíṇam ójasvantaṃ virapṣínam | índraṃ gīrbhír havāmahe || 5 || índram pratnéna mánmanā marútvantaṃ havāmahe | asyá sómasya pītáye || 6 || 27 ||

márutvā́ñ indra mīḍhvaḥ píbā sómaṃ ṣatakrato | asmín yajñé purushṭuta || 7 || túbhyéd indra marútvate sutā́ḥ sómāso adrivaḥ | hṛidā́ hūyanta ukthínaḥ || 8 || píbéd indra marútsakhā sutáṃ sómaṃ dívishṭishu | vájraṃ ṣíṣāna ójasā

75, 11 gó-ishṭaye á⁰ sam-véshishaḥ. úru-kṛit. naḥ. 12 mahā -dhané. bhāra-bhṛít. sam-várgam. 13 bhiyaí. sísaktu. várdha. áma-vat ṣ⁰. 14 yásya ájushat. áduḥ-makhasya. gha ít. vṛidhā́ a⁰. 15 sam-vátaḥ á⁰ abhí. yátra a⁰. 16 vidmá. yáthā á⁰ ádha. — 76, 1 huve. 2 marút-sakhā (9). vṛitrásya abhinat ṣ⁰. ṣatá -parvaṇā. 3 vavṛidhānáḥ marút-sakhā í⁰. 4 vaí. sóma-pītaye. 5 vi-rapṣínam. 6 a. s. p. 22, 1. 7 píba. ṣatakrato iti ṣata -krato. puru-stuta. 8 túbhya ít. hūyante. 9 píba it.

|| 9 || uttíshṭhann ójasā sahá pītví ṣípre avepayaḥ | sómam indra camū́ sutám || 10 || ánu tvā ródasī ubhé krákshamāṇam akṛipetām | índra yád dasyuhā́bhavaḥ || 11 || vā́cam ashṭā́padīm ahám návasraktim ṛitaspṛíṣam | índrāt pári tanvàm mame || 12 || 28 ||

77.

Jajñānó nú ṣatákratur ví pṛichad íti mātáram | ká ugrā́ḥ ké ha ṣṛiṇvire || 1 || ā́d īṃ ṣavasy àbravīd aurṇavābhám ahīṣúvam | té putra santu nishṭúraḥ || 2 || sám ít tā́n vṛitrahā́khidat khé arā́ñ iva khédayā | právṛiddho dasyuhā́bhavat || 3 || ékayā pratidhā́pibat sākáṃ sárāṅsi triṅṣátam | índraḥ sómasya kāṇukā́ || 4 || abhí gandharvám atṛiṇad abudhnéshu rájassv ā́ | índro brahmábhya íd vṛidhé || 5 || 29 ||

nír āvidhyad giríbhya ā́ dhārāyat pakvám odanám | índro bundáṃ svā̀tatam || 6 || ṣatábradhna íshus táva sahásraparṇa éka ít | yám indra cakṛishé yújam || 7 || téna stotṛíbhya ā́ bhara nṛíbhyo nā́ribhyo áttave | sadyó jātá ṛibhushṭhira || 8 || etā́ cyautnā́ni te kṛitā́ várshishṭhāni párīṇasā | hṛidā́ vīḍv àdhārayaḥ || 9 || víṣvét tā́ víshṇur ā́bharad urukramás tvéshitaḥ | ṣatám mahishā́n kshīrapākám odanáṃ varāhám índra emushám || 10 || tuvikshám te súkṛitaṃ sūmáyaṃ dhánuḥ sādhúr bundó hiraṇyáyaḥ | ubhā́ te bāhū́ ráṇyā súsaṃskṛita ṛidūpé cid ṛidūvṛídhā || 11 || 30 ||

76, 10 ut-tíshṭhan. ṣípre *iti*. camū́ *iti*. 11 ánu-ubhé VIII, 6, 38. dasyu-hā́ ā́°. 12 ashṭā́-padīm. náva-sraktim ṛita-spṛíṣam. — 77, 1 ṣatá-kratuḥ. ké. 2 ṣavasí a°. niḥ-túraḥ. 3 vṛitra-hā́ a°. prá-vṛiddhaḥ dasyu-hā́ a°. 4 prati-dhā́ a°. 6 avidhyat. sú-ātatam. 7 ṣatá-bradhnaḥ. sahásra-parṇaḥ. 8 ṛibhu-sthira. 9 vīḷú a°. 10 víṣvā ít. ā́ a° uru-kramáḥ tvā́-ishitaḥ. kshīra-pākám. 11 tuvi-kshám. sú-kṛitam su-máyam. u. t. b. VIII, 61, 18. sú-saṃskṛitā ṛidu-pé. ṛidu-vṛídhā.

78.

Puroḷā́ṣaṃ no ándhasa índra sahásram ā́ bhara | ṣatā́ ca ṣūra gónām || 1 || ā́ no bhara vyā́ñjanaṃ gā́m áṣvam abhyā́ñjanam | sácā manā́ hiraṇyáyā || 2 || utá naḥ karṇaṣóbhanā purū́ṇi dhṛishṇav ā́ bhara | tváṃ hí ṣṛiṇvishé vaso || 3 || nákīṃ vṛidhīkā́ indra te ná sushā́ ná sudā́ utá | nā́nyás tvác chūra vāghátaḥ || 4 || nákīm índro níkartave ná ṣakráḥ páriṣaktave | víṣvaṃ ṣṛiṇoti páṣyati || 5 || 31 ||

sá manyúm mártyānām ádabdho ní cikīshate | purā́ nidáṣ cikīshate || 6 || krátva ít pūrṇám udáraṃ turásyāsti vidhatáḥ | vṛitraghnáḥ somapā́vnaḥ || 7 || tvé vásūni sáṃgatā víṣvā ca soma saúbhagā | sudā́tv áparihvṛitā || 8 || tvā́m íd yavayúr máma kā́mo gavyúr hiraṇyayúḥ | tvā́m aṣvayúr éshate || 9 || távéd indrāhám āṣásā háste dā́traṃ canā́ dade | dinásya vā maghavan sámbhṛitasya vā pūrdhí yávasya kāṣínā || 10 || 32 ||

79.

Ayáṃ kṛitnúr ágṛibhīto viṣvajíd udbhíd ít sómaḥ | ṛíshir vípraḥ kā́vyena || 1 || abhy ū̀rṇoti yán nagnám bhishákti víṣvaṃ yát turám | prém andháḥ khyan níḥ ṣroṇó bhūt || 2 || tváṃ soma tanūkṛídbhyo dvéshobhyo 'nyákṛitebhyaḥ | urú yantā́si várūtham || 3 || tváṃ cittí táva dákshair divá ā́ pṛithivyā́ ṛijīshin | yā́vīr aghásya cid dvéshaḥ || 4 ||

78, 2 vi-áñjanam. abhi-áñjanam. 3 karṇa-ṣóbhanā. dhṛishṇo *iti*. vaso *iti*. 4 su-sā́ḥ. su-dā́ḥ. ná a° tvát ṣ°. 5 ní-kartave. pári-ṣaktave. 7 turásya a°. vṛitra-ghnáḥ soma-pā́vnaḥ. 8 tvé *iti*. sám-gatā. su-dā́tu ápari-hvṛitā. 9 ā́ ī°. 10 táva ít indra a° ā-ṣásā. caná ā́°. sám-bhṛitasya. — 79, 1 viṣva-jít ut-bhít. 2 abhí ū° yát. prá īm (6). khyat. 3 tanūkṛít-bhyaḥ. anyá-kṛitebhyaḥ. yantā́ asi.

arthíno yánti céd ártham gáchān íd dadúsho rātím | vavṛijyús tṛíshyataḥ kā́mam || 5 || 33 ||

vidád yát pūrvyám nashṭám úd īm ṛitāyúm īrayat | prém ā́yus tārīd átīrṇam || 6 || susévo no mṛiḷayā́kur ádṛiptakratur avātáḥ | bhávā naḥ soma sám hṛidé || 7 || mā́ naḥ soma sám vīvijo mā́ ví bībhishathā rājan | mā́ no hā́rdi tvishā́ vadhīḥ || 8 || áva yát své sadhásthe devā́nām durmatī́r ī́kshe | rā́jann ápa dvíshaḥ sedha mī́ḍhvo ápa srídhaḥ sedha || 9 || 34 ||

80.

Nahy ànyám baḷā́karam marḍitā́ram śatakrato | tvám na indra mṛiḷaya || 1 || yó naḥ śáśvat purā́vithā́mṛidhro vā́jasātaye | sá tvám na indra mṛiḷaya || 2 || kím aṅgá radhracódanaḥ sunvānásyāvitéd asi | kuvít sv ìndra ṇaḥ śákaḥ || 3 || índra prá ṇo rátham ava paścā́c cit sántam adrivaḥ | purástād enam me kṛidhi || 4 || hánto nú kím āsase prathamám no rátham kṛidhi | upamám vājayú śrávaḥ || 5 || 35 ||

ávā no vājayúm rátham sukáram te kím ít pári | asmā́n sú jigyúshas kṛidhi || 6 || índra dṛíhyasva pū́r asi bhadrā́ ta eti nishkṛitám | iyám dhī́r ṛitvíyāvatī || 7 || mā́ sīm avadyá ā́ bhāg urví kā́shṭhā hitám dhánam | apā́vṛiktā aratnáyaḥ || 8 || turī́yam nā́ma yajñíyam yadā́ káras tád uśmasi | ā́d ít pátir na ohase || 9 || ā́vīvṛidhad vo amṛitā ámandīd ekadyū́r devā utá yā́ś ca devīḥ | tásmā u rā́dhaḥ kṛiṇuta praśastám prātár makshū́ dhiyā́vasur jagamyāt || 10 || 36 ||

Ashṭamo 'nuvākaḥ.

79, 5 ca ít. 6 ṛita-yúm. 7 su-śévaḥ. ádṛipta-kratuḥ. bháva. 8 bibhishathāḥ. 9 sadhá-sthe. duḥ-matíḥ. — 80, 1 nahí aº balā́ áº. śatakrato *iti* śata-krato. 2 purā́ ā́vitha áº vā́ja-sātaye. sá *etc.* VI, 45, 17. 3 radhra-códanaḥ sunvānásya avitā́ ít. sú iº naḥ. 4 naḥ. paścā́t. 5 hánto *iti*. upa-mám. 6 áva. su-kā́ram. 7 te. niḥ-kṛitám. ṛitvíya-vatī. 8 avadyé. apa-ā́vṛiktāḥ. 10 eka-dyū́ḥ. tásmai. pra-śastám. prātár *etc.* 58, 9.

81.

Á tū́ na indra kshumántaṃ citráṃ grābhám sáṃ gṛibhāya | mahāhastī́ dákshiṇena || 1 || vidmā́ hí tvā tuvikūrmíṃ tuvídeshṇaṃ tuvī́magham | tuvimātrám ávobhiḥ || 2 || nahí tvā ṣūra devā́ ná mártāso dítsantam | bhīmáṃ ná gā́ṃ vāráyante || 3 || éto nv índraṃ stávāméṣānaṃ vásvaḥ svarā́jam | ná rā́dhasā mardhishan naḥ || 4 || prá stoshad úpa gāsishac chrávat sā́ma gīyámānam | abhí rā́dhasā jugurat || 5 || 37 ||

ā́ no bhara dákshiṇenābhí savyéna prá mṛiṣa | índra mā́ no vásor nír bhāk || 6 || úpa kramasvā́ bhara dhṛishatā́ dhṛishṇo jánānām | ádāṣūshṭarasya védaḥ || 7 || índra yá u nú te ásti vā́jo víprebhiḥ sánitvaḥ | asmā́bhiḥ sú táṃ sanuhi || 8 || sadyojúvas te vā́jā asmábhyaṃ viṣváṣcandrāḥ | vā́ṣaiṣ ca makshū́ jarante || 9 || 38 ||

Pañcamo 'dhyāyaḥ.

82.

Á prá drava parāváto 'rvāvátaṣ ca vṛitrahan | mádhvaḥ práti prábharmaṇi || 1 || tīvrā́ḥ sómāsa ā́ gahi sutā́so mādayishṇávaḥ | píbā dadhṛíg yáthocishé || 2 || ishā́ mandasvā́d u té 'raṃ várāya manyáve | bhúvat ta indra ṣáṃ hṛidé || 3 || ā́ tv àṣatrav ā́ gahi ny ùkthā́ni ca hūyase | upamé rocané diváḥ || 4 || túbhyāyám ádribhiḥ sutó góbhiḥ ṣrītó mádāya kám | prá sóma indra hūyate || 5 || 1 ||

81, 1 ā́ t. n. i. 10, 11. mahā-hastī́. 2 vidmá. tuvi-kurmím tuví-deshṇam tuví-magham tuvi-mātrám. 3 devā́ḥ. 4 é. n. í. stávāma VIII, 24, 19. ī́ṣānam. sva-rā́jam. mardhishat. 5 gāsishat s°. 6 ā́ n. b. III, 30, 19. dákshiṇena a°. 7 kramasva ā́. dhṛishṇo *iti*. ádāṣuḥ-tarasya. 9 sadyaḥ-júvaḥ. viṣvá-candrāḥ. makshú. — 82, 1 vṛitra-han. prá-bharmaṇi. 2 t. s. ā g. 33, 1. píba. yátha o°. 3 mandasva ā́t. te á°. te. 4 tú aṣatro *iti*. ní u°. upa-mé. 5 túbhya a°.

índra ṣrudhí sú me hávam asmé sutásya gómataḥ | ví pītíṃ triptím aṣnuhi || 6 || yá indra camaséshv á sómaṣ camúshu te sutáḥ | píbéd asya tvám īṣishe || 7 || yó apsú candrámā iva sómaṣ camúshu dádriṣe | píbéd asya tvám īṣishe || 8 || yáṃ te ṣyenáḥ padábharat tiró rájāṅsy áspritam | píbéd asya tvám īṣishe || 9 || 2 ||

83.

Devánām íd ávo mahát tád á vriṇīmahe vayám | vríshṇām asmábhyam ūtáye || 1 || té naḥ santu yújaḥ sádā váruṇo mitró aryamá | vridhásaṣ ca prácetasaḥ || 2 || áti no vishpitá purú naubhír apó ná parshatha | yūyám ritásya rathyaḥ || 3 || vāmáṃ no astv aryaman vāmáṃ varuṇa ṣáṅsyam | vāmáṃ hy àvriṇīmáhe || 4 || vāmásya hí pracetasa íṣānāso riṣādasaḥ | ném ādityā aghásya yát || 5 || 3 ||

vayám íd vaḥ sudānavaḥ kshiyánto yánto ádhvann á | dévā vridháya hūmahe || 6 || ádhi na indraishāṃ víshṇo sajātyànām | itá máruto áṣvinā || 7 || prá bhrātritváṃ sudānavó 'dha dvitá samānyá | mātúr gárbhe bharāmahe || 8 || yūyáṃ hí shṭhá sudānava índrajyeshṭhā abhídyavaḥ | ádhā cid va utá bruve || 9 || 4 ||

84.

Préshṭhaṃ vo átithiṃ stushé mitrám iva priyám | agníṃ rátham ná védyam || 1 || kavím iva prácetasaṃ yáṃ deváso ádha dvitá | ní mártyeshv ādadhúḥ || 2 || tváṃ yavishṭha

83, 6 asmé *iti*. 7 píba ít. 9 padá á á°. — 83, 2 v. m. a. 26, 4. prá-cetasaḥ. 4 hí ā-vriṇīmáhe. 5 pra-cetasaḥ. ná īm. 6 su-dānavaḥ. dévāḥ. 7 índra e° víshṇo *iti* sa-jātyànām itá. 8 su-dānavaḥ á°. 9a = VI, 51, 15. ádha. — 84, 2 prá-cetasam. ā-dadhúḥ.

dāṣúsho nṝíñḥ pāhi ṣriṇudhí gíraḥ | rákshā tokám utá tmánā || 3 || káyā te agne aṅgira ū́rjo napād úpastutim | várāya deva manyáve || 4 || dā́ṣema kásya mánasā yajñásya sahaso yaho | kád u voca idáṃ námaḥ || 5 || 5 ||

ádhā tváṃ hí nas káro víṣvā asmábhyaṃ sukshitī́ḥ | vā́jadraviṇaso gíraḥ || 6 || kásya nūnám párīṇaso dhíyo jinvasi dampate | góshātā yásya te gíraḥ || 7 || tám marjayanta sukrátum puroyā́vānam ājíshu | svéshu kshā́yeshu vājínam || 8 || kshéti kshémebhiḥ sādhúbhir nákir yáṃ ghnánti hánti yáḥ | ágne suvī́ra edhate || 9 || 6 ||

85.

Ā́ me hávaṃ nāsatyā́ṣvinā gáchataṃ yuvám | mádhvaḥ sómasya pītáye || 1 || imám me stómam aṣvinemám me ṣriṇutaṃ hávam | mádhvaḥ sómasya pī́táye || 2 || ayáṃ vāṃ kṛíshṇo aṣvinā hávate vājinīvasū | mádhvaḥ sómasya pītáye || 3 || ṣriṇutáṃ jaritúr hávaṃ kṛíshṇasya stuvató narā | mádhvaḥ sómasya pītáye || 4 || chardír yantam ádābhyaṃ víprāya stuvaté narā | mádhvaḥ sómasya pītáye || 5 || 7 ||

gáchataṃ dāṣúsho gṛihám itthā́ stuvató aṣvinā | mádhvaḥ sómasya pītáye || 6 || yuñjā́thāṃ rā́sabhaṃ ráthe vī́ḍvaṅge vṛishaṇvasū | mádhvaḥ sómasya pītáye || 7 || trivandhuréṇa trivṛ́ítā ráthenā́ yātam aṣvinā | mádhvaḥ sómasya pītáye || 8 || nū́ me gíro nāsatyā́ṣvinā prā́vataṃ yuvám | mádhvaḥ sómasya pītáye || 9 || 8 ||

84, 3 ṣriṇudhí. ráksha. 4 úpa-stutim. 5 yaho *iti*. voce. 6 ádha. su-kshitī́ḥ vā́ja-draviṇasaḥ. 7 dam-pate gó-sātā. 8 su-krátum puraḥ-yā́vānam. 9 su-vīraḥ. — 85, 1 nāsatyā á° (9). 2 aṣvinā i°. 3 vājinīvasū *iti* vājinī-vasū. 7 vīlú-aṅge vṛishaṇ-vasū *iti* vṛishaṇ-vasū. 8 tri-vandhuréṇa tri-vṛítā ráthena ā́. 9 nú. prá a°.

86.

Ubhá hí dasrá bhishájā mayobhúvobhá dákshasya vácaso babhūváthuḥ | tá vāṃ víṣvako havate tanūkrithé má no ví yaushṭaṃ sakhyá mumócatam || 1 || kathá nūnáṃ vāṃ vímanā úpa stavad yuváṃ dhíyaṃ dadathur vásyaïshṭaye | tá vāṃ víṣvako — || 2 || yuváṃ hí shmā purubhujemám edhatúṃ vishṇāpvè dadáthur vásyaïshṭaye | tá vāṃ víṣvako — || 3 || utá tyáṃ vīráṃ dhanasám ṛijīshíṇaṃ dūré cit sántam ávase havāmahe | yásya svádishṭhā sumatíḥ pitúr yathā má no ví yaushṭaṃ sakhyá mumócatam || 4 || ṛiténa deváḥ savitá ṣamāyata ṛitásya ṣṛíṅgam urviyá ví paprathe | ṛitáṃ sāsāha máhi cit pṛitanyató má no ví yaushṭaṃ sakhyá mumócatam || 5 || 9 ||

87.

Dyumní vāṃ stómo aṣvinā krívir ná séka á gatam | mádhvaḥ sutásya sá diví priyó narā pātáṃ gauráv ivériṇe || 1 || píbataṃ gharmám mádhumantam aṣviná barhíḥ sīdataṃ narā | tá mandasāná mánusho duroṇá á ní pātaṃ védasā váyaḥ || 2 || á vāṃ víṣvābhir ūtíbhiḥ priyámedhā ahūshata | tá vartír yātam úpa vṛiktábarhisho júshṭaṃ yajñáṃ dívishṭishu || 3 || píbataṃ sómam mádhumantam aṣviná barhíḥ sīdataṃ sumát | tá vāvṛidhāná úpa sushṭutíṃ divó gantáṃ gauráv ivériṇam || 4 || á nūnáṃ yātam aṣvináṣvebhiḥ prushitápsubhiḥ | dásrā híraṇyavartanī ṣubhas patī pātáṃ sómam ṛitāvṛidhā || 5 || vayáṃ hí vāṃ hávāmahe vipanyávo

---

86, 1 mayaḥ-bhúvā u°. tanū-kṛithé. 2 vi-manāḥ. vásyaḥ-ishṭaye (3). 3 sma puru-bhujā i°. 4 dhana-sám. su-matíḥ. 5 ṣam-āyate. sasāha. — 87, 1 séke. gauraú-iva í° (4). 2 aṣvinā á. duroṇé. 3 á — ahūshata VIII, 8, 18. vṛiktá-barhishah. 4 m. a. b. s. 2. vavṛidhānaú. su-stutím. 5 á — aṣvinā VIII, 8, 2. áṣvebhiḥ prushitápsu-bhiḥ. híraṇyavartanī *iti* híraṇya-vartanī. patī *iti*. p. s. ṛi. 47, 3. 6 v. h. v. h. VIII, 26, 9.

víprāso vā́jasātaye | tā́ valgū́ dasrā́ purudáṅsasā dhiyā́ṣvinā ṣrushṭy ā́ gatam || 6 || 10 ||

88.

Tám vó dasmám ṛitīsháham vásor mandānám ándhasaḥ | abhí vatsám ná svásareshu dhenáva índram gīrbhír navāmahe || 1 || dyukshám sudā́num távishībhir ávṛitam girím ná purubhójasam | kshumántam vā́jam ṣatínam sahasríṇam makshū́ gómantam īmahe || 2 || ná tvā bṛihánto ádrayo váranta indra vīḷávaḥ | yád dítsasi stuvaté mā́vate vásu nákish ṭád ā́ mināti te || 3 || yóddhāsi krátvā ṣávasotá daṅsánā víṣvā jātā́bhí majmánā | ā́ tvāyám arká ūtáye vavartati yám gótamā ájījanan || 4 || prá hí ririkshá ójasā divó ántebhyas pári | ná tvā vivyāca rája indra pā́rthivam ánu svadhā́m vavakshitha || 5 || nákiḥ párishṭir maghavan maghásya te yád dāṣúshe daṣasyási | asmā́kam bodhy ucáthasya coditā́ máṅhishṭho vā́jasātaye || 6 || 11 ||

89.

Bṛihád índrāya gāyata máruto vṛitrahántamam | yéna jyótir ájanayann ṛitāvṛídho devám devā́ya jā́gṛivi || 1 || ápādhamad abhíṣastīr aṣastihā́théndro dyumny ā́bhavat | devā́s ta indra sakhyā́ya yemire bṛíhadbhāno márudgaṇa || 2 || prá va índrāya bṛihaté máruto bráhmārcata | vṛitrám hanati vṛitrahā́ ṣatákratur vájreṇa ṣatáparvaṇā || 3 || abhí prá bhara dhṛishatā́ dhṛishanmanaḥ ṣrávaṣ cit te asad bṛihát | ár-

87, 6 vā́ja-sātaye. t. v. d. VI, 62, 5. puru-dáṅsasā dhiyā́ ā́° ṣrushṭí. — 88, 1 ṛiti-sáham. 2 su-dā́num. ā́-vṛitam. puru-bhójasam. makshú. 3 várante. nákiḥ tát. 4 yóddhā asi. ṣávasā utá. jātā́ a°. tvā a°. 5 ririkshé. 6 vā́ja-sātaye. — 89, 1 vṛitrahán-tamam. ṛita-vṛídhaḥ. 2 ápa a° abhí-ṣastīḥ aṣasti-hā́ átha í° dyumní ā́ a°. te. bṛíhadbhāno *iti* bṛíhat-bhāno márut-gaṇa. 3 bráhma a°. vṛitra-hā́ ṣatá-kratuḥ. ṣatá-parvaṇā. 4 dhṛishat-manaḥ.

shantv ápo jávasā ví mātáro háno vṛitrám̱ jáyā svàḥ ‖ 4 ‖ yáj jáyathā apūrvya mághavan vṛitrahátyāya | tát pṛithivím aprathayas tád astabhnā utá dyā́m ‖ 5 ‖ tát te yajñó ajāyata tád arká utá háskṛitiḥ | tád víṣvam abhibhū́r asi yáj jātám̱ yác ca jántvam ‖ 6 ‖ āmásu pakvám aíraya ā́ sū́ryam̱ rohayo diví | gharmám̱ ná sáman tapatā suvṛiktíbhir júshṭam̱ gírvaṇase bṛihát ‖ 7 ‖ 12 ‖

90.

Á no víṣvāsu hávya índraḥ samátsu bhūshatu | úpa bráhmāṇi sávanāni vṛitrahā́ paramajyā́ ṛícīshamaḥ ‖ 1 ‖ tvám̱ dātā́ prathamó rā́dhasām asy ási satyá īṣānakṛít | tuvidyumnásya yújyá vṛiṇīmahe putrásya ṣávaso maháḥ ‖ 2 ‖ bráhmā ta indra girvaṇaḥ kriyánte ánatidbhutā | imā́ jushasva haryaṣva yójanéndra yā́ te ámanmahi ‖ 3 ‖ tvám̱ hí satyó maghavann ánānato vṛitrā́ bhū́ri nyṛiñjáse | sá tvám̱ ṣavishṭha vajrahasta dāṣúshe 'rvā́ñcam̱ rayím ā́ kṛidhi ‖ 4 ‖ tvám indra yaṣā́ asy ṛijīshí ṣavasas pate | tvám̱ vṛitrā́ṇi haṅsy apratíny éka íd ánuttā carshaṇīdhṛítā ‖ 5 ‖ tám u tvā nūnám asura prácetasam̱ rā́dho bhāgám ivemahe | mahíva kṛíttiḥ ṣaraṇā́ ta indra prá te sumnā́ no aṣnavan ‖ 6 ‖ 13 ‖

91.

Kanyā̀ vā́r avāyatí sómam ápi srutā́vidat | ástam bhárranty abravīd índrāya sunavai tvā ṣakrā́ya sunavai tvā ‖ 1 ‖

89, 4 jáya svàr *iti* svàḥ. 5 yát. vṛítra-hátyāya. 6 abhi-bhū́ḥ. yát (2). tapata suvṛiktí-bhiḥ. — 90, 1 samát-su. vṛitra-hā́ parama-jyā́ḥ. 2 īṣāna-kṛít tuvi-dyumnásya yújyā ā́. 3 bráhma te. hari-aṣva yójanā í°. 4 ni-ṛiñjáse. vajra-hasta. 5 carshaṇi-dhṛítā. 6 prá-cetasam. bhāgám-iva í°. mahí-iva. te. — 91, 1 ava-yatí. srutā́ a°. bhárantī.

asaú yá éshi vīrakó gṛihám-gṛiham vicákaṣad | imám jámbhasutam piba dhānávantam karambhínam apūpávantam ukthínam || 2 || á caná tvā cikitsāmó 'dhi caná tvā némasi | ṣánair iva ṣanakaír ivéndrāyendo pári srava || 3 || kuvíc chákat kuvít kárat kuvín no vásyasas kárat | kuvít patidvísho yatír índreṇa saṃgámāmahai || 4 || imáni tríṇi vishṭápā tánīndra ví rohaya | ṣíras tatásyorvárām ád idám ma úpodáre || 5 || asaú ca yá na urvárád imám tanvàm máma | átho tatásya yác chíraḥ sárvā tá romaṣá kṛidhi || 6 || khé ráthasya khé 'nasaḥ khé yugásya ṣatakrato | apālám indra trísh pūtvy ákṛiṇoḥ sū́ryatvacam || 7 || 14 ||

92.

Pántam á vo ándhasa índram abhí prá gāyata | viṣvāsáham ṣatákratum máṅhishṭham carshaṇīnám || 1 || puruhūtám purushṭutáṃ gāthānyàm sánaṣrutam | índra íti bravītana || 2 || índra ín no mahánāṃ dātá vájānāṃ nṛitúḥ | maháṅ abhijñv á yamat || 3 || ápād u ṣipry ándhasaḥ sudákshasya prahoshíṇaḥ | índor índro yávāṣiraḥ || 4 || tám v abhí prárcaténdraṃ sómasya pītáye | tád íd dhy àsya várdhanam || 5 || 15 ||

asyá pītvá mádānāṃ devó devásyaújasā | víṣvābhí bhúvanā bhuvat || 6 || tyám u vaḥ satrāsáhaṃ víṣvāsu gīrshv áyatam | á cyāvayasy ūtáye || 7 || yudhmáṃ sántam anarváṇaṃ somapám ánapacyutam | náram avāryákratum || 8 || ṣí-

---

91, 2 vi-cákaṣat. jámbha-sutam. dh. k. a. u. III, 52, 1. 3 cikitsāmaḥ á°. ná í°. ṣanakaíḥ-iva índrāya indo *iti*. 4 kuvít s°. kuvít naḥ. pati-dvíshaḥ. sam-gámāmahai. 5 tā́ni í°. tatásya u°. me úpa u°. 6 urvárā ā́t. átho *iti*. yát s°. 7 ánasaḥ. ṣatakrato *iti* ṣata-krato. tríḥ pūtví. sū́rya-tvacam. — 92, 1 í. a. p. g. 5, 1. viṣva-sáham ṣatá-kratum. 2 puru-hūtám puru-stutám. sána-ṣrutam. 3 ít. abhi-jñú. 4 ṣiprí. su-dákshasya pra-hoshíṇaḥ. yáva-āṣiraḥ. 5 tám — prá VIII, 15, 1. arcata í°. hí a°. 6 devásya ó° víṣvā a°. 7 satrā-sáham. gīrshú ā́-yatam. cyavayasi. 8 soma-pā́m ánapa-cyutam. avāryá-kratum.

kshā ṇa indra rāyá ā́ purú vidvā́ñ ṛicīshama | ávā naḥ párye dháne || 9 || átaṣ cid indra ṇa úpā́ yāhi ṣatávājayā | ishā́ sahásravājayā || 10 || 16 ||

áyāma dhívato dhíyó 'rvadbhiḥ ṣakra godare | jáyema pṛitsú vajrivaḥ || 11 || vayám u tvā ṣatakrato gā́vo ná yávaseshv ā́ | ukthéshu raṇayāmasi || 12 || víṣvā hí martyatvanā́nukāmā́ ṣatakrato | áganma vajrinn āṣā́saḥ || 13 || tvé sú putra ṣavasó 'vṛitran kā́makātayaḥ | ná tvā́m indrā́ti ricyate || 14 || sá no vṛishan sánishṭhayā sáṃ ghoráyā dravitnvā́ | dhiyā́viḍḍhi púraṃdhyā || 15 || 17 ||

yás te nūnáṃ ṣatakratav índra dyumnítamo mádaḥ | téna nūnám máde madeḥ || 16 || yás te citráṣravastamo yá indra vṛitrahántamaḥ | yá ojodā́tamo mádaḥ || 17 || vidmá hí yás te adrivas tvā́dattaḥ satya somapāḥ | víṣvāsu dasma kṛishṭíshu || 18 || índrāya mádvane sutám pári shṭobhantu no gíraḥ | arkám arcantu kārávaḥ || 19 || yásmin víṣvā ádhi ṣríyo ráṇanti saptá ṣaṃsádaḥ | índraṃ suté havāmahe || 20 || 18 ||

tríkadrukeshu cétanaṃ deváso yajñám atnata | tám íd vardhantu no gíraḥ || 21 || ā́ tvā viṣantv índavaḥ samudrám iva síndhavaḥ | ná tvā́m indrā́ti ricyate || 22 || vivyáktha mahinā́ vṛishan bhakshá́ṃ sómasya jāgṛive | yá indra jaṭháreshu te || 23 || áraṃ ta indra kuksháye sómo bhavatu vṛitrahan | áraṃ dhā́mabhya índavaḥ || 24 || áram áṣvāya gāyati ṣrutákaksho áraṃ gáve | áram índrasya dhā́mne || 25 || áraṃ hí shmā sutéshu ṇaḥ sómeshv indra bhū́shasi | áraṃ te ṣakra dāváne || 26 || 19 ||

92, 9 ṣíksha naḥ. áva. 10 naḥ úpa ā́. ṣatá-vājayā. sahásra-vājayā. 11 dhíyaḥ á°. go-dare. 12 ṣatakrato *iti* ṣata-krato (13. 16). 13 martya-tvanā́ anu-kāmā́. ā-ṣásaḥ. 14 tvé *iti*. ṣavasaḥ á° kā́ma-kātayaḥ. indra áti. 15 dhiyā́ a° púram-dhyā. 16 mader *iti* madeḥ. 17 citráṣravaḥ-tamaḥ. vṛitrahán-tamaḥ. ojaḥ-dā́tamaḥ. 18 vidmá. tvā́-dattaḥ. soma-pāḥ. 19 stobhantu. 20 sam-sádaḥ. 21 = VIII, 13, 18. 22 ā́ t. v. í. 15, 1. ná *etc.* 14. 24 te. vṛitra-han. 25 ṣrutá-kakshaḥ. 26 sma. naḥ.

parākáttāc cid adrivas tvā́ṃ nakshanta no gíraḥ | áraṃ gamāma te vayám || 27 || evā́ hy ási vīrayúr evā́ ṣū́ra utá sthiráḥ | evā́ te rádhyam mánaḥ || 28 || evā́ rātís tuvīmagha víṣvebhir dhāyi dhātṛíbhiḥ | ádhā cid indra me sácā || 29 || mó shú brahméva tandrayúr bhúvo vājānām pate | mátsvā sutásya gómataḥ || 30 || mā́ na indra abhy ādíṣaḥ sū́ro aktúshv ā́ yaman | tvā́ yujā́ vanema tát || 31 || tváyéd indra yujā́ vayám práti bruvīmahi spṛídhaḥ | tvám asmā́kaṃ táva smasi || 32 || tvā́m íd dhí tvāyávo 'nunónuvataṣ cárān | sákhāya indra kārávaḥ || 33 || 20 ||

93.

Úd ghéd abhí ṣrutā́maghaṃ vṛishabhā́ṃ náryāpasam | ástāram eshi sūrya || 1 || náva yó navatím púro bibhéda bāhvòjasā | áhiṃ ca vṛitrahā́vadhīt || 2 || sá na índraḥ ṣiváḥ sákhā́ṣvāvad gómad yávamat | urúdhāreva dohate || 3 || yád adyá kác ca vṛitrahann udágā abhí sūrya | sárvaṃ tád indra te váṣe || 4 || yád vā pravṛiddha satpate ná marā íti mányase | utó tát satyám ít táva || 5 || 21 ||

yé sómāsaḥ parāváti yé arvāváti sunviré | sárvāṅs tā́ṅ indra gachasi || 6 || tám índraṃ vājayāmasi mahé vṛitrā́ya hántave | sá vṛíshā vṛishabhó bhuvat || 7 || índraḥ sá dámane kṛitá ójishṭhaḥ sá máde hitáḥ | dyumnī́ ṣlokí sá somyáḥ || 8 || girā́ vájro ná sámbhṛitaḥ sábalo ánapacyutaḥ | vavakshá ṛishvó ástṛitaḥ || 9 || durgé cin naḥ sugáṃ kṛidhi gṛiṇāná indra girvaṇaḥ | tváṃ ca maghavan váṣaḥ || 10 || 22 ||

92, 27 parākāttāt. 28 evá (3). hí. 29 evá. tuvi-magha. ádha. 30 mó *iti* sú brahmā́-iva. mátsva. 31 abhí ā-díṣaḥ. 32 tváyā ít. 33 hí. anu-nónuvataḥ. — 93, 1 gha ít. ṣrutá-magham. nárya-apasam. 2 bāhú-ojasā. vṛitra-hā́ a°. 3 sákhā áṣva-vat. urúdhārā-iva. 4 kát. vṛítra-han ut-ágāḥ. 5 pra-vṛiddha sat-pate. marai. utó *iti*. 9 sám-bhṛitaḥ sá-balaḥ ánapa-cyutaḥ vavakshé. 10 duḥ-gé cit. su-gám.

yásya te nū́ cid ādíṣaṃ ná minánti svarā́jyam | ná devó nā́dhrigur jánaḥ || 11 || ádhā te ápratishkutaṃ deví ṣúshmaṃ saparyataḥ | ubhé suṣipra ródasī || 12 || tvám etád adhārayaḥ kṛishṇā́su róhiṇīshu ca | párushṇīshu rúṣat páyaḥ || 13 || ví yád áher ádha tvishó víṣve devā́so ákramuḥ | vidā́n mṛigásya tā́ñ ámaḥ || 14 || ā́d u me nivaró bhuvad vṛitrahā́dishṭa paúṅsyam | ájātaṣatrur ástṛitaḥ || 15 || 23 ||

ṣrutáṃ vo vṛitrahántamam prá ṣárdhaṃ carshaṇīnā́m | ā́ ṣushe rā́dhase mahé || 16 || ayā́ dhiyā́ ca gavyayā́ púrunāman púrushṭuta | yát sóme-soma ā́bhavaḥ || 17 || bodhínmanā íd astu no vṛitrahā́ bhū́ryāsutiḥ | ṣṛiṇótu ṣakrá āṣísham || 18 || káyā tváṃ na ūtyā́bhí prá mandase vṛishan | káyā stotṛíbhya ā́ bhara || 19 || kásya vṛíshā suté sácā niyútvān vṛishabhó raṇat | vṛitrahā́ sómapītaye || 20 || 24 ||

abhí shú ṇas tváṃ rayím mandasānáḥ sahasríṇam | prayantā́ bodhi dāṣúshe || 21 || pátnīvantaḥ sutā́ imá uṣánto yanti vītáye | apā́ṃ jágmir nicumpuṇáḥ || 22 || ishṭā́ hótrā asṛikshaténdraṃ vṛidháso adhvaré | áchāvabhṛithám ójasā || 23 || ihá tyā́ sadhamā́dyā hárī híraṇyakeṣyā | voḷhā́m abhí práyo hitám || 24 || túbhyaṃ sómāḥ sutā́ imé stīrṇā́m barhír vibhāvaso | stotṛíbhya índram ā́ vaha || 25 || 25 ||

ā́ te dákshaṃ ví rocanā́ dádhad rátnā ví dāṣúshe | stotṛíbhya índram arcata || 26 || ā́ te dadhāmīndriyám ukthā́ víṣvā ṣatakrato | stotṛíbhya indra mṛiḷaya || 27 || bhadrám-bhadraṃ na ā́ bharésham ū́rjaṃ ṣatakrato | yád indra

93, 11 nú. ā-díṣam. sva-rā́jyam. ná ádhri-guḥ. 12 ádha. ápratí-skutam deví *íti*. ubhé *íti* su-ṣipra ródasī *íti*. 14 vidát. 15 ni-varáḥ. vṛitra-hā́ a⁰. ájāta-ṣatruḥ. 16 vṛitrahán-tamam. 17 púru-nāman púru-stuta. sóme-some ā́ á⁰. 18 bodhít-manāḥ. vṛitra-hā́ bhū́ri-āsutiḥ. ā-ṣísham. 19 ūtyā́ a⁰. 20 vṛitra-hā́ sóma-pītaye. 21 abhí sú naḥ. pra-yantā́. 22 imé. ni-cumpuṇáḥ. 23 ishṭā́ḥ. asṛikshata í⁰. ácha ava-bhṛithám. 24 = VIII, 32, 29. 25 vibhāvaso *íti* vibhā-vaso. 27 dadhāmi i⁰. ṣatakrato *íti* ṣata-krato (28. 29). 28 bhara í⁰. yát — naḥ VIII, 6, 25.

mṛiḷáyāsi naḥ || 28 || sá no víṣvāny á̄ bhara suvitáni ṣatakrato | yád indra mṛiḷáyāsi naḥ || 29 || tvám íd vṛitrahantama sutávanto havāmahe | yád indra mṛiḷáyāsi naḥ || 30 || 26 ||

úpa no háribhiḥ sutáṃ yāhí madānām pate | úpa no háribhiḥ sutám || 31 || dvitá yo vṛitrahántamo vidá índraḥ ṣatákratuḥ | úpa no háribhiḥ sutám || 32 || tváṃ hí vṛitrahann eshām pātá sómānām ási | úpa no háribhiḥ sutáṃ || 33 || índra ishé dadātu na ṛibhukshánam ṛibhúṃ rayím | vājí dadātu vājínam || 34 || 27 ||

Navamo 'nuvākaḥ.

94.

Gaúr dhayati marútāṃ ṣravasyúr mātá maghónām | yuktá váhnī ráthānām || 1 || yásyā devá upásthe vratá víṣve dhāráyante | sū́ryāmásā driṣé kám || 2 || tát sú no víṣve aryá á̄ sádā gṛiṇanti kārávaḥ | marútaḥ sómapītaye || 3 || ásti sómo ayáṃ sutáḥ píbanty asya marútaḥ | utá svarájo aṣvínā || 4 || píbanti mitró aryamá tánā pūtásya váruṇaḥ | trishadhasthásya jávataḥ || 5 || utó nv àsya jósham áñ índraḥ sutásya gómataḥ | prātár hóteva matsati || 6 || 28 ||

kád atvishanta sūráyas tirá ápa iva srídhaḥ | árshanti pūtádakshasaḥ || 7 || kád vo adyá mahánāṃ devánām ávo vṛiṇe | tmánā ca dasmávarcasām || 8 || á̄ yé víṣvā párthivāni papráthan rocaná diváḥ | marútaḥ sómapītaye || 9 || tyán nú pūtádakshaso divó vo maruto huve | asyá sómasya pītáye || 10 || tyán nú yé ví ródasī tastabhúr marúto huve | asyá

93, 30 tv. í. v. V, 35, 6. sutá-vantaḥ. 32 vṛitrahán-tamaḥ vidé. ṣatá-kratuḥ. 33 vṛitra-han. — 94, 1 váhniḥ. 2 yásyāḥ. upá-sthe. 3 tát — kārávaḥ VI, 45, 33. sóma-pītaye (9). 4 sva-rájaḥ. 5 tri-sadhasthásya. 6 u. n. a. VIII, 72, 6. á̄. hóta-iva. 7 pūtá-dakshasaḥ (10). 8 dasmá-varcasām. 10 a. s. p. 22, 1. 11 ródasī *ití*.

sómasya pītáye ‖ 11 ‖ tyáṃ nú mārutaṃ gaṇáṃ girishṭhā́ṃ vṛíshaṇaṃ huve | asyá sómasya pītáye ‖ 12 ‖ 29 ‖

95.

Ā́ tvā gíro rathī́r ivā́sthuḥ sutéshu girvaṇaḥ | abhí tvā sám anūshaténdra vatsáṃ ná mātáraḥ ‖ 1 ‖ ā́ tvā ṣukrā́ acucyavuḥ sutā́sa indra girvaṇaḥ | píbā tv àsyā́ndhasa índra víṣvāsu te hitā́m ‖ 2 ‖ píbā sómam mádāya kám índra ṣyenā́bhṛitaṃ sutám | tváṃ hí ṣáṣvatīnām pátī rā́jā viṣā́m ási ‖ 3 ‖ ṣrudhí hávaṃ tiraṣcyā́ índra yás tvā saparyáti | suvī́ryasya gómato rāyás pūrdhi mahā́ñ asi ‖ 4 ‖ índra yás te návīyasīṃ gíram mandrā́m ájījanat | cikitvínmanasaṃ dhíyam pratnā́m ṛitásya pipyúshīm ‖ 5 ‖ 30 ‖

tám u shṭavāma yáṃ gíra índram ukthā́ni vāvṛidhúḥ | purū́ṇy asya paúṅsyā síshāsanto vanāmahe ‖ 6 ‖ éto nv índraṃ stávāma ṣuddháṃ ṣuddhéna sā́mnā | ṣuddhaír ukthaír vāvṛidhvā́ṅsaṃ ṣuddhá āṣírvān mamattu ‖ 7 ‖ índra ṣuddhó na ā́ gahi ṣuddháḥ ṣuddhā́bhir ūtíbhiḥ | ṣuddhó rayíṃ ní dhāraya ṣuddhó mamaddhi somyáḥ ‖ 8 ‖ índra ṣuddhó hí no rayíṃ ṣuddhó rátnāni dāṣúshe | ṣuddhó vṛitrā́ṇi jighnase ṣuddhó vā́jaṃ sishāsasi ‖ 9 ‖ 31 ‖

96.

Asmā́ ushā́sa ā́tiranta yā́mam índrāya náktam ū́rmyāḥ suvā́caḥ | asmā́ ā́po mātáraḥ saptá tasthur nṛíbhyas tárāya síndhavaḥ supārā́ḥ ‖ 1 ‖ átividdhā vithuréṇā cid ástrā tríḥ saptá sā́nu sáṃhitā girī́ṇā́m | ná tád devó ná mártyas tuturyād yā́ni právṛiddho vṛishabhā́ṣ cakā́ra ‖ 2 ‖ índrasya

94, 12 giri-sthā́m. — 95, 1 rathī́ḥ-iva á°. anūshata í°. 2 píba tú asyá á°. 3 píba. ṣyená-ābhṛitam. pátiḥ. 4 ṣrudhí. su-vī́ryasya. 5 cikitvít-manasam. 6 stavāma. vavṛidhúḥ. sísāsantaḥ. 7 éto — stávāma VIII, 81, 4. vavṛidhvā́ṅsam. 9 sisā́sasi. — 96, 1 asmaí ushā́saḥ ā́ a°. su-vā́caḥ asmaí. su-pārā́ḥ. 2 áti-viddhā vithuréṇa. sám-hitā prá-vṛiddhaḥ.

vájra āyasó nímiṣla índrasya bāhvór bhū́yishṭham ójaḥ | ṣīrshánn índrasya krátavo nireká āsánn éshanta ṣrútyā upāké || 3 || mánye tvā yajñíyaṃ yajñíyānām mánye tvā cyávanam ácyutānām | mánye tvā sátvanām indra ketúm mánye tvā vṛishabháṃ carshaṇīnā́m || 4 || ā́ yád vájram bāhvór indra dhátse madacyútam áhaye hántavā́ u | prá párvatā ánavanta prá gā́vaḥ prá brahmā́ṇo abhinákshanta índram || 5 || 32 ||

tám u shṭavāma yá imā́ jajā́na víṣvā jātā́ny ávarāṇy asmāt | índreṇa mitráṃ didhishema gīrbhír úpo námobhir vṛishabháṃ viṣema || 6 || vṛitrásya tvā ṣvasáthād íshamāṇā víṣve devā́ ajahur yé sákhāyaḥ | marúdbhir indra sakhyáṃ te astv áthemā́ víṣvāḥ pṛítanā jayāsi || 7 || tríḥ shashṭís tvā marúto vāvṛidhānā́ usrā́ iva rāṣáyo yajñíyāsaḥ | úpa tvémaḥ kṛidhí no bhāgadhéyaṃ ṣúshmaṃ ta enā́ havíshā vidhema || 8 || tigmám ā́yudham marútām ánīkaṃ kás ta indra práti vájraṃ dadharsha | anāyudháso ásurā adevā́ṣ cakréṇa tā́ñ ápa vapa ṛijīshin || 9 || mahá ugrā́ya taváse suvṛiktím préraya ṣivátamāya paṣváḥ | gírvāhase gíra índrāya pūrvír dhehí tanvè kuvíd aṅgá védat || 10 || 33 ||

ukthávāhase vibhvè manīshā́ṃ drúṇā ná pārám īrayā nadī́nām | ní spṛiṣa dhiyā́ tanvì ṣrutásya júshṭatarasya kuvíd aṅgá védat || 11 || tád viviḍḍhi yát ta índro jújoshat stuhí sushṭutíṃ námasā́ vivāsa | úpa bhūsha jaritar mā́ ruvaṇyaḥ ṣrāváyā vā́caṃ kuvíd aṅgá védat || 12 || áva drapsó aṅṣumátīm atishṭhad iyānáḥ kṛishṇó daṣábhiḥ sahásraiḥ | ā́vat tám índraḥ ṣácyā dhámantam ápa snéhitīr nṛimáṇā

96, 3 ní-miṣlaḥ. nireké. ā́ 1° ṣrútyai. 5 mada-cyútam. hántavaí. abhi-nákshantaḥ. 6 stavāma. úpo *iti*. 7 íshamāṇāḥ. átha imā́ḥ. pṛítanāḥ. 8 vavṛidhānā́ḥ. tvā ā́ i°. bhāga-dhéyam. te. 9 te. vapa. 10 mahé. su-vṛiktím prá 1°. 11 ukthá-vāhase vi-bhvè. īraya. 12 te. su-stutím námasā ā́. ṣraváya. 13 nṛi-mánāḥ.

adhatta || 13 || drapsám apaṣyam víshuṇe cárantam upahvaré nadyò aṅṣumátyāḥ | nábho ná krishṇám avatasthivā́ṅsam íshyāmi vo vrishaṇo yúdhyatājaú || 14 || ádha drapsó aṅṣumátyā upásthé 'dhārayat tanvàm titvishāṇáḥ | víṣo ádevīr abhy ā̀cárantīr bṛ́haspátinā yujéndraḥ sasāhe || 15 || 34 ||

tvám ha tyát saptábhyo jā́yamāno 'ṣatrúbhyo abhavaḥ ṣátrur indra | gūḷhé dyā́vāprithiví ánv avindo vibhumádbhyo bhúvanebhyo ráṇam dhāḥ || 16 || tvám ha tyád apratimānám ójo vájreṇa vajrin dhrishitó jaghantha | tvám ṣúshṇasyā́vātiro vádhatrais tvám gā́ indra ṣácyéd avindaḥ || 17 || tvám ha tyád vrishabha carshaṇīnā́m ghanó vritrā́ṇām tavishó babhūtha | tvám síndhūṅr asrijas tastabhānā́n tvám apó ajayo dāsápatnīḥ || 18 || sá sukrátū ráṇitā yáḥ sutéshv ánuttamanyur yó áheva revā́n | yá éka ín náry ápāṅsi kártā sá vritrahā́ prátíd anyám āhuḥ || 19 || sá vritrahéndraṣ carshaṇīdhrít tám sushṭutyā́ hávyam huvema | sá prāvitā́ maghávā no 'dhivaktā́ sá vā́jasya ṣravasyàsya dātā́ || 20 || sá vritrahéndra ribhukshā́ḥ sadyó jajñānó hávyo babhūva | kriṇvánn ápāṅsi náryā purū́ṇi sómo ná pītó hávyaḥ sákhibhyaḥ || 21 || 35 ||

97.

Yā́ indra bhúja ā́bharaḥ svàrvāṅ ásurebhyaḥ | stotā́ram ín maghavann asya vardhaya yé ca tvé vriktábarhishaḥ || 1 || yám indra dadhishé tvám áṣvam gā́m bhāgám ávyayam | yájamāne sunvatí dákshiṇāvati tásmin tám dhehi mā́ paṇaú || 2 || yá indra sásty avratò 'nushvápam ádeva-

96, 14 upa-hvaré. avatasthi-vā́ṅsam. yúdhyata ā°. 15 upá-sthe á°. abhí ā-cárantīḥ. yujā́ í° sasahe. 16 tv. h. t. 63, 4. gūḷhé *iti* dyā́vāprithiví *iti*. 17 aprati-mānám. ṣúshṇasya áva a°. ṣácyā ít. 18 dāsá-patnīḥ. 19 su-krátuḥ. ánutta-manyuḥ. áhā-iva. y. é. ít. 84, 7. vritra-hā́ práti ít. 20 s. v. (21) II, 20, 7. carshaṇi-dhrít. su-stutyā́. pra-avitā́. adhi-vaktā́. — 97, 1 ā́ á°. ít. tvé *iti* vriktá-barhishaḥ. 3 avratáḥ anu-svā́pam.

yuḥ | svaíḥ shá évair mumurat póshyam rayím sanutár dhehi tám tátaḥ || 3 || yác chakrā́si parāváti yád arvāváti vṛitrahan | átas tvā gīrbhír dyugád indra kesíbhiḥ sutā́vāñ ā́ vivāsati || 4 || yád vā́si rocané diváḥ samudrásyádhi vishṭápi | yát pā́rthive sádane vṛitrahantama yád antáriksha ā́ gahi || 5 || 36 ||

sá naḥ sómeshu somapāḥ sutéshu ṣavasas pate | mādáyasva rā́dhasā sūnṛítāvaténdra rāyā́ párīṇasā || 6 || mā́ na indra párā vṛiṇag bhávā naḥ sadhamā́dyaḥ | tvám na ūtí tvám ín na ā́pyam mā́ na indra párā vṛiṇak || 7 || asmé indra sácā suté ní shadā pītáye mádhu | kṛidhí jaritré maghavann ávo mahád asmé indra sácā suté || 8 || ná tvā devā́sa āṣata ná mártyāso adrivaḥ | víṣvā jātáni ṣávasābhibhū́r asi ná tvā devā́sa āṣata || 9 || víṣvāḥ pṛítanā abhibhū́taram náram sajū́s tatakshur índram jajanúṣ ca rājáse | krátvā várishṭham vára āmúrim utógrám ójishṭham tavásam tarasvínam || 10 || 37 ||

sám īm rebhā́so asvarann índram sómasya pītáye | svàrpatim yád īm vṛidhé dhṛitávrato hy ójasā sám ūtíbhiḥ || 11 || nemím namanti cákshasā meshám víprā abhisvárā | sudītáyo vo adrúhó 'pi kárṇe tarasvínaḥ sám ṛíkvabhiḥ || 12 || tám índram johavīmi maghávānam ugrám satrā́ dádhānam ápratishkutam ṣávāṅsi | máṅhishṭho gīrbhír ā́ ca yajñíyo vavártad rāyé no víṣvā supáthā kṛiṇotu vajrí || 13 || tvám púra indra cikíd enā vy ójasā ṣavishṭha ṣakra nāṣayádhyai | tvád víṣvāni bhúvanāni vajrin dyā́vā rejete pṛi-

97, 3 sáḥ. 4ᵃ = VIII, 3, 15. dyu-gát. sutá-vān. 5 vā ási. samudrásya á⁰. vṛitrahan-tama. antárikshe. 6 soma-pāḥ. sūnṛítā-vatā í⁰. 7 bháva. sadha-mā́dyaḥ. ít. 8 asmé *iti*. sada. kṛidhí. ... 9 ṣávasā abhi-bhū́ḥ. 10 abhi-bhū́taram. sa-jū́ḥ. váre ā-múrim utá u⁰. 11 svàḥ-patim. dhṛitá-vrataḥ hí. 12 abhi-svárā su-dītáyaḥ. adrúhaḥ ápi. 13 áprati-skutam. su-páthā. 14 enāḥ ví. rejete *iti* pṛithivī́ *iti*.

thivī́ ca bhīshā́ || 14 || tán ma ṛitám indra sūra citra pātv apó ná vajrin duritā́ti parshi bhū́ri | kadā́ na indra rāyā́ ā́ daṣasyer viṣvápsnyasya spṛihayā́yyasya rājan || 15 || 38 ||

Shashṭho 'dhyāyaḥ.

98.

Índrāya sā́ma gāyata víprāya bṛihaté bṛihát | dharmakṛíte vipaṣcíte panasyáve || 1 || tvám indrābhibhū́r asi tvám sū́ryam arocayaḥ | viṣvákarmā viṣvádevo mahā́ñ asi || 2 || vibhrā́jañ jyótishā svàr ágacho rocanám diváḥ | devā́s ta indra sakhyā́ya yemire || 3 || éndra no gadhi priyáḥ satrājíd ágohyaḥ | girír ná viṣvátas pṛithúḥ pátir diváḥ || 4 || abhí hí satya somapā ubhé babhū́tha ródasī | índrāsi sunvató vṛidháḥ pátir diváḥ || 5 || tvám hí ṣā́ṣvatīnām índra dartā́ purā́m ási | hantā́ dásyor mánor vṛidháḥ pátir diváḥ || 6 || 1 ||

ádhā hī̀ndra girvaṇa úpa tvā kā́mān maháḥ sasṛijmáhe | udéva yánta udábhiḥ || 7 || vā́r ṇá tvā yavyā́bhir várdhanti ṣūra bráhmāṇi | vāvṛidhvā́ṅsam cid adrivo divé-dive || 8 || yuñjánti hárī ishirásya gā́thayoraú rátha urúyuge | indravā́hā vacoyújā || 9 || tvám na indrā́ bharañ ójo nṛimṇám ṣatakrato vicarshaṇe | ā́ vīrám pṛitanāshā́ham || 10 || tvám hí naḥ pitā́ vaso tvám mātā́ ṣatakrato babhū́vitha | ádhā te sumnám īmahe || 11 || tvā́m ṣushmin puruhūta vājayántam úpa bruve ṣatakrato | sá no rāsva suvī́ryam || 12 || 2 ||

97, 15 tát mā. duḥ-itā́ áti. kadā́ — daṣasyer VII, 37, 5. viṣvá-psnyasya. — 98. 1 dharma-kṛite vipaḥ-cite. 2 indra abhi-bhū́ḥ. viṣvá-karmā viṣvá-devaḥ. 3 vi-bhrā́jan. te. 4 ā́ i°. satrā-jít. 5 soma-pāḥ ubhé *iti*. ródasī *iti*. índra ási. 6 tv. h. ṣ. VIII, 95, 3. 7 ádha hí i°. udā́-iva. 8 ná. vavṛidhvā́ṅsam. 9 hárī *iti*. gā́thayā u° ráthe urú-yuge indra-vā́hā vacaḥ-yújā. 10 indra ā́ bhara. ṣatakrato *iti* ṣata-krato (11. 12) vi-carshaṇe. pṛitanā-sáham. 11 vaso *iti*. ádha. 12 puru-hūta. su-vī́ryam.

99.

Tvā́m idā́ hyó náró 'pīpyan vajrin bhū́rṇayaḥ | sá indra stómavāhasām ihá ṣrudhy úpa svásaram ā́ gahi || 1 || mátsvā suṣipra harivas tád īmahe tvé ā́ bhūshanti vedhásaḥ | táva ṣrávāṅsy upamāny ukthyā̀ sutéshv indra girvaṇaḥ || 2 || ṣrā́yanta iva sū́ryaṃ víṣvéd índrasya bhakshata | vásūni jāté jánamāna ójasā práti bhāgáṃ ná dīdhima || 3 || ánarṣarātiṃ vasudā́m úpa stuhi bhadrā́ índrasya rātáyaḥ | só asya kā́maṃ vidható ná roshati máno dānā́ya codáyan || 4 || tvám indra prátūrtishv abhí víṣvā asi spṛídhaḥ | aṣastihā́ janitā́ viṣvatū́r asi tvám tūrya tarushyatáḥ || 5 || ánu te ṣúshmaṃ turáyantam īyatuḥ kshoṇí síṣuṃ ná mātárā | víṣvās te spṛídhaḥ ṣnathayanta manyáve vṛitráṃ yád indra tū́rvasi || 6 || itá ūtí vo ajáram prahetáram áprahitam | āṣúṃ jétāraṃ hétāraṃ rathítamam átūrtaṃ tugryāvṛídham || 7 || ishkartā́ram ánishkṛitaṃ sáhaskṛitaṃ ṣatámūtiṃ ṣatákratum | samānám índram ávase havāmahe vásavānaṃ vasūjúvam || 8 || 3 ||

100.

Ayáṃ ta emi tanvā̀ purástād víṣve devā́ abhí mā yanti paṣcā́t | yadā́ máhyaṃ dī́dharo bhāgám indrā́d ín máyā kṛiṇavo vīryā̀ṇi || 1 || dádhāmi te mádhuno bhakshám ágre hitás te bhāgáḥ sutó astu sómaḥ | ā́saṣ ca tvám dakshiṇatáḥ sákhā mé 'dhā vṛitrā́ṇi jaṅghanāva bhū́ri || 2 || prá sú stómam bharata vājayánta índrāya satyáṃ yádi satyám ásti | néndro astī́ti néma u tva āha ká īṃ dadarṣa kám

99, 1 náraḥ ā́°. stóma-vāhasām. 2 mátsva su-ṣipra. tvé *iti*. upa-mā́ni. 3 víṣvā ít. jánamāne. 4 ánarṣa-rātim vasu-dā́m. bh. i. r. VIII, 62, 1. 5 prá-tūrtishu. aṣasti-hā́. viṣva-tū́ḥ. 6 kshoṇí *iti*. 7 pra-hetā́ram ápra-hitam. rathí-tamam. tugrya-vṛídham. 8 ániḥ-kṛitam sáhaḥ-kṛitam ṣatáṃ-ūtim ṣatá-kratum. vasu-júvam. — 100, 1 te. indra ā́t ít. 2 me ádha. 3 ná í° asti íti.

abhí shṭavāma || 3 || ayám asmi jaritaḥ páṣya mehá víṣvā jātány abhy àsmi mahná | ṛitásya mā pradíṣo vardhayanty ādardiró bhúvanā dardarīmi || 4 || á yán mā vená áruhann ṛitásyaṅ ékam ásīnaṃ haryatásya pṛishṭhé | mánaṣ cin me hṛidá á práty avocad ácikradañ chíṣumantaḥ sákhāyaḥ || 5 || víṣvét tá te sávaneshu pravácyā yá cakártha maghavann indra sunvaté | párāvataṃ yát purusambhṛitáṃ vásv apávṛiṇoḥ ṣarabháya ṛíshibandhave || 6 || 4 ||

prá nūnáṃ dhāvatā pṛíthañ néhá yó vo ávāvarīt | ní shīṃ vṛitrásya mármaṇi vájram índro apīpatat || 7 || mánojavā áyamāna āyasím atarat púram | dívaṃ suparṇó gatváya sómaṃ vajríṇa ábharat || 8 || samudré antáḥ ṣayata udná vájro abhívṛitaḥ | bháranty asmai saṃyátaḥ puráḥprasravaṇā balím || 9 || yád vág vádanty avicetanáni ráshṭrī devánāṃ nishasáda mandrá | cátasra úrjaṃ duduhe páyāṅsi kvà svid asyāḥ paramáṃ jagāma || 10 || devíṃ vácam ajanayanta devás tám viṣvárūpāḥ paṣávo vadanti | sá no mandrésham úrjaṃ dúhānā dhenúr vág asmán úpa súshṭutaítu || 11 || sákhe vishṇo vitaráṃ ví kramasva dyaúr dehí lokáṃ vájrāya vishkábhe | hánāva vṛitráṃ riṇácāva síndhūn índrasya yantu prasavé vísṛishṭāḥ || 12 || 5 ||

101.

Ṛídhag itthá sá mártyaḥ ṣaṣamé devátātaye | yó nūnám mitrávárunāv abhíshṭaya ācakré havyádātaye || 1 || várshishṭhakshatrā urucákshasā nárā rájānā dīrghaṣrúttamā | tá

100, 3 stavāma. 4 jaritar *iti*. mā ihá. abhí a°. pra-díṣaḥ. ā-dardiráḥ. 5 yát. ṛitásya. cit. hṛidé. ṣíṣu-mantaḥ. 6 v. t. t. s. p. 51, 13. puru-sambhṛitám. apa-ávṛiṇoḥ ṣarabháya ṛíshi-bandhave. 7 dhāvata pṛíthak ná ihá. sīm. 8 mánaḥ-javāḥ. su-parṇáḥ. vajríṇe á a°. 9 antár *iti* ṣayate. abhí-vṛitaḥ. sam-yátaḥ puráḥ-prasravaṇāḥ. 10 vádantī avi-cetanáni. ni-sasáda. 11 viṣvá-rūpāḥ. mandrá ī°. sú-stutā á etu. 12 sakhe — kramasva IV, 18, 11. vi-skábhe. pra-savé ví-sṛishṭāḥ. — 101, 1 abhíshṭaye ā-cakré havyá-dātaye. 2 várshishṭha-kshatrau uru-cákshasā. dīrghaṣrút-tama.

bāhútā ná daṅsánā ratharyataḥ sākám̐ sū́ryasya raṣmíbhiḥ || 2 || prá yó vām mitrāvaruṇājiró dūtó ádravat | áyaḥṣīrshā máderaghuḥ || 3 || ná yáḥ sampṛíche ná púnar hávītave ná saṃvādā́ya rámate | tásmān no adyá sámṛiter urushyatam bāhúbhyām̐ na urushyatam || 4 || prá mitrā́ya prā́ryamṇé sacathyàm ṛitāvaso | varūthyàm̐ váruṇe chándyam̐ váca stotrám̐ rā́jasu gāyata || 5 || 6 ||

té hinvire aruṇám̐ jényam̐ vásv ékam putrám̐ tisṛīṇā́m | té dhā́māny amṛítā mártyānām ádabdhā abhí cakshate || 6 || ā́ me vácāṅsy údyatā dyumáttamāni kártvā | ubhā́ yātam nāsatyā sajóshasā práti havyā́ni vītáye || 7 || rātím̐ yád vām arakshásam̐ hávāmahe yuvā́bhyām̐ vājinīvasū | prā́cīm̐ hótrām pratirántāv itam̐ narā gṛiṇānā́ jamádagninā || 8 || ā́ no yajñám̐ divispṛíṣam̐ vā́yo yāhí sumánmabhiḥ | antáḥ pavítra upári ṣrīṇānò 'yám̐ ṣukró ayāmi te || 9 || véty adhvaryúḥ pathíbhī rájishṭhaiḥ práti havyā́ni vītáye | ádhā niyutva ubháyasya naḥ piba ṣúcim̐ sómam̐ gávāṣiram || 10 || 7 ||

báṇ mahā́ṅ asi sūrya báḷ āditya mahā́ṅ asi | mahás te sató mahimā́ panasyate 'ddhā́ deva mahā́ṅ asi || 11 || báṭ sūrya ṣrávasā mahā́ṅ asi satrā́ deva mahā́ṅ asi | mahnā́ devā́nām asuryàḥ puróhito vibhú jyótir ádābhyam || 12 || iyám̐ yā́ nícy arkíṇī rūpā́ róhiṇyā kṛitā́ | citréva práty adarṣy āyaty àntár daṣásu bāhúshu || 13 || prajā́ ha tisró atyā́yam īyur ny ànyā́ arkám abhíto viviṣre | bṛihád dha tasthau bhúvaneshv antáḥ pávamāno harítā ā́ viveṣa || 14 || mātā́ rudrā́ṇām duhitā́ vásūnām̐ svásādityā́nām amṛítasya nā́bhiḥ |

101, 3 mitrāvaruṇā aº. áyaḥ-ṣīrshā máde-raghuḥ. 4 sam-pṛiche. sam-vādāya. tásmāt. sám-ṛiteḥ. 5 prá aº. ṛitavaso *íty* ṛita-vaso. vácaḥ. 6 amṛítāḥ. 7 út-yatā. sa-jóshasā. 8 vājinīvasū *íti* vājinī-vasū. pra-tirántau. jamát-agninā. 9 divi-spṛíṣam vāyo *íti*. sumánma-bhiḥ antár *íti* pavítre. ṣrīṇānáḥ aº. 10 pathí-bhiḥ. ádha. gó-aṣiram. 11 báṭ. 12 puráḥ-hitaḥ vi-bhú. 13 nícī. citrā́-iva. ā-yatí aº. 14 pra-jā́ḥ. ati-ā́yam. ní aº. ha. antár *íti*. 15 svásā āº.

prá nú vocaṃ cikitúshe jánāya mā́ gā́m ánāgām áditiṃ vadhishṭa ‖ 15 ‖ vacovídaṃ vā́cam udīráyantīṃ víṣvābhir dhībhír upatíshṭhamānām | devī́ṃ devébhyaḥ páry eyúshīṃ gā́m ā́ māvṛikta mártyo dabhrácetāḥ ‖ 16 ‖ 8 ‖

102.

Tvám agne bṛihád váyo dádhāsi deva dāṣúshe | kavír gṛihápatir yúvā ‖ 1 ‖ sá na ī́ḷānayā sahá devā́ñ agne duvasyúvā | cikíd vibhānav ā́ vaha ‖ 2 ‖ tváyā ha svid yujā́ vayáṃ códishṭhena yavishṭhya | abhí shmo vā́jasātaye ‖ 3 ‖ aurvabhṛiguvác chúcim apnavānavád ā́ huve | agníṃ samudrávāsasam ‖ 4 ‖ huvé vā́tasvanaṃ kavím parjányakrandyaṃ sáhaḥ | agníṃ samudrávāsasam ‖ 5 ‖ 9 ‖

ā́ saváṃ savitúr yathā bhágasyeva bhujíṃ huve | agníṃ samudrávāsasam ‖ 6 ‖ agníṃ vo vṛidhántam adhvarā́ṇām purūtámam | áchā náptre sáhasvate ‖ 7 ‖ ayáṃ yáthā na ābhúvat tváshṭā rūpéva tákshyā | asyá krátvā yáṣasvataḥ ‖ 8 ‖ ayáṃ víṣvā abhí ṣríyo 'gnír devéshu patyate | ā́ vā́jair úpa no gamat ‖ 9 ‖ víṣveshām ihá stuhi hótṛīṇāṃ yaṣástamam | agníṃ yajñéshu pūrvyám ‖ 10 ‖ 10 ‖

ṣīrám pāvakáṣocishaṃ jyéshṭho yó dámeshv ā́ | dīdáya dīrghaṣrúttamaḥ ‖ 11 ‖ tám árvantaṃ ná sānasíṃ gṛiṇīhí vipra ṣushmíṇam | mitráṃ ná yātayájjanam ‖ 12 ‖ úpa tvā jāmáyo gíro dédiṣatīr havishkṛítaḥ | vāyór ánīke asthiran ‖ 13 ‖ yásya tridhā́tv ávṛitam barhís tasthā́v ásaṃdinam |

101, 16 vacah-vídam. ut-īráyantīm. upa-tíshṭhamānām. ā-īyúshīm. mā a°. dabhrá-cetāḥ. — 102, 1 k. g. y. 12, 6. 2 vibhāno *iti* vi-bhāno. 3 tváyā — vayám VIII, 21, 11. smaḥ vā́ja-sātaye. 4 aurvabhṛigu-vát ṣ°. samudrá-vāsasam. 5 vā́ta-svanam. parjánya-krandyam. 6 bhágasya-iva. 7 puru-támam ácha. 8 ā-bhúvat. rūpā́-iva. 11 pāvaká-ṣocisham. dīrghaṣrút-tamaḥ. 12 t. á. n. s. IV, 15, 6. yātayát-janam. 13 haviḥ-kṛítaḥ. 14 tri-dhā́tu. ásam-dinam.

ápaṣ cin ní dadhā padám || 14 || padám devásya mīḷhúshó 'nādhṛishṭābhir ūtíbhiḥ | bhadrá sū́rya ivopadṛ́k || 15 || 11 ||

ágne ghṛitásya dhītíbhis tepānó deva ṣocíshā | á deván vakshi yákshi ca || 16 || tám tvājananta mātáraḥ kavím deváso aṅgiraḥ | havyaváham ámartyam || 17 || prácetasam tvā kavé 'gne dūtám váreṇyam | havyaváham ní shedire || 18 || nahí me ásty ághnyā ná svádhitir vánanvati | áthaitādṛ́g bharāmi te || 19 || yád agne káni káni cid á te dárūṇi dadhmási | tá jushasva yavishṭhya || 20 || yád átty upajíhvikā yád vamró atisárpati | sárvam tád astu te ghṛitám || 21 || agním índhāno mánasā dhíyam saceta mártyaḥ | agním īdhe vivásvabhiḥ || 22 || 12 ||

103.

Ádarṣi gātuvíttamo yásmin vratány ādadhúḥ | úpo shú jātám áryasya várdhanam agním nakshanta no gíraḥ || 1 || prá daívodāso agnír deváñ áchā ná majmánā | ánu mātáram pṛithivím ví vāvṛite tasthaú nákasya sánavi || 2 || yásmād réjanta kṛishṭáyaṣ carkṛ́tyāni kṛiṇvatáḥ | sahasrasám medhásātāv iva tmánāgním dhībhíḥ saparyata || 3 || prá yám rāyé nínīshasi márto yás te vaso dáṣat | sá vīrám dhatte agna ukthaṣaṅsínam tmánā sahasraposhíṇam || 4 || sá dṛiḷhé cid abhí tṛiṇatti vájam árvatā sá dhatte ákshiti ṣrávaḥ | tvé devatrá sádā purūvaso víṣvā vāmáni dhīmahi || 5 || 13 ||

yó víṣvā dáyate vásu hótā mandró jánānām | mádhor ná pátrā prathamány asmai prá stómā yanty agnáye || 6 || áṣvam ná gīrbhí rathyàm sudánavo marmṛijyánte devayá-

---

102, 14 cit. dadha. 15 mīḷhúshaḥ á°. sū́ryaḥ-iva upa-dṛ́k. 16 á — ca V, 26, 1. 17 tvā a°. havya-váham (18). 18 prá -cetasam. kave á°. sedire. 19 svá-dhitiḥ vánan-vati átha e°. 21 upa-jíhvikā. ati-sárpati. — 103, 1 gātuvít-tamaḥ. ā-dadhúḥ úpo *iti* sú. 2 ácha. vavṛite. 3 sahasra-sām medhásātau-iva tmánā a°. 4 vaso *iti*. agne uktha-ṣaṅsínam. sahasra-poshíṇam. 5 tvé *iti*. puruvaso *iti* puru-vaso. 7 gīḥ-bhíḥ. su-dānavaḥ.

vaḥ | ubhé toké tánaye dasma viṣpate párshi rā́dho maghónām || 7 || prá máṅhishṭhāya gāyata ṛitā́vne bṛihaté ṣukrā́ṣocishe | úpastutāso agnáye || 8 || ā́ vaṅsate maghávā vīrávad yáṣaḥ sámiddho dyumny ā́hutaḥ | kuvín no asya sumatír návīyasy áchā vā́jebhir āgámat || 9 || préshṭham u priyā́ṇāṃ stuhy ā̀sāvā́tithim | agníṃ ráthānāṃ yámam || 10 || 14 ||

úditā yó níditā véditā vásv ā́ yajñíyo vavártati | dushṭárā yásya pravaṇé nórmáyo dhiyā́ vā́jaṃ síshāsataḥ || 11 || mā́ no hṛiṇītām átithir vásur agníḥ purupraṣastá esháḥ | yáḥ suhótā svadhvaráḥ || 12 || mó té rishan yé áchoktibhir vasó 'gne kébhiṣ cid évaiḥ | kīríṣ cid dhí tvā́m ī́ṭṭe dūtyā̀ya rātáhavyaḥ svadhvaráḥ || 13 || ā́gne yāhi marútsakhā rudrébhiḥ sómapītaye | sóbharyā úpa sushṭutím mādáyasva svàrṇare || 14 || 15 ||

Daṣamo 'nuvākaḥ.

ASHṬAMAM MAṆḌALAM.

103, 7 ubhé *iti* toké *iti*. 8 gāyata ṛitá-vne. ṣukrá-ṣocishe úpa-stutāsaḥ. 9 sám-iddhaḥ dyumnī́ ā́-hutaḥ kuvít. su-matíḥ návīyasī ácha. ā-gámat. 10 stuhí ā-sā́va á°. 11 út-itā. ní-ditā. dustárāḥ. ná ū°. sísāsataḥ. 12 puru-praṣastáḥ. su-hótā su-adhvaráḥ. 13 mó *iti*. áchokti-bhiḥ vaso *iti* á°. hí. rātá-havyaḥ su-adhvaráḥ. 14 ā́ a°. marút-sakhā. sóma-pītaye. su-stutím. svàḥ-nare.

1.

Svádishṭhayā mádishṭhayā pávasva soma dhárayā | índrāya pátave sutáḥ || 1 || rakshohá viçvácarshaṇir abhí yónim áyohatam | drúṇā sadhástham ásadat || 2 || varivodhátamo bhava máṅhishṭho vṛitrahántamaḥ | párshi rádho maghónām || 3 || abhy àrsha mahánām devánām vītím ándhasā | abhí vájam utá çrávaḥ || 4 || tvám áchā carāmasi tád íd ártham divé-dive | índo tvé na āçásaḥ || 5 || 16 ||

punáti te parisrútam sómam sū́ryasya duhitá | várena çáçvatā tánā || 6 || tám īm áṇvīḥ samaryá á gṛibhṇánti yóshaṇo dáça | svásāraḥ párye diví || 7 || tám īm hinvanty agrúvo dhámanti bākurám dṛ́tim | tridhátu vāraṇám mádhu || 8 || abhìmám ághnyā utá çrīṇánti dhenávaḥ çíçum | sómam índrāya pátave || 9 || asyéd índro mádeshv á víçvā vṛitrá́ṇi jighnate | çū́ro maghá ca maṅhate || 10 || 17 ||

2.

Pávasva devavír áti pavítram soma ráṅhyā | índram indo vṛíshá viça || 1 || á vacyasva máhi psáro vṛíshendo dyumnávattamaḥ | á yónim dharṇasíḥ sadaḥ || 2 || ádhu-

1, 2 rakshaḥ-há viçvá-carshaṇiḥ. áyaḥ-hatam. sadhá-stham á a°. 3 varivaḥ-dhátamaḥ. vṛitrahán-tamaḥ. 4 abhí a°. 5 ácha. índo *iti* tvé *iti*. ā-çásaḥ. 6 pari-srútam. 7 sa-maryé. 8 tri-dhātu. 9 abhí i°. 10 asyá ít. — 2, 1 deva-vī́ḥ. indo *iti* vṛíshā á. 2 vṛíshā indo *iti*.

kshata priyám mádhu dhárā sutásya vedhásaḥ | apó vasishṭa sukrátuḥ || 3 || mahántam tvā mahír ánv ápo arshanti síndhavaḥ | yád góbhir vāsayishyáse || 4 || samudró apsú māmṛije vishṭambhó dharúṇo diváḥ | sómaḥ pavítre asmayúḥ || 5 || 18 ||

ácikradad vṛíshā hárir mahán mitró ná darṣatáḥ | sám sū́ryeṇa rocate || 6 || gíras ta inda ójasā marmṛijyánte apasyúvaḥ | yábhir mádāya ṣúmbhase || 7 || tám tvā mádāya ghṛíshvaya u lokakṛitnúm īmahe | táva práṣastayo mahíḥ || 8 || asmábhyam indav indrayúr mádhvaḥ pavasva dhárayā | parjányo vṛishṭimáñ iva || 9 || goshá indo nṛishá asy aṣvasá vājasá utá | ātmá yajñásya pūrvyáḥ || 10 || 19 ||

3.

Eshá devó ámartyaḥ parṇavír iva dīyati | abhí dróṇāny āsádam || 1 || eshá devó vipá kṛitó 'ti hvárāṅsi dhāvati | pávamāno ádābhyaḥ || 2 || eshá devó vipanyúbhiḥ pávamāna ṛitāyúbhiḥ | hárir vájāya mṛijyate || 3 || eshá víṣvāni vāryā ṣū́ro yánn iva sátvabhiḥ | pávamānaḥ sishāsati || 4 || eshá devó ratharyati pávamāno daṣasyati | āvísh kṛiṇoti vagvanúm || 5 || 20 ||

eshá víprair abhíshṭuto 'pó devó ví gāhate | dádhad rátnāni dāṣúshe || 6 || eshá dívam ví dhāvati tiró rájāṅsi dhárayā | pávamānaḥ kánikradat || 7 || eshá dívam vy ásarat tiró rájāṅsy ásprítaḥ | pávamānaḥ svadhvaráḥ || 8 || eshá pratnéna jánmanā devó devébhyaḥ sutáḥ | háriḥ pavítre arshati || 9 || eshá u syá puruvrató jajñānó janáyann íshaḥ | dhárayā pavate sutáḥ || 10 || 21 ||

2 3 su-krátuḥ. 5 mamṛije. 7 te indo *iti* (9. 10). 8 ghṛishváye. loka-kṛitnúm. prá-ṣastayaḥ. 10 go-sáḥ. nṛi-sáḥ. aṣva-sáḥ vāja-sáḥ. — 3, 1 parṇavíḥ-iva. ā-sádam. 2 áti. 3 ṛitayú-bhiḥ. 4 sisāsati. 5 āvíḥ. 6 abhí-stutaḥ. 8 ví á a°. su-adhvaráḥ. 10 puru-vratáḥ.

4.

Sánā ca soma jéshi ca pávamāna máhi srávaḥ | áthā no vásyasas kṛidhi || 1 || sánā jyótiḥ sánā svàr víṣvā ca soma saúbhagā | áthā — || 2 || sánā dáksham utá krátum ápa soma mṛídho jahi | áthā — || 3 || pávītāraḥ punītána sómam índrāya pātave | áthā — || 4 || tvám̐ sū́rye na ā́ bhaja táva krátvā távotíbhiḥ | áthā — || 5 || 22 ||

táva krátvā távotíbhir jyók paṣyema sū́ryam | áthā — || 6 || abhy àrsha svāyudha sóma dvibárhasam̐ rayím̐ | áthā — || 7 || abhy àrshánapacyuto rayím̐ samátsu sāsahíḥ | áthā — || 8 || tvám̐ yajñaír avīvṛidhan pávamāna vídharmaṇi | áthā — || 9 || rayím̐ naṣ citrám aṣvínam índo viṣvā́yum ā́ bhara | áthā — || 10 || 23 ||

5

Sámiddho viṣvátas pátiḥ pávamāno ví rājati | prīṇán vṛíshā kánikradat || 1 || tánūnápāt pávamānaḥ ṣṛíṅge ṣíṣāno arshati | antárikshena rā́rajat || 2 || īḷényaḥ pávamāno rayír ví rājati dyumā́n | mádhor dhā́rābhir ójasā || 3 || barhíḥ prācínam ójasā pávamāna stṛiṇán háriḥ | devéshu devá īyate || 4 || úd ā́tair jihate bṛihád dvā́ro devī́r hiraṇyáyīḥ | pávamānena súshṭutāḥ || 5 || 24 ||

susilpé bṛihatí mahí pávamāno vṛishaṇyati | náktoshā́sā ná darṣaté || 6 || ubhā́ devā́ nṛicákshasā hótārā daívyā huve | pávamāna índro vṛíshā || 7 || bhā́ratī pávamānasya sárasvatī́ḷā mahí | imám̐ no yajñám ā́ gaman tisró devī́ḥ supéṣasaḥ || 8 || tváshṭāram agrajā́m̐ gopā́m puroyā́vānam ā́ huve |

4, 1 sána (2. 3). átha. 4 pávitāraḥ. 5 táva ūº. 7 abhí aº su-āyudha. dvi-bárhasam. 8 abhí aº ánapa-cyutaḥ. samát-su sasahíḥ. 9 ví-dharmaṇi. 10 índo *iti* viṣvá-āyum. — 5, 1 sám-iddhaḥ. 2 tánū-nápāt. ṣṛíṅge *iti*. 4 pávamānaḥ. 5 sú-stutāḥ. 6 suṣilpé *iti* su-ṣilpé bṛihatí *iti* mahí *iti*. náktoshā́sā. darṣaté *iti*. 7 nṛi-cákshasā. 8 sárasvatī iḷā. su-péṣasaḥ. 9 agra-jā́m. puraḥ-yā́vānam.

índur índro vṛíshā háriḥ pávamānaḥ prajā́patiḥ || 9 || vánaspátim pavamāna mádhvā sám aṅgdhi dhā́rayā | sahásravalṣaṃ háritam bhrā́jamānaṃ hiraṇyáyam || 10 || víṣve devāḥ sváhā́kṛitim pávamānasyā́ gata | vāyúr bṛíhaspátiḥ sū́ryo 'gnír índraḥ sajóshasaḥ || 11 || 25 ||

6.

Mandráyā soma dhā́rayā vṛíshā pavasva devayúḥ | ávyo vā́reshv asmayúḥ || 1 || abhí tyáṃ mádyam mádam índav índra íti kshara | abhí vājíno árvataḥ || 2 || abhí tyáṃ pūrvyám mádaṃ suvānó arsha pavítra ā́ | abhí vā́jam utá ṣrávaḥ || 3 || ánu drapsā́sa índava ā́po ná pravátāsaran | punānā́ índram āṣata || 4 || yám átyam iva vājínam mṛijánti yóshaṇo dáṣa | váne krī́ḷantam átyavim || 5 || 26 ||

táṃ góbhir vṛíshaṇaṃ rásam mádāya devávītaye | sutám bhárāya sáṃ sṛija || 6 || devó devā́ya dhā́rayéndrāya pavate sutáḥ | páyo yád asya pīpáyat || 7 || ātmā́ yajñásya ráṅhyā sushvāṇáḥ pavate sutáḥ | pratnáṃ ní pāti kā́vyam || 8 || evā́ punānā́ indrayúr mádam madishṭha vītáye | gúhā cid dadhishe gíraḥ || 9 || 27 ||

7.

Ásṛigram índavaḥ pathā́ dhármann ṛitásya suṣríyaḥ | vidānā́ asya yójanam || 1 || prá dhā́rā mádhvo agriyó mahír apó ví gāhate | havír havíshshu vándyaḥ || 2 || prá yujó vācó agriyó vṛíshā́va cakradad vánc | sádmābhí satyó adhvaráḥ || 3 || pári yát kā́vyā kavír nṛimṇā́ vásāno árshati | svàr vājī́

4, 9 prajā́-patiḥ. 10 sahásra-valṣam. 11 svā́hā-kṛitim pávamānasya ā́. sa-jóshasaḥ. — 6, 2 índo *iti*. 3 pavítre. 4 pra -vátā a°. 5 áti-avim. 6 devá-vītaye. 7 dhā́rayā i°. 8 su-svānáḥ. 9 evá. — 7, 1 su-ṣríyaḥ. 3 vṛíshā áva. sádma a°.

sishāsati || 4 || pávamāno abhí spṛídho víso rā́jeva sīdati | yád īm ṛinvánti vedhásaḥ || 5 || 28 ||

ávyo vā́re pári priyó hárir vánesbu sīdati | rebhó vanushyate matí || 6 || sá vāyúm índram asvínā sākám mádena gachati | rā́ṇā yó asya dhármabhiḥ || 7 || ā́ mitrā́váruṇā bhágam mádhvaḥ pavanta ūrmáyaḥ | vidānā́ asya sákmabhiḥ || 8 || asmábhyam rodasī rayím mádhvo vā́jasya sātáye | srávo vásūni sám jitam || 9 || 29 ||

8.

Eté sómā abhí priyám índrasya kā́mam aksharan | várdhanto asya vīryàm || 1 || punānā́sas camūshádo gáchanto vāyúm asvínā | té no dhāntu suvī́ryam || 2 || índrasya soma rā́dhase punānó hā́rdi codaya | ṛitásya yónim āsádam || 3 || mṛijánti tvā dása kshípo hinvánti saptá dhītáyaḥ | ánu víprā amādishuḥ || 4 || devébhyas tvā mádāya kám sṛijānám áti meshyàḥ | sám góbhir vāsayāmasi || 5 || 30 ||

punānáḥ kalá̄seshv ā́ vástrāṇy arushó háriḥ | pári gávyāny avyata || 6 || maghóna ā́ pavasva no jahí vísvā ápa dvíshaḥ | índo sákhāyam ā́ visa || 7 || vṛishṭím diváḥ pári srava dyumnám pṛithivyā́ ádhi | sáho naḥ sóma pṛitsú dhāḥ || 8 || nṛicákshasam tvā vayám índrapītam svarvídam | bhakshīmáhi prajā́m ísham || 9 || 31 ||

9.

Pári priyā́ diváḥ kavír váyāṅsi naptyòr hitáḥ | suvānó yāti kavíkratuḥ || 1 || prá-pra kshā́yāya pányase jánāya júshṭo adrúhe | vīty àrsha cánishṭhayā || 2 || sá sūnúr mātárā

---

7. 4 sishāsati. 5 rā́jā-iva. 7 rā́ṇa. 8 pavante. 9 rodasī *iti*. — 8, 2 camū-sádaḥ. su-vī́ryam. 3 ā-sádam. 7 índo *iti*. 9 nṛi-cákshasam. índra-pītam svaḥ-vídam. pra-jā́m. — 9, 1 kaví-kratuḥ. 2 vītí aº.

ṣúcir jātó jāté arocayat | mahā́n mahī́ ritāvṛídhā || 3 || sá saptá dhītíbhir hitó nadyò ajinvad adrúhaḥ | yā́ ékam ákshi vāvṛidhúḥ || 4 || tā́ abhí sántam ástṛitam mahé yúvānam ā́ dadhuḥ | índum indra táva vraté || 5 || 32 ||

abhí váhnir ámartyaḥ saptá paṣyati vā́vahiḥ | krívir devī́r atarpayat || 6 || ávā kálpeshu naḥ pumas támāṅsi soma yódhyā | tā́ni punāna jaṅghanaḥ || 7 || nū́ návyase návīyase sūktā́ya sādhayā patháḥ | pratnavád rocayā rúcaḥ || 8 || pávamāna máhi ṣrávo gā́m áṣvam rāsi vīrávat | sánā medhā́m sánā svàḥ || 9 || 33 ||

10.

Prá svānā́so ráthā ivā́rvanto ná ṣravasyávaḥ | sómāso rāyé akramuḥ || 1 || hinvānā́so ráthā iva dadhanviré gábhastyoḥ | bhárāsaḥ kārínām iva || 2 || rā́jāno ná práṣastibhiḥ sómāso góbhir añjate | yajñó ná saptá dhātṛíbhiḥ || 3 || pári suvānā́sa índavo mádāya barháṇā girā́ | sutā́ arshanti dhā́rayā || 4 || āpānā́so vivásvato jánanta usháso bhágam | sū́rā áṇvaṃ ví tanvate || 5 || 34 ||

ápa dvā́rā matīnā́m pratnā́ ṛiṇvanti kārávaḥ | vṛíshṇo hárasa āyávaḥ || 6 || samīcīnā́sa āsate hótāraḥ saptájāmayaḥ | padám ékasya píprataḥ || 7 || nā́bhā nā́bhiṃ na ā́ dade cákshuṣ cit sū́rye sácā | kavér ápatyam ā́ duhe || 8 || abhí priyā́ divás padám adhvaryúbhir gúhā hitám | sū́raḥ paṣyati cákshasā || 9 || 35 ||

11.

Úpāsmai gāyatā naraḥ pávamānāyéndave | abhí devā́ṅ

9, 3 jāté *iti*. mahī́ *iti* ṛita-vṛídhā. 4 vavṛidhúḥ. 7 áva. 8 nú. su-uktā́ya sādhaya. rocaya. 9 sána (2). svàr *iti* svàḥ. — 10, 1 ráthāḥ-iva á°. 3 práṣasti-bhiḥ. 6 hárase. 7 sam-īcīnā́saḥ. saptá-jāmayaḥ. — 11, 1 úpa a° gāyata. pávamānāya í°.

íyakshate || 1 || abhí te mádhunā páyó 'tharvāṇo aṣiṣrayuḥ | devám deváya devayú || 2 || sá naḥ pavasva sám gáve sám jánāya sám árvate | sáṃ rājann óshadhībhyaḥ || 3 || babhráve nú svátavase 'ruṇáya divispṛ́ṣe | sómāya gāthám arcata || 4 || hástacyutebhir ádribhiḥ sutáṃ sómam punītana | mádhāv á dhāvatā mádhu || 5 || 36 ||

námaséd úpa sīdata dadhnéd abhí srīṇītana | índum índre dadhātana || 6 || amitrahá vícarshaṇiḥ pávasva sóma sáṃ gáve | devébhyo anukāmakṛ́t || 7 || índrāya soma pátave mádāya pári shicyase | manaṣcín mánasas pátiḥ || 8 || pávamāna suvíryaṃ rayíṃ soma rirīhi naḥ | índav índrena no yujá || 9 || 37 ||

12.

Sómā asṛigram índavaḥ sutá ṛitásya sádane | índrāya mádhumattamāḥ || 1 || abhí víprā anūshata gávo vatsáṃ ná mātáraḥ | índraṃ sómasya pītáye || 2 || madacyút ksheti sádane síndhor ūrmá vipaṣcít | sómo gaurí ádhi ṣritáḥ || 3 || divó nábhā vicakshaṇó 'vyo váre mahīyate | sómo yáḥ sukrátuḥ kavíḥ || 4 || yáḥ sómaḥ kaláṣeshv áṅ antáḥ pavítra áhitaḥ | tám índuḥ pári shasvaje || 5 || 38 ||

prá vácam índur ishyati samudrásyádhi vishṭápi | jínvan kóṣam madhuṣcútam || 6 || nítyastotro vánaspátir dhīnám antáḥ sabardúghaḥ | hinvānó mánushā yugá || 7 || abhí priyá divás padá sómo hinvānó arshati | víprasya dhárayā kavíḥ || 8 || á pavamāna dhāraya rayíṃ sahásravarcasam | asmé indo svābhúvam || 9 || 39 ||

Saptamo 'dhyāyaḥ.

11, 2 páyaḥ á⁰. 4 svá-tavase. divi-spṛ́ṣe. 5 hásta-cyutebhiḥ. dhāvata. 6 námasā ít. dadhnā́ ít. 7 amitra-há ví-carshaṇiḥ. anukāma-kṛ́t. 8 sicyase. manaḥ-cít. 9 su-víryam. índo *iti*. — 12, 1 sádane (3). 3 mada-cyút. vipaḥ-cít. gaurí *iti*. 4 vi-cakshaṇáḥ á⁰. su-krátuḥ. 5 á antár *iti* pavítre á-hitaḥ. sasvaje. 6 samudrásya á⁰. madhu-ṣcútam. 7 nítya-stotraḥ. antár *iti* sabaḥ-dúghaḥ. 9 sahásra-varcasam asmé *iti* indo *iti* su-ābhúvam.

13.

Sómaḥ punānó arshati sahásradhāro átyaviḥ | vāyór índrasya nishkṛitám || 1 || pávamānam avasyavo vípram abhí prá gāyata | sushvāṇám devávītaye || 2 || pávante vā́jasātaye sómāḥ sahásrapājasaḥ | gṛiṇānā́ devávītaye || 3 || utá no vā́jasātaye pávasva bṛihatī́r íshaḥ | dyumád indo suvī́ryam || 4 || té naḥ sahasríṇam rayím pávantām ā́ suvī́ryam | suvānā́ devā́sa índavaḥ || 5 || 1 ||

átyā hiyānā́ ná hetṛíbhir ásṛigram vā́jasātaye | ví vā́ram ávyam āsávaḥ || 6 || vāṣrā́ arshantī́ndavo 'bhí vatsám ná dhenávaḥ | dadhanviré gábhastyoḥ || 7 || júshṭa índrāya matsaráḥ pávamāna kánikradat | víṣvā ápa dvísho jahi || 8 || apaghnánto árāvṇaḥ pávamānāḥ svardṛíṣaḥ | yónāv ṛitásya sīdata || 9 || 2 ||

14.

Pári prā́sishyadat kavíḥ síndhor ūrmā́v ádhi ṣritáḥ | kārám bíbhrat puruspṛíham || 1 || girā́ yádī sábandhavaḥ páñca vrā́tā apasyávaḥ | parishkṛiṇvánti dharṇasím || 2 || ā́d asya ṣushmíṇo ráse víṣve devā́ amatsata | yádī góbhir vasāyáte || 3 || niriṇānó ví dhāvati jáhac cháryāṇi tā́nvā | átrā sáṃ jighnate yujā́ || 4 || naptī́bhir yó vivásvataḥ ṣubhró ná māmṛijé yúvā | gā́ḥ kṛiṇvānó ná nirṇíjam || 5 || 3 ||

áti ṣritī́ tiraṣcátā gavyā́ jigāty áṇvyā | vagnúm iyarti yáṃ vidé || 6 || abhí kshípaḥ sám agmata marjáyantīr ishás pátim | pṛishṭhā́ gṛibhṇata vājínaḥ || 7 || pári divyā́ni mármṛiṣad víṣvāni soma pā́rthivā | vásūni yāhy asmayúḥ || 8 || 4 ||

13, 1 sahásra-dhāraḥ áti-aviḥ. niḥ-kṛitám. 2 susvānám devá-vītaye (3). 3 vā́ja-sātaye (4. 6). sahásra-pājasaḥ. gṛiṇānā́ḥ. 4 indo íti su-vī́ryam (5). 5 suvānā́ḥ. 6 átyāḥ hiyānā́ḥ. 7 arshanti i°. 9 apa-ghnántaḥ. svaḥ-dṛíṣaḥ. — 14, 1 prá asisyadat. puru-spṛíham. 2 yádi sá-bandhavaḥ. pari-kṛiṇvánti. 3 yádi. 4 ni-riṇānáḥ. jáhat ṣ°. átra. 5 mamṛijé. niḥ-nijam.

15.

Eshá dhiyá yāty áṇvyā śúro ráthebhir āśúbhiḥ | gáchann índrasya nishkṛitám || 1 || eshá purú dhiyāyate bṛihaté devátātaye | yátrāmṛítāsa ásate || 2 || eshá hitó ví nīyate 'ntáḥ śubhrávatā pathá | yádī tuñjánti bhúrṇayaḥ || 3 || eshá śríngāṇi dódhuvac chíśite yūthyò vṛíshā | nṛimṇá dádhāna ójasā || 4 || eshá rukmíbhir īyate vājí śubhrébhir aṅśúbhiḥ | pátiḥ síndhūnām bhávan || 5 || eshá vásūni pibdanā́ párushā yayiváñ áti | áva śádeshu gachati || 6 || etám mṛijanti márjyam úpa dróṇeshv āyávaḥ | pracakrāṇám mahír íshaḥ || 7 || etám u tyám dáśa kshípo mṛijánti saptá dhītáyaḥ | svāyudhám madíntamam || 8 || 5 ||

16.

Prá te sotára oṇyò rásam mádāya ghṛíshvaye | sárgo ná takty étaśaḥ || 1 || krátvā dákshasya rathyàm apó vásānam ándhasā | goshám áṇveshu saścima || 2 || ánaptam apsú dushṭáram sómam pavítra á sṛija | punīhíndrāya pátave || 3 || prá punānásya cétasā sómaḥ pavítre arshati | krátvā sadhástham ásadat || 4 || prá tvā námobhir índava índra sómā asṛikshata | mahé bhárāya kāríṇaḥ || 5 || punānó rūpé avyáye víśvā árshann abhí śríyaḥ | śúro ná góshu tishṭhati || 6 || divó ná sánu pipyúshī dhárā sutásya vedhásaḥ | vṛíthā pavítre arshati || 7 || tvám soma vipaścítam tánā punāná āyúshu | ávyo váram ví dhāvasi || 8 || 6 ||

17.

Prá nimnéneva síndhavo ghnánto vṛitráṇi bhúrṇayaḥ |

15, 1 niḥ-kṛitám. — 2 purú. yátra a°. 3 antár *iti* śubhrá-vatā. yádi. 4 dódhuvat ś°. 7 pra-cakrāṇám. 8 su-āyudhám. — 16, 1 oṇyòḥ. 2 go-sám. 3 dustáram. pavítre. punīhí í°. 4 sadhá-stham á a°. 8 vipaḥ-cítam. — 17, 1 nimnéna-iva.

sómā asṛigram āṣávaḥ || 1 || abhí suvānā́sa índavo vṛishṭáyaḥ pṛithivī́m iva | índram sómāso aksharan || 2 || átyūrmir matsaró mádaḥ sómaḥ pavítre arshati | vighnán rákshāṅsi devayúḥ || 3 || ā́ kaláṣeshu dhāvati pavítre pári shicyate | ukthaír yajñéshu vardhate || 4 || áti trī́ soma rocanā́ róhan ná bhrājase dívam | ishṇán sū́ryam ná codayaḥ || 5 || abhí víprā anūshata mūrdhán yajñásya kārávaḥ | dádhānāṣ cákshasi priyám || 6 || tám u tvā vājínam náro dhībhír víprā avasyávaḥ | mṛijánti devátātaye || 7 || mádhor dhā́rām ánu kshara tīvráḥ sadhástham ā́sadaḥ | cā́rur ṛitā́ya pītáye || 8 || 7 ||

18.

Pári suvānó girishṭhā́ḥ pavítre sómo akshāḥ | mádeshu sarvadhā́ asi || 1 || tvám vípras tvám kavír mádhu prá jātám ándhasaḥ | mádeshu — || 2 || táva víṣve sajóshaso devā́saḥ pītím āṣata | mádeshu — || 3 || ā́ yó víṣvāni vā́ryā vásūni hástayor dadhé | mádeshu — || 4 || yá imé ródasī mahī́ sám mātáreva dóhate | mádeshu — || 5 || pári yó ródasī ubhé sadyó vā́jebhir árshati | mádeshu — || 6 || sá ṣushmī́ kaláṣeshv ā́ punānó acikradat | mádeshu — || 7 || 8 ||

19.

Yát soma citrám ukthyàm divyám pā́rthivam vásu | tán naḥ punāná ā́-bhara || 1 || yuvám hí sthaḥ svàrpatī índras ca soma gópatī | īṣānā́ pipyatam dhíyaḥ || 2 || vṛíshā punāná āyúshu stanáyann ádhi barhíshi | hárih sán yónim ā́sadat

17, 3 áti-ūrmiḥ. vi-ghnán. 4 sicyate. 8 sadhá-stham ā́ a°. — 18, 1 giri-sthā́ḥ. akshār *iti*. sarva-dhā́ḥ. 3 sa-jóshasaḥ. 5 imé *iti* ródasī *iti* mahī́ *iti*. mātárā-iva. 6 ródasī *iti* ubhé *iti*. — 19, 1 tát. 2 svàḥpatī *iti* svàḥ-patī. gópatī *iti* gó-patī. 3 ā́ a°.

‖ 3 ‖ ávāvaṣanta dhītáyo vrishabhásyā́dhi rétasi | sūnór vatsásya mātáraḥ ‖ 4 ‖ kuvíd vrishaṇyántībhyaḥ punānó gárbham ādádhat | yā́ḥ ṣukrám duhaté páyaḥ ‖ 5 ‖ úpa ṣikshā́patasthúsho bhiyásam ā́ dhehi ṣátrushu | pávamāna vidā́ rayím ‖ 6 ‖ ní ṣátroḥ soma vríshṇyam ní ṣúshmam ní váyas tira | dūré vā sató ánti vā ‖ 7 ‖ 9 ‖

20.

Prá kavír devávītayé 'vyo vā́rebhir arshati | sāhvā́n víṣvā abhí spṛ́dhaḥ ‖ 1 ‖ sá hí shmā jaritṛ́bhya ā́ vā́jaṃ gómantam ínvati | pávamānaḥ sahasríṇam ‖ 2 ‖ pári víṣvāni cétasā mṛiṣáse pávase matī́ | sá naḥ soma ṣrávo vidaḥ ‖ 3 ‖ abhy àrsha bṛihád yáṣo maghávadbhyo dhruvám rayím | ísham stotṛ́bhya ā́ bhara ‖ 4 ‖ tvám rā́jeva suvrató gíraḥ somā́ viveṣitha | punānó vahne adbhuta ‖ 5 ‖ sá váhnir apsú dushṭáro mṛijyámāno gábhastyoḥ | sómaṣ camū́shu sīdati ‖ 6 ‖ krīḷúr makhó ná maṅhayúḥ pavítraṃ soma gachasi | dádhat stotré suvíryam ‖ 7 ‖ 10 ‖

21.

Eté dhāvantíndavaḥ sómā índrāya ghṛíshvayaḥ | matsarā́saḥ svarvídaḥ ‖ 1 ‖ pravṛiṇvánto abhiyújaḥ súshvaye varivovídaḥ | svayám stotré vayaskṛ́taḥ ‖ 2 ‖ vṛíthā krīḷanta índavaḥ sadhástham abhy ékam ít | síndhor ūrmā́ vy àksharan ‖ 3 ‖ eté víṣvāni vā́ryā pávamānāsa āṣata | hitā́ ná sáptayo ráthe ‖ 4 ‖ ásmin piṣáṅgam indavo dádhātā venám ādíṣe | yó asmábhyam árāvā ‖ 5 ‖ ṛibhúr ná ráthyaṃ ná-

19, 4 vṛishabhásya ā́°. 5 ā-dádhat. 6 ṣikshā́ apa-tasthúshaḥ. vidā́ḥ. — 20, 1 devá-vītaye ā́°. sahvā́n. 2 sma. 4 abhí a°. 5 rā́jā-iva su-vratáḥ. soma ā́. 6 dustáraḥ. 7 su-víryam. — 21, 1 dhāvanti í°. svaḥ-vídaḥ. 2 pra-vṛiṇvántaḥ abhi-yújaḥ súsvaye varivaḥ-vídaḥ. vayaḥ-kṛítaḥ. 3 sadhá-stham abhí. ví a°. 4 hitā́ḥ. 5 ā́ a°. dádhāta (6). ā-díṣe (6).

vam dádhātā kétam ādíśe | śukrā́ḥ pavadhvam árṇasā || 6 || etā́ u tyé avīvaśan kā́shṭhām vājíno akrata | satáḥ prā́sāvishur matím || 7 || 11 ||

22.

Eté sómāsa āśávo ráthā iva prá vājínaḥ | sárgāḥ sṛishṭā́ aheshata || 1 || eté vā́tā ivoráva̱ḥ parjányasyeva vṛishṭáyaḥ | agnér iva bhramā́ vṛíthā || 2 || eté pūtā́ vipaścítaḥ sómāso dádhyāśiraḥ | vipā́ vy ā̀naśur dhíyaḥ || 3 || eté mṛishṭā́ ámartyāḥ sasṛiváṅso ná śaśramuḥ | íyakshantaḥ pathó rájaḥ || 4 || eté pṛishṭhā́ni ródasor viprayánto vy ā̀naśuḥ | utédám uttamám rájaḥ || 5 || tántum tanvānám uttamám ánu praváta āśata | utédám uttamā́yyam || 6 || tvám soma paṇíbhya ā́ vásu gávyāni dhārayaḥ | tatám tántum acikradaḥ || 7 || 12 ||

23.

Sómā asṛigram āśávo mádhor mádasya dhā́rayā | abhí víśvāni kā́vyā || 1 || ánu pratnā́sa āyávaḥ padám návīyo akramuḥ | rucé jananta sū́ryam || 2 || ā́ pavamāna no bharāryó ádāśusho gáyam | kṛidhí prajā́vatīr íshaḥ || 3 || abhí sómāsa āyávaḥ pávante mádyam mádam | abhí kóśam madhuścútam || 4 || sómo arshati dharṇasír dádhāna indriyám rásam | suvíro abhiśastipā́ḥ || 5 || índrāya soma pavase devébhyaḥ sadhamā́dyaḥ | índo vā́jam sishāsasi || 6 || asyá pītvā́ mádānām índro vṛitrā́ṇy apratí | jaghā́na jaghánac ca nú || 7 || 13 ||

21, 7 eté. prá a°. — 22, 2 vā́tāḥ-iva u° parjányasya-iva. bhramā́ḥ. 3 pūtā́ḥ vipaḥ-cítaḥ. dádhi-āśiraḥ. ví ā°. 5 vi-prayántaḥ ví ā° utá i°. 6 utá i°. — 23, 3 bhara a°. 4 madhu-ścútam. 5 su-víraḥ abhiśasti-pā́ḥ. 6 sadha-mā́dyaḥ índo *iti*. sisāsasi. 7 jaghánat.

24.

Prá sómāso adhanvishuḥ pávamānāsa índavaḥ | srīṇāná apsú mṛiñjata || 1 || abhí gávo adhanvishur ápo ná pravátā yatíḥ | punāná índram āṣata || 2 || prá pavamāna dhanvasi sóméndrāya pátave | nṛíbhir yató ví nīyase || 3 || tváṃ soma nṛimádanaḥ pávasva carhaṇīsáhe | sásnir yó anumádyaḥ || 4 || índo yád ádribhiḥ sutáḥ pavítram paridhávasi | áram índrasya dhámne || 5 || pávasva vṛitrahantamokthébhir anumádyaḥ | ṣúciḥ pāvakó ádbhutaḥ || 6 || ṣúciḥ pāvaká ucyate sómaḥ sutásya mádhvaḥ | devāvír aghaṣaṅsahá || 7 || 14 ||

Prathamo 'nuvākaḥ.

25.

Pávasva dakshasádhano devébhyaḥ pītáye hare | marúdbhyo vāyáve mádaḥ || 1 || pávamāna dhiyá hitó 'bhí yóniṃ kánikradat | dhármaṇā vāyúm á viṣa || 2 || sáṃ devaíḥ ṣobhate vṛíshā kavír yónāv ádhi priyáḥ | vṛitrahá devavítamaḥ || 3 || víṣvā rūpáṇy āviṣán punānó yāti haryatáḥ | yátrāmṛítāsa ásate || 4 || arushó janáyan gíraḥ sómaḥ pavata āyusháк índraṃ gáchan kavíkratuḥ || 5 || á pavasva madintama pavítraṃ dhárayā kave | arkásya yónim āsádam || 6 || 15 ||

26.

Tám amṛikshanta vājínam upásthe áditer ádhi | víprāso áṇvyā dhiyá || 1 || táṃ gávo abhy ànūshata sahásradhāram ákshitam | índuṃ dhartáram á diváḥ || 2 || táṃ vedhám

---

24, 3 sóma í°. 4 nṛi-mádanaḥ. çarshaṇi-sáhe. anu-mádyaḥ (6). 5 índo *iti*. pari-dhávasi. 6 vṛitrahan-tama u°. 7 deva-avíḥ aghaṣaṅsa-há. — 25, 1 daksha-sádhanaḥ. 2 hitáḥ a°. 3 vṛitra-há deva-vítamaḥ. 4 ā-viṣán. yátra a°. 5 pavate. kaví-kratuḥ. 6 ā-sádam. — 26, 1 upá-sthe. 2 abhí a° sahásra-dhāram.

medháyāhyan pávamānam ádhi dyávi | dharṇasím bhū́ridhāyasam || 3 || tám ahyan bhuríjor dhiyā́ saṃvásānaṃ vivásvataḥ | pátiṃ vācó ádābhyam || 4 || táṃ sā́nāv ádhi jāmáyo háriṃ hinvanty ádribhiḥ | haryatám bhū́ricakshasam || 5 || táṃ tvā hinvanti vedhásaḥ pávamāna girāvṛ́dham | índav índrāya matsarám || 6 || 16 ||

27.

Eshá kavír abhíshṭutaḥ pavítre ádhi tośate | punānó ghnánn ápa srídhaḥ || 1 || eshá índrāya vāyáve svarjít pári shicyate | pavítre dakshasā́dhanaḥ || 2 || eshá nṛíbhir ví nīyate divó mūrdhā́ vṛíshā sutáḥ | sómo váneshu viṣvavít || 3 || eshá gavyúr acikradat pávamāno hiraṇyayúḥ | índuḥ satrājíd ástṛitaḥ || 4 || eshá sū́ryeṇa hāsate pávamāno ádhi dyávi | pavítre matsaró mádaḥ || 5 || eshá ṣushmy àsishyadad antárikshe vṛíshā háriḥ | punāná índur índram ā́ || 6 || 17 ||

28.

Eshá vājí hitó nṛíbhir viṣvavín mánasas pátiḥ | ávyo vāraṃ ví dhāvati || 1 || eshá pavítre aksharat sómo devébhyaḥ sutáḥ | víṣvā dhā́māny āviṣán || 2 || eshá deváḥ ṣubhāyaté 'dhi yónāv ámartyaḥ | vṛitrahā́ devavítamaḥ || 3 || eshá vṛíshā kánikradad daṣábhir jāmíbhir yatáḥ | abhí dróṇāni dhāvati || 4 || eshá sū́ryam arocayat pávamāno vícarshaṇiḥ | víṣvā dhā́māni viṣvavít || 5 || eshá ṣushmy ádābhyaḥ sómaḥ punānó arshati | devāvír aghaṣaṅsahā́ || 6 || 18 ||

26, 3 medháyā a°. bhūri-dhāyasam. 4 sam-vásānam. 5 bhūri-cakshasam. 6 girā-vṛídham índo *iti*. — 27, 1 abhí-stutaḥ. 2 svaḥ-jít. sicyate. daksha-sā́dhanaḥ. 3 viṣva-vít. 4 satrā-jít. 6 ṣushmí asisyadat. — 28, 1 viṣva-vít (5). 2 ā-viṣán. 3 ṣubhāyate á°. vṛitra-hā́ deva-vítamaḥ. 5 vi-carshaṇiḥ. 6 ṣushmí. deva-avíḥ aghaṣaṅsa-hā́.

29.

Prásya dhā́rā aksharan vríshṇaḥ sutásyaújasā | devā́ñ ánu prabhū́shataḥ || 1 || sáptim mṛijanti vedháso gṛiṇántaḥ kārávo girā́ | jyótir jajñānám ukthyàm || 2 || sushábā soma tā́ni te punānā́ya prabhūvaso | várdhā samudrám ukthyàm || 3 || víṣvā vásūni saṃjáyan pávasva soma dhā́rayā | inú dvéshāṅsi sadhryàk || 4 || rákshā sú no árarushaḥ svanā́t samasya kásya cit | nidó yátra mumucmáhe || 5 || éndo pā́rthivaṃ rayíṃ divyám pavasva dhā́rayā | dyumántaṃ ṣúshmam ā́ bhara || 6 || 19 ||

30.

Prá dhā́rā asya ṣushmíṇo vríthā pavítre aksharan | punānó vā́cam ishyati || 1 || índur hiyānáḥ sotríbhir mṛijyámānaḥ kánikradat | íyarti vagnúm indriyám || 2 || ā́ naḥ ṣúshmaṃ nṛisháhyaṃ vīrávantam puruspṛíham | pávasva soma dhā́rayā || 3 || prá sómo áti dhā́rayā pávamāno asishyadat | abhí dróṇāny āsádam || 4 || apsú tvā mádhumattamaṃ háriṃ hinvanty ádribhiḥ | índav índrāya pītáye || 5 || sunótā mádhumattamaṃ sómam índrāya vajríṇe | cā́ruṃ ṣárdhāya matsarám || 6 || 20 ||

31.

Prá sómāsaḥ svādhyàḥ pávamānāso akramuḥ | rayíṃ kriṇvanti .cétanam || 1 || divás pṛithivyā́ ádhi bhávendo dyumnavárdhanaḥ | bhávā vā́jānām pátiḥ || 2 || túbhyaṃ vā́tā abhipríyas túbhyam arshanti síndhavaḥ | sóma várdhanti te

29, 1 prá a⁰. sutásya ó⁰. pra-bhū́shataḥ. 3 su-sáhā. prabhu-vaso *iti* prabhu-vaso várdha. 4 sam-jáyan. 5 ráksha. 6 ā́ indo *iti*. — 30, 3 nṛi-sáhyam. puru-spṛíham. 4 asiṣyadat. ā-sádam. 5 índo *iti*. 6 sunóta. — 31, 1 su-ādhyàḥ. 2 bháva indo *iti* dyumna-várdhanaḥ bháva. 3 abhi-priyaḥ.

máhaḥ || 3 || á pyāyasva sám etu te viṣvátaḥ soma vríshṇyam | bhávā vájasya saṃgathé || 4 || túbhyaṃ gávo ghritám páyo bábhro duduhré ákshitam | várshishṭhe ádhi sánavi || 5 || svāyudhásya te sató bhúvanasya pate vayám | índo sakhitvám uṣmasi || 6 || 21 ||

32.

Prá sómāso madacyútaḥ ṣrávase no maghónaḥ | sutá vidáthe akramuḥ || 1 || ád īṃ tritásya yóshaṇo háriṃ hinvanty ádribhiḥ | índum índrāya pītáye || 2 || ád īṃ haṅsó yáthā gaṇáṃ víṣvasyāvīvaṣan matím | átyo ná góbhir ajyate || 3 || ubhé somāvacákaṣan mrigó ná taktó arshasi | sídann ritásya yónim á || 4 || abhí gávo anūshata yóshā jārám iva priyám | ágann ājíṃ yáthā hitám || 5 || asmé dhehi dyumád yáṣo maghávadbhyaṣ ca máhyaṃ ca | saním medhám utá ṣrávaḥ || 6 || 22 ||

33.

Prá sómāso vipaṣcíto 'páṃ ná yanty ūrmáyaḥ | vánāni mahishá iva || 1 || abhí dróṇāni babhrávaḥ ṣukrá ritásya dhárayā | vájaṃ gómantam aksharan || 2 || sutá índrāya vāyáve váruṇāya marúdbhyaḥ | sómā arshanti víshṇave || 3 || tisró vắca úd īrate gávo mimanti dhenávaḥ | hárir eti kánikradat || 4 || abhí bráhmīr anūshata yahvír ritásya mātáraḥ | marmrijyánte diváḥ ṣíṣum || 5 || rāyáḥ samudráṅṣ catúro 'smábhyaṃ soma viṣvátaḥ | á pavasva sahasríṇaḥ || 6 || 23 ||

34.

Prá suvānó dhárayā tánéndur hinvānó arshati | rujád

31, 4 = 91, 16. 5 bábhro *iti*. 6 su-āyudhásya. índo *iti*. — 32, 1 mada-cyútaḥ. sutáḥ. 3 víṣvasya avīvaṣat. 4 ubhé *iti* soma ava-cákaṣat. 6 asmé *iti*. — 33, 1 vipaḥ-cítaḥ. — 34, 1 tánā í°.

dṛiḻhá vy ójasā || 1 || sutá índrāya vāyáve váruṇāya marúdbhyaḥ | sómo arshati víshṇave || 2 || vṛíshāṇaṃ vṛíshabhir yatáṃ sunvánti sómam ádribhiḥ | duhánti ṣákmanā páyaḥ || 3 || bhúvat tritásya márjyo bhúvad índrāya matsaráḥ | sáṃ rūpaír ajyate háriḥ || 4 || abhím ṛitásya vishṭápaṃ duhaté pṛíṣnimātaraḥ | cā́ru priyátamaṃ havíḥ || 5 || sám enam áhrutā imā́ gíro arshanti sasrútaḥ | dhenū́r vāṣró avīvaṣat || 6 || 24 ||

35.

Ā́ naḥ pavasva dhā́rayā pávamāna rayím pṛithúm | yáyā jyótir vidā́si naḥ || 1 || índo samudramīṅkhaya pávasva viṣvamejaya | rāyó dhartā́ na ójasā || 2 || tváyā vīréṇa vīravo 'bhí shyāma pṛitanyatáḥ | kshárā ṇo abhí vā́ryam || 3 || prá vā́jam índur ishyati síshāsan vājasā́ ṛíshiḥ | vratā́ vidānā́ ā́yudhā || 4 || táṃ gīrbhír vācamīṅkhayám punānáṃ vāsayāmasi | sómaṃ jánasya gópatim || 5 || víṣvo yásya vraté jáno dādhā́ra dhármaṇas páteḥ | punānásya prabhū́vasoḥ || 6 || 25 ||

36.

Ásarji ráthyo yathā pavítre camvòḥ sutáḥ | kā́rshman vājī́ ny àkramīt || 1 || sá váhniḥ soma jā́gṛiviḥ pávasva devavī́r áti | abhí kóṣam madhuṣcútam || 2 || sá no jyótīṅshi pūrvya pávamāna ví rocaya | krátve dákshāya no hinu || 3 || ṣumbhámāna ṛitāyúbhir mṛijyámāno gábhastyoḥ | pávate vā́re avyáye || 4 || sá víṣvā dāṣúshe vásu sómo divyā́ni

34, 1 ví. 5 abhí īm. pṛíṣni-mātaraḥ. 6 imā́ḥ. sa-srútaḥ. — 35, 2 índo *iti* samudram-īṅkhaya. viṣvam-ejaya. 3 vīra-vaḥ. syāma. kshára naḥ. 4 síshāsan vāja-sā́ḥ. 5 vācam-īṅkhayám. gó-patim. prabhú-vasoḥ. — 36, 1 ní a°. 2 deva-víḥ. madhu-ṣcútam. 4 ṛitayú-bhiḥ.

pá̄rthivā | pávatām á̄ntárikshyā || 5 || á̄ divás prishṭhám asvayúr gavyayúḥ soma rohasi | vīrayúḥ savasas pate || 6 || 26 ||

37.

Sá sutáḥ pītáye vríshā sómaḥ pavítre arshati | vighnán rákshāṅsi devayúḥ || 1 || sá pavítre vicakshaṇó hárir arshati dharṇasíḥ | abhí yónim kánikradat || 2 || sá vājí rocaná̄ diváḥ pávamāno ví dhāvati | rakshohá̄ vá̄ram avyáyam || 3 || sá tritásyádhi sá̄navi pávamāno arocayat | jāmíbhiḥ sū́ryam sahá̄ || 4 || sá vritrahá̄ vríshā sutó varivovíd ádābhyaḥ | sómo vá̄jam ivāsarat || 5 || sá deváḥ kavíneshitò 'bhí dróṇāni dhāvati | índur índrāya maṅhánā || 6 || 27 ||

38.

Eshá u syá vríshā ráthó 'vyo vá̄rebhir arshati | gáchan vá̄jam sahasríṇam || 1 || etám tritásya yóshaṇo hárim hinvanty ádribhiḥ | índum índrāya pītáye || 2 || etám tyám haríto dása marmrijyánte apasyúvaḥ | yá̄bhir mádāya súmbhate || 3 || eshá syá má̄nushīshv á̄ syenó ná vikshú sīdati | gáchañ jāró ná yoshítam || 4 || eshá syá mádyo rasó 'va cashṭe diváḥ sísuḥ | yá índur vá̄ram á̄viśat || 5 || eshá syá pītáye sutó hárir arshati dharṇasíḥ | krándan yónim abhí priyám || 6 || 28 ||

39.

Āsúr arsha brihanmate pári priyéṇa dhá̄mnā | yátra

36, 5 á̄ a°. — 37, 1 vi-ghnán. 2 vi-cakshaṇáḥ. 3 rakshaḥ-há̄. 4 tritásya á°. 5 vritra-há̄. varivaḥ-vít. vá̄jam-iva a°. 6 kavínā ishitáḥ a°. — 38, 1 ráthaḥ á°. 5 rásaḥ áva. á̄ á°. — 39, 1 brihat-mate.

devá́ íti brávan || 1 || parishkriṇvánn ánishkṛitaṃ jánâya yātáyann íshaḥ | vṛishṭíṃ diváḥ pári srava || 2 || sutá eti pavítra á́ tvíshiṃ dádhāna ójasā | vicákshāṇo virocáyan || 3 || ayáṃ sá yó divás pári raghuyā́mā pavítra á́ | síndhor ūrmá́ vy ákṣharat || 4 || āvívāsan parāváto átho arvāvátaḥ sutáḥ | índrāya sicyate mádhu || 5 || samīcīná́ anūshata háriṃ hinvanty ádribhiḥ | yónāv ṛitásya sīdata || 6 || 29 ||

40.

Punānó akramīd abhí víṣvā mṛídho vícarshaṇiḥ | ṣumbhánti vípraṃ dhītíbhiḥ || 1 || á́ yónim aruṇó ruhad gámad índraṃ vṛíshā sutáḥ | dhruvé sádasi sīdati || 2 || nú́ no rayím mahā́m indo 'smábhyaṃ soma viṣvátaḥ | á́ pavasva sahasríṇam || 3 || víṣvā soma pavamāna dyumnánīndav á́ bhara | vidá́ḥ sahasríṇīr íshaḥ || 4 || sá naḥ punāná á́ bhara rayíṃ stotré suvíryam | jaritúr vardhayā gíraḥ || 5 || punāná indav á́ bhara sóma dvibárhasaṃ rayím | vṛíshann indo na ukthyàm || 6 || 30 ||

41.

Prá yé gā́vo ná bhū́rṇayas tveshá́ ayáso ákramuḥ | ghnántaḥ kṛishṇā́m ápa tvácam || 1 || suvitásya manāmahé 'ti sétuṃ durāvyàm | sāhvā́ṅso dásyum avratám || 2 || ṣṛiṇvé vṛishṭér iva svanáḥ pávamānasya ṣushmíṇaḥ | cáranti vidyúto diví || 3 || á́ pavasva mahím íshaṃ gómad indo híraṇyavat | áṣvāvad vā́javat sutáḥ || 4 || sá pavasva vicarshaṇa á́ mahí ródasī pṛiṇa | ushá́ḥ sū́ryo ná raṣmíbhiḥ || 5 || pári

---

39, 2 pari-kṛiṇván ániḥ-kṛitam. 3 pavitre. vi-cákshāṇaḥ vi-rocáyan. 4 raghu-yā́mā pavitre. ví. 5 ā-vívāsan. átho *iti*. 6 sam-īcīnā́ḥ. — 40, 1 víṣvāḥ. ví-carshaṇiḥ. 3 nú. indo *iti*. 4 dyumnā́ni indo *iti*. 5 su-víryam. vardhaya. 6 indo *iti* (2). dvi-bárhasam. — 41, 2 manāmahe áti. duḥ-āvyàm sahvā́ṅsaḥ. 3 vi-dyútaḥ. 4 indo *iti*. áṣva-vat. 5 vi-carshaṇe. mahí *iti* ródasī *iti*.

ṇaḥ ṣarmayántyā dhárayā soma viṣvátaḥ | sárā raséva vishṭápam || 6 || 31 ||

42.

Janáyan rocanā́ divó janáyann apsú sū́ryam | 'vásāno gā́ apó háriḥ || 1 || eshá pratnéna mánmanā devó devébhyas pári | dhárayā pavate sutáḥ || 2 || vāvṛidhānáya tū́rvaye pávante vā́jasātaye | sómāḥ sahásrapājasaḥ || 3 || duhānáḥ pratnám ít páyaḥ pavítre pári shicyate | krándan devā́ñ ajījanat || 4 || abhí víṣvāni vā́ryābhí devā́ñ ṛitāvṛídhaḥ | sómaḥ punānó arshati || 5 || góman naḥ soma vīrávad áṣvāvad vā́javat sutáḥ | pávasva bṛihatír íshaḥ || 6 || 32 ||

43.

Yó átya iva mṛijyáte góbhir mádāya haryatáḥ | táṃ gīrbhír vāsayāmasi || 1 || táṃ no víṣvā avasyúvo gíraḥ ṣumbhanti pūrváthā | índum índrāya pītáye || 2 || punānó yāti haryatáḥ sómo gīrbhíḥ párishkṛitaḥ | víprasya médhyātitheḥ || 3 || pávamāna vidā́ rayím asmábhyaṃ soma suṣríyam | índo sahásravarcasam || 4 || índur átyo ná vājasṛít kánikranti pavítra ā́ | yád ákshār áti devayúḥ || 5 || pávasva vā́jasātaye víprasya gṛiṇató vṛidhé | sóma rásva suvíryam || 6 || 33 ||

Ashṭamo 'dhyāyaḥ.

SHASHṬHO 'SHṬAKAḤ.

41, 6 ṇaḥ. sára rasā́-iva. — 42, 3 vavṛidhānáya. vā́ja-sātaye. sahásra-pājasaḥ. 4 sicyate. 5 vā́ryā a⁰. ṛita-vṛídhaḥ. 6 gó-mat. áṣva-vat. — 43, 3 pári-kṛitaḥ. médhya-atitheḥ. 4 vidā́ḥ. su-ṣríyam índo *iti* sahásra-varcasam. 5 vāja-sṛít. pavítre. 6 vā́ja-sātaye. su-víryam.

44.

Prá ṇa indo mahé tána ūrmím ná bíbhrad arshasi | abhí deváñ ayā́syaḥ || 1 || matí jushṭó dhiyā́ hitáḥ sómo hinve parāváti | víprasya dhárayā kavíḥ || 2 || ayáṃ devéshu jā́gṛiviḥ sutá eti pavítra ā́ | sómo yāti vícarshaṇiḥ || 3 || sá naḥ pavasva vājayúṣ cakrāṇáṣ cā́rum adhvarám | barhíshmāñ ā́ vivāsati || 4 || sá no bhágāya vāyáve vípravīraḥ sadā́vṛidhaḥ | sómo devéshv ā́ yamat || 5 || sá no adyá vásuttaye kratuvíd gātuvíttamaḥ | vā́jaṃ jeshi ṣrávo bṛihát || 6 || 1 ||

45.

Sá pavasva mádāya káṃ nṛicákshā devávītaye | índav índrāya pītáye || 1 || sá no arshābhí dūtyàṃ tvám índrāya toṣase | devā́n sákhibhya ā́ váram || 2 || utá tvā́m aruṇáṃ vayáṃ góbhir añjmo mádāya kám | ví no rāyé dúro vṛidhi || 3 || áty ū pavítram akramīd vājí dhúraṃ ná yā́mani | índur devéshu patyate || 4 || sám ī sákhāyo asvaran váne krílantam átyavim | índuṃ nāvā́ anūshata || 5 || táyā pavasva dhárayā yáyā pītó vicákshase | índo stotré suvíryam || 6 || 2 ||

46.

Ásṛigran devávītayé 'tyāsaḥ kṛítvyā iva | kshárantaḥ parvatāvṛídhaḥ || 1 || párishkṛitāsa índavo yósheva pítryāvatī | vāyúṃ sómā asṛikshata || 2 || eté sómāsa índavaḥ práyasvantaḥ camū́ sutā́ḥ | índraṃ vardhanti kármabhiḥ || 3 ||

44, 1 naḥ indo *iti*. táne. 3 pavítre. ví-carshaṇiḥ. 5 vípra-vīraḥ sadā́-vṛidhaḥ. 6 kratu-vít gātuvít-tamaḥ. — 45, 1 nṛi-cákshāḥ devá-vītaye índo *iti*. 2 arsha a°. 4 ūm̐ *iti*. 5 īm *iti*. áti-avim. 6 vi-cákshase índo *iti*. su-víryam. — 46, 1 devá-vītaye á°. parvata-vṛídhaḥ. 2 pári-kṛitāsaḥ. yóshā-iva pítrya-vatī. 3 camū́ *iti*.

á dhāvatā suhastyaḥ ṣukrā́ gṛibhṇīta manthínā | góbhiḥ ṣrīṇīta matsarám || 4 || sá pavasva dhanaṃjaya prayantā́ rā́dhaso maháḥ | asmábhyaṃ soma gātuvít || 5 || etám mṛijanti márjyam pávamānaṃ dáṣa kshípaḥ | índrāya matsarám mádam || 6 || 3 ||

47.

Ayā́ sómaḥ sukṛityáyā maháṣ cid abhy àvardhata | mandānā́ úd vṛishāyate || 1 || kṛitā́níd asya kártvā cétante dasyurtárhaṇā | ṛiṇā́ ca dhṛishṇúṣ cayate || 2 || ā́t sóma indriyó ráso vájraḥ sahasrasā́ bhuvat | ukthā́ṃ yád asya jā́yate || 3 || svayā́ṃ kavír vidhartári víprāya rátnam ichati | yádī marmṛijyáte dhíyaḥ || 4 || sishāsā́tū rayīṇā́ṃ vā́jeshv árvatām iva | bhā́reshu jigyúshām asi || 5 || 4 ||

48.

Tā́ṃ tvā nṛimṇā́ni bíbhrataṃ sadhástheshu mahó diváḥ | cā́ruṃ sukṛityáyemahe || 1 || sā́ṃvṛiktadhṛishṇum ukthyàm mahā́mahivratam mádam | ṣatám púro rurukshā́ṇim || 2 || átas tvā rayím abhí rā́jānaṃ sukrato diváḥ | suparṇó avyathír bharat || 3 || víṣvasmā ít svàr dṛiṣé sā́dhāraṇaṃ rajastúram | gopā́m ṛitásya vír bharat || 4 || ádhā hinvānā́ indriyā́ṃ jyā́yo mahitvám ānaṣe | abhishṭikṛíd vícarshaṇiḥ || 5 || 5 ||

49.

Pávasva vṛishṭím ā́ sú no 'pā́m ūrmíṃ divás pári | aya-

46, 4 dhāvata su-hastyaḥ. 5 dhanam-jaya pra-yantā́. gātu-vít. — 47, 1 su-kṛityáyā. abhí a°. vṛisha-yate. 2 kṛitā́ni ít. dasyu-tárhaṇā. 3 sahasra-sā́ḥ. 4 vi-dhartári. yádi. 5 sisāsátuḥ. — 48, 1 sadhá-stheshu. su-kṛityáyā 1°. 2 sā́ṃvṛikta-dhṛishṇum. mahā́-mahivratam. 3 sukrato *iti* su-krato. su-parṇáḥ. 4 víṣvasmai. rajaḥ-túram. 5 ádha. abhishṭi-kṛít ví-carshaṇiḥ. — 49, 1 ayakshmā́ḥ.

kshmā́ bṛihatī́r íshaḥ || 1 || táyā pavasva dhā́rayā yáyā gā́va ihā́gáman | jányāsa úpa no gṛihám || 2 || ghṛitám pavasva dhā́rayā yajñéshu devavī́tamaḥ | asmábhyaṃ vṛishṭím ā́ pava || 3 || sá na ūrjé vy àvyáyam pavítram dhāva dhā́rayā | devā́saḥ śṛiṇávan hí kam || 4 || pávamāno asishyadad rákshāṅsy apajáṅghanat | pratnavád rocáyan rúcaḥ || 5 || 6 ||

50.

Út te śúshmāsa īrate síndhor ūrmér iva svanáḥ | vāṇásya codayā pavím || 1 || prasavé ta úd īrate tisró vā́co makhasyúvaḥ | yád ávya éshi sā́navi || 2 || ávyo vā́re pári priyáṃ hárim hinvanty ádribhiḥ | pávamānam madhuścútam || 3 || ā́ pavasva madintama pavítram dhā́rayā kave | arkásya yónim āsádam || 4 || sá pavasva madintama góbhir añjānó aktúbhiḥ | índav índrāya pītáye || 5 || 7 ||

51.

Ádhvaryo ádribhiḥ sutáṃ sómam pavítra ā́ sṛija | punīhī́ndrāya pā́tave || 1 || diváḥ pīyū́sham uttamáṃ sómam índrāya vajríṇe | sunótā mádhumattamam || 2 || táva tyā́ indo ándhaso devā́ mádhor vy àśnate | pávamānasya marútaḥ || 3 || tváṃ hí soma vardháyan sutó mádāya bhū́rṇaye | vṛíshan stotā́ram ūtáye || 4 || abhy àrsha vicakshaṇa pavítram dhā́rayā sutáḥ | abhí vā́jam utá śrávaḥ || 5 || 8 ||

52.

Pári dyuksháḥ sanádrayir bhárad vā́jaṃ no ándhasā |

49, 2 ihá ā-gáman. 3 deva-vītamaḥ. 4 ví a°. 5 asisyadat. apa-jáṅghanat. — 50, 1 codaya. 2 pra-savé te. ávye. 3 madhu-ścútam. 4 = IX, 25, 6. 6 índo *iti*. — 51, 1 ádhvaryo *iti*. pavítre. punīhí í°. 2 sunóta. 3 tyé indo *iti*. deváḥ. ví a°. 5 abhí a° vi-cakshaṇa. — 52, 1 sanát-rayiḥ.

asṛikshata | sū́ryasyeva ná raṣmáyaḥ || 7 || ketúṃ kṛiṇván divás pári víṣvā rūpábhy àrshasi | samudráḥ soma pinvase || 8 || hinvānó vā́cam ishyasi pávamāna vídharmaṇi | ákrān devó ná sū́ryaḥ || 9 || índuḥ pavishṭa cétanaḥ priyáḥ kavīnā́m matí | sṛijád áṣvaṃ rathír iva || 10 || 37 ||

ūrmír yás te pavítra ā́ devāvíḥ paryáksharat | sídann ṛitásya yónim ā́ || 11 || sá no arsha pavítra ā́ mádo yó devavítamaḥ | índav índrāya pītáye || 12 || ishé pavasva dhā́rayā mṛijyámāno manīshíbhiḥ | índo rucā́bhí gā́ ihi || 13 || punānó várivas kṛidhy ū́rjaṃ jánāya girvaṇaḥ | háre sṛijāná āṣíram || 14 || punānó devávītaya índrasya yāhi nishkṛitám | dyutānó vājíbhir yatáḥ || 15 || 38 ||

prá hinvānā́sa índavó 'chā samudrám āṣávaḥ | dhiyā́ jūtā́ asṛikshata || 16 || marmṛijānā́sa āyávo vṛíthā samudrám índavaḥ | ágmann ṛitásya yónim ā́ || 17 || pári ṇo yāhy asmayúr víṣvā vásūny ójasā | pāhí naḥ ṣárma vīrávat || 18 || mímāti váhnir étaṣaḥ padáṃ yujāná ṛíkvabhiḥ | prá yát samudrá ā́hitaḥ || 19 || ā́ yád yóniṃ hiraṇyáyam āṣúr ṛitásya sídati | jáhāty ápracetasaḥ || 20 || 39 ||

abhí venā́ anūshatéyakshanti prácetasaḥ | májjanty ávicetasaḥ || 21 || índrāyendo marútvate pávasva mádhumattamaḥ | ṛitásya yónim āsádam || 22 || táṃ tvā víprā vacovídaḥ párish kṛiṇvanti vedhásaḥ | sáṃ tvā mṛijanty āyávaḥ || 23 || rásaṃ te mitró aryamā́ píbanti váruṇaḥ kave | pávamānasya marútaḥ || 24 || tváṃ soma vipaṣcítam punānó vā́cam ishyasi | índo sahásrabharṇasam || 25 || 40 ||

utó sahásrabharṇasaṃ vā́caṃ soma makhasyúvam | pu-

64, 7 sū́ryasya-iva. 8 rūpā́ abhí a°. 9 ví-dharmaṇi. 11 pavítre (12). deva-avíḥ pari-áksharat. 12 deva-vítamaḥ índo *iti*. 13 índo *iti* rucā́ a°. 14 ā-ṣíram. 15 devá-vītaye. niḥ-kṛitám. 16 índavaḥ ácha. 18 naḥ. 19 samudré ā́-hitaḥ. 20 ápra-cetasaḥ. 21 anūshata í° prá-cetasaḥ. ávi-cetasaḥ. 22 índrāya indo *iti*. ā-sádam. 23 víprāḥ vacaḥ-vídaḥ pári. 25 vipaḥ-cítam. índo *iti* sahásra-bharṇasam (26). 26 utó *iti*.

nāná indav á bhara || 26 || punāná indav eshām púruhūta jánānām | priyáḥ samudrám á viṣa || 27 || dávidyutatyā rucá parishṭóbhantyā kṛipá | somáḥ ṣukrá gáväṣiraḥ || 28 || hinvānó hetṛíbhir yatá á vájaṃ vājy àkramīt | sídanto vanúsho yathā || 29 || ṛidhák soma svastáye saṃjagmānó diváḥ kavíḥ | pávasva sū́ryo dṛiṣé || 30 || 41 ||

Prathamo 'dhyāyaḥ.

65.

Hinvánti sū́ram úsrayaḥ svásāro jāmáyas pátim | mahā́m índum mahīyúvaḥ || 1 || pávamāna rucá-rucā devó devébhyas pári | víṣva vásūny á viṣa || 2 || á pavamāna sushṭutíṃ vṛishṭíṃ devébhyo dúvaḥ | ishé pavasva saṃyátam || 3 || vṛíshā hy ási bhānúnā dyumántaṃ tvā havāmahe | pávamāna svādhyàḥ || 4 || á pavasva suvíryam mándamānaḥ svāyudha | ihó shv ìndav á gahi || 5 || 1 ||

yád adbhíḥ parishicyáse mṛijyámāno gábhastyoḥ | drúṇā sadhástham aṣnushe || 6 || prá sómāya vyaṣvavát pávamānāya gāyata | mahé sahásracakshase || 7 || yásya várṇam madhuṣcútaṃ háriṃ hinvánty ádribhiḥ | índum índrāya pītáye || 8 || tásya te vājíno vayáṃ víṣvā dhánāni jigyúshaḥ | sakhitvám á vṛiṇīmahe || 9 || vṛíshā pavasva dhárayā marútvate ca matsaráḥ | víṣvā dádhāna ójasā || 10 || 2 ||

táṃ tvā dhartáram oṇyòḥ pávamāna svardṛíṣam | hinvé vájeshu vājínam || 11 || ayá cittó vipánáyā háriḥ pavasva dhárayā | yújaṃ vájeshu codaya || 12 || á na indo mahím íshạm pávasva viṣvádarṣataḥ | asmábhyaṃ soma gātuvít

64, 26 indo *iti* (27). 27 púru-hūta. 28 pari-stóbhantyā. ṣukráḥ gó-āṣiraḥ. 29 vājī́ a°. 30 sam-jagmānáḥ. — 65, 3 su-stutím. sam-yátam. 4 hí. su-ādhyàḥ. 5 su-vī́ryam. su-āyudha ihó *iti* sú indo *iti*. 6 pari-sicyáse. sadhá-stham. 7 sahásra-cakshase. 8 madhu-ṣcútam. 11 svaḥ-dṛíṣam. 12 vipā́ a°. 13 indo *iti*. viṣvá-darṣataḥ. gātu-vít.

‖ 13 ‖ á kaláṣā anūshaténdo dhárābhir ójasā ǀ éndrasya pītáye viṣa ‖ 14 ‖ yásya te mádyaṃ rásaṃ tīvráṃ duhánty ádribhiḥ ǀ sá pavasvābhimātihá ‖ 15 ‖ ³ ‖

rájā medhábhir īyate pávamāno manáv ádhi ǀ antárikshena yátave ‖ 16 ‖ á na indo ṣatagvínaṃ gávām póshaṃ sváṣvyam ǀ váhā bhágattim ūtáye ‖ 17 ‖ á naḥ soma sáho júvo rūpáṃ ná várcase bhara ǀ sushvāṇó devávītaye ‖ 18 ‖ árshā soma dyumáttamo 'bhí dróṇāni róruvat ǀ sídañ chyenó ná yónim á ‖ 19 ‖ apsá índrāya vāyáve várunāya marúdbhyaḥ ǀ sómo arshati víshṇave ‖ 20 ‖ ⁴ ‖

íshaṃ tokáya no dádhad asmábhyaṃ soma viṣvátaḥ ǀ á pavasva sahasríṇam ‖ 21 ‖ yé sómāsaḥ parāváti yé arvāváti sunviré ǀ yé vādáḥ ṣaryaṇávati ‖ 22 ‖ yá ārjīkéshu kṛ́tvasu yé mádhye pastyánām ǀ yé vā jáneshu pañcásu ‖ 23 ‖ té no vṛishṭíṃ divás pári pávantām á suvíryam ǀ suvāná devása índavaḥ ‖ 24 ‖ pávate haryató hárir gṛiṇānó jamádagninā ǀ hinvānó gór ádhi tvací ‖ 25 ‖ ⁵ ‖

prá ṣukráso vayojúvo hinvānáso ná sáptayaḥ ǀ ṣrīṇāná apsú mṛiñjata ‖ 26 ‖ táṃ tvā sutéshv ābhúvo hinviré devátātaye ǀ sá pavasvānáyā rucá ‖ 27 ‖ á te dáksham mayobhúvaṃ váhnim adyá vṛiṇīmahe ǀ pántam á puruspṛ́ham ‖ 28 ‖ á mandrám á váreṇyam á vípram á manīshíṇam ǀ pántam á puruspṛ́ham ‖ 29 ‖ á rayím á sucetúnam á sukrato tanúshv á ǀ pántam á puruspṛ́ham ‖ 30 ‖ ⁶ ‖

66.

Pávasva viṣvacarshaṇe 'bhí víṣvāni kávyā ǀ sákhā sá-

65, 14 anūshata índo *iti*. á í°. 15 pavasva abhimāti-hā́. 17 indo *iti* ṣata-gvínam. su-áṣvyam váha. 18 susvānáḥ devá -vītaye. 19 ársha. ṣyenáḥ. 22 yé — sunviré VIII, 93, 6. vā a°. 23 yé. 24 su-víryam suvānáḥ. 25 jamát-agninā. 26 vayaḥ-júvaḥ. 27 ā-bhúvaḥ. pavasva a°. 28 mayaḥ-bhúvam. adyá. puru-spṛ́ham. 30 su-cetúnam. sukrato *iti* su-krato. — 66, 1 viṣva-carshaṇe.

khibhya ídyaḥ || 1 || tábhyāṃ víṣvasya rājasi yé pavamāna
dhámanī | pratīcī́ soma tasthátuḥ || 2 || pári dhā́māni yáni
te tvám somāsi viṣvátaḥ | pávamāna ṛitúbhiḥ kave || 3 || pá-
vasva janáyann íṣho 'bhí víṣvāni váryā | sákhā sákhibhya
ūtáye || 4 || táva ṣukrā́so arcáyo divás pṛishṭhé ví tanvate |
pavítraṃ soma dhā́mabhiḥ || 5 || 7 ||

távemé saptá síndhavaḥ praṣíṣham soma sisrate | tú-
bhyaṃ dhāvanti dhenávaḥ || 6 || prá soma yāhi dhárayā sutá
índrāya matsaráḥ | dádhāno ákshiti ṣrávaḥ || 7 || sám u tvā
dhībhír asvaran hinvatī́ḥ saptá jāmáyaḥ | vípram ājā́ vivás-
vataḥ || 8 || mṛijánti tvā sám agrúvó 'vye jīrā́v ádhi shváṇi |
rebhó yád ajyáse váne || 9 || pávamānasya te kave vājin
sárgā asṛikshata | árvanto ná ṣravasyávaḥ || 10 || 8 ||

áchā kóṣam madhuṣcútam ásṛigraṃ váre avyáye | áva-
vaṣanta dhītáyaḥ || 11 || áchā samudrám índavó 'staṃ gā́vo
ná dhenávaḥ | ágmann ṛitásya yónim ā́ || 12 || prá ṇa indo
mahé ráṇa ápo arshanti síndhavaḥ | yád góbhir vāsayish-
yáse || 13 || ásya te sakhyé vayám íyakshantas tvótayaḥ |
índo sakhitvám uṣmasi || 14 || á pavasva gávishṭaye mahé
soma nṛicákshase | éndrasya jaṭháre viṣa || 15 || 9 ||

mahā́n̐ asi soma jyéshṭha ugráṇām inda ójishṭhaḥ |
yúdhvā sáñ chásvaj jigetha || 16 || yá ugrébhyaṣ cid ójīyāñ
chū́rebhyaṣ cic chū́rataraḥ | bhū́ridā́bhyaṣ cin máni hīyān
|| 17 || tvám soma sū́ra éshas tokásya sātá tanū́nām | vṛiṇī-
máhe sakhyáya vṛiṇīmáhe yújyāya || 18 || ágna áyūṅshi pa-
vasa á suvórjam íṣhaṃ ca naḥ | āré bā́dhasva duchúnām

66, 2 yé *iti*. dhámanī *iti* pratīcī́ *iti*.   3 soma asi. páva-
māna.   6 táva imé. pra-ṣíṣham.   9 agrúvaḥ ā́°. sváni.
11 ácha (12). madhu-ṣcútam.   12 índavaḥ ā́°.   13 naḥ indo *iti*.
ráṇe.   14 tvā-ūtayaḥ índo *iti*.   .   15 gó-ishṭaye. nṛi-cákshase
á í°.   16 indo *iti*. sā́ṣvat.   17 ṣū́rebhyaḥ cit ṣ° bhū́ri-dā́bhyaḥ
cit.   18 á íṣhaḥ.   19 ágne. pavase. suva ū́°.

|| 19 || agnír ṛíshiḥ pávamānaḥ páñcajanyaḥ puróhitaḥ | tám īmahe mahāgayám || 20 || 10 ||

ágne pávasva svápā asmé várcaḥ suvíryam | dádhad rayím máyi pósham || 21 || pávamāno áti srídho 'bhy àrshati sushṭutím | sūro ná viṣvádarṣataḥ || 22 || sá marmṛijāná āyúbhiḥ práyasvān práyase hitáḥ | índur átyo vicakshaṇáḥ || 23 || pávamāna ṛitám bṛihác chukrám jyótir ajījanat | kṛishṇá támāṅsi jáṅghanat || 24 || pávamānasya jáṅghnato háreṣ candrá asṛikshata | jīrá ajiráṣocishaḥ || 25 || 11 ||

pávamāno rathítamaḥ ṣubhrébhiḥ ṣubhráṣastamaḥ | háriṣcandro marúdgaṇaḥ || 26 || pávamāno vy àṣnavad raṣmíbhir vājasátamaḥ | dádhat stotré suvíryam || 27 || prá suvāná índur akshāḥ pavítram áty avyáyam | punāná índur índram á || 28 || eshá sómo ádhi tvací gávām krīḷaty ádribhiḥ | índram mádāya jóhuvat || 29 || yásya te dyumnávat páyaḥ pávamānábhṛitam diváḥ | téna no mṛiḷa jīváse || 30 || 12 ||

67.

Tvám somāsi dhārayúr mandrá ójishṭho adhvaré | pávasva maṅhayádrayiḥ || 1 || tvám sutó nṛimádano dadhanván matsaríntamaḥ | índrāya sūrír ándhasā || 2 || tvám sushvāṇó ádribhir abhy àrsha kánikradat | dyumántam ṣúshmam uttamám || 3 || índur hinvānó arshati tiró várāṇy avyáyā | hárir vájam acikradat || 4 || índo vy ávyam arshasi ví ṣrávāṅsi ví saúbhagā | ví vájān soma gómataḥ || 5 || 13 ||

á na indo ṣatagvínam rayím gómantam aṣvínam | bhárā soma sahasríṇam || 6 || pávamānāsa índavas tiráḥ pavítram

66. 20 puráḥ-hitaḥ. mahā-gayám. 21 su-ápāḥ asmé *iti*. su-víryam. 22 abhí a° su-stutím. viṣvá-darṣataḥ. 23 vi-cakshaṇáḥ. 24 bṛihát ṣ°. 25 ajirá-ṣocishaḥ. 26 rathí-tamaḥ. ṣubhráṣas-tamaḥ hári-candraḥ marút-gaṇaḥ. 27 ví a°. vāja-sátamaḥ. su-víryam. 28 akshār *iti*. 30 pávamāna á-bhṛitam. — 67, 1. soma asi. maṅhayát-rayiḥ. 2 nṛi-mádanaḥ. 3 susvānáḥ. abhí a°. 5 índo *iti* ví. 6 indo *iti* ṣata-gvínam. bhára.

āṣávaḥ | índram yā́mebhir āṣata || 7 || kakuháḥ somyó rása índur índrāya pūrvyáḥ | āyúḥ pavata āyáve || 8 || hinvánti sū́ram úsrayaḥ pávamānam madhuṣcútam | abhí girā́ sám asvaran || 9 || avitā́ no ajā́ṣvaḥ pūshā́ yā́mani-yāmani | ā́ bhakshat kanyā̀su naḥ || 10 || 14 ||

ayám sómaḥ kapardíne ghṛitám ná pavate mádhu | ā́ bhakshat kanyā̀su naḥ || 11 || ayám ta āghṛiṇe sutó ghṛitám ná pavate ṣúci | ā́ bhakshat kanyā̀su naḥ || 12 || vācó jantúḥ kavīnā́m pávasva soma dhā́rayā | devéshu ratnadhā́ asi || 13 || ā́ kaláṣeshu dhāvati ṣyenó várma ví gāhate | abhí dróṇā kánikradat || 14 || pári prá soma te rásó 'sarji kaláṣe sutáḥ | ṣyenó ná taktó arshati || 15 || 15 ||

pávasva soma mandáyann índrāya mádhumattamaḥ || 16 || ásṛigran devávītaye vājayánto ráthā iva || 17 || té sutā́so madíntamāḥ ṣukrā́ vāyúm asṛikshata || 18 || grā́vṇā tunnó abhíshṭutaḥ pavítram soma gachasi | dádhat stotré suvíryam || 19 || eshá tunnó abhíshṭutaḥ pavítram áti gāhate | rakshohā́ vā́ram avyáyam || 20 || 16 ||

yád ánti yác ca dūraké bhayám vindáti mā́m ihá | pávamāna ví táj jahi || 21 || pávamānaḥ só adyá naḥ pavítreṇa vícarshaṇiḥ | yáḥ potā́ sá punātu naḥ || 22 || yát te pavítram arcíshy ágne vítatam antár ā́ | bráhma téna punīhi naḥ || 23 || yát te pavítram arcivád ágne téna punīhi naḥ | brahmasavaíḥ punīhi naḥ || 24 || ubhā́bhyām deva savitaḥ pavítreṇa savéna ca | mā́m punīhi viṣvátaḥ || 25 || 17 ||

tribhísh tvám deva savitar várshishṭhaiḥ soma dhā́mabhiḥ | ágne dákshaiḥ punīhi naḥ || 26 || punántu mā́m deva-

---

67, 8 pavate. 9 madhu-ṣcútam. 10 ajá-aṣvaḥ. 12 te. 13 ratna-dhā́ḥ. 15 rásaḥ á°. 17 devá-vītaye. 18 ṣukrā́ḥ. 19 abhí-stutaḥ (20). su-vī́ryam. 20 rakshaḥ-hā́. 21 yát. tát. 22 ví-carshaṇiḥ. 23 ví-tatam. 24 brahma-savaíḥ. 25 savitar *iti*. 26 tri-bhíḥ tvám. 27 deva-janā́ḥ.

janā́ḥ punántu vásavo dhiyā́ | víçve devāḥ punītá mā jā́tavedaḥ punīhí mā || 27 || prá pyāyasva prá syandasva sóma víçvebhir aṅçúbhiḥ | devébhya uttamám havíḥ || 28 || úpa priyám pánipnatam yúvānam āhutīvṛídham | áganma bíbhrato námaḥ || 29 || alā́yyasya paraçúr nanāça tám ā́ pavasva deva soma | ākhúm cid evá deva soma || 30 || yáḥ pāvamānī́r adhyéty ṛíshibhiḥ sámbhṛitam rásam | sárvam sá pūtám açnāti svaditám mātaríçvanā || 31 || pāvamānī́r yó adhyéty ṛíshibhiḥ sámbhṛitam rásam | tásmai sárasvatī duhe kshīrám sarpír mádhūdakám || 32 || 18 ||

Tṛitīyo 'nuvākaḥ.

68.

Prá devám áchā mádhumanta índavó 'sishyadanta gā́va ā́ ná dhenávaḥ | barhisháda vacanávanta ū́dhabhiḥ parisrútam usríyā nirṇíjam dhire || 1 || sá róruvad abhí pū́rvā acikradad upārúhaḥ çratháyan svādate háriḥ | tiráḥ pavítram pariyánn urú jráyo ní çáryāṇi dadhate devá ā́ váram || 2 || ví yó mamé yamyā̀ saṃyatí mádaḥ sākaṃvṛídhā páyasā pinvad ákshitā | mahí apāré rájasī vivévidad abhivrájann ákshitam pā́ja ā́ dade || 3 || sá mātárā vicáran vājáyann apáḥ prá médhiraḥ svadháyā pinvate padám | aṅçúr yávena pipiçe yató nṛíbhiḥ sám jāmíbhir násate rákshate çíraḥ || 4 || sám dákshena mánasā jāyate kavír ṛitásya gárbho níhito yamā́ paráḥ | yū́nā ha sántā prathamám ví jajñatur gúhā hitám jánima némam údyatam || 5 || 19 ||

mandrásya rūpám vividur manīshíṇaḥ çyenó yád ándho ábharat parāvátaḥ | tám marjayanta suvṛídham nadíshv ā́ṅ

67, 27 jā́ta-vedaḥ. 29 āhuti-vṛídham. 31 adhi-éti (32). sám-bhṛitam (32). 32 mádhu u°. — 68, 1 ácha. índavaḥ ásisyadanta. barhi-sádaḥ. pari-srútam usríyāḥ niḥ-níjam. 2 upa-ārúhaḥ. pari-yán. 3 saṃyatī́ *iti* sam-yatī́. sākam-vṛídhā. mahī́ *iti* apāré *iti* rájasī *iti* vi-védidat abhi-vrájan. 4 vi-cáran. 5 ní-hitaḥ. út-yatam. 6 su-vṛídham. ā́.

ushántam aṅsúm pariyántam ṛigmíyam || 6 || tvā́m mṛijanti dásha yóshaṇaḥ sutám sóma ríshibhir matíbhir dhītíbhir hitám | ávyo vā́rebhir utá deváhūtibhir nṛíbhir yató vā́jam ā́ darshi sātáye || 7 || pariprayántam vayyàm sushaṃsádam sómam manīshā́ abhy ànūshata stúbhaḥ | yó dhā́rayā mádhumāñ ūrmíṇā divá íyarti vā́cam rayishā́l ámartyaḥ || 8 || ayám divá iyarti víshvam ā́ rájaḥ sómaḥ punānáḥ kalásheshu sīdati | adbhír góbhir mṛijyate ádribhiḥ sutáḥ punāná índur várivo vidat priyám || 9 || evā́ naḥ soma parishicyámāno váyo dádhac citrátamam pavasva | adveshé dyā́vāpṛithiví huvema dévā dhattá rayím asmé suvíram || 10 || 20 ||

69.

Íshur ná dhánvan práti dhīyate matír vatsó ná mātúr úpa sarjy ū́dhani | urúdhāreva duhe ágra āyaty ásya vratéshv ápi sóma ishyate || 1 || úpo matíḥ pṛicyáte sicyáte mádhu mandrā́janī codate antár āsáni | pávamānaḥ saṃtaníḥ praghnatā́m iva mádhumān drapsáḥ pári vā́ram arshati || 2 || ávye vadhūyúḥ pavate pári tvací shrathnīté naptír áditer ṛitám yaté | hárir akrān yajatáḥ saṃyató mádo nṛimṇā́ shíshāno mahishó ná shobhate || 3 || ukshā́ mimāti práti yanti dhenávo devásya devír úpa yanti nishkṛitám | áty akramīd árjunam vā́ram avyáyam átkam ná niktám pári sómo avyata || 4 || ámṛiktena rúshatā vā́sasā hárir ámartyo nirṇijānáḥ pári vyata | divás pṛishṭhám barhánā nirṇíje kṛitopastáraṇam camvòr nabhasmáyam || 5 || 21 ||

sū́ryasyeva rashmáyo drāvayitnávo matsarā́saḥ prasúpaḥ sākám īrate | tántum tatám pári sárgāsa āshávo néndrād

68, 6 pari-yántam. 7 sóma. deváhūti-bhiḥ. 8 pari-prayántam. su-saṃsádam. abhí a°. 10 evá. pari-sicyámānaḥ. dádhat. adveshé *iti* dyā́vāpṛithiví. dévāḥ. asmé *iti* su-víram. — 69, 1 urúdhārā -iva. ágre ā́-yatí. 2 úpo *iti*. mandra-ájanī. sam-taníḥ praghnatā́m -iva. 3 sam-yatáḥ. 4 niḥ-kṛitám. 5 niḥ-nijānáḥ. niḥ-níje kṛita upa-stáraṇam. 6 sū́ryasya-iva. dravayitnávaḥ. pra-súpaḥ. ná í°.

ṛité pavate dhā́ma kíṃ caná || 6 || síndhor iva pravaṇé nimná āṣávo vṛ́ishacyutā mádāso gātúm āṣata | ṣáṃ no niveṣé dvipáde cátushpade 'smé vā́jāḥ soma tishṭhantu kṛishṭáyaḥ || 7 || ā́ naḥ pavasva vásumad dhíraṇyavad áṣvāvad gómad yávamat suvíryam | yūyáṃ hí soma pitáro máma sthána divó mūrdhánaḥ prásthitā vayaskṛ́itaḥ || 8 || eté sómāḥ pávamānāsa índraṃ ráthā iva prá yayuḥ sātím ácha | sutā́ḥ pavítram áti yanty ávyaṃ hitví vavríṃ haríto vṛishṭím ácha || 9 || índav índrāya bṛihaté pavasva sumṛiḷīkó anavadyó riṣā́dāḥ | bhárā candrā́ṇi gṛiṇaté vásūni devaír dyāvāpṛithivī prā́vataṃ naḥ || 10 || 22 ||

70.

Trír asmai saptá dhenávo duduhre satyā́m āṣíram pūrvyé vyòmani | catvā́ry anyā́ bhúvanāni nirṇíje cā́rūṇi cakre yád ṛitaír ávardhata || 1 || sá bhíkshamāṇo amṛ́itasya cā́ruṇa ubhé dyā́vā kā́vyenā ví ṣaṣrathe | téjishṭhā apó maṅhánā pári vyata yádī devásya ṣrávasā sádo vidúḥ || 2 || té asya santu ketávó 'mṛityavó 'dābhyāso janúshī ubhé ánu | yébhir nṛimṇā́ ca devyā̀ ca punatá ā́d íd rā́jānam manánā agṛibhṇata || 3 || sá mṛijyámāno daṣábhiḥ sukármabhiḥ prá madhyamā́su mātṛ́ishu pramé sácā | vratā́ni pānó amṛ́itasya cā́ruṇa ubhé nṛicákshā ánu paṣyate víṣau || 4 || sá marmṛijāná indriyā́ya dhāyasa óbhé antā́ ródasī harshate hitáḥ | vṛ́ishā ṣúshmeṇa bādhate ví durmatír ādédiṣānaḥ ṣaryahéva ṣurúdhaḥ || 5 || 23 ||

sá mātárā ná dádṛiṣāna usríyo nā́nadad eti marútām

69, 7 nimné. vṛ́isha-cyutāḥ. ni-veṣé dvi-páde cátuḥ-pade asmé *iti*. 8 híraṇya-vat áṣva-vat. su-víryam. prá-sthitāḥ vayaḥ-kṛ́itaḥ. 10 índo *iti*. su-mṛiḷīkáḥ. bhára. devaír *etc.* 31, 8. — 70, 1 ā-ṣíram. ví-omani. niḥ-níje. 2 ubhé *iti*. kā́vyena. yā́di. 3 ketávaḥ ámṛityavaḥ ā́° janúshī *iti* ubhé *iti*. punaté. 4 sukárma-bhiḥ (8). pra-mé. ubhé *iti* nṛi-cákshāḥ. 5 dhā́yase ā́ ubhé *iti* antár *iti* ródasī *iti*. duḥ-matíḥ ā-dédiṣānaḥ ṣaryahā́-iva.

iva svanáḥ | jānánn ṛitám prathamáṃ yát svàrṇaram práṣastaye kám avṛiṇīta sukrátuḥ || 6 || ruváti bhīmó vṛishabhás tavishyáyā ṣṛíñge ṣíṣāno háriṇī vicakshaṇáḥ | á yóniṃ sómaḥ súkṛitaṃ ní shīdati gavyáyī tvág bhavati nirṇíg avyáyī || 7 || ṣúciḥ punānás tanvàm arepásam ávye hárir ny àdhāvishṭa sánavi | júshṭo mitráya váruṇāya vāyáve tridhátu mádhu kriyate sukármabhiḥ || 8 || pávasva soma devávītaye vṛíshéndrasya hárdi somadhánam á viṣa | purá no bādhád duritáti pāraya kshetravíd dhí díṣa áhā vipṛichaté || 9 || hitó ná sáptir abhí vájam arshéndrasyendo jaṭháram á pavasva | nāvá ná síndhum áti parshi vidvāñ chúro ná yúdhyann áva no nidá spaḥ || 10 || 24 ||

71.

Á dákshiṇā sṛijyate ṣushmy àsádaṃ véti druhó rakshásaḥ pāti jágṛiviḥ | hárir opaṣáṃ kṛiṇute nábhas páya upastíre camvòr bráhma nirṇíje || 1 || prá kṛishṭihéva ṣūshá eti róruvad asuryàṃ várṇaṃ ní riṇīte asya tám | jáhāti vavrím pitúr eti nishkṛitám upaprútaṃ kṛiṇute nirṇíjaṃ tánā || 2 || ádribhiḥ sutáḥ pavate gábhastyor vṛishāyáte nábhasā vépate matí | sá modate násate sádhate girá nenikté apsú yájate párīmaṇi || 3 || pári dyuksháṃ sáhasaḥ parvatāvṛídham mádhvaḥ siñcanti harmyásya saksháṇim | á yásmin gávaḥ suhutáda údhani mūrdháñ chrīṇánty agriyáṃ várīmabhiḥ || 4 || sám ī rátham ná bhuríjor aheshata dáṣa svásāro áditer upástha á | jígād úpa jrayati gór apīcyàm padáṃ yád asya matútha ájījanan || 5 || 25 ||

70, 6 svàḥ-naraṁ prá-ṣastaye. su-krátuḥ. 7 ṣṛíñge *iti*. háriṇī *iti* vi-cakshaṇáḥ. sú-kṛitam. sīdati. niḥ-ník. 8 ní a°. tri-dhátu. 9 devá-vītaye vṛísha í°. soma-dhánam. duḥ-itá áti. kshetra-vít hí. áha vi-pṛichaté. 10 arsha índrasya indo *iti*. ṣūraḥ. nidáḥ spar *iti* spaḥ. — 71, 1 ṣushmí ā-sádam. upa-stíre. niḥ-níje. 2 kṛishṭihá -iva. niḥ-kṛitám upa-prútam. niḥ-nijam. 3 vṛisha-yáte. 4 parvata -vṛídham. suhuta-ádaḥ. ṣrīṇánti. 5 īm *iti*. upá-sthe.

ṣyenó ná yóniṃ sádanaṃ dhiyá kṛitáṃ hiraṇyáyam āsádaṃ devá éshati | é riṇanti barhíshi priyáṃ giráṣvo ná deváñ ápy eti yajñíyaḥ || 6 || párā vyàkto arushó diváḥ kavír vṛíshā tripṛishṭhó anavishṭa gá abhí | sahásraṇītir yátiḥ parāyátī rebhó ná pūrvír usháso ví rajati || 7 || tvesháṃ rūpáṃ kṛiṇute várṇo asya sá yátrāṣayat sámṛitā sédhati sridháḥ | apsá yāti svadháyā daívyaṃ jánaṃ sáṃ sushṭutí násate sáṃ góagrayā || 8 || ukshéva yūthá pariyánn arāvīd ádhi tvíshīr adhita sū́ryasya | divyáḥ suparṇó 'va cakshata kshā́ṃ sómaḥ pári krátunā paṣyate jáḥ || 9 || 26 ||

72.

Hárim mṛijanty arushó ná yujyate sáṃ dhenúbhiḥ kaláṣe sómo ajyate | úd vā́cam īráyati hinváte matí purushṭutásya káti cit paripríyaḥ || 1 || sākáṃ vadanti bahávo manīshíṇa índrasya sómaṃ jaṭhára yád āduhúḥ | yádī mṛijánti súgabhastayo náraḥ sánīḷābhir daṣábhiḥ kā́myam mádhu || 2 || áramamāṇo áty eti gá abhí sū́ryasya priyáṃ duhitús tiró rávam | ánv asmai jósham abharad vinaṃgṛisáḥ sáṃ dvayíbhiḥ svásṛibhiḥ ksheti jāmíbhiḥ || 3 || nṛídhūto ádrishuto barhíshi priyáḥ pátir gávām pradíva índur ṛitvíyaḥ | púraṃdhivān mánusho yajñasā́dhanaḥ ṣúcir dhiyá pavate sóma indra te || 4 || nṛíbāhúbhyāṃ coditó dhárayā sutò 'nushvadhám pavate sóma indra te | ā́prāḥ krátūn sám ajair adhvaré matír vér ná drushác camvòr ā́sadad dháriḥ || 5 || 27 ||

aṅṣúṃ duhanti stanáyantam ákshitaṃ kavíṃ kaváyo

71, 6 ā-sádam. ā́ īshati ā́ īm *iti*. girā́ á⁰. 7 ví-aktaḥ. tri-pṛishṭháḥ. sahásra-nītiḥ. parā-yátiḥ. 8 yátra á⁰ sám-ṛitā. apsā́ḥ. su-stutí. gó-agrayā. 9 ukshā́-iva. pari-yán. su-parṇáḥ áva. — 72, 1 puru-stutásya. pari-príyaḥ. 2 ā-duhúḥ yádi. sú-gabhastayaḥ. sá-nīḷābhiḥ. 3 vinam-gṛisáḥ. 4 nṛí-dhūtaḥ ádri-sutaḥ. pra-dívaḥ. púraṃdhi-vān. yajña-sā́dhanaḥ. 5 nṛibāhú-bhyām. sutáḥ anu-svadhám. ā́ a⁰. dru-sát. ā́ a⁰ háriḥ.

'páso manīshíṇaḥ | sám ī gávo matáyo yanti saṃyáta ṛitásya yónā sádane punarbhúvaḥ || 6 || nábhā pṛithivyá dharúṇo mahó divó 'pám ūrmaú síndhushv antár ukshitáḥ | índrasya vájro vṛishabhó vibhúvasuḥ sómo hṛidé pavate cáru matsaráḥ || 7 || sá tú pavasva pári párthivaṃ rája stotré ṣíkshann ādhūnvaté ca sukrato | má no nír bhāg vásunaḥ sādanaspṛíṣo rayím piṣáñgam bahuláṃ vasīmahi || 8 || á tú na indo ṣatádātv áṣvyaṃ sahásradātu paṣumád dhíraṇyavat | úpa māsva bṛihatí revátīr íshó 'dhi stotrásya pavamāna no gahi || 9 || 28 ||

73.

Srákve drapsásya dhámataḥ sám asvarann ṛitásya yónā sám aranta nábhayaḥ | trín sá mūrdhnó ásuraṣ cakra ārábhe satyásya návaḥ sukṛítam apīparan || 1 || samyák samyáñco mahishá aheshata síndhor ūrmáv ádhi vená avīvipan | mádhor dhárābhir janáyanto arkám ít priyám índrasya tanvàm avīvṛidhan || 2 || pavítravantaḥ pári vácam āsate pitaíshām pratnó abhí rakshati vratám | maháḥ samudráṃ váruṇas tiró dadhe dhírā íc chekur dharúṇeshv ārábham || 3 || sahásradhāré 'va té sám asvaran divó náke mádhujihvā asaṣcátaḥ | ásya spáṣo ná ní mishanti bhúrṇayaḥ padé-pade pāṣínaḥ santi sétavaḥ || 4 || pitúr mātúr ádhy á yé samásvarann ṛicá ṣócantaḥ saṃdáhanto avratán | índradvishṭām ápa dhamanti māyáyā tvácam ásiknīm bhúmano divás pári || 5 || 29 ||

pratnán mánād ádhy á yé samásvarañ chlókayantrāso

72, 6 īm *iti*. sam-yátaḥ. punaḥ-bhúvaḥ. 7 pṛithivyáḥ. vibhú-vasuḥ. 8 tú. rájaḥ. ā-dhūnvaté. sukrato *iti* su-krato. sadana-spṛíṣaḥ. 9 tú. indo *iti* ṣatá-dātu. sahásra-dātu. híraṇya-vat. bṛihatíḥ. íshaḥ á°. — 73, 1 cakre ā-rábhe. su-kṛítam. 3 pitá e°. ít ṣ°. ā-rábham. 4 sahásra-dhāre áva. mádhu-jihvāḥ. 5 sam-ásvaran. sam-dáhantaḥ. índra-dvishṭām. 6 pratnát. á. á y. s. 5. ṣlóka-yantrāsaḥ.

rabhasásya mántavaḥ | ápānakshấso badhirấ ahāsata ṛitásya pánthām ná taranti dushkṛítaḥ || 6 || sahásradhāre vítate pavítra ấ vấcam punanti kaváyo manīshíṇaḥ | rudrása eshām ishiráso adrúha spásaḥ sváñcaḥ sudṛíso nṛicákshasaḥ || 7 || ṛitásya gopấ ná dábhāya sukrátus trí shá pavítrā hṛidy àntár ấ dadhe | vidvấn sá vísvā bhúvanābhí paṣyaty ávấjushṭān vidhyati karté avratấn || 8 || ṛitásya tántur vítataḥ pavítra ấ jihvấyā ágre váruṇasya māyáyā | dhírās cit tát samínakshanta āṣatấtrā kartám áva padāty áprabhuḥ || 9 || 30 ||

74.

Sísur ná jātó 'va cakradad váne svàr yád vājy àrusháḥ síshāsati | divó rétasā sacate payovṛídhā tám īmahe sumatí sárma sapráthaḥ || 1 || divó yá skambhó dharúṇaḥ svàtata ấpūrṇo aṅsúḥ paryéti visvátaḥ | sémé mahí ródasī yakshad āvṛítā samīcīné dādhāra sám íshaḥ kavíḥ || 2 || máhi psáraḥ súkṛitam somyám mádhūrví gávyūtir áditer ṛitám yaté | íse yó vṛishṭér itá usríyo vṛíshāpấm netấ yá itáūtir ṛigmíyaḥ || 3 || ātmanván nábho duhyate ghṛitám páya ṛitásya nấbhir amṛítam ví jāyate | samīcīnấḥ sudấnavaḥ prīṇanti tám náro hitám áva mehanti péravaḥ || 4 || árāvīd aṅsúḥ sácamāna ūrmíṇā devāvyàm mánushe pinvati tvácam | dádhāti gárbham áditer upástha ấ yéna tokám ca tánayam ca dhấmahe || 5 || 31 ||

sahásradhāré 'va tấ asaṣcátas tritíye santu rájasi pra-

73, 6 ápa a°. ahāsata. duḥ-kṛítaḥ. 7 sahásra-dhāre ví-tate pavítre. adrúhaḥ. su-áñcaḥ su-dṛísaḥ nṛi-cákshasaḥ. 8 gopấḥ. su-krátuḥ. sáḥ hṛidí a°. bhúvanā a°. áva ấ°. 9 ví-tataḥ pavítre. sam-ínakshantaḥ āsata átra. ápra-bhuḥ. — 74, 1 áva. vājí a° sísāsati. payaḥ-vṛídhā. su-matí. sa-práthaḥ. 2 yáḥ. sú-ātataḥ ấ-pūrṇaḥ. pari-éti. sáḥ imé *iti* mahí *iti* ródasī *iti*. ā-vṛítā samīcīné *iti* sam-īcīné. 3 sú-kṛitam. mádhu u°. vṛíshā a°. itáḥ-ūtiḥ. 4 ātman-vát. sam-īcīnấḥ su-dấnavaḥ. 5 deva-avyàm. upá-sthe. 6 sahásra-dhāre áva.

jávatīḥ | cátasro nábho níhitā avó divó havír bharanty amṛ́tam ghṛitaṣcútaḥ || 6 || ṣvetám rūpám kṛiṇute yát síshāsati sómo mīḍhváñ ásuro veda bhū́manaḥ | dhiyá ṣámī sacate sém abhí pravád divás kávandham áva darshad udríṇam || 7 || ádha ṣvetám kaláṣam góbhir aktám kárshmann á vājy àkramīt sasaván | á hinvire mánasā devayántaḥ kakshívate ṣatáhimāya gónām || 8 || adbhíḥ soma papṛicānásya te rásó 'vyo váram ví pavamāna dhāvati | sá mṛijyámānaḥ kavíbhir madintama svádasvéndrāya pavamāna pītáye || 9 || 32 ||

75.

Abhí priyáṇi pavate cánohito námāni yahvó ádhi yéshu várdhate | á sū́ryasya bṛiható bṛihánn ádhi rátham víshvañcam aruhad vicakshaṇáḥ || 1 || ṛitásya jihvá pavate mádhu priyám vaktá pátir dhiyó asyá ádābhyaḥ | dádhāti putráḥ pitrór apīcyàm náma tṛitíyam ádhi rocané diváḥ || 2 || áva dyutānáḥ kaláṣāñ acikradan nṛíbhir yemānáḥ kóṣa á hiraṇyáye | abhím ṛitásya dohánā anūshatádhi tripṛishṭhá usháso ví rājati || 3 || ádribhiḥ sutó matíbhiṣ cánohitaḥ prarocáyan ródasī mātárā ṣúciḥ | rómāṇy ávyā samáyā ví dhāvati mádhor dhárā pínvamānā divé-dive || 4 || pári soma prá dhanvā svastáye nṛíbhiḥ punānó abhí vāsayāṣíram | yé te mádā āhanáso víhāyasas tébhir índram codaya dátave maghám || 5 || 33 ||

Dvitīyo 'dhyāyaḥ.

76.

Dhartá diváḥ pavate kṛ́tvyo ráso dáksho devánām anu-

74, 6 ní-hitāḥ. ghṛita-ṣcútaḥ. 7 síṣāsati. sáḥ īm. 8 ádha — aktám IV, 27, 5. vājī́ a°. ṣatá-himāya. 9 rásaḥ á°. svádasva í°. — 75, 1 cánaḥ-hitaḥ (4). vi-cakshaṇáḥ. 3 acikradat. kóṣe. abhím — anūshata 144, 2. ádhi tri-pṛishṭháḥ. 4 pra-rocáyan ródasī *iti*. 5 dhanva. vāsaya ā-ṣíram. ví-hāyasaḥ. — 76, 1 anu-mādyaḥ.

mádyo nṛíbhiḥ | háriḥ sṛijānó átyo ná sátvabhir vṛíthā pájāṅsi kṛiṇute nadíshv ā́ || 1 || ṣū́ro ná dhatta ā́yudhā gábhastyoḥ svàḥ síshāsan rathiró gávishṭishu | índrasya ṣúshmam īráyann apasyúbhir índur hinvānó ajyate manīshíbhiḥ || 2 || índrasya soma pávamāna ūrmíṇā tavishyámāṇo jaṭháreshv ā́ viṣa | prá ṇaḥ pinva vidyúd abhréva ródasī dhiyā́ ná vā́jāñ úpa māsi ṣáṣvataḥ || 3 || víṣvasya rā́jā pavate svardṛíṣa ṛitásya dhītím ṛishishā́ḷ avīvaṣat | yáḥ sū́ryasyā́sireṇa mṛijyáte pitā́ matīnā́m ásamashṭakāvyaḥ || 4 || vṛísheva yūthā́ pári kóṣam arshasy apā́m upásthe vṛishabháḥ kánikradat | sá índrāya pavase matsaríntamo yáthā jéshāma samithé tvótayaḥ || 5 || 1 ||

77.

Eshá prá kóṣe mádhumāñ acikradad índrasya vájro vápusho vápushṭaraḥ | abhím ṛitásya sudúghā ghṛitaṣcúto vāṣrā́ arshanti páyaseva dhenávaḥ || 1 || sá pūrvyáḥ pavate yáṃ divás pári ṣyenó mathāyád ishitás tiró rájaḥ | sá mádhva ā́ yuvate vévijāna ít kṛiṣā́nor ástur mánasā́ha bibhyúshā || 2 || té naḥ pū́rvāsa úparāsa índavo mahé vā́jāya dhanvantu gómate | īksheṇyā̀so ahyò ná cā́ravo bráhma-brahma yé jujushúr havír-haviḥ || 3 || ayáṃ no vidvā́n vanavad vanushyatá índuḥ satrā́cā mánasā purushṭutáḥ | ináṣya yáḥ sádane gárbham ādadhé gávām urubjám abhy árshati vrajám || 4 || cákrir diváḥ pavate kṛítvyo ráso mahā́ñ ádabdho váruṇo hurúg yaté | ásāvi mitró vṛijáneshu yajñíyó 'tyo ná yūthé vṛishayúḥ kánikradat || 5 || 2 ||

76, 2 dhatte. svàr *iti* svàḥ sísāsan. gó-ishṭishu. 3 naḥ. vi-dyút abhrā́-iva ródasī *iti*. 4 svaḥ-dṛíṣaḥ. sū́ryasya ā́°. á-samashṭa-kāvyaḥ. 5 vṛíshā-iva. upá-sthe. sam-ithé tvā́-ūtayaḥ. — 77, 1 abhí īm. su-dúghāḥ ghṛita-ṣcútaḥ. páyasā-iva. 2 mánasā áha. 4 puru-stutáḥ. ā-dadhé. abhí a°. 5 yajñíyaḥ á°.

78.

Prá rā́jā vā́cam̐ janáyann asishyadad apó vásāno abhí gā́ iyakshati | gṛibhṇā́ti riprám ávir asya tā́nvā ṣuddhó devā́nām úpa yāti nishkṛitám || 1 || índrāya soma pári shicyase nṛíbhir nṛicákshā ūrmíḥ kavír ajyase váne | pūrvír hí te srutáyaḥ sánti yā́tave sahásram ā́ṣvā hárayaṣ camūshádaḥ || 2 || samudríyā apsaráso manīshíṇam ā́sīnā antár abhí sómam aksharan | tā́ īm̐ hinvanti harmyásya sakshā́ṇim̐ yā́cante sumnám pávamānam ákshitam || 3 || gojín naḥ sómo rathajíd dhiraṇyajít svarjíd abjít pavate sahasrajít | yám̐ devā́saṣ cakriré pītáye mádam̐ svā́dishṭham̐ drapsám aruṇám mayobhúvam || 4 || etā́ni soma pávamāno asmayū́ḥ satyā́ni kṛiṇván drávinṇāny arshasi | jahí ṣátrum antiké dūraké ca yá urvím̐ gávyūtim ábhayam̐ ca nas kṛidhi || 5 || 3 ||

79.

Acodáso no dhanvantv índavaḥ prá suvānáso bṛiháddiveshu hárayaḥ | ví ca náṣan na ishó árātayo 'ryó naṣanta sánishanta no dhíyaḥ || 1 || prá ṇo dhanvantv índavo madacyúto dhánā vā yébhir árvato junīmási | tiró mártasya kásya cit párihvṛitim̐ vayám̐ dhánāni viṣvádhā bharemahi || 2 || utá svásyā árātyā arír hí shá utā́nyásyā árātyā vṛíko hí sháḥ | dhánvan ná tṛíshṇā sám arīta tā́ñ abhí sóma jahí pavamāna durādhyàḥ || 3 || diví te nā́bhā paramó yá ādadé pṛithivyā́s te ruruhuḥ sā́navi kshípaḥ | ádrayas tvā bapsati gór ádhi tvacy àpsú tvā hástair duduhur manīshíṇaḥ || 4 || evā́ ta indo subhvàm̐ supéṣasam̐ rásam̐ tuñjanti prathamā́ abhiṣríyaḥ | nídam̐-nidam pavamāna ní tārisha āvís te ṣúshmo bhavatu priyó mádaḥ || 5 || 4 ||

78, 1 asisyadat. niḥ-kṛitám. 2 sicyase. nṛi-cákshāḥ. ā́ṣvāḥ. camū-sádaḥ. 4 go-jít. ratha-jít hiraṇya-jít svaḥ-jít ap-jít sahasra-jít. mayaḥ-bhúvam. — 79, 1 bṛihát-diveshu. 2 naḥ. mada-cyútaḥ. pári-hvṛitim. 3 sáḥ (2). utá a⁰ árātyāḥ. duḥ-ādhyàḥ. 4 ā-dadé. tvací a⁰. 5 evá. indo *iti* su-bhvàm su-péṣasam. abhi-ṣríyaḥ.

80. T&C

Sómasya dhā́rā pavate nṛicákshasa riténa devā́n havate divás pári | bṛíhaspáte ravā́thenā ví didyute samudrā́so ná sávanāni vivyacuḥ || 1 || yā́ṃ tvā vājinn aghnyā́ abhy ánūshatā́yohataṃ yónim ā́ rohasi dyumā́n | maghónām ā́yuḥ pratirā́n máhi śrā́va índrāya soma pavase vṛíshā mádaḥ || 2 || éndrasya kukshā́ pavate madíntama ū́rjaṃ vásānaḥ śrávase sumañgálaḥ | pratyā́ñ sá víśvā bhúvanābhí paprathe krīḷan hárir átyaḥ syandate vṛíshā || 3 || tā́ṃ tvā devébhyo mádhumattamaṃ nā́raḥ sahásradhāraṃ duhate dáśa kshípaḥ | nṛíbhiḥ soma prácyuto grā́vabhiḥ sutó víśvān devā́ñ ā́ pavasvā sahasrajit || 4 || tā́ṃ tvā hastíno mádhumantam ádribhir duhánty apsú vṛishabhā́ṃ dáśa kshípaḥ | índraṃ soma mādáyan daívyaṃ jánaṃ síndhor ivormíḥ pávamāno arshasi || 5 || 6 ||

81.

Prá sómasya pávamānasyormáya índrasya yanti jaṭháraṃ supéśasaḥ | dadhnā́ yád īm únnītā yaśásā gávāṃ dānā́ya śū́ram udámandishuḥ sutā́ḥ || 1 || áchā hí sómaḥ kalā́śāñ ásishyadad átyo ná vóḷhā raghúvartanir vṛíshā | áthā devā́nām ubháyasya jánmano vidvā́ñ aśnoty amúta itáś ca yát || 2 || ā́ naḥ soma pávamānaḥ kirā vásv índo bháva maghávā rā́dhaso maháḥ | śíkshā vayodho vásave sú cetúnā mā́ no gáyam āré asmát párā sicaḥ || 3 || ā́ naḥ pūshā́ pávamānaḥ surātáyo mitró gachantu váruṇaḥ sajóshasaḥ | bṛíhaspátir marúto vāyúr aśvínā tváshṭā savitā́ suyámā sá-

80, 1 nṛi-cákshasaḥ. bṛíhaspáteḥ ravā́thena. 2 abhí ánūshata áyaḥ-hatam. pra-tirán. 3 ā́ í°. su-mañgálaḥ. bhúvanā a°. 4 sahásra-dhāram. prá-cyutaḥ. pavasva sahasra-jit. 5 síndhoḥ-iva ū°. — 81, 1 pávamānasya ū°. su-péśasaḥ. út-nītāḥ. ut-ámandishuḥ. 2 ácha. ásisyadat. raghú-vartaniḥ. átha. 3 kira. índo *iti*. śíksha vayaḥ-dhaḥ. 4 su-rātáyaḥ. sa-jóshasaḥ. su-yámā.

rasvatī || 4 || ubhé dyā́vāpṛithiví viṣvaminvé aryamā́ devó áditir vidhātā́ | bhágo nṛíṣáṅsa urv àntárikshaṃ víṣve devā́ḥ pávamānaṃ jushanta || 5 || 6 ||

82.

Ásāvi sómo arushó vṛíshā hárī rā́jeva dasmó abhí gā́ acikradat | punānó vā́ram páry ety avyáyaṃ ṣyenó ná yóniṃ ghṛitávantam āsádam || 1 || kavír vedhasyā́ páry eshi mā́hinam átyo ná mṛishṭó abhí vā́jam arshasi | apasédhan duritā́ soma mṛiḷaya ghṛitáṃ vásānaḥ pári yāsi nirṇíjam || 2 || parjányaḥ pitā́ mahisháṣya parṇíno nā́bhā pṛithivyā́ giríshu ksháyaṃ dadhe | svásāra ā́po abhí gā́ utā́saran sáṃ grā́vabhir nasate vītḗ adhvaré || 3 || jāyéva pátyāv ádhi ṣéva maṅhase pájrāyā garbha ṣriṇuhí brávīmi te | antár vā́ṇīshu prá carā sú jīváse 'nindyó vṛijáne soma jāgṛihi || 4 || yáthā pū́rvebhyaḥ ṣatasā́ ámṛidhraḥ sahasrasā́ḥ paryáyā vā́jam indo | evā́ pavasva suvitā́ya návyase táva vratám ánv ā́paḥ sacante || 5 || 7 ||

83.

Pavítraṃ te vítatam brahmaṇas pate prabhúr gā́trāṇi páry eshi viṣvátaḥ | átaptatanūr ná tád āmó aṣnute ṣritā́sa íd váhantas tát sám āṣata || 1 || tápośh pavítraṃ vítataṃ divás padé ṣócanto asya tántavo vy àsthiran | ávanty asya pavītā́ram āṣávo divás pṛishṭhám ádhi tishṭhanti cétasā || 2 || árūrucad ushásaḥ pṛíṣnir agriyá ukshā́ bibharti bhúvanāni vājayúḥ | māyāvíno mamire asya māyáyā nṛicákshasaḥ pi-

81, 5 ubhé *iti* dyā́vāpṛithiví *iti* viṣvaminvé *iti* viṣvam-invé. vi-dhātā́. nṛí-ṣáṅsaḥ urú aº. — 82, 1 háriḥ rā́jā-iva. ā-sádam. 2 apa-sédhan duḥ-itā́ niḥ-nijam. 3 pṛithivyā́ḥ. utá aº. 4 jāyā́-iva. pájrāyāḥ. cara. 5 ṣata-sā́ḥ. sahasra-sā́ḥ pari-áyāḥ. indo *iti* evá. — 83, 1 ví-tatam (2). pra-bhúḥ. átapta-tanūḥ. 2 tápoḥ. ví aº. pavitā́ram. 3 nṛi-cákshasaḥ.

táro gárbham á̄ dadhuḥ || 3 || gandharvá itthá̄ padám asya rakshati páti devá̄nām jánimāny ádbhutaḥ | gṛibhṇáti ripúṃ nidháyā nidhá̄patiḥ sukṛíttamā mádhuno bhakshám āṣata || 4 || havír havishmo máhi sádma daívyam nábho vásānaḥ pári yāsy adhvarám | rá̄jā pavítraratho vá̄jam á̄ruhaḥ sahásrabhṛishṭir jayasi ṣrávo bṛihát || 5 || 8 ||

84.

Pávasva devamádano vícarshaṇir apsá índrāya várunāya vāyáve | kṛidhí no adyá várivaḥ svastimád urukshitaú gṛiṇīhi daívyaṃ jánam || 1 || á̄ yás tasthaú bhúvanāny ámartyo víṣvāni sómaḥ pári tá̄ny arshati | kṛiṇván saṃcṛítaṃ vicṛítam abhíshṭaya índuḥ sishakty ushásaṃ ná sū́ryaḥ || 2 || á̄ yó góbhiḥ sṛijyáta óshadhīshv á̄ devá̄nāṃ sumná ishá̄yann úpāvasuḥ | á̄ vidyútā pavate dhá̄rayā sutá índraṃ sómo mādáyan daívyaṃ jánam || 3 || eshá syá sómaḥ pavate sahasrajíd dhinvānó vá̄cam ishirám usharbúdham | índuḥ samudrám úd iyarti vāyúbhir éndrasya há̄rdi kaláṣeshu sīdati || 4 || abhí tyáṃ gá̄vaḥ páyasā payovṛídhaṃ sómaṃ ṣrīṇanti matíbhiḥ svarvídam | dhanaṃjayáḥ pavate kṛítvyo ráso vípraḥ kavíḥ ká̄vyenā svàrcanāḥ || 5 || 9 ||

85.

Índrāya soma súshutaḥ pári sravá̄pá̄mīvā bhavatu rákshasā sahá | má̄ te rásasya matsata dvayāvíno drávinasvanta ihá santv índavaḥ || 1 || asmá̄n samaryé pavamāna codaya dáksho devá̄nām ási hí priyó mádaḥ | jahí ṣátrūn̐r abhy á̄ bhandanāyatáḥ píbendra sómam áva no mṛídho jahi || 2 ||

83, 4 ni-dháyā nidhá̄-patiḥ sukṛít-tamāḥ. 5 pavítra-rathaḥ. á̄ a° sahásra-bhṛishṭiḥ. — 84, 1 deva-mádanaḥ ví-carshaṇiḥ. kṛidhí. uru-kshitaú. 2 sam-cṛítam vi-cṛítam abhíshṭaye. sisakti. 3 sṛijyáte. sumné. úpa-vasuḥ. vi-dyútā. 4 sahasra-jít hinvānáḥ. ushaḥ-búdham. á̄ í°. 5 payaḥ-vṛídham. svaḥ-vídam dhanam-jayáḥ. ká̄vyena svàḥ-canāḥ. — 85, 1 sú-sutaḥ. srava ápa á°. 2 sa-maryé. abhí. píba í°.

ádabdha indo pavase madíntama ātméndrasya bhavasi dhāsír uttamáḥ | abhí svaranti bahávo manīshíṇo rájānam asyá bhúvanasya niṅsate || 3 || sahásraṇīthaḥ ṣatádhāro ádbhuta índrāyénduḥ pavate kámyam mádhu | jáyan kshétram abhy àrshā jáyann apá urúṃ no gātúṃ kriṇu soma mīḍhvaḥ || 4 || kánikradat kaláṣe góbhir ajyase vy àvyáyaṃ samáyā váram arshasi | marmṛijyámāno átyo ná sānasír índrasya soma jaṭháre sám aksharaḥ || 5 || svādúḥ pavasva divyáya jánmane svādúr índrāya suhávītunāmne | svādúr mitráya váruṇāya vāyáve bṛíhaspátaye mádhumāñ ádābhyaḥ || 6 || 10 ||

átyam mṛijanti kaláṣe dáṣa kshípaḥ prá víprāṇām matáyo váca īrate | pávamānā abhy àrshanti sushṭutím éndraṃ viṣanti madirása índavaḥ || 7 || pávamāno abhy àrshā suvíryam urvíṃ gávyūtim máhi ṣárma sapráthaḥ | mákir no asyá párishūtir īṣaténdo jáyema tváyā dhánaṃ-dhanam || 8 || ádhi dyám asthād vṛishabhó vicakshaṇó 'rūrucad ví divó rocaná kavíḥ | rájā pavítram áty eti róruvad diváḥ pīyúshaṃ duhate nṛicákshasaḥ || 9 || divó náke mádhujihvā asaṣcáto vená duhanty ukshāṇaṃ girishṭhám | apsú drapsáṃ vāvṛidhānáṃ samudrá á síndhor ūrmá mádhumantam pavítra á || 10 || náke suparṇám upapaptiváṅsaṃ gíro venánām akṛipanta pūrvíḥ | ṣíṣuṃ rihanti matáyaḥ pánipnataṃ hiraṇyáyaṃ ṣakunáṃ kshámaṇi sthám || 11 || ūrdhvó gandharvó ádhi náke asthād víṣvā rūpá praticákshāṇo asya | bhānúḥ ṣukréṇa ṣocíshā vy àdyaut prárūrucad ródasī mātárā ṣúciḥ || 12 || 11 ||

Caturtho 'nuvākaḥ.

85, 3 indo *iti*. ātmá í°. 4 sahásra-nīthaḥ ṣatá-dhāraḥ. índrāya í°. abhí arsha. 5 ví a°. 6 suhávītu-nāmne. 7 abhí a° su-stutím á í°. 8 abhí arsha su-víryam. sa-práthaḥ. pári-sūtiḥ īṣata índo *iti*. 9 vi-cakshaṇáḥ á°. nṛi-cákshasaḥ 10 mádhu-jihvāḥ. venáḥ. giri-sthám. vavṛidhānám samudré. pavítre. 10 su-parṇám upapapti-váṅsam. 12 prati-cákshāṇaḥ. ví a° prá a° ródasī *iti*.

86.

Prá ta āṣávaḥ pavamāna dhījávo mádā arshanti raghujā́ iva tmánā | divyā́ḥ suparṇā́ mádhumanta índavo madíntamāsaḥ pári kóṣam āsate || 1 || prá te mádāso madirā́sa āṣávó 'sṛikshata ráthyāso yáthā príthak | dhenúr ná vatsám páyasābhí vajríṇam índram índavo mádhumanta ūrmáyaḥ || 2 || átyo ná hiyānó abhí vā́jam arsha svarvít kóṣaṃ divó ádrimātaram | vríshā pavítre ádhi sā́no avyáye sómaḥ punāná indriyā́ya dhā́yase || 3 || prá ta ā́ṣvinīḥ pavamāna dhījúvo divyā́ asṛigran páyasā dhárīmaṇi | prā́ntár ṛíshaya sthā́virīr asṛikshata yé tvā mṛijánty ṛishishāṇa vedhásaḥ || 4 || víṣvā dhā́māni viṣvacaksha ṛíbhvasaḥ prabhós te satáḥ pári yanti ketávaḥ | vyānaṣíḥ pavase soma dhármabhiḥ pátir víṣvasya bhúvanasya rājasi || 5 || 12 ||

ubhayátaḥ pávamānasya raṣmáyo dhruvásya satáḥ pári yanti ketávaḥ | yádī pavítre ádhi mṛijyáte háriḥ sáttā ní yónā kaláṣeshu sīdati || 6 || yajñásya ketúḥ pavate svadhvaráḥ sómo devā́nām úpa yāti nishkṛitám | sahásradhārah pári kóṣam arshati vríshā pavítram áty eti róruvat || 7 || rā́jā samudrám nadyò ví gāhate 'pā́m ūrmím sacate síndhushu ṣritáḥ | ádhy asthāt sā́nu pávamāno avyáyam nā́bhā pṛithivyā́ dharúṇo mahó diváḥ || 8 || divó ná sā́nu stanáyann acikradad dyaúṣ ca yásya pṛithivī́ ca dhármabhiḥ | índrasya sakhyám pavate vivévidat sómaḥ punānáḥ kaláṣeshu sīdati || 9 || jyótir yajñásya pavate mádhu priyám pitā́ devā́nāṃ janitā́ vibhū́vasuḥ | dádhāti rátnaṃ svadhā́yor apīcyàm madíntamo matsará indriyó rásaḥ || 10 || 13 ||

86, 1 te. dhī-jávaḥ. raghujā́ḥ-iva. su-parṇā́ḥ. 2 āṣávaḥ á°. páyasā a°. 3 svaḥ-vít. ádri-mātaram. sā́nau. 4 te. dhī-júvaḥ. prá a° ṛíshayaḥ. ṛishi-sāna. 5 viṣva-cakshaḥ. pra-bhóḥ. vi-ānaṣíḥ. 6 yádi. 7 su-adhvaráḥ. niḥ-kṛitám sahásra-dhārah. 8 pṛithivyā́ḥ. 9 vi-vévidat. 10 vibhú-vasuḥ.

abhikrándan kaláṣam vājy àrshati pátir diváḥ ṣatádhāro vicakshaṇáḥ | hárir mitrásya sádaneshu sīdati marmṛijānó 'vibhiḥ síndhubhir vṛíshā || 11 || ágre síndhūnām pávamāno arshaty ágre vācó agriyó góshu gachati | ágre vájasya bhajate mahādhanám svāyudháḥ sotṛíbhiḥ pūyate vṛíshā || 12 || ayám matávāñ chakunó yáthā hitó 'vye sasāra pávamāna ūrmíṇā | táva krátvā ródasī antarā́ kave ṣúcir dhiyā́ pavate sóma indra te || 13 || drāpím vásāno yajató divispṛíṣam antarikshaprā́ bhúvaneshv árpitaḥ | svàr jajñānó nábhasābhy àkramīt pratnám asya pitáram ā́ vivāsati || 14 || só asya viṣé máhi ṣárma yachati yó asya dhā́ma prathamám vyānaṣé | padám yád asya paramé vyòmany áto víṣvā abhí sám yāti samyátaḥ || 15 || 14 ||

pró ayāsīd índur índrasya nishkṛitám sákhā sákhyur ná prá mināti saṃgíram | márya iva yuvatíbhiḥ sám arshati sómaḥ kaláṣe ṣatáyāmnā pathā́ || 16 || prá vo dhíyo mandrayúvo vipanyúvaḥ panasyúvaḥ saṃvásaneshv akramuḥ | sómam manīshā́ abhy ànūshata stúbho 'bhí dhenávaḥ páyasem aṣiṣrayuḥ || 17 || ā́ naḥ soma saṃyátam pipyúshīm ísham índo pávasva pávamāno asrídham | yā́ no dóhate trír áhann ásaṣcushī kshumád vā́javan mádhumad suvíryam || 18 || vṛíshā matīnā́m pavate vicakshaṇáḥ sómo áhnaḥ pratarītósháso diváḥ | krāṇā́ síndhūnām kaláṣāñ avīvaṣad índrasya hā́rdy āviṣán manīshíbhiḥ || 19 || manīshíbhiḥ pavate pūrvyáḥ kavír nṛíbhir yatáḥ pári kóṣāñ acikradat | tritásya nā́ma janáyan mádhu ksharad índrasya vāyóḥ sakhyā́ya kártave || 20 || 15 ||

86, 11 abhi-krándan. vājī́ a°. ṣatá-dhāraḥ vi-cakshaṇáḥ (19). ávi-bhiḥ. 12 mahā-dhanám su-āyudháḥ. 13 ṣakunáḥ. ávye. ródasī *iti*. 14 divi-spṛíṣam antariksha-prā́ḥ. nábhasā abhí a°. 15 vi-ānaṣé. ví-omani. sam-yátaḥ. 16 pró *iti*. niḥ-kṛitám. sam-gíram. ṣatá-yāmnā. 17 sam-vásaneshu. abhí a°. páyasā īm. 18 sam-yátam. índo *iti*. vā́ja-vat. su-víryam. 19 pra-tarītā́ u°. ā-viṣán.

ayám punānā́ ushá́so ví rocayad ayám síndhubhyo abhavad u lokakṛ́t | ayáṃ tríḥ saptá duduhānā́ ā́śiram sómo hṛidé pavate cā́ru matsaráḥ || 21 || pávasva soma divyéshu dhā́masu sṛijānā́ indo kaláśe pavítra ā́ | sī́dann índrasya jaṭháre kánikradan nṛíbhir yatáḥ sū́ryam ā́rohayo diví || 22 || ádribhiḥ sutáḥ pavase pavítra ā́ṅ índav índrasya jaṭháreshv āviśán | tvā́ṃ nṛicákshā abhavo vicakshaṇa sóma gotrám ā́ṅgirobhyo 'vṛiṇor ápa || 23 || tvā́ṃ soma pávamānaṃ svādhyó 'nu víprāso amadann avasyávaḥ | tvā́ṃ suparṇá ā́bharad diváś párīndo víśvābhir matíbhiḥ párishkṛitam || 24 || ávye punānáṃ pári vā́ra ūrmíṇā háriṃ navante abhí saptá dhenávaḥ | apā́m upásthe ádhy āyávaḥ kavím ṛitásya yónā mahishā́ aheshata || 25 || 16 ||

índuḥ punānó áti gāhate mṛídho víśvāni kṛiṇván supáthāni yájyave | gā́ḥ kṛiṇvānó nirṇíjaṃ haryatáḥ kavír átyo ná krī́ḷan pári vā́ram arshati || 26 || asaścátaḥ śatádhārā abhiśríyo háriṃ navanté 'va tā́ udanyúvaḥ | kshípo mṛijanti pári góbhir ā́vṛitaṃ tṛitī́ye pṛishṭhé ádhi rocané diváḥ || 27 || távemā́ḥ prajā́ divyásya rétasas tváṃ víśvasya bhúvanasya rājasi | áthedáṃ víśvam pavamāna te váśe tvám indo prathamó dhāmadhā́ asi || 28 || tváṃ samudró asi viśvavít kave távemā́ḥ páñca pradíśo vídharmaṇi | tváṃ dyā́ṃ ca pṛithivī́ṃ cā́ti jabhrishe táva jyótīṅshi pavamāna sū́ryaḥ || 29 || tvám pavítre rájaso vídharmaṇi devébhyaḥ soma pavamāna pūyase | tvā́m uśíjaḥ prathamā́ agṛibhṇata túbhyemā́ víśvā bhúvanāni yemire || 30 || 17 ||

prá rebhá ety áti vā́ram avyáyaṃ vṛíshā váneshv áva

86, 21 loka-kṛ́t. ā-śíram. 22 indo *iti*. pavítre. kánikradat. ā́ ā°. 23 pavítre ā́ índo *iti*. ā-viśán. nṛi-cákshāḥ. vi-cakshaṇa. 24 su-ādhyàḥ ánu. su-parṇáḥ ā́ ā°. pári índo *iti*. pári-kṛitam. 25 vā́re. upá-sthe. 26 su-páthāni. niḥ-níjam. 27 śatá-dhārāḥ abhi-śríyaḥ. navante áva. ā́-vṛitam. 28 táva i° pra-jā́ḥ. átha i°. indo *iti*. dhāma-dhā́ḥ. 29 viśva-vít. táva i°. pra-díśaḥ ví-dharmaṇi (30). ca áti. 30 túbhya imā́.

cakradad dhárih | sám dhītáyo vāvaṣāná anūshata síṣum rihanti matáyaḥ pánipnatam || 31 || sá sū́ryasya raṣmíbhiḥ pári vyata tántum tanvānás trivṛ́tam yáthā vidé | náyann ṛitásya praṣísho návīyasīḥ pátir jánīnām úpa yāti nishkṛitám || 32 || rā́jā síndhūnām pavate pátir diví ṛitásya yāti pathíbhiḥ kánikradat | sahásradhāraḥ pári shicyate háriḥ punānó vā́cam janáyann úpāvasuḥ || 33 || pávamāna máhy árṇo ví dhāvasi sū́ro ná citró ávyayāni pávyayā | gábhastipūto nṛíbhir ádribhiḥ sutó mahé vā́jāya dhányāya dhanvasi || 34 || ísham ū́rjam pavamānābhy àrshasi ṣyenó ná váṅsu kaláṣeshu sīdasi | índrāya mádvā mádyo mádaḥ sutó divó vishṭambhá upamó vicakshaṇáḥ || 35 || 18 ||

saptá svásāro abhí mātáraḥ síṣum návam jajñānám jényam vipaṣcítam | apā́m gandharvám divyám nṛicákshasam sómam víṣvasya bhúvanasya rājáse || 36 || īṣāná imā́ bhúvanāni víyase yujāná indo harítaḥ suparṇyàḥ | tā́s te ksharantu mádhumad ghṛitám páyas táva vraté soma tishṭhantu kṛishṭáyaḥ || 37 || tvám nṛicákshā asi soma viṣvátaḥ pávamāna vṛishabha tā́ ví dhāvasi | sá naḥ pavasva vásumad dhíraṇyavad vayám syāma bhúvaneshu jīváse || 38 || govít pavasva vasuvíd dhiraṇyavíd retodhā́ indo bhúvaneshv árpitaḥ | tvám suvíro asi soma viṣvavít tám tvā víprā úpa girémá āsate || 39 || ún mádhva ūrmír vanánā atishṭhipad apó vásāno mahishó ví gāhate | rā́jā pavítraratho vā́jam ā́ruhat sahásrabhṛishṭir jayati ṣrávo bṛihát || 40 || 19 ||

sá bhandánā úd iyarti prajā́vatīr viṣvā́yur víṣvāḥ subhárā áhardivi | bráhma prajā́vad rayím áṣvapastyam pītá

86, 31 háriḥ. 32 tri-vṛ́tam. pra-ṣíshaḥ. niḥ-kṛitám. 33 sahásra-dhāraḥ. sicyate. úpa-vasuḥ. 34 gábhasti-pūtaḥ. 35 pavamāna abhí a°. upa-máḥ vi-cakshaṇáḥ. 36 vipaḥ-cítam. nṛi-cákshasam. 37 ví 1°. indo *iti*. su-parṇyàḥ. 38 nṛi-cákshāḥ. híraṇya-vat. 39 go-vít. vasu-vít hiraṇya-vít retaḥ-dhā́ḥ indo *iti*. su-víraḥ. viṣva-vít. girā́ imé. 40 út. atisthipat. pavítra-rathaḥ. ā́ a° sahásra-bhṛishṭiḥ. 41 viṣvá-āyuḥ. su-bhárāḥ áhaḥ-divi. áṣva-pastyam.

indav índram asmábhyaṃ yācatāt || 41 || só ágre áhnāṃ hárir haryató mádaḥ prá cétasā cetayate ánu dyúbhiḥ | dvā́ jánā yātáyann antár īyate nárā ca śáṅsaṃ daívyaṃ ca dhartári || 42 || añjáte vy àñjate sám añjate krátuṃ rihanti mádhunābhy àñjate | síndhor ucchvāsé patáyantam ukshánaṃ hiraṇyapāvā́ḥ paśúm āsu gṛibhṇate || 43 || vipaścíte pávamānāya gāyata mahī́ ná dhā́ráty ándho arshati | áhir ná jūrṇám áti sarpati tvácam átyo ná krī́ḷann asarad vṛ́ishā háriḥ || 44 || agregó rā́jā́pyas tavishyate vimā́no áhnām bhúvaneshv árpitaḥ | hárir ghṛitásnuḥ sudṛ́śīko arṇavó jyotírathaḥ pavate rāyá okyàḥ || 45 || 20 ||

ásarji skambhó divá údyato mádaḥ pári tridhā́tur bhúvanāny arshati | aṅśúṃ rihanti matáyaḥ pánipnataṃ girā́ yádi nirṇíjam ṛigmíṇo yayúḥ || 46 || prá te dhā́rā áty áṇvāni meshyàḥ punānásya saṃyáto yanti ráṅhayaḥ | yád góbhir indo camvòḥ samajyása ā́ suvānáḥ soma kaláśeshu sīdasi || 47 || pávasva soma kratuvín na ukthyó 'vyo vā́re pári dhāva mádhu priyám | jahí víśvān rakshása indo atríṇo bṛihád vadema vidáthe suvī́rāḥ || 48 || 21 ||

87.

Prá tú drava pári kóśaṃ ní shīda nṛíbhiḥ punānó abhí vā́jam arsha | áśvaṃ ná tvā vājínam marjáyantó 'chā barhí raśanā́bhir nayanti || 1 || svāyudháḥ pavate devá índur aśastihā́ vṛijánaṃ rákshamāṇaḥ | pitā́ devā́nāṃ janitā́ sudáksho vishṭambhó divó dharúṇaḥ pṛithivyā́ḥ || 2 || ṛ́ishir vípraḥ puraetā́ jánānām ṛibhúr dhī́ra uśánā kā́vyena | sá cid vi-

86, 41 indo *iti*. 42 nárāśáṅsam ca. 43 ví a°. mádhunā abhí a°. ut-śvāsé. hiraṇya-pāvā́ḥ. 44 vipaḥ-cíte. dhā́rā áti. 45 agre-gā́ḥ rā́jā a°. vi-mā́naḥ. ghṛitá-snuḥ su-dṛíśīkaḥ. jyotíḥ-rathaḥ. rāyé. 46 út-yataḥ. tri-dhā́tuḥ. niḥ-níjam. 47 sam-yátaḥ. indo *iti* (48). sam-ajyáse. 48 kratu-vít. ukthyàḥ á°. bṛihád *etc.* II, 1, 16. — 87, 1 sīda. marjayántaḥ ácha barhíḥ. 2 su-āyudháḥ. aśasti-hā́. su-dákshaḥ. 3 puraḥ-etā́.

veda níhitaṃ yád āsām apīcyàṃ gúhyaṃ nāma gónām || 3 || eshá syá te mádhumāñ indra sómo vríshā vríshṇe pári pavítre akshāḥ | sahasrasā́ḥ ṣatasā́ bhūridā́vā ṣaṣvattamám barhír ā́ vājy àsthāt || 4 || eté sómā abhí gavyā́ sahásrā mahé vā́jāyāmrítāya ṣrávāṅsi | pavítrebhiḥ pávamānā asrigrañ chravasyávo ná pritanā́jo átyāḥ || 5 || 22 ||

pári hí shmā puruhūtó jánānāṃ víṣvā́sarad bhójanā pūyámānaḥ | áthā bhara ṣyenabhrita práyāṅsi rayíṃ túñjāno abhí vā́jam arsha || 6 || eshá suvānáḥ pári sómaḥ pavítre sárgo ná srishṭó adadhāvad árvā | tigmé ṣíṣāno mahishó ná ṣríṅge gā́ gavyánn abhí ṣū́ro ná sátvā || 7 || eshā́ yayau paramā́d antár ádreḥ kū́cit satír ūrvé gā́ viveda | divó ná vidyút stanáyanty abhraíḥ sómasya te pavata indra dhā́rā || 8 || utá sma rāṣím pári yāsi gónām índreṇa soma sarátham punānáḥ | pūrvír ísho brihatír jīradāno ṣíkshā ṣacīvas táva tā́ upashṭút || 9 || 23 ||

88.

Ayáṃ sóma indra túbhyaṃ sunve túbhyam pavate tvám asya pāhi | tváṃ ha yáṃ cakrishé tváṃ vavrishá índum mádāya yújyāya sómam || 1 || sá īṃ rátho ná bhurishā́ḷ ayoji maháḥ purū́ṇi sātáye vásūni | ā́d īṃ víṣvā nahushyā̀ṇi jātā́ svàrshātā vána ūrdhvā́ navanta || 2 || vāyúr ná yó niyútvāñ ishṭáyāmā nā́satyeva háva ā́ ṣámbhavishṭhaḥ | viṣvávāro draviṇodā́ iva tmán pūshéva dhījávano 'si soma || 3 || índro ná yó mahā́ kármāṇi cákrir hantā́ vritrā́ṇām asi soma pūrbhít | paidvó ná hí tvám áhināmnāṃ hantā́ víṣvasyāsi soma

87, 3 ní-hitam. 4 akshār *iti* sahasra-sā́ḥ ṣata-sā́ḥ bhūri-dā́vā. vājí a°. 5 vā́jāya a°. ṣravasyávaḥ. 6 sma puru-hūtáḥ. víṣvā á°. átha ā́. ṣyena-bhrita. 7 tigmé *iti*. ṣríṅge *iti* gā́ḥ. 8 eshā́ ā́. gā́ḥ. vi-dyút stanáyantī. pavate. 9 sa-rátham. jīradāno *iti* jīra-dāno ṣíksha. upa-stút. — 88, 1 ayám — sunve VII, 29, 1. vavrishé. 2 sváḥ-sātā váne. 3 ishṭá-yāmā nā́satyā-iva háve. ṣám-bhavishṭhaḥ viṣvá-vāraḥ draviṇodā́ḥ-iva. pūshā́-iva dhī-jávanaḥ. 4 pūḥ-bhít. áhi-nāmnām. víṣvasya asi.

dásyoḥ || 4 || agnír ná yó vána á̄ srijyámāno vṛíthā pā́jāṅsi kriṇute nadíshu | jáno ná yúdhvā mahatá upabdír íyarti sómaḥ pávamāna ūrmím || 5 || eté sómā áti vā́rāṇy ávyā divyā́ ná kóṣāso abhrávarshāḥ | vṛíthā samudrám síndhavo ná nícīḥ sutáso abhí kaláṣāñ asṛigran || 6 || ṣushmí ṣárdho ná mā́rutam pavasvā́nabhiṣastā divyā́ yáthā víṭ | ā́po ná makshū́ sumatír bhavā naḥ sahásrāpsāḥ pṛitanāshā́ṇ ná yajñáḥ || 7 || rā́jño nú te váruṇasya vratā́ni — || 8 || 24 ||

89.

Pró syá váhniḥ pathyā̀bhir asyān divó ná vṛishṭíḥ pávamāno akshāḥ | sahásradhāro asadan ny àsmé mātúr upásthe vána ā́ ca sómaḥ || 1 || rā́jā síndhūnām avasishṭa vā́sa ṛitásya nā́vam ā́ruhad rájishṭhām | apsú drapsó vāvṛidhe ṣyenájūto duhá īm pitā́ duhá īm pitúr jā́m || 2 || siṅhám nasanta mádhvo ayā́sam hárim arushám divó asyá pátim | ṣū́ro yutsú prathamáḥ pṛichate gā́ ásya cákshasā pári pāty ukshā́ || 3 || mádhupṛishṭham ghorám ayā́sam ā́ṣvam ráthe yuñjanty urucakrá ṛishvám | svásāra īm jāmáyo marjayanti sánābhayo vājínam ūrjayanti || 4 || cátasra īm ghṛitadúhaḥ sacante samāné antár dharúṇe níshattāḥ | tā́ īm arshanti námasā punānā́s tā́ īm viṣvátaḥ pári shanti pūrvī́ḥ || 5 || vishṭambhó divó dharúṇaḥ pṛithivyā́ víṣvā utá kshitáyo háste asya | ā́sat ta útso gṛiṇaté niyútvān mádhvo aṅṣúḥ pavata indriyā́ya || 6 || vanvánn ávāto abhí devávītim índrāya soma vṛitrahā́ pavasva | ṣagdhí maháḥ puruṣcandrásya rāyáḥ suvī́ryasya pátayaḥ syāma || 7 || 25 ||

88, 5 váne. 6 divyā́ḥ. abhrá-varshāḥ. 6 pavasva ánabhi -ṣastā. makshú su-matíḥ bhava. sahásra-apsāḥ pṛitanāshā́ṭ. 8 = 91, 3. — 89, 1 pró *iti*. akshār *iti* sahásra-dhāraḥ asadat ní asmé *iti*. upá-sthe váne. 2 ā́ a°. vavṛidhe ṣyená-jūtaḥ duhé (2). 4 mádhu-pṛishṭham. uru-cakré. sá-nābhayaḥ. 5 ghṛita-dúhaḥ. ní-sattāḥ. santi. 6 pṛithivyā́ḥ. te. pavate. 7 devá-vītim. vṛitra-hā́. puru-candrásya. su-vī́ryasya.

90.

Prá hinvānó janitā́ ródasyo rátho ná vā́jaṃ sanishyánn ayāsīt | índraṃ gáchann ā́yudhā saṃṣíṣāno víṣvā vásu hástayor ādádhānaḥ || 1 || abhí triprishṭhám vríshaṇaṃ vayodhā́m āṅgūshā́ṇām avāvaṣanta vā́ṇīḥ | vánā vásāno váruṇo ná síndhūn ví ratnadhā́ dayate vā́ryāṇi || 2 || ṣū́ragrāmaḥ sárvavīraḥ sáhāvāñ jétā pavasva sánitā dhánāni | tigmā́yudhaḥ kshiprádhanvā samátsv áshāḷhaḥ sāhvā́n pṛ́tanāsu ṣátrūn || 3 || urúgavyūtir ábhayāni kṛṇván samīcīné ā́ pavasvā púraṃdhī | apáḥ síshāsann ushásaḥ svàr gā́ḥ sám cikrado mahó asmábhyaṃ vā́jān || 4 || mátsi soma váruṇam mátsi mitrám mátsíndram indo pavamāna víshṇum | mátsi ṣárdho mā́rutam mátsi devā́n mátsi mahā́m índram indo mádāya || 5 || evā́ rā́jeva krátumāṅ ámena víṣvā ghánighnad duritā́ pavasva | índo sūktā́ya vácase váyo dhā yūyám pāta svastíbhiḥ sádā naḥ || 6 || 26 ||

Tṛitīyo 'dhyāyaḥ.

91.

Ásarji vákvā ráthye yáthājaú dhiyā́ manótā prathamó manīshī́ | dáṣa svásāro ádhi sā́no ávyé 'janti váhniṃ sádanāny ácha || 1 || vītī́ jánasya divyásya kavyaír ádhi suvānó nahushyèbhir índuḥ | prá yó nṛ́bhir amṛ́to mártyebhir marmṛjānó 'vibhir góbhir adbhíḥ || 2 || vṛ́shā vṛ́shṇe róruvad aṅṣúr asmai pávamāno rúṣad īrte páyo góḥ | sahásram ṛ́kvā pathíbhir vacovíd adhvasmábhiḥ sū́ro áṇvaṃ ví yāti || 3 || rujā́ dṛḷhā́ cid rakshásaḥ sádāṅsi punāná inda

90, 1 ródasyoḥ. sam-ṣiṣānaḥ. ā-dádhānaḥ. 2 tri-pṛishṭhám. vayaḥ-dhā́m. ratna-dhā́ḥ. 3 ṣū́ra-grāmaḥ sárva-vīraḥ. tigmá-āyudhaḥ kshiprá-dhanvā samát-su. sahvā́n. 4 urú-gavyūtiḥ. samīcīné *iti* sam-īcīné. pavasva púramdhī *iti* púram-dhī. síṣāsan. 5 mátsi í° indo *iti* (2). 6 evá rā́jā-iva. duḥ-itā́. índo *iti* su-uktā́ya. dhāḥ. — 91, 1 yáthā ā°. sā́nau ávye á°. 2 ávi-bhiḥ. 3 vacaḥ-vít. 4 rujá. indo *iti*.

ūrṇuhi ví vā́jān | vṛiṣcópárishṭāt tujatā́ vadhéna yé ánti dūrā́d upanāyám eshām || 4 || sá pratnaván návyase viṣvavāra sūktā́ya patháḥ kṛiṇuhi prā́caḥ | yé duḥsháhāso vanúshā bṛihántas tā́ṅs te aṣyāma purukṛit puruksho || 5 || evā́ punānó apáḥ svàr gā́ asmábhyaṃ tokā́ tánayāni bhū́ri | ṣáṃ naḥ kshétram urú jyótīṅshi soma jyóñ naḥ sū́ryaṃ dṛiṣáye ririhi || 6 || 1 ||

92.

Pári suvānó hárir aṅṣúḥ pavítre rátho ná sarji sanáye hiyānáḥ | ā́pac chlókam indriyám pūyámānaḥ práti devā́ñ ajushata práyobhiḥ || 1 || ácbā nṛicákshā asarat pavítre nā́ma dádhānaḥ kavír asya yónau | sī́dan hóteva sádane camū́shū́pem agmann ṛíshayaḥ saptá víprāḥ || 2 || prá sumedhā́ gātuvíd viṣvádevaḥ sómaḥ punānáḥ sáda eti nítyam | bhúvad víṣveshu kā́vyeshu rántā́nu jánān yatate páñca dhī́raḥ || 3 || táva tyé soma pavamāna niṇyé víṣve devā́s tráya ekādaṣā́saḥ | dáṣa svadhā́bhir ádhi sā́no ávye mṛijánti tvā nadyàḥ saptá yahvī́ḥ || 4 || tán nú satyám pávamānasyā̀stu yátra víṣve kārávaḥ saṃnásanta | jyótir yád áhne ákṛiṇod u lokám prā́van mánuṃ dásyave kar abhī́kam || 5 || pári sádmeva paṣumā́nti hótā rā́jā ná satyáḥ sámitīr iyānáḥ | sómaḥ punānáḥ kaláṣā́ñ ayāsīt sī́dan mṛigó ná mahishó vánesbu || 6 || 2 ||

93.

Sākamúksho marjayanta svásāro dáṣa dhī́rasya dhītáyo

91, 4 vṛiṣcá u°. upa-nāyám. 5 pratna-vát. viṣva-vāra su-uktā́ya. duḥ-sáhāsaḥ. puru-kṛit puruksho *iti* puru-ksho. 6 evá. jyók. — 92, 1 ā́pat s°. 2 ácha nṛi-cákshāḥ. hótā-iva. camū́shu úpa īm. 3 su-medhā́ḥ gātu-vít viṣvá-devaḥ. rántā ánu. 4 sā́nau. 5 tát. pávamānasya a°. sam-násanta. prá āvat. 6 sádma-iva paṣu-mánti. sám-itīḥ. — 93, 1 sākam-úkshaḥ.

dhánutrīḥ | háriḥ páry adravaj jáḥ sū́ryasya dróṇam nanakshe átyo ná vājī́ || 1 || sám mātṛíbhir ná síṣur vāvaṣānó vṛíshā dadhanve puruváro adbhíḥ | máryo ná yóshām abhí nishkṛitám yán sám gachate kaláṣa usríyābhiḥ || 2 || utá prá pipya ū́dhar ághnyāyā índur dhā́rābhiḥ sacate sumedhā́ḥ | mūrdhā́nam gā́vaḥ páyasā camū́shv abhí ṣrīṇanti vásubhir ná niktaíḥ || 3 || sá no devébhiḥ pavamāna radéndo rayím aṣvínam vāvaṣānáḥ | rathirāyátām uṣatí púramdhir asmadryàg ā́ dāváne vásūnām || 4 || nū́ no rayím úpa māsva nṛivántam punānó vātā́pyam viṣváṣcandram | prá vanditúr indo tāry ā́yuḥ prātár makshū́ dhiyā́vasur jagamyāt || 5 || 3 ||

94.

Ádhi yád asmin vājínīva ṣúbha spárdhante dhíyaḥ sū́rye ná víṣaḥ | apó vṛiṇānáḥ pavate kavīyán vrajám ná paṣuvárdhanāya mánma || 1 || dvitá vyūrṇvánn amṛítasya dhā́ma svarvíde bhúvanāni prathanta | dhíyaḥ pinvānā́ḥ svásare ná gā́va ṛitāyántīr abhí vāvaṣra índum || 2 || pári yát kavíḥ kā́vyā bhárate ṣū́ro ná rátho bhúvanāni víṣvā | devéshu yáṣo mártāya bhū́shan dákshāya rāyáḥ purubhū́shu návyaḥ || 3 || ṣriyé jātáḥ ṣriyá ā́ nír iyāya ṣríyam váyo jaritṛíbhyo dadhāti | ṣríyam vásānā amṛitatvám āyan bhávanti satyā́ samithā́ mitádrau || 4 || ísham ū́rjam abhy àrshā́ṣvam gā́m urú jyótiḥ kṛiṇuhi mátsi devā́n | víṣvāni hí sushā́hā tā́ni túbhyam pávamāna bā́dhase soma ṣátrūn || 5 || 4 ||

95.

Kánikranti hárir ā́ sṛijyámānaḥ sī́dan vánasya jaṭháre

93, 1 adravat. 2 puru-vā́raḥ. niḥ-kṛitám. kaláṣe. 3 pipye ū́dhaḥ. su-medhā́ḥ. 4 rada índo *iti*. púram-dhiḥ. 5 nú. viṣvá-candram. indo *iti*. prātár *etc*. 58, 9. — 94, 1 vājínī-iva ṣúbhaḥ. kavi-yán. paṣu-várdhanāya. 2 vi-urṇván. svaḥ-víde. ṛita-yántīḥ. vāvaṣre. 3 puru-bhū́shu. 4 ṣriyé ā́. sam-ithā́ mitá-drau. 5 abhí arsha ā́°. su-sáhā.

punānáḥ | nṛíbhir yatáḥ kṛiṇute nirṇíjam gā́ áto matī́r janayata svadhā́bhiḥ || 1 || háriḥ sṛijānáḥ pathyā̀m ṛitásyéyarti vā́cam aritéva nā́vam | devó devā́nām gúhyāni nā́māvísh kṛiṇoti barhíshi pravā́ce || 2 || apā́m ivéd ūrmáyas tárturāṇāḥ prá manīshā́ īrate sómam ácha | namasyántīr úpa ca yánti sáṃ cā́ ca viṣanty uṣatī́r uṣántam || 3 || tám marmṛijānám mahishám ná sā́nāv aṅṣúm duhanty ukshā́ṇam giríshṭhā́m | táṃ vāvaṣānám matáyaḥ sacante tritó bibharti váruṇam samudré || 4 || íshyan vā́cam upavaktéva hótuḥ punāná indo ví shyā manīshā́m | índraṣ ca yát kshā́yathaḥ saúbhagāya suvī́ryasya pátayaḥ syāma || 5 || 5 ||

96.

Prá senānī́ḥ ṣū́ro ágre ráthānām gavyánn eti hárshate asya sénā | bhadrā́n kṛiṇvánn indrahavā́n sákhibhya ā́ sómo vástrā rabhasā́ni datte || 1 || sám asya hárim hárayo mṛijanty aṣvahayaír ániṣitaṃ námobhiḥ | ā́ tishṭhati rátham índrasya sákhā vidvā́ñ enā sumatím yāty ácha || 2 || sá no deva devátāte pavasva mahé soma psárasa indrapā́naḥ | kṛiṇvánn apó varsháyan dyā́m utémā́m urór ā́ no varivasyā punānáḥ || 3 || ájītayé 'hataye pavasva svastáye sarvátātaye bṛihaté | tád uṣanti víṣva imé sákhāyas tád ahám vaṣmi pavamāna soma || 4 || sómaḥ pavate janitā́ matīnā́m janitā́ divó janitā́ pṛithivyā́ḥ | janitā́gnér janitā́ sū́ryasya janitḗndrasya janitótá víshṇoḥ || 5 || 6 ||

brahmā́ devā́nām padavī́ḥ kavīnā́m ṛíshir víprāṇām mahishó mṛigā́ṇām | ṣyenó gṛídhrāṇām svádhitir vánānām só-

95, 1 niḥ-níjam. 2 ṛitásya íyarti — nā́vam II, 42, 1. nā́ma āvíḥ. pra-vā́ce. 3 apā́m-iva ít. ca ā́. 4 giri-sthā́m. 5 upavaktā́ -iva. indo *iti*. sya. su-vī́ryasya. — 96, 1 senā-nī́ḥ. indra-havā́n. 2 aṣva-hayaíḥ áni-ṣitam. ena su-matím. 3 psárase indra-pā́naḥ. utá iº. varivasya. 4 ájītaye áº. víṣve. 5 janitā́ aº. janitā́ íº janitā́ utá. 6 pada-vī́ḥ. svá-dhitiḥ.

maḥ pavítram áty eti rébhan || 6 || prắvīvipad vācá ūrmím ná síndhur gíraḥ sómaḥ pávamāno manīshắḥ | antáḥ páṣyan vṛijánemắvarāṇy ắ tishṭhati vṛishabhó góshu jānán || 7 || sá matsaráḥ pṛitsú vanvánn ávātaḥ sahásraretā abhí vắjam arsha | índrāyendo pávamāno manīshy àṅṣór ūrmím īraya gắ ishaṇyán || 8 || pári priyáḥ kaláṣe devávāta índrāya sómo ráṇyo mádāya | sahásradhāraḥ ṣatávāja índur vājí ná sáptiḥ sámanā jigāti || 9 || sá pūrvyó vasuvíj jắyamāno mṛijānó apsú duduhānó ádrau | abhiṣastipắ bhúvanasya rájā vidád gātúm bráhmaṇe pūyámānaḥ || 10 || 7 ||

tváyā hí naḥ pitáraḥ soma pū́rve kármāṇi cakrúḥ pavamāna dhírāḥ | vanvánn ávātaḥ paridhī́ṅr áporṇu vīrébhir áṣvair maghávā bhavā naḥ || 11 || yáthắpavathā mánave vayodhắ amitrahắ varivovíd dhavíshmān | evá pavasva dráviṇaṃ dádhāna índre sáṃ tishṭha janáyắyudhāni || 12 || pávasva soma mádhumāñ ṛitắvāpó vásāno ádhi sắno ávye | áva dróṇāni ghṛitávānti sīda madíntamo matsará indrapắnaḥ || 13 || vṛishṭíṃ diváḥ ṣatádhāraḥ pavasva sahasrasắ vājayúr devávītau | sáṃ síndhubhiḥ kaláṣe vāvaṣānáḥ sám usríyābhiḥ pratirán na ắyuḥ || 14 || eshá syá sómo matíbhiḥ punānó 'tyo ná vājí táratíd árātīḥ | páyo ná dugdhám áditer ishirám urv ìva gātúḥ suyámo ná vóḷhā || 15 || 8 ||

svāyudháḥ sotṛíbhiḥ pūyámāno 'bhy àrsha gúhyaṃ cáru náma | abhí vắjaṃ sáptir iva ṣravasyábhí vāyúm abhí gắ deva soma || 16 || ṣíṣuṃ jajñānáṃ haryatám mṛijanti ṣumbhánti váhnim marúto gaṇéna | kavír gīrbhíḥ kắvyenā ka-

96, 7 prá a°. antár *iti*. vṛijánā imắ á°. 8 sahásra-retāḥ. índrāya indo *iti*. manīshí a°. 9 devá-vātaḥ. sahásra-dhāraḥ ṣatá-vājaḥ. 10 vasu-vít. abhiṣasti-pắḥ. 11 pari-dhín ápa ū°. bhava. 12 yáthā ápavathāḥ. vayaḥ-dhắḥ amitra-hắ varivaḥ-vít havíshmān evá. janáya ắ°. 13 ṛitá-vā a°. sắnau. ghṛitá-vanti. indra-pắnaḥ. 14 ṣatá-dhāraḥ. sahasra-sắḥ. devá-vītau. pra-tirán. 15 átyaḥ. tárati ít. urú-iva. su-yámaḥ. 16 su-āyudháḥ. abhí a°. ṣravasyắ a°. gắḥ. 17 kắvyena.'

vī́ḥ sán sómaḥ pavítram áty eti rébhan || 17 || ṛ́ishimanā yá ṛishikṛ́t svarshā́ḥ sahásraṇīthaḥ padavī́ḥ kavīnā́m | tṛitī́yaṃ dhā́ma mahisháḥ síshāsan sómo virā́jam ánu rājati shṭúp || 18 || camūshác chyenáḥ ṣakunó vibhṛ́ítvā govindúr drapsá ā́yudhāni bíbhrat | apā́m ūrmíṃ sácamānaḥ samudráṃ turī́yaṃ dhā́ma mahishó vivakti || 19 || máryo ná ṣubhrás tanvàm mṛijānó 'tyo ná sṛ́tvā sanáye dhánānām | vṛ́ísheva yūthā́ pári kóṣam árshan kánikradac camvòr ā́ viveṣa || 20 || 9 ||

pávasvendo pávamāno máhobhiḥ kánikradat pári vā́rāṇy arsha | krī́ḷañ camvòr ā́ viṣa pūyámāna índraṃ te ráso madiró mamattu || 21 || prā́sya dhā́rā bṛihatī́r asṛigrann aktó góbhiḥ kaláṣā́ñ ā́ viveṣa | sā́ma kṛiṇván sāmanyò vipaṣcít krándann ety abhí sákhyur ná jāmím || 22 || apaghnánn eshi pavamāna ṣátrūn priyā́ṃ ná jāró abhígīta índuḥ | sī́dan vánesbu ṣakunó ná pátvā sómaḥ punānáḥ kaláṣeshu sáttā || 23 || ā́ te rúcaḥ pávamānasya soma yósheva yanti sudúghāḥ sudhārā́ḥ | hárir ā́nītaḥ puruvā́ro apsv ácikradat kaláṣe devayūnā́m || 24 || 10 ||

Pañcamo 'nuvākaḥ.

97.

Asyá preshā́ hemánā pūyámāno devó devébhiḥ sám apṛikta rásam | sutáḥ pavítram páry eti rébhan mitéva sádma paṣumánti hótā || 1 || bhadrā́ vástrā samanyā̀ vásāno mahā́n kavír nivácanāni ṣáṅsan | ā́ vacyasva camvòḥ pūyámāno vicakshaṇó jā́gṛivir devávītau || 2 || sám u priyó mṛij-

---

96, 18 ṛ́ishi-manāḥ. ṛishi-kṛ́t svaḥ-sā́ḥ sahásra-nīthaḥ pada-vī́ḥ. sísāsan. vi-rā́jam. stúp. 19 camū-shát ṣ°. vi-bhṛ́ítvā go-vindúḥ. 20 átyaḥ. vṛ́íshā-iva. kánikradat. 21 pávasva indo *iti*. 22 prá a° dhā́rāḥ. vipaḥ-cít. 23 apa-ghnán. abhí-gītaḥ. 24 yóshā -iva. su-dúghāḥ su-dhārā́ḥ. ā́-nītaḥ puru-vā́raḥ ap-sú. — 97, 1 preshā́. mitā́-iva. paṣu-mánti. 2 ni-vácanāni. vi-cakshaṇáḥ. devá-vītau.

yate sā́no ávye yaṣástaro yaṣásāṃ kshaíto asmé | abhí svara dhánvā pūyámāno yūyám pāta svastíbhiḥ sádā naḥ || 3 || prá gāyatābhy àrcāma devā́n sómaṃ hinota mahaté dhánāya | svādúḥ pavāte áti vā́ram ávyam ā́ sīdāti kaláṣaṃ devayúr naḥ || 4 || índur devā́nām úpa sakhyám āyán sahásradhāraḥ pavate mádāya | nṛíbhi stávāno ánu dhā́ma pū́rvam ágann índram mahaté saúbhagāya || 5 || 11 ||

stotré rāyé hárir arshā punāná índram mádo gachatu te bhárāya | devaír yāhi saráthaṃ rádho áchā yūyám pāta svastíbhiḥ sádā naḥ || 6 || prá kā́vyam uṣáneva bruvāṇó devó devā́nāṃ jánimā vivakti | máhivrataḥ ṣúcibandhuḥ pāvakáḥ padā́ varāhó abhy èti rébhan || 7 || prá haṅsā́sas tṛipálam manyúm áchāmā́d ástaṃ vṛíshagaṇā ayāsuḥ | āṅgūshyàm pávamānaṃ sákhāyo durmárshaṃ sākám prá vadanti vāṇám || 8 || sá raṅhata urugāyásya jūtíṃ vṛíthā krílantam mimate ná gā́vaḥ | parīṇasáṃ kṛiṇute tigmáṣṛiṅgo dívā hárir dádṛiṣe náktam ṛijráḥ || 9 || índur vājí pavate gónyoghā índre sómaḥ sáha ínvan mádāya | hánti rákaho bā́dhate páry árātīr várivaḥ kṛiṇván vṛijánasya rā́jā || 10 || 12 ||

ádha dhā́rayā mádhvā pṛicānás tiró róma pavate ádridugdhaḥ | índur índrasya sakhyáṃ jushāṇó devó devásya matsaró mádāya || 11 || abhí priyā́ṇi pavate punānó devó devā́n svéna rásena pṛiñcán | índur dhármāṇy ṛituthā́ vásāno dáṣa kshípo avyata sā́no ávye || 12 || vṛíshā ṣóṇo abhikánikradad gā́ nadáyann eti pṛithivím utá dyā́m | índrasyeva vagnúr ā́ ṣṛiṇva ājaú pracetáyann arshati vā́cam émā́m || 13 || rasā́yyaḥ páyasā pínvamāna īráyann eshi má-

97, 3 sā́nau (12). asmé *iti*. dhánva. 4 gāyata abhí a°. 5 ā -yán sahásra-dhāraḥ. nṛí-bhiḥ. 6 arsha. sa-rátham. ácha. 7 uṣánā -iva. jánima. máhi-vrataḥ ṣúci-bandhuḥ. abhí eti. 8 ácha a°. vṛísha-gaṇāḥ. duḥ-mársham. 9 raṅhate uru-gāyásya. tigmá-ṣṛiṅgaḥ. 10 gó-nyoghāḥ. 11 ádri-dugdhaḥ. 13 abhi-kánikradat gā́ḥ. índrasya-iva. ṣṛiṇve. pra-cetáyan. ā́ i°.

dhumantam aṅsúm | pávamānaḥ saṃtaním eshi kriṇvánn índrāya soma parishicyámānaḥ || 14 || evā́ pavasva madiró mádāyodagrābhásya namáyan vadhasnaíḥ | pári várṇam bháramāṇo rúṣantaṃ gavyúr no arsha pári soma siktáḥ || 15 || 13 ||

jushṭví na indo supáthā sugā́ny uraú pavasva várivāṅsi kriṇván | ghanéva víshvag duritā́ni vighnánn ádhi shṇúnā dhanva sā́no ávye || 16 || vrishṭíṃ no arsha divyā́ṃ jigatnúm íḷāvatīṃ ṣaṃgáyīṃ jīrádānum | stúkeva vītā́ dhanvā vicinván bándhūṅr imā́ṅ ávarāṅ indo vāyū́n || 17 || granthíṃ ná ví shya grathitám punāná rijúṃ ca gātúṃ vrijináṃ ca soma | átyo ná krado hárir ā́ srijānó máryo deva dhanva pastyā̀vān || 18 || júshṭo mádāya devátāta indo pári shṇúnā dhanva sā́no ávye | sahásradhāraḥ surabhír ádabdhaḥ pári srava vā́jasātau nrisháhye || 19 || araṣmā́no yè 'rathā́ áyuktā átyāso ná sasrijānā́sa ājaú | eté ṣukrā́so dhanvanti sómā dévāsas tā́ṅ úpa yātā píbadhyai || 20 || 14 ||

evā́ na indo abhí devávītim pári srava nábho árṇaṣ camū́shu | sómo asmábhyaṃ kā́myam brihántaṃ rayíṃ dadātu vīrávantam ugrám || 21 || tákshad yádī mánaso vénato vā́g jyéshṭhasya vā dhármaṇi kshór ánīke | ā́d īm āyan váram ā́ vāvaṣāṇā́ júshṭam pátiṃ kaláṣe gā́va índum || 22 || prá dānudó divyó dānupinvá ritám ritáya pavate sumedhā́ḥ | dharmā́ bhuvad vrijanyā̀sya rā́jā prá raṣmíbhir daṣábhir bhāri bhū́ma || 23 || pavítrebhiḥ pávamāno nricákshā rā́jā devā́nām utá mártyānām | dvitā́ bhuvad rayipátī rayī-

97, 14 sam-taním. pari-sicyámānaḥ. 15 evá. mádāya uda -grābhásya. 16 indo *iti* su-páthā su-gā́ni. ghanā́-iva. duḥ-itā́ni vi-ghnán. snúnā. sā́nau (19). 17 ṣam-gáyīm jīrá-dānum stúkā-iva. dhanva vi-cinván. indo *iti* (19. 21). 18 sya. pastyā̀-vān. 19 devá -tāte. snúnā. sahásra-dhāraḥ. vā́ja-sātau nri-sáhye. 20 yé a°. sómāḥ. yāta. 21 evá. devá-vītim. 22 yádi. vāvaṣānā́ḥ. 23 dānu-dā́ḥ. dānu-pinváḥ. su-medhā́ḥ. 24 nri-cákshāḥ. rayi-pátiḥ.

ṇā́m ṛitám bharat súbhṛitaṃ cā́rv índuḥ || 24 || árvāñ iva ṣrávase sātím áchéndrasya vāyór abhí vītím arsha | sá naḥ sahásrā bṛihatír ísho dā bhávā soma draviṇovít punānáḥ || 25 || 16 ||

devāvyò naḥ parishicyámānāḥ ksháyaṃ suvíraṃ dhanvantu sómāḥ | āyajyávaḥ sumatíṃ viṣvávārā hótāro ná diviyájo mandrátamāḥ || 26 || evá deva devátāte pavasva mahé soma psárase devapā́naḥ | mahā́ṣ cid dhí shmási hitā́ḥ samaryé kṛidhí sushṭhāné ródasī punānáḥ || 27 || áṣvo nó krado vṛíshabhir yujānáḥ siṅhó ná bhīmó mánaso jávīyān | arvācī́naiḥ pathíbhir yé rájishṭhā ā́ pavasva saumanasáṃ na indo || 28 || ṣatáṃ dhā́rā devájātā asṛigran sahásram enāḥ kaváyo mṛijanti | índo sanítraṃ divá ā́ pavasva puraetā́si maható dhánasya || 29 || divó ná sárgā asasṛigram áhnāṃ rā́jā ná mitrám prá mināti dhī́raḥ | pitúr ná putráḥ krátubhir yatāná ā́ pavasva viṣé asyá ā́jītim || 30 || 16 ||

prá te dhā́rā mádhumatīr asṛigran vā́rān yát pūtó atyéshy ávyān | pávamāna pávase dhā́ma gónāṃ jajñānáḥ sū́ryam apinvo arkaíḥ || 31 || kánikradad ánu pánthām ṛitásya ṣukró ví bhāsy amṛítasya dhā́ma | sá índrāya pavase matsarávān hinvānó vā́cam matíbhiḥ kavīnā́m || 32 || divyáḥ suparṇó 'va cakshi soma pínvan dhā́rāḥ kármaṇā devávītau | éndo viṣa kaláṣaṃ somadhā́naṃ krándann ihi sū́ryasyópa raṣmím || 33 || tisró vā́ca īrayati prá váhnir ṛitásya dhītím bráhmaṇo manīshā́m | gā́vo yanti gópatim pṛichámānāḥ sómaṃ yanti matáyo vāvaṣānā́ḥ || 34 || sómaṃ gā́vo dhenávo vāvaṣānā́ḥ sómaṃ víprā matíbhiḥ pṛichámānāḥ |

97, 24 sú-bhṛitam. 25 ácha í°. dāḥ bháva. dravinaḥ-vít. 26 deva-avyàḥ. pari-sicyámānāḥ. su-víram. ā-yajyávaḥ su-matím viṣvá-vārāḥ. divi-yájaḥ. 27 evá. deva-pā́naḥ. hí smási. sa -maryé. susthāné *iti* su-sthāné ródasī *iti*. 28 indo *iti*. 29 dhā́rāḥ devá-jātāḥ. índo *iti*. puraḥ-etā́ asi. 30 asyai. 31 dhā́rāḥ. ati-éshi. 33 su-parṇáḥ áva. devá-vītau ā́ indo *iti*. soma-dhā́nam. sū́ryasya úpa. 34 gó-patim. 35 víprāḥ.

sómaḥ sutáḥ pūyate ajyámānaḥ sóme arkā́s trishṭúbhaḥ sám navante || 35 || 17 ||

evā́ naḥ soma parishicyámāna ā́ pavasva pūyámānaḥ svastí | índram ā́ viṣa bṛihatā́ rávena vardháyā vā́cam janáyā púramdhim || 36 || ā́ jā́gṛivir vípra ṛitā́ matīnā́m sómaḥ punānó asadac camū́shu | sápanti yám mithunā́so níkāmā adhvaryávo rathirā́saḥ suhástāḥ || 37 || sá punāná úpa sū́re ná dhā́tóbhé aprā ródasī ví shá āvaḥ | priyā́ cid yásya priyasā́sa ūtí sá tū́ dhánam kāríṇe ná prá yaṅsat || 38 || sá vardhitā́ várdhanaḥ pūyámānaḥ sómo mīḍhvā́ñ abhí no jyótishāvīt | yénā naḥ pū́rve pitáraḥ padajñā́ḥ svarvído abhí gā́ ádrim ushṇán || 39 || ákrān samudráḥ prathamé vídharmañ janáyan prajā́ bhúvanasya rā́jā | vṛíshā pavítre ádhi sā́no ávye bṛihát sómo vāvṛidhe suvāná índuḥ || 40 || 18 ||

mahát tát sómo mahisháṣ cakārāpā́m yád gárbhó 'vṛiṇīta devā́n | ádadhād índre pávamāna ójó 'janayat sū́rye jyótir índuḥ || 41 || mátsi vāyúm ishṭáye rā́dhase ca mátsi mitrā́váruṇā pūyámānaḥ | mátsi ṣárdho mā́rutam mátsi devā́n mátsi dyā́vāpṛithivī́ deva soma || 42 || ṛijúḥ pavasva vṛijinásya hantā́pā́mīvām bā́dhamāno mṛídhaṣ ca | abhiṣrīṇán páyaḥ páyasābhí gónām índrasya tvám táva vayám sákhāyaḥ || 43 || mádhvaḥ sū́dam pavasva vásva útsam vīrám ca na ā́ pavasvā bhágam ca | svádasvéndrāya pávamāna indo rayím ca na ā́ pavasvā samudrā́t || 44 || sómaḥ sutó dhā́rayā́tyo ná hítvā síndhur ná nimnám abhí vājy ákshāḥ | ā́

97, 35 tri-stúbhaḥ. 36 evá. pari-sicyámānaḥ. vardháya. janáya púram-dhim. 37 asadat. ní-kāmāḥ. su-hástaḥ. 38 dhā́tā ā́ ubhé *iti* aprāḥ ródasī *iti*. sáḥ āvar *ity* āvaḥ. tú. 39 jyótishā ā°. yéna — padajñā́ḥ 62, 2. svaḥ-vídaḥ. 40 ví-dharman. pra-jā́ḥ. sā́nau. vavṛidhe. 41 cakāra a°. gárbhaḥ á°. ójaḥ á°. 42 dyā́vāpṛithivī́ *iti*. 43 hantā́ ápa á°. abhi-ṣrīṇán. páyasā a°. 44 pavasva (2). svádasva í°. indo *iti*. 45 dhā́rayā á°. vājī́ akshār *iti*.

yónim ványam asadat punānáḥ sám índur góbhir asarat sám adbhíḥ || 45 || 19 ||

eshá syá te pavata indra sómaş camū́shu dhíra uşaté távasvān | svàrcakshā rathiráḥ satyáşushmaḥ kámo ná yó devayatā́m ásarji || 46 || eshá pratnéna váyasā punānás tiró várpāṅsi duhitúr dádhānaḥ | vásānaḥ şárma trivárūtham apsú hóteva yāti sámaneshu rébhan || 47 || nū́ nas tvám rathiró deva soma pári srava camvòḥ pūyámānaḥ | apsú svā́dishṭho mádhumāñ ṛitā́vā devó ná yáḥ savitā́ satyámanmā || 48 || abhí vāyúm vīty àrshā griṇānò 'bhí mitrávárunā pūyámānaḥ | abhí náram dhījávanam ratheshṭhā́m abhíndram vṛíshaṇam vájrabāhum || 49 || abhí vástrā suvasanā́ny arshābhí dhenū́ḥ sudúghāḥ pūyámānaḥ | abhí candrā́ bhártave no híraṇyābhy áşvān rathíno deva soma || 50 || 20 ||

abhí no arsha divyā́ vásūny abhí víşvā pā́rthivā pūyámānaḥ | abhí yéna dráviṇam aşnávāmābhy ā̀rsheyám jamadagniván naḥ || 51 || ayā́ pavā́ pavasvainā́ vásūni māṅşcatvá indo sárasi prá dhanva | bradhnáş cid átra vā́to ná jūtáḥ purumédhaş cit tákave náram dāt || 52 || utá na enā́ pavayā́ pavasvā́dhi şruté şravā́yyasya tīrthé | shashṭím sahásrā naigutó vásūni vṛikshám ná pakvám dhūnavad ráṇāya || 53 || máhīmé asya vṛíshanáma şūshé mā́ṅşcatve vā pṛíşane vā vádhatre | ásvāpayan nigútaḥ sneháyac cā́pāmítrāñ ápācíto acetáḥ || 54 || sám trí pavítrā vítatāny eshy ánv ékam dhāvasi pūyámānaḥ | ási bhágo ási dātrásya dātā́si maghávā maghávadbhya indo || 55 || 21 ||

97, 46 pavate. svàḥ-cakshāḥ. satyá-şushmaḥ. 47 tri-várūtham. hótā-iva. 48 nú. ṛitá-vā. satyá-manmā. 49 vītí a° griṇānáḥ a°. abhí. dhī-jávanam rathe-sthā́m abhí í°. vájra-bāhum. 50 su-vasanā́ni arsha a°. su-dúghāḥ. híraṇyā abhí. 51 abhí. aşnávāma abhí ā° jamadagni-vát. 52 pavasva enā́. mā́ṅşcatvé indo *iti* (55). puru-médhaḥ. 53 pavasva á°. 54 máhi imé *iti*. vṛíshanā́ma şūshé *iti*. vádhatre *iti* ásvāpayat ni-gútaḥ sneháyat ca ápa a° ápa acítaḥ aca i°. 55 ví-tatāni. dātā́ ási.

eshá viṣvavít pavate manīshí sómo víṣvasya bhúvanasya rā́jā | drapsā́ñ īráyan vidátheshv índur ví vā́ram ávyaṃ samáyā́ti yāti || 56 || índuṃ rihanti mahishā́ ádabdhāḥ padé rebhanti kaváyo ná gṛídhrāḥ | hinvánti dhírā daṣábhiḥ kshípābhiḥ sám añjate rūpám apā́ṃ rásena || 57 || tvā́yā vayám pávamānena soma bháre kṛitáṃ ví cinuyāma ṣá-ṣvat | tán no mitró váruṇo māmahantām áditiḥ síndhuḥ pṛi-thiví utá dyaúḥ || 58 || 22 ||

98.

Abhí no vājasā́tamaṃ rayím arsha puruspṛíham | índo sahásrabharṇasaṃ tuvidyumnáṃ vibhvāsáham || 1 || pári shyá suvānó avyáyaṃ ráthe ná vármāvyata | índur abhí drúṇā hitó hiyānó dhā́rābhir akshāḥ || 2 || pári shyá suvānó akshā índur ávye mádacyutaḥ | dhā́rā yá ūrdhvó adhvaré bhrājā́ naíti gavyayúḥ || 3 || sá hí tváṃ deva ṣáṣvate vásu mártāya dāṣúshe | índo sahasríṇaṃ rayíṃ ṣatā́tmānaṃ vi-vāsasi || 4 || vayáṃ te asyá vṛitrahan váso vásvaḥ puruspṛí-haḥ | ní nédishṭhatamā isháḥ syáma sumnásyādhrigo || 5 || dvír yám páñca sváyaṣasaṃ svásāro ádrisaṃhatam | pri-yám índrasya kā́myam prasnāpáyanty ūrmíṇam || 6 || 23 ||

pári tyáṃ haryatáṃ hárim babhrúm punanti vā́reṇa | yó devā́n víṣvāñ ít pári mádena sahá gáchati || 7 || asyá vo hy ávasā pā́nto dakshasā́dhanam | yáḥ sūríshu ṣrávo bṛi-hád dadhé svàr ṇá haryatáḥ || 8 || sá vāṃ yajñéshu mānavī índur janishṭa rodasī | devó devī girishṭhā́ ásredhan táṃ

97, 56 viṣva-vít. samáyā áti. 57 dhírāḥ. 58 tán no *etc.* 94, 16. — 98, 1 vāja-sā́tamam. puru-spṛíham índo *iti* sahásra-bharṇasam tuvi-dyumnám vibhva-sáham. 2 syáḥ. várma a°. akshār *iti* (3). 3 máda-cyutaḥ. ná éti. 4 índo *iti*. ṣatá-ātmānam. 5 v. t. a. v. 8, 24, 8. váso *iti*. puru-spṛíhaḥ. sumná-sya adhrigo *ity* adhri-go. 6 svá-yaṣasam. ádri-saṃhatam. p. í. k. 18, 6. pra-snāpáyanti. 8 hí. daksha-sā́dhanam. ná. 9 mā-navī *iti*. rodasī *iti*. devī *iti* giri-sthā́ḥ.

tuvishváṇi || 9 || índrāya soma pā́tave vṛitraghné pári shicyase | náre ca dákshiṇāvate devā́ya sadanāsáde || 10 || té pratnā́so vyùshṭishu sómāḥ pavítre aksharan | apapróthantaḥ sanutár hurasçítaḥ prātás tā́ñ ápracetasaḥ || 11 || táṃ sakhāyaḥ purorúcaṃ yūyáṃ vayáṃ ca sūráyaḥ | aṣyā́ma vā́jagandhyaṃ sanéma vā́japastyam || 12 || 24 ||

99.

Á haryatā́ya dhṛishṇáve dhánus tanvanti paúṅsyaṃ | ṣukrā́ṃ vayanty ásurāya nirṇíjaṃ vipā́m ágre mahīyúvaḥ || 1 || ádha kshapā́ párishkṛito vā́jāñ abhí prá gāhate | yádī vivásvato dhíyo hárim hinvánti yā́tave || 2 || tám asya marjayāmasi mádo yá indrapā́tamaḥ | yáṃ gā́va āsábhir dadhúḥ purā́ nūnáṃ ca sūráyaḥ || 3 || táṃ gā́thayā purāṇyā́ punānám abhy ànūshata | utó kṛipanta dhītáyo devā́nāṃ nā́ma bíbhratīḥ || 4 || tám ukshámāṇam avyáye vā́re punanti dharṇasím | dūtáṃ ná pūrvácittaya ā́ ṣāsate manīshíṇaḥ || 5 || 25 ||

sá punānó madíntamaḥ sómaṣ camū́shu sīdati | paṣaú ná réta ādádhat pátir vacasyate dhiyáḥ || 6 || sá mṛijyate sukármabhir devó devébhyaḥ sutáḥ | vidé yád āsu saṃdadír mahír apó ví gāhate || 7 || sutá indo pavítra ā́ nṛíbhir yató ví nīyase | índrāya matsaríntamaṣ camū́shv ā́ ní shīdasi || 8 || 26 ||

100.

Abhí navante adrúhaḥ priyám índrasya kā́myam | vatsáṃ ná pū́rva ā́yuni jātáṃ rihanti mātáraḥ || 1 || punānā́

98, 9 tuvi-sváni. 10 í. s. p. IX, 11, 8. vṛitra-ghné. sicyase. sadana-sáde. 11 ví-ushṭishu. apa-próthantaḥ. huraḥ-cítaḥ prātár *iti*. ápra-cetasaḥ. 12 puraḥ-rúcam. vā́ja-gandhyam. vā́ja-pastyam. — 99, 1 niḥ-níjam. 2 pári-kṛitaḥ. yádi. 3 indra-pā́tamaḥ. 4 abhí a° utó *iti*. 5 pūrvá-cittaye. 6 ā-dádhat. 7 sukárma-bhiḥ. sam-dadíḥ. 8 indo *iti* pavítre. sīdasi. — 100, 1 abhí. p. í. k. 18, 6. pū́rve.

indav á bhara sóma dvibárhasaṃ rayíṃ | tváṃ vásūni pushyasi víṣvāni dāṣúsho gṛihé || 2 || tváṃ dhíyam manoyújaṃ sṛijá vṛishṭíṃ ná tanyatúḥ | tváṃ vásūni párthivā divyá ca soma pushyasi || 3 || pári te jigyúsho yathā dhárā sutásya dhāvati | ráṅhamāṇā vy àvyáyaṃ váraṃ vājíva sānasíḥ || 4 || krátve dákshāya naḥ kave pávasva soma dhárayā | índrāya pátave sutó mitráya váruṇāya ca || 5 || 27 ||

pávasva vājasátamaḥ pavítre dhárayā sutáḥ | índrāya soma víshṇave devébhyo mádhumattamaḥ || 6 || tváṃ rihanti mātáro hárim pavítre adrúhaḥ | vatsáṃ jātáṃ ná dhenávaḥ pávamāna vídharmaṇi || 7 || pávamāna máhi ṣrávaṣ citrébhir yāsi raṣmíbhiḥ | ṣárdhan támāṅsi jighnase víṣvāni dāṣúsho gṛihé || 8 || tváṃ dyáṃ ca mahivrata pṛithivíṃ cáti jabhrishe | práti drāpím amuñcathāḥ pávamāna mahitvaná || 9 || 28 ||

Caturtho 'dhyāyaḥ.

101.

Purójitī vo ándhasaḥ sutáya mādayitnáve | ápa ṣvánaṃ ṣnathishṭana sákhāyo dīrghajihvyàm || 1 || yó dhárayā pāvakáyā pariprasyándate sutáḥ | índur áṣvo ná kṛítvyaḥ || 2 || táṃ durósham abhí náraḥ sómaṃ viṣvácyā dhiyá | yajñáṃ hinvanty ádribhiḥ || 3 || sutáso mádhumattamāḥ sómā índrāya mandínaḥ | pavítravanto aksharan deván gachantu vo mádāḥ || 4 || índur índrāya pavata íti deváso abruvan | vācás pátir makhasyate víṣvasyéṣāna ójasā || 5 || 1 ||

sahásradhāraḥ pavate samudró vācamīṅkhayáḥ | sómaḥ pátī rayīṇáṃ sákhéndrasya divé-dive || 6 || ayám pūshá ra-

---

100, 2 indo íti. dvi-bárhasam. 3 manaḥ-yújam sṛijá. 4 ví a°. vājí-iva. 6 vāja-sátamaḥ. 7 ví-dharmaṇi. 9 mahi-vrata. ca áti. — 101, 1 puráḥ-jitī. dīrgha-jihvyàm. 2 pari-prasyándate. 3 abhí. 5 pavate. víṣvasya í°. 6 sahásra-dhāraḥ. vācam -īṅkhayáḥ. pátiḥ. sákhā í°.

yír bhágaḥ sómaḥ punānó arshati | pátir víṣvasya bhúmano vy àkhyad ródasī ubhé || 7 || sám u priyá́ anūshata gávo mádāya ghṛíshvayaḥ | sómāsaḥ kṛiṇvate patháḥ pávamānāsa índavaḥ || 8 || yá ójishṭhas tám á́ bhara pávamāna ṣraváyyam | yáḥ páñca carshaṇír abhí rayím yéna váṇāmahai || 9 || sómāḥ pavanta índavo 'smábhyaṃ gātuvíttamāḥ | mitráḥ suvāná́ arepásaḥ svādhyàḥ svarvídaḥ || 10 || 2 ||

sushvāṇáso vy ádribhiṣ cítānā gór ádhi tvací | ísham asmábhyam abhítaḥ sám asvaran vasuvídaḥ || 11 || eté pūtá́ vipaṣcítaḥ sómāso dádhyāṣiraḥ | sū́ryāso ná darṣatáso jigatnávo dhruvá́ ghṛité || 12 || prá sunvānásyándhaso márto ná vṛita tád vácaḥ | ápa ṣvā́nam arādhásaṃ hatá́ makháṃ ná bhṛígavaḥ || 13 || á́ jāmír átke avyata bhujé ná putrá oṇyòḥ | sáraj jāró ná yóshaṇāṃ varó ná yónim āsádam || 14 || sá vīró dakshasá́dhano ví yás tastámbha ródasī | háriḥ pavítre avyata vedhá́ ná yónim āsádam || 15 || ávyo vá́rebhiḥ pavate sómo gávye ádhi tvací | kánikradad vṛíshā hárir índrasyābhy èti nishkṛitám || 16 || 3 ||

102.

Krāṇá́ ṣíṣur mahínāṃ hinvánn ṛitásya dídhitim | víṣvā pári priyá́ bhuvad ádha dvitá́ || 1 || úpa tritásya pāshyòr ábhakta yád gúhā padám | yajñásya saptá dhámabhir ádha priyám || 2 || tríṇi tritásya dhá́rayā pṛishṭhéshv érayā rayím | mímīte asya yójanā ví sukrátuḥ || 3 || jajñānáṃ saptá mātáro vedhám aṣāsata ṣriyé | ayáṃ dhruvó rayīṇáṃ cíketa yát || 4 || asyá vraté sajóshaso víṣve deváso adrúhaḥ | spārhá́ bhavanti rántayo jushánta yát || 5 || 4 ||

101, 7 ví a° ródasī *iti* ubhé *iti*. 10 pavante. gātuvít-tamāḥ. su-ādhyàḥ svaḥ-vídaḥ. 11 susvānā́saḥ ví. cítānāḥ. vasu-vídaḥ. 12 pūtá́ḥ vipaḥ-cítaḥ. dádhi-āṣiraḥ. dhruvá́ḥ. 13 sunvānásya á°. hatá. 14 sárat. ā-sádam (15). 15 daksha-sá́dhanaḥ. ródasī *iti*. vedhá́ḥ. 16 índrasya abhí eti niḥ-kṛitám. — 102, 3 á́ īraya. su-krátuḥ. 5 sa-jóshasaḥ. spārhá́ḥ.

yám ī gárbham ṛitāvṛídho dṛiṣé cárum ájījanan | kavím máṅhishṭham adhvaré puruspṛíham || 6 || samīcīné abhí tmánā yahví ṛitásya mātárā | tanvāná yajñám ānushág yád añjaté || 7 || krátvā ṣukrébhir akshábhir ṛiṇór ápa vrajáṃ diváḥ | hinvánn ṛitásya dídhitim prádhvaré || 8 || 5 ||

103.

Prá punānáya vedháse sómāya váca údyatam | bhṛitíṃ ná bharā matíbhir jújoshate || 1 || pári vắrāṇy avyáyā góbhir añjānó arshati | trí shadhásthā punānáḥ kṛiṇute háriḥ || 2 || pári kóṣam madhuṣcútam avyáye vắre arshati | abhí vắṇīr ṛíshīṇāṃ saptá nūshata || 3 || pári ṇetá matīnáṃ viṣvádevo ádābhyaḥ | sómaḥ punānáṣ camvòr viṣad dháriḥ || 4 || pári daívīr ánu svadhắ índreṇa yāhi sarátham | punānó vāghád vāghádbhir ámartyaḥ || 5 || pári sáptir ná vājayúr devó devébhyaḥ sutáḥ | vyānaṣíḥ pávamāno ví dhāvati || 6 || 6 ||

Shashṭho 'nuvākaḥ.

104.

Sákhāya ấ ní shīdata punānáya prá gāyata | ṣíṣuṃ ná yajñaíḥ pári bhūshata ṣriyé || 1 || sám ī vatsáṃ ná mātṛíbhiḥ sṛijátā gayasádhanam | devāvyàm mádam abhí dvíṣavasam || 2 || punátā dakshasádhanaṃ yáthā ṣárdhāya vītáye | yáthā mitráya várunāya ṣáṃtamaḥ || 3 || asmábhyaṃ tvā vasuvídam abhí vắṇīr anūshata | góbhish ṭe várṇam abhí vāsayāmasi || 4 || sá no madānām pata índo devápsarā asi |

102, 6 īm *iti*. ṛita-vṛídhaḥ. puru-spṛíham. 7 samīcīné *iti* sam -īcīné. yahví *iti*. tanvānáḥ. 8 prá a°. — 103, 1 út-yatam. bhara. 2 sadhá-sthā. 3 madhu-ṣcútam. 4 netá. viṣvá-devaḥ. háriḥ. 5 sa-rátham. 6 vi-ānaṣíḥ. — 104, 1 sīdata. 2 īm *iti*. sṛijáta gaya-sádhanam deva-avyàm. dví-ṣavasam. 3 punáta daksha -sádhanam. 4 vasu-vídam. góbhiḥ te. 5 pate índo *iti* devá -psarāḥ.

sákheva sákhye gātuvíttamo bhava || 5 || sánemi kṛidhy àsmád á̄ rakshásaṃ káṃ cid atríṇam | ápádevaṃ dvayúm áṅho yuyodhi naḥ || 6 || 7 ||

105.

Táṃ vaḥ sakhāyo mádāya punānám abhí gāyata | síṣuṃ ná yajñaíḥ svadayanta gūrtíbhiḥ || 1 || sáṃ vatsá iva mātṛíbhir índur hinvānó ajyate | devāvír mádo matíbhiḥ párishkṛitaḥ || 2 || ayáṃ dákshāya sá̄dhano 'yáṃ ṣárdhāya vītáye | ayáṃ devébhyo mádhumattamaḥ sutáḥ || 3 || góman na indo áṣvavat sutáḥ sudaksha dhanva | ṣúciṃ te várṇam ádhi góshu dīdharam || 4 || sá no harīṇā̄m pata índo devápsarastamaḥ | sákheva sákhye náryo rucé bhava || 5 || sánemi tvám asmád á̄ṅ ádevaṃ káṃ cid atríṇam | sāhvá̄ṅ indo pári bá̄dho ápa dvayúm || 6 || 8 ||

106.

Índram ácha sutá̄ imé vṛíshaṇaṃ yantu hárayaḥ | ṣrushṭí jātā́sa índavaḥ svarvídaḥ || 1 || ayám bhárāya sānasír índrāya pavate sutáḥ | sómo jaítrasya cetati yáthā vidé || 2 || asyéd índro mádeshv á̄ grābháṃ gṛibhṇīta sānasím | vájraṃ ca vṛíshaṇam bharat sám apsujít || 3 || prá dhanvā soma já̄gṛivir índrāyendo pári srava | dyumántaṃ ṣúshmam á̄ bharā svarvídam || 4 || índrāya vṛíshaṇam mádam pávasva viṣvádarṣataḥ | sahásrayāmā pathikṛíd vicakshaṇáḥ || 5 || 9 ||

asmábhyaṃ gātuvíttamo devébhyo mádhumattamaḥ | sa-

104, 5 sákhā-iva. gātuvít-tamaḥ. 6 kṛidhí a°. ápa á°. — 105, 1 ṣ. n. y. IX, 104, 1. 2 deva-avíḥ. pári-kṛitaḥ. 4 gó-mat. indo *iti*. su-daksha. 5 pate índo *iti* devápsaraḥ-tamaḥ sákhā-iva. 6 ā̆. sahvā̄n indo *iti*. — 106, 1 svaḥ-vídaḥ. 3 a. í. m. á̄ IX, 1, 10. apsu-jít. 4 dhanva. í. p. s. VIII, 91, 3. bhara svaḥ-vídam. 5 viṣvá-darṣataḥ sahásra-yāmā pathi-kṛít vi-cakshaṇáḥ. 6 gātuvít-tamaḥ.

hásram yāhi pathíbhiḥ kánikradat || 6 || pávasva devávītaya índo dhárābhir ójasā | á kaláśam mádhumān soma naḥ sadaḥ || 7 || táva drapsá udaprúta índram mádāya vāvṛidhuḥ | tvám deváso amṛítāya kám papuḥ || 8 || á naḥ sutāsa indavaḥ punāná dhāvatā rayím | vṛishṭídyāyo rītyāpaḥ svarvídaḥ || 9 || sómaḥ punāná ūrmíṇávyo váram ví dhāvati | ágre vācáḥ pávamānaḥ kánikradat || 10 || 10 ||

dhībhír hinvanti vājínam váne krílantam átyavim | abhí tripṛishṭhám matáyaḥ sám asvaran || 11 || ásarji kaláśāñ abhí mīḷhé sáptir ná vājayúḥ | punānó vácam janáyann asishyadat || 12 || pávate haryató hárir áti hvárāṅsi ráṅhyā | abhyárshan stotṛíbhyo vīrávad yáśaḥ || 13 || ayá pavasva devayúr mádhor dhárā asṛikshata | rébhan pavítram páry eshi viśvátaḥ || 14 || 11 ||

107.

Párītó shiñcatā sutám sómo yá uttamám havíḥ | dadhanváñ yó náryo apsv àntár á susháva sómam ádribhiḥ || 1 || nūnám punānó 'víbhiḥ pári sravádabdhaḥ surabhíntaraḥ | suté cit tvāpsú madāmo ándhasā śrīṇánto góbhir úttaram || 2 || pári suvānáś cákshase devamádanaḥ krátur índur vicakshaṇáḥ || 3 || punānáḥ soma dhárayāpó vásāno arshasi | á ratnadhá yónim ṛitásya sīdasy útso deva hiraṇyáyaḥ || 4 || duhāná údhar divyám mádhu priyám pratnám sadhásthám ásadat | āpṛíchyam dharúṇam vājy àrshati nṛíbhir dhūtó vicakshaṇáḥ || 5 || 12 ||

punānáḥ soma jágṛivir ávyo váre pári priyáḥ | tvám

106, 7 devá-vītaye índo *iti*. 8 uda-prútaḥ. vavṛidhuḥ. 9 punānáḥ dhāvata. vṛishṭí-dyāvaḥ rīti-āpaḥ svaḥ-vídaḥ. 10 ūrmíṇā á°. 11 áti-avim. tri-pṛishṭhám. 12 asisyadat. 13 abhi-árshan. — 107, 1 pári i° siñcata. ap-sú a°. susáva. 2 ávi-bhiḥ. srava á°. tvā a°. 3 deva-mádanaḥ. vi-cakshaṇáḥ (5. 7. 16). 4 dhárayā a°. ratna-dháḥ. 5 údhaḥ. sadhástham á a° ā-pṛichyam. vājī a°.

vípro abhavó 'ṅgirastamo mádhvā yajñám mimiksha naḥ || 6 || sómo mīḍhvān pavate gātuvíttama ṛíshir vípro vicakshaṇáḥ | tvám kavír abhavo devavítama á sūryaṃ rohayo diví || 7 || sóma u shuvāṇáḥ sotṛíbhir ádhi shṇúbhir ávīnām | áṣvayeva harítā yāti dhárayā mandráyā yāti dhárayā || 8 || anūpé gómān góbhir akshāḥ sómo dugdhábhir akshāḥ | samudráṃ ná saṃváraṇāny agman mandí mádāya toṣate || 9 || á soma suvānó ádribhis tiró várāṇy avyáyā | jáno ná purí camvòr viṣad dhárih sádo váneshu dadhishe || 10 || 13 ||

sá māmṛije tiró áṇvāni meshyò mīḷhé sáptir ná vājayúḥ | anumádyaḥ pávamāno manīshíbhiḥ sómo víprebhir ṛíkvabhiḥ || 11 || prá soma devávītaye síndhur ná pipye árṇasā | aṅṣóḥ páyasā madiró ná jágṛivir áchā kóṣam madhuṣcútam || 12 || á haryató árjune átke avyata priyáḥ sūnúr ná márjyaḥ | tám īṃ hinvanty apáso yáthā ráthaṃ nadíshv á gábhastyoḥ || 13 || abhí sómāsa āyávaḥ pávante mádyam mádam | samudrásyádhi vishṭápi manīshíṇo matsarásaḥ svarvídaḥ || 14 || tárat samudrám pávamāna ūrmíṇā rájā devá ṛitám bṛihát | árshan mitrásya váruṇasya dhármaṇā prá hinvāná ṛitám bṛihát || 15 || 14 ||

nṛíbhir yemānó haryató vicakshaṇó rájā deváḥ samudríyaḥ || 16 || índrāya pavate mádaḥ sómo marútvate sutáḥ | sahásradhāro áty ávyam arshati tám ī mṛijanty āyávaḥ || 17 || punānáṣ camū́ janáyan matíṃ kavíḥ sómo devéshu raṇyati | apó vásānaḥ pári góbhir úttaraḥ sídan váneshv avyata || 18 || tavāhám soma rāraṇa sakhyá indo divé-dive |

107, 6 abhavaḥ á⁰. 7 gātuvít-tamaḥ. deva-vítamaḥ. 8 suvānáḥ. snú-bhiḥ. áṣvayā-iva. 9 akshār *iti* (2). sam-váraṇāni. 10 háriḥ. 11 mamṛije. anu-mádyaḥ. 12 devá-vītaye. ácha. madhu-ṣcútam. 14 samudrásya á⁰. svaḥ-vídaḥ. 15 árshat. 17 sahásra-dhāraḥ. īm *iti*. 18 camū́ *iti*. 19 táva a⁰. raraṇa sakhyé indo *iti*.

purúṇi babhro ní cáranti mấm áva paridhíñr áti tấñ ihi || 19 || utấhám náktam utá soma te dívā sakhyấya babhra ū́dhani | ghriṇấ tápantam áti sū́ryam paráḥ ṣakuná iva paptima || 20 || 15 ||

mṛijyámānaḥ suhastya samudré vā́cam invasi | rayím piṣáñgam bahulám puruspṛíham pávamānābhy àrshasi || 21 || mṛijānó vā́re pávamāno avyáye vṛíshā́va cakrado váne | devā́nām soma pavamāna nishkṛitám góbhir añjānó arshasi || 22 || pávasva vā́jasātaye 'bhí víṣvāni kā́vyā | tvám samudrám prathamó ví dhārayo devébhyaḥ soma matsaráḥ || 23 || sá tū́ pavasva pári pā́rthivam rájo divyá ca soma dhármabhiḥ | tvā́m víprāso matíbhir vicakshaṇa ṣubhrám hinvanti dhītíbhiḥ || 24 || pávamānā asṛikshata pavítram áti dhárayā | marútvanto matsarā́ indriyā́ háyā medhā́m abhí práyāñsi ca || 25 || apó vásānaḥ pári kóṣam arshatíndur hiyānáḥ sotríbhiḥ | janáyañ jyótir mandánā avīvaṣad gā́ḥ kṛiṇvānó ná nirṇíjam || 26 || 16 ||

108.

Pávasva mádhumattama índrāya soma kratuvíttamo mádaḥ | máhi dyukshátamo mádaḥ || 1 || yásya te pītvấ vṛishabhó vṛishāyáte 'syá pītā́ svarvídaḥ | sá supráketo abhy àkramīd íshó 'chā vā́jam naítaṣaḥ || 2 || tvám hy àñgá daívyā pávamāna jánimāni dyumáttamaḥ | amṛitatvā́ya ghoshā́yaḥ || 3 || yénā návagvo dadhyáññ aporṇuté yéna víprāsa āpiré | devā́nām sumné amṛítasya cā́ruṇo yéna ṣrávāñsy

107, 19 babhro *iti*. pari-dhín. 20 utá a°. babhro *iti*. 21 su-hastya. puru-spṛíham pávamāna abhí a°. 22 vṛíshā áva. niḥ-kṛitám. 23 vā́ja-sātaye. 24 sá — rájo IX, 72, 8. vi-cakshaṇa. 25 indriyā́ḥ háyāḥ. 26 a. v. p. 18. arshati í. niḥ-níjam. — 108, 1 kratuvít-tamaḥ. 2 vṛisha-yáte. svaḥ-vídaḥ. su-práketaḥ abhí a° íshaḥ ácha. ná é°. 3 hí a°. 4 yéna náva-gvaḥ. apa-ūrṇuté.

ānaṣúḥ || 4 || eshá syá dhárayā sutó 'vyo várebhiḥ pavate madíntamaḥ | kríḷann ūrmír apám iva || 5 || 17 ||

yá usríyā ápyā antár áṣmano nír gá ákṛintad ójasā | abhí vrajám tatnishe gávyam áṣvyam varmíva dhṛishṇav á ruja || 6 || á sotā pári shiñcatáṣvam ná stómam aptúram rajastúram | vanakrakshám udaprútam || 7 || sahásradhāram vṛishabhám payovṛídham priyám deváya jánmane | riténa yá ṛitájāto vivāvṛidhé rájā devá ṛitám bṛihát || 8 || abhí dyumnám bṛihád yáṣa íshas pate didīhí deva devayúḥ | ví kóṣam madhyamám yuva || 9 || á vacyasva sudaksha camvòḥ sutó viṣám váhnir ná viṣpátiḥ | vṛishṭím diváḥ pavasva rītím apám jínvā gávishṭaye dhíyaḥ || 10 || 18 ||

etám u tyám madacyútam sahásradhāram vṛishabhám dívo duhuḥ | víṣvā vásūni bíbhratam || 11 || vṛíshā ví jajñe janáyann ámartyaḥ pratápañ jyótishā támaḥ | sá súshṭutaḥ kavíbhir nirṇíjam dadhe tridhátv asya dáṅsasā || 12 || sá sunve yó vásūnām yó rāyám ānetá yá íḷānām | sómo yáḥ sukshitīnám || 13 || yásya na índraḥ píbād yásya marúto yásya vāryamáṇā bhágaḥ | á yéna mitrávárunā kárāmaha éndram ávase mahé || 14 || índrāya soma pátave nṛíbhir yatáḥ svāyudhó madíntamaḥ | pávasva mádhumattamaḥ || 15 || índrasya hárdi somadhánam á viṣa samudrám iva síndhavaḥ | júshṭo mitráya várunāya vāyáve divó vishṭambhá uttamáḥ || 16 || 19 ||

109.

Pári prá dhanvéndrāya soma svādúr mitrāya pūshṇé

108, 5 ávyaḥ. 6 varmí-iva dhṛishṇo *iti*. 7 sota. siñcata á°. ap-túram rajaḥ-túram vana-krakshám uda-prútam. 8 sahásra-dhāram. payaḥ-vṛídham. ṛitá-jātaḥ vi-vavṛidhé. 10 su-daksha. jínva gó-ishṭaye. 11 mada-cyútam sahásra-dhāram. 12 pra-tápan. sú-stutaḥ. niḥ-níjam. tri-dhátu. 13 ā-netá. su-kshitīnám. 14 vā a°. kárāmahe á í°. 15 su-āyudháḥ. 16 soma-dhánam. — 109, 1 dhanva í°.

bhágāya || 1 || índras te soma sutásya peyāḥ krátve dákshāya víṣve ca deváḥ || 2 || evā́mṛítāya mahé ksháyāya sá ṣukró arsha divyáḥ pīyū́shaḥ || 3 || pávasva soma mahā́n samudráḥ pitā́ devā́nām víṣvābhí dhā́ma || 4 || ṣukráḥ pavasva devébhyaḥ soma divé pṛithivyaí ṣáṃ ca prajā́yai || 5 || divó dhartā́si ṣukráḥ pīyū́shaḥ satyé vídharman vājī́ pavasva || 6 || pávasva soma dyumnī́ sudhāró mahā́m ávīnām ánu pūrvyáḥ || 7 || nṛíbhir yemānó jajñānáḥ pūtáḥ ksharad víṣvāni mandráḥ svarvít || 8 || índuḥ punānáḥ prajā́m urāṇáḥ kárad víṣvāni dráviṇāni naḥ || 9 || pávasva soma krátve dákshāyā́ṣvo ná niktó vājī́ dhánāya || 10 || 20 ||

táṃ te sotā́ro rásam mádāya punánti sómam mahé dyumnā́ya || 11 || ṣíṣuṃ jajñānáṃ hárim mṛijanti pavítre sómaṃ devébhya índum || 12 || índuḥ pavishṭa cā́rur mádāyāpā́m upásthe kavír bhágāya || 13 || bíbharti cā́rv índrasya nā́ma yéna víṣvāni vṛitrā́ jaghā́na || 14 || píbanty asya víṣve devā́so góbhiḥ ṣrītásya nṛíbhiḥ sutásya || 15 || prá suvānó akshāḥ sahásradhāras tiráḥ pavítraṃ ví vā́ram ávyam || 16 || sá vājy àkshāḥ sahásraretā adbhír mṛijānó góbhiḥ ṣrīṇānáḥ || 17 || prá soma yāhíndrasya kukshā́ nṛíbhir yemānó ádribhiḥ sutáḥ || 18 || ásarji vājī́ tiráḥ pavítram índrāya sómaḥ sahásradhāraḥ || 19 || añjánty enam mádhvo rásenéndrāya vṛíshṇa índum mádāya || 20 || devébhyas tvā vṛíthā pā́jase 'pó vásānaṃ hárim mṛijanti || 21 || índur índrāya tosate ní tosate ṣrīṇánn ugró riṇánn apáḥ || 22 || 21 ||

110.

Páry ū shú prá dhanva vā́jasātaye pári vṛitrā́ṇi sakshá-

109, 3 evá a°. 4 víṣvā a°, 5 pra-jā́yai. 6 dhartā́ asi. ví-dharman. 7 su-dhāráḥ. 8 svaḥ-vít. 9 pra-jā́m 10 dákshāya á°. 13 mádāya a° upá-sthe. 16 akshār *iti* sahásra-dhāraḥ (19). 17 vājī́ akshār *iti* sahásra-retāḥ. 18 yāhi í°. 20 rásena í° vṛíshṇe. — 110, 1 ūṃ *iti* sú. vā́ja-sātaye.

ṇiḥ | dvishás tarádhyā riṇayá na īyase || 1 || ánu hí tvā sutám soma mádāmasi mahé samaryarájye | vájāñ abhí pavamāna prá gāhase || 2 || ájījano hí pavamāna sū́ryam vidháre ṣákmanā páyaḥ | gójīrayā ráṅhamāṇaḥ púraṃdhyā || 3 || ájījano amṛita mártyeshv áñ ṛitásya dhármann amṛ́itasya cáruṇaḥ | sádāsaro vájam áchā sánishyadat || 4 || abhy-àbhi hí ṣrávasā tatárdithótsaṃ ná káṃ cij janapánam ákshitam | ṣáryābhir ná bháramāṇo gábhastyoḥ || 5 || ád īṃ ké cit páṣyamānāsa ápyaṃ vasurúco divyá abhy ànūshata | váraṃ ná deváḥ savitá vy ùrṇute || 6 || 22 ||

tvé soma prathamá vṛiktábarhisho mahé vájāya ṣrávase dhíyaṃ dadhuḥ | sá tváṃ no vīra vīryàya codaya || 7 || diváḥ pīyū́sham pūrvyáṃ yád ukthyàm mahó gāhád divá á nír adhukshata | índram abhí jáyamānaṃ sám asvaran || 8 || ádha yád imé pavamāna ródasī imá ca víṣvā bhúvanābhí majmánā | yūthé ná nishṭhá vṛishabhó ví tishṭhase || 9 || sómaḥ punānó avyáye váre ṣíṣur ná krī́ḷan pávamāno akshāḥ | sahásradhāraḥ ṣatávāja índuḥ || 10 || eshá punānó mádhumāñ ṛitávéndrāyénduḥ pavate svādúr ūrmíḥ | vājasánir varivovíd vayodháḥ || 11 || sá pavasva sáhamānaḥ pṛitanyū́n sédhan rákshāṅsy ápa durgáhāṇi | svāyudháḥ sāsahvá̄n soma ṣátrūn || 12 || 23 ||

111.

Ayá rucá háriṇyā punānó víṣvā dvéshāṅsi tarati svayúgvabhiḥ sū́ro ná svayúgvabhiḥ | dhárā sutásya rocate

---

110, 1 tarádhyai riṇa-yáḥ. 2 samarye-rájye. 3 vi-dháre. gó-jīrayā. púram-dhyā. 4 á. sádā aº. ácha sánisyadat. 5 abhí -abhi. tatárditha úº. cit jana-pánam. 6 vasu-rúcaḥ. abhí aº. ví ūº. 7 tvé *iti*. prathamáḥ vṛiktá-barhishaḥ. 9 imé *iti*. ródasī *iti*. bhúvanā aº. niḥ-stháḥ. 10 akshār *iti* sahásra-dhāraḥ ṣatá-vājaḥ. 11 ṛitá-vā índrāya íº. vāja-sániḥ varivaḥ-vít vayaḥ -dháḥ. 12 duḥ-gáhāni su-ayudháḥ saº. — 111, 1 svayúgva-bhiḥ.

punānó arushó hárih | víṣvā yád rūpá pariyáty ṛíkvabhiḥ saptásyebhir ṛíkvabhiḥ || 1 || tvám tyát paṇīnám vido vásu sám mātṛíbhir marjayasi svá á dáma ṛitásya dhītíbhir dáme | parāváto ná sáma tád yátrā ráṇanti dhītáyaḥ | tridhátubhir árushībhir váyo dadhe rócamāno váyo dadhe || 2 || pū́rvām ánu pradíṣam yāti cékitat sám raṣmíbhir yatate darṣató rátho daívyo darṣató ráthaḥ | ágmann ukthắni paúṅsyéndram jaítrāya harshayan | vájraṣ ca yád bhávatho ánapacyutā samátsv ánapacyutā || 3 || 24 ||

112.

Nānānám vá u no dhíyo ví vratáni jánānām | tákshā rishṭám rutám bhishág brahmá sunvántam ichatī́ndrāyendo pári srava || 1 || járatībhir óshadhībhiḥ parṇébhiḥ ṣakunánām | kārmāró áṣmabhir dyúbhir híraṇyavantam ichatī́ndrāyendo pári srava || 2 || kārúr ahám tató bhishág upalaprakshíṇī naná | nánādhiyo vasūyávó 'nu gá iva tasthiméndrāyendo pári srava || 3 || áṣvo vóḷhā sukhám rátham hasanám upamantríṇaḥ | ṣépo rómaṇvantau bhedaú vár ín maṇḍū́ka ichatī́ndrāyendo pári srava || 4 || 25 ||

113.

Ṣaryaṇávati sómam índraḥ pibatu vṛitrahá | bálam dádhāna ātmáni karishyán vīryàm mahád índrāyendo pári srava || 1 || á pavasva diṣām pata ārjīkát soma mīḍhvaḥ | ṛitavākéna satyéna ṣraddháyā tápasā sutá índrāyendo pári srava || 2 || parjányavṛiddham mahishám tám sū́ryasya du-

111, 1 pari-yā́ti. saptá-āsyebhiḥ. 2 své. dáme. yátra. tridhấtu-bhiḥ. 3 pra-díṣam. paúṅsyā í°. ánapa-cyutā (2) samát-su. — 112, 1 vaí. ichati. índrāyendo *etc.* 8, 91, 3. 3 upala-prakshíṇī. nánā-dhiyaḥ vasu-yávaḥ ánu. tasthima. 4 su-khám. upa-mantríṇaḥ. ít. — 113, 1 vṛitra-há. 2 pate. ṛita-vākéna. 3 parjánya-vṛiddham.

hitábharat | tám̐ gandharváḥ práty agṛibhṇan tám̐ sóme rásam ádadhur índrāyendo pári srava || 3 || ṛitám̐ vádann ṛitadyumna satyám̐ vádan satyakarman | sraddhám̐ vádan soma rājan dhātrá soma párishkṛita índrāyendo pári srava || 4 || satyámugrasya bṛihatáḥ sám̐ sravanti sam̐sraváḥ | sám̐ yanti rasíno rásāḥ punānó bráhmaṇā hara índrāyendo pári srava || 5 || 26 ||

yátra brahmá pavamāna chandasyàm̐ vácam̐ vádan | grávṇā sóme mahīyáte sómenānandám̐ janáyann índrāyendo pári srava || 6 || yátra jyótir ájasram̐ yásmiñ loké svàr hitám | tásmin mám̐ dhehi pavamānāmṛíte loké ákshita índrāyendo pári srava || 7 || yátra rájā vaivasvató yátrāvaródhanam̐ diváḥ | yátrāmúr yahvátīr ápas tátra mám amṛítam̐ kṛidhíndrāyendo pári srava || 8 || yátrānukāmám̐ cáraṇam̐ trināké tridivé diváḥ | loká yátra jyótishmantas tátra mám amṛítam̐ kṛidhíndrāyendo pári srava || 9 || yátra kámā nikāmás ca yátra bradhnásya vishṭápam | svadhá ca yátra tṛíptis ca tátra mám amṛítam̐ kṛidhíndrāyendo pári srava || 10 || yátrānandás ca módās ca múdaḥ pramúda ásate | kámasya yátrāptáḥ kámās tátra mám amṛítam̐ kṛidhíndrāyendo pári srava || 11 || 27 ||

114.

Yá índoḥ pávamānasyánu dhámāny ákramīt | tám āhuḥ suprajá íti yás te somávidhan mána índrāyendo pári srava || 1 || ṛíshe mantrakṛítām̐ stómaiḥ kásyapodvardháyan gíraḥ |

113, 3 duhitá á a°. á a°. 4 ṛita-dyumna. satya-karman. pári-kṛitaḥ. 5 satyám-ugrasya. sam-sraváḥ. hare. 6 sómena ā-nandám. pavamāna a°. ákshite. 8 yátra ava-ródhanam. yátra a°. kṛidhi (9—11). 9 yátra anu-kāmám. tri-nāké tri-divé. lokáḥ. 10 kámāḥ ni-kāmáḥ. 11 yátra ā-nandáḥ. pra-múdaḥ. yátra ā°. — 114, 1 pávamānasya ánu. su-prajáḥ. soma ávidhat. 2 mantra-kṛítām. kásyapa ut-vardháyan.

sómaṃ namasya rájānaṃ yó jajñé vīrúdhām pátir índrāyendo pári srava || 2 || saptá díṣo nánāsūryāḥ saptá hótāra ṛitvíjaḥ | devá ādityá yé saptá tébhiḥ somābhí raksha na índrāyendo pári srava || 3 || yát te rājañ chṛitáṃ havís téna somābhí raksha naḥ | arātīvá má nas tārīn mó ca naḥ kíṃ canámamad índrāyendo pári srava || 4 || 28 ||

Saptamo 'nuvākaḥ.

NAVAMAM MAṆḌALAM.

114, 3 nánā-sūryāḥ. ādityáḥ. soma abhí. 4 ṣritám. soma a°. arāti-vá. tārīt mó *iti*. caná āmamat.

1.

Ágre bṛihánn ushásām ūrdhvó asthān nirjaganván támaso jyótishágāt | agnír bhānúnā rúṣatā sváñga á jātó víṣvā sádmāny aprāḥ || 1 || sá jātó gárbho asi ródasyor ágne cárur víbhṛita óshadhīshu | citráḥ ṣíṣuḥ pári támāṅsy aktún prá mātṛíbhyo ádhi kánikradat gāḥ || 2 || víshṇur itthá paramám asya vidváñ jātó bṛihánn abhí pāti tṛitíyam | āsá yád asya páyo ákrata sváṃ sácetaso abhy àrcanty átra || 3 || áta u tvā pitubhṛíto jánitrīr annāvṛídham práti caranty ánnaiḥ | tá īm práty eshi púnar anyárūpā ási tváṃ vikshú mánushīshu hótā || 4 || hótāraṃ citráratham adhvarásya yajñásya-yajñasya ketúṃ rúṣantam | prátyardhiṃ devásya-devasya mahná ṣriyá tv àgním átithiṃ jánānām || 5 || sá tú vástrāṇy ádha péṣanāni vásāno agnír nábhā pṛithivyáḥ | arushó jātáḥ padá íḷāyāḥ puróhito rājan yakshīhá deván || 6 || á hí dyávāpṛithiví agna ubhé sádā putró ná mātárā tatántha | prá yāhy áchoṣató yavishṭháthá vaha sahasyehá deván || 7 || 29 ||

1, 1 asthāt niḥ-jaganván. jyótishā á a°. su-áñgaḥ. 2 ví-bhṛitaḥ. 3 sá-cetasaḥ abhí a°. 4 pitu-bhṛítaḥ. anna-vṛídham. anyá-rūpāḥ. 5 citrá-ratham. práti-ardhim. tú a°. 6 padé. puráḥ-hitaḥ. yakshi ihá. 7 dyávāpṛithiví *iti* agne ubhé *iti*. ácha u° yavishṭha átha á. sahasya ihá.

2.

Piprīhí deváñ uṣató yavishṭha vidváñ ritúñr ritupate yajehá | yé daívyā ritvíjas tébhir agne tvám hótṝṇām asy áyajishṭhaḥ || 1 || véshi hotrám utá potrám jánānām mandhātási draviṇodá ritávā | sváhā vayám kriṇávāmā havíṅshi devó deván yajatv agnír árhan || 2 || á devánām ápi pánthām aganma yác chaknávāma tád ánu právoḷhum | agnír vidván sá yajāt séd u hótā só adhvarán sá ritún kalpayāti || 3 || yád vo vayám pramināma vratáni vidúshām devā ávidushṭarāsaḥ | agnísh ṭád víṣvam á priṇāti vidván yébhir deváñ ritúbhiḥ kalpáyāti || 4 || yát pākatrá mánasā dīnádakshā ná yajñásya manvaté mártyāsaḥ | agnísh ṭád dhótā kratuvíd vijānán yájishṭho deváñ rituṣó yajāti || 5 || víṣveshām hy àdhvaráṇām ánīkam citrám ketúm jánitā tvā jajána | sá á yajasva nrivátīr ánu kshá spārhá íshaḥ kshumátīr viṣvájanyāḥ || 6 || yám tvā dyávāprithiví yám tvápas tváshṭā yám tvā sujánimā jajána | pánthām ánu pravidván pitriyáṇam dyumád agne samidhānó ví bhāhi || 7 || 30 ||

3.

Inó rājann aratíḥ sámiddho raúdro dákshāya sushumáñ adarṣi | cikíd ví bhāti bhāsá brihatásiknīm eti rúṣatīm apájan || 1 || krishṇám yád énīm abhí várpasā bhúj janáyan yóshām brihatáḥ pitúr jám | ūrdhvám bhānúm sūryasya stabhāyán divó vásubhir aratír ví bhāti || 2 || bhadró bhadráyā sácamāna ágāt svásāram jāró abhy èti paṣcát | su-

2, 1 ritu-pate yaja ihá. á-yajishṭhaḥ. 2 v. h. u. p. 76, 4. mandhātá asi draviṇaḥ-dáḥ ritá-vā. kriṇávāma. 3 yát ṣ°. prá -voḷhum. sáḥ ít. 4 pra-mināma. áviduḥ-tarāsaḥ agníḥ tát. 5 dīná -dakshaḥ. agníḥ tát hótā kratu-vít vi-jānán. 6 hí a°. kshāḥ. viṣvá-janyāḥ. 7 dyávāprithiví *iti*. tvā á°. su-jánimā. pra-vidván pitri-yánam. sam-idhānáḥ. — 3, 1 sám-iddhaḥ. susu-mán. brihatá á°. apa-ájan. 2 bhūt. 3 á a°. abhí eti. su-praketaíḥ.

praketaír dyúbhir agnír vitíshṭhan rúṣadbhir várṇair abhí rāmám asthāt || 3 || asyá yā́māso bṛiható ná vagnū́n índhānā agnéḥ sákhyuḥ ṣivásya | íḍyasya vṛíshṇo bṛihatáḥ sváso bhā́māso yā́mann aktávaṣ cikitre || 4 || svaná ná yásya bhā́māsaḥ pávante rócamānasya bṛihatáḥ sudívaḥ | jyéshṭhebhir yás téjishṭhaiḥ krīḷumádbhir várshishṭhebhir bhānúbhir nákshati dyā́m || 5 || asyá ṣúshmāso dadṛiṣānápaver jéhamānasya svanayan niyúdbhiḥ | pratnébhir yó rúṣadbhir devátamo ví rébhadbhir aratír bhā́ti víbhvā || 6 || sá ā́ vakshi máhi na ā́ ca satsi divā́pṛithivyór aratír yuvatyóḥ | agníḥ sutúkaḥ sutúkebhir áṣvai rábhasvadbhī rábhasvā̃ éhá gamyāḥ || 7.|| 31 ||

4.

Prá te yakshi prá ta iyarmi mánma bhúvo yáthā vándyo no háveshu | dhánvann iva prapā́ asi tvám agna iyakshā́ve pūráve pratna rājan || 1 || yáṃ tvā jánāso abhí saṃcáranti gā́va ushṇám iva vrajáṃ yavishṭha | dūtó devā́nām asi mártyānām antár mahā́ṅṣ carasi rocanéna || 2 || ṣíṣuṃ ná tvā jényaṃ vardháyantī mātā́ bibharti sacanasyámānā | dhánor ádhi pravátā yāsi háryañ jígīshase paṣúr ivā́vasṛishṭaḥ || 3 || mūrā́ amūra ná vayáṃ cikitvo mahitvám agne tvám aṅgá vitse | ṣáye vavríṣ cárati jihváyādán rerihyáte yuvatíṃ viṣpátiḥ sán || 4 || kū́cij jāyate sánayāsu návyo váne tasthau palitó dhūmáketuḥ | asnātā́po vṛishabhó ná prá veti sácetaso yám praṇáyanta mártāḥ || 5 || tanūtyájeva táskarā vanargū́ raṣanā́bhir daṣábhir abhy àdhītām | iyáṃ te agne

3, 3 vi-tíshṭhan. 4 su-ā́saḥ. 5 svanā́ḥ. su-dívaḥ. 6 dadṛiṣāná-paveḥ. niyút-bhiḥ. ví-bhvā. 7 diváḥpṛithivyóḥ. su-túkaḥ su-túkebhiḥ áṣvaiḥ rábhasvat-bhiḥ. ā́ ihá. — 4, 1 te. pra-pā́. agne. 2 sam-cáranti. 3 paṣúr-iva áva-sṛishṭaḥ. 4 jihváyā a°. 5 kū -cit. dhūmá-ketuḥ asnātā́ ā́°. sá-cetasaḥ. pra-náyanta. 6 tanūtyájā -iva. vanargū́ *iti*. abhí a°.

návyasī manīshā́ yukshvā́ ráthaṃ ná ṣucáyadbhir áñgaiḥ || 6 || bráhma ca te jātavedo námaṣ ceyáṃ ca gī́ḥ sádam íd várdhanī bhūt | rákshā ṇo agne tánayāni tokā́ rákshotá nas tanvò áprayuchan || 7 || 32 ||

5.

Ékaḥ samudró dharúṇo rayīṇā́m asmád dhṛidó bhū́rijanmā ví cashṭe | síshakty ū́dhar niṇyór upástha útsasya mádhye níhitam padáṃ véḥ || 1 || samānáṃ nīḷáṃ vṛíshaṇo vásānāḥ sáṃ jagmire mahishā́ árvatībhiḥ | ṛitásya padáṃ kaváyo ní pānti gúhā nā́māni dadhire párāṇi || 2 || ṛitāyínī māyínī sáṃ dadhāte mitvā́ ṣíṣuṃ jajñatur vardháyantī | víṣvasya nā́bhiṃ cárato dhruvásya kavéṣ cit tántum mánasā viyántaḥ || 3 || ṛitásya hí vartanáyaḥ sújātam ísho vā́jāya pradívaḥ sácante | adhīvāsáṃ ródasī vāvasāné ghṛitaír ánnair vāvṛidhāte mádhūnām || 4 || saptá svásṛīr árushīr vāvaṣānó vidvā́n mádhva új jabhārā dṛiṣé kám | antár yeme antárikshe purājā́ ichán vavrím avidat pūshaṇásya || 5 || saptá maryā́dāḥ kaváyas tatakshus tā́sām ékām íd abhy àñhuró gāt | āyór ha skambhá upamásya nīḷé pathā́ṃ visargé dharúṇeshu tasthau || 6 || ásac ca sác ca paramé vyòman dákshasya jánmann áditer upásthe | agnír ha naḥ prathamajā́ ṛitásya pū́rva ā́yuni vṛishabháṣ ca dhenúḥ || 7 || 33 ||

Pañcamo 'dhyāyaḥ.

6.

Ayáṃ sá yásya ṣármann ávobhir agnér édhate jaritā́-

4, 6 yukshvá. 7 jāta-vedaḥ. ca i°. r. p. a. IV, 3, 14. ráksha utá. ápra-yuchan. — 5, 1 hṛidáḥ bhū́ri-janmā. sisakti ū́dhaḥ. upá-sthe. ní-hitam. vér *iti* véḥ. ṛitayínī *ity* ṛita-yínī māyínī *iti*. dadhāte *iti*. vardháyantī *iti*. vi-yántaḥ. 4 sú-jātam. pra-dívaḥ. ródasī *iti* vavasāné *iti*. vavṛidhāte *iti*. 5 út jabhāra. purā-jā́ḥ. 6 abhí a°. upa-másya. vi-sargé. 7 ásat. sát. ví-oman. upá-sthe. prathama-jā́ḥ. pū́rve. — 6, 1 jaritā́ a°.

bhíshṭau | jyéshṭhebhir yó bhānúbhir ṛishūṇáṃ paryéti párivīto vibhā́vā || 1 || yó bhanúbhir vibhā́vā vibhā́ty agnír devébhir ṛitā́vā́jasraḥ | ā́ yó vivā́ya sakhyā́ sákhibhyó 'parihvṛito átyo ná sáptiḥ || 2 || íṣe yó víṣvasyā devávīter íṣe viṣvā́yur usháso vyùshṭau | ā́ yásmin maná havíṅshy agnā́v árishṭaratha skabhnā́ti ṣūshaíḥ || 3 || ṣūshébhir vṛidhó jushāṇó arkaír devā́ñ áchā raghupátvā jigāti | mandró hótā sá juhvā̀ yájishṭhaḥ sámmiṣlo agnír ā́ jigharti devā́n || 4 || tám usrā́m índraṃ ná réjamānam agníṃ gīrbhír námobhir ā́ kṛiṇudhvam | ā́ yáṃ víprāso matíbhir gṛiṇánti jātávedasaṃ juhvàṃ sahā́nām || 5 || sáṃ yásmin víṣvā vásūni jagmúr vā́je nā́ṣvāḥ sáptīvanta évaiḥ | asmé ūtír índravātatamā arvācīnā́ agna ā́ kṛiṇushva || 6 || ádhā hy àgne mahnā́ nishádyā sadyó jajñānó hávyo babhū́tha | táṃ te devā́so ánu kétam āyann ádhāvardhanta prathamā́sa ū́māḥ || 7 || 1 ||

7.

Svastí no divó agne pṛithivyā́ viṣvā́yur dhehi yajáthāya deva | sácemahi táva dasma praketaír urushyā́ ṇa urúbhir deva ṣáṅsaiḥ || 1 || imā́ agne matáyas túbhyaṃ jātā́ góbhir áṣvair abhí gṛiṇanti rā́dhaḥ | yadā́ te márto ánu bhógam ā́naḍ váso dádhāno matíbhiḥ sujāta || 2 || agním manye pitáram agním āpím agním bhrā́taraṃ sádam ít sákhāyam | agnér ánīkam bṛihatáḥ saparyaṃ diví ṣukráṃ yajatáṃ sū́ryasya || 3 || sidhrā́ agne dhíyo asmé sánutrīr yáṃ trā́yase dáma ā́ nítyahotā | ṛitā́vā sá rohídaṣvaḥ purukshúr dyúbhir

---

6, 1 pari-éti pári-vītaḥ. 2 vi-bhā́ti. ṛitá-vā á°. sákhi-bhyaḥ ápari-hvṛitaḥ. 3 víṣvasyāḥ devá-vīteḥ. viṣvá-āyuḥ. ví-ushṭau. árishṭa-rathaḥ. 4 ácha raghu-pátvā. sám-miṣlaḥ. 5 jātá-vedasam. 6 ná á° sápti-vantaḥ. asmé *iti.* índravāta-tamāḥ. agne. 7 ádha hí a°. ni-sádya. ádha a°. — 7, 1 pṛithivyā́ḥ viṣvá-āyuḥ. pra-ketaíḥ urushyá naḥ. 2 jātā́ḥ. yadā́-ā́ṇad 163, 7. váso *iti.* su-jāta (6). 4 asmé *iti.* dáme. nítya-hotā ṛitá-vā. rohít-aṣvaḥ puru-kshúḥ.

asmā́ áhabhir vāmám astu || 4 || dyúbhir hitám mitrám iva prayógam pratnám ṛitvíjam adhvarásya jārám | bāhúbhyām agním āyávo 'jananta vikshú hótāram ny àsādayanta || 5 || svayám̐ yajasva diví deva devā́n kím te pā́kaḥ kṛiṇavad ápracetāḥ | yáthā́yaja ṛitúbhir deva devā́n evá yajasva tanvàm sujāta || 6 || bhávā no agne 'vitótá gopā́ bhávā vayaskṛíd utá no vayodhā́ḥ | rā́svā ca naḥ sumaho havyádātiṃ trā́svotá nas tanvò áprayuchan || 7 || 2 ||

8.

Prá ketúnā bṛihatā́ yāty agnír ā́ ródasī vṛishabhó roravīti | divás cid ántāñ upamā́ñ úd ānaḷ apā́m upásthe mahishó vavardha || 1 || mumóda gárbho vṛishabhā́ḥ kakúdmān asremā́ vatsáḥ ṣímīvāñ arāvīt | sá devátāty údyatāni kṛiṇván svéshu ksháyeshu prathamó jigāti || 2 || ā́ yó mūrdhā́nam pitrór árabdha ny àdhvaré dadhire sū́ro árṇaḥ | ásya pátmann árushīr áṣvabhudhnā ṛitásya yónau tanvò jushanta || 3 || ushá-usho hí vaso ágram éshi tvám yamáyor abhavo vibhā́vā | ṛitā́ya saptá dadhishe padā́ni janáyan mitrám tanvè svā́yai || 4 || bhúvaṣ cákshur mahá ṛitásya gopā́ bhúvo váruṇo yád ṛitā́ya véshi | bhúvo apā́m nápāj jātavedo bhúvo dūtó yásya havyám jújoshaḥ || 5 || 3 ||

bhúvo yajñásya rájasaṣ ca netā́ yátrā niyúdbhiḥ sácase ṣivā́bhiḥ | diví mūrdhā́nam dadhishe svarshā́m jihvā́m agne cakṛishe havyavā́ham || 6 || asyá tritáḥ krátunā vavré antár ichán dhītím pitúr évaiḥ párasya | sacasyámānaḥ pitrór upásthe jāmí bruvāṇá ā́yudhāni veti || 7 || sá pítryāṇy ā́yu-

7, 4 asmai. 5 pra-yógam. ní a°. 6 ápra-cetāḥ yáthā á°. evá. 7 bháva. avitā́ utá gopā́ḥ bháva vayaḥ-kṛít. vayaḥ-dhā́ḥ rā́sva. su-mahaḥ havyá-dātim trā́sva utá. ápra-yuchan. — 8, 1 ā́ r. v. r. VI, 73, 1. upa-mā́n. upá-sthe (7). 2 út-yatāni. 3 ní a°. áṣva-budhnāḥ. 4 vaso *iti*. 5 gopā́ḥ. nápāt jāta-vedaḥ. 6 yátra niyút-bhiḥ. svaḥ-sā́m. havya-vā́ham.

dhāni vidvā́n índreshita āptyó abhy àyudhyat | triṣīrshā́ṇaṃ saptáraṣmiṃ jaghanvā́n tvāshṭrásya cin níḥ sasṛije trितó gā́ḥ || 8 || bhū́ríd índra udínakshantam ójó 'vābhinat sátpatir mányamānam | tvāshṭrásya cid viṣvárūpasya gónām ā́cakrāṇás tríṇi ṣīrshā́ párā vark || 9 || 4 ||

9.

Ā́po hí shṭhā́ mayobhúvas tā́ na ūrjé dadhātana | mahé ráṇāya cákshase || 1 || yó vaḥ ṣivátamo rásas tásya bhājayatehá naḥ | uṣatír iva mātáraḥ || 2 || tásmā áraṃ gamāma vo yásya kshā́yāya jínvatha | ā́po janáyathā ca naḥ || 3 || ṣáṃ no devír abhíshṭaya ā́po bhavantu pītáye | ṣáṃ yór abhí sravantu naḥ || 4 || íṣānā vā́ryāṇāṃ kshā́yantīṣ carshaṇīnā́m | apó yācāmi bheshajā́m || 5 || apsú me sómo abravīd antár víṣvāni bheshajā́ | agníṃ ca viṣváṣambhuvam || 6 || ā́paḥ pṛiṇītá bheshajáṃ várūthaṃ tanvè máma | jyók ca sū́ryaṃ dṛiṣé || 7 || idám āpaḥ prá vahata yát kíṃ ca duritám máyi | yád vāhám abhidudróha yád vā ṣepá utā́nṛitam || 8 || ā́po adyā́nv acārishaṃ rásena sám agasmahi | páyasvān agna ā́ gahi tám mā sáṃ sṛija várcasā || 9 || 5 ||

10.

Ó cit sákhāyaṃ sakhyā́ vavṛityāṃ tiráḥ purū́ cid arṇaváṃ jaganvā́n | pitúr nápātam ā́ dadhīta vedhā́ ádhi kshámi prataráṃ dídhyānaḥ || 1 || ná te sákhā sakhyáṃ vashṭy etát sálakshmā yád víshurūpā bhávāti | mahás putrā́so ásurasya

---

8, 8 índra-ishitaḥ. abhí a° tri-ṣīrshā́ṇam saptá-raṣmim. cit. 9 bhū́ri ít. ut-ínakshantam ójaḥ áva a° sát-patiḥ. viṣvá-rūpasya. ā-cakrāṇáḥ. varg *iti* vark. — 9, 1 sthá mayaḥ-bhúvaḥ tā́ḥ. 2 bhajayata ihá. 3 tásmai. janáyatha. 4 abhíshṭaye. 5 íṣānāḥ. 6—9 = 23, 20—23. — 10, 1 ó *iti*. purú. 2 sá-lakshmā. víshu-rūpā.

vīrā́ divó dhartára urviyā́ pári khyan || 2 || uṣánti ghā té amṛ́tāsa etád ékasya cit tyajásam mártyasya | ní te máno mánasi dhāyy asmé jányuḥ pátis tanvàm ā́ viviṣyāḥ || 3 || ná yát purā́ cakṛimā́ kád dha nūnám ṛitā́ vádanto ánṛitaṃ rapema | gandharvó apsv ápyā ca yóshā sā́ no nábhiḥ paramáṃ jāmí tán nau || 4 || gárbhe nú nau janitā́ dámpatī kar devás tváshṭā savitā́ viṣvárūpaḥ | nákir asya prá minanti vratā́ni véda nāv asyá pṛithiví utá dyaúḥ || 5 || 6 ||

kó asyá veda prathamásyā́hnaḥ ká īṃ dadarṣa ká ihá prá vocat | bṛihán mitrásya váruṇasya dhā́ma kád u brava āhano vícyā nṛ́īn || 6 || yamásya mā yamyàṃ kā́ma ā́gan samāné yónau sahaṣéyyāya | jāyéva pátye tanvàṃ riricyāṃ ví cid vṛiheva ráthyeva cakrā́ || 7 || ná tishṭhanti ná ní mishanty eté devā́nāṃ spáṣa ihá yé cáranti | anyéna mád āhano yāhi tū́yaṃ téna ví vṛiha ráthyeva cakrā́ || 8 || rā́trībhir asmā áhabhir daṣasyet sū́ryasya cákshur múhur ún mimīyāt | divā́ pṛithivyā́ mithunā́ sábandhū yamír yamásya bibhṛiyād ájāmi || 9 || ā́ ghā tā́ gachān úttarā yugā́ni yátra jāmáyaḥ kṛiṇávann ájāmi | úpa barbṛihi vṛishabhā́ya bāhúm anyám ichasva subhage pátim mát || 10 || 7 ||

kím bhrā́tāsad yád anāthám bhávāti kím u svásā yán nírṛitir nigáchāt | kā́mamūtā bahv ètád rapāmi tanvā̀ me tanvàṃ sám pipṛigdhi || 11 || ná vā́ u te tanvā̀ tanvàṃ sám papṛicyām pāpám āhur yáḥ svásāraṃ nigáchāt | anyéna mát pramúdaḥ kalpayasva ná te bhrā́tā subhage vashṭy etát || 12 || bató batāsi yama naívá te máno hṛ́dayaṃ cā-

---

10, 2 vīrā́ḥ. 3 gha. asmé *iti*. 4 cakṛimá. ha. ap-sú. tát. 5 dámpatī *iti* dám-patī. viṣvá-rūpaḥ. pṛithiví. 6 prathamásya á⁰. bṛihát. 7 ā́ a⁰. saha-ṣéyyāya jāyā́-iva. ráthyā-iva (8). 9 asmai. út. sábandhū *iti* sá-bandhū. 10 gha. su-bhage (12). 11 bhrā́tā a⁰. yát níḥ-ṛitiḥ ni-gáchāt kā́ma-mūtā bahú e⁰. 12 vaí. ni-gáchāt. pra-múdaḥ. 13 bata asi. ná evá. ca a⁰.

vidāma | anyá kíla tvā́ṃ kakshyèva yuktám pári shvajāte líbujeva vṛikshám || 13 || anyám ū shú tvā́ṃ yamy anyá u tvā́m pári shvajāte líbujeva vṛikshám | tásya vā tvám mána ichā́ sá vā távā́dhā kṛiṇushva saṃvídaṃ súbhadrām || 14 || 8 ||

11.

Vṛíshā vṛíshṇe duduhe dóhasā diváḥ páyāṅsi yahvó áditer ádābhyaḥ | víṣvaṃ sá veda váruṇo yáthā dhiyā́ sá yajñíyo yajatu yajñíyāñ ṛitū́n || 1 || rápad gandharvī́r ápyā ca yóshaṇā nadásya nādé pári pātu me mánaḥ | ishṭásya mádhye áditir ní dhātu no bhrā́tā no jyeshṭháḥ prathamó ví vocati || 2 || só cin nú bhadrā́ kshumátī yáṣasvaty ushā́ uvāsa mánave svàrvatī | yád īm uṣántam uṣatā́m ánu krátum agníṃ hótāraṃ vidáthāya jī́janan || 3 || ádha tyáṃ drapsáṃ vibhvàṃ vicakshaṇáṃ vír ā́bharad ishitáḥ ṣyenó adhvaré | yádī víṣo vṛiṇáte dasmám ā́ryā agníṃ hótāram ádha dhī́r ajāyata || 4 || sádāsi raṇvó yávaseva púshyate hótrābhir agne mánushaḥ svadhvaráḥ | víprasya vā yác chaṣamāná ukthyàṃ vā́jaṃ sasavā́ñ upayā́si bhū́ribhiḥ || 5 || 9 ||

úd īraya pitárā jārá ā́ bhágam íyakshati haryató hṛittá ishyati | vívakti váhniḥ svapasyáte makhás tavishyáte ásuro vépate matī́ || 6 || yás te agne sumatím márto ákshat sáhasaḥ sūno áti sá prá ṣriṇve | ísham dádhāno váhamāno áṣvair ā́ sá dyumā́ñ ámavān bhūshati dyū́n || 7 || yád agna eshā́ sámitir bhávāti deví devéshu yajatā́ yajatra | rátnā ca yád vibhā́jāsi svadhāvo bhāgáṃ no átra vásumantaṃ vītāt

---

10, 13 kakshyā̀-iva. svajāte líbujā-iva. 14 ūm̐ iti sú. ichá. táva ádha. sam-vídam sú-bhadrām. — 11, 3 so iti cit. yáṣa-svatī. 4 vi-bhvàm vi-cakshaṇám. ā́ a⁰. yádi. 5 sádā asi. yávasā-īva. su-adhvaráḥ. yát ṣ⁰. upa-yā́si. 6 su-apasyaté. 7 su-matím. sūno iti. 8 agne. sám-itiḥ. vi-bhájāsi.

|| 8 || ṣrudhí no agne sádane sadhásthe yukshvá rátham amṛ́tasya dravitnúm | á no vaha ródasī devápútre mákir devánām ápa bhūr ihá syāḥ || 9 || 10 ||

12.

Dyávā ha kshámā prathamé ṛiténābhiṣrāvé bhavataḥ satyavácā | devó yán mártān yajáthāya kṛiṇván sídad dhótā pratyáñ svám ásuṃ yán || 1 || devó deván paribhū́r ṛiténa váhā no havyám prathamáṣ cikitván | dhūmáketuḥ samídhā bháṛijīko mandró hótā nítyo vācá yájīyān || 2 || svávṛig devásyāmṛ́taṃ yádī gór áto jātáso dhārayanta urví | víṣve devá ánu tát te yájur gur duhé yád énī divyáṃ ghṛitáṃ váḥ || 3 || árcāmi vāṃ várdhāyápo ghṛitasnū dyávābhūmī ṣṛiṇutáṃ rodasī me | áhā yád dyávó 'sunītim áyan mádhvā no átra pitárā ṣiṣītām || 4 || kíṃ svin no rájā jagṛihe kád asyáti vratáṃ cakṛimā kó ví veda | mitráṣ cid dhí shmā juhurāṇó deváñ chlóko ná yātám ápi vájo ásti || 5 || 11 ||

durmántv átrāmṛ́tasya náma sálakshmā yád víshurūpā bhávāti | yamásya yó manávate sumántv ágne tám ṛishva pāhy áprayuchan || 6 || yásmin devá vidáthe mādáyante vivásvataḥ sádane dhāráyante | sū́rye jyótir ádadhur māsy àktū́n pári dyotaníṃ carato ájasrā || 7 || yásmin devá mánmani saṃcáranty apīcyè ná vayám asya vidma | mitró no átráditir ánāgān savitá devó váruṇāya vocat || 8 || ṣrudhí no agne sádane sadhásthe yukshvá — || 9 || 12 ||

11, 9 ṣrudhí. sadhá-sthe yukshvá. ródasī *iti* deváputre *iti* devá -putre. — 12, 1 prathamé *iti* ṛiténa abhi-ṣrāvé. satya-vácā. yát. hótā. 2 pari-bhū́ḥ. váha. dhūmá-ketuḥ sam-ídhā bháḥ-ṛijīkaḥ. 3 devásya a° yádi. dhārayante urví *iti*. vár *iti* váḥ. 4 várdhāya á° ghṛitasnū *iti* ghṛita-snū dyávābhūmī *iti*. rodasī *iti*. dyávaḥ ásu -nītim. 5 svit. asya áti. cakṛima. hí sma. ṣlókaḥ. 6 duḥ -mántu átra a°. s. y. v. bh. X, 10, 2. su-mántu. ápra-yuchan. 7 deváḥ (8). māsí a°. 8 sam-cáranti. átra á°.

13.

Yujé vām bráhma pūrvyáṃ námobhir ví ṣlóka etu pathyèva sūréḥ | ṣriṇvántu víṣve amṛítasya putrá̄ á̄ yé dhá̄māni divyá̄ni tasthúḥ || 1 || yamé iva yátamāne yád aítam prá vām bharan má̄nushā devayántaḥ | á̄ sīdataṃ svám u lokáṃ vídāne svāsasthé bhavatam índave naḥ || 2 || pá̄ñca padá̄ni rupó ánv arohaṃ cátushpadīm ánv emi vraténa | aksháreṇa práti mima etá̄m ṛitásya ná̄bhāv ádhi sám punāmi || 3 || devébhyaḥ kám avṛiṇīta mṛityúm prajá̄yai kám amṛítaṃ ná̄vṛiṇīta | bṛíhaspátiṃ yajñám akṛiṇvata ṛíshim priyáṃ yamás tanvàm prá̄rirecīt || 4 || saptá ksharanti ṣíṣave marútvate pitré putrá̄so ápy avīvatann ṛitám | ubhé íd asyobháyasya rājata ubhé yatete ubháyasya pushyataḥ || 5 || 13 ||

14.

Pareyivá̄ṅsam praváto mahír ánu bahúbhyaḥ pánthām anupaspaṣānám | vaivasvatáṃ saṃgámanaṃ jánānāṃ yamáṃ rájānaṃ havíshā duvasya || 1 || yamó no gātúm prathamó viveda naíshá̄ gávyūtir ápabhartavá̄ u | yátrā naḥ pú̄rve pitáraḥ pareyúr ená̄ jajñānáḥ pathyà ánu svá̄ḥ || 2 || má̄talī kavyaír yamó áṅgirobhir bṛíhaspátir ṛíkvabhir vāvṛidhānáḥ | yá̄ṅṣ ca devá̄ vāvṛidhúr yé ca devá̄n sváhānyé svadháyānyé madanti || 3 || imáṃ yama prastarám á̄ hí sídá̄ṅgirobhiḥ pitṛíbhiḥ saṃvidānáḥ | á̄ tvā mántrāḥ kaviṣastá̄ vahantv ená̄ rājan havíshā mādayasva || 4 || áṅgirobhir á̄ gahi yajñíyebhir yáma vairūpaír ihá mādayasva | vívasvantaṃ huve yáḥ pitá̄ te 'smín yajñé barhíshy á̄ nishádya || 5 || 14 ||

13, 1 pathyá̄-iva. 2 yaméiveti yamé-iva yátamāne *iti*. má̄nushāḥ. vídāne *iti* svāsasthé *iti* su-āsathé. 3 cátuḥ-padīm. mime. 4 pra-já̄yai. ná a°. akṛiṇvata. prá a°. 5 ubhé *iti* (2). asya u°. yatete *iti*. — 14, 1 pareyi-vá̄ṅsam. anu-paspaṣānám. sam-gámanam. 2 ná e°. ápa-bhartavaí. yátra. parā-īyúḥ. 3 vavṛidhānáḥ. devá̄ḥ va°. svá̄hā a° svadháyā a°. 4 pra-starám. sída á°. sam-vidānáḥ. kavi-ṣastá̄ḥ. 5 ni-sádya.

áñgiraso naḥ pitáro návagvā átharvāṇo bhṛ́gavaḥ somyā́saḥ | téshāṃ vayáṃ sumataú yajñíyānām ápi bhadré saumanasé syāma || 6 || préhi préhi pathíbhiḥ pūrvyébhir yátrā naḥ pū́rve pitáraḥ pareyúḥ | ubhā́ rā́jānā svadháyā mádantā yamáṃ paṣyāsi váruṇaṃ ca devám || 7 || sáṃ gachasva pitṛ́bhiḥ sáṃ yaméneshṭāpūrténa paramé vyòman | hitvā́yāvadyám púnar ástam éhi sáṃ gachasva tanvā̀ suvárcāḥ || 8 || ápeta vìta ví ca sarpatáto 'smā́ etám pitáro lokám akran | áhobhir adbhír aktúbhir vyàktaṃ yamó dadāty avasā́nam asmai || 9 || áti drava sārameyaú ṣvā́nau caturakshaú ṣabálau sādhúnā pathā́ | áthā pitṝ́n suvidátrāñ úpehi yaména yé sadhamā́dam mádanti || 10 || 15 ||

yaú te ṣvā́nau yama rakshitā́rau caturakshaú pathirā́kshī nṛicákshasau | tā́bhyām enam pári dehi rājan svastí cāsmā anamīváṃ ca dhehi || 11 || urūṇasā́v asutṛ́pā udumbalaú yamásya dūtaú carato jánāñ ánu | tā́v asmábhyaṃ dṛiṣáye sū́ryāya púnar dātām ásum adyéhá bhadrám || 12 || yamā́ya sómaṃ sunuta yamā́ya juhutā havíḥ | yamáṃ ha yajñó gachaty agnídūto áraṃkṛitaḥ || 13 || yamā́ya ghṛitávad dhavír juhóta prá ca tishṭhata | sá no devéshv ā́ yamad dīrghám ā́yuḥ prá jīváse || 14 || yamā́ya mádhumattamaṃ rā́jñe havyáṃ juhotana | idáṃ náma ṛ́shibhyaḥ pūrvajébhyaḥ pū́rvebhyaḥ pathikṛ́dbhyaḥ || 15 || tríkadrukebhiḥ patati shál̤ urvír ékam íd bṛihát | trishṭúb gāyatrí chándāṅsi sárvā tā́ yamá ā́hitā || 16 || 16 ||

14, 6 náva-gvāḥ. su-mataú. ápi — syāma III, 1, 21. 7 prá ihi (2). yátra — pareyúḥ 2. 8 yaména i°. ví-oman hitvā́ya a°. ā́ ihi. su-várcāḥ. 9 ápa ita ví ita. sarpata ā́° asmaí. ví-aktam. ava-sā́nam. 10 catuḥ-akshaú (11). átha. su-vidátrān úpa ihi. sadha-mā́dam. 11 pathirákshī *iti* pathi-rákshī nṛi-cákshasau. ca asmai. 12 uru-nasaú asu-tṛ́pau. adyá ihá. 13 juhuta. agní -dūtaḥ áram-kṛitaḥ. 14 havíḥ. j. p. c. t. 15, 9. pūrva-jébhyaḥ. pathikṛít-bhyaḥ. 16 trí-kadrukebhiḥ. tri-stúp. yamé ā́-hitā.

15.

Úd īratām ávara út párāsa ún madhyamā́ḥ pitáraḥ somyā́saḥ | ásuṃ yá īyúr avṛiká ṛitajñā́s té no 'vantu pitáro háveshu || 1 || idám pitṛíbhyo námo astv adyá yé pū́rvāso yá úparāsa īyúḥ | yé pā́rthive rájasy ā́ níshattā yé vā nūnáṃ suvṛijánāsu vikshú || 2 || ā́hám pitṛ́īn suvidátrāñ avitsi nápātaṃ ca vikrámaṇaṃ ca víshṇoḥ | barhishádo yé svadháyā sutásya bhájanta pitvás tá ihā́gamishṭhāḥ || 3 || bárhishadaḥ pitara ūty àrvā́g imā́ vo havyā́ cakṛimā jushádhvam | tá ā́ gatā́vasā sáṃtamenáthā naḥ sáṃ yór arapó dadhāta || 4 || úpahūtāḥ pitáraḥ somyā́so barhishyèshu nidhíshu priyéshu | tá ā́ gamantu tá ihá sruvantv ádhi bruvantu tè 'vantv asmā́n || 5 || 17 ||

ā́cyā jā́nu dakshiṇató nishádyemáṃ yajñám abhí gṛiṇīta víṣve | mā́ hiṅsishṭa pitaraḥ kéna cin no yád va ā́gaḥ purushátā kárāma || 6 || ā́sīnāso aruṇī́nām upásthe rayíṃ dhatta dāṣúshe mártyāya | putrébhyaḥ pitaras tásya vásvaḥ prá yachata tá ihórjaṃ dadhāta || 7 || yé naḥ pū́rve pitáraḥ somyā́so 'nūhiré somapīthám vásishṭhāḥ | tébhir yamáḥ saṃrarāṇó havī́ṅshy uṣánn uṣádbhiḥ pratikāmám attu || 8 || yé tātṛishúr devatrā́ jéhamānā hotrāvída stómatashṭāso arkaíḥ | ā́gne yāhi suvidátrebhir arvā́ñ satyaíḥ kavyaíḥ pitṛíbhir gharmasádbhiḥ || 9 || yé satyā́so havirádo havishpā́ índreṇa devaíḥ sarátham dádhānāḥ | ā́gne yāhi sahásraṃ devavandaíḥ páraiḥ pū́rvaiḥ pitṛíbhir gharmasádbhiḥ || 10 || 18 ||

15, 1 ávare. út m⁰. yé. ṛita-jñā́ḥ. 2 yé. ní-sattāḥ. su-vṛijánāsu. 3 ā́ a⁰. su-vidátrān. vi-krámaṇam. barhi-sádaḥ. té ihá ā́-gamishṭhāḥ. 4 bárhi-sadaḥ. ūtí a⁰. cakṛima. té. gata á⁰ sám-tamena átha. 5 úpa-hūtāḥ. ni-dhíshu. té (2). té a⁰. 6 ā-ácya. ni-sádya i⁰. cit. yád va *etc.* VII, 57, 4. 7 upá-sthe. té ihá ū⁰. 8 anu-ūhiré soma-pīthám. sam-rarāṇáḥ. prati-kāmám. 9 tatṛishúḥ. jéhamānāḥ hotrā-vídaḥ stóma-tashṭāsaḥ. ā́ a⁰. su-vidátrebhiḥ. gharmasát-bhiḥ (10). 10 haviḥ-ádaḥ haviḥ-pā́ḥ. sa-rátham. ā́. y 9. deva-vandaíḥ.

ágnishvāttāḥ pitara éhá gachata sádaḥ-sadaḥ sadata supraṇītayaḥ | attá havíṅshi práyatāni barhíshy áthā rayíṃ sárvavīraṃ dadhātana || 11 || tvám agna īḷitó jātavedó 'vāḍ ḍhavyā́ni surabhī́ṇi kṛitví | prā́dāḥ pitṛíbhyaḥ svadháyā té akshann addhí tvám deva práyatā havíṅshi || 12 || yé cehá pitáro yé ca néhá yā́ṅś ca vidmá yā́ṅ u ca ná pravidmá | tváṃ vettha yáti té jātavedaḥ svadhā́bhir yajñáṃ súkṛitaṃ jushasva || 13 || yé agnidagdhā́ yé ánagnidagdhā mádhye diváḥ svadháyā mādáyante | tébhiḥ svarā́ḷ ásunītim etā́ṃ yathāvaśáṃ tanvàṃ kalpayasva || 14 || 19 ||

16.

Maínam agne ví daho mā́bhí śoco mā́sya tvácaṃ cikshipo mā́ śárīram | yadā́ śṛitáṃ kṛiṇávo jātavedó 'them enam prá hiṇutāt pitṛíbhyaḥ || 1 || śṛitáṃ yadā́ kárasi jātavedó 'them enam pári dattāt pitṛíbhyaḥ | yadā́ gáchāty ásunītim etā́m áthā devā́nāṃ vaśanír bhavāti || 2 || sū́ryaṃ cákshur gachatu vā́tam ātmā́ dyā́ṃ ca gacha pṛithivī́ṃ ca dhármaṇā | apó vā gacha yádi tátra te hitám óshadhīshu práti tishṭhā śárīraiḥ || 3 || ajó bhāgás tápasā táṃ tapasva táṃ te śocís tapatu táṃ te arcíḥ | yā́s te śivā́s tanvò jātavedas tā́bhir vahainaṃ sukṛítām u lokám || 4 || áva sṛija púnar agne pitṛíbhyo yás ta ā́hutaś cárati svadhā́bhiḥ | ā́yur vásāna úpa vetu śéshaḥ sáṃ gachatāṃ tanvā̀ jātavedaḥ || 5 || 20 ||

yát te kṛishṇáḥ śakuná ātutóda pipīláḥ sarpá utá vā

15, 11 ágni-svāttāḥ. ā́ ihá. su-praṇītayaḥ attá. prá-yatāni. átha. sárva-vīram. 12 agne. jāta-vedaḥ ávāṭ h°. prá a°. prá-yatā. 13 ca ihá. ná ihá. pra-vidmá. jāta-vedaḥ. sú-kṛitam. 14 agni-dagdhā́ḥ. ánagni-dagdhāḥ. sva-rā́ṭ ásu-nītim. yathā-vaśám. — 16, 1 mā́ e°. mā́ a°. mā́ asya. jāta-vedaḥ átha īm (2). pra hiṇutāt. 2 ásu-nītim. átha. vaśa-níḥ. 3 tishṭha. 4 jāta-vedaḥ (5). vaha e° su-kṛítām. 5 te ā́-hutaḥ. 6 ā-tutóda.

ṣvā́padaḥ | agníṣh ṭád viṣvā́d agadám kṛiṇotu sómaṣ ca yó brāhmaṇā́ñ āvivéṣa || 6 || agnér várma pári góbhir vyayasva sám prórṇushva pívasā médasā ca | nét tvā dhṛishṇúr hárasā járhṛishāṇo dadhṛ́g vidhakshyán paryañkháyāte || 7 || imám agne camasám mā́ ví jihvaraḥ priyó devā́nām utá somyā́nām | eshá yáṣ camasó devapā́nas tásmin devā́ amṛ́tā mādayante || 8 || kravyā́dam agním prá hiṇomi dūrám yamárājño gachatu ripravāháḥ | ihaívā́yám ítaro jātávedā devébhyo havyám vahatu prajānán || 9 || yó agníḥ kravyā́t pravivéṣa vo gṛihám imám páṣyann ítaram jātávedasam | tám harāmi pitṛiyajñā́ya devám sá gharmám invāt paramé sadhásthe || 10 || 21 ||

yó agníḥ kravyavā́hanaḥ pitṛ́n yákshad ṛitāvṛ́dhaḥ | préd u havyā́ni vocati devébhyaṣ ca pitṛ́bhya ā́ || 11 || uṣántas tvā ní dhīmahy uṣántaḥ sám idhīmahi | uṣánn uṣatá ā́ vaha pitṛ́n havíshe áttave || 12 || yám tvám agne samádahas tám u nír vāpayā púnaḥ | kiyā́mbv átra rohatu pākadūrvā́ vyàlkaṣā || 13 || ṣítike ṣítikāvati hlā́dike hlā́dikāvati | maṇḍūkyā̀ sú sám gama imám sv àgním harshaya || 14 || 22 ||

Prathamo 'nuvākaḥ.

17.

Tváshṭā duhitré vahatúm kṛiṇotī́tīdám víṣvam bhúvanam sám eti | yamásya mātā́ paryuhyámānā mahó jāyā́ vívasvato nanāṣa || 1 || ápāgūhann amṛ́tām mártyebhyaḥ kṛitví sávarṇām adadur vívasvate | utā́ṣvínāv abharad yát tád

16, 6 agníḥ tát viṣva-át. ā-vivéṣa. 7 prá u°. ná ít. vi-dhakshyán pari-añkháyāte. 8 deva-pā́naḥ. amṛ́tāḥ. 9 kravya-ádam. prá hiṇomi. yamá-rājñaḥ. ripra-vāháḥ ihá evá a°. jātá-vedāḥ. pra-jānán. 10 kravya-át pra-vivéṣa. jātá-vedasam. pitṛi-yajñā́ya. sadhá-sthe. 11 kravya-vā́hanaḥ. ṛita-vṛ́dhaḥ prá ít. 13 sam-ádahaḥ. vāpaya púnar *iti*. pāka-dūrvā́ ví-alkaṣā. 14 sú a°. — 17, 1 kṛiṇoti íti i°. pari-uhyámānā. 2 ápa a°. sá-varṇām. utá a°.

ásīd ájahād u dvā́ mithunā́ saraṇyū́ḥ || 2 || pūshā́ tvetáś cyāvayatu prá vidvā́n ánashṭapaśur bhúvanasya gopā́ḥ | sá tvaitébhyaḥ pári dadat pitṛ́bhyo 'gnír devébhyaḥ suvidatríyebhyaḥ || 3 || ā́yur viśvā́yuḥ pári pāsati tvā pūshā́ tvā pātu prápathe purástāt | yátrā́sate sukṛ́to yátra té yayús tátra tvā deváḥ savitā́ dadhātu || 4 || pūshémā́ ā́śā ánu veda sárvāḥ só asmā́ñ ábhayatamena neshat | svastidā́ ā́ghṛiṇiḥ sárvavīró 'prayuchan purá etu prajānán || 5 || 23 ||

prápathe pathā́m ajanishṭa pūshā́ prápathe diváḥ prápathe pṛithivyā́ḥ | ubhé abhí priyátame sadhásthe ā́ ca párā ca carati prajānán || 6 || sárasvatīṃ devayánto havante sárasvatīm adhvaré tāyámāne | sárasvatīṃ sukṛ́to ahvayanta sárasvatī dāśúshe vā́ryaṃ dāt || 7 || sárasvati yā́ saráthaṃ yayā́tha svadhā́bhir devi pitṛ́bhir mádantī | āsádyāsmín barhíshi mādayasvānamīvā́ ísha ā́ dhehy asmé || 8 || sárasvatīṃ yā́ṃ pitáro hávante dakshiṇā́ yajñám abhinákshamāṇāḥ | sahasrārghám iḷó átra bhāgáṃ rāyás póshaṃ yájamāneshu dhehi || 9 || ā́po asmā́n mātáraḥ śundhayantu ghṛiténa no ghṛitapvàḥ punantu | víśvaṃ hí ripráṃ praváhanti devī́r úd íd ābhyaḥ śúcir ā́ pūtá emi || 10 || 24 ||

drapsáś caskanda prathamā́ñ ánu dyū́n imáṃ ca yónim ánu yáś ca pū́rvaḥ | samānáṃ yónim ánu saṃcárantaṃ drapsáṃ juhomy ánu saptá hótrāḥ || 11 || yás te drapsá skándati yás te aṃśúr bāhúcyuto dhishánāyā upásthāt | adhvaryór vā pári vā yáḥ pavítrāt táṃ te juhomi mánasā váshaṭkṛitam || 12 || yás te drapsá skannó yás te aṃśúr

---

17, 3 tvā i° cyavayatu. ánashṭa-paśuḥ. tvā e°. su-vidatríyebhyaḥ. 4 viśvá-āyuḥ. prá-pathe (6). yátra ā́° su-kṛ́taḥ. 5 pūshā́ i°. svasti-dā́ḥ. sárva-vīraḥ ápra-yuchan. pra-jānán (6). 6 ubhé *iti*. priyátame *iti* priyá-tame sadhásthe *iti* sadhá-sthe. 7 su-kṛ́taḥ. 8 sa-rátham. ā-sádya a°. mādayasva a°. asmé *iti*. 9 abhi-nákshamāṇāḥ sahasra-arghám. 10 ghṛita-pvàḥ. pra-váhanti. 11 sam-cárantam. 12 drapsáḥ. bāhú-cyutaḥ. upá-sthāt. váshaṭ-kṛitam. 13 y. t. d. 11. y. t. a. 11.

avásh ca yáḥ paráḥ srucá | ayám devó bṛíhaspátiḥ sám tám siñcatu rádhase || 13 || páyasvatīr óshadhayaḥ páyasvan māmakám vácaḥ | apám páyasvad ít páyas téna mā sahá ṣundhata || 14 || 25 ||

18.

Páram mṛityo ánu párehi pánthām yás te svá ítaro devayánāt | cákshushmate ṣṛiṇvaté te bravīmi mā́ naḥ prajám rīrisho mótá vīrán || 1 || mṛityóḥ padám yopáyanto yád aíta drághīya áyuḥ pratarám dádhānāḥ | āpyáyamānāḥ prajáyā dhánena ṣuddháḥ pūtá bhavata yajñiyāsaḥ || 2 || imé jīvá ví mṛitaír ávavṛitrann ábhūd bhadrá deváhūtir no adyá | práñco agāma nṛitáye hásāya drághīya áyuḥ pratarám dádhānāḥ || 3 || imám jīvébhyaḥ paridhím dadhāmi maíshām nú gād áparo ártham etám | ṣatám jīvantu ṣarádaḥ purūcír antár mṛityúm dadhatām párvatena || 4 || yáthāhāny anupūrvám bhávanti yátha ṛitáva ṛitúbhir yánti sādhú | yáthā ná púrvam áparo jáhāty evá dhātar áyūṅshi kalpayaishām || 5 || 26 ||

á rohatáyur jarásam vṛiṇāná anupūrvám yátamānā yáti shṭhá | ihá tváshṭā sujánimā sajóshā dīrghám áyuḥ karati jīváse vaḥ || 6 || imá nárīr avidhaváḥ supátnīr áñjanena sarpíshā sám viṣantu | anaṣrávo 'namīváḥ surátnā á rohantu jánayo yónim ágre || 7 || úd īrshva nāry abhí jīvalokám gatásum etám úpa ṣesha éhi | hastagrābhásya didhishós távedám pátyur janitvám abhí sám babhūtha || 8 || dhánur hástād ādádāno mṛitásyāsmé kshatráya várcase bálāya |

17, 14 páyasvat. — 18, 1 mṛityo *iti*. párā ihi. deva-yánāt. pra-jám ririshaḥ má utá. 2 d. á. p. d. (3) 53, 11. ā-pyáyamānāḥ pra-jáyā. pūtáḥ. 3 jīváḥ. á a°. devá-hūtiḥ. 4 pari-dhím. má e°. 5 yáthā á° anu-pūrvám (6). yáthā ṛi°. evá. kalpaya e°. 6 rohata á°. yátamānāḥ. sthá. su-jánimā sa-jóshāḥ. 7 imáḥ. su-pátnīḥ ā-áñjanena. su-rátnāḥ. 8 jīva-lokám gatá-asum. ṣeshe á ihi hasta-grābhásya. táva i°. 9 ā-dádānaḥ mṛitásya asmé *iti*.

átraivá tvám ihá vayáṃ suvírā víṣvā spṛídho abhímātīr jayema || 9 || úpa sarpa mātáram bhū́mim etā́m uruvyácasam pṛithivíṃ suṣévām | ū́rṇamradā yuvatír dákshiṇāvata eshā́ tvā pātu nírṛiter upásthāt || 10 || 27 ||

úc chvañcasva pṛithivi mā́ ní bādhathāḥ sūpāyanā́smai bhava sūpavañcanā́ | mātā́ putráṃ yáthā sicā́bhy ènam bhūma ūrṇuhi || 11 || ucchváñcamānā pṛithiví sú tishṭhatu sahásram míta úpa hí ṣráyantām | té gṛiháso ghṛitaṣcúto bhavantu viṣváhāsmai ṣaraṇā́ḥ santv átra || 12 || út te stabhnāmi pṛithivíṃ tvát párīmáṃ logáṃ nidádhan mó ahám risham | etā́ṃ sthū́ṇām pitáro dhārayantu té 'trā yamáḥ sā́danā te minotu || 13 || pratīcíne mā́m áhaníshvāḥ parṇám ivá dadhuḥ | pratī́cīṃ jagrabhā vā́cam áṣvaṃ raṣanáyā yathā || 14 || 28 ||

Shashṭho 'dhyāyaḥ.

19.

Ní vartadhvam mā́nu gātāsmā́n sishakta revatīḥ | ágnīshomā punarvasū asmé dhārayataṃ rayím || 1 || púnar enā ní vartaya púnar enā ny ā́ kuru | índra eṇā ní yachatv agnír enā upā́jatu || 2 || púnar etā́ ní vartantām asmín pushyantu gópatau | ihaívágne ní dhārayehá tishṭhatu yā́ rayíḥ || 3 || yán niyā́naṃ nyáyanaṃ saṃjñā́naṃ yát parā́yaṇam | āvártanaṃ nivártanaṃ yó gopā́ ápi táṃ huve || 4 || yá udā́naḍ vyáyanaṃ yá udā́naṭ parā́yaṇam | āvártanaṃ ni-

18, 9 átra evá. su-vī́rāḥ víṣvāḥ. abhí-mātīḥ. 10 uru-vyácasam. su-ṣévām ū́rṇa-mradāḥ. dákshiṇā-vate. níḥ-ṛiteḥ upá-sthāt. 11 út ṣv°. su-upāyanā́ a°. su-upavañcanā́. sicā́ abhí e° bhūme. 12 ut-ṣváñcamānā. ghṛita-ṣcútaḥ. viṣváhā a°. 13 pári i°. ni-dádhat mó *iti*. te átra. sádanā. 14 áhāni i° parṇám-iva ā́. jagrabha. — 19, 1 mā́ ánu gāta a° sisakta. punarvasū *iti* punaḥ-vasū asmé *iti*. 2 enāḥ (2). ní. índraḥ enāḥ. upa-ā́jatu. 3 etā́ḥ gó-patau ihá evá a°. dhāraya i°. 4 yát ni-yā́nam ni-áyanam sam-jñā́nam. parā-áyanam (5) ā-vártanam ni-vártanam (5). 5 ut-ā́naṭ (2) vi-áyanam.

vártanam ápi gopá ní vartatām || 5 || á́ nivarta ní vartaya púnar na indra gá́ dehi | jīvábhir bhunajāmahai || 6 || pári vo viṣváto dadha ūrjá́ ghṛiténa páyasā | yé deváḥ ké ca yajñíyās té rayyá́ sáṃ sṛijantu naḥ || 7 || á́ nivartana vartaya ní nivartana vartaya | bhū́myāṣ cátasraḥ pradíṣas tábhya enā ní vartaya || 8 || 1 ||

20.

Bhadráṃ no ápi vātaya mánaḥ || 1 || agním īḷe bhujáṃ yávishṭhaṃ ṣāsá́ mitráṃ durdhárītum | yásya dhárman svàr énīḥ saparyánti mātúr ū́dhaḥ || 2 || yám āsá́ kṛipánīḷam bhāsáketuṃ vardháyanti | bhrá́jate ṣréṇidan || 3 || aryó viṣáṃ gātúr eti prá yád á́naḍ divó ántān | kavír abhráṃ dídyānaḥ || 4 || jushád dhavyá́ mánushasyordhvás tasthāv ṛíbhvā yajñé | minván sádma purá́ eti || 5 || sá hí kshémo havír yajñáḥ ṣrushṭíd asya gātúr eti | agníṃ devá́ vá́ṣīmantam || 6 || 2 ||

yajñāsáhaṃ dúva ishe 'gním pū́rvasya ṣévasya | ádreḥ sūnúm āyúm āhuḥ || 7 || náro yé ké cāsmád á́ víṣvét té vāmá á́ syuḥ | agníṃ havíshā várdhantaḥ || 8 || kṛishṇáḥ ṣvetò 'rushó yá́mo asya bradhná ṛijrá utá ṣóṇo yáṣasvān | híraṇyarūpaṃ jánitā jajāna || 9 || evá́ te agne vimadó manīshá́m ū́rjo napād amṛítebhiḥ sajóshāḥ | gíra á́ vakshat sumatír iyāná́ íshaṃ ū́rjaṃ sukshitíṃ víṣvam ábhāḥ || 10 || 3 ||

21.

Agníṃ ná svávṛiktibhir hótāraṃ tvā vṛiṇīmahe | yajñā́ya

19, 5 gopá́ḥ. 6 ni-varta. gá́ḥ. 7 dadhe. 8 ni-vartana (2). pra-díṣaḥ. enāḥ. — 20, 1 *Im pada nicht abgetheilt*. 2 duḥ-dhárītum. 3 kṛipá-nīḷam bhāsá́-ketum. ṣréṇi-dan. 5 havyá́ mánushasya u°. 6 ṣrushṭí ít. devá́ḥ. 7 yajña-sáham. 8 ca a°. víṣvā ít. vāmé. syur *iti* syuḥ. 9 ṣvetáḥ a°. híraṇya-rūpam. 10 evá. vi-madáḥ. sa-jóshāḥ. su-matíḥ. su-kshitím. á́ abhār *ity* abhāḥ. — 21, 1 á́ a°. svávṛikti-bhiḥ.

stīrṇábarhishe ví vo máde ṣīrám pāvakáṣocishaṃ vívakshase || 1 || tvā́m u té svābhúvaḥ ṣumbhánty áṣvarādhasaḥ | véti tvā́m upasécanī ví vo máda ṛ́jītir agna ā́hutir vívakshase || 2 || tvé dharmā́ṇa āsate juhū́bhiḥ siñcatī́r iva | kṛishṇā́ rūpā́ṇy árjunā ví vo máde víṣvā ádhi ṣríyo dhishe vívakshase || 3 || yám agne mányase rayíṃ sáhasāvann amartya | tám ā́ no vā́jasātaye ví vo máde yajñéshu citrám ā́ bharā vívakshase || 4 || agnír jātó átharvaṇā vidád víṣvāni kā́vyā | bhúvad dūtó vivásvato ví vo máde priyó yamásya kā́myo vívakshase || 5 || 4 ||

tvā́ṃ yajñéshv īḷaté 'gne prayaty àdhvaré | tvā́ṃ vásūni kā́myā ví vo máde víṣvā dadhāsi dāṣúshe vívakshase || 6 || tvā́ṃ yajñéshv ṛitvíjaṃ cā́rum agne ní shedire | ghṛitápratīkam mánusho ví vo máde ṣukráṃ cétishṭham akshábhir vívakshase || 7 || ágne ṣukréṇa ṣocíshorú prathayase bṛihát | abhikrándan vṛishāyase ví vo máde gárbhaṃ dadhāsi jāmíshu vívakshase || 8 || 5 ||

22.

Kúha ṣrutá índraḥ kásminn adyá jáne mitró ná ṣrūyate | ṛíshīṇāṃ vā yáḥ kṣháye gúhā vā cárkṛishe girā́ || 1 || ihá ṣrutá índro asmé adyá stáve vajry ṛícīshamaḥ | mitró ná yó jáneshv ā́ yáṣaṣ cakré ásāmy ā́ || 2 || mahó yás pátiḥ ṣávaso ásāmy ā́ mahó nṛimṇásya tūtujíḥ | bhartā́ vájrasya dhṛishṇóḥ pitā́ putrám iva priyám || 3 || yujānó áṣvā vā́tasya dhúnī devó devásya vajrivaḥ | syántā pathā́ virúkmatā sṛijānā́ stoshy ádhvanaḥ || 4 || tvā́ṃ tyā́ cid vā́tasyā-

21, 1 stīrṇá-barhishe. pāvaká-ṣocisham. 2 su-ābhúvaḥ. áṣva-rādhasaḥ. upa-sécanī. máde. agne ā́-hutiḥ. 3 tvé *iti*. 4 vā́ja-sātaye. bhara. 6 īḷate á° pra-yatí a°. 7 tv. y. ṛi°. III, 10, 2. sedire ghṛitá-pratīkam. 8 ṣocíshā urú. abhi-krándan vṛisha-yase. — 22, 2 asmé *iti*. vajrī́. yáṣaṣ — ā́ 25, 15. 4 dhúnī *iti*. sṛi-janā́ḥ. 5 vā́tasya áṣvā ā́ a°.

ṣvágā ṛijrā́ tmánā váhadhyai | yáyor devó ná mártyo yantā́ nákir vidā́yyaḥ || 5 || 6 ||

ádha gmántoṣā́nā pṛichate vāṃ kádarthā na ā́ gṛihám | ā́ jagmathuḥ parākā́d diváṣ ca gmā́ṣ ca mártyam || 6 || ā́ na indra pṛikshase 'smā́kam bráhmódyatam | tát tvā yācā-mahé 'vaḥ ṣúshṇaṃ yád dhánn ā́mānusham || 7 || akarmā́ dásyur abhí no amantúr anyávrato ā́mānushaḥ | tváṃ tá-syāmitrahan vádhar dāsásya dambhaya || 8 || tváṃ na indra ṣūra ṣū́rair utá tvótāso barhá̄ṇā | purutrā́ te ví pūrtáyo návanta kshoṇáyo yathā || 9 || tváṃ tā́n vṛitrahátye codayo nṛī́n kārpāṇé ṣūra vajrivaḥ | gúhā yádī kavīnā́ṃ viṣā́ṃ nákshatraṣavasām || 10 || 7 ||

makshū́ tā́ ta indra dānā́pnasa ākshāṇé ṣūra vajrivaḥ | yád dha ṣúshṇasya dambháyo jātáṃ víṣvaṃ sayā́vabhiḥ || 11 || mā́kudhryàg indra ṣūra vásvīr asmé bhūvann abhí-shṭayaḥ | vayáṃ-vayaṃ ta āsāṃ sumné syāma vajrivaḥ || 12 || asmé tā́ ta indra santu satyā́hiṅsantīr upaspṛíṣaḥ | vidyā́ma yā́sām bhújo dhenū́nā́ṃ ná vajrivaḥ || 13 || ahastā́ yád apádī várdhata kshā́ḥ ṣácībhir vedyā́nām | ṣúshṇam pári pradakshiṇíd viṣvā́yave ní ṣiṣnathaḥ || 14 || píbā-pibéd indra ṣūra sómam mā́ rishaṇyo vasavāna vásuḥ sán | utá trāyasva gṛiṇató maghóno mahā́ṣ ca rāyó revátas kṛidhī naḥ || 15 || 8 ||

23.

Yájāmaha índraṃ vájradakshiṇaṃ hárīṇāṃ rathyàṃ ví-

22, 6 gmántā u°. kát-arthā. 7 bráhma út-yatam. yācāmahe á°. hán. 8 anyá-vrataḥ. tásya amitra-han vádhaḥ. 9 tvā́ -utāsaḥ. 10 vṛitra-hátye. yádi. nákshatra-ṣavasām. 11 makshú. te. dāná-apnasaḥ. ha. sayā́va-bhiḥ. 12 mā́ a°. asmé *iti* (13). te. 13 te. satyā́ á° upa-spṛíṣaḥ. 14 pra-dakshiṇít viṣvá-āyave. 15 píbā — sómam II, 11, 11. kṛidhi. — 23, 1 yájāmahe. vájra -dakshiṇam. ví-vratānām.

vratānām | prá ṣmáṣru dódhuvad ūrdhváthā bhūd ví sénābhir dáyamāno ví rádhasā || 1 || hárī nv àsya yā́ váne vidé vásv índro maghaír maghávā vṛitrahā́ bhuvat | ṛibhúr vā́ja ṛibhukshā́ḥ patyate ṣávó 'va kshṇaumi dā́sasya nā́ma cit || 2 || yadā́ vájraṃ híraṇyam íd áthā ráthaṃ hárī yám asya váhato ví sūríbhiḥ | ā́ tishṭhati maghávā sánaṣruta índro vā́jasya dīrgháṣravasas pátiḥ || 3 || só cin nú vṛishṭír yūthyā̀ svā́ sácāṅ índraḥ ṣmáṣrūṇi háritābhí prushṇute | áva veti sukshāyaṃ suté mádhūd íd dhūnoti vā́to yáthā vánam || 4 || yó vācā́ vívāco mṛidhrávācaḥ purū́ sahásrā́ṣivā jaghā́na | tát-tad íd asya paúṅsyaṃ gṛiṇīmasi pitéva yás távishīṃ vāvṛidhé ṣávaḥ || 5 || stómaṃ ta indra vimadā́ ajījanann ápūrvyam purutámaṃ sudā́nave | vidmā́ hy àsya bhójanam inásya yád ā́ paṣúṃ ná gopā́ḥ karāmahe || 6 || mā́kir na enā́ sakhyā́ ví yaushus táva cendra vimadásya ca ṛísheḥ | vidmā́ hí te prámatiṃ deva jāmivád asmé te santu sakhyā́ ṣivā́ni || 7 || 9 ||

24.

Índra sómam imám piba mádhumantaṃ camū́ sutám | asmé rayíṃ ní dhāraya ví vo máde sahasríṇam purūvaso vívakshase || 1 || tvā́ṃ yajñébhir ukthaír úpa havyébhir īmahe | ṣácīpate ṣacīnāṃ ví vo máde ṣréshṭhaṃ no dhehi vā́ryaṃ vívakshase || 2 || yás pátir vā́ryāṇām ási radhrásya coditā́ | índra stotṝṇā́m avitā́ ví vo máde dvishó naḥ pāhy áṅhaso vívakshase || 3 || yuvā́ṃ ṣakrā māyāvínā samīcī́ nír

23, 2 hárī *iti* (3) nú a°. vṛitra-hā́. ṣávaḥ áva. 3 átha. sána -ṣrutaḥ. dīrghá-ṣravasaḥ. 4 só *iti* cit. sácā. háritā a°. su -kshā́yam. mádhu út. 5 ví-vācaḥ mṛidhrá-vācaḥ purú sahásrā á°. tát — gṛiṇīmasi 155, 4. pitā́-iva. vavṛidhé. 6 te. vi-madā́ḥ. su-dā́nave vidmá hí a°. 7 ca i° vi-madásya ca. vidmá. prá -matim. asmé *etc.* VII, 22, 9. — 24, 1 camū́ *iti.* a. r. n. dh. 30, 22. ví vo máde X, 21, 1. puruvaso *iti* puru-vaso. 2 ṣácī-pate. 4 samīcī́ *iti* sam-īcī́.

amanthatam | vimadéna yád īḷitá násatyā nirámanthatam || 4 || víṣve devá akṛipanta samīcyór nishpátantyoḥ | násatyāv abruvan deváḥ púnar á vahatād íti || 5 || mádhuman me paráyaṇam mádhumat púnar áyanam | tá no devā devátayā yuvám mádhumatas kṛitam || 6 || 10 ||

25.

Bhadráṃ no ápi vātaya máno dáksham utá krátum | ádhā te sakhyé ándhaso ví vo máde ráṇan gávo ná yávase vívakshase || 1 || hṛidispṛíṣas ta āsate víṣveshu soma dhámasu | ádhā kámā imé máma ví vo máde ví tishṭhante vasūyávo vívakshase || 2 || utá vratáni soma te práhám mināmi pākyà | ádhā pitéva sūnáve ví vo máde mṛiḷá no abhí cid vadhád vívakshase || 3 || sám u prá yanti dhītáyaḥ sárgāso 'vatáñ iva | krátuṃ naḥ soma jīváse ví vo máde dhāráyā camasáñ iva vívakshase || 4 || táva tyé soma ṣáktibhir níkāmāso vy ṛiṇvire | gṛítsasya dhírās taváso ví vo máde vrajáṃ gómantam aṣvínaṃ vívakshase || 5 || 11 ||

paṣúṃ naḥ soma rakshasi purutrá víshṭhitaṃ jágat | samákṛiṇoshi jīváse ví vo máde víṣvā sampáṣyan bhúvanā vívakshase || 6 || tváṃ naḥ soma viṣváto gopá ádābhyo bhava | sédha rājann ápa srídho ví vo máde má no duḥṣáṅsa īṣatā vívakshase || 7 || tváṃ naḥ soma sukrátur vayodhéyāya jāgṛihi | kshetravíttaro mánusho ví vo máde druhó naḥ pāhy áṅhaso vívakshase || 8 || tváṃ no vṛitrahantaméndrasyendo ṣiváḥ sákhā | yát sīṃ hávante samithé ví vo máde yúdhyamānās tokásātau vívakshase || 9 || ayáṃ

24, 4 vi-madéna. niḥ-ámanthatam. 5 sam-īcyóḥ niḥ-pátantyoḥ. 6 mádhu-mat. parā-áyanam. ā-áyanam. — 25, 1 ádha (2). 2 hṛidi-spṛíṣaḥ te. vasu-yávaḥ. 3 prá a°. ádha pitā-iva. mṛiḷá. 4 dhāráya. 5 ní-kāmāsaḥ ví ṛi°. 6 ví-sthitam. sam-ākṛiṇoshi. sam-páṣyan. 7 duḥ-ṣáṅsaḥ īṣata. 8 su-krátuḥ vayaḥ-dhéyāya. kshetravít-taraḥ. 9 vṛitrahan-tama índrasya indo *iti*. sam-ithé. toká-sātau.

gha sá turó máda índrasya vardhata priyáḥ | ayáṃ kakshívato mahó ví vo máde matím víprasya vardhayad vívakshase || 10 || ayáṃ víprāya dāṣúshe vájāñ iyarti gómataḥ | ayáṃ saptábhya á váraṃ ví vo máde prándháṃ ṣroṇáṃ ca tārishad vívakshase || 11 || 12 ||

26.

Prá hy áchā manīshá spārhá yánti niyútaḥ | prá dasrá niyúdrathaḥ pūshá avishṭu máhinaḥ || 1 || yásya tyán mahitváṃ vātápyam ayáṃ jánaḥ | vípra á vaṅsad dhītíbhiṣ cíketa sushṭutīnám || 2 || sá veda sushṭutīnám índur ná pūshá vríshā | abhí psúraḥ prushāyati vrajáṃ na á prushāyati || 3 || maṅsīmáhi tvā vayám asmákaṃ deva pūshan | matīnáṃ ca sádhanaṃ víprāṇāṃ cādhavám || 4 || prátyardhir yajñánām aṣvahayó ráthānām | ṛíshiḥ sá yó mánurhito víprasya yāvayatsakháḥ || 5 || 13 ||

ādhíshamāṇāyāḥ pátiḥ ṣucáyāṣ ca ṣucásya ca | vāsovāyó 'vīnām á vásāṅsi mármṛijat || 6 || inó vájānām pátir ináḥ pushṭīnáṃ sákhā | prá ṣmáṣru haryató dūdhod ví vṛíthā yó ádābhyaḥ || 7 || á te ráthasya pūshann ajá dhúraṃ vavṛityuḥ | víṣvasyārthínaḥ sákhā sanojá ánapacyutaḥ || 8 || asmákam ūrjá rátham pūshá avishṭu máhinaḥ | bhúvad vájānāṃ vṛidhá imáṃ naḥ ṣṛiṇavad dhávam || 9 || 14 ||

27.

Ásat sú me jaritaḥ sábhivegó yát sunvaté yájamānāya

25, 11 prá a°. — 26, 1 hí ácha manīshā́ḥ spārhā́ḥ. ni-yútaḥ. niyút-rathaḥ pūshā́ a°. 2 tyát. su-stutīnā́m (3). 4 ca ā-dhavám. 5 práti-ardhiḥ. aṣva-hayáḥ. mánuḥ-hitaḥ. yavayat-sakháḥ. 6 ā -dhíshamāṇāyāḥ. vāsaḥ-vāyáḥ á°. 8 ajā́ḥ. víṣvasya a°. sanaḥ-jā́ḥ ánapa-cyutaḥ. 9 pūshā́ a°. hávam. — 27, 1 jaritar *iti* sáḥ abhi -vegáḥ.

ṣíksham | ánāṣīrdām ahám asmi prahantá satyadhvṛítaṃ vṛijināyántam ābhúm || 1 || yádíd aháṃ yudháye saṃnáyāny ádevayūn tanvā̀ ṣúṣujānān | amá te túmraṃ vṛishabhám pacāni tīvráṃ sutám pañcadaṣáṃ ní shiñcam || 2 || náháṃ táṃ veda yá íti brávīty ádevayūn samáraṇe jaghanvā́n | yadā́vā́khyat samáraṇam ṛíghāvad ā́d íd dha me vṛishabhā́ prá bruvanti || 3 || yád ájñāteshu vṛijáneshv ā́saṃ víṣve sató maghávāno ma āsan | jinā́mi vét kshéma ā́ sántam ābhúm prá táṃ kshiṇām párvate pādagṛíhya || 4 || ná vā́ u mā́ṃ vṛijáne vārayante ná párvatāso yád ahám manasyé | máma svanā́t kṛidhukárṇo bhayāta evéd ánu dyū́n kiráṇaḥ sám ejāt || 5 || 15 ||

dárṣan nv átra ṣṛitapā́ñ anindrā́n bāhukshádaḥ ṣárave pátyamānān | ghṛíshuṃ vā yé ninidúḥ sákhāyam ádhy ū nv èshu paváyo vavṛityuḥ || 6 || ábhūr v aúkshīr vy ù ā́yur ānaḍ dárshan nú pū́rvo áparo nú darshat | dvé paváste pári táṃ ná bhūto yó asyá pāré rájaso vivésha || 7 || gā́vo yávam práyutā aryó akshan tā́ apaṣyaṃ sahágopāṣ cárantīḥ | hávā íd aryó abhítaḥ sám āyan kíyad āsu svápatiṣ chandayāte || 8 || sáṃ yád váyaṃ yavasā́do jánānām aháṃ yavā́da urvájre antáḥ | átrā yuktò 'vasātā́ram ichād átho áyuktaṃ yunajad vavanvā́n || 9 || átréd u me maṅsase satyám uktáṃ dvipā́c ca yác cátushpāt saṃsṛijāni | strībhír yó átra vṛíshaṇam pṛitanyā́d áyuddho asya ví bhajāni védaḥ || 10 || 16 ||

yásyānakshā́ duhitā́ jā́tv ā́sa kás tā́ṃ vidvā́ñ abhí man-

27, 1 ánāṣīḥ-dām. pra-hantā̀ satya-dhvṛitam vṛijina-yántam. 2 yádi ít. sam-náyāni. pañca-daṣám. siñcam. 3 ná a°. sam-áraṇe. yadā̀ ava-ákhyat sam-áraṇam. ha. 4 me. vā ít kshéme. pāda-gṛihya. 5 vaí. kṛidhu-kárṇaḥ bhayāte evá ít. 6 nú. ṣṛita-pā́n. bāhu-kshádaḥ. uṁ *iti* nú e°. 7 ví uṁ *iti*. dárshat. dvé *iti* paváste *iti*. 8 prá-yutāḥ. sahá-gopaḥ. svá-patiḥ. 9 yavasa-ádaḥ. yava-ádaḥ uru-ájre antár *iti* átra yuktáḥ ava-sātā̀ram. átho *iti*. 10 átra ít. dvi-pā́t. yát cátuḥ-pāt sam-sṛijāni. 11 yásya a°.

yāte andhám | kataró mením práti tám mucāte yá īṃ váhāte yá īṃ vā vareyā́t || 11 || kíyatī yóshā maryató vadhūyóḥ páriprītā pányasā vā́ryeṇa | bhadrā́ vadhū́r bhavati yát supéṣāḥ svayáṃ sā́ mitráṃ vanute jáne cit || 12 || pattó jagāra pratyáñcam atti ṣīrshṇā́ ṣíraḥ práti dadhau várūtham | ā́sīna ūrdhvā́m upási kshiṇāti nyàññ uttānā́m ánv eti bhū́mim || 13 || bṛihánn achāyó apalāṣó árvā tasthaú mātā́ víshito atti gárbhaḥ | anyásyā vatsáṃ rihatí mimāya káyā bhuvā́ ní dadhe dhenúr ū́dhaḥ || 14 || saptá vīrā́so adharā́d úd āyann ashṭóttarā́ttāt sám ajagmiran té | náva paṣcā́tāt sthivimánta āyan dáṣa prā́k sā́nu ví tiranty áṣnaḥ || 15 || 17 ||

daṣānā́m ékaṃ kapiláṃ samānáṃ táṃ hinvanti krátave páryāya | gárbham mātā́ súdhitaṃ vakshánāsv ávenantaṃ tusháyantī bibharti || 16 || pívānam meshám apacanta vīrā́ nyùptā akshā́ ánu dīvá āsan | dvā́ dhánum bṛihatím apsv àntáḥ pavítravantā carataḥ punántā || 17 || ví kroṣanā́so víshvañca āyan pácāti némo nahí pákshad ardháḥ | ayám me deváḥ savitā́ tád āha drvànna íd vanavat sarpírannaḥ || 18 || ápaṣyaṃ grā́maṃ váhamānam ārā́d acakráyā svadháyā vártamānam | síshakty aryáḥ prá yugā́ jánānāṃ sadyáḥ ṣiṣnā́ praminānó návīyān || 19 || etaú me gā́vau pramarásya yuktaú mó shú prá sedhīr múhur ín mamandhi | ā́paṣ cid asya ví naṣanty ártham sū́raṣ ca marká úparo babhūvā́n || 20 || 18 ||

ayáṃ yó vájraḥ purudhā́ vívṛitto 'váḥ sū́ryasya bṛihatáḥ púrīshāt | ṣráva íd enā́ paró anyád asti tád avyathí jarimā́ṇas taranti || 21 || vṛikshé-vṛikshe níyatā mīmayad

---

27, 11 varo-yā́t. 12 pári-prītā. su-péṣāḥ. 14 ví-sitaḥ. anyásyā — ū́dhaḥ III, 55, 13. 15 ashṭá u°. 16 sú-dhitam. 17 vīrā́ḥ ni-uptāḥ. dīvé. ap-sú antár *iti*. 18 drú-annaḥ. sarpíḥ-annaḥ. 19 sísakti. pra-minānáḥ. 20 pra-marásya. mó *iti*, sú. ít. 21 ví-vṛittaḥ. 22 ní-yatā.

gaús táto váyaḥ prá patān pūrushádaḥ | áthedáṃ víṣvam bhúvanam bhayāta índrāya sunvád ṛíshaye ca ṣíkshat || 22 || devánām mắne prathamắ atishṭhan kṛintátrād eshām úparā úd āyan | tráyas tapanti pṛithivím anūpắ dvắ bṛíbūkaṃ vahataḥ púrīsham || 23 || sắ te jīvắtur utá tásya viddhi mắ smaitādṛíg ápa gūhaḥ samaryé | āvíḥ svàḥ kṛiṇuté gū́hate busáṃ sá pādúr asya nirṇíjo ná mucyate || 24 || 19 ||

28.

Víṣvo hy ànyó arír ājagắma máméd áha ṣváṣuro ná jagāma | jakshīyắd dhānắ utá sómam papīyāt svàṣitaḥ púnar ástaṃ jagāyāt || 1 || sá róruvad vṛishabhás tigmáṣṛiṅgo várshman tasthau várimann ắ pṛithivyắḥ | víṣveshv enaṃ vṛijáneshu pāmi yó me kukshí sutásomaḥ pṛiṇắti || 2 || ádriṇā te mandína indra tū́yān sunvánti sómān píbasi tvám eshām | pácanti te vṛishabhắñ átsi téshām pṛikshéṇa yán maghavan hūyámānaḥ || 3 || idáṃ sú me jaritar ắ cikiddhi pratīpáṃ ṣắpaṃ nadyò vahanti | lopāṣáḥ siṅhám pratyáñcam atsāḥ kroshṭắ varāháṃ nír atakta kákshāt || 4 || kathắ ta etád ahám ắ ciketaṃ gṛítsasya pắkas taváso manīshắm | tvắṃ no vidvắṅ ṛituthắ ví voco yám árdhaṃ te maghavan kshemyắ dhū́ḥ || 5 || evắ hí mắṃ tavásaṃ vardháyanti diváṣ cin me bṛihatá úttarā dhū́ḥ | purū́ sahásrā ní ṣiṣāmi sākáṃ aṣatrúṃ hí mā jánitā jajắna || 6 || 20 ||

evắ hí mắṃ tavásaṃ jajñúr ugráṃ kárman-karman vṛíshaṇam indra devắḥ | vádhīṃ vṛitráṃ vájreṇa mandasānó 'pa vrajám mahinắ dāṣúshe vam || 7 || devắsa āyan para-

---

27, 22 purusha-ádaḥ átha i°. bhayāte. 23 anūpắḥ. 24 sma e°. sa-maryé. svàr *iti* svàḥ. niḥ-nijaḥ. — 28, 1 hí a°. ā-jagắma máma ít. ná ā. sú-āṣitaḥ. 2 tigmá-ṣṛiṅgaḥ. kukshī́ *iti* sutá-somaḥ. 3 yát. 4 prati-ipám. atsār *iti*. 5 te. 6 evá. cit. purú. 7 ápa.

ṣū́ṅr abibhran vánā vṛiṣcánto abhí viḍbhír āyan | ní sudrvàṃ dádhato vakshánāsu yátrā kṛ́pīṭam ánu tád dahanti || 8 || ṣaṣáḥ kshurám pratyáñcaṃ jagārā́drim logéna vy àbhedam ārā́t | bṛihántaṃ cid ṛihaté randhayāni váyad vatsó vṛishabháṃ ṣū́ṣuvānaḥ || 9 || suparṇá itthā́ nakhám ā́ sishāyā́varuddhaḥ paripádaṃ ná siṅháḥ | niruddháṣ cin mahishás tarshyā́vān goḍhā́ tásmā ayáthaṃ karshad etát || 10 || tébhyo godhā́ ayáthaṃ karshad etád yé brahmáṇaḥ pratipíyanty ánnaiḥ | simá ukshṇò 'vasṛishṭā́ñ adanti svayám bálāni tanvàḥ ṣṛiṇānā́ḥ || 11 || eté ṣámībhiḥ suṣámī abhūvan yé hinviré tanvàḥ sóma ukthaíḥ | nṛivád vádann úpa no māhi vā́jān diví ṣrávo dadhishe nā́ma vīráḥ || 12 || 21 ||

29.

Vánc ná vā yó ny àdhāyi cākáñ chúcir vāṃ stómo bhuraṇāv ajīgaḥ | yásyéd índraḥ purudíneshu hótā nṛiṇā́ṃ náryo nṛ́tamaḥ kshapā́vān || 1 || prá te asyā́ ushásaḥ prā́parasyā nṛitaú syāma nṛ́tamasya nṛiṇā́m | ánu triṣókaḥ ṣatám ā́vahan nṛ́n kútsena rátho yó ásat sasavā́n || 2 || kás te máda indra rántyo bhūd dúro gíro abhy ùgró ví dhāva | kád vā́ho arvā́g úpa mā manīshā́ ā́ tvā ṣakyām upamáṃ rā́dho ánnaiḥ || 3 || kád u dyumnám indra tvā́vato nṛ́n káyā dhiyā́ karase kán na ā́gan | mitró ná satyá urugāya bhṛityā́ ánne samasya yád ásan manīshā́ḥ || 4 || préraya sū́ro ártham ná pārám yé asya kā́maṃ janidhā́ iva gmán | gíraṣ ca yé te tuvijāta pūrvī́r nára indra pratiṣíkshanty ánnaiḥ || 5 || 22 ||

28, 8 su-drvàm. yátra. 9 jagāra á°. ví a°. 10 su-parṇáḥ. sisāya áva-ruddhaḥ. pari-pádam. ni-ruddháḥ cit. tásmai. 11 godhā́ḥ. prati-píyanti. ukshṇáḥ ava-sṛishṭā́n. 12 su-ṣámī a°. sóme. — 29, 1 ní a°. ṣúciḥ. ajīgar *iti* yásya ít. puru-díneshu. 2 prá áparasyāḥ. tri-ṣókaḥ. ā́ avahat. 3 abhí u°. manīshā́. upa-mám. kát. ā́ a°. uru-gāya bhṛityaí. 5 prá ī°. janidhā́ḥ-iva. tuvi-jāta. prati-ṣíkshanti.

mā́tre nú te súmite indra pūrvī́ dyaúr majmánā pṛithivī́ kā́vyena | vā́rāya te ghṛitávantaḥ sutā́saḥ svā́dman bhavantu pītáye mádhūni || 6 || ā́ mádhvo asmā asicann ámatram índrāya pūrṇám̐ sá hí satyárādhāḥ | sá vāvṛidhe várimann ā́ pṛithivyā́ abhí krátvā nā́ryaḥ paúṅsyaiṣ ca || 7 || vy ā̀naḷ índraḥ pṛ́tanāḥ svójā ā́smai yatante sakhyā́ya pūrvī́ḥ | ā́ smā rátham̐ ná pṛ́tanāsu tishṭha yám bhadrā́yā sumatyā́ codáyāse || 8 || 23 ||

Dvitīyo 'nuvākaḥ.

30.

Prá devatrā́ bráhmaṇe gātúr etv apó áchā mánaso ná práyukti | mahī́m mitrásya váruṇasya dhāsím pṛithujráyase rīradhā suvṛiktím || 1 || ádhvaryavo havíshmanto hí bhūtā́ chāpá itoṣatī́r uṣantaḥ | áva yā́ṣ cáshṭe aruṇā́ḥ suparṇā́s tám ā́syadhvam ūrmím adyā́ suhastāḥ || 2 || ádhvaryavo 'pá itā samudrám apā́m̐ nápātam̐ havíshā yajadhvam | sá vo dadad ūrmím adyā́ súpūtam̐ tásmai sómam mádhumantam̐ sunota || 3 || yó anidhmó dī́dayad apsv àntár yám̐ víprāsa ī́ḷate adhvaréshu | ā́pām̐ napān mádhumatīr apó dā yā́bhir índro vāvṛidhé vīryā̀ya || 4 || yā́bhiḥ sómo módate hárshate ca kalyā́ṇībhir yuvatíbhir ná máryaḥ | tā́ adhvaryo apó áchā párehi yád āsiñcā́ óshadhībhiḥ punītāt || 5 || 24 ||

evéd yū́ne yuvatáyo namanta yád īm uṣánn uṣatī́r éty ácha | sám̐ jānate mánasā sám̐ cikitre 'dhvaryávo dhishánāpaṣ ca devī́ḥ || 6 || yó vo vṛitā́bhyo ákṛiṇod u lokám̐ yó vo mahyā́ abhíṣaster ámuñcat | tásmā índrāya mádhu-

---

29, 6 mā́tre *iti.* súmite *iti* sú-mite. pūrvī́ *iti.* 7 asmai. satyá-rādhāḥ. vavṛidhe. 8 ví ā°. su-ójāḥ ā́ a°. sma. su-matyā́. — 30, 1 ácha. prá-yukti pṛithu-jráyase rīradha su-vṛiktím. 2 bhutá ácha a° ita u°. su-parṇā́ḥ. ā́ a°. adyá su-hastāḥ. 3 ita. adyá sú-pūtam. 4 ap-sú a°. nápāt. dāḥ. vavṛidhé. 5 adhvaryo *iti.* ácha párā ihi. ā-siñcā́ḥ. 6 evá ít. dhishánā á°. 7 abhí-ṣasteḥ. tásmai.

mantam ūrmím devamā́danam prá hiṇotanāpaḥ || 7 || prā́smai hinota mádhumantam ūrmíṃ gárbho yó vaḥ sindhavo mádhva útsaḥ | ghṛitápṛishṭham íḍyam adhvaréshv ā́po revatīḥ sṛiṇutā́ hávam me || 8 || táṃ sindhavo matsarám indrapā́nam ūrmím prá heta yá ubhé íyarti | madacyútam auṣānáṃ nabhojā́m pári tritántuṃ vicárantam útsam || 9 || āvárvṛitatīr ádha nú dvidhā́rā goshuyúdho ná niyaváṃ cárantīḥ | ṛíshe jánitrīr bhúvanasya pátnīr apó vandasva savṛídhaḥ sáyonīḥ || 10 || 25 ||

hinótā no adhvaráṃ devayajyā́ hinóta bráhma sanáye dhánānām | ṛitásya yóge ví shyadhvam ū́dhaḥ ṣrushṭīvárīr bhūtanāsmábhyam āpaḥ || 11 || ā́po revatīḥ ksháyathā hí vásvaḥ krátuṃ ca bhadrám bibhṛithā́mṛítaṃ ca | rāyáṣ ca sthá svapatyásya pátnīḥ sárasvatī tád gṛiṇaté váyo dhāt || 12 || práti yád ā́po ádṛiṣram āyatī́r ghṛitám páyāṅsi bíbhratīr mádhūni | adhvaryúbhir mánasā saṃvidānā́ índrāya sómaṃ súshutam bhárantīḥ || 13 || émā́ agman revátīr jīvádhanyā ádhvaryavaḥ sādáyatā sakhāyaḥ | ní barhíshi dhattana somyāso 'pā́ṃ náptrā saṃvidānā́sa enāḥ || 14 || ā́gmann ā́pa uṣatī́r barhír édáṃ ny àdhvaré asadan devayántīḥ | ádhvaryavaḥ sunuténdrāya sómam ábhūd u vaḥ suṣákā devayajyā́ || 15 || 26 ||

31.

Ā́ no devā́nām úpa vetu ṣáṅso víṣvebhis turaír ávase yájatraḥ | tébhir vayáṃ sushakháyo bhavema táranto víṣvā

30, 7 deva-mā́danam prá hiṇotana ā°. 8 prá a°. ghṛitá-pṛishṭham. ṣriṇutá. 9 indra-pānam. ubhé *iti*. mada-cyútam. nabhaḥ-jā́m. tri-tántum vi-cárantam. 10 ā-várvṛitatīḥ. dvi-dhā́rāḥ goshu-yúdhaḥ. ni-yavám. sa-vṛídhaḥ sá-yonīḥ. 11 hinóta. deva-yajyā́ (15). syadhvam. bhūtana a°. 12 ksháyatha. bibhṛithá a°. su-apatyásya. 13 ā-yatī́ḥ. sam-vidānā́ḥ. sú-sutam. 14 ā́ imā́ḥ. jīvá-dhanyāḥ. sādáyata. sam-vidānā́saḥ. 15 ā́ a°. ā́ idám ní a°. sunutá í°. su-ṣákā. — 31, 1 su-sakháyaḥ.

duritā́ syāma || 1 || pári cin márto dráviṇam mamanyād ṛitásya pathā́ námasā́ vivāset | utá svéna krátunā sáṃ vadeta ṣréyāṅsaṃ dáksham mánasā jagṛibhyāt || 2 || ádhāyi dhītír ásasṛigram áṅṣās tīrthé ná dasmám úpa yanty ū́māḥ | abhy ànaṣma suvitásya ṣūshám návedaso amṛ́tānām abhūma || 3 || nítyaṣ cākanyāt svápatir dámūnā yásmā u deváḥ savitā́ jajā́na | bhágo vā góbhir aryamém anajyāt só asmai cā́ruṣ chadayad utá syāt || 4 || iyáṃ sā́ bhūyā ushásām iva kshā́ yád dha kshumántaḥ ṣávasā samā́yan | asyá stutíṃ jaritúr bhíkshamāṇā ā́ naḥ ṣagmā́sa úpa yantu vā́jāḥ || 5 || 27 ||

asyéd eshā́ sumatíḥ paprathānā́bhavat pūrvyā́ bhū́manā gaúḥ | asyá sánīḷā ásurasya yónau samānā́ ā́ bháraṇe bíbhramāṇāḥ || 6 || kíṃ svid vánaṃ ká u sá vṛikshá āsa yáto dyā́vāpṛithiví nishṭatakshúḥ | saṃtasthāné ajáre itáūtī áhāni pūrvír usháso jaranta || 7 || naítāvad enā́ paró anyád asty ukshā́ sá dyā́vāpṛithiví bibharti | tvácam pavítraṃ kṛiṇuta svadhā́vān yád īṃ sū́ryaṃ ná haríto váhanti || 8 || stegó ná kshā́m áty eti pṛithvím míhaṃ ná vā́to ví ha vāti bhū́ma | mitró yátra váruṇo ajyámāno 'gnír váne ná vy ásṛishṭa ṣókam || 9 || starír yát sū́ta sadyó ajyámānā vyáthir avyathī́ḥ kṛiṇuta svágopā | putró yát pū́rvaḥ pitrór jánishṭa ṣamyā́ṃ gaúr jagāra yád dha pṛichā́n || 10 || utá káṇvaṃ nṛishádaḥ putrám āhur utá ṣyāvó dhánam ā́datta vājí | prá kṛishṇā́ya rúṣad apinvatódhar ṛitám átra nákir asmā apīpet || 11 || 28 ||

32.

Prá sú gmántā dhiyasānásya sakshā́ṇi varébhir varā́ṅ

31, 1 duḥ-itā́. 2 cit. námasā ā́. 3 abhí ā°. 4 svá-patiḥ dámūnāḥ yásmai. aryamā́ īm. 5 kshā́ḥ. ha. sam-ā́yan. 6 asyá ít. su-matíḥ paprathānā́ ā́°. sá-nīḷāḥ. samāné. 7 dyā́vāpṛithiví *iti* (8) niḥ-tatakshúḥ saṃtasthāné *iti* sam-tasthāné ajáre *iti* itáūtī itītáḥ-ūtī. 8 ná e°. ví. 10 svá-gopā. ha. 11 nṛi-sádaḥ. ā́ a°. apinvata ū́dhaḥ. asmai.

abhí shú prasídataḥ | asmákam índra ubháyaṃ jujoshati yát somyásyándhaso búbodhati || 1 || vìndra yāsi divyáni rocaná ví párthivāni rájasā purushṭuta | yé tvā váhanti múhur adhvaráñ úpa té sú vanvantu vagvanáñ arādhásaḥ || 2 || tád ín me chantsat vápusho vápushṭaram putró yáj jánam pitrór adhíyati | jāyá pátiṃ vahati vagnúnā sumát puṅsá íd bhadró vahatúḥ párishkṛitaḥ || 3 || tád ít sadhástham abhí cáru dīdhaya gávo yác chásan vahatúṃ ná dhenávaḥ | mātá yán mántur yūthásya pūrvyábhí vāṇásya saptádhātur íj jánaḥ || 4 || prá vó 'chā ririce devayúsh padám éko rudrébhir yāti turváṇiḥ | jará vā yéshv amṛíteshu dāváne pári va úmebhyaḥ siñcatā mádhu || 5 || 29 ||

nidhīyámānam ápagūḷham apsú prá me devánāṃ vratapá uvāca | índro vidváñ ánu hí tvā cacáksha ténāhám agne ánuṣishṭa ágām || 6 || ákshetravit kshetravídaṃ hy áprāṭ sá praíti kshetravídánuṣishṭaḥ | etád vaí bhadrám anuṣásanasyotá srutíṃ vindaty añjasínām || 7 || adyéd u práṇīd ámamann imáhápīvṛito adhayan mātúr údhaḥ | ém enam āpa jarimá yúvānam áheḷan vásuḥ sumánā babhūva || 8 || etáni bhadrá kalaṣa kriyāma kúruṣravaṇa dádato maghā́ni | dāná íd vo maghavānaḥ só astv ayáṃ ca sómo hṛidí yám bíbharmi || 9 || 30 ||

Saptamo 'dhyāyaḥ.

33.

Prá mā yuyujre prayújo jánānāṃ váhāmi sma pūshá-

32, 1 sú pra-sídataḥ. somyásya á°. 2 ví i°. puru-stuta. 3 ít. yát. adhi-íyati. pári-kṛitaḥ. 4 sadhá-stham. yát ṣ°. yát. pūrvyá a°. saptá-dhātuḥ ít. 5 vaḥ ácha. deva-yúḥ. síñcata. 6 ni-dhīyámānam ápa-gūḷham. prá — ágām V, 2, 8. 7 ákshetra-vít kshetra-vídam hí. prá eti kshetra-vídā ánu-ṣishṭaḥ. anu-ṣā́sanasya utá. 8 adyá ít. prá ānīt. imá áhā ápi-vṛitaḥ adhayat. á īm. su-mánāḥ. 9 kúru-ṣravaṇa. — 33, 1 pra-yújaḥ.

ṇam ántareṇa | víṣve deváso ádha mā́m arakshan duḥṣā́sur ā́gād íti ghósha āsīt || 1 || sám mā tapanty abhítaḥ sapátnīr iva párṣavaḥ | ní bādhate ámatir nagnátā jásur vér ná vevīyate matíḥ || 2 || mū́sho ná ṣiṣnā́ vy àdanti mādhyà stotā́raṃ te ṣatakrato | sakṛ́t sú no maghavann indra mṛiḷayā́dhā pitéva no bhava || 3 || kuruṣrávaṇam āvṛiṇi rā́jānaṃ trā́sadasyavam | máṅhishṭhaṃ vāghátām ṛ́ishiḥ || 4 || yásya mā haríto ráthe tisró váhanti sādhuyā́ | stávai sahásradakshiṇe || 5 || 1 ||

yásya prásvādaso gíra upamáṣravasaḥ pitúḥ | kshétraṃ ná raṇvám ūcúshe || 6 || ádhi putropamaṣravo nápān mitrātither ihi | pitúsh ṭe asmi vanditā́ || 7 || yád íṣīyāmṛ́tānām utá vā mártyānām | jíved ín maghávā máma || 8 || ná devā́nām áti vratáṃ ṣatā́tmā caná jīvati | táthā yujā́ ví vāvṛite || 9 || 2 ||

55-312-344

P 34. (gambler hymn) Mac, 7+6

Prāvepā́ mā bṛihitó mādayanti pravātejā́ íriṇe várvṛitānāḥ | sómasyeva maujavatásya bhakshó vibhídako jā́gṛivir máhyam achān || 1 || ná mā mimetha ná jihīḷa eshā́ ṣivā́ sákhibhya utá máhyam āsīt | akshásyāhám ekaparásya hetór ánuvratām ápa jāyā́m arodham || 2 || dvéshṭi ṣvaṣrū́r ápa jāyā́ ruṇaddhi ná nāthitó vindate marḍitā́ram | áṣvasyeva járato vásnyasya nā́hám vindāmi kitavásya bhógam || 3 || anyé jāyā́m pári mṛiṣanty asya yásyā́gṛidhad védane vājy àkshā́ḥ | pitā́ matā́ bhrā́tara enam āhur ná jānīmo ná-

---

33, 1 duḥ-ṣā́suḥ ā́ a°. 2 sám — párṣavaḥ 105, 8. 3 mū́sho — ṣatakrato 105, 8. mṛiḷaya ádha pitā́-iva. 4 kuru-ṣrávaṇam avṛiṇi. 5 sahásra-dakshiṇe. 6 prá-svādasaḥ. upamá-ṣravasaḥ. 7 putra upama-ṣravaḥ nápāt mitra-atitheḥ. pitúḥ te. 8 íṣīya a°. ít. 9 ṣatá-ātmā. vavṛite. — 34, 1 prāvepā́ḥ. pravāte-jā́ḥ. sómasya -iva. vi-bhídakaḥ. 2 jihīḷe. akshásya a° eka-parásya. ánu-vratām. 3 áṣvasya-iva. ná a°. 4 yásya á°. vājí a°. náyata.

yatā baddhám etám || 4 || yád ādídhye ná davishāṇy ebhiḥ parāyádbhyó 'va hīye sákhibhyaḥ | nyùptāṣ ca babhrávo vā́cam ákratañ émíd eshāṃ nishkṛitáṃ jāríṇīva || 5 || 3 ||

sabhā́m eti kitaváḥ pṛichámāno jeshyā́míti tanvā̀ ṡū́ṣujānaḥ | aksháso asya ví tiranti kā́mam pratidívne dádhata ā́ kṛitā́ni || 6 || akshā́sa íd aṅkuṣíno nitodíno nikṛítvānas tápanās tāpayishṇávaḥ | kumārádeshṇā jáyataḥ punarháṇo mádhvā sáṃpṛiktāḥ kitavásya barhā́ṇā || 7 || tripañcāṣáḥ krīḷati vrā́ta eshāṃ devá iva savitā́ satyádharmā | ugrásya cin manyáve ná́ namante rā́jā cid ebhyo náma ít kṛiṇoti || 8 || nīcā́ vartanta upári sphuranty ahastā́so hástavantaṃ sahante | divyā́ áṅgārā íriṇe nyùptāḥ ṡītā́ḥ sánto hṛídayaṃ nír dahanti || 9 || jāyā́ tapyate kitavásya hīnā́ mātā́ putrásya cárataḥ kvà svit | ṛiṇāvā́ bíbhyad dhánam ichámāno 'nyéshām ástam úpa náktam eti || 10 || 4 ||

stríyaṃ dṛishṭvā́ya kitaváṃ tatāpāṇyéshāṃ jāyā́ṃ súkṛitaṃ ca yónim | pūrvāhṇé áṡvān yuyujé hí babhrū́n só agnér ánte vṛishaláḥ papāda || 11 || yó vaḥ senānír maható gaṇásya rā́jā vrā́tasya prathamó babhū́va | tásmai kṛiṇomi ná dhánā ruṇadhmi dáṡāhám prā́cīs tád ṛitáṃ vadāmi || 12 || akshaír mā́ dīvyaḥ kṛishím ít kṛishasva vitté ramasva bahú mányamānaḥ | tátra gā́vaḥ kitava tátra jāyā́ tán me ví cashṭe savitā́yám aryáḥ || 13 || mitráṃ kṛiṇudhvaṃ khálu mṛiḷátā no mā́ no ghoréṇa caratābhí dhṛishṇú | ní vo nú manyúr viṡatām árātir anyó babhrūṇā́m prásitau nv àstu || 14 || 5 ||

---

34. 5 ā-dídhye. parāyát-bhyaḥ áva. ní-uptāḥ (9). ákrata émi ít. niḥ-kṛitám jāríṇī-iva. 6 jeshyā́mi íti. prati-dívne. 7 ni-todínaḥ ni-kṛítvānaḥ. kumārá-deshṇāḥ. punaḥ-hánaḥ. sám-pṛiktāḥ. 8 tri-pañcāṡáḥ. satyá-dharmā. cit. ná. 9 vartante. 10 ṛiṇa-vā́. 11 tatāpa a°. sú-kṛitam. 12 senā-níḥ. dáṡa a°. 13 tát. savitā́ a°. 14 mṛiḷáta. carata a°. prá-sitau nú a°.

35.

Ábudhram u tyá índravanto agnáyo jyótir bháranta usháso vyùshṭishu | mahí dyā́vāprithiví cetatām ápo 'dyā́ devā́nām áva ā́ vriṇīmahe || 1 || divásprithivyór áva ā́ vriṇīmahe mātrín síndhūn párvatāñ charyaṇávataḥ | anāgāstváṃ sū́ryam ushā́sam īmahe bhadráṃ sómaḥ suvānó adyā́ kriṇotu naḥ || 2 || dyā́vā no adyá prithiví ánāgaso mahí trāyetāṃ suvitā́ya mātárā | ushā́ uchánty ápa bādhatām agháṃ svasty àgníṃ samidhānám īmahe || 3 || iyáṃ na usrā́ prathamā́ sudevyàṃ revát saníbhyo revátī vy ùchatu | āré manyúṃ durvidátrasya dhīmahi svasty àgníṃ samidhānám īmahe || 4 || prá yā́ḥ sísrate sū́ryasya raṣmíbhir jyótir bhárantīr usháso vyùshṭishu | bhadrā́ no adyá ṣrávase vy ùchata svasty àgníṃ samidhānám īmahe || 5 || 6 ||

anamīvā́ ushása ā́ carantu na úd agnáyo jihatāṃ jyótishā brihát | ā́yukshātām aṣvínā tū́tujiṃ ráthaṃ svasty àgníṃ samidhānám īmahe || 6 || ṣréshṭhaṃ no adyá savitar várenyam bhāgám ā́ suva sá hí ratnadhā́ ási | rāyó jánitrīṃ dhishánām úpa bruve svasty àgníṃ samidhānám īmahe || 7 || pípartu mā tád ritásya pravácanaṃ devā́nāṃ yán manushyà ámanmahi | víṣvā íd usrā́ spáḷ úd eti sū́ryaḥ svasty àgníṃ samidhānám īmahe || 8 || adveshó adyá barhísha stárīmaṇi grā́vṇāṃ yóge mánmanaḥ sā́dha īmahe | ādityā́nāṃ ṣármaṇi sthā́ bhuraṇyasi svasty àgníṃ samidhānám īmahe || 9 || ā́ no barhíḥ sadhamā́de brihád diví devā́ñ īḷe sādáyā

35, 1 tyé. ví-ushṭishu mahí *iti* dyā́vāprithiví *iti*. adyá. 2 diváḥprithivyóḥ. ṣaryaṇā́-vataḥ. ushásam. adyá. 3 prithiví *iti*. mahí *iti*. uchántī. svastí a⁰ sam-idhānám. 4 su-devyàm. ví u⁰. duḥ-vidátrasya. 5 ví-ushṭishu bhadrā́ḥ. ví u⁰. 6 áyukshātām. 7 ratna-dhā́ḥ. 8 pra-vā́canam. yát. usrā́ḥ. 9 barhíshaḥ. sā́dhe. sthā́ḥ. 10 sadha-mā́de. sādáya.

saptá hótṝn | índram mitrám̐ váruṇam̐ sātáye bhágam̐ svasty àgním̐ samidhānám īmahe || 10 || 7 ||

tá ādityā á gatā sarvátātaye vṛidhé no yajñám avatā sajoshasaḥ | bṛíhaspátim pūsháṇam aṣvínā bhágam̐ svasty àgním̐ samidhānám īmahe || 11 || tán no devā yachata supravācanám̐ chardír ādityāḥ subháram̐ nṛipáyyam | páṣve tokáya tánayāya jīváse svasty àgním̐ samidhānám īmahe || 12 || víṣve adyá marúto víṣva ūtí víṣve bhavantv agnáyaḥ sámiddhāḥ | víṣve no devá ávasá gamantu víṣvam astu dráviṇam̐ vájo asmé || 13 || yám̐ devāsó 'vatha vájasātau yám̐ tráyadhve yám pipṛitháty áñhaḥ | yó vo gopīthé ná bhayásya véda té syāma devávītaye turāsaḥ || 14 | 8 ||

36.

Ushásānáktā bṛihatí supéṣasā dyávākshámā váruṇo mitró aryamá | índram̐ huve marútaḥ párvatāñ apá ādityán dyávāpṛithiví apáḥ svàḥ || 1 || dyaúṣ ca naḥ pṛithiví ca prácetasa ṛitávarī rakshatām áñhaso risháḥ | má durvidátrā nírṛitir na īṣata tád devánām ávo adyá vṛiṇīmahe || 2 || víṣvasmān no áditiḥ pātv áñhaso mātá mitrásya váruṇasya revátaḥ | svàrvaj jyótir avṛikám̐ naṣīmahi tád devánām — || 3 || grávā vádann ápa rákshāñsi sedhatu dushvápnyam̐ nírṛitim̐ víṣvam atríṇam | ādityám̐ ṣárma marútām aṣīmahi tád devánām — || 4 || éndro barhíḥ sídatu pínvatām íḷā bṛíhaspátiḥ sámabhir ṛikvó arcatu | supraketám̐ jīváse mánma dhīmahi tád devánām — || 5 || 9 ||

35, 10 í. m. v. 106, 1. tá — sarvátātaye 106, 2. avata sa-joshasaḥ. 12 tát. devāḥ. su-pravācanám. su-bháram nṛi-páyyam. 13 víṣve ū°. sám-iddhāḥ. ávasā á. asmé *iti*. 14 devāsaḥ á° vája-sātau. pipṛithá áti. go-pīthé. devá-vītaye. — 36, 1 ushásānáktā bṛihatí *iti* su-péṣasā. dyávāpṛithiví *iti*. svàr *iti* svàḥ. 2 prá-cetasā ṛitávarī *ity* ṛitá-varī. duḥ-vidátrā níḥ-ṛitiḥ. adyá. 3 víṣva-smāt. svàḥ-vat. 4 duḥ-svápnyam níḥ-ṛitim. 5 á í°. su-praketám.

divispṛísaṃ yajñám asmákam aşvinā jīrádhvaraṃ kṛiṇutaṃ sumnám ishṭáye | prācínaraşmim áhutaṃ ghṛiténa tád devánām — || 6 || úpa hvaye suhávam márutaṃ gaṇám pāvakám ṛishváṃ sakhyáya şambhúvam | rāyás póshaṃ sauşravasáya dhīmahi tád devánām — || 7 || apám pérum jīvádhanyam bharāmahe devāvyàṃ suhávam adhvaraşríyam | suraşmíṃ sómam indriyáṃ yamīmahi tád devánām — || 8 || sanéma tát susanítā sanítvabhir vayáṃ jīvá jīváputrā ánāgasaḥ | brahmadvísho víshvag éno bharerata tád devánām — || 9 || yé sthá mánor yajñíyās té şṛiṇotana yád vo devā ímahe tád dadātana | jaítraṃ krátuṃ rayimád vīrávad yáşas tád devánām — || 10 || 10 ||

mahád adyá mahatám á vṛiṇīmahé 'vo devánām bṛihatám anarváṇām | yáthā vásu vīrájātaṃ náşāmahai tád devánām — || 11 || mahó agnéḥ samidhānásya şármaṇy ánāgā mitré váruṇe svastáye | şréshṭhe syāma savitúḥ sávīmani tád devánām — || 12 || yé savitúḥ satyásavasya víşve mitrásya vraté váruṇasya deváḥ | té saúbhagaṃ vīrávad gómad ápno dádhātana dráviṇaṃ citrám asmé || 13 || savitá paşcátāt savitá purástāt savitóttaráttāt savitádharáttāt | savitá naḥ suvatu sarvátātiṃ savitá no rāsatāṃ dīrghám áyuḥ || 14 || 11 ||

37.

Námo mitrásya váruṇasya cákshase mahó deváya tád ṛitáṃ saparyata | dūredṛíşe devájātāya ketáve divás putráya súryāya şaṅsata || 1 || sá mā satyóktiḥ pári pātu vişváto

36, 6 divi-spṛíşam. jīrá-adhvaram. prācína-raşmim á-hutam. 7 su-hávam (8). şam-bhúvam. 8 jīvá-dhanyam. deva-avyàm. adhvara-şríyam su-raşmím. 9 su-sanítā. jīváḥ jīvá-putrāḥ. brahma-dvíshaḥ. 10 sthá. 11 vṛiṇīmahe á°. vīrá-jātam. 12 sam-idhānasya. ánāgāḥ. 13 satyá-savasya. asmé *iti*. 14 savitá u° savitá a°. — 37, 1 dure-dṛíşe devá-jātāya. 2 satyá-uktiḥ.

dyā́vā ca yátra tatánann áhāni ca | víṣvam anyán ní viṣate yád éjati viṣváhā́po viṣváhód eti sū́ryaḥ || 2 || ná te ádevaḥ pradívo ní vāsate yád etaṣébhiḥ pataraí ratharyási | prācínam anyád ánu vartate rája úd anyéna jyótishā yāsi sūrya || 3 || yéna sūrya jyótishā bā́dhase támo jágac ca víṣvam udiyárshi bhānúnā | ténāsmád víṣvām ánirām ánāhutim ápā́mīvām ápa dushvápnyam suva || 4 || víṣvasya hí préshito rákshasi vratám áheḷayann uccárasi svadhā́ ánu | yád adyá tvā sūryopabrávāmahai tám no devā́ ánu maṅsīrata krátum || 5 || tám no dyā́vāpṛithiví tán na ā́pa índraḥ ṣṛiṇvantu marúto hávam vácaḥ | mā́ ṣū́ne bhūma sū́ryasya samdṛíṣi bhadrám jívanto jaraṇā́m aṣīmahi || 6 || 12 ||

viṣváhā tvā sumánasaḥ sucákshasaḥ prajā́vanto anamīvā́ ánāgasaḥ | udyántam tvā mitramaho divé-dive jyóg jīvā́ḥ práti paṣyema sūrya || 7 || máhi jyótir bíbhratam tvā vicakshaṇa bhā́svantam cákshushe-cakshushe máyaḥ | āróhantam bṛihatáḥ pā́jasas pári vayám jīvā́ḥ práti paṣyema sūrya || 8 || yásya te víṣvā bhúvanāni ketúnā prá círate ní ca viṣánte aktúbhiḥ | anāgāstvéna harikeṣa sūryā́hnāhnā no vásyasā-vasyasód ihi || 9 || ṣám no bhava cákshasā ṣám no áhnā ṣám bhānúnā ṣám himā́ ṣám ghṛiṇéna | yáthā ṣám ádhvañ chám ásad duroṇé tát sūrya dráviṇam dhehi citrám || 10 || asmā́kam devā ubháyāya jánmane ṣárma yachata dvipáde cátushpade | adát píbad ūrjáyamānam ā́ṣitam tád asmé ṣám yór arapó dadhātana || 11 || yád vo devāṣ cakṛimá jihváyā gurú mánaso vā práyutī devahéḷanam |

37, 2 anyát. viṣvā́hā ā́° viṣvā́hā út. 3 pra-dívaḥ. pataraíḥ. 4 jágat. ut-iyárshi. téna a°. ápa á°. duḥ-svápnyam. 5 prá-ishitaḥ. ut-cárasi. sūrya upa-brávāmahai. 6 dyā́vāpṛithiví *iti* tát. sam-dṛíṣi. 7 su-mánasaḥ su-cákshasaḥ. ut-yántam. mitra-mahaḥ. 8 vi-cakshaṇa. ā-róhantam. 9 ca f°. hari-keṣa sūrya áhnā-ahnā. vásyasā-vasyasā út. 10 ádhvan ṣám. 11 dvi-páde cátuḥ-pade. asmé *iti*. 12 prá-yutī deva-héḷanam.

árāvā yó no abhí duchunāyáte tásmin tád éno vasavo ní dhetana || 12 || 13 ||

38.

Asmín na indra pṛitsutaú yáṣasvati ṣímīvati krándasi prā́va sātáye | yátra góshātā dhṛishitéshu khādíshu víshvak pátanti didyávo nṛisháhye || 1 || sá naḥ kshumántaṃ sádane vy ū̀rṇuhi góarṇasaṃ rayím indra ṣravā́yyam | syā́ma te jáyataḥ ṣakra medíno yáthā vayám uṣmási tád vaso kṛidhi || 2 || yó no dā́sa ā́ryo vā purushṭutádeva indra yudháye cíketati | asmā́bhish ṭe susháhāḥ santu ṣátravas tváyā vayáṃ tā́n vanuyāma saṃgamé || 3 || yó dabhrébhir hávyo yáṣ ca bhū́ribhir yó abhíke varivovín nṛisháhye | táṃ vikhādé sásnim adyá ṣrutáṃ náram arvā́ñcam índram ávase karāmahe || 4 || svavṛíjaṃ hí tvā́m ahám indra ṣuṣrávānānudáṃ vṛishabha radhracódanam | prá muñcasva pári kútsād ihā́ gahi kím u tvā́vān mushkáyor baddhá āsate || 5 || 14 ||

39.

Yó vām párijmā suvṛíd aṣvinā rátho doshā́m ushā́so hávyo havíshmatā | ṣaṣvattamā́sas tám u vām idáṃ vayáṃ pitúr ná nā́ma suhávaṃ havāmahe || 1 || codáyataṃ sūnṛ́tāḥ pínvataṃ dhíya út púraṃdhīr īrayataṃ tád uṣmasi | yaṣásam bhāgáṃ kṛiṇutaṃ no aṣvinā sómaṃ ná cā́rum maghávatsu nas kṛitam || 2 || amājúraṣ cid bhavatho yuvám bhágo 'nāṣóṣ cid avitā́rāpamásya cit | andhásya cin nāsatyā kṛiṣásya cid yuvā́m íd āhur bhisháјā rutásya cit || 3 ||

37, 12 duchuna-yáte. — 38, 1 prá ava. gó-sātā. nṛi-sáhye. 2 ví ū° gó-arṇasam. vaso *iti*. 3 puru-stuta á°. asmā́bhiḥ te su-sáhāḥ. sam-gamé. 4 varivaḥ-vít nṛi-sáhye. vi-khādé. 5 sva-vṛíjam. ṣuṣráva ananu-dám. radhra-códanam. ihá á. — 39, 1 pári-jmā su-vṛít. ushásaḥ. su-hávam. 2 púram-dhīḥ. 3 amā-júraḥ. avitā́ra a°. cit.

yuvám̐ cyávānam̐ sanáyam̐ yáthā rátham púnar yúvānam̐
caráthāya takshathuḥ | nísh ṭaugryám ūhathur adbhyás
pári víṣvét tā́ vām̐ sávaneshu pravā́cyā || 4 || purāṇā́ vām̐
vīryā̀ prá bravā jáné 'tho hāsathur bhishájā mayobhúvā |
tā́ vām̐ nú návyāv ávase karāmahe 'yám̐ nāsatyā ṣrád arír
yáthā dádhat || 5 || 15 ||

iyám̐ vām ahve ṣriṇutám me aṣvinā putrā́yeva pitárā
máhyam̐ ṣikshatam | ánāpir ájñā asajātyámatiḥ purā́ tásyā
abhíṣaster áva spṛitam || 6 || yuvám̐ ráthena vimadā́ya ṣundh-
yúvam̐ ny ū̀hathuḥ purumitrásya yóshaṇām | yuvám̐ há-
vam̐ vadhrimatyā́ agachatam̐ yuvám̐ súshutim̐ cakrathuḥ
púram̐dhaye || 7 || yuvám̐ víprasya jaraṇā́m upeyúshaḥ pú-
naḥ kalér akṛiṇutam̐ yúvad váyaḥ | yuvám̐ vándanam ṛiṣya-
dā́d úd ūpathur yuvám̐ sadyó viṣpálām étave kṛithaḥ || 8 ||
yuvám̐ ha rebhám̐ vṛishaṇā gúhā hitám úd airayatam ma-
mṛivā́ṅsam aṣvinā | yuvám ṛibísam utá taptám átraya
ómanvantam̐ cakrathuḥ saptávadhraye || 9 || yuvám̐ ṣvetám
pedáve 'ṣvinā́ṣvam̐ navábhir vā́jair navatí ca vājínam | car-
kṛ́tyam̐ dadathur drāvayátsakham bhágam̐ ná nṛ́bhyo háv-
yam mayobhúvam || 10 || 16 ||

ná tám̐ rājānāv adite kútaṣ caná nā́ṅho aṣnoti duritám̐
nákir bhayám | yám aṣvinā suhavā rudravartanī purora-
thám̐ kṛiṇutháḥ pátnyā sahá || 11 || ā́ téna yātam mánaso
jávīyasā rátham̐ yám̐ vām ṛibhávaṣ cakrúr aṣvinā | yásya
yóge duhitā́ jā́yate divá ubhé áhanī sudíne vivásvataḥ || 12 ||
tā́ vartír yātam̐ jayúshā ví párvatam ápinvatam̐ ṣayáve

39, 4 níḥ t°. víṣvā ít. pra-vā́cyā. 5 brava jáne átho *iti* ha ā°. mayaḥ-bhúvā. 6 putrā́ya-iva. asajātyā́ á°. abhí-ṣasteḥ. 7 vi-madā́ya. ní ū° puru-mitrásya. sú-sutim. púram-dhaye. 8 upa-íyushaḥ púnar *iti*. ṛiṣya-dā́t. 9 átraye. saptá-vadhraye. 10 aṣvinā á°. dravayát-sakham. mayaḥ-bhúvam. 11 ná a°. duḥ-itám. su-havā rudravartanī *iti* rudra-vartanī puraḥ-rathám. 12 ubhé *iti* áhanī *iti* sudíne *iti* su-díne.

dhenúm aṣvinā | vṛíkasya cid vártikām antár āsyā̀d yuvám ṣácībhir grasitám amuñcatam || 13 || etám vām stómam aṣvināv akarmátakshāma bhṛígavo ná rátham | ny àmṛikshāma yóshaṇām ná márye nítyam ná sūnúm tánayam dádhānāḥ || 14 || 17 ||

40.

Rátham yā́ntam kúha kó ha vām narā práti dyumántam suvitáya bhūshati | prātaryā́vāṇam vibhvàm viṣé-viṣe vástor-vastor váhamānam dhiyā́ ṣámi || 1 || kúha svid doshā́ kúha vástor aṣvínā kúhābhipitvám karataḥ kúhoshatuḥ | kó vām ṣayutrā́ vidháveva devāram máryam ná yóshā kṛiṇute sadhástha ā́ || 2 || prātár jarethe jaraṇéva kā́payā vástor-vastor yajatā́ gachatho gṛihám | kásya dhvasrā́ bhavathaḥ kásya vā narā rājaputréva sávanā́va gachathaḥ || 3 || yuvám mṛigéva vāraṇā́ mṛigaṇyávo doshā́ vástor havíshā ní hvayāmahe | yuvám hótrām ṛituthā́ júhvate narésham jánāya vahathaḥ ṣubhas patī || 4 || yuvám ha ghóshā páry aṣvinā yatī́ rā́jña ūce duhitā́ pṛiché vām narā | bhūtám me áhna utá bhūtam aktávé 'ṣvāvate rathíne ṣaktam árvate || 5 || 18 ||

yuvám kaví shṭhaḥ páry aṣvinā rátham víṣo ná kútso jaritúr naṣāyathaḥ | yuvór ha mákshā páry aṣvinā mádhv āsā́ bharata nishkṛitám ná yóshaṇā || 6 || yuvám ha bhujyúm yuvám aṣvinā váṣam yuvám ṣiñjāram uṣánām úpārathuḥ | yuvó rárāvā pári sakhyám āsate yuvór ahám ávasā sumnám ā́ cake || 7 || yuvám ha kṛiṣám yuvám aṣvinā ṣayúm yuvám vidhántam vidhávām urushyathaḥ | yuvám saníbhya sta-

39, 14 akarma á°. ní a°. — 40, 1 prātaḥ-yā́vānam vi-bhvàm. 2 kúha abhi-pitvám. kúha ū°. vidhávā-iva. sadhá-sthe. 3 jarethe *iti* jaraṇā́-iva. rājaputrā́-iva sávanā áva. 4 mṛigā́-iva. narā í°. patī *iti*. 5 áhne. aktáve áṣva-vate. 6 kaví *iti* sthaḥ. niḥ-kṛitám. 7 úpa ā° yuvóḥ. 8 saní-bhyaḥ.

náyantam aṣvinā́pa vrajám ūrṇuthaḥ saptā́syam || 8 || jánishṭa yóshā patáyat kanīnakó ví cā́ruhan vīrúdho daṅsánā ánu | ā́smai rīyante nivanéva síndhavo 'smā́ áhne bhavati tát patitvanám || 9 || jīvā́ṃ rudanti ví mayante adhvaré dīrghā́m ánu prásitiṃ dīdhiyur náraḥ | vāmám pitṛ́bhyo yá idáṃ samerire máyaḥ pátibhyo jánayaḥ parishváje || 10 || 19 ||

ná tásya vidma tád u shú prá vocata yúvā ha yád yuvatyā́ḥ kshéti yónishu | priyósriyasya vṛishabhásya retíno gṛiháṃ gamemā́ṣvinā tád uṣmasi || 11 || ā́ vām agan sumatír vājinīvasū ny àṣvinā hṛitsú kā́mā ayaṅsata | ábhūtaṃ gopā́ mithuná ṣubhas patī priyā́ aryamṇó dúryāñ aṣīmahi || 12 || tā́ mandasānā́ mánusho duroṇá ā́ dhattáṃ rayíṃ sahávīraṃ vacasyáve | kṛitáṃ tīrthā́ṃ suprapāṇáṃ ṣubhas patī sthāṇúm patheshṭhā́m ápa durmatíṃ hatam || 13 || kvà svid adyá katamā́sv aṣvínā vikshú dasrā́ mādayete ṣubhás pátī | ká īṃ ní yeme katamásya jagmatur víprasya vā yájamānasya vā gṛihám || 14 || 20 ||

41.

Samānám u tyám puruhūtám ukthyàṃ rátham tricakráṃ sávanā gánigmatam | párijmānaṃ vidathyàṃ suvṛiktíbhir vayáṃ vyúshṭā usháso havāmahe || 1 || prātaryújaṃ nāsatyā́dhi tishṭhathaḥ prātaryā́vāṇam madhuvā́hanaṃ rátham | víṣo yéna gáchatho yájvarīr narā kīréṣ cid yajñáṃ hótṛimantam aṣvinā || 2 || adhvaryúṃ vā mádhupāṇiṃ su-

40, 8 aṣvinā́ ápa. saptá-āsyam. 9 ca á°. ā́ asmai. nivanā́ -iva. asmaí. 10 prá-sitim. yé. sam-eriré. pari-sváje. 11 sú. priyá-usriyasya. gamema a°. 12 su-matíḥ vājinīvasū *iti* vājinī -vasū ní a°. patī *iti* (13). 13 tā́ — ā́ VIII, 87, 2. sahá-vīram. su-prapānám. pathe-sthā́m. duḥ-matím. 14 mādayete *iti*. pátī *iti*. — 41, 1 puru-hūtám. tri-cakrám. pári-jmānam. suvṛiktí-bhiḥ. ví-ushṭau. 2 prātaḥ-yújam nāsatyā á°. prātaḥ-yā́vānam madhu -vā́hanam. 3 mádhu-pāṇim su-hástyam.

hástyam agnídhaṃ vā dhṛitádakshaṃ dámūnasam | víprasya vā yát sávanāni gáchathó 'ta ā́ yātaṃ madhupéyam aṣvinā || 3 || 21 ||

42.

Ásteva sú pratarā́ṃ lā́yam ásyan bhū́shann iva prá bharā stómam asmai | vācā́ viprās tarata vā́cam aryó ní rāmaya jaritaḥ sóma índram || 1 || dóhena gā́m úpa ṣikshā sákhāyam prá bodhaya jaritar jārám índram | kóṣaṃ ná pūrṇáṃ vásunā nyṛ̀shṭam ā́ cyāvaya maghadéyāya ṣū́ram || 2 || kím aṅgá tvā maghavan bhojám āhuḥ ṣiṣīhí mā ṣiṣayáṃ tvā ṣriṇomi | ápnasvatī máma dhír astu ṣakra vasuvídam bhágam indrā́ bharā naḥ || 3 || tvā́ṃ jánā mamasatyéshv indra saṃtasthānā́ ví hvayante samīké | átrā yújaṃ kṛiṇute yó havíshmān násunvatā sakhyáṃ vashṭi ṣū́raḥ || 4 || dhánaṃ ná syandrám bahuláṃ yó asmai tīvrā́n sómāñ āsunóti práyasvān | tásmai ṣátrūn sutúkān prātár áhno ní sváshṭrān yuváti hánti vṛitrám || 5 || 22 ||

yásmin vayáṃ dadhimā́ ṣáṅsam índre yáḥ ṣiṣrā́ya maghávā kā́mam asmé | ārā́c cit sán bhayatām asya ṣátrur ny àsmai dyumnā́ jányā namantām || 6 || ārā́c chátrum ápa bādhasva dūrám ugró yáḥ ṣámbaḥ puruhūta téna | asmé dhehi yávamad gómad indra kṛidhí dhíyaṃ jaritré vā́jaratnām || 7 || prá yám antár vṛishasavā́so ágman tīvrā́ḥ sómā bahulā́ntāsa índram | nā́ha dāmā́nam maghávā ní yaṅsan ní sunvaté vahati bhū́ri vāmám || 8 || utá prahā́m atidívyā

41, 8 dhṛitá-daksham. gáchathaḥ. á. ā́ y. VIII, 10, 1. madhu-péyam. — 42, 1 ástā-iva. bhara. ramaya jaritar *iti* sóme. 2 ṣiksha. ní-ṛishṭam. cyavaya magha-déyāya. 3 vasu-vídam. indra ā́ bhara. 4 jánāḥ mama-satyéshu. sam-tasthānā́ḥ. sam-īké átra. ná á°. 5 ā-sunóti. su-túkān. su-áshṭrān. 6 dadhimá. asmó *iti* (7) ārā́t. ní a°. 7 ārā́t ṣ°. puru-hūta. kṛidhí. vája-ratnām. 8 vṛisha-savā́saḥ. sómāḥ bahulá-antāsaḥ. ná áha. yaṅsat. 9 pra-hā́m ati-dívya.

jayāti kṛitáṃ yác chvaghní vicinóti kālé | yó devákāmo ná dhánā ruṇaddhi sám ít táṃ rāyá sṛijati svadhávān || 9 || góbhish ṭaremámatiṃ durévāṃ yávena kshúdham puruhūta víṣvām | vayáṃ rájabhiḥ prathamá dhánāny asmákena vṛijánenā jayema || 10 || bṛíhaspátir naḥ pári pātu paṣcád utóttarasmād ádharād aghāyóḥ | índraḥ purástād utá madhyató naḥ sákhā sákhibhyo várivaḥ kṛiṇotu || 11 || 23 ||

Tṛitīyo 'nuvākaḥ.

43.

Áchā ma índram matáyaḥ svarvídaḥ sadhrícīr víṣvā uṣatír anūshata | pári shvajante jánayo yáthā pátim máryaṃ ná ṣundhyúm maghávānam ūtáye || 1 || ná ghā tvadríg ápa veti me mánas tvé ít kámam puruhūta ṣiṣraya | rájeva dasma ní shadó 'dhi barhíshy asmín sú sóme 'vapánam astu te || 2 || vishūvṛíd índro ámater utá kshudháḥ sá íd rāyó maghávā vásva īṣate | tásyéd imé pravaṇé saptá síndhavo váyo vardhanti vṛishabhásya ṣushmíṇaḥ || 3 || váyo ná vṛikshám supalāṣám ásadan sómāsa índram mandínaṣ camūshádaḥ | praíshām ánīkaṃ ṣávasā dávidyutad vidát svàr mánave jyótir áryam || 4 || kṛitáṃ ná ṣvaghní ví cinoti dévane saṃvárgaṃ yán maghávā sūryaṃ jáyat | ná tát te anyó ánu vīryàṃ ṣakan ná purāṇó maghavan nótá nūtanaḥ || 5 || 24 ||

víṣaṃ-viṣam maghávā páry aṣāyata jánānāṃ dhénā avacákaṣad vṛíshā | yásyáha ṣakráḥ sávaneshu ráṇyati sá tīvraíḥ sómaiḥ sahate pṛitanyatáḥ || 6 || ápo ná síndhum abhí

42, 9 yát ṣva-ghní vi-cinóti. devá-kāmaḥ. 10 góbhiḥ tarema á° duḥ-évām. puru-hūta. prathamáḥ. vṛijánena. 11 utá ú°. agha-yóḥ. — 43, 1 ácha me. svaḥ-vídaḥ. svajante. 2 gha. tvé *iti*. puru-hūta. rájā-iva. sadaḥ á°. ava-pánam. 3 vishu-vṛít. tásya ít. 4 su-palāṣám á a°. camū-sádaḥ prá e°. 5 ṣva-ghní. sam-várgam yát. ṣakat. ná utá. 6 ava-cákaṣat. yásya áha.

yát samáksharan sómāsa índraṃ kulyá iva hradám | vár-
dhanti víprā máho asya sádane yávaṃ ná vrishṭír divyéna
dánunā || 7 || vṛíshā ná kruddháḥ patayad rájassv ā́ yó aryá-
patnīr ákṛinod imā́ apáḥ | sá sunvaté magháva jīrádānavé
'vindaj jyótir mánave havíshmate || 8 || új jāyatām paraṣúr
jyótishā sahá bhūyā́ ṛitásya sudúghā purāṇavát | ví roca-
tām arushó bhānúnā ṣúciḥ svàr ná ṣukráṃ ṣuṣucīta sátpa-
tiḥ || 9 || góbhish ṭaremámatiṃ — || 10 || bṛíhaspátir naḥ
pári — || 11 || 25 ||

44.

Ā́ yātv índraḥ svápatir mádāya yó dhármaṇā tūtujānás
túvishmān | pratvakshāṇó áti víṣvā sáhāṅsy apāréṇa mahatā́
vṛíshṇyena || 1 || sushṭhā́mā ráthaḥ suyámā hárī te mimyá-
ksha vájro nripate gábhastau | ṣíbhaṃ rā́jan supáthā yāhy
arvā́ṅ várdhāma te papúsho vṛíshṇyāni || 2 || éndravāho nṛi-
pátiṃ vájrabāhum ugrám ugrásas tavishása enam | prátva-
kshasaṃ vṛishabhám satyáṣushmam ém asmatrá sadhamā́do
vahantu || 3 || evā́ pátiṃ droṇasácam sácetasam ūrjá skam-
bhám dharúṇa ā́ vṛishāyase | ójaḥ kṛishva sám gṛibbāya
tvé ápy áso yáthā kenipā́nām inó vṛidhé || 4 || gámann asmé
vásūny ā́ hí ṣáṅsisham svāṣísham bháram ā́ yāhi somínaḥ|
tvám īṣishe sásmínn ā́ satsi barhíshy anādhṛishyā́ táva pá-
trāṇi dhármaṇā || 5 || 26 ||.

pṛíthak prā́yan prathamā́ deváhūtayó 'kṛiṇvata ṣra-
vasyā̀ni dushṭárā | ná yé ṣekúr yajñíyāṃ nā́vam ārúham

43, 7 sam-áksharan. víprāh. sádane.   8 aryá-patnīh. jīrá
-dānave ávindat.   9 út. su-dúghā. ná. sát-patih. — 44, 1 ā́ y.
í. IV, 21, 1. svá-patih. pra-tvakshāṇáh.   2 su-sthā́mā. su-yámā
hárī íti. nṛi-pate. su-páthā ā́.   3 ā́ indra-váhah nṛi-pátim vájra
-bāhum. prá-tvakshasam. satyá-ṣushmam ā́ īm. sadha-mā́dah.
4 evá. droṇa-sácam sá-cetasam ūrjáh. dharúṇe. vṛisha-yase. tvé
íti. ke-nipā́nām.   5 asmé íti. su-āṣísham. sáh aº.   6 prá ā̄º
prathamā́h devá-hūtayah á'. dustárā. ā-rúham.

īrmaívá té ny àvișanta kḗpayaḥ || 6 || evaívā́pāg ápare santu dūḍhyó 'ṣvā yéshām duryúja āyuyujré | itthā́ yé prā́g úpare sánti dāvā́ne purū́ṇi yátra vayúnāni bhójanā || 7 || giríñr ájrān réjamānāñ adhārayad dyaúḥ krandad antárikshāṇi kopayat | samīcīné dhisháṇe ví shkabhāyati vṛíshṇaḥ pītvā́ máda ukthā́ni ṣaṅsati || 8 || imám bibharmi súkṛitaṃ te aṅkuṣáṃ yénārujā́si maghavañ chaphārújaḥ | asmín sú te sávane astv okyàṃ sutá ishṭaú maghavan bodhy ā́bhagaḥ || 9 || góbhish ṭáremā́matiṃ — || 10 || bṛíhaspátir naḥ pári — || 11 || 27 ||

45.

Divás pári prathamáṃ jajñe agnír asmád dvitī́yam pári jātávedāḥ | tṛitī́yam apsú nṛimáṇā ájasram índhāna enaṃ jarate svādhī́ḥ || 1 || vidmā́ te agne tredhā́ trayā́ṇi vidmā́ te dhā́ma víbhṛitā purutrā́ | vidmā́ te nā́ma paramáṃ gúhā yád vidmā́ tám útsaṃ yáta ājagántha || 2 || samudré tvā nṛimáṇā apsv àntár nṛicákshā īdhe divó agna ū́dhan | tṛitī́ye tvā rájasi tasthivā́ṅsam apā́m upásthe mahishā́ avardhan || 3 || ákrandad agní stanáyann iva dyaúḥ kshā́mā rérihad vīrúdhaḥ samañján | sadyó jajñānó ví hím iddhó ákhyad ā́ ródasī bhānúnā bhāty antáḥ || 4 || ṣrīṇā́m udāró dharúṇo rayīṇā́m manīshā́ṇām prā́rpaṇaḥ sómagopāḥ | vásuḥ sūnúḥ sáhaso apsú rā́jā ví bhāty ágra ushásām idhānáḥ || 5 || víṣvasya ketúr bhúvanasya gárbha ā́ ródasī apṛiṇāj jā́yamānaḥ | vīḷúṃ cid ádrim abhinat parāyáñ jánā yád agním áyajanta páñca || 6 || 28 ||

44, 6 īrmā́ evá. ní a°. 7 evá evá ā́°. duḥ-dhyàḥ áṣvāḥ. duḥ-yújaḥ ā-yuyujré. 8 samīcīné *iti* sam-īcīné dhisháṇe *iti*. skabhāyati. máde. 9 sú-kṛitam. yéna ā-rujā́si. ṣapha-ārújaḥ. suté. ā́-bhagaḥ. — 45, 1 jātá-vedāḥ. nṛi-mánāḥ (3). su-ādhī́ḥ. 2 vidmá (4). ví-bhṛitā. ā-jagántha. 3 ap-sú a° nṛi-cákshāḥ agne. upá-sthe. 4 agníḥ. kshā́ma. sam-añján. hí īm. ródasī *iti*. antár *iti*. 5 ut-āráḥ. pra-árpaṇaḥ sóma-gopāḥ. ágre. 6 ā́ r. a. j. IV, 18, 5. parā-yán jánāḥ.

uṣík pāvakó aratíḥ sumedhā́ márteshv agnír amṛíto ní dhāyi | íyarti dhūmám arushám bháribhrad úc chukréṇa ṣocíshā dyā́m ínakshan || 7 || dṛiṣānó rukmá urviyā́ vy àdyaud durmársham ā́yuḥ ṣriyé rucānáḥ | agnír amṛíto abhavad vā́yobhir yád enaṃ dyaúr janáyat surétāḥ || 8 || yás te adyá kṛiṇávad bhadraṣoce 'pūpáṃ deva ghṛitávantam agne | prá táṃ naya pratarā́ṃ vásyo áchābhí sumnáṃ devábhaktaṃ yavishṭha || 9 || ā́ tám bhaja sauṣravaséshv agna ukthá-uktha ā́ bhaja ṣasyámāne | priyáḥ sū́rye priyó agnā́ bhavāty új jāténa bhinádad új jánitvaiḥ || 10 || tvā́m agne yájamānā ánu dyū́n víṣvā vásu dadhire vā́ryāṇi | tváyā sahá dráviṇam ichámānā vrajā́ṃ gómantam uṣíjo ví vavruḥ || 11 || ástāvy agnír narā́ṃ suṣévo vaiṣvānará ṛíshibhiḥ sómagopāḥ | adveshé dyā́vāpṛithiví huvema dévā dhattá rayím asmé suvíram || 12 || 29 ||

Ashṭamo 'dhyāyaḥ.

SAPTAMO 'SHṬAKAḤ.

46.

Prá hótā jātó mahā́n nabhovín nṛishádvā sīdad apā́m upásthe | dádhir yó dhā́yi sá te vā́yāṅsi yantā́ vásūni vidhaté tanūpā́ḥ || 1 || imā́ṃ vidhánto apā́ṃ sadhásthe paṣúṃ ná nashṭā́m padaír ánu gman | gúhā cátantam uṣíjo námobhir ichánto dhírā bhṛígavo 'vindan || 2 || imā́ṃ tritó bhū́ry

45, 7 su-medhā́ḥ. márteshu — dhāyi VII, 4, 4. út ṣ°. 8 ví a° duḥ-márṣham. su-rétāḥ. 9 bhadra-ṣoce. ácha a°. devá-bhaktam. 10 ukthé-ukthe. priyáḥ — bhavāti 5, 36, 5. út (2). 11 ichámānāḥ. vrajám *etc.* IV, 1, 15. 12 su-ṣévaḥ. sóma-gopāḥ. adveshé *etc.* IX, 68, 10. — 46, 1 nabhaḥ-vít nṛi-sádvā. upá-sthe. tanū-pā́ḥ. 2 i. v. a. s. II, 4, 2. dhírāḥ.

avindad ichán vaibhūvasó mūrdhány ághnyāyāḥ | sá ṣévṛi-
dho jātá ā́ harmyéshu nā́bhir yúvā bhavati rocanásya || 3 ||
mandrám hótāram uṣíjo námobhiḥ práñcam yajñám netā́-
ram adhvarā́ṇām | viṣā́m akṛiṇvann aratím pāvakám hav-
yaváham dádhato mā́nusheshu || 4 || prá bhūr jáyantam
mahā́m vipodhám mūrā́ ámūram purā́m darmā́ṇam | nā́yanto
gárbham vanā́m dhíyam dhur hírismaṣrum nā́rvāṇam dhá-
narcam || 5 || 1 ||

ní pastyā̀su tritá stabhūyā́n párivīto yónau sī́dad
antáḥ | átaḥ samgṛíbhyā viṣā́m dámūnā vídharmaṇāyantraír
īyate nṛín || 6 || asyā́járāso damám arítrā arcáddhūmāso
agnáyaḥ pāvakā́ḥ | svitīcáyaḥ svātrā́so bhuraṇyávo vanar-
shádo vāyávo ná sómāḥ || 7 || prá jihváyā bharate vépo
agníḥ prá vayúnāni cétasā pṛithivyā́ḥ | tám āyávaḥ ṣucá-
yantam pāvakám mandrám hótāram dadhire yájishṭham
|| 8 || dyā́vā yám agním pṛithiví jánishṭām ápas tváshṭā
bhṛígavo yám sáhobhiḥ | ílényam prathamám mātarísvā de-
vā́s tatakshur mánave yájatram || 9 || yám tvā devā́ dadhiré
havyaváham puruspṛ́ho mā́nushāso yájatram | sá yámann
agne stuvaté vā́yo dhāḥ prá devayán yaṣásaḥ sám hí pūr-
víḥ || 10 || 2 ||

47.

Jagṛibhmā́ te dákshiṇam indra hástam vasūyávo vasu-
pate vásūnām | vidmā́ hí tvā gópatim ṣūra gónām asmá-
bhyam citrám vṛíshaṇam rayím dāḥ || 1 || svā́yudhám svá-
vasam sunīthā́m cátuḥsamudram dharúṇam rayīṇā́m | car-

46, 3 vaibhu-vasáḥ. ṣé-vṛidhaḥ.　　4 m. h. u. VII, 10, 5. havya
-vāham (10).　　5 vipaḥ-dhám. híri-smaṣrum ná ā́° dhána-arcam.
6 tritáḥ stabhu-yán pári-vītaḥ. antár íti. sam-gṛíbhya. dámūnaḥ
ví-dharmaṇa a°.　　7 asyá a°. arcát-dhūmāsaḥ. vana-sádaḥ.　　9 pṛi-
thiví íti.　　10 devāḥ. puru-spṛíhaḥ. — 47, 1 jagṛibhmā́. vasu
-yávaḥ vasu-pate. vidmā́. gó-patim.　　2 su-ayudhám su-ávasam
su-nīthám cátuḥ-samudram.

kṛ́tyaṃ ṣáṅsyam bhū́rivāram asmábhyaṃ citráṃ vṛ́shaṇaṃ rayíṃ dāḥ || 2 || subráhmāṇaṃ devávantam bṛhántam urúṃ gabhīrám pṛthúbudhnam indra | ṣrutáṛshim ugrám abhimātisháham asmábhyaṃ citráṃ vṛ́shaṇaṃ rayíṃ dāḥ || 3 || sanádvājaṃ vípravīraṃ tárutraṃ dhanaspṛ́taṃ ṣūṣuváṅsaṃ sudáksham | dasyuhánam pūrbhídam indra satyám asmábhyaṃ citráṃ vṛ́shaṇaṃ rayíṃ dāḥ || 4 || áṣvāvantaṃ rathínaṃ vīrávantaṃ sahasríṇaṃ ṣatínaṃ vā́jam indra | bhadrávrātaṃ vípravīraṃ svarshā́m asmábhyaṃ citráṃ vṛ́shaṇaṃ rayíṃ dāḥ || 5 || 3 ||

prá saptágum ṛtádhītiṃ sumedhā́m bṛ́haspátim matír áchā jigāti | yá āṅgirasó námasopasádyo 'smábhyaṃ citráṃ vṛ́shaṇaṃ rayíṃ dāḥ || 6 || vánīvāno máma dūtā́sa índraṃ stómāṣ caranti sumatír iyānā́ḥ | hṛdispṛ́ṣo mánasā vacyámānā asmábhyaṃ citráṃ vṛ́shaṇaṃ rayíṃ dāḥ || 7 || yát tvā yā́mi daddhí tán na indra bṛhántaṃ kshávam ásamaṃ jánānām | abhí tád dyā́vāpṛthivī́ gṛṇītām asmábhyaṃ citráṃ vṛ́shaṇaṃ rayíṃ dāḥ || 8 || 4 ||

48.

Ahám bhuvaṃ vásunaḥ pūrvyás pátir ahám dhánāni sáṃ jayāmi ṣáṣvataḥ | mā́ṃ havante pitáraṃ ná jantávo 'háṃ dāṣúshe ví bhajāmi bhójanam || 1 || ahám índro ródho váksho átharvaṇas tritā́ya gā́ ajanayam áher ádhi | aháṃ dásyubhyaḥ pári nṛmṇám ā́ dade gotrā́ ṣíkshan dadhīcé mātaríṣvane || 2 || máhyaṃ tváshṭā vájram atakshad āyasám máyi devā́so 'vṛjann ápi krátum | mámā́nīkaṃ sū́ryasyeva dushṭáram mā́m áryanti kṛténa kártvena ca || 3 || ahám

47, 2 bhū́ri-vāram. 3 su-bráhmāṇam. pṛthú-budhnam. ṣrutá-ṛshim. abhimāti-sáham. 4 sanát-vājam vípra-vīram (5). dhana-spṛ́tam. su-dáksham dasyu-hánam pūḥ-bhídam. 5 áṣva-vantam bhadrá-vrātam. svaḥ-sā́m. 6 saptá-gum ṛtá-dhītim su-medhā́m. ácha. námasā upa-sádyaḥ. 7 su-matī́ḥ. hṛdi-spṛ́ṣaḥ. 8 tát. dyā́vāpṛthivī́ *iti*. — 48, 3 máma á° sū́ryasya-iva dustáram.

etáṃ gavyáyam áṣvyam paṣúm purīshíṇaṃ sáyakenā hiraṇyáyam | purū́ sahásrā ní ṣiṣāmi dāṣúshe yán mā sómāsa ukthíno ámandishuḥ || 4 || ahám índro na párā jigya íd dhánaṃ ná mṛityávé 'va tasthe kádā caná | sómam ín mā sunvánto yācatā vásu ná me pūravaḥ sakhyé rishāthana || 5 || 5 ||

ahám etā́ñ cháṣvasato dvā́-dvéndraṃ yé vájraṃ yudháyé 'kṛiṇvata | āhváyamānā́ñ áva hánmanāhanaṃ dṛiḷhā́ vádann ánamasyur namasvínaḥ || 6 || abhìdám ékam éko asmi nishshā́ḷ abhí dvā́ kím u tráyaḥ karanti | khále ná parshā́n práti hanmi bhū́ri kím mā nindanti ṣátravo 'nindrā́ḥ || 7 || ahā́ṃ guñgúbhyo atithigvám íshkaram íshaṃ ná vṛitratúraṃ vikshú dhārayam | yát parṇayaghná utá vā karañjahé prā́hám mahé vṛitrahátye áṣuṣravi || 8 || prá me námī sāpyá ishé bhujé bhū́d gávām éshe sakhyā́ kṛiṇuta dvitā́ | didyúṃ yád asya samithéshu maṅháyam ā́d íd enaṃ ṣáṅsyam ukthyàṃ karam || 9 || prá némasmin dadṛiṣe sómo antár gopā́ némam āvír asthā́ kṛiṇoti | sá tigmáṣṛiñgaṃ vṛishabháṃ yúyutsan druhás tasthau bahulé baddhó antáḥ || 10 || ādityā́nāṃ vásūnāṃ rudríyāṇāṃ devó devā́nāṃ ná mināmi dhā́ma | té mā bhadrā́ya ṣávase tatakshur áparājitam ástṛitam áshāḷham || 11 || 6 ||

49.

Ahā́ṃ dā́ṃ gṛiṇaté pū́rvyaṃ vásv ahám bráhma kṛiṇavam máhyaṃ várdhanam | ahám bhuvaṃ yájamānasya coditā́yajvanaḥ sākshi víṣvasmin bhāre || 1 || mā́ṃ dhur índraṃ

48, 4 sā́yakena. purú. yát. 5 jigye. mṛityáve áva. ít. yā́cata. 6 sā́ṣvasataḥ dvā́-dvā í°. yudhā́ye á° ā-hváyamānān. hánmanā a°. 7 abhí i°. nishshā́ṭ abhí. 8 atithi-gvám. vṛitra-túram. parṇaya-ghné. karañja-hé prá a°. vṛitra-hátye. 9 sam-ithéshu. 10 gopā́ḥ. tigmá-ṣṛiñgam. antár *iti*. 11 áparā-jitam. — 49, 1 coditā́ á°.

náma devátā divás̱ ca gmás̱ cāpáṃ ca jantávaḥ | aháṃ hárī vṛíshaṇā vívratā raghū́ aháṃ vájraṃ s̱ávase dhṛishṇv á̄ dade || 2 || ahám átkaṃ kaváye s̱is̱nathaṃ háthair aháṃ kútsam āvam ābhír ūtíbhiḥ | aháṃ s̱úshṇasya s̱náthitā vádhar yamaṃ ná yó rará á̄ryaṃ náma dásyave || 3 || ahám pitéva vetasū́ṅr abhíshṭaye túgraṃ kútsāya smádibhaṃ ca randhayam | ahám bhuvaṃ yájamānasya rājáni prá yád bhárc tújaye ná priyá̄dhṛíshe || 4 || aháṃ randhayam mṛígayaṃ s̱rutárvaṇe yán má̄jihīta vayúnā canā́nushák | aháṃ vesáṃ namrám āyáve 'karam aháṃ sávyāya páḍgṛibhim arandhayam || 5 || 7 ||

aháṃ sá yó návavāstvam bṛihádrathaṃ sáṃ vṛitréva dásaṃ vṛitrahárujam | yád vardháyantam pratháyantam ānusháḡ dūré pāré rájaso rocanā́karam || 6 || aháṃ sū́ryasya pári yāmy ās̱úbhiḥ praítas̱ébhir váhamāna ójasā | yán mā sāvó mánusha á̄ha nirṇíja ṛídhak kṛishe dásaṃ kṛítvyaṃ háthaiḥ || 7 || aháṃ saptahá̄ náhusho náhushṭaraḥ prás̱rāvayaṃ s̱ávasā turvás̱aṃ yádum | aháṃ ny ànyáṃ sáhasā sáhas karaṃ náva vrádhato navatíṃ ca vakshayam || 8 || aháṃ saptá sraváto dhārayaṃ vṛíshā dravitnvàḥ pṛithivyáṃ sírá ádhi | ahám árṇāṅsi ví tirāmi sukrátur yudhá vidam mánave gātúm ishṭáye || 9 || aháṃ tád āsu dhārayaṃ yád āsu ná devás̱ caná tváshṭā́dhārayad rús̱at | spārháṃ gávām ū́dhassu vakshánāsv á̄ mádhor mádhu s̱vā́tryaṃ sómam ās̱íram || 10 || evá̄ devā́ṅ índro vivye nṛíṅ prá cyautnéna maghávā satyárādhāḥ | vís̱vét tá̄ te harivaḥ s̱acīvo 'bhí turásaḥ svayas̱o gṛiṇanti || 11 || 8 ||

49, 2 ca a°. hárī *iti*. ví-vratā raghū *iti*. dhṛishṇú. 3 vádhaḥ. raré. 4 pitá̄-iva. smát-ibham. a. bh. y. 1. priyá̄ ā-dhṛíshe. 5 yát mā á°. caná ā°. páṭ-gṛibhim. 6 náva-vāstvam bṛihát-ratham. vṛitrá̄-iva. vṛitra-há̄ á°. rocaná̄ á°. 7 prá c°. yát. niḥ-níje. 8 sapta-há̄. prá as̱ravayam. ní a°. 9 su-krátuḥ. 10 tváshṭā á°. ā-s̱iram. 11 evá. satyá-rādhāḥ. v. t. t. 51, 8. sva-yas̱aḥ.

50.

Prá vo mahé mándamānāyā́ndhasó 'rcā viṣvā́narāya viṣvābhúve | índrasya yásya súmakhaṃ sáho máhi ṣrávo nṛimṇáṃ ca ródasī saparyátaḥ || 1 || só cin nú sákhyā nárya iná stutáṣ carkṛítya índro mā́vate náre | víṣvāsu dhūrshú vājakṛítyeshu satpate vṛitré vāpsv àbhí ṣūra mandase || 2 || ké té nára indra yé ta ishé yé te sumnáṃ sadhanyàm íyakshān | ké te vā́jāyāsuryā̀ya hinvire ké apsú svā́sūrvárāsu paúṅsye || 3 || bhúvaṣ tvám indra bráhmaṇā mahā́n bhúvo víṣveshu sávaneshu yajñíyaḥ | bhúvo nṝ́ṅṣ cyautnó víṣvasmin bháre jyéshṭhaṣ ca mántro viṣvacarshaṇe || 4 || ávā nú kaṃ jyā́yān yajñávanaso mahíṃ ta ómātrāṃ kṛishṭáyo viduḥ | áso nú kam ajáro várdhāṣ ca víṣvéd etā́ sávanā tūtumā́ kṛishe || 5 || etā́ víṣvā sávanā tūtumā́ kṛishe svayáṃ sūno sahaso yā́ni dadhishé | várāya te pā́traṃ dhármaṇe tánā yajñó mántro bráhmódyataṃ vácaḥ || 6 || yé te vipra brahmakṛítaḥ suté sácā vásūnāṃ ca vásunaṣ ca dāváne | prá té sumnásya mánasā pathā́ bhuvan máde sutásya somyásyā́ndhasaḥ || 7 || 9 ||

51.

Mahát tád úlbaṃ sthávirāṃ tád āsīd yénā́vishṭitaḥ praviveṣithāpáḥ | víṣvā apaṣyad bahudhā́ te agne jā́tavedas tanvò devá ékaḥ || 1 || kó mā dadarṣa katamáḥ sá devó yó me tanvò bahudhā́ paryápaṣyat | kvā́ha mitrāvaruṇā kshiyanty agnér víṣvāḥ samídho devayā́nīḥ || 2 || aíchāma tvā bahudhā́ jātavedaḥ právishṭam agne apsv óshadhīshu | táṃ

50, 1 p. v. m. 62, 2. mándamānāya ándhasaḥ árca. viṣva-bhúve. sú-makham. ródasī *iti*. 2 sáḥ cit. ináḥ. vāja-kṛítyeshu sat-pate. vā ap-sú a°. 3 te. sa-dhanyàm. vā́jāya a°. svā́su u°. 4 viṣva-carshaṇe. 5 áva. yajñá-vanasaḥ. te. víṣvā ít. 6 sūno *iti*. bráhma út-yatam. 7 brahma-kṛítaḥ. somyásya á°. — 51, 1 yéna ā́-vishṭitaḥ pra-vivéṣitha a°. jā́ta-vedaḥ. 2 pari-ápaṣyat kvà áha. sam-ídhaḥ deva-yā́nīḥ. 3 jāta-vedaḥ prá-vishṭam. ap-sú.

tvā yamó acikec citrabhāno daṣāntarushyád atirócamānam
‖ 3 ‖ hotrád ahám varuṇa bíbhyad āyaṃ néd evá mā yu-
nájann átra deváḥ | tásya me tanvò bahudhá nívishṭā etám
ártham ná ciketāhám agníḥ ‖ 4 ‖ éhi mánur devayúr yajñá-
kāmo 'raṃkṛítyā támasi ksheshy agne | sugán patháḥ kṛi-
ṇuhi devayánān váha havyáni sumanasyámānaḥ ‖ 5 ‖ 10 ‖

agnéḥ pûrve bhrátaro ártham etáṃ rathívádhvānam
ánv ávarīvuḥ | tásmād bhiyá varuṇa dūrám āyaṃ gauró ná
kshepnór avije jyáyāḥ ‖ 6 ‖ kurmás ta áyur ajáraṃ yád
agne yáthā yuktó jātavedo ná ríshyāḥ | áthā vahāsi suma-
nasyámāno bhāgáṃ devébhyo havíshaḥ sujāta ‖ 7 ‖ prayāján
me anuyājáṅś ca kévalān úrjasvantaṃ havísho datta bhā-
gám | ghṛitáṃ cāpáṃ púrushaṃ caúshadhīnām agnéś ca
dīrghám áyur astu deváḥ ‖ 8 ‖ táva prayājá anuyājáṅś ca
kévala úrjasvanto havíshaḥ santu bhāgáḥ | távāgne yajñò
'yám astu sárvas túbhyaṃ namantām pradíṣaṣ cátasraḥ
‖ 9 ‖ 11 ‖

52.

Víṣve deváḥ ṣastána mā yáthehá hótā vṛitó manávai
yán nishádya | prá me brūta bhāgadhéyaṃ yáthā vo yéna
pathá havyám á vo váhāni ‖ 1 ‖ ahám hótā ny àsīdaṃ yá-
jīyān víṣve devá marúto mā junanti | áhar-ahar aṣvinádh-
varyavaṃ vām brahmá samíd bhavati sáhutir vām ‖ 2 ‖
ayám yó hótā kír u sá yamásya kám ápy ūhe yát sam-
añjánti deváḥ | áhar-ahar jāyate māsí-māsy áthā devá da-

51, 3 aciket citrabhāno íti citra-bhāno daṣa-antarushyát ati
-rócamānam.   4 ná ít. ní-vishṭāḥ. ciketa aº.   5 á ihi. yajñá
-kāmaḥ aram-kṛitya. su-gán. deva-yánān. su-manasyámānaḥ.
6 rathí-iva áº. á avarīvur íti.   7 te. jāta-vedaḥ. átha. su
-manasyámānaḥ. su-jāta.   8 pra-yāján. anu-yāján. ca aº. ca óº.
9 pra-yājáḥ. anu-yājáḥ. kévale. táva áº. pra-dísaḥ. — 52, 1 yáthā
ihá. yát ni-sádya. bhāga-dhéyam.   2 ní aº. deváḥ. áhaḥ-ahaḥ
(3) aṣvinā áº. sam-ít. sá á-hutiḥ.   3 sam-añjánti. átha deváḥ.

dhire havyaváham ‖ 3 ‖ mā́ṃ devā́ dadhire havyaváham ápamluktam bahú kṛichrā́ cárantam | agnír vidvā́n yajñā́ṃ naḥ kalpayāti páñcayāmaṃ trivṛ́taṃ saptátantum ‖ 4 ‖ ā́ vo yakshy amṛitatvā́ṃ suvī́raṃ yáthā vo devā várivaḥ kárāṇi | ā́ bāhvór vájram índrasya dheyām áthemā́ víśvāḥ pṛ́tanā jayāti ‖ 5 ‖ trī́ṇi śatā́ trī́ sahásrāṇy agníṃ triṅśác ca devā́ náva cāsaparyan | aúkshan ghṛitaír ástṛiṇan barhír asmā ā́d íd dhótāraṃ ny àsādayanta ‖ 6 ‖ 12 ‖

53.

Yám aíchāma mánasā sò 'yám ā́gād yajñásya vidvā́n párushaṣ cikitvā́n | sá no yakshad devátātā yájīyān ní hí shátsad ántaraḥ pū́rvo asmát ‖ 1 ‖ árādhi hótā nishádā yájīyān abhí práyāṅsi súdhitāni hí khyát | yájāmahai yajñíyān hánta devā́ṅ ī́ḷāmahā ī́ḍyāṅ ā́jyena ‖ 2 ‖ sādhvī́m akar devávītiṃ no adyá yajñásya jihvā́m avidāma gúhyām | sá ā́yur ā́gāt surabhír vásāno bhadrā́m akar deváhūtiṃ no adyá ‖ 3 ‖ tád adyá vācáḥ prathamám masīya yénā́surāṅ abhí devā́ ásāma | ū́rjāda utá yajñiyāsaḥ páñca janā máma hotrā́ṃ jushadhvam ‖ 4 ‖ páñca jánā máma hotrā́ṃ jushantāṃ gójātā utá yé yajñíyāsaḥ | pṛithiví naḥ pā́rthivāt pātv áṅhaso 'ntárikshaṃ divyā́t pātv asmā́n ‖ 5 ‖ 13 ‖

tántuṃ tanván rájaso bhānúm ánv ihi jyótishmataḥ pathó raksha dhiyā́ kṛitā́n | anulbaṇáṃ vayata jóguvām ápo mánur bhava janáyā daívyaṃ jánam ‖ 6 ‖ akshānáho nahyatanotá somyā íshkṛiṇudhvaṃ rasanā́ ótá piṅśata |

52, 3 havya-vā́ham. 4 d. d. h. 3. ápa-mluktam. páñca-yāmam tri-vṛ́tam saptá-tantum. 5 su-vī́ram. devāḥ. á. v. p. VIII, 96, 7. 6 = III, 9, 9. — 53, 1 sáḥ ayám ā́ a°. sá — yájīyān III, 19, 1. sátsat. 2 ni-sádā. sú-dhitāni. ī́ḷāmahai. 3 devá-vītim. ā́ agāt. devá-hūtim. 4 yéna á°. ū́rja-adaḥ. janāḥ. 5 jánāḥ. g. u. y. y. VII, 35, 14. pṛithiví *etc.* VII, 104, 23. 6 janáya. 7 aksha-náhaḥ nahyatana utá. ā́ utá.

ashṭávandhuram vahatābhíto rátham yéna deváso ánayann abhí priyám || 7 || áṣmanvatī rīyate sám rabhadhvam út tishṭhata prá taratā sakhāyaḥ | átrā jahāma yé ásann áṣevāḥ ṣiván vayám út taremābhí vā́jān || 8 || tváshṭā māyā́ ved apásām apástamo bíbhrat pā́trā devapā́nāni ṣámtamā | ṣíṣīte nūnám paraṣúm svāyasám yéna vṛiṣcā́d étaṣo bráhmaṇas pátiḥ || 9 || sató nūnám kavayaḥ sám ṣiṣīta vā́ṣībhir yā́bhir amṛítāya tákshatha | vidvā́ṅsaḥ padā́ gúhyāni kartana yéna deváso amṛitatvám ānaṣúḥ || 10 || gárbhe yóshām ádadhur vatsám āsány apīcyèna mánasotá jihváyā | sá viṣváhā sumánā yogyā́ abhí sishāsánir vanate kārá íj jítim || 11 || 14 ||

54.

Tā́m sú te kīrtím maghavan mahitvā́ yát tvā bhīté ródasī áhvayetām | prā́vo devā́ñ átiro dā́sam ójaḥ prajā́yai tvasyai yád áṣiksha indra || 1 || yád ácaras tanvā̀ vāvṛidhānó bálānīndra prabruvāṇó jáneshu | māyét sā́ te yā́ni yuddhā́ny āhúr nā́dyá ṣátrum nanú purā́ vivitse || 2 || ká u nú te mahimánaḥ samasyāsmát pū́rva ṛíshayó 'ntam āpuḥ | yán mātáram ca pitáram ca sākám ájanayathās tanvàḥ svā́yāḥ || 3 || catvā́ri te asuryā̀ṇi nā́mā́dābhyāni mahishásya santi | tvám aṅgá tā́ni víṣvāni vitse yébhiḥ kármāṇi maghavañ cakártha || 4 || tvám víṣvā dadhishe kévalāni yā́ny āvír yā́ ca gúhā vásūni | kā́mam ín me maghavan mā́ ví tārīs tvám ājñātā́ tvám indrāsi dātā́ || 5 || yó ádadhāj jyótishi jyótir antár yó áṣṛijan mádhunā sám mádhūni | ádha

---

53, 7 ashṭā́-vandhuram vahata a°. 8 tarata. átra. tarema a°. 9 māyā́ḥ. deva-pā́nāni. su-āyasám. 11 mánasā utá. su-mánāḥ. sisāsániḥ. ít — 54, 1 bhīté *iti* ródasī *iti*. prá ā°. ā́ a°. pra-jā́yai. 2 vavṛidhānáḥ bálāni i° pra-bruvāṇáḥ. māyā́ ít. ná a°. 3 samasya a° pū́rve ṛíshayaḥ á°. yát. 4 nā́ma á°. 5 ít. ā-jñātā́. indra asi. 6 ádadhāt. áṣṛijat.

priyáṃ ṣūshám índrāya mánma brahmakríto bṛihádukthād avāci || 6 || 15 ||

55.

Dūré tán nā́ma gúhyam parācaír yát tvā bhīté áhvayetāṃ vayodhaí | úd astabhnāḥ pṛithivíṃ dyā́m abhíke bhrā́tuḥ putrā́n maghavan titvishāṇáḥ || 1 || mahát tán nā́ma gúhyam puruspṛ́g yéna bhūtáṃ janáyo yéna bhávyam | pratnáṃ jātáṃ jyótir yád asya priyám priyā́ḥ sám aviṣanta páñca || 2 || ā́ ródasī apṛiṇād ótá mádhyam páñca devā́ñ ṛitusáḥ saptá-sapta | cátustriñṣatā purudhā́ ví cashṭe sárūpeṇa jyótishā vívratena || 3 || yád usha aúchaḥ prathamā́ vibhā́nām ájanayo yéna pushṭásya pushṭám | yát te jāmitvám ávaram párasyā mahā́n mahatyā́ asuratvám ékam || 4 || vidhúṃ dadrāṇáṃ sámane bahūnā́ṃ yúvānaṃ sántam palitó jagāra | devásya paṣya kā́vyam mahitvā́dyā́ mamā́ra sá hyáḥ sám āna || 5 || 16 ||

ṣákmanā ṣākó aruṇáḥ suparṇá ā́ yó maháḥ ṣū́raḥ sanā́d ánīḷaḥ | yác cikéta satyám ít tán ná mógham vásu spārhám utá jétotá dā́tā || 6 || aíbhir dade vṛíshṇyā paúṅsyāni yébhir aúkshad vṛitrahátyāya vajrí | yé kármaṇaḥ kriyámāṇasya mahnā́ ṛitekarmám udájāyanta devā́ḥ || 7 || yujā́ kármāṇi janáyan viṣvaújā aṣastithā́ viṣvámanās turāshā́ṭ | pītví sómasya divá ā́ vṛidhānáḥ ṣū́ro nír yudhā́dhamad dásyūn || 8 || 17 ||

56.

Idáṃ ta ékam pará ū ta ékaṃ tṛitíyena jyótishā sáṃ

54, 6 brahma-kṛítaḥ bṛihát-ukthāt. — 55, 1 tát. y. t. bh. X, 54, 1. vayaḥ-dhaí. 2 t. n. g. 1. puru-spṛ́k. 3 ródasī *iti*. ā́ utá. cátuḥ-triṅṣatā. sá-rūpeṇa. ví-vratena. 4 vi-bhā́nām. párasyāḥ mahát. 5 mahi-tvā́ adyá. 6 sū-parṇáḥ. yát. tát. jétā utá. 7 ā́ e°. vṛitra-hátyāya. mahnā́ ṛite-karmám ut-ájāyanta. 8 viṣvá-ojāḥ aṣasti-hā́ viṣvá-manāḥ. yudhā́ a°. — 56, 1 te. ūm̐ *iti* te.

vishasva | saṃvéshane tanvàs cárur edhi priyó devánām paramé janítre || 1 || tanū́sh ṭe vājin tanvàṃ náyantī vāmám asmábhyaṃ dhā́tu śárma túbhyam | áhruto mahó dharúṇāya devā́n divìva jyótiḥ svám ā́ mimīyāḥ || 2 || vājy àsi vā́jinenā suvenī́ḥ suvitá stómaṃ suvitó dívaṃ gāḥ | suvitó dhárma prathamā́nu satyā́ suvitó devā́n suvitó 'nu pátma || 3 || mahimná eshām pitáraś canéśire devā́ devéshv adadhur ápi krátum | sám avivyacur utá yā́ny átvishur aíshāṃ tanū́shu ní viviśuḥ púnaḥ || 4 || sáhobhir víśvam pári cakramū rájaḥ pū́rvā dhā́māny ámitā mímānāḥ | tanū́shu víśvā bhúvanā ní yemire prā́sārayanta purudhá prajā́ ánu || 5 || dvídhā sūnávó 'suraṃ svarvídam ā́sthāpayanta tṛitíyena kármaṇā | svā́m prajā́m pitáraḥ pítryaṃ sáha ā́vareshv adadhus tántum ā́tatam || 6 || nāvā́ ná kshódaḥ pradíśaḥ pṛithivyā́ḥ svastíbhir áti durgā́ṇi víśvā | svā́m prajā́m bṛihádukthο mahitvā́vareshv adadhād ā́ páreshu || 7 || 18 ||

57.

Mā́ prá gāma pathó vayám mā́ yajñā́d indra somínaḥ | mā́ntá sthur no árātayaḥ || 1 || yó yajñásya prasā́dhanas tántur devéshv ā́tataḥ | tám ā́hutaṃ naśīmahi || 2 || máno nv ā́ huvāmahe nārāśaṅséna sómena | pitṝṇā́ṃ ca mánmabhiḥ || 3 || ā́ ta etu mánaḥ púnaḥ krátve dákshāya jīváse | jyók ca sū́ryaṃ dṛiśé || 4 || púnar naḥ pitaro máno dádātu daívyo jánaḥ | jīvā́ṃ vrā́taṃ sacemahi || 5 || vayáṃ soma vraté táva mánas tanū́shu bíbhrataḥ | prajā́vantaḥ sacemahi || 6 || 19 ||

56, 1 sam-véśane. 2 tanū́ḥ te. diví-iva. 3 vājī́ asi vā́jinena su-venī́ḥ suvitáḥ. prathamā́ ánu. ánu. 4 caná 1° devā́ḥ. ā́ e°. púnar *iti*. 5 cakramuḥ. prá a°. pra-jā́ḥ. 6 sūnávaḥ á° svaḥ-vídam ā́ a°. pra-jā́m (7). ā́ a°. ā́-tatam. 7 pra-díśaḥ. duḥ-gā́ni. bṛihát-ukthaḥ mahi-tvā́ ā́ á°. — 57, 1 mā́ antár *iti*. 2 pra-sā́dhanaḥ. ā́-tataḥ. ā́-hutam. 3 nú. 4 te. púnar *iti*. j. c. a. d. 23, 21.

58.

Yát te yamáṃ vaivasvatám máno jagáma dūrakám | tát ta á́ vartayāmasīhá ksháyāya jīváse || 1 || yát te dívaṃ yát prithivím máno jagáma dūrakám | tát ta — || 2 || yát te bhū́miṃ cáturbhṛishṭim máno jagáma dūrakám | tát ta — || 3 || yát te cátasraḥ pradíṣo máno jagáma dūrakám | tát ta — || 4 || yát te samudrám arṇavám máno jagáma dūrakám | tát ta — || 5 || yát te márīcīḥ praváto máno jagáma dūrakám | tát ta — || 6 || 20 ||

yát te apó yád óshadhīr máno jagáma dūrakám | tát ta — || 7 || yát te sū́ryaṃ yád ushásam máno jagáma dūrakám | tát ta — || 8 || yát te párvatān bṛiható máno jagáma dūrakám | tát ta — || 9 || yát te víṣvam idáṃ jágan máno jagáma dūrakám | tát ta — || 10 || yát te párāḥ parāváto máno jagáma dūrakám | tát ta — || 11 || yát te bhūtáṃ ca bhávyaṃ ca máno jagáma dūrakám | tát ta — || 12 || 21 ||

59.

Prá tāry á́yuḥ pratarám návīya sthā́tāreva krátumatā ráthasya | ádha cyávāna út tavīty ártham parātaráṃ sú nírṛitir jihītām || 1 || sá́man nú rāyé nidhimán nv ánnaṃ kárāmahe sú purudhá ṣrávāṅsi | tá́ no víṣvāni jaritá́ mamattu parātaráṃ sú nírṛitir jihītām || 2 || abhí́ shv àryáḥ paúṅsyair bhavema dyaúr ná bhū́miṃ giráyo ná́jran | tá́ no víṣvāni jaritá́ ciketa parātaráṃ sú nírṛitir jihītām || 3 || mó shú ṇaḥ soma mṛityáve párā dāḥ páṣyema nú sū́ryam uccárantam | dyúbhir hitó jarimá́ sū́ no astu parātaráṃ sú

58, 1 te. vartayāmasi ihá. 3 cátuḥ-bhṛishṭim. 4 pra-díṣaḥ. 10 jágat. — 59, 1 návīyaḥ sthā́tārā-iva. níḥ-ṛitiḥ. 2 nidhi-mát nú. 3 abhí sú a°. ná á́°. 4 mó iti sú naḥ. ut-cárantam. sú.

nírṛitir jihītām || 4 || ásunīte máno asmā́su dhāraya jīvā́tave sú prá tirā na ā́yuḥ | rārandhí naḥ sū́ryasya saṃdṛ́iṣi ghṛiténa tvā́ṃ tanvā̀ṃ vardhayasva || 5 || 22 ||

ásunīte púnar asmā́su cákshuḥ púnaḥ prāṇám ihá no dhehi bhógam | jyók paṣyema sū́ryam uccárantam ánumate mṛiḷáyā naḥ svastí || 6 || púnar no ásum pṛithiví dadātu púnar dyaúr deví púnar antáriksham | púnar naḥ sómas tanvā̀ṃ dadātu púnaḥ pūshā́ pathyā̀ṃ yā́ svastíḥ || 7 || ṣáṃ ródasī subándhave yahví ṛitásya mātárā | bháratām ápa yád rápo dyaúḥ pṛithivi kshamā́ rápo mó shú te kíṃ canā́mamat || 8 || áva dvaké áva trikā́ diváṣ caranti bheshajā́ | kshamā́ carishṇv èkakám bháratām ápa yád rápo dyaúḥ pṛithivi kshamā́ rápo mó shú te kíṃ canā́mamat || 9 || sám indreraya gā́m anaḍvā́haṃ yá ā́vahad uṣīnárāṇyā ánaḥ | bháratām ápa yád rápo dyaúḥ pṛithivi kshamā́ rápo mó shú te kíṃ canā́mamat || 10 || 23 ||

60.

Ā́ jánaṃ tveshásaṃdṛiṣam mā́hīnānām úpastutam | áganma bíbhrato námaḥ || 1 || ásamātiṃ nitóṣanaṃ tveshā́ṃ niyayínaṃ rátham | bhajérathasya sátpatim || 2 || yó jánān mahishā́ñ ivātitasthaú pávīravān | utā́pavīravān yudhā́ || 3 || yásyekshvākúr úpa vraté revā́n marāyy édhate | divìva páñca kṛishṭáyaḥ || 4 || índra kshatrā́samātishu ráthaproshṭheshu dhāraya | divìva sū́ryaṃ dṛiṣé || 5 || agástyasya nádbhyaḥ sáptī yunakshi róhitā | paṇín ny àkramīr abhí víṣvān rājann arādhásaḥ || 6 || 24 ||

59, 5 ásu-nīte (6). tira. rarandhí. sam-dṛ́iṣi. 6 púnar *iti* pr°. ut-cárantam ánu-mate mṛiláya. 7 púnar *iti* pū°. 8 ródasī *iti* su-bándhave yahví *iti*. mó *iti* sú. caná ā°. 9 dvaké *iti*. carishṇú e°. 10 indra ī°. ā́ á°. — 60, 1 tveshá-saṃdṛiṣam. úpa -stutam. 2 ni-tóṣanam. ni-yayínam. bhajé-rathasya sát-patim. 3 mahishā́n-iva ati-tasthaú. utá á°. 4 yásya i°. marāyí. diví -iva (6). 5 kshatrā́ á° rátha-proshṭheshu. 6 sáptī *iti*. ní a°.

ayám mātā́yám pitā́yáṃ jīvā́tur ā́gamat | idáṃ táva pra-
sárpaṇaṃ súbandhav éhi nír ihi || 7 || yáthā yugáṃ vara-
tráyā náhyanti dharúṇāya kám | evā́ dādhāra te máno jī-
vā́tave ná mṛityávé 'tho arishṭátātaye || 8 || yátheyám pṛithiví
mahí dādhā́remā́n vánaspátīn | evā́ dādhāra te máno jīvā́-
tave ná mṛityávé 'tho arishṭátātaye || 9 || yamā́d aháṃ vai-
vasvatā́t subándhor mána ā́bharam | jīvā́tave ná mṛityávé
'tho arishṭátātaye || 10 || nyàg vā́tó 'va vāti nyàk tapati
sū́ryaḥ | nīcī́nam aghnyā́ duhe nyàg bhavatu te rápaḥ || 11 ||
ayám me hásto bhágavān ayám me bhágavattaraḥ | ayám
me viṣvábheshajo 'yáṃ ṣivā́bhimarṣanaḥ || 12 || 25 ||

Caturtho 'nuvākaḥ.

61.

Idám itthā́ raúdraṃ gūrtávacā bráhma krátvā ṣácyām
antár ājaú | krāṇā́ yád asya pitárā maṅhaneshṭhā́ḥ párshat
pakthé áhann ā́ saptá hótṝn || 1 || sá íd dānā́ya dábhyāya
vanvā́ñ cyávānaḥ sū́dair amimīta védim | tū́rvayāṇo gūrtá-
vacastamaḥ kshódo ná réta itáūti siñcat || 2 || máno ná
yéshu hávaneshu tigmáṃ vípaḥ ṣácyā vanuthó drávantā |
ā́ yáḥ ṣáryābhis tuvinṛimṇó asyā́ṣrīṇītādíṣaṃ gábhastau
|| 3 || kṛishṇā́ yád góshv aruṇíshu sī́dad divó nápātāṣvinā
huve vām | vītám me yajñám ā́ gatam me ánnaṃ vavan-
vā́ṅsā nésham ásmṛitadhrū || 4 || práthishṭa yásya vīrá-
karmam ishṇád ánushṭhitaṃ nú náryo ápauhat | púnas tád
ā́ vṛihati yát kanā́yā duhitúr ā́ ánubhṛitam anarvā́ || 5 || 26 ||

60, 7 mātā́ a° pitā́ a°. ā́ a°. pra-sárpaṇam súbandho *iti* sú-bandho ā́ ihi. 8 evá. mṛityáve átho *iti*. 9 yáthā i°. dādhā́ra i°. 10 su-bándhoḥ. ā́ a°. 11 vā́taḥ áva. 12 viṣvá-bheshajaḥ. ṣivá-abhimarṣanaḥ. — 61, 1 gūrtá-vacāḥ. maṅhane-sthā́ḥ. 2 gūrtávacaḥ-tamaḥ. itáḥ-ūti. 3 tuvi-nṛimṇáḥ asya ásrīṇīta ā-díṣam. 4 ná-pātā a°. ná í° ásmṛitadhrū *ity* ásmṛita-dhrū. 5 vīrá-karmam. ánu-sthitam. ápa au° púnar *iti*. kanā́yāḥ. ā́ḥ ánu-bhṛitam.

madhyá yát kártvam ábhavad abhíke kámaṃ kriṇvāṇé pitári yuvatyám | manānág réto jahatur viyántā sánau níshiktaṃ sukritásya yónau || 6 || pitá yát sváṃ duhitáram adhishkán kshmayá rétaḥ saṃjagmānó ní shiñcat | svādhyò 'janayan bráhma devá vástosh pátiṃ vratapáṃ nír atakshan || 7 || sá īṃ vríshā ná phénam asyad ājaú smád á páraid ápa dabhrácetāḥ | sárat padá ná dákshiṇā parāvríñ ná tá nú me priṣanyò jagribhre || 8 || makshú ná váhniḥ prajáyā upabdír agníṃ ná nagná úpa sīdad údhaḥ | sánitedhmáṃ sánitotá vájaṃ sá dhartá jajñe sáhasā yavīyút || 9 || makshú kanáyāḥ sakhyáṃ návagvā ritáṃ vádanta ritáyuktim agman | dvibárhaso yá úpa gopám águr adakshiṇáso ácyutā dudukshan || 10 || 27 ||

makshú kanáyāḥ sakhyáṃ návīyo rádho ná réta ritám ít turaṇyan | ṣúci yát te rékṇa áyajanta sabardúghāyāḥ páya usríyāyāḥ || 11 || paṣvá yát paṣcá víyutā budhántéti bravīti vaktárī rárāṇaḥ | vásor vasutvá kārávo 'nehá víṣvaṃ viveshṭi dráviṇam úpa kshú || 12 || tád ín nv àsya parishádvāno agman purú sádanto nārshadám bibhitsan | ví ṣúshṇasya sáṃgrathitam anarvá vidát puruprajātásya gúhā yát || 13 || bhárgo ha námotá yásya deváḥ svàr ná yé trishadhasthé nishedúḥ | agnír ha námotá jātávedāḥ ṣrudhí no hotar ritásya hótādhrúk || 14 || utá tyá me raúdrāv arcimántā násatyāv indra gūrtáye yájadhyai | manushvád vriktábarhishe rárāṇā mandú hitáprayasā vikshú yájyū || 15 || 28 ||

61, 6 vi-yántā. ní-siktam su-kritásya. 7 adhi-skán. sam-jagmānáḥ. siñcat su-ādhyàḥ. deváḥ vástoḥ. vrata-pám. 8 párā ait. dabhrá-cetāḥ. parā-vrík. táḥ. 9 makshú (10). pra-jáyāḥ. sánitā iº sánitā utá. yavi-yút. 10 náva-gvāḥ. ritá-yuktim. dvi-bárhasaḥ yé. á áº. dudhukshan. 11 m. k. s. 10. ṣúci *etc.* 125, 5. 12 ví-yutá budhánta íti. vaktári. anehá. 13 ít nú aº pari-sádvānaḥ. purú. nārsadám. sám-grathitam. puru-prajātásya. 14 náma utá (2). ná. tri-sadhasthé ni-sedúḥ. jātá-vedāḥ ṣrudhí. hótā aº. 15 vriktá-barhishe. mandú *iti* hitá-prayasā. yájyū *iti*.

ayáṃ stutó rā́jā vandi vedhā́ apáṣ va vípras tarati svásetuḥ | sá kakshívantaṃ rejayat só agníṃ nemíṃ ná cakrám árvato raghudrú || 16 || sá dvibándhur vaitaraṇó yáshṭā sabardhúṃ dhenúm asvàṃ duhádhyai | sáṃ yán mitrávárunā vṛiñjá ukthaír jyéshṭhebhir aryamáṇaṃ várūthaiḥ || 17 || tádbandhuḥ sūrír diví te dhiyaṃdhā́ nábhānédishṭho rapati prá vénan | sā́ no nā́bhiḥ paramā́syá vā ghāháṃ tát paṣcá katitháṣ cid āsa || 18 || iyám me nā́bhir ihá me sadhástham imé me devā́ ayám asmi sárvaḥ | dvijā́ áha prathamajā́ ṛitásyedáṃ dhenúr aduhaj jā́yamānā || 19 || ádhāsu mandró aratír vibhā́vā́va syati dvivartanír vaneshā́ṭ | ūrdhvā́ yác chréṇir ná ṣíṣur dán makshū́ sthiráṃ ṣevṛidhám sūta mātā́ || 20 || 29 ||

ádhā gā́va úpamātiṃ kanā́yā ánu ṣvāntásya kásya cit páreyuḥ | ṣrudhí tváṃ sudraviṇo nas tváṃ yāḷ āṣvaghnásya vāvṛidhe sūnṛ́tābhiḥ || 21 || ádha tvám indra viddhy àsmā́n mahó rāyé nṛipate vájrabāhuḥ | rákshā ca no maghónaḥ pāhí sūrín anehásas te harivo abhíshṭau || 22 || ádha yád rājānā gávishṭau sárat saraṇyúḥ kāráve jaraṇyúḥ | vípraḥ préshṭhaḥ sá hy èshām babhū́va párā ca vákshad utá parshad enān || 23 || ádhā nv àsya jényasya pushṭaú vṛíthā rébhanta īmahe tád ū nú | saraṇyúr asya sūnúr áṣvo vípraṣ cāsi ṣrávasaṣ ca sātaú || 24 || yuvór yádi sakhyā́yāsmé ṣárdhāya stómaṃ jujushé námasvān | viṣvátra yásminn ā́ gíraḥ samīcíḥ pūrvíva gātúr dā́ṣat sūnṛ́tāyai || 25 || sá gṛi-

---

61, 16 svá-setuḥ. raghu-drú. 17 dvi-bándhuḥ. sabaḥ-dhúm. yát. vṛiñjé. 18 tát-bandhuḥ. dhiyam-dhā́ḥ. paramā́ a°. gha a°. 19 sadhá-stham. dvi-jā́ḥ. prathama-jā́ḥ ṛitásya i°. aduhat. 20 ádha āsu. vibhā́-vā áva. dvi-vartaníḥ vaneshā́ṭ. yát ṣ°. makshú. ṣe-vṛidhám. 21 ádha. úpa-mātim. párā ī°. su-draviṇaḥ. yāṭ. vavṛidhe. 22 viddhí a°. nṛi-pate vájra-bāhuḥ. ráksha — sūrín 54, 11. 23 gó-ishṭau. hí e°. 24 ádha nú a°. ūṃ *iti*. ca asi. 25 sakhyā́ya asmé *iti*. sam-icíḥ pūrví-iva.

ṇānó adbhír devávān íti subándhur námasā sūktaíḥ | várdhad ukthaír vácobhir ā́ hí nūnáṃ vy ádhvaiti páyasa usríyāyāḥ || 26 || tá ū shú ṇo mahó yajatrā bhūtá devāsa ūtáye sajóshāḥ | yé vā́jāñ ánayatā viyánto yé sthá nicetáro ámūrāḥ || 27 || 30 ||

Prathamo 'dhyāyaḥ.

62.

Yé yajñéna dákshiṇayā sámaktā índrasya sakhyám amṛitatvám ānaṣá | tébhyo bhadrám añgiraso vo astu práti gṛibhṇīta mānaváṃ sumedhasaḥ || 1 || yá udā́jan pitáro gomáyaṃ vásv ṛiténā́bhindan parivatsaré valám | dīrghāyutvám añgiraso vo astu práti gṛibhṇīta mānaváṃ sumedhasaḥ || 2 || yá ṛiténa sū́ryam árohayan divy áprathayan pṛithivī́m mātáraṃ ví | suprajāstvám añgiraso vo astu práti gṛibhṇīta mānaváṃ sumedhasaḥ || 3 || ayáṃ nábhā vadati valgú vo gṛihé dévaputrā ṛishayas tác chṛiṇotana | subrahmaṇyám añgiraso vo astu práti gṛibhṇīta mānaváṃ sumedhasaḥ || 4 || vírūpāsa íd ṛíshayas tá íd gambhīrávepasaḥ | té á̄ñgirasaḥ sūnávas té agnéḥ pári jajñire || 5 || 1 ||

yé agnéḥ pári jajñiré vírūpāso divás pári | návagvo nú dáṣagvo á̄ñgirastamo sácā devéshu maṅhate || 6 || índreṇa yujā́ níḥ sṛijanta vāgháto vrajáṃ gómantam aṣvínam | sahásram me dádato ashṭakarṇyàḥ ṣrávo devéshv akrata || 7 || prá nūnáṃ jāyatām ayám mánus tókmeva rohatu | yáḥ sahásraṃ ṣatáṣvaṃ sadyó dānā́ya máṅhate || 8 || ná tám aṣnoti káṣ caná divá iva sā́nv ārábham | sāvarṇyásya dákshiṇā ví

61, 26 su-bándhuḥ. su-uktaíḥ. ví ádhvā eti. 27 té ūṁ íti sú naḥ. yajatrāḥ. sa-jóshāḥ. ánayata vi-yántaḥ. sthá ni-cetáraḥ. — 62, 1 sám-aktāḥ. su-medhasaḥ. 2 yé ut-ā́jan. ṛiténa á°. 3 yé. ā́ á° diví. 4 déva-putrāḥ. tát ṣ° su-brahmaṇyám. 5 ví -rūpāsaḥ (6). té. gambhīrá-vepasaḥ. 6 náva-gvaḥ. dáṣa-gvaḥ. 7 v. g. a. X, 25, 5. ashṭa-karṇyàḥ. s. d. a. VIII, 65. 12. 8 tókma -iva. ṣatá-aṣvam. 9 ā-rábham.

síndhur iva paprathe || 9 || utá dāsá parivíshe smáddishṭī góparīṇasā | yádus turváṣ ca māmahe || 10 || sahasradá grāmaṇír má rishan mánuḥ sū́ryeṇāsya yátamānaitu dákshiṇā | sávarṇer deváḥ prá tirantv ấyur yásminn áṣrāntā ásanāma vájam || 11 || ² ||

63.

Parāváto yé dídhishanta ā́pyam mánuprītāso jánimā vivásvataḥ | yayáter yé nahushyàsya barhíshi devá ā́sate té ádhi bruvantu naḥ || 1 || víṣvā hí vo namasyā̀ni vándyā nā́māni devā utá yajñíyāni vaḥ | yé sthá jātá áditer adbhyás pári yé pṛithivyā́s té ma ihá ṣrutā hávam || 2 || yébhyo mātá mádhumat pínvate páyaḥ pīyū́sham dyaúr áditir ádribarhāḥ | ukthá́ṣushmān vṛishabharā́n svápnasas tā́ñ̐ ādityā́ñ̐ ánu madā svastáye || 3 || nṛicákshaso ánimishanto arháṇā bṛihád deváso amṛitatvám ānaṣuḥ | jyotírathā áhimāyā ánāgaso divó varshmā́ṇaṃ vasate svastáye || 4 || samrā́jo yé suvṛídho yajñám āyayúr áparihvṛitā dadhiré diví kSháyam | tā́ñ̐ ā́ vivāsa námasā suvṛiktíbhir mahó ādityā́ñ̐ áditiṃ svastáye || 5 || ³ ||

kó va stómaṃ rādhati yáṃ jújoshatha víṣve deváso manusho yáti shṭhána | kó vo 'dhvarám tuvijātā áraṃ karad yó naḥ párshad áty áṅhaḥ svastáye || 6 || yébhyo hótrām prathamā́m āyejé mánuḥ sámiddhāgnir mánasā saptá hótṛibhiḥ | tá ādityā ábhayaṃ ṣárma yachata sugá naḥ karta supáthā svastáye || 7 || yá ī́ṣire bhúvanasya prácetaso

62, 10 pari-víshe smáddishṭī *iti* smát-dishṭī gó-parīṇasā. mamahe. 11 sahasra-dā́ḥ grāma-nī́ḥ. rishat. sū́ryeṇa a⁰ yátamānā etu. — 63, 1 dídhishante. mánu-prītāsaḥ jánima. 2 me. ṣruta. 3 ádri-barhāḥ ukthá-ṣushmān vṛisha-bharā́n su-ápnasaḥ. mada. 4 nṛi-cákshasaḥ áni-mishantaḥ. jyotíḥ-rathāḥ áhi-māyāḥ. 5 sam-rā́jaḥ. su-vṛídhaḥ. ā-yayúḥ ápari-hvṛitāḥ. suvṛiktí-bhiḥ. 6 vaḥ. sthána. tuvi-jātāḥ. 7 ā-yejé. sámiddha-agniḥ. té. su-gá. su-páthā. 8 yé. prá-cetasaḥ.

víṣvasya sthātúr jágataṣ ca mántavaḥ | té naḥ kṛitád ákṛitād énasas páry adyá devāsaḥ pipṛitā svastáye || 8 || bháreshv índraṃ suhávaṃ havāmahe 'ṅhomúcaṃ sukṛítaṃ daívyaṃ jánam | agním mitráṃ váruṇaṃ sātáye bhágaṃ dyávāpṛithiví marútaḥ svastáye || 9 || sutrámāṇam pṛithivíṃ dyám anehásaṃ suṣármāṇam áditiṃ supráṇītim | daívīṃ návaṃ svaritrám ánāgasam ásravantīm á ruhemā svastáye || 10 || 4 ||

víṣve yajatrā ádhi vocatotáye tráyadhvaṃ no durévāyā abhihrútaḥ | satyáyā vo deváhūtyā huvema ṣṛiṇvató devā ávase svastáye || 11 || ápámīvām ápa víṣvām ánāhutim ápárātiṃ durvidátrām aghāyatáḥ | āré devā dvésho asmád yuyotanorú naḥ ṣárma yachatā svastáye || 12 || árishṭaḥ sá márto víṣva edhate prá prajábhir jāyate dhármaṇas pári | yám ādityāso náyathā sunītíbhir áti víṣvāni duritá svastáye || 13 || yáṃ devāsó 'vatha vájasātau yáṃ ṣúrasātā maruto hité dháne | prātaryávāṇaṃ rátham indra sānasím árishyantam á ruhemā svastáye || 14 || svastí naḥ pathyàsu dhánvasu svasty àpsú vṛijáne svàrvati | svastí naḥ putrakṛithéshu yónishu svastí rāyé maruto dadhātana || 15 || ṣvastír íd dhí prápathe ṣréshṭhā réknasvaty abhí yá vāmám éti | sá no amá só áraṇe ní pātu svāveṣá bhavatu devágopā || 16 || evá platéḥ sūnúr avīvṛidhad vo víṣva ādityā adite manīshí | īṣānáso náro ámartyenástāvi jáno divyó gáyena || 17 || 5 ||

63, 8 adyá. pipṛita. 9 su-hávam. aṅhaḥ-múcam su-kṛítam. dyávāpṛithiví *iti*. 10 su-trámāṇam. su-ṣármāṇam. su-práṇītim. su-aritrám. ruhema. 11 vocata ū°. duḥ-évāyāḥ abhi-brútaḥ. devá-hūtyā. 12 ápa á°. ápa á° duḥ-vidátrām agha-yatáḥ. devāḥ. yuyotana urú naḥ. yachata. 13 prá — pári VI, 70, 3. náyatha sunītí-bhiḥ. duḥ-itá. 14 yáṃ — yáṃ X, 35, 14. ṣúra-sātā. prātaḥ-yávānam. ruhema. 15 svastí ap-sú. putra-kṛithéshu. 16 hí prá-pathe. réknasvatī. só *iti*. su-āveṣá. devá-gopā. 17 evá. víṣve. ámartyena á°.

64.

Kathā́ devā́nām katamásya yā́mani sumántu nā́ma ṣriṇvatā́m manāmahe | kó mṛiḷāti katamó no máyas karat katamá ūtī́ abhy ā́ vavartati || 1 || kratūyánti krátavo hṛitsú dhītáyo vénanti venā́ḥ patáyanty ā́ díṣaḥ | ná marḍitā́ vidyate anyá ebhyo devéshu me ádhi kā́mā ayaṅsata || 2 || nárā vā ṣáṅsam pūsháṇam ágohyam agním devéddham abhy àrcase girā́ | sū́ryāmā́sā candrámasā yamám diví tritám vā́tam ushásam aktúm aṣvínā || 3 || kathā́ kavís tuvīrávān káyā girā́ bṛíhaspátir vāvṛidhate suvṛiktíbhiḥ | ajá ékapāt suhávebhir ṛíkvabhir áhiḥ ṣṛiṇotu budhnyò hávīmani || 4 || dákshasya vādite jánmani vraté rā́jānā mitrā́váruṇā́ vivāsasi | ā́tūrtapanthāḥ pururátho aryamā́ saptáhotā víshurūpeshu jánmasu || 5 || 6 ||

té no árvanto havanaṣrúto hávam víṣve ṣṛiṇvantu vājíno mitádravaḥ | sahasrasā́ medhásātāv iva tmánā mahó yé dhánam samithéshu jabhriré || 6 || prá vo vāyúm rathayújam púraṃdhim stómaiḥ kṛiṇudhvam sakhyā́ya pūsháṇam | té hí devásya savitúḥ sávīmani krátum sácante sacítaḥ sácetasaḥ || 7 || tríḥ saptá sasrā́ nadyò mahī́r apó vánaspátīn párvatāñ agním ūtáye | kṛiṣā́num ástṝn tishyàm sadhástha ā́ rudrám rudréshu rudríyam havāmahe || 8 || sárasvatī saráyuḥ síndhur ūrmíbhir mahó mahī́r ávasā́ yantu vákshaṇīḥ | devī́r ā́po mātáraḥ sūdayitnvò ghṛitávat páyo mádhuman no arcata || 9 || utá mātā́ bṛihaddivā́ ṣṛiṇotu nas tváshṭā devébhir jánibhiḥ pitā́ vácaḥ | ṛibhukshā́ vā́jo rá-

64, 1 su-mántu. ūtī́ abhí. 2 kratu-yánti. 3 nárāṣáṅsam vā. devá-iddham abhí a°. 4 tuvi-rávān. vavṛidhate suvṛiktí-bhiḥ. éka-pāt su-hávebhiḥ. 5 vā a°. mitrā́váruṇā ā́. átūrta-panthāḥ puru-ráthaḥ. saptá-hotā víshu-rūpeshu. 6 havana-ṣrútaḥ. mitá-dravaḥ sahasra-sā́ḥ medhásātau-iva. sam-ithéshu. 7 p. v. v. r. V, 41, 6. púram-dhim. sa-cítaḥ sá-cetasaḥ. 8 sasrā́ḥ. sadhá-sthe. 9 ávasā ā́. mádhu-mat. 10 bṛihat-divā́. ṛibhukshā́ḥ. ráthaḥpátiḥ.

thaspátir bhágo raṇváḥ ṣáṅsaḥ ṣaṣamānásya pātu naḥ || 10 || 7 ||

raṇváḥ sáṃdṛishṭau pitumā́ñ iva ksháyo bhadrā́ rudrā́ṇām marútām úpastutiḥ | góbhiḥ shyāma yaṣáso jáneshv ā́ sádā devāsa íḷayā sacemahi || 11 || yā́m me dhíyam máruta índra dévā ádadāta varuṇa mitra yūyám | tā́m pīpayata páyaseva dhenúṃ kuvíd gíro ádhi ráthe váhātha || 12 || kuvíd aṅgá práti yáthā cid asyá naḥ sajātyàsya maruto búbodhatha | nā́bhā yátra prathamáṃ saṃnásāmahe tátra jāmitvám áditir dadhātu naḥ || 13 || té hí dyā́vāpṛithiví mātárā mahí deví devā́ñ jánmanā yajñíye itáḥ | ubhé bibhṛita ubháyam bhárīmabhiḥ purū́ rétāṅsi pitṛíbhiṣ ca siñcataḥ || 14 || ví shā́ hótrā víṣvam aṣnoti vā́ryam bṛíhaspátir arámatiḥ pánīyasī | grā́vā yátra madhushúd ucyáte bṛihád ávīvaṣanta matíbhir manīshíṇaḥ || 15 || evā́ kavís tuvīrávāñ ṛitajñā́ dravinasyúr dráviṇasaṣ cakānáḥ | ukthébhir átra matíbhiṣ ca vípró 'pīpayad gáyo divyā́ni jánma || 16 || evā́ platéḥ sūnúr — || 17 || 8 ||

65.

Agnír índro váruṇo mitró aryamā́ vāyúḥ pūshā́ sárasvatī sajóshasaḥ | ādityā́ víshṇur marútaḥ svàr bṛihát sómo rudró áditir bráhmaṇas pátiḥ || 1 || indrāgní vṛitrahátyeshu sátpatī mithó hinvānā́ tanvā̀ sámokasā | antárikshaṃ máhy ā́ paprur ójasā sómo ghṛitaṣrī́r mahimā́nam īráyan || 2 || téshāṃ hí mahnā́ mahatā́m anarvā́ṇāṃ stómāñ íyarmy ṛitajñā́ ṛitāvṛídhām | yé apsavám arṇaváṃ çitrārā-

---

64, 11 raṇváḥ — ksháyo 144, 7. úpa-stutiḥ. syāma. 12 páyasā -iva. 13 sa-jātyàsya. sam-násāmahe. 14 t. h. dy. 160, 1. mahí *iti* deví *iti*. yajñíye *iti*. ubhé *iti*. purú. 15 sā́. madhu-sút. 16 evá. tuvi-rávān ṛita-jñā́ḥ. vípraḥ á°. — 65, 1 sa-jóshasaḥ ādityā́ḥ. 2 indrāgní *iti* vṛitra-hátyeshu sátpatī *iti* sát-patī. sám-okasā. ghṛita-ṣrī́ḥ. 3 ṛita-jñā́ḥ ṛita-vṛídhām. citrá-rādhasaḥ.

dhasas té no rāsantām maháye sumitryáḥ || 3 || svàrṇaram antárikshāṇi rocaná dyávābhúmī pṛithivím̐ skambhur ójasā | pṛikshá iva mahāyantaḥ surātáyo devá stavante mánushāya sūráyaḥ || 4 || mitrāya ṣiksha váruṇāya dāṣúshe yá samrájā mánasā ná prayúchataḥ | yáyor dháma dhármaṇā rócate bṛihád yáyor ubhé ródasī nádhasī vṛítau || 5 || 9 ||

yá gaúr vartaním paryéti nishkṛitám páyo dúhānā vratanír avārátaḥ | sá prabruvāṇá váruṇāya dāṣúshe devébhyo dāṣad dhavíshā vivásvate || 6 || divákshaso agnijihvá ṛitāvṛídha ṛitásya yónim̐ vimṛiṣánta āsate | dyám̐ skabhitvy àpá á cakrur ójasā yajñám̐ janitví tanvì ní māmṛijuḥ || 7 || parikshítā pitárā pūrvajávarī ṛitásya yónā kshayataḥ sámokasā | dyávāpṛithiví váruṇāya sávrate ghṛitávat páyo mahisháya pinvataḥ || 8 || parjányāvátā vṛishabhá purīshíṇendravāyú váruṇo mitró aryamá | deváñ ādityáñ áditim̐ havāmahe yé párthivāso divyáso apsú yé || 9 || tváshṭāram̐ vāyúm ṛibhavo yá óhate daívyā hótārā ushásam̐ svastáye | bṛíhaspátim̐ vṛitrakhādám̐ sumedhásam indriyám̐ sómam̐ dhanasá u īmahe || 10 || 10 ||

bráhma gám áṣvam̐ janáyanta óshadhīr vánaspátīn pṛithivím párvatāñ apáḥ | sū́ryam̐ diví roháyantaḥ sudánava áryā vratá visṛijánto ádhi kshámi || 11 || bhujyúm áñhasaḥ pipṛitho nír aṣvinā ṣyávam putrám̐ vadhrimatyá ajinvatam | kamadyúvam̐ vimadáyohathur yuvám̐ vishṇāpvàm̐ víṣvakāyáva sṛijathaḥ || 12 || pávīravī tanyatúr ékapād ajó divó dhartá síndhur ápaḥ samudríyaḥ | víṣve devásaḥ ṣṛiṇavan

65, 3 su-mitryáḥ. 4 svàḥ-naram. dyávābhūmī *iti*. su-rātáyaḥ deváḥ. 5 sam-rájā. pra-yúchataḥ. ubhé *iti* ródasī *iti* nádhasī *iti*. 6 pari-éti niḥ-kṛitám. vrata-níḥ. pra-bruvāṇá. havíshā. 7 agni-jihváḥ ṛita-vṛídhaḥ. vi-mṛiṣántaḥ. skabhitví aº. tanvì. mamṛijuḥ. 8 pari-kshítā. pūrvajávarī *iti* pū́rva-jávarī. sám-okasā dyávāpṛithiví *iti* sávrate *iti* sá-vrate. 9 purīshíṇā indravāyū́ *iti*. 10 yé. hótārau. vṛitra-khādám su-medhásam. dhana-sáḥ. 11 su-dánavaḥ. vi-sṛijántaḥ. 12 kama-dyúvam vi-madáya ūº. víṣvakāya áva. 13 éka-pāt.

vácāṅsi me sárasvatī sahá dhībhíḥ púraṃdhyā || 13 || víṣve deváḥ sahá dhībhíḥ púraṃdhyā mánor yájatrā amṛítā ṛitajñáḥ | rātisháco abhisháсaḥ svarvídaḥ svàr gíro bráhma sūktáṃ jusherata || 14 || deván vásishṭho amṛítān vavande yé víṣvā bhúvanābhí pratasthúḥ | té no rāsantām urugāyám adyá yūyám pāta svastíbhiḥ sádā naḥ || 15 || 11 ||

66.

Deván huve bṛihácchravasaḥ svastáye jyotishkṛíto adhvarásya prácetasaḥ | yé vāvṛidhúḥ prataráṃ viṣvávedasa índrajyeshṭhāso amṛítā ṛitāvṛídhaḥ || 1 || índraprasūtā váruṇapraṣishṭā yé sū́ryasya jyótisho bhāgám ānaṣúḥ | marúdgaṇe vṛijáne mánma dhīmahi mághone yajñáṃ janayanta sūráyaḥ || 2 || índro vásubhiḥ pári pātu no gáyam ādityaír no áditiḥ ṣárma yachatu | rudró rudrébhir devó mṛiḷayāti nas tváshṭā no gnábhiḥ suvitáya jinvatu || 3 || áditir dyávāpṛithiví ṛitám mahád índrāvíshṇū marútaḥ svàr bṛihát | deváṅ ādityáṅ ávase havāmahe vásūn rudrán savitáraṃ sudáṅsasam || 4 || sárasvān dhībhír váruṇo dhṛitávrataḥ pūshá víshṇur mahimá vāyúr aṣvínā | brahmakṛíto amṛítā viṣvávedasaḥ ṣárma no yaṅsan trivárūtham áṅhasaḥ || 5 || 12 ||

vṛíshā yajñó vṛíshaṇaḥ santu yajñíyā vṛíshaṇo devá vṛíshaṇo havishkṛítaḥ | vṛíshaṇā dyávāpṛithiví ṛitávarī vṛíshā parjányo vṛíshaṇo vṛishastúbhaḥ || 6 || agníshómā vṛíshaṇā vájasātaye purupraṣastá vṛíshaṇā úpa bruve | yáv ījiré vṛíshaṇo devayajyáyā tá naḥ ṣárma trivárūthaṃ ví yaṅsataḥ

65, 13 púram-dhyā (14). 14 m. y. a. ṛi. VII, 35, 15. rāti-sácaḥ abhi-sácaḥ svaḥ-vídaḥ. su-uktám. 15 bhúvanā a° pra-tasthúḥ. té no *etc.* VII, 35, 15. — 66, 1 bṛihát-ṣravasaḥ. jyotiḥ-kṛítaḥ. prá-cetasaḥ. vavṛidhúḥ. viṣvá-vedasaḥ (5) índra-jyeshṭhāsaḥ. ṛita-vṛídhaḥ. 2 índra-prasūtāḥ váruṇa-praṣishṭāḥ. marút-gaṇe. 4 dyávāpṛithiví *iti* (6. 9). índrāvíshṇū *iti*. su-dáṅsasam. 5 dhṛitá-vrataḥ. brahma-kṛítaḥ amṛítāḥ. tri-várūtham (7). 6 yajñíyāḥ. deváḥ. haviḥ-kṛítaḥ. ṛitávarī *ity* ṛitá-varī. vṛisha-stúbhaḥ. 7 vája-sātaye puru-praṣastá vṛíshaṇau. deva-yajyáyā.

|| 7 || dhṛitávratāḥ kshatríyā yajñanishkríto bṛihaddivā́ adhvarā́ṇām abhiṣríyaḥ | agníhotāra ṛitasā́po adrúho 'pó asṛijann ánu vṛitratū́rye || 8 || dyā́vāpṛithiví janayann abhí vratā́pa óshadhīr vanínāni yajñíyā | antáriksham svàr ā́ paprur ūtáye váṣaṃ devā́sas tanvì ní māmṛijuḥ || 9 || dhartā́ro divá ṛibhávaḥ suhástā vātāparjanyā́ mahisházya tanyatóḥ | ā́pa óshadhīḥ prá tirantu no gíro bhágo rātír vājíno yantu me hávam || 10 || 13 ||

samudráḥ síndhū́ rájo antáriksham ajá ékapāt tanayitnúr arṇaváḥ | áhir budhnyàḥ ṣṛiṇavad vácāṅsi me víṣve devā́sa utá sūráyo máma || 11 || syā́ma vo mánavo devávītaye prā́ñcaṃ no yajñā́m prá ṇayata sādhuyā́ | ā́dityā rúdrā vásavaḥ súdānava imā́ bráhma ṣasyámānāni jinvata || 12 || daívyā hótārā prathamā́ puróhita ṛitásya pánthām ánv emi sādhuyā́ | kshétrasya pátim práti veṣam īmahe víṣvān devā́ñ amṛítāñ áprayuchataḥ || 13 || vásishṭhāsaḥ pitṛivád vā́cam akrata devā́ñ ī́ḷānā ṛishivát svastáye | prītā́ iva jñātáyaḥ kā́mam étyāsmé devāsó 'va dhūnutā vásu || 14 || devā́n vásishṭho amṛítān vavande — || 15 || 14 ||

67.

Imā́ṃ dhíyaṃ saptáṣīrshṇīm pitā́ na ṛitáprajātām bṛihatím avindat | turíyaṃ svij janayad viṣvájanyo 'yā́sya ukthám índrāya ṣáṅsan || 1 || ṛitáṃ ṣáṅsanta ṛijú dídhyānā divás putrā́so ásurasya vīrā́ḥ | vípram padám áṅgiraso dádhānā yajñásya dhā́ma prathamā́m mananta || 2 || haṅsaír iva sákhibhir vā́vadadbhir aṣmanmáyāni náhanā vyásyan |

66, 8 dhṛitá-vratāḥ kshatríyāḥ yajñaniḥ-kṛítaḥ bṛihat-divā́ḥ. abhi-ṣríyaḥ agní-hotāraḥ ṛita-sā́paḥ. vṛitra-tū́rye. 9 vratā́ ā́°. tanvì. mamṛijuḥ. 10 su-hástāḥ. 11 síndhuḥ. éka-pāt. 12 devá-vītaye. nayata. ā́dityāḥ rúdraḥ. sú-dānavaḥ. 13 d. h. p. III, 4, 7. puráḥ-hitā. práti-veṣam. ápra-yuchataḥ. 14 ā-ítya asmé *iti* devāsaḥ áva dhūnuta. — 67, 1 saptá-ṣīrshṇīm. ṛitá-prajātām. svit. viṣvá-janyaḥ. 2 dídhyānāḥ. d. p. á. v. III, 53, 7. dádhānāḥ. 3 vi-ásyan.

bṛíhaspátir abhikánikradad gā́ utá prā́staud úc ca vidvā́ṅ agāyat ‖ 3 ‖ avó dvā́bhyām pará ékayā gā́ gúhā tíshṭhantīr ánṛitasya sétau | bṛíhaspátis támasi jyótir ichánn úd usrā́ ā́kar ví hí tisrá ā́vaḥ ‖ 4 ‖ vibhídyā púraṃ ṣayáthem ápācīṃ nís trīṇi sākám udadhér akṛintat | bṛíhaspátir ushásaṃ sū́ryaṃ gā́m arkáṃ viveda stanáyann iva dyaúḥ ‖ 5 ‖ índro valáṃ rakshitā́raṃ dúghānāṃ karéṇeva ví cakartā rávena | svédāñjibhir āṣíram ichámānó 'rodayat paṇím ā́ gā́ amushṇāt ‖ 6 ‖ 15 ‖

sá īṃ satyébhiḥ sákhibhiḥ ṣucádbhir gódhāyasaṃ ví dhanasaír adardaḥ | bráhmaṇas pátir vṛíshabhir varā́hair gharmásvedebhir dráviṇaṃ vy ā̀naṭ ‖ 7 ‖ té satyéna mánasā gópatiṃ gā́ iyānā́sa ishaṇayanta dhībhíḥ | bṛíhaspátir mithóavadyapebhir úd usríyā asṛijata svayúgbhiḥ ‖ 8 ‖ táṃ vardháyanto matíbhiḥ ṣivā́bhiḥ siṅhám iva nā́nadataṃ sadhásthe | bṛíhaspátiṃ vṛíshaṇaṃ ṣū́rasātau bháre-bhare ánu madema jishṇúm ‖ 9 ‖ yadā́ vā́jam ásanad viṣvárūpam ā́ dyā́m árukshad úttarāṇi sádma | bṛíhaspátiṃ vṛíshaṇaṃ vardháyanto nā́nā sánto bíbhrato jyótir āsā́ ‖ 10 ‖ satyā́m āṣíshaṃ kṛiṇutā vayodhaí kīríṃ cid dhy ávatha svébhir évaiḥ | paṣcā́ mṛídho ápa bhavantu víṣvās tád rodasī ṣṛiṇutaṃ viṣvaminvé ‖ 11 ‖ índro mahnā́ maható arṇavásya ví mūrdhā́nam abhinad arbudásya | áhann áhim áriṇāt saptá síndhūn devaír dyāvāpṛithivī prā́vataṃ naḥ ‖ 12 ‖ 16 ‖

68.

Udaprúto ná váyo rákshamāṇā vā́vadato abhríyasyeva

67, 3 abhi-kánikradat. prá a° út. 4 gā́ḥ. ā́ akaḥ. ā́var *ity* ā́vaḥ. 5 vi-bhídya. ṣayáthā īm. uda-dhéḥ. 6 karéṇa-iva. cakarta. svédāñji-bhiḥ ā-ṣíram ichámānaḥ á°. 7 gó-dhāyasam. dhana-saíḥ adardar *ity* adardaḥ. gharmá-svedebhiḥ. ví ā°. 8 gó-patim. mitháḥ-avadyapebhiḥ. svayúk-bhiḥ. 9 sadhá-sthe. ṣū́ra-sātau. 10 viṣvá-rūpam. 11 ā-ṣísham kṛiṇuta vayaḥ-dhaí. hí. rodasī *iti*. viṣvaminvé *iti* viṣvam-invé. 12 áhann — síndhum IV, 28, 1. devaír *etc.* 31, 8. — 68, 1 uda-prútaḥ. rákshamāṇāḥ. abhríyasya-iva.

ghóshāḥ | giribhrájo nórmáyo mádanto bṛíhaspátim abhy àrká anāvan || 1 || sáṃ góbhir āṅgirasó nákshamāṇo bhága ivéd aryamáṇaṃ ninãya | jáne mitró ná dámpatī anakti bṛíhaspate vājáyāṣū́ṅr ivājaú || 2 || sādhvaryá atithínīr ishirā́ spārhā́ḥ suvárṇā anavadyárūpāḥ | bṛíhaspátiḥ párvatebhyo vitū́ryā nír gā́ ūpe yávam iva sthivíbhyaḥ || 3 || āprushāyán mádhuna ṛitásya yónim avakshipánn arká ulkā́m iva dyóḥ | bṛíhaspátir uddhárann áṣmano gā́ bhū́myā udnéva ví tvácam bibheda || 4 || ápa jyótishā támo antárikshād udnáḥ ṣípālam iva vā́ta ājat | bṛíhaspátir anumṛíṣyā valásyābhrám iva vā́ta ā́ cakra ā́ gā́ḥ || 5 || yadā́ valásya píyato jásum bhéd bṛíhaspátir agnitápobhir arkaíḥ | dadbhír ná jihvā́ párivishṭam ádad āvír nidhī́ṅr akṛiṇod usríyāṇām || 6 || 17 ||

bṛíhaspátir ámata hí tyád āsāṃ nā́ma svaríṇāṃ sádane gúhā yát | āṇḍéva bhittvā́ ṣakunásya gárbham úd usríyāḥ párvatasya tmánājat || 7 || áṣnā́pinaddham mádhu páry apaṣyan mátsyaṃ ná dīná udáni kshiyántam | nísh ṭáj jabhāra camasáṃ ná vṛikshā́d bṛíhaspátir viravéṇā vikṛítya || 8 || sóshā́m avindat sá svàḥ só agníṃ só arkéṇa ví babādhe támāṅsi | bṛíhaspátir góvapusho valásya nír majjā́naṃ ná párvaṇo jabhāra || 9 || himéva parṇā́ mushitā́ vánāni bṛíhaspátinākṛipayad való gā́ḥ | anānukṛityám apunáṣ cakāra yā́t sū́ryāmā́sā mithá uccárātaḥ || 10 || abhí ṣyāváṃ ná kṛíṣanebhir áṣvaṃ nákshatrebhiḥ pitáro dyā́m apiṅṣan | rā́tryāṃ támo ádadhur jyótir áhan bṛíhaspátir bhinád ádriṃ vidád

68, 1 giri-bhrájaḥ ná ū°. abhí a°. 2 bhágaḥ-iva ít. dámpatī *iti* dám-patī. vājáya āṣū́n-iva ā°. 3 sādhu-aryā́ḥ. ishirā́ḥ. su-várṇāḥ anavadyá-rūpāḥ. vi-tū́rya. 4 ā-prushāyán mádhunā. ava-kshipán. uddháran. gā́ḥ. udnā́-iva. 5 anu-mṛíṣya valásya a°. cakre. 6 agnitápaḥ-bhiḥ. pári-vishṭam. ni-dhī́n. 7 āṇḍā́-iva. tmánā ā°. 8 áṣnā ápi-naddham. apaṣyat. dīné. níḥ tát. vi-ravéṇa vi-kṛitya. 9 sáḥ u°. svàr *iti* svàḥ. gó-vapushaḥ. 10 himā́-iva. bṛíhaspátinā a°. ananu-kṛityám apunár *iti*. ut-cárāthaḥ.

gā́ḥ || 11 || idám akarma námo abhriyā́ya yáḥ pūrvī́r ánv ānónavīti | bṛíhaspátiḥ sá hí góbhiḥ só áṣvaiḥ sá vīrébhiḥ sá nṛíbhir no váyo dhāt || 12 || 18 ||

Pañcamo 'nuvākaḥ.

69.

Bhadrā́ agnér vadhryaṣvásya saṃdṛíṣo vāmí práṇītiḥ suráṇā úpetayaḥ | yád īṃ sumitrā́ víṣo ágra indháte ghṛiténā́huto jarate dávidyutat || 1 || ghṛitám agnér vadhryaṣvásya várdhanaṃ ghṛitám ánnaṃ ghṛitám v asya médanam | ghṛiténā́huta urviyā́ ví paprathe sū́rya iva rocate sarpírāsutiḥ || 2 || yát te mánur yád ánīkaṃ sumitráḥ samīdhé agne tád idáṃ návīyaḥ | sá revác choca sá gíro jushasva sá vā́jaṃ darshi sá ihá ṣrávo dhāḥ || 3 || yáṃ tvā pū́rvam īḷitó vadhryaṣváḥ samīdhé agne sá idáṃ jushasva | sá na stipā́ utá bhavā tanūpā́ dātráṃ rakshasva yád idáṃ te asmé || 4 || bhávā dyumní vādhryaṣvotá gopā́ mā́ tvā tārīd abhímātir jánānām | ṣū́ra iva dhṛishṇúṣ cyávanaḥ sumitráḥ prá nú vocaṃ vádhryaṣvasya nā́ma || 5 || sám ajryā̀ parvatyā̀ vásūni dā́sā vṛitrā́ṇy áryā jigetha | ṣū́ra iva dhṛishṇúṣ cyávano jánānāṃ tvám agne pṛitanāyū́ñr abhí shyāḥ || 6 || 19 ||

dīrghátantur bṛihádukshāyám agníḥ sahásrastarīḥ ṣatánītha ṛíbhvā | dyumā́n dyumátsu nṛíbhir mṛijyámānaḥ sumitréshu dīdayo devayátsu || 7 || tvé dhenúḥ sudúghā jātavedo 'saṣcáteva samanā́ sabardhúk | tváṃ nṛíbhir dákshiṇāvadbhir agne sumitrébhir idhyase devayádbhiḥ || 8 || devā́ṣ cit te amṛítā jātavedo mahimā́naṃ vādhryaṣva prá vo-

---

68, 12 ā-nónavīti. — 69, 1 vadhri-aṣvásya (2. 11. 12) sam-dṛíṣaḥ. prá-nītiḥ su-ráṇāḥ úpa-itayaḥ. su-mitrā́ḥ ágre. ghṛiténa ā́-hutaḥ (2). 2 sarpíḥ-āsutiḥ. 3 su-mitrā́ḥ sam-īdhé. revát ṣ°. 4 vadhri-aṣváḥ (10) sam-īdhé. naḥ sti-pā́ḥ. bhava tanū-pā́ḥ. asmé *iti*. 5 bháva. vādhri-aṣva utá gopā́ḥ. abhí-mātiḥ. su-mitráḥ. 6 ṣ. i. dh. c. 4. syāḥ. 7 dīrghá-tantuḥ bṛihát-ukshā a°. sahásra-starīḥ ṣatá-nīthaḥ. su-mitréshu. 8 tvé *iti*. su-dúghā jāta-vedaḥ (9) asaṣcátā-iva. sabaḥ-dhúk. su-mitrébhiḥ. 9 amṛítāḥ.

can | yát sampṛícham mā́nushīr víṣa ā́yan tvā́ṃ nṛíbhir ajayas tvā́vṛidhebhiḥ || 9 || pitéva putrám abibhar upásthe tvā́m agne vadhryaṣváḥ saparyán | jushāṇó asya samídhaṃ yavishṭhotá pū́rvāñ avanor vrā́dhataṣ cit || 10 || ṣáṣvad agnír vadhryaṣvásya ṣátrūn nṛíbhir jigāya sutásomavadbhiḥ | sámanaṃ cid adahaṣ citrabhānó 'va vrā́dhantam abhinad vṛidháṣ cit || 11 || ayám agnír vadhryaṣvásya vṛitrahā́ sanakā́t préddho námasopavākyàḥ | sá no ā́jāmīñr utá vā víjāmīn abhí tishṭha ṣárdhato vādhryaṣva || 12 || 20 ||

70.

Imā́m me agne samídhaṃ jushasveḷás padé práti haryā ghṛitā́cīm | várshman pṛithivyā́ḥ sudinatvé áhnām ūrdhvó bhava sukrato devayajyā́ || 1 || ā́ devā́nām agrayā́vehá yātu nárāṣáṅso viṣvárūpebhir áṣvaiḥ | ṛitásya pathā́ námasā miyédho devébhyo devátamaḥ sushūdat || 2 || ṣaṣvattamám īḷate dūtyā̀ya havíshmanto manushyā̀so agním | váhishṭhair áṣvaiḥ suvṛítā ráthenā́ devā́n vakshi ní shadehá hótā || 3 || ví prathatāṃ devájushṭaṃ tiraṣcā́ dīrghā́ṃ drāghmā́ surabhí bhūtv asmé | áheḷatā mánasā deva barhir índrajyeshṭhā́ñ uṣató yakshi devā́n || 4 || divó vā sā́nu spṛiṣátā várīyaḥ pṛithivyā́ vā mā́trayā ví ṣrayadhvam | uṣatír dvāro mahinā́ mahádbhir devā́ṃ ráthaṃ rathayúr dhārayadhvam || 5 || 21 ||

deví divó duhitárā suṣilpé ushā́sānáktā sadatāṃ ní yónau | ā́ vāṃ devā́sa uṣatī uṣánta uraú sīdantu subhage upásthe || 6 || ūrdhvó grā́vā bṛihád agníḥ sámiddhaḥ priyā́

69, 9 sam-pṛícham. tvā́-vṛidhebhiḥ. 10 pitā́-iva. upá-sthe. sam-ídham yavishṭha utá. 11 citrabhāno *iti* citra-bhāṇo áva. 12 vṛitra-hā́. prá-iddhaḥ námasā upa-vākyàḥ. ví-jāmīn. — 70, 1 i. m. a. ъ. 11, 6, 1. jushasva i°. harya. sukrato *iti* su-krato deva -yajyā́. 2 agra-yā́vā ihá. viṣvá-rūpebhiḥ. susūdat. 3 su-vṛitā ráthena ā́. sada ihá. 4 devá-jushṭam. asmé *iti*. índra-jyeshṭhān. 5 spṛiṣáta. 6 deví *iti*. suṣilpé *iti* su-ṣilpé ushásānáktā. uṣatī *iti*. subhage *iti* su-bhage upá-sthe (7). 7 sám-iddhaḥ.

dhámāny áditer upásthe | puróhitāv ṛitvijā yajñé asmín vidúshṭarā dráviṇam á yajethām || 7 || tísro devīr barhír idám várīya á sīdata cakṛimá vaḥ syonám | manushvád yajñám súdhitā havínshīḷā devī́ ghṛitápadī jushanta || 8 || déva tvashṭar yád dha cārutvám ā́naḍ yád áñgirasām ábhavaḥ sacābhū́ḥ | sá devā́nām pátha úpa prá vidvā́n uṣán yakshi draviṇodaḥ surátnaḥ || 9 || vánaspate raṣanáyā niyū́yā devā́nām pátha úpa vakshi vidvā́n | svádāti deváḥ kṛiṇávad dhavínshy ávatāṃ dyā́vāpṛithiví hávam me || 10 || ágne vaha váruṇam ishṭáye na índraṃ divó marúto antárikshāt | sídantu barhír víṣva á yájatrāḥ sváhā devā́ amṛítā mādayantām || 11 || 22 ||

71.

Bṛíhaspate prathamáṃ vācó ágraṃ yát praírata nāmadhéyaṃ dádhānāḥ | yád eshāṃ ṣréshṭhaṃ yád aripráṃ ā́sīt preṇā́ tád eshāṃ níhitaṃ gúhāvíḥ || 1 || sáktum iva títaünā punánto yátra dhírā mánasā vā́cam ákrata | átrā sákhāyaḥ sakhyā́ni jānate bhadraíshāṃ lakshmír níhitā́dhi vācí || 2 || yajñéna vācáḥ padavíyam āyan tā́m ánv avindann ṛíshishu právishṭām | tā́m ābhṛítyā vy àdadhuḥ purutrā́ tā́ṃ saptá rebhā́ abhí sáṃ navante || 3 || utá tvaḥ páṣyan ná dadarṣa vā́cam utá tvaḥ ṣṛiṇván ná ṣṛiṇoty enām | utó tvasmai tanvàṃ ví sasre jāyéva pátya uṣatí suvā́sāḥ || 4 || utá tvaṃ sakhyé sthirápītam āhur naínaṃ hinvanty ápi vā́jineshu | ádhenvā carati māyáyaishá vā́caṃ ṣuṣruvā́ñ aphalā́m apushpā́m || 5 || 23 ||

yás tityā́ja sacivídaṃ sákhāyaṃ ná tásya vācy ápi

70, 7 puráḥ-hitau. 8 cakṛimá. sú-dhitā havíṅshi íḷā. ghṛitá-padī. 9 ha. sacā-bhū́ḥ. draviṇaḥ-daḥ su-rátnaḥ. 10 ni-yū́ya. havíṅshi. dyā́vāpṛithiví *iti*. 11 ā́ a°. víṣve. svā́hā *etc.* III, 4, 11. — 71, 1 prá ai° nāma-dhéyam. ní-hitam gúhā ā°. 2 dhírāḥ. átra. bhadrā́ e°. ní-hitā á°. 3 pada-víyam. prá-vishṭām. ā-bhṛítya ví a°. 4 utó *iti*. jāyéva *etc.* 124, 7. 5 sthirá-pītam. ná e°. māyáyā e°. 6 saci-vídam. vācí.

bhāgó asti | yád īṃ śriṇóty álakaṃ śriṇoti nahí pravéda sukṛitásya pánthām || 6 || akshaṇvántaḥ kárṇavantaḥ sákhāyo manojavéshv ásamā babhūvuḥ | ādaghnása upakakshása u tve hradá iva snátvā u tve dadṛiśre || 7 || hṛidá tashṭéshu mánaso javéshu yád brāhmaṇáḥ saṃyájante sákhāyaḥ | átráha tvaṃ ví jahur vedyábhir óhabrahmāṇo ví caranty u tve || 8 || imé yé nárvāñ ná paráś cáranti ná brāhmaṇáso ná sutékarāsaḥ | tá eté vácam abhipádya pāpáyā sirís tántraṃ tanvate áprajajñayaḥ || 9 || sárve nandanti yaśáságatena sabhāsāhéna sákhyā sákhāyaḥ | kilbishaspṛít pitusháṇir hy èshām áraṃ hitó bhávati vájināya || 10 || ṛicáṃ tvaḥ pósham āste pupushván gāyatráṃ tvo gāyati śákvarīshu | brahmá tvo vádati jātavidyáṃ yajñásya mátrāṃ ví mimīta u tvaḥ || 11 || 24 ||

Dvitīyo 'dhyāyaḥ.

72.

T & C Brown (Jacs-196)

Devánāṃ nú vayáṃ jánā prá vocāma vipanyáyā | ukthéshu śasyámāneshu yáḥ páśyād úttare yugé || 1 || bráhmaṇas pátir etá sáṃ karmára ivādhamat | devánām pūrvyé yugé 'sataḥ sád ajāyata || 2 || devánāṃ yugé prathamé 'sataḥ sád ajāyata | tád áśā ánv ajāyanta tád uttānápadas pári || 3 || bhúr jajña uttānápado bhuvá áśā ajāyanta | áditer dáksho ajāyata dákshād v áditiḥ pári || 4 || áditir hy ájanishṭa dáksha yá duhitá táva | táṃ devá ánv ajāyanta bhadrá amṛítabandhavaḥ || 5 || 1 ||

yád devā adáḥ salilé súsaṃrabdhā átishṭhata | átrā vo

71, 6 pra-véda su-kṛitásya. 7 manaḥ-javéshu ásamāḥ. ādaghnásaḥ upa-kakshása. 8 sam-yájante. átra áha. óha-brahmāṇaḥ. 9 ná arvák. suté-karasāḥ té. abhi-pádya. ápra-jajñayaḥ. 10 yaśásā á-gatena sabhā-sahéna. kilbisha-spṛít pitu-sániḥ hí e°. 11 jāta-vidyám. mimīte. — 72, 2 karmáraḥ-iva a°. ásataḥ. 3 á. s. a. 2. uttāná-padaḥ (4). 4 jajñe. 5 hí. amṛíta-bandhavaḥ. 6 sú-saṃrabdhāḥ. átra.

nṛ́tyatām iva tīvró reṇúr ápāyata || 6 || yád devā yátayo yáthā bhúvanāny ápinvata | átrā samudrá ā́ gūḷhám ā́ sū́ryam ajabhartana || 7 || ashṭaú putráso áditer yé jātā́s tanvàs pári | devā́ñ úpa praít saptábhiḥ párā mārtāṇḍám āsyat || 8 || saptábhiḥ putraír áditir úpa praít pūrvyáṃ yugám | prajā́yai mṛityáve tvat púnar mārtāṇḍám ábharat || 9 || 2 ||

73.

Jánishṭhā ugráḥ sáhase turā́ya mandrá ójishṭho bahulā́bhimānaḥ | ávardhann índram marútaṣ cid átra mātā́ yád vīráṃ dadhánad dhánishṭhā || 1 || druhó níshattā pṛiṣaní cid évaiḥ purū́ ṣáñsena vāvṛidhush ṭá índram | abhívṛiteva tā́ mahāpadéna dhvāntā́t prapitvā́d úd aranta gárbhāḥ || 2 || ṛishvā́ te pádā prá yáj jígāsy ávardhan vā́jā utá yé cid átra | tvám indra sālāvṛikā́n sahásram āsán dadhishe aṣvínā́ vavṛityāḥ || 3 || samanā́ tū́rṇir úpa yāsi yajñám ā́ nā́satyā sakhyā́ya vakshi | vasávyām indra dhārayaḥ sahásrāṣvínā ṣūra dadatur maghā́ni || 4 || mándamāna ṛitā́d ádhi prajā́yai sákhibhir índra ishirébhir ártham | ā́bhir hí māyā́ úpa dásyum ā́gān míhaḥ prá tamrā́ avapat támāñsi || 5 || 3 ||

sánāmānā cid dhvasayo ny àsmā ávāhann índra usháso yáthā́naḥ | ṛishvaír agachaḥ sákhibhir níkāmaiḥ sākám pratishṭhā́ hṛídyā jaghantha || 6 || tváṃ jaghantha námucim makhasyúṃ dā́saṃ kṛiṇvāná ṛíshaye vímāyam | tváṃ cakartha mánave syonā́n pathó devatrā́ñjaseva yā́nān || 7 || tvám etā́ni paprishe ví nā́meṣāna indra dadhishe gábhastau | ánu tvā deváḥ ṣávasā madanty upáribudhnān vanínaṣ cakartha || 8 ||

72, 6 ápa ā⁰. 7 devāḥ. átra samudré. 8 prá ait. 9 prá ait. pra-jā́yai. ā́ a⁰. — 73, 1 bahulá-abhimānaḥ. 2 ní-sattā. purú. vavṛidhuḥ té. abhívṛitā-iva. mahā-padéna. pra-pitvā́t. 3 yát. sālāvṛikā́n. aṣvínā ā́. 4 sahásrā a⁰. 5 pra-jā́yai. ā́ ābhiḥ. ā́ agāt. 6 sá-nāmānā. ní asmai áva a⁰. yáthā á⁰. ní-kāmaiḥ. prati-sthā́. 7 ví-māyam. deva-trā́ áñjasā-iva. 8 nā́ma í⁰. upári-budhnān.

cakrám̐ yád asyāpsv ā́ níshattam utó tád asmai mádhv íc cachadyāt | prithivyā́m átishitam̐ yád ū́dhaḥ páyo góshv ádadhā óshadhīshu || 9 || áṣvād iyāyéti yád vádanty ójaso jātám utá manya enam | manyór iyāya harmyéshu tasthau yátaḥ prajajñá índro asya veda || 10 || váyaḥ suparṇā́ úpa sedur índram priyámedhā ŕishayo nā́dhamānāḥ | ápa dhvāntám ūrṇuhí pūrdhí cákshur mumugdhy àsmā́n nidháyeva baddhā́n || 11 || 4 ||

74.

Vásūnām̐ vā carkrisha íyakshan dhiyā́ vā yajñaír vā ródasyoḥ | árvanto vā yé rayimántaḥ sātaú vanúm̐ vā yé suṣrúṇam̐ suṣrúto dhúḥ || 1 || háva eshām ásuro nakshata dyā́m̐ ṣravasyatā́ mánasā niṅsata kshā́m | cákshāṇā yátra suvitā́ya devā́ dyaúr ná vā́rebhiḥ kriṇávanta svaíḥ || 2 || iyám eshām amŕitānām̐ gī́ḥ sarvátātā yé kripáṇanta rátnam | dhíyam̐ ca yajñám̐ ca sā́dhantas té no dhāntu vasavyàm ásāmi || 3 || ā́ tát ta indrāyávaḥ panantābhí yá ūrvám̐ gómantam̐ títritsān | sakritsvàm̐ yé puruputrā́m mahī́m̐ sahásradhārām brihatī́m̐ dúdukshan || 4 || ṣácīva índram ávase kriṇudhvam ánānatam̐ damáyantam pritanyū́n | ribhukshánam maghávānam̐ suvriktím bhártā yó vájram̐ náryam purukshúḥ || 5 || yád vāvā́na purutámam purāshā́ḷ ā́ vritrahéndro nā́māny aprāḥ | áceti prāsáhas pátis túvishmān yád īm uṣmási kártave kárat tát || 6 || 5 ||

75.

Prá sú va āpo mahimā́nam uttamám̐ kārúr vocāti sá-

73, 9 asya ap-sú. ní-sattam utó *iti*. ít. áti-sitam. 10 iyāya íti. manye. pra-jajñé. 11 su-parṇā́ḥ. priyá-medhāḥ. mumugdhí a° nidháyā-iva. — 74, 1 carkrishe. su-ṣrúṇam su-ṣrútaḥ dhúr *iti* dhúḥ. 2 cákshāṇāḥ. devā́ḥ. 4 te indra ā° pananta a° yé. sakrit-svàm. puru-putrā́m. sahásra-dhārām. dúdhukshan. 5 su-vriktím. puru-kshúḥ. 6 vavā́na. purāshā́ṭ. vritra-hā́ í°. pra-sáhaḥ.

dane vivásvataḥ | prá saptá-sapta tredhấ hí cakramúḥ prá sṛ́tvarīṇām áti síndhur ójasā || 1 || prá te 'radad váruṇo yấtave patháḥ síndho yád vấjāñ abhy ádravas tvám | bhū́myā ádhi pravátā yāsi sấnunā yád eshām ágram jágatām irajyási || 2 || diví svanó yatate bhū́myopáry anantám ṣúshmam úd iyarti bhānúnā | abhrád iva prá stanayanti vṛishṭáyaḥ síndhur yád éti vṛishabhó ná róruvat || 3 || abhí tvā sindho síṣum ín ná mātáro vāṣrấ arshanti páyaseva dhenávaḥ | rấjeva yúdhvā nayasi tvám ít sícau yád āsām ágram pravátām ínakshasi || 4 || imám me gaṅge yamune sarasvati ṣútudri stómam sacatā párushṇy ấ | asiknyấ marudvṛidhe vitástayấrjīkīye ṣṛiṇuhy ấ sushómayā || 5 || 6 ||

tṛishṭấmayā prathamám yấtave sajū́ḥ sasártvā rasáyā ṣvetyấ tyấ | tvám sindho kúbhayā gomatím krúmum mehatnvấ sarátham yábhir íyase || 6 || ṛ́jīty énī rúṣatī mahitvấ pári jráyāṅsi bharate rájāṅsi | ádabdhā síndhur apásām apástamāṣvā ná citrấ vápushīva darṣatấ || 7 || sváṣvā síndhuḥ suráthā suvấsā hiraṇyáyī súkṛitā vājínīvatī | ū́rṇāvatī yuvatíḥ sīlámāvaty utấdhi vaste subhágā madhuvṛídham || 8 || sukhám rátham yuyuje síndhur aṣvínam téna vấjam sanishad asmínn ājaú | mahấn hy àsya mahimấ panasyáté 'dabdhasya sváyaṣaso virapṣínaḥ || 9 || 7 ||

76.

Ấ va ṛiñjasa ūrjấm vyùshṭishv índram marúto ródasī anaktana | ubhé yáthā no áhanī sacābhúvā sádaḥ-sado varivasyáta udbhídā || 1 || tád u ṣréshṭham sávanam sunota-

---

75, 2 síndho *iti*. abhí. 3 bhū́myā u°. 4 sindho *iti* (6). ít. páyasā-iva. rấjā-iva. 5 sacata. marut-vṛidhe vitástayā ấ° ṣṛiṇuhí. su-sómayā. 6 tṛishṭá-amayā. sa-jū́ḥ su-sártvā. sa-rátham. 7 ṛ́jītī. apáḥ-tamā á°. vápushī-iva. 8 su-áṣvā. su-ráthā su-vấsāḥ. sú-kṛitā. sīlámā-vatī utá á°. su-bhágā madhu-vṛ́dham. 9 su-khám. hí a°. panasyáte á° svá-yaṣasaḥ vi-rapṣínaḥ. — 76, 1 ṛiñjase. ví-ushṭishu. ródasī *iti*. ubhé *iti*. áhanī *iti* sacā-bhúvā. ut-bhídā. 2 sunotana á°.

nā́tyo ná hástayato ádriḥ sotári | vidā́d dhy àryó abhī́bhūti paúṅsyam mahó rāyé cit tarute yád árvataḥ || 2 || tā́d íd dhy àsya sávanaṃ vivér apó yáthā purā́ mánave gātúm áṣret | góarṇasi tvāshṭré áṣvanirṇiji prém adhvaréshv adhvarā́ñ aṣiṣrayuḥ || 3 || ápa hata rakshá̄so bhaṅgurā́vata skabhāyáta nírṛitiṃ sédhatā́matim | ā́ no rayíṃ sárvavīraṃ sunotana devāvyàm bharata ṣlókam adrayaḥ || 4 || divā́ṣ cid ā́ vó 'mavattarebhyo vibhvánā cid āṣvàpastarebhyaḥ | vāyóṣ cid ā́ sómarabhastarebhyo 'gnéṣ cid arca pitukṛíttarebhyaḥ || 5 || 8 ||

bhurántu no yaṣásaḥ sótv ándhaso grā́vāṇo vācā́ divítā divítmatā | náro yátra duhaté kā́myam mádhv āghosháyanto abhíto mithastúraḥ || 6 || sunvánti sómaṃ rathirā́so ádrayo nír asya rásaṃ gavísho duhanti té | duhánty ū́dhar upasécanāya kā́ṃ náro havyā́ ná marjayanta āsábhiḥ || 7 || eté naraḥ svápaso abhūtana yá índrāya sunuthá sómam adrayaḥ | vāmáṃ-vāmaṃ vo divyā́ya dhā́mne vásu-vasu vaḥ pā́rthivāya sunvaté || 8 || 9 ||

77.

Abhraprúsho ná vācā́ prushā vásu havíshmanto ná yajñā́ vijānúshaḥ | sumā́rutaṃ ná brahmā́ṇam arhá́se gaṇám astoshy eshāṃ ná ṣobháse || 1 || ṣriyé máryāso añjī́ṅr akṛiṇvata sumā́rutaṃ ná pūrvī́r áti kshápaḥ | divás putrā́sa étā ná yetira ādityā́sas té akrā́ ná vāvṛidhuḥ || 2 || prá yé diváḥ pṛithivyā́ ná barháṇā tmánā riricré abhrā́n ná sū́ryaḥ |

76, 2 hásta-yataḥ. hí a⁰ abhí-bhūti. 3 hí a⁰. gó-arṇasi. áṣva-nirnìji prá īm. 4 bhaṅgurá-vataḥ. níḥ-ṛitim sédhata á⁰. sárva-vīram. deva-avyàm. 5 vaḥ á⁰ vi-bhvánā. āṣvàpaḥ-tarebhyaḥ. sómarabhaḥ-tarebhyaḥ. pitukṛít-tarebhyaḥ. 6 ā-ghosháyantaḥ. mithaḥ-túraḥ. 7 go-íshaḥ. ū́dhaḥ upa-sécanāya. marjayante. 8 su-ápasaḥ. yé. — 77, 1 abhra-prúshaḥ. prusha. yajñā́ḥ vi-jānúshaḥ su-mā́rutam (2). 2 étaḥ. yetire. akrā́ḥ. vavṛidhuḥ. 3 pṛithivyā́ḥ. abhrā́t.

pā́jasvanto ná vīrā́ḥ panasyávo riṣā́daso ná máryā abhídyavaḥ || 3 || yushmā́kam budhné apā́ṃ ná yā́mani vithuryáti ná mahī́ ṣrathuryáti | viṣvā́psur yajñó arvā́g ayā́ṃ sú vaḥ práyasvanto ná satrā́ca ā́ gata || 4 || yūyā́ṃ dhūrshú prayújo ná raṣmíbhir jyótishmanto ná bhāsā́ vyùshṭishu | ṣyenā́so ná sváyaṣaso riṣā́dasaḥ pravā́so ná prásitāsaḥ pariprúshaḥ || 5 || 10 ||

prá yád váhadhve marutaḥ parākā́d yūyám maháḥ saṃváraṇasya vásvaḥ | vidānā́so vasavo rā́dhyasyārā́c cid dvéshaḥ sanutár yuyota || 6 || yá udṛ́ci yajñé adhvareshṭhā́ marúdbhyo ná mā́nusho dádāṣat | revát sá váyo dadhate suvī́raṃ sá devā́nām ápi gopīthé astu || 7 || té hí yajñéshu yajñíyāsa ū́mā ādityéna nā́mnā ṣámbhavishṭhāḥ | té no 'vantu rathatū́r manīshā́m mahā́ṣ ca yā́mann adhvaré cakānā́ḥ || 8 || 11 ||

78.

Víprāso ná mánmabhiḥ svādhyò devāvyò ná yajñaíḥ svápnasaḥ | rā́jāno ná citrā́ḥ susaṃdṛ́ṣaḥ kshitīnā́ṃ ná máryā arepásaḥ || 1 || agnír ná yé bhrā́jasā rukmávakshaso vā́tāso ná svayújaḥ sadyáūtayaḥ | prajñātā́ro ná jyéshṭhāḥ sunītáyaḥ suṣármāṇo ná sómā ṛitáṃ yaté || 2 || vā́tāso ná yé dhúnayo jigatnávo 'gnīnā́ṃ ná jihvā́ virokíṇaḥ | vármaṇvanto ná yodhā́ḥ ṣímīvantaḥ pitṝṇā́ṃ ná ṣáṅsāḥ surātáyaḥ || 3 || ráthānāṃ ná yè 'rā́ḥ sánābhayo jigīvā́ṅso ná ṣū́rā abhídyavaḥ | vareyávo ná máryā ghṛitaprúsho 'bhisvartā́ro arkáṃ ná sushṭúbhaḥ || 4 || áṣvāso ná yé jyéshṭhāsa

---

77, 3 abhí-dyavaḥ. 4 viṣvá-psuḥ. 5 pra-yújaḥ. ví-ushṭishu. svá-yaṣasaḥ. prá-sitāsaḥ pari-prúshaḥ. 6 sam-váraṇasya. rādhyá-sya ārā́t. 7 ut-ṛ́ci. adhvare-sthā́ḥ. su-vī́ram. go-pīthé. 8 té — ū́mā VII, 39, 4. ṣám-bhavishṭhāḥ. ratha-tū́ḥ. — 78, 1 su-ādhyàḥ deva-avyàḥ. su-ápnasaḥ. su-saṃdṛ́ṣaḥ. 2 rukmá-vakshasaḥ. sva-yújaḥ sadyáḥ-ūtayaḥ pra-jñātā́raḥ. su-nītáyaḥ su-ṣármāṇaḥ. 3 jihvā́ḥ vi-rokíṇaḥ vármaṇ-vantaḥ. su-rātáyaḥ. 4 yé a° sá-nābhayaḥ. abhí-dyavaḥ vare-yávaḥ. máryāḥ ghṛita-prúshaḥ abhi-svartā́raḥ. su-stúbhaḥ.

āṣávo didhishávo ná rathyàḥ sudā́navaḥ | ā́po ná nimnaír udábhir jigatnávo viṣvárūpā áṅgiraso ná sā́mabhiḥ || 5 || 12 ||

grā́vāṇo ná sūráyaḥ síndhumātara ādardiráso ádrayo ná viṣváhā | ṣiṣū́lā ná krīḷáyaḥ sumātáro mahāgrāmó ná yā́mann utá tvishā́ || 6 || ushásām ná ketávo 'dhvaraṣríyaḥ ṣubhaṃyávo nā́ñjíbhir vy àṣvitan | síndhavo ná yayíyo bhrā́jadṛishṭayaḥ parāváto ná yójanāni mamire || 7 || subhāgā́n no devāḥ kṛiṇutā surátnān asmā́n stotṝ́n maruto vāvṛidhānā́ḥ | ádhi stotrásya sakhyásya gāta sanā́d dhí vo ratnadhéyāni sánti || 8 || 13 ||

79.

Ápaṣyam asya maható mahitvám ámartyasya mártyāsu vikshú | nā́nā hánū víbhṛite sám bharete ásinvatī bápsatī bhū́ry attaḥ || 1 || gúhā ṣíro níhitam ṛ́idhag akshí ásinvann atti jihváyā vánāni | átrāṇy asmai paḍbhíḥ sám bharanty uttānáhastā námasā́dhi vikshú || 2 || prá mātúḥ pratarám gúhyam ichán kumāró ná vīrúdhaḥ sarpad urvī́ḥ | sasám ná pakvám avidac chucántam ririhvā́ṅsam ripá upásthe antáḥ || 3 || tád vām ṛitám rodasī prá bravīmi jā́yamāno mātárā gárbho atti | nā́hám devásya mártyaṣ ciketā́gnír aṅgá vícetāḥ sá prácetāḥ || 4 || yó asmā ánnam tṛishv ā̀dádhāty ā́jyair ghṛitaír juhóti púshyati | tásmai sahásram akshábhir ví cakshé 'gne viṣvátaḥ pratyáññ asi tvám || 5 || kím devéshu tyája énaṣ cakarthā́gne pṛichā́mi nú tvā́m ávidvān | ákrīḷan krī́ḷan hárir áttave 'dán ví parvaṣáṣ cakarta gā́m ivāsíḥ

78, 5 su-dā́navaḥ. viṣvá-rūpāḥ. 6 síndhu-mātaraḥ ā-dardirā́saḥ. ṣiṣū́lāḥ. su-mātáraḥ mahā-grāmáḥ. 7 adhvara-ṣríyaḥ. ná a° ví a°. bhrā́jat-ṛishṭayaḥ. 8 su-bhāgā́n. kṛiṇuta su-rátnān. vavṛidhānā́ḥ. a. s. s. V, 55, 9. hí. ratna-dhéyāni. — 79, 1 hánū *iti* víbhṛite *iti* ví-bhṛite. bharete *iti* ásinvatī *iti* bápsatī *iti*. 2 ní-hitam. akshí *iti*. uttāná-hastāḥ námasā á°. 3 avidat ṣ°. upá-sthe antár *iti*. 4 rodasī *iti*. ná a°. ciketa a°. ví-cetāḥ. prá-cetāḥ. 5 asmai. tṛishú ā-dádhāti. cakshe á°. 6 cakartha á°. gā́m-iva a°.

|| 6 || víshūco áṣvān yuyuje vanejá ṛíjītibhī raṣanábhir gṛibhītā́n | cakshadé mitró vásubhiḥ sújātaḥ sám ānṛidhe párvabhir vāvṛidhānā́ḥ || 7 || 14 ||

80.

Agníḥ sáptiṃ vājambharáṃ dadāty agnír vīráṃ ṣrútyaṃ karmanishṭhā́m | agní ródasī ví carat samañjánn agnír nā́rīṃ vīrákukshim púraṃdhim || 1 || agnér ápnasaḥ samíd astu bhadrā́gnír mahí ródasī ā́ viveṣa | agnír ékaṃ codayat samátsv agnír vṛitrā́ṇi dayate purū́ṇi || 2 || agnír ha tyáṃ járataḥ kárṇam āvāgnír adbhyó nír adahaj járūtham | agnír átriṃ gharmá urushyad antár agnír nṛimédham pra jáyāsṛijat sám || 3 || agnír dād dráviṇaṃ vīrápeṣā agnír ṛíshiṃ yáḥ sahásrā sanóti | agnír diví havyám ā́ tatānāgnér dhā́māni víbhṛitā purutrā́ || 4 || agním ukthaír ṛíshayo ví hvayante 'gníṃ náro yā́mani bādhitásaḥ | agníṃ váyo antárikshe pátanto 'gníḥ sahásrā pári yāti gónām || 5 || agníṃ víṣa īḷate mā́nushīr yā́ agním mánusho náhusho ví jātā́ḥ | agnír gā́ndharvīm pathyā̀m ṛitásyāgnér gávyūtir ghṛitá ā́ níshattā || 6 || agnáye bráhma ṛibhávas tatakshur agním mahā́m avocāmā suvṛiktím | ágne práva jaritáraṃ yavishṭhágne máhi dráviṇam ā́ yajasva || 7 || 15 ||

81.

Yá imā́ víṣvā bhúvanāni júhvad ṛíshir hótā ny ásīdat pitā́ naḥ | sá āṣíshā dráviṇam ichámānaḥ prathamachád ávarāñ ā́ viveṣa || 1 || kíṃ svid āsīd adhishṭhā́nam ārámbha-

79, 7 vane-jā́ḥ ṛíjīti-bhiḥ. sú-jātaḥ. vavṛidhānā́ḥ. — 80, 1 vājam-bharám. karmaniḥ-sthā́m agníḥ ródasī *iti*. sam-añján. vīrá-kukshim púram-dhim. 2 sam-ít. bhadrā́ a° mahí *iti* ródasī *iti*. samát-su. 3 āva a°. adahat. gharmé. nṛi-médham pra-jáyā a°. 4 vīrá-peṣā́ḥ. tatāna a°. ví-bhṛitā. 6 ṛitásya a°. ghṛité. ní-sattā. 7 bráhma. ávocāma su-vṛiktím. prá ava. yavishṭha. ágne máhi *etc.* III, 1, 22. — 81, 1 ní. ā-ṣíshā. prathama-chát. 2 adhi-sthā́nam ā-rámbhaṇam.

ṇaṃ katamát svit kathā́sīt | yáto bhū́miṃ janáyan viṣvákarmā ví dyā́m aúrṇon mahinā́ viṣvácakshāḥ || 2 || viṣvátaṣcakshur utá viṣvátomukho viṣvátobāhur utá viṣvátaspāt | sám bāhúbhyāṃ dhámati sám pátatrair dyā́vābhū́mī janáyan devá ékaḥ || 3 || kíṃ svid vánaṃ ká u sá vṛikshá āsa yáto dyā́vāpṛithiví nishṭatakshúḥ | mánīshiṇo mánasā pṛichátéd u tád yád adhyátishṭhad bhúvanāni dhāráyan || 4 || yā́ te dhā́māni paramā́ṇi yā́vamā́ yā́ madhyamā́ viṣvakarmann utémā́ | síkshā sákhibhyo havíshi svadhāvaḥ svayáṃ yajasva tanvàṃ vṛidhānáḥ || 5 || víṣvakarman havíshā vāvṛidhānáḥ svayáṃ yajasva pṛithivím utá dyā́m | múhyantv anyé abhíto jánāsa ihā́smā́kam maghávā sūrír astu || 6 || vācás pátiṃ viṣvákarmāṇam ūtáye manojúvaṃ váje adyá huvema | sá no víṣvāni hávanāni joshad viṣváṣambhūr ávase sādhúkarmā || 7 || 16 ||

82. Brown (JAOS-1965)

Cákshushaḥ pitā́ mánasā hí dhíro ghṛitám ene ajanan nánnamāne | yadéd ántā ádadṛihanta pū́rva ā́d íd dyā́vāpṛithiví aprathetām || 1 || viṣvákarmā vímanā ā́d víhāyā dhātā́ vidhātā́ paramótá saṃdṛík | téshām ishṭā́ni sám ishā́ madanti yátrā saptaṛishín pará ékam āhúḥ || 2 || yó naḥ pitā́ janitā́ yó vidhātā́ dhā́māni véda bhúvanāni víṣvā | yó devā́nāṃ nāmadhā́ éka evá táṃ sampraṣnám bhúvanā yanty anyā́ || 3 || tá ā́yajanta dráviṇaṃ sám asmā ṛíshayaḥ pū́rve jaritā́ro ná bhūnā́ | asū́rte sū́rte rájasi nishatté yé bhūtā́ni

81, 2 kathā́ ā°. viṣvá-karmā. aúrṇot. viṣvá-cakshāḥ. 3 viṣvátaḥ-cakshuḥ. viṣvátaḥ-mukhaḥ viṣvátaḥ-bāhuḥ. viṣvátaḥ-pāt. dyā́vābhūmī *iti*. 4ᵃ = X, 81, 7. pṛicháta ít. adhi-átishṭhat. 5 yā́ av°. viṣva-karman utá imā́ ṣíksha. 6 víṣva-karman. vavṛidhānáḥ. ihá a°. 7 viṣvá-karmāṇam. manaḥ-júvam. adyá. viṣvá-ṣambhūḥ. sādhú-karmā. — 82, 1 ene *iti* ajanat nánnamāne *iti* yadā́ ít. pū́rve *iti*. dyā́vāpṛithiví *iti*. 2 viṣvá-karmā ví-manāḥ. ví-hāyaḥ. vi-dhātā́ (3) paramā́ utá sam-dṛík. yátra sapta-ṛishín. 3 nāma-dhā́ḥ. sam-praṣnám. 4 té ā́ a°. asmai. ni-satté.

samákriṇvann imáni || 4 || paró divá pará ená prithivyá paró devébhir ásurair yád ásti | káṃ svid gárbham prathamáṃ dadhra ápo yátra deváḥ samápaṣyanta víṣve || 5 || tám íd gárbham prathamáṃ dadhra ápo yátra deváḥ samágachanta víṣve | ajásya nábhāv ádhy ékam árpitaṃ yásmin víṣvāni bhúvanāni tasthúḥ || 6 || ná táṃ vidātha yá imá jajánānyád yushmákam ántaram babhūva | nīhāréṇa právritā jálpyā cāsutrípa ukthaṣásaṣ caranti || 7 || 17 ||

83.

Yás te manyó 'vidhad vajra sāyaka sáha ójaḥ pushyati víṣvam ānushák | sāhyáma dásam áryaṃ tváyā yujá sáhaskritena sáhasā sáhasvatā || 1 || manyúr índro manyúr evása devó manyúr hótā váruṇo jātávedāḥ | manyúṃ víṣa īḷate mánushīr yáḥ pāhí no mányo tápasā sajóshāḥ || 2 || abhíhi manyo tavásas távīyān tápasā yujá ví jahi ṣátrūn | amitrahá vritrahá dasyuhá ca víṣvā vásūny á bharā tváṃ naḥ || 3 || tváṃ hí manyo abhíbhūtyojāḥ svayambhúr bhámo abhimātishāháḥ | viṣvácarshaṇiḥ sáhuriḥ sáhāvān asmásv ójaḥ prítanāsu dhehi || 4 || abhāgáḥ sánn ápa páreto asmi táva krátvā tavishásya pracetaḥ | táṃ tvā manyo akratúr jihīḷāháṃ svá tanúr baladéyāya méhi || 5 || ayáṃ te asmy úpa méhy arváñ pratīcīnáḥ sahure viṣvadhāyaḥ | mányo vajrinn abhí mám á vavritsva hánāva dásyūñr utá bodhy āpéḥ || 6 || abhí préhi dakshiṇató bhavā mé 'dhā vritráṇi jaṅghanāva bhúri | juhómi te dharúṇam mádhvo ágram ubhá upāṅṣú prathamá pibāva || 7 || 18 ||

82, 4 sam-ákriṇvan. 5 dadhre. sam-ápaṣyanta. 6 g. p. d. á. y. d. 5. sam-ágachanta. 7 jajána a°. právritāḥ. ca asu-trípaḥ uktha-ṣásaḥ. — 83, 1 manyo *iti* á°. sahyáma. sáhaḥ-kritena. 2 evá ása. jātá-vedāḥ. manyo *iti* (3—5). sa-jóshāḥ. 3 abhí ihi. amitra-há vritra-há dasyu-há. bhara. 4 abhíbhuti-ojāḥ svayam-bhúḥ. abhimāti-saháḥ viṣvá-carshaṇiḥ. 5 párā-itaḥ. praceta *iti* pra-cetaḥ. jihīḷa a°. bala-déyāya mā á ihi. 6 mā á ihi. viṣva-dhāyaḥ mányo *iti*. 7 prá ihi. bhava me ádha. upa-aṅṣú.

84.

Tváyā manyo sarátham ārujánto hárshamāṇāso dhṛishitā́ marutvaḥ | tigméshava ā́yudhā saṃṣíṣānā abhí prá yantu náro agnírūpāḥ || 1 || agnír iva manyo tvishitáḥ sahasva senānír naḥ sahure hūtá edhi | hatvā́ya ṣátrūn ví bhajasva véda ójo mímāno ví mṛídho nudasva || 2 || sáhasva manyo abhímātim asmé rujáṇ mṛiṇán pramṛiṇán préhi ṣátrūn | ugrám te pā́jo nanv ā́ rurudhre vaṣí váṣaṃ nayasa ekaja tvám || 3 || éko bahūnā́m asi manyav īlitó víṣaṃ-viṣaṃ yudháye sáṃ ṣiṣādhi | ákṛittaruk tváyā yujā́ vayáṃ dyumántaṃ ghóshaṃ vijayā́ya kṛiṇmahe || 4 || vijeshakṛíd índra ivānavabravò 'smā́kam manyo adhipā́ bhavehá | priyáṃ te nā́ma sahure gṛiṇīmasi vidmā́ tám útsaṃ yáta ābabhū́tha || 5 || ā́bhūtyā sahajā́ vajra sāyaka sáho bibharshy abhibhūta úttaram | krátvā no manyo sahá medy èdhi mahādhanásya puruhūta saṃsṛíji || 6 || sáṃsṛishṭaṃ dhánam ubháyaṃ samā́kṛitam asmábhyaṃ dattāṃ váruṇaṣ ca manyúḥ | bhíyaṃ dádhānā hṛídayeshu ṣátravaḥ párājitāso ápa ní layantām || 7 || 19 ||

Shashṭho 'nuvākaḥ.

85.

Satyénóttabhitā bhū́miḥ sū́ryeṇóttabhitā dyaúḥ | ṛiténādityā́s tishṭhanti diví sómo ádhi ṣritáḥ || 1 || sómenādityā́ balínaḥ sómena pṛithiví mahí | átho nákshatrāṇām eshā́m

---

84, 1 manyo *iti* (2—6). sa-rátham a-rujántaḥ. dhṛishitā́ḥ. tigmá-ishavaḥ. sam-ṣíṣānāḥ. agní-rupāḥ. 2 senā-nī́ḥ. 3 abhí-mātim asmé *iti*. pra-mṛiṇán prá ihi. nanú. nayase eka-ja. 4 ákṛitta-ruk. vi-jayā́ya. 5 vijesha-kṛít índraḥ-iva anava-braváḥ a°. adhi-pā́ḥ bhava ihá. v. t. ú. y. X, 45, 2. ā́-babhū́tha. 6 ā́-bhūtya saha-jā́ḥ. abhi-bhūte. medí e° mahā-dhanásya puru-huta sam-sṛíji. 7 sám-sṛishṭam. sam-ā́kṛitam. dádhānāḥ. párā-jitāsaḥ. — 85, 1 satyéna úttabhitā. sū́ryeṇa úttabhitā. ṛiténa a°. 2 sómena ādityā́ḥ. átho *iti*.

upásthe sóma áhitaḥ || 2 || sómam manyate papiván yát sampiṅshánty óshadhim | sómam yám brahmáṇo vidúr ná tásyāṣnāti káṣ caná || 3 || āchádvidhānair gupitó bárhataiḥ soma rakshitáḥ | grávṇām íc chriṇván tishṭhasi ná te aṣnāti párthivaḥ || 4 || yát tvā deva prapíbanti táta á pyāyase púnaḥ | vāyúḥ sómasya rakshitá sámānām mása ákritiḥ || 5 || 20 ||

raíbhy āsīd anudéyī nārāṣaṅsí nyócanī | sūryáyā bhadrám íd váso gáthayaiti párishkṛitam || 6 || cíttir ā upabárhaṇam cákshur ā abhyáñjanam | dyaúr bhúmiḥ kóṣa āsīd yád áyāt sūryá pátim || 7 || stómā āsan pratidháyaḥ kurīram chánda opaṣáḥ | sūryáyā aṣvínā varágnír āsīt purogaváḥ || 8 || sómo vadhūyúr abhavad aṣvínāstām ubhá vará | sūryám yát pátye ṣáṅsantīm mánasā savitádadāt || 9 || máno asyā ána āsīd dyaúr āsīd utá chadíḥ | ṣukrāv anaḍváhāv āstām yád áyāt sūryá grihám || 10 || 21 ||

ṛiksāmábhyām abhíhitau gávau te sāmanáv itaḥ | ṣrótram te cakré āstām diví pánthāṣ carācaráḥ || 11 || ṣúcī te cakré yātyá vyānó áksha áhataḥ | áno manasmáyam sūryárohat prayatí pátim || 12 || sūryáyā vahatúḥ prágāt savitá yám avásṛijat | aghásu hanyante gávó 'rjunyoḥ páry uhyate || 13 || yád aṣvinā pṛichámānāv áyātam tricakréṇa vahatúm sūryáyāḥ | víṣve devá ánu tád vām ajānan putráḥ pitárāv avṛiṇīta pūshá || 14 || yád áyātam ṣubhas patī vareyám sūryám úpa | kvaíkam cakrám vām āsīt kvà deshṭráya tasthathuḥ || 15 || 22 ||

85, 2 upá-sthe. á-hitaḥ. 3 sam-piṅshánti. tásya a°. 4 āchát-vidhānaiḥ. ít ṣ°. 5 pra-píbanti. púnar *iti*. á-kṛitiḥ. 6 raíbhī. anu-déyī. ni-ócanī sūryáyāḥ. gáthayā eti pári-kṛitam. 7 upa-bárhaṇam. abhi-áñjanam. 8 prati-dháyaḥ. vará a°. puraḥ-gaváḥ. 9 aṣvínā ā°. savitá á°. 10 y. á. s. 7. 11 ṛik-sāmábhyām abhí-hitau. cakré *iti* (12). 12 ṣúcī *iti*. yātyáḥ vi-ānáḥ. á-hataḥ sūryá á a° pra-yatí. 13 sūryáyāḥ. prá a°. ava-áṣṛijat. gávaḥ á°. 14 tri-cakréṇa. 15 patī *iti* vare-yám. kvà é°.

dvé te cakré sūrye brahmā́ṇa ṛituthā́ viduḥ | áthaíkaṃ cakrā́ṃ yád gúhā tád addhātáya íd viduḥ || 16 || sūryā́yai devébhyo mitrā́ya váruṇāya ca | yé bhūtásya prácetasa idáṃ tébhyo 'karaṃ námaḥ || 17 || pūrvāparáṃ carato māyáyaitaú śíśū krī́ḷantau pári yāto adhvarám | víśvāny anyó bhúvanābhicáshṭa ṛitū́ñr anyó vidádhaj jāyate púnaḥ || 18 || návo -navo bhavati jā́yamānó 'hnāṃ ketúr ushásām ety ágram | bhāgáṃ devébhyo ví dadhāty āyán prá candrámās tirate dīrghám ā́yuḥ || 19 || sukiṃśukáṃ śalmalíṃ viśvárūpaṃ híraṇyavarṇaṃ suvṛ́itaṃ sucakrám | ā́ roha sūrye amṛ́itasya lokáṃ syonám pátye vahatúṃ kṛiṇushva || 20 || 23 ||

úd īrshvátaḥ pátivatī hy èshā́ viśvā́vasuṃ námasā gīrbhír īḷe | anyā́m icha pitṛishádaṃ vyàktāṃ sá te bhāgó janúshā tásya viddhi || 21 || úd īrshváto viśvāvaso námaseḷāmahe tvā | anyā́m icha prapharvyàṃ/sáṃ jāyā́m pátyā sṛija || 22 || anṛiksharā́ ṛijávaḥ santu pánthā yébhiḥ sákhāyo yánti no vareyám | sám aryamā́ sám bhágo no ninīyāt sáṃ jāspatyáṃ suyámam astu devāḥ || 23 || prá tvā muñcāmi váruṇasya pā́śād yéna tvā́badhnāt savitā́ suśévaḥ | ṛitásya yónau sukṛitásya loké 'rishṭāṃ tvā sahá pátyā dadhāmi || 24 || prétó muñcā́mi nā́mútaḥ subaddhā́m amútas karam | yátheyám indra mīḍhvaḥ suputrā́ subhágā́sati || 25 || 24 ||

pūshā́ tvetó nayatu hastagṛ́hyāśvínā tvā prá vahatāṃ ráthena | gṛihā́n gacha gṛihápatnī yáthā́so vaśínī tváṃ vidátham ā́ vadāsi || 26 || ihá priyám prajáyā te sám ṛidhyatām asmín gṛihé gā́rhapatyāya jāgṛihi | enā́ pátyā tanvàṃ

85, 16 dvé *iti.* cakré *iti.* átha é°. 17 prá-cetasaḥ. 18 pūrva -aparám. māyáyā e° śíśū *iti.* bhúvanā abhi-cáshṭe. vi-dádhat. púnar *iti.* 19 jā́yamānaḥ ā́°. ā-yán. 20 su-kiṃśukám. viśvá-rūpam híraṇya-varṇam su-vṛítam su-cakrám. 21 īrshva ā́°. hí e° viśvá -vasum. pitṛi-sádam ví-aktām. 22 viśvavaso *iti* viśva-vaso námasā ī°. pra-pharvyàm. 23 pánthāḥ. jā́ḥpatyám su-yámam. 24 tvā ā°. su-śévaḥ. su-kṛitásya. árishṭām. 25 prá i°. ná a° su-baddhā́m. yáthā i°. su-putrā́ su-bhágā ā́°. 26 tvā i°. hasta-gṛíhya a°. gṛihá -patnī yáthā ā́°. 27 pra-jáyā.

sáṃ srijasvádhā jívrī vidátham á vadāthaḥ || 27 || nīlalohitám bhavati krityásaktír vy àjyate | édhante asyā jñātáyaḥ pátir bandhéshu badhyate || 28 || párā dehi ṣāmulyàm brahmábhyo ví bhajā vásu | krityaíshá padvátī bhūtvy á jāyá viṣate pátim || 29 || aṣrīrá tanúr bhavati rúṣatī pāpáyāmuyá | pátir yád vadhvò vásasā svám áñgam abhidhítsate || 30 || 25 ||

yé vadhvàṣ candráṃ vahatúṃ yákshmā yánti jánād ánu | púnas tán yajñíyā devá náyantu yáta ágatāḥ || 31 || má vidan paripanthíno yá āsídanti dámpatī | sugébhir durgám átītām ápa drāntv árātayaḥ || 32 || sumañgalír iyáṃ vadhúr imáṃ saméta páṣyata | saúbhāgyam asyai dattváyáthástaṃ ví páretana || 33 || trishṭám etát káṭukam etád apāshṭhávad visháva‌n naítád áttave | sūryáṃ yó brahmá vidyát sá íd vádhūyam arhati || 34 || āṣásanaṃ viṣásanam átho adhivikártanam | sūryáyaḥ paṣya rūpáṇi táni brahmá tú ṣundhati || 35 || 26 ||

gribhṇámi te saubhagatváya hástam máyā pátyā jarádashṭir yáthásaḥ | bhágo aryamá savitá púraṃdhir máhyaṃ tvādur gárhapatyāya deváḥ || 36 || tám pūshañ chivátamām érayasva yásyām bíjam manushyà vápanti | yá na ūrú uṣatí viṣráyāte yásyām uṣántaḥ prahárāma ṣépam || 37 || túbhyam ágre páry avahan sūryáṃ vahatúnā sahá | púnaḥ pátibhyo jāyáṃ dá agne prajáyā sahá || 38 || púnaḥ pátnīm agnír adād áyushā sahá várcasā | dīrgháyur asyā yáḥ pátir jívāti ṣarádaḥ ṣatám || 39 || sómaḥ prathamó vivide gandharvó

85, 27 srijasva ádha jívrī *iti*. 28 nīla-lohitám. krityá āsaktiḥ ví a°. asyāḥ. 29 bhaja. krityá e°. bhūtví. 30 pāpáyā a°. abhi -dhítsate. 31 yákshmāḥ. púnar *iti*. yajñíyāḥ deváḥ. á-gatāḥ. 32 pari-panthínaḥ yé ā-sídanti dámpatī *iti* dám-patī su-gébhiḥ duḥ -gám áti i°. 33 su-mañgalíḥ. sam-éta. dattváya átha á°. párā i°. 34 vishá-vat ná e°. 35 ā-ṣásanam vi-ṣásanam átho *iti* adhi -vikártanam. 36 jarát-ashṭiḥ yáthā á°. púram-dhiḥ. tvā a°. 37 ṣivá-tamām á ī°. manushyàḥ. ūrú *iti*. vi-ṣráyāte. pra-hárāma. 38 púnar *iti* (39). pra-jáyā. 39 dīrghá-āyuḥ asyāḥ.

vivida úttaraḥ | tritíyo agnísh ṭe pátis turíyas te manushyajáḥ || 40 || 27 ||

sómo dadad gandharváya gandharvó dadad agnáye | rayím ca putráṅs cādād agnír máhyam átho imám || 41 || ihaívá stam mā́ ví yaushṭam víṣvam ā́yur vy àṣnutam | krílantau putraír náptribhir módamānau své grihé || 42 || ā́ naḥ prajā́m janayatu prajā́patir ājarasā́ya sám anaktv aryamā́ | ádurmañgalīḥ patilokám ā́ viṣa ṣám no bhava dvipáde ṣám cátushpade || 43 || ághoracakshur ápatighny edhi ṣivā́ paṣúbhyaḥ sumánāḥ suvárcāḥ | vīrasū́r devákāmā syonā́ ṣám no bhava dvipáde ṣám cátushpade || 44 || imā́m tvám indra mīḍhvaḥ suputrā́m subhágām kriṇu | dáṣāsyām putrā́n ā́ dhehi pátim ekādaṣám kridhi || 45 || samrā́jñī ṣváṣure bhava samrā́jñī ṣvaṣrvā́m bhava | nánāndari samrā́jñī bhava samrā́jñī ádhi devríshu || 46 || sám añjantu víṣve deváḥ sám ápo hrídayāni nau | sám mātaríṣvā sám dhātā́ sám u déshṭrī dadhātu nau || 47 || 28 ||

Tritīyo 'dhyāyaḥ.

86.

Ví hí sótor ásrikshata néndram devám amaṅsata | yátrámadad vrishā́kapir aryáḥ pushṭéshu mátsakhā víṣvasmād índra úttaraḥ || 1 || párā hìndra dhávasi vrishā́kaper áti vyáthiḥ | nó áha prá vindasy anyátra sómapītaye víṣvasmād índra úttaraḥ || 2 || kím ayám tvā́m vrishā́kapiṣ cakā́ra hárito mrigáḥ | yásmā irasyásíd u nv àryó vā pushṭimád vásu víṣvasmād índra úttaraḥ || 3 || yám imā́m tvā́m vrishā́kapim

---

85, 40 vivide. agníḥ te. manushya-jā́ḥ. 41 ca a°. átho *iti*. 42 ihá evá. ví a°. 43 pra-jā́m. prajā́-patiḥ ā-jarasā́ya. áduḥ-mañgalīḥ pati-lokám. ṣám *etc.* VII, 54, 1. 44 ághora-cakshuḥ ápati-ghnī. su-mánāḥ su-várcāḥ vīra-sū́ḥ devá-kāmā. 45 su-putrā́m su-bhágām. dáṣa a°. 46 sam-rā́jñī. (4). — 86, 1 ná í°. yátra á°. mát-sakhā. 2 hí i°. nó *iti*. sóma-pītaye. 3 yásmai irasyási ít. nú a°.

priyám indrābhirákshasi | ṣvā́ nv àsya jambhishad ápi kárṇe varāhayúr víṣvasmād índra úttaraḥ || 4 || priyā́ tashṭā́ni me kapír vyàktā vy àdūdushat | ṣíro nv àsya rāvishaṃ ná sugáṃ dushkríte bhuvaṃ víṣvasmād índra úttaraḥ || 5 || 1 ||

ná mát strí subhasáttarā ná suyā́ṣutarā bhuvat | ná mát práticyavīyasī ná sákthy údyamīyasī víṣvasmād índra úttaraḥ || 6 || uvé amba sulābhike yáthevāṅgá bhavishyáti | bhasán me amba sákthi me ṣíro me vìva hrishyati víṣvasmād índra úttaraḥ || 7 || kím subāho svaṅgure príthushṭo príthujāghane | kíṃ ṣūrapatni nas tvám abhy àmīshi vrishā́kapiṃ víṣvasmād índra úttaraḥ || 8 || avī́rām iva mā́m ayáṃ ṣarā́rur abhí manyate | utā́hám asmi vīríṇíndrapatnī marútsakhā víṣvasmād índra úttaraḥ || 9 || saṃhotráṃ sma purā́ nā́rī sámanaṃ vā́va gachati | vedhā́ ritásya vīríṇíndrapatnī mahīyate víṣvasmād índra úttaraḥ || 10 || 2 ||

indrāṇím āsú nā́rishu subhágām ahám aṣravam | nahy àsyā aparáṃ caná jarásā márate pátir víṣvasmād índra úttaraḥ || 11 || nā́hám indrāṇi rāraṇa sákhyur vrishā́kaper rité | yásyedám ápyaṃ havíḥ priyáṃ devéshu gáchati víṣvasmād índra úttaraḥ || 12 || vríshākapāyi révati súputra ā́d u súsnushe | ghásat ta índra ukshā́ṇaḥ priyáṃ kācitkaráṃ havír víṣvasmād índra úttaraḥ || 13 || ukshṇó hí me páñcadaṣa sākám pácanti viṅṣatím | utā́hám admi píva íd ubhā́ kukshí priṇanti me víṣvasmād índra úttaraḥ || 14 || vrishabhó ná tigmáṣriṅgo 'ntár yūthéshu róruvat | manthás ta indra ṣáṃ

86, 4 indra abhi-rákshasi. nú a°. 5 ví-aktā ví a°. nú a°. su-gám duḥ-kríte. 6 subhasát-tarā. suyā́ṣu-tarā. práti-cyavīyasī. út-yamīyasī. 7 yáthā-iva a°. bhasát. ví-iva. 8 subāho *iti* su-bāho su-aṅgure príthusto *iti* prithusto prithu-jaghane. ṣūra-patni. abhí a°. 9 utá a°. vīríṇī índra-patnī (10) marút-sakhā. 10 sam-hotrám. vā áva. 11 su-bhágām. nahí a°. 12 ná a°. rarana. yásya i°. 13 sú-putre. sú-snushe. te. kācit-karám. 14 páñca-daṣa. utá a°. kukshí *iti*. 15 tigmá-ṣriṅgaḥ. te.

hṛidé yáṃ te sunóti bhāvayúr víṣvasmād índra úttaraḥ || 15 || 3 ||

ná séṣe yásya rámbate 'ntarā́ sakthyā̀ kápṛit | séd īṣe yásya romaṣáṃ nishedúsho vijṛímbhate víṣvasmād índra úttaraḥ || 16 || ná séṣe yásya romaṣáṃ nishedúsho vijṛímbhate | séd īṣe yásya rámbate 'ntarā́ sakthyā̀ kápṛid víṣvasmād índra úttaraḥ || 17 || ayám indra vṛishákapiḥ párasvantaṃ hatáṃ vidat | asíṃ sūnáṃ návaṃ carúm ā́d édhasyána ā́citaṃ víṣvasmād índra úttaraḥ || 18 || ayám emi vicā́kaṣad vicinváñ dā́sam ā́ryam | píbāmi pākasútvano 'bhí dhíram acā́kaṣaṃ víṣvasmād índra úttaraḥ || 19 || dhánva ca yát kṛintátraṃ ca káti svit tā́ ví yójanā | nédīyaso vṛishākapé 'stam éhi gṛihā́ñ úpa víṣvasmād índra úttaraḥ || 20 || púnar éhi vṛishākape suvitā́ kalpayāvahai | yá eshá svapnanáñṣanó 'stam éshi pathā́ púnar víṣvasmād índra úttaraḥ || 21 || yád údañco vṛishākape gṛihám indrā́jagantana | kvà syá pulvaghó mṛigáḥ kám agañ janayópano víṣvasmād índra úttaraḥ || 22 || párṣur ha nā́ma mānaví sākáṃ sasūva viñṣatím | bhadrám bhala tyásyā abhūd yásyā udáram ā́mayad víṣvasmād índra úttaraḥ || 23 || 4 ||

87.

Rakshoháṇaṃ vājínam ā́ jigharmi mitrám práthishṭham úpa yāmi ṣárma | ṣíṣāno agníḥ krátubhiḥ sámiddhaḥ sá no dívā sa risháḥ pātu náktam || 1 || áyodañshṭro arcíshā yātudhā́nān úpa spṛiṣa jātavedaḥ sámiddhaḥ | ā́ jihváyā mū́radevān rabhasva kravyā́do vṛiktvy ápi dhatsvāsán || 2 ||

86, 16 sáḥ īse. sáḥ ít. ni-sedúshaḥ vi-jṛímbhate. 17 galita *durchweg*. 18 édhasya á° ā́-citam. 19 vi-cā́kaṣat vi-cinván. pāka-sútvanaḥ. 20 vṛishākape á° ā́ ihi (21). 21 svapna-náñṣanaḥ á°. 22 indra á°. pulvagháḥ. jana-yópanaḥ. 23 tyásyai. — 87, 1 rakshaḥ-hánam. sám-iddhaḥ (2). sá no *etc.* 98, 2. 2 áyaḥ-dañshṭraḥ. yātu-dhā́nān. jāta-vedaḥ. mū́ra-devān. kravya-ádaḥ vṛiktví. dhatsva ā°.

ubhóbhayāvinn úpa dhehi dáṅshṭrā hiṅsráḥ síṣāanó 'varam páraṃ ca | utántárikshe pári yāhi rājañ jámbhaiḥ sáṃ dhehy abhí yātudhánān || 3 || yajñaír íshūḥ saṃnámamāno agne vācā́ ṣalyā́ñ aṣánibhir dihānáḥ | tábhir vidhya hṛídaye yātudhánān pratīcó bāhū́n práti bhaṅdhy eshām || 4 || ágne tvácaṃ yātudhánasya bhindhi hiṅsrā́ṣánir hárasā hantv enam | prá párvāṇi jātavedaḥ ṣṛiṇīhi kravyā́t kravishṇúr ví cinotu vṛikṇám || 5 || 5 ||

yátredā́nīm páṣyasi jātavedas tíshṭhantam agna utá vā cárantam | yád vāntárikshe pathíbhiḥ pátantaṃ tám ástā vidhya ṣárvā ṣíṣānaḥ || 6 || utálabdhaṃ spṛiṇuhi jātaveda ālebhānā́d ṛishṭíbhir yātudhánāt | ágne pū́rvo ní jahi ṣóṣucāna āmā́daḥ kshvíṅkās tám adantv énīḥ || 7 || ihá prá brūhi yatamáḥ só agne yó yātudháno yá idáṃ kṛiṇóti | tám ā́ rabhasva samídhā yavishṭha nṛicákshasaṣ cákshushe randhayainam || 8 || tīkshṇénāgne cákshushā raksha yajñám prā́ñcaṃ vásubhyaḥ prá ṇaya pracetaḥ | hiṅsráṃ rákshāṅsy abhí ṣóṣucānam mā́ tvā dabhan yātudhánā nṛicakshaḥ || 9 || nṛicákshā rákshaḥ pári paṣya vikshú tásya tríṇi práti ṣṛiṇīhy ágrā | tásyāgne pṛishṭír hárasā ṣṛiṇīhi tredhā́ mū́laṃ yātudhánasya vṛiṣca || 10 || 6 ||

trír yātudhánaḥ prásitiṃ ta etv ṛitáṃ yó agne ánṛitena hánti | tám arcíshā sphūrjáyañ jātavedaḥ samakshám enaṃ gṛiṇaté ní vṛiṅdhi || 11 || tád agne cákshuḥ práti dhehi rebhé ṣaphārújaṃ yéna páṣyasi yātudhánam | atharvaváj jyótishā daívyena satyáṃ dhū́rvantam acítaṃ ny òsha || 12 || yád

87, 3 ubhā́ u°. ṣiṣānah á°. utá a°. yātu-dhā́nān (4). 4 sam -námamānaḥ. 5 yātu-dhā́nasya (10). hiṅsrā́ a°. jāta-vedaḥ (6. 7. 11). kravya-át. 6 yátra i°. agne. vā a°. 7 utá ā́-labdham. ā -lebhānā́t. yātu-dhā́nāt. āma-ádaḥ. 8 yātu-dhánaḥ (11). sam-ídhā. nṛi-cákshasaḥ. randhaya e°. 9 tīkshṇéna a°. naya praceta *iti* pra -cetaḥ. yātu-dhā́nāḥ nṛi-cakshaḥ. 10 nṛi-cákshāḥ. tásya a°. 11 prá-sitim te. sam-akshám. 12 ṣapha-ārújam. yātu-dhánam atharva-vát. ṇí osha.

agne adyá mithuná ṣápāto yád vācás trishṭám janáyanta rebháḥ | manyór mánasaḥ ṣaravyà jáyate yá táyā vidhya hṛ́daye yātudhánān || 13 || párā ṣṛiṇīhi tápasā yātudhánān párāgne rákshho hárasā ṣṛiṇīhi | párārcíshā mū́radevāñ chṛiṇīhi párāsutṛ́po abhí ṣóṣucānaḥ || 14 || párādyá devá vṛijinám ṣṛiṇantu pratyág enaṃ ṣapáthā yantu trishṭáḥ | vācástenaṃ ṣárava ṛichantu márman víṣvasyaitu prásitiṃ yātudhánaḥ || 15 || 7 ||

yáḥ paúrusheyeṇa kravíshā samaṅkté yó áṣveyena paṣúnā yātudhánaḥ | yó aghnyáyā bhárati kshīrám agne téshāṃ ṣīrsháṇi hárasápi vṛiṣca || 16 || saṃvatsarīṇam páya usríyāyās tásya máṣīd yātudháno nṛicakshaḥ | pīyū́sham agne yatamás títṛipsāt tám pratyáñcam arcíshā vidhya márman || 17 || visháṃ gávāṃ yātudhánāḥ pibantv á vṛiṣcyantām áditaye durévāḥ | párainān deváḥ savitá dadātu párā bhāgám óshadhīnāṃ jayantām || 18 || sanád agne mṛiṇasi yātudhánān ná tvā rákshāṅsi pṛ́tanāsu jigyuḥ | ánu daha sahámūrān kravyádo má te hetyá mukshata daívyāyāḥ || 19 || tváṃ no agne adharád údaktāt tvám paṣcád utá rakshā purástāt | práti té te ajárāsas tápishṭhā aghásaṅsaṃ ṣóṣucato dahantu || 20 || 8 ||

paṣcát purástād adharád údaktāt kavíḥ kávyena pári pāhi rājan | sákhe sákhāyam ajáro jarimṇé 'gne mártāñ ámartyas tváṃ naḥ || 21 || pári tvāgne púraṃ vayáṃ vípraṃ sahasya dhīmahi | dhṛishádvarṇaṃ divé-dive hantáram bhaṅgurávatām || 22 || vishéṇa bhaṅgurávataḥ práti shma raksháso daha | ágne tigména ṣocíshā tápuragrābhir

87, 13 yātu-dhánān (14. 19). 14 párā agne. párā a° mūra-devān ṣ° párā asu-tṛ́ipaḥ. 15 párā a° deváḥ. ṣapáthāḥ. vācá-stenam. víṣvasya e° prá-sitim yātu-dhánaḥ (16. 17). 16 sam-aṅkté. aghnyáyāḥ. hárasā ápi. 17 má a°. nṛi-cakshaḥ. 18 yātu-dhánāḥ. duḥ-évāḥ párā e°. 19 sahá-mūrān kravya-ádaḥ. hetyáḥ. 20 raksha. aghá-ṣaṅsam. 21 ágne. 22 tvā a°. dhṛishát-varṇam. bhaṅgurá-vatām. 23 bhaṅgurá-vataḥ. sma. tápuḥ-agrābhiḥ.

ṛishṭíbhiḥ || 23 || práty agne mithuná daha yātudhā́nā kimīdínā | sáṃ tvā śiśāmi jāgṛihy ádabdhaṃ vipra mánmabhiḥ || 24 || práty agne hárasā háraḥ śṛiṇīhí viśvátaḥ práti | yātudhā́nasya rakshváso bálaṃ ví ruja vīryàm || 25 || 9 ||

88.

Havísh pā́ntam ajáraṃ svarvídi divispṛíśy ā́hutaṃ júshṭam agnaú | tásya bhármaṇe bhúvanāya devā́ dhármaṇe káṃ svadháyā paprathanta || 1 || gīrṇám bhúvanaṃ támasā́pagūḷham āvíḥ svàr abhavaj jātó agnaú | tásya deváḥ pṛithiví dyaúr utā́pó 'raṇayann óshadhīḥ sakhyé asya || 2 || devébhir nv ìshitó yajñíyebhir agníṃ stoshāṇy ajáram bṛihántam | yó bhānúnā pṛithivíṃ dyā́m utémā́m ātatā́na ródasī antáriksham || 3 || yó hótā́sīt prathamó devájushṭo yáṃ samā́ñjann ā́jyenā vṛiṇānā́ḥ | sá patatrìtvarā́ṃ sthā́ jágad yác chvātrám agnír akṛiṇoj jātávedāḥ || 4 || yáj jātavedo bhúvanasya mūrdhánn átishṭho agne sahá rocanéna | táṃ tvāhema matíbhir gīrbhír ukthaíḥ sá yajñíyo abhavo rodasiprā́ḥ || 5 || 10 ||

mūrdhā́ bhuvó bhavati náktam agnís tátaḥ sū́ryo jāyate prātár udyán | māyā́m ū tú yajñíyānām etā́m ápo yát tū́rṇiś cárati prajānán || 6 || dṛiśényo yó mahinā́ sámiddhó 'rocata divíyonir vibhā́vā | tásminn agnaú sūktavākéna devā́ havír víśva ā́juhavus tanūpā́ḥ || 7 || sūktavākám prathamám ā́d íd agním ā́d íd dhavír ajanayanta devā́ḥ | sá eshāṃ yajñó abhavat tanūpā́s táṃ dyaúr veda tám pṛithiví tám ā́paḥ || 8 || yáṃ devā́só 'janayantāgníṃ yásminn ā́juhavur

87, 24 yātu-dhā́nā. jāgṛihí. 25 yātu-dhā́nasya. — 88, 1 havíḥ. svaḥ-vídi divi-spṛíśi ā́-hutam. devā́ḥ. 2 támasā ápa-gūḷham. abhavat. utá ā́paḥ á°. 3 nú i°. utá i° ā-tatā́na ródasī *iti*. 4 hótā ā́°. devá-jushṭaḥ. sam-ā́ñjan ā́jyena. papatrí i° sthā́ḥ. yát ś°. akṛiṇot jātá-vedāḥ. 5 yát jāta-vedaḥ. tvā a°. rodasi-prā́ḥ. 6 ut-yán. ūṁ *iti*. pra-jānán. 7 sám-iddhaḥ á° diví-yoniḥ. sūkta-vākéna devā́ḥ. víśve ā́ a° tanū-pā́ḥ (8). 8 sūkta-vākám. havíḥ. 9 devā́saḥ ā́janayanta a°. ā́ á°.

bhúvanāni víṣvā | só arcíshā pṛithivíṃ dyā́m utémā́m ṛijū-
yámāno atapan mahitvā́ || 9 || stómena hí diví deváso agním
ájījanañ cháktibhī rodasiprā́m | tám ū akṛiṇvan tredhā́ bhuvé
kám sá óshadhīḥ pacati viṣvárūpāḥ || 10 || 11 ||

yadéd enam ádadhur yajñíyāso diví deváḥ sū́ryam ādi-
teyám | yadā́ carishṇū́ mithunā́v ábhūtām ā́d ít prápaṣyan
bhúvanāni víṣvā || 11 || víṣvasmā agním bhúvanāya devā́
vaiṣvānarám ketúm áhnām akṛiṇvan | ā́ yás tatā́nosháso vi-
bhātī́r ápo ūrṇoti támo arcíshā yán || 12 || vaiṣvānarám ka-
váyo yajñíyāso 'gníṃ devā́ ajanayann ajuryám | nákshatram
pratnám áminac carishṇú yakshásyā́dhyaksham tavishám
bṛihántam || 13 || vaiṣvānarám viṣváhā dīdivā́ṅsam mántrair
agním kavím áchā vadāmaḥ | yó mahimnā́ paribabhū́vorví
utā́vástād utá deváḥ parástāt || 14 || dvé srutí aṣṛiṇavam pi-
tṝṇā́m ahám devā́nām utá mártyānām | tā́bhyām idám víṣ-
vam éjat sám eti yád antarā́ pitáram mātáram ca || 15 || 12 ||

dvé samīcī́ bibhṛitaṣ cárantam ṣīrsható jātám mánasā
vímṛishṭam | sá pratyáñ víṣvā bhúvanāni tasthāv áprayu-
chan taráṇir bhrā́jamānaḥ || 16 || yátrā vádete ávaraḥ páraṣ
ca yajñanyòḥ kataró nau ví veda | ā́ ṣekur ít sadhamā́dam
sákhāyo nákshanta yajñám ká idám ví vocat || 17 || káty
agnáyaḥ káti sū́ryāsaḥ káty ushā́saḥ káty u svid ā́paḥ | nó-
paspíjam vaḥ pitaro vadāmi pṛichā́mi vaḥ kavayo vidmáne
kám || 18 || yāvanmātrám usháso ná prátīkam suparṇyò vá-
sate mātariṣvaḥ | tā́vad dadhāty úpa yajñám āyán brāh-
maṇó hótur ávaro nishī́dan || 19 || 13 ||

88, 9 p. d. u. III, 32, 8. ṛiju-yámānaḥ atapat. 10 sákti-bhiḥ rodasi-prā́m. ū́m *iti*. viṣvá-rūpāḥ. 11 yadā́ ít. carishṇū́ *iti*. prá a°. 12 víṣvasmai. devā́ḥ. tatā́na u° vi-bhātī́ḥ ápo *iti*. 13 áminat. yakshásya ádhi-aksham. 14 ácha. pari-babhū́va urví *iti* utá a°. 15 dvé *iti* srutí *iti*. 16 dvé *iti* samīcí *iti* sam-īcí. ví-mṛishṭam. ápra-yuchan. 17 yátra vádete *iti*. yajña-nyòḥ. sadha-mā́dam. 18 ushásaḥ. ná upa-spíjam. 19 yāvat-mātrám. su-parṇyàḥ. ā-yán. ni-sī́dan.

89.

Índram stavā nṛítamam yásya mahná vibabādhé rocaná ví jmó ántān | á yáḥ papraú carshaṇīdhṛíd várobhiḥ prá síndhubhyo riricānó mahitvá || 1 || sá sū́ryaḥ páry urū́ várāṅsy éndro vavṛityād ráthyeva cakrá | átishṭhantam apasyàm ná sárgam kṛishṇá támāṅsi twíshyā jaghāna || 2 || samānám asmā ánapāvṛid arca kshmayá divó ásamam bráhma návyam | ví yáḥ pṛishṭhéva jánimāny aryá índraç cikáya ná sákhāyam īshé || 3 || índrāya gíro ániçitasargā apáḥ prérayam ságarasya budhnát | yó áksheṇeva cakríyā çácībhir víshvak tastámbha pṛithivím utá dyám || 4 || ápāntamanyus tṛipálaprabharmā dhúniḥ çímīvāñ chárumāñ ṛijīshí | sómo víçvāny atasá vánāni nárvág índram pratimánāni debhuḥ || 5 || 14 ||

ná yásya dyávāpṛithiví ná dhánva nántárikshaṃ nádrayaḥ sómo akshāḥ | yád asya manyúr adhinīyámānaḥ çṛiṇáti vīḷú rujáti sthiráṇi || 6 || jaghána vṛitrám svádhitir váneva rurója púro áradan ná síndhūn | bibhéda girím návam ín ná kumbhám á gá índro akṛiṇuta svayúgbhiḥ || 7 || tvám ha tyád ṛiṇayá indra dhíro 'sír ná párva vṛijiná çṛiṇāsi | prá yé mitrásya váruṇasya dháma yújam ná jánā minánti mitrám || 8 || prá yé mitrám práryamáṇam durévāḥ prá saṃgíraḥ prá váruṇam minánti | ny àmítreshu vadhám indra túmram vṛíshan vṛíshāṇam arushám çiçīhi || 9 || índro divá índra īçe pṛithivyá índro apám índra ít párvatānām | índro vṛidhám índra ín médhirāṇām índraḥ kshéme yóge hávya índraḥ || 10 || 15 ||

89, 1 stava. vi-babādhé. carshaṇi-dhṛít. 2 urú. á í°. ráthyā -iva. 3 asmai ánapa-vṛit. pṛishṭhá-iva. 4 ániçita-sargāḥ. prá í°. áksheṇa-iva. 5 ápānta-manyuḥ tṛipála-prabharmā. sáru-mān. ná a°. prati-mánāni. 6 dyávāpṛithiví *iti*. ná a° ná á°. akshār *iti*. adhi-nīyámānaḥ. 7 svá-dhitiḥ vánā-iva. áradat. ít. svayúk-bhiḥ. 8 ṛiṇa-yáḥ. jánāḥ. 9 prá a° duḥ-évāḥ. sam-gíraḥ. ní a°. 10 ít.

práktúbhya índraḥ prá vṛidhó áhabhyaḥ prántárikshāt prá samudrásya dhāséḥ | prá vátasya práthasaḥ prá jmó ántāt prá síndhubhyo ririce prá kshitíbhyaḥ || 11 || prá ṣóṣucatyā usháso ná ketúr asinvá te vartatām indra hetíḥ | áṣmeva vidhya divá á sṛijānás tápishṭhena héshasā drógha-mitrān || 12 || ánv áha másā ánv íd vánāny ánv óshadhīr ánu párvatāsaḥ | ánv índraṃ ródasī vāvaṣāné. ánv ápo ajihata jáyamānam || 13 || kárhi svit sá ta indra cetyásad aghásya yád bhinádo ráksha éshat | mitrakrúvo yác chásane ná gávaḥ pṛithivyá āpṛíg amuyá ṣáyante || 14 || ṣatrūyánto abhí yé nas tatasré máhi vrádhanta oganása indra | andhénāmítrās támasā sacantāṃ sujyotísho aktávas táñ abhí shyuḥ || 15 || purúṇi hí tvā sávanā jánānām bráhmāṇi mándan gṛiṇatám ṛíshīṇām | imám āghóshann ávasā sáhūtiṃ tiró víṣvāñ árcato yāhy arváñ || 16 || evá te vayám indra bhuñjatīnáṃ vidyáma sumatīnáṃ návānām | vidyáma vástor ávasā gṛiṇánto viṣvámitrā utá ta indra nūnám || 17 || ṣunáṃ huvema maghávānam — || 18 || 16 ||

90.

Sahásraṣīrshā púrushaḥ sahasrākshháḥ sahásrapāt | sá bhúmiṃ viṣváto vṛitváty atishṭhad daṣāñgulám || 1 || púrusha evédáṃ sárvaṃ yád bhūtáṃ yác ca bhávyam | utámṛitatvásyéṣāno yád ánnenātiróhati || 2 || etávān asya mahimáto jyáyāñṣ ca púrushaḥ | pádo 'sya víṣvā bhūtáni tripád asyāmṛítaṃ diví || 3 || tripád ūrdhvá úd ait púrushaḥ

89, 11 prá a°. prá a°. 12 áṣmā-iva. drógha-mitrān. 13 ródasī *iti* vāvaṣāné *iti*. 14 te. cetyá a°. ā-íshat mitra-krúvaḥ yát ṣ°. ā-pṛík. 15 ṣatru-yántaḥ. andhéna a°. su-jyotíshaḥ. syur *iti* syuḥ. 16 ā-ghóshan. sá-hūtim. 17 evá. su-matīnám. v. v. á. g. 177, 5. utá *etc.* VI, 25, 9. 17 = III, 30, 22. — 90, 1 sahásra-ṣīrshā. sahasra-aksháḥ sahásra-pāt. vṛitvá áti. daṣa-añgulám. 2 evá i°. yát ca. utá amṛita-tvásya ī°. ánnena ati-róhati. 3 mahimá á°. púrushaḥ. tri-pát asya a°. 4 tri-pát.

pádo 'syehábhavat púnaḥ | táto víshvañ vy àkrāmat sāṣanānaṣané abhí || 4 || tásmād virā́ḷ ajāyata virā́jo ádhi pū́rushaḥ | sá jātó áty aricyata paṣcā́d bhū́mim átho puráḥ || 5 || 17 ||

yát púrusheṇa havíshā devā́ yajñám átanvata | vasantó asyāsīd ā́jyaṃ grīshmá idhmáḥ ṣarád dhavíḥ || 6 || táṃ yajñám barhíshi praúkshan púrushaṃ jātám agratáḥ | téna devā́ ayajanta sādhyā́ ṛíshayaṣ ca yé || 7 || tásmād yajñā́t sarvahútaḥ sámbhṛitam pṛishadājyám | paṣū́n tā́ṅṣ cakre vāyavyā̀n āraṇyā́n grāmyā́ṣ ca yé || 8 || tásmād yajñā́t sarvahúta ṛ́icaḥ sā́māni jajñire | chándāṅsi jajñire tásmād yájus tásmād ajāyata || 9 || tásmād áṣvā ajāyanta yé ké cobhayā́dataḥ | gā́vo ha jajñire tásmāt tásmāj jātā́ ajāváyaḥ || 10 || 18 ||

yát púrushaṃ vy ádadhuḥ katidhā́ vy àkalpayan | múkhaṃ kím asya kaú bāhū́ kā́ ūrū́ pā́dā ucyete || 11 || brāhmaṇò 'sya múkham āsīd bāhū́ rājanyàḥ kṛitáḥ | ūrū́ tád asya yád vaíṣyaḥ padbhyā́ṃ ṣūdró ajāyata || 12 || candrámā mánaso jātáṣ cákshoḥ sū́ryo ajāyata | múkhād índraṣ cāgníṣ ca prāṇā́d vāyúr ajāyata || 13 || nā́bhyā āsīd antárikshaṃ ṣīrshṇó dyaúḥ sám avartata | padbhyā́m bhū́mir díṣaḥ ṣrótrāt táthā lokā́ṅ akalpayan || 14 || saptā́syāsan paridháyas tríḥ saptá samídhaḥ kṛitā́ḥ | devā́ yád yajñáṃ tanvānā́ ábadhnan púrushaṃ paṣúm || 15 || yajñéna yajñám ayajanta devā́s tā́ni dhármāṇi prathamā́ny āsan | té ha nā́kam mahimā́naḥ sacanta yátra pū́rve sādhyā́ḥ sánti devā́ḥ || 16 || 19 ||

Saptamo 'nuvākaḥ.

90, 4 asya ihá a° púnar *iti*. ví a° sāṣanānaṣané *iti*. 5 vi-rā́ṭ. vi-rā́jaḥ. púrushaḥ. átho *iti*. 6 devā́ḥ. asya ā°. havíḥ. 7 prá au°. 8 sarva-hútaḥ sám-bhṛitam pṛishat-ājyám. 10 ca ubhayā́dataḥ. tásmāt j° ajāváyaḥ. 11 ví. ví a°. bāhū́ *iti* (12) kaú ūrū́ *iti* (12) pā́dau ucyete *iti*. 12 brāhmaṇáḥ a°. 13 candrámāḥ. ca a°. 15 saptá asya ā° pari-dháyaḥ. sam-ídhaḥ. devā́ḥ. 16 = 164, 50. *Im pada wiederholt.*

91.

Sáṃ jāgṛivádbhir járamāṇa idhyate dáme dámūnā isháyann iḷás padé | víṣvasya hótā havísho váreṇyo vibhúr vibhávā susházkhā sakhīyaté || 1 || sá darṣataṣrír átithir gṛihé-gṛihe váne-vane ṣiṣriye takvavír iva | jánaṃ-janaṃ jányo náti manyate víṣa á ksheti viṣyò víṣaṃ-viṣam || 2 || sudáksho dákshaiḥ krátunāsi sukrátur ágne kavíḥ kávyenāsi viṣvavít | vásur vásūnāṃ kshayasi tvám éka íd dyávā ca yáni pṛithiví ca púshyataḥ || 3 || prajānánn agne táva yónim ṛitvíyam íḷāyās padé ghṛitávantam ásadaḥ | á te cikitra ushásām ivétayo 'repásaḥ sū́ryasyeva raṣmáyaḥ || 4 || táva ṣríyo varshyàsyeva vidyútaṣ citráṣ cikitra ushásāṃ ná ketávaḥ | yád óshadhīr abhísṛishṭo vánāni ca pári svayáṃ cinushé ánnam āsyè || 5 || 20 ||

tám óshadhīr dadhire gárbham ṛitvíyaṃ tám ápo agníṃ janayanta mātáraḥ | tám ít samānáṃ vanínaṣ ca vīrúdho 'ntárvatīṣ ca súvate ca viṣváhā || 6 || vátopadhūta ishitó váṣāñ ánu tṛishú yád ánnā vévishad vitíshṭhase | á te yatante rathyò yáthā pṛíthak chárdhāṅsy agne ajárāṇi dhákshataḥ || 7 || medhākāráṃ vidáthasya prasádhanam agníṃ hótāram paribhū́tamam matím | tám íd árbhe havíshy á samānám ít tám ín mahé vṛiṇate nányáṃ tvát || 8 || tvám íd átra vṛiṇate tvāyávo hótāram agne vidátheshu vedhásaḥ | yád devayánto dádhati práyāṅsi te havíshmanto mánavo vṛiktábarhishaḥ || 9 || távāgne hotráṃ táva potrám ṛitvíyaṃ táva

91, 1 vi-bhúḥ. su-sákhā sakhi-yaté. 2 darṣata-ṣríḥ. takvavíḥ-iva. ná áti. 3 su-dákshaḥ. krátunā asi su-krátuḥ. kávyena asi viṣva-vít. pṛithiví *iti*. 4 pra-jānán. á a°. cikitre ushásam-iva é°. sū́ryasya-iva. 5 varshyàsya-iva vi-dyútaḥ. cikitre. abhí-sṛishṭaḥ. 6 ṣárdhāṅsi. 7 váta-upadhūtaḥ. vi-tíshṭhase. 8 medhā-kārám. pra-sádhanam. pari-bhū́tamam. ít. ná a°. 9 vṛiktá-barhishaḥ. 10 = II, 1, 2.

neshṭrám tvám agníd ṛitāyatáḥ | táva praṣāstrám tvám adhvarīyasi brahmā́ cási grihápatiṣ ca no dáme || 10 || 21 ||

yás túbhyam agne amṛ́tāya mártyaḥ samídhā dā́ṣad utá vā havíshkṛiti | tásya hótā bhavasi yā́si dūtyàm úpa brūshe yā́jasy adhvarīyā́si || 11 || imā́ asmai matáyo vā́co asmád ā́n ṛ́co gíraḥ sushṭutáyaḥ sám agmata | vasūyávo vásave jātávedase vṛiddhā́su cid várdhano yā́su cākánat || 12 || imám pratnā́ya sushṭutím návīyasīm vocéyam asmā uṣaté ṣṛiṇótu naḥ | bhūyā́ ántarā hṛidy àsya nispṛ́ṣe jāyéva pátya uṣatī́ suvā́sāḥ || 13 || yásminn ā́ṣvāsa ṛishabhā́sa ukshā́ṇo vaṣā́ meshā́ avasṛishṭā́sa ā́hutāḥ | kīlālapé sómapṛishṭhāya vedháse hṛidā́ matím janaye cā́rum agnáye || 14 || ā́hāvy agne havír āsyè te srucī̀va ghṛitám camvī̀va sómaḥ | vājasánim rayím asmé suvī́ram praṣastám dhehi yaṣásam bṛihántam || 15 || 22 ||

92.

Yajñásya vo rathyàm viṣpátim viṣā́m hótāram aktór átithim vibhā́vasum | ṣócañ chúshkāsu háriṇīshu járbhurad vṛ́ishā ketúr yajató dyā́m aṣāyata || 1 || imám añjaspā́m ubháye akṛiṇvata dharmā́ṇam agním vidáthasya sā́dhanam | aktúm ná yahvám ushásaḥ puróhitam tánūnápātam arushásya niṅsate || 2 || bā́ḷ asya nīthā́ ví paṇéṣ ca manmahe vayā́ asya práhutā āsur áttave | yadā́ ghorā́so amṛitatvám ā́ṣatā́d íj jánasya daívyasya carkiran || 3 || ṛitásya hí prásitir dyaúr urú vyáco námo mahy àrámatiḥ pánīyasī | índro

91, 11 y. t. a. a. IV, 42, 9. sam-ídhā. havíḥ-kṛiti. adhvari-yási. 12 ā́. su-stutáyaḥ. vasu-yávaḥ. jātá-vedase. 13 su-stutím. asmai. hṛidí a° ni-spṛ́ṣe. jāyéva *etc.* 124, 7. 14 vaṣā́ḥ. ava-sṛishṭā́saḥ ā́-hutāḥ kīlāla-pé sóma-pṛishṭhāya. 15 srucí-iva. camvì-iva. vāja-sánim. asmé *iti* su-vī́ram pra-ṣastám. — 92, 1 vibhā́-vasum. ṣúshkāsu. 2 añjaḥ-pā́m. puráḥ-hitam tánū-nápātam. 3 prá-hutāḥ. ā́ṣata ā́t ít. 4 prá-sitiḥ. mahí a°.

mitró váruṇaḥ sám̐ cikitriré 'tho bhágaḥ savitā́ pūtádakshasaḥ || 4 || prá rudréṇa yayínā yanti síndhavas tiró mahī́m arámatim̐ dadhanvire | yébhiḥ párijmā pariyánn urú jráyo ví róruvaj jaṭháre víṣvam ukshánte || 5 || 23 ||

krāṇā́ rudrā́ marúto viṣvákṛishṭayo diváḥ ṣyenā́so ásurasya nīḷā́yaḥ | tébhiṣ cashṭe váruṇo mitró aryaméndro devébhir arvaṣébhir árvaṣaḥ || 6 || índre bhújam̐ ṣaṣamānā́sa āṣata sū́ro dṛíṣīke vṛíshaṇaṣ ca paúṅsye | prá yé nv àsyārhā́ṇā tatakshiré yújam̐ vájram̐ nṛishádaneshu kārā́vaḥ || 7 || sū́raṣ cid ā́ haríto asya rīramad índrād ā́ káṣ cid bhayate távīyasaḥ | bhīmásya vṛíshṇo jaṭhárād abhiṣváso divé-dive sáhuri stann ábādhitaḥ || 8 || stómam̐ vo adyá rudrā́ya ṣíkvase kshayádvīrāya námasā didishṭana | yébhiḥ ṣiváḥ svávāñ evayā́vabhir diváḥ síshakti sváyaṣā níkāmabhiḥ || 9 || té hí prajā́yā ábharanta ví ṣrávo bṛíhaspátir vṛishabháḥ sómajāmayaḥ | yajñaír átharvā prathamó ví dhārayad devā́ dákshair bhṛígavaḥ sám̐ cikitrire || 10 || 24 ||

té hí dyā́vāpṛithiví bhū́riretasā nárāṣáṅsaṣ cáturaṅgo yamó 'ditiḥ | devás tváshṭā draviṇodā́ ṛibhukshā́ṇaḥ prá rodasí marúto víshṇur arhire || 11 || utá syá na uṣíjām urviyā́ kavír áhiḥ ṣṛiṇotu budhnyò hávīmani | sū́ryāmā́sā vicárantā divikshítā dhiyā́ ṣamīnahushī asyá bodhatam || 12 || prá naḥ pūshā́ carátham̐ viṣvádevyo 'pā́m̐ nápād avatu vāyúr ishṭáye | ātmā́nam̐ vásyo abhí vā́tam arcata tád aṣvinā suhavā yā́mani ṣrutam || 13 || viṣā́m āsā́m ábhayānām adhikshítam̐ gīrbhír u sváyaṣasam̐ gṛiṇīmasi | gnā́bhir

92, 4 cikitrire átho *iti.* pūtá-dakshasaḥ. 5 pári-jmā pari-yán. róruvat. 6 krāṇā́ḥ rudrā́ḥ. viṣvá-kṛishṭayaḥ. aryamā́ í°. 7 nú asya a°. nṛi-sádaneshu. 8 abhi-ṣvásaḥ. sáhuriḥ. 9 kshayát-vīrāya. svá-vān evayā́va-bhiḥ. sísakti svá-yaṣāḥ níkāma-bhiḥ. 10 pra-jā́yāḥ. sóma-jāmayaḥ. y. a. pr. 83, 5. devā́ḥ. 11 t. h. d. 160, 1. bhū́ri-retasā. cátuḥ-aṅgaḥ. áditiḥ. draviṇaḥ-dā́ḥ. rodasí *iti.* 12 vi-cárantā divi-kshítā. ṣamīnahushī *iti.* 13 viṣvá-devyaḥ. su-havā. 14 adhi-kshítam. svá-yaṣasam.

víṣvābhir áditim anarvánam aktór yúvānam nṛimáṇā ádhā pátim || 14 || rébhad átra janúshā pū́rvo áṅgirā grávāṇa ūrdhvá abhí cakshur adhvarám | yébhir víhāyā ábhavad vicakshaṇáḥ páthaḥ sumékam svádhitir vánanvati || 15 || 25 ||

93.

Máhi dyāvāpṛithivī bhūtam urví nárī yahví ná ródasī sádam naḥ | tébhir naḥ pātam sáhyasa ebhír naḥ pātam ṣūsháṇi || 1 || yajñé-yajñe sá mártyo devā́n saparyati | yáḥ sumnaír dīrghaṣrúttama āvívāsaty enān || 2 || víṣveshām irajyavo devā́nām vā́r maháḥ | víṣve hí viṣvámahaso víṣve yajñéshu yajñíyāḥ || 3 || té ghā rā́jāno amṛítasya mandrā́ aryamā́ mitró váruṇaḥ párijmā | kád rudró nṛiṇā́m stutó marútaḥ pūsháṇo bhágaḥ || 4 || utá no náktam apā́m vṛishaṇvasū sū́ryāmā́sā sádanāya sadhanyā̀ | sácā yát sā́dy eshām áhir budhnéshu budhnyàḥ || 5 || 26 ||

utá no devā́v aṣvínā ṣubhás pátī dhā́mabhir mitrā́váruṇā urushyatām | maháḥ sá rāyá éshaté 'ti dhánveva duritā́ || 6 || utá no rudrā́ cin mṛiḷatām aṣvínā víṣve deváso ráthaspátir bhágaḥ | ṛibhúr vā́ja ṛibhukshaṇaḥ párijmā viṣvavedasaḥ || 7 || ṛibhúr ṛibhukshā́ ṛibhúr vidható máda ā́ te hárī jūjuvānásya vājínā | dushṭáram yásya sā́ma cid ṛídhag yajñó ná mā́nushaḥ || 8 || kṛidhí no áhrayo deva savitaḥ sá ca stushe maghónām | sahó na índro váhnibhir ny èshām carshaṇīnā́m cakrám raṣmím ná yoyuve || 9 || aíshu dyāvāpṛithivī dhātam mahád asmé vīréshu viṣvácarshaṇi ṣrá-

. 92, 14 nṛi-mánāḥ ádha. 15 áṅgirāḥ. ví-hāyāḥ. vi-cakshaṇáḥ. su-mékam svádhitiḥ vánan-vati. — 93, 1 dyāvāpṛithiví iti (10). urví iti nā́rī iti yahví iti. ródasī iti. 2 dīrghaṣrút-tamaḥ ā-vívāsati. 3 viṣvá-mahasaḥ. 4 gha. pári-jmā (7). 5 vṛishaṇvasū iti vṛishaṇ-vasū. sa-dhanyā̀. 6 pátī iti. mitrā́váruṇau. m. s. r. éshate 149, 1. áti dhánva-iva duḥ-itā́. 7 cit. ráthaḥpátiḥ. viṣva-vedasaḥ. 8 hári iti. dustáram. 9 kṛidhí. savitar iti. sahó iti. ní e°. 10 ā́ eshu. asmé iti. viṣvá-carshaṇi.

vaḥ | prikshám vájasya sātáye prikshám rāyótá turváṇe || 10 || 27 ||

etáṃ śáṅsam indrāsmayúsh ṭváṃ kūcit sántaṃ sahasāvann abhíshṭaye sádā pāhy abhíshṭaye | medátāṃ vedátā vaso || 11 || etám me stómaṃ taná ná sūrye dyutádyāmānáṃ vāvṛidhanta nṛiṇám | saṃvánanaṃ náśvyaṃ táshṭevánapacyutam || 12 || vāvárta yéshāṃ rāyá yuktaíshāṃ hiraṇyáyī | nemádhitā ná paúṅsyā vrítheva vishṭántā || 13 || prá tád duḥśíme príthavāne vené prá rāmé vocam ásure maghávatsu | yé yuktvā́ya páñca śatásmayú pathá viśrávy eshām || 14 || ádhīn nv átra saptatíṃ ca saptá ca | sadyó didishṭa tā́nvaḥ sadyó didishṭa pārthyáḥ sadyó didishṭa māyaváḥ || 15 || 28 ||

94.

Praíté vadantu prá vayáṃ vadāma grā́vabhyo vā́caṃ vadatā vádadbhyaḥ | yád adrayaḥ parvatāḥ sākám āśávaḥ ślókaṃ ghósham bhárathéndrāya somínaḥ || 1 || eté vadanti śatávat sahásravad abhí krandanti háritebhir āsábhiḥ | vishṭví grā́vāṇaḥ sukrítaḥ sukrityáyā hótuś cit pū́rve havirádyam āśata || 2 || eté vadanty ávidann anā́ mádhu ny ū̃khayante ádhi pakvá ámishi | vrikshásya śā́khām aruṇásya bápsatas té sū́bharvā vṛishabhā́ḥ prém arāvishuḥ || 3 || bṛihád vadanti madiréṇa mandínéndraṃ króśanto 'vidann anā́ mádhu | saṃrábhyā dhī́rāḥ svásṛibhir anartishur āghosháyantaḥ pṛithivím upabdíbhiḥ || 4 || suparṇā́ vā́cam

---

93, 10 rāyā́ utá. 11 indra asma-yúḥ tvám. vaso *iti*. 12 dyutát-yāmānam va°. sam-vánanam ná á° táshṭā-iva ánapa-cyutam. 13 vavárta. yuktā́ e°. nemá-dhitā. vrithā-iva vishṭá-antā. 14 duḥ-śíme. śatā́ a°. vi-śrā́vi. 15 ádhi ít nú. — 94, 1 prá eté. vadata. bhāratha í°. 2 su-kṛítaḥ su-kṛityáyā. haviḥ-ádyam. 3 ní ū°. pakvé. sū́bharvāḥ. prá īm. 4 mandínā í°. sam-rábhya. ā-ghosháyantaḥ. 5 su-parṇā́ḥ.

akratópa dyávy ākharé kríshṇā ishirá anartishuḥ | nyàñ ní yanty úparasya nishkṛitám purú réto dadhire sūryaṣvítaḥ || 5 || 29 ||

ugrá iva pravá́hantaḥ samá́yamuḥ sākám̐ yuktá́ vrí́shaṇo bíbhrato dhúraḥ | yác chvasánto jagrasāná́ árāvishuḥ ṣriṇvá́ eshām prothátho árvatām iva || 6 || dáṣāvanibhyo dáṣakakshyebhyo dáṣayoktrebhyo dáṣayojanebhyaḥ | dáṣābhīṣubhyo arcatājárebhyo dáṣa dhúro dáṣa yuktá́ váhadbhyaḥ || 7 || té ádrayo dáṣayantrāsa āṣávas téshām ādhá́nam páry eti haryatám | tá́ ū sutásya somyásyándhaso 'ṅṣóḥ pīyúsham prathamásya bhejire || 8 || té somádo hárī índrasya niṅsate 'ṅṣúm̐ duhánto ádhy āsate gávi | tébhir dugdhám papiván somyám mádhv índro vardhate práthate vṛishāyáte || 9 || vríshā vo aṅṣúr ná kílā rishāthanélāvantaḥ sádam ít sthanáṣitāḥ | raivatyéva máhasā cá́rava sthana yásya grāvāṇo ájushadhvam adhvarám || 10 || 30 ||

tṛidilá́ átṛidilāso ádrayo 'ṣramaṇá́ áṣṛithitā ámṛityavaḥ | anāturá́ ajárā sthámavishṇavaḥ supīváso átṛishitā átṛishṇajaḥ || 11 || dhruvá́ evá́ vaḥ pitáro yugé-yuge kshémakāmāsaḥ sádaso ná yuñjate | ajuryáso harisháco harídrava á́ dyá́m̐ rávena pṛithivím aṣuṣravuḥ || 12 || tád íd vadanty ádrayo vimócane yá́mann añjaspá́ iva ghéd upabdíbhiḥ | vápanto bíjam iva dhānyākrítaḥ pṛiñcánti sómam̐ ná minanti bápsataḥ || 13 || suté adhvaré ádhi vá́cam akratá́ krī-

94, 5 akrata úpa. ā-kharé. nyàk. niḥ-kṛitám purú. sūrya-ṣvítaḥ. 6 pra-váhantaḥ sam-á́yamuḥ. yuktá́ḥ. yát ṣ°. ṣriṇvé. 7 dáṣāvani-bhyaḥ dáṣa-kakshyebhyaḥ dáṣa-yoktrebhyaḥ dáṣa-yojanebhyaḥ dáṣābhīṣu-bhyaḥ arcata a°. yuktá́ḥ. 8 dáṣa-yantrāsaḥ. ā-dhá́nam. té ūm̐ *iti*. somyásya á°. 9 soma-ádaḥ hárī *iti*. vṛisha-yáte. 10 kíla rishāthana í°. sthana á́° raivatyá́-iva. cá́ravaḥ. 11 ajárāḥ stha á° su-pīvásaḥ. átṛishṇa-jaḥ. 12 kshéma-kāmāsaḥ. hari-sá́caḥ. 13 vi-mócane. añjaḥpá́ḥ-iva gha ít. dhānya-kṛítaḥ. 14 akrata á́.

ḷáyo ná mātáram tudántaḥ | ví shū́ muñcā sushuvúsho manīshā́m ví vartantām ádrayaṣ cā́yamānāḥ || 14 || 31 ||

Caturtho 'dhyāyaḥ.

95.

Hayé jā́ye mánasā tíshṭha ghore vácāṅsi miṣrā́ kriṇavāvahai nú | ná nau mántrā ánuditāsa eté máyas karan páratare canā́han || 1 || kím etā́ vācā́ kriṇavā távāhám prā́kramisham ushásām agriyéva | púrūravaḥ púnar ástam párehi durāpanā́ vā́ta ivāhám asmi || 2 || íshur ná ṣriyá ishudhér asanā́ goshā́ḥ ṣatasā́ ná ráṅhiḥ | avíre krátau ví davidyutan nórā ná māyúm citayanta dhúnayaḥ || 3 || sā́ vásu dádhatī ṣváṣurāya váya úsho yádi váshṭy ántigṛihāt | ástam nanakshe yásmiñ cākán dívā náktam ṣnathitā́ vaitaséna || 4 || tríḥ sma mā́hnaḥ ṣnathayo vaitasénotá sma mé 'vyatyai pṛiṇāsi | púrūravó 'nu te kétam āyam rā́jā me vīra tanvàs tád āsīḥ || 5 || 1 ||

yā́ sujūrṇíḥ ṣréṇiḥ sumnáāpir hradécakshur ná granthínī caraṇyúḥ | tā́ añjáyo 'ruṇáyo ná sasruḥ ṣriyé gávo ná dhenávo 'navanta || 6 || sám asmiñ jā́yamāna āsata gnā́ utém avardhan nadyàḥ svágūrtāḥ | mahé yát tvā purūravo ráṇāyā́vardhayan dasyuhátyāya devā́ḥ || 7 || sácā yád āsu jáhatīshv átkam ámānushīshu mā́nusho nishéve | ápa sma mát tarásantī ná bhujyús tā́ atrasan rathaspríṣo nā́ṣvāḥ || 8 || yád āsu márto amṛítāsu nispṛík sám kshoṇíbhiḥ krátubhir ná pṛiñkté | tā́ ātáyo ná tanvàḥ ṣumbhata svā́ áṣvāso ná

94, 14 sú muñca susu-vúshaḥ. — 95, 1 caná á°. 2 kṛiṇava táva a° prá a°. agriyā́-iva. párā ihi duḥ-āpanā́ vā́taḥ-iva a°. 3 ṣriyé ishu-dhéḥ. go-sā́ḥ ṣata-sā́ḥ. davidyutat ná úrā. 4 ánti-gṛihāt. 5 mā á°. vaitaséna utá. me á°. púrūravaḥ ánu. 6 su-jūrṇíḥ. sumné-āpiḥ hradé-cakshuḥ. 7 jā́yamāne. utá īm. svá-gūrtāḥ. ráṇāya á° dasyu-hátyāya. 8 ni-séve. ratha-spṛíṣaḥ ná á°. 9 ni-spṛík.

krīḷáyo dándaṣānāḥ ‖ 9 ‖ vidyún ná yā́ pátantī dávidyod bhárantī me ápyā kā́myāni | jánishṭo apó náryaḥ sújātaḥ prórvā́ṣī tirata dīrghám ā́yuḥ ‖ 10 ‖ 2 ‖

jajñishá itthā́ gopīthyā̀ya hí dadhā́tha tát purūravo ma ójaḥ | áṣāsaṃ tvā vidúshī sásminn áhan ná ma ā́ṣriṇoḥ kím abhúg vadāsi ‖ 11 ‖ kadā́ sūnúḥ pitáraṃ jātá ichāc cakrán nā́ṣru vartayad vijānán | kó dámpatī sámanasā ví yūyod ádha yád agníḥ ṣváṣureshu dídayat ‖ 12 ‖ práti bravāṇi vartáyate áṣru cakrán ná krandad ādhyè ṣivā́yai | prá tát te hinavā yát te asmé páreby ástaṃ nahí mūra mā́paḥ ‖ 13 ‖ sudevó adyá prapáted ánāvṛit parāvátam paramā́ṃ gántavā́ u | ádhā ṣáyīta nírṛiter upásthé 'dhainaṃ vṛ́kā rabhasā́so adyúḥ ‖ 14 ‖ púrūravo mā́ mṛithā mā́ prá papto mā́ tvā vṛ́kāso áṣivāsa u kshan | ná vaí straíṇāni sakhyā́ni santi sālāvṛikā́ṇāṃ hṛ́dayāny etā́ ‖ 15 ‖ 3 ‖

yád vírūpā́caram mártyeshv ávasaṃ rā́trīḥ ṣarádaṣ cátasraḥ | ghṛitásya stokáṃ sakṛ́d áhna āṣnāṃ tā́d evédáṃ tātṛipāṇā́ carāmi ‖ 16 ‖ antarikshaprā́ṃ rájaso vimā́nīm úpa ṣikshāmy urváṣīṃ vásishṭhaḥ | úpa tvā rātíḥ sukṛitásya tíshṭhān ní vartasva hṛ́dayaṃ tapyate me ‖ 17 ‖ íti tvā devā́ imá āhur aiḷa yáthem etád bhávasi mṛityúbandhuḥ | prajā́ te devā́n havíshā yajāti svargá u tvám ápi mādayāse ‖ 18 ‖ 4 ‖

96.

Prá te mahé vidáthe ṣaṅsishaṃ hárī prá te vanve vanúsho haryatáṃ mádaṃ | ghṛitáṃ ná yó háribhiṣ cā́ru

95, 10 vidyút. jánishṭo *iti*. sú-jātaḥ prá u°. 11 jajñishé. go-pīthyā̀ya. me. me ā́ a°. 12 ichā̄t. ná á°. vi-jānán. dámpatī *iti* dám-patī sá-manasā. 13 ā-dhyè. hinava. asmé *iti* párā ihi. mā ā́paḥ. 14 su-deváḥ. pra-pátet. gántavaí. ádha. níḥ-ṛiteḥ upá-sthe ádha e° vṛ́kāḥ. 15 mṛithāḥ. sālāvṛikā́ṇām. 16 ví-rūpā á°. evá idám ta°. 17 antariksha-prā́m. vi-mā́nīm. su-kṛitásya tíshṭhāt. 18 imé. yáthā īm. mṛityú-bandhuḥ pra-jā́. svaḥ-gé. — 96, 1 hárī *iti*.

sécata ā́ tvā viṣantu hárivarpasaṃ gíraḥ || 1 || hárim hí yónim abhí yé samásvaran hinvánto hárī divyáṃ yáthā sádaḥ | ā́ yáṃ pṛiṇánti háribhir ná dhenáva índrāya ṣūshám hárivantam arcata || 2 || só asya vájro hárito yá āyasó hárir níkāmo hárir ā́ gábhastyoḥ | dyumní suṣipró hárimanyusāyaka índre ní rūpā́ háritā mimikshire || 3 || diví ná ketúr ádhi dhāyi haryató vivyácad vájro hárito ná ráṅhyā | tudád áhiṃ háriṣipro yá āyasáḥ sahásraṣokā abhavad dharimbharáḥ || 4 || tváṃ-tvam aharyathā úpastutaḥ pū́rvebhir indra harikeṣa yájvabhiḥ | tváṃ haryasi táva víṣvam ukthyàm ásāmi rā́dho harijāta haryatám || 5 || 5 ||

tā́ vajríṇam mandínaṃ stómyam máda índraṃ ráthe vahato haryatā́ hárī | purū́ṇy asmai sávanāni háryata índrāya sómā hárayo dadhanvire || 6 || áraṃ kā́māya hárayo dadhanvire sthirā́ya hinvan hárayo hárī turā́ | árvadbhir yó háribhir jósham íyate só asya kā́mam hárivantam ānaṣe || 7 || háriṣmaṣārur hárikeṣa āyasás turaspéye yó haripā́ ávardhata | árvadbhir yó háribhir vājínīvasur áti víṣvā duritā́ pā́rishad dhárī || 8 || srúveva yásya háriṇī vipetátuḥ ṣípre vā́jāya háriṇī dávidhvataḥ | prá yát kṛité camasé mármṛijad dhárī pītvā́ mádasya haryatásyā́ndhasaḥ || 9 || utá sma sádma haryatásya pastyòr átyo ná vā́jaṃ hárivā̃ acikradat | mahí cid dhí dhishánā́haryad ójasā bṛihád váyo dadhishe haryatáṣ cid ā́ || 10 || 6 ||

ā́ ródasī háryamāṇo mahitvā́ návyaṃ-navyaṃ haryasi mánma nú priyám | prá pastyàm asura haryatáṃ gór āvísh kṛidhi háraye sū́ryāya || 11 || ā́ tvā haryántam prayújo já-

96, 1 sécate. hári-varpasam. 2 sam-ásvaran. hárī *iti* (6. 7). 3 ní-kāmaḥ. su-ṣipráḥ hárimanyu-sāyakaḥ. 4 hári-ṣipraḥ. sahásra-ṣokāḥ. harim-bharáḥ. 5 úpa-stutaḥ. hari-keṣa. hari-jāta. 6 máde. háryate. sómāḥ. 8 hári-ṣmaṣāruḥ hári-keṣaḥ. turaḥ-péye. hari-pā́ḥ. á. y. h. 7. vājínī-vasuḥ. duḥ-itā́. hárī *iti*. 9 srúvā-iva. háriṇī *iti* (2) vi-petáthuḥ ṣípre *iti*. hárī *iti*. haryatásya á°. 10 hí dhishánā á°. 11 ródasī *iti*. āvíḥ. 12 pra-yújaḥ.

nānām ráthe vahantu hárisipram indra | píbā yáthā prátibhṛitasya mádhvo háryan yajñám sadhamáde dásonim || 12 || ápāḥ pū́rveshām harivaḥ sutā́nām átho idám sávanam kévalam te | mamaddhí sómam mádhumantam indra satrá vṛishañ jaṭhára á vṛishasva || 13 || 7 ||

97.

Yá óshadhīḥ pū́rvā jātá devébhyas triyugám purá | mánai nú babhrū́ṇām ahám satám dhā́māni saptá ca || 1 || satám vo amba dhā́māni sahásram utá vo rúhaḥ | ádhā satakratvo yūyám imám me agadám kṛita || 2 || óshadhīḥ práti modadhvam púshpavatīḥ prasū́varīḥ | ásvā iva sajítvarīr vīrúdhaḥ pārayishṇvàḥ || 3 || óshadhīr íti mātaras tád vo devīr úpa bruve | sanéyam ásvam gā́m vā́sa ātmā́nam táva pūrusha || 4 || asvatthé vo nishádanam parṇé vo vasatísh kṛitá | gobhā́ja ít kílāsatha yát sanávatha pū́rusham || 5 || 8 ||

yátraúshadhīḥ samágmata rā́jānaḥ sámitāv iva | vípraḥ sá ucyate bhishág rakshohā́mīvacā́tanaḥ || 6 || asvāvatím somāvatím ūrjáyantīm údojasam | ā́vitsi sárvā óshadhīr asmá arishṭā́tātaye || 7 || úc chúshmā óshadhīnām gā́vo goshṭhā́d iverate | dhánam sanishyántīnām ātmā́nam táva pūrusha || 8 || íshkṛitir nā́ma vo mātā́tho yūyám stha níshkṛitīḥ | sīrā́ḥ patatríṇī sthana yád āmáyati nísh kṛitha || 9 || áti vísvāḥ parishṭhā́ stená iva vrajám akramuḥ | óshadhīḥ prā́cucyavur yát kím ca tanvò rápaḥ || 10 || 9 ||

96, 12 hári-sipram. píba. práti-bhṛitasya. sadha-mā́de dása-onim. 13 átho *iti*. jaṭháre. — 97, 1 pū́rvāḥ jātā́ḥ. tri-yugám. 2 ádha sata-kratvaḥ. 3 pra-sū́varīḥ. sa-jítvarīḥ. 4 purusha (8). 5 ni-sádanam. vasatíḥ. go-bhā́jaḥ. kíla a°. pū́rusham. 6 yátra ó° sam-ágmata. sā́mitau-iva. rakshaḥ-hā́ amīva-cā́tanaḥ. 7 asva-vatím soma-vatím. út-ojasam ā́ a°. asmaí. 8 út s°. gosthā́t-iva ī°. 9 mātā́ átho *iti*. níḥ-kṛitīḥ. patatríṇīḥ. níḥ. 10 pari-sthā́ḥ. prá a°.

yád imā́ vājáyann ahám óshadhīr hásta ādadhé | ātmā́ yákshmasya naṣyati purā́ jīvagṛíbho yathā || 11 || yásyaushadhīḥ prasárpathā́ñgam-añgam párush-paruḥ | táto yákshmaṃ ví bādhadhva ugró madhyamaṣír iva || 12 || sākáṃ yakshma prá pata cā́sheṇa kikidīvínā | sākáṃ vā́tasya dhrā́jyā sākáṃ naṣya nihā́kayā || 13 || anyā́ vo anyā́m avatv anyā́nyásyā úpāvata | tā́ḥ sárvāḥ saṃvidānā́ idám me prā́vatā vácaḥ || 14 || yā́ḥ phalínīr yā́ aphalā́ apushpā́ yā́ṣ ca pushpíṇīḥ | bṛíhaspátiprasūtās tā́ no muñcantv áṅhasaḥ || 15 || 10 ||

muñcántu mā ṣapathyā̀d átho varuṇyā̀d utá | átho yamásya páḍbīṣāt sárvasmād devakilbishā́t || 16 || avapátantīr avadan divá óshadhayas pári | yáṃ jīvám aṣnávāmahai ná sá rishyāti pū́rushaḥ || 17 || yā́ óshadhīḥ sómarājñīr bahvī́ḥ ṣatávicakshaṇāḥ | tā́sāṃ tvám asy uttamáraṃ kā́māya ṣáṃ hṛidé || 18 || yā́ óshadhīḥ sómarājñīr víshṭhitāḥ pṛithivī́m ánu | bṛíhaspátiprasūtā asyaí sáṃ datta vīryàm || 19 || mā́ vo rishat khanitā́ yásmai cāháṃ khánāmi vaḥ | dvipác cátushpad asmā́kaṃ sárvam astv anāturám || 20 || yā́ṣ cedám upaṣṛiṇvánti yā́ṣ ca dūrám párāgatāḥ | sárvāḥ saṃgátya vīrudho 'syaí sáṃ datta vīryàm || 21 || óshadhayaḥ sáṃ vadante sómena sahá rā́jñā | yásmai kṛiṇóti brāhmaṇás táṃ rājan pārayāmasi || 22 || tvám uttamásy oshadhe táva vṛikshā́ úpastayaḥ | úpastir astu sò 'smā́kaṃ yó asmā́ṅ abhidā́sati || 23 || 11 ||

97, 11 imā́ḥ. háste ā-dadhé. jīva-gṛíbhaḥ. 12 yásya o° pra-sárpatha áñgam-añgam páruḥ-paruḥ. bādhadhve. madhyamaṣī́ḥ-iva. 13 ni-hā́kayā. 14 anyā́ a° úpa a°. sam-vidānā́ḥ. pra avata. 15 apushpā́ḥ. bṛíhaspáti-prasūtāḥ (19) tā́ḥ. 16 átho *iti* (2). deva-kilbishā́t. 17 ava-pátantīḥ. pū́rushaḥ. 18 sóma-rājñīḥ. ṣatá-vicakshaṇāḥ. ut-tamā́ á°. 19 ví-sthitāḥ. 20 ca a°. dvi-pā́t cátuḥ-pat. 21 ca i° upa-ṣṛiṇvánti. párā-gatāḥ. sam-gátya. asyaí *etc.* 19. 23 ut-tamā́ asi. sáḥ a°. abhi-dā́sati.

98.

Bṛíhaspate práti me devátām ihi mitró vā yád váruṇo vā́si pūshā́ | ādityaír vā yád vásubhir marútvān sá parjányaṃ ṣáṃtanave vṛishāya || 1 || ā́ devó dūtó ajirā́ṣ cikitvā́n tvád devāpe abhí mā́m agachat | pratīcīnáḥ práti mā́m ā́ vavṛitsva dádhāmi te dyumátīṃ vā́cam āsán || 2 || asmé dhehi dyumátīṃ vā́cam āsán bṛíhaspate anamīvā́m ishirā́m | yáyā vṛishṭíṃ ṣáṃtanave vánāva divó drapsó mádhumāñ ā́ viveṣa || 3 || ā́ no drapsā́ mádhumanto viṣantv· índra dehy ádhiratham sahásram | ní shīda hotrám ṛituthā́ yajasva devā́n devāpe havíshā saparya || 4 || ārshṭishenó hotrám ṛíshir nishī́dan devā́pir devasumatíṃ cikitvā́n | sá úttarasmād ádharaṃ samudrám apó divyā́ asṛijad varshyā̀ abhí || 5 || asmín samudré ádhy úttarasminn ā́po devébhir nívṛitā atishṭhan | tā́ adravann ārshṭisheṇéna sṛishṭā́ devā́pinā préshitā mṛikshíṇīshu || 6 || 12 ||

yád devā́piḥ ṣáṃtanave puróhito hotrā́ya vṛitáḥ kṛipáyann ádīdhet | devaṣrútaṃ vṛishṭivánim rárāṇo bṛíhaspátir vā́cam asmā ayachat || 7 || yáṃ tvā devā́piḥ ṣuṣucānó agna ārshṭisheṇó manushyàḥ samīdhé | víṣvebhir devaír anumadyámānaḥ prá parjányam īrayā vṛishṭimántam || 8 || tvā́m pū́rva ṛíshayo gīrbhír āyan tvā́m adhvaréshu puruhūta víṣve | sahásrāṇy ádhirathāny asmé ā́ no yajñáṃ rohidaṣvópa yāhi || 9 || etā́ny agne navatír náva tvé ā́hutāny ádhirathā sahásra | tébhir vardhasva tanvàḥ ṣūra pūrvír divó no vṛishṭím ishitó rirīhi || 10 || etā́ny agne navatíṃ sahásrā sám prá yacha vṛíshṇa índrāya bhāgám | vidvā́n pathá ṛi-

98, 1 vā ási. ṣám-tanave (3. 7) vṛishaya. 2 deva-āpe (4). 3 asmé *iti*. 4 drapsā́ḥ. dehí ádhi-ratham. sīda. 5 ni-sī́dan devá-āpiḥ (7. 8) deva-sumatím. 6 ní-vṛitāḥ. sṛishṭā́ḥ devá-āpinā prá-ishitāḥ. 7 puráḥ-hitaḥ. deva-ṣrútam vṛishṭi-vánim. asmai. 8 agne. sam-īdhé. anu-madyámānaḥ. īraya. 9 pū́rve. puru-hūta. ádhi-rathāni asmé *iti*. rohit-aṣva úpa. 10 tvé *iti* ā́-hutāni ádhi-rathā. 11 vṛíshṇe.

tuṣó devayā́nān ápy aulānā́ṃ diví devéshu dhehi || 11 || ágne bā́dhasva ví mṛ́dho ví durgáhā́pā́mīvām ápa rákshāṅsi sedha | asmā́t samudrā́d bṛhattó divó no 'pā́m bhūmā́nam úpa naḥ sṛjehá || 12 || [13] ||

99.

Káṃ naṣ citrám ishaṇyasi cikitvā́n pṛthugmā́naṃ vāṣráṃ vāvṛdhádhyai | kát tásya dā́tu ṣávaso vyùshṭau tákshad vájraṃ vṛtratúram ápinvat || 1 || sá hí dyutā́ vidyútā véti sā́ma pṛthúṃ yónim asuratvā́ sasāda | sá sánīḷebhiḥ prasahānó asya bhrā́tur ná ṛté saptáthasya māyā́ḥ || 2 || sá vā́jaṃ yā́tā́padushpadā yán svàrshātā pári shadat sanishyán | anarvā́ yác chatádurasya védo ghnáñ chiṣnádevāñ abhí várpasā bhū́t || 3 || sá yahvyò 'vánīr góshv árvā́ juhoti pradhanyā̀su sásriḥ | apā́do yátra yújyāso 'rathā́ droṇyàṣvāsa írate ghṛtáṃ vā́ḥ || 4 || sá rudrébhir áṣastavāra ṛ́bhvā hitví gáyam āréavadya ā́gāt | vamrásya manye mithunā́ vívavrī ánnam abhítyārodayan mushāyán || 5 || sá íd dā́saṃ tuvīrávam pátir dán shaḷakshā́ṃ triṣīrshā́ṇaṃ damanyat | asyá tritó nv ójasā vṛdhānó vipā́ varāhám áyoagrayā han || 6 || [14] ||

sá drúhvaṇe mánusha ūrdhvasāná ā́ sāvishad arṣasānā́ya ṣárum | sá nṛ́tamo náhusho 'smát sújātaḥ púro 'bhinad árhan dasyuhátye || 7 || só abhríyo ná yávasa udanyán ksháyāya gātúṃ vidán no asmé | úpa yát sídad índuṃ ṣá-

98, 11 deva-yā́nān. 12 duḥ-gáhā ápa á°. sṛja ihá. — 99, 1 pṛthu-gmā́nam. vavṛdhádhyai. ví-ushṭau. vṛtra-túram. 2 vi-dyútā. asura-tvā́ ā́. sá-nīḷebhiḥ pra-sahānáḥ. ná. 3 yā́tā ápaduḥ-padā. svàḥ-sātā. sadat. yát ṣatá-durasya. ṣiṣná-devān. 4 árvā ā́. pra-dhanyā̀su. arathā́ḥ droṇí-aṣvāsaḥ. vā́r *iti* vā́ḥ. 5 áṣasta-vāraḥ. āré-avadyaḥ ā́ a°. vívavrī *iti* ví-vavrī. abhi-ítya arodayat. 6 tuvi-rávam. shaṭ-akshám tri-ṣīrshā́ṇam. nú. áyaḥ-agrayā hann *iti* han. 7 mánushe. sú-jātaḥ. dasyu-hátye. 8 yávase. vidát. asmé *iti*.

rīraiḥ ṣyenó 'yopāshṭir hanti dásyūn || 8 || sá vrádhataḥ ṣavasānébhir asya kútsāya ṣúshṇam kṛipáṇe párādāt | ayám kavím anayac chasyámānam átkam yó asya sánitotá nṛiṇā́m || 9 || ayám daṣasyán náryebhir asya dasmó devébhir váruṇo ná māyī́ | ayám kanī́na ṛitupā́ avedy ámimītārárum yáṣ cátushpāt || 10 || asyá stómebhir auṣijá ṛijíṣvā vrajám darayad vṛishabhéṇa píproḥ | sútvā yád yajató dīdáyad gī́ḥ púra iyānó abhí várpasā bhū́t || 11 || evá mahó asura vakshátháya vamrakáḥ padbhír úpa sarpad índram | sá iyānáḥ karati svastím asmā́ ísham ū́rjam sukshitím víṣvam ā́bhāḥ || 12 || 15 ||

Ashṭamo 'nuvākaḥ.

100.

Índra dṛíhya maghavan tvā́vad íd bhujá ihá stutáḥ sutapā́ bodhi no vṛidhé | devébhir naḥ savitā́ prā́vatu ṣrutám ā́ sarvátātim áditim vṛiṇīmahe || 1 || bhárāya sú bharata bhāgám ṛitvíyam prá vāyáve ṣucipé krandádishṭaye | gaurásya yáḥ páyasaḥ pītím ānaṣá ā́ sarvátātim áditim vṛiṇīmahe || 2 || ā́ no deváḥ savitā́ sāvishad váya ṛijūyaté yájamānāya sunvaté | yáthā devā́n pratibhū́shema pākavád ā́ sarvátātim áditim vṛiṇīmahe || 3 || índro asmé sumánā astu viṣváhā rā́jā sómaḥ suvitásyádhy etu naḥ | yáthā-yathā mitrádhitāni saṃdadhúr ā́ sarvátātim áditim vṛiṇīmahe || 4 || índra ukthéna ṣávasā párur dadhe bṛíhaspate pratarītā́sy ā́yushaḥ | yajñó mánuḥ prámatir naḥ pitā́ hí kam ā́ sarvátātim áditim vṛiṇīmahe || 5 || índrasya nú súkṛitam daí-

---

99, 8 áyaḥ-apāshṭiḥ. 9 párā a°. anayat ṣ°. sánitā utá. 10 ṛitu-pā́ḥ. ámimīta a°. cátuḥ-pāt. 12 evá. asmai. ísham *etc.* X, 20, 10. — 100, 1 bhujé. suta-pā́ḥ. prá a°. 2 ṣuci-pé krandát-ishṭaye. ānaṣé. 3 ṛiju-yaté. prati-bhū́shema. 4 asmé *iti* su-mánāḥ. suvitásya á°. mitrá-dhitāni sam-dadhúḥ. 5 pra-tarītā́ asi. prá-matiḥ. 6 sú-kṛitam.

vyaṃ sáho 'gnír gṛihé jaritá médhiraḥ kavíḥ | yajñáṣ ca bhūd vidáthe cárur ántama á sarvátātim áditiṃ vṛiṇīmahe || 6 || 16 ||

ná vo gúhā cakṛima bhūri dushkṛitám návíshṭyaṃ vasavo devahéḷanam | mákir no devā ánṛitasya várpasa á sarvátātim áditiṃ vṛiṇīmahe || 7 || ápámīvāṃ savitá sāvishan nyàg várīya íd ápa sedhantv ádrayaḥ | grávā yátra madhushúd ucyáte bṛihád á sarvátātim áditiṃ vṛiṇīmahe || 8 || ūrdhvó grávā vasavo 'stu sotári víṣvā dvéshāṅsi sanutár yuyota | sá no deváḥ savitá pāyúr íḍya á sarvátātim áditiṃ vṛiṇīmahe || 9 || úrjaṃ gāvo yávase pívo attana ṛitásya yáḥ sádane kóṣe aṅgdhvé | tanúr evá tanvò astu bheshajám á sarvátātiṃ áditiṃ vṛiṇīmahe || 10 || kratuprávā jaritá ṣáṣvatām áva índra íd bhadrá prámatiḥ sutávatām | pūrṇám údhar divyáṃ yásya siktáya á sarvátātim áditiṃ vṛiṇīmahe || 11 || citrás te bhānúḥ kratuprá abhishṭíḥ sánti spṛídho jaraṇiprá ádhṛishṭāḥ | rájishṭhayā rájyā paṣvá á gós tútūrshaty páry ágraṃ duvasyúḥ || 12 || 17 ||

101.

Úd budhyadhvaṃ sámanasaḥ sakhāyaḥ sám agním indhvam bahávaḥ sánīḷāḥ | dadhikrám agním ushásaṃ ca devím índrāvató 'vase ní hvaye vaḥ || 1 || mandrá kṛiṇudhvaṃ dhíya á tanudhvaṃ návam aritrapáraṇīṃ kṛiṇudhvam | íshkṛiṇudhvam áyudháraṃ kṛiṇudhvam práñcaṃ yajñám prá ṇayatā sakhāyaḥ || 2 || yunákta sírā ví yugá tanudhvaṃ kṛité yónau vapatehá bíjam | girá ca ṣrushṭíḥ sábharā ásan

100, 7 duḥ-kṛitám ná āvíḥ-tyam. deva-héḷanam. 8 ápa á⁰. sāvishat. grávā — bṛihát X, 64. 15. 10 attana. 11 kratu-právā. prá-matiḥ sutá-vatām. údhaḥ. siktáye. 12 kratu-práḥ. jaraṇi-práḥ. — 101, 1 sá-manasaḥ. sá-nīḷāḥ. d. a. u. c. d. III, 20, 5. índra-vataḥ á⁰. 2 aritra-páraṇīm. áyudhā á⁰. nayata. 3 vapata ihá. sá-bharāḥ asat.

no nédīya ít srinyàḥ pakvám éyāt || 3 || sírā yuñjanti kaváyo yugā́ ví tanvate prithak | dhírā devéshu sumnayā́ || 4 || nír āhāvā́n krinotana sám varatrā́ dadhātana | siñcā́mahā avatám udrínam vayám sushékam ánupakshitam || 5 || íshkritāhāvam avatám suvaratrám sushecanám | udrínam siñce ákshitam || 6 || 18 ||

prīnītā́svān hitám jayātha svastiváham rátham ít krinudhvam | drónāhāvam avatám ásmacakram áṅsatrakosam siñcatā nripā́nam | 7 || vrajám krinudhvam sá hí vo nripā́no várma sīvyadhvam bahulā́ prithū́ni | púraḥ krinudhvam ā́yasīr ádhrishtā mā́ vaḥ susroc camasó dríṅhatā tám || 8 || ā́ vo dhíyam yajñíyām varta ūtáye dévā devím yajatā́m yajñíyām ihá | sā́ no duhīyad yávaseva gatví sahásradhārā páyasā mahí gaúḥ || 9 || ā́ tū́ shiñca hárim īm drór upásthe vā́sībhis takshatāsmanmáyībhiḥ | pári shvajadhvam dása kakshyàbhir ubhé dhúrau práti váhnim yunakta || 10 || ubhé dhúrau váhnir āpíbdamāno 'ntár yóneva carati dvijā́niḥ | vánaspátim vána ā́sthāpayadhvam ní shū́ dadhidhvam ákhananta útsam || 11 || káprin naraḥ kaprithám úd dadhātana codáyata khudáta vā́jasātaye | nishtigryàḥ putrám ā́ cyāvayotáya índram sabā́dha ihá sómapītaye || 12 || 19 ||

102.

Prá te rátham mithūkrítam índro 'vatu dhrishnuyā́ | asmínn ājaú puruhūta sravā́yye dhanabhakshéshu no 'va

---

101, 3 ā́ iyāt. 4 dhírāḥ. 5 ā-hāvā́n. varatrā́ḥ. siñcā́mahai. su-sékam ánupa-kshitam. 6 íshkrita-āhāvam. su-varatrám su-secanám. 7 prīnītá á°. svasti-vāham. dróna-āhāvam. ásma-cakram áṅsatra-kosam siñcata nri-pā́nam. 8 nri-pā́naḥ. ádhrishtāḥ. susrot. dríṅhata. 9 varte. dévāḥ. sā́ no *etc.* IV, 40, 5. 10 tú siñca. upá-sthe. takshata a°. svajadhvam. ubhé *iti* (11). 11 ā-píbdamānaḥ. yónā-iva. dvi-jā́niḥ. váne ā́ a°. sú. 12 káprit. vā́ja-sātaye. cyavaya ūtáye. sa-bā́dhaḥ. sóma-pītaye. — 102, 1 mithu-kritam. puru-hūta. dhana-bhakshéshu.

||1|| út sma vấto vahati vấso 'syā ádhiratham yád ájayat sahásram | rathír abhūn mudgalấnī gávishṭau bháre kṛitám vy àced indrasenấ || 2 || antár yacha jíghāṅsato vájram indrābhidấsataḥ | dấsasya vā maghavann ấryasya vā sanutár yavayā vadhám || 3 || udnó hradám apibaj járhṛishāṇaḥ kū́ṭam sma triṅhád abhímātim eti | prá mushkábhāraḥ śrava ichámāno 'jirám bāhū́ abharat síshāsan || 4 || ny àkrandayann upayánta enam ámehayan vṛishabhám mádhya ājéḥ | téna sū́bharvam śatávat sahásram gávām múdgalaḥ pradháne jigāya || 5 || kakárdave vṛishabhó yuktá āsīd ávāvacīt sárathir asya keśí | dúdher yuktásya drávataḥ sahánasa ṛichánti shmā nishpádo mudgalánīm || 6 || 20 ||

utá pradhím úd ahann asya vidvấn úpāyunag váṅsagam átra śíkshan | índra úd āvat pátim ághnyānām áraṅhata pádyābhiḥ kakúdmān || 7 || śunám ashṭrāvy àcarat kapardí varatrấyām dấrv ānáhyamānaḥ | nṛimṇấnī kṛiṇván baháve jánāya gấḥ paspaśānás távishīr adhatta || 8 || imám tám paśya vṛishabhásya yúñjam kấshṭhāyā mádhye drughaṇám śáyānam | yéna jigấya śatávat sahásram gávām múdgalaḥ pṛitanấjyeshu || 9 || āré aghấ kó nv ìtthấ dadarśa yám yuñjánti tám v ấ sthāpayanti | nấsmai tṛ́ṇam nódakám ấ bharanty úttaro dhuró vahati pradédiśat || 10 || parivṛiktéva patividyam ānaṭ pípyānā kū́cakreṇeva siñcán | eshaishyā̀ cid rathyā̀ jayema sumaṅgálam sínavad astu sātám || 11 || tvám víśvasya jágataś cákshur indrāsi cákshu-

---

102, 2 ádhi-ratham. abhūt. gó-ishṭau. ví a° indra-senā. 3 indra abhi-dấsataḥ. yavaya. 4 apibat. abhí-mātim. mushká-bhāraḥ. bāhū́ *iti*. sísāsan. 5 ní a° upa-yántaḥ. mádhye. sū́bharvam. pra-dháne. 6 sahá ánasā. sma niḥ-pádaḥ. 7 pra-dhím. úpa a°. 8 ashṭrā-ví a°. ā-náhyamānaḥ. 9 kấshṭhāyāḥ. dru-ghanám. 10 nú i°. ná a°. ná u°. pra-dédiśat. 11 parivṛiktā́-iva pati-vídyam. kū́cakreṇa-iva. esha-eshyā̀. su-maṅgálam sína-vat. 12 índra asi.

shaḥ | vṛíshā yád ājím vṛíshaṇā síshāsasi codáyan vádhriṇā yujá || 12 || 21 ||

108.

Āṣúḥ ṣíṣāno vṛishabhó ná bhīmó ghanāghanáḥ kshóbhaṇaṣ carshaṇīnám | saṃkrándano 'nimishá ekavīráḥ ṣatáṃ sénā ajayat sākám índraḥ || 1 || saṃkrándanenānimishéṇa jishṇúnā yutkāréṇa duṣcyavanéna dhṛishṇúnā | tád índreṇa jayata tát sahadhvaṃ yúdho nara íshuhastena vṛíshṇā || 2 || sá íshuhastaiḥ sá nishaṅgíbhir vaṣí sáṃsrashṭā sá yúdha índro gaṇéna | saṃsṛishṭajít somapá bāhuṣardhy ùgrádhanvā prátihitābhir ástā || 3 || bṛíhaspate pári dīyā ráthena rakshohā́mítrāñ apabā́dhamānaḥ | prabhañján sénāḥ pramṛiṇó yudhá jáyann asmákam edhy avitá ráthānām || 4 || balavijñāyá stháviraḥ právīraḥ sáhasvān vājí sáhamāna ugráḥ | abhívīro abhísatvā sahojá jaítram indra rátham á́ tishṭha govít || 5 || gotrabhídaṃ govídaṃ vájrabāhuṃ jáyantam ájma pramṛiṇántam ójasā | imáṃ sajātā ánu vīrayadhvam índraṃ sakhāyo ánu sáṃ rabhadhvam || 6 || 22 ||

abhí gotrā́ṇi sáhasā gā́hamāno 'dayó vīráḥ ṣatámanyur índraḥ | duṣcyavanáḥ pṛitanāshā́ḷ ayudhyò 'smákaṃ sénā avatu prá yutsú || 7 || índra āsāṃ netá bṛíhaspátir dákshiṇā yajñáḥ purá etu sómaḥ | devasenā́nām abhibhañjatīnáṃ jáyantīnām marúto yantv ágram || 8 || índrasya vṛíshṇo várunasya rā́jña ādityā́nām marútāṃ ṣárdha ugrám | mahā́ma-

---

102, 12 sísāsasi. — 108, 1 sam-krándanaḥ ani-misháḥ eka-vīráḥ. 2 sam-krándanena ani-mishéṇa. yut-kāréṇa. duḥ-cyavanéna. íshu-hastena. 3 íshu-hastaiḥ. nishaṅgí-bhiḥ. sám-srashṭā. saṃsṛishṭa-jít soma-pā́ḥ bāhu-ṣardhī ugrá-dhanvā práti-hitābhiḥ. 4 dīya. rakshaḥ-hā́ a° apa-bā́dhamānaḥ pra-bhañján. pra-mṛiṇáḥ. 5 bala-vijñāyáḥ. prá-vīraḥ. abhí-vīraḥ abhí-satvā sahaḥ-jā́ḥ. go-vít. 6 gotra-bhídam go-vídam vájra-bāhum. pra-mṛiṇántam. sa-jātāḥ. 7 satá-manyuḥ. duḥ-cyavanáḥ. ayudhyáḥ a°. 8 deva-senā́nām abhi-bhañjatīnā́m. 9 mahā́-manāsām.

nasām bhuvanacyavā́nām ghósho devā́nāṃ jáyatām úd asthāt || 9 || úd dharshaya maghavann ā́yudhāny út sátvanām māmakā́nām mánāṅsi | úd vṛitrahan vājínāṃ vā́jināny úd ráthānāṃ jáyatāṃ yantu ghóshāḥ || 10 || asmā́kam índraḥ sámṛiteshu dhvajéshv asmā́kaṃ yā́ íshavas tā́ jayantu | asmā́kaṃ vīrā́ úttare bhavantv asmā́ṅ u devā avatā háveshu || 11 || amī́shāṃ cittám pratilobháyantī gṛihāṇā́ṅgāny apve párehi | abhí préhi nír daha hṛitsú ṣókair andhénāmítrās támasā sacantām || 12 || prétā jáyatā nara índro vaḥ ṣárma yachatu | ugrā́ vaḥ santu bāhávo 'nādhṛishyā́ yáthā́satha || 13 || 23 ||

104.

Ā́sāvi sómaḥ puruhūta túbhyaṃ háribhyāṃ yajñám úpa yāhi tū́yam | túbhyaṃ gíro vípravīrā iyānā́ dadhanvirá indra píbā sutásya || 1 | apsú dhūtásya harivaḥ píbehá nṛíbhiḥ sutásya jaṭháram pṛiṇasva | mimikshúr yám ádraya indra túbhyaṃ tébhir vardhasva mádam ukthavāhaḥ || 2 || prógrā́m pītíṃ vṛíshṇa iyarmi satyā́m prayaí sutásya haryaṣva túbhyam | índra dhénābhir ihá mādayasva dhībhír víṣvābhiḥ ṣácyā gṛiṇānáḥ || 3 || ūtī́ ṣacīvas táva vīryèṇa váyo dádhānā uṣíja ṛitajñā́ḥ | prajā́vad indra mánusho duroṇé tasthúr gṛiṇántaḥ sadhamā́dyāsaḥ || 4 || práṇītibhish ṭe haryaṣva sushṭóḥ sushumnásya pururúco jánāsaḥ | máṅhishṭhām ūtíṃ vitíre dádhānā stotā́ra indra táva sūnṛítābhiḥ || 5 || 24 ||

úpa bráhmāṇi harivo háribhyāṃ sómasya yāhi pītáye

103, 9 bhuvana-cyavā́nām. 10 harshaya. vṛitra-han. 11 sám -ṛiteshu. tā́ḥ. avata. 12 prati-lobháyantī gṛihāṇá á⁰. párā ihi. prá ihi. andhéna *etc.* X, 89, 15. 13 prá ita jáyata. ugrā́ḥ. anādhṛishyā́ḥ yáthā á⁰. — 104, 1 puru-hūta. vípra-vīrāḥ iyānā́ḥ dadhanviré. píba. 2 píba ihá. uktha-vāhaḥ. 3 prá u⁰. vṛíshṇe. pra-yaí. hari-aṣva (5). 4 ṛita-jñā́ḥ. sadha-mā́dyāsaḥ. 5 pránīti -bhiḥ te. su-stóḥ su-sumnásya puru-rúcaḥ. vi-tíre dádhānāḥ.

sutásya | índra tvā yajñáḥ kshámamāṇam ānaḍ dāṣváñ asy adhvarásya praketáḥ || 6 || sahásravājam abhimātisháham sutéraṇam maghávānam suvṛiktím | úpa bhūshanti gíro ápratītam índram namasyā́ jaritúḥ pananta || 7 || saptápo devíḥ suráṇā ámṛiktā yábhiḥ síndhum átara indra pūrbhít | navatíṃ srotyā́ náva ca srávantīr devébhyo gātúm mánushe ca vindaḥ || 8 || apó mahír abhíṣaster amuñcó 'jāgar āsv ádhi devá ékaḥ | índra yás tváṃ vṛitratū́rye cakártha tábhir viṣváyus tanvàm pupushyāḥ || 9 || vīréṇyaḥ krátur índraḥ suṣastír utápi dhénā puruhūtám īṭṭe | árdayad vṛitrám ákṛiṇod u lokáṃ sasāhé ṣakráḥ pṛítanā abhishṭíḥ || 10 || ṣunáṃ huvema maghávānam índram — || 11 || 25 ||

105.

Kadā́ vaso stotráṃ háryata áva ṣmaṣā́ rudhad vā́ḥ | dīrgháṃ sutáṃ vātápyāya || 1 || hárī yásya suyújā vívratā vér árvantánu ṣépā | ubhá rají ná keṣínā pátir dán || 2 || ápa yór índraḥ pápaja ā́ márto ná ṣaṣramāṇó bibhīvā́n | ṣubhé yád yuyujé távishīvān || 3 || sácāyór índraṣ cárkṛisha ā́ñ upānasáḥ saparyán | nadáyor vívratayoḥ ṣū́ra índraḥ || 4 || ádhi yás tasthaú kéṣavantā vyácasvantā ná pushṭyaí | vanóti ṣíprābhyāṃ ṣipríṇīvān || 5 || 26 ||

prástaud ṛishvaújā ṛishvébhis tatáksha ṣū́raḥ ṣávasā | ṛibhúr ná krátubhir mātaríṣvā || 6 || vájraṃ yáṣ cakré suhánāya dásyave hirīmaṣó hírīmān | árutahanur ádbhutaṃ ná rájaḥ || 7 || áva no vṛijiná ṣiṣīhy ṛicā́ vanemā́nṛícaḥ |

104, 6 pra-ketáḥ. 7 sahásra-vājam abhimāti-sáham suté-raṇam· su-vṛiktím. áprati-itam. namasyā́ḥ. 8 saptá ā́°. su-ráṇāḥ ámṛiktāḥ. púḥ-bhít. srotyā́ḥ. 9 abhí-ṣasteḥ amuñcaḥ á°. vṛitra-tū́rye. viṣvá-āyuḥ. 10 su-ṣastíḥ utá ápi. puru-hūtám. sasahé. 11 = III, 31, 22. — 105, 1 vaso *iti*. háryate ā́ áva. vā́r *iti* vā́ḥ. 2 hárī *iti*. su-yújā ví-vratā. árvantā ánu. rají *iti*. 3 pā́paje. 4 sácā ā°. cárkṛishe ā́ upānasáḥ. ví-vratayoḥ. 6 prá a°. ṛishvá-ojāḥ. 7 su-hánāya. áruta-hanuḥ. 8 vanema a°.

nábrahmā yajñá ṛídhag jóshati tvé || 8 || ūrdhvā́ yát te tretínī bhū́d yajñásya dhūrshú sádman | sajū́r nā́vaṃ svá-yaṣasaṃ sácāyóḥ || 9 || ṣriyé te pṛ́ṣnir upasécanī bhūc chriyé dárvir arepā́ḥ | yáyā své pā́tre siñcása út || 10 || ṣatáṃ vā yád asurya práti tvā sumitrá itthā́staud durmitrá itthā́staut | ā́vo yád dasyuhátye kutsaputrám prā́vo yád dasyuhátye kutsavatsám || 11 || 27 ||

Pañcamo 'dhyāyaḥ.

106.

Ubhā́ u nūnáṃ tád íd arthayethe ví tanvāthe dhíyo vástrāpásceva | sadhrīcīnā́ yā́tave prém ajīgaḥ sudíneva pṛ́ksha ā́ taṅsayethe || 1 || ushṭā́reva phárvareshu ṣrayethe prāyogéva ṣvā́tryā ṣā́sur éthaḥ | dūtéva hí shṭhó yaṣásā jáneshu mā́pa sthātam mahishévāpā́nāt || 2 || sākaṃyújā ṣakunásyeva pakshā́ paṣvéva citrā́ yájur ā́ gamishṭam | agnír iva devayór dīdivā́ṅsā párijmāneva yajathaḥ purutrā́ || 3 || āpí vo asmé pitáreva putrógréva rucā́ nṛipátīva turyaí | íryeva pushṭyaí kirā́ṇeva bhujyaí ṣrushṭī́vāneva hávam ā́ gamishṭam || 4 || vā́ṅsageva pūsharyā̀ ṣimbátā mitréva ṛitā́ ṣatárā ṣā́tapantā | vā́jevoccā́ váyasā gharmyeshṭhā́ méshevéshā́ saparyā̀ púrīshā || 5 || 1 ||

ṣṛiṇyèva jarbhárī turphárītū naitoṣéva turphárī parpharī́kā | udanyajéva jémanā maderū́ tā́ me jarā́yv ajáram ma-

---

105, 8 ná á°. tvé *iti*. 9 sa-jū́ḥ. svá-yaṣasam sácā ā°. 10 upa-sécanī bhūt ṣ°. siñcáse. 11 su-mitráḥ itthā́ a° duḥ-mitráḥ itthā́ a°. dasyu-hátye kutsa-putrám prá. āvo — dasyuhátye *galita*. kutsa-vatsám. — 106, 1 ubhaú. arthayethe *iti*. tanvāthe *iti*. vástrā apásā-iva. prá īm ajīgar *iti* sudínā-iva. taṅsayethe *iti*. 2 ushṭā́rā-iva. ṣrayethe *iti* prāyogā́-iva. ā́ i° dūtā́-iva. stháḥ. mā́ ápa. mahishā́-iva ava-pā́nāt. 3 sākam-yújā ṣakunásya-iva. paṣvā́-iva. párijmānā-iva. 4 āpí *iti*. asmé *iti* pitárā-iva putrā́ ugrā́-iva. nṛipátīveti nṛipátī-iva. íryā-iva. kirā́ṇā-iva. ṣrushṭī́vānā-iva. 5 vā́ṅsagā-iva. mitrā́-iva. vā́jā-iva uccā́. gharmye-sthā́ méshā-iva i°. 6 ṣṛiṇyā̀-iva jarbhárī *iti* turphárītū *iti* naitoṣā́-iva turphárī *iti*. udanyajā́-iva. maderū́ *iti*.

rā́yu || 6 || pajréva cárcaram̐ jā́ram marā́yu kshádmevā́rtheshu tartarītha ugrā | ṛibhū́ nā́pat kharamajrā́ kharā́jrur vāyúr ná parpharat kshayad rayīṇā́m || 7 || gharméva mádhu jaṭháre sanérū bhágevitā turphárī phárivā́ram | pataréva cacarā́ candránirṇiṅ mánaṛiṅgā mananyā̀ ná jágmī || 8 || bṛihánteva gambháreshu pratishṭhā́m pā́deva gādhám̐ tárate vidāthaḥ | kárṇeva ṣā́sur ánu hí smárāthó 'ṅṣeva no bhajatam̐ citrám ápnaḥ || 9 || āraṅgaréva mádhv érayethe sāraghéva gávi nīcī́nabāre | kīnā́reva svédam āsishvidānā́ kshā́mevorjā́ sūyavasā́t sacethe || 10 || ṛidhyā́ma stómam̐ sanuyā́ma vā́jam ā́ no mántram̐ sarā́thehópa yātam | yáṣo ná pakvám mádhu góshv antár ā́ bhūtā́ṅṣo aṣvínoḥ kā́mam aprāḥ || 11 || 2 ||

107.

Āvír abhūn máhi mā́ghonam eshām̐ víṣvam̐ jīvám̐ támaso nír amoci | máhi jyótiḥ pitṛíbhir dattám ā́gād urúḥ pánthā dákshiṇāyā adarṣi || 1 || uccā́ diví dákshiṇāvanto asthur yé aṣvadā́ḥ sahá té sū́ryeṇa | hiraṇyadā́ amṛitatvám bhajante vāsodā́ḥ soma prá tiranta ā́yuḥ || 2 || daívī pūrtír dákshiṇā devayajyā́ ná kavārī́bhyo nahí té pṛiṇánti | áthā nárah práyatadakshiṇāso 'vadyabhiyā́ bahávaḥ pṛiṇanti || 3 || ṣatádhāram̐ vāyúm arkám̐ svarvídam̐ nṛicákshasas té abhí cakshate havíḥ | yé pṛiṇánti prá ca yáchanti sam̐gamé té dákshiṇām̐ duhate saptámātaram || 4 || dákshiṇāvān pra-

106, 7 pajrā́-iva. kshádma-iva á°. ṛibhū *iti* ná āpat. khará-jruḥ. 8 gharmā́-iva. sanérū *iti* bháge-avitā turphárī *iti* phāriva áram patarā́-iva. candrá-nirnik mánaḥ-ṛiṅgā. jágmī *iti*. 9 bṛihántā-iva. prati-sthā́m pā́dā-iva. kárṇā-iva. smárāthaḥ áṅṣā-iva. 10 āraṅgarā́-iva. ā́ īrayethe *iti* sāraghā́-iva. nīcī́na-bāre kīnā́rā-iva. ā-sisvidānā́ kshā́ma-iva ū° suyavasa-át sacethe *iti*. 11 sa-ráthā ihá úpa. bhūtá-aṅṣaḥ. — 107, 1 abhūt. ā́ a°. pánthāḥ. 2 aṣva-dā́ḥ. hiraṇya-dā́ḥ. vā́saḥ-dā́ḥ. tirante. 3 deva-yajyā́. kava-arí́bhyaḥ. átha. práyata-dakshiṇāsaḥ avadya-bhiyā́. 4 ṣatá-dhāram. svaḥ-vídam nṛi-cákshasaḥ. sam-gamé. saptá-mātaram.

thamó hūtá eti dákshiṇāvān grāmaṇír ágram eti | tám evá manye nṛipátiṃ jánānāṃ yáḥ prathamó dákshiṇām āviváya || 5 || 3 ||

tám evá ríshiṃ tám u brahmáṇam āhur yajñanyàṃ sāmagám ukthaṣásam | sá ṣukrásya tanvò veda tisró yáḥ prathamó dákshiṇayā rarádha || 6 || dákshiṇáṣvaṃ dákshiṇā gáṃ dadāti dákshiṇā candrám utá yád dhíraṇyam | dákshiṇánnaṃ vanute yó na ātmá dákshiṇāṃ várma kṛiṇute vijānán || 7 || ná bhojá mamrur ná nyarthám īyur ná rishyanti ná vyathante ha bhojáḥ | idáṃ yád víṣvam bhúvanaṃ svàṣ caitát sárvaṃ dákshiṇaibhyo dadāti || 8 || bhojá jigyuḥ surabhíṃ yónim ágre bhojá jigyur vadhvàṃ yá suvásāḥ | bhojá jigyur antaḥpéyaṃ súrāyā bhojá jigyur yé áhūtāḥ prayánti || 9 || bhojáyáṣvaṃ sám mṛijanty āṣúm bhojáyāste kanyà ṣúmbhamānā | bhojásyedám pushkaríṇīva véṣma párishkṛitaṃ devamānéva citrám || 10 || bhojám áṣvāḥ sushṭhuváho vahanti suvṛíd rátho vartate dákshiṇāyāḥ | bhojáṃ devāso 'vatā bháreshu bhojáḥ ṣátrūn samanīkéshu jétā || 11 || 4 ||

108.

Kím ichántī sarámā prédám ānaḍ dūré hy ádhvā jáguriḥ parācaíḥ | kásméhitiḥ ká páritakmyāsīt katháṃ rasáyā ataraḥ páyāṅsi || 1 || índrasya dūtír ishitá carāmi mahá ichántī paṇayo nidhín vaḥ | atishkádo bhiyásā tán na āvat táthā rasáyā ataram páyāṅsi || 2 || kīdṛíññ índraḥ sarame

---

107, 5 grāma-níḥ. nṛi-pátim. ā-viváya. 6 evá. yajña-nyàm sāma-gám uktha-ṣásam. 7 dákshiṇā á°. híraṇyam dákshiṇā á°. vi-jānán. 8 bhojáḥ. ni-arthám. svàr *iti* sváḥ ca e°. dákshiṇa e°. 9 bhojáḥ (4). su-vásāḥ. antaḥ-péyam súrāyāḥ. pra-yánti. 10 bhojáya á°. bhojáya ā°. bhojásya i° pushkaríṇī-iva. pári-kṛitam devamānā-iva. 11 sushṭhu-váhaḥ. su-vṛít. avata. sam-anīkéshu. — 108, 1 prá i°. hí. ká asmé-hitiḥ. pári-takmyā ā°. 2 ni-dhín. ati-skádaḥ. tát.

ká drisiká yásyedám dūtír ásarah parākā́t | ā́ ca gáchān mitrám enā dadhāmáthā gávām gópatir no bhavāti || 3 || nā́hám tám veda dábhyam dábhat sá yásyedám dūtír ásaram parākā́t | ná tám gūhanti sraváto gabhīrā́ hatā́ índreṇa paṇayaḥ ṣayadhve || 4 || imā́ gā́vaḥ sarame yā́ aíchaḥ pári divó ántān subhage pátantī | kás ta enā áva srijād áyudhvy utásmā́kam ā́yudhā santi tigmā́ || 5 || 5 ||

asenyā́ vaḥ paṇayo vácāṅsy anishavyā́s tanvàḥ santu pāpī́ḥ | ádhrishto va étavā́ astu pánthā bṛ́haspátir va ubhayā́ ná mṛilāt || 6 || ayám nidhíḥ sarame ádribudhno góbhir áṣvebhir vásubhir nyṛ̀shṭaḥ | rákshanti tám paṇáyo yé sugopā́ réku padám álakam ā́ jagantha || 7 || éhá gamann ṛ́shayaḥ sómaṣitā ayā́syo áṅgiraso návagvāḥ | tá etám ūrvám ví bhajanta gónām áthaitád vácaḥ paṇáyo vámann ít || 8 || evā́ ca tvám sarama ājagántha prábādhitā sáhasā daívyena | svásāram tvā kṛiṇavai mā́ púnar gā ápa te gávām subhage bhajāma || 9 || nā́hám veda bhrātṛitvám nó svasṛitvám índro vidur áṅgirasaṣ ca ghorā́ḥ | gókāmā me achadayan yád áyam ápāta ita paṇayo várīyaḥ || 10 || dūrám ita paṇayo várīya úd gā́vo yantu minatī́r ṛiténa | bṛ́haspátir yā́ ávindan nígūḷhāḥ sómo grā́vāṇa ṛ́shayaṣ ca víprāḥ || 11 || 6 ||

109.

Tè 'vadan prathamā́ brahmakilbishé 'kūpāraḥ salilό mātaríṣvā | vīḷúharās tápa ugró mayobhū́r ā́po devī́ḥ prathamajā́ ṛiténa || 1 || sómo rā́jā prathamó brahmajāyā́m púnaḥ

108, 3 yásya i°. gáchāt. ena dadhāma átha. gó-patiḥ. 4 n. t. v. X, 27, 3. y. d. 3. gabhīrā́ḥ. 5 imā́ḥ. su-bhage (9). áyudhvī utá a°. 6 étavaí. pánthaḥ. 7 ni-dhíḥ. ádri-budhnaḥ. ní-ṛishṭaḥ. su-gopā́ḥ. 8 ā́ ihá. sóma-ṣitāḥ. náva-gvāḥ té. átha e°. 9 evá. sarame ā-jagántha prá-bādhitā. 10 ná a°. nó *iti*. gó-kāmāḥ. ápa á°. 11 ávindat ní-gūḷhāḥ. — 109, 1 té a° prathamā́ḥ brahma-kilbishé á°. vīḷú-harāḥ. mayaḥ-bhū́ḥ. prathama-jā́ḥ. 2 brahma-jāyā́m púnar *iti*.

práyachad áhriṇīyamānaḥ | anvartitá váruṇo mitrá āsīd agnír hótā hastagríhyá nindruāya || 2 || hástenaivá grāhyà ādhír asyā brahmajāyéyám íti céd ávocan | ná dūtáya prahyè tastha eshá táthā rāshṭrám gupitám kshatríyasya || 3 || devá etásyām avadanta pū́rve saptarisháyas tápase yé nishedúḥ | 'bhīmá jāyá brāhmaṇásyópanītā durdhā́m dadhāti paramé vyòman || 4 || brahmacārī́ carati vévishad víshaḥ sá devā́nām bhavaty ékam áṅgam | téna jāyā́m ánv avindad bṛíhaspátiḥ sómena nītā́m juhvàm ná devāḥ || 5 || púnar vaí devá adaduḥ púnar manushyà utá | rā́jānaḥ satyáṃ kriṇvānā́ brahmajāyā́m púnar daduḥ || 6 || punardā́ya brahmajāyā́m kritví devaír nikilbishám | ū́rjam prithivyā́ bhaktvā́yorugāyā́m úpāsate || 7 || 7 ||

110.

Sámiddho adyá mánusho duroṇé devó devā́n yajasi jātavedaḥ | ā́ ca váha mitramahaṣ cikitvā́n tvám dūtáḥ kavír asi prácetāḥ || 1 || tánūnapāt pathá ṛitásya yā́nān mádhvā samañján svadayā sujihva | mánmāni dhībhír utá yajñám ṛindhán devatrā́ ca kriṇuhy adhvarám naḥ || 2 || ājúhvāna íḍyo vándyaṣ cā́ yāhy agne vásubhiḥ sajóshāḥ | tvám devā́nām asi yahva hótā sá enān yakshīshitó yájīyān || 3 || prācī́nam barhíḥ pradíṣā prithivyā́ vástor asyā́ vṛijyate ágre áhnām | vy ù prathate vitarám várīyo devébhyo áditaye syonám || 4 || vyácasvatīr urviyā́ ví ṣrayantām pátibhyo ná jánayaḥ ṣúmbhamānāḥ | dévīr dvāro bṛihatīr viṣvaminvā devébhyo bhavata suprāyaṇā́ḥ || 5 || 8 ||

109, 2 prá a°. anu-artitā́. hasta-gṛíhya ā́. 3 hástena evá. ā́-dhiḥ asyāḥ brahma-jāyā́ i°. ca ít. pra-hyè tasthe. 4 sapta -ṛisháyaḥ. ni-sedúḥ. brāhmaṇásya úpa-nītā duḥ-dhā́m. ví-oman. 5 brahma-cārī́. 6 kṛiṇvānā́ḥ brahma-jāyā́m (7). 7 punaḥ-dā́ya. ni-kilbishám. pṛithivyā́ḥ bhaktvā́ya uru-gāyám úpa ā°. — 110, 1 sám -iddhaḥ. jāta-vedaḥ. mitra-mahaḥ. prá-cetāḥ. 2 tánū-napāt. sam -añján svadaya su-jihva. 3 ā-júhvānaḥ. ca ā́. sa-jóshāḥ. yakshi i°. 4 pra-díṣā pṛithivyā́ḥ. asyā́ḥ. vy — várīyaḥ 124, 5. 5 viṣvam -invāḥ. supra-ayanā́ḥ.

á sushváyantī yajaté úpāke ushásānáktā sadatām ní yónau | divyé yóshaṇe bṛihatí surukmé ádhi ṣríyaṃ ṣukrapíṣaṃ dádhāne || 6 || daívyā hótārā prathamá suvácā mímānā yajñáṃ mánusho yájadhyai | pracodáyantā vidátheshu kārú prācínaṃ jyótiḥ pradíṣā diṣántā || 7 || á no yajñám bhāratī tū́yam etv ílā manushvád ihá cetáyantī | tisró devír barhír édáṃ syonáṃ sárasvatī svápasaḥ sadantu || 8 || yá imé dyávāpṛithiví jánitrī rūpaír ápiṅṣad bhúvanāni víṣvā | tám adyá hotar ishitó yájīyān deváṃ tváshṭāram ihá yakshi vidván || 9 || upávasṛija tmányā samañján devánām pátha ṛituthá havíṅshi | vánaspátiḥ ṣamitá devó agníḥ svádantu havyám mádhunā ghṛiténa || 10 || sadyó jātó vy àmimīta yajñám agnír devánām abhavat purogáḥ | asyá hótuḥ pradíṣy ṛitásya vācí sváhākṛitaṃ havír adantu deváḥ || 11 || 9 ||

111.

Mánīshiṇaḥ prá bharadhvam manīsháṃ yáthā-yathā matáyaḥ sánti nṛiṇám | índraṃ satyaír érayāmā kṛitébhiḥ sá hí vīró girvaṇasyúr vídānaḥ || 1 || ṛitásya hí sádaso dhītír ádyaut sáṃ gārshṭeyó vṛishabhó góbhir ānaṭ | úd atishṭhat tavishéṇā rávеṇa mahánti cit sáṃ vivyācā rájāṅsi || 2 || índraḥ kíla ṣrútyā asyá veda sá hí jishṇúḥ pathikṛít sū́ryāya | án ménāṃ kṛiṇvánn ácyuto bhúvad góḥ pátir diváḥ sanajá ápratītaḥ || 3 || índro mahná maható arṇavásya vratáminād áṅgirobhir gṛiṇānáḥ | purū́ṇi cin ní tatānā rájāṅsi dādhára yó dharúṇaṃ satyátātā || 4 || índro diváḥ pratimá-

110, 6 susváyantī *iti* yajaté *iti* úpāke *iti*. u. s. n. y. X, 70, 6. divyé *iti* yóshaṇe *iti* bṛihatí *iti* surukmé *iti* su-rukmé. ṣukra-píṣam dádhāne *iti*. 7 d. h. p. III, 4, 7. su-vácā. pra-codáyantā. kārú *iti*. pra-díṣā. 8 á idám. su-ápasaḥ. 9 imé *iti* dyávāpṛithiví *iti* jánitrī *iti*. 10 upa-ávasṛija. sam-añján. 11 ví a°. puraḥ-gáḥ. pra-díṣi. sváhā-kṛitam. — 111, 1 á īrayāma. 2 tavishéṇa. vivyāca. 3 ṣrútyai. pathi-kṛít. át. sana-jáḥ áprati-itaḥ. 4 í. m. m. a. X, 67, 12. vratá a°. cit. tatāna. 5 prati-mánam.

nam pṛithivyā́ víṣvā veda sávanā hánti ṣúshṇam | mahī́ṃ cid dyā́m ā́tanot sū́ryeṇa cāskámbha cit kámbhanena skábhīyān || 5 || 10 ||

vájreṇa hí vṛitrahā́ vṛitrám ástar ádevasya ṣū́ṣuvānasya māyā́ḥ | ví dhṛishṇo átra dhṛishatā́ jaghanthā́thābhavo maghavan bāhvòjāḥ || 6 || sácanta yád ushásaḥ sū́ryeṇa citrám asya ketávo rā́m avindan | ā́ yán nákshatraṃ dádṛiṣe divó ná púnar yató nákir addhā́ nú veda || 7 || dūráṃ kíla prathamā́ jagmur āsām índrasya yā́ḥ prasavé sasrúr ā́paḥ | kvà svid ágraṃ kvà budhná āsām ā́po mádhyaṃ kvà vo nūnám ántaḥ || 8 || sṛijáḥ síndhūn̐r áhinā jagrasānā́n̐ ā́d íd etā́ḥ prá vivijre javéna | múmukshamāṇā utá yā́ mumucré 'dhéd etā́ ná ramante nítiktāḥ || 9 || sadhrī́cīḥ síndhum uṣatī́r ivāyan sanā́j jārá āritáḥ pūrbhíd āsām | ástam ā́ te pā́rthivā vásūny asmé jagmuḥ sūnṛ́tā indra pūrvī́ḥ || 10 || 11 ||

112.

Índra píba pratikāmáṃ sutásya prātaḥsāvás táva hí pūrvápītiḥ | hárshasva hántave ṣūra ṣátrūn ukthébhish ṭe vīryā̀ prá bravāma || 1 || yás te rátho mánaso jávīyān éndra téna somapéyāya yāhi | tū́yam ā́ te hárayaḥ prá dravantu yébhir yā́si vṛíshabhir mándamānaḥ || 2 || háritvatā várcasā sū́ryasya ṣréshṭhai rūpaís tanvàṃ sparṣayasva | asmā́bhir indra sákhibhir huvānáḥ sadhrīcīnó mādayasvā nishádya || 3 || yásya tyát te mahimā́nam mádeshv imé mahī́ ródasī nā́viviktām | tád óka ā́ háribhir indra yuktaíḥ priyébhir

111, 5 pṛithivyā́ḥ. ā́ a°. skámbhanena. 6 vṛitra-hā́. dhṛishṇo *iti*. jaghantha átha a°. bāhú-ojāḥ. 7 yát. 8 prathamā́ḥ. pra-savé. 9 yā́ḥ. ádha ít etā́ḥ. ní-tiktāḥ. 10 uṣatī́ḥ-iva ā°. sanā́t. pūḥ-bhít. asmé *iti*. — 112, 1 prati-kāmám. prātaḥ-sāváḥ. pūrvá-pītiḥ. ukthébhiḥ te. 2 ā́ i°. soma-péyāya. 3 háritvatā. ṣréshṭhaiḥ. mādayasva ni-sádya. 4 imé *iti* mahī́ *iti* ródasī *iti* ná ā́°.

yāhi priyám ánnam ácha || 4 || yásya ṣáṣvat papiváñ indra ṣátrūn anānukrityá ráṇyā cakártha | sá te púraṃdhiṃ távishīm iyarti sá te mádāya sutá indra sómaḥ || 5 || 12 ||

idáṃ te pā́traṃ sánavittam indra píbā sómam ená ṣatakrato | pūrṇá āhāvó madirásya mádhvo yáṃ víṣva íd abhiháryanti deváḥ || 6 || ví hí tvā́m indra purudhā́ jánāso hitáprayaso vṛishabha hváyante | asmā́kaṃ te mádhumattamānīmā́ bhuvan sávanā téshu harya || 7 || prá ta indra pūrvyā́ṇi prá nūnáṃ vīryā̀ vocam prathamā́ kṛitā́ni | satīnámanyur aṣrathāyo ádriṃ suvedanā́m akṛiṇor bráhmaṇe gā́m || 8 || ní shú sīda gaṇapate gaṇéshu tvā́m āhur vípratamaṃ kavīnā́m | ná ṛité tvát kriyate kíṃ canā́ré mahā́m arkám maghavañ citrám arca || 9 || abhikhyā́ no maghavan nā́dhamānān sákhe bodhí vasupate sákhīnām | ráṇaṃ kṛidhi raṇakṛit satyaṣushmā́bhakte cid ā́ bhajā rāyé asmā́n || 10 || 13 ||

Navamo 'nuvākaḥ.

113.

Tám asya dyā́vāpṛithiví sácetasā víṣvebhir devaír ánu ṣúshmam āvatām | yád aít kṛiṇvānó mahimā́nam indriyám pītví sómasya krátumāñ avardhata || 1 || tám asya víshṇur mahimā́nam ójasāṅṣúṃ dadhanvā́n mádhuno ví rapṣate | devébhir índro maghávā sayā́vabhir vṛitráṃ jaghanvā́ñ abhavad váreṇyaḥ || 2 || vṛitréṇa yád áhinā bíbhrad ā́yudhā samásthithā yudháye ṣáṅsam āvíde | víṣve te átra marútaḥ sahá tmánā́vardhann ugra mahimā́nam indriyám || 3 || jajñānā́

112, 5 ananu-kṛityā́. púram-dhim. 6 sána-vittam. píba. ṣatakrato *iti* ṣata-krato. ā-haváḥ. víṣve. abhi-háryanti. 7 hitá-prayasaḥ. mádhumat-tamāni imā́. 8 te. satīná-manyuḥ aṣrathayaḥ. su-vedanā́m. 9 sú. gaṇa-pate. ná. caná āré. 10 abhi-khyā̀. vasu-pate. raṇa-kṛit satya-ṣushma á°. bhaja. — 113, 1 dyā́vāpṛithiví *iti* (5) sá-cetasā. 2 ójasā a°. sayā́va-bhiḥ. 3 sam-ásthithāḥ. ā-víde. tmánā á°.

evá vy àbādhata spṛídhaḥ prápaṣyad vīró abhí paúṅsyaṃ ráṇam | ávṛiṣcad ádrim áva sasyádaḥ sṛijad ástabhnān nákaṃ svapasyáyā pṛithúm || 4 || ád índraḥ satrá távishīr apatyata várīyo dyávāpṛithiví abādhata | ávābharad dhṛishitó vájram āyasáṃ ṣévam mitráya váruṇāya dāṣúshe || 5 || 14 ||

índrasyátra távishībhyo virapṣína ṛighāyató araṅhayanta manyáve | vṛitráṃ yád ugró vy ávṛiṣcad ójasāpó bíbhrataṃ támasā párīvṛitam || 6 || yá vīryàṇi prathamáni kártvā mahitvébhir yátamānau samīyátuḥ | dhvāntáṃ támó 'va dadhvase hatá índro mahná pūrváhūtāv apatyata || 7 || víṣve deváso ádha vṛíshṇyāni té 'vardhayan sómavatyā vacasyáyā | raddháṃ vṛitrám áhim índrasya hánmanāgnír ná jámbhais tṛishv ánnam āvayat || 8 || bhúri dákshebhir vacanébhir ṛíkvabhiḥ sakhyébhiḥ sakhyáni prá vocata | índro dhúniṃ ca cúmuriṃ ca dambháyañ chraddhāmanasyá ṣṛiṇute dabhítaye || 9 || tváṃ purúṇy á bharā svásvyā yébhir máṅsai nivácanāni ṣáṅsan | sugébhir víṣvā duritá tarema vidó shú ṇa urviyá gādhám adyá || 10 || 15 ||

114.

Gharmá sámantā trivṛítaṃ vy àpatus táyor júshṭim mātaríṣvā jagāma | divás páyo dídhishāṇā aveshan vidúr deváḥ sahásāmānam arkám || 1 || tisró deshṭráya nírṛitīr úpāsate dīrghaṣrúto ví hí jānánti váhnayaḥ | tásāṃ ní cikyuḥ kaváyo nidánam páreshu yá gúhyeshu vratéshu || 2 || cátush-

113, 4 ví a°. prá a°. sa-syádaḥ. astabhnāt. su-apasyáyā. 5 áva a°. 6 índrasya á°. vi-rapṣínaḥ. ví. ójasā a°. pári-vṛitam. 7 sam-īyátuḥ. támaḥ áva. haté. pūrvá-hūtau. 8 te á°. hánmanā a°. tṛishú. 9 ṣraddhā-manasyá. 10 bhara su-áṣvyā. ni-vácanāni. su-gébhiḥ. duḥ-itá. vidó *iti* sú naḥ. — 114, 1 sám-antā tri-vṛítam ví ā°. sahá-sāmānam. 2 níḥ-ṛitīḥ úpa ā° dīrgha-ṣrútaḥ. ni-dánam. yáḥ. 3 cátuḥ-kapardā.

kapardā yuvatíḥ supéṣā ghṛitápratīkā vayúnāni vaste | tásyāṃ suparṇá vṛíshaṇā ní shedatur yátra devá dadhiré bhāgadhéyam || 3 || ékaḥ suparṇáḥ sá samudrám á viveṣa sá idáṃ víṣvam bhúvanaṃ ví cashṭe | tám pákena mánasāpaṣyam ántitas tám mātá reḷhi sá u reḷhi mātáram || 4 || suparṇáṃ víprāḥ kaváyo vácobhir ékaṃ sántam bahudhá kalpayanti | chándāṅsi ca dádhato adhvaréshu gráhān sómasya mimate dvádaṣa || 5 || 16 ||

shaṭtriṅṣáṅṣ ca catúraḥ kalpáyantaṣ chándāṅsi ca dádhata ādvādaṣám | yajñáṃ vimáya kaváyo manīshá ṛiksāmábhyām prá rátham vartayanti || 6 || cáturdaṣānyé mahimáno asya táṃ dhírā vācá prá ṇayanti saptá | áptānaṃ tīrtháṃ ká ihá prá vocad yéna pathá prapíbante sutásya || 7 || sahasradhá pañcadaṣány ukthá yávad dyávāpṛithiví távad ít tát | sahasradhá mahimánaḥ sahásraṃ yávad bráhma víshṭhitaṃ távatī vák || 8 || káṣ chándasāṃ yógam á veda dhíraḥ kó dhíshṇyām práti vácam papāda | kám ṛitvíjām ashṭamáṃ ṣúram āhur hárī índrasya ní cikāya káḥ svit || 9 || bhúmyā ántam páry éke caranti ráthasya dhūrshú yuktáso asthuḥ | ṣrámasya dāyáṃ ví bhajanty ebhyo yadá yamó bhávati harmyé hitáḥ || 10 || 17 ||

115.

Citrá íc chíṣos táruṇasya vakshátho ná yó mātárāv apyéti dhátave | anūdhá yádi jíjanad ádhā ca nú vavákshā sadyó máhi dūtyàṃ cáran || 1 || agnír ha náma dhāyi dánn apástamaḥ sáṃ yó vánā yuváte bhásmanā datá | abhipra-

114, 3 su-péṣāḥ ghṛitá-pratīkā. su-parṇá. sedatuḥ. deváḥ. bhāga-dhéyam. 4 su-parṇáḥ. mánasā a°. 5 su-parṇám. 6 shaṭ-triṅṣán. ā-dvādaṣám. vi-máya. manīshá ṛik-sāmábhyām. 7 cátuḥ-daṣa a°. dhírāḥ. nayanti. pra-píbante. 8 pañca-daṣáni. dyávāpṛithiví *iti*. ví-sthitam. 9 hárī *iti*. — 115, 1 ít ṣ°. api-éti. anūdháḥ. ádha. 2 abhi-pramúrā.

múrā juhvā̀ svadhvarā́ inó ná próthamāno yávase vṛíshā || 2 || tám̐ vo vím̐ ná drushádam̐ devám ándhasa índum próthantam pravápantam arṇavám | āsā́ váhnim̐ ná ṣocíshā virapṣínam máhivratam̐ ná sarā́jantam ádhvanaḥ || 3 || ví yásya te jrayasānásyājara dhákshor ná vā́tāḥ pári sánty ácyutāḥ | ā́ raṇváso yúyudhayo ná satvanám̐ tritám̐ naṣanta prá ṣishánta ishṭáye || 4 || sá íd agníḥ káṇvatamaḥ káṇvasakhāryáḥ párasyántarasya tárushaḥ | agníḥ pātu gṛiṇató agníḥ sūrī́n agnír dadātu téshām ávo naḥ || 5 || 18 ||

vājíntamāya sáhyase supitrya tṛishú cyávāno ánu jātávedase | anudré cid yó dhṛishatā́ váram̐ saté mahíntamāya dhánvanéd avishyaté || 6 || evā́gnír mártaiḥ sahá sūríbhir vásu shṭave sáhasaḥ sūnáro nṛíbhiḥ | mitrā́so ná yé súdhitā ṛitāyávo dyā́vo ná dyumnaír abhí sánti mā́nushān || 7 || ū́rjo napāt sahasāvann íti tvopastutásya vandate vṛíshā vā́k | tvā́m̐ stoshāma tvā́yā suvī́rā drā́ghīya ā́yuḥ pratarā́m̐ dádhānāḥ || 8 || íti tvāgne vṛishṭihávyasya putrā́ upastutā́sa ṛíshayo 'vocan | tā́ṅṣ ca pāhí gṛiṇatā́ṣ ca sūrī́n váshaḍ váshaḷ íty ūrdhvā́so anakshan námo náma íty ūrdhvā́so anakshan || 9 || 19 ||

116.

Píbā sómam mahatá indriyā́ya píbā vṛitrā́ya hántave ṣavishṭha | píba rāyé ṣávase hūyámānaḥ píba mádhvas tripád indrā́ vṛishasva || 1 || asyá piba kshumátaḥ prásthitasyéndra sómasya váram ā́ sutásya | svastidā́ mánasā mādayasvārvācīnó reváte saúbhagāya || 2 || mamáttu tvā divyáḥ

115, 2 su-adhvaráḥ. 3 dru-sádam. pra-vápantam. vi-rapṣínam máhi-vratam. 4 jrayasānásya a°. 5 káṇva-sakhā. aryáḥ — tárushaḥ VI, 15, 3. 6 su-pitrya. jātá-vedase. dhánvanā ít. 7 evá a°. vásuḥ stave. sú-dhitāḥ ṛita-yávaḥ. 8 tvā upa-stutásya. tvā́m̐ *etc.* 53, 11. 9 tvā a° vṛishṭi-hávyasya. upa-stutā́saḥ. — 116, 1 píba (2). mahaté. indra ā́. 2 prá-sthitasya í°. svasti-dā́ḥ. mādayasva a°.

sóma indra mamáttu yáḥ sūyáte pā́rthiveshu | mamáttu yéna várivaṣ cakártha mamáttu yéna niriṇā́si ṣátrūn || 3 || ā́ dvibárhā aminó yātv índro vṛ́shā háribhyām párishiktam ándhaḥ | gávy ā́ sutásya prábhṛitasya mádhvaḥ satrā́ khédām aruṣahā́ vṛishasva || 4 || ní tigmā́ni bhrāṣáyan bhrā́ṣyāny áva sthirā́ tanuhi yātujū́nām | ugrā́ya te sáho bálaṃ dadāmi pratī́tyā ṣátrūn vigadéshu vṛiṣca || 5 || 20 ||

vy àryá indra tanuhi ṣrávāṅsy ója sthiréva dhánvano 'bhímātīḥ | asmadryàg vāvṛidhānáḥ sáhobhir ánibhṛishṭas tanvàṃ vāvṛidhasva || 6 || idáṃ havír maghavan túbhyaṃ rātám práti samrāḷ áhṛiṇāno gṛibhāya | túbhyaṃ sutó maghavan túbhyam pakvò 'ddhìndra píba ca prásthitasya || 7 || addhíd indra prásthitemā́ havī́ṅshi cáno dadhishva pacatótá sómam | práyasvantaḥ práti haryāmasi tvā satyā́ḥ santu yájamānasya kā́māḥ || 8 || préndrāgníbhyāṃ suvacasyā́m iyarmi síndhāv iva prérayaṃ nā́vam arkaíḥ | áyā iva pári caranti devā́ yé asmábhyaṃ dhanadā́ udbhídaṣ ca || 9 || 21 ||

117.

Ná vā́ u devā́ḥ kshúdham íd vadháṃ dadur utā́ṣitam úpa gachanti mṛityávaḥ | utó rayíḥ pṛiṇató nópa dasyaty utā́pṛiṇan marḍitā́raṃ ná vindate || 1 || yá ādhrā́ya cakamā́nā́ya pitvó 'nnavān sán raphitā́yopajagmúshe | sthirám mánaḥ kṛiṇuté sévate purótó cit sá marḍitā́raṃ ná vindate || 2 || sá íd bhojó yó gṛiháve dádāty ánnakāmāya cárate kṛiṣā́ya | áram asmai bhavati yā́mahūtā utāparíshu kṛiṇute

116, 3 ni-riṇā́si. 4 dvi-bárhāḥ. pári-siktam. prá-bhṛitasya. aruṣa-hā́ ā́. 5 á. s. t. y. IV, 4, 5. prati-ítya. vi-gadéshu. 6 ví a°. ójaḥ sthirā́-iva. abhí-mātīḥ. vavṛidhānáḥ. áni-bhṛishṭaḥ. vavṛidhasva. 7 sam-rāṭ. pakváḥ addhí i°. prá-sthitasya. 8 addhí ít. prá-sthitā i°. pacatā́ utá. 9 prá i° su-vacasyā́m. prá I°. devā́ḥ. dhana-dā́ḥ ud-bhídaḥ. — 117, 1 vaí. utá ā́°. utó *iti*. ná úpa. utá á°. 2 ánna-vān. raphitā́ya upa-jagmúshe. purā́ utó *iti*. 3 ánna-kāmāya. yā́ma-hūtau utá a°.

sákhāyam || 3 || ná sá sákhā yó ná dádāti sákhye sacābhúve sácamānāya pitváḥ | ápāsmāt préyān ná tád óko asti priṇántam anyám áraṇaṃ cid ichet || 4 || priṇīyā́d ín nā́dhamānāya távyān drā́ghīyāṅsam ánu paṣyeta pánthām | ó hí vártante ráthyeva cakrā́nyám-anyam úpa tishṭhanta rā́yaḥ || 5 || 22 ||

mógham ánnaṃ vindate ápracetāḥ satyám bravīmi vadhá ít sá tásya | nā́ryamáṇam púshyati nó sákhāyaṃ kévalāgho bhavati kevalādí || 6 || krishánn ít phā́la ā́ṣitaṃ kriṇoti yánn ádhvānam ápa vriṅkte carítraiḥ | vádan brahmā́vadato vánīyān priṇánn āpír ápriṇantam abhí shyāt || 7 || ékapād bhū́yo dvipádo ví cakrame dvipā́t tripā́dam abhy èti paṣcā́t | cátushpād eti dvipádām abhisvaré sampáṣyan paṅktír upatíshṭhamānaḥ || 8 || samaú cid dhástau ná samám viviśhṭaḥ sammātárā cin ná samáṃ duhāte | yamáyoṣ cin ná samā́ vīryā̀ṇi jñātí cit sántau ná samám priṇītaḥ || 9 || 23 ||

118.

Ágne háṅsi ny àtríṇaṃ dī́dyan mártyeshv ā́ | své ksháye ṣucivrata || 1 || út tishṭhasi svā̀huto ghritā́ni práti modase | yát tvā srúcaḥ samásthiran || 2 || sá ā́huto ví rocate 'gnír īḷényo girā́ | srucā́ prátīkam ajyate || 3 || ghriténāgníḥ sám ajyate mádhupratīka ā́hutaḥ | rócamāno vibhā́vasuḥ || 4 || járamāṇaḥ sám idhyase devébhyo havyavāhana | táṃ tvā havanta mártyāḥ || 5 || 24 ||

117, 4 sacā-bhúve. ápa a° prá iyāt. 5 ít. ó *iti*. ráthyā-iva cakrā́ a°. 6 ápra-cetāḥ. ná a°. nó *iti*. kévala-aghaḥ. kevala-ādí. 7 brahmā́ á°. syāt. 8 éka-pāt. dvi-pádaḥ. dvi-pā́t tri-pā́dam abhí eti. cátuḥ-pāt. dvi-pádām abhi-svaré sam-páṣyan. upa-tíshṭhamānaḥ. 9 hástau. sam-mātárā cit. duhāte *iti*. cit. jñātí *iti*. — 118, 1 ní a° dī́dyat. ṣuci-vrata. 2 sú-āhutaḥ. sam-ásthiran. 3 ā́-hutaḥ (4). 4 ghriténa a° (6). mádhu-pratīkaḥ. vibhā́-vasuḥ. 5 havya-vahana.

tám martā́ ámartyaṃ ghṛiténāgníṃ saparyata | ádābhyaṃ gṛihápatim || 6 || ádābhyena ṣocíshāgne rákshas tváṃ daha | gopā́ ṛitásya dīdihi || 7 || sá tvám agne prátīkena práty osha yātudhānyàḥ | urukshā́yeshu dī́dyat || 8 || táṃ tvā gīrbhír urukshā́yā havyavā́haṃ sám īdhire | yájishṭham mánushe jáne || 9 || 25 ||

119.

Íti vā́ íti me máno gā́m áṣvaṃ sanuyām íti | kuvít sómasyā́pām íti || 1 || prá vā́tā iva dódhata ún mā pītā́ ayaṅsata | kuvít — || 2 || ún mā pītā́ ayaṅsata rátham áṣvā ivāṣávaḥ | kuvít — || 3 || úpa mā matír asthita vāṣrā́ putrám iva priyám | kuvít — || 4 || aháṃ táshṭeva vandhúram páry acāmi hṛidā́ matím | kuvít — || 5 || nahí me akshipác canā́chāntsuḥ páñca kṛishṭáyaḥ | kuvít — || 6 || 26 ||

nahí me ródasī ubhé anyám pakshám caná práti | kuvít — || 7 || abhí dyā́m mahinā́ bhuvam abhìmā́m pṛithivī́m mahī́m | kuvít — || 8 || hántāhám pṛithivī́m imā́ṃ ní dadhānīhá vehá vā | kuvít — || 9 || oshám ít pṛithivī́m aháṃ jaṅghánānīhá vehá vā | kuvít — || 10 || diví me anyáḥ pakshò 'dhó anyám acīkṛisham | kuvít — || 11 || ahám asmi mahāmahò 'bhinabhyám údīshitaḥ | kuvít — || 12 || gṛihó yāmy áraṃkṛito devébhyo havyavā́hanaḥ | kuvít — || 13 || 27 ||

Shashṭho 'dhyāyaḥ.

120.

Tád íd āsa bhúvaneshu jyéshṭhaṃ yáto jajñá ugrás tve-

118, 6 gṛihá-patim. 7 ṣocíshā á°. 8 yātu-dhānyàḥ uru-kshā́yeshu. 9 uru-kshā́yāḥ havya-vā́ham. — 119, 1 vaí. sómasya á°. 2 út. 3 ú. m. p. a. 2. áṣvāḥ-iva ā°. 5 táshṭā-iva. 6 akshi-pát caná á°. 7 ródasī *iti* ubhé *iti*. 8 abhí i°. 9 hánta a°. dadhāni ihá vā ihá. 10 jaṅghánāni. i. v. v. 9. 11 pakshā́ḥ a°. 12 mahā-maháḥ abhi-nabhyám út-īshitaḥ. 13 áram-kṛitaḥ. havya-vā́hanaḥ. — 120, 1 jajñé. tveshá-nṛimṇaḥ.

shánṛimṇaḥ | sadyó jajñānó ní riṇāti ṣátrūn ánu yáṃ víṣve mádanty ū́māḥ || 1 || vāvṛidhānáḥ ṣávasā bhū́ryojāḥ ṣátrur dāsáya bhiyásaṃ dadhāti | ávyanac ca vyanác ca sásni sáṃ te navanta prábhṛitā mádeshu || 2 || tvé krátum ápi vṛiñjanti víṣve dvír yád eté trír bhávanty ū́māḥ | svādóḥ svā́dīyaḥ svādúnā sṛijā sám adáḥ sú mádhu mádhunābhí yodhīḥ || 3 || íti cid dhí tvā dhánā jáyantam máde-made anumádanti víprāḥ | ójīyo dhṛishṇo sthirám ā́ tanushva mā́ tvā dabhan yātudhā́nā durévāḥ || 4 || tváyā vayáṃ ṣāṣadmahe ráṇeshu prapáṣyanto yudhényāni bhū́ri | codáyāmi ta ā́yudhā vácobhiḥ sáṃ te ṣiṣāmi bráhmaṇā váyāṅsi || 5 || 1 ||

stushéyyam puruvárpasam ṛ́bhvam inátamam āptyám āptyā́nām | ā́ darshate ṣávasā saptá dā́nūn prá sākshate pratimā́nāni bhū́ri || 6 || ní tád dadhishé 'varam páraṃ ca yásminn ā́vithā́vasā duroṇé | ā́ mātárā sthāpayase jigatnū́ áta inoshi kárvarā purū́ṇi || 7 || imā́ bráhma bṛiháddivo vivaktī́ndrāya ṣūshám agriyáḥ svarshā́ḥ | mahó gotrásya kshayati svarā́jo dúraṣ ca víṣvā avṛiṇod ápa svā́ḥ || 8 || evá mahā́n bṛiháddivo átharvā́vocat svā́ṃ tanvàm índram evá | svásāro mātaríbhvarīr ariprā́ hinvánti ca ṣávasā vardháyanti ca || 9 || 2 ||

121.

Hiraṇyagarbháḥ sám avartatā́gre bhūtásya jātáḥ pátir éka āsīt | sá dādhāra pṛithivíṃ dyā́m utémā́ṃ kásmai devā́ya havíshā vidhema || 1 || yá ātmadā́ baladā́ yásya víṣva

---

120, 2 vavṛidhānáḥ. bhū́ri-ojāḥ. ávi-anat. vi-anát. prá-bhṛitā. 3 tvé *iti*. sṛija. mádhunā a°. 4 hí. anu-mádanti. dhṛishṇo *iti*. yātu-dhā́nāḥ duḥ-évāḥ. 5 pra-páṣyantaḥ. te. 6 puru-várpasam. prati-mā́nāni. 7 dadhishe á°. ā́vitha á°. jigatnū́ *iti*. 8 bṛihát -divaḥ (9) vivakti í°. svaḥ-sáḥ. sva-rā́jaḥ. dúraṣ *etc*. III, 3, 21. 9 evá. átharvā á°. ariprā́ḥ. — 121, 1 hiraṇya-garbháḥ. avartata á°. utá i°. 2 ātma-dā́ḥ bala-dā́ḥ. víṣvo.

upásate praṣíshaṃ yásya deváḥ | yásya chāyāmṛítaṃ yásya
mṛityúḥ kásmai deváya havíshā vidhema || 2 || yáḥ prāṇató
nimisható mahitvaíka íd rájā jágato babhúva | yá íṣe asyá
dvipádaṣ cátushpadaḥ kásmai deváya havíshā vidhema || 3 ||
yásyemé himávanto mahitvá yásya samudráṃ rasáyā saháhúḥ | yásyemáḥ pradíṣo yásya bābú kásmai deváya havíshā
vidhema || 4 || yéna dyaúr ugrá pṛithiví ca dṛilhá yéna svà
stabhitáṃ yéna nákaḥ | yó antárikshe rájaso vimánaḥ kásmai deváya havíshā vidhema || 5 || 3 ||

yáṃ krándasī ávasā tastabhāné abhy aíkshetām mánasā
réjamāne | yátrádhi súra údito vibháti kásmai deváya havíshā vidhema || 6 || ápo ha yád bṛihatír víṣvam áyan gárbhaṃ dádhānā janáyantīr agním | táto devánāṃ sám avartatásur ékaḥ kásmai deváya havíshā vidhema || 7 || yáṣ cid
ápo mahiná paryápaṣyad dákshaṃ dádhānā janáyantīr yajñám | yó devéshv ádhi devá éka ásīt kásmai deváya havíshā vidhema || 8 || má no hiṅsīj janitá yáḥ pṛithivyá yó vā
dívaṃ satyádharmā jajána | yáṣ cápáṣ candrá bṛihatír jajána kásmai deváya bavíshā vidhema || 9 || prájāpate ná tvád
etány anyó víṣvā jātáni pári tá babhūva | yátkāmās te juhumás tán no astu vayáṃ syāma pátayo rayīṇám || 10 || 4 ||

122.

Vásuṃ ná citrámahasaṃ gṛiṇīshe vāmáṃ ṣévam átithim
advishenyám | sá rāsate ṣurúdho viṣvádhāyaso 'gnír hótā
gṛihápatiḥ suvíryam || 1 || jushāṇó agne práti harya me váco

121, 2 upa-ásate pra-ṣisham. chāyá aº. 3 prāṇatáḥ ni-mishatáḥ
mahi-tvá éº. dvi-pádaḥ cátuḥ-padaḥ. 4 yásya imé. sahá áº yásya
imáḥ pra-díṣaḥ. bābú iti. 5 svàr iti sváḥ. vi-mánaḥ. 6 krándasī iti. tastabhāné iti abhí. réjamāne iti yátra áº. út-itaḥ vi
-bháti. 7 dádhānaḥ. avartata áº. 8 pari-ápaṣyat. dádhānaḥ.
9 hiṅsīt. pṛithivyáḥ. satyá-dharmā. ca aº candráḥ. 10 *Im pada
nicht abgetheilt. Vergleiche* VII, 59, 12. — 122, 1 citrá-mahasam.
viṣvá-dhāyaṣaḥ. gṛihá-patiḥ su-víryam,

víṣvāni vidván vayúnāni sukrato | ghṛítanirṇig bráhmaṇe gātúm éraya táva devā́ ajanayann ánu vratám || 2 || saptá dhā́māni pariyánn ámartyo dā́ṣad dāṣúshe sukṛíte māmahasva | suvíreṇa rayíṇāgne svābhúvā yás ta ā́naṭ samídhā táṃ jushasva || 3 || yajñásya ketúm prathamám puróhitaṃ havíshmanta īḷate saptá vājínam | ṣriṇvántam agníṃ ghṛitápṛishṭham ukshánam pṛiṇántaṃ devám pṛiṇaté suvíryam || 4 || tváṃ dūtáḥ prathamó váreṇyaḥ sá hūyámāno amṛítāya matsva | tvā́m marjayan marúto dāṣúsho gṛihé tvā́ṃ stómebhir bhṛígavo ví rurucuḥ || 5 || 5 ||

íshaṃ duhán sudúghāṃ viṣvádhāyasaṃ yajñapríye yájamānāya sukrato | ágne ghṛitásnus trír ṛitáni dídyad vartír yajñám pariyán sukratūyase || 6 || tvā́m íd asyā́ usháso vyùshṭishu dūtáṃ kṛiṇvānā́ ayajanta mánushāḥ | tvā́ṃ devā́ mahayā́yyāya vāvṛidhur ā́jyam agne nimṛijánto adhvaré || 7 || ní tvā vásishṭhā ahvanta vājínaṃ gṛiṇánto agne vidátheshu vedhásaḥ | rāyás póshaṃ yájamāneshu dhāraya yūyám pāta svastíbhiḥ sádā naḥ || 8 || 6 ||

123.

Ayáṃ venáṣ codayat pṛíṣnigarbhā jyótirjarāyū rájaso vimáne | imám apā́ṃ saṃgamé sū́ryasya ṣíṣuṃ ná víprā matíbhī rihanti || 1 || samudrā́d ūrmím úd iyarti venó nabhojā́ḥ pṛishṭháṃ haryatásya darṣi | ṛitásya sā́nāv ádhi vishṭápi bhrā́ṭ samānáṃ yónim abhy ànūshata vrā́ḥ || 2 || samānám pūrvír abhí vāvaṣānā́s tíshṭhan vatsásya mātáraḥ

122, 2 sukrato *iti* su-krato (6) ghṛíta-nirnik. ā́ 1°. 3 pari-yán (6). su-kṛite ma° su-víreṇa rayíṇā a° su-ābhúvā. te. sam-ídhā. 4 y. k. p. p. IV, 11, 2. ghṛitá-pṛishṭham. su-víryam. 6 su-dúghām viṣvá-dhāyasam yajña-príye. ghṛitá-snuḥ. sukratu-yase. 7 ví-ushṭishu. devā́ḥ. vavṛidhuḥ. ni-mṛijántaḥ. 8 r. p. y. X, 17, 9. — 123, 1 pṛíṣni-garbhāḥ jyótiḥ-jarāyuḥ. vi-mā́ne. sam-gamé. víprāḥ matí-bhiḥ. 2 nabhaḥ-jā́ḥ. abhí a°.

sánīḷāḥ | ṛitásya sā́nāv ádhi cakramāṇā́ rihánti mádhvo amṛ́tasya vā́ṇīḥ || 3 || jānánto rūpám akṛipanta víprā mṛigásya ghósham mahishásya hí gmán | ṛiténa yánto ádhi síndhum asthur vidád gandharvó amṛ́tāni nā́ma || 4 || apsarā́ jārám upasishmiyāṇā́ yóshā bibharti paramé vyòman | cárat priyásya yónishu priyáḥ sán sīdat pakshé hiraṇyáye sá venáḥ || 5 || 7 ||

nā́ke suparṇám úpa yát pátantaṃ hṛidā́ vénanto abhy ácakshata tvā | híraṇyapakshaṃ váruṇasya dūtáṃ yamásya yónau ṣakunám bhuraṇyúm || 6 || ūrdhvó gandharvó ádhi nā́ke asthāt pratyáñ citrā́ bíbhrad asyā́yudhāni | vásāno átkaṃ surabhíṃ dṛiṣé káṃ svàr ṇá nā́ma janata priyā́ṇi || 7 || drapsáḥ samudrám abhí yáj jígāti páṣyan gṛ́dhrasya cákshasā vídharman | bhānúḥ ṣukréṇa ṣocíshā cakānás tṛitī́ye cakre rájasi priyā́ṇi || 8 || 8 ||

124.

Imáṃ no agna úpa yajñám éhi páñcayāmaṃ trivṛ́taṃ saptátantum | áso havyavā́ḷ utá naḥ purogā́ jyóg evá dīrgháṃ táma ā́ṣayishṭhāḥ || 1 || ádevād deváḥ pracátā gúhā yán prapáṣyamāno amṛitatvám emi | ṣiváṃ yát sántam áṣivo jáhāmi svā́t sakhyā́d áraṇīṃ nā́bhim emi || 2 || páṣyann anyásyā átithiṃ vayā́yā ṛitásya dhā́ma ví mime purū́ṇi | ṣáṅsāmi pitré ásurāya ṣévam ayajñiyā́d yajñíyam bhāgám emi || 3 || bahvī́ḥ sámā akaram antár asminn índraṃ vṛiṇānáḥ pitáraṃ jahāmi | agníḥ sómo váruṇas té cyavante paryā́vard rāshṭráṃ tád avāmy āyán || 4 || nírmāyā u tyé ásurā

123, 3 sá-nīḷāḥ. ṛi. s. á. 2. cakramāṇā́ḥ. 4 víprāḥ. 5 apsarā́ḥ. upa-sishmiyāṇā́. ví-oman. 6 su-parṇám. abhí. híraṇya-paksham. 7 ūrdhvó — asthat IX, 85, 12. asya ā́°. vásāno — ṇa VI, 29, 9. yát. vi-dharman. bh. ṣ. ṣ. IX, 85, 12. — 124, 1 agne. ā́ ihi páñca-yāmam tri-vṛítam saptá-tantum. havya-vā́ṭ. puraḥ-gā́ḥ. ā́ a°. 2 pra-cátā. pra-páṣyamānaḥ. 4 pari-ā́vart. ā-yán. 5 níḥ-māyāḥ.

abhūvan tváṃ ca mā varuṇa kāmáyāse | ṛiténa rājann ánṛitaṃ viviñcán máma rāshṭrásyádhipatyam éhi || 5 || 9 ||

idáṃ svàr idám íd āsa vāmám ayám prakāṣá urv àntáriksham | hánāva vṛitráṃ niréhi soma havísh ṭvā sántaṃ havíshā yajāma || 6 || kavíḥ kavitvá diví rūpám ásajad ápra-bhūtī váruṇo nír apáḥ sṛijat | kshémaṃ kṛiṇvāná jánayo ná síndhavas tá asya várṇaṃ ṣúcayo bharibhrati || 7 || tá asya jyéshṭham indriyáṃ sacante tá īm á ksheti svadháyā mádantīḥ | tá īṃ víṣo ná rájānaṃ vṛiṇāná bībhatsúvo ápa vṛitrád atishṭhan || 8 || bībhatsúnāṃ sayújaṃ haṅsám āhur apáṃ divyánāṃ sakhyé cárantam | anushṭúbham ánu carcūryámāṇam índraṃ ní cikyuḥ kaváyo manīshá || 9 || 10 ||

125.

Aháṃ rudrébhir vásubhiṣ carāmy ahám ādityaír utá viṣvádevaiḥ | ahám mitrávárunobhá bibharmy ahám indrāgní ahám aṣvínobhá || 1 || aháṃ sómam āhanásam bibharmy aháṃ tváshṭāram utá pūsháṇam bhágam | aháṃ dadhāmi dráviṇaṃ havíshmate suprāvyè yájamānāya sunvaté || 2 || aháṃ ráshṭrī saṃgámanī vásūnāṃ cikitúshī prathamá yajñíyānām | tám mā devá vy àdadhuḥ purutrá bhúristhātrām bhúry āveṣáyantīm || 3 || máyā só ánnam atti yó vipáṣyati yáḥ práṇiti yá īṃ ṣriṇóty uktám | amantávo máṃ tá úpa kshiyanti ṣrudhí ṣruta ṣraddhiváṃ te vadāmi || 4 || ahám evá svayám idáṃ vadāmi júshṭaṃ devébhir utá mánushebhiḥ | yáṃ kāmáye táṃ-tam ugráṃ kṛiṇomi tám brahmáṇaṃ tám ṛíshiṃ táṃ sumedhám || 5 || 11 ||

124, 5 vi-viñcán. rāshṭrásya ádhi-patyam á ihi. 6 pra-kāṣáḥ urú a°. niḥ-éhi. havíḥ tvā. 7 á a° ápra-bhūtī. kṛiṇvānáḥ. 8 vṛiṇānáḥ. 9 sa-yújam. anu-stúbham. — 125, 1 viṣvá-devaiḥ. mitrávárunā u°. indrāgní íti. aṣvínā u°. 2 supra-avyè. 3 sam-gámanī. deváḥ ví a°. bhúri-sthātrām. á-veṣáyantīm. 4 vi-páṣyati. práṇiti. té. ṣraddhi-vám. 5 su-medhám.

ahám rudráya dhánur á tanomi brahmadvíshe ṣárave
hántavá u | ahám jánāya samádaṃ kriṇomy ahám dyávāpṛi-
thiví á viveṣa || 6 || ahám suve pitáram asya mūrdhán máma
yónir apsv àntáḥ samudré | táto ví tishṭhe bhúvanánu víṣ-
votámúṃ dyám varshmáṇópa spṛiṣāmi || 7 || ahám evá váta
iva prá vāmy ārábhamāṇā bhúvanāni víṣvā | paró divá pará
enā pṛithivyáítávatī mahiná sám babhūva || 8 || 12 ||

126.

Ná tám áṅho ná duritáṃ dévāso ashṭa mártyam | sajó-
shaso yám aryamā mitró náyanti váruṇo áti dvíshaḥ || 1 ||
tád dhí vayáṃ vṛiṇīmáhe váruṇa mítráryaman | yénā nír
áṅhaso yūyám pāthá nethá ca mártyam áti dvíshaḥ || 2 ||
té nūnáṃ no 'yám ūtáye váruṇo mitró aryamā | náyishṭhā
u no neshāṇi párshishṭhā u naḥ parshány áti dvíshaḥ || 3 ||
yūyáṃ víṣvam pári pātha váruṇo mitró aryamā | yushmā-
kaṃ ṣármaṇi priyé syáma supraṇītayó 'ti dvíshaḥ || 4 ||
ādityáso áti srídho váruṇo mitró aryamā | ugrám marúdbhī
rudrám huveméndram agním svastáyé 'ti dvíshaḥ || 5 || né-
tāra ū ṣú ṇas tiró váruṇo mitró aryamā | áti víṣvāni dur-
itá rájānaṣ carshaṇīnám áti dvíshaḥ || 6 || ṣunám asmá-
bhyam ūtáye váruṇo mitró aryamā | ṣárma yachantu sa-
prátha ādityáso yád ímahe áti dvíshaḥ || 7 || yáthā ha tyád
vasavo gauryàm cit padí shitám ámuñcatā yajatrāḥ | evó
shv àsmán muñcatā vy áṅhaḥ prá tāry agne pratarám na
áyuḥ || 8 || 13 ||

125, 6 brahma-dvíshe. hántavaí. sa-mádam. dyávāpṛithiví íti.
7 ap-sú antár íti. bhúvanā ánu víṣvā utá aº. varshmáṇa úpa.   8 á
-rábhamāṇā. paró — pṛithivyā X, 82, 5. etávatī. — 126, 1 duḥ
-itám. sa-jóshasaḥ.   2 hí. v. m. V, 67, 1. yénā. nethá.   3 v.
m. a. (4—7) 26, 4.   4 su-praṇītayaḥ áti.   4 marút-bhiḥ. huvema
íº. svastáye áti.   6 úm̐ íti ṣú naḥ. duḥ-itá.   7 sa-práthaḥ.
8 = IV, 12, 6.

127.

Rátrī vy àkhyad āyatí purutrá devy àkshábhiḥ | víṣvā ádhi ṣríyo 'dhita || 1 || órv àprā ámartyā niváto devy ùdvátaḥ | jyótishā bādhate támaḥ || 2 || nír u svásāram askṛitosháṣaṃ devy àyatí | ápéd u hāsate támaḥ || 3 || sá no adyá yásyā vayáṃ ní te yámann ávikshmahi | vṛikshé ná vasatíṃ váyaḥ || 4 || ní grámāso avikshata ní padvánto ní pakshíṇaḥ | ní ṣyenásaṣ cid arthínaḥ || 5 || yāváyā vṛikyàṃ vṛíkaṃ yaváya stenám ūrmye | áthā naḥ sutárā bhava || 6 || úpa mā pépiṣat támaḥ kṛishṇáṃ vyàktam asthita | úsha ṛiṇéva yātaya || 7 || úpa te gá ivákaraṃ vṛiṇīshvá duhitar divaḥ | rátri stómaṃ ná jigyúshe || 8 || 14 ||

128.

Mámāgne várco vihavéshv astu vayáṃ tvéndhānās tanvàm pushema | máhyaṃ namantām pradíṣaṣ cátasras tváyā́dhyakshena pṛítanā jayema || 1 || máma devá vihavé santu sárva índravanto marúto víshṇur agníḥ | mámāntárikhsham urúlokam astu máhyaṃ vātaḥ pavatāṃ káme asmín || 2 || máyi devá dráviṇam á yajantām máyy āṣír astu máyi deváhūtiḥ | daívyā hótāro vanushanta pūrvé 'rishṭāḥ syāma tanvà suvírāḥ || 3 || máhyaṃ yajantu máma yáni havyákūtiḥ satyá mánaso me astu | éno má ní gāṃ katamác canáhám víṣve devāso ádhi vocatā naḥ || 4 || dévīḥ shaḷ urvīr urú naḥ kṛiṇota víṣve devāsa ihá vīrayadhvam | má hās-

---

127, 1 ví a° ā-yatí. deví a°. 2 á urú a°. deví u°. 3 akṛita u° deví ā-yatí ápa ít. 4 yásyāḥ. 6 yaváya. átha. su-tárā. 7 ví-aktam. ṛiṇā́-iva. 8 gā́ḥ-iva á a°. — 128, 1 máma a°. vi-havéshu. tvā́ í°. pra-díṣaḥ. tváyā ádhi-akshena pṛítanāḥ. 2 deváḥ vi-havé. sárve. máma a° urú-lokam. 3 deváḥ. ā-ṣíḥ. devá-hūtiḥ. daívyāḥ. pūrve á°. su-vírāḥ. 4 havyá á-kūtiḥ. katamát caná a°. vocata.

mahi prajáyā má tanū́bhir má radhāma dvishaté soma rājan ‖ 5 ‖ 15 ‖

ágne manyúm pratinudán páreshām ádabdho gopā́ḥ pári pāhi nas tvám | pratyáñco yantu nigútaḥ púnas tè 'maíshāṃ cittám prabúdhāṃ ví neṣat ‖ 6 ‖ dhātá dhātṝṇā́m bhúvanasya yás pátir devā́ṃ trātā́ram abhimātishāhám | imáṃ yajñám aṣvínobhá bríhaspátir devā́ḥ pāntu yájamānaṃ nyarthā́t ‖ 7 ‖ uruvyácā no mahisháḥ ṣárma yaṅsad asmín háve puruhūtáḥ purukshúḥ | sá naḥ prajā́yai haryaṣva mṛiḷayéndra mā́ no rīrisho mā́ párā dāḥ ‖ 8 ‖ yé naḥ sapátnā ápa té bhavantv indrāgníbhyām áva bādhāmahe tā́n | vásavo rudrá ādityá uparispṛ́íṣam mográ́ṃ céttāram adhirājám akran ‖ 9 ‖ 16 ‖

Daṣamo 'nuvākaḥ.

129.

Násad āsīn nó sád āsīt tadā́nīṃ nā́sīd rájo nó vyòmā paró yát | kím ā́varīvaḥ kúha kásya ṣármann ámbhaḥ kím āsīd gáhanaṃ gabhīrám ‖ 1 ‖ ná mṛityúr āsīd amṛ́taṃ ná tárhi ná rā́tryā áhna āsīt praketáḥ | ā́nīd avātáṃ svadháyā tád ékaṃ tásmād dhānyán ná páraḥ kíṃ canā́sa ‖ 2 ‖ táma āsīt támasā gūḷhám ágre 'praketáṃ salilám sárvam ā idám | tuchyénābhv ápihitaṃ yád ā́sīt tápasas tán mahinájāyataíkam ‖ 3 ‖ kā́mas tád ágre sám avartatā́dhi mánaso rétaḥ prathamáṃ yád ā́sīt | sató bándhum ásati nír avindan hṛidí pratíshyā kaváyo manīshá ‖ 4 ‖ tiraṣcíno vítato raṣmír eshām

---

128, 5 pra-jáyā. 6 prati-nudán. ni-gútaḥ púnar *iti* té amā́ e°. pra-búdhām. 7 abhimāti-sahám. aṣvínā u°. ni-arthā́t. 8 uru-vyácāḥ. puru-hūtáḥ puru-kshúḥ. pra-jā́yai hari-aṣva mṛiḷaya í°. ririshaḥ. 9 sa-pátnāḥ. upari-spṛ́íṣam mā u°. adhi-rājám. — 129, 1 ná ásat āsīt nó *iti* (2). ná ā°. ví-oma. ā́ avarīvar *iti*. 2 pra-ketáḥ. ha anyát. caná āsa. 3 apra-ketám. tuchyéna ābhú ápi-hitam. tát mahinā́ ajāyata é°. 4 avartata á°. prati-íshya. 5 ví-tataḥ.

adháḥ svid āsī̃d upári svid āsī̃t | retodhā́ āsan mahimā́na āsan svadhā́ avástāt práyatiḥ parástāt || 5 || kó addhā́ veda ká ihá prá vocat kúta ā́jātā kúta iyáṃ vísṛishṭiḥ | arvā́g devā́ asyá visárjanenā́thā kó veda yáta ābabhū́va || 6 || iyáṃ vísṛishṭir yáta ābabhū́va yádi vā dadhé yádi vā ná | yó asyā́dhyakshaḥ paramé vyòman só aṅgá veda yádi vā ná véda || 7 || 17 ||

130.

Yó yajñó viṣvátas tántubhis tatá ékaṣataṃ devakarmébhir ā́yataḥ | imé vayanti pitáro yá āyayúḥ prá vayā́pa vayéty āsate taté || 1 || púmāñ enaṃ tanuta út kṛiṇatti púmān ví tatne ádhi nā́ke asmín | imé mayū́khā úpa sedur ū sádaḥ sā́māni cakrus tásarāṇy ótave || 2 || kā́sīt pramā́ pratimā́ kím nidā́nam ā́jyaṃ kím āsīt paridhíḥ ká āsīt | chándaḥ kím āsīt praügaṃ kím ukthám yád devā́ devám áyajanta víṣve || 3 || agnér gāyatry àbhavat sayúgvoshṇíhayā savitā́ sám babhūva | anushṭúbhā sóma ukthaír máhasvān bṛíhaspáter bṛihatī́ vā́cam āvat || 4 || virā́ṇ mitrā́váruṇayor abhiṣrī́r índrasya trishṭúb ihá bhāgó áhnaḥ | víṣvān devā́ñ jágaty ā́ viveṣa téna cākḷipra ṛíshayo manushyā̀ḥ || 5 || cākḷipré téna ṛíshayo manushyā̀ yajñé jāté pitáro naḥ purāṇé | páṣyan manye mánasā cákshasā tā́n yá imáṃ yajñám áyajanta pū́rve || 6 || sahástomāḥ sahácbandasa āvṛítaḥ sahápramā ṛíshayaḥ saptá daívyāḥ | pū́rveshām pánthām anudṛíṣya dhī́rā anvā́lebhire rathyò ná raṣmī́n || 7 || 18 ||

129, 5 retaḥ-dhā́ḥ. svadhā́. prá-yatiḥ. 6 kó — vocat III, 54, 5. ā́-jātā. ví-sṛishṭiḥ (7). vi-sárjanena átha. ā-babhū́va (7). 7 asya ádhi-akshaḥ. ví-oman. yádi vā ná *galita*. — 130, 1 éka-ṣatam deva-karmébhiḥ ā́-yataḥ. yé ā-yayúḥ. vaya ápa vaya íti. 2 tanute. ūm̐ *iti*. 3 kā́ ā° pra-mā́ prati-mā́. ni-dā́nam. pari-dhíḥ. devā́ḥ. 4 gāyatrī́ a° sa-yúgvā u°. anu-stúbhā. 5 vi-rā́ṭ. abhi-ṣrī́ḥ. tri-stúp. jágatī. cākḷipre. 6 téna. manushyā̀ḥ. yé. 7 sahá-stomāḥ sahá-chandasaḥ ā-vṛítaḥ sahá-pramāḥ. anu-dṛíṣya. anu-ā́lebhire.

131.

Ápa prā́ca indra víṣvāñ amítrān ápā́pāco abhibhūte nudasva | ápódīco ápa ṣūrādharā́ca uraú yáthā táva ṣárman mádema || 1 || kuvíd aṅgá yávamanto yávaṃ cid yáthā dā́nty anupūrváṃ viyū́ya | ihéhaishāṃ kriṇuhi bhójanāni yé barhísho námovriktiṃ ná jagmúḥ || 2 || nahí sthū́ry rituthā́ yātám ásti nótá ṣrávo vivide saṃgaméshu | gavyánta índraṃ sakhyā́ya víprā aṣvāyánto vríshaṇaṃ vājáyantaḥ || 3 || yuváṃ surā́mam aṣvinā námucāv āsuré sácā | vipipānā́ ṣubhas patī índraṃ kármasv āvatam || 4 || putrám iva pitárāv aṣvínobhéndrāváthuḥ kā́vyair daṅsánābhiḥ | yát surā́maṃ vy ápibaḥ ṣácībhiḥ sárasvatī tvā maghavann abhishṇak || 5 || índraḥ sutrā́mā svávāñ ávobhiḥ sumriḷīkó bhavatu viṣvávedāḥ | bā́dhatāṃ dvésho ábhayaṃ kriṇotu suvī́ryasya pátayaḥ syāma || 6 || tásya vayáṃ sumataú yajñíyasyā́pi bhadré saumanasé syāma | sá sutrā́mā svávāñ índro asmé ārā́c cid dvéshaḥ sanutár yuyotu || 7 || 19 ||

132.

Ī́jānám íd dyaúr gūrtā́vasur ī́jānám bhū́mir abhí prabhūsháṇi | ī́jānáṃ devā́v aṣvínāv abhí sumnaír avardhatām || 1 || tā́ vām mitrāvaruṇā dhārayátkshitī sushumnéshitatvátā yajāmasi | yuvóḥ krāṇā́ya sakhyaír abhí shyāma rakshásaḥ || 2 || ádhā cin nú yád dídhishāmahe vām abhí priyáṃ rékṇaḥ pátyamānāḥ | dadvā́ñ vā yát púshyati rékṇaḥ sám v āran nákir asya maghā́ni || 3 || asā́v anyó asura sūyata dyaús

131, 1 ápa á° abhi-bhūte. ápa ú°. ṣūra a°. 2 anu-pūrvám vi-yū́ya ihá-iha e°. námaḥ-vriktim. 3 ná utá. sam-gaméshu. gavyánta *etc.* IV, 17, 16. 4 surā́mam. vi-pipānā́. patī *iti.* 5 aṣvínā ubhā́ índra ā°. ví. 6. 7 = VI, 47, 12. 13. — 132, 1 gūrtá-vasuḥ. pra-bhūsháṇi. 2 dhārayátkshitī *iti* dhārayát-kshitī su-sumnā́ i°. syāma. 3 ádha cit.

tvā́ṃ víṣveshāṃ varuṇāsi rā́jā | mūrdhā́ ráthasya cākan naítā́vataínasāntakadhrúk || 4 || asmín sv ètác chā́kapūta éno hité mitré nígatān hanti vīrā́n | avór vā yád dhā́t tanū́shv ávaḥ priyā́su yajñíyāsv árvā || 5 || yuvór hí mātā́ditir vicetasā dyaúr ná bhū́miḥ páyasā pupūtā́ni | áva priyā́ didishṭana sū́ro ninikta raṣmíbhiḥ || 6 || yuvā́ṃ hy àpnarā́jāv ásīdataṃ tíshṭhad ráthaṃ ná dhūrshádaṃ vanarshádam | tā́ naḥ kaṇūkayántīr nṛimédhas tatre áṅhasaḥ sumédhas tatre áṅhasaḥ || 7 || 20 ||

133.

Pró shv àsmai purorathám índrāya ṣūshámarcata | abhíke cid u lokakṛ́t saṃgé samátsu vṛitrahā́smā́kam bodhi coditā́ nábhantām anyakéshāṃ jyākā́ ádhi dhánvasu || 1 || tvā́ṃ síndhūñr ávāsṛijo 'dharā́co áhann áhim | aṣatrúr indra jajñishe víṣvam pushyasi vā́ryaṃ tā́ṃ tvā pári shvajāmahe nábhantām anyakéshāṃ jyākā́ ádhi dhánvasu || 2 || ví shú víṣvā árātayo 'ryó naṣanta no dhíyaḥ | ástāsi ṣátrave vadhā́ṃ yó na indra jíghāṅsati yā́ te rātír dadír vásu nábhantām anyakéshāṃ jyākā́ ádhi dhánvasu || 3 || yó na indrābhíto jáno vṛikāyúr ādídeṣati | adhaspadā́ṃ tám īṃ kṛidhi vibādhó asi sāsahír nábhantām anyakéshāṃ jyākā́ ádhi dhánvasu || 4 || yó na indrābhidā́sati sánābhir yáṣ ca níshṭyaḥ | áva tásya bálaṃ tira mahíva dyaúr ádha tmánā nábhantām anyakéshāṃ jyākā́ ádhi dhánvasu || 5 || vayám indra tvāyávaḥ sakhitvám ā́ rabhāmahe | ṛitásya naḥ pathā́ nayā́ti víṣvāni

---

132, 4 tvám — rā́jā II, 27, 10. ná etā́vatā énasā antaka-dhrúk. 5 sú etát sáka-pūte. ní-gatān. 6 mātā́ ā́° vi-cetasā. 7 hí apna -rājau. dhūḥ-sádam vana-sádam tā́ḥ. nṛi-médhaḥ su-médhaḥ. — 133, 1 pró *iti* sú a° puraḥ-rathám. loka-kṛ́t sam-gé samát-su vṛitra -hā́ a°. 2 áva a°. svajāmahe. 3 ástā asi. 4 indra a°. vṛika -yúr ā-dídeṣati adhaḥ-padám. vi-bādháḥ. sasahíḥ. 5 y. n. indra 4. abhi-dā́sati sá-nābhiḥ. mahí-iva. 6 v. i. tv. VII, 31, 4. naya áti.

duritā́ nábhantām anyakéshām jyākā́ ádhi dhánvasu || 6 || asmábhyam sú tvám indra tā́m ṣiksha yā́ dóhate práti váram jaritré | áchidrodhnī pīpáyad yáthā naḥ sahásradhārā páyasā mahī́ gaúḥ || 7 || 21 ||

134.

Ubhé yád indra ródasī āpaprā́thoshā́ iva | mahā́ntam tvā mahī́nām samrā́jam carshaṇīnā́m deví jánitry ajījanad bhadrā́ jánitry ajījanat || 1 || áva sma durhaṇāyató mártasya tanuhi sthirám | adhaspadám tám īm kṛidhi yó asmā́ñ ādídeṣati deví jánitry ajījanad bhadrā́ jánitry ajījanat || 2 || áva tyā́ bṛihatī́r ísho viṣváṣcandrā amitrahan | ṣácībhiḥ ṣakra dhūnuhī́ndra víṣvābhir ūtíbhir deví jánitry — || 3 || áva yát tvám ṣatakratav índra víṣvāni dhūnushé | rayím ná sunvaté sácā sahasrínībhir ūtíbhir deví jánitry — || 4 || áva svédā ivābhíto víshvak patantu didyávaḥ | dū́rvāyā iva tántavo vy àsmád etu durmatír deví jánītry — || 5 || dīrghám hy àñkuṣám yathā ṣáktim bíbharshi mantumaḥ | pū́rveṇa maghavan padā́jó vayám yáthā yamo deví jánitry — || 6 || nákir devā minīmasi nákir ā́ yopayāmasi mantraṣrútyam carāmasi | pakshébhir apikakshébhir átrābhí sám rabhāmahe || 7 || 22 ||

135.

Yásmin vṛikshé supalāṣé devaíḥ sampíbate yamáḥ | átrā no viṣpátiḥ pitā́ purāṇā́ñ ánu venati || 1 || purāṇā́ñ anuvé-

---

133, 6 duḥ-itā́. 7 áchidra-ūdhnī. sahásradhārā *etc.* IV, 41, 5. — 134, 1 ubhé *iti.* ródasī *iti* ā-paprā́tha u°. sam-rā́jam. jánitrī (2). 2 duḥ-hanāyatáḥ. a. t. ī. k. X, 133, 4. yó a. ā. IX, 52, 4. 3 tyā́ḥ. viṣvá-candrāḥ amitra-han. dhūnuhi í°. 4 ṣatakrato *iti* ṣata-krato. 5 svédāḥ-iva a°. ví a°. duḥ-matíḥ. 6 hí a°. padā́ a°. 7 devāḥ. mantra-ṣrútyam. api-kakshébhiḥ átra a°. — 135, 1 su-palāṣé. sam-píbate. átra. 2 anu-vénantam.

nantaṃ cárantam pāpáyāmuyā́ | asūyánn abhy àcākaṣaṃ tásmā aspṛihayam púnaḥ || 2 || yáṃ kumāra návaṃ rátham acakrám mánasā́kṛiṇoḥ | ékeshaṃ viṣvátaḥ prā́ñcam ápaṣyann ádhi tishṭhasi || 3 || yáṃ kumāra prā́vartayo ráthaṃ víprebhyas pári | táṃ sā́mánu prā́vartata sám itó nāvy ā́hitam || 4 || káḥ kumārám ajanayad ráthaṃ kó nír avartayat | káḥ svit tád adyá no brūyād anudéyī yáthā́bhavat || 5 || yáthā́bhavad anudéyī táto ágram ajāyata | purástād budhná ā́tataḥ paṣcā́n niráyaṇaṃ kṛitám || 6 || idáṃ yamásya sā́danaṃ devamānáṃ yád ucyáte | iyám asya dhamyate nāḷír ayáṃ gīrbhíḥ párishkṛitaḥ || 7 || 23 ||

136.

Keṣy àgníṃ keṣī́ visháṃ keṣī́ bibharti ródasī | keṣī́ víṣvaṃ svàr dṛiṣé keṣī́dáṃ jyótir ucyate || 1 || múnayo vā́tarasanāḥ piṣáṅgā vasate málā | vā́tasyā́nu dhrā́jiṃ yanti yád deváso ávikshata || 2 || únmaditā maúneyena vā́tā́ñ ā́ tasthimā vayám | ṣárīréd asmā́kaṃ yūyám mártāso abhí paṣyatha || 3 || antárikshеṇa patati víṣvā rūpā́vacā́kaṣat | múnir devásya-devasya saúkṛityāya sákhā hitáḥ || 4 || vā́tasyā́ṣvo vāyóḥ sákhā́tho devéshito múniḥ | ubhaú samudrā́v ā́ ksheti yáṣ ca pū́rva utáparaḥ || 5 || apsarásāṃ gandharvā́ṇām mṛigā́ṇāṃ cáraṇe cáran | keṣī́ kétasya vidvā́n sákhā svādúr madíntamaḥ || 6 || vāyúr asmā úpāmanthat pináshṭi smā kunannamā́ | keṣī́ vishásya pā́treṇa yád rudréṇā́pibat sahá || 7 || 24 ||

135, 2 pāpáyā a°. abhí a° tásmai. púnar *iti*. 3 mánasā á° éka-īsham. 4 prá á°. sā́ma ánu prá a°. nāví ā́-hitam. 5 anu-déyī yáthā á°. 6 yáthā á° anu-déyī. ā́-tataḥ paṣcā́t niḥ-áyanam. 7 sádanam deva-mānám. pári-kṛitaḥ. — 136, 1 keṣī́ a°. ródasī *iti*. keṣī́ i°. 2 vā́ta-rasanāḥ. vā́tasya ánu. 3 út-maditāḥ. tasthima. ṣárīrā ít. 4 rūpā́ ava-cā́kaṣat. 5 vā́tasya á°. sákhā átho *iti* devá-ishitaḥ. utá á°. 6 asmai úpa a°. sma. rudréṇa á°.

137.

Utá devā ávahitaṃ dévā ún nayathā púnaḥ | utāgaṣ cakrúshaṃ devā dévā jīváyathā púnaḥ || 1 || dvā́v imaú vā́tau vāta ā́ síndhor ā́ parāvátaḥ | dákshaṃ te anyá ā́ vātu párānyó vātu yád rápaḥ || 2 || ā́ vāta vāhi bheshajáṃ ví vāta vāhi yád rápaḥ | tváṃ hí viṣvábheshajo devā́nāṃ dūtá íyase || 3 || ā́ tvāgamaṃ ṣáṃtātibhir átho arishṭátātibhiḥ | dákshaṃ te bhadrám ábhārsham párā yákshmaṃ suvāmi te || 4 || trā́yantām ihá devā́s trā́yatām marútāṃ gaṇáḥ | trā́yantāṃ víṣvā bhūtáni yáthāyám arapā́ ásat || 5 || ā́pa íd vā́ u bheshajī́r ā́po amīvacā́tanīḥ | ā́paḥ sárvasya bheshajī́s tā́s te kriṇvantu bheshajám || 6 || hástābhyāṃ dáṣaṣākhābhyāṃ jihvā́ vācáḥ purogaví | anāmayitnúbhyāṃ tvā tā́bhyāṃ tvópa spriṣāmasi || 7 || 25 ||

138.

Táva tyá indra sakhyéshu váhnaya ritám manvānā́ vy àdardirur valám | yátrā daṣasyánn usháso riṇánn apáḥ kútsāya mánmann ahyàṣ ca daṅsáyaḥ || 1 || ávāsrijaḥ prasvàḥ ṣvañcáyo girī́n úd āja usrā́ ápibo mádhu priyám | ávardhayo vanī́no asya dáṅsasā ṣuṣóca sū́rya ritájātayā girā́ || 2 || ví sū́ryo mádhye amucad rátham divó vidád dāsā́ya pratimā́nam ā́ryaḥ | driḷhā́ni pípror ásurasya māyína índro vy àsyac cakrivā́ṅ rijíṣvanā || 3 || ánādhrishṭāni dhrishitó vy àsyan nidhī́ṅr ádevāṅ amriṇad ayā́syaḥ | māséva sū́ryo vásu púryam ā́ dade griṇānáḥ ṣátrūṅr aṣriṇād virúkmatā || 4 ||

137, 1 áva-hitam. út nayatha púnar *iti* (2) utá ā́°. devāḥ dévāḥ jīváyatha. 2 párā a°. 3 viṣvá-bheshajaḥ. 4 tvā a°. átho *iti*. ā́ a°. 5 yáthā a°. 6 vaí. amīva-cā́tanīḥ. 7 dáṣa-ṣākhābhyām. puraḥ-gaví. tvā úpa. — 138, 1 tyé. manvānā́ḥ ví a°. yátra. 2 áva a° pra-svàḥ. ritá-jātayā. 3 prati-mā́nam. ví āsyat. 4 ví āsyat ni-dhī́n. māsā́-iva.

áyuddhaseno vibhvā̀ vibhindatā́ dā́ṣad vṛitrahā́ tújyāni tejate | índrasya vájrād abibhed abhiṣnáthaḥ prā́krāmac chundhyū́r ájahād ushā́ ánaḥ || 5 || etā́ tyā́ te ṣrútyāni kévalā yád éka ékam ákriṇor ayajñám | māsā́ṃ vidhā́nam adadhā ádhi dyávi tváyā víbhinnam bharati pradhím pitā́ || 6 || 26 ||

139.

Sū́ryaraṣmir hárikeṣaḥ purástāt savitā́ jyótir úd ayāñ ájasraṃ | tásya pūshā́ prasavé yāti vidvā́n sampáṣyan víṣvā bhúvanāni gopā́ḥ || 1 || nṛicákshā eshá divó mádhya āsta āpaprivā́n ródasī antáriksham | sá viṣvā́cīr abhí cashṭe ghṛitā́cīr antarā́ pū́rvam áparaṃ ca ketúm || 2 || rāyó budhnáḥ saṃgámano vásūnāṃ víṣvā rūpā́bhí cashṭe ṣácībhiḥ | devá iva savitā́ satyádharméndro ná tasthau samaré dhánānām || 3 || viṣvā́vasuṃ soma gandharvám ā́po dadṛiṣúshīs tád ṛiténā vy ā̀yan | tád anvávaid índro rārahāṇā́ āsām pári sū́ryasya paridhī́ṅr apaṣyat || 4 || viṣvā́vasur abhí tán no gṛiṇātu divyó gandharvó rájaso vimā́naḥ | yád vā ghā satyám utá yán ná vidmá dhíyo hinvānó dhíya ín no avyāḥ || 5 || sásnim avindac cáraṇe nadī́nām ápāvṛiṇod dúro áṣmavrajānām | prā́sāṃ gandharvó amṛ́itāni vocad índro dáksham pári jānād ahī́nām || 6 || 27 ||

140.

Ágne táva ṣrávo váyo máhi bhrājante arcáyo vibhāvaso |

138, 5 áyuddha-senaḥ vi-bhvā̀ vi-bhindatā́. vṛitra-hā́ abhi-ṣnáthaḥ prá akrāmat s°. 6 vi-dhā́nam. ví-bhinnam. pra-dhím. — 139, 1 sū́rya-raṣmiḥ hári-keṣaḥ. pra-savé. sam-páṣyan. 2 nṛi-cákshāḥ. mádhye. āpapri-vā́n ródasī *iti*. 3 r. b. s. v. 96, 6. rupā́ a°. d. i. s. satyá-dharmā X, 34, 8. índraḥ. sam-aré. 4 viṣvá-vasum. ṛiténa ví ā°. anu-ávait. rarahāṇáḥ. pari-dhī́n. 5 viṣvá-vasuḥ. tát. vi-mā́naḥ. yád — vidmá V, 85, 8. ít. 6 avindat. ápa a°. áṣma-vrajānām prá āsām. — 140, 1 vibhāvaso *iti* vibhā-vaso.

bṛíhadbhāno ṣávasā vā́jam ukthyàṃ dádhāsi dāṣúshe kave || 1 || pāvakávarcāḥ ṣukrávarcā ánūnavarcā úd iyarshi bhānúnā | putró mātárā vicárann úpāvasi pṛiṇákshi ródasī ubhé ||2|| ū́rjo napāj jātavedaḥ suṣastíbhir mándasva dhītíbhir hitáḥ | tvé íshaḥ sáṃ dadhur bhū́rivarpasaṣ citrótayo vāmájātāḥ ||3|| irajyánn agne prathayasva jantúbhir asmé rā́yo amartya | sá darṣatásya vápusho ví rājasi pṛiṇákshi sānasíṃ krátum || 4 || ishkartā́ram adhvarásya prácetasaṃ kshấyantaṃ rā́dhaso maháḥ | rātíṃ vāmásya subhágām mahím íshaṃ dádhāsi sānasíṃ rayím || 5 || ṛitā́vānam mahisháṃ viṣvádarṣatam agníṃ sumnā́ya dadhire puró jánāḥ | ṣrútkarṇaṃ sapráthastamaṃ tvā girā́ daívyam mā́nushā yugā́ || 6 || 28 ||

141.

Ágne áchā vadehá naḥ pratyáñ naḥ sumánā bhava | prá no yacha viṣas pate dhanadā́ asi nas tvám || 1 || prá no yachatv aryamā́ prá bhágaḥ prá bṛíhaspátiḥ | prá devā́ḥ prótá sūnṛítā rāyó deví dadātu naḥ || 2 || sómaṃ rā́jānam ávase 'gníṃ gīrbhír havāmahe | ādityā́n víshṇuṃ sū́ryam brahmā́ṇaṃ ca bṛíhaspátim || 3 || indravāyū́ bṛíhaspátiṃ suhávehá havāmahe | yáthā naḥ sárva íj jánaḥ sáṃgatyāṃ sumánā ásat || 4 || aryamáṇam bṛíhaspátim índraṃ dā́nāya codaya | vā́taṃ víshṇuṃ sárasvatīṃ savitā́raṃ ca vājínam || 5 || tváṃ no agne agníbhir bráhma yajñáṃ ca vardhaya | tváṃ no devátātaye rāyó dā́nāya codaya || 6 || 29 ||

140, 1 bṛíhadbhāno *iti* bṛíhat-bhāno. 2 pāvaká-varcāḥ ṣukrá-varcāḥ ánūna-varcāḥ. vi-cáran úpa a°. ródasī *iti* ubhé *iti*. 3 napāt jāta-vedaḥ suṣastí-bhiḥ. tvé *iti*. bhū́ri-varpasaḥ citrá-ūtayaḥ vāmá-jātāḥ. 4 asmé *iti*. 5 prá-cetasam. su-bhágām. 6 ṛitá-vānam. viṣvá-darṣatam. agníṃ — jánāḥ III, 2, 5. ṣrút-karṇam sapráthaḥ-tamam. — 141, 1 ácha vada ihá. su-mánāḥ (4). dhana-dā́ḥ. 2 prá utá. 4 indravāyū́ *iti*. su-hávā ihá. ít. sám-gatyām. 6 tv. n. a. 31, 8.

142.

Ayám agne jaritā́ tvé abhūd ápi sáhasaḥ sūno nahy ànyád ásty ā́pyam | bhadrám hí śárma trivárūtham ásti ta āré híṅsānām ápa didyúm ā́ kṛidhi || 1 || pravát te agne jánimā pitūyatáḥ sācíva víśvā bhúvanā ny ṛiñjase | prá sáptayaḥ prá sanishanta no dhíyaḥ puráś caranti paśupā́ iva tmánā || 2 || utá vā́ u pári vṛiṇakshi bápsad bahór agna úlapasya svadhāvaḥ | utá khilyā́ urvárāṇām bhavanti mā́ te hetím távishīm cukrudhāma || 3 || yád udváto niváto yā́si bápsat pṛíthag eshi pragardhínīva sénā | yadā́ te vā́to anuvā́ti śocír vápteva śmáśru vapasi prá bhū́ma || 4 || práty asya śréṇayo dadṛiśra ékam niyā́nam bahávo ráthāsaḥ | bāhū́ yád agne anumármṛijāno nyàññ uttānā́m anvéshi bhū́mim || 5 || út te śúshmā jihatām út te arcír út te agne śaśamānásya vā́jāḥ | úc chvañcasva ní nama várdhamāna ā́ tvādyá víśve vásavaḥ sadantu || 6 || apā́m idám nyáyanam samudrásya nivéśanam | anyám kṛiṇushvetáḥ pánthām téna yāhi váśāñ ánu || 7 || ā́yane te parā́yaṇe dū́rvā rohantu pushpíṇīḥ | hradā́ś ca puṇḍárīkāṇi samudrásya gṛihā́ imé || 8 || 30 ||

Saptamo 'dhyāyaḥ.

143.

Tyám cid átrim ṛitajúram ártham áśvam ná yā́tave | kakshívantam yádī púnā rátham ná kṛiṇuthó návam || 1 || tyám cid áśvam ná vājínam areṇávo yám átnata | dṛiḷhám

142, 1 tvé *iti*. sūno *iti* nahí a°. tri-várūtham. te. 2 jánima pitu-yatáḥ sācí-iva. ní ṛi°. paśupā́ḥ-iva. 3 vaí. agne. 4 pragardhínī -iva. v. a. ś. IV, 7, 10. váptā-iva. 5 dadṛiśre. ni-yā́nam. bāhū́ *iti*. anu-mármṛijānaḥ. anu-éshi. 6 śúshmāḥ. út śv°. tvā a°. 7 ni-áyanam. ni-véśanam. kṛiṇushva i°. 8 ā-áyane. parā-áyane dū́rvāḥ. — 143, 1 ṛita-júram. yádi púnar *iti*.

granthíṃ ná ví shyatam átriṃ yávishṭham á rájaḥ || 2 || nárā dáṅsishṭhav átraye ṣúbhrā síshāsataṃ dhíyaḥ | áthā hí vāṃ divó narā púna stómo ná viṣáse || 3 || cité tád vāṃ surādhasā rātíḥ sumatír aṣvinā | á yán naḥ sádane pṛithaú sámane párshatho narā || 4 || yuvám bhujyúṃ samudrá á rájasaḥ pārá īṅkhitám | yātám áchā patatríbhir násatyā sātáye kṛitam || 5 || á vāṃ sumnaíḥ ṣamyú iva máṅhishṭhā víṣvavedasā | sám asmé bhūshataṃ narótsaṃ ná pipyúshīr íshaḥ || 6 || 1 ||

144.

Ayáṃ hí te ámartya índur átyo ná pátyate | dáksho viṣváyur vedháse || 1 || ayám asmásu kávya ṛibhúr vájro dáṣvate | ayám bibharty ūrdhvákṛiṣanam mádam ṛibhúr ná kṛítvyam mádam || 2 || ghṛíshuḥ ṣyenáya kṛítvana āsú svásu váṅsagaḥ | áva dīdhed ahīṣúvaḥ || 3 || yáṃ suparṇáḥ parāvátaḥ ṣyenásya putrá ábharat | ṣatácakraṃ yò 'hyò vartaníḥ || 4 || yáṃ te ṣyenáṣ cárum avṛikám padábharad aruṇám mānám ándhasaḥ | ená váyo ví tāry áyur jīvása ená jāgāra bandhútā || 5 || evá tád índra índunā devéshu cid dhārayāte máhi tyájaḥ | krátvā váyo ví tāry áyuḥ sukrato krátvāyám asmád á sutáḥ || 6 || 2 ||

145.

Imáṃ khanāmy óshadhiṃ vīrúdham bálavattamām | yáyā sapátnīm bádhate yáyā saṃvindáte pátim || 1 || úttānaparṇe

---

143, 2 syatam. 3 sisāsatam. átha. púnar *iti*. vi-ṣáse. 4 su-rādhasā. su-matíḥ. yát. 5 samudré. pāré. ácha. 6 ṣamyú iveti ṣamyū-iva. víṣva-vedasā. asmé *iti*. narā útsam. — 144, 1 viṣvá-āyuḥ. 2 ūrdhvá-kṛiṣanam. 3 kṛítvane. 4 su-parṇáḥ. á á° ṣatá-cakram. yáḥ a°. 5 padá á á° jīváse. 6 evá. k. v. v. t. á. 5. sukrato *iti* su-krato krátvā a°. — 145, 1 sa-pátnīm (2. 4. 5). sam-vindáte. 2 úttāna-parṇe.

súbhage dévajūte sáhasvati | sapátnīm me párā dhama pátim me kévalaṃ kuru || 2 || úttarāhám uttara úttaréd úttarābhyaḥ | áthā sapátnī yā́ mámádharā sádharābhyaḥ || 3 || nahy àsyā nā́ma gṛibhṇāmi nó asmín ramate jáne | párām evá parāvátaṃ sapátnīṃ gamayāmasi || 4 || ahám asmi sáhamānātha tvám asi sāsahíḥ | ubhé sáhasvatī bhūtví sapátnīm me sahāvahai || 5 || úpa te 'dhāṃ sáhamānām abhí tvādhāṃ sáhīyasā | mā́m ánu prá te máno vatsáṃ gaúr iva dhāvatu pathā́ vā́r iva dhāvatu || 6 || 3 ||

146.

Áraṇyāny áraṇyāny asaú yā́ préva náṣyasi | kathā́ grā́maṃ ná pṛichasi ná tvā bhī́r iva vindatī3ñ || 1 || vṛishāravā́ya vádate yád upā́vati ciccikáḥ | āghāṭíbhir iva dhāváyann araṇyānír mahīyate || 2 || utá gā́va ivādanty utá véṣmeva dṛiṣyate | utó araṇyānīḥ sāyáṃ ṣakaṭī́r iva sarjati || 3 || gā́m aṅgaíshá ā́ hvayati dā́rv aṅgaíshó ápāvadhīt | vásann araṇyānyā́ṃ sāyám ákrukshad íti manyate || 4 || ná vā́ araṇyānír hanty anyáṣ cén nā́bhigáchati | svādóḥ phálasya jagdhvā́ya yathākā́mamaṃ ní padyate || 5 || ā́ñjanagandhiṃ surabhím bahvannā́m ákṛishīvalām | práhám mṛigā́ṇām mātáram araṇyāním aṣaṅsisham || 6 || 4 ||

147.

Ṣrát te dadhāmi prathamā́ya manyávé 'han yád vṛitrā́ṃ náryaṃ vivér apáḥ | ubhé yát tvā bhávato ródasī ánu ré-

---

145, 2 sú-bhage déva-jūte. 3 út-tarā a° ut-tare út-tarā ít. átha sa-pátnī. máma ā́° sā́ ā́°. 4 nahí asyāḥ. nó *iti*. 5 sáhamānā átha. sasahíḥ ubhé *iti* sáhasvatī *iti*. 6 tvā a°. — 146, 1 prá -iva. vindati *mit pluta*. 2 vṛisha-ravā́ya. upa-ávati. 3 gā́vaḥ -iva a°. véṣma-iva. utó *iti*. 4 aṅgá e° (2). ápa a°. 5 vaí. ca ít ná abhi-gáchati. yathā-kā́mam. 6 ā́ñjana-gandhim. bahu-annā́m ákṛishi-valām prá a°. — 147, 1 manyáve ā́°. vivéḥ. ubhé *iti*. ródasī *iti*.

jate ṣúshmāt pṛithiví cid adrivaḥ || 1 || tvám māyábhir anavadya māyínaṃ ṣravasyatá mánasā vṛitrám ardayaḥ | tvám ín náro vṛiṇate gávishṭishu tváṃ víṣvāsu hávyāsv íshṭishu || 2 || aíshu cākandhi puruhūta sūríshu vṛidháso yé maghavann ānaṣúr maghám | árcanti toké tánaye párishṭishu medhásātā vājínam áhraye dháne || 3 || sá ín nú rāyáḥ súbhṛitasya cākanan mádaṃ yó asya ráṅhyaṃ cíketati | tvávṛidho maghavan dāṣvàdhvaro makshū́ sá vájam bharate dhánā nṛíbhiḥ || 4 || tváṃ ṣárdhāya mahiná gṛiṇāná urú kṛidhi maghavañ chagdhí rāyáḥ | tváṃ no mitró váruṇo ná māyí pitvó ná dasma dayase vibhaktá || 5 || 5 ||

148.

Sushvāṇása indra stumási tvā sasavā́ṅsaṣ ca tuvinṛimṇa vájam | ā́ no bhara suvitáṃ yásya cākán tmánā tánā sanuyāma tvótāḥ || 1 || ṛishvás tvám indra ṣūra jātó dásīr víṣaḥ sū́ryeṇa sahyāḥ | gúhā hitáṃ gúhyaṃ gūḷhám apsú bibhṛimási prasrávaṇe ná sómam || 2 || aryó vā gíro abhy àrca vidvā́n ṛíshīṇāṃ vípraḥ sumatíṃ cakānáḥ | té syāma yé raṇáyanta sómair enótá túbhyaṃ rathoḷha bhakshaíḥ || 3 || imā́ bráhmendra túbhyaṃ ṣaṅsi dā́ nṛíbhyo nṛiṇáṃ ṣūra ṣávaḥ | tébhir bhava sákratur yéshu cākánn utá trāyasva gṛiṇatá utá stín || 4 || ṣrudhí hávam indra ṣūra pṛíthyā utá stavase venyásyārkaíḥ | ā́ yás te yóniṃ ghṛitávantam ásvār ūrmír ná nimnaír dravayanta vákvāḥ || 5 || 6 ||

147, 2 ít. gó-ishṭishu. 3 ā́ eshu. puru-hūta. medhá-sātā. 4 ít. sú-bhṛitasya cākanat. tvā́-vṛidhaḥ dāṣú-adhvaraḥ makshú. 5 ṣagdhí. vi-bhaktā́. — 148, 1 susvānā́saḥ. tuvi-nṛimṇa. tvā́-ūtāḥ. 2 dā́sīr — apsú II, 11, 4, 5. pra-srávaṇe. 3 abhí aº. su-matím. enā́ utá. ratha-oḷha. 4 bráhma iº. dā́ḥ. sá-kratuḥ. 5 ṣrudhí. venyásya aº.

149.

Savitā́ yantraíḥ pṛithivī́m aramṇād askambhané savitā́ dyā́m adṛiṅhat | ā́ṣvam ivādhukshad dhúnim antáriksham atū́rte baddhā́ṃ savitā́ samudrā́m || 1 || yátrā samudrá skabhitó vy aúnad ā́pāṃ napāt savitā́ tásya veda | áto bhū́r áta ā́ útthitaṃ rā́jó 'to dyā́vāpṛithiví aprathetām || 2 || paṣcédám anyád abhavad yájatram ámartyasya bhúvanasya bhūnā́ | suparṇó aṅgá savitúr garútmān pū́rvo jātáḥ sá u asyā́nu dhárma || 3 || gā́va iva grā́maṃ yū́yudhir ivā́ṣvān vāṣréva vatsā́ṃ sumánā dúhānā | pátir iva jāyā́m abhí no ny ètu dhartā́ diváḥ savitā́ viṣvávāraḥ || 4 || híraṇyastūpaḥ savitar yáthā tvāṅgirasó juhvé vā́je asmín | evā́ tvā́rcann ávase vándamānaḥ sómasyevāṅṣúm práti jāgarāhám || 5 || 7 ||

150.

Sámiddhaṣ cit sám idhyase devébhyo havyavāhana | ādityaí rudraír vásubhir na ā́ gahi mṛiḷīkā́ya na ā́ gahi || 1 || imā́ṃ yajñā́m idā́ṃ váco jujushāṇá upā́gahi | mártāsas tvā samidhāna havāmahe mṛiḷīkā́ya havāmahe || 2 || tvā́m u jātávedasaṃ viṣvávāraṃ gṛiṇe dhiyā́ | ágne devā́ñ ā́ vaha naḥ priyávratān mṛiḷīkā́ya priyávratān || 3 || agnír devó devā́nām abhavat puróhito 'gním manushyā̀ ṛíshayaḥ sám īdhire | agním mahó dhánasātāv ahā́ṃ huve mṛiḷīkā́ṃ dhánasātaye || 4 || agnír átrim bharádvājaṃ gávishṭhiram prā́van naḥ kā́ṇvaṃ trasádasyum āhavé | agníṃ vásishṭho havate puróhito mṛiḷīkā́ya puróhitaḥ || 5 || 8 ||

149, 1 ā́ṣvam-iva a°. 2 yátra samudrā́ḥ. ví. āḥ útthitam rā́jaḥ á° dyā́vāpṛithiví *iti*. 3 paṣcā́ i°. su-parṇā́ḥ. ūṁ *iti* asya ánu. yúyudhiḥ-iva á° vāṣrā́-iva. su-mánāḥ. ní etu. viṣvá-vāraḥ. 5 híraṇya-stūpaḥ. tvā ā°. evá tvā á°. sómasya-iva a°. jāgara a°. — 150, 1 sám-íddhaḥ. havya-vāhana ādityaíḥ. 2 imā́ṃ — upā́gahi 91, 10. sam-idhāna. 3 jātá-vedasam viṣvá-vāram. priyá-vratān (2). 4 puráḥ-hitaḥ. dhána-sātau. dhána-sātaye. 5 bharát-vājam gávishṭhiram prá āvat. ā-havé. puráḥ-hitaḥ (2).

151.

Ṣraddháyāgníḥ sám idhyate ṣraddháyā hūyate havíḥ | ṣraddhā́m bhágasya mūrdháni vácasā́ vedayāmasi || 1 || priyám̐ ṣraddhe dádataḥ priyám̐ ṣraddhe dídāsataḥ | priyám bhojéshu yájvasv idám ma uditám̐ kṛidhi || 2 || yáthā devā́ ásureshu ṣraddhā́m ugréshu cakriré | evám bhojéshu yájvasv asmā́kam uditám̐ kṛidhi || 3 || ṣraddhā́m̐ devā́ yájamānā vāyúgopā úpāsate | ṣraddhā́m̐ hṛidayyàyā́kūtyā ṣraddháyā vindate vásu || 4 || ṣraddhā́m prātár havāmahe ṣraddhā́m madhyám̐dinam pári | ṣraddhā́m̐ sū́ryasya nimrúci ṣráddhe ṣrád dhāpayehá naḥ || 5 || 9 ||

Ekādaṣo 'nuvākaḥ.

152.

Ṣāsá itthā́ mahā́n̐ asy amitrakhādó ádbhutaḥ | ná yásya hanyáte sákhā ná jīyate kádā caná || 1 || svastidā́ viṣás pátir vṛitrahā́ vimṛidhó vaṣī́ | vṛíshéndraḥ purá etu naḥ somapā́ abhayam̐karáḥ || 2 || ví rákshо ví mṛídho jahi ví vṛitrásya hánū ruja | ví manyúm indra vṛitrahann amítrasyābhidā́sataḥ || 3 || ví na indra mṛídho jahi nīcā́ yacha pṛitanyatáḥ | yó asmā́n̐ abhidā́saty ádharam̐ gamayā támaḥ || 4 || ápendra dvisható mánó 'pa jíjyāsato vadhám | ví manyóḥ ṣárma yacha várīyo yavayā vadhám || 5 || 10 ||

153.

Ī́ṅkháyantīr apasyúva índram̐ jātám úpāsate | bhejānā́saḥ

151, 1 ṣraddháyā agníḥ. vácasā ā́. 2 me. 3 devā́ḥ yájamānāḥ vāyú-gopāḥ úpa āsate. hṛidayyàyā ā́-kūtyā. 5 ni-mrúci. dhāpaya ihá. — 152, 1 amitra-khādáḥ. 2 svasti-dā́ḥ. vṛitra-hā́ vi-mṛidháḥ. vṛíshā índraḥ. soma-pā́ḥ abhayam-karáḥ. 3 hánū *iti*. vṛitra-han amítrasya abhi-dā́sataḥ. 4 abhi-dā́sati. gamaya. 5 ápa indra. mánaḥ ápa. yavaya. — 153, 1 úpa āsate.

suvíryam || 1 || tvám indra bálād ádhi sáhaso jātá ójasaḥ | tváṃ vṛishan vṛ́shéd asi || 2 || tvám indrāsi vṛitrahā́ vy àntárikshham atiraḥ | úd dyā́m astabhnā ójasā || 3 || tvám indra sajóshasam arkám bibharshi bāhvóḥ | vájraṃ ṣíṣāna ójasā || 4 || tvám indrābhibhū́r asi víṣvā jātā́ny ójasā | sá víṣvā bhúva ā́bhavaḥ || 5 || 11 ||

154.

Sóma ékebhyaḥ pavate ghṛitám éka úpāsate | yébhyo mádhu pradhā́vati tā́ṅs cid evā́pi gachatāt || 1 || tápasā yé anādhṛishyā́s tápasā yé svàr yayúḥ | tápo yé cakriré máhas tā́ṅs cid evā́pi gachatāt || 2 || yé yúdhyante pradháneshu ṣū́rāso yé tanūtyájaḥ | yé vā sahásradakshiṇās tā́ṅs cid evā́pi gachatāt || 3 || yé cit pū́rva ṛitasā́pa ṛitā́vāna ṛitāvṛ́dhaḥ | pitṝ́n tápasvato yama tā́ṅs cid evā́pi gachatāt || 4 || sahásraṇīthāḥ kaváyo yé gopāyánti sū́ryam | ṛ́shīn tápasvato yama tapojā́ṅ ápi gachatāt || 5 || 12 ||

155.

Árāyi kā́ṇe víkaṭe girím gacha sadānve | ṣirímbiṭhasya sátvabhis tébhish ṭvā cātayāmasi || 1 || cattó itáṣ cattā́mútaḥ sárvā bhrūṇā́ny ārúshī | arāyyàm brahmaṇas pate tī́kshṇaṣṛiṅgodṛishánn ihi || 2 || adó yád dā́ru plávate síndhoḥ pāré apūrushám | tád ā́ rabhasva durhaṇo téna gacha parastarám || 3 || yád dha prā́cīr ájagantóro maṇḍūradhāṇikīḥ | hatā́

153, 1 su-vī́ryam. 2 vṛ́ishā ít. 3 indra asi vṛitra-hā́ ví antárikshham. 4 sa-jóshasam. 5 indra abhi-bhū́ḥ. ā́ abhavaḥ. — 154, 1 éke úpa āsate. pra-dhā́vati. evá ápi. 3 pra-dháneshu. tanū-tyájaḥ. sahásra-dakshiṇāḥ. 4 pū́rve ṛita-sā́paḥ ṛitá-vānaḥ ṛita-vṛ́dhaḥ. 5 sahásra-nīthāḥ. tapaḥ-jā́n. — 155, 1 ví-kaṭe. tébhiḥ tvā. 2 cattó *iti*. cattā́ amútaḥ. tī́kshṇa-ṣṛiṅga ut-ṛishán. 3 apurushám. durhano *iti* duḥ-hano. 4 ha. ájaganta úraḥ maṇḍura-dhāṇikīḥ.

índrasya ṣátravaḥ sárve budbudáyāṣavaḥ ‖ 4 ‖ párīmé gā́m aneshata páry agním ahṛishata | devéshv akrata ṣrávaḥ ká imā́ñ ā́ dadharshati ‖ 5 ‖ 13 ‖

156.

Agníṃ hinvantu no dhíyaḥ sáptim āṣúm ivājíshu | téna jeshma dhánaṃ-dhanam ‖ 1 ‖ yáyā gā́ ākárāmahe sénayāgne távotyā́ | tā́ṃ no hinva maghá̄ttaye ‖ 2 ‖ ā́gne sthūrā́ṃ rayím bhara pṛithúṃ gómantam aṣvínam | añdhí khā́ṃ vartáyā paṇím ‖ 3 ‖ ágne nákshatram ajáram ā́ sū́ryaṃ rohayo diví | dádhaj jyótir jánebhyaḥ ‖ 4 ‖ ágne ketúr viṣā́m asi préshṭhaḥ ṣréshṭha upasthasát | bódhā stotré váyo dádhat ‖ 5 ‖ 14 ‖

157.

Imā́ nú kam bhúvanā sīshadhāméndraṣ ca víṣve ca devā́ḥ ‖ 1 ‖ yajñáṃ ca nas tanvàṃ ca prajā́ṃ cādityaír índraḥ sahá cīkḷipāti ‖ 2 ‖ ādityaír índraḥ ságaṇo marúdbhir asmā́kam bhūtv avitā́ tanū́nām ‖ 3 ‖ hatvā́ya devā́ ásurān yád ā́yan devā́ devatvám abhirákshamāṇāḥ ‖ 4 ‖ pratyáñcam arkám anayañ chácībhir ā́d ít svadhā́m ishirā́m páry apaṣyan ‖ 5 ‖ 15 ‖

158.

Sū́ryo no divás pātu vā́to antárikshāt | agnír naḥ pā́rthivebhyaḥ ‖ 1 ‖ jóshā savitar yásya te háraḥ ṣatáṃ savā́ñ árhati | pāhí no didyútaḥ pátantyāḥ ‖ 2 ‖ cákshur no devā́ḥ

155, 4 budbudā́-yāṣavaḥ. 5 pári imé. — 156, 1 āṣúm-iva ājíshu. 2 ā-kárāmahe sénayā agne táva ūtyā́. 3 ā́ agne. vartáya. 4 dádhat. 5 upastha-sát bódha. — 157, 1 sīsadhāma índraḥ. 2 pra-jā́m ca ādityaíḥ. 3 sá-gaṇaḥ. 4 devā́ḥ. abhi-rákshamāṇāḥ. 5 ṣácībhiḥ. ā́d *etc*. 168, 9. — 158, 2 jósha.

savitā́ cákshur na utá párvataḥ | cákshur dhātā́ dadhātu naḥ || 3 || cákshur no dhehi cákshushe cákshur vikhyaí tanū́bhyaḥ | sáṃ cedáṃ ví ca paṣyema || 4 || susaṃdṛ́ṣaṃ tvā vayám práti paṣyema sūrya | ví paṣyema nṛicákshasaḥ || 5 || 16 ||

159.

Úd asaú sū́ryo agād úd ayám māmakó bhágaḥ | aháṃ tád vidvalā́ pátim abhy àsākshi vishāsahíḥ || 1 || aháṃ ketúr ahám mūrdhā́hám ugrā́ vivā́canī | máméd ánu krátum pátiḥ sehānā́yā upā́caret || 2 || máma putrā́ḥ ṣatruháṇó 'tho me duhitā́ virā́ṭ | utā́hám asmi saṃjayā́ pátyau me ṣlóka uttamáḥ || 3 || yénéndro havíshā kṛitvy ábhavad dyumny ùttamáḥ | idáṃ tád akri devā asapatnā́ kílābhuvam || 4 || asapatnā́ sapatnaghnī́ jáyanty abhibhū́varī | ā́vṛiksham anyā́sāṃ várco rā́dho ástheyasām iva || 5 || sám ajaisham imā́ aháṃ sapátnīr abhibhū́varī | yáthāhám asyá vīrásya virā́jāni jánasya ca || 6 || 17 ||

160.

Tīvrásyābhívayaso asyá pāhi sarvarathā́ ví hárī ihá muñca | índra mā́ tvā yájamānāso anyé ní rīraman túbhyam imé sutā́saḥ || 1 || túbhyaṃ sutā́s túbhyam u sótvāsas tvā́ṃ gíraḥ ṣvā́tryā ā́ hvayanti | índredám adyá sávanaṃ jushāṇó víṣvasya vidvā́ñ ihá pāhi sómam || 2 || yá uṣatā́ mánasā sómam asmai sarvahṛidā́ devákāmaḥ sunóti | ná gā́ índras

---

158, 4 vi-khyaí. ca idám. 5 s. tv. v. 82, 3. p. p. s. X, 37, 7. nṛi-cákshasaḥ. — 159, 1 abhí asākshi vi-sasahíḥ. 2 mūrdhā́ ahám. vi-vā́canī máma ít. upa-ā́caret. 3 ṣatru-hánaḥ átho *iti*. vi-rā́ṭ utá ahám. sam-jayā́. 4 yéna índraḥ. kṛitvī́. dyumnī́ ut-tamáḥ. kíla abhuvam. 5 sapatna-ghnī́ jáyantī abhi-bhū́varī ā́ avṛiksham. 6 sa-pátnīḥ abhi-bhū́varī yáthā ahám. vi-rā́jāni. — 160, 1 tīvrásya abhí-vayasaḥ. sarva-rathā́. hárī *iti*. 2 índra idám. 3 sarva-hṛidā́ devá-kāmaḥ.

tásya párā dadāti praṣastám íc cárum asmai kriṇoti || 3 || ánuspashṭo bhavaty eshó asya yó asmai reván ná sunóti sómam | nír aratnaú maghávā tám dadhāti brahmadvísho hanty ánānudishṭaḥ || 4 || aṣvāyánto gavyánto vājáyanto hávāmahe tvópagantavá u | ābhúshantas te sumataú návāyām vayám indra tvā ṣunám huvema || 5 || 18 ||

161.

Muñcámi tvā havíshā jívanāya kám ajñātayakshmád utá rājayakshmát | gráhir jagráha yádi vaitád enam tásyā indrāgnī prá mumuktam enam || 1 || yádi kshitáyur yádi vā páreto yádi mrityór antikám nìta evá | tám á harāmi nírriter upásthād áspārsham enam ṣatáṣāradāya || 2 || sahasrākshéṇa ṣatáṣāradena ṣatáyushā havíshāhārsham enam | ṣatám yáthemám ṣarádo náyātíndro víṣvasya duritásya pārám || 3 || ṣatám jīva ṣarádo várdhamānaḥ ṣatám hemantáñ chatám u vasantán | ṣatám indrāgní savitá bríhaspátiḥ ṣatáyushā havíshemám púnar duḥ || 4 || áhārsham tvávidam tvā púnar ágāḥ punarnava | sárvāñga sárvam te cákshuḥ sárvam áyuṣ ca te 'vidam || 5 || 19 ||

162.

Bráhmaṇāgníḥ samvidānó rakshohá bādhatām itáḥ | ámīvā yás te gárbham durṇámā yónim āṣáye || 1 || yás te gárbham ámīvā durṇámā yónim āṣáye | agnísh ṭám bráh-

---

160, 3 pra-ṣastám ít. 4 ánu-spashṭaḥ. brahma-dvíshaḥ. ánanu-dishṭaḥ. 5 aṣva-yántaḥ. tvā úpa-gantavai. ā-bhúshantaḥ. su-mataú. — 161, 1 ajñata-yakshmát. rāja-yakshmát. vā etát. indrāgnī *iti*. 2 kshitá-āyuḥ. párā-itaḥ. ní-itaḥ. níḥ-riteḥ upá-sthāt. ṣatá-ṣāradāya. 3 sahasra-akshéṇa ṣatá-ṣāradena ṣatá-āyushā (4) havíshā á ahārsham. yáthā imám. náyāti índraḥ. duḥ-itásya. 4 hemantán ṣatám. indrāgní *iti*. havíshā imám. 5 á ahārsham tvā ávidam. á agāḥ punaḥ-nava sárva-añga. — 162, 1 bráhmaṇā agníḥ sam-vidānáḥ rakshaḥ-há. duḥ-nāmā. ā-ṣáye. 2 y. t. g. 1. d. y. ā. 1. agníḥ tám.

maṇā sahá nísh kravyádam anīnaṣat || 2 || yás te hánti patáyantaṃ nishatsnúṃ yáḥ sarīsṛipám | jātáṃ yás te jíghāṅsati tám itó nāṣayāmasi || 3 || yás ta ūrū́ viháraty antarā́ dámpatī ṣáye | yóniṃ yó antár ārélhi tám itó nāṣayāmasi || 4 || yás tvā bhrā́tā pátir bhūtvā́ jāró bhūtvā́ nipádyate | prajā́ṃ yás te jíghāṅsati tám itó nāṣayāmasi || 5 || yás tvā svápnena támasā mohayitvā́ nipádyate | prajā́ṃ yás te jíghāṅsati tám itó nāṣayāmasi || 6 || 20 ||

163.

Akshíbhyāṃ te nā́sikābhyāṃ kárṇābhyāṃ chúbukād ádhi | yákshmaṃ ṣīrshaṇyàm mastíshkāj jihvā́yā ví vṛihāmi te || 1 || grīvā́bhyas ta ushṇíhābhyaḥ kíkasābhyo anūkyā̀t | yákshmaṃ doshaṇyàm áṅsābhyām bāhúbhyāṃ ví vṛihāmi te || 2 || āntrébhyas te gúdābhyo vanishṭhór hṛídayād ádhi | yákshmam mátasnābhyāṃ yaknáḥ plāṣíbhyo ví vṛihāmi te || 3 || ūrúbhyāṃ te ashṭhīvádbhyām pā́rshṇibhyām prápadābhyām | yákshmaṃ ṣróṇibhyām bhā́sadād bhā́ṅsaso ví vṛihāmi te || 4 || méhanād vanaṃkáraṇāl lómabhyas te nakhébhyaḥ | yákshmaṃ sárvasmād ātmánas tám idáṃ ví vṛihāmi te || 5 || áṅgād-aṅgāl lómno-lomno jātám párvaṇi-parvaṇi | yákshmaṃ sárvasmād ātmánas tám idáṃ ví vṛihāmi te || 6 || 21 ||

164.

Ápehi manasas paté 'pa krāma parā́ṣ cara | paró nírṛityā́ ā́ cakshva bahudhā́ jívato mánaḥ || 1 || bhadráṃ vaí

162, 2 níḥ kravya-ádam. 3 ni-satsnúm. 4 te ūrū́ *iti* vi-hárati. dámpatī *iti* dám-patī. ā-rélhi. 5 ni-pádyate (6) pra-jā́m. yás te *etc.* 3. 6 prajā́m *etc.* 5. — 163, 1 mastíshkāt jihvā́yāḥ. 2 te. 4 prá-padābhyām. 5 vanam-káraṇāt. 6 áṅgāt-aṅgāt. yákshmaṃ *etc.* 5. — 164, 1 ápa ihi. pate ápa. níḥ-ṛityai.

váraṃ vriṇate bhadráṃ yuñjanti dákshiṇam | bhadráṃ vaivasvaté cákshur bahutrá jívato mánaḥ || 2 || yád āṣásā niḥṣásābhiṣásopārimá jágrato yát svapántaḥ | agnír víṣvāny ápa dushkritány ájushṭāny āré asmád dadhātu || 3 || yád indra brahmaṇas pate 'bhidroháṃ cárāmasi | prácetā na āṅgirasó dvishatám pātv áṅhasaḥ || 4 || ájaishmādyásanāma cábhūmánāgaso vayám | jāgratsvapnáḥ saṃkalpáḥ pāpó yáṃ dvishmás táṃ sá richatu yó no dvéshṭi tám richatu || 5 || 22 ||

165.

Dévāḥ kapóta ishitó yád ichán dūtó nírrityā idám ājagáma | tásmā arcāma kriṇávāma níshkritiṃ ṣáṃ no astu dvipáde ṣáṃ cátushpade || 1 || ṣiváḥ kapóta ishitó no astv anāgá devāḥ ṣakunó grihéshu | agnír hí vípro jushátāṃ havír naḥ pári hetíḥ pakshíṇī no vriṇaktu || 2 || hetíḥ pakshíṇī ná dabhāty asmán āshṭryám padáṃ kriṇute agnidháne | ṣáṃ no góbhyaṣ ca púrushebhyaṣ cāstu má no hiṅsīd ihá devāḥ kapótaḥ || 3 || yád úlūko vádati moghám etád yát kapótaḥ padám agnaú kriṇóti | yásya dūtáḥ práhita eshá etát tásmai yamáya námo astu mrityáve || 4 || ricá kapótaṃ nudata praṇódam ísham mádantaḥ pári gáṃ nayadhvam | saṃyopáyanto duritáni víṣvā hitvá na úrjam prá patāt pátishṭhaḥ || 5 || 23 ||

166.

Rishabhám mā samānánāṃ sapátnānāṃ vishāsahím |

164, 3 ā-ṣásā niḥ-ṣásā abhi-ṣásā upa-ārimá. duḥ-kritáni. 4 abhi-drohám. prá-cetāḥ. 5 ájaishma — vayám VIII, 47, 18. jāgrat svapnáḥ sam-kalpáḥ. — 165, 1 níḥ-rityāḥ. ā-jagáma tásmai. níḥ-kritim. dvi-páde. cátuḥ-pade. 2 anāgáḥ. 3 agni-dháne. ca astu. 4 prá-hitaḥ. 5 pra-nódam. sam-yopáyantaḥ duḥ-itáni. — 166, 1 sa-pátnānām vi-sasahím.

hantáraṃ ṣátrūṇāṃ kṛidhi virā́jaṃ gópatiṃ gávām || 1 || ahám asmi sapatnahéndra ivárishṭo ákshataḥ | adháḥ sapátnā me padór imé sárve abhíshṭhitāḥ || 2 || átraivá vó 'pi nahyāmy ubhé ā́rtnī iva jyáyā | vácas pate ní shedhemā́n yáthā mád ádharaṃ vádān || 3 || abhibhū́r ahám ā́gamaṃ viṣvákarmeṇa dhā́mnā | ā́ vaṣ cittám ā́ vo vratám ā́ vo 'háṃ sámitiṃ dade || 4 || yogakshemáṃ va ādā́yāhám bhūyāsam uttamá ā́ vo mūrdhā́nam akramīm | adhaspadā́n ma úd vadata maṇḍū́kā ivodakā́n maṇḍū́kā udakā́d iva || 5 || 24 ||

167.

Túbhyedám indra pári shicyate mádhu tváṃ sutásya kaláṣasya rājasi | tváṃ rayím puruvī́rām u nas kṛidhi tváṃ tápaḥ paritápyājayaḥ svàḥ || 1 || svarjítam máhi mandānám ándhaso hávāmahe pári ṣakráṃ sutā́ñ úpa | imáṃ no yajñám ihá bodhy ā́ gahi spṛídho jáyantam maghávānam īmahe || 2 || sómasya rā́jño váruṇasya dhármaṇi bṛíhaspáter ánumatyā u ṣármaṇi | távāhám adyá maghavann úpastutau dhā́tar vídhātaḥ kaláṣāñ abhakshayam || 3 || prásūto bhakshám akaraṃ carā́v ápi stómaṃ cemám prathamáḥ sūrír ún mṛije | suté sāténa yády ā́gamaṃ vām práti viṣvāmitrajamadagnī dáme || 4 || 25 ||

168.

Vā́tasya nú mahimā́naṃ ráthasya rujánn eti stanáyann

166, 1 vi-rā́jam gó-patim. 2 sapatna-hā́ índraḥ-iva árishṭaḥ. sa-pátnāḥ. abhí-sthitāḥ. 3 átra evá vaḥ ápi. ubhé *iti* ā́rtnīivety ā́rtnī-iva. sedha imā́n. 4 abhi-bhū́ḥ. ā́ agamam viṣvá-karmeṇa. sám-itim. 5 yoga-kshemám. ā-dā́ya ahám. adhaḥ-padā́t me. maṇḍū́kāḥ-iva udakā́t. — 167, 1 túbhya idám. sicyate. puru-vī́rām. pari-tápya ajayaḥ svàr *iti* svàḥ. 2 svaḥ-jítam. 3 ánu-matyāḥ. táva ahám. úpa-stutau. vídhātar *iti* ví-dhātaḥ. 4 prá-sūtaḥ. ca imám. út. ā́ ágamam. viṣvāmitrajamadagnī *iti*.

asya ghóshaḥ | divispṛ́g yāty aruṇáni kṛiṇvánn utó eti pṛi-
thivyā́ reṇúm ásyan ‖ 1 ‖ sám prérate ánu vā́tasya vishṭhā́
aínam gachanti sámanaṃ ná yóshāḥ | tābhíḥ sayúk sarā́-
tham devā́ īyate 'syá víṣvasya bhúvanasya rā́jā ‖ 2 ‖ antá-
rikshe pathíbhir íyamāno ná ní viṣate katamác canā́haḥ |
apā́ṃ sákhā prathamajā́ ṛitā́vā kvà svij jātā́ḥ kúta ā́ ba-
bhūva ‖ 3 ‖ ātmā́ devā́nām bhúvanasya gárbho yathāvaṣáṃ
carati devā́ eshā́ḥ | ghóshā íd asya ṣṛiṇvire ná rūpáṃ
tásmai vā́tāya havíshā vidhema ‖ 4 ‖ ²⁶ ‖

169.

Mayobhū́r vā́to abhí vātūsrā́ ū́rjasvatīr óshadhīr ā́ ri-
ṣantām | pívasvatīr jīvádhanyāḥ pibantv avasā́ya padvā́te
rudra mṛila ‖ 1 ‖ yā́ḥ sárūpā vírūpā ékarūpā yā́sām agnír
íshṭyā nā́māni véda | yā́ áṅgirasas tápasehá cakrús tábhyaḥ
parjanya máhi ṣárma yacha ‖ 2 ‖ yā́ devéshu tanvàm aíra-
yanta yā́sāṃ sómo víṣvā rūpā́ṇi véda | tā́ asmábhyam pá-
yasā pínvamānāḥ prajā́vatīr indra goshṭhé rirīhi ‖ 3 ‖ pra-
jā́patir máhyam etā́ rárāṇo víṣvair devaíḥ pitṛ́bhiḥ saṃvi-
dānā́ḥ | ṣivā́ḥ satír úpa no goshṭhám ā́kas tā́sāṃ vayám
prajáyā sám sadema ‖ 4 ‖ ²⁷ ‖

170.

Vibhrā́ḍ bṛihát pibatu somyám mádhv ā́yur dádhad
yajñápatāv ávihrutam | vā́tajūto yó abhirákshati tmánā pra-

168, 1 divi-spṛík. utó íti.   2 prá írate. vi-sthā́ḥ ā́ enam.
sa-yúk sa-rátham.   3 katamát caná áhar íti. prathama-jā́ḥ ṛitá
-vā. svit.   4 yathā-vaṣám. — 169, 1 mayaḥ-bhū́ḥ. vātu usrā́ḥ.
jīvá-dhanyāḥ. avasā́ya.   2 sá-rūpāḥ ví-rūpāḥ éka-rūpāḥ. tápasā
ihá.   3 yā́ḥ. tā́ — pínvamānāḥ VII, 50, 4. go-sthé.   4 prajā́
-patiḥ. etā́ḥ. sam-vidānā́ḥ. go-sthám ā́ akar íty akaḥ. pra-jáyā.
— 170, 1 vi-bhrā́ṭ (2). yajñá-patau ávi-hrutam vā́ta-jūtaḥ. abhi
-rákshati. pra-jā́ḥ.

jā́ḥ puposha purudhā́ ví rājati || 1 || vibhrā́ḍ bṛihát súbhṛitaṃ vājasā́tamaṃ dhárman divó dharúṇe satyám árpitam | amitrahā́ vṛitrahā́ dasyuhántamaṃ jyótir jajñe asurahā́ sapatnahā́ || 2 || idáṃ ṣréshṭhaṃ jyótishāṃ jyótir uttamáṃ viṣvajíd dhanajíd ucyate bṛihát | viṣvabhrā́ḍ bhrājó máhi sū́ryo dṛiṣá urú paprathe sáha ójo ácyutam || 3 || vibhrā́jañ jyótishā svàr ágacho rocanáṃ diváḥ | yénemā́ víṣvā bhúvanāny ā́bhṛitā viṣvákarmaṇā viṣvádevyāvatā || 4 || 28 ||

171.

Tváṃ tyám iṭáto rátham índra prā́vaḥ sutā́vataḥ | áṣriṇoḥ somíno hávam || 1 || tvám makhásya dódhataḥ ṣíró 'va tvacó bharaḥ | ágachaḥ somíno gṛihám || 2 || tváṃ tyám indra mártyam āstrabudhnā́ya venyám | múhuḥ ṣrathnā manasyáve || 3 || tváṃ tyám indra sū́ryam paṣcā́ sántam purás kṛidhi | devā́nāṃ cit tiró vā́ṣam || 4 || 29 ||

172.

Á yāhi vánasā sahá gā́vaḥ sacanta vartaníṃ yád ū́dhabhiḥ || 1 || á yāhi vásvyā dhiyā́ máṅhishṭho jārayánmakhaḥ sudā́nubhiḥ || 2 || pitubhṛíto ná tántum ít sudā́navaḥ práti dadhmo yájāmasi || 3 || ushā́ ápa svásus támaḥ sáṃ vartayati vartaníṃ sujātátā || 4 || 30 ||

173.

Á tvāhārsham antár edhi dhruvás tishṭhā́vicācaliḥ | víṣas tvā sárvā vāñchantu mā́ tvád rāshṭrám ádhi bhraṣat || 1 ||

170, 2 sú-bhṛitam vāja-sā́tamam. amitra-hā́ vṛitra-hā́ dasyu-hántamam. asura-hā́ sapatna-hā́. 3 idáṃ — jyótir 113, 1. viṣva-jít dhana-jít. viṣva-bhrā́ṭ. dṛiṣé. 4 vibhrā́jan — diváḥ VIII, 98, 3. yéna imā́. ā́-bhṛitā viṣvá-karmaṇā viṣvádevya-vatā. — 171, 1 prá āvaḥ sutá-vataḥ. 2 ṣíraḥ áva. 3 āstra-budhnā́ya. ṣrathnāḥ. — 172, 2 jārayát-makhaḥ sudā́nu-bhiḥ. 3 pitu-bhṛítaḥ. su-dā́navaḥ. 4 su-jātátā. — 173, 1 tvā ahārsham. tishṭha ávi-cācaliḥ. sárvāḥ.

ihaívaídhi mắpa cyoshṭhāḥ párvata ivávicācaliḥ | índra ivehá dhruvás tishṭhehá rāshṭrám u dhāraya || 2 || imám índro adīdharad dhruvám̐ dhruvéṇa havíshā | tásmai sómo ádhi bravat tásmā u bráhmaṇas pátiḥ || 3 || dhruvá dyaúr dhruvá pṛithivī́ dhruvásaḥ párvatā imé | dhruvám̐ víçvam idám̐ jágad dhruvó rā́jā viçā́m ayám || 4 || dhruvám̐ te rā́jā váruṇo dhruvám̐ devó bṛíhaspátiḥ | dhruvám̐ ta índraç cāgníç ca rāshṭrám̐ dhārayatām̐ dhruvám || 5 || dhruvám̐ dhruvéṇa havíshābhí sómam mṛiçāmasi | átho ta índraḥ kévalīr víço balihṛ́ítas karat || 6 || 31 ||

174.

Abhīvarténa havíshā yénéndro abhivāvṛité | ténāsmán brahmaṇas pate 'bhí rāshṭrā́ya vartaya || 1 || abhivṛ́ítya sapátnān abhí yá no árātayaḥ | abhí pṛitanyántam̐ tishṭhābhí yó na irasyáti || 2 || abhí tvā deváḥ savitā́bhí sómo avīvṛitat | abhí tvā víçvā bhūtā́ny abhīvartó yáthā́sasi || 3 || yénéndro havíshā kṛitvy ábhavad dyumny ùttamáḥ | idám̐ tád akri devā asapatnáḥ kílābhuvam || 4 || asapatnáḥ sapatnahā́bhírāshṭro vishāsahíḥ | yáthāhám eshām bhūtā́nām̐ virā́jāni jánasya ca || 5 || 32 ||

175.

Prá vo grāvāṇaḥ savitá deváḥ suvatu dhármaṇā | dhūrshú yujyadhvam̐ sunutá || 1 || grā́vāṇo ápa duchúnām ápa sedhata durmatím | usrā́ḥ kartana bheshajám || 2 || grā́vāṇa úpareshv á mahīyánte sajóshasaḥ | vṛíshṇe dádhato vṛísh-

173, 2 ihá evá edhi mā́ ápa. párvataḥ-iva ávi-cācaliḥ índraḥ-iva ihá. tishṭha ihá. 3 tásmai. 5 te índrah ca agníḥ. 6 havíshā abhí. átho *iti* te. bali-hṛítaḥ. — 174, 1 abhi-varténa. yéna índraḥ abhi-vavṛité téna asmā́n. 2 abhi-vṛítya sa-pátnān. yā́ḥ. tishṭha abhí. 3 savitā́ abhí. abhi-vartáḥ yáthā ásasi. 4 yénéndro — devā X, 159, 4. kíla abhuvam. 5 sapatna-hā́ abhí-rāshṭraḥ vi-sasahíḥ yáthā ahám. virā́jāni *etc.* X, 159, 6. — 175, 2 duḥ-matím. 3 sa-jóshasaḥ.

ṇyam || 3 || grā́vāṇaḥ savitā́ nú vo deváḥ suvatu dhármaṇā | yájamānāya sunvaté || 4 || 33 ||

176.

Prá sūnáva ṛibhūṇā́m bṛihán navanta vṛijánā | kshā́mā yé viṣvádhāyasó 'ṣnan dhenúṃ ná mātáram || 1 || prá deváṃ devyā́ dhiyā́ bháratā jātávedasam | havyā́ no vakshad ānushák || 2 || ayám u shyá prá devayúr hótā yajñā́ya nīyate | rátho ná yór abhívṛito ghṛíṇīvāñ cetati tmánā || 3 || ayám agnír urushyaty amṛ́tād iva jánmanaḥ | sáhasaṣ cid sáhīyān devó jīvā́tave kṛitáḥ || 4 || 34 ||

177.

Pataṃgám aktám ásurasya māyáyā hṛidā́ paṣyanti mánasā vipaṣcítaḥ | samudré antáḥ kaváyo ví cakshate márīcīnām padám ichanti vedhásaḥ || 1 || pataṃgó vā́cam mánasā bibharti tā́ṃ gandharvò 'vadad gárbhe antáḥ | tā́ṃ dyótamānāṃ svaryàm manīshā́m ṛitásya padé kaváyo ní pānti || 2 || ápaṣyaṃ gopā́m ánipadyamānam ā́ ca párā ca pathíbhiṣ cárantam | sá sadhrī́cīḥ sá víshūcīr vásāna ā́ varīvarti bhúvaneshv antáḥ || 3 || 35 ||

178.

Tyám ū shú vājínaṃ devájūtaṃ sahā́vānaṃ tarutā́raṃ ráthānām | árishṭanemim pṛitanā́jam āṣúṃ svastáye tā́rkshyam ihā́ huvema || 1 || índrasyeva rātím ājóhuvānāḥ-svastáye nā́vam ivā́ ruhema | úrvī ná pṛ́thvī báhule gábhīre

175, 4 d. s. dh. 1. — 176, 1 bṛihát. kshā́ma. viṣvá-dhāyasaḥ áṣnan. 2 bhárata jātá-vedasam. 3 syáḥ. abhí-vṛitaḥ ghṛíṇi-vān. — 177, 1 vipaḥ-cítaḥ. antár *iti*. 2 gandharváḥ avadat. antár *iti*. 3 = 164, 31. — 178, 1 ūṁ *iti* sú. devá-jūtam sahá-vānam. árishṭa-nemim. ihá. 2 índrasya-iva. ā-jóhuvānāḥ. nā́vam-iva ā́. úrvī *iti*. pṛ́thvī *iti* báhule *iti* gábhīre *iti*.

má vām etau má páretau rishāma || 2 || sadyás cid yáḥ sávasā páñca kṛishṭíḥ sū́rya iva jyótishāpás tatā́na | sahasrasā́ḥ satasā́ asya ráṅhir ná smā varante yuvatím ná sáryām || 3 || 36 ||

179.

Út tishṭhatā́va pasyaténdrasya bhāgám ṛitvíyam | yádi srātó juhótana yády ásrāto mamattána || 1 || srātám havír ó shv ìndra prá yāhi jagā́ma sū́ro ádhvano vímadhyam | pári tvāsate nidhíbhiḥ sákhāyaḥ kulapā́ ná vrājápatim cárantam || 2 || srātám manya ū́dhani srātám agnaú súsrātam manye tád ṛitám návīyaḥ | mā́dhyaṃdinasya sávanasya dadhnáḥ píbendra vajrin purukṛij jushāṇáḥ || 3 || 37 ||

180.

Prá sasāhishe puruhūta sátrūñ jyéshṭhas te súshma ihá rātír astu | índrā́ bhara dákshiṇenā vásūni pátiḥ síndhūnām asi revátīnām || 1 || mṛigó ná bhīmáḥ kucaró girishṭhā́ḥ parāváta ā́ jaganthā párasyāḥ | sṛikám saṃsā́ya pavím indra tigmám ví sátrūn tāḍhi ví mṛídho nudasva || 2 || índra kshatrám abhí vāmám ójó 'jāyathā vṛishabha carshaṇīnám | ápānudo jánam amitrayántam urúm devébhyo akṛiṇor u lokám || 3 || 38 ||

181.

Práthas ca yásya sapráthas ca nā́mā́nushṭubhasya havísho havír yát | dhātúr dyútānāt savitús ca víshṇo ra-

178, 2 ā́-itau. párā-itau. 3 jyótishā apáḥ. sahasra-sā́ḥ sata-sā́ḥ. sma. — 179, 1 tishṭhata áva pasyata índrasya. 2 ó íti sú indra. ví-madhyam. tvā āsate nidhí-bhiḥ. kula-pā́ḥ. vrājá-patim. 3 manye. sú-srātam. píba indra. puru-kṛit. — 180, 1 sasahishe puru-hūta. índra ā́. dákshiṇena. 2 mṛigó — girishṭhā́ḥ 154, 2. jagantha. sam-sā́ya. 3 ójaḥ ájāyathāḥ. ápa anudaḥ. — 181, 1 sa-práthaḥ. nā́ma ānu-stubhasya. víshṇoḥ ratham-tarám.

thaṃtarám á jabhārā vásishṭhaḥ || 1 || ávindan té átihitaṃ yád ásīd yajñásya dhā́ma paramā́ṃ gúhā yát | dhātúr dyútānāt savitúṣ ca víshṇor bharádvājo bṛihád á cakre agnéḥ || 2 || tè 'vindan mánasā dī́dhyānā yáju shkannám prathamā́ṃ devayā́nam | dhātúr dyútānāt savitúṣ ca víshṇor á sū́ryād abharan gharmám eté || 3 || 39 ||

182.

Bṛíhaspátir nayatu durgáhā tiráḥ púnar neshad aghásaṅsāya mánma | kshipád áṣastim ápa durmatíṃ hann áthā karad yájamānāya ṣáṃ yóḥ || 1 || nárāṣáṅso no 'vatu prayājé ṣáṃ no astv anuyājó háveshu | kshipád áṣastiṃ ápa durmatíṃ hann áthā karad yájamānāya ṣáṃ yóḥ || 2 || tápurmūrdhā tapatu raksháso yé brahmadvíshaḥ ṣárave hántavá u | kshipád áṣastim ápa durmatíṃ hann áthā karad yájamānāya ṣáṃ yóḥ || 3 || 40 ||

183.

Ápaṣyaṃ tvā mánasā cékitānaṃ tápaso jātáṃ tápaso víbhūtam | ihá prajā́m ihá rayíṃ rárāṇaḥ prá jāyasva prajáyā putrakāma || 1 || ápaṣyaṃ tvā mánasā dī́dhyānāṃ svā́yāṃ tanū́ ṛítvye nā́dhamānām | úpa mā́m uccā́ yuvatír babhūyāḥ prá jāyasva prajáyā putrakāme || 2 || aháṃ gárbham adadhām óshadhīshv aháṃ víṣveshu bhúvaneshv antáḥ | ahám prajā́ ajanayam pṛithivyā́m aháṃ jánibhyo aparíshu putrā́n || 3 || 41 ||

181, 1 jabhāra. 2 áti-hitam. bharát-vājaḥ. 3 té avindan. dī́dhyānāḥ yájuḥ skannám. deva-yā́nam. — 182, 1 duḥ-gáhā. aghá-ṣaṅsāya. duḥ-matím. átha. 2 pra-yājé. s. n. a. X, 165, 1. anu-yājáḥ. 3 tápuḥ-mūrdhā. brahma-dvíshaḥ. hántavaí. — 183, 1 ví-bhūtam. pra-jā́m. pra-jáyā putra-kāma. 2 a. t. m. 1. tanū́ *iti*. p. j. p. 1. putra-kāme. 3 antár *iti*. pra-jā́ḥ.

184.

Víshṇur yóniṃ kalpayatu tváshṭā rūpā́ṇi piṅṣatu | ā́ siñcatu prajā́patir dhātā́ gárbhaṃ dadhātu te || 1 || gárbhaṃ dhehi sinīvāli gárbhaṃ dhehi sarasvati | gárbhaṃ té aṣvínau devā́v ā́ dhattām púshkarasrajā || 2 || hiraṇyáyī áráṇī yáṃ nirmánthato aṣvínā | táṃ te gárbhaṃ havāmahe daṣamé māsí sū́tave || 3 || 42 ||

185.

Máhi trīṇā́m ávo 'stu dyukshám mitrásyāryamṇáḥ | durā́dhárshaṃ váruṇasya || 1 || nahí téshām amā́ caná nā́dhvasu vāraṇéshu | íṣe ripúr aghā́ṣaṅsaḥ || 2 || yásmai putrā́so ā́diteḥ prá jīváse mártyāya | jyótir yáchanty ájasram || 3 || 43 ||

186.

Vā́ta ā́ vātu bheshajáṃ ṣambhú mayobhú no hṛidé | prá ṇa ā́yūṅshi tārishat || 1 || utá vāta pitā́si na utá bhrā́totá naḥ sákhā | sá no jīvā́tave kṛidhi || 2 || yád adó vāta te gṛihè 'mṛ́tasya nidhír hitáḥ | táto no dehi jīváse || 3 || 44 ||

187.

Prā́gnáye vā́cam īraya vṛishabhā́ya kshitīnā́m | sá naḥ parshad áti dvíshaḥ || 1 || yáḥ párasyāḥ parāvátas tiró dhánvātirócate | sá naḥ parshad áti dvíshaḥ || 2 || yó rákshāṅsi nijū́rvati vṛíshā ṣukréṇa ṣocíshā | sá naḥ parshad áti dvíshaḥ || 3 || yó víṣvābhí vipáṣyati bhúvanā sáṃ ca páṣyati |

184, 1 prajā́-patiḥ. 2 púshkara-srajā. 3 hiraṇyáyī *iti* áráṇī *iti*. niḥ-mánthataḥ. — 185, 1 mitrásya aryamṇáḥ duḥ-ādhársham. 2 ná ádhva-su. aghá-ṣaṅsaḥ. — 186, 1 ṣam-bhú mayaḥ-bhú. naḥ. 2 pitā́ asi. bhrā́tā utá. 3 gṛihé amṛ́tasya ni-dhíḥ. — 187, 1 prá agnáye. 2 dhánva ati-rócate. 3 ni-jū́rvati. 4 yó — páṣyati III, 61, 9.

sá naḥ parshad áti dvíshaḥ || 4 || yó asyá pāré rájasaḥ ṣukró agnír ájāyata | sá naḥ parshad áti dvíshaḥ || 5 || 45 ||

188.

Prá nūnáṃ jātávedasam áṣvaṃ hinota vājínam | idáṃ no barhír āsáde || 1 || asyá prá jātávedaso vípravīrasya mīḷhúshaḥ | mahím iyarmi sushṭutím || 2 || yá rúco jātávedaso devatrá havyaváhanīḥ | tábhir no yajñám invatu || 3 || 46 ||

189.

Áyáṃ gaúḥ pṛ́ṣnir akramīd ásadan mātáram puráḥ | pitáraṃ ca prayán sváḥ || 1 || antáṣ carati rocanásyá prāṇád apānatí | vy àkhyan mahishó dívam || 2 || triṅṣád dháma ví rājati vák pataṃgáya dhīyate | práti vástor áha dyúbhiḥ || 3 || 47 ||

190.

Ṛitáṃ ca satyáṃ cābhìddhāt tápasó 'dhy ajāyata | táto rátry ajāyata tátaḥ samudró arṇaváḥ || 1 || samudrád arṇavád ádhi saṃvatsaró ajāyata | ahorātráṇi vidádhad víṣvasya misható vaṣí || 2 || sūryācandramásau dhātá yathāpūrvám akalpayat | dívaṃ ca pṛithivíṃ cāntárikshaṃ átho sváḥ || 3 || 48 ||

191.

Sáṃ-sam íd yuvase vṛishann ágne víṣvāny aryá á | iḷás padé sám idhyase sá no vásūny á bhara || 1 || sáṃ gachadhvaṃ sáṃ vadadhvaṃ sáṃ vo mánāṅsi jānatām | devá bhāgáṃ yáthā púrve saṃjānāná upásate || 2 || samānó mán-

---

188, 1 jātá-vedasam. i. n. b. ā. 13, 7. 2 jātá-vedasaḥ vípra-vīrasya. su-stutím. 3 yáḥ. jātá-vedasaḥ. havya-váhanīḥ. — 189, 1 á ayám. ásadat. pra-yán svàr *iti* sváḥ. 2 antár *iti*. rocaná asyá. apa-anatí ví akhyat. — 190 *Dieser Hymnus wird im pada nicht abgetheilt*. — 191, 2 deváḥ. sam-jānānáḥ upa-ásate.

traḥ sámitiḥ samānī́ samānám mánaḥ sahá cittám eshām |
samānám mántram abhí mantraye vaḥ samānéna vo havíshā
juhomi || 3 || samānī́ va ā́kūtiḥ samānā́ hṛ́dayāni vaḥ | sa-
mānám astu vo máno yáthā vaḥ súsahā́sati || 4 || 49 ||

Dvādaṣo 'nuvākaḥ.

DAṢAMAM MAṆḌALAM.

Ashṭamo 'dhyāyaḥ.

ASHṬAMO 'SHṬAKAḤ.

3 sám-itiḥ. 4 ā́-kūtiḥ. sú-saha ásati.

Beigaben.

I. Verzeichniss der angeblichen Dichter, Gottheiten und Maasse.

II. Alphabetisches Verzeichniss der angeblichen Dichter.

III. Versanfänge und Vergleichungsstellen.

IV. Allgemeiner Inhalt der Hymnen.

V. Die Khila des Ṛigveda.

I. Verzeichniss der angeblichen Dichter, Gottheiten und Maasse, gemäss der Sarvānukramaṇī.

Maṇḍala I.

1	Madhuchandas Vaiçvāmitra	Agni	gāyatrī
2	—	Vāyu (1—3), Indra und Vāyu (4—6), Mitra und Varuṇa (7—9)	—
3	—	Aṣvinau (1—3), Indra (4—6), Viṣve Devāḥ (7—9), Sarasvatī (10—12)	—
4	—	Indra	—
5	—	—	—
6	—	Indra (1—3. 10), Marutaḥ (4. 6. 8. 9), Marutaḥ und Indra (5. 7)	—
7	—	Indra	—
8	—	—	—
9	—	—	—
10	—	—	anushṭubh
11	Jetṛi Mādhuchandasa	—	—
12	Medhātithi Kāṇva	Agni. Der erste pāda von 6 ist Agni Nirmathya und Agni Āhavanīya geweiht	gāyatrī
13	—	Āpriyaḥ. Idhmo 'gniḥ oder Samiddho 'gniḥ (1), Tanūnapāt (2), Narāṣaṅsa (3), Iḷaḥ (4), Barhis (5), Devīr Dvāraḥ (6), Ushāsānaktā (7), Daivyau Hotārau Pracetasau (8), Tisro Devyaḥ, nämlich Sarasvatī, Iḷā, Bhāratī (9), Tvashṭṛi (10), Vanaspati (11), Svāhākṛitayaḥ (12) [1])	—

---

1) In den Hymnen, die mit dem adj. *āpra* bezeichnet sind, ist *Tanūnapāt* übergangen. Wenn die Anukramaṇī den Ausdruck *āpriyaḥ* verwendet und der Hymnus nur 11 Verse enthält, so fehlt *Narāṣaṅsa*.

14	Medhātithi Kāṇva	Visve Devāḥ	gāyatrī
15	—	Ṛitudevatāḥ. Indra (1. 5), Marutaḥ (2), Tvashṭṛi (3). Agni (4. 12), Mitra und Varuṇa (5), Draviṇodā (7—10), Aṣvinau (11)	—
16	—	Indra	—
17	—	Indra und Varuṇa	gāyatrī. 4. 5 pādanicṛit
18	—	Brahmaṇaspati (1—3), Brahmaṇaspati, Indra und Soma (4), dieselben und Dakshiṇā (5), Sadasaspati (6—8), Sadasaspati oder Narāṣaṅsa (9)	gāyatrī
19	—	Agni und Marutaḥ	—
20	—	Ṛibhavaḥ	—
21	—	Indra und Agni	—
22	—	Aṣvinau (1—4), Savitṛi (5—8), Agni (9. 10), Devāḥ (11), Indrāṇī, Varuṇānī, Agnāyī (12), Dyāvāpṛithivyau (13. 14), Pṛithivī (15), Vishṇu oder Devāḥ (16), Vishṇu (17—21)	—
23	—	Vāyu (1), Indra und Vāyu (2. 3), Mitra und Varuṇa (4—6), Indra Marutvat (7—9), Visve Devāḥ (10—12), Pūshan (13—15), Āpaḥ (16—23a), Agni (23b. 24)	gāyatrī. 19 puraūshṇih. 20 anushṭubh. 21 pratishṭhā. 22—24 anushṭubh
24	Ṣunaḥṣepa Ājīgarti, der von Viṣvāmitra an Kindes Statt angenommen den Namen Devarāta erhielt	Ka (1). Agni (2), Savitṛi (3. 4), Savitṛi oder Bhaga (5), Varuṇa (6—15)	trishṭubh. 3—5 gāyatrī
25	—	Varuṇa	gāyatrī
26	—	Agni	—
27	—	Agni (1—12), Devāḥ (13)	gāyatrī. 13 trishṭubh
28	—	Indra (1—4), Ulūkhala (5. 6), Ulūkhala und Musala (7. 8), Prajāpati Hariṣcandra oder (adhishavaṇa-) carmapraṣaṅsā (9)	1—6 anushṭubh. 7—9 gāyatrī
29	—	Indra	paṅkti
30	—	Indra (1—16), Aṣvinau (17—19), Ushas (20—22)	gāyatrī. 11 pādanicṛit. 16 trishṭubh

31	Hiraṇyastūpa Āṅgirasa	Agni	jagatī. 8. 16. 18 trishṭubh
32	—	Indra	trishṭubh
33	—	—	—
34	—	Aṣvinau	jagatī. 9. 12 trishṭubh
35	—	Agni, Mitra und Varuṇa, Rātri, Savitṛi (1), Savitṛi (2—11)	trishṭubh. 1. 9 jagatī
36	Kaṇva Ghaura	Agni (1—12. 15—20), Yūpa (13. 14)	Strophe um Strophe bṛihatī und satobṛihatī
37	—	Marutaḥ	gāyatrī
38	—	—	—
39	—	—	Strophe um Strophe bṛihatī und satobṛihatī
40	—	Brahmaṇaspati	—
41	—	Varuṇa, Mitra, Aryaman (1—3. 7—9), Ādityāḥ (4—6)	gāyatrī
42	—	Pūshan	—
43	—	Rudra (1. 2. 4—6), Rudra, Mitra und Varuṇa (3), Soma (7—9)	gāyatrī. 9 anushṭubh
44	Praskaṇva Kāṇva	Agni, Aṣvinau, Ushas (1. 2), Agni (3—14)	Strophe um Strophe bṛihatī und satobṛihatī
45	—	Agni (1—10ᵃ), Devāḥ (10ᵇ)	anushṭubh
46	—	Aṣvinau	gāyatrī
47	—	—	Strophe um Strophe bṛihatī und satobṛihatī
48	—	Ushas	—
49	—	—	anushṭubh
50	—	Sūrya. 10—13 rogaghna, upanishad. 13ᵇ ṣatrughnaṣ ca	gāyatrī. 10—13 anushṭubh
51	Savya Āṅgirasa (Indra in menschlicher Gestalt)	Indra	jagatī. 14. 15 trishṭubh
52	—	—	jagatī. 13. 15 trishṭubh
53	—	—	jagatī. 10. 11 trishṭubh
54	—	—	jagatī. 6. 8. 9. 11 trishṭubh
55	—	—	jagatī
56	—	—	—
57	—	—	—
58	Nodhas Gautama	Agni	jagatī. 6—9 trishṭubh

59	Nodhas Gautama	Vaiṣvānara	trishṭubh
60	—	Agni	—
61	—	Indra	—
62	—	—	—
63	—	—	—
64	—	Marutaḥ	jagatī. 15 trishṭubh
65	Parāṣara Ṣāktya	Agni	dvipadā virāj
66	—	—	—
67	—	—	—
68	—	—	—
69	—	—	—
70	—	—	—
71	—	—	trishṭubh
72	—	—	—
73	—	—	—
74	Gotama Rāhūgaṇa	—	gāyatrī
75	—	—	—
76	—	—	trishṭubh
77	—	—	—
78	—	—	gāyatrī
79	—	Agni, oder Agni madhyama [1])(1—3), Agni(4—12)	gāyatrī. 1—3 trishṭubh. 4—6 ushṇiḥ
80	—	Indra	paṅkti
81	—	—	—
82	—	—	paṅkti. 6 jagatī
83	—	—	jagatī
84	—	—	1—6 anushṭubh. 7—9 ushṇiḥ. 10—12 paṅkti. 13—15 gāyatrī. 16—18 trishṭubh. 19 bṛihatī. 20 satobṛihatī
85	—	Marutaḥ	jagatī. 5. 12 trishṭubh
86		—	gāyatrī
87	—	—	jagatī
88	—	—	1. 6 prastārapaṅkti. 2—4 trishṭubh. 5 virāḍrūpā
89	—	Viṣve Devāḥ	1—5. 7 jagatī. 6 virāṭsthānā. 8—10 trishṭubh.
90	—	—	gāyatrī. 9 anushṭubh

1) madhyamāya C: madhyamasthānāya vaidyutāya.

91	Gotama Rāhūgaṇa	Soma	1—4 trishṭubh. 5—16 gāyatrī. 17 ushṇih. 18—23 trishṭubh
92	—	Ushas (1—15), Aṣvinau (16—18)	1—4 jagatī. 5—12 trishṭubh. 13—18 ushṇih
93	—	Agni und Soma	1—3 anushṭubh. 4—7. 12 trishṭubh. 8 jagatī oder trishṭubh. 9—11 gāyatrī
94	Kutsa Āṅgirasa	Agni (1—7. 8d. 9—15. 16ab), Devāḥ (8abc), Agni, oder Mitra, Varuṇa, Aditi, Sindhu, Pṛithivī, Div (16cd)	jagatī. 15. 16 trishṭubh
95	—	Agni, oder Agni Aushasa[1]	trishṭubh
96	—	Agni, oder Agni Draviṇodā	—
97	—	Agni, oder Agni Suci	gāyatrī
98	—	Agni, oder Agni Vaiṣvānara	trishṭubh.
99	Kaṣyapa Mārīca	Agni, oder Agni Jātavedas	—
100	Ṛijrāṣva, Ambarīsha, Śahadeva, Bhayamāna, Surādhas, alle fünf Vārshāgira	Indra	—
101	Kutsa	Indra. 1 garbhasrāviṇī[2], upanishad	jagatī. 8—11 trishṭubh
102	—	Indra	jagatī. 11 trishṭubh
103	—	—	trishṭubh
104	—	—	—
105	Trita Āptya, oder Kutsa	Viṣve Devāḥ	paṅkti. 8 mahābṛihatī yavamadhyā. 19 trishṭubh
106	Kutsa	—	jagatī. 7 trishṭubh
107	—	—	trishṭubh
108	—	Indra und Agni	—
109	—	—	—
110	—	Ṛibhavaḥ	jagatī. 5. 9 trishṭubh
111	—	—	jagatī. 5 trishṭubh
112	—	Dyāvāpṛithivyau (1a), Agni (1b), Aṣvinau (1cd—25)	jagatī. 24. 25 trishṭubh

1) C: prātarāhutibhojine.
2) C: asyā japāt sukhaṃ garbhāḥ sravanti.

113	Kutsa	Ushas (1^{ab}. 2—20). Ushas und Rātri (1^{cd})	trishṭubh
114	—	Rudra	jagatī. 10. 11 trishṭubh
115	—	Sūrya	trishṭubh
116	Kakshīvat Dairghatamasa, Sohn der Uṣij [1]	Aṣvinau	—
117	—	—	—
118	—	—	—
119	—	—	jagatī
120	—	Aṣvinau. 10 duḥsvapnanāṣinī	1. 10—12 gāyatrī. 2 kakubh. 3 kāvirāj. 4 nashṭarūpī. 5 tanuṣirā. 6 ushṇih. 7 vishṭārabṛihatī. 8 kṛiti. 9 virāj
121	—	Indra, oder Viṣve Devāḥ	trishṭubh
122	—	Viṣve Devāḥ	trishṭubh. 5. 6 virāḍrūpā
123	—	Ushas	trishṭubh
124	—	—	—
125	—	Svanayasya dānastutiḥ	trishṭubh. 4. 5 jagatī
126	Kakshīvat (1—5), Bhāvayavya (6), Romaṣā (7)	Bhāvayavya [2] (1—5. 7), Romaṣā (6)	trishṭubh. 6. 7 anushṭubh
127	Parucchepa Daivodāsi	Agni	atyashṭi. 6 atidhṛiti
128	—	—	atyashṭi
129	—	Indra (1—5. 7—11), Indu (6)	atyashṭi. 8. 9 atiṣakvarī. 11 ashṭi.
130	—	Indra	atyashṭi. 10 trishṭubh
131	—	—	atyashṭi
132	—	Indra (1—5. 6^b), Indra und Parvata (6^a)	—
133	—	Indra	1 trishṭubh. 2—4 anushṭubh. 5 gāyatrī. 6 dhṛiti. 7 atyashṭi
134	—	Vāyu	atyashṭi. 6 ashṭi
135	—	Vāyu (1—3. 9), Vāyu und Indra (4—8)	atyashṭi. 7. 8 ashṭi
136	—	Mitra und Varuṇa (1—5), liṅgoktadevatāḥ (6. 7)	atyashṭi. 7 trishṭubh

1) C: Aṅgarājasya yā mahishī tasyā yā pradhānadāsī sā uṣiṅnāmā.
2) C: = Svanaya.

137	Parucchepa Daivodasi	Mitra und Varuṇa	atiṣakvarī
138	—	Pûshan	atyashṭi
139	—	Viṣve Devāḥ, oder einzeln: Viṣve Devāḥ (1. 11), Mitra und Varuṇa (2), Aṣvinau (3—5), Indra (6), Agni (7), Marutaḥ (8), Indra und Agni (9), Bṛihaspati (10)	atyashṭi. 5 bṛihatī. 11 trishṭubh
140	Dīrghatamas Aucathya	Agni	jagatī. 10 jagatī oder trishṭubh. 12.13 trishṭubh.
141	—	—	jagatī. 12.13 trishṭubh
142	—	Āpriyaḥ (1—12), Indra (13)	anushṭubh
143	—	Agni	jagatī. 8 trishṭubh
144	—	—	jagatī
145	—	—	jagatī. 5 trishṭubh
146	—	—	trishṭubh
147	—	—	—
148	—	—	—
149	—	—	virāj
150	—	—	ushṇih
151	—	Mitra (1), Mitra und Varuṇa (2—9)	jagatī
152	—	Mitra und Varuṇa	trishṭubh
153	—	—	—
154	—	Vishṇu	—
155	—	Vishṇu und Indra (1—3), Vishṇu (4—6)	jagatī
156	—	Vishṇu	—
157	—	Aṣvinau	jagatī. 5. 6 trishṭubh
158	—	—	trishṭubh. 6 anushṭubh
159	—	Dyāvāpṛithivyau	jagatī
160	—	—	—
161	—	Ṛibhavaḥ	jagatī. 14 trishṭubh
162	—	aṣvastutiḥ	trishṭubh. 3. 6 jagatī
163	—	—	trishṭubh
164	—	Viṣve Devāḥ (1—41), Vāc (42a. 45), Āpaḥ (42b), sakadhûma (43a), Soma (43b), Agni, Sûrya, Vāyu (44), Sûrya (46. 47), saṃvatsarasaṃstha - kālacakravarṇanam (48), Sara-	trishṭubh. 12. 15. 23. 29. 36. 41 jagatī. 42 prastārapaṅkti. 51 anushṭubh

		svatī (49), Sadhyaḥ (50), Surya. oder Parjanya und Agni (51), Sarasvat oder Surya (52)	
165	Indraḥ (1. 2. 4. 6. 8. 10—12), Marutaḥ (3. 5. 7. 9), Agastya (13—15)	Indra Marutvat	trishṭubh
166	Agastya Maitrāvaruṇi	Marutaḥ	jagatī. 14. 15 trishṭubh
167	—	Indra (1), Marutaḥ (2—11)	trishṭubh
168	—	Marutaḥ	jagatī. 8—10 trishṭubh
169	—	Indra	trishṭubh. 2 virāj.
170	Indra (1. 3), Agastya (2. 5), Indra oder Agastya (4)	—	1 bṛihatī. 2—4 anushṭubh 5 trishṭubh
171	Agastya	Marutaḥ (1. 2), Indra Marutvat (3—6)	trishṭubh
172	—	Marutaḥ	gāyatrī
173	—	Indra	trishṭubh
174	—	—	—
175	—	—	anushṭubh. 1 skandhogrīvī. 6 trishṭubh
176	—	—	anushṭubh. 6 trishṭubh
177	—	—	trishṭubh
178	—	—	—
179	Lopāmudrā (1. 2), Agastya (3. 4), dessen Zögling (5. 6)	Rati	trishṭubh. 5 bṛihatī
180	Agastya	Asvinau	trishṭubh
181	—	—	—
182	—	—	jagatī. 6. 8 trishṭubh
183	—	—	trishṭubh
184	—	—	—
185	—	Dyāvāpṛithivyau	—
186	—	Visve Devaḥ	—
187	—	annastutiḥ	1 anushṭubgarbhā. 2. 4. 8. 10 gāyatrī. 3. 5—7 anushṭubh. 11 anushṭubh oder bṛihatī
188	—	Āpriyaḥ	gāyatrī
189	—	Agni	trishṭubh
190	—	Bṛihaspati	—
191	—	Ap, triṇa, Surya. Upanishad.	anushṭubh. 10—12 mahāpañkti. 13 mahābṛihatī

Maṇḍala II.

1	Gṛitsamada Bhārgava Ṣaunaka, vormals Āngirasa Ṣaunahotra	Agni	jagatī
2	—	—	—
3	—	Āpra	trishṭubh. 7 jagatī [1])
4	Somāhuti Bhārgava	Agni	trishṭubh
5	—	—	anushṭubh
6	—	—	gāyatrī
7	—	—	—
8	Gṛitsamada	—	gāyatrī. 6 anushṭubh
9	—	—	trishṭubh
10	—	—	—
11	—	Indra	virāṭsthānā trishṭubh. 21 trishṭubh
12	—	—	trishṭubh
13	—	—	jagatī. 13 trishṭubh
14	—	—	trishṭubh
15	—	—	—
16	—	—	jagatī. 9 trishṭubh
17	—	—	jagatī. 8. 9 trishṭubh
18	—	—	trishṭubh
19	—	—	—
20	—	—	trishṭubh. 3 virāḍrūpā
21	—	—	jagatī. 6 trishṭubh
22	—	—	1 ashṭi. 2. 3 atiṣakvarī. 4 atiṣakvarī oder ashṭi
23	—	Brahmaṇaspati (1. 5. 9. 11. 17. 19), Bṛihaspati (2—4. 6—8. 10. 12—16. 18)	jagatī. 15. 19 trishṭubh
24	—	Brahmaṇaspati (1—11. 13—16), Brahmaṇaspati und Indra (12)	jagatī. 12. 16 trishṭubh
25	—	Brahmaṇaspati	jagatī
26	—	—	—

1) Nach Shaḍguruṣishya sind 1—5 trishṭubh, 6—11 jagatī. Beides ist falsch.

27	Kurma Gārtsamada, oder Gṛitsamada	Ādityāḥ	trishṭubh
28	—	Varuṇa. 10 duḥsvapnanāśinī	—
29	—	Viṣve Devāḥ	—
30	Gṛitsamada	Indra (1—5. 7. 8b. 10), Indra und Soma (6), Sarasvatī (8a), Bṛihaspati (9), Marutaḥ (11)	trishṭubh. 15 jagatī
31	—	Viṣve Devāḥ	jagatī. 7 trishṭubh
32	—	Dyāvāpṛithivyau (1), Indra oder Tvashṭṛi (2. 3), Rākā (4. 5), Sinīvālī (6. 7), liṅgoktadevatāḥ (8)	jagatī. 6—8 anushṭubh
33	—	Rudra	trishṭubh
34	—	Marutaḥ	jagatī. 15 trishṭubh
35	—	Aponaptṛi	trishṭubh
36	—	Ṛitavaḥ	jagatī
37	—	—	—
38	—	Savitṛi	trishṭubh
39	—	Aṣvinau	—
40	—	Soma und Pūshan (1—6a), dieselben und Aditi (6b)	—
41	—	Vāyu (1—2), Indra und Vāyu (3), Mitra und Varuṇa (4—6), Aṣvinau (7—9), Indra (10—12), Viṣve Devāḥ (13—15), Sarasvatī (16—18) [1]), Dyāvāpṛithivyau oder havirdhāne (19ab—21), dieselben oder Agni (19c)	gāyatrī. 16. 17 anushṭubh. 18 bṛihatī
42	—	Adhvani vāṣyamānasya ṣakuntasya stutiḥ	trishṭubh
43	—	—	1—3 jagatī. 2 atiṣakvarī oder ashṭi

Maṇḍala III.

1	Viṣvāmitra Gāthina	Agni	trishṭubh
2	—	Vaiṣvānara	jagatī
3	—	—	—
4	—	Āpriyaḥ	trishṭubh
5	—	Agni (anyāsām api devatānām nipāto dṛiṣyate)	—
6	—	—	—

1) Dieses sind die praügadevatāḥ.

7	Viṣvāmitra Gāthina	Agni	trishṭubh
8	—	Yupa (1—5), Yupāḥ (6. 7. 9. 10), Yupāḥ oder Viṣve Devāḥ (8), vraṣcani (11)	trishṭubh. 3. 7 anushṭubh
9	—	Agni	bṛihatī. 9 tri-shṭubh
10	—	—	ushṇih
11	—	—	gāyatrī
12	—	Indra und Agni	—
13	Ṛishabha Vaiṣvā-mitra	Agni	anushṭubh
14	—	—	trishṭubh
15	Utkīla Kātya	—	—
16	—	—	Str. um Str. bṛi-hatī und sato-bṛihatī
17	Kata Vaiṣvāmitra	—	trishṭubh
18	—	—	—
19	Gāthin Kauṣika	—	—
20	—	Viṣve Devāḥ (1. 5), Agni (2—4)	—
21	—	Agni	1. 4 trishṭubh. 2. 3 anushṭubh. 5 virāḍrupā sa-tobṛihatī
22	—	Purīshyā Agnayaḥ	trishṭubh. 4 anu-shṭubh
23	Devaṣravas Bhārata und Devavāta Bhā-rata	Agni	trishṭubh. 3 sato-bṛihatī
24	Viṣvāmitra	—	gāyatrī. 1 anu-shṭubh
25	—	Agni (1—3. 5), Agni und Indra (4)	virāj
26	Viṣvāmitra (1—6. 8. 9), 7 ātman	Vaiṣvānara (1—3), Maru-taḥ (4—6), Agni oder ātmastutiḥ(purvātmagītā 7. 8), upādhyāyastutiḥ (9)	1—6 jagatī. 7—9 trishṭubh
27	Viṣvāmitra	Agni oder Ritavaḥ (1), Agni (2—15)	gāyatrī
28	—	Agni	1. 2. 6 gāyatrī. 3 ushṇih. 4 tri-shṭubh. 5 jagatī
29	—	Agni (1—4. 6—16), Agni oder ṛitvijaḥ (5)	trishṭubh. 1. 4. 10. 12 anu-shṭubh. 6. 11. 14. 15 jagatī
30	—	Indra	trishṭubh
31	Kusika Aishīrathi, oder Viṣvāmitra	—	—
32	Viṣvāmitra	—	—

33	Viṣvāmitra (1—3. 5. 7. 9. 11—13), Nadyaḥ (4. 6. 8. 10)	Nadyaḥ (1—3. 5. 9. 11—13), Viṣvāmitra (4. 8. 10), Indra (6. 7)	trishṭubh. 13 anushṭubh
34	Viṣvāmitra	Indra	trishṭubh
35	—	—	—
36	Viṣvāmitra (1—9. 11), Ghora Āngirasa (10) [1]	—	—
37	Viṣvāmitra	—	gāyatrī. 11 anushṭubh
38	Prajāpati Vaiṣvāmitra, oder Prajāpati Vācya, oder beide vereint, oder Viṣvāmitra allein	—	trishṭubh
39	Viṣvāmitra	—	—
40	—	—	gāyatrī
41	—	—	—
42	—	—	—
43	—	—	trishṭubh
44	—	—	bṛihatī
45	—	—	—
46	—	—	trishṭubh
47	—	—	—
48	—	—	—
49	—	—	—
50	—	—	—
51	—	—	1—3 jagatī. 4—9 trishṭubh. 10—12 gāyatrī
52	—	—	1—4 gāyatrī. 5. 7. 8 trishṭubh. 6 jagatī
53	—	Indra und Parvata (1), Indra (2—14. 21—24), vāc sasarparī (15. 16), rathāṅgastutiḥ (17—20) [2]	trishṭubh. 10. 16 jagatī. 13 gāyatrī. 12. 20. 22 anushṭubh. 18 bṛihatī
54	Prajāpati Vaiṣvāmitra, oder Prajāpati Vācya	Viṣve Devāḥ	trishṭubh
55	—	—	—
56	—	—	—
57	Viṣvāmitra	—	—
58	—	Asvinau	—
59	—	Mitra	trishṭubh. 6—9 gāyatrī

1) sā(ṛik) nirdahec chasyamāneti ṣruyate.

2) antyāḥ (21—24) abhiṣāpārthās, tā vasishṭhadveshiṇyo na vasishṭhāḥ ṣriṇvanti.

60	Viṣvāmitra	Ṛibhavaḥ (1—4), Ṛibhavaḥ und Indra (5—7)	jagatı
61	—	Ushas	trishṭubh
62	Viṣvāmitra (1—15), Viṣvāmitra oder Jamadagni (16—18)	Indra und Varuṇa (1—3), Bṛihaspati (4—6), Pushan (7—9), Savitṛi (10—12), Soma (13—15), Mitra und Varuṇa (16—18)	1—3 trishṭubh. 4—18 gāyatrı

Maṇḍala IV.

1	Vāmadeva Gautama	Agni (1. 6—20), Agni allein, oder Agni und Varuṇa (2—5)	trishṭubh. 1 ashṭi. 2 atijagatı. 3 dhṛiti.
2	—	Agni	trishṭubh
3	—	—	—
4	—	Agni Rakshohan	—
5	—	Vaiṣvānara	—
6	—	Agni	—
7	—	—	1 jagatı. 2—6 anushṭubh. 7—11 trishṭubh
8	—	—	gāyatrı
9	—	—	—
10	—	—	padapaṅkti. 4. 6. 7. padapaṅkti oder ushṇih. 5 mahāpadapaṅkti. 8 ushṇih
11	—	—	trishṭubh
12	—	—	—
13	—	Agni oder liṅgoktadevatāḥ	—
14	—	—	—
15	—	Agni (1—6), Somaka Sāhadevya (7. 8), Aṣvinau (9. 10)	gāyatrı
16	—	Indra	trishṭubh
17	—	—	trishṭubh. 15 ekapadā virāj
18	saṃvāda Indrāditivāmadevānām		trishṭubh
19	Vāmadeva	Indra	—
20	—	—	—
21	—	—	—
22	—	—	—
23	—	Indra (1—7. 11), Indra oder ṛita (8—10)	—
24	—	Indra	trishṭubh. 10 anushṭubh
25	—	—	trishṭubh
26	Indra oder Vāmadeva (1—3), Vāmadeva (4—7)	Indra oder Vāmadeva (1—3), ṣyenastutiḥ (4—7)	—

27	Vāmadeva	syenastutiḥ (1—4), syena oder Indra (5)	trishṭubh. 3 sakvarī
28	—	Indra, oder Indra und Soma	trishṭubh
29	—	Indra	—
30	—	Indra (1—8. 12—24), Indra und Ushas (9—11)	gāyatrī 8. 24 anushṭubh
31	—	Indra	gāyatrī. 3 pādanicṛit
32	—	Indra (1—22), Indrasyāsvau (23. 24)	gāyatrī
33	—	Ṛibhavaḥ	trishṭubh
34	—	—	—
35	—	—	—
36	—	—	jagatī. 9 trishṭubh
37	—	—	1—4 trishṭubh. 5—8 anushṭubh
38	—	Dyāvāpṛithivyau (1), Dadhikrā (2—10)	trishṭubh
39	—	Dadhikrā	trishṭubh. 6 anushṭubh
40	—	Dadhikrā (1—4), Sūrya (5)	1 trishṭubh. 2—5 jagatī
41	—	Indra und Varuṇa	trishṭubh
42	Trasadasyu Paurukutsya	Trasadasyu (1—6), Indra und Varuṇa (7—10)	—
43	Purumīḷha Sauhotra und Ajamīḷha Sauhotra	Asvinau	—
44	—	—	—
45	Vāmadeva	—	jagatī. 7 trishṭubh
46	—	Vāyu (1), Indra und Vāyu (2—7)	gāyatrī
47	—	Vāyu (1), Indra und Vāyu (2—4)	anushṭubh
48	—	Vāyu	—
49	—	Indra und Bṛihaspati	gāyatrī
50	—	Bṛihaspati (1—9), Indra und Bṛihaspati (10. 11)	trishṭubh. 10 jagatī
51	—	Ushas	trishṭubh
52	—	—	gāyatrī
53	—	Savitṛi	jagatī
54	—	—	jagatī. 6 trishṭubh
55	—	Visve Devāḥ	trishṭubh. 8—10 gāyatrī
56	—	Dyāvāpṛithivyau	trishṭubh. 5—7 gāyatrī
57	—	Kshetrapati (1—3), Suna	1. 4. 6. 7 anu-

		(4), Sunāsīrau (5. 8), sītā (6. 7)	shṭubh. 2. 3. 8 trishṭubh. 8 puraüshṇih
58	Vāmadeva	Agni, oder Sūrya, oder Āpaḥ, oder gāvaḥ, oder ghṛitastutiḥ	trishṭubh. 11 jagatī

Maṇḍala V.

1	Budha Ātreya und GavishṭhiraĀtreya.	Agni	trishṭubh
2	Kumāra Ātreya, oder Vṛiṣa Jāna, oder beide vereint (1. 3—8. 10—12), Vṛiṣa Jāna (2. 9)	—	trishṭubh. 12 ṣakvarī
3	Vasuṣruta Ātreya	Agni (1. 2. 4—12), Marutaḥ, Rudra und Vishṇu (3)	trishṭubh
4	—	Agni	—
5	—	Āpra	gāyatrī
6	—	Agni	paṅkti
7	Isha Ātreya	—	anushṭubh. 10 paṅkti
8	—	—	jagatī
9	Gaya Ātreya	—	anushṭubh. 5. 7 paṅkti
10	—	—	anushṭubh. 4. 7 paṅkti
11	Sutambhara Ātreya	—	jagatī
12	—	—	trishṭubh
13	—	—	gāyatrī
14	—	—	—
15	Dharuṇa Āṅgirasa	—	trishṭubh
16	Pūru Ātreya	—	anushṭubh. 5 paṅkti
17	—	—	—
18	Mṛiktavāhas Dvita Ātreya	—	—
19	Vavri Ātreya	—	1. 2 gāyatrī. 3. 4 anushṭubh. 5 virāḍrūpā
20	Prayasvanta Ātreyaḥ	—	anushṭubh. 4 paṅkti
21	Sasa Ātreya	—	—
22	Viṣvasāman Ātreya	—	—
23	Dyumna Viṣvacarshaṇi Ātreya	—	—
24	Bandhu (1), Subandhu (2), Srutabandhu (3), Viprabandhu (4), sämmtlich Gaupāyana oder Laupāyana	—	dvipadā virāj

25	Vasūyava Ātreyāḥ	Agni	anushṭubh
26	—	Agni (1—8), Viṣve Devāḥ (9)	gāyatrī
27	Tryaruṇa Traivṛishṇa, Trasadasyu Paurukutsya, und Aṣvamedha Bhārata. Nach einigen Atri	Agni (1—5), Indra und Agni (6)	trishṭubh. 4—6 anushṭubh
28	Viṣvavārā Ātreyī	Agni	1. 3 trishṭubh. 2 jagatī. 4 anushṭubh. 5. 6 gāyatrī
29	Gaurivīti Ṣāktya	Indra (1—8. 9ᵇᶜᵈ), Indra oder Uṣanas (9ᵃ)	trishṭubh
30	Babhru Ātreya	Indra (Riṇaṃcayo 'py atra rājā stutaḥ)	—
31	Avasyu Ātreya	Indra (1—7. 8ᵃᵇ), Indra oder Kutsa (8ᶜ), Indra oder Uṣanas (8ᵈ), Indra und Kutsa (9)	—
32	Gātu Ātreya	Indra	—
33	Saṃvaraṇa Prājāpatya	—	—
34	—	—	jagatī. 9 trishṭubh
35	Prabhūvasu Āṅgirasa	—	anushṭubh. 8 paṅkti
36	—	—	trishṭubh. 3 jagatī
37	Atri Bhauma	—	trishṭubh
38	—	—	anushṭubh
39	—	—	anushṭubh. 5 paṅkti
40	—	Indra (1—4), Sūrya (5), Atri (6—9)	1—3 ushṇih. 4 trishṭubh. 5. 9 anushṭubh. 6—8 trishṭubh
41	—	Viṣve Devāḥ	trishṭubh. 16. 17 atijagatī. 20 ekapadā virāj
42	—	Viṣve Devāḥ (1—10. 12—18), Rudra (11)	trishṭubh. 17 ekapadā virāj
43	—	Viṣve Devāḥ	trishṭubh. 16 ekapadā virāj
44	Avatsāra Kāṣyapa (und andere im Liede ersichtliche Rishi)	—	jagatī. 14. 15 trishṭubh
45	Sadāpriṇa Ātreya	—	trishṭubh
46	Pratikshatra Ātreya	Viṣve Devāḥ (1—6), devapatnīstavaḥ (7. 8)	jagatī. 2. 8 trishṭubh
47	Pratiratha Ātreya	Viṣve Devāḥ	trishṭubh

48	Pratibhānu Ātreya	Viṣve Devāḥ	jagatī
49	Pratiprabha Ātreya [1])	—	trishṭubh
50	Svastyātreya Ātreya	—	anushṭubh. 5 paṅkti
51	—	—	1—4 gāyatrī. 5—10 ushṇih. 11—13 jagatī oder trishṭubh. 14. 15 anushṭubh
52	Ṣyāvāṣva Ātreya	Marutaḥ	anushṭubh. 6. 16. 17 paṅkti
53	—	—	1. 5. 10. 11. 15 kakubh. 2 bṛihatī. 3 anushṭubh. 4 puraüshṇih. 6. 7. 9. 13. 14 [2]). 16 satobṛihatī. 8. 12 gāyatrī
54	—	—	jagatī. 14 trishṭubh
55	—		jagatī. 10 trishṭubh
56	—	—	bṛihati. 3. 7 satobṛihatī
57	—	—	jagatī. 7. 8 trishṭubh
58	—	—	trishṭubh
59	—	—	jagatī. 8 trishṭubh
60	—	Marutaḥ, oder Marutaḥ und Agni	trishṭubh. 7. 8 jagatī
61	—	Marutaḥ (1—4. 11—16), Ṣaṣīyasī Tarantamahishī (5—8), Purumīḷha Vaidadaṣvi (9), Taranta Vaidadaṣvi (10), Rathavīti Dārbhya (17—19)	gāyatrī. 5 anushṭubh. 9 satobṛihatī
62	Ṣrutavid Ātreya	Mitra und Varuṇa	trishṭubh
63	Arcanānas Ātreya	—	jagatī
64	—	—	anushṭubh. 7 paṅkti
65	Rātahavya Ātreya	—	anushṭubh. 6 paṅkti
66	—	—	anushṭubh
67	Yajata Ātreya	—	—

1) pra ye vasubhya iti pañcamīm adhīyānaḥ pāṇau tṛiṇaṃ gṛihṇātīty adhyayanadvāreṇeyaṃ *triṇapāṇir* bhavati.

2) caturdaṣī vishṭārapaṅktir iti kecit.

68	Yajata Ātreya	Mitra und Varuṇa	gāyatrī
69	Urucakri Ātreya	—	trishṭubh
70	—	—	gāyatrī
71	Bāhuvṛikta Ātreya	—	—
72	—	—	ushṇih
73	Paura Ātreya	Aṣvinau	anushṭubh
74	—	—	—
75	Avasyu Ātreya	—	paṅkti
76	Atri Bhauma	—	trishṭubh
77	—	—	—
78	Saptavadhri Ātreya	Aṣvinau (5—7 garbhasrāviṇyaḥ, upanishat)	1—3 ushṇih. 4 trishṭubh. 5—9 anushṭubh
79	Satyaṣravas Ātreya	Ushas	paṅkti
80	—	—	trishṭubh
81	Ṣyāvāṣva Ātreya	Savitṛi	jagatī
82	—	—	gāyatrī. 1 anushṭubh
83	Atri Bhauma	Parjanya	1. 5—8. 10 trishṭubh. 2—4 jagatī. 9 anushṭubh
84	—	Pṛithivī	anushṭubh
85	—	Varuṇa	trishṭubh
86	—	Indra und Agni	anushṭubh. 6 virāṭpūrvā
87	Evayāmarut Ātreya	Marutaḥ	atijagatī

Maṇḍala VI.

1	Bharadvāja Bārhaspatya	Agni	trishṭubh
2	—	—	anushṭubh. 11 ṣakvarī
3	—	—	trishṭubh
4	—	—	—
5	—	—	—
6	—	—	—
7	—	Vaiṣvānara	trishṭubh. 6. 7 jagatī
8	—	—	jagatī. 7 trishṭubh
9	—	—	trishṭubh
10	—	Ágni	trishṭubh. 7 dvipadā virāj
11	—	—	trishṭubh
12	—	—	—
13	—	—	—
14	—	—	anushṭubh. 6 ṣakvarī
15	Vītahavya Āngirasa, oder Bharadvāja		jagatī. 3. 15 ṣakvarī. 6 atiṣa-

			kvarī. 10—14. 16. 19 trishṭubh. 17 anushṭubh. 18 bṛihatī
16	Bharadvāja	Agni	gāyatrī. 1. 6 vardhamānā. 27. 47. 48 anushṭubh. 46 trishṭubh
17	—	Indra	trishṭubh. 15 dvipadā trishṭubh
18	—	—	trishṭubh
19	—	—	—
20	—	—	trishṭubh. 7 virāj
21	—	Indra (1—8. 10. 12), Visve Devāḥ (9. 11)	trishṭubh
22	—	Indra	—
23	—	—	—
24	—	—	—
25	—	—	—
26	—	—	—
27	—	Indra (1—17), Abhyāvartinaṣ Cāyamānasya dānastutiḥ	—
28	—	gāvaḥ (1. 3—7. 8^{abc}), gāvaḥ oder Indra (2. 8^{d})	trishṭubh. 2—4 jagatī. 8 anushṭubh
29	—	Indra	trishṭubh
30	—	—	—
31	Suhotra Bhāradvāja	—	trishṭubh. 4 ṣakvarī
32	—	—	trishṭubh
33	Ṣunahotra Bhāradvāja	—	—
34	—	—	—
35	Nara Bhāradvāja	—	—
36	—	—	—
37	Bharadvāja	—	—
38	—	—	—
39	—	—	—
40	—	—	—
41	—	—	—
42	—	—	anushṭubh. 4 bṛihatī
43	—	—	ushṇih
44	Ṣaṃyu Bārhaspatya	—	trishṭubh. 1—6 anushṭubh. 7. 9 virāj oder trishṭubh. 8 virāj
45	—	Indra (1—30), Bṛibu takshan (31—33)	gāyatrī. 29 atinicṛit. 31 pāda-

			nicṛit. 33 anushṭubh
46	Ṣaṃyu Bārhaspatya	Indra	Str. um Str. bṛihatī und satobṛihatī
47	Garga Bhāradvāja	Soma (1—5), Indra (6—19. 20ᵈ. 21. 31ᵇ), Devāḥ (20ᵃ), bhūmi (20ᵇ), Bṛihaspati (20ᶜ), Prastokasya Sārñjayasya dānastutiḥ (22—25), ratha (26—28), dundubhi (29. 30. 31ᵃ)	trishṭubh. 19 bṛihatī. 23 anushṭubh. 24 gāyatrī. 25 dvipadā. 27 jagatī
48	Ṣaṃyu Bārhaspatya	Tṛiṇapāṇikam Pṛiṣnisūktam. Agni (1—10), Marutaḥ (11. 12. 20. 21), Marutaḥ oder liñgoktadevatāḥ (13—15), Pūshan (16—19), Marutaḥ, oder Dyāvābhūmī, oder Pṛiṣni (22)	1. 3. 5. 9. 14. 19. 20 bṛihatī. 2. 4. 10. 12. 17 satobṛihatī. 6. 8 mahāsatobṛihatī. 7 mahābṛihatī. 11. 16 kakubh. 13. 18 puraūshṇih. 15 atijagatī. 21 yavamadhyā mahābṛihatī. 22 anushṭubh
49	Ṛijiṣvan Bhāradvāja	Viṣve Devāḥ	trishṭubh. 15 ṣakvarī
50	—	—	trishṭubh
51	—	—	trishṭubh. 13—15 ushṇih. 16 anushṭubh
52	—	—	trishṭubh. 7—12 gāyatrī. 14 jagatī
53	Bharadvāja	Pūshan	gāyatrī. 8 anushṭubh
54	—	—	gāyatrī
55	—	—	—
56	—	—	gāyatrī. 6 anushṭubh
57	—	Pūshan und Indra	gāyatrī
58	—	Pūshan	trishṭubh. 2 jagatī
59	—	Indra und Agni	bṛihatī. 7—10 anushṭubh
60	—	—	gāyatrī. 1—3. 13 trishṭubh. 14 bṛihatī. 15 anushṭubh
61	—	Sarasvatī	gāyatrī. 1—3. 13 jagatī. 14 trishṭubh
62	—	Aṣvinau	trishṭubh

63	Bharadvāja	Aṣvinau	trishṭubh. 1 virāj. 11 ekapadā
64	—	Ushas	trishṭubh
65	—	—	—
66	—	Marutaḥ	—
67	—	Mitra und Varuṇa	—
68	—	Indra und Varuṇa	trishṭubh. 9. 10 jagatī
69	—	Indra und Vishṇu	trishṭubh
70	—	Dyāvāpṛithivyau	jagatī
71	—	Savitṛi	1—3 jagatī. 4—6 trishṭubh
72	—	Indra und Soma	trishṭubh
73	—	Bṛihaspati	—
74	—	Soma und Rudra	—
75	Pāyu Bhāradvāja	Saṃgrāmāṅgāni: varman (1), dhanus (2), jyā (3), ārtnī (4), ishudhi (5), sārathi (6a), raṣmayaḥ (6b), aṣvāḥ (7), ratha (8), rathagopāḥ (9), liṅgoktadevatāḥ (10), iṣhavaḥ (11. 12. 15. 16), pratoda (13), hastaghna (14), liṅgoktadevatāḥ (17—19 saṃgrāmāṣishaḥ)	trishṭubh. 6. 10 jagatī. 12. 13. 15. 16. 19 anushṭubh. 17 paṅkti

Maṇḍala VII.

1	Vasishṭha Maitrāvaruṇi	Agni	virāj. 19—25 trishṭubh
2	—	Āpra	trishṭubh
3	—	Agni	—
4	—	—	—
5	—	Vaiṣvānara	—
6	—	—	—
7	—	Agni	—
8	—	—	—
9	—	—	—
10	—	—	—
11	—	—	—
12	—	—	—
13	—	Vaiṣvānara	—
14	—	Agni	1 bṛihatī. 2. 3 trishṭubh
15	—	—	gāyatrī
16	—	—	Str. um Str. bṛihatī und satobṛihatī
17	—	—	dvipadā trishṭubh

18	Vasishṭha Maitrāvaruṇi	Indra (1—21), Sudāsaḥ Paijavanasya dānastutiḥ (22—25)	trishṭubh
19	—	Indra	—
20	—	—	—
21	—	—	—
22	—	—	virāj. 9 trishṭubh
23	—	—	trishṭubh
24	—	—	—
25	—	—	—
26	—	—	—
27	—	—	—
28	—	—	—
29	—	—	—
30	—	—	—
31	—	—	gāyatrī. 10—12 virāj
32	Vasishṭha (1—25), Ṣakti Vāsishṭha (26ᵃ), Vasishṭha (26ᵇ. 27), oder auch Verfasser von 26ᵃ	—	Str. um Str. bṛihatī und Satobṛihatī. 3 dvipadā virāj
33	Vasishṭha (1—9), seine Söhne (10—14)	Vasishṭha's Söhne (1—9), Vasishṭha (10—14)	trishṭubh
34	Vasishṭha	Viṣve Devāḥ (1—15. 17ᵇ. 18—25), Ahi (16), Ahirbudhnya (17ᵃ)	dvipadā. 22—25 trishṭubh
35	—	Viṣve Devāḥ	trishṭubh
36	—	—	—
37	—	—	—
38	—	Savitṛi (1—5. 6a), Savitṛi oder Bhaga (6ᵇ), vājinaḥ (7. 8)	—
39	—	Viṣve Devāḥ	—
40	—	—	—
41	—	liṅgoktadevatāḥ (1), Bhaga (2—6), Ushas (7)	trishṭubh. 1 jagatī
42	—	Viṣve Devāḥ	trishṭubh
43	—	—	—
44	—	liṅgoktadevatāḥ (1), Dadhikrā (2—5)	trishṭubh. 1 jagatī
45	—	Savitṛi	trishṭubh
46	—	Rudra	jagatī. 4 trishṭubh
47	—	Āpaḥ	trishṭubh
48	—	Ṛibhavaḥ (1—3), Ṛibhavaḥ oder Viṣve Devāḥ (4)	—
49	—	Āpaḥ	—
50	—	Mitra und Varuṇa (1), Agni (2), Viṣve Devāḥ (3), nadīstutiḥ (4)	jagatī. 4 atijagatī oder ṣakvarī

51	Vasishṭha	Ādityāḥ	trishṭubh
52	—	—	—
53	—	Dyāvāpṛithivyau	—
54	—	Vāstoshpati	—
55	—	Vāstoshpati (1), prasvāpinyaḥ, upanishad (2—8)	1 gāyatrī. 2—4 uparishṭādbṛihatī. 5—8 anushṭubh
56	—	Marutaḥ	1—11 dvipadā virāj. 12—25 trishṭubh
57	—	—	trishṭubh
58	—	—	—
59	—	Marutaḥ (1—11). Rudra (12 mṛityuvimocanī)	1. 3. 5 bṛihatī. 2. 4. 6 satobṛihatī. 7. 8 trishṭubh. 9—11 gāyatrī. 12 anushṭubh
60	—	Sūrya (1), Mitra und Varuṇa (2—12)	trishṭubh
61	—	Mitra und Varuṇa	—
62	—	Sūrya (1—3), Mitra und Varuṇa (4—6)	—
63	—	Sūrya (1—4. 5ᵃ), Mitra und Varuṇa (5ᵇ. 6)	—
64	—	Mitra und Varuṇa	—
65	—	—	—
66	—	Mitra und Varuṇa (1—3. 17—19), Ādityāḥ (4—13), Sūrya (14—16)	gāyatrī. 10—15 Str. um Str. bṛihatī und satobṛihatī. 16 puraüshṇih
67	—	Aṣvinau	trishṭubh
68	—	—	virāj. 8. 9 trishṭubh
69	—	—	trishṭubh
70	—	—	—
71	—	—	—
72	—	—	—
73	—	—	—
74	—	—	Str. um Str. bṛihatī und satobṛihatī
75	—	Ushas	trishṭubh
76	—	—	—
77	—	—	—
78	—	—	—
79	—	—	—
80	—	—	—
81	—	—	St. um St. bṛihatī und satobṛihatī

82	Vasishṭha	Indra und Varuṇa	jagatı
83	—	—	—
84	—	—	trishṭubh
85	—	—	—
86	—	Varuṇa	—
87	—	—	—
88	—	— [1]	—
89	—	—	gāyatrī. 5 jagatı
90	—	Vāyu (1—4), Indra und Vāyu (5—7)	trishṭubh
91	—	Vāyu (1. 3), Indra und Vāyu (2. 4—7)	—
92	—	Vāyu (1. 3—5), Indra und Vāyu (2)	—
93	—	Indra und Agni	—
94	—	—	gāyatrī. 12 anushṭubh
95	—	Sarasvatı (1. 2. 4—6), Sarasvat (3)	trishṭubh
96	—	Sarasvatı (1—3), Sarasvat (4—6)	1 bṛihatı. 2 satobṛihatı. 3 prastārapaṅkti. 4—6 gāyatrī
97	—	Indra (1), Bṛihaspati (2. 4—8), Indra und Brahmaṇaspati (3. 9), Indra und Bṛihaspati (10)	trishṭubh
98	—	Indra (1—6), Indra und Bṛihaspati (7)	—
99	—	Vishṇu (1—3. 7), Indra und Vishṇu (4—6)	—
100	—	Vishṇu	—
101	Kumāra Āgneya, oder Vasishṭha	Parjanya	—
102	—	—	1. 3 gāyatrī. 2 pādanicṛit
103	Vasishṭha	Maṇḍūkāḥ (Parjanyastuti)	trishṭubh. 1 anushṭubh
104	—	Rākshoghnam ṣāpābhiṣāpaprāyam. Indra und Soma (1—7. 15. 25), Indra (8. 16. 19—22. 24), Soma (9. 12. 13), Agni (10. 14), Devāḥ (11), grāvāṇah (17), Marutaḥ (18), Vasishṭhasyātmana āṣīḥ (23a), pṛithivı und antariksha (23b)	trishṭubh. 1—6. 18. 21. 23 jagatı. 7 jagatı oder trishṭubh. 25 anushṭubh

1) 7 pāṣavimocanı.

Maṇḍala VIII.

1	Pragātha Kāṇva, früher Pragātha Ghaura, Bruder und Adoptivsohn von Kaṇva (1. 2), Medhātithi Kāṇva und Medhyātithi Kāṇva (3 — 29), Āsaṅga Plāyogi (30—33), Saṣvatī Āṅgirasī, die Gattin des Āsaṅga (34)	Indra (1—29), Āsaṅgasya dānastutiḥ(30—33), Āsaṅga (34)	bṛihatī. 2. 4 satobṛihatī. 33. 34 trishṭubh
2	Medhātithi Kāṇva und Priyamedha Āṅgirasa (1—40), Medhatithi Kāṇva (41. 42)	Indra (1—40). Vibhindor dānastutiḥ (41. 42)	gāyatrī. 28 anushṭubh
3	Medhyātithi Kāṇva	Indra (1—20), Pākasthāmnaḥ Kaurayāṇasya dānastutiḥ (21—24)	Str. um Str. bṛihatī und satobṛihatī. 21 anushṭubh. 22. 23 gāyatrī. 24 bṛihatī
4	Devātithi Kāṇva	Indra (1—14), Indra oder Pūshan (15—18), Kuruṅgasya dānastutiḥ (19—21)	Str. um Str. bṛihatī und satobṛihatī. 21 puraüshṇih
5	Brahmātithi Kāṇva	Aṣvinau (1—36. 37ᵃ), Kaṣos Caidyasya dānastutiḥ (37ᵇ—39)	gāyatrī. 37. 38 bṛihatī. 39 anushṭubh
6	Vatsa Kāṇva	Indra (1—45), Tirindirasya Pārṣavyasya dānastutiḥ (46—48)	gāyatrī
7	Punarvatsa Kāṇva	Marutaḥ	—
8	Sadhvaṅsa Kāṇva	Aṣvinau	anushṭubh
9	Ṣaṣakarṇa Kāṇva	—	1. 4. 6. 14. 15 bṛihatī. 2. 3. 20. 21 gāyatrī. 5 kakubh. 7—9. 13. 16—19 anushṭubh. 10 trishṭubh. 11 virāj. 12 jagatī
10	Pragātha Kāṇva	—	1. 5 bṛihatī. 2 madhyejyotis. 3 anushṭubh. 4 āstārapaṅkti. 6 satobṛihatī
11	Vatsa Kāṇva	Agni	gāyatrī. 1 pra-

			tishṭhā. 2 vardhamānā. 10 trishṭubh
12	Parvata Kāṇva	Indra	ushṇih
13	Nārada Kāṇva	—	—
14	Goshūktin Kāṇvāyana und Aṣvasūktin Kāṇvāyana	—	gāyatrī
15	—	—	ushṇih
16	Irimbiṭhi Kāṇva	—	gāyatrī
17	—	—	gāyatrī. 14 bṛihatī. 15 satobṛihatī
18	—	Ādityāḥ (1—7. 10—22), Aṣvinau (8), Agni, Sūrya, Anila (9)	ushṇih
19	Sobhari Kāṇva	Agni (1—33). Ādityāḥ (34. 35), Trasadasyoḥ dānastutiḥ (36. 37)	1—26. 28—33. Str. um Str. kakubh und satobṛihati. 27 dvipadā virāj. 34 ushṇih. 35 satobṛihatī. 36 kakubh. 37 paṅkti
20	—	Marutaḥ	Str. um Str. kakubh und satobṛihatī
21	—	Indra (1—16), Citrasya dānastutiḥ (17. 18)	—
22	—	Aṣvinau	1—7 Str. um Str. bṛihatī und satobṛihatī. 8 anushṭubh. 9. 10. 13—18 Str. um Str. kakubh und satobṛihatī. 11 kakubh. 12 madhyejyotis
23	Viṣvamanas Vaiyaṣva	Agni	ushṇih
24	—	Indra (1—27), Varoḥ Saushāmṇasya dānastutiḥ (28—30)	ushṇih. 30 anushṭubh
25	—	Mitra und Varuṇa (1—9. 13—24), Viṣve Devāḥ (10—12)	ushṇih. 23 ushṇiggarbhā
26	Derselbe, oder Vyaṣva Āngirasa	Aṣvinau (1—9), Vāyu (20—25)	ushṇih. 16. 19. 21. 25 gāyatrī. 20 anushṭubh
27	Manu Vaivasvata	Viṣve Devāḥ	Str. um Str. bṛihatī und satobṛihatī

28	Manu Vaivasvata	Viṣve Devāḥ	gāyatrī. 4 puraüshṇih
29	Derselbe, oder Kaṣyapa Mārīca	—	dvipadā virāj
30	Manu Vaivasvata	—	1 gāyatrī. 2 puraüshṇih. 3 bṛihatī. 4 anushṭubh
31	—	ijyāstavo yajamānaprasaṅsā ca (1—4), dampatī (5—9), dampatyor āṣishaḥ (10—18)	gāyatrī. 9. 14 anushṭubh. 10 pādanicṛit. 15—18 paṅkti
32	Medhātithi Kāṇva	Indra	gāyatrī
33	Medhyātithi Kāṇva	—	bṛihatī. 16—18 gāyatrī. 19 anushṭubh
34	Nīpātithi Kāṇva (1—15), die tausend ṛishi Vasurocis Āṅgirasa (16—18)	—	anushṭubh. 16—18 gāyatrī
35	Ṣyāvāṣva Ātreya	Aṣvinau	uparishṭājjyotis. 22—24 paṅkti. 23 mahābṛihatī
36	—	Indra	ṣakvarī. 7 mahāpaṅkti
37	—	—	mahāpaṅkti. 1 atijagatī
38	—	Indra und Agni	gāyatrī
39	Nābhāka Kāṇva	Agni	mahāpaṅkti
40	—	Indra und Agni	mahāpaṅkti. 2 ṣakvarī. 12 trishṭubh
41	—	Varuṇa	mahāpaṅkti
42	Arcanānas, oder der vorige	Varuṇa (1—3), Aṣvinau (4—6)	1—3 trishṭubh. 4—6 anushṭubh
43	Virūpa Āṅgirasa	Agni	gāyatrī
44	—	—	—
45	Triṣoka Kāṇva	Agni und Indra (1), Indra (2—42)	—
46	Vaṣa Aṣvya	Indra (1—20. 29. 31. 33), Pṛithuṣravasaḥ Kānītasya dānastutiḥ (21—24), Vāyu (25—28. 32)	1 pādanicṛit. 2—4. 6. 10. 23. 29. 33 gāyatrī. 5 kakubh. 7. 11. 19. 25. 27 bṛihatī. 8 anushṭubh. 9. 26. 28 satobṛihatī. 12 viparītā. 13 caturviṅṣatikā dvipadā. 14 pipīlikamadhyā bṛihatī. 15 ka-

			kubh nyaṅkuśirā. 16 virāj. 17 jagatī. 18 uparishṭādbṛihatī. 20 vishamapadā. 21. 22. 24. 32 paṅkti. 30 dvipadā virāj. 31 ushṇih
47	Trita Āptya	Ādityāḥ (1—13), Ādityāḥ und Ushas (14—18)	mahāpaṅkti
48	Pragātha Kāṇva	Soma	trishṭubh. 5 jagatī
[49	Praskaṇva Kāṇva	Indra	Str. um Str. bṛihatī und satobṛihatī
50	Pushṭigu Kāṇva	—	—
51	Srushṭigu Kāṇva	—	—
52	Āyu Kāṇva	—	—
53	Medhya Kāṇva	—	—
54	Mātarisvan Kāṇva	Indra (1. 2. 5—8), Visve Devāḥ (3. 4)	—
55	Kṛisa Kāṇva	Praskaṇvasya dānastutiḥ	gāyatrī. 3—5 anushṭubh
56	Pṛishadhra Kāṇva	Praskaṇvasya dānastutiḥ (1—4), Agni und Sūrya (5)	gāyatrī. 5 paṅkti
57	Medhya Kāṇva	Asvinau	trishṭubh
58	In der Sarvānukramaṇī nicht genannt.		
59	Suparṇa Kāṇva	Indra und Varuṇa	jagatī]
60	Bharga Prāgātha	Agni	Str. um Str. bṛihatī und satobṛihatī
61	—	Indra	—
62	Pragātha Kāṇva	—	paṅkti. 7. 9 bṛihatī
63	—	Indra (1—11), Devāḥ (12)	gāyatrī. 1. 4. 5. 7 anushṭubh. 12 trishṭubh.
64	—	Indra	gāyatrī
65	—	—	—
66	Kali Prāgātha	—	Str. um Str. bṛihatī und satobṛihatī. 15 anushṭubh
67	Matsya Sāmmada[1]), oder Mānya Maitrāvaruṇi, oder bahavo matsyā jālanaddhāḥ	Ādityāḥ	gāyatrī

1) C: Sammadākhyamahāmīnarājaputraḥ.

68	Priyamedha Āṅgirasa	Indra (1-13), Ṛikshāśvamedhayor dānastutiḥ (14-19)	gāyatrī. 1. 4. 7. 10 anushṭubh
69	—	Indra (1—10. 13—18), Viśve Devāḥ (11ª), Varuṇa (11ᵇ. 12)	anushṭubh. 2 ushṇih. 4—6 gāyatrī. 11. 16 paṅkti. 17. 18 bṛihatī
70	Puruhanman Āṅgirasa	Indra	1—6 Str. um Str. bṛihatī und satobṛihatī. 7—12 bṛihatī. 13 ushṇih. 14 anushṭubh. 15 puraüshṇih
71	Sudīti Āṅgirasa, und Purumīḷha Āṅgirasa, oder einer von beiden	Agni	gāyatrī. 10—15 Str. um Str. bṛihatī und satobṛihatī
72	Haryata Prāgātha	Agni, oder havishāṃ stutiḥ	gāyatrī
73	Gopavana Ātreya, oder Saptavadhri Ātreya	Aśvinau	—
74	Gopavana Ātreya	Agni (1—12), Śrutarvaṇa Ārkshyasya dānastutiḥ (13—15)	gāyatrī. 1. 4. 7. 10. 13—15 anushṭubh
75	Virūpa Āṅgirasa	Agni	gāyatrī
76	Kurusuti Kāṇva	Indra	—
77	—	—	gāyatrī. 10 bṛihatī. 11 satobṛihatī
78	—	—	gāyatrī. 10 bṛihatī
79	Kṛitnu Bhārgava	Soma	gāyatrī. 9 anushṭubh
80	Ekadyū Naudhasa	Indra (1—9), Devāḥ (10)	gāyatrī. 10 trishṭubh
81	Kusīdin Kāṇva	Indra	gāyatrī
82	—	—	—
83	—	Viśve Devāḥ	—
84	Uśanas Kāvya	Agni	—
85	Kṛishṇa Āṅgirasa	Aśvinau	—
86	Derselbe, oder Viśvaka Kārshṇi	—	jagatī
87	Dyumnīka Vāsishṭha, oder Priyamedha Āṅgirasa, oder Kṛishṇa Āṅgirasa	—	Str. um Str. bṛihatī und satobṛihatī
88	Nodhas Gautama	Indra	—
89	Nṛimedha Āṅgirasa und Purumedha Āṅgirasa	—	1. 3. 7 bṛihatī. 2. 4 satobṛihatī. 5. 6 anushṭubh

90	Nṛimedha Āṅgirasa und Purumedha Āṅgirasa	Indra	Str. um Str. bṛihatī und satobṛihatī
91	Apālā Ātreyī	—	anushṭubh. 1. 2 paṅkti
92	Ṣrutakaksha Āṅgirasa, oder Sukaksha Āṅgirasa	—	gāyatrī. 1 anushṭubh
93	Sukaksha Āṅgirasa	Indra (1—33), Indra und Ribhu (34)	gāyatrī
94	Bindu Āṅgirasa, oder Pūtadaksha Āṅgirasa	Marutaḥ	—
95	Tiraṣcī Āṅgirasa	Indra	anushṭubh
96	Der vorige, oder Dyutāna Māruti	Indra (1—13. 14abc), Marutaḥ (14d), Indra und Bṛihaspati (15)	trishṭubh. 4 virāj
97	Rebha Kāṣyapa	Indra	bṛihatī. 10. 13 atijagatī. 11. 12 uparishṭādbṛihatī. 14 trishṭubh. 15 jagatī
98	Nṛimedha Āṅgirasa	—	ushṇih. 7. 10. 11 kakubh. 9. 12 puraüshṇih
99	—	—	Str. um Str. bṛihatī und satobṛihatī
100	Nema Bhārgava (1—3. 6—12), Indra (4. 5)	Indra (1—9. 12), vāc (10. 11)	trishṭubh. 6 jagatī. 7—9 anushṭubh
101	Jamadagni Bhārgava	Mitra und Varuṇa (1—4. 5abc), Ādityāḥ (5d. 6), Aṣvinau (7. 8), Vāyu (9. 10). Sūrya (11. 12), Ushas od. sūryaprabhāstuti (13), Pavamāna (14), go (15. 16)	1. 5. 7. 9. 11. 13 bṛihatī. 2. 4. 6. 8. 10. 12 satobṛihatī. 3 gāyatrī. 14—16 trishṭubh
102	Prayoga Bhārgava, oder Agni Pāvaka Bārhaspatya, oder Agni Gṛihapati Sahasaḥ sunu u. Agni Yavishṭha Sahasaḥ sūnu vereint, oder einer von beiden	Agni	gāyatrī
103	Sobhari Kāṇva	Agni (1—13), Agni und Marutaḥ (14)	1—4. 6 bṛihatī. 5 virāḍrūpā. 7. 9. 11. 13 satobṛihatī. 8. 12 kakubh. 11 gāyatrī hrasīyasī. 14 anushṭubh

Maṇḍala IX.

1	Madhuchandas Vaiśvāmitra	Soma Pavamāna	gāyatrī
2	Medhātithi Kāṇva	—	—
3	Śunaḥśepa Ājīgarti	—	—
4	Hiraṇyastūpa Āṅgirasa	—	—
5	Asita Kāśyapa, oder Devala Kāśyapa	Āpriyaḥ	gāyatrī. 8—11 anushṭubh
6	—	Soma Pavamāna	gāyatrī
7	—	—	—
8	—	—	—
9	—	—	—
10	—	—	—
11	—	—	—
12	—	—	—
13	—	—	—
14	—	—	—
15	—	—	—
16	—	—	—
17	—	—	—
18	—	—	—
19	—	—	—
20	—	—	—
21	—	—	—
22	—	—	—
23	—	—	—
24	—	—	—
25	Dṛiḷhacyuta Āgastya	—	—
26	Idhmavāha Dārḍhacyuta	—	—
27	Nṛimedha Āṅgirasa	—	—
28	Priyamedha Āṅgirasa	—	—
29	Nṛimedha Āṅgirasa	—	—
30	Bindu Āṅgirasa	—	—
31	Gotama Rāhūgaṇa	—	—
32	Śyāvāśva Ātreya	—	—
33	Trita Āptya	—	—
34	—	—	—
35	Prabhūvasu Āṅgirasa	—	—
36	—	—	—
37	Rahūgaṇa Āṅgirasa	—	—
38	—	—	—
39	Bṛihanmati Āṅgirasa	—	—
40	—	—	—
41	Medhyātithi Kāṇva	—	—

42	Medhyātithi Kāṇva	Soma Pavamāna	gāyatrī
43	—	—	—
44	Ayāsya Āṅgirasa	—	—
45	—	—	—
46	—	—	—
47	Kavi Bhārgava	—	—
48	—	—	—
49	—	—	—
50	Ucathya Āṅgirasa	—	—
51	—	—	—
52	—	—	—
53	Avatsāra Kāṣyapa	—	—
54	—	—	—
55	—	—	—
56	—	—	—
57	—	—	—
58	—	—	—
59	—	—	—
60	—	—	gāyatrī. 3 puraüshṇih
61	Amahīyu Āṅgirasa	—	gāyatrī
62	Jamadagni Bhārgava	—	—
63	Nidhruvi Kāṣyapa	—	—
64	Kaṣyapa Mārīca	—	—
65	Bhṛigu Vāruṇi, oder Jamadagni Bhārgava	—	—
66	ṣataṃ vaikhānasāḥ	Pavamāna Soma (1—18. 22—30), Agni (19—21)	gāyatrī. 18 anushṭubh
67	Bharadvāja (1—3), Kaṣyapa (4—6), Gotama (7—9), Atri (10—12), Viṣvāmitra (13—15), Jamadagni (16—18), Vasishṭha (19—21), Pavitra Āṅgirasa, oder Vasishṭha, oder beide vereint (22—32)	Pavamāna Soma (1—9. 13—22. 28—30), Pavamāna Soma oder Pūshan (10—12), Agni (23. 24), Agni oder Savitṛi (25), Agni oder Agni und Savitṛi (26), Agni oder Viṣve Devāḥ (27), pāvamānyadhyetṛistutiḥ (31. 32)	gāyatrī. 16—18 dvipadā gāyatrī. 27. 31. 32 anushṭubh. 30 puraüshṇih
68	Vatsaprī Bhālandana [1])	Pavamāna Soma	jagatī. 10 trishṭubh
69	Hiraṇyastūpa Āngirasa	—	jagatī. 9. 10 trishṭubh
70	Reṇu Vaiṣvāmitra	—	jagatī. 10 trishṭubh

1) Zur Beruhigung schüchterner Seelen genüge es zu bemerken, dass die Form Vatsaprī nicht jünger ist als die Taittirīya Saṃhitā, also ein wenig älter als die Anukramaṇī sammt Sāyaṇa.

71	Rishabha Vaiçvāmitra	Pavamāna Soma	jagatī. 9 trishṭubh
72	Harimanta Āñgirasa	—	jagatī
73	Pavitra Āñgirasa	—	—
74	Kakshīvat Dairghatamasa	—	jagatī. 8 trishṭubh
75	Kavi Bhārgava	—	jagatī
76	—	—	—
77	—	—	—
78	—	—	—
79	—	—	—
80	Vasu Bhāradvāja	—	—
81	—	—	jagatī. 5 trishṭubh
82	—	—	—
83	Pavitra Āñgirasa	—	jagatī
84	Prajāpati Vācya	—	—
85	Vena Bhārgava	—	jagatī. 11. 12 trishṭubh
86	Akṛishṭāḥ alias Māshā ṛishigaṇāḥ (1—10), Sikatāḥ alias Nivāvarī ṛishigaṇāḥ (11—20), Pṛiçnayaḥ alias Ajā ṛishigaṇāḥ (21—30), Atrayaḥ (31—40)[1], Atri Bhauma (41—45), Gṛitsamada (46—48)	—	jagatī
87	Uçanas Kāvya	—	trishṭubh
88	—	—	—
89	—	—	—
90	Vasishṭha Maitrāvaruṇi	—	—
91	Kaçyapa Mārīca	—	—
92	—	—	—
93	Nodhas Gautama	—	—
94	Kaṇva Ghaura	—	—
95	Praskaṇva Kāṇva	—	—
96	Pratardana Daivodāsi	—	—
97	Vasishṭha (1—3), Indrapramati Vāsishṭha (4—6), Manyu Vāsishṭha (10	—	—

1) Caturthe daçarce Atraya itināmānaḥ. So Shaḍguruçishya in Cod. Wilson Oxford, und Cod. Chambers Berlin. Wären, wie Sāyaṇa und seine Nachbeter wollen, die drei vorhergehenden gemeint, so musste es unvermeidlich in der Anukramaṇī trayo 'pi heissen.

	—12), Upamanyu Vāsishṭha (13—15), Vyāghrapād Vāsishṭha (16—18), Sakti Vāsishṭha (19—21), Karṇasrut Vāsishṭha (22—24), Mṛiḷīka Vāsishṭha (25—27), Vasukra Vāsishṭha (28—30), Parāsara Sāktya (31—44), Kutsa Āṅgirasa (45—58)		
98	Ambarīsha Vārshāgira und Ṛijisvan Bhāradvāja	Pavamāna Soma	anushṭubh. 11 bṛihatī
99	Rebhasunu Kāsyapau	—	anushṭubh. 1 bṛihatī
100	—	—	anushṭubh
101	Andhīgu Syāvāsvi (1—3), Yayāti Nāhusha (4—6), Nahusha Mānava (7—9), Manu Sāṃvaraṇa (10—12), Prajāpati (13—16)	—	anushṭubh. 2. 3 gāyatrī
102	Trita Āptya	—	ushṇih
103	Dvita Āptya	—	—
104	Parvata Kāṇva und Nārada Kāṇva, oder die beiden Apsaras Sikhaṇḍinī, Töchter des Kasyapa	—	—
105	Parvata und Nārada	—	—
106	Agni Cākshusha (1—3. 10—14), Cakshus Mānava (4—6), Manu Āpsava (7—9)	—	—
107	Sapta ṛishayaḥ	—	1. 4. 6. 8—10. 12. 14. 17. 19. 21. 23. 25 bṛihatī. 2. 5. 7. 11. 13. 15. 18. 22. 24. 26 satobṛihatī. 3 dvipadā virāj bhurij. 16 dvipadā virāj
108	Gaurivīti Sāktya (1. 2), Sakti Vāsishṭha (3. 14—16), Ūru	—	1—12 Str. um Str. kakubh und satobṛihatī. 13

	Āṅgirasa (4. 5), Ṛijiṣvan Bhāradvāja (6. 7), Ūrdhvasadman Āṅgirasa (8. 9), Kṛitayaṣas Āṅgirasa (10. 11), Ṛiṇaṃcaya (12. 13)		gāyatrī yavamadhyā. 14. 16. satobṛihatī. 15 kakubh
109	Agnayo Dhishṇyā Aiṣvarayaḥ	Pavamāna Soma	dvipadā virāj
110	Tryaruṇa und Trasadasyu	—	1—3 anushṭubh pipīlikamadhyā. 4—9 ūrdhvabṛihatī. 10—12 virāj
111	Anānata Pārucchepi	—	atyashṭi
112	Ṣiṣu Āṅgirasa	—	paṅkti
113	Kaṣyapa Mārīca	—	—
114	—	—	—

Maṇḍala X.

1	Trita Āptya	Agni	trishṭubh
2	—	—	—
3	—	—	—
4	—	—	—
5	—	—	—
6	—	—	—
7	—	—	—
8	Triṣiras Tvāshṭra	Agni (1—6), Indra (7—9)	—
9	Derselbe, oder Sindhudvīpa Āmbarīsha	Āpaḥ	gāyatrī. 5 vardhamānā. 7 pratishṭhā. 8. 9 anushṭubh
10	Yama Vaivasvata (2. 4. 8—10. 12. 14), Yamī Vaivasvatī (1. 3. 5—7. 11. 13)	Saṃvāda. Yama (1. 3. 5—7. 11. 13), Yamī (2. 4. 8—10. 12. 14)	trishṭubh
11	Havirdhāna Āṅgi	Agni	jagatī. 7—9 trishṭubh
12	—	—	trishṭubh
13	Der vorige, oder Vivasvat Āditya	havirdhāna [1])	trishṭubh. 5 jagatī
14	Yama Vaivasvata	Yama (1—5. 13—16), liṅgoktadevatāḥ (6), dieselben oder Pitaraḥ (7—9), Ṣvānau Sārameyau (10—12)	trishṭubh. 13. 14. 16 anushṭubh. 15 bṛihatī

1) C: havirdhānākhye dve ṣakaṭe.

15	Ṣaṅkha Yāmāyana	Pitaraḥ	trishṭubh. 11 jagatī
16	Damana Yāmāyana	Agni	trishṭubh. 11—14 anushṭubh
17	Devaṣravas Yāmāyana	Saraṇyū (1. 2), Pūshan (3—6), Sarasvatī (7—9). Āpaḥ (10. 14), Āpaḥ oder Soma (11—13)	trishṭubh. 14 anushṭubh. 13 anushṭubh oder purastādbṛihatī
18	Saṃkusuka Yāmāyana	Mṛityu (1—4), Dhātṛi (5), Tvashṭṛi (6), pitṛimedhaḥ (7—13), pitṛimedha oder Prajāpati (14. aniruktā C: aprakāṣadevatābhidhānā)	trishṭubh. 11 prastārapaṅkti. 13 jagatī. 14 anushṭubh
19	Mathita Yāmāyana, oder Bhṛigu Vāruṇi, oder Cyavana Bhārgava	Āpaḥ oder gāvaḥ (1ᵃ. 2—7), Agni und Soma (1ᵇ)	anushṭubh. 6 gāyatrī
20	Vimada Aindra oder Prājāpatya, oder auch Vasukṛit Vāsukra	Agni	gāyatrī. 1 ekapadā virāj, oder ein pāda (ṣāntyarthaḥ). 2 anushṭubh. 9 virāj. 10 trishṭubh
21	—	—	āstārapaṅkti
22	—	Indra	purastādbṛihatī. 5. 7. 9 anushṭubh. 15 trishṭubh
23	—	—	jagatī. 1. 7 trishṭubh. 5 abhisāriṇī
24	—	Indra (1—3), Aṣvinau (4—6)	āstārapaṅkti. 4—6 anushṭubh
25	—	Soma	āstārapaṅkti
26	—	Pūshan	anushṭubh. 1. 4 ushṇih
27	Vasukra Aindra	Indra	trishṭubh
28	Vasukrapatnī (1), Indra (2. 6. 8. 10. 12), Vasukra (3—5. 7. 9. 11)	Indra (1. 3—5. 7. 9. 11), Vasukra (2. 6. 8. 10. 12)	—
29	Vasukra Aindra	Indra	—
30	Kavasha Ailusha	Āpaḥ oder Aponaptṛi	—
31	—	Viṣve Devāḥ	—
32	—	Indra	1—5 jagatī. 6—9 trishṭubh
33	—	Viṣve Devāḥ (1), Indra (2. 3), Kuruṣravaṇasya Trāsadasyavasya dānastutiḥ (4. 5), Upamaṣra-	1 trishṭubh. 2 bṛihatī. 3 satobṛihatī. 4—9 gāyatrī

		vas Mitrātithiputra (6—9)	
34	Derselbe, oder Aksha Maujavat	akshakṛishipraṣaṅsā ca, akshakitavanindā ca	trishṭubh. 7 jagatī
35	Lusa Dhānāka	Viṣve Devāḥ	jagatī. 13. 14 trishṭubh
36	—	—	—
37	Abhitapas Saurya	Sūrya	jagatī. 10 trishṭubh
38	Indra Mushkavat	Indra	jagatī
39	Ghoshā Kākshīvatī	Aṣvinau	jagatī. 14 trishṭubh
40	—	—	jagatī
41	Suhastya Ghausheya	—	—
42	Kṛishṇa Āṅgirasa	Indra	trishṭubh
43	—	—	jagatī. 10. 11 trishṭubh
44	—	—	jagatī. 1—3 10. 11 trishṭubh
45	Vatsaprī Bhālandana	Agni	trishṭubh
46	—	—	—
47	Saptagu Āṅgirasa	Indra Vaikuṇṭha	—
48	Indra Vaikuṇṭha	—	jagatī. 7. 10. 11 trishṭubh
49	—	—	jagatī. 2. 11 trishṭubh
50	—	—	1. 2. 6. 7 jagatī. 3. 4 abhisāriṇī. 5 trishṭubh
51	Agni Saucīka (2 4. 6. 8), Devāḥ (1. 3 5. 7. 9)	Agni (1. 3. 5. 7. 9), Devāḥ (2. 4. 6. 8)	trishṭubh
52	Agni Saucīka	Devāḥ	—
53	Agni Saucīka (4. 5), Devāḥ (1—3. 6—11)	Agni (1—3. 6—11), Devāḥ (4. 5)	trishṭubh. 6. 7. 9—11 jagatī
54	Bṛihaduktha Vāmadevya	Indra	trishṭubh
55	—	—	—
56	—	Viṣve Devāḥ	trishṭubh. 4—6 jagatī
57	Bandhu, Subandhu, Ṣrutabandhu, Viprabandhu, alle vier Gaupāyana oder Laupāyana	—	gāyatrī
58	—	manaāvartanam [1])	anushṭubh

1) manaso dehān nirgatasya punaḥpraveṣahetu manodevatyaṃ jepuḥ.

59	Die vorigen	Nirṛiti (1—3), Nirṛiti und Soma (4), Asunîti (5. 6), liṅgoktadevatâḥ (7), Dyâvâpṛithivyau (8. 9. 10b), Dyâvâpṛithivyau oder Indra (10a)	trishṭubh. 8 paṅkti. 9 mahâpaṅkti. 10 paṅktyuttarâ
60	Dieselben, aber 6 von ihrer Mutter, einer Schwester des Agastya	Asamâti (1—4. 6). Indra (5), Subandhor jîvitâhvânam (7—11), hastastutiḥ (12)	anushṭubh. 1—5 gâyatrî. 8. 9 paṅkti
61	Nâbhânedishṭha Mânava	Viṣve Devâḥ	trishṭubh
62	—	Viṣve Devâḥ, oder Aṅgirasâṃ stutiḥ (1—6), Viṣve Devâḥ (7), Sâvarṇer dânastutiḥ (8—11)	1—4 jagatî. 5. 8. 9 anushṭubh. 6 bṛihatî. 7 satobṛihatî. 10 gâyatrî. 11 trishṭubh
63	Gaya Plâta	Viṣve Devâḥ (1—14. 17), pathyâ svasti (15. 16)	jagatî. 16. 17 trishṭubh. 15 trishṭubh od. jagatî
64	—	Viṣve Devâḥ	jagatî. 12. 16. 17 trishṭubh
65	Vasukarṇa Vâsukra	—	jagatî. 15 trishṭubh
66	—	—	—
67	Ayâsya Âṅgirasa	Bṛihaspati	trishṭubh
68	—	—	—
69	Sumitra Bâdhryaṣva	Agni	trishṭubh. 1. 2 jagatî
70	—	Âpra	trishṭubh
71	Bṛihaspati Âṅgirasa	jñâna	trishṭubh. 9 jagatî
72	Derselbe, oder Bṛihaspati Laukya, oder Aditi Dâkshâyaṇî	Devâḥ	anushṭubh
73	Gaurivîti Ṣâktya	Indra	trishṭubh
74	—	—	—
75	Sindhukshit Praiyamedha	nadîstutiḥ	jagatî
76	Jaratkarṇa Airâvata sarpa	grâvâṇaḥ	—
77	Syûmaraṣmi Bhârgava	Marutaḥ	trishṭubh. 5 jagatî
78	—	—	1. 3. 4. 8 trishṭubh. 2. 5—7 jagatî
79	Agni Saucîka, oder Agni Vaiṣvânara, oder Sapti Vâjambhara	Agni	trishṭubh

80	Agni Saucīka, oder Agni Vaiṣvānara	Agni	trishṭubh
81	Viṣvakarman Bhauvana	Viṣvakarman	—
82	—	—	—
83	Manyu Tāpasa	Manyu	trishṭubh. 1 jagatī
84	—	—	1—3 trishṭubh. 4—7 jagatī
85	Sūryā Sāvitrī	Soma (1—5), Sūryāvivāha (6—16), Devāḥ (17), Soma und Arka (18), Candramas (19), nṛiṇāṃ vivāhamantrā āṣishaṣ ca (20—28), vadhūvāsaḥsaṃsparṣanindā (29. 30), dampatyor yakshmanāṣana (31), Sūryā (32—47)	anushṭubh. 14. 19—21. 23. 24. 26. 36. 37. 44 trishṭubh. 18. 37. 43 jagatī. 34 urobṛihatī
86	Indra (1. 8. 11. 12. 14. 19—22), Indrāṇī (2—6. 9. 10. 15—18), Vṛishākapi Aindra (7. 13. 23)	Vṛishākaper Aindrasya, Indrāṇyāḥ, Indrasya ca saṃvādaḥ	paṅktí
87	Pāyu Bhāradvāja	Agni Rakshohan	trishṭubh. 22—25 anushṭubh
88	Mūrdhanvat, ein Āṅgirasa oder Vāmadevya	Sūrya und Vaiṣvanara	trishṭubh
89	Reṇu Vaiṣvāmitra	Indra (1—4. 6—18), Indra und Soma (5)	—
90	Nārāyaṇa	Purusha	anushṭubh. 16 trishṭubh
91	Aruṇa Vaitahavya	Agni	jagatī. 15 trishṭubh
92	Ṣāryāta Mānava	Viṣve Devāḥ	jagatī
93	Tānva Pārtha	—	prastārapaṅkti. 2. 3. 13 anushṭubh. 9 den Sylben nach paṅkti. 11 nyaṅkusāriṇī. 15 purastādbṛihatī
94	Arbuda Kādraveya sarpa	grāvāṇaḥ	jagatī. 5. 7 14. trishṭubh
95	Purūravas Aila (1. 3. 6. 8—10. 12. 14. 17), Urvaṣī (2. 4. 5. 7. 11. 13. 15. 16. 18)	Urvaṣī (1. 3. 6. 8—10. 12. 14. 17), Purūravas (2. 4. 5. 7. 11. 13. 15. 16. 18)	trishṭubh
96	Baru Āṅgirasa, oder Sarvahari Aindra	haristutiḥ	jagatī. 12. 13 trishṭubh

97	Bhishaj Ātharvaṇa	oshadhīstutiḥ	anushṭubh
98	Devāpir Ārshṭisheṇo vṛishṭikāmo devāṅs tushṭāva		trishṭubh
99	Vamra Vaikhānasa	Indra	—
100	Duvasyu Vāndana	Viçve Devāḥ	jagatī. 12 trishṭubh
101	Budha Saumya	Viçve Devāḥ, oder ṛitvikstutiḥ	trishṭubh. 4. 6 gāyatrī. 5 bṛihatī. 9. 12 jagatī
102	Mudgala Bhārmyaçva	Indra oder drughaṇa [1])	trishṭubh. 1. 3. 12 bṛihatī
103	Apratiratha Aindra	Indra (1—3. 5—11), Bṛihaspati (4), Apvā (12), Indra oder Marutaḥ (13)	trishṭubh. 13 anushṭubh
104	Ashṭaka Vaiçvāmitra	Indra	trishṭubh
105	Durmitra (seinen Eigenschaften nach sumitra) Kautsa, oder Sumitra (seinen Eigenschaften nach durmitra) Kautsa	—	ushṇih. 1 ushṇih oder gāyatrī. 2. 7 pipīlikamadhyā. 11 trishṭubh
106	Bhūtāṅça Kāçyapa	Açvinau	trishṭubh
107	Divya Āṅgirasa, oder Dakshiṇā Prājāpatyā	dakshiṇā, oder dakshiṇādātāraḥ	trishṭubh. 4 jagatī
108	Paṇayo 'surāḥ (1. 3. 5. 7. 9), Saramā Devaçunī (2. 4. 6. 8. 10. 11)	Saramā (1. 3. 5. 7. 9), Paṇayaḥ (2. 4. 6. 8. 10. 11)	trishṭubh
109	Juhū Brahmajāyā, oder Ūrdhvanābhan Brāhma	Viçve Devāḥ	trishṭubh. 6. 7 anushṭubh.
110	Jamadagni Bhārgava, oder Rāma Jāmadagnya	Āpriyaḥ	trishṭubh
111	Ashṭrādaṅshṭra Vairūpa	Indra	—
112	Nabhaḥprabhedana Vairūpa	—	—
113	Çataprabhedana Vairūpa	—	jagatī. 10 trishṭubh
114	Sadhri Vairūpa, oder Gharma Tāpasa	Viçve Devāḥ	trishṭubh. 4 jagatī

---

1) Mudgalasya hṛitā gāvaç caurais tyaktvā jaradgavam | so 'gnishṭhaçakaṭaṃ kṛitvā yuktvaikatra jaradgavam || drughaṇaṃ yuyuje 'nyatra cauramārgānusārataḥ | drughaṇaṃ cāgrataḥ kṛitvā caurebhyo jagṛihe svagāḥ ||

115	Upastutà Vārshṭihavya	Agni	jagatī. 8 trishṭubh. 9 ṣakvarī
116	Agniyuta[1]) Sthaura, o. Agniyūpa Sthaura	Indra	trishṭubh
117	Bhikshu Āñgirasa	dhanānnadānapraṣaṅsā	trishṭubh. 1. 2 jagatī
118	Urukshaya Āmahīyava	Agni Rakshohan	gāyatrī
119	Laba Aindra	Labasya (Indrasya) ātmastutiḥ	—
120	Bṛihaddiva Ātharvaṇa	Indra	trishṭubh
121	Hiraṇyagarbha Prājāpatya	Ka	—
122	Citramahas Vāsishṭha	Agni	jagatī. 1. 5 trishṭubh
123	Vena Bhārgava	Vena	trishṭubh
124	Agni (2—4), Agni, Varuṇa, Soma (1. 5—9)	Agni (1—4), yathānipātam (5—8), Indra (9)	trishṭubh. 7 jagatī
125	Vāc Āmbhṛiṇī		trishṭubh. 2 jagatī
126	Kulmalabarhisha Ṣailūshi, oder Aṅhomuc Vāmadevya	Viṣve Devāḥ	uparishṭādbṛihatī. 8 trishṭubh
127	Kuṣika Saubhara, oder Rātri Bhāradvājī	rātristavaḥ	gāyatrī
128	Vihavya Āñgirasa	Viṣve Devāḥ	trishṭubh. 9 jagatī
129	Prajāpati Parameshṭhin	bhāvavṛittam [2])	trishṭubh
130	Yajña Prājāpatya	—	trishṭubh. 1 jagatī
131	Sukīrti Kākshīvata	Indra (1—3. 6. 7), Aṣvinau (4. 5)	trishṭubh. 4 anushṭubh
132	Ṣakaputa Nārmedha	Dyāvābhumī und Asvinau (1), Mitra und Varuṇa (2—7)	1 nyañkusāriṇī. 2. 6 prastārapañkti. 3—5 virādrūpā. 7 mahāsatobṛihatī
133	Sudās Paijavana	Indra	1—3 ṣakvarī. 4—6 mahāpañkti. 7 trishṭubh

1) Agniyūta lesen beide von mir verglichene Hss. von Shaḍguruṣishya.

2) C: bhāvānām padārthānaṃ vṛittiḥ sṛishṭyādipravṛittir yasya devatā, tad bhāvavṛittīyam.

134	Māndhātṛi Yauvanāṣva (1—5. 6ª), Godhā (6ᵇ. 7)	Indra	mahāpaṅkti. 7 paṅkti
135	Kumāra Yāmāyana	Yama	anushṭubh
136	Jūti (1), Vātajūti (2), Viprajūti (3), Vṛishāṇaka (4), Karikrata (5), Etaṣa (6), Ṛiṣyaṣṛiṅga (7), alle sieben muni Söhne des Vātaraṣana	Keṣinaḥ (= Agni, Sūrya, Vāyu)	—
137	Bharadvāja (1), Kaṣyapa (2), Gotama (3), Atri (4), Viṣvāmitra (5), Jamadagni (6), Vasishṭha (7)	Viṣve Devāḥ	—
138	Aṅga Aurava	Indra	jagatī
139	Viṣvāvasu Devagandharva	Sūrya (1—3), Viṣvāvasu (4—6)	trishṭubh
140	Agni Pāvaka	Agni	1 vishṭārapaṅkti. 2—4 satobṛihatī. 5 uparishṭājjyotis. 6 trishṭubh
141	Agni Tāpasa	Viṣve Devāḥ	anushṭubh
142	Jaritṛi (1. 2), Droṇa (3. 4), Sārisṛikva (5. 6), Stambamitra (6. 7), alle vier Ṣārṅga [1])	Agni	trishṭubh. 1. 2 jagatī. 7. 8 anushṭubh
143	Atri Sāṃkhya	Aṣvinau	anushṭubh
144	Suparṇa Tārkshyaputra, oder Ūrdhvakṛiṣana Yāmāyana	Indra	1. 3. 4 gāyatrī. 2 bṛihatī. 5 satobṛihatī. 6 vishṭārapaṅkti
145	Indrāṇī	upanishad, sapatnībādhanam	anushṭubh. 6 paṅkti
146	Devamuni Airammada	araṇyānī	anushṭubh
147	Suvedas Ṣairīshi	Indra	jagatī. 5 trishṭubh
148	Pṛithu Vainya	—	trishṭubh
149	Arcat Hairaṇyastūpa	Savitṛi	—
150	Mṛiḷīka Vāsishṭha	Agni	1—3 bṛihatī. 4 uparishṭājjyotis oder jagatī. 5 uparishṭājjyotis

1) C: Ṣārṅgā jātitaḥ \| ṣārṅga iti pakshiviṣeshākhyā.

151	Ṣraddhā Kāmāyanī	sraddhā	anushṭubh
152	Ṣāsa Bhāradvāja	Indra	—
153	Devajāmaya Indramātaraḥ	—	gāyatrī
154	Yamī	bhāvavṛittam	anushṭubh
155	Ṣirimbiṭha Bhāradvaja	alakshmīnāṣa (1. 4), Brahmaṇaspati (2. 3), Viṣve Devāḥ (5)	—
156	Ketu Āgneya	Agni	gāyatrī
157	Bhuvana Āptya, oder Sādhana Bhauvana	Viṣve Devāḥ	dvipadā trishṭubh
158	Cakshus Saurya	Sūrya	gāyatrī
159	Ṣacī Paulomī		anushṭubh
160	Pūraṇa Vaiṣvāmitra	Indra	trishṭubh
161	Yakshmanāṣana Prājāpatya	Indra (rājayakshmaghnam)	trishṭubh. 5 anushṭubh
162	Rakshohan Brāhma	garbhasaṃsrāve prāyaṣcittam [1])	anushṭubh
163	Vivṛihan Kāṣyapa	yakshmaghnam	—
164	Pracetas Āṅgirasa	duḥsvapnaghnam	1. 2. 4 anushṭubh. 3 trishṭubh. 5 paṅkti
165	Kapota Nairṛita	Viṣve Devāḥ (kapotopahatau prāyaṣcittam)	trishṭubh
166	Ṛishabha, ein Vairāja oder Ṣākvara	sapatnaghnam	anushṭubh. 5 mahāpaṅkti
167	Viṣvāmitra und Jamadagni	Indra (1. 2. 4), liṅgoktadevatāḥ (3) [2])	jagatī
168	Anila Vātāyana	Vāyu	trishṭubh
169	Ṣabara Kākshīvata	gāvaḥ	—
170	Vibhrāj Saurya	Sūrya	jagatī. 4 āstārapaṅkti
171	Iṭa Bhārgava	Indra	gāyatrī
172	Saṃvarta Āṅgirasa	Ushas	dvipadā virāj
173	Dhruva Āṅgirasa	rājñaḥ stutiḥ	anushṭubh
174	Abhīvarta Āṅgirasa	—	—
175	Ūrdhvagrāvan Ārbudi	grāvāṇaḥ	gāyatrī
176	Sūnu Ārbhava	Ṛibhavaḥ (1), Agni (2—4)	anushṭubh. 2 gāyatrī
177	Pataṃga Prājāpatya	māyābhedaḥ	1 jagatī. 2. 3 trishṭubh

1) C: garbhasya nihatasya srāve pātavishayabhūte tasya prāyaṣcittaṃ samādhāyakam | garbhasamādhānam atra devatā |

2) Weder Shaḍguruṣishya, noch die beiden von mir benutzten Hss. der Sarvānukramaṇī lesen *vā*. Bei Sāyaṇa ist dieses wahrscheinlich aus dem hinter liṅgoktadevatā unmittelbar folgenden vātasya entstanden.

178	Arishṭanemi Tārkshya	Tārkshya	trishṭubh
179	Ṣibi Auṣīnara (1), Pratardana Daivodāsi Kāṣirāja (2), Vasumanas Rauhidaṣva (3)	Indra	1 anushṭubh. 2. 3 trishṭubh
180	Jaya Aindri	—	trishṭubh
181	Pratha Vāsishṭha (1), Sapratha Bhāradvāja (2), Gharma Saurya (3)	Viṣve Devāḥ	—
182	Tapurmūrdhan Bārhaspatya	Bṛihaspati	—
183	Prajāvat Prājāpatya	yajamāna (1), yajamānapatnī (2), hotṛi (3)	—
184	Tvashṭṛi garbhakartṛi, oder Vishṇu Prājāpatya	liṅgoktadevatāḥ (garbhārthāṣīḥ)	anushṭubh
185	Satyadhṛiti Vāruṇi	Aditi (svastyayanam)	gāyatrī
186	Ula Vātāyana	Vāyu	—
187	Vatsa Āgneya	Agni	—
188	Ṣyena Āgneya	Agni Jātavedas	—
189	Sārparājñī	Sārparājñī, oder Sūrya	—
190	Aghamarshaṇa Mādhuchandasa	bhāvavṛittam	anushṭubh
191	Saṃvanana Āṅgirasa	Agni (1), saṃjñānam (2—4)	anushṭubh. 3 trishṭubh

II. Alphabetisches Verzeichniss der angeblichen Hymnendichter, deren Patronymica und Attribute.

Aṅhomuc Vāmadevya X, 126
Akṛishṭa Māshā ṛishigaṇāḥ 9, 86, 1—10
Aksha Maujavat 10, 34
Agastya Maitrāvaruṇi 1, 165, 13—15. 166—169. 170, 2. 4. 5. 171—178. 179, 3. 4. 180—191
Agastyaṣishya 1. 179, 5. 6
Agastyasya svasā 10, 60, 6
Agnayo Dhishṇyā Aiṣvarayaḥ 9, 109
Agni 10, 124
Agni Gṛihapati Sahasaḥ sūnu 8, 102
— Cākshusha 9, 106, 1—3. 10—14
— Tāpasa 10, 141
— Pāvaka 10, 140
— — Bārhaspatya 8, 102
— Yavishṭha Sahasaḥ sūnu 8, 102
— Vaiṣvānara 10, 79. 80
— Saucīka 10, 51 (2. 4. 6 8). 52. 53 (4. 5). 79. 80
Agniyuta Sthaura 10, 116
Agniyūpa Sthaura 10, 116

Aghamarshaṇa Mādhuchandasa 10, 190
Aṅga Aurava 10, 138
Ajamīḷha Sauhotra 4, 43. 44
Ajāḥ s Pṛiṣnayaḥ
Atrayaḥ 9, 86, 31—40
Atri Bhauma 5, 27. 37—43. 76. 77. 83—86. 9, 67, 10—12. 86, 41—45. 10, 137, 4
— Sāṃkhya 10, 143
Aditi 4, 18
— Dakshāyaṇī 10, 72
Anānata Pārucchepi 9, 111
Anila Vātāyana 10, 168
Andhīgu Ṣyāvāṣvi 9, 101, 1—3
Apāla Ātreyī 8, 91
Apratiratha Aindra 10, 103
Apsaras s. Ṣikhaṇḍinī
Abhitapas Saurya 10, 37
Abhīvarta Āṅgirasa 10, 172
Amahīyu Āṅgirasa 9, 61
Ambarīsha Vārshāgira 1, 100. 9, 98
Ayāsya Āṅgirasa 9, 44—46. 10, 67. 68
Arishṭanemi Tārkshya 10, 178
Aruṇa Vaitahavya 10, 91
Arcat Hairaṇyastūpa 10, 149
Arcanānas Ātreya 5, 63. 64. 8, 42
Arbuda Kādraveya sarpa 10, 94
Avatsāra Kāṣyapa 5, 44. 9, 53—60
Avasyu Ātreya 5, 31. 75
Aṣvamedha Bhārata 5, 27
Aṣvasuktin Kāṇvāyana 8, 14. 15
Aṣvyā s. Vaṣa
Ashṭaka Vaiṣvāmitra 10, 104
Ashṭrādaṅshṭra Vairupa 10. 111
Asita Kāṣyapa 9, 5—24
Asurāḥ s. Paṇayaḥ
Āgastya s. Dṛiḷhacyuta
Āgneya s. Kumāra. Ketu, Vatsa, Ṣyena
Āṅgi s. Havirdhāna
Āṅgirasa s. Abhīvarta, Amahīyu, Ayāsya, Ucathya, Ūru, Ūrdhvasadman, Kutsa, Kṛitayaṣas, Kṛishṇa, Gṛitsamada, Ghora, Tiraṣcī, Divya, Dharuṇa, Dhruva, Nṛimedha, Pavitra, Purumīḷha, Purumedha, Puruhanman, Pūtadaksha, Pracetas, Prabhuvasu, Priyamedha, Baru, Bindu, Bṛihanmati, Bṛihaspati, Bhikshu, Mūrdhanvat, Rahūgaṇa, Virūpa, Vihavya, Vītahavya, Vyaṣva, Ṣiṣu, Ṣrutakaksha, Saṃvanana, Saṃvarta, Saptagu, Savya, Sukaksha, Sudīti, Harimanta, Hiraṇyastupa
Āṅgirasāḥ s. Vasurocis
Āṅgirasī s. Ṣaṣvatī
Ājīgarti s. Ṣunaḥṣepa
Ātman 3, 26, 7
Ātreya s. Arcanānas, Avasyu, Isha, Urucakri, Evayāmarut, Kumāra, Gaya, Gavishṭhira, Gātu, Gṛitsamada, Gopavana, Dyumna, Puru, Paura, Pratikshatra, Pratiprabha, Pratibhānu, Pratiratha, Babhru, Bāhuvṛikta, Budha, Mṛiktavāhas, Yajata, Rātahavya, Vavri, Vasuṣruta, Viṣvasāman, Ṣyāvāṣva, Ṣrutavid, Satyaṣravas, Sadāpṛiṇa, Saptavadhri, Sasa, Sutambhara, Svastyātreya
Ātreyāḥ s. Prayasvantaḥ, Vasūyavaḥ
Ātreyī s. Apālā, Viṣvavārā
Ātharvaṇa s Bṛihaddiva, Bhishaj
Āditya s. *Vivasvat*
Āptya s. Trita, Dvita, Bhuvana
Āpsava s. Manu
Āmahīyava s. Urukshaya
Āmbarīsha s. Sindhudvīpa
Āmbhṛiṇī s. Vāc
Āyu Kāṇva 8, 52
Ārbudi s. Ūrdhvagrāvan
Ārbhava s. Sunu
Ārshṭisheṇa s. Devāpi
Āsaṅga Plāyogi 8, 1, 30—33
Iṭa Bhārgava 10, 171
Idhmavāha Dārḍhacyuta 9, 26
Indra 1, 165, 1. 2. 4. 6. 8. 10—12. 170, 1. 3. 4. 4, 18. 26, 1—3. 8, 100, 4. 5. 10, 28, 2. 6. 8. 10. 12. 86, 1. 8. 11. 12. 14. 19—22
— Mushkavat 10, 38
— Vaikuṇṭha 10, 48—50
Indrapramati Vāsishṭha 9, 97, 4—6
Indramataro Devajāmayaḥ 10, 153
Indrāṇī 10, 86, 2—6. 9. 10. 15—18. 145
Irimbiṭhi Kāṇva 8, 16—18
Isha Ātreya 5, 7. 8

Ucathya Āṅgirasa 9, 50—52
Utkīla Kātya 3, 15. 16
Upamanyu Vāsishṭha 9, 97, 13—15
Upastuta Vārshṭihavya 10, 115
Urukshaya Āmahīyava 10, 118
Urucakri Ātreya 5, 69. 70
Urvaṣī 10, 95, 2. 4. 5. 7. 11. 13. 15. 16. 18
Ula Vātāyana 10, 186
Uṣanas Kāvya 8, 84. 9, 87—89
Uṣij s. Kakshīvat
Ūru Āṅgirasa 9, 108, 4. 5
Ūrdhvakṛiṣana Yāmāyana 10. 144
Ūrdhvagrāvan Ārbudi 10, 175
Ūrdhvanābhan Brāhma 10, 109
Ūrdhvasadman Āṅgirasa 9, 108, 8. 9
Ṛijiṣvan Bhāradvāja 6, 49—52. 9, 98. 108, 6. 7
Ṛijrāṣva Vārshāgira 1, 100
Ṛiṇaṃcaya 9, 108, 12. 13
Ṛishabha Vairāja oder Ṣākvara 10, 166
— Vaiṣvāmitra 3, 13. 14. 9, 71
Ṛiṣyaṣṛiṅga Vātaraṣana 10, 136, 7
Ekadyū Naudhasa 8, 80
Etaṣa Vātaraṣana 10, 136, 6
Evayāmarut Ātreya 5, 87
Aiḷa s. Purūravas
Aindra s. Apratiratha, Laba, Vasukra, Vimada, Vṛishākapi, Sarvahari
Aindri s. Jaya
Airammada s. Devamuni
Airāvata s. Jaratkarṇa
Ailūsha s. Kavasha
Aiṣvari s. Agnayaḥ
Aishīrathi s. Kuṣika
Aucathya s. Dīrghatamas
Aurava s. Aṅga
Auṣīnara s. Ṣibi
Kakshīvat Dairghatamasa, Sohn der Uṣij 1, 116—125. 126, 1—5. 9, 74
Kaṇva Ghaura 1, 36—43. 9, 94
Kata Vaiṣvāmitra 3, 17. 18
Kapota Nairṛita 10, 165
Karikrata Vātaraṣana 10, 136, 5
Karṇaṣrut Vāsishṭha 9, 97, 22—24
Kali Prāgātha 8, 66
Kavasha Ailusha 10, 30—34
Kavi Bhārgava 9, 47—49. 75—79
Kaṣyapa Mārīca 1, 99. 8. 29. 9, 64. 67, 4—6. 91. 92. 113. 114. 10, 137, 2
Kākshīvata s. Ṣabara, Sukīrti
Kākshīvatī s. Ghoshā
Kāṇva s. Āyu, Irimbiṭhi, Kurusuti, Kusīdin, Kṛiṣa, Triṣoka, Devātithi, Nābhāka, Nārada, Nīpātithi, Parvata, Punarvatsa, Pushṭigu, Pṛishadhra, Pragātha, Praskaṇva, Brahmātithi, Bharga, Medhātithi, Medhya, Medhyātithi, Vatsa, Ṣaṣakarṇa, Ṣrushṭigu, Sadhvaṅsa, Suparṇa, Sobhari
Kāṇvāyana s. Aṣvasūktin, Goshūktin
Kātya s. Utkīla
Kādraveya s. Arbuda
Kāmāyanī s. Ṣraddhā
Kārshṇi s. Viṣvaka
Kāvya s. Uṣanas
Kāṣirāja s. Pratardana
Kāṣyapa s. Avatsāra, Asita, Devala, Nidhruvi, Bhūtāṅṣa, Rebha, Rebhasūnū, Vivṛihan
Kāṣyapī s. Ṣikhaṇḍinī
Kutsa Āṅgirasa 1, 94—98, 101—115. 9, 97, 45—58
Kumāra Āgneya 7, 101. 102. Vgl. Vatsa
— Ātreya 5, 2, 1. 3—8. 10—12
— Yāmāyana 10, 135
Kurusuti Kāṇva 8, 76—78
Kulmalabarhisha Ṣailūshi 10, 126
Kuṣika Aishīrathi 3, 31
— Saubhara 10, 127
Kusīdin Kāṇva 8, 81—83
Kūrma Gārtsamada 2, 27—29
Kṛitayaṣas Āṅgirasa 9, 108, 10. 11
Kṛitnu Bhārgava 8, 79
Kṛiṣa Kāṇva 8, 55
Kṛishṇa Āṅgirasa 8, 85—87. 10, 42—44
Ketu Āgneya 10, 156
Kautsa s. Durmitra, Sumitra
Kauṣika s. Gāthin
Gaya Ātreya 5, 9. 10
— Plāta 10, 63. 64
Garga Bhāradvāja 6, 47
Garbhakartṛi s. Tvashṭṛi
Gavishṭhira Ātreya 5, 1

Gātu Ātreya 5, 32
Gāthin 3, 19—22
Gāthina s. Viṣvāmitra
Gārtsamada s. Kūrma
Gṛitsamada Āṅgirasa Ṣaunahotra s. d. f.
— Bhārgava Ṣaunaka 2, 1—3. 8—43. 9, 86, 46—48
Gṛihapati s. Agni
Gotama Rāhūgaṇa 1, 74—93. 9, 31. 67, 7—9. 10, 137, 3
Godhā 10, 134, 6b. 7
Gopavana Ātreya 8, 73. 74
Goshūktin Kāṇvāyana 8, 14. 15
Gautama s. Nodhas, Vāmadeva
Gaupāyana s. Bandhu, Viprabandhu, Ṣrutabandhu, Subandhu. Vgl. *Laupāyana*
Gaurivīti Ṣāktya 5. 29. 9, 108, 1. 2. 10, 73. 74
Gharma Tāpasa 10, 114
— Saurya 10, 181, 3
Ghora Āṅgirasa 3, 36, 10
Ghoshā Kākshīvatī 10, 39. 40
Ghaura s. Kaṇva, Pragātha
Ghausheya s. Suhastya
Cakshus Mānava 9, 106, 4—6
— Saurya 10, 158
Cākshusha s. Agni
Citramahas Vāsishṭha 10, 122
Cyavana Bhārgava 10, 19
Jamadagni Bhārgava 3, 62, 16—18. 8, 101. 9, 62. 65. 67, 16—18. 110. 10, 110. 137, 6. 167
Jaya Aindri 10, 180
Jaratkarṇa Airāvata sarpa 10, 76
Jaritṛi Ṣārṅga 10, 142, 1. 2
Jāna s. Vṛiṣa
Jāmadagnya s. Rāma
Juhū Brahmajāyā 10, 109
Jūti Vātaraṣana 10, 136, 1
Jetṛi Mādhuchandasa 1, 11
Tapurmūrdhan Bārhaspatya 10,182
Tānva Pārtha 10, 93
Tāpasa s. Agni, Gharma, Manyu
Tārkshya s. Arishṭanemi
Tārkshyaputra s. Suparṇa
Tiraṣcī Āṅgirasa 8, 95. 96
Trasadasyu Paurukutsya 4, 42. 5, 27. 9, 110
Trita Āptya 1, 105. 8, 47. 9, 33. 34. 102. 10, 1—7
Triṣiras Tvāshṭra 10, 8. 9
Triṣoka Kāṇva 8, 45
Traivṛishṇa s. Tryaruṇa
Tryaruṇa Traivṛishṇa 5, 27. 9, 110
Tvashṭṛi Garbhakartṛi 10. 184
Tvāshṭra s. Triṣiras
Dakshiṇā Prājāpatyā 10, 107
Damana Yāmāyana 10, 16
Dākshāyaṇī s. Aditi
Dārḍhacyuta s. Idhmavāha
Divya Āṅgirasa 10, 107
Dīrghatamas Aucathya 1, 140—164
Durmitra Kautsa 10, 105
Duvasyu Vāndana 10, 100
Dṛilhacyuta Āgastya 9, 25
Devagandharva s. Viṣvāvasu
Devajāmayaḥ s. Indramātaraḥ
Devamuni Airammada 10, 146
Devarāta s. Ṣunaḥṣepa 1, 24—30
Devala Kāṣyapa 9, 5—24
Devavāta Bhārata 3, 23
Devaṣunī s. Saramā
Devaṣravas Bhārata 3, 23
— Yāmāyana 10, 17
Devāḥ 10, 51, 1. 3. 5. 7. 9. 53, 1—3. 6—11
Devātithi Kāṇva 8, 4
Devāpi Ārshṭisheṇa 10, 98
Dairghatamasa s. Kakshīvat
Daivodāsi s. Parucchepa, Pratardana
Dyutāna Māruti 8, 96
Dyumna Viṣvacarshaṇi Ātreya 5, 23
Dyumnīka Vāsishṭha 8, 87
Droṇa Ṣārṅga 10, 142, 3. 4
Dvita Āptya 9, 103
— s. Mṛiktavāhas
Dharuṇa Āṅgirasa 5, 15
Dhānāka s. Luṣa
Dhishṇya s. Agnayaḥ
Dhruva Āṅgirasa 10, 173
Nadyaḥ 3, 33, 4. 6. 8. 10
Nabhaḥprabhedana Vairūpa 10,112
Nara Bhāradvāja 6, 35. 36
Nahusha Mānava 9, 101, 7—9
Nābhāka Kāṇva 8, 39—42
Nābhānedishṭha Mānava 10, 61. 62
Nārada Kāṇva 8, 13. 9, 104. 105
Nārāyaṇa 10, 90
Nārmedha s. Ṣakapūta
Nāhusha s. Yayāti
Nidhruvi Kāṣyapa 9, 63

Nivāvarī s. Sikatāḥ
Nīpātithi Kāṇva 8, 34, 1—15
Nṛimedha Āṅgirasa 8. 89. 90. 98. 99. 9, 27. 29
Nema Bhārgava 8, 100, 1—3. 6—12
Nairṛita s. Kapota
Nodhas Gautama 1, 58—64. 8, 88. 9, 93
Naudhasa s. Ekadyū
Paṇayo 'surāḥ 10, 108, 1. 3. 5. 7. 9
Pataṃga Prājāpatya 10, 177
Parameshṭhin s. Prajāpati
Parāśara Śāktya 1, 65—73. 9, 97, 31—44
Parucchepa Daivodāsi 1, 127—139
Parvata Kāṇva 8, 12. 9, 104. 105
Pavitra Āṅgirasa 9, 67, 22—32. 73. 83
Pāyu Bhāradvaja 6, 75. 10, 87
Pārucchepi s. Anānata
Pārtha s. Tānva
Pāvaka s. Agni
Punarvatsa Kāṇva 8, 7
Purumīḷha Āṅgirasa 8, 71
— Sauhotra 4, 43. 44
Purumedha Āṅgirasa 8, 89. 90
Puruhanman Āṅgirasa 8, 70
Purūravas Aiḷa 10, 95, 1. 3. 6. 8—10. 12. 14. 17
Pushṭigu Kāṇva 8, 50
Pūtadaksha Āṅgirasa 8, 94
Pūraṇa Vaiśvāmitra 10, 160
Pūru Ātreya 5, 16. 17
Pṛithu Vainya 10, 148
Pṛiśnayo 'jā ṛishigaṇāḥ 9, 86, 21—30
Pṛishadhra Kāṇva 8, 56
Paijavana s. Sudās
Paura Ātreya 5, 73. 74
Paurukutsya s. Trasadasyu
Paulomī s. Śacī
Pragātha Kāṇva 8, 1, 1. 2. 10. 48. 62—65
— Ghaura s. d. v.
Pracetas Āṅgirasa 10, 164
Prajāpati 9, 101, 13—16
— Parameshṭhin 10, 129
— Vācya 3, 38. 54—56. 9, 84
— Vaiśvāmitra 3, 38. 54—56
Prajāvat Prājāpatya 10, 183
Pratardana Daivodāsi Kāśirāja 9, 96. 10, 179, 2
Pratikshatra Ātreya 5, 46
Pratiprabha Ātreya 5, 49
Pratibhānu Ātreya 5, 48
Pratiratha Ātreya 5, 47
Pratha Vāsishṭha 10, 181, 1
Prabhūvasu Āṅgirasa 5, 35. 36. 9, 35. 36
Prayasvanta Ātreyāḥ 5, 20
Prayoga Bhārgava 8, 102
Praskaṇva Kāṇva 1, 44—50. 8, 49. 9, 95
Prāgātha s. Kali, Bharga, Haryata
Prājāpatya s. Pataṃga, Prajāvat, Yakshmanāśana, Yajña, Vimada, Vishṇu, Saṃvaraṇa, Hiraṇyagarbha
Prājāpatyā s. Dakshiṇā
Priyamedha Āṅgirasa 8, 2, 1—40. 68. 69. 87. 9, 28
Praiyamedha s. Sindhukshit
Plāta s. Gaya
Plāyogi s. Āsaṅga
Bandhu Gaupāyana oder Laupāyana 5. 24. 1. 10, 57—60
Babhru Ātreya 5, 30
Baru Āṅgirasa 10, 96
Bādhryaśva s. Sumitra
Bārhaspatya s. Agni, Tapurmūrdhan, Bharadvāja, Śaṃyu
Bāhuvṛikta Ātreya 5, 71. 72
Bindu Āṅgirasa 8, 94. 9, 30
Budha Ātreya 5, 1
— Saumya 10, 101
Bṛihaduktha Vāmadevya 10, 54—56
Bṛihaddiva Ātharvaṇa 10, 120
Bṛihanmati Āṅgirasa 9, 39. 40
Bṛihaspati Āṅgirasa 10, 71. 72
— Laukya 10, 72
Brahmajāyā s. Juhū
Brahmātithi Kāṇva 8, 5
Brāhma s. Ūrdhvanābhan, Rakshohan
Bhayamāna Vārshāgira 1, 100
Bharadvāja Bārhaspatya 6, 1—30. 37—43. 53—74. 9, 67, 1—3. 10, 137, 1
Bharga Prāgātha 8, 60. 61
Bhārata s. Aśvamedha, Devavāta, Devaśravas

Bhāradvāja s. Rijiṣvan, Garga, Nara, Pāyu, Vasu. Ṣāsa, Ṣirimbiṭha, Ṣunahotra, Sapratha, Suhotra
Bhāradvājī s. Rātri
Bhārgava s. Iṭa, Kavi, Kṛitnu, Gṛitsamada, Cyavana, Jamadagni, Nema, Prayoga, Vena, Somāhuti, Syūmaraṣmi
Bhārmyaṣva s. Mudgala
Bhālandana s. Vatsaprī
Bhāvayavya 1, 126, 6
Bhikshu Āngirasa 10, 117
Bhishaj Ātharvaṇa 10, 97
Bhuvana Āptya 10, 157
Bhūtānṣa Kāṣyapa 10, 106
Bhṛigu Vāruṇi 9, 65. 10, 19
Bhauma s. Atri
Bhauvana s. Viṣvakarman, Sādhana
Matsya Sāmmada 8, 67
Matsyāḥ 8, 67
Mathita Yāmāyana 10, 19
Madhuchandas Vaiṣvāmitra 1, 1—10. 9, 1
Manu Āpsava 9, 106, 7—9
— Vaivasvata 8, 27—31
— Sāṃvaraṇa 9, 101, 10—12
Manyu Tāpasa 10, 83. 84
— Vāsishṭha 9, 97, 10—12
Marutaḥ 1, 165, 3. 5 7. 9
Mātariṣvan Kāṇva 8, 54
Mādhuchandasa s. Aghamarshaṇa, Jetṛi
Mānava s. Cakshus, Nahusha, Nābhānedishṭha, Ṣāryāta
Māndhātṛi Yauvanāṣva 10, 134, 1—5. 6ᵃ
Mānya Maitrāvaruṇi 8, 67
Mārīca s. Kaṣyapa
Māruti s. Dyutāna
Māshāḥ s. Akṛishṭāḥ
Mudgala Bhārmyaṣva 10, 102
Mushkavat s. Indra
Mūrdhanvat Āngirasa oder Vāmadevya 10, 88
Mṛiktavāhas Dvita Ātreya 5, 18
Mṛilīka Vāsishṭha 9, 97, 25—27. 10, 150
Medhātithi Kāṇva 1, 12—23. 8, 1, 3—29. 2. 32. 9, 2
Medhya Kāṇva 8, 53. 57
Medhyātithi Kāṇva 8, 1, 3—29. 3. 33. 9, 41—43
Maitrāvaruṇi s. Agastya, Mānya, Vasishṭha
Maujavat s. Aksha
Yakshmanāṣana Prājāpatya 10, 161
Yajata Ātreya 5, 67. 68
Yajña Prājāpatya 10, 130
Yama Vaivasvata 10, 10 (2. 4. 6. 8—10. 12. 14). 14
Yamī 10, 154
Yamī Vaivasvatī 10, 10, 1. 3. 5 —7. 11. 13
Yayāti Nāhusha 9, 101, 4—6
Yavishṭha s. Agni
Yāmāyana s. Ūrdhvakṛiṣana, Kumāra, Damana, Devaṣravas, Mathita, Ṣankha, Saṃkusuka
Yauvanāṣva s. Māndhātṛi
Rakshohan Brāhma 10, 162
Rahūgaṇa Āngirasa 9, 37. 38
Ratahavya Ātreya 5, 65. 66
Rātri Bhāradvājī 10, 127
Rāma Jāmadagnya 10, 110
Rāhūgaṇa s. Gotama
Reṇu Vaiṣvāmitra 9, 70. 10, 89
Rebha Kāṣyapa 8, 97
Rebhasūnū Kāṣyapau 9, 99. 100
Romaṣā 1, 126, 7
Rauhidaṣva s. Vasumanas
Laba Aindra 10, 119
Luṣa Dhānāka 10, 35. 36
Lopāmudrā 1, 179, 1. 2
Laukya s. Bṛihaspati
Laupāyana s. Bandhu, Viprabandhu, Ṣrutabandhu, Subandhu. Vgl. *Gāupayana*
Vatsa Āgneya 10, 187. Vgl. Kumāra
— Kāṇva 8, 6. 11
Vatsaprī Bhālandana 9, 68. 10, 45. 46
Vamra Vaikhānasa 10, 99
Varuṇa 10, 124, 1. 5—9
Vavri Ātreya 5, 19
Vaṣa Aṣvya 8, 46
Vasishṭha Maitrāvaruṇi 7, 1—32. 33, 1—9. 34—104. 9, 67, 19—32. 90. 97, 1—3. 10, 137, 7
Vasishṭhaputrāḥ 7. 33, 10—14
Vasu Bhāradvāja 9, 80—82
Vasukarṇa Vāsukra 10, 65. 66

Vasukṛit Vāsukra 10, 20—26
Vasukra Aindra 10, 27. 28 (3—5. 7. 9. 11). 29
— Vāsishṭha 9, 97, 28—30
Vasukrapatnī 10, 28, 1
Vasumanas Rauhidaṣva 10, 179, 3
Vasurocisha Āṅgirasāḥ 8, 34, 16—18
Vasuṣruta Ātreya 5, 3—6
Vasūyava Ātreyāḥ 5, 25. 26
Vāc Āmbhṛiṇī 10, 125
Vācya s. Prajāpati
Vājambhara s. Sapti
Vātajūti Vātaraṣana 10, 136, 2
Vātaraṣana s. Riṣyaṣṛiṅga, Etaṣa, Karikrata, Jūti, Vātajūti, Viprajūti, Vṛishāṇaka
Vātāyana s. Anila, Ula
Vāndana s. Duvasyu
Vāmadeva Gautama 4, 1—41. 45—58
Vāmadevya s. Aṅhomuc, Bṛihadduktha, Mūrdhanvat
Vāruṇi s. Bhṛigu, Satyadhṛiti
Vārshāgira s. Ambarīsha, Ṛijrāṣva, Bhayamāna, Sahadeva, Surādhas
Vārshṭihavya s. Upastuta
Vāsishṭha s. Indrapramati, Upamanyu, Karṇaṣrut, Citramahas, Dyumnīka, Pratha, Manyu, Mṛiḷīka, Vasukra, Vṛishagaṇa, Vyāghrapād, Ṣakti
Vāsukra s. Vasukarṇa, Vasukṛit
Viprajūti Vātaraṣana 10, 136, 3
Viprabandhu Gaupāyana oder Laupāyana 5, 24, 4. 10, 57—60
Vibhrāj Saurya 10, 170
Vimada Aindra oder Prājāpatya 10, 20—26
Virupa Āṅgirasa 8, 43. 44. 75
Vivasvat Āditya 10, 13
Vivṛihan Kāṣyapa 10, 163
Viṣvaka Kārshṇi 8, 86
Viṣvakarman Bhauvana 10, 81. 82
Viṣvacarshaṇi s. Dyumna
Viṣvamanas Vaiyaṣva 8, 23—26
Viṣvavārā Ātreyī 5, 28
Viṣvasāman Ātreya 5, 22
Viṣvāmitra Gāthina 3, 1—12. 24. 25. 26 (1—6. 8. 9). 27—32. 33 (1—3. 5. 7. 9. 11—13). 34. 35. 36 (1—9. 11). 37—53. 57—62. 9, 67, 13—15. 10, 137, 5. 167
Viṣvāvasu Devagandharva 10, 139
Vishṇu Prājāpatya 10, 184
Vibhavya Āṅgirasa 10, 128
Vītahavya Āṅgirasa 6, 15
Vṛiṣa Jāna 5, 2
Vṛishagaṇa Vāsishṭha 9, 97, 7—9
Vṛishākapi Aindra 10, 86, 7. 13. 23
Vṛishāṇaka Vātaraṣana 10, 136, 4
Vena Bhārgava 9, 85. 10, 123
Vaikuṇṭha s. Indra
Vaikhānasa s. Vamra
Vaikhānasāḥ ṣatam 9, 66
Vaitahavya s. Aruṇa
Vainya s. Pṛithu
Vaiyaṣva s. Viṣvamanas
Vairāja s. Rishabha
Vairūpa s. Ashṭrādaṅshṭra, Nabhaḥprabhedana, Ṣataprabhedana, Sadhri
Vaivasvata s. Manu, Yama
Vaivasvatī s. Yamī
Vaiṣvānara s. Agni
Vaiṣvāmitra s. Ashṭaka, Rishabha, Kata, Pūraṇa, Prajāpati, Madhuchandas, Reṇu
Vyaṣva Āṅgirasa 8, 26
Vyāghrapād Vāsishṭha 9, 97, 16—18
Ṣaṃyu Bārhaspatya 6, 44—46. 48
Ṣakapūta Nārmedha 10, 132
Ṣakti Vāsishṭha 7, 32, 26ᵃ. 9, 97, 19—21. 108, 3. 14—16
Ṣaṅkha Yāmāyana 10, 15
Ṣacī Paulomī 10, 159
Ṣataprabhedana Vairūpa 10, 113
Ṣabara Kākshīvata 10, 169
Ṣaṣakarṇa Kāṇva 8, 9
Ṣaṣvatī Āṅgirasī 8, 1, 34
Sāktya s. Gaurivīti, Parāṣara
Ṣākvara s. Rishabha
Ṣārṅga s. Jaritṛi, Droṇa, Sārisṛikva, Stambamitra
Ṣāryāta Mānava 10, 92
Ṣāsa Bhāradvāja 10, 92
Ṣikhaṇḍinyāv Apsarasau Kāṣyapyau 9, 104
Ṣibi Auṣīnara 10, 179, 1
Ṣirimbiṭha Bhāradvāja 10, 155
Ṣiṣu Āṅgirasa 9, 112
Ṣunaḥṣepa Ājīgarti 1, 24—30. 9, 3

Sunahotra Bhāradvāja 6, 33. 34
Sairīshi s. Suvedas
Sailūshi s. Kulmalabarhisha
Şaunaka s. Gṛitsamada
Şaunahotra s. Gṛitsamada
Şyāvāşva Ātreya 5, 52—61. 81. 82. 8, 35—38. 6, 32
Syāvāşvi s. Andhīgu
Şyena Āgneya 10, 188
Sraddhā Kāmāyanī 10, 151
Şrutakaksha Āngirasa 8, 92
Şrutabandhu Gaupāyana oder Laupāyana 5, 24, 3. 10, 57—60
Srutavid Ātreya 5, 62
Şrushṭigu Kāṇva 8, 51
Saṃvanana Āngirasa 10, 191
Saṃvaraṇa Prājāpatya 5, 33. 34
Saṃvarta Āngirasa 10, 172
Saṃkusuka Yāmāyana 10, 18
Satyadhṛiti Vāruṇi 10, 185
Satyaşravas Ātreya 5, 79. 80
Sadāpṛiṇa Ātreya 5, 45
Sadhri Vairūpa 10, 114
Sadhvaṅsa Kāṇva 8, 8
Sapta ṛishayaḥ 9, 107. Vgl. 10, 137
Saptagu Āngirasa 10, 47
Saptavadhri Ātreya 5, 78. 8, 73
Sapti Vājambhara 10, 79
Sapratha Bhāradvāja 10, 181, 2
Saramā Devaşunī 10, 108, 2. 4. 6. 8. 10. 11
Sarpa s. Arbuda, Jaratkarṇa
Sarvahari Aindra 10, 96
Savya Āngirasa 1, 51—57
Sasa Ātreya 5, 21
Sahadeva Vārshāgira 1, 100
Sahasaḥ sūnu s. Agni
Sāmvaraṇa s. Manu
Sāmkhya s. Atri
Sādhana Bhauvana 10, 157
Sāmmada s. Matsya
Sārisṛikva Şārnga 10, 142, 5. 6
Sārparājñī 10, 189
Sāvitrī s. Sūryā
Sikatā Nivāvarī ṛishigaṇāḥ 9, 86, 11—20
Sindhukshit Praiyamedha 10, 75
Sindhudvīpa Āmbarīsha 10, 9
Sukaksha Āngirasa 8, 92. 93
Sukīrti Kākshīvata 10, 131
Sutambhara Ātreya 5, 11—14
Sudās Paijavana 10, 133
Sudīti Āngirasa 8, 71
Suparṇa Kāṇva 8, 59
— Tārkshyaputra 10, 144
Subandhu Gaupāyana oder Laupāyana 5, 24, 2. 10, 57—60
Sumitra Kautsa 10, 105
— Bādhryaşva 10, 69. 70
Surādhas Vārshāgira 1, 100
Suvedas Sairīshi 10, 147
Suhastya Ghausheya 10, 41
Suhotra Bhāradvāja 6, 31. 32
Sūnu Ārbhava 10, 176
Sūryā Sāvitrī 10, 85
Sobhari Kāṇva 8, 19—22. 103
Soma 10, 124, 1. 5—9
Somāhuti Bhārgava 2, 4—7
Saucīka s. Agni
Saubhara s. Kuşika
Saumya s. Budha
Saurya s. Abhitapas, Gharma, Cakshus, Vibhrāj
Sauhotra s. Ajamīḍha, Purumīḍha
Stambamitra Şārnga 10, 142, 7. 8
Sthaura s. Agniyuta, Agniyūpa
Syūmaraşmi Bhārgava 10, 77. 78
Svastyātreya Ātreya 5, 50. 51
Harimanta Āngirasa 9, 72
Haryata Prāgātha 8, 72
Havirdhāna Āngi 10, 11—13
Hiraṇyagarbha Prājāpatya 10, 121
Hiraṇyastūpa Āngirasa 1, 31—35. 9, 4. 69
Hairaṇyastūpa s. Arcat

III. Versanfänge und Vergleichungsstellen.

Ait. ā = Aitareya Āraṇyaka; Ait. Br. = Aitareya Brāhmaṇa; Av. = Atharvaveda; Aṣv. Ṣr. = Āṣvalāyana Ṣrautasūtra; Kāty. Ṣr. = Kātyāyana Ṣrautasūtra; Ta. = Taittirīya Āraṇyaka; Tāṇḍya = Tāṇḍya Brāhmaṇa; Tb. = Taittirīya Brāhmaṇa; Ts = Taittirīya Saṃhitā; N. = Nirukta; Vs. = Vājasaneyi Saṃhitā; Ṣ. P. = Ṣatapatha Brāhmaṇa; Sv. = Sāmaveda.

aṅṣuṃ duhanti stanayantam 9, 72, 6
aṅseshu va ṛishṭayaḥ 5, 54, 11
aṅseshv ā marutaḥ 7, 56, 13. Tb. 2, 8, 5, 5
aṅhoyuvas tanvas 5, 15, 3
akarma te svapaso 4, 2, 19. Av. 18, 3, 24
akarmā dasyur abhi no 10, 22, 8
akāri ta indra gotamebhir 1, 63, 9
akāri brahma samidhāna 4, 6, 11
akāri vām andhaso 6, 63, 3
akrandad agni stanayann 10, 45, 4. Vs. 12, 6. Ts. 1, 3, 14, 2. 4, 2, 1, 2. 2, 2
akravihastā 5, 62, 6
akrān samudraḥ prathame 9, 97, 40. Sv. 1, 529. 2, 603. Ta. 10, 1, 15. N. 14, 16
akro na babhriḥ 3, 1, 12. N. 6, 17
akshaṇvantaḥ karṇavantaḥ 10, 71, 7. N. 1, 9
akshann amīmadanta 1, 82, 2. Sv. 1, 415. Vs. 3, 51. Ts. 1, 8, 5, 2
akshānaho nahyatanota 10, 53, 7
akshāsa id aṅkuṣino 10, 34, 7
akshitotiḥ saned imaṃ 1, 5, 9. Av. 20, 69, 7
akshībhyaṃ te 10, 163, 1. Av. 2, 33, 1. 20, 96, 17
akshetravit kshetravidaṃ 10, 32, 7
akshair mā dīvyaḥ 10, 34, 13
akshodayac chavasā 4, 19, 4. Tb. 2, 4, 5, 2
aksho na cakryoḥ ṣūra 6, 24, 3. N. 1, 4
akshṇaṣ cid gātuvittarā 8, 25, 9
agachatam kripamāṇam 1, 119, 8
agachad u vipratamaḥ 3, 31, 7
agann indra ṣravo brihad 8, 37, 10. Av. 20, 20, 3. 57, 6
aganma mahā namasā 7, 12, 1. Sv. 2, 654. Tb. 3, 11, 6, 2
agavyūti kshetram 6, 47, 20
agastyaḥ khanamānaḥ 1, 179, 6
agastyasya nadbhyaḥ 10, 60, 6
agorudhāya gavishe 8, 24, 20 Av. 20, 65, 2
agna ā yāhi vītaye 6, 16, 10. Sv. 1, 1. 2, 10. Ts. 2, 5, 7, 3. 8, 1. Tb. 3, 5, 2, 1
agna ā yāhy agnibhir 8, 60, 1. Sv. 2, 902. Av. 20, 103, 2
agna āyūṅshi pavasa 9, 66, 19. Sv. 2, 814. 868. Vs. 19, 38. 35, 16. Ts. 1, 3, 14, 7. 4, 29, 1. 5, 5, 1. 6, 6, 2. Tb. 2, 6, 3, 4. Ta. 2, 5, 1
agna iḷā sam idhyase 3, 24, 2
agna indra varuṇa 5, 46, 2. Vs. 33, 48
agna indras ca dāṣusho 3, 25, 4
agna ojishṭham ā bhara 5, 10, 1. Sv. 1, 81
agnaye brahma ṛibhavas 10, 80, 7
agnā yo martyo duvo 6, 14, 1
agniṃ yanturam 3, 27, 11
agniṃ vaḥ pūrvyaṃ huve 8, 23, 7
agniṃ vaḥ pūrvyaṃ girā 8, 31, 14 Ts. 1, 8, 22, 3
agniṃ vardhantu no giro 3, 10, 6
agniṃ visa īḷate 10, 80, 6
agniṃ viṣvā abhi pṛikshaḥ 1, 71, 7

agniṃ viṣvāyuvepasam 8, 43, 25
agniṃ vo devam agnibhiḥ 7, 3, 1.
   Sv. 2. 569
agniṃ vo devayajyayāgniṃ 8,71,12
agniṃ vo vṛidhantam adhvarāṇām
   8, 102, 7. Sv. 1, 21. 2, 296
agniṃ sudītiṃ sudṛiṣaṃ 3, 17, 4.
   Tb. 3, 6, 9, 1
agniṃ sumnāya dadhire puro 3,2,5
agniṃ sūnuṃ sanaṣrutaṃ 3, 11, 4
agniṃ sūnuṃ sahaso jātavedasaṃ
   8, 71, 11. Sv. 2, 905
agniṃ stomena bodhaya 5, 14, 1.
   Vs. 22, 15. Ts. 4, 1, 11. 4
agniṃ hinvantu no dhiyaḥ 10,
   156, 1. Sv. 2, 877
agniṃ hotaram īḷate 1, 128, 8
agniṃ hotāram pra vṛiṇe 3, 19, 1
agniṃ hotāram manye 1, 127, 1.
   Sv. 1, 465. 2, 1163. Av. 20, 67,
   3. Vs. 15, 47. Ts. 4, 4, 4, 8.
   N. 6, 8
agniḥ pūrvebhir ṛiṣibhir 1, 1, 2.
   N. 7, 16
agniḥ pratnena manmanā 8, 44,
   12. Sv. 2, 1061. Tb. 3, 5, 6, 1
agniḥ sucivratatamaḥ 8, 44, 21.
   Ts. 1, 3, 14, 8. 5, 5, 3
agniḥ sanoti vīryāṇi 3, 25, 2
agniḥ saptiṃ vajambharaṃ 10,80,1
agniṃ ghṛitena vāvṛidhuḥ 5, 14, 6
agnināgniḥ sam idhyate 1, 12, 6.
   Sv. 2, 194. Ts. 1, 4, 46, 3. 3,
   5, 11, 5. Tb. 2, 7, 12, 3
agninā turvaṣaṃ yaduṃ 1, 36, 18
agninā rayim aṣnavat 1, 1, 3. Ts.
   3, 1, 11, 1. 4, 3, 13, 5
agninendreṇa varuṇena 8, 35, 1.
   N. 5, 5
agniṃ tam manye yo vasur 5, 6,
   1. Sv. 1, 425. 2, 1087. Vs. 15, 41
agniṃ dutaṃ vṛiṇīmahe 1, 12, 1.
   Sv. 1, 3. 2, 40. Av. 20, 101, 1.
   Ts 2, 5, 8, 5. Tb. 3, 5, 2, 3
agniṃ dūtam puro dadhe 8, 44, 3
agniṃ dūtam prati yad 1, 161, 3
agniṃ devāso agriyam 6, 16, 48
agniṃ devāso mānushīshu 2, 4, 3
agniṃ dvesho yotavai 8, 71, 15
agniṃ dhībhir manīshiṇo 8, 43, 19
agniṃ na mā mathitaṃ 8, 48, 6

agniṃ naro dīdhitibhir 7, 1, 1.
   Sv. 1, 72. 2, 723. N. 5, 10
agnim-agniṃ vaḥ samidhā 6, 15, 6
agniṃ-agniṃ vo adhriguṃ 8,60,17
agniṃ-agniṃ havīmabhiḥ 1, 12, 2.
   Sv. 2, 141. Av. 20, 101, 2. Ts.
   4, 3, 13, 8
agniṃ achā devayatāṃ 5, 1, 4
agniṃ astoshy ṛigmiyaṃ 8, 39, 1.
   N. 5, 23
agniṃ indhāno manasā 8, 102, 22.
   Sv. 1, 19
agniṃ īḷishvāvase 8, 71, 14. Sv.
   1, 49. Av. 20, 103, 1
agniṃ īḷenyaṃ kaviṃ 5, 14, 5
agniṃ īḷe purohitaṃ 1, 1, 1. Ts.
   4. 3, 13, 3. N. 7, 15
agniṃ īḷe bhujāṃ 10, 20, 2
agniṃ ukthair ṛishayo 10, 80, 5
agniṃ ushasam aṣvinā 3, 20, 1
agniṃ mandram purupriyam 8,
   43, 31
agniṃ manye pitaraṃ 10, 7, 3
agnir atrim bharadvājaṃ 10,150, 5
agnir apsāṃ ṛitīshaham 6, 14, 4
agnir asmi janmanā 3, 26, 7. Vs
   18, 66. N. 14, 2
agnir id dhi praceta 6, 14, 2
agnir indro varuṇo mitro 10, 65, 1
agnir iva manyo 10, 84, 2. Av. 4,
   31, 2. N. 1, 17
agnir ishāṃ sakhye 8, 71, 13
agnir īṣe bṛihataḥ kshatriyasyā
   4, 12, 3
agnir īṣe bṛihato adhvarasyā 7,
   11, 4
agnir īṣe vasavyasyāgnir 4, 55, 8
agnir ukthe purohito 8, 27, 1. Sv.
   1, 48
agnir ṛishih pavamānaḥ 9, 66, 20.
   Sv. 2, 869. Vs. 26, 9. Ta 2, 5, 2
agnir jajñe juhvā 3, 31, 3
agnir jāgāra tam 5, 44, 15. Sv.
   2, 1177
agnir jātā devānām agnir 8, 39, 6
agnir jāto atharvaṇā 10, 21, 5
agnir jāto arocata ghnan 5, 14, 4
agnir jushata no giro 5, 13, 3. Sv.
   2, 756
agnir dadāti satpatiṃ 5, 25, 6
agnir dād draviṇaṃ vīra° 10, 80, 4.
   Ts. 2, 2, 12, 6

agnir devebhir manushaṣ ca 3, 3, 6
agnir deveshu rājaty 5, 25, 4
agnir deveshu saṃvasuḥ 8, 39, 7
agnir devo devānām abhavat 10, 150, 4
agnir dyāvāpṛithivī viṣvajanye 3, 25, 3
agnir dhiyā sa cetati 3, 11, 3
agnir na ye bhrājasā 10, 78, 2. N. 3, 15
agnir na yo vana ā 9, 88, 5
agnir na ṣushkaṃ vanam 6, 18, 10
agnir netā bhaga iva 3, 20, 4
agnir no yajñam upa vetu 5, 11, 4
agnir mūrdhā divaḥ kakut 8, 44, 16. Sv. 1, 27. 2, 882. Vs. 3, 12. 13, 14. 15, 20. Ts. 1, 5, 5, 1. 4, 4, 1, 1. Tb. 3, 5, 7, 1
agnir vavne suvīryam 1, 36, 17
agnir vṛitrāṇi jaṅghanad 6, 16, 34. Sv. 1, 4. 2, 746. Vs. 33, 9. Ts. 4, 3, 13, 1. Tb. 3, 5, 6, 1
agnir ha tyaṃ jarataḥ 10, 80, 3
agnir ha nāma dhāyi 10, 115, 2
agnir hi jāni pūrvyaṣ 8, 7, 36
agnir hi vājinaṃ viṣe 5, 6, 3. Sv. 2, 1088. Tb. 3, 11, 6, 4
agnir hi vidmanā nido 6, 14, 5
agnir hotā kavikratuḥ 1, 1, 5
agnir hotā gṛihapatiḥ 6, 15, 13. Tb. 3, 5, 12, 1
agnir hotā dāsvataḥ 5, 9, 2
agnir hotā no adhvare 4, 15, 1. Tb. 3, 6, 4, 1
agnir hotā ny asīdad 5, 1, 6. Tb. 1, 3, 14, 1
agnir hotā purohito 3, 11, 1
agniṣ ca yan maruto 5, 60, 7
agniṣriyo maruto 3, 26, 5. Tb. 2, 7, 12, 3
agnishvāttāḥ pitara eha 10, 15, 11. Av. 18, 3, 44. Vs. 19, 59. Ts. 2, 6, 12, 2
agnis tigmena ṣocishā 6, 16, 28. Sv. 1, 22. Vs. 17, 16. Ts. 4, 6, 1, 5
āgnis tuviṣravastamaṃ 5, 25, 5
agnis trīṇi tridhātūny 8, 39, 9. Ts. 3, 2, 11, 3
agnīparjanyāv avataṃ 6, 52, 16
agnī rakshāṅsi sedhati 7, 15, 10. Av. 8, 3, 26. Tb. 2, 4, 1, 6
agnīshomā ceti 1, 93, 4. Tb. 2, 8, 7, 10
agnīshomā pipṛitam 1, 93, 12
agnīshomā ya āhutiṃ 1, 93, 4. Tb. 2, 8, 7, 10
agnīshomā yo adya vām 1, 93, 2. Tb. 2, 8, 7, 9
agnīshomāv anena vāṃ 1, 93, 10
agnīshomāv imaṃ su me 1, 93, 1. Ts. 2, 3, 14, 2
agnīshomāv imāni no 1, 93, 11
agnīshomā vṛishaṇā 10, 66, 7
agnīshomā savedasā 1, 93, 9. Ts. 2, 3, 14, 1. Tb. 3, 5, 7, 2
agnīshomā havishaḥ 1, 93, 7. Ts. 2, 3, 14, 2
agne achā vadeha naḥ 10, 141, 1. Av. 3, 20, 2. Vs. 9, 28. Ts. 1, 7, 10, 2
agne apāṃ sam idhyase 3, 25, 5
agneḥ pūrve bhrātaro 10, 51, 6
agne kadā ta ānushag 4, 7, 2
agne kavir vedhā asi 8, 60, 3
agne ketur viṣām asi 10, 156, 5. Sv. 2, 881
agne ghṛitasya dhītibhis 8, 102, 16
agne cikiddhy asya na 5, 22, 4
agne jarasva svapatya 3, 3, 7
agne jaritar viṣpatis 8, 60, 19. Sv. 1, 39
agne jushasva no haviḥ 3, 28, 1
agne jushasva prati harya 1, 144, 7
agne tam adyāṣvaṃ na 4, 10, 1. Sv. 1, 434. 2, 1127. Vs. 15, 44. 17, 77. Ts. 4, 4, 4, 7
agne tava tyad ukthyaṃ 1, 105, 13
agne tava tye ajarendhā 8, 23, 11
agne tava ṣravo vayo 10, 140, 1. Sv. 2, 1166. Vs. 12, 106. Ts. 4, 2, 7, 2
agne tṛitīye savane hi 3, 28, 5
agne trī te vājinā 3, 20, 2. Ts. 3, 2, 11, 1
agne tvaṃ yaṣā asy 8, 23, 30
agne tvacaṃ yātudhānasya 10, 87, 5. Av. 8, 3, 4
agne tvaṃ no antama 5, 24, 1. Sv. 1, 448. 2, 457. Vs. 3, 25. 15, 48. 25, 47. Ts. 1, 5, 6, 2. 4, 4, 4, 8
agne tvam asmad yuyodhy 1, 189, 3. Tb. 2, 8, 2, 4

agne tvam pārayā 1, 189, 2. Ts. 1, 1, 14, 4. Tb. 2, 8, 2, 5. Ta. 10, 2, 1
agne dā dāṣushe 3, 24, 5. Ts. 2, 2, 12, 6
agne divaḥ sūnur asi 3, 25, 1
agne divo arṇam achā 3, 22, 3. Vs. 12, 49. Ts. 4, 2, 4, 2
agne devāñ ihā vaha jajñāno 1, 12, 3. Sv. 2, 142. Av. 20, 101, 3. Tb. 3, 11, 6, 2
agne devāñ ihā vaha sādayā 1, 15, 4
agne dyumnena jāgṛive 3, 24, 3
agne dhṛitavratāya te 8, 44, 25
agne nakshatram ajaram 10, 156, 4. Sv. 2, 880
agne naya supathā rāye 1, 189, 1. Vs. 3, 36. 7, 43. 40, 16. Ts. 1, 1, 14, 3. 4, 43, 1. Tb. 2, 8, 2, 3. Ta. 1, 8, 8. Ṣ. P. 14, 8, 3, 1
agne ni pāhi nas tvam 8, 44, 11
agne nemir arāñ iva 5, 13, 6. Ts. 2, 5, 9, 3
agne patnīr ihā vaha 1, 22, 9. Vs. 26, 20
agne pavasva svapā 9, 66, 21. Sv. 2, 870. Vs. 8, 38. Ts. 1, 3, 14, 8. 5, 5, 2. 6, 6, 2. Tb. 2, 6, 3, 4. Ta. 2, 5, 1
agne pāvaka rocishā 5, 26, 1. Sv. 2, 871. Vs. 17, 8. Ts. 1, 3, 14, 8. 5, 5, 3. 4, 6, 1, 2
agne pūrvā anūshaso 1, 44, 10
agne bādhasva vi mṛidho 10, 98, 12. Tb. 2, 5, 8, 11
agne bhava sushamidhā 7, 17, 1
agne bhūrīṇi tava jātavedo 3, 20, 3. Ts. 3, 1, 11, 6
agne bhrātaḥ sahaskṛita 8, 43, 16
agne manmāni tubhyaṃ kaṃ 8, 39, 3
agne manyum pratinudan 10, 128, 6. Av. 5, 3, 2. Ts. 4, 7, 14, 2
agne marudbhiḥ ṣubhayadbhir 5, 60, 8
agne mākish ṭe devasya 8, 71, 8
agne mṛiḷa mahāñ asi 4, 9, 1. Sv. 1, 23
agne yaṃ yajñam 1, 1, 4. Ts. 4, 1, 11, 1
agne yajasva havishā 2, 9, 4
agne yajishṭho adhvare 3, 10, 7. Sv. 1, 100
agne yat te divi varcaḥ 3, 22, 2. Vs. 12, 48. Tb. 4, 2, 4, 2
agne yad adya viṣo 6, 15, 14. Ts. 4, 3, 13, 4. Tb. 3, 5, 7, 6. 6, 12, 2
agne yāhi dūtyam mā 7, 9, 5. Tb. 2, 8, 6, 4
agne yāhi suṣastibhir 8, 23, 6
agne yukshvā hi ye tava 6, 16, 43. Sv. 1, 25. 2, 733. Vs. 13, 36. Ts. 4, 2, 9, 5
agne rakshā ṇo aṅhasaḥ 7, 15, 13. Sv. 1, 24. Tb. 2, 4, 1, 6
agner apnasaḥ samid 10, 80, 2
agner indrasya somasya 2, 8, 6
agner gāyatry abhavat 10, 130, 4
agner vayam prathamasyā 1, 24, 2
agner varma pari gobhir 10, 16, 7. Av. 18, 2, 58. Ta. 6, 1, 4
agne vājasya gomata 1, 79, 4. Sv. 1, 99. 2, 911. Vs. 15, 35. Ts. 4, 4, 4, 5
agne vivasvad ushasaṣ 1, 44, 1. Sv. 1, 40. 2, 1130
agne viṣvāni vāryā 3, 11, 9
agne viṣvebhiḥ svanīka 6, 15, 16. Ts. 3, 5, 11, 2
agne viṣvebhir agnibhir 3, 24, 4
agne viṣvebhir ā gahi devebhir 5, 26, 4
agne vīhi puroḷāṣam 3, 28, 3
agne vīhi havishā yakshi 7, 17, 3
agne vṛidhāna āhutim 3, 28, 6
agne ṣakema te vayaṃ 3, 27, 3. Tb. 2, 4, 2, 5
agne ṣardhantam ā gaṇam 5, 56, 1
agne ṣardha mahate 5, 28, 3. Av. 7, 73, 10. Vs. 33, 12. Tb. 2, 4, 1, 1. 5, 2, 4
agne ṣukreṇa ṣocishā viṣvābhir 1, 12, 12
agne ṣukreṇa ṣocishoru 10, 21, 8
agne sa ksheshad ṛitapā 6, 3, 1
agne sahantam ā bhara 5, 23, 1. Ts. 1, 3, 14, 6
agne sahasva pṛitanā 3, 24, 1. Vs. 9, 37
agne sukhatame rathe 1, 13, 4. Sv. 2, 700
agne sutasya pītaye 5, 51, 1
agne stomaṃ jushasva me 8, 44, 2

agne stomam manāmahe 5, 13, 2. Sv. 2, 755
agne haṅsi ny atriṇam 10, 118, 1. Tb. 2, 4, 1, 7
agram pibā madhūnām 4, 46, 1
agrego rājāpyas 9, 86, 45. Sv. 2, 966
agre bṛihann ushasām 10, 1, 1. Vs. 12, 13. Ts. 4, 2, 1, 4
agre sindhūnām pavamāno 9, 86, 12. Sv. 2, 383
aghoracakshur apatighny 10, 85, 44. Av. 14, 2, 17
aghnate vishṇave 8, 25, 12
aṅgād-aṅgāl lomno-lomno 10, 163, 6. Av. 2, 33, 7. 20, 96, 22
aṅgiraso naḥ pitaro 10, 14, 6. Av. 18, 1, 58. Vs. 19, 50. Ts. 2, 6, 12, 6. N. 11, 19
aṅgirasvantā uta 8, 35, 14
aṅgirobhir ā gahi 10, 14, 5. Av. 18, 1, 59. Ts. 2, 6, 12, 6
acikitvāñ cikitushas cid 1, 164, 6. Av. 9, 9, 7
acikradad vṛishā harir 9, 2, 6. Sv. 1, 497. 2, 392. Vs. 38, 22. Ta. 4, 11, 6
acittī yac cakṛimā 4, 54, 3. Ts. 4, 1, 11, 1
aceti dasrā vy u 1, 139, 4
aceti divo duhitā 7, 78, 4
acety agniṣ cikitur 8, 56, 5. Sv. 1, 447
acodaso no dhanvantv 9, 79, 1. Sv. 1, 555
acyutā cid vo ajmann ā 8, 20, 5
acha ṛishe mārutam 5, 52, 14
achā kaviṃ nṛimaṇo 4, 16, 9
achā koṣam madhuṣcutam 9, 66, 11. Sv. 2, 8
achā giro matayo deva 7, 10, 3. Tb. 2, 8, 2, 4
achā ca tvainā namasā 8, 21, 6
achā naḥ ṣīraṣocisham 8, 71, 10. Sv. 2, 904
achā nṛicakshā asarat 9, 92, 2
achā no aṅgirastamam 8, 23, 10
achā no mitramaho deva 6, 2, 11. 14, 6
achā no yāhy ā vahā 6, 16, 44. Sv. 2, 734
achā ma indram matayaḥ 10, 43, 1. Av. 20, 17, 1
achā mahī bṛihatī 5, 43, 8
achāyam vo marutaḥ ṣloka 7, 36, 9
achā yo gantā nādhamānam 4, 29, 4
achā vada tanā girā 1, 38, 13
achā vada tavasam gīrbhir 5, 83, 1. Tb. 2, 4, 5, 5
achā vivakmi rodasī 3, 57, 4
achā vo agnim avase 5, 25, 1
achā voceya ṣuṣucānam 4, 1, 19
achā vo devīm ushasam 3, 61, 5
achā samudram indavo 9, 66, 12. Sv. 2, 9
achā sindhum mātṛitamām 3, 33, 3
achā hi tvā sahasaḥ sūno 8, 60, 2. Sv. 2, 903. Av. 20, 103, 3
achā hi somaḥ kalaṣāñ 9, 81, 2
achidrā ṣarma jaritaḥ 3, 15, 5
achidrā sūno sahaso no 1, 58, 8
ajā anyasya vahnayo 6, 57, 3
ajātaṣatrum ajarā 5, 34, 1
ajā vṛita indra ṣūrapatnīr 1, 174, 3
ajāṣvaḥ paṣupā 6, 58, 2. Tb. 2, 8, 5, 4
ajirāsas tadapa 5, 47, 2
ajirāso harayo ye ta 8, 49, 8
ajījanann amṛitam martyāso 3, 29, 13. Tb. 1, 2, 1, 19
ajījano amṛita martyeshv 9, 110, 4. Sv. 2, 858
ajījāno hi pavamāna 9, 110, 3. Sv. 2, 715. Vs. 22, 18
ajītaye 'hataye 9, 96, 4
ajaishmādyāsanāma cābhūmānāgaso vayam | usho 8, 47, 18
ajaishmādyāsanāma cābhūmānāgaso vayam | jāgratsvapnaḥ 10, 164, 5
ajo na kshām 1, 67, 5
ajo bhāgas tapasā 10, 16, 4. Av. 18, 2, 8. Ta. 6, 1, 4
ajohavīd aṣvinā taugryo 1, 117, 15
ajohavīd aṣvinā vartikā 1, 117, 16. N. 5, 21
ajohavīn nāsatyā karā 1, 116, 13
ajyeshṭhāso akanishṭhāsa 5, 60, 5
ajre cid asmai kṛiṇutha 8, 27, 18
añjate vy añjate sam añjate 9, 86, 43. Sv. 1, 561. 2, 964. Av. 18, 3, 18

añjanti tvām adhvare devayanto 3, 8, 1. Tb. 3, 6, 1, 1. N. 8, 18
añjanti yam prathayanto 5, 43, 7. Ta. 4, 5, 2
añjanty enam madhvo rasene° 9, 109, 20
ata u tvā pitubhṛito 10, 1, 4
ataḥ parijmann 1, 6, 9. Av. 20, 70, 5
ataḥ samudram udvatas 8, 6, 29
ataḥ sahasranirṇijā 8, 8, 11
atapyamāne avasāvantī 1, 185, 4
ataś cid indra na upā 8, 92, 10. Sv. 1, 215
atas tvā rayim abhi 9, 48, 3. Sv. 2, 188
atārishur bharatā 3, 33, 12
atārishma tamasas pāram asya prati vāṃ stomo 1, 183, 6. 184, 6
atārishma tamasas pāram asya prati stomaṃ 7, 73, 1
atārishma tamasas pāram asyoshā 1, 92, 6
ati trishṭaṃ vavakshithā 3, 9, 3
ati trī soma rocanā 9, 17, 5
atithim mānushāṇāṃ sūnuṃ 8, 23, 25
ati drava sārameyau 10, 14, 10. Av. 18, 2, 11. Ta. 6, 3, 1
ati naḥ saścato naya 1, 42, 7
ati no vishpitā puru 8, 83, 3
ati vā yo maruto manyate 6, 52, 2. Av. 2, 12, 6
ati vāyo sasato 1, 135, 7
ati vārān pavamāno 9, 60, 3
atividdhā vithureṇā cid 8, 96, 2
ati viśvāḥ parishṭhā 10, 97, 10. Vs. 12, 84. Ts. 4, 2, 6, 3
ati śritī tiraścatā 9, 14, 6
atishṭhantīnām 1, 32, 10. N. 2, 16
atīd u śakra ohata 8, 69, 14. Av. 20, 92, 11
atīyāma nidas tiraḥ 5, 53, 14
atīhi manyushāviṇaṃ 8, 32, 21. Sv. 1, 223
atṛipṇuvantaṃ viyatam 4, 19, 3
ato devā avantu no 1, 22, 16. Sv. 2, 1024
ato na ā nṛīn atithīn 5, 50, 3
ato vayam antamebhir 1, 165, 5
ato viśvāny adbhutā 1, 25, 11
atyaṃ haviḥ sacate 5, 44, 3
atyam mṛijanti kalaśe 9, 85, 7
atyāyātam aśvinā 5, 75, 2. Sv. 2, 1094
atyā vṛidhasnū 4, 2, 3
atyāso na ye marutaḥ 7, 56, 16. Ts. 4, 3, 13, 7
atyā hiyānā na hetṛibhir 9, 13, 6. Sv. 2, 541
aty ū pavitram akramīd 9, 45, 4
atyūrmir matsaro madaḥ 9, 17, 3
atyo na hiyāno abhi vājam 9, 86, 3
atyo nājman 1, 65, 6
atrā te rūpam uttamam 1, 163, 7. Vs. 29, 18. Ts. 4, 6, 7, 3. N. 6, 8
atrā vi nemir eshām 8, 34, 3. Sv. 2, 1158
atrāha gor amanvata 1, 84, 15. Sv. 1, 147. 2, 265. Av. 20, 41, 3. Tb. 1, 5, 8, 1. N. 4, 25
atrāha tad vahethe 1, 135, 8
atrāha te harivas tā 4, 22, 7
atrim anu svarājyam 2, 8, 5
atrir yad vām avarohann 5, 78, 4
atrīṇāṃ stomam adrivo 8, 36, 6
atred u me maṅsase 10, 27, 10
atrer iva śṛiṇutam 8, 35, 19
atraiva vo 'pi nahyāmy 10, 166, 3
athā te aṅgirastamāgne 1, 75, 2
athā te antamānāṃ 1, 4, 3. Sv. 2, 439. Av. 20, 57, 3. 68, 3
athā na ubhayeshām 1, 26, 9
adatrayā dayate vāryāṇi 5, 49, 3
adadā arbhām 1, 51, 13
adabdha indo pavase 9, 85, 3
adabdhasya svadhāvato 8, 44, 20
adabdhebhiḥ savitaḥ pāyubhish 6, 71, 3. Vs. 33, 69. 84. Ts. 1, 4, 24, 1. Tb. 2, 4, 4, 7
adabdhebhis tava gopābhir 6, 8, 7
adardar utsam asṛijo 5, 32, 1. Sv. 1, 315. N. 10, 9
adarśi gātur urave 1, 136, 2
adarśi gātuvittamo 8, 103, 1. Sv. 1, 47. 2, 865
adān me paurukutsyaḥ 8, 19, 36
adābhyaḥ puraetā viśām 3, 11, 5. Sv. 2, 906. Tb. 2, 4, 8, 1
adābhyena śocishāgne 10, 118, 7
adābhyo bhuvanāni pracākaśad 4, 53, 4
aditir dyāvāpṛithivī 10, 66, 4

aditir dyaur aditir 1, 89, 10. Av. 7, 6, 1. Vs. 25, 23. Ta. 1, 13, 2. N. 4, 23
aditir na urushyatv 8, 47, 9. Ts. 1, 5, 11, 5
aditir no divā paṣum 8, 18, 6
aditir hy ajanishṭa 10, 72, 5
adite mitra varuṇota 2, 27, 14
aditsantaṃ cid āghṛiṇe 6, 53, 3
adidyutat sv apāko 9, 11, 4. vgl Av. 3, 3, 1
adṛiṣram asya ketavo 1, 50, 3. Av. 13, 2, 18. 20, 47, 15. Vs. 8, 40
adṛishṭān hanty 1, 191, 2
adedishṭa vṛitrahā gopatir 3, 31, 21
adevād devaḥ pracatā 10, 124, 2
adevena manasā yo 2, 23, 12
ado yad dāru plavate 10, 155, 3
addhīd indra prasthitemā 10, 116, 8. N. 6, 16
adbhiḥ soma papṛicānasya 9, 74, 9
adyā cin nū cit tad apo 6, 30, 3. N. 4, 17
adyā dūtaṃ vṛiṇīmahe 1, 44, 3
adyā devā uditā 1, 115, 6. Vs. 33, 42. Tb. 2, 8, 7, 2
adyādyā ṣvaḥ-ṣva 8, 61, 17. Sv. 2, 808
adyā no deva savitaḥ 5, 82, 4. Sv. 1, 141. Tb. 2, 4, 6, 3. Ta. 10, 10, 2
adyā murīya yadi 7, 104, 15. Av. 8, 4, 15. N. 7, 3
adyed u prāṇīd 10, 32, 8
adriṇā te mandinā 10, 28, 3
adribhiḥ sutaḥ pavate gabhastyor 9, 71, 3
adribhiḥ sutaḥ pavase pavitra āñ 9, 86, 23
adribhiḥ suto matibhiṣ 9, 75, 4
adrogham ā vahoṣato 8, 60, 4
adrogha satyaṃ tava 3, 32, 9
adrau cid asmā 1, 70, 4
advesho adya barhisha 10, 35, 9
advesho no maruto gātum 5, 87, 8
adhaḥ paṣyasva mopari 8, 33, 19
adha kratvā maghavan 5, 29, 5
adha kshapā parishkṛito 9, 99, 2. Sv. 2 981
adha gmantā nahusho 1, 122, 11.
adha gmantoṣanā pṛichate 10, 22, 6
adha jihvā pāpatīti 6, 6, 5. N. 4, 17
adha jmo adha vā divo 8, 1, 18. Sv. 1, 52
adha te viṣvam anu hāsad 1, 57, 2. Av. 20, 15, 2
adha tyaṃ drapsaṃ vibhvaṃ 10, 11, 4. Av. 18, 1, 21
adha tvam indra viddhy 10, 61, 22
adha tvashṭā te maha 6, 17, 10
adha tvā viṣve pura indra 6, 17, 8
adha tvishīmāñ abhy ojasā 2, 22, 2. Sv. 2, 838
adha dyutānaḥ pitroḥ 4, 5, 10
adha dyauṣ cit te apa 6, 17, 9
adha drapso añsumatyā 8, 96, 15. Av. 20, 137, 9
adha dhārayā madhvā 9, 97, 11. Sv. 2, 370
adha pra jajñe taraṇir 1, 121, 6
adha priyam ishirāya 8, 46, 29
adha plāyogir 8, 1, 33
adha yac cārathe gaṇe 8, 46, 31
adha yad ime pavamāna 9, 110, 9. Sv. 2, 846
adha yad rājānā gavishṭau 10, 61, 23
adha ṣrutaṃ kavashaṃ 7, 18, 12
adha ṣvetaṃ kalaṣaṃ gobhir aktaṃ kārshmann 9, 74, 8
adha ṣvetaṃ kalaṣaṃ gobhir aktam āpipyānam 4, 27, 5
adha sma yasyārcayaḥ 5, 9, 5
adha smā te carshaṇayo 6, 25, 7
adha smā na ud avatā 2, 31, 2
adha smā no vṛidhe 6, 46, 11
adha smāsya panayanti 6, 12, 5
adha syā yoshaṇā mahī 8, 46, 33
adha svanād uta 1, 94, 11
adha svanān marutāṃ 1, 38, 10
adha svapnasya nir vide 1, 120, 12
adhākṛiṇoḥ pṛithivīṃ 2, 13, 5
adhākṛiṇoḥ prathamaṃ vīryam 2, 17, 3
adhā gāva upamātiṃ kanāyā 10, 61, 21
adhā cin nu yad didhishāmahe 10, 132, 3
adhā te apratishkutaṃ 8, 93, 12
adhā tvaṃ hi nas karo 8, 84, 6. Sv. 2, 901
adhā naro ny ohate 5, 52, 11
adhā no viṣvasaubhaga 1, 42, 6
adhā nv asya jenyasya 10, 61, 24
adhā nv asya saṃdṛiṣaṃ 7, 88, 2

adhā manye bṛihad asuryam 6, 30, 2
adhā manye ṣrat 1, 104, 7
adhā mahī na āyasy 7, 15, 14
adhā mātur ushasaḥ sapta 4, 2, 15
adhā yathā naḥ pitaraḥ 4, 2, 16. Av. 18, 3, 21. Vs. 19, 69. Ts. 2, 6, 12, 4
adhāyi dhītir asasṛigram 10, 31, 3
adhā yo viṣvā bhuvanābhi 2, 17, 4
adhāyy agnir mānushīshu 3, 5, 3
adhārayatam pṛithivīm uta 5, 62, 3
adhārayanta vahnayo 1, 20, 8
adhāsu mandro aratir 10, 61, 20
adhā ha yad vayam agne 4, 2, 14
adhā ha yanto aṣvinā 7, 74, 5
adhā hi kāvyā yuvaṃ 5, 66, 4
adhā hinvāna indriyaṃ 9, 48, 5. Sv. 2, 189
adhā hi vikshv īḍyo 6, 2, 7
adhā hīndra girvaṇa 8, 98, 7. Sv. 1, 406. 2, 60. Av. 20, 100, 1
adhā hotā ny asīdo 6, 1, 2. Tb. 3, 6, 10, 1
adhā hy agna eshāṃ 5, 16, 4
adhā hy agne krator 4, 10, 2. Sv. 2, 1128. Vs. 15, 45. Ts. 4, 4, 4, 7
adhā hy agne mahnā nishadyā 10, 6, 7
adhi dyām asthād vṛishabho 9, 85, 9
adhi dvayor adadhā 1, 83, 3. Av. 20, 25, 3
adhi na indraishāṃ 8, 83, 7. Vs. 33, 47
adhi putropamaṣravo 10, 33, 7
adhi peṣāṅsi vapate 1, 92, 4
adhi bṛibuḥ paṇīnāṃ 6, 45, 31
adhi yad asmin vājinīva 9, 94, 1. Sv. 1, 539. Ts. 7, 1, 20, 1
adhi yas tasthau keṣavantā 10, 105, 5
adhi yā bṛihato divo 8, 25, 7
adhi ṣriyaṃ ni dadhuṣ 1, 72, 10
adhi ṣriye duhitā sūryasya 6, 63, 5
adhi sānau ni jighnate 1, 80, 6
adhīn nv atra saptatiṃ 10, 93, 15
adhīva yad girīṇāṃ 8, 7, 14
adhīvāsam pari mātū 1, 140, 9
adhukshata priyam madhu 9, 2, 3. Sv. 2, 389
adhukshat pipyushīm isham 8, 72, 16
adhenuṃ dasrā 1, 117, 20
adhvaryavaḥ kartanā 2, 14, 9
adhvaryavaḥ payasodhar 2, 14, 10
adhvaryavaṣ cakṛivāṅso 5, 43, 3
adhvaryav ā tu hi shiñca 8, 32, 24
adhvaryavo 'pa itā 10, 30, 3
adhvaryavo bharatendrāya 2, 14, 1. N. 5, 1
adhvaryavo ya uraṇaṃ 2, 14, 4
adhvaryavo yaḥ ṣataṃ ṣambarasya 2, 14, 6
adhvaryavo yaḥ ṣatam ā 2, 14, 7
adhvaryavo yaḥ sv aṣnaṃ 2, 14, 5
adhvaryavo yan naraḥ 2, 14, 8
adhvaryavo yo apo vavṛivāṅsaṃ 2, 14, 2
adhvaryavo yo divyasya 2, 14, 11. N. 3, 20
adhvaryavo yo dṛibhīkaṃ 2, 14, 3
adhvaryavo 'ruṇaṃ dugdham 7, 98, 1. Av. 20, 87, 1
adhvaryavo havishmanto hi 10, 30, 2
adhvaryuṃ vā madhupāṇiṃ 10, 41, 3
adhvaryubhiḥ pañcabhiḥ sapta 3, 7, 7
adhvaryo adribhiḥ sutaṃ 9, 51, 1. Sv. 1, 499. 2, 575. Vs. 20, 31
adhvaryo drāvayā tvaṃ 8, 4, 11. Sv. 1, 308
adhvaryo vīra pra mahe 6, 44, 13
anac chaye 1, 164, 30. Av. 9, 10, 8
anaptam apsu dushṭaraṃ 9, 16, 3
anamīvā ushasa ā carantu 10, 35, 6
anamīvāsa iḷayā 3, 59, 3. Ts. 2, 8, 7, 5
anarvāṇaṃ vṛishabham 1, 190, 1. N. 6, 23
anarvāṇo hy eshām panthā 8, 18, 2
anarṣarātiṃ vasudām 8, 99, 4. Sv. 2, 670. Av. 20, 58, 2. N. 6, 23
anavadyair abhidyubhir 1, 6, 8. Av. 20, 40, 2. 70, 4
anavas te ratham aṣvāya 5, 31, 4. Sv. 1, 439. 440. Ts. 1, 6, 12, 6
anaṣvo jāto anabhīṣur arvā 1, 152, 5
anaṣvo jāto anabhīṣur ukthyo 4, 36, 1

anasvantā satpatir 5, 27, 1
anāgaso aditaye devasya 5, 82, 6
anādhṛishṭāni dhṛishito 10, 138, 4
anānudo vṛishabho jagmir 2, 23, 11
anānudo vṛishabho dodhato 2, 21, 4
anāyato anibaddhaḥ 4, 13, 5. 14, 5
anārambhaṇe tad 1, 116, 5
anireṇa vacasā 4, 5, 14
anukāmaṃ tarpayethām 1, 17, 3
anu kṛishṇe vasudhitī jihāte 3, 31, 17
anu kṛishṇe vasudhitī yemāte 4, 48, 3
anu tad urvī rodasī 7, 34, 24
anu tan no jāspatir 7, 38, 6
anu te dāyi maha 6, 25, 8. Ts. 1, 6, 12, 1. Tb. 2, 8, 5, 7
anu te ṣushmaṃ turayantam 8, 99, 6. Sv. 2, 988. Av. 20, 105, 2. Vs. 33, 67
anuttam ā te 1, 165, 9. Vs. 33, 79
anu tritasya yudhyataḥ 8, 7, 24
anu tvā mahī pājasī 1, 121, 11
anu tvā ratho anu 1, 163, 8. Vs. 29, 19. Ts. 4, 6, 7, 3
anu tvā rodasī ubhe krakshamāṇam 8, 76, 11. Sv. 2, 339. Av. 20, 42, 2
anu tvā rodasī ubhe cakraṃ 8, 6, 38
anu tvāhighne adha deva 6, 18, 14
anu dyāvāpṛithivī tat ta ojo 6, 18, 15
anu drapsāsa indava 9, 6, 4
anu dvā jahitā 4, 30, 19
anu pūrvāṇy okyā 8, 25, 17
anu pratnasyaukasaḥ priyamedhāsa 8, 69, 18. Av. 20, 92, 15
anu pratnasyaukaso huve 1, 30, 9. Sv. 2, 94 Av. 20, 26, 3
anu pratnāsa āyavaḥ 9, 23, 2. Sv. 1, 502
anu pra yeje jano 6, 36, 2
anu yad īm maruto 5, 29, 2
anuvratāya randhayann 1, 51, 9
anu ṣrutām amatiṃ 5, 62, 5
anuspashṭo bhavaty esho 10, 160, 4. Av. 20, 96, 4
anu svadhām aksharann 1, 33, 11. Tb. 2, 8, 3, 4
anu hi tvā sutaṃ soma 9, 110, 2. Sv. 1, 432. 2, 716
anūnod atra hastayato 5, 45, 7
anūpe gomān gobhir 9, 107, 9. Sv. 2, 348. N. 5, 3
anṛiksharā ṛijavaḥ santu 10, 85, 23. Av. 14, 1, 34
aneno vo maruto yāmo 6, 66, 7
anehasaṃ vo havamānam 8, 50, 4
anehasam prataraṇaṃ 8, 49, 4
aneho dātram aditer 1, 185, 3
aneho na uruvraja 8, 67, 12
aneho mitrāryaman 8, 18, 21
antarikshaprāṃ rajaso 10, 95, 17
antarikshеṇa patati viṣvā 10, 136, 4. vgl. Av. 6, 80, 1
antarikshe pathibhir 10, 168, 3
antar ichanti taṃ jane 8, 72, 3
antaraiṣ cakraiṣ 6, 62, 10
antar dūto rodasī 3, 3, 2
antar yacha jighāṅsato 10, 102, 3
antar hy agna īyase 2, 6, 7
antaṣ ca prāgā 8, 48, 2
antaṣ carati rocanāsya 10, 189, 2. Sv. 2, 727. Av. 6, 31, 2. 20, 48, 5. Vs. 3, 7. Ts. 1, 5, 3, 1
anti cit santam aha 8, 11, 4
antivāmā dūre amitram 7, 77, 4
anyad adya karvaram 6, 24, 5
anyam asmad bhiyā 8, 75, 13. Ts. 2, 6, 11, 3
anyam ū shu tvaṃ yamy 10, 10, 14. Av. 18, 1, 16. N. 11, 34
anyavratam amānusham 8, 70, 11
anyasyā vatsaṃ rihatī 3, 55, 13
anyā vo anyām avatv 10, 97, 14. Vs. 12, 88. Ts. 4, 2, 6, 3
anye jāyām pari 10, 34, 4
anyo anyam anu gṛibhṇāty 7, 103, 4
anv apāṃ khāny atṛintam 7, 82, 3
anv asya sthūraṃ dadṛiṣe 8, 1, 34
anv aha māsā anv 10, 89, 13. Ts. 1, 7, 13, 1
anv eko vadati yad 2, 13, 3
apaghnanto arāvṇaḥ 9, 13, 9. Sv. 2, 545
apaghnann eshi pavamāna 9, 96, 23
apaghnan pavate mṛidho 9, 61, 25. Sv. 1, 510. 2, 563
apaghnan pavase mṛidhaḥ 9, 63, 24. Sv. 1, 492. 2, 587
apaghnan soma rakshaso 9, 63, 29

apa jyotishā tamo 10, 68, 5. Av. 20, 16, 5
apa tyaṃ vṛijinaṃ ripuṃ 6, 51, 13. Sv. 1, 105
apa tyam paripanthinam 1, 42, 3
apa tyā asthur anirā 8, 48, 11
apa tye tāyavo yathā 1, 50, 2. Av. 13, 2, 17. 20, 47, 14
apa dvārā matīnām 9, 10, 6. Sv. 2, 474
apa naḥ soṣucad 1, 97, 1. Av. 4, 33, 1. Ta. 6, 10, 1. 11, 1
apa prāca indra 10, 131, 1. Av. 20, 125, 1. Tb. 2, 4, 1, 2
apa yor indraḥ pāpaja 10, 105, 3
apaṣ cid esha vibhvo 3, 31, 16
apaṣyaṃ gopām ani° 1, 164, 31. 10, 177, 3. Ait. ā. 2, 6. Av. 9, 10, 11. Vs. 37, 17. Ta. 4, 7, 1. N. 14, 3
apaṣyaṃ grāmaṃ vahamānam 10, 27, 19
apaṣyaṃ tvā manasā cekitānaṃ 10, 183, 1
apaṣyaṃ tvā manasā dīdhyānāṃ 10, 183, 2
apaṣyam asya mahato 10, 79, 1. N. 6, 4
apa ṣvaṣur ushaso 7, 71, 1
apa hata rakshaso 10, 76, 4
apāḥ pūrveshāṃ harivaḥ 10, 96, 13. Av. 10, 32, 3
apāḥ somam astam indra 3, 53, 6
apāgūhann amṛitām 10, 17, 2. Av. 18, 2, 33. N. 12, 10
apāṃ garbhaṃ darṣatam 3, 1, 13
apāṅ prāṅ 1, 164, 38. Ait. ā. 2, 8. Av. 9, 10, 16. N. 14, 23
apād ahasto 1, 32, 7
apād ita ud u naṣ 6, 38, 1
apād indro apād agnir 8, 69, 11. Av. 20, 92, 8
apād u ṣipry andhasaḥ 8, 92, 4. Sv. 1, 145
apād eti prathamā 1, 152, 3. Av. 9, 10, 23
apād dhotrād uta potrād 2, 37, 4
apādhamad abhiṣastīr 8, 89, 2. Vs. 33, 95
apāṃ napātam avase 1, 22, 6
apāṃ napād ā hy asthād 2, 35, 9. Ts. 2, 5, 12, 1
apānyad ety abhy 1, 123, 7
apām atishṭhad dharuṇa° 1, 54, 10
apāma somam amṛitā 8, 48, 3. Ts. 3, 2, 5, 4
apām idaṃ nyayanaṃ 10, 142, 7. Av. 6, 106, 2. Ts. 4, 6, 1, 3. vgl. Vs. 17, 7
apām ived ūrmayas 9, 95, 3. Sv. 1, 544
apāmīvāṃ savitā sāvishan 10, 100, 8
apāmīvām apa viṣvām 10, 63, 12
apāmīvām apa sridham 8, 18, 10. Sv. 2, 397
apām upasthe mahishā 6, 8, 4. N. 7, 26
apām ūrmir madann iva 8, 14, 10. Av. 20, 28, 4. 39, 5
apām perum jīvadhanyam 10, 36, 8
apām phenena namuceḥ 8, 14, 13. Sv. 1, 211. Av. 20, 29, 3. Vs. 19, 71
apām madhye tasthivāṅsaṃ 7, 89, 4
apāyy asyāndhaso 2, 19, 1
apāro vo mahimā 5, 87, 6
api panthām aganmahi 6, 51, 16. Vs. 4, 29. Ts. 1, 2, 9, 1
apibat kadruvaḥ sutam 8, 45, 26. Sv. 1, 131
api vṛiṣca purāṇavad 8, 40, 6. Av. 7, 90, 1
api shṭutaḥ savitā devo 7, 38, 3
apūrvyā purutamāny 6, 32, 1. Sv. 1, 322
apeta vīta vi ca sarpatāto 10, 14, 9. Av. 18, 1, 55. Vs. 12, 45. Ts. 4, 2, 4, 1. Tb. 1, 2, 1, 16. Ta. 1, 27, 5. 6, 6, 1
apendra dvishato mano 10, 152, 5. Av. 1, 21, 4
apehi manasas pate 10, 164, 1. Av. 20, 96, 23. N. 1, 17
apo devīr upa hvaye 1, 23, 18. Av. 1, 4, 3
apo mahīr abhiṣaster 10, 104, 9
apo yad adrim puruhūta 4, 16, 8. Av. 20, 77, 8
apo vasānaḥ pari koṣam 9, 107, 26
apo vṛitraṃ vavrivāṅsam 4, 16, 7. Av. 20, 77, 7
aposhā anasaḥ sarat 4, 30, 10. N. 11, 47

apo shu ṇa iyaṃ sarur 8, 67, 15
apo su myaksha 2, 28, 6. N. 13, 1
apo hy eshām ajushanta 4, 33, 9
aptūrye maruta āpir 3, 51, 9
apnasvatīm aṣvinā 1, 112, 24. Vs. 34, 29
aprakshitaṃ vasu bibharshi 1, 55, 8
apratīto jayati saṃ 4, 50, 9
aprayuchann aprayuchadbhir 1, 143, 8
aprāmisatya maghavan 8, 61, 4
apsarasāṃ gandharvāṇām 10, 136, 6
apsarā jāram upasishmiyāṇā 10, 123, 5
apsā indrāya vāyave 9, 65, 20. Sv. 2, 345
apsu tvā madhumattamaṃ 9, 30, 5
apsu dhutasya harivaḥ 10, 104, 2. Av. 20, 33, 1
apsu me somo abravīd 1, 23, 20. 10, 9, 6. Av. 1, 6, 2. Tb. 2, 5, 8, 6
apsv agne sadhish ṭava 8, 43, 9. Vs. 12, 36. Ts. 4, 2, 3, 2. 11, 3
apsv antar amṛitam 1, 23, 19 Av. 1, 4, 4. Vs. 9, 6. Ts. 1, 7, 7, 1
abudhne rājā 1, 24, 7
abudhram u tya indra° 10, 35, 1
abodhi jāra ushasām 7, 9, 1
abodhi hotā yajathāya 5, 1, 2. Sv. 2, 1097. N. 6, 13
abodhy agniḥ samidhā 5, 1, 1. Sv. 1, 73. 2, 1096. Av. 13, 2, 46. Vs. 15, 24. Ts. 4, 4, 4, 1
abodhy agnir jma 1, 157, 1. Sv. 2, 1108
abjām ukthair ahiṃ 7, 34, 16. N. 10, 44
abhāgaḥ sann apa 10, 83, 5. Av. 4, 32, 5
abhi kaṇvā anūshatāpo 8, 6, 34
abhi kratvendra bhūr 7, 21, 6. Ts. 7, 4, 15, 1
abhikrandan kalaṣaṃ vājy 9, 86, 11. Sv. 2, 382
abhi kranda stanaya 5, 83, 7. Ts. 3, 1, 11, 6. vgl. Av. 4, 15, 6
abhi kshipaḥ sam agmata 9, 14, 7
abhikhyā no maghavan 10, 112, 10
abhi gandharvam atṛiṇad 8, 77, 5
abhi gavyāni vītaye 9, 62, 23. Sv. 2, 412
abhi gāvo adhanvishur 9, 24, 2. Sv. 2, 312
abhi gāvo anūshata yoshā 9, 32, 5
abhi gotrāṇi sahasā 10, 103, 7. Sv. 2, 1205. Av. 19, 13, 7. Vs. 17, 39. Ts. 4, 6, 4, 2
abhi jaitrīr asacanta 3, 31, 4
abhi tashṭeva dīdhayā 3, 38, 1
abhi te madhunā payo 9, 11, 2. Sv. 2, 2
abhi tyaṃ vīraṃ girvaṇasam 6, 50, 6
abhi tyaṃ gāvaḥ payasā 9, 84, 5
abhi tyam pūrvyam madaṃ 9, 6, 3
abhi tyam madyam madam 9, 6, 2
abhi tyam mesham 1, 51, 1. Sv. 1, 376
abhi tripṛishṭhaṃ vṛishaṇaṃ 9, 90, 2. Sv. 1, 528. 2, 758
abhi tvā gotamā girā jātavedo 1, 78, 1
abhi tvā gotamā girānūsha° 4, 32, 9
abhi tvā devaḥ savitābhi 10, 174, 3. Av. 1, 29, 3
abhi tvā deva savitar 1, 24, 3. Ts. 3, 5, 11, 3
abhi tvā naktīr ushaso 2, 2, 2
abhi tvā pājo rakshaso 6, 21, 7
abhi tvā pūrvapītaya indra 8, 3, 7. Sv. 1, 256. 2, 923. Av. 20, 99, 1
abhi tvā pūrvapītaye sṛijāmi 1, 19, 9. N. 10, 37
abhi tvā yoshaṇo daṣa 9, 56, 3
abhi tvā vṛishabhā sute 8, 45, 22. Sv. 1, 161. 2, 88. Av. 20, 22, 1
abhi tvā ṣūra nonumo 7, 32, 22. Sv. 1, 233. 2, 30. Av. 20, 121, 1. Vs. 27, 35. Ts. 2, 4, 14, 2
abhī tvā sindho ṣiṣum 10, 75, 4
abhi dyām mahinā bhuvam 10, 119, 8
abhi dyumnam bṛihad yaṣa 9, 108, 9. Sv. 1, 579. 2, 361
abhi dyumnāni vanina 3, 40, 7. Av. 20, 6, 7
abhi droṇāni babhravaḥ 9, 33, 2. Sv. 2, 115
abhi dvijanmā trivṛid 1, 140, 2
abhi dvijanmā trī rocanāni 1, 149, 4. Sv. 2, 1125

abhi na ilā yūthasya 5, 41, 19. N. 11, 49
abhinakshanto abhi ye 2, 24, 6
abhi no devīr avasā 1, 22, 11
abhi no naryaṃ vasu 6, 53, 2
abhi no vājasātamaṃ 9, 98, 1. Sv. 1, 549. 2, 588
abhi pra gopatiṃ girendram 8, 69, 4. Sv. 1, 168. 2, 839. Av. 20, 22, 4. 92, 1
abhi pra dadrur 4, 19, 5
abhi pra bhara dhṛishatā 8, 89, 4
abhi prayāṅsi vāhasā 3, 11, 7. Sv. 2, 907
abhi prayāṅsi sudhitāni 6, 15, 15
abhi pra vaḥ surādhasam 8, 49, 1. Sv. 1, 235. 2, 161. Av. 20, 51, 1
abhi pravanta samaneva 4, 58, 8. Vs. 17, 96. N. 7, 17
abhi pra sthātāheva 7, 34, 5
abhi priyāṇi kāvyā 9, 57, 2. Sv. 2, 1112
abhi priyāṇi pavate canohito 9, 75, 1. Sv. 1, 554. 2, 50
abhi priyāṇi pavate punāno 9, 97, 12. Sv. 2, 371
abhi pṛiyā divas padam 9, 10, 9. Sv. 2, 477
abhi priyā divas padā 9, 12, 8. Sv. 2, 554
abhi priyā maruto yā 8, 27, 6
abhi prehi dakshiṇato 10, 83, 7. Av. 4, 32, 7
abhi brahmīr anūshata 9, 33, 5. Sv. 2, 220
abhibhuve 'bhibhaṅgāya 2, 21, 2
abhibhūr aham āgamaṃ 10, 166, 4
abhi yajñaṃ gṛiṇīhi no 1, 15, 3. Vs. 26, 21
abhi yaṃ devī nirṛitis cid 7, 37, 7
abhi yaṃ devy aditir gṛiṇāti 7, 38, 4
abhi ye tvā vibhāvari 5, 79, 4
abhi ye mitho vanushaḥ 7, 38, 5
abhi yo mahinā divam 3, 59, 7. Vs. 33, 17. Ts. 4, 1, 6, 3. Ta. 4, 3, 1
abhi vastrā suvasanāny 9, 97, 50. Sv. 2, 777
abhi vahnaya ūtaye 8, 12, 15
abhi vahnir amartyaḥ 9, 9, 6
abhi vāṃ nūnam aṣvinā 7, 67, 3
abhi vāyum vīty arshā 9, 97, 45. Sv. 2, 776
abhi viprā anūshata gāvo 9, 12, 2. Sv. 2, 547
abhi viprā anūshata mūrdhan 9, 17, 6
abhi viṣvāni vāryābhi 9, 42, 5
abhivṛityā sapatnān 10, 174, 2. Av. 1, 29, 2
abhi venā anūshateyakshanti 9, 64, 21
abhi vo arce poshyāvato 5, 41, 8
abhi vo devīṃ dhiyaṃ 7, 34, 9
abhi vo vīram andhaso 8, 46, 14. Sv. 1, 265
abhi vyayasva khadirasya 3, 53, 19
abhi vrajaṃ na tatnishe 8, 6, 25
abhivlagyā cid adrivaḥ 1, 133, 2
abhi ṣyāvaṃ na kṛiṣanebhir 10, 68, 11. Av. 20, 16, 11
abhishṭane te adrivo 1, 80, 14
abhishṭaye sadāvṛidhaṃ 8, 68, 5
abhi sidhmo ajigād 1, 33, 13. Tb. 2, 8, 4, 4. N. 6, 16
abhi suvānāsa indavo 9, 17, 2
abhi sūyavasaṃ naya 1, 42, 8
abhi somāsa āyavaḥ pavante madyam madam | abhi 9, 23, 4
abhi somāsa āyavaḥ pavante madyam madam | samudrasyādhi 9, 107, 14. Sv. 1, 528. 2, 206
abhi svapūbhir mitho 7, 56, 3
abhi svarantu ye tava 8, 13, 28
abhi svavṛishṭiṃ made 1, 52, 5
abhi hi satya somapā 8, 98, 5. Sv. 2, 598. Av. 20, 64, 2
abhīka āsām padavīr 3, 56, 4
abhīdam ekam eko 10, 48, 7. N. 3, 10
abhī na ā vavṛitsva 4, 31, 4
abhī navante adruhaḥ 9, 100, 1. Sv. 1, 550
abhī no agna uktham 1, 140, 13
abhī no arshā divyā 9, 97, 51. Sv. 2, 778
abhīmam aghnyā uta 9, 1, 9
abhīm avanvan svabhishṭim 1, 51, 2
abhīm ṛitasya dohanā 1, 144, 2
abhīm ṛitasya vishṭapaṃ 9, 34, 5
abhīvartena havishā 10, 174, 1. Av. 1, 29, 1

abhīvṛitaṃ kṛiśanair 1, 35, 4. Tb. 2, 8, 6, 1
abhī shatas tad ā bharendra 7, 32, 24. Sv. 1, 309
abhī shu ṇaḥ sakhīnām 4, 31, 3. Sv. 2, 34. Av 20, 124, 3. Vs. 27, 41. 36, 6. Ta. 4, 42, 3
abhī shu ṇas tvaṃ rayim 8, 93, 21
abhī shv aryaḥ pauṅsyair 10, 59, 3
abhīhi manyo tavasas 10, 83, 3. Av. 4, 32, 3
abhutsy u pra devyā 8, 9, 16. Av. 20, 142, 1
abhūd idaṃ vayunam 1, 182, 1
abhud u pāram etave 1, 46, 11
abhud u bhā u 1, 46, 10
abhūd u vo vidhate 4, 34, 4
abhūd ushā indratamā 7, 79, 3
abhūd ushā ruśatpaśur 5, 75, 9
abhūd devaḥ savitā vandyo 4, 54, 1. Tb. 3, 7, 13, 4
abhūr u vīra girvaṇo 6, 45, 13
abhūr eko rayipate 6, 31, 1
abhūr v aukshīr 10, 27, 7
abhy-abhi hi śravasā 9, 110, 5. Sv. 2, 857. N. 5, 4
abhy arca nabhākavad 8, 40, 4
abhy arshata sushṭutiṃ 4, 58, 10. Av. 7, 82, 1. Vs. 17, 98
abhy arsha bṛihad yaśo 9, 20, 4. Sv. 2, 321
abhy arsha mahānāṃ devānāṃ 9, 1, 4
abhy arsha vicakshaṇa 9, 51, 5
abhy arsha sahasriṇaṃ rayiṃ 9, 63, 12
abhy arsha svāyudha 9, 4, 7. Sv. 2, 403
abhy arshānapacyuto 9, 4, 8. Sv. 2, 404
abhy avasthāḥ 5, 19, 1
abhyāram id adrayo 8, 72, 11. Sv. 2, 953
abhy ūrṇoti yan nagnam 8, 79, 2
abhraprusho na vācā 10, 77, 1
abhrāji śardho maruto 5, 54, 6 N. 6, 4
abhrātaro na yoshaṇo 4, 5, 5
abhrātṛivyo anā tvam 8, 21, 13. Sv. 1, 399. 2, 739. Av. 20, 114, 1
abhrāteva puṅsa eti 1, 124, 7. N. 3, 5
amanthishṭām bhāratā 3, 23, 2
amandan mā maruta 1, 165, 11
amandān stomān pra bhare 1, 126, 1. N. 9, 10
amanmahīd anāśavo 8, 1, 14. Av. 20, 116, 2 Tāṇḍya 9, 10, 1
amājuras cid bhavatho 10, 39, 3
amājūr iva pitroḥ 2, 17, 7
amād eshām bhiyasā 5, 59, 2
amāya vo maruto yātave 8, 20, 6
amitrahā vicarshaṇiḥ 9, 11, 7. Sv. 2, 797
amitrāyudho marutām 3, 29, 15
aminatī daivyāni vratāni 1, 124, 2
amī ya ṛikshā 1, 24, 10. Ta. 1, 11, 2. N. 3, 20
amī ye devā sthana 1, 105, 5. Sv. 1, 368
amī ye pañcokshaṇo 1, 105, 10
amī ye sapta raśmayaḥ 1, 105, 9
amīvahā vāstosh pate 7, 55, 1. N. 10, 17
amīshāṃ cittam 10, 103, 12. Sv. 2, 1211. Av. 3, 2, 5. Vs. 17, 44. N. 6, 12. 9, 33
amūraḥ kavir aditir 7, 9, 3
amūrā viśvā vṛishaṇāv 7, 61, 5
amūro hotā ny asādi 4, 6, 2
amur yā upa 1, 23, 17. Av. 1, 4, 2. Vs. 6, 24
amṛiktena ruśatā vāsasā 9, 69, 5
amṛitaṃ jātavedasaṃ tiras 8, 74, 5
ameva naḥ suhavā 2, 36, 3. Vs. 26, 24
ambayo yanty 1, 23, 16. Av. 1, 4, 1
ambitamo nadītame 2, 41, 16
amyak sā ta indra 1, 169, 3. N. 6, 15
ayaṃ yaḥ sriñjaye puro 4, 15, 4
ayaṃ yajño devayā 1, 177, 4
ayaṃ yathā na ābhuvat 8, 102, 8. Sv. 2, 297
ayaṃ yonis cakṛimā 4, 3, 2
ayaṃ yo vajraḥ purudhā 10, 27, 21
ayaṃ yo hotā kir u sa 10, 52, 3. N. 6, 35
ayaṃ rocayad aruco 6, 39, 4
ayaṃ vāṃ krishṇo aśvinā 8, 85, 3
ayaṃ vāṃ gharmo aśvinā 8, 9, 4. Av. 20, 139, 4

ayaṃ vām adribhiḥ sutaḥ 8, 22, 8
ayaṃ vām pari shicyate 4, 49, 2. Ts. 3, 3, 11, 1
ayaṃ vām bhāgo nihito 8, 57, 4
ayaṃ vām madhumattamaḥ 1, 47, 1. Sv. 1, 306
ayaṃ vām mitrāvaruṇā sutaḥ 2, 41, 4. Sv. 2, 260. Vs. 7, 19. Ts. 1, 4, 5, 1
ayaṃ vicarshaṇir hitaḥ 9, 62, 10. Sv. 1, 508
ayaṃ vidac citradṛiṣīkam 6, 47, 5
ayaṃ viprāya dāsushe 10, 25, 11
ayaṃ visvā abhi sriyo 8, 102, 9. Sv. 2, 298
ayaṃ visvāni tishṭhati 9, 54, 3. Sv. 2, 107
ayaṃ vṛitaṣ cātayate 4, 17, 9
ayaṃ venaṣ codayat 10, 123, 1. Vs. 7, 16. Ts. 1, 4, 8, 1. N. 10, 39
ayaṃ vo yajña ṛibhavo 4, 34, 3
ayaṃ sṛiṇve adha jayann 4, 17, 10. Tb. 2, 8, 3, 3
ayaṃ samaha mā tanū 1, 120, 11
ayaṃ sa yasya sarmann 10, 6, 1
ayaṃ sa yo divas pari 9, 39, 4. Sv. 2, 250
ayaṃ sa yo varimāṇam 6, 47, 4
ayaṃ sa siñkte yena 1, 164, 29. Av. 9, 10, 7. N. 2, 9
ayaṃ sahasram ṛishibhiḥ 8, 3, 4. Sv. 2, 958. Av. 20, 104, 2. Vs. 33, 83
ayaṃ sa hotā yo dvijanmā 1, 149, 5. Sv. 2, 1126
ayaṃ su tubhyaṃ varuṇa 7, 86, 8
ayaṃ sūrya ivopadṛig 9, 54, 2. Sv. 2, 106
ayaṃ so agnir āhutaḥ 7, 1, 16
ayaṃ so agnir yasmin 3, 22, 1. Vs. 12, 47. Ts. 4, 2, 4, 2
ayaṃ soma indra tubhyaṃ sunva ā tu 7, 29, 1
ayaṃ soma indra tubhyam sunve tubhyam 9, 88, 1. Sv. 2, 821
ayaṃ somaḥ kapardine 9, 67, 11
ayaṃ somaṣ camū suto 5, 51, 4
ayaṃ stuto rājā vandi 10, 61, 16
ayaṃ svādur iha madishṭha 6, 47, 2
ayaṃ ha yad vāṃ devayā 7, 68, 4
ayaṃ ha yena vā idaṃ 8, 76, 4
ayaṃ hi te amartya 10, 144, 1
ayaṃ hi netā varuṇa 7, 40, 4
ayaṃ hotā prathamaḥ 6, 9, 4
ayaṃ kavir akavishu 7, 4, 4
ayaṃ kṛitnur agṛibhīto 8, 79, 1. Tb. 2, 4, 7, 6
ayaṃ gha sa turo mada 10, 25, 10
ayaṃ cakram ishaṇat 4, 17, 14
ayaṃ jāyata manusho 1, 128, 1
ayaṃ ta āghṛiṇe suto 9, 67, 12
ayaṃ ta indra somo 8, 17, 11. Sv. 1, 159. 2, 75. Av. 20, 5, 5
ayaṃ ta emi tanvā 8, 100, 1
ayaṃ te astu haryataḥ 3, 44, 1
ayaṃ te asmy upa 10, 83, 6. Av. 4, 32, 6
ayaṃ te mānushe jane 8, 64, 10
ayaṃ te yonir ṛitviyo 3, 29, 10. Av. 3, 20, 1. Vs. 3, 14. 12, 52. 15, 56. Ts. 1, 5, 5, 2. 4, 2, 4, 3. 7, 13, 5. Tb. 1, 2, 1, 16. 2, 5, 8, 8
ayaṃ te saryaṇāvati 8, 64, 11
ayaṃ te stomo agriyo 1, 16, 7
ayaṃ dakshāya sādhano 9, 105, 3. Sv. 2, 450
ayaṃ dasasyan naryebhir 10, 99, 10
ayaṃ diva iyarti visvam 9, 68, 9
ayaṃ dīrghāya cakshase 8, 13, 30
ayaṃ devaḥ sahasā 6, 44, 22
ayaṃ devānām apasām 1, 160, 4
ayāṃ devāya janmane 1, 20, 1
ayaṃ deveshu jāgṛiviḥ suta 9, 44, 3
ayaṃ dyāvāpṛithivī vi shkabhāyad 6, 44, 24
ayaṃ dyotayad adyuto 6, 39, 3
ayaṃ nābhā vadati 10, 62, 4
ayaṃ nidhiḥ sarame 10, 108, 7
ayaṃ no vidvān vanavad 9, 77, 4
ayam akṛiṇod ushasaḥ supatnīḥ 6, 44, 23
ayaṃ agniḥ sahasriṇo 8, 75, 4. Vs. 15, 21. Ts. 2, 6, 11, 1. 4, 4, 4, 1
ayam agniḥ suvīryasyeṣe 3, 16, 1. Sv. 1, 60
ayam agnir urushyaty 10, 176, 4. Ts. 3, 5, 11, 1

ayam agnir vadhryaçvasya 10, 69, 12
ayam agne jaritā tve 10, 142, 1
ayam agne tve api jaritā 8, 44, 28
ayam asmān vanaspatir mā 3, 53, 20
ayam asmāsu kāvya 10, 144, 2
ayam asmi jaritaḥ paçya 8, 100, 4
ayam indra vṛishākapiḥ 10, 86, 18. Av. 20, 126, 18
ayam indro marutsakhā 8, 76, 2
ayam iha prathamo dhāyi 4, 7, 1. Vs. 3, 15. 15, 26. 33, 6 Ts. 1, 5, 5, 1
ayam u te sam atasi 1, 30, 4. Sv. 1, 183. 2, 949. Av. 20, 45, 1. N. 1, 10
ayam u te sarasvati vasishṭho 7, 95, 6
ayam u tvā vicarshaṇe 8, 17, 7. Av. 20, 5, 1
ayam u vām purutamo 3, 62, 2
ayam uçānaḥ pary 6, 39, 2
ayam u shya pra devayur 10, 176, 3. Ts. 3, 5, 11, 1
ayam u shya sumahāñ 7, 8, 2
ayam eka itthā purūru 8, 25, 16
ayam emi vicākaçad 10, 86, 19. Av. 20, 126, 19
ayam panthā anuvittaḥ 4, 18, 1
ayam punāna ushaso vi 9, 86, 21. Sv. 2, 173
ayam pūshā rayir bhagaḥ 9, 101, 7. Sv. 1, 546. 2, 168
ayam bharāya sānasir 9, 106, 2. Sv. 2, 45
ayam matavāñ chakuno 9, 86, 13
ayam mātāyam 10, 60, 7
ayam mitrasya varuṇasya 1, 94, 12
ayam mitrāya varuṇāya çaṃtamaḥ 1, 136, 4
ayam mitro namasyaḥ 3, 59, 4. Tb. 2, 8, 7, 5
ayam me pīta ud iyarti 6, 47, 3
ayam me hasto bhagavān 10, 60, 12. Av. 4, 13, 6
ayāñsam agne sukshitiṃ 2, 35, 15
ayā citto vipānayā 9, 65, 12. Sv. 2, 155
ayā te agne vidhemorjo 2, 6, 2
ayā te agne samidhā vidhema 4, 4, 15, Ts. 1, 2, 14, 6. N. 3, 21
ayā dhiyā ca gavyayā 8, 93, 17. Sv. 1, 188
ayā nijaghnir ojasā 9, 53, 2. Sv. 2, 1065
ayā pavasva devayur 9, 106, 14. Sv. 2, 122
ayā pavasva dhārayā yayā 9, 63, 7. Sv. 1, 493. 2, 566
ayā pavā pavasvainā 9, 97, 52. Sv. 1, 541. 2, 454
ayāma dhīvato dhiyo 8, 92, 11
ayāmi ghosha indra 7, 23, 2. Av. 10, 12, 2
ayāmi te namaūktiṃ 3, 14, 2
ayā rucā hariṇyā 9, 111, 1. Sv. 1, 463. 2, 940
ayā vājaṃ devahitaṃ 6, 17, 15. Sv. 1, 454. Av. 19, 12, 1. 20, 63, 3. 124, 6
ayā vītī pari srava 9, 61, 1. Sv. 1, 495. 2, 560
ayā somaḥ sukṛityayā 9, 47, 1. Sv. 1, 507
ayā ha tyam māyayā 6, 22, 6. Av. 20, 36, 6
ayukta sapta çundhyuvaḥ 1, 50, 9. Av. 13, 2, 24. 20, 47, 21. Tb. 2, 4, 5, 4
ayukta sapta haritaḥ 7, 60, 3
ayukta sura etaçam 9, 63, 8. Sv. 2, 567
ayujo asamo nṛibhir 8, 62, 2
ayujran ta indra viçva° 1, 169, 2
ayuddha id yudhā 8, 45, 3. Sv. 2, 690
ayuddhaseno vibhvā 10, 138, 5
ayuyutsann 1, 33, 6
ayodañshṭro arcishā 10, 87, 2. Av. 8, 3, 2
ayoddheva durmada 1, 32, 6. Tb. 2, 5, 4, 3. N. 6, 4
araṃ hi shmā suteshu ṇaḥ 8, 92, 26
araṃ kāmāya harayo 10, 96, 7. Av. 20, 31, 2
araṃ kṛiṇvantu vediṃ 1, 170, 4
araṃ kshayāya no mahe 8, 15, 13
araṇyāny araṇyāny 10, 146, 1. Tb. 2, 5, 5, 6. N. 9, 30
araṇyor nihito jātavedā 3, 29, 2. Sv. 1, 79

araṃ ta indra kukshaye 8, 92, 24. Sv. 2, 1012
araṃ dāso na mīḷhushe 7, 86, 7
aramatir anarvaṇo 8, 31, 12
aramamāṇo aty eti gā 9, 72, 3
aramayaḥ sarapaso 2, 13, 12
aram asvāya gāyati 8, 92, 25. Sv. 1, 118
aram ma usrayāmṇe 4, 32, 24
aram me gantaṃ havanāyā 6, 63, 2
arasmāno ye 'rathā 9, 97, 20
arā ived acaramā 5, 58, 5. Tb. 2, 8, 5, 7
arādhi hotā nishadā 10, 53, 2
arādhi hotā svar 1, 70, 8
arāyi kāṇe 10, 155, 1. N. 6, 30
arāvīd añsuḥ sacamāna 9, 74, 5
aritraṃ vāṃ divas pṛithu 1, 46, 8
arishṭaḥ sa marto visva 10, 63, 13
aruṇapsur ushā abhūd 8, 73, 16
aruṇo mā sakṛid 1, 105, 18. N. 5, 21
arushasya duhitarā 6, 49, 3
arusho janayan giro 9, 25, 5
arūrucad ushasaḥ pṛisnir 9, 83, 3. Sv. 2, 227
aroravīd vṛishṇo asya 2, 11, 10
arcata prārcata 8, 69, 8. Sv. 1, 362. Av. 20, 92, 5
arcad vṛishā vṛishabhiḥ 1, 173, 2
arcanta eke mahi sāma 8, 29, 10
arcantas tvā havāmahe 5, 13, 1
arcanti nārīr apaso 1, 92, 3. Sv. 2, 1107
arcā dive bṛihate 1, 54, 3. N. 6, 18
arcāmi te sumatiṃ ghoshy 4, 4, 8. Ts. 1, 2, 14, 3
arcāmi vāṃ vardhāyāpo 10, 12, 4. Av. 18, 1, 31
arcā sakrāya sākine 1, 54, 2
arṇāñsi cit paprathānā 7, 18, 5
artham id vā u 1, 105, 2
arthino yanti ced arthaṃ 8, 79, 5
ardhaṃ vīrasya sṛitapām 7, 18, 16
arbhako na kumārako 8, 69, 15. Av. 20, 92, 12
aryamaṇaṃ varuṇam mitram 4, 2, 4
aryamaṇam bṛihaspatim indraṃ 10, 141, 5. Av. 3, 20, 7. Vs. 9, 27. Ts. 1, 7, 10, 2
aryamā no aditir yajñiyāso 3, 54, 18
aryamyaṃ varuṇa 5, 85, 7
aryo vā giro abhy arca 10, 148, 3
aryo visāṃ gātur eti 10, 20, 4
arvadbhir agne arvato 1, 73, 9
arvanto na sravaso 7, 90, 7. 91, 7
arvāg rathaṃ visvavāraṃ 6, 37, 1
arvāg rathaṃ ni yachatam 8, 35, 22
arvāñ ehi somakāmaṃ 1, 104, 9. Av. 20, 8, 2
arvāñ tricakro madhu° 1, 157, 3. Sv. 2, 1110
arvāñ narā daivyenāvasā 7, 82, 8
arvācīnaṃ su te mana 3, 37, 2. Av. 20, 19, 2
arvācīno vaso bhavāsme 4, 32, 14
arvācī subhage bhava 4, 57, 6. Av. 3, 17, 8. Ta. 6, 6, 2
arvāñcaṃ tvā purushṭuta 8, 6, 45. 32, 30
arvāñcaṃ tvā sukhe rathe 3, 41, 9. Av. 20, 23, 9
arvāñcaṃ daivyaṃ janam 1, 45, 10
arvāñcam adya yayyaṃ 2, 37, 5
arvāñcā vāṃ saptayo 1, 47, 8
arvāñco adyā bhavatā 2, 29, 6. Vs 33, 51
arvāñ iva sravase 9, 97, 25
arvāvato na ā gahi parāvatas ca 3, 40, 8. Av. 20, 6, 8
arvāvato na ā gahy atho sakra 3, 37, 11. Av. 20, 20, 4. 57, 7
arshā naḥ soma saṃ gave 9, 61, 15. Sv. 2, 687
arshā soma dyumattamo 9, 65, 19. Sv. 1, 503. 2, 344
arhanto ye sudānavo 5, 52, 5
arhan bibharshi sāyakāni 2, 33, 10. Ta. 4, 5, 7
alātṛiṇo vala indra 3, 30, 10. N. 6, 2
alāyyasya parasur 9, 67, 30
avañse dyām astabhāyad 2, 15, 2
avaḥ pareṇa para enā 1, 164, 17. Av. 9, 9, 17
avaḥ pareṇa pitaraṃ 1, 164, 18. Av. 9, 9, 18
avakrakshiṇaṃ 8, 1, 2. Sv. 2, 711 Av. 20, 85, 2
ava kranda dakshiṇato 2, 42, 3

ava kshipa divo asmānam 2, 30, 5
ava casbta ricīshamo 8, 62, 6
ava te heḷo varuṇa 1, 24, 14. Ts. 1, 5, 11, 3
ava tmanā bharate 1, 104, 3
ava tyā brihatīr isho 10, 134, 3
ava tve indra pravato 6, 47, 14
avadyam iva manyamānā 4, 18, 5
ava dyutānaḥ kalaṣāñ 9, 75, 3. Sv. 2, 52
ava drapso añsumatīm 8, 96, 13. Sv. 1, 323. Av. 20, 137, 7. Ta. 1, 6, 3
ava drugdhāni pitryā 7, 86, 5
ava dvake ava trikā 10, 59, 9
ava no vrijinā sisīhy 10, 105, 8
avantam atraye griham 8, 73, 7
avantu naḥ pitaraḥ 1, 106, 3
avantu mām ushaso 6, 52, 4
avapatantīr avadan 10, 97, 17. Vs. 12, 91. Ts. 4, 2, 6, 5
ava yac chyeno asvanīd 4, 27, 3
ava yat tvaṃ satakratav 10, 134, 4
ava yat sve sadhasthe 8, 79, 9
avartyā suna āntrāṇi 4, 18, 13
avardhayan subhagaṃ sapta 3, 1, 4
avar maha indra 1, 133, 6
avarshīr varsham 5, 83, 10
avaviddhaṃ taugryam 1, 182, 6
ava vediṃ hotrābhir 7, 60, 9
ava sindhuṃ varuṇo dyaur 7, 87, 6
avasrijann upa tmanā 1, 142, 11
ava srija punar agne pitribhyo 10, 16, 5. Av. 18, 2, 10. Ta. 6, 4, 2
ava srijā vanaspate 1, 13, 11
avasrishṭā parā pata 6, 75, 16. Sv. 2, 1213. Av. 3, 19, 8. Vs. 17, 45. Ts. 4, 6, 4, 4. Tb. 3, 7, 6, 23
ava spridhi pitaraṃ 5, 3, 9
ava sma durhaṇāyato 10, 134, 2. Sv. 2, 442
ava sma yasya veshaṇe 5, 7, 5
avasyate stuvate 1, 116, 23
ava sya sūrādhvano 4, 16, 2. Av. 20, 77, 2
ava syūmeva cinvatī 3, 61, 4
ava svayuktā diva ā 1, 168, 4
ava svarāti gargaro 8, 69, 9. Av. 20, 92, 6
ava svedā ivābhito 10, 134, 5
avā kalpeshu naḥ pumas 9, 9, 7
avācacakshaṃ padam 5, 30, 2
avā nu kaṃ jyāyān 10, 50, 5
avā no agna ūtibhir 1, 79, 7. Sv. 2, 874
avā no vājayuṃ ratham 8, 80, 6
avāvaṣanta dhītayo 9, 19, 4
avāsām maghavañ jahi 1, 133, 3
avāsrijaḥ prasvaḥ 10, 138, 2
avāsrijanta jivrayo na 4, 19, 2
avitā no ajāsvaḥ 9, 67, 10
avitāsi sunvato 8, 36, 1
avidad daksham mitro 6, 44, 7
avindad divo nihitaṃ 1, 130, 3
avindan te atihitaṃ 10, 181, 2
avipre cid vayo dadhad 6, 45, 2
avipro vā yad avidhad 8, 61, 9
avishṭaṃ dhīshv asvinā 7, 67, 6. Tb. 2, 4, 3, 7
avishṭo asmān visvāsu 7, 34, 12
avīn no agnir havyān 7, 34, 14
avīrām iva mām 10, 86, 9. Av. 20, 126, 9. N. 6, 31
avīvridhad vo amritā 8, 80, 10
avīvridhanta gotamā 4, 32, 12
aveyam asvaid 1, 124, 11
avocāma kavaye medhyāya 5, 1, 12. Vs. 15, 25. Ts. 4, 4, 4, 2
avocāma namo asmā 1, 114, 11
avocāma nivacanāny 1, 189, 8
avocāma mahate saubhagāya 8, 59, 5
avocāma rahugaṇā 1, 78, 5
avo dvābhyām para ekayā 10, 67, 4. Av. 20, 91, 4
avor itthā vāṃ 6, 67, 11
avor vāṃ nūnam asvinā 7, 67, 4
avye punānam pari vāra 9, 86, 25
avye vadhūyuḥ pavate 9, 69, 3
avyo vāre pari priyaṃ hariṃ 9, 50, 3. Sv. 2, 557
āvyo vāre pari priyo harir 9, 7, 6. Sv. 2, 483
avyo vārebhiḥ pavate 9, 101, 16
asocy agniḥ samidhāno 7, 67, 2
asnāpinaddham madhu 10, 68, 8. Av. 20, 16, 8. N. 10, 12
asmanvatī rīyate 10, 53, 8. Av. 12, 2, 26. Vs 35, 10. Ta. 6, 3, 2
asmāsyam avatam 2, 24, 4. N. 10, 13

asyāma taṃ kāmam agne 6, 5, 7. Vs. 18, 74. Ts. 1, 3, 14, 3
asyāma te sumatiṃ deva 1, 114, 3
asravaṃ hi bhūridāvattarā 1, 109, 2. Ts. 1, 1, 14, 1. N. 6, 9
asrīrā tanūr bhavati 10, 85, 30. Av. 14, 1, 27
asvatthe vo nishadanam 10, 97, 5. Vs. 12, 79. 35, 4. Ts. 4, 2, 6, 2
asvaṃ na gīrbhī rathyaṃ 8, 103, 7. Sv. 2, 934
asvaṃ na gūḷham 1, 117, 4
asvaṃ na tvā vāravantaṃ 1, 27, 1. Sv. 1, 17. 2, 984. N. 1, 20
asvam id gāṃ rathaprāṃ 8, 74, 10
asvasyātra janimāsya 2, 35, 6
asvā ived arushāsaḥ 5, 59, 5
asvād iyāyeti yad 10, 73, 10
asvā na yā vājinā 6, 67, 4
asvāyanto gavyanto vājayanto 10, 160, 5. Av. 20, 96, 5. Tb. 2, 5, 8, 12
asvāvati prathamo 1, 83, 1. Av. 20, 25, 1
asvāvatīṃ somāvatīm 10, 97, 7. Vs. 12, 81. Ts. 4, 2, 6, 4
asvāvatīr gomatīr na ushāso 7, 41, 7. 80, 3. Av. 3, 16, 7. Vs. 34, 40. Tb. 2, 8, 9, 9
asvāvatīr gomatīr visvavārā 1, 123, 12
asvāvatīr gomatīr visvasuvido 1, 48, 2
asvāvantaṃ rathinaṃ vīra° 10, 47, 5
asvāso na ye jyeshṭhāsa 10, 78, 5
asvāso ye vām upa 7, 74, 4
asvinā pari vām ishaḥ 3, 58, 8
asvinā pibatam madhu 1, 15, 11. Tb. 2, 7, 12, 1
asvinā purudaṅsasā 1, 3, 2
asvinā madhumattamam pātaṃ 1, 47, 3
asvinā madhushuttamo yuvākuḥ 3, 58, 9
asvinā yajvarīr isho 1, 3, 1
asvinā yad dha karhi cic 5, 74, 10
asvinā yāmahūtamā 8, 73, 6
asvinā vartir asmad ā 1, 92, 16. Sv. 2, 1084
asvinā vājinīvasū jushethāṃ 5, 78, 3
asvinā vāyunā yuvaṃ 3, 58, 7
asvināv eha gachataṃ nāsatyā mā vi venatam | tiras cid 5, 75, 7. N. 3, 20
asvināv eha gachataṃ nāsatyā mā vi venatam | haṅsāv iva 5, 78, 1
asvinā su vicākasad 8, 73, 17
asvinā sv ṛishe stuhi 8, 26, 10
asvinā hariṇāv iva 5, 78, 2
asvinor asanaṃ ratham 1, 120, 10
asvī rathī surūpa 8, 4, 9. Sv. 1, 277
asveva citrārushī 4, 52, 2. Sv. 2, 1076
asvo na krado vṛishabhir 9, 97, 28
asvo na krandaññ janibhiḥ 3, 26, 3
asvo na cakrado vṛishā 9, 64, 3
asvo voḷhā sukhaṃ 9, 112, 4. N. 9, 2
asvyasya tmanā rathyasya 4, 41, 10
asvyo vāro 1, 32, 12
ashāḷhaṃ yutsu 1, 91, 21. Vs. 34, 20. Tb. 2, 4, 3, 8. 7, 4, 1
ashāḷham ugram pṛitanāsu 8, 70, 4. Sv. 2, 506. Av. 20, 92, 19
ashāḷho agne vṛishabho 3, 15, 4
ashṭā maho divo 1, 121, 8
ashṭau putrāso aditer 10, 72, 8. Ta. 1, 13, 2. Tāṇḍya 24, 12, 6
ashṭau vy akhyat kakubhaḥ 1, 35, 8. Vs. 34, 24
asac ca sac ca parame 10, 5, 7
asat su me jaritaḥ 10, 27, 1
asad atra suvīryam 8, 31, 18
asann it tve āhavanāni 7, 8, 5
asapatnaḥ sapatnahā 10, 174, 5. Av. 1, 29, 6
asapatnā sapatnaghnī 10, 159, 5
asamaṃ kshatram asamā 1, 54, 8
asamātiṃ nitosanaṃ 10, 60, 2
asammṛishṭo jāyase 5, 11, 3. Tb. 2, 4, 3, 3
asarji kalasāñ abhi 9, 106, 12. Sv. 2, 292
asarji rathyo yathā 9, 36, 1. Sv. 1, 490
asarji vakvā rathye 9, 91, 1. Sv. 1, 543
asarji vāṃ sthavirā 1, 181, 7

asarji vājī tiraḥ pavitram 9, 109, 19
asarji skambho diva 9, 86, 46
asaścataḥ śatadhārā 9, 86, 27
asaścatā maghavadbhyo 7, 67, 9
asaścantī bhuridhāre 6, 70, 2. N. 5, 2
asādi vṛitro vahnir 7, 7, 5
asāma yathā sushakhāya 1, 173, 9
asāmi hi prayajyavaḥ 1, 39, 9
asāmy ojo bibhṛithā 1, 39, 10. N. 6, 23
asāv anyo asura 10, 132, 4
asāvi te jujushāṇāya 5, 43, 5
asāvi devaṃ goṛijīkam 7, 21, 1. Sv. 1, 318
asāvi soma indra te 1, 84, 1, Sv. 1, 347. 2, 378. Ts. 1, 4, 39, 1
asāvi somaḥ puruhūta 10, 104, 1
asāvi somo arusho vṛishā 9, 82, 1. Sv. 1, 562. 2, 666
asāvy aṅśur madāyāpsu 9, 62, 4. Sv. 1, 473. 2, 356
asiknyāṃ yajamāno 4, 17, 15
asi yamo asy 1, 163, 3. Vs. 29, 14. Ts. 4, 6, 7, 1
asi hi vīra senyo 1, 81, 2. Sv. 2, 353. Av. 20, 56, 2
asunīte punar asmāsu 10, 59, 6
asunīte mano asmāsu 10, 59, 5. N. 10, 40
asunvantaṃ samaṃ jahi 1, 176, 4
asunvām indra saṃsadaṃ 8, 14, 15. Av. 20, 29, 5
asūta pūrvo vṛishabho 3, 38, 5
asūta pṛiśnir mahato 1, 168, 9
asṛikshata pra vājino 9, 64, 4. Sv. 1, 482. 2, 384
asṛigran devavītaye 'tyāsaḥ 9, 46, 1
asṛigran devavītaye vājayanto 9, 67, 17. Sv. 2, 1162
asṛigram indavaḥ pathā 9, 7, 1. Sv. 2, 478
asṛigram indra te giraḥ 1, 9, 4. Sv. 1, 205. Av. 20, 71, 10
asenyā vaḥ paṇayo 10, 108, 6
asau ca yā na urvarād 8, 91, 6
asau ya eshi vīrako 8, 91, 2
asau yaḥ panthā ādityo 1, 105, 16
astabhnād dyām asuro 8, 42, 1. Vs. 4, 30. Ts. 1, 2, 8, 1
astāvi manma pūrvyam 8, 52, 9. Sv. 2, 1027. Av. 20, 119, 1
astāvy agniḥ śimīvadbhir 1, 141, 13
astāvy agnir narāṃ suśevo 10, 45, 12. Vs. 12, 29
asti devā aṅhor urv 8, 67, 7
asti somo ayaṃ sutaḥ 8, 94, 4. Sv. 1, 174. 2, 1135
asti hi vaḥ sajātyaṃ 8, 27, 10. N. 6, 14
asti hi vām iha stotā 5, 74, 6
asti hi shmā madāya 1, 37, 15
astīdam adhimanthanam 3, 29, 1
astu śraushaṭ puro 1, 139, 1. Sv. 1, 461
asteva su prataraṃ 10, 42, 1. Av. 20, 89, 1
astoḍhvaṃ stomyā 1, 124, 13
asthur u citrā ushasaḥ 4, 51, 2
asmabhyaṃ rodasī rayim 9, 7, 9. Sv. 2, 486
asmabhyaṃ vājinīvasū 8, 5, 12
asmabhyaṃ su tvam indra 10, 133, 7
asmabhyaṃ su vṛishaṇvasū 8, 26, 15
asmabhyaṃ gātuvittamo 9, 106, 6
asmabhyaṃ tad divo adbhyaḥ 2, 38, 11
asmabhyaṃ tad vaso dānāya 2, 13, 13. 14, 12
asmabhyaṃ tāñ apā vṛidhi 4, 31, 13
asmabhyaṃ tvā vasuvidam 9, 104, 4. Sv. 1, 575
asmabhyam indav indrayur 9, 2, 9. Sv. 2, 396
asmā-asmā id andhaso 6, 42, 4. Sv. 2, 793
asmā it kāvyaṃ vaca 5, 39, 5
asmā id u gnāś cid 1, 61, 8. Av. 20, 35, 8
asmā id u tyad anu 1, 61, 15. Av. 20, 35, 15
asmā id u tyam upamaṃ 1, 61, 3. Av. 20, 35, 3
asmā id u tvashṭā 1, 61, 6. Av. 20, 35, 6
asmā id u pra tavase 1, 61, 1. Av. 20, 35, 1. N. 5, 11
asmā id u pra bharā 1, 61, 12. Av. 20, 35, 12. N. 6, 20
asmā id u praya iva 1, 61, 2. Av. 20, 35, 2

asmā id u saptim iva 1, 61, 5. Av. 20, 35, 5
asmā id u stomaṃ 1, 61, 4. Av. 20, 35, 4
asmā ukthāya parvatasya 5, 45, 3
asmā u te mahi mahe 6, 1, 10. Tb. 3, 6, 10, 4
asmā ushāsa ātiranta 8, 96, 1
asmā ū shu prabhūtaye 8, 41, 1
asmā etad divy arceva 6, 34, 4
asmā etan mahy āṅgūsham 6, 34, 5
asmākaṃ va indram uṣmasī° 1, 129, 4
asmākaṃ ṣipriṇīnāṃ 1, 30, 11
asmākaṃ su ratham pura 8, 45, 9
asmākaṃ joshy adhvaram 4, 9, 7
asmākaṃ tvā matīnām 4, 32, 15
asmākaṃ tvā sutāṅ upa 8, 6, 42
asmākaṃ devā ubhayāya 10, 37, 11
asmākaṃ dhṛishṇuyā ratho 4, 31, 14
asmākam agne adhvaraṃ 5, 4, 8
asmākam agne maghavatsu dīdihy 1, 140, 10
asmākam agne maghavatsu dhārayā 6, 8, 6. Ts. 1, 5, 11, 2
asmākam atra pitaras ta 4, 42, 8
asmākam atra pitaro manushyā 4, 1, 13
asmākam adya vām ayaṃ 8, 5, 18
asmākam adyāntamaṃ stomaṃ 8, 33, 15
asmākam āyur vardhayann 3, 62, 15
asmākam it su ṣṛiṇuhi 4, 22, 10
asmākam indraḥ samṛiteshu 10, 103, 11. Sv. 2, 1209. Av. 19, 13, 11. Vs. 17, 43. Ts. 4, 6, 4, 3
asmākam indra dushṭaram 5, 35, 7
asmākam indra bhūtu te 6, 45, 30
asmākam indrāvaruṇā bhare-bhare 7, 82, 9
asmākam indrehi no 5, 35, 8
asmākam uttamaṃ kṛidhi 4, 31, 15
asmākam ūrjā ratham 10, 26, 9
asmākam mitrāvaruṇāvataṃ 2, 31, 1
asmākebhiḥ satvabhiḥ 2, 30, 10
asmād ahaṃ tavishād 1, 171, 4
asmāñ avantu te ṣatam 4, 31, 10
asmāñ aviḍḍhi viṣvahendra 4, 31, 12
asmāñ ihā vṛiṇīshva 4, 31, 11
asmān samarye pavamāna 9, 85, 2
asmān su tatra codayendra 1, 9, 6. Av. 20, 71, 12
asmin na indra pṛitsutau 10, 38, 1
asmin pade parame tasthi° 2, 35, 14
asmin yajñe adābhyā 5, 75, 8
asmin samudre adhy 10, 98, 6
asmin sv etac chakaputa 10, 132, 5
asme ā vahataṃ rayiṃ 8, 5, 15
asme indrābṛihaspatī 4, 49, 4. Ts. 3, 3, 11, 1
asme indrāvaruṇā viṣvavārāṃ 7, 84, 4
asme indro varuṇo 7, 82, 10. 83, 10
asme ū shu vṛishaṇā 1, 184, 2
asme tad indrāvaruṇā 3, 62, 3
asme tā ta indra santu 10, 22, 13
asme dhehi dyumatīṃ 10, 98, 3
asme dhehi dyumad yaṣo 9, 32, 6
asme dhehi ṣravo bṛihad 1, 9, 8. Av. 20, 71, 14
asme pra yandhi maghavann 3, 36, 10. N. 6, 7
asme rayiṃ na svarthaṃ 1, 141, 11
asme rāyo dive-dive 4, 8, 7
asme rudrā mehanā 8, 63, 12. Vs. 33, 50
asme vatsam pari 1, 72, 2
asme varshishṭhā kṛiṇuhi 4, 22, 9
asme vasūni dhāraya 9, 63, 30
asme vīro marutaḥ 7, 56, 24
asme ṣreshṭhebhir bhānubhir 7, 77, 5
asme sā vām mādhvī 1, 184, 4
asme soma ṣriyam adhi 1, 43, 7
asmai tisro avyathyāya 2, 35, 5
asmai te pratiharyate 8, 43, 2
asmai bahunām avamāya 2, 35, 12
asmai bhīmāya 1, 57, 3. Av. 20, 15, 3
asmai vayaṃ yad vāvāna 6, 23, 5
asya kratvā vicetaso 5, 17, 4
asya ghā vīra īvato 4, 15, 5
asya te sakhye vayaṃ tavendo 9, 61, 29. Sv. 2, 129
asya te sakhye vayam iyakshantas 9, 66, 14
asya tritaḥ kratunā 10, 8, 7
asya tveshā ajarā asya 1, 143, 3

asya devasya mīlhusho 7, 40, 5
asya devasya saṃsady 7, 4, 3
asya piba kshumataḥ 10, 116, 2
asya pibatam aṣvinā 8, 5, 14
asya piba yasya jajñāna 6, 40, 2
asya pītvā madānām devo 8, 92, 6
asya pītvā madānām indro 9, 23, 7
asya pītvā ṣatakrato 1, 4, 8. Av. 20, 68, 8
asya pra jātavedaso 10, 188, 2
asya prajāvatī grihe 8, 31, 4
asya pratnām anu dyutam 9, 54, 1. Sv. 2, 105. Vs. 3, 16. Ts. 1, 5, 5, 1
asya preshā hemanā 9, 97, 1. Sv. 1, 526. 2, 749
asya made puru varpāṅsi 6, 44, 14
asya made svaryam dā 1, 121, 4
asya mandāno madhvo 2, 19, 2
asya me dyāvāprithivī 2, 32, 1
asya yāmāso brihato 10, 3, 4
asya raṇvā svasyeva 2, 4, 4
asya vāmasya palitasya 1, 164, 1. Av. 9, 9, 1. N. 4, 26
asya vāsā u arcishā 5, 17, 3
asya vīrasya barhishi 1, 86, 4
asya vrishṇo vyodana 8, 63, 9
asya vo hy avasā pānto 9, 98, 8
asya vratāni nādhrishe 9, 53, 3. Sv. 2, 1066
asya vrate sajoshaso 9, 102, 5
asya ṣāsur ubhayāsaḥ 1, 60, 2
asya ṣushmāso dadriṣāna° 10, 3, 6
asya ṣravo nadyaḥ 1, 102, 2. Tb. 2, 8, 9, 2
asya ṣriye samidhānasya 4, 5, 15
asya ṣreshṭhā subhagasya 4, 1, 6
asya ṣroshantv ā bhuvo 1, 86, 5
asya ṣloko divīyate 1, 190, 4
asya suvānasya mandinas 2, 11, 20
asya stushe mahimaghasya 1, 122, 8
asya stomebhir auṣija 10, 99, 11
asya stome maghonaḥ 5, 16, 3
asya hi svayaṣastara āsā 5, 17, 2
asya hi svayaṣastaram savituḥ 5, 82, 2
asyā ū shu ṇa upa 1, 138, 4. N. 4, 25
asyājarāso damām 10, 46, 7. Vs. 33, 1. Tb. 2, 7, 12, 1
asyed indro madeshv ā grābham 9, 106, 3. Sv. 2, 46
asyed indro madeshv ā viṣvā 9, 1, 10
asyed indro vāvridhe 8, 3, 8. Sv. 2, 924. Av. 20, 99, 2. Vs. 33, 97
asyed u tveshasā 1, 61, 11. Av. 20, 35, 11
asyed u pra brūhi 1, 61, 13. Av. 20, 35, 13
asyed u bhiyā girayaṣ 1, 61, 14. Av. 20, 35, 14
asyed u mātuḥ 1, 61, 7. Av. 20, 35, 7. N. 5, 4
asyed eva pra ririce 1, 61, 9. Av. 20, 35, 9. Ts. 2, 4, 14, 2
asyed eva ṣavasā 1, 61, 10. Av. 20, 35, 10
asyed eshā sumatiḥ 10, 31, 6
asvapnajas taraṇayaḥ 4, 4, 12. Ts. 1, 2, 14, 5
asvāpayad dabhītaye 4, 30, 21
ahaṃ randhayam mrigayam 10, 49, 5
ahaṃ rājā varuṇo 4, 42, 2
ahaṃ rāshṭrī 10, 125, 3. Av. 4, 30, 2
ahaṃ rudrāya dhanur 10, 125, 6. Av. 4, 30, 5
ahaṃ rudrebhir vasubhiṣ 10, 125, 1. Av. 4, 30, 1
ahaṃ sapta sravato 10, 49, 9
ahaṃ saptahā nahusho 10, 49, 8
ahaṃ sa yo navavāstvam 10, 49, 6
ahaṃ suve pitaram 10, 125, 7. Av. 4, 30, 7
ahaṃ sūryasya pari yāmy 10, 49, 7
ahaṃ so asmi yaḥ purā 1, 105, 7
ahaṃ somam āhanasam 10, 125, 2 Av. 4, 30, 6
ahaṃ hi te harivo 8, 53, 8
ahaṃ huvāna ārkshe 8, 74, 13
ahaṃ hotā ny asīdam 10, 52, 2
ahaṃ ketur aham mūrdhā 10, 159, 2
ahaṃ garbham adadhām 10, 183, 3
ahaṃ guṅgubhyo 10, 48, 8
ahaṃ ca tvaṃ ca vritrahan 8, 62, 11. Ts. 7, 4, 15, 1. N. 1, 4
ahaṃ cana tat sūribhir 6, 26, 7
ahaṃ tad āsu dhārayam 10, 49, 10
ahaṃ tashṭeva vandhuram 10, 119, 5
ahaṃ tā viṣvā cakaram 4, 42, 6

ahaṃ dāṃ gṛiṇate 10, 49, 1
ahann ahim parisayānam 3, 32, 11. Ṣ. P. 4, 5, 3, 3
ahann ahim parvate 1, 32, 2. Av. 2, 5, 6. Tb. 2, 5, 4, 2
ahann indro adahad 4, 28, 3
ahan vṛitraṃ vṛitrataraṃ 1, 32, 5. Tb. 2, 5, 4, 3. N. 6, 4
ahan vṛitram ṛicīshama 8, 32, 26
aham atkaṃ kavaye 10, 49, 3
aham apo apinvam 4, 42, 4
aham asmi mahāmaho 10, 119, 12
aham asmi sapatnahendra 10, 166, 2
aham asmi sahamānā 10, 145, 5. Av. 3, 18, 5
aham id dhi pitush pari 8, 6, 10. Sv. 1, 152. 2, 850. Av. 20, 115, 1
aham indro na parā jigya 10, 48, 5
aham indro rodho vaksho 10, 48, 2
aham indro varuṇas te 4, 42, 3
aham etaṃ gavyayam 10, 48, 4
aham etāñ chāṣvasato 10, 48, 6
aham eva vāta iva 10, 125, 8. Av. 4, 30, 8
aham eva svayam idaṃ 10, 125, 5. Av. 4, 30, 3
aham piteva vetasūṅr 10, 49, 4
aham puro mandasāno 4, 26, 3
aham pratnena manmanā 8, 6, 11. Sv. 2, 851. Av. 20, 115, 2
aham bhuvaṃ vasunaḥ 10, 48, 1
aham bhūmim adadām 4, 26, 2
aham manur abhavaṃ 4, 26, 1
ahaṣ ca kṛishṇam ahar 6, 9, 1. N. 2, 21
ahastā yad apadī 10, 22, 14
ahāni gṛidhrāḥ 1, 88, 4
ahā yad indra sudinā 7, 30, 3
ahāvy agne havir āsye 10, 91, 15. Vs. 20, 79. Tb. 1, 4, 2, 1
ahitena cid arvatā 8, 62, 3
ahir iva bhogaiḥ 6, 75, 14. Vs. 29, 51. Ts. 4, 6, 6, 5. N. 9, 15
aheḷatā manasā ṣrushṭim 2, 23, 3
aheḷamāna upa yāhi 6, 41, 1. Tb. 2, 4, 3, 12
ahema yajñam pathām 7, 73, 3
aher yātāraṃ 1, 32, 14

ākare vasor jaritā 3, 51, 3
ā kalaṣā anushatendo 9, 65, 14
ā kalaṣeshu dhāvati pavitre 9, 17, 4
ā kalaṣeshu dhāvati ṣyeno varma 9, 67, 14
ākīṃ sūryasya rocanād 1, 14, 9
ā kṛishṇena rajasā 1, 35, 2. Vs. 33, 43. 34, 31. Ts 3, 4, 11, 2
ākenipāso ahabhir 4, 45, 6
ā krandaya balam ojo 6, 47, 30. Av. 6, 126, 2. Vs. 29, 56. Ts. 4, 6, 7, 7
ākshit pūrvāsv aparā 3, 55, 5
ā kshodo mahi vṛitaṃ 6, 17, 12
ākshṇayāvāno vahanty 8, 7, 35
āgadhitā 1, 126, 6. N. 5, 15
ā gantā mā rishaṇyata 8, 20, 1. Sv. 1, 401
āgan deva ṛitubhir 4, 53, 7
āgann ṛibhūṇām iha 4, 35, 2
āganma vṛitrahantamaṃ 8, 74, 4. Sv. 1, 89
ā gāvo agmann uta 6, 28, 1. Av. 4, 21, 1. Tb. 2, 8, 8, 11
ā gomatā nāsatyā rathenā 7, 72, 1
ā gnā agna 1, 22, 10
āgniṃ na svavṛiktibhir 10, 21, 1. Sv. 1, 420
āgnir agāmi bhārato 6, 16, 19
āgne giro diva ā pṛithivyā 7, 39, 5
āgne yāhi marutsakhā 8, 103, 14
āgne vaha varuṇam 10, 70, 11
āgne vaha haviradyāya 7, 11, 5
āgne sthūraṃ rayim bhara 10, 156, 3. Sv. 2, 879
āgmann āpa uṣatīr 10, 30, 15
ā grāvabhir ahanyebhir 5, 48, 3
ā ghā gamad yadi 1, 30, 8. Sv. 2, 95. Av. 20, 26, 2
ā ghā tā gachān 10, 10, 10. Av. 18, 1, 11. N. 4, 20
ā ghā tvāvān tmanā 1, 30, 14. Sv. 2, 435. Av. 20, 122, 2
ā ghā ye agnim indhate 8, 45, 1. Sv. 1, 133. 2, 688. Vs. 7, 32. Tb. 2, 4, 5, 7. N. 6, 14
ā ghā yosheva 1, 48, 5
ā ca tvām etā vṛishaṇā 3, 43, 4
ā cana tvā cikitsāmo 8, 91, 3
ā ca no barhiḥ sadatā 7, 59, 6
ā carshaṇiprā vṛishabho 1, 177, 1. Tb. 2, 4, 3, 11
ā ca vahāsi tāñ iha 1, 74, 6

ā cashṭa āsām pātho 7, 34, 10. N. 6, 7
ā cikitāna sukratū 5, 66, 1
ācyā jānu dakshiṇato 10, 15, 6. Av. 18, 1, 52. Vs. 19, 62
āchadvidhānair 10, 85, 4. Av. 14, 1, 5
ā jaṅghanti sānv eshāṃ 6, 75, 13. Vs. 29, 50. Ts. 4, 6, 6, 5. N. 9, 20
ā janaṃ tveshasaṃdṛiśam 10, 60, 1
ā janāya druhvaṇe 6, 22, 8. Av. 20, 36, 8
ā jāgṛivir vipra ṛitā 9, 97, 37. Sv. 2, 707
ā jātaṃ jātavedasi 6, 16, 42. Ts. 3, 5, 11, 4
ā jāmir atke avyata 9, 101, 14. Sv. 2, 737
ājāsaḥ pūshaṇaṃ rathe 6, 55, 6
ājituraṃ satpatiṃ 8, 53, 6
ājipate nṛipate 8, 54, 6
ā juhotā duvasyata 5, 28, 6. Tb. 3, 5, 2, 3
ā juhotā svadhvaraṃ 3, 9, 8. N. 4, 14
ājuhvāna īḍyo vandyas 10, 110, 3. Av. 5, 12, 3. Vs. 29, 28. Tb. 3, 6, 3, 2. N. 8, 8
ājuhvāno na īḍyo devāñ 1, 188, 3
āñjanagandhiṃ 10, 146, 6. Tb. 2, 5, 5, 7
ā ta indo madāya kam 9, 62, 20
ā ta indra mahimānaṃ 8, 65, 4
ā ta etā vacoyujā 8, 45, 39
ā ta etu manaḥ 10, 57, 4. Vs. 3, 54. Ts. 1, 8, 5, 2
ā takshata sātim 1, 111, 3
ā tat ta indrāyavaḥ 10, 74, 4. Vs. 33, 28
ā tat te dasra 1, 42, 5
ā tam bhaja sauśravaseshv 10, 45, 10. Vs. 12, 27. Ts. 4, 2, 2, 3
ā tishṭhataṃ suvṛitaṃ yo 1, 183, 3
ātishṭhantam pari 3, 38, 4. Av. 4, 8, 3. Vs. 33, 22. Tb. 2, 7, 8, 1
ā tishṭha rathaṃ vṛishaṇaṃ 1, 177, 3
ā tishṭha vṛitrahan rathaṃ 1, 84, 3. Vs. 8, 33. Ts. 1, 4, 37, 1
ā tu gahi pra tu drava 8, 13, 14
ā tū na indo śata° 9, 72, 9
ā tū na indra kauśika 1, 10, 11
ā tū na indra kshumantaṃ 8, 81, 1. Sv. 1, 167. 2, 78
ā tu na indra madryag 3, 41, 1. Av. 20, 23, 1
ā tū na indra vṛitrahann 4, 32, 1. Sv. 1, 181. Vs. 33, 65
ā tū bhara mākir 3, 36, 9. Ts. 1, 7, 13, 3
ā tū shiñca kaṇvamantaṃ 8, 2, 22
ā tū shiñca harim 10, 101, 10. N. 4, 19
ā tū suśipra dampate 8, 69, 16. Av. 20, 92, 13
ā te agna idhīmahi 5, 6, 4. Sv. 1, 419. 2, 372. Av. 18, 4. 88. Ts. 4, 4, 4, 6
ā te agna ṛicā haviḥ śukrasya 5, 6, 5. Sv. 2, 373. Ts. 4, 4, 4, 6
ā te agna ṛicā havir hṛidā 6, 16, 47
ā te kāro śṛiṇavāmā 8, 33, 10. N. 2, 27
ā te daksham vi rocanā 8, 93, 26
ā te daksham mayobhuvaṃ 9, 65, 28. Sv. 1, 498. 2, 487
ā te dadhāmīndriyam 8, 93, 27
ā tena yātam manaso 10, 39, 12
ā te pitar marutāṃ 2, 33, 1. Tb. 2, 8, 6, 9
ā te maha indroty 7, 25, 1. Ts. 1, 7, 13, 2
ā te rathasya pūshann 10, 26, 8
ā te rucaḥ pavamānasya 9, 96, 24
ā te vatso mano yamat 8, 11, 7. Sv. 1, 8. 2, 516. Vs 12, 115
ā te vṛishan vṛishaṇo droṇam 6, 44, 20
ā te 'vo vareṇyaṃ 5, 35, 3
ā te śushmo vṛishabha 6, 19, 9. Tb. 2, 5, 8, 1. 8, 5, 9
ā te saparyū 3, 50, 2
ā te siñcāmi kukshyor 8, 17, 5. Av. 20, 4, 2
ā te suparṇā aminantañ 1, 79, 2. Ts. 3, 1, 11, 5
ā te svastim īmahe 6, 56, 6
ā te hanū harivaḥ 5, 36, 2
ātmanvan nabho duhyate 9, 74, 4
ātmā te vāto raja 7, 87, 2

ātmā devānām bhuvanasya 10, 168, 4
ātmānam te manasārād 1, 163, 6. Vs. 29, 17. Ts. 4, 6, 7, 2
ātmā pitus tanūr 8, 3, 24
ātmā yajñasya raṅhyā 9, 6, 8
ā tv adya sadhastutim 8, 1, 16
ā tv adya sabardughām 8, 1, 10. Sv. 1, 295
ā tv asatrav ā gahi 8, 82, 4
ā tvā kaṇvā ahūshata 1, 14, 2
ā tvā kaṇvā ihāvase 8, 34, 4
ā tvāgamam saṃtātibhir 10, 137, 4. Av. 4, 13, 5
ā tvā giro rathīr ivāsthuḥ 8, 95, 1. Sv. 1, 349
ā tvā gīrbhir mahām urum 8, 65, 3
ā tvā gobhir iva vrajam 8, 24, 6
ā tvā grāvā vadann iha 8, 34, 2. Sv. 2, 1159
ā tvā juvo rārahāṇā 1, 134, 1
ā tvā bṛihanto harayo 3, 43, 6
ā tvā brahmayujā harī 8, 17, 2. Sv. 2, 17. Av. 20, 3, 2. 38, 2. 47, 8
ā tvā madacyutā harī 8, 34, 9
ā tvā ratham yathotaye 8, 68, 1. Sv. 1, 354. 2, 1121. N. 5, 3
ā tvā rathe hiraṇyaye 8, 1, 25. Sv. 2, 742
ā tvā rambhaṃ na jivrayo 8, 45, 20. N. 3, 21
ā tvā vahantu harayo 1, 16, 1
ā tvā viprā acucyavuḥ 1, 45, 8
ā tvā visantv āsavaḥ 1, 5, 7. Av. 20, 69, 5
ā tvā visantv indavaḥ 8, 92, 22. Sv. 1, 197. 2, 1010
ā tvā sukrā acucyavuḥ 8, 95, 2
ā tvā sahasram ā satam 8, 1, 24. Sv. 1, 245. 2, 741
ā tvā sutāsa indavo 8, 49, 3
ā tvā harayo vṛishaṇo 6, 44, 19
ā tvā haryantam prayujo 10, 96, 12. Av. 20, 32, 2
ā tvāhārsham antar edhi 10, 173, 1. Av. 6, 87, 1. Vs. 12, 11. Ts. 4, 2, 1, 4. Tb. 2, 4, 2, 8
ā tvā hotā manurhito 8, 34, 8
ā tvetā ni shīdate° 1, 5, 1. Sv. 1, 164. 2, 90. Av. 20, 68, 11
āt soma indriyo raso 9, 47, 3
ātharvaṇāyāsvinā 1, 117, 22
ā dakshiṇā sṛijyate 9, 71, 1
ād aṅgirāḥ prathamam 1, 83, 4. Av. 20, 25, 4
ā dadhikrāḥ savasā 4, 38, 10. Ts. 1, 5, 11, 4. N. 10, 31
ā dasabhir vivasvata 8, 72, 8
ād asya te dhvasayanto 1, 140, 5
ād asya sushmiṇo rase 9, 14, 3
ā dasyughnā manasā 4, 16, 10
ād aha svadhām anu 1, 6, 4. Sv. 2, 101. Av. 20, 40, 3. 69, 12
ādāya syeno abharat 4, 26, 7. N. 11, 1
ādāro vām matīnām 1, 46, 5
ād it te asya vīryasya 1, 131, 5. Av. 20, 75, 3
ād it te visve kratum 1, 68, 3
ād it pascā bubudhānā 4, 1, 18
ād it pratnasya retaso 8, 6, 30. Sv. 1, 20
ādityā ava hi khyatā 8, 47, 11
ādityānām vasūnām 10, 48, 11
ādityānām avasā 7, 51, 1. Ts. 2, 1, 11, 6
ādityā rudrā vasavaḥ sunīthā 3, 8, 8
ādityā rudrā vasavo jushantedam 7, 35, 14. Av. 19, 11, 4
ādityā visve marutas ca 7, 51, 3
ādityāso ati sridho 10, 126, 5
ādityāso aditayaḥ 7, 52, 1
ādityāso aditir mādayantām 7, 51, 2
ādityair indraḥ sagaṇo 10, 157, 3. Sv. 2, 461. Av. 20, 63, 2. 124, 5. Ta. 1, 27, 1
ād it sāptasya carkirann 8, 55, 5
ād id dha nema indriyam 4, 24, 5
ād id dhotāram vṛiṇate 1, 141, 6
ād indraḥ satrā tavishīr 10, 113, 5
ād in mātṛīr avisad 1, 141, 5
ā divas pṛishṭham asvayur 9, 36, 6
ād īm savasy abravīd 8, 77, 2
ād īm haṅso yathā 9, 32, 3. Sv. 2, 120
ād īm ke cit pasyamānāsa 9, 110, 6. Sv. 2, 845
ād īm tritasya yoshaṇo 9, 32, 2. Sv. 2, 121

ād īm aśvaṃ na hetāro 9, 62, 6. Sv. 2, 360
ād ū me nivaro 8, 93, 15
ād ū nu te anu kratuṃ 8, 63, 5
ād ṛidhnoti 1, 18, 8
ā devānām agrayāveha 10, 70, 2
ā devānām api panthām 10, 2, 3. Av. 19, 59, 3. Ts. 1, 1, 14, 3
ā devānām abhavaḥ ketur 3, 1, 17
ā devo dade budhnyā 7, 6, 7
ā devo dūto ajiraś 10, 98, 2
ā devo yātu savitā 7, 45, 1. Tb. 2, 8, 6, 1
ā daivyāni pārthivāni 5, 41, 14
ā daivyāni vratā 1, 70, 2
ā daivyā vṛiṇīmahe 7, 97, 2
ādya ratham bhānumo 5, 1, 11
ā dyāṃ tanoshi raśmibhir 4, 52, 7
ād rodasī vitaraṃ 5, 29, 4
ā dvābhyāṃ haribhyām 2, 18, 4. N. 7, 6
ā dvibarhā amino 10, 116, 4
ā dharṇasir bṛihaddivo 5, 43, 13
ā dhāvatā suhastyaḥ 9, 46, 4. N. 2, 5
ādhīshamāṇāyāḥ patiḥ 10, 26, 6
ā dhūrshv asmai dadhātā 7, 34, 4
ā dhenavaḥ payasā 5, 43, 1
ā dhenavo dhunayantām 3, 55, 16
ā dhenavo māmateyam 1, 152, 6
ādhreṇa cit tad 7, 18, 17
ā na iḷābhir vidathe 1, 186, 1. Vs. 33, 34. 47
ā na indo mahīm isham 9, 65, 13
ā na indo śatagvinaṃ rayiṃ 9, 67, 6
ā na indo śatagvinaṃ gavāṃ posham 9, 65, 17. Sv. 2, 185
ā na indra pṛikshase 10, 22, 7
ā na indra mahīm isham 8, 6, 23
ā na indrābṛihaspatī 4, 49, 3
ā na indro durād ā 4, 20, 1. Vs. 20, 48
ā na indro haribhir 4, 20. 2. Vs. 20, 49
ā na ūrjaṃ vahatam 1, 157, 4
ā naḥ pavasva dhārayā 9, 35, 1
ā naḥ pavasva vasumad 9, 69, 8
ā naḥ pushā pavamānaḥ 9, 81, 4
ā naḥ prajāṃ janayatu 10, 85, 43. Av. 14, 2, 40
ā naḥ śushmaṃ nṛishāhyaṃ 9, 30, 3
ā naḥ sahasraśo bharā 8, 34, 15
ā naḥ sutāsa indavaḥ 9, 106, 9. Sv. 2, 678
ā naḥ soma pavamānaḥ kirā 9, 81, 3
ā naḥ somam pavitra ā 9, 62, 21
ā naḥ soma saṃyatam 9, 86, 18. Sv. 2, 504
ā naḥ soma saho juvo 9, 65, 18. Sv. 2, 184
ā naḥ some svadhvara 8, 50, 5
ā napātaḥ śavaso 4, 34, 6
ā nas tujaṃ rayim 3, 45, 4
ā nas te gantu matsaraḥ 1, 175, 2. Sv. 2, 783
ā na stuta upa vājebhir 4, 29, 1
ā na stomam upa dravat tūyam 8, 5, 7
ā na stomam upa dravad dhiyāno 8, 49, 5
ā nāmabhir maruto 5, 43, 10
ā nāryasya dakshiṇā 8, 24, 29
ā nāsatyā gachataṃ 1, 34, 10
ā nāsatyā tribhir 1, 34, 11. Vs. 34, 47
ā nirekam uta priyam 8, 24, 4
ā nivartana vartaya 10, 19, 8. Ts. 3, 3, 10, 1
ā nivarta ni vartaya 10, 19, 6
ā nūnaṃ yātam aśvinā rathena 8, 8, 2
ā nūnaṃ yātam aśvināśvebhiḥ 8, 87, 5
ā nūnaṃ yātam aśvinemā 8, 9, 14. Av. 20, 141, 4
ā nūnaṃ raghuvartaniṃ 8, 9, 8. Av. 20, 140, 3
ā nūnam aśvinā yuvaṃ 8, 9, 1. Av. 20, 139, 1
ā nūnam aśvinor ṛishi 8, 9, 7. Av. 20, 140, 2
ā no agne rayim bhara 1, 79, 8. Sv. 2, 875
ā no agne vayovṛidhaṃ 8, 60, 11. Sv. 1, 43
ā no agne sucetunā 1, 79, 9. Sv. 2, 876. Tb. 2, 4, 5, 3
ā no adya samanaso 8, 27, 5
ā no aśvāvad aśvinā 8, 22, 17
ā no aśvinā trivṛitā 1, 34, 12
ā no gantaṃ riśādasā varuṇa 5, 71, 1
ā no gantaṃ riśādasemaṃ 8, 8, 17

ā no gantam mayobhuvā 8, 8, 19
ā no gavyāny aśvyā 8, 34, 14
ā no gavyebhir aśvyaiḥ sahasrair 8, 73, 14
ā no gavyebhir aśvyair vasavyair 6, 60, 14
ā no gahi sakhyebhiḥ 3, 1, 19
ā no gotrā dardṛihi 3, 30, 21
ā no gomantam aśvinā 8, 5, 10
ā no dadhikrāḥ pathyām 7, 44, 5
ā no diva ā pṛithivyā 7, 24, 3
ā no divo bṛihataḥ 5, 43, 11. Ts. 1, 8, 22, 1
ā no devaḥ savitā trāyamāṇo 6, 50, 8
ā no devaḥ savitā sāvishad 10, 100, 3
ā no deva śavasā 7, 30, 1
ā no devānām upa vetu 10, 31, 1
ā no devebhir upa devahūtim 7, 14, 3
ā no devebhir upa yātam 7, 72, 2
ā no dyumnair ā 8, 5, 32
ā no drapsā madhumanto 10, 98, 4
ā no nāvā matīnām 1, 46, 7
ā no niyudbhiḥ śatinībhir adhvaram sahasriṇībhir upa yāhi yajñam 7, 92, 5. Vs. 27, 28. Tb. 2, 8, 1, 2
ā no niyudbhiḥ śatinībhir adhvaram sahasriṇībhir upa yāhi vītaye 1, 135, 3
ā no barhiḥ sadhamāde 10, 35, 10
ā no barhī riśādaso 1, 26, 4
ā no bṛihantā bṛihatībhir 4, 41, 11
ā no brahmāṇi marutaḥ 2, 34, 6
ā no bhaja parameshv 1, 27, 5. Sv. 2, 849
ā no bhadrāḥ kratavo 1, 89, 1. Vs. 25, 14. N. 4, 19
ā no bhara dakshiṇenābhi 8, 81, 6
ā no bhara bhagam 3, 30, 19. Tb. 2, 5, 4, 1. N. 6, 7
ā no bhara vṛishaṇaṃ śushmam 6, 19, 8
ā no bhara vyañjanaṃ 8, 78, 2
ā no makhasya dāvane 8, 7, 27
ā no mahīm aramatiṃ 5, 43, 6
ā no mitra sudītibhir 5, 64, 5
ā no mitrāvaruṇā ghṛitair 3, 62, 16. Sv. 1, 220. 2, 13. Vs. 21, 8. Ts. 1, 8, 22, 3
ā no mitrāvaruṇā havyajushṭiṃ 7, 65, 4. Tb. 2, 8, 6, 7
ā no yajñaṃ divispṛiśaṃ 8, 101, 9. Vs. 33, 85
ā no yajñaṃ namovṛidhaṃ 3, 43, 3
ā no yajñam bhāratī 10, 110, 8. Av. 5, 12, 8. Vs. 29, 33. Tb. 3, 6, 3, 4. N. 8, 13
ā no yajñāya takshata 1, 111, 2
ā no yātaṃ divas pary 8, 8, 4
ā no yātaṃ divo achā 4, 44, 5. Av. 20, 143, 5
ā no yātam upaśruty 8, 8, 5
ā no yāhi parāvato 8, 6, 36
ā no yāhi mahemate 8, 34, 7
ā no yāhi sutāvato 8, 17, 4. Av. 20, 4, 1
ā no yāhy upaśruty 8, 34, 11
ā no ratnāni bibhratāv 5, 75, 3. Sv. 2, 1095
ā no rayim madacyutam 8, 7, 13
ā no rādhāṅsi savita 7, 37, 8
ā no rudrasya sūnavo 6, 50, 4
ā no vāyo mahe tane 8, 46, 25
ā no viśva āskrā 1, 186, 2. Tb. 2, 8, 6, 3
ā no viśvāny aśvinā 8, 8, 13
ā no viśvābhir ūtibhiḥ sajoshā 7, 24, 4. Tb. 2, 4, 3, 6. 7, 13, 4
ā no viśvābhir ūtibhir aśvinā 8, 8, 1
ā no viśvāsu havya 8, 90, 1. Sv. 1, 269. 2, 842. Av. 20, 104, 3
ā no viśveshāṃ rasam 8, 53, 3
ā no viśve sajoshaso 8, 54, 3
ā no 'vobhir maruto 1, 167, 2
āntrebhyas te 10, 163, 3. Av. 2, 33, 4. 20, 96, 19
ānyaṃ divo mātariśvā 1, 93, 6. Ts. 2, 3, 14, 2
āpa id vā u bheshajīr 10, 137, 6. Av. 3, 5, 7. 6, 91, 3
āpaḥ priṇīta bheshajaṃ 1, 23, 21. 10, 9, 7. Av. 1, 6, 3
ā pakthāso bhalānaso 7, 18, 7
āpathayo vipathayo 5, 52, 10
ā paprātha mahinā 8, 70, 6. Sv. 2, 213. Av. 20, 81, 2. 92, 21
āpaprushī pārthivāny uru 6, 61, 11
āpaprushī vibhāvari 4, 52, 6
ā paprau pārthivaṃ 1, 81, 5
ā paramābhir uta 6, 62, 11

ā parvatasya marutām 4. 55, 5
ā pavamāna dhāraya 9, 12, 9. Sv. 2, 553
ā pavamāna no bharāryo 9, 23, 3
ā pavamāna sushṭutim 9, 65, 3. Sv. 2, 256
ā pavasva gavishṭaye 9, 66, 15
ā pavasva diṣām pata 9, 113, 2
ā pavasva madintama 9, 25, 6. 50, 4. Sv. 2, 558
ā pavasva mahīm isham 9, 41, 4. Sv. 2, 245
ā pavasva sahasriṇam rayim soma 9, 63, 1. Sv. 1, 501
ā pavasva sahasriṇam rayim gomantam 9, 62, 12
ā pavasva suvīryam 9, 65, 5. Sv. 2, 136
ā pavasva hiraṇyavad 9, 63, 18. Vs. 8, 63
ā paṣum gāsi pṛithivīm 8, 27, 2
ā paṣcātān nāsatyā 7, 72, 5. 73, 5
āpaṣ cit pipyu staryo 7, 23, 4. Av. 20, 12, 4. Vs. 33, 18
āpaṣ cid asmai pinvanta 7, 34, 3
āpaṣ cid dhi svayaṣasaḥ 7, 85, 3
āpānāso vivasvato 9, 10, 5. Sv. 2, 473
āpāntamanyus 10, 89, 5. Ts. 2, 2, 12, 3. Ta. 10, 1, 9. N. 5, 12
āpī vo asme pitareva 10, 106, 4
ā putrāso na mātaram 7, 43, 3
āpurṇo asya kalaṣaḥ 3, 32, 15. Av. 20, 8, 3
ā pūshañ citrabarhisham 1, 23, 13
āpo adyānv 1, 23, 23. 10, 9, 9. Vs. 20, 22. Ts. 1, 4, 45, 3. 46, 2. Tb. 2, 6, 6, 5
āpo asmān mātaraḥ sundhayantu 10, 17, 10. Av. 6, 51, 2. Vs 4, 2. Ts. 1, 2, 1, 1
āpo na devīr upa yanti 1, 83, 2. Av. 20, 25, 2
āpo na sindhum abhi yat 10, 43, 7. Av. 20, 17, 7
āpo bhūyishṭhā ity 1, 161, 9
āpo yam vaḥ prathamam 7, 47, 1
āpo revatīḥ kshayathā 10, 30, 12
āpo ha yad bṛihatīr 10, 121, 7. Av. 4, 2, 6 Vs 27, 25. 32, 7. Ts. 2, 2, 12, 1. 4, 1, 8, 5. Ta. 1, 23, 8
āpo hi shṭhā mayobhuvas 10, 9, 1. Sv. 2, 1187. Av. 1, 5, 1. Vs. 11, 50. 36, 14. Ts. 4, 1, 5, 1. 5, 6, 1, 4. 7, 4, 19, 4. Ta. 4, 42, 4. 10, 1, 11. N. 9, 27
ā pyāyasva madintama 1, 91, 17. Vs. 12, 114. Ts. 1, 4, 32, 1. Ta. 3, 17, 1
ā pyāyasva sam etu 1, 91, 16. 9, 31, 4. Vs. 12, 112. Ts. 3, 2, 5, 3. 4, 2, 7, 4. Tāṇḍya 1, 5, 8
ā pra drava parāvato 8, 82, 1
ā pra drava harivo 5, 31, 2. N. 3, 21
ā pra yāta maruto 8, 27, 8
āprā rajāṅsi divyāni 4, 53, 3
āprushāyan madhunā 10, 68, 4. Av. 20, 16, 4
ā bundam vṛitrahā 8, 45, 4. Sv. 1, 216
ā bhandamāne upāke 1, 142, 7
ā bhandamāne ushasā 3, 4, 6
ā bharatam sikshatam 1, 109, 7. Tb. 3, 6, 11, 1
ā bhāty agnir ushasām 5, 76, 1. Sv. 2, 1102
ā bhānunā pārthivāni 6, 6, 6
ā bhāratī bhāratībhiḥ 3, 4, 8. 7, 2, 8
ābhir vidhemāgnaye 8, 23, 23
ābhish ṭe adya gīrbhir 4, 10, 4. Ts. 4, 4, 4, 7
ābhi spṛidho mithatīr 6, 25, 2. Tb. 2, 8, 3, 3
ābhūtyā sahajā 10, 84, 6. Av. 4, 31, 6
ābhūsheṇyam vo maruto 5, 55, 4
ābhogayam pra 1, 110, 2
ā madhvo asmā asicann 10, 29, 7. Av. 20, 76, 7
ā manīshām antarikshasya 1, 110, 6
ā mandram ā vareṇyam 9, 65, 29. Sv. 2, 488
ā mandrasya sanishyanto 3, 2, 4
ā mandrair indra haribhir 3, 45, 1. Sv. 1, 246. 2, 1068. Av. 7, 117, 1. Vs 20, 53. Ta. 1, 12, 2
ā manyethām ā gatam 3, 58, 4
ā mā pūshann upa drava 6, 48, 16
ā mām mitrāvaruṇeha 7, 50, 1
āmāsu pakvam airaya 8, 89, 7. Sv. 2, 781. Ts. 1, 6, 12, 2. N. 6, 14

ā mitrāvaruṇā bhagam 9, 7, 8. Sv. 2, 485
ā mitre varuṇe vayam 5, 72, 1
āmūr aja pratyāvartaye° 6, 47, 31. Av. 6, 126, 3. Vs. 29, 57. Ts. 4, 6, 6, 7
ā me asya pratīvyam 8, 26, 8
ā me vacāṅsy udyatā 8, 101, 7
ā me havam nāsatyāṣvinā 8, 85, 1
ā yam haste na khādinam 6, 16, 40. Ts. 3, 5, 11, 4
ā yaḥ paprau jāyamāna 6, 10, 4
ā yaḥ paprau bhānunā 6, 48, 6
ā yaḥ puram nārmiṇīm 1, 149, 3. Sv. 2, 1124
ā yaḥ somena jaṭharam 5, 34, 2
ā yaḥ svar na bhānunā 2, 8, 4
āyam gauḥ pṛṣnir 10, 189, 1. Sv. 2, 726. Av. 6, 31, 1. 20, 48, 4. Vs. 3, 6. Ts. 1, 5, 3, 1
āyajī vājasātamā 1, 28, 7. N. 9, 36
ā yajñair deva martya 5, 17, 1
āyam janā abhicakshe 5, 31, 12
ā yat patanty enyaḥ 8, 69, 10. Av. 20, 92, 7
ā yat sākam yaṣaso 7, 36, 6
ā yad aṣvān vananvataḥ 8, 1, 31
ā yad indraṣ ca dadvahe 8, 34, 16
ā yad ishe nṛpatim teja 1, 71, 8. Vs. 33, 11. Ts. 1, 3, 14, 6
ā yad duvaḥ ṣatakratav 1, 30, 15. Sv. 2, 436. Av. 20, 122, 3
ā yad duvasyād 1, 165, 14
ā yad dharī indra 1, 63, 2
ā yad yonim hiraṇyayam varuṇa 5, 67, 2
ā yad yonim hiraṇyayam āṣur 9, 64, 20
ā yad ruhāva varuṇaṣ ca 7, 88, 3
ā yad vajram indra dhatse 8, 96, 5
ā yad vām yoshaṇā ratham 8, 8, 10
ā yad vām sūryā ratham 5, 73, 5
ā yad vām īyacakshasā 5, 66, 6
āyane te parāyaṇe 10, 142, 8. Av. 6, 106, 1
āyantāram mahi sthiram 8, 32, 14
ā yan naḥ patnīr 7, 34, 20
ā yam naraḥ sudānavo 5, 53, 6. Ts. 2, 4, 8, 1
ā yan mā venā 8, 100, 5
ā yan me abhvam 2, 4, 5. N. 6, 17
āyam adya sukṛitam 1, 125, 3
ā yam pṛiṇanti divi 1, 52, 4
ā yayos triṅṣatam tanā 9, 58, 4. Sv. 2, 410
ā yas tatantha rodasī 6, 1, 11. Tb. 3, 6, 10, 5
ā yas tasthau bhuvanāny 9, 84, 2
ā yas te agna idhate 7, 1, 8
ā yas te sarpirāsute 5, 7, 9
ā yasmin te sv apāke 6, 12, 2
ā yasmin sapta raṣmayas 2, 5, 2
ā yasmin haste naryā 6, 29, 2
ā yasya te mahimānam 8, 46, 3
ā yātam nahushas pary 8, 8, 3
ā yāta maruto diva 5, 53, 8
ā yātam upa bhūshatam 7, 74, 3. Vs. 33, 18
ā yātam mitrāvaruṇā jushāṇāv 7, 66, 19
ā yātam mitrāvaruṇā suṣasty 6, 67, 3
ā yātv indraḥ svapatir 10, 44, 1. Av. 20, 94, 1
ā yātv indro diva ā 4, 21, 3
ā yātv indro 'vasa upa 4, 21, 1. Vs. 20, 47
ā yāhi kṛiṇavāma ta 8, 62, 4
ā yāhi parvatebhyaḥ 8, 34, 13
ā yāhi pūrvīr ati 3, 43, 2
ā yāhi vanasā saha 10, 172, 1. Sv. 1, 443
ā yāhi vasvyā dhiyā 10, 172, 2
ā yāhi ṣaṣvad uṣata 6, 40, 4
ā yāhi sushumā hi ta 8, 17, 1. Sv. 1, 191. 2, 16. Av. 20, 3, 1. 38, 1. 47, 7
ā yāhīma indavo 8, 21, 3. Sv. 1, 402
ā yāhy agne pathyā anu 7, 7, 2
ā yāhy agne samidhāno 3, 4, 11. 7, 2, 11
ā yāhy adribhiḥ sutam 5, 40, 1
ā yāhy arya ā pari 8, 34, 10
ā yāhy arvāṅ upa 3, 43, 1
āyur viṣvāyuḥ pari pāsati 10, 17, 4. Av. 18, 2, 55. Ta. 6, 1, 2
ā yuvānaḥ kavayo 6, 49, 11
ā yūtheva kshumati paṣvo 4, 2, 18. Av. 18, 3, 23
ā ye tanvanti 1, 19, 8
ā ye tasthuḥ pṛishatīshu 5, 60, 2
ā ye rajāṅsi tavishībhir 1, 166, 4
ā ye viṣvā pārthivāni 8, 94, 9

ā ye viśvā svapatyāni 1, 72, 9. Tb. 2, 5, 8, 10
ā yo gobhiḥ sṛijyata 9, 84, 3
ā yonim agnir ghṛita° 3, 5, 7
ā yonim aruṇo ruhad 9, 40, 2. Sv. 2, 275
ā yo mūrdhānam pitror 10, 8, 3
ā yo yonim devakṛitam 7, 4, 5
ā yo vanā tātṛishāṇo 2, 4, 6
ā yo vivāya sacathāya 1, 156, 5
ā yo viśvāni vāryā 9, 18, 4
ārañgareva 10, 106, 10
ā rayim ā sucetunam 9, 65, 30. Sv. 2, 489
ārāc chatrum apa 10, 42, 7. Av. 20, 89, 7. Tb. 2, 8, 2, 7. N. 5, 24
ā rājānā maha ritasya 7, 64, 2
ā rikha kikirā kṛiṇu 6, 53, 7
ā rukmair ā yudhā 5, 52, 6. N. 6, 16
ā rudrāsa indravantaḥ 5, 57, 1. N. 11, 15
āre aghā ko nv itthā 10, 102, 10
āre asmad amatim 4, 11, 6
āre te goghnam 1, 114, 10. Ts. 4, 5, 10, 3
āre sā vaḥ sudānavo 1, 172, 2
ārokā iva ghed aha 8, 43, 3
ā rodasī apṛiṇad ā svar 3, 2, 7. Vs. 33, 75
ā rodasī apṛiṇā jāyamāna 3, 6, 2
ā rodasī apṛiṇād ota 10, 55, 3
ā rodasī bṛihatī vevidānaḥ 1, 72, 4
ā rodasī haryamāṇo 10, 96, 11. Av. 20, 32, 1
ā rohatāyur 10, 18, 6. Av. 12, 2, 24. Ta. 6, 10, 1
ārcann atra marutaḥ 1, 52, 15
ārshṭisheṇo hotram 10, 98, 5. N. 2, 11
ālāktā yā rurusīrshṇy 6, 75, 15
ā va indram krivim 1, 30, 1. Sv. 1, 214
ā va riñjasa ūrjām 10, 76, 1. N. 6, 21
ā vaṅsate maghavā 8, 103, 9. Sv. 2, 229
āvaḥ kutsam indra 1, 33, 14
āvaḥ śamam 1, 33, 15
ā vakshi devāñ iha vipra 2, 36, 4. Av. 20, 67, 5
ā vacyasva mahi psaro 9, 2, 2. Sv. 2, 388
ā vacyasva sudaksha 9, 108, 10. Sv. 2, 362
āvadaṅs tvam śakune 2, 43, 3
āvad indram yamunā 7, 18, 19
āvarvṛitatīr adha nu 10, 30, 10
āvahantī poshyā 1, 113, 15
āvahanty aruṇīr 4, 14, 3
ā vahethe parākāt 8, 5, 31
ā vām yeshṭhāśvinā 5, 41, 3
ā vām ratham yuvatis 1, 118, 5
ā vām ratham duhitā 1, 116, 17
ā vām ratham avamasyām 7, 71, 3
ā vām ratham purumāyam 1, 119, 1
ā vām ratho aśvinā 1, 118, 1
ā vām ratho niyutvān 1, 135, 4
ā vām ratho rathānām 5, 74, 8
ā vām ratho rodasī 7, 69, 1. Tb. 2, 8, 7, 6
ā vām ratho 'vanir 1, 181, 3
ā vām rājānāv adhvare 7, 84, 1
ā vām vayo 'śvāso 6, 63, 7
ā vām vahishṭhā iha 4, 14, 4
ā vām vāhishṭho aśvinā 8, 26, 4
ā vām vipra ihāvase 8, 8, 9
ā vām viśvābhir ūtibhiḥ priyamedhā ahūshata | tā vartir 8, 87, 3
ā vām viśvābhir ūtibhiḥ priyamedhā ahūshata | rājantāv 8, 8, 18
ā vām śyenāso aśvinā 1, 118, 4
ā vām sahasram haraya 4, 46, 3
ā vām sumne variman 6, 63, 11
ā vām sumnaiḥ śamyū 10, 143, 6
ā vām grāvāṇo aśvinā 8, 42, 4
ā vājā yātopa na 4, 34, 5
ā vāta vāhi bheshajam 10, 137, 3. Av. 4, 13, 3. Tb. 2, 4, 1, 7. Ta. 4, 42, 1
ā vātasya dhrajato ranta 7, 36, 3
ā vām dānāya vavṛitīya 1, 180, 5
ā vām dhiyo vavṛityur 1, 135, 5
ā vām narā manoyujo 5, 75, 6
ā vām agan sumatir 10, 40, 12. Av. 14, 2, 5
ā vām aśvāsaḥ śucayaḥ 1, 181, 2
ā vām aśvāsaḥ suyujo 5, 62, 4
ā vām aśvāso abhimātishāha 6, 69, 4
ā vām upastham adruhā 2, 41, 21. N. 9, 37

ā vām ṛitāya kesinīr 1, 151, 6
ā vām bhūshan kshitayo 1, 151, 3
ā vām mitrāvaruṇā havya° 1, 152, 7. Tb. 2, 8, 6, 5
ā vāyo bhūsha sucipā 7, 92, 1. Vs. 7, 7. Ts. 1, 4, 4, 1. 3, 4, 2, 1
ā viṅsatyā triṅsatā 2, 18, 5
ā vidyunmadbhir 1,88, 1. N. 11, 14
ā vibādhyā parirāpas 2, 23, 3
āvir abhūn mahi māghonam 10, 107, 1
āvivāsan parāvato 9, 39, 5. Sv. 2, 252
avisan kalasaṃ suto 9, 62, 19. Sv. 1, 489
ā visvataḥ pratyañcaṃ jigharmy 2, 10, 5. Vs. 11, 24. Ts. 4, 1, 2, 5
ā visvadevaṃ satpatiṃ 5, 82, 7. Ts. 3, 4, 11, 2
ā visvavārāsvinā gataṃ 7, 70, 1
āvishṭyo vardhate 1, 95, 5. Tb. 2, 8, 7, 4. N. 8, 15
ā vṛitrahaṇā vṛitrahabhiḥ 6, 60, 3. Tb. 3, 6, 8, 1
ā vṛishasva purūvaso 8, 61, 3
ā vṛishasva mahāmaha 8, 24, 10
ā vedhasaṃ nīlapṛishṭham 5, 43, 12. Tb. 2, 5, 5, 4
ā vo dhiyaṃ yajñiyāṃ 10, 101, 9
ā vo makshū tanāya kaṃ 1, 39, 7
a vo yakshy amṛitatvaṃ 10, 52, 5
ā vo yantūdavāhāso 5, 58, 3 Tb. 2, 5, 5, 3
āvo yasya dvibarhaso 1, 176, 5
ā vo rājānam adhvarasya 4, 3, 1. Sv. 1, 69. Ts. 1, 3, 14, 1
ā vo ruvaṇyum 1, 122, 5
ā vo vahantu saptayo 1, 85, 6. Av. 20, 13, 2
ā vo vāhishṭho vahatu 7, 37, 1
ā vo hotā johavīti 7, 56, 18
ā sarma parvatānāṃ vṛiṇīmahe 8, 31, 10
ā sarma parvatānām otāpāṃ 8, 18, 16
āsasanaṃ visasanam 10, 85, 35. Av. 14, 1, 28
āsītyā 2, 18, 6
āsuḥ sisāno vṛishabho 10, 103, 1. Sv. 2, 1199. Av. 19, 13, 2. Vs. 17, 33. Ts. 4, 6, 4, 1. N. 1, 15
āsuṃ dadhikrāṃ tam 4, 39, 1
āsuṃ dūtaṃ vivasvato 4, 7, 4
āsubhis cid yān 2, 38, 3
ā subhrā yātam asvinā 7, 68, 1
āsur arsha bṛihanmate 9, 39, 1. Sv. 2, 248
āsṛiṇvate adṛipitāya 4, 3, 3
ā syenasya javasā 1, 118, 11. N. 6, 7
āsrutkarṇa srudhī 1, 10, 9. N. 7, 6
āsvināv asvāvatyeshā 1, 30, 17
ā svaitreyasya jantavo 5, 19, 3
ā sa etu ya īvad 8, 46, 21
ā saṃyatam indra naḥ 6, 22, 10. Av. 20, 36, 10
ā sakhāyaḥ sabardughāṃ 6, 48, 11
ā satyo yātu maghavāñ 4, 16, 1. Av. 20, 77, 1
ā savaṃ savitur yathā 8, 102, 6. Ts. 3, 1, 11, 8
āsasrāṇāsaḥ savasānam 6, 37, 3. N. 10, 3
ā sahasram pathibhir indra 6, 18, 11
āsām pūrvāsām ahasu 1, 124, 9
āsīnāso aruṇīnām 10, 15, 7. Av. 18, 3, 43. Vs. 19, 63
ā sīm arohat suyamā 3, 7, 3
ā sugmyāya sugmyam 8, 22, 15
ā sute siñcata sriyaṃ 8, 72, 13. Sv. 2, 830. Vs. 33, 21
ā sushṭutī namasā 5, 43, 2
āsu shmā ṇo maghavann 6, 44, 18
ā sushvayantī yajate 10, 110, 6. Av. 5, 12, 6. Vs. 29, 31. Tb. 3, 6, 3, 3. N. 8, 11
ā sūrye na rasmayo 1, 59, 3
ā sūryo aruhac chukram 5, 45, 10
ā sūryo na bhānumadbhir 6, 4, 6
ā sūryo yātu saptāsvaḥ 5, 45, 9
ā sotā pari shiñcatā 9, 108, 7. Sv. 1, 580. 2, 744
ā soma suvāno adribhis 9, 107, 10. Sv. 1, 513. 2. 1039
ā stutāso maruto visva 7, 57, 7
āsthāpayanta yuvatiṃ 1, 167, 6
āsno vṛikasya 1, 116, 14
ā smā rathaṃ vṛisha° 1, 51, 12
āsmin pisaṅgam indavo 9, 21, 5

ā svam adma yuvamāno 1, 58, 2
āhaṃ sarasvatīvator 8, 38, 10
āhaṃ pitṛīn suvidatrāñ 10, 15, 3. Av. 18, 1, 45. Vs. 19, 56. Ts. 2, 6, 12, 3
ā harayaḥ sasṛijrire 8, 69, 5. Sv. 2, 840. Av. 20, 22, 5. 92, 2
ā haryatāya dhṛishṇave 9, 99, 1. Sv. 1, 551
ā haryato arjune atke 9, 107, 13. Sv. 2, 118
āhārshaṃ tvāvidaṃ tvā 10, 161, 5. Av. 8, 1, 20. 20, 96, 10
ā hi dyāvāpṛithivī agna 10, 1, 7
ā hi ruhatam asvinā 8, 22, 9
ā hi shmā yāti naryaṣ 4, 29, 2
ā hi shmā sūnave 1, 26, 3
ā hotā mandro vidathāny 3, 14, 1

ichanta reto 1, 68, 8
ichanti tvā somyāsaḥ 3, 30, 1. Vs. 34, 18
ichanti devāḥ sunvantaṃ 8, 2, 18. Sv. 2, 71. Av. 20, 18, 3
ichann aṣvasya 1, 84, 14. Sv. 2, 264. Av. 20, 21, 2. Tb. 1, 5, 8, 1
iḷām agne purudaṅsaṃ 3, 1, 23. 5, 11. 6, 11. 7, 11. 15, 7. 22, 5. 23, 5. Sv. 1, 76. Vs. 12, 51. Ts. 4, 2, 4, 3
iḷāyās tvā pade vayaṃ 3, 29, 4. Vs. 34, 15. Ts. 3, 5, 11, 1
iḷā sarasvatī mahī 1, 13, 9. 5, 5, 8
ita ūtī vo ajaram 8, 99, 7. Sv. 1, 283. Av. 20, 105, 3
iti cid dhi tvā dhanā 10, 120, 4. Av. 5, 2, 4. 107, 7
iti cin nu prajāyai 5, 41, 17
iti cin manyum adhrijas 5, 7, 10
iti tvāgne vṛishṭihavyasya 10, 115, 9
iti tvā devā ima 10, 95, 18
iti vā iti me mano 10, 119, 1
iti stutāso asathā 8, 30, 2
ito vā sātim 1, 6, 10. Av. 20, 70, 6
itthā dhīvantam adrivaḥ 8, 2, 40. N. 3, 16
itthā yathā ta ūtaye 5, 20, 4
itthā hi soma in made 1, 80, 1. Sv. 1, 410
idaṃ yamasya sādanaṃ 10, 135, 7
idaṃ vacaḥ parjanyāya 7, 101, 5. Ta. 1, 29, 1
idaṃ vacaḥ ṣatasāḥ 7, 8, 6
idaṃ vapur nivacanaṃ 5, 47, 5
idaṃ vaso sutam andhaḥ 8, 2, 1. Sv. 2, 84
idaṃ vām āsye haviḥ 4, 49, 1. Ts. 3, 3, 11, 1
idaṃ vām madiram madhv 8, 38, 3. Sv. 2, 425
idaṃ vishṇur vi cakrame 1, 22, 17. Sv. 1, 222. 2, 1019. Av. 7, 26, 4. Vs. 5, 15. Ts. 1, 2, 13, 1. N. 12, 19
idaṃ ṣreshṭhaṃ jyotishāṃ jyotir āgāc 1, 113, 1. Sv. 2, 1099. N. 2, 19
idaṃ ṣreshṭhaṃ jyotishāṃ jyotir uttamaṃ 10, 170, 3. Sv. 2, 805
idaṃ su me jaritar 10, 28, 4. N. 5, 3
idaṃ svar idam id 10, 124, 6
idaṃ ha nūnam eshāṃ 8, 18, 1
idaṃ havir maghavan tubhyaṃ 10, 116, 7. N. 7, 6
idaṃ hi vām pradivi 5, 76, 4
idam hy anv ojasā 3, 51, 10. Sv. 1, 165. 2, 87
idaṃ kaver ādityasya 2, 28, 1
idaṃ ta ekam para ū 10, 56, 1. Sv. 1, 65. Av. 18, 3, 7. Tb. 3, 7, 1, 3. Ta. 6, 3, 1. 4, 2
idaṃ te pātraṃ sanavittam 10, 112, 6
idaṃ te somyam madhv 8, 65, 8
idaṃ tyat pātram indrapānam 6, 44, 16
idaṃ dyāvāpṛithivī satyam 1, 185, 11. Tb. 2, 8, 4, 8
idaṃ namo vṛishabhāya 1, 51, 15
idam akarma namo 10, 68, 12. Av. 20, 16, 12
idam agne sudhitaṃ 1, 140, 11
idam āpaḥ pra vahata 1, 23, 22. 10, 9, 8. Av. 7, 89, 3. Vs. 6, 17
idam itthā raudraṃ 10, 61, 1
idam u tyat purutamam 4, 51, 1. N. 4, 25
idam u tyan mahi mahām 4, 5, 9
idam udakam pibatety 1, 161, 8
idam pitṛibhyo namo astv 10, 15, 2. Av. 18, 1, 46. Vs. 19, 68. Ts. 2, 6, 12, 4

idam pitre marutām 1, 114, 6
idam me agne kiyate 4, 5, 6
idā hi ta usho adrisāno 6, 65, 5
idā hi te vevishataḥ 6, 21, 5
idā hi va upastutim 8, 27, 11
idā hi vo vidhate 6, 65, 4
idāhnaḥ pītim 4, 33, 11
idhmaṃ yas te jabharac 4, 12, 2
idhmenāgna ichamāno 3, 18, 3. Av. 3, 15, 3
inota pṛicha 3, 38, 2
ino rājann aratiḥ 10, 3, 1. Sv. 2, 896
ino vājānām patir 10, 26, 7
indav indrāya bṛihate 9, 69, 10
induṃ rihanti mahishā 9, 97, 57
induḥ pavishṭa cārur 9, 109, 13. Sv. 1, 431
induḥ pavishṭa cetanaḥ 9, 64, 10. Sv. 1, 481
induḥ punānaḥ prajām 9, 109, 9
induḥ punāno ati gāhate 9, 86, 26
indur atyo na vājasṛit 9, 43, 5
indur indrāya tosate 9, 109, 22
indur indrāya pavata 9, 101, 5. Sv. 2, 223. Av. 20, 137, 5
indur devānām upa sakhyam 9, 97, 5
indur vājī pavate 9, 97, 10. Sv. 1, 540. 2, 369
indur hinvāno arshati 9, 67, 4
indur hiyānaḥ sotṛibhir 9, 30, 2
indo yathā tava stavo 9, 55, 2. Sv. 2, 326
indo yad adribhiḥ sutaḥ 9, 24, 5. Sv. 2, 314
indo vy avyaṃ arshasi 9, 67, 5
indo samudramīṅkhaya 9, 35, 2
indra āsābhyas pari 2, 41, 12. Av. 20, 20, 7. 57, 10. Tb 2, 5, 3, 1. N. 6, 1
indra āsāṃ netā 10, 103, 8. Sv. 2, 1206. Av. 19, 13, 9. Vs. 17, 40. Ts. 4, 6, 4, 3
indra it somapā eka 8, 2, 4
indra id dharyoḥ 1, 7, 2. Sv. 2, 147. Av. 20, 38, 5. 47, 5. 70, 8. Tb. 1, 5, 8, 2
indra in no mahānāṃ 8, 92, 3. Sv. 2, 65
indra ishe dadātu na 8, 93, 34. Sv. 1, 199
indra ukthena savasā 10, 100, 5
indra ṛibhubhir vājavadbhiḥ 3, 60, 5
indra ṛibhubhir vājibhir 3, 60, 7
indra ṛibhumān vājavān 3, 60, 6
indra oshadhīr asanod 3, 34, 10. Av. 20, 11, 10
indraṃ vayam mahādhana 1, 7, 5. Sv. 1, 130. Av. 20, 70, 11. Tb. 2, 7, 13, 1
indraṃ vardhantu no gira 8, 13, 16
indraṃ vardhanto apturaḥ 9, 63, 5
indraṃ vāṇīr anutta° 7, 31, 12. Sv. 2, 1145
indraṃ visvā avīvṛidhan 1, 11, 1. Sv. 1, 343. 2, 177. Vs. 12, 56. 15, 61. 17, 61. Ts. 4, 6, 3, 4. Tb. 2, 7, 15, 5
indraṃ vṛitrāya hantave devāso 8, 12, 22
indraṃ vṛitrāya hantave puruhūtam 3, 37, 5. Av. 20, 19, 5
indraṃ vo naraḥ sakhyāya 6, 29, 1
indraṃ vo visvatas 1, 7, 10. Sv. 2, 970. Av. 20, 39, 1. 70, 16. Ts. 1, 6, 12, 1
indraṃ somasya pītaye 3, 42, 4. Av. 20, 24, 4
indraṃ stavā nṛitamaṃ 10, 89, 1
indraḥ kila srutyā asya 10, 111, 3
indraḥ pūrbhid ātirad 3, 34, 1. Av. 20, 11, 1. N. 4, 17
indraḥ sa dāmane kṛita 8, 93, 8. Sv. 2, 573. Av. 20, 47, 2. 137, 13. Tb. 1, 5, 8, 3
indraḥ samatsu yajamānam 1, 130, 8
indraḥ sahasradāvnāṃ 1, 17, 5
indraḥ sītāṃ ni 4, 57, 7. Av. 3, 17, 4
indraḥ suteshu someshu 8, 13, 1. Sv. 1, 381. 2, 96
indraḥ sutrāmā svavāṅ 6, 47, 12. 10, 131, 6. Av. 7, 91, 1. 20, 125, 6. Vs. 20, 51. Ts. 1, 7, 13, 4
indraḥ su pūshā vṛishaṇā 3, 57, 2
indraḥ susipro maghavā 3, 30, 3
indraḥ sūryasya rasmibhir 8, 12, 9
indraḥ svarshā janayann 3, 34, 4. Av. 20, 11, 4. Tb. 2, 4, 3, 6

indrah svāhā pibatu 3, 50, 1
indra kratum na ā bhara 7, 32, 26. Sv. 1, 259. 2, 806. Av. 18, 3, 67. 20, 79, 1. Ts. 7, 5, 7, 4
indra kratuvidam sutam 3, 40, 2. Av. 20, 6, 2. 7, 4
indra kshatram abhi vāmam 10, 180, 3. Av. 7, 84, 2. Ts. 1, 6, 12, 4
indra kshatrāsamātishu 10, 60, 5
indra grinīsha u stushe 8, 65, 5
indram kāmā vasūyanto 4, 16, 15
indram kutso vritrahanam 1, 106, 6
indra jahi pumānsam 7, 104, 24. Av. 8, 4, 24
indra jāmaya uta ye 6, 25, 3
indra jyeshtham na ā bharañ 6, 46, 5. Av. 20, 80, 1
indrajyeshthān brihadbhyah 4, 54, 5
indrajyeshthā marudganā 1, 23, 8. 2, 41, 15
indratamā hi dhishnyā 1, 182, 2
indra tubhyam id adrivo 1, 80, 7. Sv. 1, 412
indra tubhyam in maghavann 6, 44, 10
indra tridhātu saranam 6, 46, 9. Sv. 1, 266. Av. 20, 83, 1
indra tvam avited asī 8, 13, 26
indra tvā vrishabham vayam 3, 40, 1. Av. 20, 1, 1. 6, 1
indra tvotāsa ā 1, 8, 3. Av. 20, 70, 19
indra drihya maghavan 10, 100, 1
indra drihya yāmakosā 3, 30, 15
indra drihyasva pūr asi 8, 80, 7
indra nedīya ed ihi 8, 53, 5. Sv. 1, 282
indram tam sumbha 8, 70, 2. Sv. 2, 284. Av. 20, 92, 17. 105, 5
indram naro nemadhitā 7, 27, 1. Sv. 1, 318. Ts. 1, 6, 12, 1
indram no agne vasubhih 7, 10, 4
indra piba tubhyam suto 6, 40, 1
indra piba pratikāmam 10, 112, 1
indra piba vrishadhūtasya 3, 43, 7
indra piba svadhayā cit 3, 35, 10
indra pra nah puraeteva 6, 47, 7
indra pra no dhitāvānam 3, 40, 3. Av. 20, 6, 3
indra pra no ratham ava 8, 80, 4
indraprasūtā varunaprasishtā 10, 66, 2
indra prehi puras tvam 8, 17, 9. Av. 20, 5, 3
indra brahma kriyamānā 5, 29, 15
indram agnim kavichadā 3, 12, 3. Sv. 2, 21
indram acha sutā ime 9, 106, 1. Sv. 1, 566. 2, 44
indra marutva iha pāhi 3, 51, 7. Vs. 7, 35. Ts. 1, 4, 18, 1
indram it kesinā harī 8, 14, 12. Av. 20, 29, 2
indram itthā giro 8, 42, 3. Av. 20, 24, 3
indram id gāthino 1, 7, 1. Sv. 1, 198. 2, 146. Av. 20, 38, 4. 47, 4. 70, 7. Ts. 1, 6, 12, 2. Tb 1, 5, 8, 1. N. 7, 2
indram id devatātaya 8, 3, 5. Sv. 1, 249. 2, 937. Av. 20, 118, 3
indram id dharī vahato 1, 84, 2. Sv. 2, 380. Vs. 8, 35. Ts. 1, 4, 38, 1
indram id vimahīnām 8, 6, 44
indram ived ubhaye 4, 39, 5
indram īsānam ojasābhi 1, 11, 8. Sv. 2, 602
indram ukthāni vāvridhuh 8, 6, 35
indra mrila mahyam 6, 47, 10
indram eva dhishanā 6, 19, 2
indram pare 'vare 4, 25, 8
indram pratnena manmanā 8, 76, 6
indram prātar havāmaha 1, 16, 3
indram matir hrida ā 3, 39, 1
indram mitram varunam agnim āhur 1, 164, 46. Av. 9, 10, 28. N. 7, 18
indram mitram varunam agnim ūtaye 1, 106, 1
indra ya u nu te asti 8, 81, 8
indra yathā hy asti te 8, 24, 9
indra yas te navīyasīm 8, 95, 5. Sv. 2, 234
indra vājeshu no 'va 1, 7, 4. Sv. 2, 148. Av. 20, 70, 10. Tb. 1, 5, 8, 2
indravāyū ayam sutas 4, 46, 6
indravāyū ime sutā 1, 2, 4. Vs. 7, 8. 33, 56. Ts. 1, 4, 4, 1
indravāyū brihaspatim suhaveha 10, 141, 4. Av. 3, 20, 6. Vs. 33, 86

indravāyū brihaspatim mitrāgnim 1, 14, 3. Vs. 33, 45
indravāyū manojuvā 1, 23, 3
indra savishṭha satpate 8, 13, 12
indra suddho na ā gahi 8, 95, 8. Sv. 2, 753
indra suddho hi no rayiṃ 8, 95, 9. Sv. 2, 754
indras ca mṛilayāti 2, 41, 11. Av. 20, 20, 6. 57, 9
indras ca vāyāv eshāṃ sutānām pītim arhathaḥ | tān jushethām 5, 51, 6
indras ca vāyāv eshāṃ somānām pītim arhathaḥ | yuvāṃ hi 4, 47, 2. Sv. 2, 979
indras ca somam pibatam 4, 50, 10. Av. 20, 13, 1
indras cid ghā tad abravīt 8, 33, 17
indra srudhi su me havam 8, 82, 6
indra sreshṭhāni draviṇāni 2, 21, 6
indra somaṃ somapate 3, 32, 1
indra somam imam piba 10, 24, 1
indra somam piba ṛitunā 1, 15, 1
indra somāḥ sutā ime tava 8, 40, 4. Av. 20, 6, 4
indra somāḥ sutā ime tān 3, 42, 5. Av. 20, 24, 5
indras tujo barhaṇā ā 8, 34, 5. Av. 20, 11, 5
indras te soma sutasya 9, 109, 2. Sv. 2, 719
indra sthātar harīṇāṃ 8. 24, 17. Sv. 2. 1035. Av. 20, 64, 5
indra spaḷ uta vṛitrahā 8, 61, 15
indrasya karma sukṛitā 3, 32, 8
indrasya dūtīr 10, 108, 2
indrasya nu vīryāṇi pra vocaṃ 1, 32, 1. Av. 2, 5, 5. Tb. 2, 5, 4, 1. N. 7, 2
indrasya nu sukṛitaṃ daivyaṃ 10, 100, 6
indrasya vajra āyaso 8, 96, 3
indrasya vajro marutām 6, 47, 28. Av. 6, 125, 3. Vs. 29, 54. Ts. 4, 6, 6, 6
indrasya vṛishṇo varuṇasya 10, 103, 9. Sv. 2, 1207. Av. 19, 13, 10. Vs. 17, 41. Ts. 4, 6, 4, 3
indrasya sakhyam ṛibhavaḥ 3, 60, 3
indrasya soma pavamāna 9, 76, 3. Sv. 2, 580
indrasya soma rādhase punāno 9, 8, 3. Sv. 2, 530
indrasya soma rādhase sam 9, 60, 4
indrasya hārdi somadhānam 9, 108, 16
indrasyāngirasāṃ ceshṭau 1, 62, 3
indrasyātra tavishībhyo 10, 113, 6
indrasyeva rātim 10, 178, 2
indrākutsā vahamānā 5, 31, 9
indrā ko vāṃ varuṇā 4, 41, 1
indrāgnī apasas pary 3, 12, 7. Sv. 2, 927. 1044
indrāgnī apād iyam 6, 59, 6. Sv. 1, 281. Vs. 33, 93
indrāgnī avasā gatam 7, 94, 7
indrāgnī ā gataṃ sutaṃ 3, 12, 1. Sv. 2, 19. Vs. 7, 31. Ts. 1, 4, 15, 1
indrāgnī ā hi tanvate 6, 59, 7
indrāgnī ukthavāhasā 6, 59, 10
indrāgnī ko asya vāṃ 6, 59, 5
indrāgnī jarituḥ sacā 3, 12, 2. Sv. 2, 20
indrāgnī tapanti māghā 6, 59, 8
indrāgnī tavishāṇi vāṃ 3, 12, 8. Sv. 2, 928. 1045
indrāgnī navatim puro 3, 12, 6. Sv. 2, 926. 1054. Ts. 1, 1, 14, 1
indrāgnī mitrāvaruṇāditiṃ 5, 46, 3. Vs. 33, 49
indrāgnī yam avatha ubhā 5, 86, 1
indrāgnī yuvaṃ su naḥ 8, 40, 1
indrāgnī yuvām ime 'bhi 6, 60, 7. Sv. 2, 341
indrāgnī yuvor api vasu 6, 59, 9
indrāgnī rocanā divaḥ 3, 12, 9. Sv. 2, 1043. Ts. 4, 2, 11, 1. Tb. 3, 5, 7, 3
indrāgnī vṛitrahatyeshu 10, 65, 2
indrāgnī satadāvny 5, 27, 6
indrāgnī sriṇutaṃ havaṃ 6, 60, 15
indrāṇīm āsu nārishu 10, 86, 11. Av. 20, 126, 11. Ts. 1, 7, 13, 1. N. 11, 38
indrā nu pūshaṇā vayaṃ 6, 57, 1. Sv. 1, 202
indrāparvatā brihatā rathena 3, 53, 1. Sv. 1, 338
indrābṛihaspatī vayaṃ 4, 49, 5

indrāya gāva āśiraṃ 8, 69, 6. Sv. 2, 841. Av. 20, 22, 6. 92, 3. Tb. 2, 7, 13, 4. N. 6, 8
indrāya giro aniśitasargā 10, 89, 4. Sv. 1, 339. Tb. 2, 4, 5, 2
indrāya nūnam arcato° 1, 84, 5. Sv. 2, 301
indrāya pavate madaḥ 9, 107, 17. Sv. 1, 520
indrāya madvane sutam 8, 92, 19. Sv. 1, 158. 2, 72. Av. 20, 110, 1
indrāya vṛishaṇam madam 9, 106, 5
indrāya sāma gāyata 8, 98, 1. Sv. 1, 388. 2, 375. Av. 20, 62, 5. N. 7, 2
indrāya su madintamaṃ 8, 1, 19
indrāya soma pari shicyase 9, 78, 2
indrāya soma pavase 9, 23, 6
indrāya soma pātave nṛibhir 9, 108, 15
indrāya soma pātave madāya 9, 11, 8. Sv. 2, 798
indrāya soma pātave vṛitraghno 9, 98, 10. Sv. 2, 681. 1029
indrāya soma sushutaḥ 9, 85, 1. Sv. 1, 561
indrāya somāḥ pradivo 3, 36, 2. Tb. 2, 4, 3, 12
indrāya hi dyaur asuro 1, 131, 1
indrā yāhi citrabhāno 1, 3, 4. Sv. 2, 496. Av. 20, 84, 1. Vs. 20, 87
indrā yāhi tutujāna 1, 3, 6. Sv. 2, 498. Av. 20, 84, 3. Vs. 20, 89
indrā yāhi dhiyeshito 1, 3, 5. Sv. 2, 497. Av. 20, 84, 2. Vs. 20, 88
indrā yuvaṃ varuṇā didyum 4, 41, 4
indrā yuvaṃ varuṇā bhūtam 4, 41, 5
indrāyendum punītano° 9, 62, 29
indrāyendo marutvate 9, 64, 22. Sv. 1, 472. 2, 426
indrāvaruṇa nū nu vāṃ 1, 17, 8
indrāvaruṇayor ahaṃ 1, 17, 1. Ts. 2, 5, 12, 2
indrāvaruṇa vām aham 1, 17, 7
indrāvaruṇā madhumattamasya vṛishṇaḥ 6, 68, 11. Av. 7, 58, 2
indrāvaruṇā yad imāni cakrathur 7, 82, 5
indrāvaruṇā yad ṛishibhyo 8, 59, 6
indrāvaruṇā yuvam adhvarāyo° 7, 82, 1. Ts. 2, 5, 12, 2. Tb. 2, 8, 4, 5. N. 5, 2
indrāvaruṇā vadhanābhir 7, 83, 4
indrāvaruṇāv abhy ā tapanti 7, 83, 5
indrāvaruṇā sutapāv 6, 68, 10. Av. 7, 58, 1
indrāvaruṇā saumanasam 8, 59, 7
indrāvishṇū tat panayāyyaṃ 6, 69, 5
indrāvishṇū dṛiṅhitāḥ 7, 99, 5. Ts. 3, 2, 11, 3
indrāvishṇū pibatam madhvo 6, 69, 7
indrāvishṇū madapatī 6, 69, 3
indrāvishṇū havishā 6, 69, 6
indrāsomā tapataṃ raksha 7, 104, 1. Av. 8, 4, 1
indrāsomā dushkṛito 7, 104, 3. Av. 8, 4, 3
indrāsomā pakvam 6, 72, 4
indrāsomā pari vāṃ bhūtu 7, 104, 6. Av. 8, 4, 6
indrāsomā mahi tad vāṃ 6, 72, 1
indrāsomā yuvam aṅga 6, 72, 5
indrāsomā vartayataṃ divas pary 7, 104, 5. Av. 8, 4, 5
indrāsomā vartayataṃ divo vadhaṃ 7, 104, 4. Av. 8, 4, 4
indrāsomāv ahim apaḥ 6, 72, 3
indrāsomā vāsayatha 6, 72, 2
indrāsomā sam aghaśaṅsam 7, 104, 2. Av. 8, 4, 2. N. 6, 11
indrā ha yo varuṇā 4, 41, 2
indrā ha ratnaṃ varuṇā 4, 41, 3
indriyāṇi śatakrato 3, 37, 9. Av. 20, 20, 2. 57, 5. Ts. 1, 6, 12, 1
indre agnā namo bṛihat 7, 94, 4. Sv. 2, 150
indreṇa yātha sarathaṃ 3, 60, 4
indreṇa yujā niḥ sṛijanta 10, 62, 7
indreṇa rocanā divo 8, 14, 9. Av. 20, 28, 3. 39, 4
indreṇa saṃ hi dṛikshase 1, 6, 7. Sv. 2, 200. Av. 20, 40, 1. 70, 3. N. 4, 12
indreṇaite tṛitsavo 7, 18, 15. N. 6, 6. 7, 2
indre bhujaṃ śaśamānāsa 10, 92, 7
indre viśvāni vīryā 8, 63, 6

indreshite prasavam bhi° 3, 33, 2
indrebi matsy andhaso 1, 9, 1. Sv. 1, 180. Av. 20, 71, 7. Vs. 33, 25
indro aṅga mahad bhayam 2, 41, 10. Av. 20, 20, 5. 57, 8
indro asrāyi sudhyo 1, 51, 14. N. 6, 31
indro asmāñ aradad 3, 33, 6. N. 2, 26
indro asme sumanā astu 10, 100, 4
indrotibhir bahulābhir 3, 53, 21. Av. 7, 31, 1
indro dadhīco asthabhir 1, 84, 13. Sv. 1, 179. 2, 263. Av. 20, 41, 1. Tb. 1, 5, 8, 1
indro diva indra īse 10, 89, 10. N. 7, 2
indro divaḥ pratimānam 10, 111, 5
indro dīrghāya 1, 7, 3. Sv. 2, 149. Av. 20, 38, 6. 47, 6. 70, 9. Tb. 1, 5, 8, 2
indro na yo mahā karmāṇi 9, 88, 4
indro nedishṭham avasā 6, 52, 6
indro brahmendra ṛishir 8, 16, 7
indro madāya vāvṛidhe 1, 81, 1. Sv. 1, 411. 2, 352. Av. 20, 56, 1
indro madhu sambhṛitam 3, 39, 6
indro mahāṃ sindhum 2, 11, 9
indro mahnā mahato arṇavasya vi murdhānam 10, 67, 12. Av. 20, 91, 12
indro mahnā mahato arṇavasya vratā 10, 111, 4
indro mahnā rodasī 8, 3, 6. Sv. 2, 938. Av. 20, 118, 4
indro yajvane pṛiṇate ca 6, 28, 2. Av. 4, 21, 2. Tb. 2, 8, 8, 11
indro yātūnām abhavat 7, 104, 21. Av. 8, 4, 21. N. 3, 20. 6, 30
indro yāto 1, 32, 15. Tb. 2, 8, 4, 3
indro rathāya pravataṃ 5, 31, 1
indro rājā jagataś 7, 27, 3. Av. 19, 5, 1. Tb. 2, 8, 5, 8
indro valaṃ rakshitāraṃ 10, 67, 6. Av. 20, 91, 6
indro vasubhiḥ pari pātu 10, 66, 3
indro vā ghed iyan 8, 21, 17
indro vājasya sthavirasya 6, 37, 5
indro viśvair vīryaiḥ 3, 54, 15
indro vṛitram avṛiṇoc 3, 34, 3. Av. 20, 11, 3. Vs. 33, 26
indro vṛitrasya tavishīṃ 1, 80, 10
indro vṛitasya dodhataḥ 1, 80, 5
indro harī yuyuje 1, 161, 6
indro haryantam arjunaṃ 3, 44, 5
indhanvabhir dhenubhī 2, 34, 5
indhāno agniṃ vanavad 2, 25, 1. Tb. 2, 8, 5, 2
indhe rājā sam aryo 7, 8, 1. Sv. 1, 70
ima ā yātam indavaḥ 1, 137, 2
ima indra bharatasya 3, 53, 24
ima indrāya sunvire 7, 32, 4. Sv. 1, 293
ima u tvā purusāka 6, 21, 10
ima u tvā vi cakshate 8, 45, 16. Sv. 1, 136
imaṃ yajñaṃ sahasāvan 3, 1, 22
imaṃ yajñaṃ cano dhā 6, 10, 6
imaṃ yajñaṃ tvam asmākam 4, 20, 3
imaṃ yajñam idaṃ vaco jujushāṇa upāgahi | martāsas 10, 150, 2
imaṃ yajñam idaṃ vaco jujushāṇa upāgahi | soma 1, 91, 10
imaṃ yama prastaram 10, 14, 4. Av. 18, 1, 60. Ts. 2, 6, 12, 6
imaṃ ratham adhi ye 1, 164, 3. Av. 9, 9, 3
imaṃ vidhanto apāṃ sadhasthe dvitā 2, 4, 2
imaṃ vidhanto apāṃ sadhasthe paśuṃ 10, 46, 2
imaṃ stomaṃ rodasī 3, 54, 10
imaṃ stomaṃ sakratavo 2, 27, 2
imaṃ stomam abhishṭaye 8, 12, 4
imaṃ stomam arhate 1, 94, 1. Sv. 1, 66. 2, 414. Av. 20, 13, 3
imaṃ sv asmai hṛida ā 2, 35, 2
imaṃ kāmam mandayā 3, 30, 20. 50, 4. Tb. 2, 5, 4, 1
imaṃ ghā vīro amṛitaṃ 8, 23, 19
imaṃ ca no gaveshaṇaṃ 6, 56, 5
imaṃ jīvebhyaḥ paridhiṃ 10, 18, 4. Av. 12, 2, 23. Vs. 35, 15. Tb. 3, 7, 11, 3. Ta. 6, 10, 2
imaṃ jushasva girvaṇaḥ 8, 12, 5
imaṃ tam paśya vṛishabhasya 10, 102, 9. N. 9, 24
imaṃ trito bhūry avindad 10, 46, 3

imaṃ naraḥ parvatās 3, 35, 8
imaṃ naro marutaḥ saṣcatānu 7, 18, 25
imaṃ naro marutaḥ saṣcatā vṛidhaṃ 3, 16, 2
imaṃ nu māyinaṃ huva 8, 76, 1
imaṃ nu somam antito 1, 179, 5. N. 6, 4
imaṃ no agna upa yajñam 10, 124, 1
imaṃ no agne adhvaraṃ hotar 6, 52, 12
imaṃ no agne adhvaraṃ jushasva 7, 42, 5
imaṃ no yajñam amṛiteshu 3, 21, 1. Tb. 3, 6, 7, 1
imam agne camasam mā 10, 16, 8. Av. 18, 3, 53. Ta. 6, 1, 4
imam añjaspām 10, 92, 2
imam indra gavāṣiraṃ 3, 42, 7. Av. 20, 24, 7
imam indra sutam piba 1, 84, 4. Sv. 1, 344. 2, 299
imam indro adīdharad 10, 173, 3. Av. 6, 87, 3. Tb. 2, 4, 2, 9
imam u tyam atharvavad 6, 15, 17
imam ū shu tvam asmākaṃ 1, 27, 4. Sv. 1, 28. 2, 847. Ta. 4, 11, 8
imam ū shu vo atithim 6, 15, 1
imam bibharmi sukṛitaṃ te 10, 44, 9. Av. 20, 94, 9
imam mahe vidathyāya 3, 54, 1
imam me gaṅge 10, 75, 5. Ta. 10, 1, 13. N. 9, 26
imam me varuṇa ṣrudhi 1, 25, 19. Sv. 2, 935. Vs. 21, 1. Tb. 2, 1, 11, 6
imam me stomam aṣvinemam 8, 85, 2
imā agne matayas tubhyaṃ 10, 7, 2
imā abhi pra ṇonumo 8, 6, 7
imā asmai matayo vāco 10, 91, 12
imā asya pratūrtayaḥ 8, 13, 29
imā indraṃ varuṇam me 4, 41, 9
imā u tvā paspṛidhānāso 7, 18, 3
imā u tvā purutamasya 6, 21, 1
imā u tvā puruvaso 8, 3, 3. Sv. 1, 250. 2, 957. Av. 20, 104, 1. Vs. 33, 81
imā u tvā ṣatakrato 6, 45, 25. Sv. 1, 146
imā u tvā sute-sute 6, 45, 28
imā u vaḥ sudānavo 8, 7, 19
imā u vāṃ divishṭaya 7, 74, 1. Sv. 1, 304. 2, 103
imā u vām bhṛimayo 3, 62, 1. N. 5, 5
imāṃ vām mitrāvaruṇā suvṛiktim 7, 36, 2
imāṃ su pūrvyāṃ dhiyam 8, 6, 43
imā gāvaḥ sarame 10, 108, 5
imā gira ādityebhyo 2, 27, 1. N. 12, 36
imā giraḥ savitāraṃ sujihvam 7, 45, 4
imāṃ khanāmy oshadhiṃ 10, 145, 1. Av. 3, 18, 1
imāṃ gāyatravartaniṃ 8, 38, 6
imā jushethāṃ savanā 8, 38, 5
imā juhvānā yushmad ā 7, 95, 5. Tb. 2, 4, 6, 1
imāṃ ca naḥ pṛithivīṃ 3, 55, 21
imā te vājinn ava° 1, 163, 5. Vs. 29, 16. Ts. 4, 6, 7, 2
imā dhānā ghṛitasnuvo 1, 16, 2. Tb. 2, 4, 3, 10
imā nārīr avidhavāḥ 10, 18, 7. Av. 12, 2, 31. 18, 3, 57. Ta. 6, 10, 2
imāni trīṇi vishṭapā 8, 91, 5
imāni vām bhāgadheyāni 8, 59, 1
imā nu kam bhuvanā 10, 157, 1. Sv. 1, 452. 2, 460. Av. 20, 63, 1. 124, 4. Vs. 25, 46. Ta. 1, 27, 1
imāṃ ta indra sushṭutiṃ 8, 12, 31
imāṃ te dhiyam pra bhare 1, 102, 1. Vs. 33, 29. Tb. 2, 7, 13, 4
imāṃ te vācaṃ vasūyanto 1, 130, 6
imāṃ tvam indra mīḍhvaḥ 10, 85, 45
imāṃ dhiyaṃ ṣikshamāṇasya 8, 42, 3. Ts. 1, 2, 2, 2
imāṃ dhiyaṃ saptaṣīrshṇīm 10, 67, 1. Av. 20, 91, 1
imā brahma bṛihaddivo 10, 120, 8. Av. 5, 2, 8. 20, 107, 11
imā brahma brahmavāhaḥ 3, 41, 3. Av. 20, 23, 3. Tb. 2, 4, 6, 2. N. 4, 19
imā brahma sarasvati 2, 41, 18
imā brahmāṇi vardhanā 5, 73, 10

imā brahmendra tubhyaṃ 10, 148, 4
imām agne śaraṇim 1, 31, 16. Av. 3, 15, 4. N. 6, 20
imām u shu somasutim 7, 93, 6
imām ū nu kavitamasya 5, 85, 6. N. 6, 13
imām ū shu prabhṛitiṃ 3, 36, 1
imām ū shv āsurasya 5, 85, 5
imām pratnāya sushṭutiṃ 10, 91, 13
imām ma indra sushṭutiṃ 8, 6, 32
imām me agne samidhaṃ jushasvelas 10, 70, 1
imām me agne samidham imām 2, 6, 1
imām me maruto giram 8, 7, 9
imā rudrāya tavase 1, 114, 1. Vs. 16, 48. Ts. 4, 5, 10, 1
imā rudrāya sthiradhanvane 7, 46, 1. Tb. 2, 8, 6, 8. N. 10, 6
imās ta indra priṣnayo 8, 6, 19. Sv. 1, 187
ime cit tava manyave 1, 80, 11
ime cetāro anṛitasya 7, 60, 5
ime jīvā vi mṛitair 10, 18, 3. Av. 12, 2, 22. Ta. 6, 10, 2
ime ta indra te vayam 1, 57, 4. Sv. 1, 373. Av. 20, 15, 4
ime ta indra somās 8, 2, 10
ime turam maruto 7, 56, 19. Tb. 2, 8, 5, 6
ime divo animishā 7, 60, 7. N. 6, 20
ime naro vṛitrahatyeshu 7, 1, 10
ime bhojā aṅgiraso 3, 53, 7
ime mā pītā yaṣasa 8, 48, 5
ime mitro varuṇo dūḷabhāso 7, 60, 6
ime yāmāsas tvadrig 5, 3, 12
ime ye te su vāyo 1, 135, 9
ime ye nārvāṅ na paraṣ 10, 71, 9
ime radhraṃ cin maruto 7, 56, 20
ime vāṃ somā apsv 1, 135, 6
ime viprasya vedhaso 8, 43, 1
ime somāsa indavaḥ 1, 16, 6
ime hi te kāravo vāvaśur 8, 3, 18
ime hi te brahmakṛitaḥ 7, 32, 2. Sv. 2, 1026
imo agne vītatamāni 7, 1, 18. Ts. 4, 3, 13, 6
imau devau jāyamānau 2, 40, 2. Ts. 1, 8, 22, 5
iyaṃ yā nīcy arkiṇī 8, 101, 13
iyaṃ vām asya manmana 7, 94, 1. Sv. 2, 266
iyaṃ vām ahve ṣṛiṇutam 10, 39, 6
iyaṃ vām brahmaṇas pate 7, 97, 9
iyaṃ visṛishṭir 10, 129, 7. Tb. 2, 8, 9, 6
iyaṃ vediḥ paro 1, 164, 35. Av. 9, 10, 14. Vs. 23, 62
iyaṃ ṣushmebhir bisakhā 6, 61, 2. Tb. 2, 8, 2, 8. N. 2, 24
iyaṃ sā bhuyā ushasām iva 10, 31, 5
iyaṃ sā vo asme dīdhitir 1, 186, 11
iyattakaḥ kushumbhakas 1, 191, 15
iyattikā ṣakuntikā 1, 191, 11
iyaṃ ta indra girvaṇo rātiḥ 8, 13, 4
iyaṃ ta ṛitviyāvatī 8, 12, 10
iyaṃ te navyasī matir 8, 74, 7
iyaṃ te pūshann āghṛiṇe 3, 62, 7
iyaṃ deva purohitir 7, 60, 12. 61, 7
iyaṃ na usrā prathamā 10, 35, 4
iyam adadād rabhasam 6, 61, 1
iyam indraṃ varuṇam ashṭa 7, 84, 5. 85, 5
iyam u te anushṭutiṣ 8, 63, 8
iyam eshām amṛitānāṃ gīḥ 10, 74, 3
iyam mad vām pra stṛiṇīte 6, 67, 2
iyam manīshā iyam aṣvinā 7, 70, 7. 71, 6
iyam manīshā bṛihatī 7, 99, 6
iyam me nābhir iha me 10, 61, 19
irajyann agne prathayasva 10, 140, 4. Sv. 2, 1169. Vs. 12, 109. Ts. 4, 2, 7, 2
irāvatī dhenumatī hi 7, 99, 3. Vs. 5, 16. Ts. 1, 2, 13, 1. Ta. 1, 8, 2
irāvatīr varuṇa dhenavo 5, 69, 2
ishaṃ tokāya no dadhad 9, 65, 21. Sv. 2, 346
ishaṃ duhan sudughaṃ 10, 122, 6
isham ūrjaṃ ca pinvasa 9, 63, 2
isham ūrjam abhy arshā° 9, 94, 5
isham ūrjam pavamāna 9, 86, 35
ishā mandasvād u te 8, 82, 3
ishireṇa te manasā 8, 48, 7. N. 4, 7

ishur na dhanvan pari 9, 69, 1
ishur na sriya 10, 95, 3
ishe pavasva dhārayā 9, 64, 13. Sv. 1, 505. 2, 191
ishkartāram adhvarasya 10, 140, 5. Sv. 2, 1170. Vs. 12, 110. Ts. 4, 2, 7, 3
ishkartāram anishkritam 8, 99, 8
ishkritāhāvam 10, 101, 6. Ts. 4, 2, 5, 5
ishkritir nama vo 10, 97, 9. Vs. 12, 83. Ts. 4, 5, 6, 2
ishtā hotrā asrikshatendram 8, 93, 23. Sv. 1 151
ishyan vācam upavakteva 9, 95, 5
iha tyā purubhutamā devā 8, 22, 3
iha tyā purubhūtamā purū 5, 73, 2
iha tyā sadhamādyā yujānah 8, 13, 27. N. 6, 21
iha tyā sadhamādyā hari 8, 32, 29. 93, 24
iha tvam sūno sahaso 4, 2, 2
iha tvashtāram agriyam 1, 13, 10. Ts. 3, 1, 11, 1
iha tvā goparīnasā 8, 45, 24. Sv. 2, 83. Av. 20, 22, 3
iha tvā bhūry ā cared 4, 4, 9. Ts. 1, 2, 14, 4
iha prajām iha rayim 4, 36, 9
iha pra brūhi yatamah 10, 87, 8. Av. 8, 3, 8
iha prayānam astu vām 4, 46, 7
iha priyam prajayā 10, 85, 27. Av. 14, 1, 21. N. 3, 21
iha bravītu ya īm anga 1, 164, 7. Av. 9, 9, 5
iha sruta indro asme 10, 22, 2. N. 6, 23
ihā gatam vrishanvasū 8, 73, 10
ihi tisrah parāvata ihi 8, 32, 22
ihendrāgnī upa hvaye 1, 21, 1
ihendrānīm 1, 22, 12. N. 9, 34
iheva srinva eshām 1, 37, 3. Sv. 1, 135
iheha jātā sam 1, 181, 4. N. 12, 3
iheha yad vām samanā 4, 43, 7. 44, 7. Av. 20, 143, 7
iheha vah svatavasah 7, 59, 11. Ta. 1, 4, 3
iheha vo manasā bandhutā 8, 60, 1
ihaiva stam mā 10, 85, 42. Av. 14, 1, 22. N. 1, 16
ihaivaidhi māpa cyoshthāh 10, 173, 2. Av. 6, 87, 2. Tb. 2, 4, 2, 8
ihopa yāta savaso 4, 35, 1

īkshe rāyah kshayasya 4, 20, 8
īnkhayantīr apasyuvo 10, 153, 1. Sv. 1, 175. Av. 20, 93, 4
ījānam id dyaur 10, 132, 1
īje yajñebhih sasame 6, 3, 2
īlate tvām avasyavah 1, 14, 5
īlānāyāvasyave 2, 6, 6
īlito agna ā vahendram citram iha priyam | iyam hi 1, 142, 4
īlito agna ā vahendram citram iha priyam | sukhai 5, 5, 3
īlito agne manasā 2, 3, 3
īlishvā hi pratīvyam 8, 23, 1. Sv. 1, 103
īle agnim vipascitam 3, 27, 2. Tb. 2, 4, 2, 4
īle agnim svavasam 5, 60, 1. Av. 7, 50, 3 Tb. 2, 7, 12, 4
īle girā manurhitam 8, 19, 21
īle ca tvā yajamāno 3, 1, 15
īle dyāvāprithivī pūrvacittaye 1, 112, 1
īlenyam vo asuram 7, 2, 3
īlenyah pavamāno 9, 5, 3
īlenyo namasyah 3, 27, 13. Sv. 2, 288. Av. 20, 102, 1. Tb. 3, 5, 2, 2
īlenyo vo manusho yugeshu 7, 9, 4
īyivānsam ati sridhah 3, 9, 4
īyur artham na nyartham 7, 18, 9
īyur gāvo na yavasād 7, 18, 10
īyush te ye pūrva° 1, 113, 11. Ts. 1, 4, 33, 1. Ta 3, 18, 1
īrmāntāsah silika° 1, 163, 10. Vs. 29, 21. Ts. 4, 6, 7, 4. N. 4, 13
īrmānyad vapushe 5, 73, 3
īsāna imā bhuvanāni vīyase 9, 86, 37. Sv. 2, 307
īsānakrito dhunayo 1, 64, 5
īsānāya prahutim 7, 90, 2
īsānā vāryānām 10, 9, 5. Av. 1, 5, 4. Tb. 2, 5, 8, 5. Ta. 4, 42, 4
īsānāso ye dadhate 7, 90, 6
īsishe vāryasya hi 8, 44, 18. Sv. 2, 883

īṣe yo viṣvasyā devavīter 10, 6, 3
īṣe hy agnir amṛitasya 7, 4, 6

uktha-ukthe soma indram 7, 26, 2. Ts. 1, 4, 46, 1
uktham cana ṣasyamānam 8, 2, 14. Sv. 1, 225. 2, 1155
ukthabhṛitam sāmabhṛitam 7, 33, 14
uktham indrāya ṣaṅsyam 1, 10, 5. Sv. 1, 363
ukthavāhase vibhve 8, 96, 11
ukthebhir arvāg avase 1, 47, 10
ukthebhir vṛitrahantamā 7, 94, 11. Vs. 33, 76
uktheshv in nu ṣūra 2, 11, 3
ukshante aṣvāñ atyāñ 2, 34, 3
ukshānnāya vaṣānnāya 8, 43, 11. Av. 3, 21, 6. 20, 1, 3. Ts. 1, 3, 14, 7
• ukshā mahāñ abhi vavaksha 1, 146, 2
ukshā mimāti prati yanti 9, 69, 4. Sv. 2, 722
ukshā samudro arushaḥ 5, 47, 3. Vs. 17, 60. Ts. 4, 6, 3, 3
uksheva yūthā pariyann 9, 71, 9
ukshṇo hi me pañcadaṣa 10, 86, 14. Av. 20, 126, 14
ugram yuyujma pṛitanāsu 8, 61, 12
ugram va oja sthirā 7, 56, 7
ugram na vīram namasopa 8, 49, 6
ugrabāhur mrakshakṛitvā 8, 61, 10
ugras turāshāḷ abhibhūtyojā 3, 48, 4
ugrā iva pravahantaḥ 10, 94, 6
ugrā vighaninā mṛidha 6, 60, 5. Sv. 2, 204. Vs 33, 61
ugrā santā havāmaha 1, 21, 4
ugreshv in nu ṣūra 2, 11, 17
ugro jajñe vīryāya 7, 20, 1
ugro vām kakuho yayiḥ 5, 73, 7
ucathye vapushi 8, 46, 28
uccā te jātam andhaso 9, 61, 10. Sv. 1, 467. 2, 22. Vs. 26, 16
uccā divi dakshiṇāvanto 10, 107, 2
uc chishṭam camvor 1, 28, 9
uc chushmā oshadhīnām 10, 97, 8. Vs. 12, 82. Ts. 4, 2, 6, 3
uc chocishā sahasas putra 3, 18, 4
uc chrayasva vanaspate 3, 8, 3. Tb. 3, 6, 1, 1

ucchvañcamānā pṛithivī 10, 18, 12. Av. 18, 3, 51. Ta. 6, 7, 1
uc chvañcasva pṛithivi 10, 18, 11. Av. 18, 3, 50. Ta. 6, 7, 1
uchantī yā kṛiṇoti 7, 81, 4
uchantīr adya citayanta 4, 51, 3
uchantyām me yajatā 5, 64, 7
uchann ushasaḥ sudinā 7, 90, 4
uchā divo duhitaḥ 6, 65, 6
uj jātam indra te ṣava 8, 62, 10
uj jāyatām paraṣur 10, 43, 9. Av. 20, 17, 9
uta ṛitubhir ṛitupāḥ 3, 47, 3
uta kaṇvam nṛishadaḥ 10, 31, 11
uta gāva ivādanty 10, 146, 3. Tb. 2, 5, 5, 6
uta gnā agnir adhvara 4, 9, 4
uta gnā vyantu devapatnīr 5, 46, 8. Av. 7, 49, 2. Tb. 3, 5, 12, 1. N. 12, 46
uta ghā nemo astutaḥ 5, 61, 8
uta ghā sa rathītamaḥ 6, 56, 2
uta te sushṭutā harī 8, 13, 23
uta tyam vīram dhanasām 8, 86, 4
uta tyam camasam 1, 20, 6
uta tyad āṣvaṣvyam 8, 6, 24. Tb. 2, 7, 13, 2
uta tyad vām jurate 7, 68, 6
uta tyan no mārutam ṣardha 5, 46, 5
uta tyam putram agruvaḥ 4, 30, 16
uta tyam bhujyum aṣvinā 7, 68, 7
uta tyā turvaṣāyadū 4, 30, 17
uta tyā daivyā bhishajā 8, 18, 8. Tb. 3, 7, 10, 5
uta tyā me yaṣasā 1, 122, 4. N. 6, 21
uta tyā me raudrāv 10, 61, 15
uta tyā me havam ā 6, 50, 10
uta tyā yajatā harī 4, 15, 8
uta tyā sadya āryā 4, 30, 18
uta tyā harito daṣa 9, 63, 9. Sv. 2, 568
uta tye devī subhage 2, 31, 5
uta tye naḥ parvatāsaḥ 5, 46, 6
uta tye no mārūto mandasānā 7, 36, 7
uta tye mā dhvanyasya 5, 33, 10
uta tye mā paurukutsyasya 5, 33, 8
uta tye mā mārutāṣvasya 5, 33, 9

uta tvam sakhye sthira° 10, 71, 5. N. 1, 8. 20
uta tvam sūno sahaso no 6, 50, 9
uta tvaḥ paśyan na 10, 71, 4. N. 1, 8. 19
uta tvam maghavañ chṛiṇu 8. 45, 6
uta tvāgne mama stuto 8, 43, 17
uta tvā dhītayo mama 8, 44, 22
uta tvā namasā vayam 8, 43, 12
uta tvābadhiraṃ vayaṃ 8, 45, 17
uta tvā bhṛiguvac chuce 8, 43, 13
uta tvām adite mahy 8, 67, 10
uta tvām aruṇaṃ vayaṃ 9, 45, 3
uta tvā strī 5, 61, 6
uta dāsaṃ kaulitaram 4, 30, 14
uta dāsasya varcinaḥ 4, 30, 15
uta dāsā parivishe 10, 62, 10
uta devā avahitaṃ 10, 137, 1. Av. 4, 13, 1
uta dyāvāpṛithivī kshatram 6, 50, 3
uta dyumat suvīryam 1, 74, 9
uta dvāra uśatīr 7, 17, 2
uta na īṃ tvashṭā gantv 1, 186, 6
uta na īm matayo 'śvayogāḥ 1, 186, 7
uta na īm maruto vṛiddha° 1, 186, 8
uta na enā pavayā 9, 97, 53. Sv. 2, 455
uta na eshu nṛishu 7, 34, 18
uta naḥ karṇaśobhanā 8, 78, 3
uta naḥ pitum ā bhara 8, 32, 8
uta naḥ priyā priyāsu 6, 61, 10. Sv. 2, 811. Tb. 2, 4, 6, 1
uta naḥ sindhur apāṃ 8, 25, 14
uta naḥ sutrātro devagopāḥ 6, 68, 7
uta naḥ sudyotmā 1, 141, 12
uta naḥ subhagāñ arir 1, 4, 6. Av. 20, 68, 6
uta nūnaṃ yad indriyaṃ 4, 30, 23
uta no gomatas kṛidhi 8, 32, 9
uta no gomatīr isha ā vahā 5, 79, 8
uta no gomatīr isha uta 8, 5, 9
uta no gomatīr isho viśvā 9, 62, 24. Sv. 2, 413
uta no govid aśvavid 9, 55, 3. Sv. 2, 327
uta no goshaṇiṃ dhiyam 6, 53, 10. Sv. 2, 943
uta no divyā isha 8, 5, 21
uta no deva devāñ 8, 75, 2. Ts. 2, 6, 11, 1
uta no devāv aśvinā 10, 93, 6
uta no devy aditir 8, 25, 10
uta no dhiyo goagrāḥ 1, 90, 5
uta no naktam apāṃ 10, 93, 5
uta no brahmann avisha 8, 13, 6
uta no rudrā cin 10, 93, 7
uta no vājasātaye 9, 13, 4. Sv. 2, 540
uta no vishṇur uta vāto 5, 46, 4
uta no 'hir budhnyaḥ śriṇotu 6, 50, 14. Vs. 34, 53. N. 12, 33
uta no 'hir budhnyo mayas 1, 186, 5
uta pradhim ud ahann 10, 102, 7
uta pra pipya ūdhar 9, 93, 3. Sv. 2, 770
uta prahām atidīvyā 10, 42, 9. Av. 7, 50, 6. 20, 89, 9
uta brahmaṇyā vayaṃ 8, 6, 33
uta brahmāṇo maruto me 5, 29, 3
uta bruvantu jantava 1, 74, 3. Sv. 2, 732. Ts. 3, 5, 11, 4
uta bruvantu no nido 1, 4, 5. Av. 20, 68, 5
uta ma ṛijre purayasya 6, 63, 9
uta manye pitur adruho 1, 159, 2
uta mātā bṛihaddivā 10, 64, 10
uta mātā mahisham 4, 18, 11. Ts. 3, 2, 11, 3
uta me prayiyor 8, 19. 37. N. 4, 15
uta me 'rapad yuvatir 5, 61, 9
uta me vocatād iti 5, 61, 18
uta yāsi savitas 5, 81, 4
uta yo mānusheshv ā 1, 25, 15
uta yoshaṇe divye mahī 7, 2. 6
uta vaḥ śaṅsam uśijām 2, 31, 6
uta vā u pari vṛiṇakshi 10, 142, 3
uta vāṃ vikshu madyāsv 1, 153, 4. N. 4, 19
uta vājinam purunishshidhvānaṃ 4, 38, 2
uta vāta pitāsi na 10, 186, 2
uta vā yaḥ sahasya 1, 147, 5
uta vā yasya vājino 1, 86, 3
uta vā yo no marcayād 2, 23, 7
uta vratāni soma te 10, 25, 3
uta śushṇasya dhṛishṇuyā 4, 30, 13

uta sakhāsy aśvinor 4, 52, 3. Sv. 2, 1077
uta sindhuṃ vibālyaṃ 4, 30, 12
uta su tye payovṛidhā 8, 2, 42
uta stutāso maruto vyantu 7, 57, 6
uta sma te parushṇyām 5, 52, 9. N. 5, 5
uta sma te vanaspate 1, 28, 6
uta sma durgṛibhīyase 5, 9, 4
uta sma yaṃ śiśuṃ 5, 9, 3
uta sma rāśim pari yāsi 9, 87, 9
uta sma sadma haryatasya 10, 96, 10. Av. 20, 31, 5
uta smā sadya it pari 4, 31, 8
uta smāsu prathamaḥ 4, 38, 6
uta smāsya tanyator 4, 38, 8
uta smāsya dravatas 4, 40, 3. Vs. 9, 15. Ts. 1, 7, 8, 3
uta smāsya panayanti 4, 38, 9
uta smā hi tvām āhur 4, 31, 7
uta smainaṃ vastramathiṃ 4, 38, 5. N. 4, 24
uta sya devaḥ savitā 6, 50, 13
uta sya devo bhuvanasya 2, 31, 4
uta sya na indro 2, 31, 3
uta sya na uśijām 10, 92, 12
uta sya vājī kshipaṇiṃ 4, 40, 4. Vs. 9, 14. Ts. 1, 7, 8, 3. N. 2, 28
uta sya vājī sahurir 4, 38, 7
uta sya vājy arushas 5, 56, 7
uta syā naḥ sarasvatī ghorā 6, 61, 7
uta syā naḥ sarasvatī jushāṇopa 7, 95, 4
uta syā no divā matir 8, 18, 7. Sv. 1, 102. Tb. 3, 7, 10, 4
uta syā vāṃ ruśato 1, 181, 8
uta syā vām madhuman 1, 119, 9
uta syā śvetayāvarī 8, 26, 18
uta svayā tanvā saṃ 7, 86, 2
uta svarāje aditi stomam 8, 12, 14
uta svarājo aditir 7, 66, 6. Sv. 2, 703
uta svasyā arātyā arir 9, 79, 3
uta svānāso divi 5, 2, 10. Ts. 1, 2, 14, 7
utādaḥ parushe gavi 6, 56, 3. N. 2, 6
utābhaye puruhūta 3, 30, 5. N. 6, 1. 7, 6
utāyātaṃ saṃgave 5, 76, 3. Sv. 2, 1104
utālabdhaṃ 10, 87, 7. Av. 8, 3, 7
utāśishṭhā anu 2, 24, 13
utāsi maitrāvaruṇo 7, 33, 11. N. 5, 14
utāhaṃ naktam uta 9, 107, 20. Sv. 2, 273
utedānīm bhagavantaḥ 7, 41, 4. Av. 3, 16, 4. Vs. 34, 37. Tb. 2, 8, 9, 8
uteśishe prasavasya 5, 81, 5
uto ghā te purushyā 7, 29, 4
uto no asya kasya cid 5, 38, 4
uto no asyā ushaso 1, 131, 6. Av. 20, 72, 3
uto nv asya josham āñ 8, 94, 6. Sv. 2, 1137
uto nv asya yat padaṃ 8, 72, 18
uto nv asya yan mahad 8, 72, 6
uto patir ya ucyate 8, 13, 9
uto pitṛibhyām pravidānu 3, 7, 6
uto sa mahyam indubhiḥ 1, 23, 15
uto sahasrabharṇasaṃ 9, 64, 26
uto hi vāṃ ratnadheyāni 7, 53, 3
uto hi vāṃ dātrā santi 4, 38, 1
uto hi vām pūrvyā 3, 54, 4
uttarāham uttara 10, 145, 3. Av. 3, 18, 4
uttānaparṇe subhage 10, 145, 2. Av. 3, 18, 2
uttānāyām ajanayan 2, 10, 3
uttānāyām ava bharā 3, 29, 3. Vs. 34, 14
ut tishṭhatāva paśyate° 10, 179, 1. Av. 7, 72, 1
ut tishṭha nūnam eshāṃ 5, 56, 5
uttishṭhann ojasā saha 8, 76, 10. Sv. 2, 338. Av. 20, 42, 3. Vs. 8, 39. Ts. 1, 4, 30, 1
ut tishṭha brahmaṇas pate 1, 40, 1. Vs. 34, 56. Ta. 4, 2, 2
ut tishṭhasi svāhuto 10, 118, 2
ut te bṛihanto arcayaḥ 8, 44, 4. Sv. 2, 891
ut te vayaś cid vasater 1, 124, 12. 6, 64, 6
ut te śatān maghavan 1, 102, 7
ut te śushmā jihatām 10, 142, 6
ut te śushmāsa īrate 9, 50, 1. Sv. 2, 555
ut te śushmāso asthū 9, 53, 1. Sv. 2, 1064

ut te stabhnāmi prithivīm 10, 18. 13. Av. 18, 3, 52. Ta. 6, 7, 1
ut tvā mandantu stomāḥ 8, 64, 1. Sv. 1, 194. 2, 704. Av. 20, 93, 1
ut purastāt surya eti 1, 191, 8. Av. 5, 23, 6
ut pushaṇam yuvāmahe 6, 57, 6
ut suryo brihad arcīṅshy 7, 62, 1
ut sma vāto vahati 10, 102, 2
ud agād ayam āditye 1, 50, 13. Tb. 3, 7, 6, 23
ud agne tava tyad ghritād 8, 43, 10
ud agne tishṭha praty 4, 4, 4. Vs. 13, 12. Ts. 1, 2, 14, 2
ud agne bhārata dyumad 6, 16, 45. Sv. 2, 735
ud agne sucayas tava 8, 44, 17. Sv. 2, 884 Ts. 1, 3, 14, 8. 5, 5, 3. 2, 4, 14, 4
ud apaptad asau sūryaḥ 1, 191, 9. Av. 6, 52, 1
ud apaptann aruṇā 1, 92, 2. Sv. 2, 1106
udapruto na vayo 10, 68, 1. Av. 20, 16, 1. Ts. 3, 4, 11, 3
ud abhrāṇīva stanayann 6, 44, 12
ud asau sūryo agād ud 10, 159, 1. Av. 1, 29, 5
ud astambhīt samidhā 3, 5, 10
ud asya bāhū sithirā 7, 45, 2
ud asya sushmād bhānur 7, 34, 7
ud asya socir asthād ājuhvā⁰ 7, 16. 3. Ts. 4, 4, 4, 5
ud asya socir asthād dīdiyusho 8, 23, 4
ud ātair jihate brihad 9, 5, 5
ud ānaṭ kakuho divam 8, 6, 48
udāvatā tvakshasā 6, 18, 9
uditā yo niditā veditā 8, 103, 11
ud in nv asya ricyate 7, 32, 12. Av. 20, 59, 3
ud īratām sūnritā ut 1, 123, 6
ud īratām avara ut 10, 15, 1. Av. 18, 1, 44 Vs. 19, 49. Tb. 2, 6, 12, 3. N. 11, 18
ud īraya kavitamam 5, 42, 3
ud īrayathā marutaḥ 5, 55, 5. Ts. 2, 4, 8, 2
ud īrayanta vāyubhir 8, 7, 3
ud īraya pitarā 10, 11, 6. Av. 18, 1, 23. N. 3, 16
ud īrāthām ritāyate 8, 73, 1
ud īrdhvam jīvo asur 1, 113, 16
ud īrshva nāry abhi 10, 18, 8. Av. 18, 3, 2. Ta. 6, 1, 3
ud īrshvātaḥ pativatī 10, 85, 21. Av. 14, 2, 33
ud īrshvāto visvāvaso 10, 82, 22. Av. 14, 2, 33. Ş. P. 14, 9, 4, 18
ud u jyotir amritam 7, 76, 1. N. 11, 10
ud u tishṭha savitaḥ srudhy 7, 38, 2
ud u tishṭha svadhvara 8, 23, 5. Vs 11, 41. Ts. 4, 1, 4, 1
ud uttamam varuṇa 1, 24, 15. Av. 7, 83, 3. 18, 4, 69. Vs. 12, 12. Ts. 1, 5, 11, 3. 4. 2, 1, 3. N. 2, 13.
ud uttamam mumugdhi no 1, 25, 21. Tb. 2, 4, 2, 6
ud u tyac cakshur mahi 6, 51, 1
ud u tyam jātavedasam 1, 50, 1. Sv. 1, 31. Av. 13, 2, 16. 20, 47, 13. Vs. 7, 41. 8. 41. 33, 31. Ts. 1, 2, 8, 2. 4, 43, 1. N. 12, 15
ud u tyad darsatam vapur 7, 66, 14
ud u tye aruṇapsavas 8, 7, 7
ud u tye madhumattamā gira 8, 3, 15. Sv. 1, 251. 2, 712. Av 20, 10, 1. 59, 1
ud u tye sūnavo giraḥ 1, 37, 10. Sv. 1, 221
ud u brahmāṇy airata 7, 23, 1. Sv. 1, 330, Av. 20, 12, 1
ud u sriya ushaso 6, 64, 1
ud u shṭutaḥ samidhā 3, 5, 9
ud u shya devaḥ savitā damunā 6, 71, 4
ud u shya devaḥ savitā yayāma 7, 38, 1
ud u shya devaḥ savitā savāya 2, 38, 1
ud u shya devaḥ savitā hiraṇyayā 6, 71, 1
ud u shya vaḥ savitā 8, 27, 12
ud u shya sarane divo 8, 25, 19
ud u stomāso asvinor 7, 72, 3
ud usriyāḥ srijate sūryaḥ 7, 81, 2. Sv. 2, 1102. Tb. 3, 1, 3, 2
ud u svānebhir īrata 8, 7, 17
ud ū ayāṅ upavakteva 6, 71, 5
ud ū shu ṇo vaso mahe 8, 70, 9

ud gā ājad aṅgirobhya 8, 14, 8. Sv. 2, 991. Av. 20, 28, 2. 39, 3
udgāteva sakune 2, 43, 2
ud ghed abhi srutāmagham 8, 93, 1. Sv. 1, 125. 2, 800. Av. 20, 7, 1
ud dyām ivet trishṇajo 7, 33, 5
ud dharshaya maghavann 10, 103, 10. Sv. 2, 1208. Vs. 17, 42. Ts. 4, 6, 4, 4
udno hradam apibaj 10, 102, 4
ud budhyadhvam 10, 101, 1
ud yat sahaḥ sahasa 5, 31, 3
ud yad indro mahate dānavāya 5, 32, 7
ud yad bradhnasya vishṭapam 8, 69, 7. Av. 20, 92, 4
udyann adya mitramaha 1, 50, 11. Tb. 3, 7, 6, 22
ud yamyamīti 1, 95, 7
ud yasya te navajātasya 7, 3, 3. Sv. 2, 571
ud va ūrmiḥ samyā 3, 33, 13. Av. 14, 2, 16
udvatsv asmā akriṇotanā 1, 161, 11. N. 11, 16
ud vandanam airatam 1, 118, 6
ud vayam tamasas pari 1, 50, 10. Av. 7, 53, 7. Vs. 20, 21. 27, 10. 35, 14. 38, 24. Ts. 4, 1, 7, 4. Tb. 2, 4, 4, 9. 6, 6, 4. Ta. 6, 3, 2
ud vām cakshur varuṇa 7, 61, 1
ud vām prikshāso madhumanta īrate 4, 45, 2
ud vām prikshaso madhumanto asthur 7, 60, 4
ud vriha rakshaḥ saha° 3, 30, 17. N. 6, 3
ud v eti prasavītā 7, 63, 2
ud v eti subhago visva° 7, 63, 1
unatti bhūmim prithivīm 5, 85, 4
unmaditā mauneyena 10, 136, 3
un madhva ūrmir vananā 9, 86, 40
un mā pītā ayaṅsata 10, 119, 3
un mā mamanda vrishabho 2, 33, 6
upa kramasvā bhara 8, 81, 7
upa kshatram priñcīta 1, 40, 8
upa ksharanti sindhavo 1, 125, 4. Ts. 1, 8, 22, 4
upakshetāras tava supraṇīte 3, 1, 16
upa chāyām iva ghriṇer 6, 16, 38. Tb. 2, 4, 4, 6
upa te gā ivākaram 10, 127, 8. Tb. 2, 4, 6, 10
upa te dhām sahamānām 10, 145, 6. Av. 3, 18, 6
upa te stomān pasupā 1, 114, 9
upa tmanyā vanaspate 1, 188, 10
upa tyā vahnī gamato 7, 73, 4
upa tritasya pāshyor 9, 102, 2. Sv. 2, 364
upa tvā karmann ūtaye 8, 21, 2. Sv. 2, 59. Av. 20, 14, 2. 62, 2
upa tvāgne dive-dive 1, 1, 7. Sv. 1, 14. Vs. 3, 22. Ts. 1, 5, 6, 2
upa tvā jāmayo giro 8, 102, 13. Sv. 1, 13. 2, 920. Tb. 1, 8, 8, 1
upa tvā juhvo mama 8, 44, 5. Sv. 2, 892
upa tvā raṇvasamdrisam 6, 16, 37. Sv. 2, 1055
upa tvā sātaye naro 7, 15, 9
upa naḥ pitav ā cara 1, 187, 3
upa naḥ savanā gahi 1, 4, 2. Sv. 2, 438. Av. 20, 57, 2. 68, 2
upa naḥ sutam ā gatam 5, 71, 3
upa naḥ sutam ā gahi somam indra 3, 42, 1. Av. 20, 24, 1
upa naḥ sutam ā gahi haribhir indra 1, 16. 4
upa naḥ sūnavo giraḥ 6, 52, 9. Sv. 2, 945. Vs. 33, 77. Ts. 2, 4, 14, 5
upa no devā avasā gamantv 1, 107, 2
upa no yātam asvinā rāyā 8, 26, 7
upa no vājā adhvaram 4, 37, 1
upa no vājinīvasū yātam 8, 22, 7
upa no haribhiḥ sutam 8, 93, 31. Sv. 1, 150. 2, 1140
upa pra jinvann usatīr 1, 71, 1
upaprayanto adhvaram 1, 74, 1. Sv. 2, 729. Vs. 3, 11. Ts. 1, 5, 5, 1
upa prāgāc chasanam 1, 163, 12. Vs. 29, 23. Ts. 4, 6, 7, 4
upa prāgāt paramam yat 1, 163, 13. Vs. 29, 24. Ts. 4, 6, 7, 5
upa prāgāt suman 1, 162, 7. Vs. 25, 30. Ts. 4, 6, 8, 3. N. 6, 22
upa priyam panipnatam 9, 67, 29. Av. 7, 32, 1

upa preta kuşikāş 3, 53, 11. N. 7, 2
upa bradhnam vāvātā 8, 4, 14
upa brahmāṇi harivo 10, 104, 6
upamam tvā maghonām 8, 53, 1
upa mā pepişat tamah 10, 127, 7
upa mā matir asthita 10, 119, 4
upa mā şyāvāh svanayena 1, 126, 3
upa mā shaḍ dvā-dvā 8, 68, 14
upa yam eti yuvatih 7, 1, 6. Ts. 4, 3, 14, 6
upa yo namo namasi 4, 21, 5
upa va eshe namasā 1, 186. 4
upa va eshe vandyebhih 5, 41, 7
upa şikshāpatasthusho 9, 19, 6. Sv. 2, 111
upa şvāsaya pṛithivīm 6, 47, 29. Av. 6, 126, 1. Vs. 29, 55. Ts. 4, 6, 6, 6. N. 9, 13
upasadyāya mīlhusha āsye 7, 15, 1
upa sarpa mātaram bhūmim 10, 18, 10. Av. 18, 3, 49. Ta. 6, 7, 1
upastutim namasa udyatim ca 1, 190, 3
upastutir aucathyam 1, 158, 4
upastuhi prathamam ratna° 5, 42, 7
upa stṛiṇītam atraye 8, 73, 3
upasthāyam carati 1, 145, 4
upasthāya mātaram annam 3, 48, 3
upa srakveshu bapsatah 8, 72, 15. Sv. 2, 832
upahūtāh pitarah somyāso 10, 15, 5. Av. 18, 3, 45. Vs. 19, 57. Ts. 2, 6, 12, 3
upa hvaye sudughām 1, 164, 26. Av. 7, 73, 7. 9, 10, 4. N. 11, 43
upa hvaye suhavam mārutam 10, 36, 7
upahvare girīṇām 8, 6, 28. Sv. 1, 143. Vs. 26, 15
upahvareshu yad 1, 87, 2. Ts. 4, 3, 13, 7
upājirā puruhūtāya 3, 35, 2
upāyātam dāşushe martyāya 7, 71, 2
upāvasṛija tmanyā 10, 110, 10. Av. 5, 12, 10. Vs. 29, 35. Tb. 3, 6, 3, 4. N. 8, 17
upāsmai gāyata narah 9, 11, 1. Sv. 2, 1. 113. Vs. 33, 62. Tb. 1, 5, 9, 7
upedam upaparcanam 6, 28, 8. Av. 9, 4, 23. Tb. 2, 8, 8, 12
uped aham dhanadām 1, 33, 2
upem asṛikshi vājayur 2, 35, 1
upo adarşi şundhyuvo 1, 124, 4. N. 4, 16
upo nayasva vṛishaṇā 3, 35, 3
upopa me parā mṛişa 1, 126, 7. N. 3, 20
upo matih pṛicyate 9, 69, 2. Sv. 2, 721
upo ratheshu pṛishatīr 1, 39, 6
upo ruruce yuvatir na yoshā 7, 77, 1
upo shu jātam apturam 9, 61, 13. Sv. 1, 487. 2, 112. 685
upo shu şriṇuhī 1, 82, 1. Sv. 1, 416
upo ha yad vidatham 7, 93, 3. Tb 3, 6, 12, 1
upo harīṇām patim 8, 24, 14. Sv. 2, 860
ubhayam şriṇavac ca no 8, 61, 1. Sv. 1, 290. 2, 583. Av. 20, 113, 1
ubhayatah pavamānasya 9, 86, 6. Sv. 2, 237
ubhayam te na kshīyate 2, 9, 5
ubhayāso jātavedah syāma 2, 2, 12
ubhā u nūnam tad id 10, 106, 1
ubhā jigyathur na 6, 69, 8. Av. 7, 44, 1. Ts. 3, 2, 11, 2. 7, 1, 6, 7
ubhā devā divispṛişe° 1, 23, 2
ubhā devā nṛicakshasā 9, 5, 7
ubhā pibatam aşvinobhā 1, 46, 15. Vs. 34, 28
ubhābhyām deva savitah 9, 67, 25. Vs. 19, 43. Tb. 1, 4, 8, 2. 2, 6, 3, 4
ubhā vām indrāgnī āhuvadhyā 6, 60, 13. Vs. 3, 13. Ts. 1, 1, 14, 1. 5, 5, 1
ubhā şansā naryā mām 1, 185, 9
ubhā hi dasrā bhishajā 8, 86, 1
ubhe asmai pīpayatah 2, 27, 15
ubhe cid indra rodasī 7, 20, 4
ubhe dyāvāpṛithivī vişvaminve 9, 81, 5
ubhe dhurau vahnir 10, 101, 11
ubhe punāmi rodasī 1, 133, 1
ubhe bhadre joshayete 1, 95, 6
ubhe yat te mahinā 7, 96, 2

ubhe yad indra rodasī 10, 134, 1. Sv. 1, 379. 2, 440
ubhe suścandra sarpisho 5, 6, 9. Sv. 2, 374. Vs. 15, 43. Ts. 2, 2, 12, 7. 4, 4, 4, 6
ubhe somāvacākaśan 9, 32, 4
ubhobhayāvinn upa 10, 87, 3. Av. 8, 3, 3
urum yajñāya cakrathur hi 7, 99, 4
urum hi rājā varuṇaś 1, 24, 8. Vs. 8, 23. Ts. 1, 4, 45, 1
urugavyūtir abhayāni 9, 90, 4. Sv. 2, 760
urum gabhīram janushābhy 3, 46, 4
uru ṇas tanve tana 8, 68, 12
uru te jrayaḥ pary 1, 95, 9
urum nṛibhya urum gava 8, 68, 13
urum no lokam anu neshi 6, 47, 8. Av. 19, 15, 4. Ts. 2, 7, 13, 3. N. 7, 6
uru vām rathaḥ pari 4, 43, 5
uruvyacasā mahinī 1, 160, 2
uruvyacase mahine 7, 31, 11. Sv. 2, 1144
uruvyacā no mahishaḥ 10, 128, 8. Av. 5, 3, 8. Ts. 4, 7, 14, 3
uruśaṅsā namovṛidhā 3, 62, 17. Sv. 2, 14
urushyā ṇo abhiśasteḥ soma 1, 91, 15
urushyā ṇo mā parā dā 8, 71, 7
urūṇasāv asutṛipā 10, 14, 12. Av. 18, 2, 13. Ta. 6, 3, 1
urosh ṭa indra rādhaso 5, 38, 1. Sv. 1, 366
urau devā anibādhe 5, 42, 17. 43, 16
urau mahāñ anibādhe 3, 1, 11
urau vā ye antarikshe madanti 3, 6, 8
urvī pṛithvī bahule 1, 185, 7. Tb. 2, 8, 4, 8
urvī sadmanī bṛihatī 1, 185, 6
ulūkayātum 7, 104, 22. Av. 8, 4, 22
uvāca me varuṇo medhirāya 7, 87, 4
uvāsoshā uchāc 1, 48, 3
uve amba sulābhike 10, 86, 7. Av. 10, 126, 7

uvocitha hi maghavan 7, 37, 3
uśanā kāvyas tvā 8, 23, 17
uśanā yat parāvata 8, 7, 26
uśanā yat sahasyair 5, 29, 9
uśantas tvā ni dhīmahy 10, 16, 12. Av. 18, 1, 56. Vs. 19, 70. Ts. 2, 6, 12, 1
uśantā dūtā na dabhāya 7, 91, 2
uśanti ghā te amṛitāsa 10, 10, 3. Av. 18, 1, 3
uśann u shu ṇaḥ sumanā 4, 20, 4
uśik pāvako aratiḥ 10, 45, 7. Vs. 12, 24. Ts. 4, 2, 2, 2
uśik pāvako vasur 1, 60, 4
usha ā bhāhi 1, 48, 9
usha-usho hi vaso agram 10, 8, 4
ushaḥ pratīcī bhuvanāni 3, 61, 3
ushasaḥ pūrvā adha yad 3, 55, 1
ushasām na ketavo 10, 78, 7
ushas tac citram ā bharā 1, 92, 13. Sv. 2, 1081. Vs. 34, 33. N. 12, 6
ushas tam aśyām 1, 92, 8
ushā apa svasus tamaḥ 10, 172, 4. Sv. 1, 451. Av. 19, 12, 1
ushā uchantī samidhāne 1, 124, 1
ushāsānaktā bṛihatī 10, 36, 1
usho adyeha gomaty 1, 92, 14. Sv. 2, 1082
usho devy amartyā 3, 61, 2
usho na jāraḥ pṛithu 7, 10, 1
usho na jāro vibhāvo 1, 69, 9
usho bhadrebhir ā gahi 1, 49, 1
usho maghony ā vaha 4, 55, 9
usho yad agnim samidhe 1, 113, 9
usho yad adya bhānunā 1, 48, 15
usho ye te pra yāmeshu 1, 48, 4
usho vājam hi vaṅsva 1, 48, 11
usho vājena vājini 3, 61, 1
ushṭāreva pharvareshu 10, 106, 2
usrā veda vasūnām 9, 58, 2. Sv. 2, 408

ūtī devānām vayam 1, 136, 7
ūtī śacīvas tava 10, 104, 4. Av. 20, 33, 3
ūrubhyām te 10, 163, 4. Av. 2, 33, 5. 20, 96, 20
ūrjam gāvo yavase 10, 100, 10
ūrjam no dyauś ca 6, 70, 6
ūrjā devāñ avasy 8, 36, 3

ūrjo napāj jātavedaḥ 10, 140, 8. Sv. 2, 1168. Vs. 12, 108. Ts. 4, 2, 7, 2
ūrjo napātaṃ sa hināyam 6, 48, 2. Sv. 2, 54. Vs. 27, 44
ūrjo napātaṃ subhagaṃ 8, 19, 4. Sv. 2, 764
ūrjo napātam adhvare 3, 27, 12
ūrjo napātam ā huve 8, 44, 13. Sv. 2, 1062
ūrjo napāt sahasāvann 10, 115, 8
ūrṇamradā vi prathasvā 5, 5, 4
ūrdhva ū shu ṇa ūtaye 1, 36, 13. Sv. 1, 57. Vs. 11, 42. Ts. 4, 1, 4, 2. Tb. 3, 6, 1, 2
ūrdhva ū shu ṇo adhvarasya 4, 6, 1
ūrdhvaṃ ketuṃ savitā devo 4, 14, 2
ūrdhvaṃ nunudre 1, 85, 10
ūrdhvam bhānuṃ savitā 4, 13, 2
ūrdhvas tishṭhā na ūtaye 1, 30, 6. Sv. 2, 951. Av. 20, 45, 3
ūrdhvā dhītiḥ praty 1, 119, 2
ūrdhvā yat te tretinī 10, 105, 9
ūrdhvāsas tvānv indavo 7, 81, 9
ūrdhvā hi te dive-dive 8, 45, 12
ūrdhvo agniḥ sumatiṃ 7, 39, 1
ūrdhvo gandharvo adhi nāke asthāt pratyaṅ 10, 123, 7. Sv. 2, 1197
ūrdhvo gandharvo adhi nāke asthād viṣvā 9, 85, 12
ūrdhvo grāvā bṛihad agniḥ 10, 70, 7
ūrdhvo grāvā vasavo 10, 100, 9
ūrdhvo naḥ pāhy aṅhaso 1, 36, 14. Tb. 3, 6, 1, 2
ūrdhvo bhava prati vidhyā 4, 4, 5. Vs. 13, 13. Ts. 1, 2, 14, 2
ūrdhvo vāṃ gātur 3, 4, 4
ūrdhvo vām agnir adhvareshv 6, 63, 4
ūrdhvo hy asthād adhy 2, 30, 3
ūrmir yas te pavitra ā 9, 64, 11

ṛiksāmābhyām abhihitau 10, 85, 11. Av. 14, 1, 11
ṛicā kapotaṃ 10, 165, 5. Av. 6, 28, 1
ṛicāṃ tvaḥ posham 10, 71, 11. N. 1, 8
ṛico akshare parame 1, 164, 39. Av. 9, 10, 18. Tb. 3, 10, 9, 14. Ta. 2, 11, 1. N. 13, 10
ṛijipya īm indrāvato 4, 27, 4
ṛijīte pari vṛiṅdhi no 6, 75, 12. Vs. 29, 49. Ts. 4, 6, 6, 4
ṛijīty enī ruṣatī 10, 75, 7
ṛijīpī ṣyeno 4, 26, 6
ṛijīshī vajrī vṛishabhas 5, 40, 4. Av. 20, 12, 7
ṛijuḥ pavasva vṛijinasya 9, 97, 43
ṛijunītī no varuṇo 1, 90, 1. Sv. 1, 218. N. 6, 21
ṛijur ic chaṅso 2, 26, 1
ṛijram ukshaṇyāyane 8, 25, 22. N. 5, 15
ṛijrāv indrota ā dade 8, 68, 15
ṛitaṃ yemāna ṛitam 4, 23, 10
ṛitaṃ vadann ṛitadyumna 9, 113, 4
ṛitaṃ voce namasā 4, 5, 11
ṛitaṃ ṣaṅsanta ṛiju 10, 67, 2. Av. 20, 91, 2
ṛitajyena kshipreṇa 2, 24, 8
ṛitaṃ ca satyaṃ cābhīddhāt 10 190, 1. Ta. 10, 1, 13
ṛitaṃ cikitva ṛitam ic 5, 12, 2
ṛitadhītaya ā gata 5, 51, 2
ṛitaṃ dive tad avocam 1, 185, 10
ṛitaṃ devāya kṛiṇvate 2, 30, 1
ṛitam ṛitena sapanteshiraṃ 5, 68, 4. Sv. 2, 816
ṛitasya gopā na dabhāya 9, 73, 8
ṛitasya gopāv adhi 5, 63, 1
ṛitasya jihvā pavate madhu 9, 75, 2. Sv. 2, 51
ṛitasya tantur vitataḥ 9, 73, 9
ṛitasya dṛiḷhā dharuṇāni 4, 23, 9
ṛitasya devā anu 1, 65, 3
ṛitasya pathi vedhā 6, 44, 8
ṛitasya preshā 1, 68, 5
ṛitasya budhna ushasām 3, 61, 7
ṛitasya raṣmim anuyachamānā 1, 123, 13
ṛitasya vā keṣinā 3, 6, 6
ṛitasya vo rathyaḥ pūta° 6, 51, 9
ṛitasya hi dhenavo 1, 73, 6
ṛitasya hi prasitir 10, 92, 4
ṛitasya hi vartanayaḥ 10, 5, 4
ṛitasya hi ṣurudhaḥ 4, 23, 8. N. 6, 16. 10, 41
ṛitasya hi sadaso dhītir 10, 111, 2
ṛitāyinī māyinī 10, 5, 3
ṛitāvarī divo arkair 3, 61, 6

ṛitāvāna ṛitajātā ṛitāvṛidho 7, 66, 13
ṛitāvānaṃ yajñiyaṃ vipram 3, 2, 13
ṛitāvānaṃ vicetasam paçyanto 4, 7, 3
ṛitāvānaḥ praticakshyānṛitā 2, 24, 7
ṛitāvānam ṛitāyavo 8, 23, 9
ṛitāvānam mahishaṃ viçva° 10, 140, 6. Sv. 2, 1171. Vs. 12, 111. Ts. 4, 2, 7, 3
ṛitāvānā ni shedatuḥ 8, 25, 8
ṛitāvā yasya rodasī 3, 13, 2
ṛitur janitrī 2, 13, 1
ṛitena ṛitaṃ dharuṇaṃ 5, 15, 2
ṛitena ṛitaṃ niyatam 4, 3, 9
ṛitena ṛitam apihitaṃ 5, 62, 1
ṛitena devaḥ savitā çamāyata 8, 86, 5
ṛitena devīr amṛitā 4, 3, 12
ṛitena mitrāvaruṇāv 1, 2, 8. Sv. 2, 198
ṛitena yāv ṛitāvṛidhāv 1, 23, 5. Sv. 2, 144
ṛitena hi shmā vṛishabhaç 4, 3, 10
ṛitenādriṃ vy asan 4, 3, 11
ṛite sa vindate yudhaḥ 8, 27, 17
ṛidūdareṇa sakhyā 8, 48, 10. Ts. 2, 2, 12, 3. N. 6, 4
ṛidhak sā vo maruto 7, 57, 4
ṛidhak soma svastaye 9, 64, 30. Sv. 2, 6
ṛidhag itthā sa martyaḥ 8, 101, 1. Vs. 33, 87
ṛidhad yas te sudānave 6, 2, 4. Sv. 1, 365
ṛidhyāma stomaṃ sanuyāma 10, 106, 11
ṛibhukshaṇaṃ na vartava 8, 45, 29
ṛibhukshaṇam indram ā huva 1, 111, 4
ṛibhukshaṇo vājā mādayadhvam 7, 48, 1
ṛibhuto rayiḥ 4, 36, 5
ṛibhumantā vṛishaṇā 8, 35, 15
ṛibhum ṛibhukshaṇo rayiṃ 4, 37, 5
ṛibhur ṛibhukshā ṛibhur 10, 93, 8
ṛibhur ṛibhubhir abhi vaḥ 7, 48, 2. N. 5, 2
ṛibhur na indraḥ 1, 110, 7
ṛibhur na rathyaṃ navaṃ 9, 21, 6
ṛibhur bharāya saṃ çiçātu 1, 111, 5
ṛibhur vibhvā vāja 4, 34, 1
ṛibhuç cakra īḍyaṃ 3, 5, 6
ṛiçyo na tṛishyann 8, 4, 10
ṛishabham mā samānānāṃ 10, 166, 1
ṛishiṃ narāv aṅhasaḥ 1, 117, 3
ṛishimanā ya ṛishikṛit 9, 96, 18. Sv. 2, 526
ṛishir na stubhvā 1, 66, 4
ṛishir vipraḥ puraetā 9, 87, 3. Sv. 2, 29
ṛishir hi pūrvajā 8, 6, 41
ṛishe mantrakṛitāṃ stomaiḥ 9, 114, 2
ṛishṭayo vo maruto 5, 57, 6
ṛishvas tvam indra çūra 10, 148, 2
ṛishvā te pādā pra 10, 73, 3

eka evāgnir bahudhā 8, 58, 2
ekaṃ vi cakra camasaṃ 4, 36, 4
ekaḥ samudro dharuṇo 10, 5, 1
ekaḥ suparṇaḥ sa 10, 114, 4. Ait. ā. 3, 6. N. 10, 46
ekaṃ camasaṃ caturaḥ 1, 161, 2
ekaṃ ca yo viṅçatiṃ ca 7, 18, 11
ekaṃ nu tvā satpatim 5, 32, 11
ekapād bhuyo 10, 117, 8. Av. 13, 2, 27. 3, 25
ekayā pratidhāpibat 8, 77, 4. N. 5, 10
ekarāḷ asya bhuvanasya 8, 37, 3
ekas tvashṭur açvasyā 1, 162, 19 Vs. 25, 42. Ts. 4, 6, 9, 3
ekasmin yoge bhuraṇā 7, 67, 8
ekasya cin me vibhv 1, 165, 10.
ekasyā vastor 1, 116, 21
ekācetat sarasvatī 7, 95, 2
eko dve vasumatī 3, 30, 11
eko bahūnām asi manyav 10, 84, 4. Av. 4, 31, 4
eta u tye avīvaçan 9, 21, 7
eta u tye patayanti 7, 104, 20. Av. 8, 4, 20
eta u tye praty adṛiçran 1, 191, 5
etaṃ vāṃ stomam açvināv 10, 39, 14
etaṃ çaṅsam indrāsmayush ṭvaṃ 10, 93, 11
etaṃ çardhaṃ dhāma 1, 122, 12

etac cana tvo vi 1, 152, 2
etat ta indra vīryaṃ 8, 54, 1
etat tyat ta indra vrishṇa 1, 100, 17
etat tyat ta indriyam 6, 27, 4
etat tyan na yojanam 1, 88, 5. N. 5, 4
etad asyā anaḥ ṣaye 4, 30, 11. N. 11, 48
etad ghed uta vīryam 4, 30, 8
etad vaco jaritar māpi 3, 33, 8
etaṃ te stomaṃ tuvijāta 5, 2, 11. Tb. 2, 4, 7, 4
etaṃ tyaṃ harito daṣa 9, 38, 3. Sv. 2, 629
etaṃ tritasya yoshaṇo 9, 38, 2. Sv. 2, 625
etam u tyaṃ daṣa kshipo mṛijanti sapta dhītayaḥ 9, 15, 8. Sv. 2, 623
etam u tyaṃ daṣa kshipo mṛijanti sindhumātaram 9, 61, 7. Sv. 2, 431
etam u tyam madacyutaṃ 9, 108, 11. Sv. 1, 581
etam mṛijanti marjyam upa droṇeshv 9, 15, 7. Sv. 2, 618
etam mṛijanti marjyam pavamānaṃ 9, 46, 6
etam me stomaṃ tanā 10, 93, 12
etam me stomam urmye 5, 61, 17
etā agna āṣushaṇāsa 7, 93, 8
etā arshanti hṛidyāt 4, 58, 5. Vs. 17, 93. 18, 38
etā arshanty alalā° 4, 18, 6
etā u tyā ushasaḥ 1, 92, 1. Sv. 2, 1105. N. 12, 7
etā u tyāḥ praty adṛiṣran 7, 78, 3
etā cikitvo bhūmā 1, 70, 6
etā cyautnāni te kṛitā 8, 77, 9
etā te agna ucathāni vedho jushṭāni 1, 73, 10
etā te agna ucathāni vedho 'vocāma 4, 2, 20
etā te agne janimā 3, 1, 20
etā tyā te ṣrutyāni 10, 138, 6
etā dhiyaṃ kṛiṇavāmā 5, 45, 6
etāni dhīro niṇyā ciketa 7, 56, 4
etāni bhadrā kalaṣa 10, 32, 9
etāni vāṃ ṣravasyā 1, 117, 10
etāni vām aṣvinā vardhanāni 2, 39, 8
etāni vām aṣvinā vīryāṇi 1, 117, 25
etāni soma pavamāno 9, 78, 5
etā no agne saubhagā 7, 3, 10. 4, 10
etāny agne navatiṃ sahasrā 10, 98, 11
etāny agne navatir 10, 98, 10
etāyāmopa gavyanta 1, 33, 1
etāvatas cid eshāṃ sumnam 8, 7, 15
etāvatas ta īmaha indra 8, 49, 9
etāvatas te vaso vidyāma 8, 50, 9
etāvad vāṃ vṛishaṇvasū 8, 5, 27
etāvad ved ushas 5, 79, 10
etāvān asya mahimā 10, 90, 3. Av. 19, 6, 3. Vs. 31, 3. Ta. 3, 12, 1
etā viṣvā cakṛivāñ 5, 29, 14
etā viṣvā vidushe 4, 3, 16
etā viṣvā savanā tūtumā 10, 50, 6. N. 5, 25
etā vo vaṣmy udyatā 2, 31, 7
eti pra hotā vrataṃ 1, 144, 1
ete asṛigram āṣavo 'ti 9, 63, 4
ete asṛigram indavas tiraḥ 9, 62, 1. Sv. 2, 180
ete ta indra jantavo 1, 81, 9. Av. 20, 56, 6
ete tye bhānavo darṣatāyāṣ 7, 75, 3
ete tye vṛithag agnaya 8, 43, 5
ete dyumnebhir viṣvam ātiranta 7, 7, 6
ete dhāmāny āryā 9, 63, 14
ete dhāvantīndavaḥ 9, 21, 1
ete naraḥ svapaso 10, 76, 8
etenāgne brahmaṇā 1, 31, 18
ete pūtā vipaṣcitaḥ somāso dadhyāṣiraḥ | vipā 9, 22, 3
ete pūtā vipaṣcitaḥ somāso dadhyāṣiraḥ | sūryāso na 9, 101, 12. Sv. 2, 452
ete pṛishṭhāni rodasor 9, 22, 5
ete mṛishṭā amartyāḥ 9, 22, 4
ete vadanti ṣatavat 10, 94, 2
ete vadanty avidann anā 10, 94, 3
ete vātā ivoravaḥ 9, 22, 2
ete viṣvāni vāryā 9, 21, 4
ete samībhiḥ suṣamī 10, 28, 12
ete somā ati vārāṇy avyā 9, 88, 6
ete somā abhi gavyā 9, 87, 5

ete somā abhi priyam 9, 8, 1. Sv. 2, 528
ete somā asṛikshata 9, 62, 22. Sv. 2, 411
ete somāḥ pavamānāsa 9, 69, 9
ete somāsa āsavo 9, 22, 1
ete somāsa indavaḥ 9, 46, 3
ete stomā naraṃ nṛitama 7, 19, 10. Av. 20, 37, 10
eto nv adya sudhyo 5, 45, 5
eto nv indraṃ stavāma ṣuddhaṃ 8, 95, 7. Sv. 1, 350. 2, 752
eto nv indraṃ stavāma sakhāyaḥ 8, 24, 19. Av. 20, 65, 1
eto nv indraṃ stavāmeṣānaṃ 8, 81, 4
etau me gāvau pramarasya 10, 27, 20
edam maruto aṣvinā 5, 26, 9
ed u madhvo madintaraṃ 8, 24, 16. Sv. 1, 385. 2, 1034. Av. 20, 64, 4
enāṅgūsheṇa vayam indravanto 1, 105, 19. N. 5, 11.
enā mandāno jahi ṣūra 6, 44, 17
enā vayam payasā 3, 33, 4
enā viṣvāni arya ā 9, 61, 11. Sv. 2, 24. Vs. 26, 18
enā vo agniṃ namaso° 7, 16, 1. Sv. 1, 45. 2, 99. Vs. 15, 32. Ts. 4, 4, 4, 4. N. 3, 21
endum indrāya siñcata 8, 24, 13. Sv. 1, 386. 2, 859
endo pārthivaṃ rayiṃ 9, 29, 6
endra no gadhi priyaḥ 8, 98, 4. Sv. 1, 393. 2, 597. Av. 20, 64, 1
endra yāhi pītaye 8, 33, 13
endra yāhi matsva 8, 1, 23
endra yāhi haribhir upa kaṇvasya 8, 34, 1. Sv. 1, 348. 2, 1157
endra yāhy upa naḥ 1, 130, 1. Sv. 1, 459
endravāho nṛipatiṃ 10, 44, 3. Av. 20, 94, 3
endra sānasiṃ rayiṃ 1, 8, 1. Sv. 1, 129. Av. 20, 70, 17. Ts. 3, 4, 11, 3. Tb. 3, 5, 7, 3
endrasya kukshā pavate 9, 80, 3
endro barhiḥ sīdatu 10, 36, 5
ebhir dyubhiḥ sumanā 1, 53, 4. Av. 20, 21, 4
ebhir na indrāhabhir 7, 28, 4
ebhir nṛibhir indra tvāyubhish 4, 16, 19
ebhir no arkair bhavā 4, 10, 3. Sv. 2, 1129. Vs. 15, 46. Ts. 4, 4, 4, 7
ebhir bhava sumanā agne 4, 3, 15
emā agman revatīr 10, 30, 14
em āṣum āṣave 1, 4, 7. Av. 20, 68, 7
em enaṃ sṛijatā 1, 9, 2. Av. 20, 71, 8. N. 1, 10
em enam pratyetana 6, 42, 2. Sv. 2, 791
evāñ agniṃ vasūyavaḥ 5, 25, 9
evāñ agnim ajuryamur 5, 6, 10
evā kavis tuvīravāñ 10, 64, 16
evāgniṃ sahasyaṃ vasishṭho 7, 42, 6
evāgnir gotamebhir ṛitāvā 1, 77, 5
evāgnir martaiḥ saha 10, 115, 7
evā ca tvaṃ sarama 10, 108, 9
evā jajñānaṃ sahase 6, 38, 5
evā ta indo subhvaṃ 9, 79, 5
evā ta indrocatham ahema 2, 19, 7
evā tad indra indunā 10, 144, 6
evā tam āhur uta 7, 26, 4
evā tā viṣvā cakṛivāṅsam 6, 17, 13
evā te agne vimado 10, 20, 10
evā te agne sumatiṃ 5, 27, 3
evā te gṛitsamadāḥ 2, 19, 8
evā te vayam indra bhuñjatīnāṃ 10, 89, 17
evā te hāriyojanā 1, 61, 16. Av. 20, 35, 16
evā tvām indra vajrinn 4, 19, 1
evā deva devatāte pavasva 9, 97 27
evā devāñ indro vivye 10, 49, 11
evā na indo abhi devavītim 9, 97, 21
evā na indra vāryasya 7, 24, 6. 25, 6
evā na indrotibhir ava 5, 33, 7
evā na indro maghavā 4, 17, 20
evā naḥ soma parishicyamāna ā pavasva 9, 97, 36. Sv. 2, 211
evā naḥ soma parishicyamāno vayo 9, 68, 10
evā napāto mama tasya 6, 50, 15
eva na spṛidhaḥ sam ajā 6, 25, 9
evā nūnam upa stuhi 8, 24, 23. Av. 20, 66, 2
evā nṛibhir indraḥ suṣravasyā 1, 178, 4

evā no agne amṛiteshu 2, 2, 9
evā no agne vikshv ā daṣasya 7, 43, 5
evā no agne samidhā 1, 95, 11. 96, 9
evā patiṃ droṇasācaṃ 10, 44, 4. Av. 20, 94, 4
evā pavasva madiro 9, 97, 15. Sv. 2, 158
evā pāhi pratnathā 6, 17, 3. Av. 20, 8, 1. Tb. 2, 5, 8, 11
evā pitre viṣvadevāya 4, 50, 6. Av. 20, 88, 6 Ts. 1, 8, 22, 2
evā punāna indrayur 9, 6, 9
evā punāno apaḥ svar 9, 91, 6
evā plateḥ sūnur 10, 63, 17. 64, 17
evā babhro vṛishabha 2, 33, 15. Tb. 2, 8, 6, 9
evā mahas tuvijātas 1, 190, 8
evā mahān bṛihaddivo 10, 120, 9. Av. 5, 2, 9. 20, 107, 12
evā maho asura vakshathāya 10, 99, 12. N. 5, 3
evāmṛitāya mahe kshayāya 9, 109, 3 Sv. 2, 718
evā rājeva kratumāñ 9, 90, 6
evā rātis tuvīmagha 8, 92, 29. Sv. 2, 175. Av. 20, 60, 2
evāre vṛishabhā sute 8, 45, 38
evā vandasva varuṇam 8, 42, 2. Tb. 2, 5, 8, 4
evā vasishṭha indram 7, 26, 5
evā vasvaḥ indraḥ satyaḥ 4, 21, 10
evā vām ahva ūtaye yathāhuvanta medhirāḥ | indrāgnī 8, 38, 9
evā vām ahva ūtaye yathāhuvanta medhirāḥ | nāsatyā 8, 42, 6
evā satyam maghavānā 4, 28, 5
evā hi te vibhūtaya 1, 8, 9. Av. 20, 60, 5. 71, 5
evā hi te ṣaṃ savanā 1, 173, 8
evā hi tvām ṛituthā 5, 32, 12
evā hi māṃ tavasaṃ vardhayanti 10, 28, 6
evā hi māṃ tavasaṃ jajñur 10, 28, 7
evā hy asi vīrayur 8, 92, 28. Sv. 1, 232. 2, 174. Av. 20, 60, 1
evā hy asya kāmyā 1, 8, 10. Av. 20, 60, 6. 71 6
evā hy asya sūnṛitā 1, 8, 8. Av. 20, 60, 4. 71, 4
eved indraṃ vṛishaṇaṃ 7, 23, 6. Av. 20, 12, 6. Vs. 20, 54
eved indraḥ sute astāvi 6, 23, 10
eved indraḥ suhava 6, 29, 6
eved indrāya vṛishabhāya 4, 16, 20
eved ete prati mā 1, 165, 12
eved esha tuvikūrmir 8, 2, 31
eved eshā purutamā 1, 124, 6
eved yūne yuvatayo 10, 30, 6
evena sadyaḥ pary eti 1, 128, 3
evendrāgnibhyām ahāvi 5, 86, 6
evendrāgnibhyām pitṛivan 8, 40, 12
evendrāgnī papivāṅsā 1, 108, 13
even nu kaṃ sindhum 7, 33, 3
evaivāpāg apare 10, 44, 7. Av. 20, 94, 7
esha indrāya vāyave 9, 27, 2. Sv. 2, 637
esha u sya puruvrato 9, 3, 10. Sv. 2, 615
esha u sya vṛishā ratho 9, 38, 1. Sv. 2, 624
esha etāni cakārendro 8, 2, 34
esha kavir abhishṭutaḥ 9, 27, 1. Sv. 2, 636
esha ksheti rathavītir 5, 61, 19
esha gavyur acikradat 9, 27, 4. Sv. 2, 639
esha grāveva jaritā 5, 36, 4
esha chāgaḥ puro 1, 162, 3. Vs. 25, 26. Ts. 4, 6, 8, 1
esha tunno abhishṭutaḥ 9, 67, 20
esha te deva netā 5, 50, 5
esha divaṃ vi dhāvati 9, 3, 7. Sv. 2, 612
esha divaṃ vy āsarat 9, 3, 8. Sv. 2, 613
esha devaḥ ṣubhāyate 9, 28, 3. Sv. 2, 632
esha devo amartyaḥ 9, 3, 1. Sv. 2, 606
esha devo rathāryati 9, 3, 5. Sv. 2, 609. N. 6, 28
esha devo vipanyubhiḥ 9, 3, 3. Sv. 2, 610
esha devo vipā kṛito 9, 3, 2. Sv. 2, 611
esha drapso vṛishabho 6, 41, 3
esha dhiyā yāty aṇvyā 9, 15, 1. Sv. 2, 616
esha nṛibhir vi nīyate 9, 27, 3. Sv. 2, 638

esha pavitre aksharat 9, 28, 2. Sv. 2, 631
esha punāno madhumāñ 9, 110, 11
esha purū dhiyāyate 9, 15, 2. Sv. 2, 617
esha pra koṣe madhumāñ 9, 77, 1. Sv. 1, 556
esha pratnena janmanā 9, 3, 9. Sv. 2, 108. 614
esha pratnena manmanā 9, 42, 2. Sv. 2, 109
esha pratnena vayasā 9, 97, 47
esha pra pūrvīr ava 1, 56, 1
esha rukmibhir īyate 9, 15, 5. Sv. 2, 620
esha vasūni pibdanā 9, 15, 6. Sv. 2, 622
esha va stomo maruta iyaṃ 1, 165, 15. 167, 11. 168, 10
esha va stomo maruto namasvān 1, 171, 2
esha vāṃ stomo aṣvināv 1, 184, 5
esha vājī hito nṛibhir 9, 28, 1. Sv. 2, 630
esha vāṃ devāv aṣvinā 4, 15, 9
esha viprair abhishṭuto 9, 3, 6. Sv. 2, 607
esha viṣvavit pavate 9, 97, 56
esha viṣvāni vāryā 9, 3, 4. Sv. 2, 608
esha vṛishā kanikradad 9, 28, 4. Sv. 2, 633
esha vṛishā vṛishavrataḥ 9, 62, 11
esha ṣushmy adābhyaḥ 9, 28, 6. Sv. 2, 641
esha ṣushmy asishyadat 9, 27, 6. Sv. 2, 640
esha ṣriñgāṇi dodhuvac 9, 15, 4. Sv. 2, 621
esha sunvānaḥ pari somaḥ 9, 87, 7
esha sūryam arocayat 9, 28, 5. Sv. 2, 634
esha sūryeṇa hāsate 9, 27, 5. Sv. 2, 635
esha somo adhi tvaci 9, 66, 29
esha stoma indra tubhyam 1, 173, 13
esha stomo acikradad 7, 20, 9
esha stomo maha ugrāya 7, 24, 5. Ait. a. 1, 21
esha stomo mārutaṃ ṣardho 5, 42, 15
esha stomo varuṇa mitra 7, 64, 5. 65, 5
esha sya kārur jarate 7, 68, 9
esha sya te tanvo 2, 36, 5. Av. 20, 67, 6
esha sya te pavata indra 9, 97, 46
esha sya te madhumāñ 9, 87, 4. Sv. 1, 531
esha sya dhārayā suto 9, 108, 5. Sv. 1, 584
esha sya pari shicyate 9, 62, 13
esha sya pītaye suto 9, 38, 6. Sv. 2, 628
esha sya bhānur ud iyarti 4, 45, 1
esha sya madyo raso 9, 38, 5. Sv. 2, 627
esha sya mānushīshv ā 9, 38, 4. Sv. 2, 626
esha sya mitrāvaruṇā nṛicakshā 7, 60, 2
esha sya vāṃ pūrvagatveva 7, 67, 7
esha sya somaḥ pavate 9, 84, 4
esha sya somo matibhiḥ 9, 96, 15
esha hito vi nīyate 9, 15, 3. Sv. 2, 619
eshā gobhir aruṇebhir 5, 80, 3
eshā janaṃ darṣatā 5, 80, 2
eshā divo duhitā praty adarṣi jyotir 1, 124, 3
eshā divo duhitā praty adarṣi vyuchantī 1, 113, 7
eshā netrī rādhasaḥ 7, 76, 7
eshā pratīcī duhitā 5, 80, 6
eshā yayau paramād antar 9, 87, 8
eshāyukta parāvataḥ 1, 48, 7
eshā vyenī bhavati 5, 80, 4
eshā ṣubhrā na tanvo 5, 80, 5
eshā syā navyam āyur 7, 80, 2
eshā syā no duhitā divojāḥ 6, 65, 1
eshā syā yujānā 7, 75, 4
eshā syā vo maruto 1, 88, 6
esho ushā apūrvyā 1, 46, 1. Sv. 1, 178. 2, 1078
eha gamann ṛishayaḥ 10, 108, 8
eha devā mayobhuvā 1, 92, 18. Sv. 2, 1085
eha vāṃ prushitapsavo 8, 5, 33
eha harī brahmayujā 8, 2, 27. Sv. 2, 1008

ehi prehi kshayo 8, 64, 4
ehi manur devayur 10, 51, 5
ehi vāṃ vimuco napād 6, 55, 1. N. 5, 9
ehi stomāñ abhi svarābhi 1, 10, 4
ehy agna iha hotā 1, 76, 2
ehy ū shu bravāṇi te 6, 16, 16. Sv. 1, 7. 2, 55. Vs. 26, 13

aichāma tvā bahudhā 10, 51, 3
aitān ratheshu tasthushaḥ 5, 53, 2
aitu pushā rayir 8, 31, 11
aibhir agne duvo giro 1, 14, 1
aibhir agne saratham 3, 6, 9. Av. 20, 13, 4
aibhir dade vṛishṇyā 10, 55, 7. Sv. 2, 1134
aishu cākandhi puruhūta 10, 147, 3
aishu cetad vṛishaṇvaty 8, 68, 18
aishu dyāvāpṛithivī 10, 93, 10
aishu dhā vīravad yaṣa 5, 79, 6

okivāṅsā sute sacāñ 6, 59, 3
o cit sakhāyaṃ sakhyā 10, 10, 1. Sv. 1, 340. Av. 18, 1, 1
ojas tad asya titvisha 8, 6, 5. Sv. 1, 182. 2, 1003. Av. 20, 107, 2
ojishṭhaṃ te madhyato 3, 21, 5. Tb. 3, 6, 7, 2
o tyam ahva ā ratham 8, 22, 1
o tye nara indram 1, 104, 2
omānam āpo mānushīr 6, 50, 7
omāsaṣ carshaṇīdhṛito 1, 3, 7. Ait. ā. 1, 4. Vs. 7, 33. Ts. 1, 4, 16, 1. N. 12, 40
orv aprā amartyā 10, 127, 2
o ṣrushṭir vidathyā 7, 40, 1
oshadhayaḥ saṃ vadante 10, 97, 22. Vs. 12, 96. Ts. 4, 2, 6, 5
oshadhīḥ prati modadhvam 10, 97, 3. Vs. 12, 77. Ts. 4, 2, 6, 1
oshadhīr iti mātaras 10, 97, 4. Vs. 12, 78. Ts. 4, 2, 6, 1. N. 6, 3
osham it pṛithivīm ahaṃ 10, 119, 10
o shu ghṛishvirādhaso 7, 59, 5
o shu pra yāhi vājebhir 8, 2, 19. Sv. 1, 227
o shu vṛishṇaḥ prayajyūn 8, 7, 33
o shu svasāraḥ kārave 3, 33, 9
o shū ṇo agne 1, 139, 7

oshṭhāv iva madhv 2, 39, 6
o sushṭuta indra yāhy 1, 177, 5

auchat sā rātrī 5, 30, 14
aurvabhṛiguvac chucim 8, 102, 4 Sv. 1, 18. Ts. 3, 1, 11, 8

ka imaṃ vo niṇyam 1, 95, 4
ka imaṃ dasabhir mame° 4, 24, 10
ka īṃ veda sute sacā 8, 33, 7. Sv. 1, 297. 2, 1046. Av. 20, 53, 1. 57, 11
ka īṃ vyaktā 7, 56, 1. Sv. 1, 433
ka īṃ stavat kaḥ 6, 47, 15
ka īshate tujyate 1, 84, 17. N. 14, 26
ka u nu te mahimanaḥ 10, 54, 3
ka u ṣravat katamo 4, 43, 1
kaṃ yāthaḥ kaṃ ha gachathaḥ 5, 74, 3
kaḥ kumāram ajanayad 10, 135, 5
kaḥ svid vṛiksho 1, 182, 7
kakardave vṛishabho 10, 102, 6
kakuhaḥ somyo rasa 9, 67, 8
kakuhaṃ cit tvā kave 8, 45, 14
kaṅkato na kaṅkato 1, 191, 1
kaṇvā indraṃ yad akrata 8, 6, 3. Sv. 2, 658. Av. 20, 138, 3
kaṇvā iva bhṛigavaḥ 8, 3, 16. Sv. 2, 713. Av. 20, 10, 2. 59, 2
kaṇvāsa indra te matiṃ 8, 6, 31
kaṇvebhir dhṛishṇav ā dhṛishad 8, 33, 3. Sv. 2, 216. Av. 20, 52, 3. 57, 16
katarā pūrvā katarā 1, 185, 1. N. 3, 22
katy agnayaḥ kati 10, 88, 18
kathā kad asyā ushaso 4, 23, 5
kathā kavis tuvīravān 10, 64, 4
kathā ta etad aham ā ciketaṃ 10, 28, 5
kathā te agne ṣucayanta 1, 147, 1
kathā dāṣema namasā 5, 41, 16
kathā dāṣemāgnaye 1, 77, 1
kathā devānāṃ katamasya 10, 64, 1
kathā nūnaṃ vāṃ vimanā 8, 86, 2
kathā mahām avṛidhat 4, 23, 1
kathā mahe pushṭimbharāya 4, 3, 7
kathā mahe rudriyāya 5, 41, 11
kathā rādhāma sakhāya 1, 41, 7

kathā sardhāya marutām 4, 3, 8
kathā srinoti hūyamānam 4, 23, 3
kathā sabādhaḥ sasamāno 4, 23, 4
kathā ha tad varuṇāya 4, 3, 5
katho nu te pari carāṇi 5, 29, 13
kad atvishanta sūrayas 8, 94, 7
kadā kshatrasriyam 1, 25, 5
kadā gachātha maruta 8, 7, 30
kadā cana pra yuchasy 8, 52, 7. Vs. 8, 3. Ts. 1, 4, 22, 1
kadā cana starīr asi 8, 51, 7. Sv. 1, 300. Vs. 3, 34. 8, 2. Ts. 1, 4, 22, 1. 5, 6, 4
kadā ta indra girvaṇa 8, 13, 22
kadā bhuvan rathakshayāṇi 6, 35, 1
kadā martam arādhasam 1, 84, 8. Sv. 2, 693. Av. 20, 63, 5. N. 5, 17
kadā vaso stotram 10, 105, 1. Sv. 1, 228. N. 5, 12
kadā vām taugryo vidhat 8, 5, 22
kadā sūnuḥ pitaram jāta 10, 95, 12
kad itthā nṛīṅh pātram 1, 121, 1
kad u dyumnam indra 10, 29, 4. Av. 20, 76, 4
kad u priyāya dhāmno 5, 48, 1. N. 5, 5
kad u preshṭhāv ishām 1, 181, 1
kad u stuvanta ṛitayanta 8, 3, 14. Av. 20, 50, 2
kad ū nv asyākṛitam 8, 66, 9. Av. 20, 97, 3
kad ū mahīr adhṛishṭā 8, 66, 10. N. 6, 26
kad dha nūnam kadhapriyaḥ pitā 1, 38, 1
kad dha nūnam kadhapriyo yad 8, 7, 31
kad dhishṇyāsu 4, 3, 6
kad rudrāya pracetase 1, 43, 1. Ts. 10, 17, 1
kad va ṛitasya dharṇasi 1, 105, 6
kad vo adya mahānām 8, 94, 8
kanikradaj janusham 2, 42, 1. N. 9, 4
kanikradat kalase gobhir 9, 85, 5
kanikradad anu panthām ṛitasya 9, 97, 32
kanikranti harir ā 9, 95, 1. Sv. 1, 530
kanīnakeva vidradhe 4, 32, 23. N. 4, 15
kam te dānā asakshata 8, 64, 9
kau navyo atasīnām 8, 3, 13. Av. 20, 50, 1
kam nas citram ishaṇyasi 10, 99, 1
kanyā iva vahatum 4, 58, 9. Vs. 17, 97
kanyā vār avāyatī 8, 91, 1
kanyeva tanvā 1, 123, 10
kapṛin naraḥ 10, 101, 12. Av. 20, 137, 2
kam u shvid asya senayāgner 8, 75, 7. Ts. 2, 6, 11, 2
kam etam tvam yuvate 5, 2, 2
kayā tac chṛiṇve 4, 20, 9
kayā te agne aṅgira 8, 84, 4. Sv. 2, 899
kayā tvam na ūtyābhi 8, 93, 19. Sv. 2, 936. Vs. 36, 7
kayā nas citra ā bhuvad 4, 31, 1. Sv. 1, 169. 2, 32. Av. 20, 124, 1. Vs. 27, 39. 36, 4. Ts. 4, 2, 11, 2. Ts. 4, 42, 2
kayā no agna ṛitayann 5, 12, 3
kayā no agne vi vasaḥ 7, 8, 3
kayā subhā savayasaḥ 1, 165, 1
karambha oshadhe bhava 1, 187, 10
karṇagṛihyā maghavā 8, 70, 15
karhi svit tad indra yaj jaritre 6, 35, 3
karhi svit tad indra yan nṛibhir 6, 35, 2
karhi svit sā ta indra 10, 89, 14
kavim sasāsuḥ 4, 2, 12
kaviḥ kavitvā 10, 124, 7
kavim ketum dhāsim 7, 6, 2
kavim agnim upa stuhi 1, 12, 7. Sv. 1, 32
kavim iva pracetasam 8, 84, 2. Sv. 2, 595
kavim mṛijanti marjyam 9, 63, 20
kavir na niṇyam 4, 16, 3. Av. 20, 77, 3
kavir nṛicakshā abhi shīm 3, 54, 6
kavir vedhasyā pary eshi 9, 82, 2. Sv. 2, 668
kavī no mitrāvaruṇā 1, 2, 9. Sv. 2, 199
kas chandasām yogam 10, 114, 9
kas ta ushaḥ kadhapriye 1, 30, 20

kas tam indra tvāvasum 7, 32, 14. Sv. 1, 280. 2, 1032
kas te jāmir janānām 1, 75, 3. Sv. 2, 885
kas te mada indra rantyo 10, 29, 3. Av. 20, 76, 3
kas te mātaraṃ vidhavām 4, 18, 12
kas tvā satyo madānām 4, 31, 2. Sv. 2, 33. Av. 20, 124, 2. Vs. 27, 40. 36, 5. Ta. 4, 42, 3
kasmā adya sujātāya 5, 53, 12
kasya nūnaṃ katamasyā° 1, 24, 1
kasya nūnam parīṇaso 8, 84, 7. Sv. 1, 34
kasya brahmāṇi jujushur 1, 165, 2
kasya vṛishā sute sacā 8, 93, 20. Tb. 2, 4, 5, 1. 7, 13, 1
kasya svit savanaṃ vṛishā 8, 64, 8
kā ta upetir manaso 1, 76, 1
kā te asty araṃkṛitiḥ 7, 29, 3
kā maryādā vayunā 4, 5, 13
kāmas tad agre 10, 129, 4. Tb. 2, 4, 1, 10. 8, 9, 4. Ta. 1, 23, 1
kāyamāno vanā 3, 9, 2. Sv. 1, 53. N. 4, 14
kā rādhad dhotrāṣvinā 1, 120, 1
kārur ahaṃ tato 9, 112, 3. N. 6, 6
kā vām bhūd upamatiḥ 4, 43, 4
kāvyebhir adābhyā 7, 66, 17
kāsīt pramā pratimā 10, 130, 3. Av. 10, 7, 43. 44
kā sushṭutiḥ ṣavasaḥ sūnum 4, 24, 1
kiṃ sa ṛidhak 4, 18, 4
kiṃ subāho svañgure 10, 86, 8. Av. 20, 126, 8
kiṃ svid āsīd adhishṭhānam 10, 81, 2. Vs. 17, 18. Ts. 4, 6, 2, 4
kiṃ svid vanaṃ ka u sa vṛiksha āsa yato dyāvāpṛithivī nishṭatakshuḥ | manīshiṇo 10, 81, 4. Vs. 17, 20. Ts. 4, 6, 2, 5. Tb. 2, 8, 9, 6
kiṃ svid vanaṃ ka u sa vṛiksha āsa yato dyāvāpṛithivī nishṭatakshuḥ | saṃtasthāne 10, 31, 7
kiṃ svin no rājā jagṛihe 10, 12, 5. Av. 18, 1, 33
kitavāso yad riripur na 5, 85, 8. Ts. 3, 4, 11, 6
kiṃ te kṛiṇvanti kīkaṭeshu 3, 53, 14. N. 6, 32
kiṃ deveshu tyaja enaṣ 10, 79, 6
kiṃ na indra jighāṅsasi 1, 170, 2
kiṃ no asya draviṇaṃ 4, 5, 12
kiṃ no bhrātar agastya 1, 170, 3
kim añga tvā brahmaṇaḥ 6, 52, 3
kim añga tvā maghavan 10, 42, 3. Av. 20, 89, 3
kim añga radhracodanaḥ 8. 80, 3
kim atra dasrā kṛiṇuthaḥ 1, 182, 3
kim anye pary āsate 8, 8, 8
kim ayaṃ tvāṃ vṛishākapiṣ 10, 86, 3. Av. 20, 126, 3
kim asya made kim 6, 27, 1
kim āga āsa vāruṇa 7, 86, 4
kim ād amatraṃ 4, 23, 6
kim ād utāsi vṛitrahan 4, 30, 7
kim ichantī saramā 10, 108, 1. N. 11, 25
kim it te vishṇo pari° 7, 100, 6. Sv. 2, 975. Ts. 2, 2, 12, 5. N. 5, 8
kim idaṃ vām purāṇavaj 8, 73, 11
kim u ṣreshṭhaḥ kiṃ 1, 161, 1
kim u shvid asmai nivido 4, 18, 7
kim ū nu vaḥ kṛiṇavāmā 2, 29, 3
kim etā vācā kṛiṇavā 10, 95, 2. Ṣ P. 11, 5, 1, 7
kim bhrātāsad 10, 10, 11. Av. 18, 1, 12
kimmayaḥ svic camasa 4, 35, 4
kiyatī yoshā maryato 10, 27, 12
kiyat svid indro adhy 4, 17, 12
kiyāty ā yat 1, 113, 10
kīdṛiññ indraḥ sarame 10, 108, 3
kīriṣ cid dhi tvām avase 7, 21, 8
kutas tvam indra māhinaḥ 1, 165, 3. Vs. 33, 27
kutrā cid yasya samṛitau 5, 7, 2. Ts. 2, 1, 11, 3
kutsā ete haryaṣvāya 7, 25, 5
kutsāya ṣushṇam aṣushaṃ 4, 16, 12
kumāram mātā 5, 2, 1
kumāraṣ cit pitaraṃ 2, 33, 12
kuruṣravaṇam āvṛiṇi 10, 33, 4
kurmas ta āyur 10, 51, 7
kavic chakat kuvit 8, 91, 4
kuvit sa devīḥ sanayo 4, 51, 4
kuvitsasya pra hi 6, 45, 24. Sv. 2, 1018. Av. 20, 78, 3

kuvit su no gavishtaye 8, 75, 11. Sv. 2, 999. Ts. 2, 6, 11, 3
kuvid aṅga namasā ye 7, 91, 1
kuvid aṅga prati yathā 10, 64, 13
kuvid aṅga yavamanto 10, 131, 2. Av. 20, 125, 2. Vs. 10, 32. 19, 6. 28, 38. Ts. 1, 8, 21, 1. 5, 2, 11, 2. Tb. 2, 6, 1, 3
kuvid vṛishaṇyantībhyaḥ 9, 19, 5
kuvin no agnir ucathasya 1, 143, 6
kuvin mā gopāṃ karase 3, 43, 5
kushumbhakas tad 1, 191, 16
kuha tyā kuha na srutā 5, 74, 2
kuha yāntā sushṭutiṃ 1, 117, 12
kuha sruta indraḥ kasminn 10, 22, 1
kuha sthaḥ kuha jagmathuḥ 8, 73, 4
kuha svid doshā kuha 10, 40, 2. N. 3, 15
kucij jāyate sanayāsu 10, 4, 5
kūshṭho devāv asvinādyā 5, 74, 1
kṛiṇushva pājaḥ prasitiṃ 4, 4, 1. Vs. 13, 9. Ts. 1, 2, 14, 1. N. 6, 12
kṛiṇota dhumāṃ 3, 29, 9
kṛiṇoty asmai varivo 4, 24, 6
kṛiṇvanto varivo gave 9, 62, 3. Sv. 1, 182
kṛitaṃ cid dhi shmā sanemi 4, 10, 7
kṛitaṃ na svaghnī vi 10, 43, 5 Av. 20, 17, 5. N. 5, 22
kṛitaṃ no yajñaṃ vidatheshu 7, 84, 3
kṛitānīd asya kartvā 9, 47, 2
kṛite cid atra maruto 7, 57, 5
kṛidhi ratnaṃ yajamānāya 7, 16, 6
kṛidhi ratnaṃ susanitar 3, 18, 5
kṛidhī no ahrayo deva 10, 93, 9
kṛishann it phāla 10, 117, 7
kṛishṇaḥ sveto 'rusho 10, 20, 9
kṛishṇaṃ ta ema rusataḥ 4, 7, 9
kṛishṇaṃ niyānaṃ 1, 164, 47. Av. 6, 22, 1. 9, 10, 22. 13, 3, 9. Ts. 3, 1, 11, 4. N. 7, 24
kṛishṇaprutau vevije 1, 140, 3
kṛishṇāṃ yad enīm abhi 10, 3, 2. Sv. 2, 897
kṛishṇā yad goshv aruṇīshu 10, 61, 4
kṛishṇā rajāṅsi patsutaḥ 8, 43, 6
ketuṃ yajñānāṃ vidathasya 3, 3, 3
ketuṃ kṛiṇvan divas pari 9, 64, 8. Sv. 2, 309
ketuṃ kṛiṇvann aketave 1, 6, 3. Sv. 2, 820. Av. 20, 26, 6. 47, 12, 69, 11. Vs. 29, 37. Ts. 7, 4, 20, 1. Tb. 3, 9, 4, 3
ke te agne ripave 5, 12, 4
ke te nara indra ye ta 10, 50, 3
ketena sarman sacate 8, 60, 18
ke me maryakaṃ 5, 2, 5
kesy agniṃ kesī 10, 136, 1. N. 12, 26
ke shṭhā naraḥ sreshṭhatamā 5, 61, 1
ko agnim īṭṭe havishā 1, 84, 18. N. 14, 27
ko addhā veda ka iha pra vocat kuta 10, 129, 6. Tb. 2, 8, 9, 5
ko addhā veda ka iha pra vocad devāñ 3, 54, 5
ko adya naryo 4, 25, 1
ko adya yuṅkte 1, 84, 16. Sv. 1, 341. Av. 18, 1, 6, Ts. 4, 2, 11, 3. N. 14, 25
ko asya vīraḥ sadhamādam 4, 23, 2
ko asya veda prathamasyā° 10, 10, 6. Av. 18, 1, 7
ko asya sushmaṃ tavishīṃ 5, 32, 9
ko dadarsa prathamaṃ 1, 164, 4. Av. 9, 9, 4
ko devayantam asnavaj 1, 40, 7
ko devānām avo adyā 4, 25, 3
ko nānāma vacasā 4, 25, 2
ko nu maryā amithitaḥ 8, 45, 37. Ta. 1, 3, 1. N. 4, 2
ko nu vām mitrāvaruṇāv ṛitāyan 5, 41, 1
ko nu vām mitrāstuto 5, 67, 5
ko nv atra maruto 1, 165, 13
ko mā dadarsa katamaḥ 10, 51, 2
ko mṛilāti katama 4, 43, 2
ko va stomaṃ rādhati 10, 63, 6
ko vas trātā vasavaḥ 4, 55, 1
ko vāṃ dāsat sumataye 1, 158, 2
ko vām adya purūṇām 5, 74, 7
ko vām adyā karate 4, 44, 3. Av. 20, 143, 3
ko veda jānam eshāṃ 5, 53, 1
ko veda nūnam eshāṃ 5, 61, 14
ko vo 'ntar maruta 1, 168, 5
ko vo mahānti mahatām 5, 59, 4
ko vo varshishṭha ā 1, 37, 6

kratuprāvā jaritā 10, 100, 11
kratūyanti kratavo 10, 64, 2
kratūyanti kshitayo 4, 24, 4
kratva it pūrṇam udaram 8, 78, 7
kratvaḥ samaha dīnatā 7, 89, 3
kratvā dakshasya tarusho 3, 2, 3
kratvā dakshasya rathyam 9, 16, 2
kratvā dā astu 6, 16, 26. Tb. 2, 4, 6, 2
kratvā mahāñ anu° 1, 81, 4. Sv. 1, 423
kratvā yad asya tavishīshu 1, 128, 5
kratvā ṣukrebhir akshabhiḥ 9, 102, 8
kratvā hi droṇe ajyase 6, 2, 8
kratve dakshāya naḥ kave 9, 100, 5
kravyādam agnim pra hiṇomi 10, 16, 9. Av. 12, 2, 8. Vs. 35, 19
krāṇā rudrā maruto 10, 92, 6
krāṇā rudrebhir vasubhiḥ 1, 58, 3
krāṇā ṣiṣur mahīnāṃ 9, 102, 1 Sv. 1, 570. 2, 363
krīḷam vaḥ ṣardho 1, 37, 1. Ts. 4, 3, 13, 6. N. 7, 2
krīḷanty asya sūnṛitā 8, 13, 8
krīḷan no raṣma 5, 19, 5
krīḷur makho na 9, 20, 7. Sv. 2, 324
kvā tyāni nau sakhyā 7, 88, 5
kva tyā valgū 6, 63, 1
kva trī cakrā 1, 34, 9
kva nūnam sudānavo 8, 7, 20
kva nūnaṃ kad vo arthaṃ 1, 38, 2
kva vaḥ sumnā navyāṅsi 1, 38, 3
kva vo 'ṣvāḥ kvā° 5, 61, 2
kva sya te rudra mṛiḷayākur 2, 33, 7
kva sya vīraḥ ko apaṣyad 5, 30, 1
kva sya vṛishabho yuvā 8, 64, 7. Sv. 1, 142
kva syā vo marutaḥ 1, 165, 6. Tb. 2, 8, 3, 5
kva svid adya katamāsv 10, 40, 14
kva svid asya rajaso 1, 168, 6
kva svid āsāṃ katamā 4, 51, 6
kveyatha kved asi 8, 1, 7. Sv. 1, 271
kshatraṃ jinvatam uta 8, 35, 17
kshatrāya tvaṃ ṣravase 1, 113, 6
kshatrāya tvam avasi 8, 37, 6
kshapa usraṣ ca dīdihi 7, 15, 8
kshapo rājann uta 1, 79, 6. Sv. 2, 913. Vs. 15, 37. Ts. 4, 4, 4, 5
kshiyantaṃ tvam akshiyantaṃ 4, 17, 13
ksheti kshemebhiḥ sādhubhir 8, 84, 9
kshetram iva vi mamus 1, 110, 5
kshetrasya patinā vayaṃ 4, 57, 1. Ts. 1, 1, 14, 2. N. 10, 15
kshetrasya pate madhumantam 4, 57, 2. Ts. 1, 1, 14, 3 N. 10, 16
kshetrād apaṣyaṃ sanutaṣ 5, 2, 4
kshemasya ca prayujaṣ ca 8, 37, 5
kshemo na sādhuḥ 1, 67, 2

khe rathasya khe 8, 91, 7. Av. 14, 1, 41

gachataṃ dāṣusho gṛiham 8, 85, 6
gaṇānāṃ tvā gaṇapatiṃ 2, 23, 1. Ts. 2, 3, 14, 3
gantā no yajñaṃ yajñiyāḥ 5, 87, 9
gantārā hi stho 1, 17, 2
ganteyānti savanā 6, 23, 4
gandharva itthā padam 9, 83, 4
gamad vājaṃ vājayann 7, 32, 11
gamann asme vasūny 10, 44, 5. Av. 20, 94, 5
gambhīrāñ udadhīñr iva 3, 45, 3. Sv. 2, 1070
gambhīreṇa na uruṇā 6, 24, 9
gayasphāno amīvahā 1, 91, 12. Ts. 4, 3, 13, 5
garbhaṃ dhehi sinīvāli 10, 184, 2. Av. 5, 25, 3. Ṣ. P. 14, 9, 4, 20
garbhe nu nau janitā 10, 10, 5. Av. 18, 1, 5
garbhe nu sann anv 4, 27, 1. Ait. ā. 2, 24
garbhe mātuḥ pitush pitā 6, 16, 35. Sv. 2, 747
garbho yoshām adadhur 10, 58, 11
garbho yajñasya devayuḥ 8, 12, 11
garbho yo apāṃ 1, 70, 3
gavām iva ṣriyase 5, 59, 3
gavāṣiram manthinam 3, 32, 2
gavyanta indraṃ sakhyāya 4, 17, 16
gavyo shu ṇo yathā purā 8, 46, 10. Sv. 1, 186
gāthapatim medhapatiṃ 1 43, 4
gāthaṣravasaṃ satpatiṃ 8, 2, 38
gām añgaisha ā hvayati 10, 146, 4. Tb. 2, 5, 5, 7

gāyatreṇa prati 1, 164, 24. Av. 9, 10, 2
gāyat sāma nabhanyaṃ 1, 173, 1
gāyanti tvā gāyatriṇo 1, 10, 1. Sv. 1, 342 2, 694. Ts. 1, 6, 12, 2. N. 5, 5
gārhapatyena santya 1, 15, 12
gāva iva grāmaṃ 10, 149, 4
gāva upāvatāvatam 8, 72, 12. Sv. 1, 117. 2, 952. Vs. 13, 19. 71
gāvas cid ghā samanyavaḥ 8, 20, 21. Sv. 1, 404
gāvo na yūtham upa 8, 46, 30
gāvo bhago gāva indro 6, 28, 5. Av. 4, 21, 5. Tb. 2, 8, 8, 12
gāvo yavaṃ prayutā 10, 27, 8
girayaṣ cin ni jihate 8, 7, 34
giraṣ ca yās te 8, 2, 30
giras ta inda ojasā 9, 2, 7. Sv. 2, 393
girā jāta iha stuta 9. 62, 15
girā ya etā yunajad 7, 36, 4
girā yadī sabandhavaḥ 9, 14, 2
girā vajro na sambhṛitaḥ 8, 93, 9. Sv. 2, 574. Av. 20, 47, 3. 137, 14. Tb. 1, 5, 8, 3
girir na yaḥ svatavāñ 4, 20, 6
girīñr ajrān rejamānāñ 10, 44, 8. Av. 20, 94, 8
giro jushethām adhvaraṃ 8, 35, 6
girvaṇaḥ pāhi naḥ sutam 3, 40, 6. Sv. 1, 195. Av. 20, 6, 6
gīrṇam bhuvanaṃ 10, 88, 2
gīrbhir vipraḥ pramatim 7, 93, 4. Tb. 3, 6, 9, 1
guhā ṣiro nihitam 10, 79, 2
guhā satīr upa tmanā 8. 6, 8
guhā hitaṃ guhyaṃ 2, 11, 5
gūhatā guhyaṃ tamo 1, 86, 10
gṛiṇānā jamadagninā 3, 62, 18. Sv. 2, 15
gṛiṇāno aṅgirobhir dasma 1, 62, 5
gṛiṇe tad indra te ṣava 8, 62, 8. Sv. 1, 391
gṛibhītaṃ te mana indra 7, 24, 2
gṛibhṇāmi te saubhagatvāya 10, 85, 36. Av. 14, 1, 50
gṛishṭiḥ sasūva 4, 18, 10
gṛihaṃ-gṛiham ahanā 1, 123, 4
gṛihamedhāsa ā gata 7, 59, 10. Ts. 4, 3, 13, 5
gṛiho yāmy araṃkṛito 10, 119, 13

gojitā bāhu amitakratuḥ 1, 102, 6
gojin naḥ somo rathajid 9, 78, 4
gotrabhidaṃ govidaṃ 10, 103, 6. Sv. 2, 1204. Av. 6, 97, 3. 19, 13, 6. Vs. 17, 38. Ts. 4, 6, 4, 2
gobhir mimikshuṃ dadhire 3, 50, 3
gobhir yad īm anye 8, 2, 6. N. 5, 3
gobhir vāṇo ajyate 8, 20, 8
gobhish ṭaremāmatiṃ 10, 42, 10. 43, 10. 44, 10. Av. 7, 50, 7. 20, 17, 10. 89, 10. 94, 10
gomad asvāvad rathavat 5, 57, 7
gomad ū shu nāsatyāṣvāvad 2, 41, 7. Vs. 20, 81
gomad dhiraṇyavad vasu 7, 94, 9
goman na indo asvavat 9, 105, 4. Sv. 1, 574. 2, 961
goman naḥ soma vīravad 9, 42, 6
gomātaro yac chubhayante 1, 85, 3
gomāñ agne 'vimāñ 4, 2, 5. Ts. 1, 6, 6, 4. 3, 1, 11, 1
gomāyur adād 7, 103, 10
gomāyur eko 7, 103, 6
govit pavasva vasuvid 9, 86, 39. Sv. 2, 305
goshā indo nṛishā asy 9, 2, 10. Sv. 2, 395
goshu praṣastiṃ 1, 70, 9
gaur amīmed anu 1, 164, 28. Av. 9, 10, 6. 1. 8. N. 11, 42
gaurīr mimāya 1, 164, 41. Av. 9, 10, 21. 13, 1, 42. Tb. 2, 4, 6, 11. Ta. 1, 9, 4. N. 11, 40
gaur dhayati marutāṃ 8, 94, 1. Sv. 1, 149
gnāṣ ca yan naraṣ ca 6, 68, 4
granthiṃ na vi shya 9, 97, 18
grāvāṇa upareshv ā 10, 175, 3
grāvāṇaḥ savitā nu vo 10, 175, 4
grāvāṇaḥ soma no hi kaṃ 6, 51, 14
grāvāṇeva tad id 2, 39, 1
grāvāṇo apa duchunām 10, 175, 2
grāvāṇo na sūrayaḥ 10, 78, 6
grāvā vadann apa 10, 36, 4
grāvṇā tunno abhishṭutaḥ 9, 67, 19
grāvṇo brahmā yuyujānaḥ 5, 40, 8
grīvābhyas ta 10, 163, 2. Av. 2, 33, 2. 20, 96, 18

ghaneva vishvag vi jahy 1, 36, 16

gharmā samantā 10, 114, 1
gharmeva madhu 10, 106, 8
ghṛitaṃ na pūtaṃ tanur 4, 10, 6. Ts 2, 2, 12, 7
ghṛitapṛishṭhā manoyujo 1, 14, 6
ghṛitapratīkaṃ va ṛitasya 1, 143, 7. Tb. 1, 2, 1, 12
ghṛitaprushaḥ saumyā 8, 59, 4
ghṛitam agner vadhryaṣvasya 10, 69, 2
ghṛitam pavasva dhārayā 9, 49, 3. Sv. 2, 787
ghṛitam mimikshe ghṛitam 2, 3, 11. Vs. 17, 88. Ta. 10, 10, 2
ghṛitavatī bhuvanānām 6, 70, 1. Sv. 1, 378. Vs. 34, 45
ghṛitavantaḥ pāvaka te 3, 21, 2. Tb. 3, 6, 7, 1
ghṛitavantam upa māsi 1, 142, 2
ghṛitāhavana dīdivaḥ 1, 12, 5
ghṛitāhavana santyemā 1, 45, 5
ghṛitena dyāvāpṛithivī abhīvṛite 6, 70, 4
ghṛitenāgniḥ sam ajyate 10, 118, 4
ghṛishuḥ ṣyenāya 10, 144, 3
ghṛishum pāvakaṃ 1, 64, 12
ghnanto vṛitram ataran 1, 36, 8
ghnan mṛidhrāṇy apa dvisho 8, 43, 26

cakāra tā kṛiṇavan 7, 26, 3
cakṛivāṅsa ṛibhavas 1, 161, 4
cakraṃ yad asyāpsv ā 10, 73, 9. Sv. 1, 331
cakraṃ na vṛittam puruhūta 5, 36, 3
cakrāṇāsaḥ parīṇaham 1, 33, 8
cakrāthe hi sadhryañ 1, 108, 3
cakrir divaḥ pavate 9, 77, 5
cakrir yo viṣvā bhuvanābhi 3, 16, 4
cakshur no devaḥ savitā 10, 158, 3
cakshur no dhehi cakshushe 10, 158, 4
cakshushaḥ pitā 10, 82, 1. Vs. 17, 25. Ts. 4, 6, 2, 4
catasra īṃ ghṛitaduhaḥ 9, 89, 5
catuḥsahasraṃ gavyasya 5, 30, 15
caturaṣ cid dadamānād 1, 41, 9. N. 3, 16
caturdaṣānye 10, 114, 7
caturbhiḥ sākaṃ navatiṃ 1, 155, 6
catushkapardā yuvatiḥ 10, 114, 3. Tb. 1, 2, 1, 27. 3, 7, 6, 5. 7, 14
catustriṅṣad vājino 1, 162, 18. Vs. 25, 41. Ts 4, 6, 9, 3
catto itaṣ cattā 10, 155, 2
catvāra īm bibhrati 5, 47, 4
catvāriṅṣad daṣarathasya 1, 126, 4
catvāri te asuryāṇi 10, 54, 4
catvāri vāk parimitā 1, 164, 45. Av. 9, 10, 27. Tb. 2, 8, 8, 5. Ṣ. P. 4, 1, 3, 17. N. 13, 9
catvāri ṣṛiṅgā trayo 4, 58, 3. Vs. 17, 91. Ta. 10, 10, 2. N. 13, 7
catvāro mā paijavanasya 7, 18, 23
catvāro mā maṣarṣārasya 1, 122, 15
canishṭaṃ devā oshadhīshv 7, 70, 4
candram agniṃ candrarathaṃ 3, 3, 5
candramā apsv antar ā 1, 105, 1. Sv. 1, 417. Av. 18, 4, 89. Vs. 33, 90
candramā manaso jātas 10, 90, 13. Av. 19, 6, 7. Vs. 31, 12. Ta. 3, 12, 6
camūshac chyenaḥ ṣakuno 9, 96, 19. Sv. 2, 527
caran vatso ruṣann 8, 72, 5
caritraṃ hi ver i, 116, 15
carur na yas tam 9, 52, 3
carkṛityam marutaḥ pṛitsu 1, 64, 14
carshaṇīdhṛitam maghavānam 3, 51, 1. Sv. 1, 374
cāklipre tena ṛishayo 10, 130, 6
cikitvinmanasaṃ tvā 5, 22, 3
cite tad vāṃ surādhasā 10, 143, 4
cittim acittiṃ cinavad 4, 2, 11. Ts. 5, 5, 4, 4
cittir apāṃ 1, 67, 10
cittir ā upabarhaṇaṃ 10, 85, 7. Av. 14, 1, 6
citra ic chiṣos 10, 115, 1. Sv. 1, 64
citra id rājā rājakā 8, 21, 18
citraṃ ha yad vām bhojanaṃ 7, 68, 5
citraṃ tad vo maruto yāma 2, 34, 10
citraṃ devānām ud agād 1, 115, 1. Ait. ā. 3, 9. Av. 13, 2, 35. 20, 107, 14. Vs. 7, 42. 13, 46. Ts. 1, 4, 43, 1. 2, 4, 14, 4. Tb.

2, 8, 7, 3. Ta. 1, 7, 6. 2, 13, 1. N. 12, 16
citras te bhānuḥ kratuprā 10, 100, 12
citrā vā yeshu dīdhitir 5, 18, 4
citrair añjibhir vapushe 1, 64, 4
citro yad abhrāṭ 1, 66, 6
citro vo 'stu yāmaṣ 1, 172, 1
codayataṃ sūnṛitāḥ 10, 39, 2
codayitrī sūnṛitānām 1, 3, 11. Vs. 20, 85. Ts. 4, 1, 11, 2

chandastubhaḥ kubhanyava 5, 52, 12
chardir yantam adābhyaṃ 8, 85, 5

jagatā sindhuṃ 1, 164, 25. Av. 9, 10, 3
jagṛibhmā te dakshiṇam indra 10, 47, 1. Sv. 1, 317. Tb. 2, 8, 2, 5
jaghane coda eshām 5, 61, 3
jaghanvāñ indra mitrerūñ 1, 174, 6
jaghanvāñ u haribhiḥ 1, 52, 8
jaghāna vṛitraṃ svadhitir 10, 89, 7
jaghnir vṛitram amitriyaṃ 9, 61, 20. Sv. 2, 166
jajñāna eva vy abādhata 10, 113, 4
jajñānaṃ sapta mātaro 9, 102, 4. Sv. 1, 101
jajñānaḥ somaṃ sahase 7, 98, 3. Av. 20, 87, 3
jajñāno nu ṣatakratur 8, 77, 1
jajñāno harito vṛishā 3, 44, 4
jajñisha itthā gopīthyāya 10, 95, 11
janaṃ vajrin mahi cin 6, 19, 12
janayan rocanā divo 9, 42, 1
janasya gopā ajanishṭa 5, 11, 1. Sv. 2, 257. Vs. 15, 27. Ts. 4, 4, 4, 2
janāya cid ya īvata 6, 73, 2. Av. 20, 90, 2
janāso agniṃ dadhire 1, 36, 2
janāso vṛiktabarhisho havish° 8, 5, 17
janitā divo janitā 8, 36, 4
janitāsvānāṃ janitā 8, 36, 5
janishṭa yoshā patayat 10, 40, 9
janishṭa hi jenyo agre 5, 1, 5. Ts. 4, 1, 3, 4
janishṭhā ugraḥ sahase 10, 73, 1. Vs. 33, 64. Tb. 2, 8, 3, 4
janishvā devavītaye 6, 15, 18
janīyanto nv agravaḥ 7, 96, 4. Sv. 2, 810. vgl. Av. 14, 2, 72
janūṣ cid vo marutas 7, 58, 2
jane na ṣeva āhūryaḥ 1, 69, 4
jano yo mitrāvaruṇāv 1, 122, 9
janmañ-janman nihito 3, 1, 21
jambhayatam abhito 1, 182, 4
jayataṃ ca pra stutaṃ ca 8, 35, 11
jayatām iva tanyatur 1, 23, 11
jayema kāre puruhūta 8, 21, 12
jaratībhir oshadhībhiḥ 9, 112, 2
jaramāṇaḥ sam idhyase 10, 118, 5
jarābodha tad viviḍḍhi 1, 27, 10. Sv. 1, 15. 2, 1013. N. 10, 8
jātavedase sunavāma somam 1, 99, 1. Ta. 10, 2, 1. N. 14, 33 und p. 201
jāto agnī rocate 3, 29, 7
jāto jāyate sudinatve 3, 8, 5. Tb. 3, 6, 1, 3
jāto yad agne bhuvanā 7, 13, 3. Ts. 1, 5, 11, 2
jānaty ahnaḥ prathamasya 1, 123, 9
jānanti vṛishṇo arushasya 3, 7, 5
jānanto rūpam akṛipanta 10, 123, 4
jāmiḥ sindhūnām 1, 65, 7
jāmy atītape dhanur 8, 72, 4
jāyā tapyate kitavasya 10, 34, 10
jāyed astam 3, 53, 4
jāyeva patyāv adhi ṣeva 9, 82, 4
jigharmy agniṃ havishā 2, 10, 4. Vs. 11, 23. Ts. 4, 1, 2, 4
jihmaṃ nunudre 'vataṃ 1, 85, 11
jihmaṣye caritave 1, 113, 5
jihvābhir aha nannamad 8, 43, 8
jīmūtasyeva bhavati 6, 75, 1. Vs. 29, 38. Ts. 4, 6, 6, 1
jīvaṃ rudanti vi mayante 10, 40, 10. Av. 14, 1, 46
jīvān no abhi dhetanā 8, 67, 5. N. 6, 27
jujurusho nāsatyota 1, 116, 10
jushad dhavyā mānushasyo° 10, 20, 5
jushasva naḥ samidham 7, 2, 1
jushasva saprathastamaṃ 1, 75, 1. Tb. 3, 6, 7, 1
jushasvāgna iḷayā 5, 4, 4
jushāṇo agne prati harya 10, 122, 2

jushāṇo aṅgirastamemā 8, 44, 8
jushethāṃ yajñam ishṭaye 8, 38, 4
jushethāṃ yajnam bodhataṃ havasya me viṣveha 8, 35, 4
jushethāṃ yajñam bodhataṃ havasya me satto 2, 36, 6
jushṭa indrāya matsaraḥ 9, 18, 8. Sv. 2, 544
jushṭī naro brahmaṇā vaḥ 7, 33, 4. Tb. 2, 4, 3, 1
jushṭo damūnā atithir 5, 4, 5. Av. 7, 73, 9. Tb. 2, 4, 1, 1. N. 4, 5
jushṭo madāya devatāta 9, 97. 19
jushṭo hi duto asi 1, 44, 2. Sv. 2, 1131
jushṭvī na indo supathā 9, 97, 16
juhurāṇā cid aṣvinā 8, 26, 5
juhure vi citayanto 5, 19, 2. N. 4, 19
jetā nṛibhir indraḥ pṛitsu 1, 178, 3
joshad yad īm asuryā 1, 167, 5
joshā savitar yasya te 10, 158, 2
joshy agne samidhaṃ 2, 37, 6
johūtro agniḥ 2, 10, 1
jñeyā bhāgaṃ sahasāno 2, 10, 6
jmayā atra vasavo 7, 39, 3. N. 12, 43
jyāyāṅsam asya yatunasya 5, 44, 8. N. 6, 15
jyeshṭha āha 4, 33, 5
jyeshṭhena sotar indrāya 8, 2, 23
jyotir yajñasya pavate 9, 86, 10. Sv. 2, 381
jyotir yajñāya rodasī 3, 39, 8
jyotir vṛiṇīta tamaso 3, 39, 7
jyotishmatīm aditiṃ 1, 136, 3
jyotishmantaṃ ketumantaṃ 8, 58, 3

ta ādityā ā gatā sarvatātaye bhuta 1, 106, 2
ta ādityā ā gatā sarvatātaye vṛidhe no 10, 35, 11
ta ādityāsa uravo 2, 27, 3
ta āyajanta draviṇaṃ 10, 82, 4. Vs. 17, 28. Ts. 4, 6, 2, 2. N. 6, 15
ta id ugrāḥ ṣavasā 6, 66, 6
ta id devānāṃ sadhamāda 7, 76, 4
ta id vediṃ subhaga 8, 19, 18
ta in niṇyaṃ hṛidayasya 7, 33, 9
ta in nv asya madhumad 3, 32, 4
ta ukshitāso mahimānam 1, 85, 2
ta ugrāsa vṛishaṇa 8, 20, 12
ta ū shu ṇo maho yajatrā 10, 61, 27
taṃ yajñam barhishi 10, 90, 7. Av. 19, 6, 11. Vs. 31, 9. Ta. 3, 12, 3
taṃ yajñasādham api 1, 128, 2
taṃ yuñjāthām manaso yo 1, 183, 1
taṃ yuvaṃ devāv aṣvinā 4, 15, 10
taṃ va indraṃ catinam 6, 19, 4
taṃ va indraṃ na sukratuṃ 6, 48, 14
taṃ vaḥ ṣardhaṃ rathānāṃ 5, 53, 10
tāṃ vaḥ ṣardhaṃ rathesubhaṃ 5, 56, 9
taṃ vaḥ ṣardhaṃ mārutaṃ 2, 30, 11
taṃ vaḥ sakhāyaḥ saṃ 6, 23, 9
taṃ vaḥ sakhāyo madāya 9, 105, 1. Sv. 1, 569. 2, 448
taṃ vardhayanto matibhiḥ 10, 67, 9. Av. 20, 91, 9
taṃ vaṣ carāthā 1, 66, 9. N. 10, 21
taṃ vāṃ rathaṃ vayam adyā huvema pṛithujrayam 4, 44, 1. Av. 20, 143, 1
taṃ vāṃ rathaṃ vayam adyā huvema stomair 1, 180, 10
taṃ vṛidhantam mārutam 6, 66, 11
taṃ vedhām medhayāhyan 9, 26, 3
taṃ vo dasmam ṛitīshahaṃ 8, 88, 1. Sv. 1, 236. 2, 35. Av. 20, 9, 1. 49, 4. Vs. 26, 11
taṃ vo dīrghāyuṣocishaṃ 5, 18, 3
taṃ vo dhiyā navyasyā 6, 22, 7. Av. 20, 36, 7
taṃ vo dhiyā paramayā 6, 38, 3
taṃ vo maho mahāyyam 8, 70, 8
taṃ vo vājānām patim 8, 24, 18. Sv. 2, 1036. Av. 20, 64, 6
taṃ vo viṃ na drushadaṃ 10, 115, 3
taṃ ṣagmāso arushāso 7, 97, 6
taṃ ṣaṣvatīshu mātṛishu 4, 7, 6
taṃ ṣiṣītā suvṛiktibhis 8, 40, 10
taṃ ṣiṣītā svadhvaraṃ 8, 40, 11
taṃ ṣubhram agnim avase 3, 26, 2
taṃ sakhāyaḥ purorucaṃ 9, 98, 12. Sv. 2, 1030. N 5, 15
taṃ sadhrīcīr ūtayo 6, 36, 3. Tb. 2, 4, 5, 2

tam sabādho yatasruca 3, 27, 6. Tb. 3, 6, 1, 3
tam sūnāv adhi jāmayo 9, 26, 5
tam sindhavo matsaram 10, 30, 9
tam supratīkam sudṛśam 6, 15, 10. Ts. 2, 5, 12, 5
tam sushṭutyā vivāse 8, 16, 3. Av. 20, 44, 3
tam sotāro dhanaspṛtam 9, 62, 18
tam smā ratham maghavan 1, 102, 3
tam hinvanti madacyutam 9, 53, 4. Sv. 2, 1067
tam hi śaśvanta īḷate 5, 14, 3. Ts. 4, 3, 13, 8
tam hi svarājam vṛishabham 8, 61, 2. Sv. 2, 584. Av 20, 113, 2
tam huvema yatasrucaḥ 8, 23, 20
tam hotāram adhvarasya 7, 16, 12. Sv. 2, 864
takvā na bhūrṇir 1, 66, 2
takshad yat ta 1, 51, 10
takshad yadī manaso 9, 97, 22. Sv. 1, 537
takshan nāsatyābhyām 1, 20, 3
takshan ratham suvṛitam 1, 111, 1
tam gāthayā purāṇyā 9, 99, 4. Sv. 2, 983
tam gāvo abhy anūshata 9, 26, 2
tam gīrbhir vācamīṅkhayam 9, 35, 5
tam gūrtayo nemannishaḥ 1, 56, 2
tam gūrdhayā 8, 19, 1. Sv. 1, 109. 2, 1037
tam gobhir vṛishaṇam rasam 9, 6, 6
tam ghem itthā namasvina upa svarājam āsate | artham cid 8, 69, 17. Av. 20, 92, 14
tam ghem itthā namasvina upa svarājam āsate | hotrābhir 1, 36, 7
tac cakshur devahitam 7, 66, 16. Vs. 36, 24. Ta. 4, 42, 5
tac citram rādha ā bharosho 7, 81, 5
tatam me apas 1, 110, 1. Tb. 3, 7, 11, 2
taturir vīro naryo 6, 24, 2
tatṛidānāḥ sindhavaḥ 5, 53, 7
tat ta indriyam paramam 1, 103, 1
tat-tad agnir vayo dadhe 8, 39, 4
tat-tad id aśvinor 1, 46, 12
tat-tad id asya pauṅsyam 1, 155, 4
tat tu te daṅso 1, 69, 8
tat tu prayaḥ pratnathā 1, 132, 3
tat te bhadram yat 1, 94, 14
tat te yajño ajāyata 8, 89, 6. Sv. 2, 780
tat te sahasva īmahe 8, 43, 33
tat tvā yāmi brahmaṇā 1, 24, 11. Vs. 18, 49. 21, 2. Ts. 2, 1, 11, 6
tat tvā yāmi suvīryam 8, 3, 9. Av. 20, 9, 3. 49, 6
tatro api prāṇīyata 8, 56, 4
tat savitā vo 'mṛitatvam 1, 110, 3
tat savitur vareṇyam 3, 62, 10. Sv. 2, 812. Vs. 3, 35. 22, 9. 30, 2. 36, 3. Ts. 1, 5, 6, 4. 4, 1, 11, 1. Ta. 1, 11, 2
tat savitur vṛiṇīmahe vayam 5, 82, 1. Ta. 1, 11, 3
tat su naḥ śarma yachatā° 8, 18, 12
tat su naḥ savitā bhago varuṇo mitro aryamā | indro 4, 55, 10
tat su naḥ savitā bhago varuṇo mitro aryamā | śarma 8, 18, 3
tat su no navyam sanyasa 8, 67, 18
tat su no viśve arya ā sadā gṛiṇanti kāravaḥ | bṛibum 6, 45, 33
tat su no viśve arya ā sadā gṛiṇanti kāravaḥ | marutaḥ 8, 94, 3
tat su vām mitrāvaruṇā 5, 62, 2. Tb. 2, 8, 6, 6
tat sūryam rodasī ubhe 8, 25, 21
tat sūryasya devatvam 1, 115, 4. Av. 20, 123, 1. Vs. 33, 37. Tb. 2, 8, 7, 1. N. 4, 11
tathā tad astu somapāḥ 1, 30, 12
tad agne cakshuḥ prati 10, 87, 12. Av. 8, 3, 21
tad agne dyumnam ā bhara 8, 19, 15. Sv. 1, 113
tad adya vācaḥ prathamam 10, 53, 4. N. 3, 8
tad adyā cit ta ukthino 8, 15, 6. Sv. 2, 232. Av. 20, 61, 3
tadannāya tadapase 8, 47, 16
tad astu mitrāvaruṇā 5, 47, 7. Av. 19, 11, 6
tad asmai navyam aṅgirasvad 2, 17, 1

tad asya priyam abhi 1, 154, 5. Tb. 2, 4, 6, 2
tad asyānīkam uta cāru 2, 35, 11
tad asyedam paṣyatā 1, 103, 5
tad it sadhastham abhi cāru 10, 32, 4
tad it samānam 1, 25, 6
tad id āsa bhuvaneshu 10, 120, 1. Ait. ā. 1, 12. Av. 5, 2, 1. 20, 107, 4. N. 14, 24
tad id dhy asya savanaṃ 10, 76, 3
tad id rudrasya cetati 8, 13, 20
tad id vadanty adrayo 10, 94, 13
tad indra preva vīryaṃ 1, 103, 7
tad indrāva ā bhara 8, 24, 25
tad in naktaṃ 1, 24, 12
tad in nu te karaṇaṃ 5, 31, 7
tad in nv asya parishadvāno 10, 61, 13
tad in nv asya vṛishabhasya 3, 38, 7
tad in nv asya savitur 3, 38, 8
tad in me chantsad 10, 32, 3
tad u prayakshatamam 1, 62, 6
tad u ṣreshṭhaṃ savanaṃ 10, 76, 2
tad ūcushe mānushemā 1, 103, 4
tad ū shu vām enā kṛitaṃ 5, 73, 4
tad ṛitam pṛithivi 5, 66, 5
tad dadhānā avasyavo 8, 63, 10
tad devasya savitur vāryam 4, 53, 1
tad devānāṃ devatamāya 2, 24, 3
tad dhi vayaṃ vṛiṇīmahe 10, 126, 2
tadbandhuḥ sūrir divi 10, 61, 18
tad bhadraṃ tava daṅsanā 3, 9, 7
tad rādho adya savitur 1, 159, 5
tad va ukthasya barhaṇe° 6, 44, 6
tad vaḥ sujātā maruto 1, 166, 12
tad vāṃ narā nāsatyāv 1, 182, 8
tad vāṃ narā ṣaṅsyaṃ rādhyaṃ 1, 116, 11
tad vāṃ narā ṣaṅsyam pajriyeṇa 1, 117, 6
tad vāṃ narā sanaye 1, 116, 12
tad vām ṛitaṃ rodasī 10, 79, 4
tad vāryaṃ vṛiṇīmahe 8, 25, 13. N. 5, 1
tad viprāso vipanyavo 1, 22, 21. Sv. 2, 1023. Vs. 34, 44
tad viviḍḍhi yat ta indro 8, 96, 12
tad vishṇoḥ paramam padaṃ 1, 22, 20. Sv. 2, 1022. Av. 7, 26, 7. Vs. 6, 5. Ts. 1, 3, 6, 2. 4, 2, 9, 3
tad vīryaṃ vo maruto 5, 54, 5
tad vo adya manāmahe 7, 66, 12
tad vo gāya sute sacā 6, 45, 22. Sv. 1, 115. 2, 1016. Av. 20, 78, 1
tat vo jāmitvam marutaḥ 1, 166, 13
tad vo divo duhitaro 4, 51, 11
tad vo yāmi draviṇaṃ 5, 54, 15
tad vo vājā ṛibhavaḥ 4, 26, 3
tanutyajeva taskarā 10, 4, 6. N. 3, 14
tanūnapāt patha ṛitasya 10, 110, 2. Av. 5, 12, 2. Vs. 29, 26. Tb. 3, 6, 3, 1. N. 8, 6
tanūnapāt pavamānaḥ 9, 5, 2
tanūnapād ucyate 3, 29, 11
tanūnapād ṛitaṃ yate 1, 188, 2
tanūsh ṭe vājin 10, 56, 2
taṃ-tam id rādhase maha 8, 68, 7
tantuṃ tanvan rajaso 10, 53, 6. Ts. 3, 4, 2, 2
tantuṃ tanvānam uttamam 9, 22, 6
taṃ te madaṃ gṛiṇīmasi 8, 15, 4. Sv. 1, 383. 2, 330. Av. 20, 61, 1
taṃ te yavaṃ yathā gobhiḥ 8, 2, 3. Sv. 2, 86
taṃ te sotāro rasam madāya 9, 109, 11. Sv. 2, 683
taṃ tripṛishṭhe trivandhure 9, 62, 17
taṃ tvā gīrbhir urukshayā 10, 118, 9
taṃ tvā gīrbhir girvaṇasaṃ 2, 6, 3
taṃ tvā ghṛitasnav 5, 26, 2. Sv. 2, 872
taṃ tvājananta mātaraḥ 8, 102, 17
taṃ tvā dūtaṃ kṛiṇmahe 7, 16, 4
taṃ tvā devebhyo madhumattamaṃ 9, 80, 4
taṃ tvā dhartāram oṇyoḥ 9, 65, 11. Sv. 2, 154
taṃ tvā naro dama ā 1, 73, 4
taṃ tvā nṛimṇāni bibhrataṃ 9, 48, 1. Sv. 2, 186
taṃ tvām ajmeshu 8, 43, 20
taṃ tvā madāya ghṛishvaya 9, 2, 8. Sv. 2, 394
taṃ tvā marutvatī pari 7, 31, 8
taṃ tvā martā agṛibhṇata 3, 9, 6

taṃ tvā yajñebhir īmahe 8, 68, 10
taṃ tvā vayaṃ viṣvavārā 1, 30, 10
taṃ tvā vayaṃ sudhyo 6, 1, 7. Tb. 3, 6, 10, 3
taṃ tvā vayaṃ havāmahe 8, 43, 23
taṃ tvā vayam patim 1, 60, 5
taṃ tvā vayam pito 1, 187, 11
taṃ tvā vājeshu vājinaṃ 1, 4, 9. Av. 20, 68, 9
taṃ tvā viprā vacovidaḥ 9, 64, 23. Sv. 2, 427
taṃ tvā viprā vipanyavo 3, 10, 9
taṃ tvā ṣocishṭha dīdivaḥ 5, 24, 4. Sv. 2, 459. Vs. 3, 26. 15, 48. Ts. 1, 5, 6, 3. 4, 4, 4, 8
taṃ tvā samidbhir aṅgiro 6, 16, 11. Sv. 2, 11. Vs. 3, 3. Ts. 2, 5, 8, 1. Tb. 1, 2, 1, 10. 3, 5, 2, 1
taṃ tvā sahasracakshasam 9, 60, 2
taṃ tvā suteshv ābhuvo 9, 65, 27
taṃ tvā havishmatīr viṣa 8, 6, 27
taṃ tvā hastino madhumantam 9, 80, 5
taṃ tvā hinvanti vedhasaḥ 9, 26, 6
taṃ durosham abhī naraḥ 9, 101, 3. Sv. 2, 49
taṃ devā budhne rajasaḥ 2, 2, 3
tan na indras tad varuṇas 1, 107, 3
tan na indro varuṇo 7, 34, 25. 56, 25
tan 'naḥ pratnaṃ sakhyam 6, 18, 5
taṃ navyasī hṛida ā 1, 60, 3
tan nas turīpam adbhutam 1, 142, 10. Vs. 27, 20. Ts. 4, 1, 8, 3. N. 6, 21
tan nas turīpam adha 3, 4, 9. 7, 2, 9. Ts. 3, 1, 11, 1
taṃ nākam aryo 5, 54, 12
tan nu vocāma rabhasāya 1, 166, 1
tan nu satyam pavamānasyāstu 9, 92, 5
taṃ nemim ṛibhavo yathā 8, 75, 5. Ts. 2, 6, 11, 1
taṃ no agne abhī naro 5, 9, 7
taṃ no agne maghavadbhyaḥ 7, 5, 9
tan no anarvā savitā 5, 49, 4
taṃ no dāta maruto 2, 34, 7
tan no devā yachata 10, 35, 12
taṃ no dyāvāpṛithivī 10, 37, 6
tan no rāyaḥ parvatās 7, 34, 23
taṃ no vājā ṛibhukshaṇa 4, 37, 8
tan no vāto mayobhu 1, 89, 4. Vs. 25, 17
tan no vi voco yadi 6, 22, 4. Av. 20, 36, 4
taṃ no viṣvā avasyuvo 9, 43, 2
tan no 'hir budhnyo adbhir 6, 49, 14
tan ma ṛitam indra ṣūra 8, 97, 15
tan mitrasya varuṇasyā° 1, 115, 5. Av. 20, 123, 2. Vs. 33, 38. Tb. 2, 8, 7, 2
tapanti ṣatruṃ svar ṇa 7, 34, 19
tapasā ye anādhṛishyās 10, 154, 2. Av. 18, 2, 16. Ta. 6, 3, 2
tapurjambho vana ā 1, 58, 5
tapurmūrdhā tapatu 10, 182, 3
taposh pavitraṃ vitataṃ 9, 83, 2. Sv. 2, 226
tapo shv agne antarāñ 3, 18, 2. Ta. 4, 5, 5
tama āsīt tamasā 10, 129, 3. Tb. 2, 8, 9, 4. N. 7, 3
tam agnim aste 7, 1, 2. Sv. 2, 724
tam agne pāsy uta 6, 15, 11
tam agne pṛitanāshahaṃ 5, 23, 2. Ts. 1. 3, 14, 7
tam agruvaḥ keṣinīḥ 1, 140, 8
tam aṅgirasvan namasā 3, 31, 19
tam adya rādhase mahe 8, 64, 12
tam adhvareshv īḷate 5, 14, 2
tam apsanta ṣavasa 1, 100, 8
tam amṛikshanta vājinam 9, 26, 1
tam arkebhis taṃ sāmabhis 8, 16, 9
tam arvantaṃ na sānasiṃ gṛiṇīhi 8, 102, 12
tam arvantaṃ na sānasim arushaṃ 4, 15, 6
tam asmerā yuvatayo 2, 35, 4. Ts. 2, 5, 12, 2
tam asya dyāvāpṛithivī 10, 113, 1
tam asya pṛiksham uparāsu 1, 127, 5
tam asya marjayāmasi 9, 99, 3. Sv. 2, 982
tam asya rājā varuṇas 1, 156, 4
tam asya vishṇur 10, 113, 2
tam ahyan bhurijor 9, 26, 4
tam ahve vājasātaya 8, 13, 3. Sv. 2, 98

tam āganma sobharayaḥ 8, 19, 32
tam ā nūnaṃ vṛijanam 6, 35, 5
tam ā no arkam amṛitāya 7, 97, 5
tam ic cyautnair āryanti 8, 16, 6
tam it pṛichanti na simo 1, 145, 2
tam it sakhitva 1, 10, 6
tam it suhavyam aṅgiraḥ 1, 74, 5
tam it gachanti juhvas 1, 145, 3
tam it garbham prathamaṃ 10, 82, 6. Vs. 17, 30. Ts. 4, 6, 2, 3
tam it doshā tam ushasi 7, 3, 5
tam id dhaneshu hiteshv 8, 16, 5
tam id va indraṃ suhavaṃ 4, 16, 16
tam id vardhantu no giro 9, 61, 14. Sv. 2, 686
tam id viprā avasyavaḥ 8, 13, 17
tam id vocema vidatheshu 1, 40, 6
tam indraṃ vājayāmasi 8, 93, 7. Sv. 1, 119. 2, 572. Av. 20, 47, 1. 137, 12. Tb. 1, 5, 8, 3. 2, 4, 1, 3
tam indraṃ johavīmi 8, 97, 13. Sv. 1, 460. Av. 20, 55, 1. Tb. 2, 5, 8, 9
tam indraṃ dānam īmahe 8, 46, 6
tam indra madam ā gahi 3, 42, 2. Av. 20, 24, 2
tam in naro vi hvayante 4, 24, 3
tam in nv eva samanā 4, 5, 7. N. 6, 17
tam īṃ hinvanti dhītayo 1, 144, 5
tam īṃ hinvanty agruvo 9, 1, 8
tam īṃ hotāram ānushak 4, 7, 5
tam īḷata prathamaṃ yajña° 1, 96, 3
tam īḷishva yo arcishā 6, 60, 10. Sv. 2, 499
tam īm anvīḥ samarya ā 9, 1, 7
tam īmaha indram asya 6, 22, 3. Av. 20, 36, 3. N. 6, 3
tam īmahe purushṭutaṃ 8, 13, 24
tam ī mṛijanty āyavo 9, 63, 17
tam īśānaṃ jagatas 1, 89, 5. Vs. 25, 18
tam ukshamāṇaṃ rajasi 2, 2, 4
tam ukshamāṇam avyaye 9, 99, 5
tam u jyeshṭhaṃ namasā 7, 97, 3
tam u tvā gotamā girā 1, 78, 2
tam u tvā dadhyaññ ṛishiḥ 6, 16, 14. Vs. 11, 33. Ts. 3, 5, 11, 3. 4, 1, 3, 2
tam u tvā nūnam asura 8, 90, 6. Sv. 2, 762. N. 5, 22
tam u tvā nūnam īmahe 8, 24, 26
tam u tvā pāthyo vṛishā 6, 16, 15. Vs. 11, 34. Ts. 3, 5, 11, 4. 4, 1, 3, 3
tam u tvā yaḥ purāsitha 6, 45, 11
tam u tvā vājasātamam 1, 78, 3
tam u tvā vājinaṃ naro 9, 17, 7
tam u tvā vṛitrahantamaṃ 1, 78, 4
tam u tvā satya somapā 6, 45, 10
tam u dyumaḥ 6, 10, 2
tam u naḥ pūrve pitaro 6, 22, 2. Av. 20, 36, 2
tam u nūnaṃ tavishīmantam 5, 58, 1
tam u shṭavāma ya imā 8, 96, 6
tam u shṭavāma yaṃ gira 8, 95, 6. Sv. 2, 235
tam u shṭuhi yaḥ svishuḥ 5, 42, 11
tam u shṭuhi yo abhibhūty° 6, 18, 1. Tb. 2, 8, 5, 8
tam u shṭuhīndraṃ yo ha 1, 173, 5
tam u stusha indraṃ yo 6, 21, 2
tam u stusha indraṃ taṃ 2, 20, 4
tam u stotāraḥ pūrvyaṃ 1, 156, 3. Tb. 2, 4, 3, 9
tam usrām indraṃ na 10, 6, 5
tam utayo raṇayañ 1, 100, 7
tam ūrmim āpo 7, 47, 2
tam ū shu samanā girā 8, 41, 2. N. 10, 5
tam ṛitviyā upa vācaḥ 1, 190, 2
tam eva ṛishiṃ tam u 10, 107, 6
tam oshadhīr dadhire garbham 10, 91, 6. Sv. 2, 1174
tam pṛichatā sa 1, 145, 1
tam pṛichantī vajrahastaṃ 6, 22, 5. Av. 20, 36, 5
tam pṛichanto 'varāsaḥ 6, 21, 6
tam pratnathā pūrvathā 5, 44, 1. Vs. 7, 12. Ts. 1, 4, 9, 1. N. 3, 16
tam marjayanta sukratum 8, 84, 8. Ts. 3, 5, 11, 5
tam martā amartyaṃ 10, 118, 6
tam marmṛijānam mahishaṃ 9, 95, 4
tam v abhi pra gāyata 8, 15, 1. Sv. 1, 382. Av. 20, 61, 4. 62, 8
tam v abhi prārcatendraṃ 8, 92, 5

tayā pavasva dhārayā yayā gāva 9, 49, 2. Sv. 2, 786
tayā pavasva dhārayā yayā pīto 9, 45, 6
tayor id amavac chavas 5, 86, 3
tayor id avasā vayaṃ 1, 17, 6
tayor id ghṛitavat 1, 22, 14
taraṇiṃ vo janānāṃ 8, 45, 28. Sv. 1, 204
taraṇir it sishāsati 7, 32, 20. Sv. 1, 238. 2, 217
taraṇir viṣvadarṣato 1, 50, 4. Av. 13, 2, 19. 20, 47, 16. Vs. 33, 36. Ts. 1, 4, 31, 1. Ta. 3, 16, 1
tarat sa mandī dhāvati 9, 58, 1. Sv. 1, 500. 2, 407. N. 13, 6
tarat samudram pavamāna 9, 107, 15. Sv. 2, 207
tarobhir vo vidadvasum 8, 66, 1. Sv. 1, 137. 2, 37
tava kratvā tava tad 6, 17, 6
tava kratvā tavotibhir 9, 4, 6. Sv. 2, 402
tava kratvā saneyaṃ 8, 19, 29
tava cyautnāni vajrahasta 7, 19, 5. Av. 20, 37, 5
tava tya indo andhaso 9, 51, 3. Sv. 2, 576
tava tya indra sakhyeshu 10, 138, 1. N. 4, 25
tava tyad indriyam bṛihat 8, 15, 7. Sv. 2, 995. Av. 20, 106, 1
tava tyan naryaṃ 2, 22, 4. Sv. 1, 466
tava tye agne arcayo bhrājanto 5, 10, 5
tava tye agne arcayo mahi 5, 6, 7
tava tye agne harito 4, 6, 9
tava tye pito dadatas 1, 187, 5
tava tye pito rasā 1, 187, 4
tava tye soma pavamāna 9, 92, 4
tava tye soma ṣaktibhir 10, 25, 5
tava tridhātu pṛithivī 7, 5, 4
tava tvisho janiman 4, 17, 2
tava dyumanto arcayo 5, 25, 8
tava dyaur indra pauṅsyam 8, 15, 8. Sv. 2, 996. Av. 20, 106, 2
tava drapsā udapruta 9, 106, 8. Sv. 2, 677
tava drapso nīlavān 8, 19, 31. Sv. 2, 1173
tava praṇītīndra johuvānān 7, 28, 3
tava pratnebhir adhvabhir 9, 52, 2
tava pra yakshi saṃdṛiṣam 6, 16, 8
tava prayājā anuyājāṣ ca 10, 51, 9. N. 8, 22
tava bhramāsa āṣuyā 4, 4, 2. Vs 13, 10. Ts. 1, 2, 14, 1
tava vāyav ṛitaspate 8, 26, 21. Vs. 27, 34
tava viṣve sajoshaso 9, 18, 3. Sv. 2, 445
tava vrate subhagāsaḥ syāma 2, 28, 2
tava ṣarīram patayishṇv 1, 163, 11. Vs. 29, 22. Ts. 4, 6, 7, 4
tava ṣukrāso arcayo divas 9, 66, 5
tava ṣriyā sudṛiṣo 5, 3, 4
tava ṣriye maruto marjayanta 5, 3, 3
tava ṣriye vy ajihīta 2, 23, 18
tava ṣriyo varshyasyeva 10. 91, 5. Sv. 2, 332
tava syāma puruvīrasya 2, 28, 3
tava svādishṭhāgne 4, 10, 5
tava ha tyad indra viṣvam 6, 20, 13
tavāgne hotraṃ tava 2, 1, 2. 10, 91, 10
tavāyaṃ somas tvam ehy 3, 35, 6. Vs. 26, 23
tavāhaṃ ṣura rātibhiḥ 1, 11, 6
tavāhaṃ soma rāraṇa 9, 107, 19. Sv. 1, 516. 2, 272. Tāṇḍya 12, 9, 3
tavāham agna ūtibhir nedishṭhābhiḥ 8, 19, 28
tavāham agna ūtibhir mitrasya 5, 9, 6
tavedaṃ viṣvam abhitaḥ 7, 98, 6. Av. 20, 87, 6. Tb. 2, 8, 2, 6
taved indra praṇītishūta 8, 6, 22
taved indrāvamaṃ vasu 7, 32, 16. Sv. 1, 270
taved indrāham āṣasā 8, 78, 10
taved u tāḥ sukīrtayo 8, 45, 33
tavemāḥ prajā divyasya 9, 86, 28
taveme sapta sindhavaḥ 9, 66, 6
tavotibhiḥ sacamānā 5, 42, 8
tasmā agnir bhārataḥ 4, 25, 4
tasmā araṃ gamāma vo 10, 9, 3. Sv. 2, 1189. Av. 1, 5, 3. Vs. 11, 52 36, 16. Ts. 4, 1, 5, 1. 5, 6, 1, 4. 7, 4, 19, 4. Ta. 4, 42, 4. 10, 1, 12

tasmā arshanti divyā 2, 25, 4
tasmā id āsye havir 7, 102, 3. Tb. 2, 4, 5, 6
tasmā id viṣve dhunayanta 2, 25, 5
tasmād aṣvā ajāyanta 10, 90, 10. Av. 19, 6, 12. Vs. 31, 8. Ta. 3, 12, 5
tasmād yajñāt sarvahuta ṛicah 10, 90, 9. Av. 19, 6, 13. Vs. 31, 7. Ta. 3, 12, 4
tasmād yajñāt sarvahutaḥ sambhṛitam 10, 90, 8. Av. 19, 6, 14. Vs. 31, 6. Ta. 3. 12, 4
tasmād virāḷ ajāyata 10, 90, 5. Av. 19, 6, 11. Vs. 31, 5. Ta. 3, 12, 2
tasminn ā veṣayā giro 1, 176, 2
tasmin hi santy ūtayo 8, 46, 7
tasmai tavasyam anu 2, 20, 8
tasmai nūnam abhidyave 8, 75, 6. Ts. 2, 6, 11, 2
tasya te vājino vayaṃ 9, 65, 9
tasya dyumāñ asad ratho 8, 31, 3
tasya vajraḥ krandati 1, 100, 13
tasya vayaṃ sumatau 6, 47, 13. 10, 131, 7. Av. 7, 92, 1. 20, 125, 7. Vs. 20, 52. Ts. 1, 7, 13, 5. N. 6, 7
tasyāḥ samudrā 1, 164, 42. Tb. 2, 4, 6, 11. N. 11, 41
tasyed arvanto raṅhayanta 8, 19, 6
tasyed iha stavatha 4, 21, 2
tā atnata vayunaṃ 5, 48, 2
tā abhi santam astṛitam 9, 9, 5
tā asya jyeshṭham indriyaṃ 10, 124, 8
tā asya namasā sahaḥ 1, 84, 12. Sv. 2, 357. Av. 20, 109, 3
tā asya pṛiṣanāyuvaḥ 1, 84, 11. Sv. 2, 356. Av. 20, 109, 2
tā asya varṇam āyuvo 2, 5, 5
tā asya sūdadohasaḥ 8, 69, 3. Vs. 12, 55. 15, 60. Ts. 4, 2, 4, 4. Tb. 3, 11, 6, 2
tā ā caranti samanā 4, 51, 8
tā in nv eva samanā 4, 51, 9
tā īṃ vardhanti mahy 1, 155, 3
tāṃ vāṃ dhenuṃ na 1, 137, 3
tāṃ vo devāḥ sumatim 5, 41, 18
tāṃ su te kīrtim 10, 54, 1
tā karmāshatarāsmai 1, 173, 4
tā gṛiṇīhi namasyebhiḥ 6, 68, 3
tā ghā tā bhadrā 4, 51, 7
tā jihvayā sadam edaṃ 6, 67, 8
tāṃ jushasva giram mama 3, 62, 8
tā tū ta indra mahato 4, 22, 5
tā tū te satyā tuvi° 4, 22, 6
tā te gṛiṇanti vedhaso 4, 32, 11
tā na ā voḷham 2, 41, 9. Vs. 20, 83
tā naḥ ṣaktam pārthivasya 5, 68, 3. Ṣv. 2, 495. 815
tā navyaso jaramāṇasya 6, 62, 4
tā na stipā tanūpā 7, 66, 3
tāñ ā rudrasya mīḷhusho 7, 58, 5. N. 4, 15
tāñ āṣiram puroḷāṣam 8, 2, 11
tāñ iyāno mahi 2, 34, 14
tānīd ahāni bahulāny 7, 76, 3
tāñ uṣato vi bodhaya 1, 12, 4
tā nṛibhya ā sauṣravasā 6, 13, 5
tā no adya vanaspatī 1, 28, 8
tā no rāsan rātishāco 7, 34, 22. N. 6, 14
tā no vājavatīr isha 6, 60, 12. Sv. 2, 501
tān pūrvayā nividā 1, 89, 3. Vs. 25, 16
tān yajatrāñ ṛitāvṛidho 1, 14, 7
tān vandasva marutas 8, 20, 14
tān vo maho maruta 2, 34, 11
tā bāhavā sucetunā 5, 64, 2
tābhir ā gachataṃ naro° 6, 60, 9. Sv. 2, 343
tābhir ā yātaṃ vṛishaṇopa 8, 22, 12
tābhir ā yātam ūtibhir 8, 5, 24
tā bhujyuṃ vibhir adbhyaḥ 6, 62, 6
tā bhūripāṣāv anṛitasya 7, 65, 3
tābhyāṃ viṣvasya rājasi 9, 66, 2
tām agne asme isham 7, 5, 8
tā mandasānā manusho 10, 40, 13. Av. 14, 2, 6
tām asya rītim 5, 48, 4
tā mahāntā sadaspatī 1, 21, 5
tā mātā viṣvavedasā 8, 25, 3
tā mitrasya praṣastaya 1, 21, 3
tā me aṣvinā sanīnāṃ 8, 5, 37
tā me aṣvyānāṃ 8, 25, 23
tām pūshañ chivatamām 10, 85, 37. Av. 14, 2, 38. N. 3, 21
tām pūshṇaḥ sumatiṃ vayaṃ 6, 57, 5
tā yajñam ā ṣucibhiṣ 6, 62, 2

tā yajñeshu pra saṅsate° 1, 21, 2
tā yodhishṭam abhi gā 6, 60, 2
tā rājānā suciyratā° 6, 16, 24
tā vajriṇam mandinam 10, 96, 6. Av. 20, 31, 1
tāvad usho rādho asmabhyam 7, 79, 4
tā vartir yātam jayushā 10,39,13
tā valgū dasrā puru° 6, 62, 5
tā vām vāstūny 1, 154, 6. Vs. 6, 3. Ts 1, 3, 6, 1. N. 2, 7
tā vām viṣvasya gopā 8, 25, 1
tā vām samyag adruhvāṇe° 5, 70, 2. Sv. 2, 336
tā vām gīrbhir vipanyavaḥ 7, 94, 6. Sv. 2, 152
tā vām dhiyo 'vase 4, 41, 8
tā vām narā sv avase 1, 118, 10
tā vām adya tāv aparam 1, 184, 1
tā vām adya havāmahe 8, 26, 3
tā vām iyāno 'vase 5, 65, 3
tā vām eshe rathānām indrāgnī 5, 86, 4
tā vām eshe rathānām urvīm 5, 66, 3
tā vām mitrāvaruṇā 10, 132, 2
tā vigram dhaithe 6, 67, 7
tāv idā cit ahānām 8, 22, 13
tāv id duḥṣaṅsam martyam 7, 94, 12
tāv id doshā tā ushasi 8, 22, 14
tā vidvāṅsā havāmahe vām 1, 120, 3
tā vṛidhantāv anu dyūn 5, 86, 5
tā samrājā ghṛitāsutī 2, 41, 6. Sv. 2. 262. N. 2, 13
tā sānasī ṣavasānā 7, 93, 2
tā sujihvā upa hvaye 1, 13, 8
tā sudevāya dāṣushe 8, 5, 6
tā ha tyad vartir yad 6, 62, 3
tā hi kshatram dhārayethe 6, 67, 6
tā hi kshatram avihrutam 5, 66, 2
tā hi devānām asurā tā 7, 65, 2
tā hi madhyam bharāṇām 8, 40, 3
tā hi ṣaṣvanta īḷata 7, 94, 5. Sv. 2, 151
tā hi ṣreshṭhavarcasā 5, 65, 2
tā hi ṣreshṭhā devatātā 6, 68, 2
tā huve yayor idam 6, 60, 4. Sv. 2, 203
tigmajambhāya taruṇāya 8, 19, 22
tigmam cid ema 6, 3, 4
tigmam āyudham marutām 8, 96, 9
tigmam eko bibharti 8, 29, 5
tigmā yad antar aṣaniḥ 4, 16, 17
tigmāyudhau tigmahetī 6, 74, 4
tiraḥ purū cid aṣvinā 3, 58, 5
tiraṣcīno vitato 10, 129, 5. Vs. 33, 74. Tb 2, 8, 9, 5
tishṭhā su kam maghavan 3, 53, 2
tishṭhā harī ratha ā 3, 35, 1. Tb. 2, 7, 13, 1
tisraḥ kshapas trir 1, 116, 4. Ta. 1, 10, 3
tisro devīr barhir idam varīya 10, 70, 8
tisro deshṭrāya 10, 114, 2
tisro dyāvaḥ savitur 1, 35, 6
tisro dyāvo nihitā 7, 87, 5
tisro bhūmīr dhārayan 2, 27, 8. Ts. 2, 1, 11, 5
tisro mātṛīs trīn 1, 164, 10. Av. 9, 9, 10
tisro yad agne ṣaradas 1, 72, 3. Tb. 2, 4, 5, 6
tisro yahvasya samidhaḥ 3, 2, 9
tisro vāca īrayati pra vahnir 9, 97, 34. Sv. 1, 525. 2, 209. N. 14, 14
tisro vāca ud īrate 9, 33, 4. Sv. 1, 471. 2, 219
tisro vācaḥ pra vada 7, 101, 1
tīkshṇenāgne cakshushā 10, 87, 9. Av. 8, 3, 9
tīvrasyābhivayaso 10, 160, 1. Av. 20, 96, 1
tīvrāḥ somāsa ā gahi sutāso 8, 82, 2
tīvrāḥ somāsa ā gahy āṣīrvantaḥ 1, 23, 1
tīvrān ghoshān kṛiṇvate 6, 75, 7. Vs. 29, 44. Ts. 4, 6, 6, 3
tīvro vo madhumāṅ ayam 2, 41, 14
tugro ha bhujyum 1, 116, 3. Ta. 1, 10, 2
tuce tanāya tat su no 8, 18, 18. Sv. 1, 395
tuje nas tane parvatāḥ 5, 41, 9
tuñje-tuñje ya 1, 7, 7. Av. 20, 70, 13. N. 6, 18
tubhyam vātā abhipriyas 9, 31, 3
tubhyam ṣukrāsaḥ ṣucayas 1, 134, 5

tubhyaṃ scotanty adhrigo 3, 21, 4. Tb. 3, 6, 7, 2
tubhyaṃ sutas tubhyam u 10, 160, 2. Av. 20, 96, 2
tubhyaṃ somāḥ sutā ime 8, 93, 25. Sv. 1, 213
tubhyaṃ stokā ghṛita° 3, 21, 3. Tb. 3, 6, 7, 2
tubhyaṃ hinvāno vasishṭa 2, 36, 1
tubhyaṃ gāvo ghṛitam 9, 31, 5
tubhyaṃ ghet te janā 8, 43, 29
tubhyaṃ tā aṅgirastama 8, 43, 18. Vs. 12, 116. Ts. 1, 3, 14, 3. Tb. 3, 7, 1, 1
tubhyaṃ daksha kavikrato 3, 14, 7
tubhyam agre pary avahan 10, 85, 38. Av. 14, 2, 1
tubhyaṃ ushāsaḥ sucayaḥ 1, 134, 4
tubhyam payo yad 1, 121, 5
tubhyam brahmāṇi gira 3, 51, 6
tubhyam bharanti kshitayo 5, 1, 10. Tb. 2, 4, 7, 9
tubhyāyaṃ somaḥ pariputo 1, 135, 2
tubhyāyam adribhiḥ suto 8, 82, 5
tubhyedam agne madhumattamaṃ 5, 11, 5
tubhyedam indra pari shicyate 10, 167, 1
tubhyed indra marutvate 8, 76, 8
tubhyed indra sva okye 3, 42, 8. Av. 20, 24, 8
tubhyed imā savanā 7, 22, 7. Av. 20, 73, 1
tubhyed ete bahulā 1, 54, 9
tubhyed ete marutaḥ 5, 30, 6
tubhyemā bhuvanā kave 9, 62, 27. Sv. 2, 127
turaṇyavo 'ṅgiraso 7, 52, 3
turaṇyavo madhumantaṃ 8, 51, 10 Sv. 2, 960. Av. 20, 119, 2
turīyaṃ nāma yajñiyaṃ 8, 80, 9
tuvikshaṃ te sukṛitaṃ 8, 77, 11. N. 6, 33
tuvigrīvo vapodaraḥ 8, 17, 8. Av. 20, 5, 2
tuvigrīvo vṛishabho vāvṛidhāno 5, 2, 12
tuvisushma tuvikrato 8, 68, 2. Sv. 2, 1122
tutujāno mahemate 8, 13, 11
turvann ojīyān 6, 20, 8
tṛiṇaskandasya nu visaḥ 1, 172, 3
tṛitīye dhānāḥ savane 3, 52, 6
tṛidilā atṛidilāso 10, 94, 11
tṛishu yad annā tṛishuṇā 4, 7, 11
tṛishṭam etat kaṭukam 10, 85, 34. Av. 14, 1, 29
tṛishṭāmaya prathamaṃ 10, 75, 6
te ajyeshṭhā akanishṭhāsa 5, 59, 6
te adrayo daṣayantrāsa 10, 94, 8
te asmabhyaṃ ṣarma 1, 90, 3
te asya santu ketavo 9, 70, 3 Sv. 2, 775
te ācaranti samaneva 6, 75, 4. Vs. 29, 41. Ts. 4, 6, 6, 2. N. 9, 40
te kshoṇībhir aruṇebhir 2, 34, 13
te gavyatā manasā 4, 1, 15
te ghā rājāno amṛitasya 10, 93, 4
te ghed agne svādhyo ye tvā 8, 19, 17
te ghed agne svādhyo 'hā viṣvā 8, 43, 30
te cid dhi purvīr abhi 7, 48, 3
te jajñire diva ṛishvāsa 1, 64, 2
te jānata svam okyaṃ 8, 72, 14. Sv. 2, 831
tejishṭhayā tapanī 2, 23, 14
tejishṭhā yasyāratir 6, 12, 3
te te agne tvotā 6, 16, 27
te te deva netar 5, 50, 2
te te devāya dāsataḥ 7, 17, 7
te tvā madā amadan 1, 53, 6. Av. 20, 21, 6
te tvā madā indra mādayantu 7, 23, 5. Av. 20, 12, 5
te tvā madā bṛihad indra 6, 17, 4
te daṣagvāḥ prathamā 2, 34, 12
te na āsno vṛikāṇām 8, 67, 14
te na indraḥ pṛithivī 6, 51, 11
te naḥ purvāsa uparāsa 9, 77, 3
te naḥ santu yujaḥ sadā 8, 83, 2
te naḥ sahasriṇaṃ rayim 9, 13, 5 Sv. 2, 542
tena nāsatyā gataṃ 1, 47, 9
tena no vājinīvasū parāvataṣ 8, 5, 30
tena no vājinīvasū paṣve 8, 5, 20
tena satyena jāgṛitam 1, 21, 6
tena stotṛibhya ā bhara 8, 77, 8
te nas trādhvaṃ te 8, 30, 3
te nunaṃ no 'yam ūtaye 10, 126, 3
te no arvanto havanasruto 10, 64, 6. Vs. 9, 17. Ts. 1, 7, 8, 2

te no griṇāne mahinī 1, 160, 5
te no gopā apācyās 8, 28, 3
te no nāvam urushyata 8, 25, 11
te no bhadreṇa sarmaṇā 8, 18, 17
te no mitro varuṇo 5, 41, 2
te no ratnāni dhattana 1, 20, 7
te no rāyo dyumato 6, 50, 11
te no rudraḥ sarasvatī 6, 50, 12
te no vasuni kāmyā 5, 61, 16
te no vṛishṭiṃ divas pari 9, 65, 24, Sv. 2, 515
te pratnāso vyushṭishu 9, 98, 11
tebhyo godhā ayathaṃ 10, 28, 11
tebhyo dyumnaṃ bṛihad yasa 5, 79, 7
te ma āhur ya āyayur 5, 53, 3
te manvata prathamaṃ nāma 4, 1, 16
te marmṛijata dadṛivāṅso 4, 1, 14
te māyino mamire 1, 159, 4
te rāyā te suvīryaiḥ 4, 8, 6
te 'ruṇebhir varam ā 1, 88, 2
te rudrāsaḥ sumakhā 5, 87, 7
te 'vadan prathamā 10, 109, 1. Av. 5, 17, 1
te 'vardhanta svatavaso 1, 85, 7. Ts. 4, 1, 11, 3
te 'vindan manasā 10, 181, 3
te visvā dāsushe vasu 9, 64, 6. Sv. 2, 386
te vo hṛide manase 4, 37, 2
teshāṃ hi citram ukthyaṃ 8, 67, 3
teshāṃ hi mahnā mahatām 10, 65, 3
te satyena manasā gopatiṃ 10, 67, 8. Av. 20, 91, 8.
te satyena manasā dīdhyānāḥ 7, 90, 5
te sīshapanta josham 7, 43, 4
te sutāso madintamāḥ 9, 67, 18. Sv. 2, 1161
te sūnavaḥ svapasaḥ 1, 159, 3
te somādo harī 10, 94, 9. N. 2, 5
te syandrāso nokshaṇo 5, 52, 3
te syāma deva varuṇa 7, 66, 9. Sv. 2, 419
te syāma ye agnaye 4, 8, 5
te hi dyāvāpṛithivī bhūriretasā 10, 92, 11
te hi dyāvāpṛithivī mātarā 10, 64, 14
te hi dyāvāpṛithivī visva° 1, 160, 1
te hinvire aruṇaṃ 8, 101, 6
te hi putrāso aditer 8, 18, 5
te hi prajāyā abharanta 10, 92, 10
te hi yajñeshu yajñiyāsa ūmā ādityena 10, 77, 8
te hi yajñeshu yajñiyāsa ūmāḥ sadhasthaṃ 7, 39, 4. N. 6, 13
te hi vasvo vasavānās 1, 90, 2
te hi sreshṭhavarcasas 6, 51, 10
te hi shmā vanusho naro 8, 25, 15
te hi satyā ṛitaspṛisa 5, 67, 4
te hi sthirasya savasaḥ 5, 52, 2
toke hite tanaya 4, 41, 6
tosā vṛitrahaṇā huve 3, 12, 4. Sv. 2, 1052
tosāsā rathayāvānā 8, 38, 2. Sv. 2, 424
tmanā vahanto 1, 69, 10
tmanā samatsu hinota 7, 34, 6
tyaṃ su mesham 1, 52, 1. Sv. 1, 377
tyaṃ cit parvataṃ giriṃ 8, 64, 5
tyaṃ cid atrim ṛitajuram 10, 143, 1
tyaṃ cid arṇaṃ 5, 32, 8
tyaṃ cid asvaṃ na 10, 143, 2
tyaṃ cid asya kratubhir 5, 32, 5
tyaṃ cid itthā katpayaṃ 5, 32, 6. N. 6, 3
tyaṃ cid eshāṃ svadhayā 5, 32, 4
tyaṃ cid ghā dīrgham 1, 37, 11
tyaṃ nu mārutaṃ gaṇaṃ 8, 94, 12
tyam u vaḥ satrāsāhaṃ 8, 92, 7. Sv. 1, 170. 2, 992
tyam u vo aprahaṇaṃ 6, 44, 4. Sv. 1, 357
tyam ū shu vājinaṃ 10, 178, 1. Sv. 1, 332. Av. 7, 85, 1. N. 10, 28
tyasya cin mahato 5, 32, 3
tyān nu kshatriyāñ 8, 67, 1. Ts. 2, 1, 11, 5
tyān nu putadakshaso 8, 94, 10
tyān nu ye vi rodasī 8, 94, 11
tyā nv asvinā huve 8, 10, 3
traya indrasya somāḥ 8, 2, 7
trayaḥ kṛiṇvanti bhuvaneshu 7, 33, 7
trayaḥ kesina 1, 164, 44. Av, 9, 10, 26. N. 12, 27
trayaḥ kosāsa scotanti 8, 2, 8
trayaḥ pavayo madhuvāhane 1, 34, 2
trātā no bodhi dadṛisāna 4, 17, 17

trātāraṃ tvā tanūnāṃ 2, 23, 8
trātāram indram avitāram 6, 47, 11. Sv. 1, 333. Av. 7, 86, 1. Vs. 20, 50. Ts. 1, 6, 12, 5
trātāro devā adhi vocatā 8, 48, 14
trāyantām iha devās 10, 137, 5. Av. 4, 13, 4
triṅsacchataṃ varmiṇa 6, 27, 6
triṅṣad dhāma vi rājati 10, 189, 3. Sv. 2, 728. Av. 6, 31, 3. 20, 48, 6. Vs. 3, 8. Ts. 1, 5, 3, 1
triḥ shashṭis tvā maruto 8, 96, 8
triḥ sapta mayūryaḥ 1, 191, 14
triḥ sapta yad guhyāni 1, 72, 6
triḥ sapta vishpuliṅgakā 1, 191, 12
triḥ sapta sasrā nadyo 10, 64, 8
triḥ smā māhnaḥ 10, 95, 5. N. 3, 21
trikadrukebhiḥ patati 10, 14, 16. Av. 18, 2, 6. Ta. 6, 5, 3
trikadrukeshu cetanaṃ devāso yajñam atnata | tam id vardhantu no giraḥ || 8, 92, 21. Sv. 2, 74. Av. 20, 110, 3
trikadrukeshu cetanaṃ devāso yajñam atnata | tam id vardhantu no giraḥ sadāvṛidham || 8, 13, 18. N. 1, 10
trikadrukeshu mahisho 2, 22, 1. Sv. 1, 457. 2, 836. Av. 20, 95, 1. Tb. 2, 5, 8, 9
tritaḥ kūpe 1, 105, 17. N. 6, 27
tridhā hitam paṇibhir 4, 58, 4. Vs. 17, 92. Ta. 10, 10, 2
tripañcāṣaḥ krīlati 10, 34, 8
tripājasyo vṛishabho 3, 56, 3
tripād ūrdhva 10, 90, 4. Av. 19, 6, 2. Vs. 31, 4. Ta. 3, 12, 2
tribhiḥ pavitrair apupod 3, 26, 8
tribhish tvaṃ deva savitar 9, 67, 26
trimūrdhānaṃ saptaraṣmiṃ 1, 146, 1
trir antarikshaṃ savitā 4, 53, 5
trir aṣvinā sindhubhiḥ 1, 34, 8
trir asmai sapta dhenavo 9, 70, 1. Sv. 1, 560. 2, 773
trir asya tā paramā 4, 1, 7
trir ā divaḥ savitar 3, 56, 6
trir ā divaḥ savitā soshavīti 3, 56, 7
trir uttamā dūṇaṣā 3, 56, 8
trir devaḥ pṛithivīm 7, 100, 3. Tb. 2, 4, 3, 5
trir no aṣvinā divyāni 1, 34, 6
trir no aṣvinā yajatā 1, 34, 7
trir no rayiṃ vahatam 1, 34, 5
trir yātudhānaḥ prasitiṃ 10, 87, 11. Av. 8, 3, 11
trir vartir yātaṃ trir 1, 34, 4
trivandhureṇa trivṛitā rathena tricakreṇa 1, 118, 2
trivandhureṇa trivṛitā rathenā yātam 8, 85, 8
trivandhureṇa trivṛitā supeṣasā 1, 47, 2
trivishṭidhātu pratimānam 1, 102, 8
triṣ cid aktoḥ pra cikitur 7, 11, 3
triṣ cin no adyā 1, 34, 1
trishadhasthā saptadhātuḥ 6, 61, 12
trishadhasthe barhishi 1, 47, 4
trīṇi jānā pari 1, 95, 3
trīṇi ta āhur divi 1, 163, 4. Vs. 29, 15. Ts. 4, 6, 7, 2
trīṇi tritasya dhārayā 9, 102, 3. Sv. 2, 365
trīṇi padāny aṣvinor 8, 8, 23
trīṇi padā vi cakrame 1, 22, 18. Sv. 2, 1020. Av. 7, 26, 5. Vs. 34, 43. Tb. 2, 4, 6, 1
trīṇi rājānā vidathe 3, 38, 6
trīṇi ṣatā trī sahasrāṇy 3, 9, 9. 10, 52, 6. Vs. 33, 7. Tb. 2, 7, 12, 2
trīṇi ṣatāny arvatāṃ 8, 6, 47
trīṇi sarāṅsi pṛiṣnayo 8, 7, 10
trīṇy āyūṅshi tava 3, 17, 3. Ts. 3, 2, 11, 2
trīṇy eka urugāyo 8, 29, 7
trī yac chatā mahishāṇām 5, 29, 8
trī rocanā divyā dhārayanta 2, 27, 9
trī rocanā varuṇa 5, 69, 1
trī shadhasthā sindhavas 3, 56, 5
tryambakaṃ yajāmahe 7, 59, 12. Av. 14, 1, 17. Vs. 3, 60. Ts. 1, 8, 6, 2. N. 14, 35
try aryamā manusho 5, 29, 1
tryudāyaṃ devahitaṃ 4, 37, 3
tvaṃ yavishṭha dāṣusho 8, 84, 3. Sv. 2, 596. Vs. 13, 52. 18, 77
tvaṃ ratham pra bharo 6, 26, 4
tvaṃ rayim puruvīram 8, 71, 6
tvaṃ rājendra ye ca 1, 174, 1

tvaṃ rājeva suvrato 9, 20, 5. Sv. 2, 322
tvaṃ varuṇa uta mitro 7, 12, 3. Sv. 2, 656. Tb. 3, 5, 2, 3. 6, 1, 3
tvaṃ varo sushāmṇe 8, 23, 28
tvaṃ varmāsi saprathaḥ 7, 31, 6. Av. 20, 18, 6
tvaṃ valasya gomato 1, 11, 5. Sv. 2, 601
tvaṃ vikshu pradivaḥ sīda 6, 5, 3
tvaṃ vipras tvaṃ kavir 9, 18, 2. Sv. 2, 444
tvaṃ viçvasya jagataç cakshur 10, 102, 12
tvaṃ viçvasya dhanadā 7, 32, 17
tvaṃ viçvasya medhira 1, 25, 20
tvaṃ viçvā dadhishe 10, 54, 5
tvaṃ viçveshāṃ varuṇāsi 2, 27, 10
tvaṃ vishṇo sumatiṃ viçva° 7, 100, 2
tvaṃ vṛithā nadya indra 1, 130, 5
tvaṃ vṛidha indra pūrvyo 6, 20, 11
tvaṃ vṛishā janānām 8, 15, 10
tvaṃ çatāny ava çambarasya 6, 31, 4
tvaṃ çardhāya mahinā 10, 147, 5
tvaṃ çraddhābhir mandasānaḥ 6, 26, 6
tvaṃ satya indra dhrishṇur 1, 63, 3
tvaṃ sadyo apibo jāta 3, 32, 10
tvaṃ samudriyā apo 9, 62, 26. Sv. 2, 126
tvaṃ samudro asi viçvavit 9, 86, 29
tvaṃ sindhūṅr avāsṛijo 10, 133, 2. Sv. 2, 1152. Av. 20, 95, 3. N. 1, 15
tvaṃ sutasya pītaye 1, 5, 6. Av. 20, 69, 4. Ts. 3, 4, 11, 4
tvaṃ suto nṛimādano 9, 67, 2. Sv. 2, 674
tvaṃ sushvāṇo adribhir 9, 67, 3. Sv. 2, 675
tvaṃ sūkarasya dardṛihi 7, 55, 4
tvaṃ sūro harito rāmayo 1, 121, 13
tvaṃ sūrye na ā bhaja 9, 4, 5. Sv. 2, 401
tvaṃ soma kratubhiḥ 1, 91, 2. Tb. 2, 4, 3, 8
tvaṃ soma tanūkṛidbhyo 8, 79, 3. Vs. 5, 35. Ts. 1, 3, 4, 1
tvaṃ soma nṛimādanaḥ 9, 24, 4. Sv. 2, 315
tvaṃ soma paṇibhya ā 9, 22, 7
tvaṃ soma pavamāno 9, 59, 3
tvaṃ soma pitṛibhiḥ saṃvidāno 8, 48, 13. Vs. 19, 54. Ts. 2, 6, 12, 2
tvaṃ soma pra cikito 1, 91, 1. Vs. 19, 52. Ts 2, 6, 12, 1
tvaṃ soma mahe 1, 91, 7. Tb. 2, 4, 5, 3
tvaṃ soma vipaçcitaṃ tanā 9, 16, 8
tvaṃ soma vipaçcitam punāno 9, 64, 25
tvaṃ soma sūra eshas tokasya 9, 66, 18
tvaṃ somāsi dhārayur 9, 67, 1. Sv. 2, 673
tvaṃ somāsi satpatis 1, 91, 5. Ts. 4, 3, 13, 1. Tb. 3, 5, 6, 1
tvaṃ ha tyat saptabhyo jāyamāno 8, 96, 16. Sv. 1, 326. Av. 20, 137, 10
tvaṃ ha tyad apratimānam 8, 96, 17. Av. 20, 137, 11
tvaṃ ha tyad indra kutsam 7, 19, 2. Av. 20, 37, 2
tvaṃ ha tyad indra codīḥ 1, 63, 4
tvaṃ ha tyad indra sapta 1, 63, 7
tvaṃ ha tyad indrārishaṇyan 1, 63, 5
tvaṃ ha tyad ṛiṇayā indra 10, 89, 8
tvaṃ ha tyad vṛishabha 8, 96, 18
tvaṃ ha nu tyad adamāyo 6, 18, 3
tvaṃ ha yad yavishṭhya 8, 75, 3. Ts. 2, 6. 11, 1
tvaṃ hi kshaitavad yaço 6, 2, 1. Sv. 1, 84
tvaṃ hi naḥ pitā vaso 8, 98, 11. Sv 2, 520. Av. 20, 108, 2
tvaṃ hi nas tanvaḥ soma 8, 48, 9
tvaṃ hi manyo abhibhūty° 10, 83, 4. Av. 4, 32, 4
tvaṃ hi mānushe jane 5, 21, 2
tvaṃ hi rādhaspate 8, 61, 14. Sv. 2, 672
tvaṃ hi viçvatomukha 1, 97, 6. Av. 4, 33, 6. Ta. 6, 11, 2
tvaṃ hi vṛitrahann eshām 8, 93, 33. Sv. 2, 1142

tvaṃ hi śaśvatīnām indra 8, 98, 6. Sv. 2, 599. Av. 20, 64, 3
tvaṃ hi śūraḥ sanitā 1, 175, 3. Sv. 2, 784
tvaṃ hi shmā cyāvayann 3, 30, 4
tvaṃ hi satyo maghavann 8, 90, 4
tvaṃ hi supratur asi 8, 23, 29
tvaṃ hi soma vardhayann 9, 51, 4
tvaṃ hi stomavardhana 8, 14, 11. Av. 20, 29, 1
tvaṃ hotā manurhito 'gne 1, 14, 11
tvaṃ hotā manurhito vahnir 6, 16, 9
tvaṃ hotā mandratamo 6, 11, 2
tvaṃ hy agne agninā 8, 43, 14. Ts. 1, 4, 46, 3. 3, 5, 11, 5
tvaṃ hy agne divyasya 1, 144, 6
tvaṃ hy agne prathamo 6, 1, 1. Tb. 3, 6, 10, 1
tvaṃ hy añga daivyā 9, 108, 3. Sv. 1, 583. 2, 288
tvaṃ hy eka īśisha 4, 32, 7
tvaṃ hy ehi cerave 8, 61, 7. Sv. 1, 240. 2, 931
tvaṃ karañjam uta 1, 53, 8. Av. 20, 21, 8
tvaṃ kaviṃ codayo 6, 26, 3
tvaṃ kutsaṃ śushṇahatyeshv 1, 51, 6
tvaṃ kutsenābhi śushṇam 6, 31, 3
tvaṃ gotram añgirobhyo 1, 51, 3
tvaṃ ca soma no vaśo 1, 91, 6. Ts. 3, 4, 11, 1
tvaṃ cittī tava dakshair 8, 79, 4
tvaṃ cin naḥ śamyā 4, 3, 4
tvaṃ jaghantha namucim 10, 73, 7
tvaṃ jāmir janānām 1, 75, 4. Sv. 2, 886
tvaṃ jigetha na dhanā 1, 102, 10
tvad agne kāvyā 4, 11, 3
tvad dhi putra sahaso 3, 14, 6
tvad bhiyā viśa āyann 7, 5, 3
tvad bhiyendra pārthivāni 6, 31, 2
tvad vājī vājambharo 4, 11, 4
tvad vipro jāyate 6, 7, 3
tvad viśvā subhaga 6, 13, 1
tvaṃ tad uktham indra 6, 26, 5
tvaṃ taṃ deva jihvayā 6, 16, 32
tvaṃ tam agne amṛitatva 1, 31, 7
tvaṃ tam indra parvataṃ na 1, 55, 3
tvaṃ tam indra parvatam mahām 1, 57, 6. Av. 20, 15, 6
tvaṃ tam indra martyam 5, 35, 5
tvaṃ tam indra vāvṛidhāno 1, 131, 7
tvaṃ tam brahmaṇas pate 1, 18, 5
tvaṃ tasya dvayāvino 1, 42, 4
tvaṃ tāñ agna ubhayān 1, 189, 7
tvaṃ tāñ indrobhayāñ 6, 33, 3
tvaṃ tān vṛitrahatye 10, 22, 10
tvaṃ tān saṃ ca prati cāsi 2, 1, 15
tvaṃ tū na indra taṃ 1, 169, 4
tvaṃ tyat paṇīnāṃ vido 9, 111, 2 Sv. 2, 942
tvaṃ tyam iṭato ratham 10, 171, 1
tvaṃ tyam indra martyam 10, 171, 3
tvaṃ tyam indra suryam 10, 171, 4
tvaṃ tyā cid acyutāgne 6, 2, 9. Ts. 3, 1, 11, 6
tvaṃ tyā cid vātasyāśvā 10, 22, 5
tvaṃ tyāṃ na indra deva 1, 63, 8
tvaṃ tyebhir ā gahi 1, 30, 22
tvaṃ-tvam aharyathā 10, 96, 5. Av. 20, 30, 5
tvaṃ dātā prathamo 8, 90, 2. Sv. 2, 843. Av. 20, 104, 4
tvaṃ divo dharuṇaṃ dhisha 1, 56, 6
tvaṃ divo bṛihataḥ sānu 1, 54, 4
tvaṃ dūtaḥ prathamo 10, 122, 5
tvaṃ dūtas tvam u naḥ 2, 9, 2. Ts. 3, 5, 11, 2
tvaṃ dūto amartya ā 6, 16, 6
tvaṃ devi sarasvaty avā 6, 61, 6
tvaṃ dyāṃ ca mahivrata 9, 100, 9. Sv. 2, 368
tvaṃ dhiyam manoyujaṃ 9, 100, 3
tvaṃ dhunir indra 1, 174, 9. 6, 20, 12
tvaṃ dhṛishṇo dhṛishatā 7, 19, 3. Av. 20, 37, 3
tvaṃ na indra ṛitayus 8, 70, 10
tvaṃ na indra tvābhir 2, 20, 2
tvaṃ na indra rāyā tarūshaso° 1, 129, 10
tvaṃ na indra rāyā parīṇasā 1, 129, 9
tvaṃ na indra vājayus 7, 31, 3. Sv. 2, 68
tvaṃ na indra śūra 10, 22, 9

tvaṃ na indrā bharañ ojo 8, 98, 10, Sv. 1, 405. 2, 519. Av. 20, 108, 1
tvaṃ na indrāsāṃ haste 8, 70, 12
tvaṃ naḥ paṣcād adharād 8, 61, 16
tvaṃ naḥ pāhy aṅhaso jātavedo 6, 16, 30
tvaṃ naḥ pāhy aṅhaso doshāvastar 7, 15, 15
tvaṃ naḥ soma viṣvato gopā 10, 25, 7
tvaṃ naḥ soma viṣvato rakshā 1, 91, 8. Ts. 2, 3, 14, 1
tvaṃ naḥ soma viṣvato vayodhās 8, 48, 15
tvaṃ naḥ soma sukratur 10, 25, 8
tvaṃ naṣ citra utyā 6, 48, 9. Sv. 1, 41. 2, 973
tvaṃ nṛicakshā asi soma 9, 86, 38. Sv. 2, 306
tvaṃ nṛicakshā vṛishabhānu 3, 15, 3
tvaṃ nṛibhir nṛimaṇo 7, 19, 4. Av. 20, 37, 4. Tb, 2, 5, 8, 10
tvaṃ no agna āyushu 8, 39, 10
tvaṃ no agna eshāṃ gayam 5, 10, 3
tvaṃ no agne agnibhir 10, 141, 6. Sv. 2, 855. Av. 3, 20, 5
tvaṃ no agne aṅgira stutaḥ 5, 10, 7
tvaṃ no agne adbhuta 5, 10, 2
tvaṃ no agne adharād 10, 87, 20. Av. 8, 3, 19
tvaṃ no agne tava deva 1, 31, 12. Vs. 34, 13
tvaṃ no agne pitror 1, 31, 9
tvaṃ no agne mahobhiḥ 8, 71, 1. Sv. 1, 6
tvaṃ no agne varuṇasya 4, 1, 4. Vs. 21, 3. Ts. 2, 5, 12, 3
tvaṃ no agne sanaye 1, 31, 8
tvaṃ no asi bhāratāgne 2, 7, 5
tvaṃ no asyā amater uta 8, 66, 14
tvaṃ no asyā indra durhaṇāyāḥ 1, 121, 14
tvaṃ no asyā ushaso 3, 15, 2
tvaṃ no gopāḥ pathikṛid 2, 23, 6
tvaṃ no vāyav eshām 1, 134, 6
tvaṃ no vṛitrahantame° 10, 25, 9
tvam agna indro 2, 1, 3
tvam agna iḷito jātavedo 10, 15, 12. Av. 18, 3, 42, Vs. 19, 66. Ts. 2, 6, 12, 5
tvam agna uruṣaṅsāya 1, 31, 14
tvam agna ṛibhur āke 2, 1, 10
tvam agne aditir deva 2, 1, 11
tvam agne gṛihapatis 7, 16, 5. Sv. 1, 61
tvam agne tvashṭā 2, 1, 5
tvam agne dyubhis 2, 1, 1. Vs. 11. 27. Ts. 4, 1, 2, 5. Ta. 10, 76, 1. N. 6, 1. 13, 1
tvam agne draviṇodā 2, 1, 7
tvam agne pururūpo 5, 8, 5
tvam agne prathamo aṅgirastamaḥ 1, 31, 2
tvam agne prathamo aṅgirā 1, 31, 1. Vs. 34, 12
tvam agne prathamo mātariṣvana 1, 31, 3
tvam agne pramatis tvam 1, 31, 10
tvam agne prayatadakshiṇaṃ 1, 31, 15
tvam agne bṛihad vayo 8, 102, 1. Ts. 3, 4, 11, 1
tvam agne manave dyām 1, 31, 4
tvam agne yajñānāṃ 6, 16, 1. Sv. 1, 2. 2, 824
tvam agne yajyave pāyur 1, 31, 13
tvam agne rājā varuṇo 2, 1, 4
tvam agne rudro asuro 2, 1, 6. Ts. 1, 3, 14, 1. Tb. 3, 11, 2, 1
tvam agne vanushyato 6, 15, 12. 7, 4, 9
tvam agne varuṇo jāyase 5, 3, 1
tvam agne vasūṅr iha 1, 45, 1. Sv. 1, 96
tvam agne vāghate 4, 2, 13
tvam agne vīravad yaṣo 7, 15, 12
tvam agne vṛijinavartaniṃ 1, 31, 6
tvam agne vṛishabhaḥ 1, 31, 5
tvam agne vratapā asi 8, 11, 1. Av. 19, 59, 1. Vs. 4, 16. Ts. 1, 1, 14, 4. 2, 3, 1
tvam agne ṣaṣamānāya 1, 141, 10
tvam agne ṣocishā 7, 13, 2. Ts. 1, 5, 11, 2
tvam agne saprathā asi 5, 13, 4. Sv. 2, 757. Tb. 2, 4, 1, 6. N. 6, 7
tvam agne sahasā 1, 127, 9
tvam agne subhṛita 2, 1, 12
tvam agne suhavo 7, 1, 21
tvam aṅga jaritāraṃ 5, 3, 11

tvam aṅga pra śaṅsisho 1, 84, 19. Sv. 1, 247. 2, 1073. Vs. 6, 37. N. 14, 28
tvam adha prathamaṃ 4, 17, 7
tvam adhvaryur uta hotāsi 1, 94, 6
tvam apām apidhānā 1, 51, 4
tvam apo yadave turvaśāya° 5, 31, 8
tam apo yad dha vṛitraṃ 3, 32, 6
tvam apo vi duro 6, 30, 5
tvam aryamā bhavasi yat 5, 3, 2
tvam asi praśasyo 8, 11, 2
tvam asmākam indra viśvadha 1, 174, 10
tvam asya pāre rajaso 1, 52, 12
tvam āyasam prati 1, 121, 9
tvam āvitha naryaṃ 1, 54, 6
tvam āvitha suśravasaṃ 1, 53, 10. Av. 20, 21, 10
tvam it saprathā asy 8, 60, 5. Sv. 1, 42
tvam indo pari srava 9, 62, 9. Sv. 2, 331
tvam indra naryo yāñ 1, 121, 12
tvam indra pratūrtishv 8, 99, 5. Sv. 1, 311. 2, 987. Av. 20, 105, 1. Vs. 33, 66
tvam indra balād adhi 10, 153, 2. Sv. 1, 120. Av. 20, 93, 5. N. 7, 2
tvam indra yaśā asy 8, 90, 5. Sv. 1, 248. 2, 761
tvam indra sajoshasam 10, 153, 4. Av. 20, 93, 7
tvam indra sravitavā 7, 21, 3
tvam indra svayaśā 7, 37, 4
tvam indrābhibhūr asi tvaṃ sūryam 8, 98, 2. Sv. 2, 376. Av. 20, 62, 6
tvam indrābhibhūr asi viśvā 10, 153, 5. Av. 20, 93, 8
tvam indrāya vishṇave 9, 56, 4
tvam indrāsi vṛitrahā 10, 153, 3 Av. 20, 93, 6
tvam imā oshadhīḥ 1, 91, 22. Vs. 34, 22. Tb. 2, 8, 3, 1
tvam imā vāryā puru 6, 16, 5
tvam īśishe vasupate vasūnāṃ 1, 170, 5
tvam īśishe sutānām 8, 64, 3. Sv. 2, 706. Av. 20, 93, 3
tvam uttamāsy oshadhe 10, 97, 23. Av. 6, 15, 1. Vs. 12, 101
tvam utsāñ ṛitubhir 5, 32, 2
tvam ekasya vṛitrahann 6, 45, 5
tvam etad adhārayaḥ 8, 93, 13
tvam etāñ janarājño 1, 53, 9. Av. 20, 21, 9
tvam etāni paprishe 10, 73, 8
tvam etān rudato 1, 33, 7
tvam pavitre rajaso 9, 86, 30
tvam pāhīndra sahīyaso 1, 171, 6
tvam piprum mṛigayaṃ 4, 16, 13
tvam pura indra cikid 8, 97, 14
tvam puraṃ carishṇvaṃ 8, 1, 28
tvam purūṇy ā bharā 10, 113, 10
tvam purū sahasrāṇi 8, 61, 8. Sv. 2, 932
tvam bhago na ā hi 6, 13, 2
tvam bhuvaḥ pratimānam 1, 52, 13
tvam makhasya dodhataḥ 10, 171, 2
tvam mahāñ indra tubhyaṃ 4, 17, 1
tvam mahāñ indra yo 1, 63, 1
tvam mahīm avaniṃ 4, 19, 6
tvam mānebhya indra 1, 169, 8
tvam māyābhir anavadya 10, 147, 2
tvam māyābhir apa 1, 51, 5
tvayā manyo saratham 10, 84, 1. Av. 4, 31, 1. Tb. 2, 4, 1, 10. N. 10, 30
tvayā yathā gṛitsamadāso 2, 4, 9
tvayā vayaṃ sāsadmahe 10, 120, 5. Av. 5, 2, 5. 20, 107, 8
tvayā vayaṃ sadhanyas 4, 4, 14. Ts. 1, 2, 14, 6. N. 5, 15
tvayā vayaṃ suvṛidhā 2, 23, 9. N. 3, 11
tvayā vayam uttamaṃ 2, 23, 10
tvayā vayam pavamānena 9, 97, 58
tvayā vayam maghavann indra 1, 178, 5
tvayā vayam maghavan pūrvye 1, 132, 1. N. 5, 2
tvayā vīreṇa vīravo 9, 35, 3
tvayā ha svid yujā vayaṃ codishṭhena 8, 102, 3
tvayā ha svid yujā vayam prati 8, 21, 11. Sv. 1, 403
tvayā hitam apyam 2, 38, 7
tvayā hi naḥ pitaraḥ 9, 96, 11. Vs. 19, 53. Ts. 2, 6, 12, 1
tvayā hy agne varuṇo 1, 141, 9

tvayed indra yujā vayam 8, 92, 32
tvashṭā duhitre vahatuṃ 10, 17, 1. Av. 18, 1, 53. 3, 31, 5. N. 12, 11
tvashṭā māyā ved 10, 53, 9
tvashṭhā yad vajraṃ 1, 85, 9
tvashṭāraṃ vāyum 10, 65, 10
tvashṭāram agrajaṃ gopām 9, 5, 9
tvashṭā rūpāṇi hi prabhuḥ 1, 188, 9
tvashṭur jāmātaraṃ vayam 8, 26, 22
tvāṃ yajñebhir ukthair 10, 24, 2
tvāṃ yajñeshv īḷate 10, 21, 6
tvāṃ yajñeshv ṛitvijaṃ cārum 10, 21, 7
tvāṃ yajneshv ṛitvijam agne 3, 10, 2
tvāṃ yajñair avīvṛidhan 9, 4, 9. Sv. 2, 405
tvāṃ rihanti mātaro 9, 100, 7. Sv. 2, 367
tvāṃ vardhanti kshitayaḥ 6, 1, 5. Tb. 3, 6, 10, 2
tvāṃ vājī havate vājineyo 6, 26, 2
tvāṃ viçve amṛita 6, 7, 4. Sv. 2, 491
tvāṃ viçve sajoshaso 5, 21, 3
tvāṃ vishṇur bṛihan kshayo 8, 15, 9. Sv. 2, 997. Av. 20, 106, 3
tvāṃ çushmin puruhūta 8, 98, 12. Sv. 2, 521. Av. 20, 108, 3
tvāṃ sutasya pītaye 3, 42, 9. Av. 20, 24, 9
tvāṃ soma pavamānaṃ 9, 86, 24
tvāṃ stomā avīvṛidhan 1, 5, 8. Av. 20, 69, 6
tvāṃ ha tyad indrārṇa° 1, 63, 6
tvāṃ hi mandratamam 6, 4, 7. Vs. 33, 13. N. 1, 17
tvāṃ hi shmā carshaṇayo 6, 2, 2
tvāṃ hi satyam adrivo 8, 46, 2
tvāṃ hi supsarastamaṃ 8, 26, 24
tvāṃ hīndrāvase vivāco 6, 33, 2
tvāṃ hy agne sadam it 4, 1, 1
tvāṃ citraçravastama 1, 45, 6. Vs. 15, 31. Ts. 4, 4, 4, 3
tvāṃ janā mamasatyeshv 10, 42, 4. Av. 20, 89, 4
tvādattebhī rudra 2, 33, 2. Tb. 2, 8, 6, 8
tvāṃ dūtam agne 6, 15, 8. Sv. 2, 918
tvāṃ deveshu prathamaṃ 1, 102, 9
tvām agna ādityāsa 2, 1, 13. Tb. 2, 7, 12, 6
tvām agna ṛitāyavaḥ 5, 8, 1
tvām agne aṅgiraso guhā 5, 11, 6. Sv 2, 258. Vs. 15, 28. Ts. 4, 4, 4, 2
tvām agne atithim pūrvyaṃ 5, 8, 2
tvām agne dama ā 2, 1, 8
tvām agne dharṇasiṃ 5, 8, 4
tvām agne pushkarād adhy 6, 16, 13. Sv. 1, 9. Vs. 11, 32. 15, 22. Ts. 3, 5, 11, 3. 4, 1, 3, 2. 4, 4, 1
tvām agne prathamaṃ devayanto 4, 11, 5
tvām agne prathamam āyum 1, 31, 11
tvām agne pradiva 5, 8, 7. Tb. 1, 2, 1, 12
tvām agne manīshiṇaḥ samrājaṃ 3, 10, 1
tvām agne manīshiṇas tvāṃ 8, 44, 19
tvām agne mānushīr īḷate 5, 8, 3. Ts. 3, 3, 11, 2
tvām agne yajamānā 10, 45, 11. Vs. 12, 28 Ts. 4, 2, 2, 4
tvām agne vasupatiṃ 5, 4, 1. Ts. 1, 4, 46, 2
tvām agne vājasātamaṃ 5, 13, 5. Ts. 1, 4, 46, 3
tvām agne samidhānaṃ 5, 8, 6. Tb. 1, 2, 1, 12
tvām agne samidhāno vasishṭho 7, 9, 6. N. 6, 17
tvām agne svādhyo 6, 16, 7
tvām agne harito vāvaçānā 7, 5, 5
tvām agne havishmanto 5, 9, 1. Tb. 2, 4, 1, 4
tvām achā carāmasi 9, 1, 5
tvām asyā vyushi deva 5, 3, 8
tvām ic chavasas pate 8, 6, 21
tvām id atra vṛiṇate 10, 91, 9
tvām id asyā ushaso 10, 122, 7
tvām idā hyo naro 8, 99, 1. Sv. 1, 302. 2, 163
tvām id dhi tvāyavo 8, 92, 33
tvām id dhi sahasas putra 1, 40, 2
tvām id dhi havāmahe sātā 6, 46, 1. Sv. 1, 234. 2, 159. Av. 20, 98, 1. Vs. 27, 37. Ts. 2, 4, 14, 3

tvām id yavayur mama 8, 78, 9
tvām id vṛitrahantama janāso vṛiktabarhishaḥ | ugram 5,35,6
tvām id vṛitrahantama janāso vṛiktabarhishaḥ | havante 8, 6, 37
tvām id vṛitrahantama sutāvanto 8, 93, 30
tvām īḷate ajiraṃ 7, 11, 2. Tb. 3, 6, 8, 2
tvām īḷe adha dvitā 6, 16, 4
tvām ugram avase 6, 46, 6. Av. 20, 80, 2
tvām u jātavedasaṃ 10, 150. 3
tvām u te dadhire havya° 7,17,6
tvām u te svābhuvaḥ 10, 21, 2
tvām pūrva ṛishayo 10, 98, 9
tvām mṛijanti daça 9, 68, 7
tvā yujā tava tat soma 4, 28, 1
tvā yujā ni khidat 4, 28, 2
tvāyendra somaṃ sushumā 1, 101, 9
tvāvataḥ purūvaso 8, 46, 1. Sv. 1, 193
tvāvato hīndra kratve 7, 25, 4
tvishīmanto adhvarasyeva 6,66,10
tve agna āhavanāni 7, 1, 17
tve agne viçve amṛitāso 2, 1, 14
tve agne sumatim 1, 73, 7. Tb. 2, 7, 12, 5
tve agne svāhuta priyāsaḥ 7, 16, 7. Sv. 1, 38. Vs. 33, 14
tve asuryaṃ vasavo ny 7, 5, 6
tve id agne subhage 1, 36, 6
tve indrāpy abhūma viprā 2, 11, 12
tve kratum api vṛiñjanti 10, 120, 3. Ait. ā. 1, 12. Sv. 2, 835. Av. 5, 2, 3. 20, 107, 6. Ts. 3, 5, 10, 1
tve dharmāṇa āsate 10, 21, 3
tve dhenuḥ sudughā 10, 69, 8
tve pito mahānāṃ 1, 187, 6
tve rāya indra toçatamāḥ 1, 169, 5
tve vasūni purvaṇīka 6, 5, 2. Ts. 1, 3, 14, 2
tve vasūni saṃgatā 8, 78, 8
tve viçvā tavishī 1, 51, 7
tve viçvā sarasvatī 2, 41, 17
tveshaṃ rupaṃ kṛiṇuta uttaraṃ 1, 95, 8
tveshaṃ rūpaṃ kṛiṇute varṇo 9, 71, 8
tveshaṃ vayaṃ rudraṃ 1, 114, 4
tveshaṃ çardho na mārutaṃ 6, 48, 15
tveshaṃ gaṇaṃ tavasaṃ 5, 58, 2
tveshaṃ itthā samaraṇaṃ 1, 155, 2. N. 11, 7
tveshas te dhūma ṛiṇvati 6, 2, 6. Sv. 1, 83. Av. 18, 4, 59
tveshāso agner amavanto 1, 36, 20
tve su putra çavaso 8, 92, 14. Ts. 1, 4, 46. 1
tve soma prathamā 9, 110, 7. Sv. 2, 856
tve ha yat pitaraç cin 7, 18, 1
tvotāsas tavāvasā 9, 61, 24
tvotāsas tvā yujāpsu 8, 68, 9
tvotāso maghavann indra 4, 29, 5
tvoto vājy ahrayo 1, 74, 8

dakshasya vādite janmani 10, 64, 5. N. 11, 23
dakshiṇāvatām id imāni 1, 125, 6
dakshiṇāvān prathamo 10, 107, 5
dakshiṇāçvaṃ dakshiṇā 10, 107, 7
daṇḍā ived goajanāsa 7, 33, 6
dadānam in na dadabhanta 1, 148, 2
dadī reknas tanve 8, 46, 15
dadhann ṛitaṃ 1, 71, 3
dadhanve vā yad īm anu 2, 5, 3. Sv. 1, 94. Ts. 3, 3, 3, 3
dadhāno gomad açvavat 8, 46, 5
dadhāmi te madhuno 8, 100, 2
dadhāmi te sutānāṃ 8, 34, 5
dadhikrāṃ vaḥ prathamam 7,44,1
dadhikrām agnim ushasaṃ 3,20,5
dadhikrām u namasā 7, 44, 2
dadhikrāvāṇam bubudhāno 7,44,3
dadhikrāvā prathamo vājy 7,44,4
dadhikrāvṇa id u nu 4, 40, 1
dadhikrāvṇa isha ūrjo 4, 39, 4
dadhikrāvṇo akārishaṃ 4, 39, 6. Sv. 1, 358. Av. 20, 137, 3. Vs. 23, 32. Ts. 1, 5, 11, 4. 7, 4, 19, 4. Tāṇḍya 1, 6, 17
dadhishvā jaṭhare sutaṃ 3, 40, 5. Av. 20. 6, 5
dadhush ṭvā bhṛigavo 1, 58, 6
dadhyaṅ ha me janusham 1,139,9
dano viça indra 1, 174, 2. N. 6, 31

dabhram cid dhi tvāvataḥ 8, 45, 32
dabhrebhiṣ cic chaṣīyāṅsam 4, 32, 3
damūnaso apaso ye 5, 42, 12
darṣaṃ nu viṣvadarṣataṃ 1, 25, 18
darṣan nv atra ṣritapāñ 10, 27, 6
davidyutatyā rucā 9, 64, 28. Sv. 2, 4
daṣa kshipaḥ pūrvyaṃ sīm 3, 23, 3
daṣa kshipo yuñjate 5, 43, 4
daṣa te kalaṣānāṃ 4, 32, 19
daṣa mahyam pautakrataḥ 8, 56, 2
daṣa māsāñ chaṣayānaḥ 5, 78, 9
daṣa rathān prashṭimataḥ 6, 47, 24
daṣa rājānaḥ samitā 7, 83, 7
daṣa rātrīr aṣivenā 1, 116. 24
daṣa ṣyāvā ṛidhadrayo 8, 46, 23
daṣasyantā manave 8, 22, 6
daṣasyanto no maruto 7, 56, 17
daṣasyā naḥ purvaṇīka 6, 11, 6
daṣānām ekaṃ kapilaṃ 10, 27, 16
daṣāvanibhyo daṣa 10, 94, 7. N. 3, 9
daṣāṣvān daṣa 6, 47, 23
daṣemaṃ tvashṭur 1, 95, 2. Tb 2, 8, 7, 4
dasmo hi shmā vrishaṇam 1, 129, 3
dasyūñ chimyūṅṣ ca 1, 100, 18
dasrā yuvākavaḥ 1, 3, 3. Vs. 33, 58
dasrā hi viṣvam ānushañ 8, 26, 6
dātā me prishatīnāṃ 8. 65, 10
dādrihāṇo vajram indro 1, 130, 4
dādhāra kshemam 1, 66, 3
dānā mrigo na vāraṇaḥ 8, 33, 8. Sv. 2, 1047. Av. 20, 53, 2. 57, 12
dānāya manaḥ somapāvann 1, 55, 7
dānāsaḥ prithuṣravasaḥ 8, 46, 24
dā no agne dhiyā 7, 1, 5
dā no agne brihato 2, 2, 7. Ts. 2, 2, 12, 6
dāmānaṃ viṣvacarshaṇe 8, 23, 2
dāṣarājñe pariyattāya 7, 83, 8
dāṣema kasya manasā 8, 84, 5. Sv. 2, 900
dāsapatnīr ahigopā 1, 32, 11. N. 2, 17
didrikshanta ushaso 3, 30, 13
didrikshenyaḥ pari kāshṭhāsu 1, 146, 5
divaḥ pīyūsham uttamaṃ 9, 51, 2. Sv. 2, 577
divaḥ pīyūsham pūrvyaṃ 9, 110, 8. Sv. 2, 844
divakshaso agnijihvā 10, 65, 7
divakshaso dhenavo 3, 7, 2
divaṣ cit te brihato 1, 59, 5
divaṣ cid asya varimā 1, 55, 1
divaṣ cid ā te rucayanta 3, 6, 7
divaṣ cid ā pūrvyā 3, 39, 2
divaṣ cid ā vo 'mavattarebhyo 10, 76, 5
divaṣ cid ghā duhitaram 4, 30, 9
divaṣ cid rocanād adhy 8, 8, 7
divas kaṇvāsa indavo 1, 46, 9
divas pari prathamaṃ jajñe 10, 45, 1. Vs. 12, 18. Ts. 1, 3, 14, 5. 4, 2, 2, 1. N. 4, 24
divas pṛithivyā adhi bhavendo 9, 31, 2
divas prithivyā pary oja 6, 47, 27. Av. 6, 125, 2. Vs. 29, 53. Ts. 4, 6, 6, 5
divasprithivyor ava ā 10, 35, 2
divā cit tamaḥ 1, 38, 9. Ts. 2, 4, 8, 1
divā yānti maruto 1, 161, 14
divi kshayantā rajasaḥ 7, 64, 1
divi te nābhā paramo 9, 79, 4
divi na ketur adhi 10, 96, 4. Av. 20, 30, 4
divi me anyaḥ paksho 10, 119, 11
divisprisaṃ yajñam asmākam 10, 36, 6
divi svano yatate 10, 75, 3
dive-dive sadriṣīr anyam 6, 47, 21
divo dhartā bhuvanasya 4. 53, 2
divo dhartāsi ṣukraḥ 9, 109, 6. Sv. 2, 593
divo dhāmabhir varuṇa 7, 66, 18
divo na tubhyam anv 6, 20, 2
divo na yasya retaso 1, 100, 3
divo na yasya vidhato 6, 3, 7
divo na sargā asasrigram 9, 97, 30
divo na sānu pipyushī 9, 16, 7
divo na sānu stanayann 9, 86, 9
divo nāke madhujihvā 9. 85, 10
divo nābhā vicakshaṇo 9, 12, 4. Sv. 2, 549
divo no vrishṭim maruto 5, 83, 6. Ts. 3, 1, 11, 7
divo mānam not sadan 8, 63, 2
divo ya skambho dharuṇaḥ 9, 74, 2

divo rukma urucakshā 7, 63, 4. Tb. 2, 8, 7, 3
divo varāham arusham 1, 114, 5
divo vā sānu spriçatā 10, 70, 5
divyam suparnam vāyasam 1, 164, 52. Av. 7, 39, 1. Ts. 3, 1, 11, 8
divyah suparno 'va cakshi 9, 97, 33
divy anyah sadanam 2, 40, 4. Tb. 2, 8, 1, 5
divyā āpa abhi yad enam 7, 103, 2
diçah suryo na minūti 3, 30, 12
didivāṅsam apūrvyam 3, 13, 5
dirgham hy aṅkuçam 10, 134, 6. Sv. 2, 441
dirghatantur brihadukshāyam 10, 69, 7
dirghatamā māmateyo 1, 158, 6
dirghas te astv aṅkuço 8, 17, 10. Av. 20, 5, 4
durādhyo aditim srevayanto 7, 18, 8
duro açvasya 1, 53, 2. Av. 20, 21, 2
durokaçocih 1, 66, 5
durge cin nah sugam 8, 93, 10
durmantv atrāmritasya 10, 12, 6. Av. 18, 1, 34
duhanti saptaikām 8, 72, 7
duhāna ūdhar divyam 9, 107, 5. Sv. 2, 26
duhānah pratnam it paya 9, 42, 4. Sv. 2, 110
duhiyan mitradhitaye 1, 120, 9
dūnāçam sakhyam tava 6, 45, 26
dūtam vo viçvavedasam 4, 8, 1. Sv. 1, 12
dūram kila prathamā 10, 111, 8
dūram ita panayo 10, 108, 11
dūrāc cid ā vasato 6, 38, 2
dūrād indram anayann 7, 33, 2
dūrād iheva yat saty 8, 5, 1. Sv. 1, 219
dūre tan nāma guhyam 10, 55, 1
drilhā cid asmā anu dur 1, 127, 4
drilhā cid yā vanaspatin 5, 84, 3
driter iva te 'vrikam 6, 48, 18
driçāna rukma urviyā 10, 45, 8. Vs 12, 1. 25. Ts. 1, 3, 14, 5. 4, 1, 10, 4. 2, 2, 4
driçenyo yo mahinā 10, 88, 7
devam vo adya savitāram 5, 49, 1
devam vo devayajyayā' 5, 21, 4
deva tvashtar yad dha 10, 70, 9
devam-devam rādhase 7, 79, 5
devam-devam vo 'vasa indram-indram 8, 12, 19
devam-devam vo 'vase devam-devam 8, 27, 13. Vs. 33, 91
devam narah savitāram 3, 62, 12
devam barhir vardhamānam 2, 3, 4
devayanto yathā matim 1, 6, 6. Av. 20, 70, 2
devas tvashtā savitā 3, 55, 19. N. 10, 34
devasya vayam savituh savimani 6, 71, 2. N. 6, 7
devasya savitur vayam vāja° 3, 62, 11
devahitim jugupur 7, 103, 9
devā etasyām avadanta 10, 109, 4. Av. 5, 17, 6
devāh kapota ishito 10, 165, 1, Av. 6, 27, 1. N. 1, 17
devānām yuge prathame 10, 72, 3
devānām cakshuh subhagā 7, 77, 3
devānām dūtah purudha 3, 54, 19
devānām nu vayam jānā 10, 72, 1
devānām id avo mahat 8, 83, 1. Sv. 1, 138
devānām patnir uçatir 5, 46, 7. Av 7, 49, 1. Tb. 3, 5, 12, 1. N. 12, 45
devānām bhadrā sumatir 1, 89, 2. Vs. 25, 15. N. 12, 39
devānām māne prathamā 10, 27, 23. N. 2, 22
devān vasishtho amritān 10, 65, 15. 66, 15
devān vā yac cakrimā 1, 185, 8
devān huve brihacchravasah 10, 66, 1
devāvyo nah parishicyamānāh 9, 97, 26
devāç cit te amritā 10, 69, 9
devāç cit te asurya 2, 23, 2
devāç cit te asuryāya 7, 21, 7
devāsa āyan paraçūñr 10, 28, 8
devāsas tvā varuna mitro 1, 36, 4
devāso hi shmā manave 8, 27, 14. Vs. 33, 94
devim vācam ajanayanta 8, 100, 11. Tb. 2, 4, 6, 10. N. 11, 29

devīḥ shaḷ urvīr 10, 128, 5. Av. 5, 3, 6. Ts. 4, 7, 14, 2
devī divo duhitarā 10, 70, 6
devī devasya rodasī 7, 97, 8
devī devebhir yajate 4, 56, 2
devī yadi tavishī 1, 56, 4
devīr dvāro vi çrayadhvaṃ 5,5,5
devena no manasā deva 1, 91, 23. Vs. 34, 23
devebhir devy adite 8, 18, 4
devebhir nv ishito yajñiyebhir 10, 88, 3
devebhyaḥ kam avṛiṇīta 10, 13, 4. Av. 18, 3, 41
devebhyas tvā madāya kaṃ 9, 8, 5. Sv. 2, 532
devebhyas tvā vṛithā 9, 109, 21
devebhyo hi prathamaṃ 4, 54, 2. Vs. 33, 54
devair no devy aditir ni pātu devas trātā trāyatām aprayuchan | tan 1, 106, 7
devair no devy aditir ni pātu devas trātā trāyatām aprayuchan | nahi 4, 55, 7
devo devānām asi mitro 1, 94, 13
devo devān paribhūr 10, 12, 2. Av. 18, 1, 30. N. 6, 4
devo devāya dhārayendrāya 9,6,7
devo na yaḥ pṛithivīṃ 1, 73, 3
devo na yaḥ savitā 1, 73, 2
devo bhagaḥ savitā 5, 42, 5
devo vo draviṇodāḥ 7, 16, 11. Sv. 1, 55. 2, 863
daivī pūrtir 10, 107, 3
daivyā hotārā prathamā ny ṛiñje 3, 4, 7. 7, 8
daivyā hotārā prathamā purohita 10, 66, 13
daivyā hotārā prathamā vidushṭara 2, 3, 7
daivyā hotārā prathamā suvācā 10, 110, 7. Av. 5, 12, 7. Vs. 29, 32. Tb. 3, 6, 3, 3. N. 8, 12
dohena gām upa çikshā 10, 42, 2. Av. 20, 89, 2
dyām indra haridhāyasam 3, 44, 3
dyāvā cid asmai pṛithivī 2, 12, 13. Av. 20, 34, 14
dyāvā naḥ pṛithivī imaṃ 2, 41, 20. Ts. 4, 1, 11, 4. N. 9, 38
dyāvā no adya pṛithivī 10, 35, 3
dyāvāpṛithivī janayann abhi 10, 66, 9
dyāvābhūmī adite 7, 62, 4
dyāvā yam agnim pṛithivī 10, 46, 9
dyāvā ha kshāmā prathame 10, 12, 1. Av. 18, 1, 29
dyāvo na yasya panayanty 6, 4, 3
dyāvo na stṛibhiç 2, 34, 2
dyuksham sudānuṃ tavishībhir 8, 88, 2. Sv. 2, 36. Av. 20, 9, 2. 49, 5
dyutadyāmānam bṛihatīm 5, 80, 1
dyutānaṃ vo atithiṃ 6, 15, 4
dyubhir aktubhiḥ 1, 112, 25. Vs. 34, 30. Ta. 4, 42, 3
dyubhir hitam mitram iva 10, 7, 5
dyumattamaṃ dakshaṃ dhehy 6, 44, 9
dyumnī vāṃ stomo 8, 87, 1
dyumneshu pṛitanājye 8, 37, 7. Av. 20, 19, 7
dyaur na ya indrābhi 6, 20, 1
dyaur me pitā janitā 1, 164, 33. Av. 9, 10, 12. N. 4, 21
dyaur vaḥ pitā pṛithivī 1, 191, 6
dyauç ca tvā pṛithivī 3, 6, 3
dyauç ca naḥ pṛithivī ca 10, 36, 2
dyauç cid asyāmavāñ 1, 52, 10
dyaush pitaḥ pṛithivi 6, 51, 5. Tb. 2, 8, 6, 5
drapsaḥ samudram abhi yaj 10, 123, 8. Sv. 2, 1198
drapsam apaçyaṃ vishuṇe 8, 96, 14 Av. 20, 137, 8
drapsaç caskanda prathamāñ 10, 17, 11. Av. 18, 4, 28. Vs. 13, 5. Ts. 3, 1, 8, 3. 4, 2, 8, 2. 9, 5. Ta. 6, 6, 1
dravatāṃ ta ushasā 8, 14, 3
draviṇodāḥ pipīshati 1, 15, 9. Vs. 26, 22
draviṇodā dadātu no 1, 15, 8
draviṇodā draviṇasas turasya 1, 96, 8
draviṇodā draviṇaso grāva⁰ 1, 15, 7. N. 8, 2
drāpiṃ vasāno yajato 9, 86, 14
druhaṃ jighāṅsan dhvarasam 4, 23, 7
druho nishattā 10, 73, 2

drvannaḥ sarpirāsutiḥ 2, 7, 6. Vs. 11, 70. Ts. 4, 1, 9, 2
dvayāñ agne rathino 6, 27, 8
dvādaṣa dyūn yad 4, 33, 7
dvādaṣa pradhayaṣ 1, 164, 48. Av. 10, 8, 4. N. 4, 27
dvādaṣāraṃ nahi taj 1, 164, 11. Av. 9, 9, 13. N. 4, 27
dvāv imau vātau 10, 137, 2. Av. 4, 13, 2. Tb. 2, 4, 1, 7. Ta. 4, 42, 1
dvā suparṇā sayujā 1, 164. 20. Av. 9, 9, 20. N. 14, 30
dvitā yad īṃ kīstāso 1, 127, 7
dvitāya mṛiktavāhase 5, 18, 2
dvitā yo vṛitrahantamo 8, 93, 32. Sv. 2, 1141. Tb. 2, 7, 13, 2
dvitā vi vavre sanajā 1, 62, 7
dvitā vyūrṇvann amṛitasya 9, 94, 2
dvidhā sūnavo 'suraṃ 10, 56, 6
dvimātā hotā vidatheshu 3, 55, 7
dvir yam pañca jījanan 4, 6, 8
dvir yam pañca svayaṣasaṃ 9, 98, 6. Sv. 2, 680
dvisho no viṣvatomukhā 1, 97, 7. Av. 4, 33, 7. Ta. 6, 11, 2
dve id asya kramaṇe 1, 155, 5
dve te cakre sūrye 10, 85, 16. Av. 14, 1, 16
dve naptur devavataḥ 7, 18, 22
dve virūpe carataḥ 1, 95, 1. Vs. 33, 5. Tb. 2, 7, 12, 2
dveshṭi ṣvaṣrūr 10, 34, 3
dve samīcī bibhṛitaṣ 10, 88, 16
dve srutī aṣriṇavam 10, 88, 15. Vs. 19, 47. Tb. 1, 4, 2, 3. 2, 6, 3, 5. Ṣ. P. 14, 9, 1, 4

dhanaṃ na syandram 10, 42, 5. Av. 20, 89, 5
dhanur hastād ādadāno 10, 18, 9. Av. 18, 2, 59. 60. Ta. 6, 1, 3
dhanyā cid dhi tve 6, 11, 3
dhanva ca yat kṛintatraṃ 10, 86, 20. Av. 20, 126, 20
dhanvanā gā 6, 75, 2. Vs. 29, 39. Ts. 4, 6, 6, 1. N. 9, 17
dhanvan srotaḥ kṛiṇute 1, 95, 10
dhartā divaḥ pavate 9, 76, 1. Sv. 1, 588. 2, 578
dhartā divo rajasas 3, 49, 4
dhartāro diva ṛibhavaḥ 10, 66, 10
dharmaṇā mitrāvaruṇā 5, 63, 7
dhātā dhātṝīṇām 10, 128, 7. Av. 5, 3, 9. Ts. 4, 7, 14, 3
dhānāvantaṃ karambhiṇam 3, 52, 1. Sv. 1, 210. Vs. 20, 29
dhāman te viṣvam bhuvanam 4, 58, 11. Vs. 17, 99
dhāyobhir vā yo yujyebhir 6, 3, 8
dhārayanta ādityāso 2, 27, 4. Ts. 2, 1, 11, 4
dhārāvarā maruto 2, 34, 1. Tb. 2, 5, 5, 4
dhāsiṃ kṛiṇvāna oshadhīr 3, 43, 7
dhiyaṃ vo apsu 5, 45, 11
dhiyam pūshā jinvatu 2, 40, 6. Tb. 2, 8, 1, 6
dhiyā cakre vareṇyo 3, 27, 9. Sv. 2, 829
dhishā yadi dhishaṇyantaḥ 4, 21, 6
dhishva vajraṃ gabhastyo 6, 45, 18
dhishvā ṣavaḥ ṣūra 2, 11, 18
dhībhiḥ sātāni kāṇvasya 8, 4, 20
dhībhir arvadbhir arvato 6, 45, 12
dhībhir hinvanti vājinaṃ 9, 106, 11. Sv. 2, 291
dhīrā tv asya mahinā 7, 86, 1
dhīrāsaḥ padaṃ kavayo 1, 146, 4
dhīro hy asy admasad 8, 44, 29
dhunetayaḥ supraketam 4, 50, 2. Av. 20, 88, 2
dhūnutha dyām parvatān 5, 57, 3
dhṛitavratā ādityā 2, 29, 1
dhṛitavratāḥ kshatriyā 10, 66, 8
dhṛitavrato dhanadāḥ 6, 19, 5
dhṛishataṣ cin dhṛishan 8, 62, 5
dhṛishat piba kalaṣe 6, 47, 6. Av. 7, 76, 6
dhenuḥ pratnasya kāmyaṃ 3, 58, 1
dhenuṃ na tvā sūyavase 7, 18, 4
dhenush ṭa indra sūnṛitā 8, 14, 3. Sv. 2, 1186, Av. 20, 27, 3
dhenūr jinvatam uta 8, 35, 18
dhruvaṃ jyotir nihitaṃ 6, 9, 5
dhruvaṃ te rājā varuṇo 10, 173, 5. Av. 6, 88, 2
dhruvaṃ dhruveṇa havishā 10, 173, 6. Av. 7, 94, 1. Vs. 7, 25. Ts. 3, 2, 8, 6
dhruvā eva vaḥ pitaro 10, 94, 12
dhruvā dyaur dhruvā 10, 173, 4. Av. 6, 88, 1. Tb. 2, 4, 2, 8
dhruvāsu tvāsu kshitishu 7, 88, 7

dhvasrayoḥ purushantyor 9, 58, 3. Sv. 2, 409

nakiḥ parishṭir maghavan 8, 88, 6
nakiḥ sudāso ratham 7, 32, 10
nakir asya ṣacīnām 8, 32, 15
nakir asya sahantya 1, 27, 8. Sv. 2, 766
nakir indra tvad uttaro 4, 30, 1. Sv. 1, 203
nakir eshām ninditā 3, 39, 4
nakir devā minīmasi 10, 134, 7. Sv. 1, 176
nakir hy eshām janūṅshi 7, 56, 2
nakish ṭa etā vratā 1, 69, 7
nakish ṭam karmaṇā naṣad yas 8, 70, 3. Sv. 1, 243. 2, 505. Av. 20, 92, 18
nakish ṭam karmaṇā naṣan na pra 8, 31, 17. Ts. 1, 8, 22, 4
nakish ṭvad rathītaro 1, 84, 6. Sv. 2, 300
nakīm vṛidhīka indra te 8, 78, 4
nakīm indro nikartave 8, 78, 5
nakī revantam sakhyāya 8, 21, 14. Sv. 2, 740. Av. 20, 114, 2
naktoshāsā varṇam 1, 96, 5. Vs. 12, 2. 17, 70. Ts. 4, 1, 10, 4. 6, 5, 2. 7, 12, 3
naktoshāsā supeṣasāsmin 1, 13, 7
nakshad dhavam aruṇīḥ 1, 121, 3
nakshad dhotā pari sadma 1, 173, 3
nakshanta indram avase 8, 54, 2
na kshoṇībhyām paribhve 2, 16, 3
na ghā tvadrig apa 10, 43, 2. Av. 20, 17, 2
na ghā rājendra ā dabhan 1, 178, 2
na ghā vasur ni yamate 6, 45, 23. Sv. 2, 1017. Av. 20, 78, 2
na ghā sa mām apa 4, 27, 2
na ghem anyad ā papana 8, 2, 17. Sv. 2, 70. Av. 20, 18, 2
na jāmaye tānvo 3, 31, 2. N. 3, 6
na ta indra sumatayo 7, 18, 20
na tam rājānāv adite 10, 39, 11
na tam vidātha ya 10, 82, 7. Vs. 17, 31. Ts. 4, 6, 2, 2. N. 14, 10
na tam jinanti 4, 25, 5
na tad divā na prithivyā 6, 52, 1
na tam tigmam cana tyajo 8, 47, 7
na tam aṅho na duritam kutaṣ 2, 23, 5
na tam aṅho na duritam devāso 10, 126, 1. Sv. 1, 426
na tam aṅho na duritāni 7, 82, 7
na tam agne arātayo 8, 71, 4
na tam aṣnoti kaṣ cana 10, 62, 9
na tasya māyayā cana 8, 23, 15. Sv. 1, 104
na tasya vidma tad u shu 10, 40, 11
na tā arvā reṇukakāṭo 6, 28, 4. Av. 4, 21, 4. Tb. 2, 4, 6, 9
na tā naṣanti na dabhāti 6, 28, 3. Av. 4, 21, 3. Tb. 2, 4, 6, 9
na tā minanti māyino 3, 56, 1
na tishṭhanti na ni 10, 10, 8. Av. 18, 1, 9. N. 5, 2
na te adevaḥ pradivo 10, 37, 3
na te antaḥ ṣavaso 6, 29, 5
na te giro api mṛishye 7, 22, 5. Sv. 2, 1149
na te ta indra abhy asmad 5, 33, 3. Vs. 10, 22
na te dūre paramā 3, 30, 2. Vs. 34, 19
na te vartāsti rādhasa 8, 14, 4. Av. 20, 27, 4
na te vishṇo jāyamāno 7, 99, 2
na te sākhā sakhyam 10, 10, 2. Av. 18, 1, 2
na te savyam na dakshiṇam 8, 24, 5
na tvad dhotā pūrvo 5, 3, 5
na tvā gabhīraḥ puruhūta 3, 32, 16
na tvā devāsa āṣata 8, 97, 9
na tvā brihanto adrayo 8, 88, 3. Sv. 1, 296
na tvā rāsīyābhiṣastaye 8, 19, 26
na tvā varante anyathā 4, 32, 8
na tvāvāṅ anyo divyo 7, 32, 23. Sv. 2, 31. Av. 20, 121, 2. Vs. 27, 36
na tvā ṣatam cana hruto 9, 61, 27. Sv. 2, 565
nadam va odatīnām 8, 69, 2. Ait. ā. 1, 13. Sv. 2, 862
na dakshiṇā vi cikite 2, 27, 11. Ts. 2, 1, 11, 5
nadam na bhinnam 1, 32, 8
nadasya mā rudhataḥ 1, 179, 4. N. 5, 2
na dushṭutī martyo 7, 32, 21. Sv. 2, 218
na devānām ati vratam 10, 33, 9
na devānām api hnutaḥ 8, 31, 7

na dyāva indram ojasā 8, 6, 15
na nūnam asti 1, 170, 1. N. 1, 6
na nūnam brahmaṇām ṛiṇam 8, 32, 16
na pañcabhir daṣabhir 5, 34, 5
na parvatā na nadyo 5, 55, 7
napātā savaso mahaḥ 8, 25, 5
napāto durgahasya me 8, 65, 12
na pāpāso manāmahe 8, 61, 11. N. 6, 25
na pūshaṇam methāmasi 1, 42, 10
naptībhir yo vivasvataḥ 9, 14, 5
na pramiye savitur daivyasya 4, 54, 4
na bhojā mamrur na 10, 107, 8
nama id ugram nama 6, 51, 8
na ma indreṇa sakhyam 2, 18, 8
namaḥ purā te varuṇota 2, 28, 8
na mat strī subhasattarā 10, 86, 6. Av. 20, 126, 6
namased upa sīdata 9, 11, 6. Sv. 2, 796
namas te agna ojase 8, 75, 10. Sv. 1, 11. 2, 998. Ts. 2, 6, 11, 2
namasyata havyadātim 3, 2, 8
na mā garan nadyo 1, 158, 5
na mā taman na 2, 30, 7
na mā mimetha 10, 34, 2
na mṛityur āsīd 10, 129, 2. Tb. 2, 8, 9, 4. N. 7, 3
na mṛishā srāntam yad 1, 179, 3
namo dive bṛihate 1, 136, 6
namo mahadbhyo 1, 27, 13. N. 3, 20
namo mitrasya varuṇasya 10, 37, 1. Vs. 4, 35 Ts. 1, 2, 9, 1
namovāke prasthite 8, 35, 23
na ya īshante janusho 'yā 6, 66, 4
na yam ripavo na 1, 148, 5
na yam vivikto rodasī 8, 12, 24
na yam sukro na durāṣīr 8, 2, 5
na yam hiṅsanti dhītayo 6, 34, 3
na yaḥ sampṛiche na punar 8, 101, 4
na yajamāna rishyasi 8, 31, 16. Ts. 1, 8, 22, 4
na yam jaranti sarado 6, 24, 7
na yat paro nāntara 2, 41, 8. Vs. 20, 82
na yat purā cakṛimā 10, 10, 4. Av. 18, 1, 4
na yam dipsanti 1, 25, 14
na yam dudhrā varante 8, 66, 2. Sv. 2, 38
nayasīd v ati dvishaḥ 6, 45, 6
na yasya te savasāna 8, 68, 8
na yasya devā devatā 1, 100, 15
na yasya dyāvāpṛithivī anu 1, 52, 14
na yasya dyāvāpṛithivī na dhanva 10, 89, 6. N. 5, 3
na yasya vartā janushā 4, 20, 7
na yasya sātur 4, 6, 7
na yasyendro varuṇo 2, 38, 9
na yātava indra 7, 21, 5. N. 4, 19
na yushme vājabandhavo 8, 68, 19
na ye divaḥ pṛithivyā 1, 33, 10
na yor upabdir 1, 74, 7
na yo varāya marutām 1, 143, 5
narā gaureva vidyutam 7, 69, 6
narā daṅsishṭhāv atraye 10, 143, 3
narā vā saṅsam pūshaṇam 10, 64, 3
narāṣaṅsam vājinam 1, 106, 4
narāṣaṅsam sudhṛishṭamam 1, 18, 9
narāṣaṅsaḥ prati dhāmāny 2, 3, 2
narāṣaṅsaḥ sushūdatī° 5, 5, 2
narāṣaṅsam iha priyam 1, 13, 3. Sv. 2, 699
narāṣaṅsasya mahimānam 7, 2, 2. Vs. 29, 27. Tb. 3, 6, 3, 1. N. 8, 7
narāṣaṅso no 'vatu 10, 182, 2
na revatā paṇinā 4, 25, 7
naro ye ke cāsmad ā 10, 20, 8
navagvāsaḥ sutasomāsa 5, 29, 12
navam nu stomam agnaye 7, 15, 4. Tb. 2, 4, 8, 1
nava yad asya navatim 5, 29, 6
nava yo navatim puro 8, 93, 2. Sv. 2, 801. Av. 20, 7, 2
na vā araṇyānir hanty 10, 146, 5. Tb. 2, 5, 5, 7
na vā u etan mriyase 1, 162, 21. Vs. 23, 16. 25, 44. Ts. 4, 6, 9, 4. Tb. 3, 7, 7, 14
na vā u te tanvā 10, 10, 12. Av. 18, 1, 13. 14
na vā u devāḥ kshudham 10, 117, 1
na vā u mām vṛijane 10, 27, 5
na vā u somo vṛijinam 7, 104, 13. Av. 8, 4, 13
navānām navatīnām 1, 191, 13
navā no agna ā bhara 5, 6, 8

na vi jānāmi yad 1, 164, 37. Av. 9, 10, 15. N. 7, 3. 14, 22
na vīlave namate 6, 24, 8
na vepasā na tanyatendram 1, 80, 12
na vo guhā cakrima 10, 100, 7
navo-navo bhavati jāyamāno 10, 85, 19. Av. 7, 81, 2. 14, 1, 24 Ts. 2, 3, 5, 3. 4, 14, 1. N. 11, 6
navyam tad ukthyam 1, 105, 12
na samskritam pra mimīto 5, 76, 2. Sv. 2, 1103
na sa jīyate maruto 5, 54, 7
na sa rājā vyathate 5, 37, 4
na sa sakhā yo na dadāti 10, 117, 4
na sa svo daksho 7, 86, 6
na sāyakasya cikite 3, 53, 23. N. 4, 14
na sīm adeva āpad 8, 70, 7. Sv. 1, 268
na sese yasya rambate 10, 86, 16. Av. 20, 126. 16
na sese yasya romasam 10, 86, 17. Av. 20, 126, 17
na soma indram asuto 7, 26, 1
nahi grabhāyāranah 7, 4, 8. N. 3, 3
nahi te agne vrishabha 8, 60, 14
nahi te kshatram na 1, 24, 6
nahi te pūrtam akshipad 6, 16, 18. Sv. 2, 57
nahi te sūra rādhaso 8, 46, 11
nahi teshām amā cana 10, 185, 2. Vs. 3, 32
nahi tvā rodasī ubhe 1, 10, 8
nahi tvā sūra devā 8, 81, 3. Sv. 2, 80
nahi tvā sūro na turo 6, 25, 5
nahi devo na martyo 1, 19, 2
nahi nu te mahimanah 6, 27, 3
nahi nu yād adhīmasī° 1, 80, 15
nahi manyuh paurusheya 8, 71, 2
nahi me akshipac 10, 119, 6
nahi me asty aghnyā 8, 102, 19
nahi me rodasī ubhe 10, 119, 7
nahi va ūtih pritanāsu 7, 59, 4
nahi vah satrur vivide 1, 39, 4
nahi vas caramam cana 7, 59, 3. Sv. 1, 241
nahi vām yavrayāmahe 8, 40, 2
nahi vām asti dūrake 1, 22, 4
nahi vo asty arbhako 8, 30, 1
nahi shas tava no mama 8, 33, 16
nahi shma yad dha vah purā 8, 7, 21
nahi shmā te satam cana 4, 31, 9
nahi sthūry rituthā 10, 131, 3. Av. 20, 125, 3
nahī nu vo maruto 1, 167, 9
nahy aṅga nrito tvad 8, 24, 12
nahy aṅga purā cana 8, 24, 15. Sv. 2, 861
nahy anyam balākaram 8, 80, 1
nahy asyā nāma gribhnāmi 10, 145, 4. Av. 3, 18, 3
nākasya prishthe adhi 1, 125, 5
nāke suparnam upapaptivāṅsam 9, 85, 11
nāke suparnam upa yat 10, 123, 6. Sv. 1, 123, 2, 1196. Av. 18, 3, 66. Tb. 2, 5, 8, 5. Ta. 6, 3, 1
nānā cakrāte yamyā 3, 55, 11
nānānam vā u no dhiyo 9, 112, 1
nānā hi tvā havamānā 1, 102, 5
nānā hy agne 'vase 6, 14, 3
nānaukāṅsi 2, 38, 5
nāpābhūta na vo 4, 34, 11
nābhā nābhim na ā dade 9, 10, 8. Sv. 2, 476
nābhā prithivyā dharuno 9, 72, 7
nābhim yajñānām 6, 7, 2. Sv. 2, 492
nābhyā āsīd antariksham 10, 90, 14. Av. 19, 6, 8. Vs. 31, 13. Ta. 3, 12, 6
nāmāni te satakrato 3, 37, 3. Av. 20, 19, 3
nāvā na kshodah 10, 56, 7
nāveva nah pārayatam 2, 39, 4
nāsatyābhyām barhir iva 1, 116, 1
nāsatyā me pitarā 3, 54, 16
nāsad āsīn 10, 129, 1. Tb. 2, 8, 9, 3. S. P. 10, 5, 3, 2
nāsmākam asti tat tara 8, 67, 19
nāsmai vidyun na tanyatuh 1, 32, 13
nāsya vartā na tarutā 6, 66, 8
nāham veda bhrātritvam 10, 108, 10
nāham tam veda dabhyam 10, 108, 4
nāham tam veda ya iti 10, 27, 3
nāham tantum na vi 6, 9, 2

nāham ato nir ayā 4, 18, 2
nāham indrāṇī rāraṇa 10, 86, 12. Av. 20, 126, 12. Ts. 1, 7, 13, 2. N. 11, 39
ni kāvyā vedhasaḥ 1, 72, 1. Ts. 2, 2, 12, 1
nikramaṇaṃ nishadanaṃ 1, 162, 14. Vs. 25, 38. Ts. 4, 6, 9, 1
nikhātaṃ cid yaḥ puru° 8, 66, 4
ni gavyatā manasā 3, 31, 9
ni gavyavo 'navo 7, 18, 14
ni gāvo goshṭhe 1, 191, 4. Av. 6, 52, 2
ni grāmāso avikshata 10, 127, 5
nicetāro hi maruto 7, 57, 2
ni tad dadhishe 'varam 10, 120, 7. Av. 5, 2, 6. 20, 107, 10
nitikti yo vāraṇam annam 6, 4, 5
ni tigmam abhy aṅśuṃ 8, 72, 2
ni tigmāni bhrāṣayan 10, 116, 5
nityaṃ na sūnuṃ madhu 1, 166, 2
nityaṣ cākanyāt svapatir 10, 31, 4
nityastotro vanaspatir 9, 12, 7. Sv. 2, 552
nitye cin nu yaṃ 1, 148, 3
ni tvā dadhe vara ā 3, 23, 4
ni tvā dadhe vareṇyaṃ 3, 27, 10
ni tvā nakshya viṣpate 7, 15, 7. Sv. 1, 26
ni tvām agne manur dadhe 1, 36, 19. Sv. 1, 54
ni tvā yajñasya sādhanam 1, 44, 11. Tb. 2, 7, 12, 6
ni tvā vasishṭhā ahvanta 10, 122, 8
ni tvā hotāram ṛitvijaṃ dadhire 1, 45, 7
ni duroṇe amṛito 3, 1, 18
ni durga indra ṣnathihy 7, 25, 2
nidhīyamānam apagūḷham 10, 32, 6
ni no hotā vareṇyaḥ 1, 26, 2
ni parvataḥ sādy 2, 11, 8
ni pastyāsu trita stabhūyan 10, 46, 6
nimishaṣ cij javīyasā 8, 73, 2
ni yad yāmāya vo girir 8, 7, 5
ni yad yuvethe 1, 180, 6
ni yad vṛiṇakshi ṣvasanasya 1, 54, 5. N. 5, 16
niyutvanto grāmajito 5, 54, 8
niyutvān vāyav ā gahy 2, 41, 2. Vs. 27, 29
niyuvānā niyuta spārha° 7, 91, 5
ni yeṅa mushṭihatyayā 1, 8, 2. Av. 20, 17, 18
ni ye riṇanty ojasā 5, 56, 4
nir agnayo rurucur 8, 3, 20
nir āvidbhyad giribhya ā 8, 77, 6. N. 6, 34
nir ābāvān kṛiṇotana 10, 101, 5. Ts. 4, 2, 5, 5
niriṇāno vi dhāvati 9, 14, 4
nir indra bṛihatībhyo 8, 3, 19
nir indra bhūmyā adhi 1, 80, 4
nir u svasāram askṛito° 10, 127, 3
nirmathitaḥ sudhita ā 3, 23, 1
nirmāyā u tye asurā 10, 124, 5
nir yat pūteva svadhitiḥ 7, 3, 9
nir yad īm budhnān 1, 141, 3
niryuvāṇo aṣastīr 4, 48, 2
ni vartadhvam mānu 10, 19, 1
ni veveti palito 3, 55, 9
ni vo yāmāya mānusho 1, 37, 7
ni ṣatroḥ soma vṛishṇyaṃ 9, 19, 7
ni ṣushṇa indra dharṇasiṃ 8, 6, 14
ni ṣushmam indav eshām 9, 52, 4
niṣ carmaṇa ṛibhavo gām 1, 110, 8
niṣ carmaṇo gām ariṇīta 1, 161, 7
ni shasāda dhṛitavrato 1, 25, 10. Vs. 10, 27. 20, 2. Ts. 1, 8, 16, 1. Tb. 1, 7, 10, 2. 2, 6, 5, 1
ni shīm id atra guhyā 3, 38, 3
ni shu brahma janānāṃ 8, 5, 13
ni shu sīda gaṇapate 10, 112, 9
ni shū namātimatiṃ 1, 129, 5
nishkaṃ vā ghā kṛiṇavate 8, 47, 15
ni shvāpayā mithūdṛiṣā 1, 29, 3. Av. 20, 74, 3
nishshidhvarīr oshadhīr āpa 8, 59, 2
nishshidhvarīs ta oshadhīr 3, 55, 22
ni sarvasena ishudhīṅr 1, 33, 3
ni sāmanām ishirām 3, 30, 9
ni hotā hotṛishadane 2, 9, 1. Vs. 11, 36. Ts. 3, 5, 11, 2. 4, 1, 3, 3
nīcāvayā abhavad 1, 32, 9
nīcā vartanta upari 10, 34, 9
nīcīnabāraṃ varuṇaḥ 5, 85, 3. N. 10, 4
nīlalohitam bhavati 10, 85, 28. Av. 14, 1, 26
nū anyatrā cid adrivas 8, 24, 11

nū itthā te pūrvathā ca 1, 132, 4
nū indra rāye varivas 7, 27, 5
nū indra çūra stavamāna 7, 19, 11. Av. 20, 37, 11
nū gṛiṇāno gṛiṇate 6, 39, 5
nū ca purā ca sadanaṃ 1, 96, 7. N. 4, 17
nū cit sa bhreshate jano 7, 20, 6
nū cit sahojā amṛito 1, 58, 1
nū cin na indro maghavā 7, 27, 4
nū cin nu te manyamānasya 7, 22, 8. Av. 20, 73, 2
nu ta ābhir abhishṭibhis 5, 38, 5
nū te pūrvasyāvaso 2, 4, 8
nūtnā id indra te vayam 8, 21, 7
nu tvām agna īmahe 7, 7, 7. 8, 7
nū devāso varivaḥ kartanā 7, 48, 4
nū na id dhi vāryam 5, 17, 5
nu na indrāvaruṇā gṛiṇānā 6, 68, 8
nū na ehi vāryam 5, 16, 5
nūnaṃ sā te prati varaṃ 2, 11, 21. 15, 10. 16, 9. 17, 9. 18, 9. 19, 9. 20, 9. N. 1, 7
nūnaṃ tad indra daddhi no 8, 13, 5
nūnaṃ na indrāparāya ca 6, 33, 5
nūnam arca vihāyase 8, 23, 24
nūnam punāno 'vibhiḥ 9, 107, 2. Sv. 2, 664
nū navyase navīyase 9, 9, 8
nū naç citram puruvājābhir 6, 10, 5
nū nas tvaṃ rathiro 9, 97, 48
nū na agna ūtaye sabādhasaç 5, 10, 6
nū no agne 'vṛikebhiḥ 6, 4, 8
nū no gomad vīravad dhehi 7, 75, 8
nū no rayiṃ rathyaṃ 6, 49, 15
nū no rayim upa māsva 9, 93, 5. N. 6, 28
nū no rayim puruvīram 4, 44, 6. Av. 20, 143, 6
nū no rayim mahām indo 9, 40, 3. Sv. 2, 276
nū no rāsva sahasravat 3, 13, 7
nū ma ā vācam upa 6, 21, 11
nū manvāna eshāṃ 5, 52, 15
nū marto dayate 7, 100, 1. Tb. 2, 4, 3, 4
nū mitro varuṇo aryamā 7, 62, 6. 63, 6
nū me giro nāsatyāçvinā 8, 85, 9
nū me brahmāṇy agna 7, 1, 20. 25
nū me havam ā çṛiṇutaṃ 7, 67, 10. 69, 8
nū rodasī abhishṭute 7, 39, 7. 40, 7
nū rodasī ahinā budhnyena 4, 55, 6
nū rodasī bṛihadbhir no 4, 56, 4
nū shṭuta indra nū 4, 16, 21. 17, 21. 19, 11. 20, 11. 21, 11. 22, 11. 23, 11 24, 11
nū shṭhiram maruto 1, 64, 15
nū sadmānaṃ divyaṃ 6, 51, 12
nṛicakshasaṃ tvā vayam 9, 8, 9. Sv. 2, 535
nṛicakshaso animishanto 10, 63, 4
nṛicakshā esha divo madhya 10, 139, 2. Vs. 17, 59. Ts. 4, 6, 3, 3
nṛicakshā rakshaḥ pari 10, 87, 10. Av. 8, 3, 10
nṛiṇām u tvā nṛitamaṃ 3, 51, 4
nṛidhūto adrishuto 9, 72, 4
nṛibāhubhyāṃ codito 9, 72, 5
nṛibhir dhūtaḥ suto 8, 2, 2. Sv. 2, 85
nṛibhir yemāno jajñānaḥ 9, 109, 8
nṛibhir yemāno haryato 9, 107, 16. Sv. 2, 208
nṛivat ta indra nṛitamābhir 6, 19, 10. N. 6, 6
nṛivad dasrā manoyujā 8, 5, 2
nṛivad vaso sadam id 6, 1, 12. Tb. 3, 6, 10, 5
netāra ū shu ṇas tiro 10, 126, 6
nemiṃ namanti cakshasā 8, 97, 12. Sv. 2, 281. Av. 20, 54, 3
nesat tamo dudhitam 4, 1, 17
neha bhadraṃ rakshasvine 8, 47, 12
naitāvad anye maruto 7, 57, 3
naitāvad enā paro 10, 31, 8
ny akratūn grathino 7, 6, 3
ny akrandayann upayanta 10, 102, 5. N. 9, 23
ny agniṃ jātavedasaṃ hotra° 5, 26, 7
ny agniṃ jātavedasaṃ dadhātā 5, 22, 2

ny agne navyasā vacas 8, 39, 2
nyag vāto 'va vāti 10, 60, 11. Av. 6, 91, 2
ny aghnyasya mūrdhani 1, 30, 19
ny arbudasya vishṭapaṃ 8, 32, 3
ny asmai devī svadhitir 5, 32, 10
ny āvidhyad ilībiṣasya 1, 33, 12. N. 6, 19
ny u priyo manushaḥ 7, 73, 2
ny ū shu vācam 1, 53, 1. Av. 20, 21, 1

pajreva carcaraṃ 10, 106, 7
pañca janā mama hotraṃ 10, 53, 5
pañca padāni rupo 10, 13, 3. Av. 18, 3, 40
pañcapādam pitaraṃ 1, 164, 12. Av. 9, 9, 12
pañcāre cakre 1, 164, 13. Av. 9, 9, 11. N. 4, 27
pataṃgam aktam 10, 177, 1. Ta. 3, 11, 10
pataṃgo vācam manasā 10, 177, 2. Ta. 3, 11, 11
patāti kuṇḍṛiṇācyā 1, 29, 6. Av. 20, 74, 6
patir bhava vṛitrahan 3, 31, 18
patir hy adhvarāṇām 1, 44, 9
patto jagāra 10, 27, 13. N. 6, 6
patnīvantaḥ sutā ima 8, 93, 22. N. 5, 18
patnīva pūrvahūtiṃ 1, 122, 2
patha ekaḥ pīpāya 8, 29, 6
pathas-pathaḥ paripatiṃ 6, 49, 8. Vs. 34, 42. Ts. 1, 1, 14, 2. N. 12, 18
padaṃ devasya namasā 6, 1, 4. Tb. 3, 6, 10, 2. N. 4, 19
padaṃ devasya mīḷhusho 8, 102, 15. Sv. 2, 922
padā paṇīnr arādhaso 8, 64, 2 Sv. 2, 705. Av. 20, 93, 2
pade iva nihite dasme 3, 55, 15
pade-pade me jarimā 5, 41, 15
padyā vaste pururūpā 3, 55, 14
panāyyaṃ tad aṣvinā 8, 57, 3. Av. 20, 143, 9
panya ā dardirac 8, 32, 18
panya id upa gāyata 8, 32, 17
panyam-panyam it 8, 2, 25. Sv. 1, 123. 2, 1007
panyāṅsaṃ jātavedasam 8, 74, 3. Sv. 2, 916
papṛikshenyam indra tve 5, 33, 6
paprātha kshām mahi 6, 17, 7
payasvatīr oshadhayaḥ 10, 17, 14. Ts. 1, 5, 10, 2. vgl. Av. 3, 24, 1. 18, 3, 56.
para ṛiṇā sāvīr 2, 28, 9
paraḥ ṣo astu tanvā 7, 104, 11. Av. 8, 4, 11
param mṛityo anu 10, 18, 1. Av. 12, 2, 21. Vs. 35, 7. Tb. 3, 7, 14, 5. Ta. 3, 15, 2. 6, 7, 3. N. 11, 8
paraṣuṃ cid vi tapati 3, 53, 22
parasyā adhi saṃvato 8, 75, 15. Vs. 11, 71. Ts. 2, 6, 11, 3. 4, 1, 9, 2
parākāttāc cid adrivas 8, 92, 27
parā gāvo yavasaṃ 8, 4, 18
parā cic chīrshā 1, 33, 5
parā ṇudasva maghavann 7, 32, 25
parā dehi ṣāmulyam 10, 85, 29. Av. 14, 1, 25
parādya devā vṛijinaṃ 10, 87, 15. Av. 8, 3, 14
parā pūrveshāṃ sakhyā 6, 47, 17
parā me yanti dhītayo 1, 25, 16
parāyatīnām anv eti 1, 113, 8
parāyatīm mātaram 4, 18, 3
parā yāhi maghavann ā ca 3, 53, 5
parāvataṃ nāsatyā 1, 116, 9
parāvato ye didhishanta 10, 63, 1
parā vīrāsa etana 5, 61, 4
parā vyakto arusho 9, 71, 7
parā ṣubhrā ayāso 1, 167, 4
parā ṣṛiṇīhi tapasā 10, 87, 14. Av. 8, 3, 13
parā ha yat sthiraṃ 1, 39, 3
parā hi me vimanyavaḥ 1, 25, 4
parā hīndra dhāvasi 10, 86, 2. Av. 20, 126, 2
pari koṣam madhuṣcutam 9, 103, 3. Sv. 1, 577
parikshitā pitarā 10, 65, 8
pari cin marto draviṇam 10, 31, 2
pari ṇaḥ ṣarmayantyā 9, 41, 6. Sv. 2, 247
pari ṇeta matīnāṃ 9, 103, 4
pari ṇo aṣvam aṣvavid 9, 61, 3. Sv. 2, 562
pari ṇo devavītaye 9, 54, 4

pari ṇo yāhy asmayur 9, 64, 18
pari ṇo vṛiṇajann aghā 8, 47, 5
pari ṇo hetī rudrasya 2, 33, 14. Vs. 16, 50. Ts. 4, 5, 10, 4
pari tṛindhi paṇīnām 6, 53, 5
pari te jigyusho yathā 9, 100, 4
pari te dūḷabho ratho 4. 9, 8. Vs. 3, 36
pari tmanā mitadrur eti 4, 6, 5
pari tyaṃ haryataṃ harim 9, 98, 7. Sv. 1, 552. 2, 679. 1031
pari tridhātur adhvāraṃ 8, 72, 9
pari trivishṭy adhvaraṃ 4, 15, 2. Tb. 3, 6, 4, 1
pari tvā girvaṇo gira 1, 10, 12. Vs. 5, 29. Ts. 1, 3, 1, 2
pari tvāgne puraṃ vayaṃ 10, 87, 22. Av. 7, 71, 1. 8, 3, 22. Vs. 11, 26. Ts. 1, 5, 6, 4. 4, 1, 2, 5
pari divyāni marmṛiśad 9, 14, 8
pari daivīr anu svadhā 9, 103, 5
pari dyukshaṃ sahasaḥ 9, 71, 4
pari dyukshaḥ sanadrayir 9, 52, 1. Sv. 1, 496
pari dhāmāni yāni te 9, 66, 3
pari pūshā parastād 6, 54, 10. Av. 7, 9, 4
pari prajātaḥ kratvā 1, 69, 2
pari pra dhanvendrāya 9, 109, 1. Sv. 1, 427. 2, 717
pariprayantaṃ vayyaṃ 9, 68, 8
pari pra soma te‿raso 9, 67, 15
pari prāsishyadat kaviḥ 9, 14, 1. Sv. 1, 486
pari priyaḥ kalaśe 9, 96, 9
pari priyā divaḥ kavir 9, 9, 1. Sv. 1, 476. 2, 285
pari yat kaviḥ kāvyā 9, 94, 3
pari yat kāvyā kavir 9, 7, 4. Sv 2, 481
pari yad indra rodasī 1, 33, 9
pari yad eshām eko 1, 68, 2
pari yo raśminā divo 8, 25, 18
pari yo rodasī ubhe 9, 18, 6
pari vājapatiḥ kavir 4, 15, 3. Sv. 1, 30. Vs. 11, 25. Ts. 4, 1, 2, 5. Tb. 3, 6, 4, 1
pari vāje na vājayum 9, 63, 19
pari vārāṇy avyayā 9, 103, 2
pari viśvāni cetasā 9, 20, 3. Sv. 2, 320
pari viśvāni sudhitāgner 3, 11, 8
parivishṭaṃ jāhushaṃ 1, 116, 20
parivṛikteva patividyam 10, 102, 11
pari vo viśvato dadha 10, 19, 7
parishadyaṃ hy araṇasya 7, 4, 7. N. 3, 2
parishkṛiṇvann anishkṛitaṃ 9, 39, 2. Sv. 2, 249
parishkṛitāsa indavo yosheva 9, 46, 2
pari shya suvāno aksha indur 9, 98, 3. Sv. 2, 590
pari shya suvāno avyayaṃ 9, 98, 2
pari sadmeva paśumānti 9, 92, 6
pari saptir na vājayur 9, 103, 6
pari suvānaś cakshase 9, 107, 3. Sv. 2, 665
pari suvānāsa indavo 9, 10, 4. Sv. 1, 485. 2, 472
pari suvāno girishṭhāḥ 9, 18, 1. Sv. 1, 475. 2, 443
pari suvāno harir aṅśuḥ 9, 92, 1
pari soma ṛitam bṛihad 9, 56, 1
pari soma pra dhanvā 9, 75, 5. N. 4, 15
pari spaśo varuṇasya 7, 87, 3
pari hi shmā puruhūto 9, 87, 6
parihvṛited anā jano 8, 47, 6
parīṃ ghṛiṇā carati 1, 52, 6
parīto vāyave sutaṃ 9, 63, 10
parīto shiñcatā sutaṃ somo 9, 107, 1. Sv. 1, 512. 2, 663. Vs. 19, 2. Tb. 2, 6, 1, 1
parīme gām aneshata 10, 155, 5. Av. 6, 28, 2. Vs. 35, 18
pareyivāṅsam pravato 10, 14, 1. Av. 18, 1, 49. Ta. 6, 1, 1. N. 10, 20
parehi vigraṃ astṛitam 1, 4, 4. Av. 20, 68, 4
paro divā para enā 10, 82, 5. Vs. 17, 29. Ts. 4, 6, 2, 2
paromātram ṛicīshamam 8, 68, 6
paro mātrayā tanvā 7, 99, 1. Tb. 2, 8, 3, 2
paro yat tvam parama 5, 30, 5
paro hi martyair asi 6, 48, 19
parjanyaḥ pitā mahishasya 9, 82, 3. Sv. 2, 667
parjanyavātā vṛishabhā 6, 49, 6
parjanyavṛiddham mahishaṃ 9, 113, 3
parjanyāya pra gāyata 7, 102, 1. Tb. 2, 4, 5, 5. Ta. 1, 29, 1

parjanyāvātā vṛishabhā 10, 65, 9
pary ū shu pra dhanva 9, 110, 1. Sv. 1, 428. 2, 714. Av. 5, 6, 4
parvataṣ cin mahi vṛiddho 5, 60, 3. Ts. 3, 1, 11, 5
parṣur ha nāma mānavī 10, 86, 23. Av. 20, 126, 23
parshi tokaṃ tanayam 6, 48, 10. Sv. 2, 974
parshi dīne gabhīra āñ 8, 67, 11
pavate haryato harir ati 9, 106, 13. Sv. 1, 576. 2, 123
pavate haryato harir gṛiṇāno 9, 65, 25
pavante vājasātaye 9, 13, 3. Sv. 2, 539. Tāṇḍya 4, 2, 15
pavamāna ṛitaḥ kaviḥ 9, 62, 30
pavamāna ṛitam bṛihac 9, 66, 24
pavamānaḥ suto nṛibhiḥ 9, 62, 16
pavamānaḥ so adya naḥ 9, 67, 22. Vs. 19, 42
pavamāna dhiyā hito 9, 25, 2. Sv. 2, 271
pavamāna ni toṣase 9, 63, 23. Sv. 2, 586
pavamānam avasyavo 9, 13, 2. Sv. 2, 538
pavamāna mahi ṣravaṣ citrebhir 9, 100, 8
pavamāna mahi ṣravo gām 9, 9, 9
pavamāna mahy arṇo 9, 86, 34. N. 5, 6
pavamāna rasas tava 9, 61, 18. Sv. 2, 241
pavamāna rucā-rucā 9, 65, 2. Sv. 2, 255
pavamāna vidā rayim asmabhyaṃ soma dushṭaram 9, 63, 11
pavamāna vidā rayim asmabhyaṃ soma suṣriyam 9, 43, 4
pavamāna suvīryaṃ 9, 11, 9. Sv. 2, 799
pavamānasya jaṅghnato 9, 66, 25. Sv. 2, 660
pavamānasya te kave 9, 66, 10. Sv. 2, 7
pavamānasya te raso 9, 61, 17. Sv. 2, 240
pavamānasya te vayam 9, 61, 4. Sv. 2, 137
pavamānasya viṣvavit 9, 64, 7. Sv. 2, 308
pavamāna svar vido 9, 59, 4
pavamānā asṛikshata pavitram ati 9, 107, 25. Sv. 1, 522
pavamānā asṛikshata somāḥ 9, 63, 25. Sv. 2, 1049
pavamānā divas pary 9, 63, 27. Sv. 2, 1050
pavamānāsa āṣavaḥ 9, 63, 26. Sv. 2, 1051
pavamānāsa indavas tiraḥ 9, 67, 7
pavamāno ajījanad divaṣ 9, 61, 16. Sv. 1, 484. 2, 239
pavamāno ati sridho 9, 66, 22
pavamāno abhi spṛidho 9, 7, 5. Sv. 2, 482
pavamāno abhy arshā suvīryam 9, 85, 8
pavamāno asishyadad rakshāṅsy 9, 49, 5. Sv. 2, 789
pavamāno rathītamaḥ 9, 66, 26. Sv. 2, 661
pavamāno vy aṣnavad 9, 66, 27. Sv. 2, 662
pavasva gojid aṣvajid 9, 59, 1
pavasva janayann isho 9, 66, 4
pavasva dakshasādhano 9, 25, 1. Sv. 1, 474. 2, 269
pavasva devamādano 9, 84, 1
pavasva devavītaya indo 9, 106, 7. Sv. 1, 571. 2, 676
pavasva devavīr ati 9, 2, 1. Sv. 2, 387
pavasva devāyushag 9, 63, 22. Sv. 1, 483. 2, 585
pavasva madhumattama indrāya 9, 108, 1. Sv. 1, 578. 2, 42
pavasva vāco agriyaḥ 9, 62, 25. Sv. 2, 125
pavasva vājasātamaḥ 9, 100, 6. Sv. 2, 366
pavasva vājasātaye 'bhi viṣvāni 9, 107, 23. Sv. 1, 521
pavasva vājasātaye viprasya 9, 43, 6
pavasva viṣvacarshaṇe 9, 66, 1
pavasva vṛitrahantamokthebhir 9, 24, 6. Sv. 2, 316
pavasva vṛishṭim ā su no 9, 49, 1. Sv. 2, 785
pavasva soma kratuvin 9, 86, 48
pavasva soma kratve 9, 109, 10. Sv. 1, 430. 2, 682

pavasva soma divyeshu 9, 86, 22
pavasva soma devavītaye 9, 70, 9
pavasva soma dyumnī sudhāro 9, 109, 7. Sv. 1, 436
pavasva soma madhumāñ 9, 96, 13. Sv. 1, 532
pavasva soma mandayann 9, 67, 16. Sv. 2, 1160
pavasva soma mahān 9, 109, 4. Sv. 1, 429. 2, 591
pavasvādbhyo adābhyaḥ 9, 59, 2
pavasvendo pavamāno 9, 96, 21
pavasvendo vṛishā sutaḥ 9, 61, 28. Sv. 1, 479. 2, 128
pavitraṃ te vitatam 9, 83, 1. Sv. 1, 565. 2, 225. Ta. 1, 11, 1. Tāṇḍya 1, 2, 8
pavitravantaḥ pari vācam 9, 73, 3. Ta. 1, 11, 1. N. 12, 32
pavitrebhiḥ pavamāno 9, 97, 24
pavītāraḥ punītana 9, 4, 4. Sv. 2, 400
pasuṃ naḥ soma rakshasi 10, 25, 6
paṣūn na citrā subhagā 1, 92, 12
paṣcāt purastād adharād 10, 87, 21. Av. 8, 3, 20
paṣcedam anyad abhavad 10, 149, 3
paṣyann anyasyā atithiṃ 10, 124, 3
paṣvā na tāyuṃ 1, 65, 1
paṣvā yat paṣcā 10, 61, 12
pākaḥ pṛichāmi 1, 164, 5. Av. 9, 9, 6
pākatrā sthana devā 8, 18, 15
pātaṃ no rudrā pāyubhir 5, 70, 3. Sv. 2, 337
pātā vṛitrahā sutam 8, 2, 26. Sv. 2, 1009
pātā sutam indro astu somaṃ hantā 6, 44, 15
pātā sutam indro astu somam praṇenīr 6, 23, 3
pāti priyaṃ ripo 3, 5, 5
pāntam ā vo andhasa 8, 92, 1. Sv. 1, 155. 2, 63
pānti mitrāvaruṇāv 1, 167, 8
pārāvatasya rātishu 8, 34, 18
pārshadvāṇaḥ praskaṇvaṃ 8, 51, 2
pāvakayā yaṣ citantyā 6, 15, 5. Vs. 17, 10. Ts. 4, 6, 1, 2
pāvakavarcāḥ sukra° 10, 140, 2. Sv. 2, 1167. Vs. 12, 107. Ts. 4, 2, 7, 3
pāvakaṣoce tava hi kshayam 3, 2, 6
pāvakā naḥ sarasvatī 1, 3, 10. Sv. 1, 189. Vs. 20, 84. Tb. 2, 4, 3, 1. N. 11, 26
pāvamānīr yo adhyety 9, 67, 32. Sv. 2, 649
pāvīravī kanyā 6, 49, 7. Ts. 4, 1, 11, 2
pāvīravī tanyatur 10, 65, 13. N. 12, 30
pāhi gāyāndhaso 8, 33, 4. Sv. 1, 289
pāhi na indra sushṭuta 1, 129, 11
pāhi no agna ekayā 8, 60, 9. Sv. 1, 36. 2, 894. Vs 27, 43
pāhi no agne pāyubhir 1, 189, 4
pāhi no agne rakshasaḥ pāhi 1, 36, 15
pāhi no agne rakshaso ajushṭāt 7, 1, 13
pāhi viṣvasmād rakshaso 8, 60, 10. Sv. 2, 895
pitā yajñānām asuro. 3, 3, 4. N. 5, 2
pitā yat svāṃ duhitaram 10, 61, 7
pituḥ pratnasya janmanā 1, 87, 5
pituṃ nu stosham 1, 187, 1. Vs. 34, 7. N. 9, 25
pitubhṛito na tantum it 10, 172, 3
pitur na putraḥ subhṛito 8, 19, 27
pitur na putrāḥ kratuṃ 1, 68, 9
pitur mātur adhy ā ye 9, 73, 5
pituṣ ca garbhaṃ janituṣ 3, 1, 10
pituṣ cid ūdhar janushā 3, 1, 9
piteva putram abibhar 10, 69, 10
pitre cic cakruḥ sadanaṃ 3, 31, 12
pinvanty apo marutaḥ 1, 64, 6. Ts. 3, 1, 11, 7
pipartu no aditī 2, 27, 7
pipartu mā tad ṛitasya 10, 35, 8
pipiḷe añsur madyo 4, 22, 8
piprīhi devāñ uṣato 10, 2, 1. Ts. 4, 3, 13, 4. Tb. 3, 5, 7, 5. 6, 11, 4
pibataṃ somam madhumantam 8, 87, 4
pibataṃ gharmam madhumantam 8, 87, 2
pibataṃ ca tṛipṇutaṃ ca 8, 35, 10
pibanti mitro aryamā 8, 94, 5. Sv. 2, 1136
pibanty asya viṣve devāso 9, 109, 15

piba svadhainavānām 8, 32, 20
pibā tv asya girvaṇaḥ 8, 1, 26. Sv. 2, 743
pibā-pibed indra śura somam mandantu 2, 11, 11
pibā-pibed indra śura somam mā rishaṇyo 10, 22, 15
pibā vardhasva tava ghā 3, 36, 3
pibā sutasya rasino 8, 3, 1. Sv. 1, 239. 2, 771
pibā somam abhi yam 6, 17, 1
pibā somam indra mandatu 7, 22, 1. Sv. 1, 398. 2, 277. Av. 20, 117, 1. Ts. 2, 4, 14, 3
pibā somam indra suvānam 1, 130, 2
pibā somam madāya kaṃ 8, 95, 3
pibā somam mahata 10, 116, 1
pibed indra marutsakhā 8, 76, 9
piśaṅgabhṛishṭim ambhṛiṇam 1, 133, 5
piśaṅgarūpaḥ subharo 2, 3, 9. Ts. 3, 1, 11, 2
pīpāya dhenur aditir 1, 153, 3
pīpāya sa śravasā 6, 10, 3
pīpivāṅsaṃ sarasvata 7, 96, 6. Ts. 3, 1, 11, 2
pīvānam mesham 10, 27, 17
pīvoannān rayivṛidhaḥ 7, 91, 3. Vs. 27, 33 Tb. 2, 8, 1, 1
pīvoaśvāḥ śucadrathā 4, 37, 4
putram iva pitarāv 10, 131, 5. Av. 20, 125, 5. Vs. 10, 34. 20, 77. Tb. 1, 4, 2, 1
putriṇā tā kumāriṇā 8, 31, 8
putro na jāto raṇvo 1, 69, 5
punaḥ patnīm agnir adād 10, 85, 39. Av. 14, 2, 2 N. 4, 25
punaḥ-punar jāyamānā 1, 92, 10
punaḥ sam avyad 2, 38, 4. N. 4, 11
punantu māṃ devajanāḥ 9, 67, 27. Vs. 19, 39. Tb. 1, 4, 8, 1. 2, 6, 3, 4
punar etā ni vartantām 10, 19, 3
punar enā ni vartaya 10, 19, 2
punar ehi vṛishākape 10, 86, 21. Av. 20, 126, 21. N. 12, 28
punardāya brahmajāyāṃ 10, 109, 7. Av. 5, 17, 11
punar naḥ pitaro mano 10, 57, 5. Vs. 3, 55. Ts 1, 8, 5, 3
punar no asum pṛithivī 10, 59, 7
punar ye cakruḥ pitarā 4, 33, 3
punar vai devā 10, 109, 6. Av. 5, 17, 10
punātā dakshasādhanaṃ 9, 104, 3. Sv. 2, 509
punāti te parisrutaṃ 9, 1, 6. Vs. 19, 4. Ts. 1, 8, 21, 1. Tb. 2, 6, 1, 2
punāna indav ā bhara soma dvibarhasaṃ rayim | tvaṃ vasūni 9, 100, 2
punāna indav ā bhara soma dvibarhasaṃ rayim | vṛishann 9, 40, 6
punāna indav eshām puruhūta 9, 64, 27
punānaḥ kalaśeshv ā 9, 8, 6. Sv. 2, 533
punānaḥ soma jāgṛivir 9, 107, 6. Sv. 1, 519
punānaḥ soma dhārayāpo 9, 107, 4. Sv. 1, 511. 2, 25
punānaḥ soma dhārayendo 9, 63, 28
punānaś camū janayan 9, 107, 18
punānāsaś camūshado 9, 8, 2 Sv. 2, 529
punāne tanvā mithaḥ 4, 56, 6. Sv. 2, 947
punāno akramīd abhi 9, 40, 1. Sv. 1, 488. 2, 274
punāno devavītaya 9, 64, 15. Sv. 2, 193
punāno yāti haryataḥ 9, 43, 3
punāno rūpe avyaye 9, 16, 6
punāno varivas kṛidhy 9, 64, 14. Sv. 2, 192
punīshe vām arakshasam 7, 85, 1
pumāṅ enaṃ tanuta 10, 130, 2. Av. 10, 7, 43. 44
puraḥ sadya itthādhiye 9, 61, 2. Sv. 2, 561
puraṃdarā śikshataṃ 1, 109, 8
puraṃ na dhṛishṇav ā ruja 8, 73, 18
purāgne duritebhyaḥ 8, 44, 30
purāṇam okaḥ sakhyaṃ 3, 58, 6
purāṇāṅ anuvenantaṃ 10, 135, 2
purāṇā vāṃ vīryā 10, 39, 5
purām bhindur yuvā 1, 11, 4. Sv. 1, 359. 2, 600. Tāṇḍya 14, 12, 3
purā yat sūras tamaso 1, 121, 10
purā sambādhād 2, 16, 8

purīshyāso agnayaḥ 3, 22, 4. Vs. 12, 50. Ts. 4, 2, 4, 3
purukutsānī hi vām 4, 42, 9
purutrā cid dhi vāṃ narā 8, 5, 16
purutrā hi sadṛiññ asi 8, 11, 8. 43, 21. Sv. 2, 517. Tb. 2, 4, 4, 4
puru tvā dāsvān voce 1, 150, 1. Sv. 1, 97. N. 5, 7
purudrapsā añjimantaḥ 5, 57, 5
purupriyā ṇa ūtaye 8, 5, 4
purumandrā purūvasū 8, 8, 12
purusha evedaṃ sarvaṃ 10, 90, 2. Av. 19, 6, 4. Vs. 31, 2. Ta. 3, 12, 1
purushṭutasya dhāmabhiḥ 3, 37, 4. Av. 20, 19, 4
puru hi vām purubhujā 6, 63, 8. N. 6, 29
puruhūtam purushṭutaṃ 8, 92, 2. Sv. 2, 64
puruhūto yaḥ purugūrta 6, 34, 2
purūṇi dasmo ni riṇāti 1, 148, 4
purūṇi hi tvā savanā 10, 89. 16
purūṇy agne purudhā tvāyā 6, 1, 13. Tb. 3, 6, 10, 5
purūtamam purūṇāṃ stotṛīṇāṃ 6, 45, 29
purūtamam purūṇām īsānaṃ 1, 5, 2. Sv. 2, 91. Av. 20, 68, 12
purū yat ta indra santy 5, 33, 4
purūravo mā mṛithā 10, 95, 15. Ṣ. P. 11, 5, 1, 9
purūruṇā cid dhy asty 5, 70, 1. Sv. 2, 335
purū varpāṅsy asvinā 1, 117, 9
purogā agnir devānāṃ 1, 188, 11
purojitī vo andhasaḥ 9, 101, 1. Sv. 1, 545. 2, 47
puroḷā agne pacatas 3, 28, 2. N. 6, 16
puroḷā it turvaṣo 7, 18, 6
puroḷāṣaṃ yo asmai somaṃ 8, 31, 2
puroḷāṣaṃ sanasruta 3, 52, 4
puroḷāṣaṃ ca no ghaso 3, 52, 3. 4, 32, 16
puroḷāṣaṃ no andhasa 8, 78, 1
puroḷāṣam pacatyaṃ 3, 52, 2
puro vo mandraṃ 6, 10, 1
pushṭir na raṇvā 1, 65, 5
pushyāt ksheme 5, 37, 5
pūrvāparaṃ carato 10, 85, 18. Av. 7, 81, 1. 13, 2, 11. 14, 1, 23. Tb. 2, 7, 12, 2. 8, 9, 3
pūrvāpushaṃ suhavam 8, 22, 2
pūrvām anu pradiṣaṃ yāti 9, 111, 3. Sv. 2, 941
pūrvām anu prayatim 1, 126, 5
pūrvā viṣvasmād bhuvanād 1, 123, 2
pūrvībhir hi dadāṣima 1, 86, 6. Ts. 4, 3, 13, 5
pūrvīr asya nishshidho 3, 51, 5
pūrvīr ahaṃ ṣaradaḥ 1, 179, 1
pūrvīr indrasya rātayo 1, 11, 3. Sv. 2, 179
pūrvīr ushasaḥ ṣaradaṣ ca 4, 19, 8
pūrvīṣ cid dhi tve tuvikūrminn 8, 66, 12
pūrvīsh ṭa indropamātayaḥ 8, 40, 9
purve ardhe rajaso 1, 124, 5
pūrvo devā bhavatu 1, 94, 8
pūrvya hotar asya no 1, 26, 5
pūshaṇaṃ nv ajāṣvam 6, 55, 4
pushaṇvate te cakṛimā 3, 52, 7
pūshaṇvate marutvate 1, 142, 12
pūshan tava vrate vayaṃ 6, 54, 9. Av. 7, 9, 3. Vs. 34, 41. Tb. 2, 5, 5, 5
pūshann anu pra gā ihi 6, 54, 6
pūshā gā anv etu naḥ 6, 54, 5. Ts. 4, 1, 11, 2. Tb. 2, 4, 1, 5
pūshā tvetaṣ cyāvayatu 10, 17, 3. Av. 18, 2, 54. Ta. 6, 1, 1. N. 7, 9
pūshā tveto nayatu 10, 85, 26. Av. 14, 1, 20
pushā rājānam āghṛiṇir 1, 23, 14
pūshā vishṇur havanam me 8, 54, 4
pūshā subandhur 6, 58, 4. Tb. 2, 8, 5, 4
pūshemā āṣā anu veda 10, 17, 5. Av. 7, 9, 2. Tb. 2, 4, 1, 5. Ta. 6, 1, 1
pūshṇaṣ cakraṃ na rishyati 6, 54, 3
pṛikshaprayajo draviṇaḥ 3, 7, 10
pṛikshasya vṛishṇo arushasya 6, 8, 1
pṛikshe tā viṣvā bhuvanā 2, 34, 4
pṛiksho vapuḥ pitumān 1, 141, 2

pṛichāmi tvā param antam 1, 164, 34. Av. 9, 10, 13. Vs. 23, 61
pṛiche tad eno varuṇa 7, 86, 3
pṛiṇīyād in nādhamānāya 10, 117, 5
pṛithak prāyan prathamā 10, 44, 6. Av. 20, 94, 6. N. 5, 25
pṛithupājā amartyo 3, 27, 5. Tb. 3, 6, 1, 3
pṛithū karasnā bahulā 6, 19, 3
pṛithū ratho dakshiṇāyā 1, 123, 1
pṛidākusānur yajato 8, 17, 15
pṛishadaçvā marutaḥ 1, 89, 7. Vs. 25, 20
pṛishadhre medhye 8, 52, 2
pṛishṭo divi dhāyy 7, 5, 2
pṛishṭo divi pṛishṭo 1, 98, 2. Vs. 18, 73. Ts. 1, 5, 11, 1. Tb. 3, 11, 6, 4
pauraṃ cid dhy udaprutam 5, 74, 4
pauro açvasya purukṛid 8, 61, 6. Sv. 2, 930. Av. 20, 118, 2
pra ṛibhubhyo dūtam iva 4, 33, 1
pra kavir devavītaye 9, 20, 1. Sv. 2, 318
pra kāravo mananā 3, 6, 1. Tb. 2, 8, 2, 5
pra kāvyam uçaneva 9, 97, 7. Sv. 1, 524. 2, 466
pra kṛitāny ṛijīshiṇaḥ 8, 32, 1
pra kṛishṭiheva çūsha 9, 71, 2
pra ketunā bṛihatā yāty agnir 10, 8, 1. Sv. 1, 71. Av. 18, 3, 65. Ta. 6, 3, 1
pra kshodasā dhāyasā 7, 95, 1
pra gāyatābhy arcāma 9, 97, 4. Sv. 1, 535
pra gāyatreṇa gāyata 9, 60, 1
pra ghā nv asya mahato 2, 15, 1
pra cakre sahasā saho 8, 4, 5
pra carshaṇibhyaḥ pṛitanā° 1, 109, 6. Ts. 4, 2, 11, 1
pra citram arkaṃ gṛiṇate 6, 66, 9. Ts. 4, 1, 11, 3. Tb. 2, 8, 5, 5. N. 3, 21
pracetasaṃ tvā kave 8, 102, 18
pra cyavānāj jujurusho 5. 74, 5
prajānann agne tava 10, 91, 4
prajāpatir mahyam etā 10, 169, 4. Ts. 7, 4, 17, 2
prajāpate na tvad etāny 10, 121, 10. Av. 7, 79, 4. 80, 3. Vs. 10, 20. 23, 65. Ts. 1, 8, 14, 2. 3, 2, 5, 6. Tb. 2, 8, 1, 2. 3, 5, 7, 1. N. 10, 43
prajābhyaḥ pushṭiṃ 2, 13, 4
prajām ṛitasya piprataḥ 8, 6, 2. Sv. 2, 659. Av. 20, 138, 2
prajāvatā vacasā 1, 76, 4
prajāvatīḥ sūyavasaṃ 6, 28, 7. Av. 4, 21, 7. Tb. 2, 8, 8, 12
prajā ha tisro atyāyam 8, 101, 14. Ait. ā. 2, 1. Av. 10, 8, 3
pra jihvayā bharate vepo 10, 46, 8
pra ṇa indo mahe tana 9, 44, 1. Sv. 1, 509
pra ṇa indo mahe raṇa 9, 66, 13
praṇītibhish ṭe 10. 104, 5
pra ṇu tyaṃ vipram 5, 1, 7
praṇetāraṃ vasyo achā 8, 16, 10. Av. 20, 46, 1
pra ṇo devī sarasvatī 6, 61, 4. Ts. 1, 8, 22, 1
pra ṇo dhanvantv indavo 9, 79, 2
pra ta āçavaḥ pavamāna 9, 86, 1
pra ta āçvinīḥ 9, 86, 4. Sv. 2, 236
pra ta indra pūrvyāṇi 10, 112, 8
pra taṃ vivakmi 1, 167, 7
pra tat ta adya çipivishṭa 7, 100, 5. Sv. 2, 976. Ts. 2, 2, 12, 5. N. 5, 9
pra tat te adyā karaṇaṃ 6, 18, 13
pra tad duḥçīme 10, 93, 14
pra tad vishṇu stavate 1, 154, 2. Av. 7, 26, 2. 3. Tb. 2, 4, 3, 4. N. 1, 20
pra tad voceyam bhavyāye° 1, 129, 6. N. 10, 42
pra tam indra naçīmahi 8, 6, 9
pra tavyasīṃ navyasīṃ 1, 143, 1
pra tavyaso namaüktiṃ 5, 43, 9
pra tāñ agnir babhasat 4, 5, 4
pra tāry āyuḥ prataraṃ 10, 59, 1
prati ketavaḥ prathamā 7, 78, 1
prati ghorāṇām etānām 1, 169, 7
prati cakshva vi cakshve° 7, 104, 25. Av. 8, 4, 25
prati te dasyave vṛika 8, 56, 1
prati tyaṃ cārum 1, 19, 1. Sv. 1, 16. N. 10, 36
prati tvā duhitar diva 7, 81, 3

prati tvādya sumanaso 7, 78, 5
prati tvā savasī vadad 8, 45, 5
prati tvā stomair īḷate 7, 76, 6
prati dyutānām arushāso 7, 75, 6
prati dhānā bharata 3, 52, 8
prati na stomaṃ tvashṭā 7, 34, 21
prati prayāṇam asurasya 5, 49, 2
prati pra yāhīndra mīḷhusho 1, 169, 6
prati prāsavyāñ itaḥ 8, 31, 6
prati priyatamaṃ rathaṃ 5, 75, 1. Sv. 1, 418. 2, 1093
prati bravāṇi vartayate 10, 95, 13
prati bhadrā adṛikshata 4, 52, 5
prati me stomam aditir 5, 42, 2
prati yat syā nīthā 1, 104, 5. N. 5, 16
prati yad āpo adṛisram 10, 30, 13
prati va enā namasāham 1, 171, 1
prati vāṃ rathaṃ nṛipatī 7, 67, 1
prati vāṃ sūra udite mitraṃ 7, 66, 7. Sv. 2, 417
prati vāṃ sūra udite sūktair 7, 65, 1
prati vo vṛishadañjayo 8, 20, 9
prati srutāya vo dhṛishat 8, 32, 4. N. 5, 16
prati shīm agnir jarate 7, 78, 2
prati shṭobhanti sindhavaḥ 1, 168, 8
prati shyā sūnarī janī 4, 52, 1. Sv. 2, 1075
prati stomebhir ushasaṃ 7, 80, 1
prati spaso vi sṛija 4, 4, 3. Vs. 13, 11. Ts. 1, 2, 14, 1
prati smarethāṃ tujayadbhir 7, 104, 7. Av. 8, 4, 7
pratīcīne mām ahanī⁰ 10, 18, 14
pra tu drava pari kosaṃ 9, 87, 1. Sv. 1, 523. 2, 27
pra tuvidyumnasya sthavirasya 6, 18, 12
pra te agnayo 'gnibhyo 7, 1, 4
pra te agne havishmatīm 3, 19, 2
pra te asnotu kukshyoḥ 3, 51, 12. Sv. 2, 89
pra te asyā ushasaḥ 10, 29, 2. Av. 20, 76, 2
pra te divo na vṛishṭayo 9, 62, 28
pra te dhārā aty aṇvāni 9, 86, 47
pra te dhārā asascato 9, 57, 1. Sv. 2, 1111
pra te dhārā madhumatīr 9, 97, 31. Sv. 1, 534
pra te nāvaṃ na samane 2, 16, 7
pra te pūrvāṇi karaṇāni viprā 4, 19, 10
pra te pūrvāṇi karaṇāni vocam 5, 31, 6
pra te babhrū vicakshaṇa 4, 32, 22
pra te madāso madirāsa 9, 86, 2
pra te mahe vidathe 10, 96, 1. Av. 20, 30, 1. Tb. 2, 4, 3, 10. 3, 7, 9, 6
pra te yakshi pra ta 10, 4, 1. Ts. 2, 5, 12, 4
pra te ratham mithūkṛitam 10, 102, 1
pra te 'radad varuṇo 10, 75, 2
pra te vocāma vīryā 4, 32, 10
pra te sotāra oṇyo 9, 16, 1
pratnaṃ rayīṇāṃ yujaṃ 6, 45, 19
pratnaṃ hotāram īḍyaṃ 8, 44, 7
pratnavaj janayā giraḥ 8, 13, 7
pratnān mānād adhy ā ye 9, 73, 6
pratno hi kam īḍyo 8, 11, 10. Ta. 10, 2, 1
praty agnir ushasas cekitāno 3, 5, 1
praty agnir ushasām agram 4, 13, 1
praty agnir ushaso jātavedā 4, 14, 1
praty agne mithunā 10, 87, 24
praty agne harasā haraḥ 10, 87, 25. Sv. 1, 95. N. 4, 19
pratyañ devānāṃ visaḥ 1, 50, 5. Av. 13, 2, 20. 20, 47, 17. N. 12, 24
pratyañcam arkam anayañ 10, 157, 5. Av. 20, 63, 3. 124, 6
praty arcī rusad asyā 1, 92, 5
pratyardhir yajñānām 10, 26, 5
praty asmai pipīshate 6, 42, 1. Sv. 1, 352. 2, 790. Tb. 3, 7, 10, 6
praty asya sreṇayo dadṛisra 10, 142, 5
praty u adarsy āyaty 7, 81, 1. Sv. 1, 303. 2, 101. Tb. 3, 1, 3, 1
pratvakshasaḥ pratavaso 1, 87, 1
pra tvā dūtaṃ vṛiṇīmahe 1, 36, 3
pra tvā namobhir indava 9, 16, 5

pra tvā muñcāmi varuṇasya 10, 85, 24. Av. 14, 1, 19. 58
prathamaṃ jātavedasam agnim 8, 23, 22
prathamabhājaṃ yaśasaṃ 6, 49, 9
prathamā hi suvācasā 1, 188, 7
prathaś ca yasya saprathaś 10, 181, 1
prathishṭa yasya vīrakarmam 10, 61, 5
prathishṭa •yāman prithivī 5, 58, 7
pradakshiṇid abhi griṇanti 2, 43, 1
pra dānudo divyo 9, 97, 23
pra dīdhitir viśvavārā 3, 4, 3
pra devatrā brahmaṇe 10, 30, 1
pra devaṃ devavītaye 6, 16, 41. Ts. 3, 5, 11, 4
pra devaṃ devyā dhiyā 10, 176, 2. Ts. 3, 5, 11, 1
pra devam achā madhumanta 9, 68, 1. Sv. 1, 563
pra daivodāso agnir 8, 103, 2. Sv. 1, 51. 2, 867
pra dyāvā yajñaiḥ prithivī ritāvridhā 1, 159, 1
pra dyāvā yajñaiḥ prithivī namobhiḥ 7, 53, 1
pra dyumnāya pra śavase 8, 9, 20. Av. 20, 142, 5
pra dhanvā soma jāgrivir 9, 106, 4. Sv. 1, 567
pra dhārā asya śushmiṇo 9, 30, 1
pra dhārā madhvo agriyo 9, 7, 2. Sv. 2, 479
pra naḥ pūshā caratham 10, 92, 13
pra navyasā sahasaḥ sūnum 6, 6, 1
pra nimneneva sindhavo 9, 17, 1
pra nu yad eshām mahinā 1, 186, 9
pra nu vayaṃ sute yā 5, 30, 3
pra nu vocā suteshu vām 6, 59, 1
pra nūnam jātavedasam 10, 188, 1. N. 7, 20
pra nūnaṃ jāyatām ayam 10, 62, 8
pra nūnaṃ dhāvatā 8, 100, 7
pra nūnam brahmaṇas patir 1, 40, 5. Vs. 34, 57
pra nū mahitvaṃ vrishabhasya 1, 59, 6. N. 7, 23
pra nū sa martaḥ śavasā 1, 64, 13
pra nemasmin dadriśe 10, 48, 10
pra no yachatv aryamā 10, 141, 2. Av. 3, 20, 3. Vs. 9, 29. Ts. 1, 7, 10, 2
prapathe pathām ajanishṭa 10, 17, 6. Av. 7, 9, 1. Tb. 2, 8, 5, 3
pra parvatānām uśatī 3, 33, 1. N. 9, 39
pra pavamāna dhanvasi 9, 24, 3. Sv. 2, 313
pra pastyām aditim 4, 55, 3
pra pīpaya vrishabha 3, 15, 6
pra punānasya cetasā 9, 16, 4
pra punānāya vedhase 9, 103, 1. Sv. 1, 573
pra putas tigma° 1, 79, 10
pra pūrvaje pitarā 7, 53, 2. Ts. 4, 1, 11, 4. Tb. 2, 8, 4, 7
pra pūshaṇaṃ vriṇīmahe 8, 4, 15
pra pyāyasva pra syandasva 9, 67, 28
pra-pra kshayāya panyase 9, 9, 2. Sv. 2, 287
pra-pra pūshṇas tuvi° 1, 138, 1
pra-pra vas trishṭubham isham 8, 69, 1. Sv. 1, 360
pra-prāyam agnir bharatasya 7, 8, 4. Vs. 12, 34. Ts 2, 5, 12, 4. 4, 2, 3, 2
pra-pra vo asme 1, 129, 8. N. 6, 4
pra babhrave vrishabhāya 2, 33, 8
pra bāhavā sisritam 7, 62, 5. Vs. 21, 9. Ts. 1, 8, 22, 3. Tb. 2, 7, 15, 6. 8, 6, 7
pra budhnyā va īrate 7, 56, 14. Ts. 4, 3, 13, 6
pra bodhayoshaḥ priṇato 1, 124, 10
pra bodhayosho aśvinā 8, 9, 17. Av. 20, 142, 2
pra brahmāṇi nabhākavad 8, 40, 5
pra brahmāṇo aṅgiraso 7, 42, 1
pra brahmaitu sadanād 7, 36, 1
prabhaṅgaṃ durmatīnām 8, 46, 19
prabhaṅgī śūro maghavā 8, 61, 18. Sv. 2, 809
prabhartā ratham 8, 2, 35
pra bhūr jayantam 10, 46, 5. Sv. 1, 74
pra bhrātritvaṃ sudānavo 8, 83, 8
pra maṅhishṭhāya gāyata 8, 103, 8. Sv. 1, 107. 2, 228
pra maṅhishṭhāya brihate 1, 57, 1. Av. 20, 15, 1

pra mandine pitumad 1, 101, 1. Sv. 1, 380. N. 4, 24
pra manmahe savasānāya 1, 62, 1. Vs. 34, 16
pra mātuḥ prataram 10, 79, 3. N. 5, 3
pra mātrābhī ririce 3, 46, 3
pra mā yuyujre prayujo 10, 33, 1
pra mitrayor varuṇayo 7, 66, 1
pra mitrāya prāryamṇe 8, 101, 5. Sv. 1, 255
pra me namī sāpya 10, 48, 9
pra me panthā devayānā 7, 76, 2
pra me vivikvāñ avidan 3, 57, 1
pra ya āruḥ sitipṛishṭhasya 3, 7, 1
pra yam rāye ninīshasi 8, 103, 4. Sv. 1, 58
pra yajña etu hetvo na 7, 43, 2
pra yajña etv ānushag 5, 26, 8
prayajyavo maruto 5, 55, 1
pra yat te agne sūrayo 1, 97, 4. Av. 4, 33, 4. Ta. 6, 11, 1
pra yat pituḥ paramān 1, 141, 4
pra yat sindhavaḥ prasavam 3, 36, 6. Tb. 2, 4, 3, 11
pra yad agneḥ sahasvato 1, 97, 5. Av. 4, 33, 5. Ta. 6, 11, 1
pra yad itthā parāvataḥ 1, 39, 1
pra yad itthā mahinā 1, 173, 6
pra yad bhandishṭha 1, 97, 3. Av. 4, 33, 3. Ta. 6, 11, 1
pra yad ratheshu pṛishatīr 1, 85, 5
pra yad vas trishṭubham 8, 7, 1
pra yad vahadhve marutaḥ 10, 77, 6
pra yad vahethe mahinā 1, 180, 9
pra yad vām mitrāvaruṇā 6, 67, 9
prayantam it pari jāram 1, 152, 4
pra yanti yajñam vipayanti 7, 21, 2
pra yantu vājās tavishībhir 3, 26, 4
pra yam antar vṛishasavāso 10, 42, 8. Av. 20, 89, 8
pra yāḥ sisrate sūryasya 10, 35, 5
pra yā ghoshe 1, 120, 5
prayājān me anuyājāṅs ca 10, 51, 8. N. 8, 22
pra yā jigāti khargaleva 7, 104, 17. Av, 8, 4, 17
pra yāta sībham 1, 37, 14
pra yābhir yāsi dāsvāṅsam 7, 92, 3. Vs. 27, 27. Ts. 2, 2, 12, 7
pra yā mahimnā mahināsu 6, 61, 13
pra yujo vāco agriyo 9, 7, 3. Sv. 2, 480
prayuñjatī diva eti 5, 47, 1
pra ye gāvo na bhūrṇayas 9, 41, 1. Sv. 1, 491. 2, 242
pra ye gṛihād amamadus 7, 18, 21. N. 6, 30
pra ye jātā mahinā 5, 87, 2
pra ye divaḥ pṛithivyā na 10, 77, 3
pra ye divo bṛihataḥ 5, 87, 3
pra ye dhāmāni pūrvyāṇy 4, 55, 2
pra ye mitram prāryamāṇam 10, 89, 9
pra ye me bandhveshe 5, 52, 16
pra ye yayur avṛikāso 7, 74, 6
pra ye vasubhya īvad 5, 49, 5
pra ye sumbhante janayo 1, 85, 1
pra yo nanakshe abhy ojasā 8, 51, 8
pra yo vām mitrāvaruṇājiro 8, 101, 3
pra rājā vācam janayan 9, 78, 1
pra rudreṇa yayinā 10, 92, 5
pra rebha ety ati vāram 9, 86, 31
pra va indrāya bṛihate 8, 89, 3. Sv. 1, 257. Vs. 33, 96
pra va indrāya mādanam 7, 31, 1. Sv. 1, 156. 2, 66
pra va ugrāya nishṭure 8, 32, 27
pra va eko mimaya 2, 29, 5
pra va ete suyujo 5, 44, 4
pra vaḥ pāntam raghu° 1, 122, 1
pra vaḥ pāntam andhaso 1, 155, 1
pra vaḥ saṅsāmy adruhaḥ 8, 27, 15
pra vaḥ sardhāya ghṛishvaye 1, 37, 4
pra vaḥ sukrāya bhānave 7, 4, 1, Tb. 2, 8, 2, 3
pra vaḥ sakhāyo agnaye 6, 16, 22
pra vaḥ satām jyeshṭhatamāya 2, 16, 1
pravatā hi kratūnām 4, 31, 5
pravat te agne janimā 10, 142, 2
pravatvatīyam pṛithivī 5, 54, 9
pravadyāmanā suvṛitā 1, 118, 3
pra vartayā divo asmānam 7, 104, 19. Av. 8, 4, 19
pra va spaḷ akran 5, 59, 1
pra vām ratho manojavā 7, 68, 3
pra vām saradvān 1, 181, 6

pra vāṃ sa mitrāvaruṇāv 7, 61, 2
pra vāṃ stomāḥ suvṛiktayo 8, 8, 22
pra vācam indur ishyati 9, 12, 6. Sv. 2, 551
pravācyaṃ vacasaḥ 4, 5, 8
pravācyaṃ sasvadhā 3, 33, 7
pra vājam indur ishyati 9, 35, 4
pra vātā iva dodhata 10, 119, 2
pra vātā vānti 5, 83, 4. Ta. 6, 6, 2
pra vāṃ daṅsāṅsy 1, 116, 25
pra vāṃ niceruḥ 1, 181, 5
pra vām andhāṅsi madyāny 7, 68, 2
pra vām arcanty ukthino 3, 12, 5. Sv. 2, 925. 1053
pra vām avocam asvinā 4, 45, 7
pra vām asnotu sushṭutir 1, 17, 9
pra vām mahi dyavī 4, 56, 5 Sv. 2, 946
pra vāyum achā bṛihatī 6, 49, 4. Vs. 33, 55. Tb. 2, 8, 1, 1
pra vāvṛije suprayā barhir 7, 39, 2. Vs. 33, 44. N. 5, 28
pra visvasāmann 5, 22, 1
pra vishṇave sūsham 1, 154, 3
pra vīram ugraṃ viviciṃ 8, 50, 6
pra vīrayā sucayo dadrire 7, 90, 1. Vs. 33, 70
pra vīrāya pra tavase 6, 49, 12
pravṛiṇvanto abhiyujaḥ 9, 21, 2
pra vedhase kavaye 5, 15, 1. vgl. Tb. 1, 2, 1, 9
pra vepayanti parvatān 1, 39, 5. Tb. 2, 4, 4, 3
pra vo grāvāṇaḥ savitā 10, 175, 1
pra vo 'chā ririce 10, 32, 5
pra vo devaṃ cit sahasānam 7, 7, 1
pra vo devāyāgnaye 3, 13, 1. Āsv. Sr. 5, 9, 21
pra vo dhiyo mandrayuvo 9, 86, 17. Sv. 2, 503
pra vo bhriyanta indavo 1, 14, 4
pra vo marutas tavishā 5, 54, 2
pra vo mahīm aramatiṃ 7, 36, 8
pra vo mahe matayo 5, 87, 1. Sv. 1, 462
pra vo mahe mandamānāyā° 10, 50, 1. Vs. 33, 23. N. 11, 9
pra vo mahe mahi namo 1, 62, 2. Vs. 34, 17
pra vo mahe mahivṛidhe 7, 31, 10. Sv. 1, 328. 2, 1143. Av. 20, 73, 3
pra vo mahe sahasā 1, 127, 10
pra vo mitrāya gāyata 5, 68, 1. Sv. 2, 493
pra vo yajñeshu devayanto 7, 43, 1
pra vo yahvam puruṇāṃ 1, 36, 1. Sv. 1, 59
pra vo rayiṃ yuktāsvam 5, 41, 5
pra vo vājā abhidyavo 3, 27, 1. Ts. 2, 5, 7, 2. Tb. 3, 5, 2, 1
pra vo vāyuṃ rathayujaṃ kṛiṇudhvam 5, 41, 6
pra vo vāyuṃ rathayujam puraṃdhiṃ 10, 64, 7
prasaṅsamāno atithir na 8, 19, 8
pra saṅsā goshv aghnyaṃ 1, 37, 5
pra saṃtamā varuṇaṃ 5, 42, 1
pra sardha ārta 4, 1, 12
pra sardhāya mārutāya 5, 54, 1
pra sukrāso vayojuvo 9, 65, 26
pra sukraitu devī 7, 34, 1. Ta. 4, 17, 1. Tāṇḍya 1, 2, 9
pra sundhyuvaṃ varuṇāya 7, 88, 1
pra sosucatyā ushaso 10, 89, 12
pra syāvāsva dhṛishṇuyā 5, 52, 1
pra syeno na madiram 6, 20, 6
pra sakshaṇo divyaḥ 5, 41, 4
pra sa kshayaṃ tirate 8, 27, 16
pra sadyo agne aty eshi 5, 1, 9. Tb. 2, 4, 7, 10
pra saptaguṃ ṛitadhītiṃ 10, 47, 6
pra saptavadhrir āsasā 8, 73, 9
pra saptahotā sanakād 3, 29, 14
pra sa mitra marto astu 3, 59, 2. Ts. 3, 4, 11, 5. N. 2, 13
pra samrājaṃ carshaṇīnām 8, 16, 1. Sv. 1, 144. Av. 20, 44, 1
pra samrāje bṛihate 6, 68, 9
pra samrāje bṛihad arcā 5, 85, 1
pra samrājo asurasya prasastim 7, 6, 1. Sv. 1, 78
prasave ta ud īrate 9, 50, 2. Sv. 2, 556
pra sasāhishe 10, 180, 1. Ts. 3, 4, 11, 4. Tb. 2, 6, 9, 1. 3, 5, 7, 4
pra sākamukshe arcatā 7, 58, 1
pra sā kshitir asura 1, 151, 4
pra sā vāci sushṭutir 7, 58, 6

pra sīm ādityo asṛijad 2, 28, 4. N. 1, 7
pra su gmantā dhiyasānasya 10, 32, 1
pra su jyeshṭhaṃ nicirābhyām 1, 136, 1
pra sunvānasyāndhaso 9, 101, 13. Sv. 1, 553. 2, 124. 736
pra sumedhā gātuvid 9, 92, 3
pra su va āpo 10, 75, 1
pra suvāna indur akshāḥ 9,66,28
pra suvāno akshāḥ sahasra° 9, 109, 16. Sv. 2, 510
pra suvāno dhārayā 9, 34, 1
pra su viṣvān rakshaso 1, 76, 3
pra su ṣrutaṃ surādhasam 8, 50, 1. Av. 20, 51, 3
pra su sha vibhyo 4, 26, 4
pra sushṭuti stanayantaṃ 5,42,14
pra su stomam bharata 8, 100, 3
pra sū ta indra pravatā 3, 30, 6. Av. 3, 1, 4
prasūto bhaksham akaraṃ 10, 167, 4
pra sū na etv adhvaro 8, 27, 3
pra sūnava ṛibhūṇām 10, 176, 1
pra sū mahe susaraṇāya 5, 42, 13
pra senānīḥ ṣūro agre 9, 96, 1. Sv. 1, 533
pra so agne tavotibhiḥ 8, 19, 30. Sv. 1, 108. 2, 1172. Ts. 3, 2, 11, 1
pra sotā jīro adhvareshv 7, 92, 2
pra soma devavītaye 9, 107, 12. Sv. 1, 514. 2, 117
pra soma madhumattamo 9,63,16
pra soma yāhi dhārayā 9, 66, 7
pra soma yāhīndrasya kukshā 9, 109, 18. Sv. 2, 512
pra somasya pavamānasyormaya 9, 81, 1
pra somāya vyaṣvavat 9, 65, 7
pra somāsaḥ svādhyaḥ 9, 31, 1
pra somāso adhanvishuḥ 9, 24, 1. Sv. 2, 311
pra somāso madacyutaḥ 9, 32, 1. Sv. 1, 477. 2, 119
pra somāso vipaṣcito 9, 33, 1. Sv. 1, 478. 2, 114
pra somo ati dhārayā 9, 30, 4
pra skambhadeshṇā 1, 166, 7
prastutir vāṃ dhāma 1, 153, 2
prastoka in nu rādhasas 6, 47, 22
pra stoshad upa gāsishac 8, 81, 5
pra svānāso rathā ivārvanto 9, 10, 1. Sv. 2, 469
pra haṅsāsas tṛipalam 9, 97, 8. Sv. 2, 467
pra hi kratuṃ vṛihatho 2, 30, 6
pra hi tvā pūshann 1, 138, 2
pra hinvānāsa indavo 9, 64, 16
pra hinvāno janitā 9, 90, 1. Sv. 1, 536
pra hi ririksha ojasā 8, 88, 5. Sv. 1, 312
pra hotā jāto mahān 10, 46, 1. Sv. 1, 77
pra hotre pūrvyaṃ vaco 3, 10, 5. Sv. 1, 98. Ts. 3, 2, 11, 1
pra hy achā manīshā 10, 26, 1
prāktubhya indraḥ pra 10, 89, 11
prāgnaye tavase bharadhvaṃ 7, 5, 1
prāgnaye bṛihate yajñiyāya 5, 12, 1
prāgnaye vācam īraya 10, 187, 1. Av. 6, 34, 1
prāgnaye viṣvaṣuce 7, 13, 1
prāgruvo nabhanvo 4, 19, 7
prācīnam barhiḥ pradiṣā 10, 110, 4. Av. 5, 12, 4. Vs. 29, 29. Tb. 3, 6, 3, 2. N. 8, 9
prācīnam barhir ojasā 1, 188, 4
prācīno yajñaḥ sudhitaṃ 7, 7, 3
prācīm u devāṣvinā 7, 67, 5
prāñcaṃ yajñaṃ cakṛima 3, 1, 2
prātaḥ sutam apibo 4, 35, 7
prātar agniḥ purupriyo 5, 18, 1. Sv. 1, 85
prātar agnim prātar indraṃ 7, 41, 1. Av. 3, 16, 1. Vs. 34, 34. Tb. 2, 8, 9, 7
prātar jarethe jaraṇeva 10, 40, 3
prātarjitam bhagam ugraṃ 7, 41, 2. Av. 3, 16, 2. Vs. 34, 35. Tb. 2, 8, 9, 7. N. 12, 14
prātar devīm aditiṃ 5, 69, 3
prātar yajadhvam aṣvinā 5, 77, 2. Tb. 2, 4, 3, 13. N. 12, 5
prātaryāvabhir ā gataṃ 8, 38, 7
prātaryāvāṇā prathamā yajadhvam 5, 77, 1. Tb. 2, 4, 3, 13
prātaryāvāṇā rathyeva 2, 39, 2
prātaryāvṇaḥ sahaskṛita 1, 45, 9

prātaryujam nāsatyādhi tishṭhataḥ 10, 41, 2
prātaryujā vi bodhayā 1, 22, 1. Ts. 1, 4, 7, 1. Tb. 2, 4, 3, 13. N. 12, 4
prātā ratnam prātaritvā 1, 125, 1
prātā ratho navo 2, 18, 1
prānyac cakram avṛihaḥ 5, 29, 10
prāva stotāram maghavann 8, 36, 2
prāvīvipad vāca ūrmim 9, 96, 7. Sv. 2, 295
prāvepā mā 10, 34, 1. N. 9, 8
prāstaud ṛishvaujā 10, 105, 6
prāsmā ūrjam ghṛitaṣcutam 8, 8, 16
prāsmai gāyatram arcata 8, 1, 8
prāsmai hinota madhumantam 10, 30, 8
prāsya dhārā aksharan 9, 29, 1. Sv. 2, 1115
prāsya dhārā bṛihatīr 9, 96, 22
priyam ṣraddhe dadataḥ 10, 151, 2. Tb. 2, 8, 8, 6
priyam dugdham na kāmyam 5, 19, 4
priyamedhavad atrivaj 1, 45, 3. N. 3, 17
priyā tashṭāni me 10, 86, 5. Av. 20, 126, 5
priyā padāni paṣvo 1, 67, 6
priyā vo nāma huve 7, 56, 10. Ts. 2, 1, 11, 1
priyāsa it te maghavann 7, 19, 8. Av. 20, 37, 8
priyo no astu viṣpatir 1, 26, 7. Sv. 2, 969
prīṇītāṣvān 10, 101, 7. N. 5, 26
pretām yajñasya ṣambhuvā 2, 41, 19
pretā jayatā nara 10, 103, 13. Sv. 2, 1212. Av. 3, 19, 7. Vs. 17, 46. Ts. 4, 6, 4, 4
preto muñcāmi nāmutaḥ 10, 85, 25. Av. 14, 1, 18
predam brahma vṛitratūryeshv 8, 37, 1
preddho agne dīdihi 7, 1, 3. Sv. 2, 725. Vs. 17, 76. Ts. 4, 6, 5, 4
pred v agnir vāvṛidhe 3, 5, 2
prendrasya vocam prathamā 7, 98, 5. Av. 20, 87, 5
prendrāgnibhyām suvacasyām 10, 116, 9
preraya sūro artham na 10, 29, 5. Av. 20, 76, 5
preshṭham vo atithim stushe 8, 84, 1. Sv. 1, 5. 2, 594
preshṭham vo atithim gṛiṇīshe 1, 186, 3
preshṭham u priyāṇām 8, 103, 10
prehi prehi pathibhiḥ 10, 14, 7. Av. 18, 1, 54
prehy abhīhi 1, 80, 3. Sv. 1, 413
praitu brahmaṇas patiḥ 1, 40, 3. Sv. 1, 56. Vs. 33, 89. 37, 7. Ta. 4, 2, 2
praite vadantu pra 10, 94, 1. N. 9, 9
praisha stomaḥ pṛithivīm 5, 42, 16
praishām ajmeshu vithureva 1, 87, 3. Ts. 4, 3, 13, 7
pro ayāsīd indur indrasya 9, 86, 16. Sv. 1, 557. 2, 502. Av. 18, 4, 60
pro aṣvināv avase 1, 186, 10
pro asmā upastutim 8, 62, 1
progrām pītim 10, 104, 3. Av. 20, 25, 7. 33, 2
protaye varuṇam mitram 6, 21, 9
pro tye agnayo 'gnishu 5, 6, 6
prothad aṣvo na yavase 7, 3, 2. Sv. 2, 570. Vs. 15, 62. Ts. 4, 4, 3, 3
pro droṇe harayaḥ 6, 37, 2
proror mitrāvaruṇā 7, 61, 3
proshṭhesayā vahyesayā 7, 55, 8. Av. 4, 5, 3
pro shv asmai puroratham 10, 133, 1. Sv. 2, 1151. Av. 20, 95, 2. Ts. 1, 7, 13, 5. Tb. 2, 5, 8, 1
pro sya vahniḥ pathyābhir 9, 89, 1

baṭ sūrya ṣravasā 8, 101, 12. Sv. 2, 1139. Av. 20, 58, 4. Vs. 33, 40
baḷ asya nīthā vi 10, 92, 3
baḷ itthā tad vapushe 1, 141, 1
baḷ itthā deva nishkṛitam 5, 67, 1
baḷ itthā parvatānām 5, 84, 1. Ts. 2, 2, 12, 2. N. 11, 37
baḷ itthā mahimā vām 6, 59, 2
baḷ ṛitviyāya dhāmna 8, 63, 11

baṇ mahāñ asi sūrya 8, 101, 11. Sv. 1, 276. 2, 1138. Av. 13, 2, 29. 20, 58, 3. Tb. 1, 4, 5, 3
bato batāsi 10, 10, 13. Av. 18, 1, 15. N. 6, 28
babhrave nu svatavase 9, 11, 4. Sv. 2, 794
babhrāṇaḥ sūno sahaso 3, 1, 8
babhrur eko vishuṇaḥ 8, 29, 1
barhiḥ prācīnam ojasā 9, 5, 4
barhir vā yat svapatyāya 1, 83, 6. Av. 20, 25, 6
barhishadaḥ pitara ūty 10, 15, 4. Av. 18,-1, 51. Vs. 19, 55. Ts. 2, 6, 12, 2. N. 4, 21
balaṃ dhehi tanūshu no 3, 53, 18
balavijñāya sthaviraḥ 10, 103, 5. Sv. 2, 1203. Av. 19, 3, 5. Vs. 17, 37. Ts. 4, 6, 4, 2
bahavaḥ sūracakshaso 7, 66, 10
bahvīḥ samā akaraṃ 10, 124, 4
bahvīnām pitā 6, 75, 5. Vs. 29, 42. Ts. 4, 6, 6, 2. N. 9, 14
bādhase janān vṛishabheva 6, 46, 4
bibhayā hi tvāvata 8, 45, 35
bibharti cārv indrasya 9, 109, 14
bibhrad drāpiṃ hiraṇyayaṃ 1, 25, 13
bībhatsūnāṃ sayujaṃ 10, 124, 9
bṛihadukthaṃ havāmahe 8, 32, 10. Sv. 1, 217. N. 6, 4. 17
bṛihatī iva sūnave 1, 59, 4
bṛihatsumnaḥ prasavītā 4, 53, 6
bṛihat svaścandram 1, 52, 9
bṛihad indrāya gāyata 8, 89, 1. Sv. 1, 258. Vs. 20, 30. Tb. 2, 5, 8, 3
bṛihad u gāyisho vaco 7, 96, 1
bṛihadbhir agne arcibhiḥ 6, 48, 7. Sv. 1, 37
bṛihad vadanti madireṇa 10, 94, 4
bṛihad vayo bṛihate 5, 43, 15
bṛihad vayo maghavadbhyo 7, 58, 3
bṛihad vayo hi bhānave 5, 16, 1. Sv. 1, 88
bṛihad varūtham marutām 8, 18, 20
bṛihanta id bhānavo 3, 1, 14
bṛihanta in nu ye te 2, 11, 16
bṛihanteva gambhareshu 10, 106, 9
bṛihann achāyo 10, 27, 14
bṛihann id idhma eshām 8, 45, 2. Sv. 2, 689. Vs. 33, 24
bṛihaspata indra vardhataṃ 4, 50, 11
bṛihaspatiḥ prathamaṃ jāyamāno 4, 50, 4. Av. 20, 88, 4. Tb. 2, 8, 2, 7
bṛihaspatiḥ sam ajayad 6, 73, 3. Av. 20, 90, 3. Tb. 2, 8, 2, 8
bṛihaspatir amata hi 10, 68, 7. Av. 20, 16, 7
bṛihaspatir naḥ pari pātu 10, 42, 11. 43, 11. 44, 11. Av. 7, 51, 1. 20, 17, 11. 89, 11. 94, 11. Ts. 3, 3, 11, 1
bṛihaspatir nayatu durgahā 10, 182, 1
bṛihaspate ati yad aryo 2, 23, 15. Vs. 26, 3. Ts. 1, 8, 22, 2
bṛihaspate jushasva no 3, 62, 4. Ts. 1, 8, 22, 2
bṛihaspate tapushāśneva 2, 30, 4
bṛihaspate pari dīyā 10, 103, 4. Sv. 2, 1202. Av. 19, 13, 8. Vs. 17, 36. Ts. 4, 6, 4, 1
bṛihaspate prati me devatām 10, 98, 1
bṛihaspate prathamaṃ vāco 10, 71, 1. Ait. ā. 1, 11. 14
bṛihaspate yā paramā 4, 50, 3. Av. 20, 88, 3
bṛihaspate yuvam indraś ca 7, 97, 10. 98, 7. Av. 20, 17, 12. 87, 7. Tb. 2, 5, 6, 3
bṛihaspate sadam in 1, 106, 5
bodhad yan mā haribhyāṃ 4, 15, 7
bodhā me asya vacaso 1, 147, 2. Vs. 12, 42. Ts. 4, 2, 3, 4. N. 3, 20
bodhā su me maghavan 7, 22, 3. Sv. 2, 279. Av. 20, 117, 3
bodhinmanasā rathye° 5, 75, 5
bodhinmanā id astu no 8, 93, 18. Sv. 1, 140
brahma gām aśvaṃ janayanta 10, 65, 11
brahma ca te jātavedo 10, 4, 7
brahmacārī carati 10, 109, 5. Av. 5, 17, 5
brahma jinvatam uta 8, 35, 16
brahmaṇas patir etā 10, 72, 2

brahmaṇas pate tvam asya yantā 2, 23, 19. 24, 16. Vs. 34, 58. Tb. 2, 8, 5, 1
brahmaṇas pater abhavad 2, 24, 14. Tb. 2, 8, 5, 2
brahmaṇas pate suyamasya 2, 24, 15. Tb. 2, 8, 5, 2
brahmaṇāgniḥ saṃvidāno 10, 162, 1. Av. 20, 96, 11
brahmaṇā te brahmayujā 3, 35, 4. Av. 20, 86, 1
brahman vīra brahmakṛitiṃ 7, 29, 2
brahma prajāvad ā bhara 6, 16, 36. Sv. 2, 748
brahmā kṛiṇoti varuṇo 1, 105, 15
brahmā ṇa indropa 7, 28, 1
brahmāṇam brahmavāhasaṃ 6, 45, 7
brahmāṇas tvā vayaṃ yujā 8, 17, 3. Sv. 2, 18. Av. 20, 3, 3. 38, 3. 47, 9
brahmāṇi me matayaḥ 1, 165, 4. Vs. 33, 78
brahmāṇi hi cakṛishe vardhanāni 6, 23, 6
brahmā ta indra girvaṇaḥ 8, 90, 3
brahmā devānām padavīḥ 9, 96, 6. Sv. 2, 294. Ts. 3, 4, 11, 1. Ta. 10, 10, 1. N. 14, 13
brāhmaṇād indra rādhasaḥ 1, 15, 5. Sv. 1, 229
brāhmaṇāsaḥ pitaraḥ 6, 75, 10. Vs. 29, 47. Ts. 4, 6, 6, 3
brāhmaṇāsaḥ somino 7, 103, 8
brāhmaṇāso atirātre 7, 103, 7
brāhmaṇo 'sya mukham 10, 90, 12. Av. 19, 6, 6. Vs. 31, 11. Ta. 3, 12, 5

bhaga eva bhagavāñ 7, 41, 5. Av. 3, 16, 5. Vs. 34, 38. Tb. 2, 5, 5, 1. 8, 9, 8
bhagaṃ dhiyaṃ vājayantaḥ 2, 38, 10. Tb. 2, 8, 6, 3
bhaga praṇetar bhaga 7, 41, 3. Av. 3, 16, 3. Vs. 34, 36. Tb. 2, 5, 5, 2. 8, 9, 8
bhagabhaktasya te vayam 1, 24, 5
bhagasya svasā varuṇasya 1, 123, 5
bhajanta viṣve devatvaṃ 1, 68, 4
bhadraṃ vai varaṃ 10, 164, 2
bhadraṃ karṇebhiḥ ṣṛiṇuyāma 1, 89, 8. Sv. 2, 1224. Vs. 25, 21. Ta. 1, 1, 1
bhadraṃ te agne sahasinn 4, 11, 1. Ts. 4, 3, 13, 1
bhadraṃ no api vātaya manaḥ 10, 20, 1
bhadraṃ no api vātaya mano 10, 25, 1. Sv. 1, 422
bhadram idaṃ ruṣamā 5, 30, 12
bhadram id bhadrā 7, 96, 3
bhadram-bhadram na ā 8, 93, 28, Sv. 1, 173
bhadram manaḥ kṛiṇushva 8, 19, 20. Sv. 2, 910. Vs. 15, 39. 40
bhadrā agner vadhryaṣvasya 10, 69, 1
bhadrā aṣvā haritaḥ 1, 115, 3. Tb. 2, 8, 7, 1
bhadrā te agneḥ svanīka 4, 6, 6. Ts. 4, 3, 13, 1
bhadrā te hastā sukṛitota 4, 21, 9
bhadrā dadṛiksha urviyā 6, 64, 2
bhadrā vastrā samanyā 9, 97, 2. Sv. 2, 750
bhadro no agnir āhuto 8, 19, 19. Sv. 1, 111. 2, 909. Vs. 15, 38. 39
bhadro bhadrayā sacamāna 10, 3, 3. Sv. 2, 898
bharad yadi vir ato 4, 26, 5
bharadvājāya saprathaḥ 6, 16, 33
bharadvājāyāva dhukshata 6, 48, 13
bharāmedhmaṃ 1, 94, 4. Sv. 2, 415
bharāya su bharata 10, 100, 2
bhareshu havyo namaso° 2, 23, 13
bhareshv indraṃ suhavaṃ 10, 63, 9. Ts. 2, 1, 11, 1. Tb. 2, 7, 13, 3
bhargo ha nāmota 10, 61, 14
bhavā dyumnī vādhryaṣvota 10, 69, 5
bhavā no agne 'vitota 10, 7, 7
bhavā no agne sumanā 3, 18, 1
bhavā mitro na ṣevyo 1, 156, 1. Tb. 2, 4, 3, 8
bhavā varūthaṃ gṛiṇate 1, 58, 9
bhavā varūtham maghavan 7, 32, 7
bhāratīḷe sarasvati 1, 188, 8
bhāratī pavamānasya 9, 5, 8
bhāsvatī netrī sūnṛitānāṃ diva 1, 92, 7
bhāsvatī netrī sūnṛitānām aceti 1, 113, 4

bhinat puro navatim indra 1, 130, 7
bhinad girim̧ savasā 4, 17, 3
bhinad valam aṅgirobhir 2, 15, 8. Ts. 2, 3, 14, 5
bhindhi visvā apa dvishaḥ 8, 45, 40. Sv. 1, 134. 2, 420. Av. 20, 43, 1
bhītāya nādhamānāya 5, 78, 6
bhīmo viveshāyudhebhir 7, 21, 4
bhujyum aṅhasaḥ pipṛitho 10, 65, 12
bhurantu no yasasaḥ 10, 76, 6
bhuvat tritasya marjyo 9, 34, 4
bhuvanasya pitaram̧ gīrbhir 6, 49, 10
bhuvas cakshur maha 10, 8, 5
bhuvas tvam indra brahmaṇā 10, 50, 4. Ts. 3, 4, 11, 4
bhuvo janasya divyasya 6, 22, 9. Av. 20, 36, 9
bhuvo yajñasya rajasas ca 10, 8, 6. Vs. 13, 15. 15, 23. Ts. 4, 4, 4, 1. Tb. 3, 5, 7, 1
bhuvo 'vitā vāmadevasya 4, 16, 18
bhūmyā antam pari 10, 114, 10
bhūya id vāvṛidhe 6, 30, 1
bhūyasā vasnam acarat 4, 24, 9
bhūyāma te sumatau 8, 3, 2. Sv. 2, 772
bhūyāmo shu tvāvataḥ 4, 32, 6
bhūrikarmaṇe vṛishabhāya 1, 103, 6
bhūri cakartha yujyebhir 1, 165, 7. N. 6, 7
bhūri cakra marutaḥ 7, 56, 23
bhūri ta indra vīryam̧ 1, 57, 5. Av. 20, 15, 5
bhūri dakshebhir 10, 113, 9
bhūridā bhūri dehi 4, 32, 20
bhūridā hy asi srutaḥ 4, 32, 21
bhūri nāma vandamāno 5, 3, 10
bhūrim̧ dve acarantī 1, 185, 2. Tb. 2, 8, 4, 8
bhūribhiḥ samaha ṛishibhir 8, 70, 14
bhūri hi te savanā 7, 22, 6. Sv. 2, 1150
bhūrīṇi bhadrā naryeshu 1, 166, 10
bhūrīṇi hi tve dadhire 3, 19, 4
bhūrīd indra udinakshantam 10, 8, 9
bhūrīd indrasya vīryam̧ 8, 55, 1
bhūr jajña uttāna° 10, 72, 4
bhūshan na yo 'dhi 1, 140, 6
bhṛimis cid ghāsi 4, 32, 2
bhojam̧ tvām indra 2, 17, 8
bhojam asvāḥ 10, 107, 11
bhojā jigyuḥ surabhim̧ 10, 107, 9
bhojāyāsvam̧ sam 10, 107, 10. N. 7, 3

maṅsimahi tvā vayam 10, 26, 4. N. 6, 29
maṅhishṭham̧ vo maghonām̧ 5, 39, 4
maṅhishṭhā vājasātamesha° 8, 5, 5
makshū kanāyāḥ sakhyam̧ navagvā 10, 61, 10
makshū kanāyāḥ sakhyam̧ navīyo 10, 61, 11
makshū tā ta indra dānāpnasa 10, 22, 11
makshū devavato rathaḥ 8, 31, 15. Ts. 1, 8, 22, 3
makshū na yeshu dohase 6, 66, 5
makshū na vahniḥ prajāyā 10, 61, 9
makshu hi shmā gachatha 4, 43, 3
makhasya te tavishasya 3, 34, 2. Av. 20, 11, 2
maghona ā pavasva no 9, 8, 7. Sv. 2, 534
maghonaḥ sma vṛitrahatyeshu 7, 32, 15. Sv. 2, 1033
matayaḥ somapām urum̧ 3, 41, 5. Av. 20, 23, 5
matī jushṭo dhiyā hitaḥ 9, 44, 2
matsi no vasyaïshṭaya 1, 176, 1
matsi vāyum ishṭaye 9, 97, 42. Sv. 2, 604
matsi soma varuṇam 9, 90, 5
matsy apāyi te mahaḥ 1, 175, 1. Sv. 2, 782
matsvā susipra mandibhi 1, 9, 3. Av. 20, 71, 9
matsvā susipra harivas 8, 99, 2. Sv. 2, 164
mathīd yad īm̧ vibhṛito 1, 71, 4
mathīd yad īm̧ vishṭo 1, 148, 1
madacyut ksheti sādane 9, 12, 3. Sv. 2, 548
madeneshitam madam 8, 1, 21
made-made hi no dadir 1, 81, 7. Av. 20, 56, 4. Tb. 2, 4, 4, 7

madhu naktam utoshaso 1, 90, 7.
  Vs. 13, 28. Ts. 4, 2, 9, 3. Ta.
  10, 10, 2. Ş. P. 14, 9, 3, 12
madhu no dyāvāprithivī 6, 70. 5
madhuprishṭham ghoram 9, 89, 4
madhumatīr oshadhīr dyāva 4, 57,
  3. Av. 20, 143, 8
madhumantam tanūnapād 1, 13,
  2. Sv. 2, 689
madhuman me parāyaṇam 10,
  24, 6
madhumān no vanaspatir 1, 90, 8.
  Vs. 13, 29. Ts. 4, 2, 9, 3. Ta.
  10, 10, 2. Ş. P. 14, 9, 3, 13
madhu vāta ṛitāyate 1, 90. 6. Vs.
  13, 27. Ts. 4, 2, 9, 3. Ta. 10,
  10, 2. Ş. P. 14, 9, 3, 11
madhor dhārām anu kshara 9,
  17, 8
madhyā yat kartvam 10, 61, 6
madhye hotā duroṇe 6, 12, 1
madhva u shu madhūyuvā 5, 73, 8
madhvaḥ pibatam madhupebhir 4,
  45, 3
madhvaḥ sūdam pavasva 9, 97, 44
madhvaḥ somasyāśvinā 1, 117, 1
madhvo vo nāma mārutam 7, 57, 1
manīshiṇaḥ pra bharadhvam 10,
  111, 1
manīshibhiḥ pavate pūrvyaḥ 9,
  86, 20. Sv. 2, 172
manushvat tvā ni dhīmahi 5, 21,
  1. Tb. 3, 11, 6, 3
manushvad agne aṅgirasvad 1,
  31, 17
manushvad indra savanam 3, 32, 5.
mano asyā ana āsīd 10, 85, 10.
  Av. 14, 1, 10
manojavasā vṛishaṇā mada° 8,
  22, 16
manojavā ayamāna 8, 100, 8
mano na yeshu havaneshu 10, 61,
  3. Vs. 7, 17
mano na yo 'dhvanaḥ 1, 71, 9
mano nv ā huvāmahe 10, 57, 3.
  Vs. 3, 53. Ts. 1, 8, 5, 2
mantram akharvām 7, 32, 13. Av.
  20, 59, 4
manthatā naraḥ kavim 3, 29, 5
mandantu tvā maghavann 8, 4, 4.
  Sv. 2, 1072
mandantu tvā mandino 1, 134, 2

mandamāna ṛitād adhi 10, 73, 5
mandasva hotrād anu josham 2,
  37, 1
mandasvā su svarṇara 8, 6, 39
mandāmahe daśatayasya 1, 122, 13
mandishṭa yad uṣane 1, 51, 11
mandram hotāram śucim 3, 2, 15
mandram hotāram uśijo namobhiḥ
  10, 46, 4
mandram hotāram uśijo yavi-
  shṭham 7, 10, 5
mandram hotāram ṛitvijam 8, 44,
  6. Sv. 2, 893
mandrajihvā jugurvaṇī 1, 142, 8
mandrayā soma dhārayā 9, 6, 1.
  Sv. 1, 506
mandrasya kaver divyasya 6, 39, 1
mandrasya rūpam vividur 9, 68, 6
mandrā kṛiṇudhvam 10, 101, 2
mandro hotā gṛihapatir 1, 36, 5
manyur indro manyur 10, 83, 2.
  Av. 4, 32, 2. Tb. 2, 4, 1, 11
manye tvā yajñiyam 8, 96, 4
mamac cana te maghavan 4, 18, 9
mamac cana tvā yuvatiḥ 4, 18, 8
mamattu tvā divyaḥ 10, 116, 3
mamattu naḥ parijmā 1, 122, 3.
  Ts. 2, 1, 11, 1
mama tvā sūra udite 8, 1, 29
mama devā vihave 10, 128, 2. Av.
  5, 3, 3. Ta. 4, 7, 14, 1
mama dvitā rāshṭram 4, 42, 1
mama putrāḥ śatruhaṇo 10, 159, 3
mama brahmendra yāhy 2, 18, 7
mamāgne varco 10, 128, 1. Av.
  5, 3, 1. Ts. 4, 7, 14, 1
mayā so annam atti 10, 125, 4.
  Av. 4, 30, 4
mayi devā draviṇam 10, 128, 3.
  Av. 5, 3, 5. Ts. 4, 7, 14, 1
mayo dadhe medhiraḥ 3, 1, 3
mayobhūr vāto abhi vātū° 10,
  169, 1. Ts. 7, 4, 17, 1. N. 1, 17
marutaḥ pibata ṛitunā 1, 15, 2
maruto mārutasya na 8, 20, 23
maruto yad dha vo divaḥ 8, 7,
  11. Ts. 1, 5, 11, 4
maruto yad dha vo balam 1,
  37, 12
maruto yasya hi kshaye 1, 86, 1.
  Av. 20, 1, 2. Vs. 8, 31. Ts. 4,
  2, 11, 1

maruto vīḷupāṇibhiṣ 1, 38, 11
marutvato apratītasya 5, 42, 6
marutvantaṃ vṛishabhaṃ 3, 47, 5. 6, 19, 11. Vs. 7, 36. Ts 1, 4, 17, 1. Tb. 2, 8, 3, 4
marutvantaṃ havāmaha 1, 23, 7
marutvantam ṛijīshiṇam 8, 76, 5
marutvāñ indra mīḍhvaḥ 8, 76, 7
marutvāñ indra vṛishabho 3, 47, 1. Vs. 7, 38. Ts. 1, 4, 19, 1. N. 4, 9
marutsu vo dadhīmahi 5, 52, 4
marutstotrasya vṛijanasya 1, 101, 11
martaṣ cid vo nṛitavo 8, 20, 22
martā amartyasya te 8, 11, 5
marmāṇi te varmaṇā 6, 75, 18. Sv. 2, 1220. Av. 7, 118, 1. Vs. 17, 49. Ts. 4, 6, 4, 5
marmṛijānāsa āyavo 9, 64, 17
maryo na ṣubhras tanvam 9, 96, 20
maha ugrāya tavase 8, 96, 10
mahaḥ sa rāya eshate 1, 149, 1
mahaḥ su vo aram ishe 8, 46, 17
mahat tat somo mahishaṣ 9, 97, 41. Sv. 1, 542. 2, 605. N. 14, 17
mahat tad ulbaṃ 10, 51, 1. N. 6, 35
mahat tad vaḥ kavayaṣ 3, 54, 17
mahat tan nāma guhyam 10, 55, 2
mahad adya mahatām 10, 36, 11
mahaṣ carkarmy arvataḥ 4, 39, 2
mahaṣ cit tvam indra yata 1, 169, 1
mahaṣ cid agna enaso 4, 12, 5
mahāñ amatro vṛijane 3, 36, 4. N. 6, 23
mahāñ asi soma jyeshṭha 9. 66, 16
mahāñ asy adhvarasya 7, 11, 1
mahāñ ādityo namasopa° 3, 59, 5. Tb. 2, 8, 7, 6
mahāñ indraḥ paraṣ 1, 8, 5. Sv. 1, 166. Av. 20, 71, 1
mahāñ indro nṛivad ā 6, 19, 1. Vs. 7. 39. Ts. 1, 4, 21, 1. Tb. 3, 5, 7, 4. N. 6, 16. 17
mahāñ indro ya ojasā 8, 6, 1. Sv. 2, 657. Av. 20, 138, 1. Vs. 7, 40. Ts. 1, 4, 20, 1. Tb. 3, 5, 7, 4
mahāñ ugro vāvṛidhe vīryāya 3, 36, 5
mahāñ utāsi yasya te 7, 31, 7
mahāñ ṛishir devajā 3, 53, 9
mahāntaṃ koṣam ud acā 5, 83, 8. Av. 4, 15, 16
mahāntaṃ tvā mahīr anv 9, 2, 4. Sv. 2, 390
mahantam mahinā vayaṃ 8, 12, 23
mahāntā mitrāvaruṇā 8, 25, 4
mahānto mahnā vibhvo 1, 166, 11
mahān sadhasthe dhruva 3, 6, 4
māhikerava ūtaye 1, 45, 4
mahi kshetram puru ṣcandraṃ 3, 31, 15. Tb. 2, 7, 13, 3
mahi jyotir nihitaṃ 3, 30, 14
mahi jyotir bibhrataṃ tvā 10, 37, 8
mahi trīṇām avo 'stu 10, 185, 1. Sv. 1, 192. Vs. 3, 31
mahi tvāshṭram ūrjayantīr 3, 7, 4
mahi dyāvāpṛithivī bhūtam 10, 93, 1
mahi psaraḥ sukṛitaṃ 9, 74, 3
mahi mahe tavase 5, 33, 1
mahi mahe dive arcā 3, 54, 2
mahimna eshām pitaraṣ 10, 56, 4
mahi rādho viṣvajanyaṃ 6, 47, 25
mahi vo mahatām avo varuṇa mitra dāṣushe 8, 47, 1
mahi vo mahatām avo varuṇa mitrāryaman 8, 67, 4
mahishāso māyinaṣ 1, 64, 7
mahī atra mahinā 1, 151, 5
mahī dyāvāpṛithivī iha 4, 56, 1
mahī dyauḥ pṛithivī 1, 22, 13. Vs. 8, 32. 13, 32. Ts. 3, 3, 10, 2. 5, 11, 3. 4, 2, 9, 3
mahī mitrasya sādhathas 4, 56, 7. Sv. 2, 948
mahīme asya vṛishanāma 9, 97, 54. Sv. 2, 456
mahī yadi dhishaṇā 3, 31, 13
mahīr asya praṇītayaḥ pūrvīr uta praṣastayaḥ | nāsya 6, 45, 3
mahīr asya praṇītayaḥ pūrvīr uta praṣastayaḥ | viṣvā vasūni 8, 12, 21
mahī vām ūtir aṣvinā 1, 117, 19
mahī sam airac 3, 55, 20
mahe cana tvām adrivaḥ 8, 1, 5. Sv. 1, 291
mahe no adya bodhayosho 5, 79, 1. Sv. 1, 421. 2, 1090

mahe no adya suvitāya 7, 75, 2
mahe yat pitra īṃ 1, 71, 5
mahe ṣulkāya varuṇasya 7, 82, 6
maho agneḥ samidhānasya 10, 36, 12. Vs. 33, 17
maho arṇaḥ sarasvatī 1, 3, 12. Vs. 20, 86. N. 11, 27
maho devān yajasi 6, 48, 4
maho druho apa viṣvāyu 6, 20, 5
maho no agne suvitasya 7, 1, 24
maho no rāya ā bhara 9, 61, 26. Sv. 2, 564
maho mahāni panayanty 3, 34, 6. Av. 20, 11, 6
maho yas patiḥ ṣavaso 10, 22, 3
maho rujāmi bandhutā 4, 4, 11. Ts. 1, 2, 14, 4
maho viṣvāñ abhi shato 8, 23, 26
mahyaṃ yajantu mama 10, 128, 4. Av. 5, 3, 4. Ts. 4, 7, 14, 2
mahyaṃ tvashṭā vajram 10, 48, 3
mahy ā te sakhyaṃ 3, 31, 14
mā kasmai dhātam 1, 120, 8
mā kasya no ararusho 7, 94, 8
mā kasya yakshaṃ 4, 3, 13
mā kasyādbhutakratu 5, 70, 4
mā kākambīram ud vṛiho 6, 48, 17
mākir enā pathā gād 8, 5, 39
mākir na enā sakhyā 10, 23, 7
mākir neṣan mākīṃ 6, 54, 7
mākudhryag indra ṣūra 10, 22, 12
mā cid anyad vi 8, 1, 1. Sv. 1, 242. 2, 710. Av. 20, 85, 1. N. 7, 2
mā chedma raṣmīñr iti 1, 109, 3. Tb. 3, 6, 9, 1
mā jasvane vṛishabha 6, 44, 11
māṃ catvāra āsavaḥ 8, 74, 14
mātalī kavyair 10, 14, 3. Av. 18, 1, 47. Ts. 2, 6, 12, 5
mātā ca yatra duhitā 3, 55, 12
mātā devānām aditer 1, 113, 19
mātā pitaram ṛita 1, 164, 8. Av. 9, 9, 8
mātā rudrāṇāṃ duhitā 8, 101, 15. Ta. 6, 12, 1
mātur didhishum 6, 55, 5. N. 3, 16
mātush pade parame 5, 43, 14
mā te amājuro yathā 8, 21, 15
mā te asyāṃ sahasāvan 7, 19, 7. Av. 20, 37, 7. Ts. 1, 6, 12, 5
mā te godatra nir arāma 8, 21, 16
mā te rādhāṅsi mā 1, 84, 20. Sv. 2, 1074. N. 14, 37
māteva yad bharase 5. 15, 4
mā te harī vṛishaṇā 3, 35, 5
mātra pūshann āghṛiṇa 7, 40, 6
mātre nu te sumite 10, 29, 6. Av. 20, 76, 6
mā tvāgnir dhvanayīd 1, 162, 15. Vs. 25, 37. Ts. 4, 6, 9, 2
mā tvā tapat priya 1, 162, 20. Vs 25, 43. Ts. 4, 6, 9, 3
mā tvā mūrā avishyavo 8, 45, 23. Sv. 2, 82. Av. 20, 22, 2
mā tvā rudra cukrudhāmā 2, 33, 4
mā tvā ṣyena ud vadhīn 2, 42, 2
mā tvā somasya galdayā 8, 1, 20. Sv. 1, 307. N. 6, 24
mādayasva sute sacā 1, 81, 8. Av. 20, 56, 5
mādayasva haribhir 1, 101, 10. N. 6, 17
mādhyaṃdinasya savanasya dhānāḥ 3, 52, 5
mādhyaṃdine savane jātavedaḥ 3, 28, 4
mā na indra parā vṛiṇag 8, 97, 7. Sv. 1, 260
mā na indra pīyatnave 8, 2, 15. Sv. 2, 1156
mā na indrābhy ādiṣaḥ 8, 92, 31. Sv. 1, 128
mā na ekasminn āgasi 8, 45, 34
mā naḥ ṣaṅso ararusho 1, 18, 3. Vs. 3, 30
mā naḥ samasya dūḍhyaḥ 8, 75, 9. Ts. 2, 6, 11, 2. N. 5, 23
mā naḥ setuḥ sished 8, 67, 8
mā naḥ somaparibādho 1, 43, 8
mā naḥ soma saṃ vīvijo 8, 79, 8. Ts. 3, 2, 5, 2
mā na stenebhyo ye 2, 23, 16
mā nas toke tanaye 1, 114, 8 Vs. 16, 16. Ts. 3, 4, 11, 2. 4, 5, 10, 3
mā nindata ya imām 4, 5, 2
mā no agne durbhṛitaye 7, 1, 22
mā no agne 'mataye 3, 16, 5
mā no agne 'va ṣrijo 1, 189, 5
mā no agne 'vīrate 7, 1, 19
mā no agne sakhyā 1, 71, 10
mā no ajñātā vṛijanā 7, 32, 27. Sv. 2, 807. Av. 20, 79, 2. Tāṇḍya 4, 7, 5. 6

mā no arātir īsata 2, 7, 2
mā no asmin mahādhane 8, 75, 12. Sv. 2, 1000. Ts. 2, 6, 11, 3
mā no gavyebhir asvyaiḥ 8, 73, 15
mā no guhyā ripa 2, 32, 2
mā no devānām viśaḥ 8, 75, 8. Ts. 2, 6, 11, 2
mā no nide ca vaktave 7, 31, 5. Av. 20, 18, 5
mā no martā abhi 1, 5, 10. Av. 20, 69, 8
ma no martāya ripave 8, 60, 8
mā no mardhīr ā bharā 4, 20, 10. Ts. 1, 7, 13, 3
mā no mahāntam uta 1, 114, 7. Vs. 16, 15. Ts. 4, 5, 10, 2
mā no mitro varuṇo aryamāyur 1, 162, 1. Vs. 25, 24. Ts. 4, 6, 8, 1. N. 9, 3
mā no mṛicā ripūṇām 8, 67, 9
mā no raksha ā veśīd 8, 60, 20
mā no raksho abhi naḍ 7, 104, 23. Av. 8, 4, 23
mā no vadhāya hatnave 1, 25, 2
mā no vadhīr indra mā 1, 104, 8
mā no vadhī rudra mā 7, 46, 4
mā no vadhair varuṇa 2, 28, 7
mā no vṛikāya vṛikye 6, 51, 6
mā no hiṅsīj janitā 10, 121, 9. Vs. 12, 102. Ts. 4, 2, 7, 1
mā no 'hir budhnyo 7, 34, 17. N. 10, 45
mā no hṛiṇītām atithir 8, 103, 12. Sv. 1, 110
mā no hetir vivasvata 8, 67, 20
mām devā dadhire havyavāham 10, 52, 4
mām dhur indram nāma 10, 49, 2
mām naraḥ svasvā 4, 42, 5
mā pāpatvāya no nare° 7, 94, 3. Sv. 2, 268
mā pṛiṇanto duritam 1, 125, 7
mā pra gāma patho 10, 57, 1. Av. 13, 1, 59
mā bhūma nishṭyā 8, 1, 13. Av. 20, 116, 1. Tāṇḍya 9, 10, 1
mā bhema mā śramishmo° 8, 4, 7. Sv. 2, 955
mā mām imam tava 5, 40, 7
māyābhir indra māyinam 1, 11, 7
māyābhir utsisṛipsata 8, 14, 14. Av. 20, 29, 4
māyā vām mitrāvaruṇā 5, 63, 4
māre asmad vi mumuco 3, 41, 8. Av. 20, 23, 8
mārjālyo mṛijyate sve 5, 1, 8
mā va eno anyakṛitam 6, 51, 7
mā vām vṛiko 1, 183, 4
mā vidan paripanthino 10, 85, 32. Av. 14, 2, 11
mā vo ghnantam 1, 41, 8
mā vo dātrān maruto 7, 56, 21
mā vo mṛigo na yavase 1, 38, 5
mā vo rasānitabhā 5, 53, 9
mā vo rishat khanitā 10, 97, 20. Vs. 12, 95. Ts. 4, 2, 6, 5
mā śūne agne ni shadāma 7, 1, 11
mā sakhyuḥ śūnam ā vide 8, 45, 36
mā sā te asmat sumatir 1, 121, 15
mā sīm avadya ā bhāg 8, 80, 8
mā sredhata somino 7, 32, 9
māham maghono varuṇa 2, 27, 17. 28, 11. 29, 7
mitram vayam havāmahe 1, 23, 4. Sv. 2, 143
mitram huve pūtadaksham 1, 2, 7. Sv. 2, 197. Vs. 33, 57
mitram kṛiṇudhvam 10, 34, 14
mitram na yam śimyā 1, 151, 1. Tb. 2, 8, 7, 6
mitram na yam sudhitam 6, 15, 2
mitraś ca tubhyam varuṇaḥ 3, 14, 4
mitraś ca no varuṇaś ca 5, 72, 3
mitras tan no varuṇo devo 7, 64, 3
mitras tan no varuṇo māmahanta 7, 52, 2
mitras tan no varuṇo rodasī 7, 40, 2
mitrasya carshaṇīdhṛito 'vo 3, 59, 6. Vs. 11, 62. Ts. 3, 4, 11, 5. 4, 1, 6, 3. Ta. 4, 3, 2
mitrā tanā na rathyā 8, 25, 2
mitrāya pañca yemire 3, 59, 8
mitrāya śiksha varuṇāya 10, 65, 5
mitrāvaruṇavantā 8, 35, 13
mitro aṅhoś cid ād uru 5, 65, 4
mitro agnir bhavati yat 3, 5, 4
mitro janān yātayati 3, 59, 1. Ts. 3, 4, 11, 5. Tb. 3, 7, 2, 3. N. 10, 22
mitro deveshv āyushu 3, 59, 9

mitro no aty aṅhatim 8, 67, 2
mimāti vahnir etaṣaḥ 9, 64, 19
mimātu dyaur aditir 5, 59, 8
mimīhi ṣlokam āsye 1, 38, 14
mimyaksha yeshu rodasī 6, 50, 5. N. 6, 6
mimyaksha yeshu sudhitā 1, 167, 3
mihaḥ pāvakāḥ 3, 31, 20
mīḷhushmatīva pṛithivī 5, 56, 3
muñcantu mā ṣapathyād 10, 97, 16. Av. 6, 96, 2. 7, 112, 2. Vs. 12, 90
muñcāmi tvā havishā jīvanāya 10, 161, 1. Av. 3, 11, 1. 20, 96, 6
munayo vātaraṣanāḥ 10, 136, 2
mumukshvo manave 1, 140, 4
mumoda garbho vṛishabhaḥ 10, 8, 2
mushāya sūryam kave 1, 175, 4
mūrā amūrā na vayam 10, 4, 4. N. 6, 8
mūrdhā divo nābhir agniḥ 1, 59, 2
mūrdhānam divo aratim 6, 7, 1. Sv. 1, 67. 2, 490. Vs. 7, 24. 33, 8. Ts. 1, 4, 13, 1
mūrdhā bhūvo bhavati 10, 88, 6. N. 7, 27
musho na ṣiṣnā vy adanti 10, 33, 3
mṛigo na bhīmaḥ kucaro 10, 180, 2. Sv. 2, 1223. Av. 7, 84, 3. Vs. 18, 71. Ts. 1, 6, 12, 4
mṛijanti tvā daṣa kshipo 9, 8, 4. Sv. 2, 531
mṛijanti tvā sam agruvo 9, 66, 9
mṛijāno vāre pāvamāno 9, 107, 22. Sv. 2, 430
mṛijyamānaḥ suhastya 9, 107, 21. Sv. 1, 517. 2, 429
mṛiḷata no maruto mā 5, 55, 9
mṛiḷā no rudrota 1, 114, 2. Ts. 4, 5, 10, 2
mṛityoḥ padam yopayanto 10, 18, 2. Av. 12, 2, 30. Ta. 6, 10, 2
medyantu te vahnayo 2, 37, 3. N. 8, 3
medhākāram vidathasya 10, 91, 8. Sv. 2, 334. Tb. 3, 11, 6, 3
mehanād vanamkaraṇāl 10, 163, 5. Av. 20, 96, 21
mainam agne vi daho 10, 16, 1. Av. 18, 2, 4. Ta. 6, 1, 4

mogham annam vindate 10, 117, 6. Tb. 2, 8, 8, 3. N. 7, 3
mo te rishan ye achoktibhir 8, 103, 13
mo shu ṇaḥ parā-parā 1, 38, 6
mo shu ṇaḥ soma mṛityave 10, 59, 4
mo shu tvā vāghataṣ canāre 7, 32, 1. Sv. 1, 284. 2, 1025
mo shu devā adaḥ svar 1, 105, 3
mo shu brahmeva 8, 92, 30. Sv. 2, 176. Av. 20, 60, 3
mo shu varuṇa mṛinmayam 7, 89, 1
mo shu vo asmad abhi tāni 1, 139, 8. Av. 20, 67, 2
mo shū ṇa indrātra pṛitsu 1, 173, 12. Vs. 3, 46
mo shū ṇo atra juhuranta 3, 55, 2
mo shv adya durhaṇāvān 8, 2, 20

ya ātmadā baladā 10, 121, 2. Av. 4, 2, 1. 13, 3, 24. Vs. 25, 13. Ts. 4, 1, 8, 4. 7, 5, 17, 1
ya ādhrāya cakamānāya 10, 117, 2
ya ānayat parāvataḥ 6, 45, 1. Sv. 1, 127
ya āpir nityo varuṇa 7, 88, 6
ya āyum kutsam 8, 53, 2
ya ārjīkeshu kṛitvasu 9, 65, 23. Sv. 2, 514
ya āste yaṣ ca carati 7, 55, 6. Av. 4, 5, 5
ya āsv atka āṣaye 8, 41, 7
ya iddha āvivāsati 6, 60, 11. Sv. 2, 500
ya indoḥ pavamānasyānu 9, 114, 1
ya indra camaseshv ā 8, 82, 7. Sv. 1, 162
ya indra yatayas tvā 8, 6, 18
ya indra ṣushmo maghavan 7, 27, 2. Tb. 2, 8, 5, 7
ya indra sasty avrato 8, 97, 3
ya indra somapātamo 8, 12, 1. Sv. 1, 394. Av. 20, 63, 7
ya indrāgnī citratamo 1, 108, 1
ya indrāgnī suteshu vām 6, 59, 4. N. 5, 22
ya indrāya vacoyujā 1, 20, 2
ya indrāya sunavat somam 4, 24, 7
ya imā viṣvā jātāny 5, 82, 9

ya imā viṣvā bhuvanāni juhvad 10, 81, 1. Vs. 17, 17. Ts. 4, 6, 2, 1
ya ime ubhe ahanī 5, 82, 8
ya ime dyāvāpṛithivī janitrī 10, 110, 9. Av. 5, 12, 9. Vs. 29, 34. Tb. 3, 6, 3, 4. N. 8, 14
ya ime rodasī ubhe aham 3, 53, 12
ya ime rodasī mahī samīcī 8, 6, 17
ya ime rodasī mahī sam mātareva 9, 18, 5
ya īṃ rājānāv ṛituthā 6, 62, 9
ya īṃ vahanta āṣubhiḥ 5, 61, 11
ya īṅkhayanti 1, 19, 7
ya īṃ cakāra na so 1, 164, 32. Av. 9, 10, 10. N. 2, 8
ya īṃ ciketa guhā 1, 67, 7
ya īṣire bhuvanasya 10, 63, 8
ya ukthā kevalā dadhe 8, 52, 3
ya ukthebhir na vindhate 8, 51, 3
ya ugra iva ṣaryahā 6, 16, 39. Sv. 2, 1057. Ts. 2, 6, 11, 4
ya ugraḥ sann aniṣhṭṛita 8, 33, 9. Sv. 2, 1048. Av. 20, 53, 3. 57, 13
ya ugrā arkam 1, 19, 4
ya ugrebhyaṣ cid ojīyāñ 9, 66, 17
ya udājan pitaro 10, 62, 2
ya udānaḍ vyayanaṃ 10, 19, 5. Av. 6, 77, 2
ya udṛici yajñe 10, 77, 7
ya udṛicīndra 1, 53, 11. Av. 20, 21, 11
ya udnaḥ phaligam 8, 32, 25
ya uṣatā manasā somam 10, 160, 3. Av. 20, 96, 3
ya u ṣriyā dameshv ā 2, 8, 3
ya usriyā apyā antar 9, 108, 6. Sv. 1, 585
ya ṛikshād aṅhaso 8, 24, 27
ya ṛijrā mahyam māmahe 8, 1, 32
ya ṛijrā vātaraṅhaso 8, 34, 17
ya ṛite cid abhiṣrishaḥ 8, 1, 12. Sv. 1, 244. Av. 14, 2, 47. Ta. 4, 20, 1. Kāty. Ṣr. 25, 5, 30. Tāṇḍya 9, 10, 1
ya ṛite cid gās 8, 2, 39
ya ṛitena sūryam ārohayan 10, 62, 3
ya ṛishvaḥ ṣrāvayatsakhā 8, 46, 12
ya ṛishvā ṛishṭividyutaḥ 5, 52, 13
ya eka ic cyāvayati 4, 17, 5
ya eka it tam u shṭuhi 6, 45, 16
ya eka id dhavyaṣ 6, 22, 1. Av. 20, 36, 1
ya eka id vidayate 1, 84, 7. Sv. 1, 389 2, 691. Av. 20, 63, 4. N. 4, 17
ya ekaṣ carshaṇīnāṃ 1, 7, 9. Av. 20, 70, 15
ya eko asti daṅsanā 8, 1, 27
ya enam ādideṣati 6, 56, 1
ya ojishṭha indra taṃ 6, 33, 1
ya ojishṭhas tam ā bhara 9, 101, 9. Sv. 2, 170
ya ohate rakshaso 5, 42, 10
yaṃ yajñaṃ nayathā 1, 41, 5
yaṃ yuvaṃ dāṣvadhvarāya 6, 68, 6
yaṃ rakshanti pracetaso 1, 41, 1. Sv. 1, 185
yaṃ vardhayantīd giraḥ 6, 44, 5
yaṃ viprā ukthavāhaso 8, 12, 13
yaṃ vai sūryaṃ svarbhānus 5, 40, 9
yaṃ sīm akṛiṇvan tamase 4, 13, 3
yaṃ sīm anu pravateva 4, 38, 3
yaṃ suparṇaḥ parāvataḥ 10, 144, 4
yaṃ somam indra pṛithivī° 3, 46, 5
yaṃ smā pṛichanti kuha 2, 12, 5. Av. 20, 34, 5
yaḥ kakubho nidhārayaḥ 8, 41, 4
yaḥ kukshiḥ soma° 1, 8, 7. Av. 20, 71, 3
yaḥ kṛintad id vi yonyaṃ 8, 45, 30
yaḥ pañca carshaṇīr abhi 7, 15, 2
yaḥ parasyāḥ parāvatas 10, 187, 2. Av. 6, 34, 3. N. 5, 5
yaḥ pāvamānīr adhyety 9, 67, 31. Sv. 2, 648
yaḥ pushpiṇīṣ ca 2, 13, 7
yaḥ pūrvyāya vedhase 1, 156, 2. Tb. 2, 4, 3, 9
yaḥ pṛithivīṃ vyathamānām 2, 12, 2. Av. 20, 34, 2
yaḥ paurusheyeṇa kravishā 10, 87, 16. Av. 8, 3, 15
yaḥ prāṇato nimishato 10, 121, 3. Av. 4, 2, 2. Vs. 23, 3. 25, 11. Ts 4, 1, 8, 4. 7, 5, 16, 1
yaḥ ṣakro mṛiksho 8, 66, 3
yaḥ ṣagmas tuviṣagma 6, 44, 2
yaḥ ṣambaram parvateshu 2, 12, 11. Av. 20, 34, 11
yaḥ ṣaṣvato mahy eno 2, 12, 10. Av. 20, 34, 10

yaḥ ṣukra iva sūryo 1, 43, 5
yaḥ ṣūrebhir havyo 1, 101, 6
yaḥ ṣvetāñ adhinirṇijas 8, 41, 10
yaḥ saṃsthe cic chatakratur 8, 32, 11
yaḥ satrāhā vicarshaṇir 6, 46, 3. Sv. 1, 286
yaḥ saptaraṣmir vṛishabhas 2, 12. 12. Av. 20, 34, 13
yaḥ samidhā ya āhutī 8. 19, 5
yaḥ sunītho dadāṣushe 2, 8, 2
yaḥ sunvate pacate 2, 12, 15. Av. 20, 34, 18
yaḥ sunvantam avati 2, 12, 14. Av. 20, 34, 15
yaḥ sushavyaḥ sudakshiṇa 8, 33, 5
yaḥ sribindam 8, 32, 2
yaḥ somaḥ kalaṣeshv āñ 9, 12, 5. Sv. 2, 550
yaḥ soma sakhye tava 1, 91, 14
yaḥ snīhitīshu 1, 74, 2. Sv. 2, 730
yaḥ smārundhāno 4, 38, 4
yaṃ kumāra navaṃ ratham 10, 135, 3
yaṃ kumāra prāvartayo 10, 135, 4
yaṃ krandasī avasā 10, 121, 6. Av. 4, 2, 3. Vs. 32, 7. Ts. 4, 1, 8, 5
yaṃ krandasī saṃyatī 2, 12, 8. Av. 20, 34, 8
yac ca goshu dushvapṇyaṃ 8, 47, 14
yac citram apna ushaso 1, 113, 20
yac cid dhi te api vyathir 8, 45, 19
yac cid dhi te gaṇā ime 5, 79, 5
yac cid dhi te purushatrā 4, 12, 4. Ts. 4, 7, 15, 6
yac cid dhi te viṣo 1, 25, 1. Ts. 3, 4, 11, 4
yac cid dhi tvaṃ gṛihe-gṛiha 1, 28, 5. N. 9, 21
yac cid dhi tvā janā ime 8, 1, 3. Av. 20, 85, 3
yac cid dhi vām pura ṛishayo 8, 8, 6
yac cid dhi ṣaṣvatā tanā 1, 26, 6. Sv. 2, 968
yac cid dhi ṣaṣvatām asīndra 4, 32, 13. 8, 65, 7
yac cid dhi satya 1, 29, 1. Av. 20, 74, 1
yac chakrāsi parāvati yad arvāvati vṛitrahan | atas tvā 8, 97, 4. Sv. 1, 264
yac chakrāsi parāvati yad arvāvati vṛitrahan | yad vā 8, 13, 15
yac chalmalau bhavati 7, 50, 3
yac chuṣrūyā imaṃ havaṃ 8, 45, 18
yajadhvainam priyamedhā 8, 2, 37
yajante asya sakhyaṃ 7, 36, 5
yajamānāya sunvata āgne 5, 26, 5
yajasva vīra pra vihi 2, 26, 2
yajasva hotar ishito 6, 11, 1
yajā no mitrāvaruṇā 1, 75, 5. Sv. 2, 887. Vs. 33, 3. Tb. 2, 7, 12, 1
yajāma in namasā vṛiddham 3, 32, 7
yajāmaha indraṃ vajra° 10, 23, 1. Sv. 1, 334
yajāmahe vām mahaḥ 1, 153, 1
yajishṭhaṃ tvā yajamānā 1, 127, 2. Sv. 2, 1164
yajishṭhaṃ tvā vavṛimahe 8, 19, 3. Sv. 1, 112. 2, 763
yaj jātavedo bhuvanasya 10, 88, 5
yaj jāyathā apūrvya 8, 89, 5. Sv. 2, 779
yaj jāyathās tad ahar 3, 48, 2
yajña indram avardhayad 8, 14, 5. Sv. 1, 121. 2, 989. Av. 20, 27, 5
yajñaṃ ca nas tanvaṃ ca 10, 157, 2. Sv. 2, 461. Av. 20, 63, 1. 124, 4
yajñam pṛichāmy 1, 105, 4
yajñasya ketuḥ pavate 9, 86, 7
yajñasya ketum prathamam purohitaṃ havishmanta 10, 122, 4
yajñasya ketum prathamam purohitam agniṃ 5, 11, 2. Sv. 2, 259. Ts. 4, 4, 4, 3
yajñasya vo rathyaṃ 10, 92, 1
yajñasya hi stha ṛitvijā 8, 38, 1 Sv. 2, 423
yajñānāṃ rathye vayaṃ 8, 44, 27
yajñā-yajñā vaḥ samanā 1, 168, 1
yajñā-yajñā vo agnaye 6, 48, 1. Sv. 1, 35 2, 53. Vs. 27, 42
yajñāsāhaṃ duva ishe 10, 20, 7
yajñe divo nṛishadane 7, 97, 1
yajñena gātum apturo 2, 21, 5
yajñena yajñam ayajanta 1, 164, 50. 10, 90, 16. Av. 7, 5, 1. Vs. 31, 16. Ts. 3, 5, 11, 5. Ta. 3, 2, 7. Ṣ. P. 10, 2, 2, 2

yajñena vardhata jātavedasam 2, 2, 1
yajñena vācaḥ padavīyam 10, 71, 3
yajñendram avasā cakre 3, 32, 13
yajñebhir adbhutakratum 8, 23, 8
yajñebhir yajñavāhasam 8, 12, 20
yajñe-yajñe sa martyo 10, 93, 2
yajñaiḥ sammiṣlāḥ 2, 36, 2. Av. 20, 67, 4
yajñair atharvā 1, 83, 5. Av. 20, 25, 5
yajñair ishūḥ 10, 87, 4. Av. 8, 3, 6
yajñair vā yajñavāhaso 1, 86, 2. Ts. 4, 2, 11, 2
yajño devānām praty eti 1, 107, 1. Vs. 8, 4. 33, 68. Ts. 1, 4, 22, 1. 2, 1, 11, 4
yajño hi ta indra vardhano 3, 32, 12
yajño hi shmendram 1, 173, 11
yajño hīḷo vo antara 8, 18, 19
yam janāso havishmanto 8, 74, 2. Sv. 2, 915
yata indra bhayāmahe 8, 61, 13. Sv. 1, 274. 2, 671. Av. 19, 15, 1. Tb. 3, 7, 11, 4. Ta. 10, 1, 1. Tāṇḍya 15, 4, 3
yatā sujūrṇī rātinī 4, 6, 3
yat kiṃ cedaṃ varuṇa 7, 89, 5. Av. 6, 51, 3. Ts. 3, 4, 11, 6
yat tudat sūra 8, 1, 11
yat tṛitīyaṃ savanaṃ 4, 35, 9
yat te apo yad oshadhīr 10, 58, 7
yat te kṛishṇaḥ ṣakuna 10, 16, 6. Av. 18, 3, 55. Ta. 6, 4, 2
yat te gātrād agninā 1, 162, 11. Vs. 25, 34. Ts. 4, 6, 8, 4
yat te catasraḥ pradiṣo 10, 58, 4
yat te ditsu prarādhyam 5, 39, 3. Sv. 2, 524
yat te divaṃ yat 10, 58, 2
yat te parāḥ parāvato 10, 58, 11
yat te parvatān bṛihato 10, 58, 9
yat te pavitram arcivad 9, 67, 24
yat te pavitram arcishy 9, 67, 23. Vs. 19, 41. Tb. 1, 4, 8, 2
yat te bhūtaṃ ca 10, 58, 12
yat te bhūmiṃ caturbhṛishṭim 10, 58, 3
yat te manur yad anīkaṃ 10, 69, 3
yat te marīcīḥ pravato 10, 58, 6
yat te yamaṃ vaivasvatam 10, 58, 1
yat te rājañ chṛitaṃ 9, 114, 4
yat te viṣvam idaṃ jagan 10, 58, 10
yat te samudram arṇavam 10, 58, 5
yat te sāde 1, 162, 17. Vs. 25, 40. Ts. 4, 6, 9, 2
yat te sūryaṃ yad ushasam 10, 58, 8
yat te soma gavāṣiro 1, 187, 9
yat tvā turīyam 1, 15, 10
yat tvā devā prapibanti 10, 85, 5. Av. 14, 1, 4. N. 11, 5
yat tvā pṛichād ījānaḥ 8, 24, 30
yat tvā yāmi daddhi tan 10, 47, 8
yat tvā sūrya svarbhānus 5, 40, 5
yat tvā hotāram anajan 3, 19, 5
yat tveshayāmā nadayanta 1, 166, 5
yat parjanya kanikradat 5, 83, 9
yat pākatrā manasā 10, 2, 5. Tb. 3, 7, 11, 5
yat pāñcajanyayā viṣendre 8, 63, 7. N. 3, 8
yat purushaṃ vy adadhuḥ 10, 90, 11. Av. 19, 6, 5. Vs. 31, 10. Ta. 3, 12, 5
yat purusheṇa havisha 10, 90, 6. Av. 19, 6, 10. Vs. 31, 14. Ta. 3, 12, 3
yat pūrvyam maruto yac ca 5, 55, 8
yat prāyāsishṭa pṛishatībhir 5, 58, 6
yatra kāmā nikāmāṣ ca 9, 113, 10
yatra kva ca te mano 6, 16, 17. Sv. 2, 56
yatra grāvā pṛithubudhna 1, 28, 1
yatra jyotir ajasraṃ 9, 113, 7
yatra devāñ ṛighāyato 4, 30, 5
yatra dvāv iva jaghanā 1, 28, 2
yatra nāry apacyavam 1, 28, 3
yatra bāṇāḥ sampatanti 6, 75, 17. Sv. 2, 1216. Vs. 17, 48. Ts. 4, 6, 4, 4
yatra brahmā pavamāna 9, 113, 6
yatra manthāṃ 1, 28, 4
yatra rājā vaivasvato 9, 113, 8
yatra vahnir abhihito 5, 50, 4
yatra vettha vanaspate 5, 5, 10. Tb. 3, 7, 2, 5
yatra ṣūrāsas tanvo 6, 46, 12

yatrā cakrur amṛitā 7, 63, 5. N. 6, 7
yatrānandāś ca 9, 113, 11
yatrā naraḥ samayante 7, 83, 2
yatrānukāmaṃ caraṇaṃ 9, 113, 9
yatrā vadete avaraḥ 10, 88, 17. N. 7, 30
yatrā samudra skabhito 10, 149, 2
yatrā suparṇā amṛitasya 1, 164, 21. Av. 9, 9, 22. N. 3, 12
yatredānīm paśyasi 10, 87, 6. Av. 8, 3, 5
yatrota bādhitebhyaś 4, 30, 4
yatrota martyāya kam 4, 30, 6
yatraushadhīḥ samagmata 10, 97, 6. Vs. 12, 80. Ts. 4, 2, 6, 2
yat saṃvatsam ṛibhavo 4, 33, 4
yat sānoḥ sānum 1, 10, 2. Sv. 2, 695
yat sindhau yad asiknyāṃ 8, 20, 25
yat soma ā sute nara 7, 94, 10
yat soma citram ukthyaṃ 9, 19, 1. Sv. 2, 349
yat somam indra vishṇavi 8, 12, 16. Sv. 1, 384. Av. 20, 111, 1
yat somo vājam arshati 9, 56, 2
yat stho dīrghaprasadmani 8, 10, 1
yathā kaṇve maghavan trasadasyavi 8, 49, 10
yathā kaṇve maghavan medhe 8, 50, 10
yathā kalāṃ yathā 8, 47, 17. Av. 6, 46, 3. 19, 57, 1
yathā gauro apā kṛitaṃ 8, 4, 3. Sv. 1, 252. 2, 1071. N. 3, 20
yathā cit kaṇvam āvatam 8, 5, 25
yathā cit vṛiddham atasam 8, 60, 7
yathā cin manyase hṛidā 5, 56, 2
yathā devā asureshu 10, 151, 3. Tb. 2, 8, 8, 7
yathā no aditiḥ karat 1, 43, 2. Ts. 3, 4, 11, 2
yathā no mitro aryamā 8, 31, 13
yathā no mitro varuṇo 1, 43, 3
yathāpavathā manave 9, 96, 12
yathā pūrvebhyaḥ śatasā 9, 82, 5
yathā pūrvebhyo jaritṛibhya 1, 175, 6. 176, 6
yathābhavad anudeyī 10, 135, 6
yathā manau vivasvati 8, 52, 1
yathā manau sāṃvaraṇau 8, 51, 1
yathāyajo hotram agne 3, 17, 2
yathā yugaṃ varatrayā 10, 60, 8
yathā rudrasya sūnavo 8, 20, 17
yathā vaḥ svāhāgnaye 7, 3, 7
yathā varo sushāmṇe 8, 24, 28
yathā vasanti devās 8, 28, 4
yathā vātaḥ pushkariṇīṃ 5, 78, 7. Ṣ. P. 14, 9, 4, 22
yathā vāto yathā vanaṃ 5, 78, 8. Vs. 8, 28. N. 3, 15
yathā vām atrir aśvinā 8, 42, 5
yathā vidvāñ araṃ 2, 5, 8
yatha viprasya manusho 1, 76, 5
yathā ha tyad vasavo 4, 12, 6. 10, 126, 8. Ts. 4, 7, 15, 7
yathāhāny anupūrvam 10, 18, 5. Av. 12, 2, 25. Ta. 6, 10, 1
yathā hotar manusho devatātā 6, 4, 1. Ts. 4, 3, 13, 2
yatheyam pṛithivī mahī 10, 60, 9
yathota kṛitvye dhane 8, 5, 26
yad akrandaḥ 1, 163, 1. Vs. 29, 12. Ts. 4, 2, 8, 1. 6, 7, 1
yad agna eshā samitir 10, 11, 8. Av. 18, 1, 26
yad agne adya mithunā 10, 87, 13. Av. 8, 3, 12
yad agne kāni kāni cid 8, 102, 20. Av. 19, 64, 3. Vs. 11, 73. Ts. 4, 1, 10, 1
yad agne martyas tvaṃ 8, 19, 25
yad agne syām ahaṃ tvaṃ 8, 44, 23
yad aṅga tavishīyavo 8, 7, 2
yad aṅga tavishīyasa 8, 6, 26
yad aṅga tvā bharatāḥ 3, 33, 11
yad aṅga dāśushe 1, 1, 6
yad acaras tanvā vāvṛidhāno 10, 54, 2. Ṣ. P. 11, 1, 6, 10
yad ajñāteshu vṛijaneshv 10, 27, 4
yad atty upajihvikā 8, 102, 21. Vs. 11, 74. Ts. 4, 1, 10, 1. N. 3, 20
yad ado divo arṇava 8, 26, 17
yad ado pito ajagan 1, 187, 7
yad ado vāta te gṛihe 10, 186, 3. Sv. 2, 1192. Tb. 2, 4, 1, 8. Ta. 2, 42, 2
yad adbhiḥ parishicyase 9, 65, 6. Sv. 2, 135

yad adya kac ca vṛitrahann 8, 93, 4. Sv. 1, 126. Av, 20, 112, 1. Vs. 33, 35
yad adya karhi karhi cic 8, 73, 5
yad adya tvā purushṭuta 6, 56, 4
yad adya tvā prayati 3, 29, 16. Av. 7, 97, 1. Vs. 8, 20. Ts. 1, 4, 44, 2
yad adya bhāgaṃ vibhajāsi 1, 123, 3
yad adya vāṃ nāsatyokthair 8, 9, 9. Av. 20, 140, 4
yad adya sūra udite 'nāgā 7, 66, 4. Sv. 2, 701. Vs. 33, 20
yad adya sūra udite yan 8, 27, 21
yad adya sūrya udyati 8, 27, 19
yad adya sūrya bravo 7, 60, 1
yad adya sthaḥ parāvati 5, 73, 1
yad adyāṣvināv apāg 8, 10, 5
yad adyāṣvināv ahaṃ 8, 9, 13. Av. 20, 141, 3
yad adhrigāvo adhrigu 8, 22, 11
yad antarā parāvatam 3, 40, 9. Av. 20, 6, 9
yad antarikshe patathaḥ 8, 10, 6
yad antarikshe yad divi 8, 9, 2. Av. 20, 139, 2
yad anti yac ca dūrake 9, 67, 21
yad anyāsu vṛishabho 3, 55, 17
yad apām oshadhīnām 1, 187, 8
yad apsu yad vanaspatau 8, 9, 5. Av. 20, 139, 5
yad abravam prathamaṃ 1, 108, 6
yad ayātaṃ ṣubhas patī 10, 85, 15. Av. 14, 1, 15
yad ayātaṃ divodāsāya 1, 116, 18
yad ayukthā arushā 1, 94, 10
yad arjuna sārameya 7, 55, 2
yad aṣvasya kravisho 1, 162, 9. Vs. 25, 32. Ts. 4, 6, 8, 3
yad aṣvān dhūrshu 5, 55, 6
yad aṣvāya vāsa 1, 162, 16. Vs. 25, 39. Ts. 4, 6, 9, 2
yad aṣvinā pṛichamānāv 10, 85, 14. Av. 14, 1, 14
yad asya dhāmani priye 8, 12, 32
yad asya manyur adhvanīd 8, 6, 13
yad ājiṃ yāty ājikṛid 8, 45, 7
yadā te mārutīr viṣas 8, 12, 29
yadā te vishṇur ojasā 8, 12, 27
yadā te haryatā harī 8, 12, 28
yad ādīdhye 10, 34, 5. N. 12, 7
yad āpītāso aṅṣavo 8, 9, 19. Av. 20, 142, 4
yadāram akrann ṛibhavaḥ 4, 33, 2
yadā vajraṃ hiraṇyam id 10, 23, 3. Av. 20, 73, 4
yadā valasya pīyato 10, 68, 6. Av. 20, 16, 6
yadā vājam asanad 10, 67, 10. Av. 20, 91, 10
yad āvir yad apīcyaṃ 8, 47, 13
yadā vīrasya revato 7, 42, 4
yadā vṛitraṃ nadīvṛitaṃ 8, 12, 26
yad āṣasā niḥṣasā 10, 164, 3. Av. 6, 45, 2. Tb. 3, 7, 12, 4
yadā samaryaṃ vy aced 4, 24, 8
yad āsu marto amṛitāsu 10, 95, 9
yadā suryam amuṃ divi 8, 12, 30
yadi kshitāyur yadi vā 10, 161, 2. Av. 3, 11, 2. 20, 96, 7
yad indra citra mehanāsti 5, 39, 1. Sv. 1, 345. 2, 522. Tāṇḍya 14, 6, 4. N. 4, 4
yad indra te catasro 5, 35, 2
yad indra divi pārye 6, 40, 5
yad indra nāhushīshv āñ 6, 46, 7. Sv. 1, 262
yad indra pūrvo aparāya 7, 20, 7
yad indra pṛitanājye 8, 12, 25
yad indra prāg apāg udañ nyag vā hūyase nṛibhiḥ | ā yāhi 8, 65, 1
yad indra prāg apāg udañ nyag vā hūyase nṛibhiḥ | simā 8, 4, 1. Sv. 1, 279. 2, 581. Av. 20, 120, 1
yad indra brahmaṇas pate 10, 164, 4. Av. 6, 45, 3
yad indra manmaṣas tvā 8, 15, 12
yad indra yāvatas tvam 7, 32, 18. Sv. 1, 310. 2, 1146. Av. 20, 82, 1
yad indra rādho asti te 8, 54, 5
yad indra sarge arvataṣ 6, 46, 13
yad indrāgnī avamasyām 1, 108, 9
yad indrāgnī uditā suryasya 1, 108, 12
yad indrāgnī janā ime 8, 40, 7
yad indrāgnī divi shṭho 1, 108, 11
yad indrāgnī paramasyām 1, 108, 10. N. 12, 31

yad indrāgnī madathaḥ sve 1, 108, 7
yad indrāgnī yadushu 1, 108, 8
yad indrāhaṃ yathā tvam 8, 14, 1. Sv. 1, 122. 2, 1184 Av. 20, 27, 1
yad indrāhan prathamajām 1, 32, 4. Tb. 2, 5, 4, 3
yad indreṇa sarathaṃ yātho 8, 9, 12. Av. 20, 141, 2
yad indro anayad rito 6, 57, 4. Sv. 1, 148
yad in nv indra pṛithivī 1, 52, 11
yadi pravṛiddha satpate 8, 12, 8
yad imā vājayann aham 10, 97, 11. Vs. 12, 85. Ts. 4, 2, 6, 2. N. 3, 15
yadi me rāraṇaḥ suta 8, 32, 6
yadi me sakhyam āvara 8, 13, 21
yadi vāham anṛitadeva 7, 104, 14. Av. 8, 4, 14
yadi stutasya maruto 7, 56, 15
yadi stomam mama ṣravad 8, 1, 15
yad īṃ sutāsa indavo 'bhi 8, 50, 3
yad īṃ somā babhrudhūtā 5, 30, 11
yadī ghṛitebhir āhuto 8, 19, 23
yad īṃ gaṇasya rasanām 5, 1, 3. Sv. 2, 1098
yadīd ahaṃ yudhaye 10, 27, 2
yadī manthanti bāhubhir 3, 29, 6
yadī mātur upa svasā 2, 5, 6
yad īm indra ṣravāyyam 5, 38, 2
yad īm ṛitasya payasā 1, 79, 3
yad īm enāṅ uṣato 7, 103, 3
yad īṣīyāmṛitānām 10, 33, 8
yadī sutebhir indubhiḥ 6, 42, 3. Sv. 2, 792
yad uttame maruto 5, 60, 6. Tb. 2, 7, 12, 4
yad udañco vṛishākape 10, 86, 22. Av. 20, 126, 22. N. 13, 3
yad udīrata ājayo 1, 81, 3. Sv. 1, 414. 2, 354. Av. 20, 56, 3
yad udvato nivato yāsi 10, 142, 4
yad ulūko vadati 10, 165, 4
yad usha auchaḥ 10, 55, 4
yad usho yāsi bhānunā 8, 9, 18. Av. 20, 142, 3
yad ūvadhyam udarasyā° 1, 162, 10. Vs. 25, 33. Ts. 4, 6, 8, 4
yaded enam adadhur yajñiyāso 10, 88, 11. N. 7, 29
yad emi prasphurann iva 7, 89, 2
yad eshām anyo anyasya 7, 103, 5
yad eshām pṛishatī rathe 8, 7, 28. Av. 13, 1, 21
yad gāyatre adhi gāyatram 1, 164, 23. Av. 9, 10, 1
yad gopāvad aditiḥ 7, 60, 8
yad dadhishe pradivi cārv 7, 98, 2. Av. 20, 87, 2
yad dadhishe manasyasi 8, 45, 31
yad devā adaḥ salile 10, 72, 6
yad devāḥ ṣarma ṣaraṇaṃ 8, 47, 10
yad devānām mitramahaḥ 1, 44, 12
yad devāpiḥ ṣaṃtanave 10, 98, 7. N. 2, 12
yad devā yatayo yathā 10, 72, 7
yad dyāva indra te ṣataṃ 8, 70, 5. Sv. 1, 278. 2, 212. Av. 20, 81, 1. 92, 20. Ts. 2, 4, 14, 3. Ta. 1, 7, 5. N. 13, 1
yad dha tyad vām puru° 1, 151, 2
yad dha tyan mitrāvaruṇāv 1, 139, 2
yad dha nūnaṃ yad vā 8, 49, 7
yad dha nūnam parāvati 8, 50, 7
yad dha prācīr ajagantoro 10, 155, 4. Av. 20, 137, 1
yad dha yānti marutaḥ 1, 37, 13
yad dhavishyam ṛituṣo 1, 162, 4. Vs. 25, 27. Ts. 4, 6, 8, 2
yad dha syā ta indra 1, 178, 1
yad baṅhishṭhaṃ nātividhe 5, 62, 9. Tb. 2, 8, 6, 7
yad yuñjate maruto rukma° 2, 34, 8
yad yuñjāthe vṛishaṇam 1, 157, 2. Sv. 2, 1109
yad yūyam pṛiṣnimātaro 1, 38, 4
yad yodhayā mahato 7, 98, 4. Av. 20, 87, 4
yad rodasī pradivo asti 6, 62, 8
yad vaḥ ṣrāntāya sunvate 8, 67, 6
yad vā u viṣpatiḥ ṣitaḥ 8, 23, 13. Sv. 1, 114
yad vāg vadanty avicetanāni 8, 100, 10. Tb. 2, 4, 6, 11. N. 11, 28
yad vāṃ kakshīvāṅ uta 8, 9, 10. Av. 20, 140, 5

yad vājino dāma 1, 162, 8. Vs. 25, 31. Ts. 4, 6, 8, 3
yad vātajūto vanā 1, 65, 8
yad vā trikshau 6, 46, 8
yad vā divi pārye sushvim 6, 23, 2
yad vā pravṛiddha satpate 8, 93, 5. Av. 20, 112, 2
yad vā prasravaṇe divo 8, 65, 2
yad vābhipitve asurā 8, 27, 20
yad vā marutvaḥ parame 1, 101, 8
yad vā yajñam manave 8, 10, 2
yad vā rume ruṣame 8, 4, 2. Sv. 2, 582. Av. 20, 120, 2
yad vāvantha purushṭuta 8, 66, 5
yad vāvāna purutamam 10, 74, 6
yad vā ṣakra parāvati 8, 12, 17. Av. 20, 111, 2
yad vāsi rocane divaḥ 8, 97, 5
yad vāsi sunvato vṛidho 8, 12, 18. Av. 20, 111, 3
yad vāhishṭhaṃ tad 5, 25, 7. Sv. 1, 86. Vs. 26, 12. Ts. 1, 1, 14, 4
yad vijāman parushi 7, 50, 2
yad virūpācaram 10, 95, 16. Ṣ. P. 11, 5, 1, 10
yad vīḷāv indra yat sthire 8, 45, 41. Sv. 1, 207. 2, 422. Av. 20, 43, 2
yad vṛitraṃ tava cā° 1, 80, 13
yad vo devāṣ cakṛima jihvayā 10, 37, 12
yad vo vayam praminūma 10, 2, 4. Av. 19, 59, 2. Ts. 1, 1, 14, 4
yaṃ te ṣyenaḥ padābharat 8, 82, 9
yaṃ te ṣyenaṣ cārum 10, 144, 5
yaṃ trāyadhva idam-idaṃ 7, 59, 1
yaṃ tvaṃ ratham indra 1, 129, 1
yaṃ tvaṃ vipra medhasātāv 8, 71, 5
yaṃ tvam agne samadahas 10, 16, 13. Av. 18, 3, 6. Ta. 6, 4, 1
yaṃ tvā gopavano girā 8, 74, 11. Sv. 1, 29
yaṃ tvā janāsa indhate 8, 43, 27
yaṃ tvā janāsa īḷate 8, 74, 12
yaṃ tvā janāso abhi saṃcaranti 10, 4, 2. N. 5, 1
yaṃ tvā devā dadhire havyavāham 10, 46, 10
yaṃ tvā devāpiḥ ṣuṣucāno 10, 98, 8
yaṃ tvā devāso manave 1, 36, 10
yaṃ tvā dyāvāpṛithivī yaṃ 10, 2, 7
yaṃ tvā pūrvam īḷito 10, 69, 4. N. 6, 17
yaṃ tvā vājinn aghnyā 9, 80, 2
yaṃ devāsas trir ahann 3, 4, 2
yaṃ devāso 'janayantāgniṃ 10, 88, 9
yaṃ devāso 'vatha vājasātau yaṃ ṣūrasātā 10, 63, 14
yaṃ devāso 'vatha vājasātau yaṃ trāyadhve 10, 35, 14
yan na indro jujushe 4, 22, 1
yan nāsatyā parāke arvāke 8, 9, 15. Av. 20, 141, 5
yan nāsatyā parāvati yad vā stho adhi turvaṣe 1, 47, 7
yan nāsatyā parāvati yad vā stho adhy ambare 8, 8, 14
yan nāsatyā bhuraṇyatho 8, 9, 6. Av. 20, 140, 1
yan niyānaṃ nyayanaṃ 10, 19, 4
yan nirṇijā rekṇasā 1, 162, 2. Vs. 25, 25. Ts. 4, 6, 8, 1
yan nīkshaṇam 1, 162, 13. Vs. 25, 36. Ts. 4, 6, 9, 1
yaṃ nu nakiḥ pṛitanāsu 3, 49, 2. N. 5, 9
yan nūnaṃ dhībhir aṣvinā 8, 9, 21. Av. 20, 142, 6
yan nunam aṣyāṃ gatim 5, 64, 3
yan manyase vareṇyam 5, 39, 2. Sv. 2, 523. N. 4, 18
yan marutaḥ sabharasaḥ 5, 54, 10
yam agnim medhyātithiḥ 1, 36, 11
yam agne pṛitsu martyam 1, 27, 7. Sv. 2, 765. Vs. 6, 29. Ts. 1, 3, 13, 2
yam agne manyase rayiṃ 10, 21, 4
yam agne vājasātama 5, 20, 1. Vs. 19, 64
yam atyam iva vājinam 9, 6, 5
yam aṣvinā dadathuḥ 1, 116, 6
yam aṣvī nityam 7, 1, 12
yamasya mā yamyaṃ 10, 10, 7. Av. 18, 1, 8
yamā cid atra 3, 39, 3
yamād ahaṃ vaivasvatāt 10, 60, 10
yam ādityāso adruhaḥ 8, 19, 34
yam āpo adrayo vanā 6, 48, 5
yamāya ghṛitavad dhavir 10, 14, 14. Av. 18, 2, 3. Ta. 6, 5, 1

yamāya madhumattamaṃ 10, 14, 15. Av. 18, 2, 2. Ta. 6, 5, 1
yamāya somaṃ sunuta 10, 14, 13. Av. 18, 2, 1. Ta. 6, 5, 1
yam āsā kṛipanīḷam 10, 20, 3
yam indra dadhishe tvam 8, 97, 2. Av. 20, 55, 3
yam imaṃ tvaṃ vṛishākapim 10, 86, 4. Av. 20, 126, 4
yam ī garbham ṛitāvṛidho 9, 102, 6
yam īṃ dvā savayasā 1, 144, 4
yam u pūrvam ahuve 2, 37, 2. Av. 20, 67, 7
yam ṛitvijo bahudhā 8, 58, 1
yame iva yatamāne 10, 13, 2. Av. 18, 3, 38. Ta. 6, 5, 1
yamena dattaṃ trita 1, 163, 2. Vs. 29, 13. Ts. 4, 6, 7, 1. N. 4, 13
yam erire bhṛigavo 1, 143, 4. N. 4, 23
yam aichāma manasā so 10, 53, 1
yamo no gātum prathamo 10, 14, 2. Av. 18, 1, 50
yamo ha jāto 1, 66, 8. N. 10, 21
yam bāhuteva piprati 1, 41, 2
yam martyaḥ puruspṛihaṃ 5, 7, 6
yam me dur indro 8, 3, 21. N. 5, 15
yayā gā ākarāmahe 10, 156, 2. Sv. 2, 878
yayā radhram pārayathāty 2, 34, 15
yayor adhi pra yajñā 8, 10, 4
yavaṃ-yavaṃ no andhasā 9, 55, 1. Sv. 2, 325
yavaṃ vṛikeṇāṣvinā 1, 117, 21. N. 6, 26
yaṣ ciketa sa sukratur 5, 65, 1
yaṣ cid āpo mahinā 10, 121, 8. Vs. 27, 26. 32, 7. Ts. 4, 1, 8, 6
yaṣ cid dhi ta itthā bhagaḥ 1, 24, 4
yaṣ cid dhi tvā bahubhya 1, 84, 9. Sv. 2, 692. Av. 20, 63, 6
yas ta idhmaṃ jabharat 4, 2, 6. Ta. 6, 2, 1
yas ta indra priyo jano 7, 20, 8
yas ta indra mahīr apa 8, 6, 16
yas ta ūru 10, 162, 4. Av. 20, 96, 14
yas tastambha sahasā 4, 50, 1. Av. 20, 88, 1
yas tā cakāra sa kuha 6, 21, 4
yas tigmaṣṛiṅgo vṛishabho 7, 19, 1. Av. 20, 37, 1
yas tityāja sacividaṃ 10, 71, 6. Ait. ā. 3, 10. Ta. 1, 3, 1. 2, 15, 1
yas tubhyaṃ dāṣād 1, 68, 6
yas tubhyam agne amṛitāya dāṣad 4, 2, 9
yas tubhyam agne amṛitāya martyaḥ 10, 91, 11
yas te agne namasā yajñam 5, 12, 6
yas te agne sumatim marto 10, 11, 7. Av. 18, 1, 24
yas te adya kṛiṇavad 10, 45, 9. Vs. 12, 26. Ts. 4, 2, 2, 3
yas te anu svadhām asat 3, 51, 11. Sv. 2, 88
yas te garbham amīvā 10, 162, 2. Av. 20, 96, 12. N. 6, 12
yas te citraṣravastamo 8, 92, 17
yas te drapsa skandati 10, 17, 12. Vs. 7, 26. Ts. 3, 1, 10, 1
yas te drapsa skanno 10, 17, 13
yas te nūnaṃ ṣatakratav 8, 92, 16. Sv. 1, 116
yas te bharād anniyate 4, 2, 7
yas te madaḥ pṛitanāshāḷ 6, 19, 7
yas te mado yujyaṣ cārur 7, 22, 2. Sv. 2, 278. Av. 20, 117, 2
yas te mado vareṇyas tenā 9, 61, 19. Sv. 1, 470. 2, 165
yas te mado vareṇyo ya 8, 46, 8
yas te manyo 'vidhad 10, 83, 1. Av. 4, 32, 1
yas te yajñena samidhā 6, 5, 5
yas te ratho manasā 10, 112, 2
yas te revāñ adāṣuriḥ 8, 45, 15
yas te ṣṛiṅgavṛisho napāt 8, 17, 13. Sv. 2, 77. Av. 20, 5, 6. Tb. 2, 4, 5, 1
yas te sādhishṭho 'vasa indra 5, 35, 1
yas te sādhishṭho 'vase te 8, 53, 7
yas te sūno sahaso gīrbhir 6, 13, 4
yas te stanaḥ ṣaṣayo 1, 164, 49. Av. 7, 10, 1. Vs. 38, 5. Ta. 4, 8, 2. Ṣ. P. 14, 9, 4, 28
yas te hanti patayantaṃ 10, 162, 3. Av. 20, 96, 13

yas tvad dhotā purvo 3, 17, 5. N. 5, 3
yas tvā devi sarasvaty 6, 61, 5
yas tva doshā ya ushasi 4, 2, 8
yas tvā bhrātā patir 10, 162, 5. Av. 20, 96, 15
yas tvām agna inadhate 4, 12, 1
yas tvām agne havishpatir 1, 12, 8. Sv. 2, 195
yas tvā svapnena 10, 162, 6. Av. 20, 96, 16
yas tvā svaṣvaḥ 4, 4, 10. Ts. 1, 2, 14, 4
yas tvā hṛidā kīriṇā 5, 4, 10. Ts. 1, 4, 46, 1
yas patir vāryāṇām asi 10, 24, 3
yasmā anye daṣa prati 8, 3, 23
yasmā arāsata kshayaṃ 8, 47, 4
yasmā arkaṃ saptaṣīrshāṇam 8, 51, 4
yasmā ūmāso amṛitā 1, 166, 3
yasmād indrād bṛihataḥ 2, 16, 2
yasmād ṛite na sidhyati 1, 18, 7
yasmād rejanta kṛishṭayaṣ 8, 103, 3. Sv. 2, 866
yasmān na ṛite vijayante 2, 12, 9. Av. 20, 34, 9
yasmin devā manmani 10, 12, 8. Av. 18, 1, 36
yasmin devā vidathe 10, 12, 7. Av. 18, 1, 35
yasminn aṣvāsa ṛishabhāsa 10, 91, 14. Vs. 20, 78. Tb. 1, 4, 2, 2
yasminn ukthāni raṇyanti 8, 16, 2. Av. 20, 44, 2
yasmin vayaṃ dadhimā 10, 42, 6. Av. 20, 89, 6
yasmin viṣvā adhi ṣriyo 8, 92, 20. Sv. 2, 73. Av. 20, 110, 2
yasmin viṣvāni kāvyā cakre 8, 41, 6
yasmin viṣvāni bhuvanāni 7, 101, 4
yasmin viṣvāṣ carshaṇaya 8, 2, 33
yasmin vṛikshe madhvadaḥ 1, 164, 22. Av. 9, 9, 21
yasmin vṛikshe supalāṣe 10, 135, 1. Ta. 6, 5, 3
yasmai tvaṃ vaso dānāya maṅhase 8, 52, 6
yasmai tvaṃ vaso dānāya ṣikshasi 8, 51, 6
yasmai tvaṃ sukṛite 5, 4, 11. Ts. 1, 4, 46, 1
yasmai tvaṃ sudraviṇo 1, 94, 15. N. 11, 24
yasmai tvam āyajase 1, 94, 2. N. 4, 25
yasmai tvam maghavann 8, 52, 8
yasmai dhāyur adadhā 3, 30, 7
yasmai putrāso aditeḥ 10, 185, 3. Vs. 3, 33
yasya gā antar aṣmano 6, 43, 3
yasya gāvāv arushā 6, 27, 7
yasya tīvrasutam madam 6, 43, 2
yasya te agne anye agnaya 8, 19, 33
yasya te dyumnavat payaḥ 9, 66, 30
yasya te nū cid ādiṣaṃ 8, 93, 11
yasya te pītvā vṛishabho 9, 108, 2. Sv. 2, 43
yasya te pūshan sakhye 1, 138, 3
yasya te madyaṃ rasaṃ 9, 65, 15
yasya te mahinā mahaḥ 8, 68, 3. Sv. 2, 1123
yasya te viṣvamānusho 8, 45, 42. Sv. 2, 421. Av. 20, 43, 3
yasya te viṣvā bhuvanāni ketunā 10, 37, 9
yasya te svādu sakhyaṃ 8, 68, 11
yasya tyac chambaram made 6, 43, 1. Sv. 1, 392
yasya tyat te mahimānam 10, 112, 4
yasya tyan mahitvaṃ vātāpyam 10, 26, 2
yasya tridhātv avṛitam 8, 102, 14. Sv. 2, 921
yasya trī pūrṇā madhunā 1, 154, 4
yasya tvam agne adhvaraṃ 4, 2, 10
yasya tvam indra stomeshu 8, 52, 4
yasya tvam ūrdhvo adhvarāya 8, 19, 10
yasya dūto asi kshaye 1, 74, 4
yasya dyāvāpṛithivī pauṅsyam 1, 101, 3
yasya dvibarhaso bṛihat 8, 15, 2. Av. 20, 61, 5. 62, 9
yasya na indraḥ pibād 9, 108, 14. Sv. 2, 447
yasya prayāṇam anv anya 5, 81, 3. Vs. 11, 6. Ts. 4, 1, 1, 2
yasya prasvādaso gira 10, 33, 6

yasya mandāno andhaso 6, 43, 4
yasya mā parushāḥ satam 5, 27, 5
yasya mā harito rathe 10, 33, 5
yasya varṇam madhuṣcutaṃ 9, 65, 8
yasya vā yūyam prati 8, 20, 16
yasya vāyor iva dravad 6, 45, 32
yasya viṣvāni hastayoḥ pañca 1, 176, 3
yasya viṣvāni hastayor ūcur 6, 45, 8
yasya vrate pṛithivī nannamīti 5, 83, 5
yasya ṣarmann upa viṣve 7, 6, 6
yasya ṣaṣvat papivāñ 10, 112, 5
yasya ṣravo rodasī antar 7, 18, 24
yasya ṣvetā vicakshaṇā 8, 41, 9
yasya saṃsthe na 1, 5, 4. Av. 20, 69, 2
yasyā ananto ahrutas 6, 61, 8
yasyāgnir vapur gṛihe 8, 19, 11
yasyājasraṃ ṣavasā 1, 100, 14
yasyājushan namasvinaḥ 8, 75, 14. Ts. 2, 6, 11, 3
yasyā devā upasthe vratā 8, 94, 2
yasyānakshā duhitā 10, 27, 11
yasyānāptaḥ sūryasyeva 1, 100, 2
yasyānūnā gabhīrā 8, 16, 4
yasyāmitāni vīryā 8, 24, 21. Av. 20, 65, 3
yasyāyaṃ viṣva āryo 8, 51, 9. Sv. 2, 959. Vs. 33, 82
yasyā ruṣanto arcayaḥ 1, 48, 13
yasyāvadhīt pitaraṃ 5, 34, 4
yasyāṣvāsaḥ pradiṣi 2, 12, 7. Av. 20, 34, 7
yasyekshvākur upa 10, 60, 4
yasyeme himavanto 10, 121, 4. Av. 4, 2, 5. Vs. 25, 12. Ts. 4, 1, 8, 4
yasyaushadhīḥ prasarpathā° 10, 97, 12. Vs. 12, 86
yā āpo divyā uta vā 7, 49, 2
yā indra prasvas tvāsā 8, 6, 20
yā indra bhuja ābharaḥ 8, 97, 1. Sv. 1, 254. Av. 20, 55, 2
yā oshādhīḥ pūrvā 10, 97, 1. Vs. 12, 75. Ts. 4, 2, 6, 1. N. 9, 28
yā oshadhīḥ somarājñīr bahvīḥ 10, 97, 18. Av. 6, 96, 1. Vs. 12, 92. Ts. 4, 2, 6, 4
yā oshadhīḥ somarājñīr vishṭhitāḥ 10, 97, 19. Vs. 12, 93. Ts. 4, 2, 6, 4
yāḥ pravato nivata 7, 50, 4
yāḥ phalinīr yā 10, 97, 15. Av. 6, 96, 1. Vs. 12, 89. Ts. 4, 2, 6, 4
yāḥ sarūpā virūpā 10, 169, 2. Ts. 7, 4, 17, 1
yāḥ sūryo raṣmibhir ātatāna 7, 47, 4
yā guṅgūr 2, 32, 8
yā gomatīr ushasaḥ 1, 113, 18
yā gaur vartanim 10, 65, 6
yā jāmayo vṛishṇa ichanti 3, 57, 3
yā ta ūtir amitrahan 6, 45, 14
yā ta ūtir avamā 6, 25, 1
yātaṃ chardishpā uta 8, 9, 11. Av. 20, 141, 1
yāti devaḥ pravatā 1, 35, 3
yā te agne parvatasyeva 3, 57, 6
yā te ashṭrā goopaṣā 6, 53, 9
yā te kākut sukṛitā 6, 41, 2. Tb. 2, 4, 3, 13
yā te jihvā madhumatī 3, 57, 5
yā te didyud avasṛishṭā 7, 46, 3. N. 10, 7
yā te dhāmāni divi 1, 91, 4. Ts. 2, 3, 14, 1. Tb. 2, 8, 3, 2
yā te dhāmāni paramāṇi 10, 81, 5. Vs. 17, 21. Ts. 4, 6, 2, 5
yā te dhāmāni havishā 1, 91, 19. Vs. 4, 37. Ts. 1, 2, 10, 1
yā te bhīmāny āyudhā 9, 61, 30. Sv. 2, 130
yā dampatī samanasā 8, 31, 5
yā dasrā sindhumātarā 1, 46, 2. Sv. 2, 1079
yādṛig eva dadṛiṣe 5, 44, 6
yā deveshu tanvam 10, 169, 3. Ts. 7, 4, 17, 1
yādrādhyaṃ varuṇo 2, 38, 8
yā dhartārā rajaso 5, 69, 4
yā dhārayanta devāḥ 7, 66, 2. Tb. 2, 4, 6, 4
yā naḥ pīparad aṣvinā 1, 46, 6
yāñ ābhajo maruta 3, 35, 9
yāni sthānāny aṣvinā 7, 70, 3
yānīndrāgnī cakrathur 1, 108, 5
yā nu ṣvetāv avo diva 8, 40, 8
yāṃ tvā divo duhitar 7, 77, 6
yān rāye martān sushūdo 1, 73, 8

yān vo naro devayanto 3, 8, 6
yā pṛitanāsu dushṭarā 5, 86, 2
yābhiḥ kaṇvam abhishṭibhiḥ 1, 47, 5
yābhiḥ kaṇvam medhātithiṃ 8, 8, 20
yābhiḥ kutsam ārjuneyaṃ 1, 112, 23
yābhiḥ kṛiśānum asane 1, 112, 21
yābhiḥ pakthaṃ avatho 8, 22, 10
yābhiḥ paṭharvā 1, 112, 17
yābhiḥ patnīr 1, 112, 19
yābhiḥ parijmā tanayasya 1, 112, 4
yābhiḥ śacībhir vṛishaṇā 1, 112, 8
yābhiḥ śacībhiś camasāñ 3, 60, 2
yābhiḥ śaṃtātī bhavatho 1, 112, 20
yābhiḥ śucantiṃ dhanasāṃ 1, 112, 7
yābhiḥ sindhum avatha 8, 20, 24
yābhiḥ sindhum madhumantam 1, 112, 9
yābhiḥ sudānū auśijāya 1, 112, 11
yābhiḥ sūryam pariyāthaḥ 1, 112, 13
yābhiḥ somo modate 10, 30, 5
yābhir aṅgiro manasā 1, 112, 18
yābhir antakaṃ jasamānam 1, 112, 6
yābhir naraṃ goshuyudhaṃ 1, 112, 22
yābhir narā trasadasyum 8, 8, 21
yābhir narā śayave 1, 112, 16
yābhir mahām atithigvaṃ 1, 112, 14
yābhir vamraṃ vipipānam 1, 112, 15
yābhir viśpalāṃ 1, 112, 10
yābhī rasāṃ kshodaso° 1, 112, 12
yābhī rebhaṃ 1, 112, 5
yāmaṃ yeshṭhāḥ 7, 56, 6
yām atharvā manush pitā 1, 80, 16. N. 12, 34
yām pushan brahmacodanīm 6, 53, 8
yām me dhiyam maruta 10, 64, 12
yā ruco jātavedaso 10, 188, 3
yā vaḥ śarma 1, 85, 12. Ts. 1, 5, 11, 5. Tb. 2, 8, 5, 6
yāvat taras tanvo 7, 91, 4
yāvad idam bhuvanaṃ 1, 108, 2
yāvanmātram ushaso 10, 88, 19. N. 7, 31
yāvayaddveshasaṃ tvā 4, 52, 4
yāvayaddveshā ṛitapā 1, 113, 12
yāvayā vṛikyaṃ 10, 127, 6
yā vāṃ śataṃ niyuto 7, 91, 6
yā vāṃ santi puruspṛiho niyuto dāśushe narā | asme tā 4, 47, 4
yā vāṃ santi puruspṛiho niyuto dāśushe narā | indrāgnī 6, 60, 8. Sv. 2, 342
yā vāṃ kaśā madhumaty 1, 22, 3. Vs. 7, 11. Ts. 1, 4, 6, 1
yā vā te santi dāśushe 7, 3, 8
yāv itthā ślokam 1, 92, 17. Sv. 2, 1086
yā viśvāsāṃ janitārā 6, 69, 2
yā vīryāṇi prathamāni 10, 113, 7
yā vṛitrahā parāvati 8, 45, 25
yā vo bheshajā marutaḥ 2, 33, 13
yā vo māyā abhidruhe 2, 27, 16
yā śardhāya mārutāya 6, 48, 10
yāś cedam upaśṛiṇvanti 10, 97, 21. Vs. 12, 94. Ts. 4, 2, 6, 5
yāsāṃ rājā varuṇo 7, 49, 3. Av. 1, 33, 2. Ts. 5, 6, 1, 1
yāsāṃ tisraḥ pañcāśato 1, 133, 4
yāsi kutsena saratham 4, 16, 11. N. 5, 15
yā sujūrṇiḥ śreṇiḥ 10, 95, 6
yā sunīthe śaucadrathe 5, 79, 2. Sv. 2, 1090
yā subāhuḥ svaṅguriḥ 2, 32, 7. Av. 7, 46, 2. Ts. 3, 1, 11, 4
yā surathā rathītamobhā 1, 22, 2
yāsu rājā varuṇo yāsu 7, 49, 4
yās te dhārā madhuścuto 9, 62, 7. Sv. 2, 329
yās te pūshan nāvo 6, 58, 3. Tb. 2, 5, 5, 5
yās te prajā amṛitasya 1, 43, 9
yās te rāke 2, 32, 5. Av. 7, 48, 2. Ts. 3, 3, 11, 5
yuktas te astu dakshiṇa 1, 82, 5
yuktā mātāsīd 1, 164, 9. Av. 9, 9, 9
yukto ha yad vāṃ taugryāya 1, 158, 3
yukshvā hi keśinā harī 1, 10, 3. Sv. 2, 696. Vs. 8, 34
yukshvā hi tvaṃ rathāsahā 8, 26, 20
yukshvā hi devahutamāñ aśvāñ 8, 75, 1. Vs. 13, 37. 33, 4. Ts. 2, 6, 11, 1

yukshvā hi vājinīvaty 1, 92, 15. Sv. 2, 1083
yukshvā hi vṛitrahantama 8, 3, 17. Sv. 1, 301
yukshvā hy arushī rathe 1, 14, 12
yuge-yuge vidathyaṃ 6, 8, 5
yuṅgdhvaṃ hy arushī rathe 5, 56, 6
yujaṃ hi mām akṛithā 5, 30, 8
yujā karmāṇi janayan 10, 55, 8
yujāno aṣvā vātasya 10, 22, 4
yujāno haritā rathe 6, 47, 19
yuje rathaṃ gaveshaṇaṃ 7, 23, 3. Av. 20, 12, 3. Tb. 2, 4, 1, 3
yuje vām brahma pūrvyaṃ 10, 13, 1. Av. 18, 3, 39. Vs. 11, 5. Ts. 4, 1, 1, 2
yuñjate mana uta yuñjate 5, 81, 1. Vs. 5, 14. 11, 4. 37, 2. Ts. 1, 2, 13, 1. 4, 1, 1, 1. Ta. 4, 2, 1
yuñjanti bradhnam 1, 6, 1. Sv. 2, 818. Av. 20, 26, 4. 47, 10. 69, 9. Vs. 23, 5. Ts. 7, 4, 20, 1
yuñjanti harī ishirasya 8, 98, 9. Sv. 2, 62. Av. 20, 108, 3
yuñjanty asya kāmyā 1, 6, 2. Sv. 2, 819. Av. 20, 26, 5. 47, 11. 69, 10. Vs. 23, 6. Ts. 7, 4, 20, 1
yuñjāthāṃ rāsabhaṃ rathe 8, 85, 7. Vs. 11, 13
yudhā yudham upa ghed 1, 53, 7. Av. 20, 21, 7
yudhendro mahnā varivaṣ 3, 34, 7. Av. 20, 11, 7
yudhmaṃ santam anarvāṇaṃ 8, 92, 8. Sv. 2, 993
yudhmasya te vṛishabhasya 3, 46, 1
yudhmo anarvā khajakṛit 7, 20, 3
yunakta sīrā vi yugā 10, 101, 3. Av. 3, 17, 2. Vs. 12, 68. Ts. 4, 2, 5, 5. N. 5, 28
yunajmi te brahmaṇā 1, 82, 6
yuyūshataḥ savayasā 1, 144, 3
yuyotā ṣarum asmad āñ 8, 18, 11
yuyopa nābhir 1, 104, 4
yuvaṃ rathena vimadāya 10, 39, 7
yuvaṃ rebham parishūter 1, 119, 6
yuvaṃ vandanaṃ nirṛitaṃ 1, 119, 7
yuvaṃ varo sushāmṇe 8, 26, 2
yuvaṃ vastrāṇi pīvasā 1, 152, 1. Tb. 2, 8, 6, 6
yuvaṃ viprasya jaraṇām 10, 39, 8
yuvaṃ ṣakrā māyāvinā 10, 24, 4
yuvaṃ ṣyāvāya ruṣatīm 1, 117, 8. N. 6, 6
yuvaṃ ṣriyam aṣvinā 4, 44, 2. Av. 20, 143, 2
yuvaṃ ṣrībhir darṣatābhir 6, 63, 6
yuvaṃ ṣvetam pedava indrajūtam 1, 118, 9
yuvaṃ ṣvetam pedave 'ṣvinā 10, 39, 10
yuvāṃ surāmam 10, 131, 4. Av. 20, 125, 4. Vs. 10, 33. 20, 76. Tb. 1, 4, 2, 1
yuvaṃ ha kṛiṣaṃ yuvam 10, 40, 8
yuvaṃ ha garbhaṃ jagatīshu 1, 157, 5
yuvaṃ ha gharmam madhumantam 1, 180, 4
yuvaṃ ha bhujyuṃ yuvam 10, 40, 7
yuvaṃ ha rebhaṃ vṛishaṇā 10, 39, 9
yuvaṃ ha stho bhishajā 1, 157, 6
yuvaṃ hi shmā purubhujemam 8, 86, 3
yuvaṃ hi sthaḥ svarpatī 9, 19, 2. Sv. 2, 351
yuvaṃ hy apnarājāv 10, 132, 7
yuvaṃ hy āstam maho ran 1, 120, 7
yuvaṃ kaṇvāya nāsatyā 8, 5, 23
yuvaṃ kavī shṭhaḥ 10, 40, 6
yuvaṃ citraṃ dadathur 7, 74, 2. Sv. 2, 104
yuvaṃ cyavānaṃ sanayaṃ 10, 39, 4. N. 4, 19
yuvaṃ cyavānaṃ jaraso 7, 71, 5
yuvaṃ cyavānam aṣvinā 1, 117, 13
yuvaṃ tam indrāparvatā 1, 132, 6. Vs. 8, 53
yuvaṃ tāsāṃ divyasya 1, 112, 3
yuvaṃ tugrāya pūrvyebhir 1, 117, 14
yuvaṃ dakshaṃ dhṛitavrata 1, 15, 6
yuvaṃ devā kratunā 8, 57, 1
yuvaṃ dhenuṃ ṣayave 1, 118, 8
yuvaṃ narā stuvate kṛishṇiyāya 1, 117, 7

yuvaṃ narā stuvate pajriyāya 1, 116, 7
yuvaṃ no yeshu varuṇa 5, 64, 6
yuvam atyasyāva nakshatho 1, 180, 2
yuvam atraye 'vanītāya 1, 118, 7
yuvam etaṃ cakrathuḥ sindhushu 1, 182, 5
yuvam etāni divi 1, 93, 5. Ts. 2, 3, 14, 1. Tb. 3, 5, 7, 2
yuvam paya usriyāyām 1, 180, 3
yuvam pedave puruvāram 1, 119, 10
yuvam pratnasya sādhatho 8, 38, 9
yuvam bhujyuṃ samudra ā 10, 143, 5
yuvam bhujyum avaviddhaṃ samudra 7, 69, 7. Tb. 2, 8, 7, 8
yuvam bhujyum bharamāṇaṃ 1, 119, 4
yuvam mitremaṃ janaṃ 5, 65, 6
yuvam mṛigaṃ jāgṛivāṅsaṃ 8, 5, 36
yuvāṃ yajñaiḥ prathamā 1, 151, 8
yuvāṃ stomebhir devayanto 1, 139, 3
yuvāṃ ha ghoshā pary 10, 40, 5
yuvāṃ havanta ubhayāsa 7, 83, 6
yuvāku hi sacīnāṃ 1, 17, 4
yuvāṃ gotamaḥ purumīḷho 1, 183, 5
yuvāṃ cid dhi shmāṣvināv 1, 180, 8
yuvādattasya dhishṇyā 8, 26, 12
yuvānaṃ vispatiṃ kaviṃ 8, 44, 26
yuvānā pitarā punaḥ 1, 20, 4
yuvāno rudrā ajarā 1, 64, 3
yuvāṃ devās traya 8, 57, 2
yuvāṃ narā pasyamānāsa 7, 83, 1
yuvābhyāṃ vājinīvasū 8, 5, 3
yuvābhyāṃ devī dhishaṇā 1, 109, 4
yuvābhyām mitrāvaruṇopamaṃ 5, 64, 4
yuvām id dhy avase 4, 41, 7
yuvām id yutsu pṛitanāsu 7, 82, 4
yuvām indrāgnī vasuno 1, 109, 5
yuvām pūshevāsvinā 1, 181, 9
yuvām mṛigeva vāraṇā 10, 40, 4
yuvā sa māruto gaṇas 5, 61, 13
yuvā suvāsāḥ parivīta 3, 8, 4. Tb. 3, 6, 1, 3
yuvoḥ sriyam pari yoshāvṛiṇīta 7, 69, 4. Tb. 2, 8, 7, 8. N. 6, 4
yuvo rajāṅsi suyamāso 1, 180, 1
yuvor atris ciketati 5, 73, 6
yuvo rathasya pari cakram 8, 22, 4
yuvor asvinā vapushe 1, 119, 5
yuvo rāshṭram bṛihad 7, 84, 2
yuvor ushā anu 1, 46, 14
yuvor u shū rathaṃ huve 8, 26, 1
yuvor ṛitaṃ rodasī 3, 54, 3
yuvor dānāya subharā 1, 112, 2
yuvor yadi sakhyāyāsme 10, 61, 25
yuvor hi mātāditir 10, 132, 6
yushmākaṃ smā rathāñ anu 5, 53, 5
yushmākam devā avasāhani 7, 59, 2
yushmākam budhne apāṃ 10, 77, 4
yushmādattasya maruto 5, 54, 13
yushmāñ u naktam 8, 7, 6
yushme devā api shmasi 8, 47, 8
yushmeshito maruto 1, 39, 8
yushmoto vipro marutaḥ 7, 58, 4
yūna ū shu navishṭhayā 8, 20, 19
yūpavraskā uta ye 1, 162, 6. Vs. 25, 29. Ts. 4, 6, 8, 2
yūyaṃ rayim maruta 5, 54, 14
yūyaṃ rājānaḥ kaṃ cic 8, 19, 35
yūyaṃ rājānam iryaṃ 5, 58, 4
yūyaṃ visvam pari pātha 10, 126, 4
yūyaṃ ha ratnam maghavatsu 7, 37, 2
yūyaṃ hi devīr ṛitayugbhir 4, 51, 5
yūyaṃ hi shṭhā sudānava indrajyeshṭhā abhidyavaḥ | adhā cid 8, 83, 9
yūyaṃ hi shṭhā sudānava indrajyeshṭhā abhidyavaḥ | kartā 6, 51, 15
yūyaṃ hi shṭhā sudānavo rudrā 8, 7, 12
yūyaṃ gāvo medayathā 6, 28, 6. Av. 4, 21, 6. Tb. 2, 8, 8, 12
yūyaṃ tat satyasavasa 1, 86, 9
yūyaṃ devāḥ pramatir 2, 29, 2
yūyaṃ dhūrshu prayujo 10, 77, 5
yūyaṃ na ugrā marutaḥ 1, 166, 6. N. 6, 30
yūyam asmabhyaṃ dhishaṇābhyas 4, 36, 8

yūyam asmān nayata 5, 55, 10
yuyam martam vipanyavaḥ 5, 61, 15
ye aṅsyā ye aṅgyāḥ 1, 191, 7
ye agnayo na ṣoṣucann 6, 66, 2
ye agnidagdhā ye 10, 15, 14. Av. 18, 2, 35. Vs. 19, 60
ye agneḥ pari jajñire 10, 62, 6
ye agne candra te giraḥ 5, 10, 4
ye agne nerayanti te 5, 20, 2
ye añjishu ye vāsishu 5, 53, 4
ye arvāñcas tāñ 1, 164, 19. Av. 9, 9, 19
ye aṣvinā ye pitarā 4, 34, 9
ye ke ca jmā mahino 6, 52, 15
ye gavyatā manasā ṣatrum 6, 46, 10. Av. 20, 83, 2
ye gomantaṃ vājavantaṃ 4, 34, 10
ye ca pūrva ṛishayo 7, 22, 9
ye cākananta cākananta 5, 31, 13
ye cārhanti marutaḥ 8, 20, 18
ye cit pūrva ṛitasāpa 10, 154, 4. Av. 18, 2, 15
ye cid dhi tvām ṛishayaḥ 1, 48, 14
ye cid dhi pūrva ṛitasāpa 1, 179, 2
ye cid dhi mṛityubandhava 8 18, 22
ye ceha pitaro ye ca 10, 15, 13. Vs. 19, 67
ye tātṛishur devatrā 10, 15, 9. Av. 18, 3, 47. Tb. 2, 6, 16, 2. N. 6, 14
ye te trir ahan savitaḥ 4, 54, 6
ye te panthāḥ savitaḥ 1, 35, 11. Vs. 34, 27. Ts. 7, 5, 24, 1
ye te pavitram ūrmayo 9, 61, 5. Sv. 2, 138
ye te vipra brahmakṛitaḥ 10, 50, 7
ye te vṛishaṇo vṛishabhāsa 1, 177, 2
ye te ṣukrāsaḥ ṣucayaḥ 6, 6, 4
ye te ṣushmaṃ ye tavishīm 3, 32, 3
ye te santi daṣagvinaḥ 8, 1, 9
ye te sarasva ūrmayo 7, 96, 5. Ts. 3, 1, 11, 3. N. 10, 24
ye triṅṣati trayas paro 8, 28, 1
ye tvā devosrikam 1, 190, 5. N. 4, 25
ye tvām indra na tushṭuvur 8, 6, 12. Sv. 2, 852. Av. 20, 115, 3
ye tvāhihatye maghavann 3, 47, 4. Vs. 33, 63. Ait. Br. 3, 20
ye devānāṃ yajñiyā 7, 35, 15. Av. 19, 11, 5
ye devāsa iha sthana viṣve 8, 30, 4
ye devāso abhavatā sukṛityā 4, 35, 8
ye devāso divy ekādaṣa 1, 139, 11. Vs. 7, 19. Ts. 1, 4, 10, 1
ye drapsā iva rodasī 8, 7, 16
ye naḥ pūrve pitaraḥ somyāso 10, 15, 8. Av. 18, 3, 46. Vs. 19, 51
ye naḥ sapatnā apa te 10, 128, 9. Av. 5, 3, 10. Vs. 34, 46. Ts. 4, 7, 14, 4
yena cashṭe varuṇo mitro 8, 19, 16
yena jyotīṅshy āyave 8, 15, 5. Sv. 2, 231. Av. 20, 61, 2
yena tokāya tanayāya dhānyam 5, 53, 13
yena dīrgham marutaḥ 1, 166, 14
yena dyaur ugrā pṛithivī 10, 121, 5. Av. 4, 2, 4. Vs. 32, 6. Ts. 4, 1, 8, 5
yena mānāsāṣ citayanta 1, 171, 5
yena vaṅsāma pṛitanāsu 8, 60, 12
yena vṛiddho na ṣavasā 6, 44, 3
yena sindhum mahīr apo 8, 12, 3. Av. 20, 63, 9
yena sūrya jyotishā bādhase 10, 37, 4
ye nākasyādhi rocane 1, 19, 6
yenā daṣagvam adhriguṃ 8, 12, 2. Av. 20, 63, 8
yenā navagvo dadhyaññ 9, 108, 4. Sv. 2, 289
yenā pāvaka cakshasā 1, 50, 6. Av. 13, 2, 21. 20, 47, 18. Vs. 33, 32. N. 12, 22—25
yenāva turvaṣaṃ yaduṃ 8, 7, 18
yenā samudram asṛijo 8, 3, 10. Av. 20, 9, 4. 49, 7
yenendro havishā kṛitvy abhavad dyumny uttamaḥ | idaṃ tad akri devā asapatnaḥ 10, 174, 4
yenendro havishā kṛitvy abhavad dyumny uttamaḥ | idaṃ tad akri devā asapatnā 10, 159, 4
yenemā viṣvā cyavanā 2, 12, 4. Av. 20, 34, 4
ye pākaṣaṅsaṃ viharanta 7, 104, 9. Av. 8, 4, 9
ye pātayante ajmabhir 8, 46, 18

ye pāyavo māmateyaṃ 1, 147, 3. 4, 4, 13. Ts. 1, 2, 14, 5
ye prishatībhir ṛishṭibhiḥ 1, 37, 2
yebhiḥ sūryam ushasam 6, 17, 5
yebhis tisraḥ parāvato 8, 5, 8
yebhyo mātā madhumat 10, 63, 3
yebhyo hotrām prathamām 10, 63, 7
ye maho rajaso vidur 1, 19, 3
ye mūrdhānaḥ kshitīnām 8, 67, 13
ye me pañcāṣataṃ dadur 5, 18, 5. Tb. 2, 7, 5, 2
ye yajatrā ya īḍyās 1, 14, 8
ye yajñena dakshiṇayā 10, 62, 1
ye yudhyante pradhaneshu 10, 154, 3. Av. 18, 2, 17. Ta. 6, 3, 2
ye rādhāṅsi dadaty 7, 16, 10
ye vadhvaṣ candraṃ 10, 85, 31. Av. 14, 2, 10
ye vājinam paripaṣyanti 1, 162, 12. Vs. 25, 35. Ts. 4, 6, 9, 1
ye vāṃ daṅsāṅsy aṣvinā 8, 9, 3. Av. 20, 139, 3
ye vāyava indramādanāsa 7, 92, 4
ye vāvṛidhanta pārthivā 5, 52, 7
ye vṛiknāso adhi kshami 3, 8, 7
ye ṣubhrā ghoravarpasaḥ 1, 19, 5
yeshāṃ ṣriyādhi rodasī 5, 61, 12
yeshām ajmeshu pṛithivī 1, 37, 8
yeshām arṇo na sapratho 8, 20, 13
yeshām ābādha ṛigmiya 8, 23, 3
yeshām iḷā ghṛitahastā 7, 16, 8
ye satyāso havirado 10, 15, 10. Av. 18, 3, 48
ye savituḥ satyasavasya 10, 36, 13. Tb. 2, 8, 6, 4
ye somāsaḥ parāvati ye arvāvati sunvire | ye vādaḥ 9, 65, 22. Sv. 2, 513
ye somāsaḥ parāvati ye arvāvati sunvire | sarvāṅs tāñ 8, 93, 6. Av. 20, 112, 3
ye stotṛibhyo goagrām 2, 1, 16. 2, 13
ye sthā manor yajñiyās 10, 36, 10
ye ha tye te sahamānā 4, 6, 10
ye harī medhayokthā 4, 33, 10
yo agniṃ havyadātibhir 8, 19, 13
yo agniḥ kravyavāhanaḥ 10, 16, 11. Vs. 19, 65
yo agniḥ kravyāt praviveṣa 10, 16, 10. Av. 12, 2, 7
yo agniḥ saptamānushaḥ 8, 39, 8
yo agniṃ tanvo dame 8, 44, 15
yo agniṃ devavītaye 1, 12, 9. Sv. 2, 196
yo agnīshomā havishā 1, 93, 8. Tb. 2, 8, 7, 9
yo atya iva mṛijyate 9, 43, 1
yo adadhāj jyotishi 10, 54, 6
yo adribhit prathamajā 6, 73, 1. Av. 20, 90, 1
yo adhvareshu ṣaṃtama 1, 77, 2
yo anidhmo dīdayad 10, 30, 4. Av. 14, 1, 37. N. 10, 19
yo apācīne tamasi 7, 6, 4
yo apsu candramā iva 8, 82, 8
yo apsv ā ṣucinā 2, 35, 8
yo aryo martabhojanam 1, 81, 6
yo aṣvasya dadhikrāvṇo 4, 39, 8
yo aṣvānāṃ yo 1, 101, 4. N. 5, 15
yo aṣvebhir vahate 8, 46, 26
yo asmā annaṃ tṛishv 10, 79, 5
yo asmai ghraṅsa uta vā 5, 34, 3. N. 6, 19
yo asmai havishāvidhan 6, 54, 4
yo asmai havyadātibhir 8, 23, 21
yo asmai havyair ghṛita° 2, 26, 4
yo asya pāre rajasaḥ 10, 187, 5. Av. 6, 34, 5
yogakshemaṃ va ādāyāham 10, 166, 5
yo garbham oshadhīnāṃ 7, 102, 2. Tb. 2, 4, 5, 6. Ta. 1, 29, 1
yo gṛiṇatām id āsithāpir 6, 45, 17
yoge-yoge tavastaraṃ 1, 30, 7. Sv. 1, 163. 2, 93. Av. 20, 26, 1. Vs. 11, 14. Ts. 4, 1, 2, 1
yo janān mahishāñ ivā° 10, 60, 3
yo jāgāra tam ṛicaḥ 5, 44, 14. Sv. 2, 1176
yo jāta eva prathamo 2, 12, 1. Av. 20, 34, 1. Ts. 1, 7, 13, 2. N. 3, 21. 10, 10
yo jināti na jīyate 9, 55, 4. Sv. 2, 328
yo dabhrebhir havyo yaṣ ca 10, 38, 4
yo dushṭaro viṣvavāra 8, 46, 9
yo devo devatamo 4, 22, 3
yo dehyo anamayad 7, 6, 5. Tb. 2, 4, 7, 9

yoddhāsi kratvā 8, 88, 4
yo dhartā bhuvanānām 8, 41, 5
yo dhārayā pāvakayā 9, 101, 2. Sv. 2, 48
yo dhṛishito yo 'vṛito 8, 33, 6
yo na āgo abhy eno 5, 3, 7
yo na idam-idam purā 8, 21, 9. Sv. 1, 400. Av. 20, 14, 3. 62, 3
yo na induḥ pitaro 8, 48, 12
yo na indrābhito jano 10, 133, 4
yo na indrābhidāsati 10, 133, 5. Av. 6, 6, 3
yo naḥ kaṣ cid ririkshati 8, 18, 13
yo naḥ pitā janitā 10, 82, 3. Av. 2, 1, 3. Vs. 17, 27. Ts. 4, 6, 2, 1. Ta. 10, 1, 4
yo naḥ pūshann agho 1, 42, 2
yo naḥ ṣaṣvat purāvithā 8, 80, 2
yo naḥ sanutya uta 2, 30, 9
yo naḥ sanutyo abhidāsad 6, 5, 4
yo naḥ svo araṇo yaṣ ca 6, 75, 19. Sv. 2, 1222
yo nantvāny anaman 2, 24, 2
yo nārmaram sahavasum 2, 13, 8
yonim eka ā sasāda 8, 29, 2
yonish ṭa indra nishade 1, 104, 1. N. 1, 17
yonish ṭa indra sadane 7, 24, 1. Sv. 1, 314
yo no agne ararivāñ 1, 147, 4
yo no agne dureva ā 6, 16, 31
yo no agne 'bhidāsaty 1, 79, 11
yo no dātā vasūnām 8, 51, 5
yo no dātā sa naḥ pitā 8, 52, 5
yo no dāsa āryo vā 10, 38, 3
yo no devaḥ parāvataḥ 8, 12, 6
yo no maruto abhi durhṛiṇāyus 7, 59, 8. Av. 7, 77, 2. Ts. 4, 3, 13, 3
yo no maruto vṛikatāti 2, 34, 9
yo no rasam dipsati 7, 104, 10. Av. 8, 4, 10
yo brahmaṇe sumatim 7, 60, 11
yo bhānubhir vibhāvā 10, 6, 2
yo bhūyishṭham nāsatyābhyām 5, 77, 4
yo bhojanam ca dayase 2, 13, 6
yo ma iti pravocaty 5, 27, 4
yo ma imam cid u 8, 46, 27
yo martyeshv amṛita ṛitāvā 4, 2, 1
yo mā pākena manasā 7, 104, 8. Av. 8, 4, 8
yo māyātum 7, 104, 16. Av. 8, 4, 16
yo mitrāya varuṇāyāvidhaj 1, 136, 5
yo mṛiḷayāti cakrushe cid 7, 87, 7
yo me dhenūnām ṣatam 5, 61, 10
yo me rājan yujyo 2, 28, 10
yo me ṣatā ca 5, 27, 2
yo me hiraṇyasamdṛiṣo 8, 5, 38
yo yajāti yajāta it 8, 31, 1
yo yajñasya prasādhanas 10, 57, 2. Av. 13, 1, 60
yo yajño viṣvatas 10, 130, 1
yo rakshāṅsi nijūrvati 10, 187, 3. Av. 6, 34, 2
yo rajāṅsi vimame pārthivāni 6, 49, 13
yo radhrasya 2, 12, 6. Av. 20, 34, 6
yo rayivo rayimtamo 6, 44, 1. Sv. 1, 351
yo rājabhya ṛitanibhyo 2, 27, 12
yo rājā carshaṇīnām yātā 8, 70, 1. Sv. 1, 273. 2, 283. Av. 20, 92, 16. 105, 4
yo rāyo 'vanir mahān supāraḥ sunvataḥ sakhā | tam indram 8, 32, 13
yo rāyo 'vanir mahān supāraḥ sunvataḥ sakhā | tasmā indrāya 1, 4, 10. Av. 20, 68, 10
yo revān yo amīvahā 1, 18, 2. Vs. 3, 29. N. 3, 21
yo rohitau vājinau 5, 36, 6
yo vaḥ ṣivatamo rasas 10, 9, 2, Sv. 2, 1188. Av. 1, 5, 2. Vs. 11, 51. 36, 15. Ts. 4, 1, 5, 1. 7, 4, 19, 4. Ta. 4, 42, 4. 10. 1, 11
yo vaḥ sunoty abhipitve 4, 35, 6
yo vaḥ senānīr mahato 10, 34, 12
yo 'vare vṛijane 2, 24, 11
yo vardhana oshadhīnām 7, 101, 2
yo vām yajñebhir āvṛito 8, 26, 13
yo vām yajñaiḥ ṣaṣamāno 1, 151, 7. N. 6, 8
yo vām yajño nāsatyā 7, 70, 6
yo vām rajāṅsy aṣvinā 8, 73, 13
yo vām ratho nṛipatī asti 7, 71, 4
yo vāghate dadāti 1, 40, 4
yo vām gartam manasā 7, 64, 4
yo vācā vivāco 10, 23, 5. Av. 20, 73, 6
yo vām nāsatyāv ṛishir 8, 8, 15

yo vām aṣvinā mānaso 1, 117, 2
yo vām uruvyacastamam 8, 26, 14
yo vām ṛijave kramaṇāya 6, 70, 3
yo vām parijmā suvṛid 10, 39, 1
yo viṣvataḥ supratīkaḥ 1, 94, 7. N. 3, 11
yo viṣvasya jagataḥ 1, 101, 5
yo viṣvā dayate vasu 8, 103, 6. Sv. 1, 44. 2, 933
yo viṣvāny abhi vratā 8, 32, 28
yo viṣvābhi vipaṣyati bhuvanā sam ca paṣyati | sa naḥ parshad 10, 187, 4. Av. 6, 34, 4
yo viṣvābhi vipaṣyati bhuvanā sam ca paṣyati | sa naḥ pūshā 3, 62, 9
yo vṛitrāya sinam 2, 30, 2
yo vedishṭho avyathishv 8, 2, 24
yo vo devā ghṛitasnunā 6, 52, 8
yo vo vṛitābhyo akṛiṇod 10, 30, 7
yo vyaṅsam jāhṛishaṇena 1, 101, 2
yo vyatīṅr aphāṇayat 8, 69, 13. Av. 20, 92, 10
yo hatvāhim ariṇāt 2, 12, 3. Av. 20, 34, 3
yo ha vām madhuno dṛitir 8, 5, 19
yo havyāny airayatā 8, 19, 24
yo ha sya vām rathirā 7, 69, 5. Ts. 2, 8, 7, 8
yo hotāsīt prathamo 10, 88, 4. N. 5, 3
yau te ṣvānau yama 10, 14, 11. Av. 18, 2, 12. Ta. 6, 3, 1

rakshā ṇo agne tava 4, 3, 14
rakshā su no ararushaḥ 9, 29, 5
rakshohaṇam vājinam ā jigharmi 10, 87, 1. Av. 8, 3, 1. Ts. 1, 2, 14, 6
rakshohā viṣvacarshaṇir 9, 1, 2. Sv. 2, 40. Vs. 26, 26
raṇvaḥ samdṛishṭau 10, 64, 11
ratham yāntam kuha ko 10, 40, 1
ratham yuñjate marutaḥ 5, 63, 5. Tb. 2, 4, 5, 3. N. 4, 19
ratham ye cakruḥ suvṛitam nareshṭhām 4, 33, 8
ratham ye cakruḥ suvṛitam sucetaso 4, 36, 2
ratham vām anugāyasam 8, 5, 34
ratham hiraṇyavandhuram hiraṇyābhīṣum 8, 5, 28
ratham hiraṇyavandhuram indravāyū 4, 46, 4
ratham nu mārutam vayam 5, 56, 8. N. 11, 50
rathavāhanam havir asya 6, 75, 8. Vs. 29, 45. Ts. 4, 6, 6, 3
rathānām na ye 'rāḥ 10, 78, 4
rathāya nāvam 1, 140, 12
rathirāso harayo ye te 8, 50, 8
rathītamam kapardinam 6, 55, 2
rathīva kaṣayāṣvāñ 5, 83, 3
rathe tishṭhan nayati 6, 75, 6. Vs. 29, 43. Ts. 4, 6, 6, 2. N. 9, 16
rathena pṛithupājasā 4, 46, 5
ratheshṭhāyādhvaryavaḥ 8, 4, 13
ratho na yātaḥ ṣikvabhiḥ 1, 141, 8
ratho yo vām trivandhuro 8, 22, 5
radat patho varuṇaḥ 7, 87, 1
rapat kavir indrārkasātau 1, 174, 7
rapad gandharvīr apyā 10, 11, 2. Av. 18, 1, 19
ramadhvam me vacase 3, 33, 5. N. 2, 25
rayim sukshatram svapatyam 1, 116, 19
rayim divo duhitaro 4, 51, 10
rayim naṣ citram aṣvinam 9, 4, 10. Sv. 2, 406
rayir na citrā 1, 66, 1
rayir na yaḥ pitṛivitto 1, 73, 1
rare havyam matibhir 7, 39, 6
raṣmīṅr iva yachatam 8, 35, 21
rasam te mitro aryamā 9, 64, 24. Sv. 2, 428
rasāyyaḥ payasā pinvamāna 9, 97, 14. Sv. 2, 157
rākām aham 2, 32, 4. Av. 7, 48, 1. Ts. 3, 3, 11, 5. N. 11, 31
rājantam adhvarāṇām 1, 1, 8. Vs. 3, 23. Ts. 1, 5, 6, 2
rājānāv anabhidruhā 2, 41, 5. Sv. 2, 261
rājāno na praṣastibhiḥ 9, 10, 3. Sv. 2, 471
rājā medhābhir īyate 9, 65, 16. Sv. 2, 183
rājā rāshṭrāṇām 7, 34, 11
rājā samudram nadyo vi 9, 86, 8
rājā sindhūnām avasishṭa 9, 89, 2
rājā sindhūnām pavate patir 9, 86, 33

rājeva hi janibhiḥ 7, 18, 2
rājño nu te varuṇasya 1, 91, 3. 9, 88, 8
rātiṃ yad vām arakshasaṃ 8, 101, 8
rātrībhir asmā ahabhir 10, 10, 9. Av. 18, 1, 10
rātrī vy akhyad 10, 127, 1. Tb. 2, 4, 6, 10
rāyaḥ samudrāṅs caturo 9, 33, 6. Sv. 2, 221
rāyaskāmo vajrahastaṃ 7, 32, 3
rāyas pūrdhi svadhāvo 1, 36, 12
rāyā vayaṃ sasavāṅso 4, 42, 10. Vs. 7, 10
rāyā hiraṇyayā 7, 66, 8. Sv. 2, 418
rāye nu yaṃ jajñatu 7, 90, 3. Vs. 27, 24. Tb. 2, 8, 1, 1
rāyo dhārāsy āghṛiṇe 6, 55, 3
rāyo budhnaḥ saṃgamano vasūnāṃ yajñasya 1, 96, 6
rāyo budhnaḥ saṃgāmano vasūnāṃ viṣvā rūpābhi 10, 139, 3. Av. 10, 8, 42. Vs. 12, 66. Ts. 4, 2, 5, 4
rārandhi savaneshu ṇa 3, 41, 4. Av. 20, 23, 4
rāsi kshayaṃ rāsi 2, 11, 14
riṣādasaḥ satpatīṅr 6, 51, 4
rujā dṛiḷhā cid rakshasaḥ 9, 91, 4
rudrasya ye mīḷhushaḥ santi 6, 66, 3
rudrāṇām eti pradiṣā 1, 101, 7
ruvati bhīmo vṛishabhas 9, 70, 7
ruṣadvatsā ruṣatī 1, 113, 2. Sv. 2, 1100. N. 2, 20
rūpaṃ-rūpam pratirūpo 6, 47, 18
rūpaṃ-rūpam maghavā 3, 53, 8
rebhad atra janushā 10, 92, 15
revatīr naḥ sadhamāda 1, 30, 13. Sv. 1, 153. 2, 434. Av. 20, 122, 1. Ts. 1, 7, 13, 5. 2, 2, 12, 8. 4, 14, 4
revad vayo dadhāthe 1, 151, 9
revāṅ id revata stotā 8, 2, 13. Sv. 2, 1154. Ts. 2, 2, 12, 8
raibhy āsīd anudeyī 10, 85, 6. Av. 14, 1, 7
rodasī ā vadatā 1, 64, 9
rohic chyāvā 1, 100, 16
rohitam me pākasthāmā 8, 3, 22
vaṅsageva pusharyā 10, 106, 5
vaṅsva viṣvā vāryāṇi 7, 17, 5
vaṅsvā no vāryā puru 8, 23, 27
vakshyantīved ā 6, 75, 3. Vs. 29, 40. Ts. 4, 6, 6, 1. N. 9, 18
vaco dīrghaprasadmanīse 8, 25, 20
vacovidaṃ vācam 8, 101, 16
vacyante vāṃ kakuhāso 1, 46, 3. Sv. 2, 1080
vajraṃ yaṣ cakre suhanāya 10, 105, 7
vajram eko bibharti 8, 29, 4
vajreṇa hi vṛitrahā 10, 111, 6
vadmā sūno sahaso 6, 13, 6
vadmā hi sūno asy 6, 4, 4. Ts. 1, 3, 14, 7
vadhīṃ vṛitram maruta 1, 165, 8. Tb. 2, 8, 3, 6
vadhīd indro varaṣikhasya 6, 27, 5
vadhīr hi dasyuṃ 1, 33, 4
vadhūr iyam patim 5, 37, 3
vadhena dasyum pra hi 5, 4, 6
vadhair duḥṣaṅsāṅ apa 1, 94, 9
vanaspatim pavamāna 9, 5, 10
vanaspatir avasṛijann upa 2, 3, 10
vanaspate rasanayā niyūyā 10, 70, 10. N. 6, 7
vanaspate 'va sṛijopa 3, 4, 10. 7, 2, 10. Vs. 27, 21. Ts. 4, 1, 8, 3
vanaspate vīḍvaṅgo 6, 47, 26. Av. 6, 125, 1. Vs. 29, 52. Ts. 4, 6, 6, 5. N. 2, 5. 9, 12
vanaspate ṣatavalṣo 3, 8, 11. Ts. 1, 3, 5, 1
vanīvāno mama dūtāsa 10, 47, 7
vane na vā yo ny 10, 29, 1. Av. 20, 76, 1. N. 6, 28
vanema tad dhotrayā 1, 129, 7
vanema pūrvīr aryo 1, 70, 1
vaneshu jāyur 1, 67, 1
vaneshu vy antarikshaṃ 5, 85, 2. Vs. 4, 31. Ts. 1, 2, 8, 1
vanoti hi sunvan 1, 133, 7. Av. 20, 67, 1
vandasva mārutaṃ gaṇaṃ 1, 38, 15
vanvann avāto abhi 9, 89, 7
vapanti maruto miham 8, 7, 4
vapur nu tac cikitushe 6, 66, 1
vamrībhiḥ putram agruvo 4, 19, 9. N. 3, 20
vayaṃ vo vṛiktabarhisho 8, 27, 7

vayaṃ sūrebhir astṛibhir 1, 8, 4. Av. 20, 70, 20
vayaṃ soma vrate tava 10, 57, 6. Vs. 3, 56. Tb. 2, 4, 2, 7. 3, 7, 14, 3
vayaṃ hi te amanmahy 1, 30, 21
vayaṃ hi tvā bandhumantam 8, 21, 4
vayaṃ hi vāṃ havāmaha ukshaṇyanto 8, 26, 9
vayaṃ hi vāṃ havāmahe vipanyavo 8, 87, 6
vayaḥ suparṇā upa sedur 10, 73, 11. Sv. 1, 319. Tb. 2, 5, 8, 3. Ta. 4, 42, 3. N. 4, 3
vayaṃ gha tvā sutāvanta 8, 33, 1. Sv. 1, 261. 2, 214. Av. 20, 52, 1. 57, 14
vayaṃ ghā te api shmasi 8, 32, 7. Sv. 1, 230
vayaṃ ghā te apūrvyendra 8, 66, 11
vayaṃ ghā te tve id 8, 66, 13
vayaṃ cid dhi vāṃ jaritāraḥ 1, 180, 7
vayaṃ jayema tvayā yujā 1, 102, 4. Av. 7, 50, 4
vayaṃ ta indra stomebhir 8, 54, 8
vayaṃ ta ebhiḥ puruhūta 6, 19, 13
vayaṃ tad vaḥ samrāja 8, 27, 22
vayaṃ te agna ukthair 5, 4, 7
vayaṃ te agne samidhā 7, 14, 2
vayaṃ te adya rarimā 3, 14, 5. Vs. 18, 75
vayaṃ te asya vṛitrahan vaso 9, 98, 5. Sv. 2, 589
vayaṃ te asya vṛitrahan vidyāma 8, 24, 8
vayaṃ te asyām indra dyumnahūtau 6, 26, 8
vayaṃ te ta indra ye ca deva 7, 30, 4
vayaṃ te ta indra ye ca naraḥ 5, 33, 5
vayaṃ te vaya indra 2, 20, 1
vayaṃ nāma pra bravāmā 4, 58, 2. Vs. 17, 90. Ta. 10, 10, 2
vayam agne arvatā 2, 2, 10
vayam agne vanuyāma tvotā 5, 3, 6
vayam adyendrasya preshṭhā 1, 167, 10
vayam id vaḥ sudānavaḥ 8, 83, 6
vayam indra tvāyavaḥ sakhitvam 10, 133, 6
vayam indra tvāyavo 'bhi pra ṇonumo 7, 31, 4. Sv. 1, 132. Av. 20, 18, 4
vayam indra tvāyavo havishmanto 3, 41, 7. Av. 20, 23, 7
vayam indra tve sacā 4, 32, 4
vayam u tvā gṛihapate 6, 15, 19. Tb. 3, 5, 12, 1
vayam u tvā tadidarthā 8, 2, 16. Sv. 1, 157. 2, 69. Av. 20, 18, 1
vayam u tvā divā sute 8, 64, 6
vayam u tvā pathas pate 6, 53, 1. Ts. 1, 1, 14, 2
vayam u tvām apūrvya 8, 21, 1. Sv. 1, 408. 2, 58. Av. 20, 14, 1. 62, 1
vayam u tvā ṣatakrato 8, 92, 12
vayam enam idā hyo 8, 66, 7. Sv. 1, 272. 2, 1041. Av. 20, 97, 1
vayam mitrasyāvasi 5, 65, 5
vayaṣ cit te patatriṇo 1, 49, 3. Sv. 1, 367
vayā id agne agnayas 1, 59, 1
vayo na ye ṣreṇīḥ 5, 59, 7
vayo na vṛikshaṃ supalāṣam 10, 43, 4. Av. 20, 17, 4
varā ived raivatāso 5, 60, 4
varivodhātamo bhava 9, 1, 3. Sv. 2, 41
varishṭhe na indra vandhure 6, 47, 9
varishṭho asya dakshiṇām 6, 37, 4
varuṇaṃ vo riṣādasam 5, 64, 1
varuṇaḥ prāvitā bhuvan 1, 23, 6. Sv. 2, 145. Vs. 33, 46
varuṇo mitro aryamā 8, 28, 2
varethe agnim ātapo 8, 73, 8
vardhantīm āpaḥ panvā 1, 65, 4
vardhasvā su purushṭuta 8, 13, 25
vardhād yaṃ yajña uta 6, 38, 4
vardhān yaṃ viṣve marutaḥ 6, 17, 11
vardhān yam pūrvīḥ 1, 70, 7
varshishṭhakshatrā urucakshasā 8, 101, 2
vavaksha indro amitam 4, 16, 5. Av. 20, 77, 5
vavakshur asya ketavo 8, 12, 7
vavrājā sīm anadatīr 3, 1, 6

vavrāso na ye 1, 168, 2
vashaṭ te vishṇav āsā 7, 99, 7. 100, 7. Sv. 2, 977. Ts. 2, 2, 12, 4
vasām rājānam 5, 2, 6
vasishṭhaṃ ha varuṇo 7, 88, 4
vasishṭhāsaḥ pitṛivad 10, 66, 14
vasishvā hi miyedhya 1, 26, 1
vasuṃ na citramahasaṃ 10, 122, 1
vasur agnir vasuṣravā 5, 24, 2. Sv. 2, 458. Vs. 3, 25. 15, 48. Ts. 1, 5, 6, 3. 4, 4, 4, 8
vasur vasupatir hi kam 8, 44, 24. Ts. 1, 4, 46, 2
vasunāṃ vā carkṛisha 10, 74, 1
vasu rudrā purumantu 1, 158, 1
vasor indraṃ vasupatiṃ 1, 9, 9. Av. 20, 71, 15
vasyāñ indrāsi me pitur 8, 1, 6. Sv. 1, 292
vasvī te agne saṃdṛishṭir 6, 16, 25
vaha kutsam indra yasmiñ 1, 174, 5
vahanti sīm aruṇāso ruṣanto 6, 64, 3
vahantu tvā manoyujo 4, 48, 4
vahantu tvā ratheshṭhām 8, 33, 14
vahishṭhebhir viharan 4, 13, 4. Tb. 2, 4, 5, 4
vahniṃ yaṣasaṃ vidathasya 1, 60, 1
vācaṃ su mitrāvaruṇāv 5, 63, 6. Tb. 2, 4, 5, 4
vācam ashṭāpadīm 8, 76, 12. Sv. 2, 340. Av. 20, 42, 1
vācas patiṃ viṣvakarmāṇam 10, 81, 7. Vs. 8, 45. 17, 23. Ts. 4, 6, 2, 5
vāco jantuḥ kavīnām 9, 67, 13
vajayann iva nū rathān 2, 8, 1
vājinīvatī sūryasya 7, 75, 5
vājintamāya sahyase 10, 115, 6
vājī vājeshu dhīyate 3, 27, 8. Sv. 2, 828
vājebhir no vājasātāv 1, 110, 9
vāje-vāje 'vata vājino 7, 38, 8. Vs. 9, 18. 21, 11. Ts. 1, 7, 8, 2. 4, 7, 12, 1
vājeshu sāsahir bhava 8, 37, 6. Av. 20, 19, 6
vājo nu te ṣavasas 5, 15, 5
vājy asi vājinenā 10, 56, 3
vāta ā vātu bheshajaṃ 10, 186, 1. Sv. 1, 184. 2, 1190. Tb. 2, 4, 1, 8. Ta. 4, 42, 2. N. 10, 35
vātatvisho maruto 5, 57, 4
vātasya nu mahimānaṃ 10, 168, 1
vātasya patmann īlitā 5, 5, 7
vātasya yuktān suyujaṣ 5, 31, 10
vātasyāṣvo vāyoḥ 10, 136, 5
vātāso na ye dhunayo 10, 78, 3
vātevājuryā 2, 39, 5
vātopadhuta ishito 10, 91, 7. Sv. 2, 333
vāmaṃ-vāmaṃ ta ādure 4, 30, 24. N. 6, 31
vāmaṃ no astv aryaman 8, 83, 4
vāmam adya savitar vāmam 6, 71, 6. Vs. 8, 6. Ts. 1, 4, 23, 1. 2, 2, 12, 2
vāmasya hi pracetasa 8, 83, 5
vāmī vāmasya 6, 48, 20
vāya ukthebhir jarante 1, 2, 2
vāyav ā yāhi darṣateme 1, 2, 1. N. 10, 2
vāyav ā yāhi vītaye 5, 51, 5
vāyav indraṣ ca cetathaḥ 1, 2, 5
vāyav indraṣ ca ṣushmiṇā 4, 47, 3. Sv. 2, 980
vāyav indraṣ ca sunvata 1, 2, 6
vāyur asmā upāmanthat 10, 136, 7
vāyur na yo niyutvāñ 9, 88, 3
vāyur yuṅkte rohitā 1, 134, 3
vāyo tava prapṛiñcatī 1, 2, 3
vāyo yāhi ṣivā divo 8, 26, 23
vāyo ye te sahasriṇo 2, 41, 1. Vs. 27, 32
vāyo ṣataṃ harīṇāṃ 4, 48, 5. Ts. 2, 2, 12, 7
vāyo ṣukro ayāmi te 4, 47, 1. Sv. 2, 798. Vs. 27, 30. Tb. 2, 4, 7, 6
vār na tvā yavyābhir 8, 98, 8. Sv. 2, 61. Av. 20, 100, 2
vārtrahatyāya ṣavase 3, 37, 1. Av. 20, 19, 1. Vs. 18, 68. Tb. 2, 5, 6, 1
vāvarta yeshāṃ rāyā 10, 93, 13
vāvasānā vivasvati 1, 46, 13
vāvṛidhāna upa dyavi 8, 6, 40
vāvṛidhānaḥ ṣavasā bhūryojāḥ 10, 120, 2. Ait. ā. 1, 12. Sv. 2, 834. Av. 5, 2, 2. 20, 107, 5
vāvṛidhānasya te vayaṃ 8, 14, 6. Av. 20, 27, 6

vāvṛidhānāya tūrvaye 9, 42, 3
vāvṛidhānā ṣubhas patī 8, 5, 11
vāvṛidhāno marutsakhendro 8, 76, 3
vāsīmanta ṛishṭimanto 5, 57, 2
vāṣīm eko bibharti 8, 29, 3
vāṣrā arshantīndavo 9, 13, 7. Sv. 2, 543
vāṣreva vidyun 1, 38, 8. Ts. 3, 1, 11, 5
vāsayasīva vedhasas 7, 37, 6
vāstosh pate dhruvā sthūṇā 8, 17, 14. Sv. 1, 275
vāstosh pate prataraṇo 7, 54, 2
vāstosh pate prati jānīhy 7, 54, 1. Ts. 3, 4, 10, 1
vāstosh pate ṣagmayā saṃsadā 7, 54, 3. Ts. 3, 4, 10, 1
vāhishṭho vāṃ havānāṃ 8, 26, 16. N. 5, 1
vi kroṣanāso 10, 27, 18
vi gha tvāvāñ ṛitajāta 1, 189, 6
vighnanto duritā puru 9, 62, 2. Sv. 2, 181
vi cakrame pṛithivīm esha 7, 100, 4. Tb. 2, 4, 3, 5
vi cid vṛitrasya dodhato 8, 6, 6. Sv. 2, 1002. Av. 20, 107, 3
vi ced uchanty aṣvinā 7, 72, 4
vi janān chyāvāḥ 1, 35, 5. Tb. 2, 8, 6, 2
vi jayushā rathyā 6, 62, 7
vi jānīhy āryān 1, 51, 8
vi jihīshva vanaspate 5, 78, 5
vijeshakṛid indra 10, 84, 5. Av. 4, 31, 5. N. 6, 29
vi jyotishā bṛihatā bhāty 5, 2, 9. Av. 8, 3, 24. Ts. 1, 2, 14, 7. N. 4, 18
vi tad yayur aruṇayugbhir 6, 65, 2
vi tanvate dhiyo asmā 5, 47, 6
vi tartūryante 8, 1, 4. Av. 20, 85, 4
vi tishṭhadhvam maruto 7, 104, 18. Av. 8, 4, 18
vi te vajrāso asthiran 1, 80, 8
vi te vishvag vātajūtāso 6, 6, 3. Ts. 3, 3, 11, 1
vitvakshaṇaḥ samṛitau 5, 34, 6
vi tvad āpo na parvatasya 6, 24, 6. Sv. 1, 68
vi tvā tatasre mithunā 1, 131, 3. Av. 20, 72, 2. 75, 1
vi tvā naraḥ purutrā 1, 70, 10
vidad yat pūrvyaṃ nashṭam 8, 79, 6
vidad yadī saramā 3, 31, 6. Vs. 33, 59. Tb. 2, 5, 8, 10
vidantīm atra 1, 67, 4
vidā cin nu mahānto 5, 41, 13
vidā divo vishyann 5, 45, 1
vidā devā aghānām 8, 47, 2
vidānāso janmano 4, 34. 2
viduḥ pṛithivyā divo 7, 34, 2. Tāṇḍya 1, 2, 9
vi durgā vi dvishaḥ 1, 41, 3
vidush ṭe asya vīryasya 1, 131, 4. Av. 20, 75, 2
vidush ṭe viṣvā bhuvanāni 4, 42, 7
vi dṛiḷhāni cid adrivo 6, 45, 9
vidmā te agne tredhā trayāṇi 10, 45, 2. Vs. 12, 19. Ts. 4, 2, 2, 1
vidmā sakhitvam uta 8, 21, 8. N. 6, 17
vidmā hi te purā 8, 75, 16. Ts. 2, 6, 11, 4
vidmā hi tvā tuvikūrmiṃ 8, 81, 2. Sv. 2, 79
vidmā hi tvā dhanaṃjayaṃ vājeshu 3, 42, 6. Av. 20, 24, 6
vidmā hi tvā dhanaṃjayam indra 8, 45, 13
vidmā hi tvā vṛishantamaṃ 1, 10, 10
vidmā hi yas te adrivas 8, 92, 18
vidmā hi rudriyāṇāṃ 8, 20, 3
vidmā hy asya vīrasya 8, 2, 21
vidyām ādityā avaso 2, 27, 5
vi dyām eshi rajas 1, 50, 7. Av. 13, 2, 22. 20, 47, 19. N. 12, 23
vidyuto jyotiḥ pari 7, 33, 10
vidyuddhastā abhidyavaḥ 8, 7, 25
vidyudrathā maruta 3, 54, 13
vidyun na yā patantī 10, 95, 10. N. 11, 36
vidyunmahaso naro 5, 54, 3
vidvāñ agne vayunāni 1, 72, 7
vidvāṅsāv id duraḥ 1, 120, 2
vi dvīpāni pāpatan 8, 20, 4
vi dveshāṅsīnuhi 6, 10, 7
vidhuṃ dadrāṇaṃ 10, 55, 5. Sv. 1, 325. 2, 1133. Av. 9, 10, 9. Ta. 4, 20, 1. N. 14, 18

vidhema te parame janman 2, 9, 3. Vs. 17, 75. Ts. 4, 6, 5, 4
vi na indra mṛidho jahi 10, 152, 4. Sv. 2, 1218, Av. 1, 21, 2. Vs. 8, 44. 18, 70. Ts. 1, 6, 12, 4. N. 7, 2
vi naḥ pathaḥ suvitāya 1, 90, 4
vi naḥ sahasraṃ ṣurudho 7, 62, 3
vi no devāso adruho 8, 27, 9
vi no vājā ṛibhukshaṇaḥ 4, 37, 7
vi patho vājasātaye 6, 53, 4
vipaṣcite pavamānāya 9, 86, 44. Sv. 2, 965. Tb. 3, 10, 8, 1
vi pājasā pṛithunā 3, 15, 1. Vs. 11, 49. Ts. 4, 1, 5, 1
vi pipror ahimāyasya 6, 20, 7
vi pūshann ārayā 6, 53, 6
vi pṛiksho agne maghavāno 1, 73, 5
vi pṛichāmi pākyā na 1, 120, 4
vipraṃ viprāso 'vase 8, 11, 6. N. 14, 32
vipraṃ hotāram adruhaṃ 8, 44, 10
vi prathatāṃ devajushṭaṃ 10, 70, 4
viprasya vā stuvataḥ 8, 19, 12
viprā yajñeshu mānusheshu 7, 2, 7
viprāso na manmabhiḥ 10, 78, 1
viprebhir vipra santya 5, 51, 3
vibhaktāraṃ havāmahe 1, 22, 7. Vs. 30, 4. Ta. 10, 10, 2
vibhaktāsi citrabhāno 1, 27, 6. Sv. 2, 848
vibhāvā devaḥ suraṇaḥ 3, 3, 9
vibhidyā puraṃ ṣayathem 10, 67, 5. Av. 20, 91, 5
vibhir dvā carata 8, 29, 8
vibhu prabhu prathamam 2, 24, 10
vibhūtarātiṃ vipra 8, 19, 2. Sv. 2, 1038
vibhūshann agna ubhayāñ 6, 15, 9. Sv. 2, 919
vibhrājañ jyotishā svar agacho rocanaṃ divaḥ | devās ta 8, 98, 3. Sv. 2, 377. Av. 20, 62, 7
vibhrājañ jyotishā svar agacho rocanaṃ divaḥ | yenemā 10, 170, 4
vibhrājamāna ushasām 7, 63, 3
vibhrāḍ bṛihat pibatu 10, 170, 1. Sv. 2, 803. Vs. 33, 30
vibhrāḍ bṛihat subhṛitaṃ 10, 170, 2. Sv. 2, 804
vi mac chrathāya raṣanām 2, 28, 5
vi mṛilīkāya te mano 1, 25, 3
vi me karṇā patayato 6, 9, 6
vi me purutrā patayanti 3, 55, 3
vi yat tiro dharuṇam 1, 56, 5
vi yad asthād yajato 1, 141, 7
vi yad aher adha tvisho 8, 93, 14
vi yad varāṅsi 4, 21, 8
vi yad vācaṃ kīstāso 6, 67, 10
vi yasya te jrayasānasyā° 10, 115, 4
vi yasya te pṛithivyām 7, 3, 4
vi yā jānāti jasuriṃ 5, 61, 7
vi yā sṛijati samanaṃ 1, 48, 6
vi ye cṛitanty 1, 67, 8
vi ye te agne bhejire 7, 1, 9
vi ye dadhuḥ ṣaradam 7, 66, 11
vi ye bhrājante sumakhāsa 1, 85, 4
vi yo mame yamyā 9, 68, 3
vi yo rajāṅsy amimīta 6, 7, 7
vi yo rarapṣa ṛishibhir 4, 20, 5
vi yo vīrutsu 1, 67, 9
vi raksho vi mṛidho jahi 10, 152, 3. Sv. 2, 1217. Av. 1, 21, 3
virāṭ samrāḍ vibhvīḥ 1, 188, 5
virāṇ mitrāvaruṇayor 10, 130, 5
vi rāya aurṇod 1, 68, 10
virūpāsa id ṛishayas 10, 62, 5. N. 11, 17
vi vātajūto ataseshu 1, 58, 4
vi vṛikshān hanty uta 5, 83, 2. N. 10, 11
vi vṛitram parvaṣo 8, 7, 23
vivesha yan mā dhishaṇā 3, 32, 14. Ts. 1, 6, 12, 3
vivyaktha mahinā vṛishan 8, 92, 23. Sv. 2, 1011
viṣaṃ-viṣam maghavā 10, 43, 6. Av. 20, 17, 6
viṣāṃ rājānam adbhutam 8, 43, 24
viṣāṃ kaviṃ viṣpatiṃ ṣaṣvatīnāṃ 6, 1, 8. Tb. 3, 6, 10, 3
viṣāṃ kaviṃ viṣpatim mānushīṇāṃ 5, 4, 3
viṣāṃ kaviṃ viṣpatim mānushīr 3, 2, 10
viṣāṃ gopā asya caranti 1, 94, 5
viṣām āsām abhayānām 10, 92, 14
viṣo yad ahve 1, 69, 6
viṣo-viṣa īḍyam 6, 49, 2

viṣo-viṣo vo atithiṃ 8, 74, 1. Sv. 1, 87. 2, 914
viṣpatiṃ yahvam atithiṃ 3, 3, 8
vi ṣrayantām urviyā 2, 3, 5
vi ṣrayantām ṛitāvṛidhaḥ prayai 1, 142, 6
vi ṣrayantām ṛitāvṛidho dvāro 1, 13, 6
viṣvaṃ satyam maghavānā 2,24,12
viṣvakarman havishā vāvṛidhānaḥ 10, 81, 6. Sv. 2, 939. Vs. 17, 22. Ts 4, 6, 2, 6. N. 10, 27
viṣvakarmā vimanā 10, 82, 2. Vs. 17, 26. Ts. 4, 6, 2, 1. N. 10, 26
viṣvajite dhanajite 2, 21, 1
viṣvataṣcakshur uta 10, 81, 3. Av. 13, 2, 26. Vs. 17, 19. Ts. 4, 6, 2, 4. Ta. 10, 1, 3
viṣvadānīṃ sumanasaḥ syāma 6, 52, 5
viṣvam asyā nānāma 1, 48, 8
viṣvam it savanaṃ sutam 1, 16, 8
viṣvam paṣyanto bibhṛithā 8, 20, 26
viṣvam pratīcī saprathā 7, 77, 2
viṣvavedaso rayibhiḥ 1, 64, 10
viṣvasmā agnim bhuvanāya 10, 88, 12
viṣvasmā it svar dṛiṣe 9, 48, 4. Sv. 2, 190
viṣvasmāt sīm adhamāñ 4, 28, 4
viṣvasmān no aditiḥ pātv 10, 36, 3
viṣvasya ketur bhuvanasya 10, 45, 6. Vs. 12, 23. Ts. 4, 2, 2, 2
viṣvasya rājā pavate 9, 76, 4
viṣvasya hi pracetasā 5, 71, 2
viṣvasya hi prāṇanaṃ 1, 48, 10
viṣvasya hi preshito 10, 37, 5
viṣvasya hi ṣrushṭaye 2, 38, 2
viṣvā agne 'pa dahārātīr 7, 1, 7
viṣvā uta tvayā vayaṃ 2, 7, 3
viṣvāḥ pṛitanā abhibhūtaraṃ 8, 97, 10. Sv. 1, 370. 2, 280. Av. 20, 54, 1
viṣvā dveshāṅsi jahi 8, 53, 4
viṣvā dhāmāni viṣvacaksha 9, 86, 5. Sv. 2, 238
viṣvānarasya vas patim 8, 68, 4. Sv. 1, 364. N. 12, 21
viṣvāñ aryo vipaṣcito 8, 65, 9
viṣvāni deva savitar duritāni 5, 82, 5. Vs. 30, 3. Tb. 2, 4, 6, 3. Ta. 10, 10, 2
viṣvāni devī bhuvanā 1, 92, 9
viṣvāni no durgahā jātavedaḥ 5, 4, 9. Tb. 2, 4, 1, 5. Ta. 10, 2, 1
viṣvāni bhadrā maruto 1, 166, 9
viṣvāni viṣvamanaso 8, 24, 7
viṣvāni ṣakro naryāṇi vidvān 4, 16, 6. Av. 20, 77, 6
viṣvān devāñ ā vaha 1, 48, 12
viṣvān devān havāmahe 1, 23, 10
viṣvāny anyo bhuvanā 2, 40, 5. Tb. 2, 8, 1, 6
viṣvābhir dhībhir bhuvanena 8, 35, 2
viṣvāmitrā arāsata 3, 53, 13
viṣvā rūpāṇi prati muñcate 5, 81, 2. Vs. 12, 3. Ts. 4, 1, 10, 4. N. 12, 13
viṣvā rūpāṇy āviṣan 9, 25, 4
viṣvā rodhāṅsi pravataṣ ca 4, 22, 4
viṣvāvasuṃ soma gandharvam 10, 139, 4. Ta. 4, 11, 7
viṣvāvasur abhi tan no 10, 139, 5. Ta. 4, 11, 7
viṣvā vasūni saṃjayan 9, 29, 4
viṣvāsāṃ gṛihapatir viṣām 6, 48, 8
viṣvāsāṃ tvā viṣām 1, 127, 8
viṣvā soma pavamāna 9, 40, 4
viṣvāhā tvā sumanasaḥ 10, 37, 7
viṣvā hi martyatvanā 8, 92, 13
viṣvā hi vo namasyāni 10, 63, 2
viṣvāhendro adhivaktā 1, 100, 19. 102, 11
viṣve adya maruto viṣva 10, 35, 13. Vs. 18, 31. 33, 52. Ts. 4, 7, 12, 1
viṣve asyā vyushi 5, 45, 8
viṣve caned anā tvā 4, 30, 3
viṣve ta indra vīryaṃ 8, 62, 7
viṣvet tā te savaneshu 8, 100, 6
viṣvet tā vishṇur ābharad 8, 77, 10. N. 5, 4
viṣved anu rodhanā 2, 13, 10
viṣved ete janimā 3, 54, 8
viṣve devā akṛipanta 10, 24, 5
viṣve devā anamasyan 6, 9, 7
viṣve devā ṛitāvṛidha 6, 52, 10. Ts. 2, 4, 14, 5
viṣve devāḥ ṣāstana mā 10, 52, 1. Ṣ. P. 1, 5, 1, 26
viṣve devāḥ ṣṛiṇutemaṃ 6, 52, 13. Vs. 33, 53. Ts. 2, 4, 14, 5. Tb. 2, 8, 6, 5

viṣve devāḥ saha 10, 65, 14
viṣve devāḥ svāhākṛitim 9, 5, 11
viṣve devā no adyā svastaye 5, 51, 13
viṣve devā mama ṣriṇvantu 6, 52, 14
viṣve devāsa ā gata 2, 41, 13. 6, 52, 7. Vs. 7, 34
viṣve devāso adha vṛishṇyāni 10, 113, 8
viṣve devāso apturaḥ 1, 3, 8. N. 5, 4
viṣve devāso asridha 1, 3, 9
viṣvebhiḥ somyam madhv 1, 14, 10. Vs. 33, 10
viṣvebhir agne agnibhir 1, 26, 10. Sv. 2, 967
viṣvebhyo hi tvā bhuvanebhyas 2, 23, 17
viṣve yajatrā adhi 10, 63, 11
viṣve yad vām maṅhanā 6, 67, 5
viṣveshāṃ vaḥ satāṃ 6, 67, 1
viṣveshāṃ hy adhvarāṇām 10, 2, 6
viṣveshām aditir yajñiyānāṃ 4, 1, 20. Vs. 33, 16. Tb. 2, 7, 12, 5
viṣveshām irajyantaṃ 8, 46, 16
viṣveshām irajyavo 10, 93, 3
viṣveshām iha stuhi 8, 102, 10
viṣveshu hi tvā savaneshu 1, 131, 2. Av. 20, 72, 1
viṣve hi tvā sajoshaso janāso 5, 23, 3
viṣve hi tvā sajoshaso devāso 8, 23, 18
viṣve hi viṣvavedaso 5, 67, 3
viṣve hi shmā manave 8, 27, 4
viṣve hy asmai yajatāya 2, 16, 4
viṣvair devais tribhir 8, 35, 3
viṣvo devasya netur 5, 50, 1. Vs. 4, 8. 11, 67. 22, 21. Ts. 1, 2, 2, 1. 4, 1, 9, 1
viṣvo yasya vrate jano 9, 35, 6
viṣvo vihāyā aratir 1, 128, 6. Tb. 2, 5, 4, 4
viṣvo hy anyo arir 10, 28, 1
vishaṃ gavāṃ yātudhānāḥ 10, 87, 18. Av. 8, 3, 16
vi shā hotrā viṣvam 10, 64, 15
vi shāhy agne gṛiṇate 4, 11, 2
vi shu dvesho vy aṅhatim 8, 67, 21
vi shu viṣvā abhiyujo 8, 45, 8
vi shu viṣvā arātayo 10, 133, 3. Sv. 2, 1153. Av. 20, 95, 4
vi shū cara svadhā anu 8, 32, 19
vishūco aṣvān yuyuje 10, 79, 7
vi shū mṛidho janushā 5, 30, 7
vishūvṛid indro amater 10, 43, 3. Av. 20, 17, 3
visheṇa bhaṅgurāvataḥ 10, 87, 23. Av. 8, 3, 23
vishṭambho divo dharuṇaḥ 9, 89, 6
vishṭvī ṣamī taraṇitvena 1, 110, 4. N. 11, 16
vishṇuṃ stomāsaḥ purudasmam 3, 54, 14
vishṇur itthā paramam 10, 1, 3
vishṇur gopāḥ paramam 3, 55, 10
vishṇur yoniṃ kalpayatu 10, 184, 1. Av. 5, 25, 5. Ṣ. P. 14, 9, 4, 20
vishṇoḥ karmāṇi paṣyata 1, 22, 19. Sv. 2, 1021. Av. 7, 26, 6. Vs. 6, 4. 13, 33. Ts. 1, 3, 6, 2
vishṇor nu kaṃ vīryāṇi 1, 154, 1. Av. 7, 26, 1. Vs. 5, 18. Ts. 1, 2, 13, 2
vishpardhaso narāṃ na 1, 173, 10
vi sadyo viṣvā dṛiṅhitāny 7, 18, 13
visarmāṇaṃ kṛiṇuhi 5, 42, 9
vi suparṇo antarikshāṇy 1, 35, 7. Tb. 2, 8, 6, 2
vi sūryo amatiṃ na 5, 45, 2
vi sūryo madhye amucad 10, 138, 3
vi hi tvām indra purudhā 10, 112, 7
vi hi sotor asṛikshata 10, 86, 1. Av. 20, 126, 1. N. 1, 4. 13, 4
vihi hotrā avītā 4, 48, 1
vi hy akhyam manasā 1, 109, 1. Tb. 3, 6, 8, 1
vīḷu cid ārujatnubhir 1, 6, 5. Sv. 2, 202. Av. 20, 70, 1
vīḷu cid dṛiḷhā pitaro 1, 71, 2
vīḷupatmabhir āṣuhemabhir 1, 116, 2
vīlupavibhir maruta 8, 20, 2
vīḷau satīr abhi dhīrā 3, 31, 5
vītihotraṃ tvā kave 5, 26, 3. Sv. 2, 873
vītihotrā kṛitadvasū 8, 31, 9
vītī janasya divyasya 9, 91, 2

vīti yo devam marto 6, 16, 46
vīndra yāsi divyāni 10, 32, 2
vīrasya nu svaṣvyaṃ 3, 55, 18
vīreṇyaḥ kratur indraḥ 10, 104, 10
vīrebhir vīrān vanavad 2, 25, 2
vṛikaṣ cid asya vāraṇa 8, 66, 8. Sv. 2, 1042. Av. 20, 97, 2. N. 5, 21
vṛikāya cij jasamānāya 7, 68, 8
vṛikshāṣ cin me abhipitve 8, 4, 21
vṛikshe-vṛikshe niyatā 10, 27, 22. N. 2, 6
vṛijyāma te pari dvisho 8, 45, 10
vṛiñje ha yan namasā 6, 11, 5. Tb. 2, 4, 3, 2
vṛiteva yantam bahubhir 6, 1, 3. Tb. 3, 6, 10, 1
vṛitrakhādo valaṃrujaḥ 3, 45, 2. Sv. 2, 1069
vṛitrasya tvā ṣvasathād 8, 96, 7. Sv. 1, 324. Tb. 2, 8, 3, 5. Ait. Br. 3, 20
vṛitrāṇy anyaḥ samitheshu 7, 83, 9
vṛitreṇa yad ahinā 10, 113, 3
vṛithā krīḷanta indavaḥ 9, 21, 3
vṛishaṇaṃ tvā vayaṃ vṛishan 3, 27, 15. Sv. 2, 890. Av. 20, 102, 3. Tb. 3, 5, 2, 2
vṛishaṇaṃ dhībhir apturaṃ 9, 63, 21
vṛishaṇaṣvena maruto 8, 20, 10
vṛishaṇas te abhīṣavo 8, 33, 11
vṛishann indra vṛishapāṇāsa 1, 139, 6
vṛishabhaṃ carshaṇīnāṃ 3, 62, 6
vṛishabho na tigmaṣṛiṅgo 10, 86, 15. Av. 20, 126, 15
vṛishākapāyi revati 10, 86, 13. Av. 20, 126, 13. N. 12, 9
vṛishā grāvā vṛishā mado vṛishā somo ayaṃ sutaḥ | vṛishann indra 5, 40, 2
vṛishā grāvā vṛishā mado vṛishā somo ayaṃ sutaḥ | vṛishā yajño 8, 13, 32
vṛishā jajāna vṛishaṇaṃ raṇāya 7, 20, 5
vṛishāṇaṃ vṛishabhir yataṃ 9, 34, 3
vṛishā te vajra uta 2, 16, 6
vṛishā tvā vṛishaṇaṃ vardhatu 5, 36, 5
vṛishā tvā vṛishaṇaṃ huve vajriñ citrābhir ūtibhiḥ | vāvantha 8, 13, 33
vṛishā tvā vṛishaṇaṃ huve vajriñ citrābhir ūtibhiḥ | vṛishann indra 5, 40, 3
vṛishā na kruddhaḥ patayad 10, 43, 8. Av. 20, 17, 8
vṛishā pavasva dhārayā 9, 65, 10. Sv. 1, 469. 2, 153
vṛishā punāna āyushu 9, 19, 3. Sv. 2, 350
vṛishā matīnām pavate 9, 86, 19. Sv. 1, 559. 2, 171. Av. 18, 4, 58
vṛishā mada indre ṣloka 6, 24, 1
vṛishā yajño vṛishaṇaḥ 10, 66, 6
vṛishāyante mahe atyāya 3, 7, 9
vṛishāyamāṇo 'vṛiṇīta 1, 32, 3. Av. 2, 5, 7. Tb. 2, 5, 4, 2
vṛishāyam indra te ratha 8, 13, 31
vṛishā yūtheva 1, 7, 8. Sv. 2, 972. Av. 20, 17, 14
vṛishāravāya vadate 10, 146, 2. Tb. 2, 5, 5, 6
vṛishā vi jajñe janayann 9, 108, 12
vṛishā vṛishandhiṃ 4, 22, 2
vṛishā vṛishṇe duduhe dohasā 10, 11, 1. Av. 18, 1, 18
vṛishā vṛishṇe roruvad 9, 91, 3
vṛishā vo aṅṣur na kilā 10, 94, 10
vṛishā ṣoṇo abhikanikradad 9, 97, 13. Sv. 2, 156
vṛishāsi divo vṛishabho 6, 44, 21. N. 6, 17
vṛishā sotā sunotu te 8, 33, 12
vṛishā soma dyumāñ asi 9, 64, 1. Sv. 1, 504. 2, 131. Ts. 4, 2, 11, 3. 3, 13, 3
vṛisha hy agne ajaro 6, 48, 3
vṛishā hy asi bhānunā 9, 65, 4. Sv. 1, 480. 2, 134
vṛishā hy asi rādhase 5, 35, 4
vṛisheva yūthā pari koṣam 9, 76, 5
vṛisho agniḥ sam idhyate 3, 27, 14. Sv. 2, 889. Av. 20, 102, 2. Tb. 3, 5, 2, 2
vṛishṭidyāvā rītyāpeshas 5, 68, 5. Sv. 2, 817
vṛishṭiṃ divaḥ pari srava 9, 8, 8. Sv. 2, 536
vṛishṭiṃ divaḥ ṣatadhāraḥ 9, 96, 14

vṛishṭiṃ no arsha divyām 9, 97, 17
vṛishṇaḥ kośaḥ pavate 2, 16, 5
vṛishṇas te vṛishṇyaṃ savo 9, 64, 2. Sv. 2, 132
vṛishṇe yat te vṛishaṇo 5, 31, 5. Ts. 1, 6, 12, 6
vṛishṇe śardhāya sumakhāya 1, 64, 1
vṛishṇo astoshi bhūmyasya 5, 41, 10
vetthā hi nirṛitīnām 8, 24, 24. Sv. 1, 396. Av. 20. 66, 3
vetthā hi vedho adhvanaḥ 6, 16, 3. Sv. 2, 826
vety agrur janivān 5, 44, 7
vety adhvaryuḥ pathibhī 8, 101, 10
veda māso dhṛitavrato 1, 25, 8
veda yas trīṇi vidathāny 6, 51, 2
veda vātasya vartanim 1, 25, 9
vedā yo vīnām padam 1, 25, 7
vedishade priyadhāmāya 1, 140, 1
vedhā adṛipto 1, 69, 3
vemi tvā pūshann 8, 4, 17
ver adhvarasya dūtyāni 4, 7, 8. N. 6, 17
veshi hotram uta potraṃ 10, 2. 2
veshi hy adhvarīyatām agne 6, 2, 10
veshi hy adhvarīyatām upavaktā 4, 9, 5
veshīd v asya dūtyaṃ 4, 9, 6
vaiyaśvasya śrutaṃ naroto 8, 26, 11
vaiśvānaraṃ viśvahā 10, 88, 14
vaiśvānaraḥ pratnathā nākam 3, 2, 12. Tāṇḍya 1, 7, 6
vaiśvānaraṃ kavayo yajñiyāso 10, 88, 13
vaiśvānara tava tat 1, 98, 3
vaiśvānara tava tāni vratāni 6, 7, 5
vaiśvānara tava dhāmāny 3, 3, 10
vaiśvānaram manasāgniṃ 3, 26, 1
vaiśvānarasya daṅsanābhyo 3, 3, 11. Ts. 1, 5, 11, 1
vaiśvānarasya vimitāni 6, 7, 6. N. 6, 3
vaiśvānarasya sumatau 1, 98, 1. Vs. 26, 7. Ts. 1, 5, 11, 3. N. 7, 22
vaiśvānarāya dhishaṇām 3, 2, 1
vaiśvānarāya pṛithupājase 3, 3, 1
vaiśvānarāya mīḷhushe 4, 5, 1
vaiśvānaro mahimnā 1, 59, 7
vocemed indram 7, 28, 5. 29, 5. 30, 5
vy akṛiṇota camasaṃ 4, 35, 3
vy aktūn rudrā 5, 54, 4
vyacasvatīr urviyā 10, 110, 5. Av. 5, 12, 5. Vs. 29, 30. Tb. 3, 6, 3, 3 N. 8, 10
vy añjate divo anteshv 7, 79, 2
vy añjibhir diva ātāsv 1, 113, 14
vy anināsya 1, 150, 2
vy antariksham atiran 8, 14, 7. Sv. 2, 990. Av. 20, 28, 1. 39, 2
vyantv in nu yeshu mandasānas 2, 11, 15
vy arya indra tanuhi 10, 116, 6
vy aryamā varuṇaś 4, 55, 4
vyaśvas tvā vasuvidam 8, 23, 16
vy astabhnād rodasī mitro 6, 8, 3
vy asme adhi śarma 8, 47, 3
vy ānaḷ indraḥ pṛitanāḥ 10, 29, 8. Av. 20, 76, 8
vyuchantī hi raśmibhir 1, 49, 4
vy uchā duhitar divo 5, 79, 9
vy ushā āvaḥ pathyā 7, 79, 1
vy ushā āvo divijā 7, 75, 1
vyūrṇvatī divo antāñ 1, 92, 11
vy etu didyud dvishām 7, 34, 13
vrajaṃ kṛiṇudhvaṃ 10, 101, 8
vratā te agne mahato 3, 6, 5
vratena stho dhruvakshemā 5, 72, 2
vrātaṃ-vrātaṃ gaṇaṃ-gaṇam 3, 26, 6

śaṃ rodasī subandhave 10, 59, 8
śaṅsā mahām indraṃ 3, 49, 1
śaṅsā mitrasya varuṇasya 7, 61, 4
śaṅsāvādhvaryo 3, 53, 3. N. 4, 16
śaṅsed ukthaṃ sudānava 7, 31, 2. Sv. 2, 67
śakamayaṃ dhūmam 1, 164, 43. Av. 9, 10, 25
śakema tvā samidhaṃ 1, 94, 3. Sv. 2, 416
śagdhi pūrdhi pra 1, 42, 9
śagdhi vājasya subhaga 3, 16, 6
śagdhī na indra yat tvā 8, 3, 11
śagdhī no asya yad dha 8, 3, 12
śagdhy ū shu śacīpata 8, 61, 5. Sv. 1, 253. 2, 929. Av. 20, 118, 1

ṣacībhir naḥ ṣacīvasū 1, 139, 5. Sv. 1, 287
ṣacīva indra purukṛid 1, 53, 3. Av. 20, 21, 3
ṣacīva indram avase 10, 74, 5
ṣacīvatas te, puruṣāka 6, 24, 4
ṣacyākarta pitarā 4, 35, 5
ṣataṃ rājño nādhamanasya 1, 126, 2
ṣataṃ vā yaḥ ṣucīnāṃ 1, 30, 2
ṣataṃ vā yad asurya 10, 105, 11
ṣataṃ vā yasya daṣa 2, 13, 9
ṣataṃ veṇūñ 8, 55, 3
ṣataṃ vo amba dhāmāni 10, 97, 2. Vs. 12, 76. Ts. 4, 2, 6, 1
ṣataṃ ṣvetāsa ukshaṇo 8, 55, 2
ṣatakratum arṇavaṃ 3, 51, 2
ṣataṃ jīva ṣarado 10, 161, 4. Av. 3, 11, 4. 20, 96, 9. N. 14, 36
ṣatadhāraṃ vāyum 10, 107, 4. Av. 18, 4, 29
ṣatadhāram utsam akshīyamāṇaṃ 3, 26, 9
ṣataṃ te rājan bhishajaḥ 1, 24, 9. Ts. 1, 4, 45, 1
ṣataṃ te ṣiprinn 7, 25, 3
ṣataṃ dāse balbūthe 8, 46, 32
ṣataṃ dhārā devajātā 9, 97, 29
ṣataṃ na inda ūtibhiḥ 9, 52, 5
ṣatapavitrāḥ svadhayā 7, 47, 3. N. 5, 6
ṣatabradhna ishus tava 8, 77, 7
ṣatabhujibhis tam 1, 166, 8
ṣatam aṣmanmayīnām 4, 30, 20
ṣatam ahaṃ tirindire 8, 6, 46
ṣatam in nu ṣarado 1, 89, 9. Vs. 25, 22
ṣatam me gardabhānāṃ 8, 56, 3
ṣatam meshān vṛikye cakshadānam 1, 116, 16. N. 5, 21
ṣatam meshān vṛikye māmahānaṃ 1, 117, 17
ṣatānīkā hetayo asya 8, 50, 2 Av. 20, 51, 4
ṣatānīkeva pra jigāti 8, 49, 2. Sv. 2, 162, Av. 20, 51, 2
ṣatenā no abhishṭibhir 4, 46, 2
ṣatair apadran paṇaya 6, 20, 4
ṣatrūyanto abhi ye nas 10, 89, 15
ṣanaiṣ cid yanto adrivo 8, 45, 11
ṣaṃ na indrāgnī bhavatām 7, 35, 1. Av. 19, 10, 1. Vs. 36, 11
ṣaṃ na indro vasubhir 7, 35, 6. Av. 19, 10, 6
ṣaṃ naḥ karaty 1, 43, 6
ṣaṃ naḥ satyasya 7, 35, 12. Av. 19, 11, 1
ṣaṃ naḥ sūrya urucakshā 7, 35, 8. Av. 19, 10, 8
ṣaṃ naḥ somo bhavatu 7, 35, 7. Av. 19, 10, 7
ṣaṃ no agnir jyotiranīko 7, 35, 4. Av. 19, 10, 4
ṣaṃ no aja ekapād 7, 35, 13. Av. 19, 11, 3
ṣaṃ no aditir bhavatu vratebhiḥ 7, 35, 9. Av. 19, 10, 9
ṣaṃ no devaḥ savitā 7, 35, 10. Av. 19, 10, 10
ṣaṃ no devā viṣvadevā 7, 35, 11. Av. 19, 11, 2. Tb. 2, 8, 6, 3
ṣaṃ no devīr abhishṭaya 10, 9, 4. Sv. 1, 33. Av. 1, 6, 1. Vs. 36, 12. Tb. 1, 2, 1, 1. 2, 5, 8, 5. Ta. 4, 42, 4
ṣaṃ no dyāvāpṛithivī 7, 35, 5. Av. 19, 10, 5
ṣaṃ no dhātā 7, 35, 3. Av. 19, 10, 3
ṣaṃ no bhagaḥ 7, 35, 2. Av. 19, 10, 2
ṣaṃ no bhava cakshasā 10, 37, 10. Tb. 2, 8, 7, 3
ṣaṃ no bhavantu vājino 7, 38, 7. Vs. 9, 16. 21, 10. Ts. 1, 7, 8, 2. N. 12, 44
ṣaṃ no bhava hṛida ā 8, 48, 4
ṣaṃ no mitraḥ ṣaṃ 1, 90, 9. Av. 19, 9, 6. Vs. 36, 9
ṣam agnir agnibhiḥ karac 8, 18, 9. Tb. 3, 7, 10, 5
ṣam u shu vām madhuyuvā 5, 74, 9
ṣayuḥ parastād adha nu 3, 55, 6
ṣarasya cid ārcatkasyā° 1, 116, 22
ṣarāsaḥ kuṣarāso 1, 191, 3
ṣardhaṃ-ṣardhaṃ va eshāṃ 5, 53, 11
ṣardho mārutam uc chaṅsa 5, 52, 8
ṣaryāṇavati somam indraḥ 9, 113, 1
ṣavasā hy asi ṣruto 8, 24, 2. Av. 18, 1, 38
ṣavishṭhaṃ na ā bhara 6, 19, 6

ṣaṣaḥ kshuram 10, 28, 9
ṣaṣamānasya vā naraḥ 1, 86, 8. Sv. 2, 944
ṣaṣvattamam īḷate dutyāya 10, 70, 3
ṣaṣvat purosha 1, 113, 18
ṣaṣvad agnir vadhryaṣvasya 10, 69, 11
ṣaṣvad indraḥ popruthadbhir 1, 30, 16
ṣaṣvad dhi vaḥ sudānava 8, 67, 16
ṣaṣvantaṃ hi pracetasaḥ 8, 67, 17
ṣaṣvanto hi ṣatravo 7, 18, 18
ṣākmanā ṣāko 10, 55, 6. Sv. 2, 1133
ṣācigo ṣācipūjanā° 8, 17, 12. Sv. 2, 76. Av. 20, 5, 6. N. 8, 10
ṣāsa itthā mahāṅ asy 10, 152, 1. Av. 1, 20, 4
ṣāsad vahnir duhitur 3, 31, 1. N. 3, 4
ṣikshā ṇa indra rāya 8, 92, 9. Sv. 2, 994
ṣikshā vibhindo 8, 2, 41
ṣiksheyam asmai ditseyaṃ 8, 14, 2. Sv. 2, 1185. Av. 20, 27, 2
ṣiksheyam in mahayate 7, 32, 19. Sv. 2, 1147. Av. 20, 82, 2
ṣiprin vājānām 1, 29, 2. Av. 20, 74, 2. Tb. 2, 4, 4, 8
ṣivaḥ kapota ishito 10, 165, 2. Av. 6, 27, 2
ṣivas tvashṭar ihā gahi 5, 5, 9. Ts. 3, 1, 11, 2
ṣivā naḥ sakhyā santu 4, 10, 8
ṣiṣāno vṛishabho yathāgniḥ 8, 60, 13
ṣiṣuṃ jajñānaṃ harim 9, 109, 12. Sv. 2, 684
ṣiṣuṃ jajñānaṃ haryatam 9, 96, 17. Sv. 2, 525
ṣiṣuṃ na tvā jenyaṃ 10, 4, 3
ṣiṣur na jāto 'va cakradad 9, 74, 1
ṣītike ṣītikāvati 10, 16, 14. Av. 18, 3, 60. Ta. 6, 4, 1.
ṣīram pāvakaṣocishaṃ 8, 102, 11
ṣīrshṇaḥ-ṣīrshṇo jagatas 7, 66, 15
ṣukeshu me harimāṇaṃ 1, 50, 12. Av. 1, 22, 4. Tb. 3, 7, 6, 22
ṣukraḥ pavasva devebhyaḥ 9, 109, 5. Sv. 2, 592
ṣukraḥ ṣuṣukvāñ usho 1, 69, 1
ṣukraṃ te anyad 6, 58, 1. Sv. 1, 75. Ts. 4, 1, 11, 2. Ta. 1, 2, 4. 10, 1. 4, 5, 6. N. 12, 17
ṣukrasyādya gavāṣira 2, 41, 3
ṣukrebhir aṅgai raja 3, 1, 5
ṣuciḥ pāvaka ucyate 9, 24, 7. Sv. 2, 317
ṣuciḥ pāvaka vandyo 2, 7, 4. Ts. 1, 3, 14, 5
ṣuciḥ pāvako adbhuto 1, 142, 3
ṣuciḥ punānas tanvam 9, 70, 8
ṣuciḥ shma yasmā atrivat 5, 7, 8
ṣuciṃ na yāmann ishiraṃ 3, 2, 14
ṣuciṃ nu stomaṃ 7, 93, 1. Ts. 1, 1, 14, 1. Tb. 2, 4, 8, 3
ṣucim arkair bṛihaspatim 3, 62, 5. Tb. 2, 4, 6, 3
ṣucir apaḥ sūyavasā 2, 27, 13. Ts. 2, 1, 11, 4
ṣucir asi purunishṭhāḥ 8, 2, 9
ṣucir deveshv arpitā 1, 142, 9
ṣucī te cakre 10, 85, 12. Av. 14, 1, 12
ṣucī vo havyā marutaḥ 7, 56, 12. Tb. 2, 8, 5, 5
ṣunaṃ vāhāḥ ṣunaṃ 4, 57, 4. Av. 3, 17, 6. Ta. 6, 6, 2.
ṣunaṃ huvema maghavānam 3, 30, 22. 31, 22. 32, 17. 34, 11. 35, 11. 36, 11. 38, 10. 39, 9. 43, 8. 48, 5. 49, 5. 50, 5. 10, 89, 18. 104, 11. Sv. 1, 329. Av. 20, 11, 11. Tb. 2, 4, 4, 3
ṣunaḥṣepo hy ahvad 1, 24, 13
ṣunaṃ naḥ phālā 4, 57, 8. Av. 3, 17, 5. Vs. 12, 69. Ts. 4, 2, 5, 6
ṣunam andhāya bharam 1, 117, 18
ṣunam ashṭrāvy acarat 10, 102, 8
ṣunām asmabhyam ūtaye 10, 126, 7
ṣunaṣ cic chepaṃ 5, 2, 7
ṣunāsīrāv imāṃ vācaṃ 4, 57, 5. Ta. 6, 6, 2. N. 9, 41
ṣubhraṃ nu te ṣushmaṃ 2, 11, 4
ṣubhram andho devavātam 9, 62, 5. Sv. 2, 359
ṣubhro vaḥ ṣushmaḥ krudhmī 7, 56, 8
ṣumbhamāna ṛitāyubhir 9, 36, 4
ṣumbhamānā ṛitāyubhir 9, 64, 5. Sv. 2, 385
ṣuṣruvāṅsā cid aṣvinā 7, 70, 5

çushṇam piprum kuyavam 1, 103, 8
çushmāso ye te adrivo 5, 38, 3
çushmintamam na ūtaye 3, 37, 8. Av. 20, 20, 1. 57, 4
çushmintamo hi te mado 1, 175, 5
çushmī çardho na mārutam 9, 88, 7. Sv. 2, 823
çūragrāmaḥ sarvavīraḥ 9, 90, 3. Sv. 2, 759
çūrasyeva yudhyato 3, 55, 8
çūrā ived yuyudhayo 1, 85, 8
çūro na dhatta āyudhā 9, 76, 2 Sv. 2, 579
çūro vā çūram vanate 6, 25, 4
çūshebhir vṛidho jushāṇo 10, 6, 4
çṛiṅgāṇīvec chṛiṅgiṇām 3, 8, 10. Tb. 2, 4, 7, 11
çṛiṅgeva naḥ prathamā 2, 39, 3
çṛiṇutam jaritur havam kṛishṇasya 8, 85, 4
çṛiṇutam jaritur havam indrāgnī 7, 94, 2. Sv. 2, 267
çṛiṇotu na ūrjām patir 5, 41, 12
çṛiṇvantam pūshaṇam vayam 6, 54, 8
çṛiṇvantu no vṛishaṇaḥ 3, 54, 20
çṛiṇvantu stomam marutaḥ 1, 44, 14
çṛiṇve vīra ugram-ugram 6, 47, 16. N. 6, 22
çṛiṇve vṛishṭer iva svanaḥ 9, 41, 3. Sv. 2, 244
çṛitam yadā karasi 10, 16, 2. Av. 18, 2, 5. Ta. 6, 1, 4
çevāre vāryā 8, 1, 22
çeshan nu ta indra 1, 174, 4
çeshe vaneshu mātroḥ 8, 60, 15. Sv. 1, 46
çocā çocishṭha dīdihi 8, 60, 6
çnathad vṛitram uta 6, 60, 1. Ts. 4, 2, 11, 1. Tb. 3, 5, 7, 3
çyāvāçvasya rebhatas 8, 37, 7
çyāvāçvasya sunvatas tathā 8, 36, 7
çyāvāçvasya sunvato 'triṇām 8, 38, 8
çyena āsām aditiḥ 5, 44, 11
çyenāv iva patatho 8, 35, 9
çyeno na yonim sadanam 9, 71, 6
çrat te dadhāmi prathamāya 10, 147, 1. Sv. 1, 371
çraddhayāgniḥ sam idhyate 10, 151, 1. Tb. 2, 8, 8, 6. N. 9, 31
çraddhām devā yajamānā 10, 151, 4. Tb. 2, 8, 8, 7
çraddhām prātar havāmahe 10, 151, 5. Tb. 2, 8, 8, 7
çravaḥ sūribhyo amṛitam 7, 81, 6
çravac chrutkarṇa īyate 7, 32, 5
çravo vājam isham 6, 65, 3
çrātam havir 10, 179, 2. Av. 7, 72, 2
çrātam manya ūdhani 10, 179, 3. Av. 7, 72, 3
çrāyanta iva sūryam 8, 99, 3. Sv. 1, 267. 2, 669. Av. 20, 58, 1. Vs. 33, 41. N. 6, 8
çrāvayed asya karṇā 4, 29, 3
çriyase kam bhānubhiḥ 1, 87, 6. Ts. 2, 1, 11, 2. 4, 2, 11, 2. N. 4, 16
çriye kam vo adhi 1, 88, 3
çriye jātaḥ çriya ā nir 9, 94, 4
çriye te pādā duva 6, 29, 3
çriye te pṛiçnir 10, 105, 10
çriye pūshann ishukṛiteva 1, 184, 3
çriye maryāso añjīñr 10, 77, 2
çriye sudṛiçīr 5, 44, 2
çrīṇann upa sthād 1, 68, 1
çrīṇām udāro dharuṇo 10, 45, 5. Vs. 12, 22. Ts. 4, 2, 2, 3
çrutam vo vṛitrahantamam 8, 93, 16. Sv. 1, 208
çrutam gāyatram 1, 120, 6
çrutam me mitrāvaruṇā 1, 122, 6
çrudhi çrutkarṇa vahnibhir 1, 44, 13. Sv. 1, 50. Vs. 33, 15. Tb. 2, 7, 12, 5
çrudhī na indra hvayāmasi 6, 26, 1
çrudhī no agne sadane 10, 11, 9. 12, 9. Av. 18, 1, 25
çrudhī havam vipipānasyā° 7, 22, 4. Sv. 2, 1148
çrudhī havam tiraçcyā 8, 95, 4. Sv. 1, 346. 2, 233
çrudhī havam indra mā 2, 11, 1
çrudhī havam indra çūra 10, 148, 5
çrushṭī vām yajña udyataḥ 6, 68, 1
çrushṭīvāno hi dāçushe 1, 45, 2
çrushṭy agne navasya me 8, 23, 14. Sv. 1, 106
çrūyā agniç citrabhānur 2, 10, 2

ṣreshṭhaṃ yavishṭha bhāratāgne 2, 7, 1. Ts. 1, 3, 14, 3
ṣreshṭhaṃ yavishṭham atithiṃ 1, 44, 4
ṣreshṭhaṃ vaḥ peṣo adhi 4, 36, 7
ṣreshṭhaṃ no adya savitar 10, 35, 7
ṣreshṭho jātasya rudra 2, 33, 3
ṣroṇām eka 1, 161, 10
ṣvasity apsu haṅso na 1, 65, 9
ṣvityañco mā dakshiṇatas° 7,33,1
ṣvetaṃ rūpaṃ kṛiṇute 9, 74, 7

shaṭtriṅṣāṅs ca caturaḥ 10, 114, 6
shaḍ bhārāṅ eko 3, 56, 2
shaḷ aṣvāṅ ātithigva 8, 68, 17
shashṭiṃ sahasrāṣvyasyā° 8,46,22

sa ā gamad indro yo 5, 36, 1
sa ā no yoniṃ sadatu 7, 97, 4
sa ā vakshi mahi na ā ca 10, 3, 7. N. 4, 18
sa āhuto vi rocate 10, 118, 3
sa ij janena sa viṣā 2, 26, 3. Ts. 2, 3, 14, 3. Tb. 2, 8, 5, 3
sa it ksheti sudhita 4, 50, 8. Tb. 2, 4, 6, 4
sa it tantuṃ sa vi 6, 9, 3
sa it tamo 'vayunaṃ 6, 21, 3. N. 5, 15
sa it sudānuḥ svavāṅ 6, 68, 5
sa it svapā bhuvaneshv 4, 56, 3. Tb. 2, 8, 4, 7
sa id agniḥ kaṇvatamaḥ 10, 115, 5
sa id asteva prati dhād 6, 3, 5
sa id dānāya dabhyāya 10, 61, 2
sa id dāsaṃ tuvīravam 10, 99, 6
sa id bhojo yo gṛihave 10, 117, 3
sa id rājā pratijanyāni 4, 50, 7
sa id vane namasyubhir 1, 55, 4
sa idhāna ushaso rāmyā 2, 2, 8
sa idhāna vasush kavir 1, 79, 5. Sv. 2, 912. Vs. 15, 36. Ts. 4, 4, 4, 5
sa in nu rāyaḥ subhṛitasya 10, 147, 4
sa in mahāni samithāni 1, 55, 5
sa ishuhastaiḥ 10, 103, 3. Sv. 2, 1201. Av. 19, 13, 4. Vs. 17, 35. Ts. 4, 6, 4, 1
sa īṃ ratho na bhurishāḷ 9, 88, 2. Sv. 2, 822
sa īṃ rebho na prati vasta 6, 3, 6
sa īṃ vṛishājanayat 2, 35, 13
sa īṃ vṛishā na phenam 10, 61, 8
sa īṃ satyebhiḥ sakhibhiḥ 10, 67, 7. Av. 20, 91, 6. Tb. 2, 8, 5, 1. N. 5, 4
sa īṃ spṛidho vanate 6, 20, 9
sa īṃ pāhi ya ṛijīshī 6, 17, 2. Tb. 2, 5, 8, 1
sa īṃ mahīṃ dhuniṃ 2, 15, 5
sa īṃ mṛigo apyo 1, 145, 5
saṃ yaṃ stubho 'vanayo na 1, 190, 7
saṃ yaj janāu 1, 132, 5
saṃ yaj janau sudhanau 5, 34, 8
saṃ yat ta indra manyavaḥ 4, 31, 6
saṃ yad isho vanāmahe 5, 7, 3. Ts. 2, 1, 11, 3
saṃ yad dhananta manyubhir 7, 56, 22
saṃ yad vayaṃ yavasādo 10, 27, 9
saṃ yan madāya ṣushmiṇa 1, 30, 3
saṃ yan mahī mithatī 7, 93, 5
saṃ yan mithaḥ paspṛidhānāso 1, 119, 3
saṃ yasmin visvā vasūni 10, 6, 6
saṃ yā dānūni yemathur 8, 25, 6
saṃ vatsa iva mātṛibhir 9, 105, 2. Sv. 2, 449
saṃvatsaraṃ ṣaṣayānā 7, 103, 1. Av. 4, 15, 13. N. 9, 6
saṃvatsarīṇam paya 10, 87, 17. Av. 8, 3, 17
saṃ vāṃ satā nāsatyā 6, 63, 10
saṃ vāṃ karmaṇā sam 6, 69, 1. Ts. 3, 2, 11, 1
saṃvṛiktadhṛishṇum 9, 48, 2. Sv. 2, 187
saṃ vo madāso agmate° 1, 20, 5
saṃ-sam id yuvase vṛishann 10, 191, 1. Av. 6, 63, 4. Vs. 15, 30. Ts. 2, 6, 11, 4. 4, 4, 4, 4
saṃ sīdasva mahāṅ asi 1, 36, 9. Vs. 11, 37. Ts. 4, 1, 3, 3. Ta. 4, 5, 2
saṃsṛishṭaṃ dhanam 10, 84, 7. Av. 4, 31, 7
saṃhotraṃ sma 10, 86, 10. Av. 20, 126, 10

sakṛid dha dyaur ajāyata 6, 48, 22
sa ketur adhvarāṇām 3, 10, 4
saktum iva titaūnā 10, 71, 2. N. 4, 10
sa kshapaḥ pari shasvaje 8, 41. 3
sakhāya ā ni shīdata punānāya 9, 104, 1. Sv. 1, 568. 2, 507
sakhāya ā ni shīdata savitā 1, 22, 8
sakhāya ā ṣishāmahi 8, 24, 1. Sv. 1, 390. Av. 18, 1, 37
sakhāyaḥ kratum ichata 8. 70, 13
sakhāyaḥ sam vaḥ samyañcam 5, 7, 1. Vs. 15, 29. Ts. 2, 6, 11, 4. 4, 4, 4, 3
sakhāyas ta indra viṣvaha 7, 21, 9
sakhāyas te vishuṇā 5, 12, 5
sakhāyas tvā vavṛimahe 3, 9, 1. Sv. 1, 62
sakhāyo brahmavāhase 6, 45, 4
sakhā sakhye apacat 5, 29, 7
sakhā ha yatra sakhibhir 3, 39, 5
sakhīyatām avitā bodhi 4, 17, 18
sakhe vishṇo vitaraṃ 8, 100, 12
sakhe sakhāyam abhy ā 4, 1, 3
sakhye ta indra vājino 1, 11, 2. Sv. 2, 178
sa gṛiṇāno adbhir devavān 10, 61, 26
sa gṛitso agnis taruṇaṣ 7, 4, 2
sa gomaghā jaritre 6, 35, 4
sa gor aṣvasya vi vrajam 8, 32, 5
sa grāmebhiḥ sanitā 1, 100, 10
sa ghā taṃ vṛishaṇaṃ 1, 82, 4. Sv. 1, 424
sa ghā naḥ sūnuḥ ṣavasā 1, 27, 2. Sv. 2, 985
sa ghā no devaḥ savitā 7, 45, 3. Tb. 2, 8, 6, 1
sa ghā no yoga 1, 5, 3. Sv. 2, 92. Av. 20, 69, 1
sa ghā yas te dadāṣati 3, 10, 3
sa ghā rājā satpatiḥ 1, 54, 7
sa ghā vīro na 1, 18, 4
sa ghed utāsi vṛitrahan 4, 30, 22
saṃkrandanenānimishena 10, 103, 2. Sv. 2, 1200. Av. 19, 13, 3. Vs. 17, 34. Ts. 4, 6, 4, 1
saṃ gachadhvaṃ 10, 191, 2. Av. 6, 64, 1. Tb. 2, 4, 4, 4
saṃgachamāne yuvatī 1, 185, 5
saṃ gachasva pitṛibhiḥ 10, 14, 8. Av. 18, 3, 58. Ta. 6, 4, 2
saṃ gobhir āṅgiraso 10, 68, 2. Av. 20, 16, 2
saṃ gomad indra vājavad 4, 9, 7. Av. 20, 71, 13
saṃ ghoshaḥ ṣṛiṇve 3, 30, 16
sa cakrame mahato nir 5, 87, 4
sacanta yad ushasaḥ 10, 111, 7
sa candro vipra martyo 1, 150, 3
sacasva nāyam avase 6, 24, 10
sacā yad āsu jahatīshv 10, 95, 8
sacāyor indraṣ carkṛisha 10, 105, 4
sacā someshu puruhūta 8, 66, 6
sa ciketa sahīyasāgniṣ 8, 39, 5
sa citra citraṃ citayantam 6, 6, 7
sa cetayan manusho 4, 1, 9
sa jātūbharmā 1, 103, 3
sa jātebhir vṛitrahā 3, 31, 11
sa jāto garbho asi rodasyor 10, 1, 2. Vs. 11, 43. Ts. 4, 1, 4, 2
sa jāmibhir yat 1, 100, 11
sa jāyata prathamaḥ pastyāsu 4, 1, 11
sa jāyamānaḥ parame vyomani vratāni 6, 8, 2
sa jāyamānaḥ parame vyomany āvir 1, 143, 2
sa jāyamānaḥ parame vyoman vāyur na 7, 5, 7
sa jinvate jaṭhareshu 3, 2, 11
sa jihvayā caturanīka 5, 48, 5
sajūr ādityair vasubhiḥ 5, 51, 10
sajūr devebhir apāṃ 7, 34, 15
sajur mitrāvaruṇābhyāṃ 5, 51, 9
sajūr viṣvebhir devebhir 5, 51, 8
sajoshasa ādityair māda° 4, 34, 8
sajoshas tvā divo naro 6, 2, 3
sajoshā indra varuṇena 4, 34, 7
sajoshā indra sagaṇo 3, 47, 2. Vs. 7, 37. Ts. 1, 4, 42, 1. Ta. 10, 1, 11
sajoshā dhīrāḥ padair 1, 65, 2
saṃ ca tve jagmur gira 6, 34, 1
saṃ codaya citram 1, 9, 5. Av. 20, 71, 11
saṃjarbhurāṇas tarubhiḥ 5, 44, 5
saṃ jāgṛivadbhir jaramāṇa 10, 91, 1
saṃjānānā upa sīdann 1, 72, 5
sataḥ-sataḥ pratimānam 3, 31, 8
sa tat kṛidhishitas 6, 5, 6
sa turvaṇir mahāñ areṇu 1, 56, 3. N. 6, 14

sa tu vastrāṇy adha 10, 1, 6
sa tu srudhi srutyā 6, 36, 5
sa tu srudhīndra nūtanasya 6, 21, 8
sa tū no agnir nayatu 4, 1, 10
sa tū pavasva pari pārthivaṃ raja stotre 9, 72, 8
sa tū pavasva pari pārthivaṃ rajo divyā ca 9, 107, 24
sa te jānāti sumatiṃ 4, 4, 6. Ts. 1, 2, 14, 2
sa tejīyasā manasā 3, 19, 3. Ts. 1, 3, 14, 6
sato nūnaṃ kavayaḥ 10, 53, 10
satto hotā na ṛitviyas 3, 41, 2. Av. 20, 23, 2
satto hotā manushvad ā 1, 105, 14
satyaṃ tat turvaśe yadau 8, 45, 27
satyaṃ tad indrāvaruṇā 8, 59, 3
satyaṃ tveshā amavanto 1, 38, 7
satyam it tan na tvāvāñ 6, 30, 4. Tb. 2, 6, 9, 1
satyam it tvā mahenadi 8, 74, 15
satyam itthā vṛished asi 8, 33, 10. Sv. 1, 263
satyam id vā u asvinā 5, 73, 9
satyam id vā u taṃ vayam 8, 62, 12
satyamugrasya bṛihataḥ 9, 113, 5
satyam ūcur nara evā 4, 33, 6
satyām āsishaṃ kṛiṇutā 10, 67, 11. Av. 20, 91, 11
satyā satyebhir mahatī 7, 75, 7
satyenottabhitā 10, 85, 1. Av. 14, 1, 1
satrā te anu kṛishṭayo 4, 30, 2
satrā tvam purushṭutañ 8, 15, 11
satrā madāsas tava 6, 36, 1
satrā yad īm bhārvarasya 4, 21, 7
satrāsāhaṃ vareṇyaṃ 3, 34, 8. Av. 20, 11, 8
satrāsāho janabhaksho 2, 21, 3
satrā somā abhavann 4, 17, 6
satrāhaṇaṃ dādhṛishiṃ 4, 17, 8. Sv. 1, 335
sa tritasyādhi sānavi 9, 37, 4. Sv. 2, 645
satre ha jātāv ishitā 7, 33, 13
sa tvaṃ viprāya dāsushe 8, 43, 15
sa tvaṃ dakshasyāvṛiko 6, 15, 3
sa tvaṃ na indra dhiyasāno 5, 33, 2
sa tvaṃ na indra vājebhir 8, 16, 12. Av. 20, 46, 3
sa tvaṃ na indra sūrye 1, 104, 6
sa tvaṃ na indrākavābhir 6, 33, 4
sa tvaṃ na ūrjām pate 8, 23, 12
sa tvaṃ nas citra vajrahasta 6, 46, 2. Sv. 2, 160. Av. 20, 98, 2. Vs. 27, 38
sa tvaṃ no agne 'vamo 4, 1, 5. Vs. 21, 4. Ts. 2, 5, 12, 3
sa tvaṃ no arvan nidāyā 6, 12, 6
sa tvaṃ no deva manasā 8, 26, 25
sa tvaṃ no rāyaḥ sisīhi 3, 16, 3
sa tvaṃ agne pratīkena 10, 118, 8. Ts. 2, 5, 12, 5
sa tvam agne vibhāvasuḥ 8, 43, 32
sa tvam agne saubhagatvasya 1, 94, 16
sa tvam asmad apa dvisho 8, 11, 3
satvā bharisho 4, 40, 2
sa tvāmadad vṛishā 1, 80, 2
sa darṣatasrīr atithir 10, 91, 2
sadasas patim adbhutam 1, 18, 6. Sv. 1, 171. Vs. 32, 13. Ta. 10, 1, 4
sad asya made sad 6, 27, 2
sadā kavī sumatim 1, 117, 23
sadāpṛiṇo yajato 5, 44, 12
sadāsi raṇvo yavaseva 10, 11, 5. Av. 18, 1, 22
sadā sugaḥ pitumāñ 3, 54, 21
sad id dhi te tuvijātasya 6, 18, 4
sa dūto visved abhi vashṭi 4, 1, 8
sa dṛilhe cid abhi tṛiṇatti 8, 103, 5
sadṛisīr adya sadṛisīr 1, 123, 8
sa devaḥ kavineshito 9, 37, 6. Sv. 2, 647
sado dvā cakrāte 8, 29, 9
sadmeva prāco 2, 15, 3. Ts. 2, 3, 14, 5
sadyas cid yaḥ savasā 10, 178, 3. N. 10, 29
sadyas cid yasya carkṛitiḥ 6, 48, 21
sadyas cin nu te maghavann 7, 19, 9. Av. 20, 37, 9
sadyo adhvare rathiraṃ 7, 7, 4
sadyo jāta oshadhībhir 3, 5, 8
sadyo jātasya dadṛisānam 4, 7, 10
sadyo jāto vy amimīta 10, 110, 11. Av. 5, 2, 11. Vs. 29, 36. Tb. 3, 6, 3, 4. N. 8, 21

sadyojuvas te vājā 8, 81, 9
sadyo ha jāto vṛishabhaḥ 3, 48, 1
sa druhvaṇe manusha 10, 99, 7
sa dvibandhur vaitaraṇo 10, 61, 17
sa dhārayat pṛithivīm 1, 103, 2
sadhrīcīḥ sindhum 10, 111, 10
sadhrīm ā yanti pari 2, 13, 2
sa na indraḥ śivaḥ sakhā 8, 93, 3. Sv. 2, 802. Av. 20, 7, 3
sa na indra tvayatāyā 7, 20, 10. 21, 10
sa na indra yajyave 9, 61, 12. Sv. 2, 23. Vs. 26, 17
sa na īḷānayā saha 8, 102, 2
sa na ūrje vy avyayam 9, 49, 4. Sv. 2, 788
sa naḥ kshumantam sadane 10, 38, 2
sa naḥ papriḥ pārayāti 8, 16, 11. Av. 20, 46, 2
sa naḥ pavasva vājayuḥ 9, 44, 4
sa naḥ pavasva śaṃ gave 9, 11, 3. Sv. 2, 3
sa naḥ pāvaka dīdivo 1, 12, 10. Vs. 17, 9. Ts. 1, 3, 14, 8. 5, 5, 3. 4, 6, 1, 3
sa naḥ pāvaka dīdihi 3, 10, 8
sa naḥ piteva sūnave 1, 1, 9. Vs. 3, 24. Ts. 1, 5, 6, 2. N. 3, 21
sa naḥ punāna ā bhara rayiṃ vīravatīm 9, 61, 6. Sv. 2, 139
sa naḥ punāna ā bhara rayiṃ stotre 9, 40, 5
sa naḥ pṛithu śravāyyam 6, 16, 12. Sv. 2, 12. Tb. 3, 5, 2, 1
sa naḥ śakraś cid ā 8, 32, 12
sa naḥ śarmāṇi vītaye 3, 13, 4
sa naḥ sindhum iva nāvayāti 1, 97, 8. Av. 4, 33, 8. Ta. 6, 11, 2
sa naḥ someshu somapāḥ 8, 97, 6
sanat sāśvyam paśum 5, 61, 5
sanadvājaṃ vipravīraṃ 10, 47, 4
sa naś citrābhir adrivo 4, 32, 5
sa na stavāna ā bhara gāyatreṇa 1, 12, 11
sa na stavāna ā bhara rayiṃ 8, 24, 3
sanā ca soma jeshi ca 9, 4, 1. Sv. 2, 397
sanā jyotiḥ sanā svar 9, 4, 2. Sv. 2, 398
sanā tā kā cin bhuvanā 2, 24, 5
sanā tā ta indra navyā 1, 174, 8
sanā tā ta indra bhojanāni 7, 19, 6. Av. 20, 37, 6
sanāt sanīḷā avanīr 1, 62, 10
sanā daksham uta kratum 9, 4, 3. Sv. 2, 399
sanād agne mṛiṇasi yātudhānān 10, 87, 19. Sv. 1, 80. Av. 5, 29, 11. 8, 3, 18
sanād eva tava rāyo 1, 62, 12
sanād divam pari bhūmā 1, 62, 8
sanā purāṇam adhy emi 3, 54, 9
sanāmānā cid dhvasayo 10, 73, 6
sanāyate gotama indra 1, 62, 13
sanāyuvo namasā 1, 62, 11
sanitaḥ susanitar ugra 8, 46, 20
sanitā vipro arvadbhir 8, 2, 36
sanitāsi pravato 7, 37, 5
sanir mitrasya papratha 8, 12, 12
sa nīvyābhir 6, 32, 4
sanema tat susanitā 10, 36, 9
sanema te 'vasā navya 6, 20, 10
sanema ye ta ūtibhis 2, 11, 19
sanemi kṛidhy asmad ā 9, 104, 6
sanemi cakram ajaraṃ 1, 164, 14. Av. 9, 9, 14
sanemi tvam asmad āṅ adevaṃ 9, 105, 6. Sv. 2, 963
sanemi sakhyaṃ svapasyamānaḥ 1, 62, 9
sanemy asmad yuyota didyum 7, 56, 9
sa no adya vasuttaye 9, 44, 6
sa no arsha pavitra ā 9, 64, 12
sa no arshābhi dūtyaṃ 9, 45, 2
sa no jyotīṅshi pūrvya 9, 36, 3
sa no dūrāc cāsāc ca 1, 27, 3. Sv. 2, 986
sa no deva devatāte 9, 96, 3
sa no devebhiḥ pavamāna 9, 93, 4
sa no dhītī varishṭhayā 5, 25, 3
sa no navyebhir vṛishakarmann 1, 130, 10
sa no niyudbhiḥ puruhūta 6, 22, 11. Av. 20, 36, 11
sa no niyudbhir ā pṛiṇa 6, 45, 21
sa no nṛiṇāṃ nṛitamo 1, 77, 4
sa no nedishṭhaṃ dadṛiśāna 1, 127, 11
sa no bodhi puraetā sugeshūta 6, 21, 12
sa no bodhi puroḷāśaṃ 6, 23, 7

sa no bodhi srudhî havam 5, 24, 3. Vs. 3, 26
sa no bodhi sahasya 2, 2, 11
sa no bhagâya vâyave pûshṇe 9, 61, 9. Sv. 2, 433
sa no bhagâya vâyave vipravîraḥ 9, 44, 5
sa no madânâm pata 9, 44, 5
sa no mandrâbhir adhvare 6, 16, 2. Sv. 2, 825
sa no mahâñ animâno 1, 27, 11. Sv. 2, 1014
sa no mitramahas tvam 8, 44, 14. Sv. 2, 1063
sa no yuvendro 2, 20, 3
sa no râdhâṅsy â bhare° 7, 15, 11
sa no revat samidhânaḥ 2, 2, 6
sa no vasva upa mâsi 8, 71, 9
sa no vâjâya sravasa 6, 17, 14
sa no vâjeshv avitâ 8, 46, 13
sa no vibhâvâ cakshaṇir 6, 4, 2
sa no visvâ divo vasûto 9, 57, 4. Sv. 2, 1114
sa no visvâny â bhara suvitâni 8, 93, 29
sa no visvâhâ sukratur 1, 25, 12
sa no visvebhir devebhir 8, 71, 3
sa no vṛishann amum 1, 7, 6 Sv. 2, 971. Av. 20, 70, 12. N. 6, 16
sa no vṛishan sanishṭhayâ 8, 92, 15
sa no vṛishṭim divas pari 2, 6, 5
sa no vedo amâtyam 7, 15, 3. Sv. 2, 731
sa no harîṇâm pata 9, 105, 5. Sv. 2, 962
santy hy arya âsisha 8, 54, 7
saṃ te payâṅsi 1, 91, 18. Vs. 12, 113. Ts. 4, 2, 7, 4
saṃ trî pavitrâ vitatâny 9, 97, 55
saṃ dakshena manasâ jâyate 9, 68, 5
saṃ devaiḥ sobhate vṛishâ 9, 25, 3. Sv. 2, 270
saṃ naḥ sisîhi bhurijor 8, 4, 16
saṃ nu vocâvahai 1, 25, 17
saṃ no râyâ bṛihatâ 1, 48, 16
sa patyata ubhayor 6, 25, 6
sa paprathâno abhi pañca 7, 69, 2. Tb. 2, 8, 7, 7
saparyavo bharamâṇâ 7, 2, 4
saparyeṇyaḥ sa priyo 6, 1, 6. Tb. 3, 6, 10, 3
sa parvato na dharuṇeshv 1, 52, 2
sa pavasva dhanaṃjaya 9, 46, 5
sa pavasva madâya kaṃ 9, 45, 1
sa pavasva madintama 9, 50, 5. Sv. 2, 559
sa pavasva ya âvithendraṃ 9, 61, 22. Sv. 1, 494
sa pavasva vicarshaṇa 9, 41, 5. Sv. 2, 246
sa pavasva sahamânaḥ 9, 110, 12
sa pavitre vicakshaṇo 9, 37, 2. Sv. 2, 643
sa pitryâṇy âyudhâni vidvân 10, 8, 8
sa punâna upa sûre na 9, 97, 38. Sv. 2, 708
sa punâno madintamaḥ 9, 99, 6
sa pûrvayâ nividâ 1, 96, 2
sa pûrvyaḥ pavate 9, 77, 2
sa pûrvyo mahânâṃ 8, 63, 1. Sv. 1, 355
sa pûrvyo vasuvij jâyamâno 9, 96, 10
sapta ksharanti sisave 10, 13, 5. Av. 7, 57, 2
sapta tvâ harito rathe 1, 50, 8. Av. 13, 2, 23. 20, 47, 20. Ts. 2, 4, 14, 4
sapta diso nânâsûryâḥ 9, 114, 3. Ta. 1, 7, 4
sapta dhâmâni pariyann 10, 122, 3
saptabhiḥ putrair aditir 10, 72, 9. Ta. 1, 13, 3
sapta maryâdâḥ kavayas 10, 5, 6. Av. 5, 1, 6. N. 6, 27
sapta me sapta sâkina 5, 52, 17
sapta yuñjanti ratham 1, 164, 2. Av. 9, 9, 2. 13, 3, 18. Ta. 3, 11, 8. N. 4, 27
sapta vîrâso adharâd 10, 27, 15
sapta svasâro abhi mâtaraḥ 9, 86, 36
sapta svasṛîr arushîr 10, 5, 5. N. 5, 1
sapta hotâras tam id îḷate 8, 60, 16
sapta hotrâṇi manasâ 3, 4, 5
saptânâṃ sapta ṛishṭayaḥ 8, 28, 5
saptâpo devîḥ suraṇâ 10, 104, 8

saptārdhagarbhā 1, 164, 36. Av. 9, 10, 17. N. 14, 21
saptāsyāsan paridhayas 10, 90, 15. Av. 19, 6, 15. Vs. 31, 15. Ta. 3, 12, 3
saptim mṛijanti vedhaso 9, 29, 2. Sv. 2, 1116
saptī cid ghā madacyutā 8, 33, 18
sa praketa ubhayasya 7, 33, 12
sa pratnathā kavivṛidha 8, 63, 4
sa pratnathā sahasā 1, 96, 1
sa pratnavan navīyasā 6, 16, 21. Ts. 2, 2, 12, 1. Tb. 2, 4, 8, 1
sa pratnavan navyase 9, 91, 5
sa prathame vyomani 8, 13, 2. Sv. 2, 97
sa pravoḷhṛīn 2, 15, 4
sa prācīnān parvatān 2, 17, 5
sabādho yaṃ janā ime 8, 74, 6
sa bodhi sūrir maghavā 2, 6, 4. Vs. 12, 43. Ts. 4, 2, 3, 4
sa bhandanā ud iyarti 9, 86, 41. N. 5, 2
sabhām eti kitavaḥ 10, 34, 6
sa bhikshamāṇo amṛitasya 9, 70, 2. Sv. 2, 774
sa bhūtu yo ha prathamāya 2, 17, 2
sa bhrātaraṃ varuṇam 4, 1, 2
sam ajaisham imā 10, 159, 6
sa majmanā janima mānushāṇām 6, 18, 7
sam ajryā parvatyā 10, 69, 6
sam añjantu viṣve devāḥ 10, 85, 47
sam atra gāvo 'bhito 5, 30, 10
sa matsaraḥ pṛitsu vanvann 9, 96, 8
samatsu tvā ṣūra satām 1, 178, 7
samatsv agnim avase 8, 11, 9. Sv. 2, 518. Tb. 2, 4, 4, 4
sam adhvarāyoshaso 7, 41, 6. Av. 3, 16, 6. Vs. 34, 39. Tb. 2, 8, 9, 9
samanā tūrṇir upa 10, 73, 4
samaneva vapushyataḥ 8, 62, 9
sa mandasvā hy anu josham 6, 23, 8
sa mandasvā hy andhaso 3, 41, 6. 6, 45, 27. Av. 20, 23, 6
sa mandrayā ca jihvayā 7, 16, 9
sam anyā yanty upa yanty 2, 35, 3. Ts. 2, 5, 12, 1
sa manyumīḥ 1, 100, 6
sa manyum martyānām 8, 78, 6
sa marto agne svanīka 7, 1, 23
sa marmṛijāna āyubhiḥ prayasvān 9, 66, 23
sa marmṛijāna āyubhir ibho 9, 57, 3. Sv. 2, 1113
sa marmṛijāna indriyāya 9, 70, 5
sam aṣvinor avasā 5, 42, 18. 43, 17. 76, 5. 77, 5
sam asmiñ jāyamāna āsata 10, 95, 7. N. 10, 47
sam asya manyave viṣo 8, 6, 4. Sv. 1, 137. 2, 1001. Av. 20, 107, 1
sam asya harim harayo 9, 96, 2
sa mahnā viṣvā duritāni 7, 12, 2. Sv. 2, 655
sa mātarā na dadṛiṣāna 9, 70, 6
sa mātarā vicaran vājayann 9, 68, 4
sa mātarā sūryeṇā 6, 32, 2
sa mātariṣvā puruvāra 1, 96, 4
samāna ūrve adhi saṃgatāsaḥ 7, 76, 5
samānaṃ vatsam abhi 1, 146, 3
samānaṃ vāṃ sajātyaṃ 8, 73, 12
samānaṃ nīlaṃ vṛishaṇo 10, 5, 2
samānam añjy eshāṃ 8, 20, 11
samānam asmā anapāvṛid 10, 89, 3
samānam u tyam puruhūtam 10, 41, 1
samānam etad udakam 1, 164, 51. Ta. 1, 9, 5. N. 6, 22. 7, 23
samānam pūrvīr abhi vāvaṣānās 10, 123, 3
samānayojano hi vāṃ 1, 30, 18
samānī va ākūtiḥ 10, 191, 4. Av. 6, 64, 3. Tb. 2, 4, 4, 5
sa mānushīshu dūḷabho 4, 9, 2
sa mānushe vṛijane ṣaṃtamo 1, 128, 7
samāne ahan trir 1, 34, 3
samāno adhvā svasror 1, 113, 3. Sv. 2, 1101
samāno mantraḥ samitiḥ 10, 191, 3. Av. 6, 64, 2. Tb. 2, 4, 4, 5
samāno rājā vibhṛitaḥ 3, 55, 4
samānyā viyute dūre° 3, 54, 7. N. 4, 25
sa māmṛije tiro aṇvāni 9, 107, 11. Sv. 2, 1040

samāvavarti vishṭhito 2, 38, 6
sa māhina indro arṇo 2, 19, 3
sam it tam agham aṣnavad 8, 18, 14
sam it tān vṛitrahākhidat 8,77,3
samit-samit sumanā 3, 4, 1
samiddham agnim samidhā 6, 15, 7. Sv. 2, 917
samiddhaṣ cit sam idhyase 10, 150, 1
samiddhasya pramahaso 5, 28, 4
samiddhasya ṣrayamāṇaḥ 3, 8, 2. Tb. 3, 6, 1, 1
samiddhāgnir vanavat 5, 37, 2
samiddhe agnau suta indra 6, 40, 3
samiddheshv agnishv ānajānā 1, 108, 4
samiddho agna ā vaha 1, 142, 1
samiddho agna āhuta devān 5, 28, 5. Ts. 2, 5, 8, 6. Tb. 3, 5, 2, 3
samiddho agnir divi 5, 28, 1
samiddho agnir nihitaḥ pṛithivyām 2, 3, 1
samiddho adya manusho duroṇe 10, 110, 1. Av. 5, 12, 1. Vs. 29, 25. Tb. 3, 6, 3, 1. N. 8, 5
samiddho adya rājasi 1, 188, 1
samiddho viṣvatas patiḥ 9, 5, 1
samidhāgnim duvasyata 8, 44, 1. Vs. 3, 1. 12, 30. Ts. 4, 2, 3, 1. Tb. 1, 2, 1, 9
samidhā jātavedase devāya 7,14,1
samidhāna u santya 8, 44, 9
samidhānaḥ sahasrajid agne 5, 26, 6
samidhā yas ta āhutim niṣitim 6, 2, 5
samidhā yo niṣitī dāṣad 8, 19, 14
samidhyamānaḥ prathamānu 3,17, 1. Tb. 1, 2, 1, 10
samidhyamāno adhvare 'gniḥ 3, 27, 4. Tb. 3, 5, 2, 3
samidhyamāno amṛitasya 5, 28, 2
sam indra gardabham 1, 29, 5. Av. 20,74, 5
sam indra ṇo manasā 5, 42, 4. Av. 7, 97, 2. Vs. 8, 15. Ts. 1, 4, 44, 1. Tb. 2, 8, 8, 6
sam indra rāyā sam 1, 53, 5. Av. 20, 21, 5
sam indreṇota vāyunā 9, 61, 8. Sv. 2, 432
sam indrerayā gām 10, 59, 10
sam indro gā ajayat 4, 17, 11
sam indro rāyo bṛihatīr 8, 52, 10. Sv. 2, 1082
sam īm rebhāso asvaran 8, 97, 11. Sv. 2, 282. Av. 20, 54, 2
samīcīnā anūshata 9, 39, 6. Sv. 2, 253
samīcīnāsa āsate 9, 10, 7. Sv. 2, 475
samīcīne abhi tmanā yahvī 9, 102, 7
sam īm paṇer ajati 5, 34, 7
sam ī ratham na bhurijor 9, 71, 5
sam ī vatsam na mātṛibhiḥ 9, 104, 2. Sv. 2, 508
sam ī sakhāyo asvaran 9, 45, 5
sam u tye mahatīr apaḥ 8, 7, 22
sam u tvā dhībhir asvaran 9, 66, 8
samudraḥ sindhu rajo 10, 66, 11
samudrajyeshṭhāḥ salilasya 7, 49, 1
samudram āsām ava tasthe 5, 44, 9
samudrād arṇavād adhi 10, 190, 2. Ta. 10, 1, 14
samudrād ūrmim ud iyarti 10, 123, 2
samudrād ūrmir madhumāñ 4, 58, 1. Vs. 17, 89. Ta. 10, 10, 2
samudriyā apsaraso 9, 78, 3
samudre antaḥ ṣayata 8, 100, 9
samudreṇa sindhavo 3, 36, 7
samudre tvā nṛimaṇā 10, 45, 3. Vs. 12, 20. Ts. 4, 2, 2, 1
samudro apsu māmṛije 9, 2, 5. Sv. 2, 391
sam u pūshṇā gamemahi 6, 54, 2
sam u pra yanti dhītayaḥ 10, 25, 4
sam u priyā anūshata 9, 101, 8. Sv. 2, 169
sam u priyo mṛijyate 9, 97, 3. Sv. 2, 751
sam u vāṃ yajñam mahayam 7, 61, 6
sam u vo yajñam mahayan 7, 42, 3
sa mṛijyate sukarmabhir 9, 99, 7
sa mṛijyamāno daṣabhiḥ 9, 70, 4
sam enam ahrutā imā 9, 34, 6
sa me vapuṣ chadayad 6, 49, 5

samohe vā ya āṣata 1, 8, 6. Av. 20, 71, 2
samau cid dhastau 10, 117, 9
sampaṣyamānā amadann 3, 31, 10
sam pūshann adhvanas 1, 42, 1
sam pūshan vidushā naya 6, 54, 1
sam prerate anu vātasya 10, 168, 2
sam bhānunā yatate 5, 37, 1. N. 5, 7
sam bhūmyā antā 7, 83, 3
sam māgne varcasā 1, 23, 24. Av. 7, 89, 2. 9, 1, 15. 10, 5, 47
sam mā tapanty abhitaḥ sapatnīr iva parṣavaḥ | ni bādhate 10, 33, 2
sam mā tapanty abhitaḥ sapatnīr iva parṣavaḥ | mūsho 1, 105, 8 N. 4, 6
sam mātṛibhir na ṣiṣur 9, 93, 2. Sv. 2, 769
sammiṣlo arusho bhava 9, 61, 21. Sv. 2, 167
sammīlya yad 1, 161, 12
samyak samyanco mahishā 9, 73, 2
samyak sravanti sarito na 4, 58, 6. Vs. 13, 38. 17, 94. Ts. 4, 2. 9, 6
samrājā ugrā vṛishabhā 5, 63, 3
samrājā yā ghṛitayonī 5, 68, 2. Sv. 2, 494
samrājāv asya bhuvanasya 5, 63, 2
samrājo ye suvṛidho 10, 63, 5
samrājñī ṣvaṣure 10, 85, 46. Av. 14, 1, 44
samrāḷ anyaḥ svarāḷ 7, 82, 2
sa yantā vipra eshām 3, 13, 3
sa yahvyo 'vanīr goshv 10, 99, 4
sa yudhmaḥ satvā khajakṛit 6, 18, 2
sa yojate arushā 7, 16, 2. Sv. 2, 100. Vs. 15, 33. Ts. 4, 4, 4, 4
sa yo na muhe na mithū 6, 18, 8
sa yo vṛishā narām na 1, 149, 2
sa yo vṛishā vṛishṇyebhiḥ 1, 100, 1. Tb. 2, 8, 3, 6
sa yo vy asthād abhi 2, 4, 7
sa raṅhata urugāyasya 9, 97, 9. Sv. 2, 468
sa ratnam martyo vasu 1, 41, 6
sa rathena rathītamo 6, 45, 15
sa randhayat sadivaḥ 2, 19, 6
sarasvati tvam asmāṅ aviḍḍhi 2, 30, 8
sarasvati devanido ni 6, 61, 3
sarasvati yā sarathaṃ 10, 17, 8. Av. 18, 1, 43
sarasvatīṃ yāṃ pitaro 10, 17, 9. Av. 18, 1, 42
sarasvatīṃ devayanto havante 10, 17, 7. Av. 18, 1, 41
sarasvatī sarayuḥ 10, 64, 9
sarasvatī sādhayantī 2, 3, 8
sarasvaty abhi no neshi 6, 61, 14. Tb. 2, 4, 3, 1
sarasvān dhībhir 10, 66, 5
sa rājasi purushṭutaṅ eko 8, 15, 3. Av. 20, 61, 6. 62, 10
sa rāyas khām upa sṛijā 6, 36, 4
sa rudrebhir aṣastavāra 10, 99, 5
sarūpair ā su no gahi 8, 34, 12
sa retodhā vṛishabhaḥ 7, 101, 6
sa revāṅ iva viṣpatir 1, 27, 12. Sv. 2, 1015
sa rocayaj janushā 3, 2, 2
sa roruvad abhi pūrvā 9, 68, 2
sa roruvad vṛishabhas 10, 28, 2
sargāṅ iva sṛijataṃ 8, 35, 20
sarvam parikroṣaṃ 1, 29, 7. Av. 20, 74, 7
sarve nandanti yaṣasā 10, 71, 10
sa vajrabhṛid dasyuhā 1, 100, 12
sa vardhitā vardhanaḥ 9, 97, 39. Sv. 2, 709
sa vahniḥ putraḥ 1, 160, 3
sa vahniḥ soma jāgṛiviḥ 9, 36, 2
sa vahnibhir ṛikvabhir 6, 32, 3
sa vahnir apsu dushṭaro 9, 20, 6. Sv. 2, 323
sa vāṃ yajñeshu mānavī 9, 98, 9
sa vājaṃ yātāpa° 10, 99, 3
sa vājaṃ viṣvacarshaṇir 1, 27, 9. Sv. 2, 767
sa vājī rocanā divaḥ 9, 37, 3. Sv. 2, 644
sa vājy akshāḥ sahasraretāḥ 9, 109, 17. Sv. 2, 511
sa vājy arvā sa ṛishir 4, 36, 6
sa vāvṛidhe naryo yoshaṇāsu 7, 95, 3
savitā paṣcātāt savitā 10, 36, 14
savitā yantraiḥ pṛithivīm 10, 149, 1. N. 10, 32
savitāram ushasam aṣvinā 1, 44, 8

sa vidvāñ añgirobhya indro 8, 63, 3
sa vidvāñ apagoham 2, 15, 7
sa vidvāñ ā ca piprayo 2, 6, 8
sa vipraș carshaṇīnām 4, 8, 8
sa viṣvā dāṣushe vasu 9, 36, 5
sa vīro apratishkuta 7, 32, 6
sa vīro dakshasādhano 9, 101, 15. Sv. 2, 738
sa vṛitrahatye havyaḥ sa 4, 24, 2
sa vṛitrahā vrishā suto 9, 37, 5. Sv. 2, 646
sa vṛitrahendra ṛibhukshāḥ 8, 96, 21
sa vṛitrahendraḥ kṛishṇayonīḥ 2, 20, 7
sa vṛitrahendraș carshaṇīdhṛit 8, 96, 20
sa vetasum daṣamāyam 6, 20, 8
sa veda deva ānamam 4, 8, 3
sa veda sushṭutīnām 10, 26, 3
sa vāyum indram aṣvinā 9, 7, 7. Sv. 2, 484
sa vāvaṣāna iha pāhi 3, 51, 8
savyām anu sphigyam 8, 4, 8. Sv. 2, 956
sa vrādhataḥ ṣavasānebhir 10, 99, 9
sa vrādhato nahusho 1, 122, 10
sa ṣushmī kalaṣeshv ā 6, 18, 7
sa ṣevṛidham adhi dhā 1, 54, 11. Tb. 2, 6, 9, 1
sa ṣrudhi yaḥ smā pṛitanāsu 1, 129, 2
sa ṣvitānas tanyatū 6, 6, 2. Ts. 1, 3, 14, 4
sa saṃstiro vishṭiraḥ 1, 140, 7
sa satpatiḥ ṣavasā hanti 6, 13, 3
sa satyasatvan mahate 6, 31, 5
sa sadma pari ṇīyate 4, 9, 3
sasantu tyā arātayo 1, 29, 4. Av. 20, 74, 4
sa saṃnayaḥ sa vinayaḥ 2, 24, 9
sa sapta dhītibhir hito 9, 9, 4
sa samudro apīcyas 8, 41, 8
sa sargeṇa ṣavasā 6, 32, 5
sasarparīr abharat 3, 53, 16
sasarparīr amatim 3, 53, 15
sa savyena yamati 1, 100, 9
sasasya yad viyutā 4, 7, 7
sasānātyāñ uta sūryam 3, 34, 9. Av. 20, 11, 9
sa sukratuḥ purohito 1, 128, 4
sa sukratur ṛitacid 7, 85, 4
sa sukratur yo vi duraḥ 7, 9, 2
sa sukratū raṇitā yaḥ 8, 96, 19
sa sutaḥ pītaye vṛishā 9, 37, 1. Sv. 2, 642
sa sunvata indraḥ sūryam 2, 19, 5
sa sunve yo vasūnām 9, 108, 13. Sv. 1, 582. 2, 446
sa sushṭubhā sa ṛikvatā 4, 50, 5. Av. 20, 80, 5. Ts. 2, 3, 14, 4
sa sushṭubhā sa stubhā 1, 62, 4
sa sūnubhir na rudrebhir 1, 100, 5
sa sūnur mātarā ṣucir 9, 9, 3. Sv. 2, 286
sa sūryaḥ pary urū 10, 89, 2
sa sūrya prati puro na 7, 62, 2
sa sūryasya raṣmibhiḥ pari vyata 9, 86, 32
sasṛivāñsam iva tmanā 3, 9, 5
sa soma āmiṣlatamaḥ 6, 29, 4
sastu mātā sastu pitā 7, 55, 5. Av. 4, 5, 6
sa stomyaḥ sa havyaḥ 8, 16, 8
sasthāvānā yavayasi 8, 37, 4
sasnim avindac caraṇe 10, 139, 6. Ta. 4, 11, 8. N. 5, 1
sa smā kṛiṇoti ketum ā 5, 7, 4
sasvaș cid dhi tanvaḥ 7, 59, 7
sasvaș cid dhi samṛitis 7, 60, 10
sahadānum puruhūta 3, 30, 8. Vs. 18, 69. N. 6, 1
saha vāmena na usho 1, 48, 1
sa havyavāḷ amartya 3, 11, 2. Vs. 22, 16. Ts. 4, 1, 11, 4
sa ha ṣruta indro nāma 2, 20, 6
sahastomāḥ sahachandasa 10, 130, 7. Vs. 34, 49
sahasram vyatīnām 4, 32, 17
sahasram sākam arcata 1, 80, 9
sahasraṇīthaḥ ṣatadhāro 9, 85, 4
sahasraṇīthāḥ kavayo 10, 154, 5. Av. 18, 2, 18
sahasradā grāmaṇīr 10, 62, 11
sahasradhā pañcadaṣāny 10, 114, 8. Ait. ā. 1, 16
sahasradhāram vṛishabham 9, 108, 8. Sv. 2, 745
sahasradhāraḥ pavate samudro 9, 101, 6 Sv. 2, 224. Av. 20, 137, 6
sahasradhāre 'va tā asaṣcatas 9, 74, 6

sahasradhāre 'va te sam 9, 73, 4. Av. 5, 6 3
sahasradhāre vitate pavitra 9, 73, 7
sahasram ta indrotayo 1, 167, 1
sahasravājam abhimātishāham 10, 104, 7
sahasraśīrshā purushah 10, 90, 1. Av. 19, 6, 1. Vs. 31, 1. Ta. 3, 12, 1
sahasraśriṅgo vrishabho yah 7, 55, 7. Av. 4, 5, 1
sahasrasām āgniveśim 5, 34, 9
sahasrākshena śataśāradena 10, 161, 3. Av. 3, 11, 3. 20, 96, 8
sahasrāksho vicarshanir 1, 79, 12
sahasrā te śatā vayam 4, 32, 18
sahasreneva sacate yavīyudhā 8, 4, 6
sahasre prishatīnām 8, 65, 11
sahasrotih śatāmagho 9, 62, 14
sahasva manyo abhimātim 10, 84, 3. Av. 4, 31, 3
sahāvā pritsu taranir 3, 49, 3
sa hi kratuh sa maryah 1, 77, 3
sa hi kshatrasya manasasya 5, 44, 10
sa hi kshapāvāñ agnī 1, 70, 5
sa hi kshayena kshamyasya 7, 46, 2
sa hi kshemo havir yajñah 10, 20, 6
sa hi tvam deva śaśvate 9, 98, 4
sa hi dyutā vidyutā 10, 99, 2
sa hi dyubhir janānām 5, 16, 2
sa hi dvaro dvarishu 1, 52, 3
sa hi dhībhir havyo asti 6, 18, 6
sa hi purū cid ojasā 1, 127, 3. Sv. 2, 1165
sa hi yo mānushā yugā 6, 16, 23
sa hi ratnāni dāśushe 5, 82, 3
sa hi viśvāti pārthivā 6, 16, 20
sa hi viśvāni pārthivāñ eko 6, 45, 20
sa hi vedā vasudhitim 4, 8, 2
sa hi śardho na mārutam 1, 127, 6
sa hi śucih śatapatrah 7, 97, 7. Tb. 2, 5, 5, 4
sa hi śravasyuh 1, 55, 6
sa hi shmā jaritribhya ā 9, 20, 2. Sv. 2, 319
sa hi shmā dhanvākshitam 5, 7, 7
sa hi shmā viśvacarshanir 5, 23, 4
sa hi satyo yam pūrve 5, 25, 2
sa hi svasrit prishadaśvo 1, 87, 4
sa hotā yasya rodasī 3, 6, 10
sa hotā viśvam pari 2, 2, 5
sa hotā sed u dūtyam 4, 8, 4
sahobhir viśvam pari cakramū 10, 56, 5
saho shu no vajrahastaih 8, 7, 32
sākam yakshma pra pata 10, 97, 13. Vs. 12, 87. Ts. 4, 2, 6, 4
sākamyujā śakunasyeva 10, 106, 3
sākam vadanti bahavo 9, 72, 2
sākam hi śucinā śucih 2, 5, 4
sākam jātah kratunā 2, 22, 3. Sv. 2, 837
sākam jātah subhvah 5, 55, 3
sakāmjānām saptatham 1, 164, 15. Av. 9, 9, 16. Ta. 1, 3, 1. N. 14, 19
sākamuksho marjayanta 9, 93, 1. Sv. 1, 538. 2, 768
sātir na vo 'mavatī 1, 168, 7
sā te agne śamtamā 8, 74, 8
sā te jīvātur uta 10, 27, 24. N. 5, 19
sā dyumnair dyumninī 8, 74, 9
sādhur na gridhnur 1, 70, 11
sādhv apāṅsi sanatā 2, 3, 6
sādhvaryā atithinīr 10, 68, 3. Av. 20, 16, 3
sādhvīm akar devavītim 10, 53, 3. Ts. 1, 3, 14, 2
sā no adya yasyā vayam 10, 127, 4
sā no adyābharadvasur 5, 79, 3. Sv. 2, 1092
sā no viśvā ati dvishah 6, 61, 9
sāmtapanā idam havir 7, 59, 9. Av. 7, 77, 1. Ts. 4, 3, 13, 3
sāma dvibarhā mahi 4, 5, 3
sāman nu rāye 10, 59, 2
sā mā satyoktih pari pātu 10, 37, 2
sā vasu dadhatī śvaśurāya 10, 95, 4
sā vaha yokshabhir 6, 64, 5
sā vit suvīrā 7, 56, 5
sāsmā aram prathamam 2, 18, 2
sāsmā aram bāhubhyām 2, 17, 6
sāsmākebhir etarī na 6, 12, 4. N. 6, 15
sāhā ye santi mushtiheva 8, 20, 20
sāhvān viśvā abhiyujah 3, 11, 6. Sv. 2, 908

siṅhaṃ nasanta madhvo 9, 89, 3
siṅhā iva nānadati 1, 64, 8
siñcanti namasāvatam 8, 72, 10. Sv. 2, 954
sidhrā agne dhiyo asme 10, 7, 4
sinīvāli prithushtuke 2, 32, 6. Av. 7, 46, 1. Vs. 34, 10. Ts. 3, 1, 11, 3. N. 11, 32
sindhur na kshodaḥ pra 1, 66, 10
sindhur na kshodaḥ ṣimīvāñ 2, 25, 3
sindhur ha vāṃ rasayā 4, 43, 6
sindhūñr iva pravaṇa āṣuyā 6, 46, 14
sindhor iva pravaṇe nimna 9, 69, 7
sindhor iva prādhvane 4, 58, 7. Vs. 17, 95
sishakti sā vāṃ sumatis 7, 70, 2
sishaktu na ūrjavyasya 5, 41, 20. N. 11, 49
sishāsatū rayīṇāṃ 9, 47, 5
sīdantas te vayo yathā 8, 21, 5. Sv. 1, 407
sīda hotaḥ sva u loke 3, 29, 8. Vs. 11, 35. Ts. 3, 5, 11, 2. 4, 1, 3, 3
sīrā yuñjanti kavayo 10, 101, 4. Av. 3, 17, 1. Vs. 12, 67. Ts. 4, 2, 5, 5
sukarmāṇaḥ suruco 4, 2, 17. Av. 18, 3, 22
sukiṃṣukaṃ ṣalmaliṃ 10, 85, 20. Av. 14, 1, 61. N. 12, 8
sukṛit supāṇiḥ svavāñ 3, 54, 12
sukshetriyā sugātuyā 1, 97, 2. Av. 4, 33, 2. Ta. 6, 11, 1
sukhaṃ rathaṃ yuyuje 10, 75, 9
sugaḥ panthā anṛikshara 1, 41, 4
sugavyaṃ no vājī 1, 162, 22. Vs. 25, 45. Ts. 4, 6, 9, 4
sugas te agne sanavitto 7, 42, 2
sugur asat suhiraṇyaḥ 1, 125, 2. N. 5, 19
sugota te supathā 6, 64, 4
sugo hi vo aryaman 2, 27, 6
sujyotishaḥ sūrya dakshapitṛīn 6, 50, 2
suta it tvaṃ nimiṣla indra 6, 23, 1
suta indo pavitra ā 9, 99, 8
suta indrāya vāyave 9, 34, 2
suta indrāya vishṇave 9, 63, 3
suta eti pavitra ā 9, 39, 3. Sv. 2, 251
sutaḥ somo asutād 6, 41, 4
sutapāvne sutā ime 1, 5, 5. Av. 20, 69, 3
sutambharo yajamānasya 5, 44, 13
sutā anu svam ā rajo 9, 63, 6
sutā indrāya vajriṇe 9, 63, 15
sutā indrāya vāyave varuṇāya 9, 33, 3. Sv. 2, 116
sutā indrāya vāyave somāso 5, 51, 7
sutāvantas tvā vayam 8, 65, 6
sutāso madhumattamāḥ 9, 101, 4. Sv. 1, 547. 2, 222. Av. 20, 137, 4
sute adhvare adhi vācam 10, 94, 14
sute-sute nyokase 1, 9, 10. Av. 20, 71, 16
sutrāmāṇam pṛithivīṃ dyām 10, 63, 10. Av. 7, 6, 3. Vs. 21, 6. Ts. 1, 5, 11, 5
sudaksho dakshaiḥ 10. 91, 3
sudāse dasrā vasu bibhratā 1, 47, 6
sudevaḥ samahāsati 5, 53, 15
sudevā stha kāṇvāyanā 8, 55, 4
sudevo adya prapated 10, 95, 14. Ṣ. P. 11, 5, 1, 8. N. 7, 3
sudevo asi varuṇa 8, 69, 12. Av. 20, 92, 9. N. 5, 27
sunirmathā nirmathitaḥ 3, 29, 12
sunītibhir nayasi 2, 23, 4
sunītho ghā sa martyo 8, 46, 4. Sv. 1, 206
sunotā madhumattamaṃ somam 9, 30, 6
sunotā somapāvne somam 7, 32, 8. Sv. 1, 285. Av. 6, 2, 3
sunvanti somaṃ rathirāso 10, 76, 7
suparṇa itthā nakham 10, 28, 10
suparṇaṃ vaste mṛigo 6, 75, 11. Vs. 29, 48. Ts. 4, 6, 6, 4. N. 2, 5. 9, 19
suparṇaṃ viprāḥ kavayo 10, 114, 5
suparṇā eta āsate 1, 105, 11
suparṇā vācam akratopa 10, 94, 5. Av. 6, 49, 3
supeṣasaṃ sukhaṃ rathaṃ 1, 49, 2
supeṣasam māva sṛijanty 5, 30, 13
supratīke vayovṛidhā 5, 5, 6
supravācanaṃ tava vīra 2, 13, 11
suprāvargaṃ suvīryaṃ 8, 22, 18

suprāvīr astu sa kshayaḥ 7, 66, 5. Sv. 2, 702
suprāvyaḥ prāṣushāl 4, 25, 6
supraituḥ sūyavaso 1, 190, 6
subrahmāṇaṃ devavantam 10, 47, 3. Tb. 2, 5, 6, 1
subhagaḥ sa prayajyavo 1, 86, 7
subhagaḥ sa va ūtishv 8, 20, 15
subhagān no devāḥ kṛiṇutā 10, 78, 8
sumaṅgalīr iyaṃ vadhur 10, 85, 33. Av. 14, 2, 28
suyugbhir aṣvaiḥ suvṛitā 3, 58, 3
suyug vahanti prati 3, 58, 2
surathāṅ ātithigve 8, 68, 16
surukme hi supeṣasādhi 1, 188, 6
surūpakṛitnum ūtaye 1, 4, 1. Sv. 1, 160. 2, 437. Av. 20, 57, 1. 68, 1
suvijñānaṃ cikitushe 7, 104, 12. Av. 8, 4, 12
suvitasya manāmahe 'ti 9, 41, 2. Sv. 2, 243
suvivṛitaṃ sunirajam 1, 10, 7
suvīraṃ rayim ā bhara 6, 16, 29
suvīras te janitā manyata 4, 17, 4
suvīrāso vayaṃ dhanā 9, 61, 23
suvīryaṃ svaṣvyaṃ sugavyam 8, 12, 33
suvṛid ratho vartate 1, 183, 2
suṣaṅso bodhi gṛiṇate 1, 44, 6
suṣilpe bṛihatī mahī 9, 5, 6
suṣevo no mṛilayākur 8, 79, 7
sushahā soma tāni te 9, 29, 3. Sv. 2, 1117
sushupvāṅsa ṛibhavas 1, 161, 13
sushupvāṅsaṃ na nirṛiter 1, 117, 5
sushumā yātam adribhir 1, 137, 1
sushome ṣaryaṇāvaty 8, 7, 29
sushṭubho vāṃ vṛishaṇvasū 5, 75, 4
sushṭhāmā rathaḥ 10, 44, 2. Av. 20, 94, 2
sushvāṇāsa indra stumasi tvā 10, 148, 1. Sv. 1, 316
sushvāṇāso vy adribhiṣ 9, 101, 11. Sv. 2, 453
susaṃkāṣā mātṛimṛishṭeva 1, 123, 11
susaṃdṛik te svanīka 7, 3, 6
susaṃdṛiṣaṃ tvā vayam prati paṣyema 10, 158, 5
susaṃdṛiṣaṃ tvā vayam maghavan 1, 82, 3. Vs. 3, 52. Ts. 1, 8, 5, 1
susamiddhāya ṣocishe 5, 5, 1. Vs. 3, 2
susamiddho na ā vaha 1, 13, 1. Sv. 2, 697
sūktavākam prathamam 10, 88, 8
sūktebhir vo vacobhir 5, 45, 4
sūnor mānenāṣvinā 1, 117, 11
sūyavasād bhagavatī 1, 164, 40. Av. 7, 73, 11. 9, 10, 20. N. 11, 44
sūra upāke tanvaṃ dadhāno 4, 16, 14
suraṣ cakram pra vṛihaj 1, 130, 9
sūraṣ cid ā harito 10, 92, 8
sūraṣ cid ratham paritakmyāyām 5, 31, 11
sūro na yasya dṛiṣatir 6, 3, 3
sūryaṃ cakshur gachatu 10, 16, 3. Av. 18, 2, 7. Ta. 6, 1, 4. 7, 3
suryaraṣmir harikeṣaḥ 10, 139, 1. Vs. 17, 58. Ts. 4, 6, 3, 3
sūryasyeva raṣmayo drāvayitnavo 9, 69, 6. Sv. 2, 720. N. 7, 2
sūryasyeva vakshatho 7, 33, 8. N. 11, 20
sūryācandramasau dhātā 10, 190, 3. Ta. 10, 1, 14
sūryāyā vahatuḥ prāgāt 10, 85, 13. Av. 14, 1, 13
sūryāyai devebhyo 10, 85, 17. Av. 14, 2, 46
surye visham ā sajāmi 1, 191, 10
suryo devīm ushasaṃ 1, 115, 2. Av. 20, 107, 15. Tb. 2, 8, 7, 1
suryo no divas pātu 10, 158, 1
suryo raṣmiṃ yathā sṛijā 8, 32, 23
sṛijaḥ sindhūṅr ahinā 10, 111, 9
sṛijanti raṣmim ojasā 8, 7, 8
sṛijo mahīr indra yā 2, 11, 2
sṛiṇyeva jarbharī 10, 106, 6. N. 13, 5
sed agnir agnīṅr aty 7, 1, 14. Tb. 2, 5, 3, 3
sed agnir yo vanushyato 7, 1, 15
sed agne astu subhagaḥ 4, 4, 7. Ts. 1, 2, 14, 3
sed ugro astu marutaḥ 7, 40, 3
sed ṛibhavo yam avatha 4, 37, 6
seneva sṛishṭāmaṃ 1, 66, 7. N. 10, 21
semaṃ naḥ kāmam ā pṛiṇa 1, 16, 9

semaṃ na stomam 1, 16, 5
semāṃ vetu vashaṭkṛitim 7, 15, 6
semām aviḍḍhi prabhṛitiṃ 2, 24, 1
sehāna ugra pṛitanā 8, 37, 2
sainānīkena 2, 9, 6. Ts. 4, 3, 13, 2
so agna īje ṣaṣame ca 6, 1, 9. Tb. 3, 6, 10, 4
so agna enā namasā 7, 93, 7
so agnir yo vasur gṛiṇe 5, 6, 2. Sv. 2, 1089. Vs. 15, 42
so agre ahnāṃ harir 9, 86, 42
so añgirasām ucathā 2, 20, 5
so añgirobhir 1, 100, 4
so addhā dāṣvadhvaro 8, 19, 9
so apratīni manave 2, 19, 4
so abhriyo na yavasa 10, 99, 8
so arṇavo na nadyaḥ 1, 55, 2
so arshendrāya pītaye 9, 62, 8. Sv. 2, 330
so asya vajro harito 10, 96, 3. Av. 20, 30, 3
so asya viṣe mahi ṣarma 9, 86, 15
so cin nu bhadrā 10, 11, 3. Av. 18, 1, 20
so cin nu vṛishṭir yūthyā 10, 23, 4. Av. 20, 73, 5
so cin nu sakhyā narya 10, 50, 2
sotā hi somam adribhir 8, 1, 17
sodañcaṃ sindhum 2, 15, 6
soma id vaḥ suto astu 8, 66, 15
soma u shuvāṇaḥ sotṛibhir 9, 107, 8. Sv. 1, 515. 2, 347
soma ekebhyaḥ pavate 10, 154, 1. Av. 18, 2, 14. Ta. 6, 3, 2
somaṃ rājānam avase 10, 141, 3. Sv. 1, 91. Av. 3, 20, 4. Vs. 9, 26. Ts. 1, 7, 10, 3
somaḥ pavate janitā matīnāṃ 9, 96, 5. Sv. 1, 527. 2, 293. N. 14, 12
somaḥ punāna ūrmiṇāvyo 9, 106, 10. Sv. 1, 572. 2, 290
somaḥ punāno arshati 9, 13, 1. Sv. 2, 537
somaḥ punāno avyaye 9, 110, 10
somaḥ prathamo vivide 10, 85, 40. Av. 14, 2, 3
somaḥ suto dhārayātyo 9, 97, 45
soma gīrbhish ṭvā 1, 91, 11. Tb. 3, 5, 6, 1. Tāṇḍya 1, 5, 7
somaṃ gāvo dhenavo 9, 97, 35. Sv. 2, 210. N. 14, 15
somam anya upāsadat 6, 57, 2
somam indrābṛihaspatī 4, 49, 6
somam manyate papivān 10, 85, 3. Av. 14, 1, 3. N. 11, 4
soma yās te mayobhuva 1, 91, 9. Ts. 4, 1, 11, 1
soma rājan mṛilayā naḥ 8, 48, 8
soma rārandhi no hṛidi 1, 91, 13. Tāṇḍya 1, 5, 6
somasya dhārā pavate 9, 80, 1
somasya mā tavasaṃ 3, 1, 1
somasya mitrāvaruṇoditā 8, 72, 17
somasya rājño varuṇasya dharmaṇi 10, 167, 3. N. 11, 12
somā asṛigram āṣavo 9, 23, 1
somā asṛigram indavaḥ 9, 12, 1. Sv. 2, 546
somāḥ pavanta indavo 9, 101, 10. Sv. 1, 548. 2, 451
somānaṃ svaraṇaṃ 1, 18, 1. Sv. 1, 139. 2, 813. Vs. 3, 28. Ts. 1, 5, 6, 4. Ta. 10, 1, 11. N. 6, 10
somāpūshaṇā jananā 2, 40, 1. Ts. 1, 8, 22, 5
somāpūshaṇā rajaso 2, 40, 3. Ts. 1, 8, 22, 5. Tb. 2, 8, 1, 5
somārudrā dhārayethām 6, 74, 1
somārudrā yuvam etāny 6, 74, 3. Av. 7, 42, 2. Ts. 1, 8, 22, 5
somārudrā vi vṛihataṃ 6, 74, 2. Av. 7, 42, 1. Ts. 1, 8, 22, 1
somāso na ye sutās 1, 168, 3
somenādityā balinaḥ 10, 85, 2. Av. 14, 1, 2
somo arshati dharṇasir 9, 23, 5
somo asmabhyaṃ dvipade 3, 62, 14
somo jigāti gātuvid 3, 62, 13. Ts. 1, 3, 4, 1
somo dadad gandharvāya 10, 85, 41. Av. 14, 2, 4
somo devo na sūryo 9, 63, 13
somo dhenuṃ somo 1, 91, 20. Vs. 34, 21. Tb. 2, 8, 3, 1
somo na vedhā ṛita° 1, 65, 10
somo mīḍhvān pavate 9, 107, 7
somo rājā prathamo brahma° 10, 109, 2. Av. 5, 17, 2
somo vadhūyur abhavad 10, 85, 9. Av. 14, 1, 9
soshām avindat sa svaḥ 10, 68, 9. Av. 20, 16, 9

stambhīd dha dyāṃ 1, 121, 2
starīr u tvad bhavati 7, 101, 3
starīr yat sūta 10, 31, 10
stavā nu ta indra purvyā 2, 11, 6
stavishyāmi tvām ahaṃ 1, 44, 5
stīrṇaṃ te barhiḥ suta 3, 35, 7
stīrṇam barhir upa no yāhi 1, 135, 1
stīrṇā asya saṃhato 3, 1, 7
stīrṇe barhishi samidhāne agnā ūrdhvo 4, 6, 4
stīrṇe barhishi samidhāne agnau sūktena 6, 52, 17
stuta indro maghavā yad 4, 17, 19
stutaṣ ca yās tvā 8, 2, 29
stutāso no maruto 1, 171, 3
stusha u vo maha ṛitasya 6, 51, 3
stushe janaṃ suvrataṃ 6, 49, 1
stushe narā divo asya prasantā 6, 62, 1
stusheyyam puruvarpasam 10, 120, 6. Av. 5, 2, 7. 20, 107, 9. N. 11, 21
stushe sā vāṃ varuṇa mitra 1, 122, 7
stuhi bhojān stuvato 5, 53, 16
stuhi ṣrutaṃ vipaṣcitaṃ 8, 13, 10
stuhi ṣrutaṃ gartasadaṃ 2, 33, 11. Av. 18, 1, 40. Ts. 4, 5, 10, 3
stuhi stuhīd ete ghā 8, 1, 30
stuhīndraṃ vyaṣvavad 8, 24, 22. Av. 20, 66, 1
stṛiṇānāso yatasruco 1, 142, 5
stṛiṇīta barhir ānushag 1, 13, 5
stego na kshām 10, 31, 9. Av. 18, 1, 39
stenaṃ rāya sārameya 7, 55, 3
stotā yat te anuvrata 8, 13, 19
stotā yat te vicarshaṇir 8, 13, 6
stotraṃ rādhānām pate 1, 30, 5. Sv. 2, 950. Av. 20, 45, 2
stotram indrāya gāyata 8, 45, 21
stotram indro marudgaṇas 6, 52, 11
stotre rāye harir arshā 9, 97, 6
stomaṃ vo adya rudrāya 10, 92, 9
stomaṃ jushethāṃ yuvaṣeva 8, 35, 5
stomaṃ ta indra vimadā 10, 23, 6
stomā āsan pratidhayaḥ 10, 85, 8. Av. 14, 1, 8
stomāsas tvā vicāriṇi 5, 84, 2. Ts. 2, 2, 12, 3
stomena hi divi devāso 10, 88, 10. N 7, 28
striyaḥ satīs tāñ u 1, 164, 16. Av. 9, 9, 15. Ta. 1, 11, 4. N. 5, 1. 14, 20
striyaṃ dṛishṭvāya 10, 34, 11
striyo hi dāsa āyudhāni 5, 30, 9
sthiraṃ hi jānam eshāṃ 1, 37, 9
sthiram manaṣ cakṛishe 5, 30, 4
sthirā vaḥ santu nemayo 1, 38, 12
sthirā vaḥ santv āyudhā 1, 39, 2
sthirebhir aṅgaiḥ pururūpa 2, 33, 9
sthirau gāvau bhavatāṃ 3, 53, 17
sthūraṃ rādhaḥ ṣatāṣvaṃ 8, 4, 19. N. 6, 22
sthūrasya rāyo bṛihato 4, 21, 4. Tb. 2, 8, 5, 8
spardhante vā u devahūye 7, 85, 2
spārhā yasya ṣriyo dṛiṣe 7, 15, 5. Tb. 2, 4, 8, 1
smatpuraṃdhir na ā gahi 8, 34, 6
smadabhīṣū kaṣāvantā 8, 25, 24
smad etayā sukīrtyā 8, 26, 19
syāma te ta indra ye ta 2, 11, 13
syāma vo manavo 10, 66, 12
syūmanā vāca ud iyarti 1, 113, 17
syonā pṛithivi bhavā° 1, 22, 15. Av. 18, 2, 19. Vs. 35, 21. 36, 13. Ta. 10, 1, 10. N. 9, 32
srakve drapsasya dhamataḥ 9, 73, 1
sruveva yasya hariṇī 10, 96, 9. Av. 20, 31, 4
sva ā dame sudughā 2, 35, 7
sva ā yas tubhyaṃ 1, 71, 6
svaḥ svāya dhāyase 2, 5, 7
svagnayo vo agnibhiḥ 8, 19, 7
svagnayo hi vāryaṃ 1, 26, 8
svadasva havyā sam isho 3, 54, 22
svadhām anu ṣriyaṃ naro 8, 20, 7
svadhvarā karati jātavedā 7, 17, 4
svadhvarāso madhumanto 4, 45, 5
svanā na yasya bhāmāsaḥ 10, 3, 5
svano na vo 'mavān 5, 87, 5
svapnenābhyupya 2, 15, 9
svayaṃ yajasva divi deva 10, 7, 6
svayaṃ kavir vidhartari 9, 47, 4
svayaṃ cit sa manyate 8, 4, 12
svayaṃ dadhidhve tavishīṃ 5, 55, 2

svayur indra svarāḷ asi 3, 45, 5
svaranti tvā sute naro 8, 33, 2. Sv. 2, 215. Av. 20, 52, 2. 57, 15
svarjitam mahi mandānam 10, 167, 2
svarjeshe bhara āprasya 1, 132, 2
svarṇaram antarikshāṇi 10, 65, 4
svar ṇa vastor ushasām 7, 10, 2
svarbhānor adha yad 5, 40, 6
svar yad vedi sudṛiṣīkam 4, 16, 4. Av. 20, 77, 4
svavṛijaṃ hi tvām aham 10, 38, 5
svasvā yaṣasā yātam 7, 69, 3. Tb. 2, 8, 7, 7
svaṣvā sindhuḥ surathā 10, 75, 8
svasā svasre jyāyasyai 1, 124, 8
svastaye vājibhiṣ ca 3, 30, 18
svastaye vāyum upa bravāmahai 5, 51, 12
svastidā viṣas patir 10, 152, 2. Av. 1, 21, 1. Tb. 3, 7, 11, 4. Ta. 10, 1, 9
svasti na indro vṛiddhaṣravāḥ 1, 89, 6. Sv. 2, 1225. Vs. 25, 19. Ta. 1, 1, 1. 21, 3. 10, 1, 9
svasti naḥ pathyāsu 10, 63, 15
svasti no divo agne pṛithivyā 10, 7, 1. Ts. 4, 3, 13, 2
svasti no mimītām aṣvinā 5, 51, 11
svasti panthām anu carema 5, 51, 15
svasti mitrāvaruṇā svasti 5, 51, 14
svastir id dhi prapathe 10, 63, 16. N. 11, 46
svādavaḥ somā ā yāhi 8, 2, 28
svādishṭhayā madishṭhayā pavasva 9, 1, 1. Sv. 1, 468. 2, 39. Vs. 26, 25. N. 11, 3
svāduḥ pavasva divyāya janmane 9, 85, 6
svādushaṃsadaḥ pitaro 6, 75, 9. Vs. 29, 46. Ts. 4, 6, 6, 3
svādush kilāyam 6, 47, 1. Av. 18, 1, 48
svādush ṭe astu saṃsude 8, 17, 6. Av. 20, 4, 3
svādo pito madho pito 1, 187, 2
svādor abhakshi vayasaḥ 8, 48, 1
svādor itthā vishūvato 1, 84, 10. Sv. 1, 409. 2, 355. Av. 20, 109, 1
svādhyo diva ā sapta 1, 72, 8. Tb. 2, 5, 8, 10
svādhyo vi duro devayanto 7, 2, 5
svāyudhaṃ svavasaṃ sunīthaṃ 10, 47, 2
svāyudhaḥ pavate deva indur 9, 87, 2. Sv. 2, 28
svāyudhaḥ sotṛibhiḥ pūyamāno 9, 96, 16
svāyudhasya te sato 9, 31, 6
svāyudhāsa ishmiṇaḥ 7, 56, 11
svāvṛig devasyāmṛitaṃ yadī 10, 12, 3. Av. 18, 1, 32
svābhākṛitasya tṛimpataṃ 8, 35, 24
svābhākṛitāny ā gahy 1, 142, 13
svāhāgnaye varuṇāya 5, 5, 11
svāhā yajñaṃ kṛiṇotane° 1, 13, 12
svidhmā yad vanadhitir 1, 121, 7

haṅsaḥ ṣucishad 4, 40, 5. Vs. 10, 24. 12, 14. Ts. 1, 8, 15, 2. 4, 2, 1, 5. Ta. 10, 10, 2
haṅsā iva kṛiṇutha ṣlokam 3, 53, 10
haṅsā iva ṣreṇiṣo yatānāḥ 3, 8, 9
haṅsāv iva patatho 8, 35, 8
haṅsāso ye vām madhumanto 4, 45, 4
haṅsair iva sakhibhir 10, 67, 3. Av. 20, 91, 3. Ts. 3. 4, 11, 3
hataṃ ca ṣatrūn yatataṃ ca 8, 35, 12
hata vṛitraṃ sudānava 1, 23, 9
hato vṛitrāṇy āryā 6, 60, 6. Sv. 2, 205
hatvāya devā asurān 10, 157, 4. Av. 20, 63, 2
hanāmainān̄ iti tvashṭā 1, 161, 5
hantā vṛitraṃ dakshiṇenendraḥ 8, 2, 32
hantā vṛitram indraḥ 7, 20, 2
hantāham pṛithivīm imāṃ 10, 119, 9. N. 1, 4
hanto nu kim āsase 8, 80, 5
haye jāye manasā 10, 95, 1. Ṣ. P. 11, 5, 1, 6
haye devā yūyam īd 2, 29, 4
haye naro maruto mṛiḷatā 5, 57, 8. 58, 8
hayo na vidvān̄ ayuji 5, 46, 1
harayo dhūmaketavo 8, 43, 4
hariṃ hi yonim 10, 96, 2. Av. 20, 30, 2
hariḥ sṛijānaḥ pathyām 9, 95, 2
haritvatā varcasā 10, 112, 3

harim mṛijanty arusho na 9, 72, 1
harismaṣārur 10, 96, 8. Av. 20, 31, 3
harī nu kaṃ ratha indrasya 2, 18, 3
harī nu ta indra vāja° 2, 11, 7
harī nv asya yā vane 10, 23, 2
harī yasya suyujā vivratā 10, 105, 2
haryann ushasam arcayaḥ 3, 44, 2
haryaṣvaṃ satpatiṃ 8, 21, 10. Av. 20, 14, 4. 62, 4
hava eshām asuro 10, 74, 2
havaṃ ta indra mahimā 7, 28, 2
havanta u tvā havyaṃ 7, 30, 2
havir havishmo mahi sadma 9, 83, 5
havishā jāro apām 1, 46, 4. N. 5. 24
havish kṛiṇudhvam ā gamad 8, 72, 1
havish pāntam ajaraṃ 10, 88, 1. N. 7, 25
havīmabhir havate 2, 33, 5
have tvā sūra udite 8, 13, 13
havyavāḷ agnir ajaraḥ 5, 4, 2. Ts. 3, 4, 11, 1
haskārād vidyutas pary 1, 23, 12
hastacyutebhir adribhiḥ 9, 11, 5. Sv. 2, 795
hastābhyāṃ daṣaṣākhābhyāṃ 10, 137, 7. Av. 4, 13, 7
haste dadhāno nṛimṇā 1, 67, 3
hastenaiva grāhya 10, 109, 3. Av. 5, 17, 3
hasteva ṣaktim abhi 2, 39, 7
hāridraveva patatho vaned 8, 35, 7
hiṅkṛiṇvatī vasupatnī 1, 164, 27. Av. 7, 73, 8. 9, 10, 5. N. 11, 45
hito na saptir abhi 9, 70, 10
hinotā no adhvaraṃ devayajyā 10, 30, 11. N. 6, 22
hinvanti sūram usrayaḥ pavamānam 9, 67, 9
hinvanti sūram usrayaḥ svasāro 9, 65, 1. Sv. 2, 254
hinvānāso rathā iva 9, 10, 2. Sv. 2, 470
hinvāno vācam ishyasi 9, 64, 9. Sv. 2, 310
hinvāno hetṛibhir yata 9, 64, 29. Sv. 2, 5
himenāgniṃ ghraṅsam 1, 116, 8. N. 6, 36
himeva parṇā mushitā 10, 68, 10. Av. 20, 16, 10
hiraṇyakarṇam maṇigrīvam 1, 122, 14
hiraṇyakeṣo rajaso 1, 79, 1. Ts. 3, 1, 11, 4
hiraṇyagarbhaḥ samavartatā° 10, 121, 1. Av. 4, 2, 7. Vs 13, 4. 23, 1. 25, 10 Ts. 4, 1, 8, 3. 2, 8, 2. Tāṇḍya 9, 9, 12. N. 10, 23
hiraṇyatvaṅ madhuvarṇo 5, 77, 3
hiraṇyadantaṃ ṣucivarṇam 5, 2, 3
hiraṇyanirṇig ayo asya 5, 62, 7
hiraṇyapāṇiḥ savitā vicarshaṇir 1, 35, 9. Vs. 34, 25
hiraṇyapāṇiḥ savitā sujihvas 3, 54, 11
hiraṇyapāṇim utaye 1, 22, 5. Vs. 22, 10. Ts. 1, 4, 25, 1. 2, 2, 12, 2
hiraṇyayī araṇī 10, 184, 3. Ṣ. P. 14, 9, 4, 21
hiraṇyayī vāṃ rabhir 8, 5, 29
hiraṇyayena purubhū 4, 44, 4. Av. 20, 143, 4
hiraṇyayena rathena dravat° 8, 5, 35
hiraṇyayebhiḥ pavibhiḥ 1, 64, 11
hiraṇyarūpaḥ sa hiraṇyasaṃdṛig 2, 35, 10. N. 3, 16
hiraṇyarupam ushaso vyushṭāv 5, 62, 8. Vs. 10, 16. Ts. 1, 8, 12, 3. N. 3, 5
hiraṇyaṣriṅgo 'yo 1, 163, 9. Vs. 29, 20. Ts. 4, 6, 7, 4
hiraṇyastūpaḥ savitar 10, 149, 5. N. 10, 33
hiraṇyahastam aṣvinā rarāṇā 1, 117, 24
hiraṇyahasto asuraḥ sunīthaḥ 1, 35, 10 Vs. 34, 26
huve vaḥ sudyotmānaṃ 2, 4, 1
huve vaḥ sūnuṃ sahaso 6, 5, 1
huve vātasvanaṃ kavim 8, 102, 5. Ts. 3, 1, 11, 8
huve vo devīm aditiṃ 6, 50, 1
hṛiṇīyamāno apa hi mad 5, 2, 8
hṛitsu pītāso yudhyante 8, 2, 12. N. 1, 4.

hṛidā tashṭeshu manaso 10, 71, 8. N. 13, 13
hṛidispṛiṣas ta āsate 10, 25, 2
hetiḥ pakshiṇī 10, 165, 3. Av. 6, 27, 3
hotājanishṭa cetanaḥ 2, 5, 1
hotā devo amartyaḥ 3, 27, 7. Sv. 2, 827. N. 6, 7
hotādhvaryur āvayā 1, 162, 5. Vs. 25, 28. Ts. 4, 6, 8, 2
hotā nishatto manor apatye 1, 68, 7
hotā yakshad vanino 1, 139, 10
hotāraṃ viṣvavedasaṃ sam 1, 44, 7
hotāraṃ sapta juhvo 1, 58, 7
hotāraṃ citraratham 10, 1, 5. Tb. 2, 4, 3, 6
hotāraṃ tvā vṛiṇīmahe 5, 20, 3
hotrād ahaṃ varuṇa 10, 51, 4
hradaṃ na hi tvā nyṛishhanty 1, 52, 7
hradā iva kukshayaḥ 3, 36, 8
hvayāmasi tvendra yāhy 6, 41, 5. Tb. 2, 4, 3, 11
hvayāmi devāñ ayātur 7, 34, 8
hvayāmy agnim prathamaṃ 1, 35, 1

IV. Kurze Inhaltsangabe.

Agastya s. Indra
Agastya und Lopāmudrā I, 179
Agni I, 1. 12. 14. 26. 27. 31. 36. 44. 45. 58. 59. 60. 65—79. 94—99. 127. 128. 140. 141. 143—150. 189. II, 1. 2. 4—10. III, 1—3. 5—7. 9—29. IV, 1—12. V, 1—4. 6—28. VI, 1—16. VII, 1. 3—17. 42. 43. VIII, 11. 23. 39. 43. 44. 60. 71. 74. 75. 84. 102. 103. X, 1—8. 11. 12. 16. 20. 21. 45. 46. 51—53. 69. 79. 80. 87. 88. 91. 115. 118. 122. 140. 142. 150. 156. 172. 176. 187. 188 I, 23, 24. 24, 1. 2. 139, 7. IX, 66, 19—21. 67, 24. 25. X, 98, 8—12 Āprī-Hymnen. s. Indra, Devāpi
Agni, dann Aṣvinau IV, 15
Agni, dann Ādityāḥ VIII, 19
Agni und Indra III, 25, 4
Agni, Indra, Varuṇa X, 124
Agni, dann Marutaḥ I, 19. III, 26. V, 60
Agni, vāc, Pūshan, Marutaḥ VI, 48
Agni, Savitṛi, Varuna I, 24
Agni und Soma I, 93
Añgirasaḥ X, 62
Atri V, 40, 5—9
Apāmnapāt II, 35
Apālā und Indra VIII, 91
araṇyānī X, 146
Aryaman s. Mitra und Varuṇa, Varuṇa und Mitra
aṣvamedha I, 162. 163.
Aṣvinau I, 34 (bei den drei savana). 46. 47. 112. 116—120. 157. 158, 180—184.

II, 39. III. 58. IV, 14. 43
—45. V, 73—78. VI, 62.
63. VII, 67—74. VIII, 5.
8—10. 22. 35. 57. 58. 73.
85—87. X,39—41. 106. 143
 I, 30, 17—19. 92, 16—
18. 139, 3—5. II, 41, 7—
9. VIII, 18, 8. 42, 4—6.
101, 7. 8. X, 24, 4—6. 131,
4. 5. s. Agni

Aṣvinau, Indra, Devāḥ, Sara-
svatī I, 3

Aṣvinau, dann Vāyu VIII, 26

Aṣvinau, Savitṛi, Devyaḥ, Vi-
shṇu I, 22

Ādityāḥ II, 27. VII, 51. 52.
60. VIII. 18. 67
 VIII, 19, 34. 35. s. Mitra
und Varuṇa

Ādityāḥ, Aṣvinau, Vāyu, Sū-
rya, Priṣṇi VIII, 101

Ādityāḥ, dann Ushas VIII, 47

Āpaḥ VII, 47. 49. X, 9. 30.
I, 23, 16—23. X, 17, 10

āprīsūkta I, 13. 142. 188. II,
3. III, 4. V, 5. VII, 2. IX,
5. X, 70. 110

Indra I, 4. 5. 7—11. 16. 29.
32. 33. 51—57. 61—63. 80
—84. 100—104. 121. 129
—133. 169. 173—178. II,
11—22. 30. III, 30—32. 34
—37. 39—53. IV, 16—27.
29—32. V, 29—39. VI. 17
—47. VII, 18—32. 98. VIII,
1—4. 6. 12—17. 21. 24. 32
—34. 36. 37. 45. 49—55.
61—66. 68—70. 76—78. 80
—82. 88—90. 92. 93. 95—
100. X, 22. 23. 27—29. 32.
33. 38. 42—44. 47—50. 54.
55. 73. 74. 89. 99. 103—
105. 111—113. 116. 119.

120. 133. 134. 138. 147. 148.
152. 153. 160. 167. 171. 179.
180
 I, 3, 4—6. 23, 7. 8. 139,
6. 142, 12. 13. II, 32, 2.
3. 41, 10—12. s. Agni,
Apālā, Ribhavaḥ, Briha-
spati, Vāyu, Vishṇu, Hari

Indra und Agastya I, 170

Indra und Agni I, 21. 108.
109. V, 86. VI, 59. 60. VII,
93. 94. VIII, 38. 40

Indra und Atri V, 40

Indra, dann Aṣvinau X, 24. 131

Indra, Aṣvinau, Ushas I, 30

Indra und Kutsa V, 29, 9.
31, 9

Indra und Parvata I, 132, 6.
III, 53, 1

Indra und Pūshan VI, 57

Indra und Brihaspati IV, 49.
VII, 97
 II, 24, 12

Indra und Marutaḥ I, 6. 165.
171
 I, 23, 7. 8

Indra und Varuṇa I, 17. IV,
41. 42. VI. 68. VII, 82—85.
VIII, 59

Indra und Varuṇa, Briha-
spati, Pūshan, Savitṛi, So-
ma, Mitra und Varuṇa
III, 62

Indra und Vāyu I, 2. IV, 46. 47
 I, 23, 2. 3. 135, 4—8.
II, 41, 3

Indra, dann Vāyu VIII, 46

Indra und Vishṇu VI, 69
 I, 155, 1. 2

Indra und Vrishākapi X, 86

Indra und Soma IV, 28. VI.
72. VII, 104
 II, 30, 6

Urvaṣī s. Purūravas

ulūkhala und musala I, 28
Ushas I, 48. 49. 113. 123. 124. III, 61. IV, 51. 52. V, 79. 80. VI, 64. 65. VII, 75. 81
I, 30, 20—22. VIII, 47, 14—18
Ushas und Asvinau I, 92
Ushāsānaktā I, 13, 7. 142, 7. 188, 6. II, 3, 6. III, 4, 6. V, 5, 6. VII, 2, 6. IX, 5, 6. X, 70, 6. 110, 6
Ritavaḥ I, 15. II, 36. 37
ṛitvijaḥ X, 101
Ṛibhavaḥ I, 20. 110. 111. 161. IV, 33—37. VII, 48
Ribhavaḥ und Indra III, 60
oshadhayaḥ X. 97. 145
Kutsa s. Indra
Kesin X, 136
Kshetrapati IV, 57
gāvaḥ VI, 28. X, 19. 169
grāvāṇaḥ X, 76. 94. 175
gharma X, 181
ghrita IV, 58
Tanūnapāt I, 13, 2. 142, 2. 188, 2. III, 4, 2. IX, 5, 2. X, 110, 2
Tārkshya X, 178
Tisro devyaḥ I, 13, 9. 142, 9. 188, 8. II, 3, 8. III, 4, 8. IX, 5, 8. X, 70, 8. 110, 8
Tvashṭri I, 13, 10. 142, 10. 188, 9. II, 3, 9. III, 4, 9. V, 5, 9. IX, 5, 9. X, 70, 9. 110, 9
dakshiṇā I, 125. X, 107. 117
Dadhikrā IV, 38—40. VII, 44
dānastuti I, 122, 15. 126, 1—5 IV, 15, 7—10. V, 27, 30, 12—15. 33, 8—10. 34, 9. 36, 6. 61, 5—10. 17—19. VI, 45, 31—33. 47, 21—25. 63, 9. 10. VII, 18, 22—25. VIII, 1, 30—34. 2, 41. 42. 3, 21—24. 4, 19—21. 5, 37—39. 6, 46—48. 19, 36. 37. 21, 17. 18. 24, 28—30. 25, 22—24. 46, 21—24. 29—33[1]). 55, 3—5. 56. 68, 14—19. 70, 13—15. 74, 13—15. X, 32, 9. 33, 4—8. 62, 7—11. Im ganzen 34
dundubhi VI, 47, 29—31.
Devāḥ I, 89. 90. 105—107. 122. 139. 186. II, 29. 31. III, 54—57. IV, 55. V, 41—43. 44 (?). 45. 46. 51. VI, 49—52. 59. VII, 34—37. 39. 40. VIII, 27—30. 83. X, 31. 35. 36. 61. 63—66. 72. 92. 93. 100. 128. 137. 141. 157
I, 3, 6—9. II, 41, 13—15
Devāḥ und Ritavaḥ I, 15
Devāpi, Brihaspati, Agni X, 98
Devyaḥ I, 22, 9—15. II, 32, 8. V, 46, 7. 8
Dyāvāprithivyau I, 159, 160. 185. IV, 56. VI, 70. VII, 53
I, 22, 13—15. II, 41, 9—12
Dyāvāprithivyau, Indra, Rākā, Sinīvālī, Devyaḥ II, 32
Dvāro devyaḥ I, 13, 6. 142, 6. 188, 5. II, 3, 5. V, 5, 5. VII, 2, 5. IX, 5, 5. X, 70, 5. 110, 5
Naktoshāsau s. Ushāsānaktā
Nadyaḥ X, 75. s. Visvâmitra

1) Dieser Hymnus ist aus zwei verschiedenen zusammengeschweisst.

Narāsaṅsa I, 13, 3. 18, 6—9. 142, 3. II, 3, 2. V, 5, 2. VII, 2, 2. X, 70, 2
Paṇayaḥ s. Saramā
Parjanya V, 83. VII, 101. 102
Parvata s. Indra
Pitaraḥ X, 15. 154
pitu I, 187
Purusha X, 90
Purūravas und Urvasī X, 95
Pūshan I, 42. 138. VI, 53—56. 58. X, 26
I, 23, 13—15. III, 62, 7—9. VI, 48, 14—19. VIII, 4, 15—18. IX, 67, 10—12. X, 17, 3, 6. s. Indra, Soma
Pṛithivī 5, 84. s. Dyāvāpṛithivyau
Prisni VIII, 101, 15. 16
Prajāpati X, 121
Brihaspati I, 18. 40. 190. II, 23—26. VI, 73. X, 67. 68. 182
I, 139, 10. III, 62, 4—6. s. Indra, Devāpi
Brihaspati und Indra VII, 97
Brihaspati, dann Indra IV, 50
brahmajāyā X, 109
Brahmaṇaspati s. Brihaspati
Bhaga VII, 41
maṇḍūkāḥ VII, 103
Manyu X, 83. 84
Marutaḥ I, 19. 37—39. 64. 85—88. 166—168. 172. II, 34. V, 52—59. 61. 87. VI, 66. VII, 56—58. VIII, 7. 20. 94. X, 77. 78
I, 23, 8—12. VI, 48, 20—22. s. Agni, Indra
Mitra III, 59
Mitra und Varuna I, 2. 136. 137. 151—153. V, 62—72. VI, 67. VII, 61. 64. 65. X, 132
I, 23, 4—6. 139, 2. II, 41, 4—6. III, 62, 16—18. s. Varuṇa, Mitra, Sūrya
Mitra, Varuṇa, Aryaman X, 185. s. Ādityāḥ
Mitra, Varuna, Aryaman, Sūrya VII, 66
Mitra und Varuṇa, dann Sūrya VIII, 25
Mudgalasya vrishā X, 102
yajña X, 114. 130
Yama X, 14. 135
Yama und Yamī X, 10
yūpa III, 8
ratha VI, 47, 26—28
Rākā II, 32, 4. 5. 8
Rātri X, 127
Rudra I. 113. II, 33. VII, 46
VII, 59, 12. s. Soma
Rudra, dann Soma I, 43
Lopāmudrā s. Agastya
Varuṇa I, 25. II, 28. V, 85. VII, 86—89. VIII, 41
I, 24, 6—15. VIII, 69, 12. X, 124, 5—9. s. Mitra
Varuṇa, dann Asvinau VIII, 42
Varuṇa, Mitra, Aryaman I, 41. X, 126
Vasishṭhāḥ und Vasishṭha VII, 33
vāc X, 71. 125
VI, 48, 11—13. VIII, 100, 10. 11
Vāta X, 168. 186. s. Vāyu
Vāyu I, 134. 135. IV, 48. VII, 92
VIII, 26, 20—25. 46, 25—28. 32. 101, 9. 10. s. Indra, Vāta
Vāyu und Indra VII, 90. 91
Vāyu, Indra und Vāyu, Mitra und Varuṇa I, 2
Vāyu, Indra und Vāyu, Mitra und Varuṇa, Asvinau, In-

dra, Devāḥ, Sarasvatī, Dyāvāprithivyau II, 41
Vāyu, Indra und Vāyu, Mitra und Varuṇa, Indra und Marutaḥ, Pūshan, Āpaḥ I, 23
Vāstoshpati VII, 54
VII, 55, 1
Viśvakarman X, 81. 82
Viśvāmitra und die Flüsse Vipās und Śutudrī III, 33
Viśvāvasu X, 139
Vishnu I, 154. 156. VII, 100
I, 22, 16—21. 155, 2—6. s. Indra
Vishnu und Indra VII, 99
Vrishākapi s. Indra
Vena X, 123
Vaiśvānara s. Agni
śakuna II, 42. 43. X, 165
śraddhā X, 151
samvatsara I, 164
Saraṇyū X, 17, 1. 2
Saramā und Paṇayaḥ X, 108
Sarasvat s. Sarasvatī
Sarasvatī VI, 61. VII, 95
I, 3, 10—12. II, 41, 16—18. X, 17, 7—9
Sarasvatī und Sarasvat VII, 96
Savitri I, 21. 35. II, 38. III, 38. IV, 13. 53. 54. V, 47—50. 81. 82. VI, 71. VII, 38. 45. X, 149
I, 22, 5—8. 24, 3—5. III. 62, 10—12. s. Sūrya
Sinīvālī II, 32, 6. 7. 8
Sūrya I, 50. 115. VII, 63. X, 37. 158. 170. 177. 189
VII, 66, 14—16. VIII, 25, 18—21. 101, 11. 12. s. Savitri
Sūrya, Indra und Marutaḥ I, 6
Sūrya, Mitra und Varuṇa VII, 62
Sūryā X, 85
Soma I, 91. VIII, 48. 72. 79. IX, 1—4. 6—111. 113. 114. X, 25. 144
I, 43, 7—9. III, 62, 13—15. VI, 47, 1—5. X, 17, 11—13. s. Agni, Indra
Soma und Pūshan II, 40
Soma und Rudra VI, 74
Hari (Indra) X, 96
havirdhāne X, 13

Ackersegen IV, 57
Augurien II, 42. 43. X, 165
Aussatz, Heilung von VIII, 91
Bestrebungen, verschiedene IX, 112
Eintracht X, 191
Feinde, Spruch zur Vertilgung derselben X, 166
Froschlied VII, 103
Gewürme, Spruch gegen I, 191
Gift, Abwehr von VII, 50
Gleichklang, künstlicher, im Versbau I, 127—139. II, 22, 1. IV, 1, 2. 3. V, 2, 12. 41, 16. 17. 50, 5. 86, 6. VI, 2, 11. 14, 5. 15, 3. 6. 15. 48, 6. 7. 21. 49, 15. VII, 50, 4. IX, 111. X, 115, 9
Götterpaare: Agnīshomau, Indravāyū, Indrākutsau, Indrāgnī, Indrāparvatau, Indrāpūshaṇau, Indrābrihaspatī, Indrāvaruṇau, Indrāvishṇū, Indrāsomau, Ushāsānaktā, Dyāvākshāmā, Dyāvāprithivyau, Parjanyāvātau, Prithivīdyāvau, Mitrāvaruṇau, Sūryācandramasau, Sūryāmāsau, Somāpūshaṇau, Somārudrau

Handauflegung zur Heilung X, 60, 12. 137, 7
Heilungssprüche X, 57—60. 137. 161
Hochzeitslied X, 85
Königsweihe X, 173. 174
Kräuter, s. oshadhayaḥ
Leibesfrucht, Spruch zur Erhaltung der X, 162
Nachkommenschaft, Spruch zur Erlangung von X, 183. 184
Nebenbuhlerin, Beseitigung der X, 145. 159
Regen, Gebet um X, 98
Rinder VI, 28
Schlachtsegen VI, 75
Schlaf, Spruch zur Einschläferung VII, 55
Schöpfung X, 72. 129. 190
Schwindsucht, Abwehr von X, 163
Segen der Frommen VIII, 31
Sündenerlösung VII, 89. X, 164
Todtenbestattung X, 16—18
Träume, böse VIII, 47, 14—18
Unholdinnen, Verscheuchung von X, 155
Waffenrüstung VI, 75
Waldeinsamkeit X, 146
Würfelspiel X, 34
Zauberer, Spruch gegen VII, 104. X, 87
Zote I, 126, 6. 7
Zwiegespräche I, 165. 170. 179. III, 33. IV, 42. X, 10. 28. 51. 86. 95. 108

V.

ATHA KHAILIKĀNI SŪKTĀNI.

I[1].

I, 50[2].

ṣanaiṣ cit sūryeṇa ādityena sahīyasā |
ahaṃ yaṣasvināṃ yaṣo vidyārūpāṇy ā dade || 1 ||
udyann adya vi no bhaja pitā putrebhyo yathā |
dīrghāyutvasya heṣishe tasya no dehi sūrya || 2 ||[3]
udyantaṃ tvā mitramaha ārohantaṃ vicakshaṇa |
paṣyema ṣaradaḥ ṣataṃ jīvema ṣaradaḥ ṣatam || 3 ||[4]

II.

I, 191[5].

mā bibher na marishyasi pari tvā pāmi sarvataḥ |
ghanena hanmi vṛiṣcikam ahaṃ daṇḍenāgatam || 1 ||[6]
ādityarathavegena vishṇubāhubalena ca |

---

1) Für den Abdruck der Khila in Ashṭaka I—VI habe ich Chambers 44 abc, und für Ashṭaka I—VIII I. O. 129—132 benutzt. Für XIX—XXIV verdanke ich Herrn Dr. Klatt in Berlin eine genaue Vergleichung des Abdrucks von Müller mit Chambers 67g. 72. Die Hss. von Chambers bezeichne ich mit A, die des I. O. mit B, Chambers 67g mit a, Chambers 72 mit b. 2) Fehlt in A. 3) Tb. III, 7, 6, 22. dhehi B. 4) Vgl. VII, 66, 16. 5) Nur in B. 6) Vgl. Av. X, 4, 9. V, 30, 8.

garuḍapakshanipātena bhūmiṃ gacha mahāyaṣāḥ || 2 ||
garuḍasya jātamātreṇa trayo lokāḥ prakampitāḥ |
prakampitā mahī sarvā saṣailavanakānanā || 3 ||
gaganaṃ nashṭacandrārkaṃ jyotishaṃ na prakāṣate |
devatā bhayavitrastā māruto na plavāyati || 4 ||[1])
bhoḥ sṛpa bhadra bhadraṃ te dūraṃ gacha mahavisha |[2])
janmejayasya yajñānte āstīkavacanaṃ smara || 5 ||
āstīkavacanaṃ ṣrutvā yaḥ sarpo na nivartate |
ṣatadhā bhidyate mūrdhni ṣiṅṣavṛkshaphalaṃ yathā || 6 ||[3])

III.

II, 43.

bhadráṃ vada dakshiṇató bhadrám uttarató vada |
bhadrám purástān no vada bhadrám paṣcāt kapíñjala || 1 ||[4])
bhadráṃ vada putraír bhadráṃ vada gṛihéshu ca |
bhadrám asmákaṃ vada bhadráṃ no ábhayaṃ vada || 2 ||
bhadrám adhástān no vada bhadrám upárishṭān no vada |
bhadrám-bhadraṃ na á vada bhadráṃ naḥ sarvató vada || 3 ||
asapatnám purástān naḥ ṣiváṃ dakshíṇatas kṛidhi |
abháyaṃ sátatam paṣcád bhadrám uttarató gṛihé || 4 ||
yauvánāni maháyasi jigyúshām iva dundubhíḥ |
ṣákuntaka pradakshiṇáṃ ṣátapatrābhí no vada || 5 ||
āvádaṅs tváṃ° || 6 ||[5])

IV.

V, 44.

jāgárshi tvám bhúvane jātavedo
jāgárshi yátra yájate havíshmān |

1) Vgl. Suparṇādhyāya 2. 2) mahāvishāḥ B. 3) 5 und 6 Mhbh. I, 2190. 4) Nirukta 9, 5. 5) Alle diese Verse finden sich in Kauṣikasūtra 46.

idáṃ havíḥ ṣraddádhāno juhomi
téna pāsi gúhyaṃ náma gónām || 1 ||[1])

V.

V, 51.

svastyáyanaṃ tā́rkshyam árishṭanemim
mahā́dbhutaṃ[2]) vāyasáṃ devátānām |
asuraghnám índrasakhaṃ samátsu
bṛihád yáṣo návam ivā́ ruhema || 1 ||
aṅhomúcam āṅgírasaṃ gáyaṃ ca
svastyā̀treyam mánasā ca tā́rkshyam |
práyatapāṇiḥ ṣaraṇám prá padye |
svastí sambādhéshv ábhayaṃ ca no astu || 2 ||[3])

VI.

V, 84

várshantu te vibhāvari divó abhrásya vidyútaḥ |
róhantu sárvabījāny áva brahmadvísho jahi || 1 ||

VII. Ṣrīsūkta.

V, 87[4])

hiraṇyavarṇāṃ hariṇīṃ suvarṇarajatasrajam |
candrāṃ hiraṇmayīṃ lakshmīṃ jātavedo mamā vaha || 1 ||
tām ma ā vaha jātavedo lakshmīm anapagāminīm |[5])
yasyāṃ hiraṇyaṃ vindeyaṃ gām aṣvān purushān aham || 2 ||
aṣvapūrṇāṃ rathamadhyāṃ hastinādapramodinīm |

---

1) téna *etc.* V, 3, 3. 2) mahádbhūtam A. B. 3) Beide Verse finden sich als pratīka im Suparṇādhyāya 10. 4) Accente sind in A beigeschrieben, aber, wie in allen späteren Sachen, in ganz verkehrter Weise. 5) alapa° A. B.

ṣriyaṃ devīm upa hvaye ṣrīr mā devī jushatām || 3 ||
kāṅsosmitāṃ hiraṇyaprākārām ārdrāṃ jvalantīṃ triptāṃ tarpayantīm |
padme sthitām padmavarṇāṃ tām ihopa hvaye ṣriyam || 4 ||
candrām prabhāsāṃ yaṣasā jvalantīṃ ṣriyaṃ loke devajushṭām udārām |
tām padmanemiṃ ṣaraṇam pra padye alakshmir me naṣyatāṃ tvāṃ vriṇomi || 5 || 1 ||
ādityavarṇe tapaso 'dhi jāto vanaspatis tava vriksho 'tha bilvaḥ |
tasya phalāni tapasā nudantu [1]) yā antarā yāṣ ca bāhyā alakshmīḥ || 6 ||
upaitu māṃ devasakhaḥ kīrtiṣ ca maṇinā saha |
prādurbhūto 'smi [2]) rāshṭre 'smin kīrtiṃ vriddhiṃ dadātu me || 7 ||
kshutpipāsāmalā jyeshṭhā alakshmīr nāṣayāmy aham |
abhūtim asamriddhiṃ ca sarvāṃ nir ṇuda [3]) me grihāt || 8 ||
gandhadvārāṃ durādharshāṃ nityapushṭāṃ karīshiṇīm |
īṣvarīṃ sarvabhūtānāṃ tām ihopa hvaye ṣriyam || 9 ||
manasaḥ kāmam ākūtiṃ vācaḥ satyam aṣīmahi |
paṣūnāṃ rūpam annasya mayi ṣrīḥ ṣrayatāṃ yaṣaḥ [4]) || 10 || 2 ||
kardamena prajā bhūtā mayi sam bhrama kardama |
ṣriyaṃ vāsaya me grihe [5]) mātaram padmamālinīm || 11 ||
āpaḥ srijantu [6]) snigdhāni ciklīta vasa me grihe |
ni ca devīm mātaraṃ ṣriyaṃ vāsaya me kule || 12 ||
ārdrām pushkariṇīṃ yashṭiṃ suvarṇāṃ hemamālinīm |
sūryāṃ hiraṇmayīṃ lakshmīṃ jātavedo mamā vaha || 13 ||
ārdrām pushkariṇīm pushṭīm piṅgalām padmamālinīm |
candrāṃ hiraṇmayīṃ lakshmīṃ jātavedo mamā vaha [7]) || 14 ||

1) mā eingeschoben in A. B. 2) stu B. 3) sarvā nirṇuda B. sarvāṇirnuda A. Vgl. Ta. (Bibl. Ind.) p. 922. 4) Tb. II, 4, 6, 6. 5) kule B. 6) srajantu A. B. 7) In B. steht 14 vor 13.

tām ma ā vaha jātavedo lakshmīm anapagāminīm [1]) |
yasyām hiranyam prabhūtam [2]) (gāvo dāsyo 'svān) [3]) vindeyam purushān aham || 15 || 3 ||
asvadāyī godāyī dhanadāyi mahādhane |
dhanam me jushatām devī [4]) sarvakāmāns ca dehi me || 16 ||
putrapautradhanam dhānyam hastyasvāsvatarai rathaih |
prajānām bhavasī [5]) mātā āyushmantam karotu mām || 17 ||
dhanam agnir dhanam vāyur dhanam sūryo dhanam vasuh |
dhanam indro brihaspatir varuno dhanam asvinā [6]) || 18 ||
vainateya somam piba somam pibatu vritrahā |
somam dhanasya somino mahyam [7]) dadātu sominah || 19 ||
na krodho na ca mātsaryam na lobho nāsubhā matih |
bhavanti kritapunyānām bhaktānām srīsūktam japet || 20 ||
padmānane padmaūrū padmākshi padmasambhave |
tan me bhajasi padmākshi yena saukhyam labhāmy aham || 21 ||
yah sucih prayato bhūtvā juhuyād ājyam anvaham |
sriyah pañcadasarcam ca srikāmah satatam japet [8]) || 22 ||
srīvarcasyam [9]) āyushyam ārogyam āvidhāt pavamānam mahīyate |
dhānyam dhanam pasum putralābham satasamvatsaram dīrgham āyuh || 23 || 4 ||

VIII.

VI, 45.

cákshus ca srótram ca mánas ca vák ca
prānāpānaú déha idám sárīram |

---

1) alapa° A. 2) prabhūtim B. 3) Des Guten zu viel. 4) devi B. 5) hastyasvādigave ratham, und bhavasi B. 6) indram, varunam dhanam ucyate A. varunam auch B. 7) miham A. 8) 21 und 22 stehen in B. nach 15. In derselben Hss. folgen noch zu Schlusse eine Anzahl von Versen gleichen Werthes. 9) srīvarcahsvam A. srīvarcasvam B. bahuputralābham B. Da 23 den Nachsatz zu 22 bildet, wird vielleicht āpnuyād avasāne für āvidhāt pavamānam zu lesen sein.

dvaú pratyáñcāv anulomaú visárgāv
etáṃ tám manye dáṣayantram útsam || 1 ||
úraṣ ca pṛishṭháṣ ca kárau ca bāhū́
jáñghe corū́ udáraṃ ṣíraṣ ca |
lómāni māṅsáṃ rudhírāsthimájjam
étac charīrám jalábudbudópamam || 2 ||[1])
bhrúvau lalāṭé ca táthā ca kárṇau
hánū[2]) kapolaú chubúkas tathā́ ca |
óshṭhau ca dantā́ṣ ca táthaiva jihvā́
etát sūṣubhrám mukháratnakoṣam[3]) || 3 ||

IX.

VII, 34[4]).

ṣaṃvatiḥ pārayanti[5]) tám pṛiñcanti váco yáthā |
abhyāyántaṃ samāyántaṃ[6]) yá evédám íti brávat || 1 ||
jāyáketum puruspṛíham bhā́ratīm brahmavárdhanīm |
saṃjānānā́ mahí mātā́ yá evédám íti brávat || 2 ||
índras táṃ kar[7]) víbhum prabhúm bhānúneyáṃ sárasvatī |
yéna sū́ryam árocayad yéneme ródasī ubhé || 3 ||
jushásvāgne añgiraḥ kāṇvám médhyātithim |
mā́ tvā sómasya bárbṛihan sutā́so mádhumattamāḥ || 4 ||
tvám[8]) agne áñgirastamaḥ ṣócasva devavítamaḥ |
ā́ ṣaṃtama ṣáṃtamābhir abhíshṭibhiḥ ṣāntíṃ svastím akurvata || 5 ||
ṣáṃ naḥ kánikradad deváḥ parjányo abhí varshatv óshadhāyaḥ práti dhīyantām |
ṣáṃ no dyā́vāpṛithiví ṣám prajā́bhyaḥ ṣáṃ no astu dvipáde cátushpade || 6 ||

1) B. setzt 2 vor 1. Statt ṣiras lies pasas. 2) lalāṭáṣ ca, und hánuḥ A. 3) jihvā́m etác charīrám B. jihvā́ etáchuṣubhrám A. 4) Gehört zu 35. Dieses khila nur in A. 5) pārayante A. 6) abhyānantáṃ yamāyantam A. 7) kaṃ A. 8) tvām A.

X.

VII, 55.

svapnáḥ svapnádhikáraṇe sárvaṃ ní shvāpayā jánam |
ásūryám anyán svāpáya dvyùsháṃ[1]) jāgriyād ahám || 1 ||
ájagaro nāma sarpáḥ sarpír avishó mahán |
tásminn u sárpaḥ súdhitas téna tvā svāpayāmasi || 2 ||
sarpáḥ sárpo ajágaraḥ sarpír avishó mahán |
yásya ṣúshkāt sindhávas tásya gādhám aṣīmahi || 3 ||
kālikó nāma sarpó navánāgasahásrabalaḥ |
yamunahradè 'sau jātò[2]) yó nārāyaṇaváhanaḥ || 4 ||
yádi kālikadūtasya yadí káḥ kālikád bhayam |
jánmabhūmíparikrānto nirvísho yāti kálikaḥ || 5 ||
áti kālíkaraudrasya vishṇuḥ saumyena bhávinā |
yamunanadí kálikaṃ téna vishṇústotram anú smaram[3]) || 6 ||
karkoṭakó nāma sarpo yo dṛíshṭīvisha úcyate |
tásya sarpásya sarpatváṃ tasmaí sarpa namó 'stu te[4]) || 7 ||
á yāhīndrą pathíbhir īḷitébhir
yajñám imáṃ no bhāgadhéyaṃ jushasva |
tṛiptá juhur mátulasyeva yóshā
bhāgás te paitṛishvaseyí vapám iva[5]) || 8 ||
yáṣaskaram bálavantam prabhútvam
tam evá rājādhipátir babhūva |
sáṃkīrṇanāgāṣvapátir naráṇāṃ
sumañgályaṃ satataṃ dīrghám áyuḥ[6]) || 9 ||

XI.

VII, 96.

yásya vratám paṣávo yánti sárve
yásya vratám upatíshṭhanta ápaḥ |

1) dvyùlhāṃ B, und A. s. m. Siehe Av. IV, 5, 7. 2) hasojāto B. ṣojāto A. 3) 6 fehlt in B. 4) 7 steht in B. nach 9. 5) Nir. 14, 31. 6) suvarṇáṃ taṃ vitátaṃ A.

yásya vraté pushṭipátir nívishṭas
táṃ sárasvantam ávase huvema[1]) || 1 ||

XII.

VII, 103.

upaplávada maṇḍūki varshám á́ vada tāduri |
mádhye hradásya plavásva vigṛíhya catúraḥ padáḥ[2]) || 1 ||

XIII.

IX, 67.

pavamānīḥ svastyáyanīḥ sudúghā hí ghṛitaṣcútaḥ |
ríshibhiḥ sámbhṛito ráso brāhmaṇéshv amṛítaṃ hitám[3]) || 1 ||
pāvamānír diṣantu na imáṃ lokám átho amúm |
kámān sám ardhayantu no devaír devíḥ samáhitāḥ[4]) || 2 ||
prājāpatyám pavítraṃ ṣatódyāmaṃ hiraṇyáyam |
téna brahmavído vayám pūtám bráhma punīmahe[5]) || 3 ||
yéna deváḥ pavítreṇātmánam punáte sádā
téna sahásradhāreṇa pāvamānyáḥ punantu[6]) mā[7]) || 4 ||
índraḥ sunītí sahá mā punātu
sómaḥ svastyā́ váruṇaḥ samícyā |
yamó rā́jā pramṛiṇábhiḥ punātu[8])
jātávedā ūrjáyantyā punātu || 5 ||[9])
ṛishayas tu tapas tepuḥ sarve svargajigishavaḥ |
tapasas tapaso 'gryaṃ tu pāvamānīr ṛico 'bravīt || 6 || 1 ||
yan me garbhe vasataḥ pāpam ugraṃ
yaj jāyamānasya ca kiṃcid anyat |
jātasya ca yac cāpi ca vardhato me

1) Av. VII, 40, 1. Ts. III, 1, 11, 3. 2) Av. IV, 15, 14. Nir. 9, 7. 3) Sv. 2, 650. Tb. I, 4, 8, 6. 4) Sv. 2, 651. Tb. I, 4, 8, 6. 5) Tb. eds. 6) punātu B. 7) Sv. X, 2, 652. Tb. I, 4, 8, 6. 8) Tb. eds. 9) mā B.

tat pāvamānībhir aham punāmi || 7 ||
mātāpitror yan na kṛitaṃ vaco me
yat sthāvaraṃ jañgamam ābabhūva |
viṣvasya tat prahṛishitaṃ vaco me
tat pāva° || 8 ||
krayavikrayād yonidoshād bhakshād bhojyāt pratigrahāt
asambhojanāc cāpi nṛiṣaṅsaṃ tat pāva° || 9 ||
goghnāt taskaratvāt strīvadhād yac ca kilbisham |
pāpakaṃ ca caraṇebhyas tat pāva° || 10 ||
brahmavadhāt surāpānāt svarṇasteyād vṛishalīgamanamaithunasaṃgamāt |
guror dārābhigamanāc ca tat pāva° || 11 ||
bālaghnān mātṛipitṛivadhād bhūmitaskarāt sarvavarṇagamanamaithunasambhavāt |
pāpebhyaṣ ca pratigrahāt sadyaḥ praharati sarvadushkṛitaṃ tat pāva° || 12 || 2 ||
duryashṭaṃ duradhītam pāpaṃ yac cājñānataḥ [1]) kṛitam |
ayājitāṣ cāsaṃyājyās tat pāva° || 13 ||
amantram annaṃ yat kiṃcid dhūyate ca hutāṣane |
saṃvatsarakṛitam pāpaṃ tat pāva° || 14 ||
ṛitasya yonayo 'mṛitasya dhāma viṣvā devebhyaḥ puṇyagandhāḥ |
tā na āpaḥ pra vahantu pāpaṃ ṣuddhā yacāmi sukṛitām u lokaṃ tat pāva° || 15 ||
pāvamānīḥ svastyayanīr yābhir gachati nāndanam |
puṇyāṅṣ ca bhakshān bhakshayaty amṛitatvaṃ ca gachati || 16 ||
pāvamānam pitṝn devān dhyāyed yaṣ ca sarasvatīm |
ṛishīṅs tasyopa varte tat kshīraṃ sarpir madhūdakam || 17 ||
pāvamānam param brahma ṣukraṃ jyotiḥ sanātanam |

1) cājñānato B.

pitṛīṅs tasyopa tishṭhe tat kshīram sarpir madhūdakam || 18 ||
pāvamānam param brahma ye paṭhanti manīshiṇaḥ |
sapta janma bhaved vipro dhanāḍhyo vedapāragaḥ || 19 ||
daṣottarāṇy ṛicāṅṣ caiva pāvamānīḥ ṣatāni shaṭ |
etaj juhvaj japen mantram ghoram mṛityubhayam haret || 20 || 3 ||

XIV.

IX, 113.

yátra tát paramám padám víshṇor loké mahīyaté
devaíḥ sukṛítakármabhis tátra mā́⁰ || 1 ||
yátra tát paramā́vyam bhūtā́nām adhipáti [1]) |
bhā́vabhāví vayó gíṣ ca tátra mā́m a⁰ || 2 ||
yátra lokā́s tanutyā́jāḥ ṣraddhā́yā tápasā jitā́ḥ |
téjaṣ ca yátra bráhma ca tátra mā́⁰ || 3 ||
yátra devā́ mahātmā́naḥ sendrā́ṣ ca marúdgaṇāḥ |
brahmā́ ca yátra víshṇuṣ ca tátra⁰ || 4 ||
yátra gaṅgā́ ca yamunā́ yátra prā́cī sarásvatī |
yátra soméṣvaro devā́s tátra mā́m a⁰ || 5 ||

XV.

X, 9.

sasrúshīs tā́dapaso dívā náktam ca sasrúshīḥ |
váreṇyakratūr ahám ā́ devír ávase huve || 1 ||[2])

XVI.

X, 75, 5.

sitā́sité saríte yátra saṃgaté tátrāplutā́so dívam út patanti |
yé vai tanvàm ví sṛijanti dhírās te jánāso amṛitatvam bhajante || 1 ||

1) adhipátim B. 2) Av. VI, 23, 1.

XVII.

X, 85.

avidhavā bhava varshāṇi ṣataṃ sāgraṃ tu suvratā |
tejasvī ca yaṣasvī ca dharmapatnī pativratā || 1 ||[1])
janayad bahuputrāṇi mā ca duḥkhaṃ labhe kvacit |
bhartā te somapā nityam bhaved dharmaparāyaṇaḥ || 2 ||
ashṭaputrā bhava tvaṃ ca subhagā ca pativratā |
bhartuṣ caiva pitur bhrātur hṛidayānandinī sadā || 3 ||
indrasya tu yathendrāṇī ṣrīdharasya yathā ṣriyā |
ṣaṃkarasya yathā gaurī tad bhartur api bhartari || 4 ||
atrer yathānasūyā syād vasishṭhasyāpy arundhatī |
kauṣikasya yathā satī tathā tvam api bhartari || 5 ||
dhruvaidhi poshyā mayi mahyaṃ tvādād bṛihaspatiḥ |
mayā patyā prajāvatī saṃ jīva ṣaradaḥ ṣatam || 4 ||

XVIII.

X, 103.

asaú yá sénā marutaḥ páreshām abhyaíti na ójasā spárdhamānā |
tám gūhata támasápavratena yáthāmíshām anyó anyáṃ ná jánāt || 1 ||[2])
andhá amítrā bhavatāṣīrsháṇá áhaya iva |
téshāṃ vo agnídagdhānām agnímūḷhānām índro hantu váraṃ-varam || 2 ||[3])

XIX.

X, 127.

á rātri párthivaṃ rájaḥ pitúr aprāyi dhámabhiḥ |

1) Die sogenannten Accente habe ich fortgelassen. 2) Sv. 1, 1210. Av. 3, 2, 6. Vs. 17, 47. 3) Sv. 2, 1221.

diváḥ sádāṅsi bṛihatí ví tishṭhasa á tveshám vartate tá-
maḥ || 1 ||[1])
yé te rātri nṛicákshaso yuktáso navatír náva |
aṣītíḥ santv ashṭá utó te saptá saptatíḥ || 2 ||[2])
rātrīm pra padye jananīṃ sarvabhūtaniveṣanīm |
bhadrām[3]) bhagavatīṃ kṛishṇāṃ viṣvasya jagato niṣām || 3 ||
saṃveṣanīṃ saṃyamanīṃ grahanakshatramālinīm |
prapanno 'haṃ ṣivāṃ rātrīm bhadre pāram aṣīmahi bhadre
pāram aṣīmahy oṃ namaḥ || 4 ||[4])
stoshyāmi prayato devīṃ ṣaraṇyām bahvṛicapriyām |
sahasrasammitāṃ durgāṃ jātavedase sunavāma somam||5||[5])
ṣāntyarthaṃ tvaṃ dvijātīnām ṛishibhiḥ somapaiḥ ṣritā |[6])
ṛigvede tvaṃ samutpannārātīyato ni dahāti vedaḥ || 6 ||
ye tvāṃ devi prapadyante[7]) brāhmaṇā havyavāhanīm |
avidyā bahuvidyā vā sa naḥ parshad ati durgāṇi viṣvā || 7 ||
agnivarṇāṃ ṣubhāṃ saumyāṃ kīrtayishyanti ye dvijāḥ |
tāṅs tārayati durgāṇi nāveva sindhuṃ duritāty agniḥ || 8 ||
durgeshu vishame ghore saṃgrāme ripusaṃkaṭe |
agnicoranipāteshu sarvagrahanivāraṇe || 9 ||
durgeshu vishameshu tvaṃ saṃgrāmeshu vaneshu ca |
mohayitvā prapadyante teshām me abhayaṃ kuru teshām
me abhayaṃ kurv oṃ namaḥ || 10 ||
keṣinīṃ sarvabhūtānām pañcamīti ca nāma ca |
sā māṃ samā niṣā devī sarvataḥ pari rakshatu sarvataḥ
pari rakshatv oṃ namaḥ || 11 ||
tām agnivarṇāṃ tapasā jvalantīṃ vairocanīṃ karmaphale-
shu jushṭām |
durgāṃ devīṃ ṣaraṇam aham pra padye sutarasi tarase
namaḥ sutarasi tarase namaḥ || 12 ||[8])

---

1) Av. XIX, 47, 1. Vs. 34, 32. Nir. 9, 29. 2) Av. XIX, 47, 3. 3) durgām b. 4) b bricht hiermit ab. 5) Der letzte pāda dieses und der drei folgenden Verse sind Viertel des Hymnus I, 99. 6) tadvijātīnām und somapāṣritāḥ Hss. 7) prapadyanti Hss. 8) Ta. X, 1, 1 (p. 788).

durgā durgeshu sthāneshu śaṃ no devīr abhishṭaye |
ya imaṃ durgāstavam puṇyaṃ rātrau-rātrau sadā paṭhet ||13||
rātriḥ kuśikaḥ saubharo rātristavo gāyatrī |
rātrīsūktaṃ japen nityam tatkāla upa padyate || 14 ||

XX.

X, 128.

arvā́ñcam índram amúto havāmahe yó gojíd dhanajíd aś-
vajíd yaḥ |
imā́ṃ no yajñā́ṃ vihavé jushasvāsyá kulmo harivo medí-
naṃ tvā || 1 ||[1])
āyúshyàṃ varcasyàṃ rāyás pósham aúdbhidam |
idā́ṃ híraṇyaṃ várcasvaj jaítrāyā́ viśatād u mā́m || 2 ||[2])
uccairvāji pṛitanāshāṭ sabhāsāhaṃ dhanaṃjayam |
sarvāḥ samagrā ṛiddhayo hiraṇye 'smin samāhitāḥ || 3 ||
śunam ahaṃ hiraṇyasya pitur nāmeva jagrabha |
tena māṃ sūryatvacam akaram pūrushu priyam || 4 ||
samrājaṃ ca virājaṃ cābhishṭir yā ca me dhruvā |
lakshmī rāshṭrasya yā mukhe tayā mām indra saṃ sṛija || 5 ||
agneḥ prajātam pari yad dhiraṇyam amṛitaṃ jajñe[3]) adhi
martyeshu |
ya enad veda sa id enad[4]) arhati jarāmṛityur bhavati yo
bibharti || 6 ||[5])
yad veda rājā varuṇo yad u devī sarasvatī |
indro yad vṛitrahā veda tan me varcasa āyushe || 7 ||[6])
na tad rakshāṅsi na piśācāś caranti devānām ojaḥ pra-
thamajaṃ hy etat |

1) Av. V, 3, 11. Ts. IV, 7, 14, 4. Tb. II, 4, 3, 2. B. hat nur diesen Vers. 2) Vs. 34, 50. 3) yajñe a. und zwei Hss. von Devarāja. 4) sa hi vedam a. 5) Av. XIX, 26, 1. 6) Av. XIX, 26, 4.

yo bibharti dākshāyaṇāhiraṇyaṃ sa deveshu kṛiṇute dīrgham
āyuḥ sa manushyeshu kṛiṇute dīrgham āyuḥ || 8 ||[1])
yad ābadhnan dākshāyaṇā hiraṇyaṃ ṣatānīkāya sumanas-
yamāṇāḥ |
tad[2]) ā badhnāmi ṣataṣāradāyāyushmān jaradashṭir yathā-
sam || 9 ||[3])
ghṛitād ulluptam madhumat suvarṇaṃ dhanaṃjayaṃ dha-
ruṇaṃ dhārayishṇu |
ṛiṇak sapatnān adharāṅṣ ca kṛiṇvad ā roha mām mahate
saubhagāya || 10 ||[4])
priyam mā kuru deveshu priyaṃ rājasu mā kuru |
priyaṃ viṣveshu gotreshu[5]) mayi dhehi rucā rucam || 11 ||[6])
agnir yena virājati sūryo yena virājati |
virāḍ yena virājati tenāsmān brahmaṇas 'pate virāja sami-
dham kuru || 12 ||

XXI. Gegen Feuersbrunst.

X, 142[7])

himasya tvā jarāyuṇā ṣāle pari vyayāmasi[8]) |
ṣītahradā[9]) hi no bhuvo 'gnir dadātu bheshajam || 1 ||
antikām agnim ajanayad durvāraḥ ṣiṣur āgamat[10]) |
ajātaputrapakshāyā hṛidayam mama dūyate[11]) || 2 ||
vipulaṃ vanam bahvākāṣaṃ cara jātavedaḥ kāmāya |
māṃ ca raksha putrāṅṣ ca ṣaraṇam abhūt tava || 3 ||
piṅgaksha lohitagrīva kṛishṇavarṇa namo 'stu te |
asmān vi varjaya sthānaṃ[12]) sāgarasyormayo yathā || 4 ||

1) Av. I, 35, 2. Vs. 34, 51. 2) tan na *ab*. 3) yathāsat *a*. yathāsan *b*. Av. I, 35, 1. Vs. 34, 52. 4) Av. V, 28, 14. XIX, 33, 2. 46, 6. 5) goptreshu *ab*. 6) Av. XIX, 62. Ts. V, 7, 6, 4. 7) Nach Wilson 445 und Chambers *a*. 8) Nach vyayāmasi haben beide noch: uta hrado hi no bhuvo 'gnir dadātu bheshajam. 9) ṣiṣītahrado *Wa*. Siehe Av. VI, 106, 3. 10) ajanadūrvādaḥ siṣulāgamat *a*. ajanayad dūrvādaḥ ṣiṣulāgamāt *W*. 11) hūyate *Wa*. 12) asmān vi barhaṇa syonaṃ *Wa*.

indraḥ kshatraṃ dadātu varuṇam abhi shiñcatu |
ṣatravo nidhanaṃ yāntu jaya tvaṃ brahmatejasā || 5 ||
kapilajaṭiṃ[1]) sarvabhakshaṃ cāgnim pratyakshadaivatam |
varuṇaṃ ca vaṣāmy agre mama putrāṅṣ ca rakshatu mama
putrāṅṣ ca rakshatv oṃ namaḥ || 6 ||
sāgraṃ varshaṣataṃ jīva piba khāda ca moda ca |
duḥkhitāṅṣ ca[2]) dvijāṅṣ caiva prajāṃ ca paṣu pālaya || 7 ||
yāvad ādityas tapati yāvad bhrājati candramāḥ |
yāvad vāyuḥ plavāyati tāvaj jīva jayā jaya || 8 ||
yena kena prakāreṇa ko hīnam[3]) anujīvati |
pareshām upakārārthaṃ yaj jīvati sa jīvati |
etāṃ vaiṣvānara sarvadeva[4]) namo 'stu te || 9 ||

XXII.

X, 151[5]). Medhāsūkta.

medhām mahyam aṅgiraso medhāṃ sapta ṛishayo daduḥ |
medhām indraṣ cāgniṣ ca medhāṃ dhātā dadātu me || 1 ||[6])
medhām me varuṇo rājā medhāṃ devī sarasvatī
medhām me aṣvinau devāv ādhattām pushkarasrajau || 2 ||[7])
yā medhā apsarāsu gandharveshu ca yan manaḥ |
daivī yā mānushī medhā sā medhā viṣatād u mām[8]) || 3 ||
yan me noktaṃ tad ramatāṃ ṣakeyaṃ yad anubruve |
niṣāmanaṃ naṣāmahai[9]) mayi vrataṃ saha priyeṇa bhūyā-
sam brahmaṇā saṃ gamemahi || 4 ||
ṣarīram me vicakshaṇaṃ vāṅ me madhumad duhām |[10])
avṛiddham aham asau sūryo brahmaṇānī stha ṣrutam me
mā pra hāsīḥ[11]) || 5 ||

1) °jaṭīm *Wa*. 2) duḥkhitān ta *Wa*. 3) vīnām *a*. vainām *W*. 4) vaiṣvānaraṃ sarvadevaṃ *Wa*. 5) Nur in a. Vgl. Av. VI, 108. 6) Vs. 32, 15. 7) Ta. 10, 40. Pāraskara Gṛihya 2, 4. Āṣv. Gṛihya I, 15. 8) sāmāyāviṣatādimām *a*. Vgl. Ta. 10, 41. 9) niṣāmataṃ niṣāmayi *a*. 10) Ta. VII, 4, 1. Pāraskara Gṛihya 3, 16. 11) Es bedarf kaum der Bemerkung, dass der zweite Theil jedem Verständniss sich entzieht.

medhāṃ devīm manasā rejamānāṃ gandharvajushṭām prati
no jushasva |
mahyam medhāṃ vada mahyaṃ ṣriyaṃ vada medhāvī bhūyāsam ajarājarishṇuḥ || 6 ||
sadasas patim adbhutam priyam indrasya kāmyam |
sanim medhām ayāsisham || 7 || [1])
yām medhāṃ devagaṇāḥ pitaraṣ ca upāsate |
tayā mām adya medhayāgne medhāvinaṃ kuru || 8 ||[2])
medhāvy ahaṃ sumanāḥ supratīkaḥ ṣraddhāmanāḥ satyamanāḥ suṣevaḥ |
mahāyaṣā dhārayishṇuḥ pravaktā bhūyāsam asya[3]) svadhayā prayoge || 9 ||

XXIII.

X, 184[4]).

néjamesha párā pata súputraḥ púnar ā́ pata |
asyaí me putrákāmāyai gárbham ā́ dhehi yáḥ púmān || 1 ||
yátheyám pṛithiví mahy ùttānā́ gárbham ādadhé |
eváṃ táṃ gárbham ā́ dhehi daṣamé māsí sū́tave || 2 ||[5])
víshṇoḥ ṣréshṭhena rūpéṇāsyā́ṃ nā́ryāṃ gavīnyā́m |
púmāṅsam putrám ā́ dhehi daṣamé māsí sū́tave || 3 ||[6])

XXIV.

X, 187.

anīkavantam ūtaye 'gniṃ gīrbhir havāmahe |
sa naḥ parshad ati dvíshaḥ || 1 ||[7])

XXV.

X, 191.

saṃjñānam uṣanāvadat saṃjñānaṃ varuṇo 'vadat |

---

1) Ṛv. 1, 18, 6. 2) Vs. 22, 14. 3) asye *a*. 4) Nach Hs. B. 5) Av. V, 25, 2. 6) Av. V, 25, 10. Zu allen drei Versen, vgl. Āṣv. Gṛihya I, 14, 3. 7) Āsv. Ṣr. II, 18, 3.

saṃjñānam indraṣ cāgniṣ ca saṃjñānaṃ savitāvadat || 1 ||
saṃjñānaṃ naḥ svebhyaḥ saṃjñānam araṇebhyaḥ |
saṃjñānam aṣvinā yuvam ihāsmāsu ni yachatam || 2 ||[1])
yat kakshīvān saṃvananam putro aṅgirasām avet |
tena no 'dya viṣve devāḥ sampriyaṃ[2]) samajījanan || 3 ||
saṃ vo manānsi jānatāṃ sam ākūtir namāmasi |[3])
asau yo vimanā janas taṃ samāvartayāmasi || 4 ||
tac chaṃ yor ā vṛiṇīmahe gātuṃ yajñāya gātuṃ yajñapataye |
daivī svastir astu naḥ svastir mānushebhyaḥ |
ūrdhvaṃ jigātu bheshajaṃ ṣaṃ no astu dvipade ṣaṃ catushpade [4]) || 5 ||

1) Av. VII, 52, 1. Vgl. zu beiden Versen Tb. II, 4, 4, 6. 2) sampriyam habe ich für das kindische sam priyām geschrieben. 3) manāmasi Hss. Av. III, 8, 5. 4) Tb. 3, 5, 11.

Universitäts-Buchdruckerei von Carl Georgi in Bonn.